KB146268

헤드퍼스트 C#

4판

앤드류 스텔만 · 제니퍼 그린 지음 | 이수겸 옮김
이재윤 · 정영수 감수

C#을 재미있게 배울 수 있다면
꿈같은 일이 아닐까요?
판타지나 다름없겠죠!

O'REILLY® 한빛미디어 Hanbit Media, Inc.

헤드 퍼스트 C#(4판)

모던한 객체지향 C# 가이드! .NET과 유니티로 배우는 실전 프로그래밍 지침서

초판 1쇄 발행 2015년 3월 1일
4판 1쇄 발행 2023년 11월 15일

지은이 앤드류 스텔만, 제니퍼 그린 / **옮긴이** 이수겸 / **감수자** 이재윤, 정영수 / **펴낸이** 전태호
펴낸곳 한빛미디어(주) / **주소** 서울시 서대문구 연희로2길 62 한빛미디어(주) IT출판1부
전화 02-325-5544 / **팩스** 02-336-7124
등록 1999년 6월 24일 제 25100-2017-000058호 / **ISBN** 979-11-6921-160-4 93000

총괄 배윤미 / **책임편집** 이미향 / **기획** 장하은 / **편집** 석정아 / **교정** 이미연
디자인 박정화, 천승훈 / **전산편집** 김현미
영업 김형진, 장경환, 조유미 / **마케팅** 박상용, 한종진, 이행은, 김선아, 고광일, 성화정, 김한솔 / **제작** 박성우, 김정우

이 책에 대한 의견이나 오탈자 및 잘못된 내용에 대한 수정 정보는 한빛미디어(주)의 홈페이지나 아래 이메일로 알려주십시오. 잘못된 책은 구입하신 서점에서 교환해 드립니다. 책값은 뒤표지에 표시되어 있습니다.
한빛미디어 홈페이지 www.hanbit.co.kr / 이메일 ask@hanbit.co.kr
예제 소스 www.hanbit.co.kr/src/11160, https://github.com/head-first-csharp/fourth-edition

지금 하지 않으면 할 수 없는 일이 있습니다.
책으로 펴내고 싶은 아이디어나 원고를 메일(writer@hanbit.co.kr)로 보내 주세요.
한빛미디어(주)는 여러분의 소중한 경험과 지식을 기다리고 있습니다.

2007년 4월 17일 브루클린으로 헤엄쳐 왔던 고래 슬러지를 기리며...

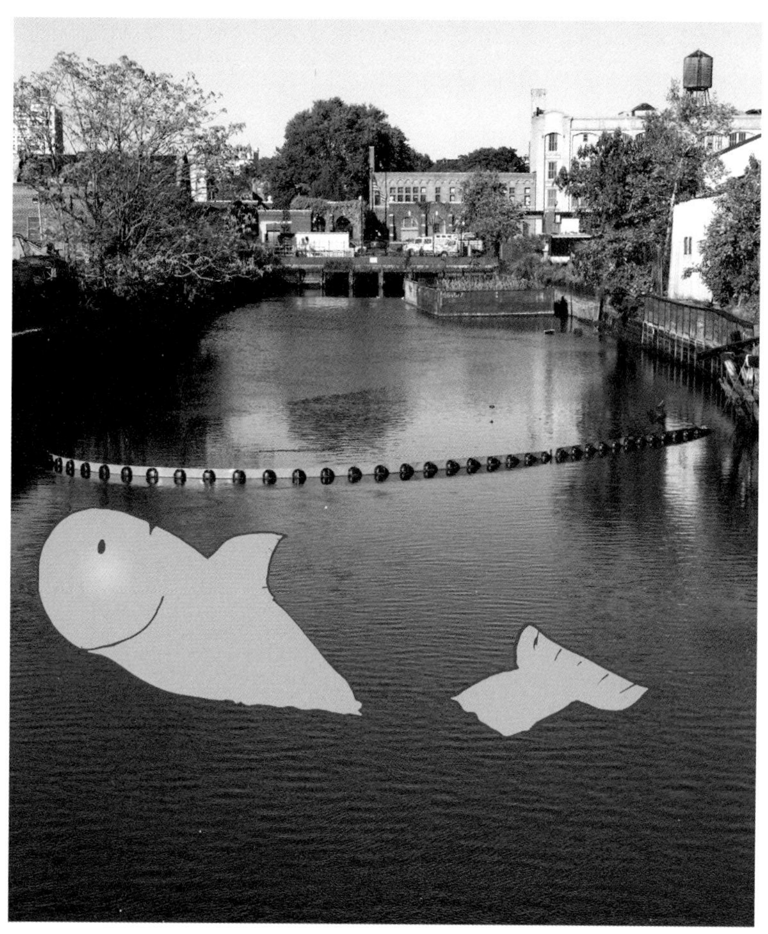

우리 운하에는 하루뿐이었지만,
마음 속에서는 영원히 살아 있을 거예요.

이 책에 쏟아진 찬사

"감사합니다! 이 책 덕분에 제 커리어를 시작할 수 있었습니다."

— 라이언 화이트(Ryan White), 게임 개발자

"C# 개발자에게 적극 추천합니다. 이 책의 저자인 앤드류와 제니퍼는 C#을 명확하고 간결하게, 무엇보다도 재미있게 알려 줍니다. 제가 처음 C#을 배울 때도 이 책이 있었다면 좋았을 텐데요!"

— 존 갤러웨이(Jon Galloway), 마이크로소프트 .NET 커뮤니티 팀의 시니어 매니저

"『헤드 퍼스트 C#』은 신나는 예제로 학습을 흥미롭게 이어나갈 수 있는 훌륭한 책입니다."

— 린제이 비다(Lindsey Bieda), 리드 소프트웨어 엔지니어

"입문자를 비롯해서 저와 같은 자바 기반의 개발자들에게 『헤드 퍼스트 C#』은 좋은 학습서입니다. 초보자와 주니어 개발자 모두 C#을 배울 수 있도록 균형을 잘 맞추고 있습니다. 직장에서 첫 번째 대규모 C# 개발 프로젝트를 맡았을 때, 이 책 덕분에 빠르게 C#을 익힐 수 있었습니다. 추천합니다."

— 쉘레와 오두산야(Shalewa Odusanya), 구글 테크니컬 어카운트 매니저

"『헤드 퍼스트 C#』은 특히 입문자에게 C#을 배우는 간결하면서도 재미있는, 가장 좋은 방법입니다. 이토록 명확한 예제와 간결한 주제로 잘 쓰인 책은 본 적이 없어요! 어려워 보이는 문제도 연습 문제를 따라 풀어 나가다 보면 머릿속에 확실한 지식으로 남게 될 것입니다. 따라 하며 배우는 최고의 학습서죠."

— 조니 할리프(Johnny Halife), Mural.ly 수석 아키텍트

"친구와 대화를 나누듯이 C#을 배울 수 있는 폭 넓은 지침서입니다. 연습 문제와 예제가 풍부해서 심화 개념까지도 흥미롭게 배울 수 있습니다."

— 레베카 둔-크랜(Rebeca Dunn-Krahn), 세마포어 솔루션 창립 파트너

"지금까지 컴퓨터 책을 처음부터 끝까지 읽어 본 적이 한 번도 없었는데, 『헤드 퍼스트 C#』만큼은 첫 페이지부터 마지막 페이지까지 흥미진진하게 읽었습니다. C#을 깊이 있으면서도 재미있게 공부하고 싶다면 단연코 이 책을 권합니다."

— 앤디 파커(Andy Parker), 새내기 C# 프로그래머

"좋은 예제 없이 프로그래밍 언어를 배우는 것은 정말로 힘듭니다. 이 책은 흥미를 돋우는 예제로 가득 채워져 있습니다. 『헤드 퍼스트 C#』은 초보자가 C#과 .NET 프레임워크를 사용하는 데 실질적인 지침으로 자리잡을 것입니다."

— 크리스 버로스(Chris Burrows), 마이크로소프트의 C# 컴파일러 팀 개발자

"이 책의 저자인 앤드류와 제니퍼는 매우 효율적인 C# 튜토리얼을 제공합니다. 『헤드 퍼스트 C#』은 독특한 스타일로 상세한 내용을 모두 다루면서도 독자들이 쉽게 다가갈 수 있는 책입니다. C#을 다른 책으로 배우려다가 실망한 독자라도 이 책은 분명히 마음에 들 것입니다."

— 제이 힐야드(Jay Hilyard), 소프트웨어 개발자, 『C# 3.0 Cookbook』 공저자

"프로그래밍과 C#의 세계로 뛰어들려는 사람들에게 추천합니다. 첫 페이지부터 끝까지 C#의 어려운 개념까지도 간단하고 쉽게 설명합니다. 마지막 프로젝트까지 따라 하고 나면 자신이 성취한 결과에 깜짝 놀라게 될 것입니다."

— 데이비드 스털링(David Strealing), 소프트웨어 개발 팀장

"『헤드 퍼스트 C#』은 머릿속에 쏙쏙 들어오는 예제와 재미있는 연습 문제로 가득한 흥미로운 학습서입니다. 여기저기 손으로 적은 듯한 설명이 달려 있어 생동감 있고, 추상 클래스와 인터페이스의 설전은 독자들의 눈을 사로잡습니다. 프로그래밍을 새로 배우는 사람에게는 더할 나위 없이 좋은 책이죠."

— 조셉 알바하리(Joseph Albahari), LINQPad 개발자, 『C# 3.0 in Nutshell』과 『C# 9.0 Pocket Reference』 공저자

"『헤드 퍼스트 C#』은 쉽게 읽고 이해할 수 있는 책입니다. C#을 막 시작하려는 개발자에게도, 코드에서 어떤 일이 일어나는지 더 자세히 이해하고자 하는 시니어 개발자에게도 이 책을 단연 추천할 수 있습니다. C#이 작동하는 방식을 더 잘 설명하고자 고민하는 개발자에게도 읽어 볼만한 좋은 책입니다."

— 주세페 투리도(Giuseppe Turitto), 콘윌 컨설팅 그룹 C# 및 ASP.NET 개발자

"앤드류와 제니퍼는 독자가 흥미롭게 C#의 세계를 탐험할 수 있게 돕습니다. 컴퓨터 앞에 앉아 연필을 움켜쥐고 좌뇌와 우뇌, 척추를 타고 흐르는 짜릿한 재미를 즐겨 보세요."

— 빌 미텔스키(Bill Mietelski), 시스템 분석 전문가

"『헤드 퍼스트 C#』을 읽은 건 아주 좋은 경험이었습니다. 이전에는 학습서 시리즈에 특별한 인상을 받지 못했어요. 하지만 이 책은 C#을 배우고 싶은 사람에게 확실히 추천하고 싶습니다."

— 크리쉬나 팔라(Krishna Pala), 마이크로소프트 공인 전문가(Microsoft Certificated Professional)

헤드 퍼스트 시리즈에 쏟아진 찬사

"어제 이 책을 받아서 집에 오는 길에 읽기 시작했는데... 책에서 눈을 뗄 수가 없었습니다. 헬스장에 가서까지 이 책을 읽으며 웃었는데, 그런 제 모습이 정말 이상하게 보였을 것 같네요. 이 책은 정말 '쿨'합니다. 재미있으면서도 중요한 내용을 콕 집어 설명해 주는 놀라운 책입니다."

— 에리히 감마(Erich Gamma), IBM 우수 엔지니어, 『GoF의 디자인 패턴』 공저자

"소프트웨어 설계에 대한 가장 재미있고 영리한 책!"

— 에런 라버지(Aaron LaBerge), ESPN 기술 및 제품 개발부 SVP

"오랜 시간 시행착오를 겪으며 배워야 했던 것들을 깔끔하고 재미있는 책 한 권으로 배울 수 있는 날이 오고야 말았습니다."

— 마이크 데이비슨(Mike Davidson), 트위터의 전 디자인 부사장이자 Newsvine의 창립자

"모든 장이 우아하게 설계되어 있습니다. 각 개념은 실용적이면서도 위트 있게 전달됩니다."

— 켄 골드스타인(Ken Goldstein), 디즈니 온라인의 사장이자 경영 이사

"디자인 패턴에 대한 책이나 기사를 읽을 때는 두 눈을 부릅뜨고 집중하기 위해 정신을 다잡아야 했습니다. 하지만 이 책은 다릅니다. 이상하게 들릴지 모르겠지만 이 책은 디자인 패턴을 배우는 과정을 재미있게 느끼게 해 주거든요. 다른 디자인 패턴 책을 고상한 클래식에 비유한다면 이 책은 신나는 댄스 음악에 비유할 수 있을 것 같습니다."

— 에릭 뷜러(Eric Wuehler)

"정말 사랑스러운 책입니다. 아내가 보는 앞에서 이 책에 뽀뽀를 했을 정도입니다."

— 새티시 쿠마르(Satish Kumar)

오라일리의 다른 책

C# 8.0 in a Nutshell

C# 8.0 Pocket Reference

C# Database Basics

C# Essentials, 2nd Edition

Concurrency in C# Cookbook, 2nd Edition

Mobile Development with C#

Programming C# 8.0

헤드 퍼스트 시리즈의 다른 책

Head First 2D Geometry

Head First Agile

Head First Ajax

Head First Algebra

Head First Android Development

Head First C

Head First Data Analysis

Head First Design Patterns

Head First EJB

Head First Excel

Head First Go

Head First HTML5 Programming

Head First HTML with CSS and XHTML

Head First iPhone and iPad Development

Head First Java

Head First JavaScript Programming

Head First Kotlin

Head First jQuery

Head First Learn to Code

Head First Mobile Web

Head First Networking

Head First Object-Oriented Analysis and Design

Head First PHP & MySQL

Head First Physics

Head First PMP

Head First Programming

Head First Python

Head First Rails

Head First Ruby

Head First Ruby on Rails

Head First Servlets and JSP

Head First Software Development

Head First SQL

Head First Statistics

Head First Web Design

Head First WordPress

지은이 소개

앤드류 스텔만은 뉴요커로 자라긴 했지만 미니애폴리스, 제네바, 피츠버그에서 살았습니다. 카네기 멜론 대학에서 컴퓨터 공학을 전공했고, 제니퍼와 컨설팅 사업을 시작하면서 오라일리에서 책을 출간했습니다.

앤드류의 첫 직장은 EMI 음반사의 프로그래머 자리였습니다. 그가 라구아디아 공연예술 고등학교에서 첼로와 재즈 베이스 기타를 전공한 것을 감안하면 꽤 의외죠. 앤드류는 회계 소프트웨어 회사에서 프로그래머로 일하며 그곳에서 제니퍼를 만났습니다. 또 몇 년 동안은 대규모 실시간 백엔드 시스템을 설계하는 메이저 투자 은행의 부사장으로 일했죠. 그는 세계적인 소프트웨어 팀을 관리하고, 마이크로소프트, 국립경제연구실, MIT를 포함한 회사와 학교, 기관의 컨설팅을 담당했습니다. 그곳에서 멋진 프로그래머들과 일하며 많은 것을 배웠습니다.

평소에는 쓸데없지만 재미있는 소프트웨어를 만들거나, 음악을 듣고 비디오 게임을 하기도 합니다. 태극권, 합기도에도 취미가 있고, 포메라니안 강아지를 키웁니다.

제니퍼 그린은 대학교에서 철학을 전공했지만 전공과 관련된 직장을 구하지는 못했습니다. 다행히도 소프트웨어 테스팅에 능통한 덕에 온라인 서비스 업체에서 테스팅을 시작하면서 프로젝트 관리에 대해 배울 수 있었습니다.

1998년에 뉴욕으로 이사해서 회계 소프트웨어 테스트 업무를 맡았습니다. 그 후로는 미디어와 회계 회사에서 소프트웨어 개발자, 테스터, PM들을 관리했습니다.

세계 방방곡곡의 여러 소프트웨어 팀과 함께 일하면서 갖가지 재미있는 프로젝트를 진행했습니다.

여행을 좋아하고, 발리우드 영화를 즐겨 보며, 가끔씩 만화책을 보기도 하고, PS3 게임도 합니다. 커다란 시베리안 고양이 사샤와 미니어처 불테리어 그레타를 키우며 시간을 보냅니다.

앤드류와 제니퍼는 1998년에 처음 만난 이후 함께 소프트웨어를 만들고 소프트웨어 엔지니어링에 대한 글을 씁니다. 2005년 오라일리에서 첫 책 『Applied Software Project Managememt』를 출간하고 『Beautiful Teams(2009)』, 『Learning Agile(2014)』을 출간했습니다. 첫 헤드 퍼스트 시리즈는 2007년에 출간된 『Head First PMP』였습니다.

2003년 두 사람은 Stellman&Greene 컨설팅을 설립해서 베트남전 참전용사의 제초제 부작용 연구를 위해 소프트웨어 프로젝트를 구축합니다. 소프트웨어를 만들고 책을 쓰는 일뿐만 아니라 회사를 컨설팅하고 소프트웨어 엔지니어링, 아키텍처, 프로젝트 관리와 관련된 학회나 회의에서 발표도 합니다.

http://www.stellman-greene.com에 그들의 블로그 Building Better Software(더 좋은 소프트웨어를 만드는 법)이 있습니다. 앤드류와 제니퍼의 소식을 듣고 싶다면 트위터에서 @AndrewStellman과 @JennyGreene을 팔로우해 보세요.

옮긴이의 말

종종 '프로그래머가 되려면 어떻게 시작해야 하느냐'는 질문을 받곤 합니다. 인생의 절반 이상을 프로그래머로서 살아왔지만, 여전히 그 답은 쉽지 않습니다. 제가 어렸을 적에는 프로그래머에 대한 정보가 지금처럼 많지 않았습니다. 컴퓨터 학원에서 배웠던 프로그래밍 언어는 무언가를 만드는 도구라기보다는 심심할 때 가지고 노는 퍼즐에 가까운 것이었죠. 프로그래밍 언어로 화면에 구구단을 출력하거나, 복잡한 패턴을 그려 보면서 컴퓨터의 동작 방식에 익숙해졌습니다. 제 경우에는 그러한 경험들이 프로그래머가 되는 데 좋은 바탕이 되었지만, 이 책의 독자분들이 선호할 만한 방법은 분명 아닐 겁니다.

어떤 분야든 전문가의 영역에 들기 위해서는 상당한 노력을 쏟아야 합니다. 프로그래밍 역시 마찬가지입니다. 전문성을 갖춘 프로그래머가 되고자 한다면 다양한 지식과 경험이 필요하죠. 여러분 주변의 다른 애플리케이션이나 제품, 서비스를 살펴보고 프로그래머가 그것들을 만들기 위해 어떤 과정을 거쳐 왔을지 상상해 보세요. 게임을 만들 것이라면 게임에 대한 배경지식이나 게임을 구성하는 요소는 물론이고 게임과 관련한 시시콜콜한 지식까지도 전부 필요할 것입니다.

한 명의 프로그래머가 최고 수준의 기량을 쌓기 위해서는 방대한 정보를 받아들여야 하며, 끈기 있게 이것저것을 시도해야 합니다. 이 과정에서 중요한 것은 흥미를 잃어버리지 않는 것이죠. 문제는 프로그래밍 언어를 익히는 일 자체는 지루하다는 것입니다.

이 책의 제목 일부인 'Head First'는 물속으로 다이빙하는 사람처럼 '머리가 앞서는 행동' 자체를 표현하거나, 충동적이고 무모한 성격을 나타내는 관용구입니다. 그런 면에서 『헤드 퍼스트 C#(4판)』의 접근 방식은 효과적입니다. 이 책은 지루한 글공부를 강요하기보다는, C# 언어를 익히며 동시에 C#으로 무엇을 할 수 있는지를 보여 줍니다. 예를 들면 C#으로 게임을 만들어 보는 것이죠. 경험으로 체득한 지식은 재미있을 뿐만 아니라, 쉽게 잊히지 않는 법입니다. 프로그래밍에 입문하려는 독자 여러분에게 이 책이 무모하고도 흥미로운 도전이 되기를!

웹 검색만 해도 좋은 리소스가 넘쳐나는 요즘 같은 시대에 굳이 프로그래밍 입문서가 필요할까 하는 개인적인 의구심도 있었습니다. 이 책은 그 질문에 대한 답이 되었습니다. 좋은 책을 번역할 기회를 제안해 주신 한빛미디어 임직원분들께 감사드립니다.

2023년 가을, 캘리포니아 벨몬트에서 소령, 은규, 유월과 함께

이수겸

목차

CHAPTER 00

들어가며
이 책을 읽는 방법

C#을 위한 여러분의 뇌

여러분은 뭔가를 배우기 위해서는 이 책을 보고 있을 것입니다. 하지만 여러분의 머리는 배운 내용을 곧이곧대로 받아들이려고 하지 않죠. 아마 '야생 동물을 조심해야 한다'거나, '양궁을 할 때는 안전 장비를 잘 갖춰야 한다'와 같은 더 중요한 내용을 채워 넣어야 하니까 자리를 좀 남겨 둬야 한다고 생각하고 있을 것입니다. 이제 여러분의 두뇌를 속여서 C#이 당신의 삶에 필수적인 것이라고 생각하게 만들어 봅시다.

CHAPTER 01

C#으로 개발 시작하기

멋진 프로그램을 만들어 봅시다!

지금 당장 앱을 개발하고 싶나요?

이 책에서 다루는 C#은 개발에 유용한 도구와 최신 패러다임을 포함하는 프로그래밍 언어입니다. 또한 비주얼 스튜디오는 코딩에 필요한 기능을 직관적으로 사용할 수 있는 훌륭한 통합 개발 환경으로, C#을 학습하는 데 아주 유용한 도구입니다.

CHAPTER 02

C#의 매력에 빠져 보기

명령문, 클래스, 코드

여러분은 비주얼 스튜디오 사용자가 아닙니다. 개발자입니다

비주얼 스튜디오는 많은 작업을 처리할 수 있는 아주 훌륭한 소프트웨어 개발 도구입니다. 그러나 비주얼 스튜디오 사용 방법을 아는 것만으로는 한계가 있습니다. 단지 출발선에 서 있는 것에 불과하죠. 이 유용한 도구를 이용해 코드를 어떻게 구성하고, 프로그램을 작동시키고, C# 코드를 어떻게 제어하는지 알아야 합니다. 이번 장에서는 비주얼 스튜디오로 C# 코드를 다루고 앱을 구현하는 방법을 배워 봅시다. 기계식 키보드가 필요하냐고요? 아니요, '찐' 개발자는 키보드가 아니라 코드로 이야기합니다!

유니티 연구실 **#1**

유니티로 C# 탐험하기

헤드 퍼스트 C#의 <유니티 연구실>에 오신 것을 환영합니다. 코드 작성에는 기술이 필요합니다. 그리고 이 기술을 향상시키려면 수많은 연습과 시행착오가 필요하죠. 유니티는 이 과정에 큰 도움이 됩니다.

CHAPTER 03 | 객체를 소개합니다

이해하기 쉬운 코드 만들기

프로그램은 문제를 해결하기 위해 작성합니다

프로그램을 만들 때, 이 프로그램으로 어떤 문제를 해결할 것인가를 생각해 보는 것은 언제나 좋은 습관입니다. 여기서 객체가 유용한 역할을 하죠. 객체는 프로그램이 해결하려는 문제를 기초로 해서 코드를 구조화할 수 있도록 해 줍니다. 그렇게 함으로써 여러분은 코드를 작성하는 기계적인 과정에 시간을 소모하는 대신 문제 자체에 집중할 수 있게 되죠. 객체를 올바로 사용하고 객체 설계에 공을 들인다면, 읽기 쉽고 수정하기 쉬운 직관적인 코드를 작성할 수 있습니다.

CHAPTER 04

타입과 참조

참조 이해하기

데이터가 존재하지 않는다면 앱은 무슨 일을 할 수 있을까요?

잠깐 생각해 봅시다. 데이터가 없는 프로그램은... 사실 데이터가 없는 코드를 작성한다는 것은 상상하기조차 어렵습니다. 사용자에게 입력을 받아야 하고, 이를 바탕으로 정보를 검색하거나 새로운 정보를 생성해서 사용자에게 돌려주어야 합니다. 사실 개발자가 하는 일 대부분은 이래저래 데이터와 관련 있습니다. 생각해 보면 객체도 데이터죠. 4장에서는 C# 데이터 타입과 참조의 특성, 프로그램에서 데이터를 다루는 법, 객체에 대해 배워 보겠습니다.

유니티 연구실 **#2**

유니티에서 C# 코드 작성하기

유니티는 2D/3D 게임과 시뮬레이션을 위한 강력한 크로스 플랫폼 엔진이자 개발 도구입니다. 그리고 C# 코드 작성을 연습할 수 있는 훌륭한 도구이기도 합니다. 유니티 연구실 #2의 프로젝트에서는 더 많은 C# 코드를 작성해 보며 연습해 볼 것입니다.

CHAPTER 05 | 캡슐화

데이터 기밀 유지하기

개인 정보를 지키고 싶나요?

개인 정보를 지키는 것은 중요합니다. 그리고 프로그램 속 객체들도 지키고 싶은 비밀이 있을 수 있습니다! 여러분이 신뢰하지 않는 사람이 여러분의 일기나 은행 잔고를 들여다보게 내버려 두지 않는 것처럼 잘 설계된 객체 또한 다른 객체가 자신의 변수나 메서드, 필드 등을 마음대로 들쑤셔 보도록 내버려 두지 않습니다. 5장에서는 객체가 자신의 값을 숨기는 방법인 캡슐화를 배웁니다. 캡슐화는 데이터로의 접근을 제어해서 데이터의 기밀을 유지하고 보호해 주죠. 또한, 코드를 더 사용하기 쉬우면서도 유연하게 만들어 실수할 확률을 줄여 줍니다. 이번 장에서는 캡슐화와 캡슐화를 사용하기 위해 객체의 데이터를 비공개로 설정하는 방법, 속성을 추가하는 방법 등을 살펴보겠습니다.

CHAPTER 06 상속
객체의 가계도

가끔은 부모처럼 굴고 싶을 때가 있습니다

여러분이 원하는 대로 모든 작업을 정확히 수행하는 클래스를 만들어 본 적이 있나요? 몇 가지만 바꾸면 완벽한 클래스가 될 것 같다고 생각해 본 적은 있었나요? 상속을 사용하면 이미 존재하는 클래스의 기능을 그대로 이어받으면서 클래스를 확장할 수 있습니다. 클래스의 특정한 행위를 유연하게 변경해서, 원하는 대로 기능을 다듬을 수 있습니다. 상속은 C# 언어의 가장 강력한 개념과 기법입니다. 상속을 통해 코드 중복을 피하고, 좀 더 실세계에 가깝게 모델링할 수 있으며, 유지 보수가 쉽고 오류를 덜 유발하는 앱을 만들 수 있습니다.

유니티 연구실 #3

게임 오브젝트 인스턴스

<유니티 연구실>은 C# 코드 작성을 연습하기 위해 마련된 공간입니다. 그리고 C#은 객체 지향 언어죠. 유니티 연구실 #3에서는 유니티로 객체의 생성에 초점을 맞춰 봅니다.

CHAPTER 07

약속을 지키는 클래스

특정한 작업을 수행하는 객체가 필요한가요? 인터페이스를 사용하세요

가끔 객체를 상속하는 클래스가 아니라 객체가 수행할 수 있는 작업을 기준으로 묶어야 할 때가 있습니다. 이럴 때 인터페이스가 필요하죠. 인터페이스를 사용하면 특정한 작업을 정의할 수 있습니다. 클래스에서 인터페이스를 구현하면, 곧 이 클래스의 인스턴스가 바로 그 특정한 작업을 수행할 수 있다고 보증하는 것과 같습니다. 이 클래스가 다른 어떤 클래스와 관련이 있든 없든 간에 말이죠. 이 모든 것이 잘 작동하려면 인터페이스를 구현하는 클래스는 인터페이스가 요구하는 사항을 만족시켜야 합니다. 그렇지 않으면 컴파일러가 여러분을 혼내 주러 올 것입니다. 아시죠?

CHAPTER 08

열거형과 컬렉션

데이터 조직하기

데이터는 여러분이 바라는 것처럼 항상 깔끔하게 정돈되어 있지 않습니다

실생활에서 여러분이 데이터를 다룰 때는 정리되지 않은 자잘한 데이터를 받는 경우가 대다수입니다. 아니, 데이터는 보통 무더기로 쌓여 들어오죠. 이러한 데이터를 정리하려면 강력한 도구가 필요할 것입니다. 열거형과 컬렉션이 바로 그 도구죠. 열거형은 데이터를 분류하는 유효한 값을 정의할 수 있게 해 주는 타입입니다. 컬렉션은 여러 값을 저장하는 특수한 객체로, 프로그램이 처리할 모든 데이터를 저장, 정렬, 관리할 수 있게 해 줍니다. 컬렉션을 사용하면 컬렉션이 데이터를 저장하는 기능을 제공하므로, 개발자는 데이터를 다루는 프로그램을 작성하는 데 집중할 수 있습니다.

유니티 연구실 #4

사용자 인터페이스

유니티 연구실 #3에서는 프리팹을 사용해서 3D 게임 공간의 임의의 위치에 회전하는 구체가 생성되도록 만들었습니다. 유니티 연구실 #4에서는 유니티 연구실 #3에서 작업하던 게임에 C#의 인터페이스를 적용해 보겠습니다.

CHAPTER 09

LINQ와 람다

데이터 통제하기

우리는 데이터가 이끄는 세계에서 살아가는 법을 배워야 합니다

모든 것이 데이터로 이뤄지는 시대가 도래해 LINQ가 자신의 역할을 다하고 있죠. LINQ는 C#과 .NET의 주요 기능입니다. LINQ는 직관적인 방식으로 .NET 컬렉션의 데이터를 조회할 수 있게 해 주며, 데이터를 그룹화하거나 여러 데이터의 원본에 데이터를 합치는 등의 기능을 제공합니다. 데이터를 보기 좋게 만들어 내는 일에 익숙해지고 나면 람다 식(lambda expression)을 사용해 C# 코드를 다양한 방식으로 리팩터링할 수 있습니다.

CHAPTER 10 파일 읽고 쓰기
한 개의 바이트도 놓치지 않을 거예요!

가끔씩은 어디에 저장하는 것이 가치가 있습니다

지금까지 여러분이 작성한 프로그램은 대체로 수명이 짧았습니다. 프로그램을 시작하고, 잠깐 실행되다가 곧 바로 종료되죠. 하지만 중요한 정보를 처리해야 한다면, 이렇게 수명이 짧은 프로그램을 계속 만들 수는 없습니다. 최소한 프로그램이 작업 중이던 정보를 저장할 수 있어야 하죠. 10장에서는 데이터를 파일에 기록하는 방법과 파일에 기록된 정보를 다시 읽어 들이는 방법을 살펴보겠습니다. 스트림, 직렬화를 사용해 파일에 객체를 저장하는 방법을 배우고, 16진수, 유니코드, 이진 데이터의 실제 비트와 바이트까지 들여다볼 것입니다.

유니티 연구실 #5

레이캐스팅

유니티에서 [씬] 뷰를 구성한다는 것은 게임 캐릭터가 돌아다닐 3D 가상 세계를 만든다는 의미입니다. 하지만 대부분 게임에서 플레이어는 게임 내 요소들을 직접 제어할 수 없죠. 그렇다면 어떻게 각각의 객체는 [씬] 뷰 안에서 플레이어가 스스로 움직여야 할 경로를 알아내는 걸까요?

CHAPTER 11

객체의 죽음

캡틴 어메이징

CHAPTER 12 예외 처리
계속 불만 끄는 건 짜증 나죠

개발자는 소방관이 아니라고요

개발자가 된 당신, 헤드 퍼스트도 읽고 열심히 일한 덕에 이제 전문가의 경지에 다다랐습니다. 하지만 여전히 한밤중에 프로그램이 의도한 대로 작동하지 않거나 오류가 발생했다는 전화를 받고 놀라 일어나기 일쑤죠. 이상한 오류를 발견하고 고칠 때의 쾌감은 물론 짜릿합니다. 하지만 오류 때문에 늘 불안해 할 수만은 없어요. 이럴 때 예외 처리 코드를 사용하면 갑작스럽게 발생하는 문제를 어느 정도 예방할 수 있습니다. 게다가 문제가 발생해도 프로그램이 계속 실행되도록 할 수 있죠.

유니티 연구실 #6

씬 내비게이션

이제 유니티 연구실 #5의 마지막 부분부터 이어서 계속해 봅시다. 유니티 연구실 #6의 목표는 여러분이 만든 세계 안에서 플레이어가 이동할 경로를 스스로 찾도록 하는 유니티의 정교한 AI 시스템인 내비게이션과 경로 찾기 시스템에 익숙해지는 것입니다. 이번 연구실에서는 내비게이션 시스템과 경로 찾기 시스템을 사용해 게임 오브젝트가 씬 안을 돌아다니도록 만들어 봅시다.

Visual Studio for Mac 학습자 가이드

C#과 .NET 세계에서 맥은 우선 지원 대상입니다

헤드 퍼스트 C#의 일부 프로젝트는 윈도우를 기반으로 합니다. 그래서 이렇게 맥 사용자를 위한 특별한 학습자 가이드를 만들었죠. 이 학습자 가이드는 맥 사용자가 1장의 프로젝트를 실행하고 C#을 살펴볼 수 있게 돕습니다. 이 프로젝트에서는 C#을 사용해 Blazor WebAssembly 앱을 만들어 봅니다. 프로젝트는 모두 훌륭한 C# 학습 도구인 Visual Studio for Mac에서 실행할 수 있습니다.

APPENDIX II 코드 카타

숙련자와 참을성 없는 사람을 위한 코드 카타 가이드

CHAPTER

00

이 책을 읽는 방법

들어가며

세상에 이런
C# 책이 있다니...
정말 믿을 수가 없군요.

<들어가며>는 왜 C# 프로그래밍 책을 이런 식으로 만들었을까? 하는

이 책의 독자

이 책이 누구를 위한 책인지 알아봅시다.

이 책이 필요한 사람은 누구일까요?

다음 3가지 질문에 모두 "예"라고 대답할 수 있다면,

01 C#과 유니티를 사용한 게임 개발에 대해 배우고 싶습니까?

02 무미건조한 독서보다는 실습해 보는 쪽을 선호합니까?

03 무미건조하고 기술적인 내용만 강조하는 강의보다는 즐겁게 대화를 나누고 싶습니까?

이 책은 바로 당신을 위한 책입니다.

이 책이 맞지 않는 사람은 누구일까요?

다음 3가지 질문 중 하나라도 "예"라고 대답할 수 있다면,

01 실습보다는 이론에 관심이 갑니까?

02 프로젝트를 진행하거나 코드를 작성하려고 하면 하품이 절로 나고 머리가 지끈거립니까?

03 새로운 것을 시도하는 것이 두렵습니까? 개발과 학습은 진지하고 정적이어야 한다고 생각합니까?

그렇다면 이 책은 당신에겐 적합하지 않습니다.

이 책을 읽으려면
다른 프로그래밍 언어를
알고 있어야 하나요?

대체로 C#을 첫 번째 프로그래밍 언어로 배우지는 않습니다. 하지만 C#을 시작하기 위해 프로그래밍 경험이 많아야 하는 건 아니죠

아주 작은 프로그램이라도 작성해 본 경험이 있다면 분명히 이 책을 읽을 때 도움이 될 것입니다. 어떤 언어든지, 학교 또는 온라인에서 잠깐 들은 강의라도, 단 한 번뿐이라도요.

엑셀의 함수 기능을 써 봤거나, 웹 페이지를 작성해 본 적이 있다면 그것도 좋습니다. 하지만 완전히 문외한이라면요? 괜찮습니다! 호기심과 흥미만 있으면 됩니다.

『헤드 퍼스트 C#』이 좋은 선택일지 여전히 고민된다면 1장부터 4장까지만 시도해 보세요. 필요한 코드는 http://github.com/head-first-csharp/fourth-edition에서 무료로 다운로드할 수 있습니다.

이 책이 이렇게 된 이유

아마 지금쯤 여러분의 머릿속에는 이런 생각이 지나가고 있겠죠?

"어떻게 이런 걸 C# 프로그래밍 책이라고 하겠어?"
"이런 그림은 왜 있는 거야?"
"정말 이런 식으로 배워도 되나?"

여러분의 두뇌에서는 바로 이런 것을 더 중요하게 여긴답니다.

여러분의 두뇌는 이렇게 생각합니다.

여러분의 두뇌는 항상 새로운 것을 갈망합니다. 항상 뭔가 특이한 것을 기다리고 있죠. 원래 두뇌란 그렇습니다. 그리고 이 덕에 인류가 지금까지 생존한 것입니다. 물론 여러분이 지금 당장 호랑이 밥이 될 가능성은 거의 없죠. 하지만 두뇌는 여전히 주의를 기울이고 있습니다. 언제 어떤 일이 일어날지 알 수 없으니까요.
그렇다면 일상적이고 흔하디 흔한, 너무나도 평범한 것을 접할 때 두뇌에서는 어떤 일이 일어날까요? 두뇌는 정말 해야 하는 일(정말 중요한 것을 기억하는 일)을 방해하는 모든 것을 거부합니다. 별로 중요하지 않은 내용은 '중요하지 않은 것을 차단해 버리는' 필터에서 걸러집니다.
그러면 두뇌는 무엇이 중요한 내용인지 어떻게 판단할까요? 등산을 갔는데 갑자기 호랑이가 나타났다고 생각해 봅시다. 두뇌와 몸에서 어떤 일이 일어날까요? 뉴런이 갑자기 폭발하면서 감정이 복받치고 호르몬이 쭉쭉 솟아나겠죠. 그리고 여러분의 두뇌는 다음과 같이 생각할 겁니다.

이건 정말 중요한 거야! 잊어버리면 안 돼!

하지만 집이나 도서관에 있다고 생각해 봅시다. 그런 장소는 안전하고, 따뜻하고, 호랑이가 나타날 리도 없습니다. 거기서 시험 공부를 한다거나 직장 상사가 일주일, 길어도 열흘 안에 모두 마스터하라고 한 내용을 공부하고 있는 거죠.
이렇게 공부하면 1가지 문제가 발생합니다. 두뇌는 중요하지 않은 내용을 저장하느라 중요한 내용을 저장하지 않을 겁니다. 호랑이나 화재의 위험, 반바지만 입고 스노보드를 타면 안 되는 이유와 같이 중요한 것을 저장하려면 쓸데없는 내용은 무시하는 것이 나으니까요.
그렇다고 "날 위해서 수고해 주는 건 정말 고맙긴 한데, 이 책이 아무리 지루하고 재미없고 별 감흥도 없지만 지금 이 내용은 정말 기억해야 한단 말이야."라고 말할 수도 없습니다.

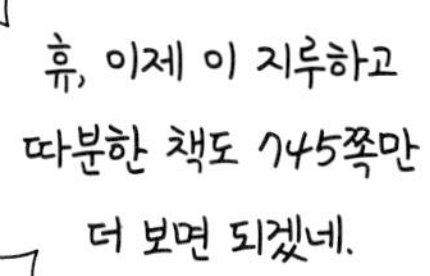

휴, 이제 이 지루하고
따분한 책도 745쪽만
더 보면 되겠네.

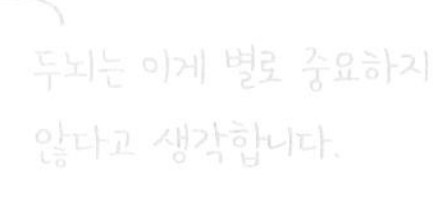

우리는 헤드 퍼스트 독자를 '학습자'라고 생각했습니다

뭔가를 배우려면 어떻게 해야 할까요? 우선 이해한 것을 잊어버리지 말아야겠죠. 하지만 지식을 두뇌에 무작정 넣는 방법으로는 제대로 배울 수 없습니다. 인지 과학, 신경생물학, 교육심리학 분야에서의 최근 연구 결과에 따르면 종이 위에 적혀 있는 텍스트만으로는 제대로 학습할 수 없다고 합니다. 헤드 퍼스트는 머리가 쌩쌩하게 돌아가도록 하는 방법을 알고 있습니다.

헤드 퍼스트 학습 원리

그림으로 설명합니다. 글에 그림을 곁들이면 기억하기도 좋고, 학습 효과를 향상하는 데도 도움이 됩니다(기억과 전이 분야의 연구에 따르면 최대 89%까지 향상된다고 합니다). 단어를 관련된 그림 안이나 옆에 두면 그림 아래나 그림과 동떨어진 위치에 둘 때보다 내용과 관련된 문제를 2배나 잘 풀 수 있다고 합니다.

대화체를 사용합니다. 최근의 연구에 따르면 딱딱하고 형식적인 문체보다 사적인 대화를 나누는 듯한 문체로 내용을 설명하면 학습 후 테스트에서 40% 정도 더, 나은 점수를 받을 수 있다고 합니다. 여러분은 친구와 저녁을 먹으며 나눈 대화와 딱딱한 강의 중 어떤 것에 더 집중하나요?

더 깊이 생각할 수 있도록 만듭니다. 뉴런을 활발하게 사용하지 않으면 머릿속에서 그리 특별한 일이 일어나지 않습니다. 독자가 문제를 풀고, 결과를 유추하고, 새로운 지식을 만들어 낼 수 있도록 동기, 흥미, 호기심, 사기를 불어넣을 수 있어야 합니다. 그렇게 하려면 뭔가 도전 의식을 고취할 만한 연습 문제와 질문으로 양쪽 두뇌를 모두 써야 하는 활동을 제공해야 합니다.

주의를 기울이게 만듭니다. 아마도 대다수의 독자가 "아, 이거 꼭 해야 하는데 한 쪽만 봐도 졸려 죽겠네." 라고 생각해 봤을 겁니다. 사람의 두뇌는 언제나 일상적이지 않은 것, 재미있는 것, 특이한 것, 눈길을 끄는 것, 예기치 못한 것에 주의를 기울입니다. 어렵고 기술적인 내용을 배우는 일이 반드시 지루할 필요는 없습니다. 오히려 지루하지 않아야 새로운 내용을 빠르게 받아들입니다.

감성을 자극합니다. 내용이 얼마나 감성을 자극하는지에 따라 기억되는 정도가 크게 달라집니다. 자신이 좋아하거나 관심 있는 것은 쉽게 기억합니다. 뭔가를 느낄 수 있으면 쉽게 기억합니다. 그렇다고 소년과 강아지 사이의 가슴 뭉클한 사연 같은 것을 말하는 것은 아닙니다. 퍼즐을 풀어내거나 남들이 모두 어렵다고 생각하는 것을 알았을 때, 놀라움, 호기심, 재미, '오 이럴 수가!', 아니면 '내가 해냈어!'와 같은 감정을 느낄 때 더 잘 배울 수 있습니다.

가끔은 오싹한 감정도
배운 내용을 기억하는 데
도움이 됩니다.

메타인지: 생각에 관한 생각

어떻게 해야
두뇌가 이 내용을
중요하다고 생각할까?

정말로 빨리 더 자세하게 배우고 싶다면 여러분이 어떤 식으로 주의를 기울이는지에 주의를 기울이고, 생각하는 방법을 생각하고, 배우는 방법을 배워야 합니다. 메타인지나 교육 이론을 배운 독자는 그리 많지 않을 겁니다. 뭔가를 배워야 해서 배웠지만, 정작 배우는 방법을 배우지는 못한 거죠.

일단 이 책의 독자라면 C#을 배우고 싶어서 읽고 있겠죠? 그리고 가능하면 짧은 시간 안에 배우고 싶겠죠? 이 책을 볼 때 최대한 많은 것을 얻으려면 두뇌가 그 내용에만 집중하도록 해야 합니다.

그렇게 하려면 여러분의 두뇌가 새로 배우는 내용을 굶주린 호랑이만큼이나 중요하다고 생각하게 해야 합니다. 그렇지 않으면 그 내용을 배우지 않으려는 두뇌와 끊임없이 싸우면서 시간을 낭비해야 합니다.

어떻게 해야 두뇌에서 C#을 호랑이만큼 중요한 것으로 생각할까요?

느리고 지루한 방법도 있고 빠르고 효율적인 방법도 있습니다. 느린 방법은 반복하는 것입니다. 같은 내용을 계속 반복해서 주입하면 아무리 재미없는 내용이라도 배우고 기억할 수 있습니다. 충분히 여러 번 반복해서 보면 두뇌는 "사실 별로 중요한 것 같진 않지만 똑같은 걸 계속해서 보고 있으니 일단 기억은 해 두자."라고 생각하죠.

빠른 방법은 두뇌 활동, **그중에서도 서로 다른 유형의 두뇌 활동을 증가시키는 방법을 사용하는 것입니다.** 앞쪽에 있는 내용은 모두 두뇌 활동을 증가시키는 방법이며 학습 과정에 도움이 된다고 밝혀진 방법입니다. 예를 들어 어떤 단어를 설명하는 그림 안에 그 단어를 넣어 두면 그 단어와 그림 사이의 관계를 이해하려고 두뇌가 활발하게 움직이면서 더 많은 뉴런이 활성화됩니다. 더 많은 뉴런이 활성화되면 뇌에서 그 내용을 집중해서 살펴볼 가치가 있다고 생각하게 되고 결국 더 잘 기억하게 되죠.

대화하는 듯한 문체가 더 나은 이유는 보통 대화를 할 때 상대방이 하는 말을 들으면서 이해하려고 노력하기 때문입니다. 그리고 중요한 사실은 그런 대화가 책과 독자 사이의 대화일 때도 우리의 두뇌는 똑같이 반응한다는 점입니다. 하지만 문체가 딱딱하고 재미없으면 수백 명의 학생이 대형 강의실에 앉아서 건성으로 수업을 들을 때와 마찬가지로 학습 효과가 떨어진다고 합니다. 하지만 그림과 대화형 문체는 시작일 뿐입니다.

이 책의 구성

그래서 이 책에서는 이렇게 구성했습니다.

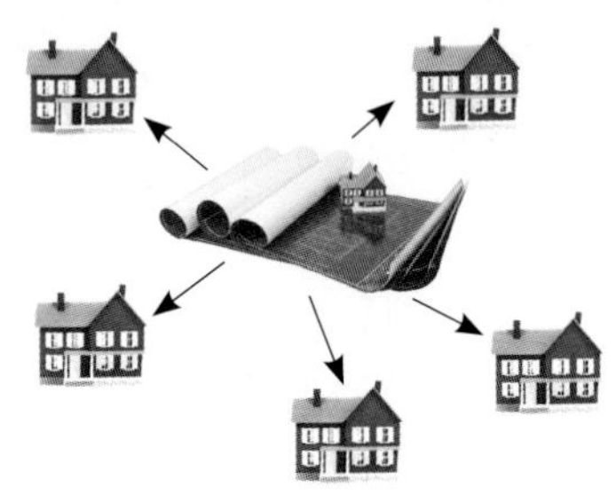

이 책에는 **그림**이 많습니다. 두뇌는 글보다는 그림에 더 민감하게 반응하기 때문이죠. 두뇌의 반응을 보면 그림 한 장이 1,024개의 단어보다 낫습니다. 그리고 글을 그림에 포함했습니다. 그림 안에 글을 넣었을 때 더 잘 기억할 수 있으니까요.

이 책에서는 **같은 내용을 서로 다른 방법과 매체**로 여러 감각을 거쳐 전달해서 설명한 내용이 머리에 더 쏙쏙 잘 들어갈 수 있도록 구성했습니다. 여러 번 반복하면 그만큼 잘 기억할 수 있으니까요.

개념과 그림을 **예상하기 힘든 방식**으로 사용했습니다. 두뇌는 새로운 것을 더 잘 받아들이기 때문입니다. 그림과 개념은 감성을 자극할 수 있도록 구성했습니다. 두뇌는 감성적인 내용을 더 빠르게 받아들이기 때문이죠. 그 감정이 **사소한 유머, 놀라움** 같은 것이라도 말이죠.

이 책에서는 **대화체**를 사용했습니다. 두뇌는 앉아서 강의를 듣는다고 느낄 때보다 상대방과 대화를 한다고 느낄 때 더 집중하기 때문이죠. 대화체의 책을 읽을 때도 마찬가지입니다.

이 책에는 **70여 개의 연습 문제**가 있습니다. 읽을 때보다 실제로 어떤 일을 할 때 더 잘 배우고 더 잘 기억하기 때문입니다. 그리고 문제는 조금 어렵지만 노력하면 풀 수 있는 수준으로 만들었습니다. 꼭 풀어 보기 바랍니다.

그리고 **여러 가지 학습 유형**을 섞어서 사용했습니다. 단계별로 공부하는 쪽을 선호하는 독자도 있지만 큰 그림을 먼저 파악하는 것을 좋아하는 독자도 있고 코드 예제만 보면 된다고 생각하는 독자도 있기 때문입니다. 하지만 어느 것을 더 좋아하든 같은 내용을 여러 방법으로 표현하는 방식은 모든 독자에게 도움이 될 겁니다.

양쪽 뇌를 모두 사용할 수 있는 내용을 담았습니다. 두뇌의 더 많은 부분을 사용할수록 더 많은 것을 배우고 기억할 수 있으며, 더 오랫동안 집중할 수 있기 때문입니다. 한쪽 두뇌를 사용하고 있을 때는 나머지 두뇌는 쉴 수 있으므로 오랫동안 공부할 때도 높은 효율을 유지할 수 있습니다.

여러 관점을 보여 주는 이야기와 연습 문제를 담았습니다. 직접 어떤 것을 평가하거나 판단하면 더 깊이 이해할 수 있기 때문입니다.

여러분의 도전 의식을 고취시키는 **연습 문제**와 뚜렷한 정답이 없는 **질문**을 담았습니다. 두뇌는 곰곰이 생각할 때 더 많은 것을 배우고 기억할 수 있기 때문이죠. 하지만 항상 열심히 할 가치가 있는 것만 열심히 할 수 있도록 구성했습니다. 너무 이해하기 힘든 예제를 붙잡고 낑낑대거나 어려운 전문용어만 잔뜩 들어있는 짤막한 문장을 해석하느라 머리가 아픈 일은 없도록 말입니다.

이 책에서는 여러 **사람**이 등장합니다. 두뇌는 사물보다는 사람에게 더 많은 관심을 가지니까요.

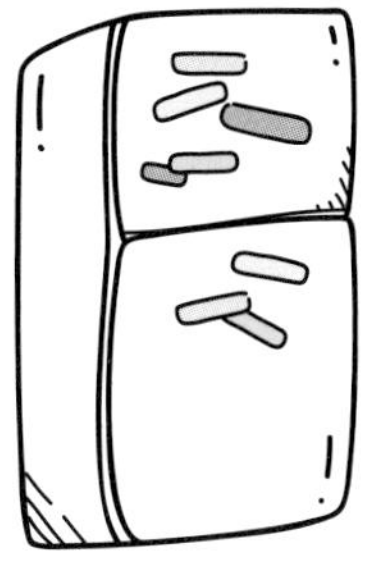

여러분의 두뇌를 정복하는 방법

이제 여러분이 행동할 차례입니다. 여기에 나와 있는 팁부터 시작합시다. 여러분의 두뇌에서 어떤 반응을 보이는지 살펴보고 어떤 것이 적절하고 어떤 것이 부적절한지 알아봅시다. 항상 새로운 것을 시도해 보세요

아래 내용을 오려서 냉장고 문에 붙여 놓으세요.

---

❶ 천천히 하세요. 더 많이 이해할수록 외워야 할 양은 줄어듭니다.

그냥 무작정 읽지 맙시다. 잠깐씩 쉬면서 생각해 봅시다. 책에 있는 질문을 보고 정답으로 바로 넘어가면 안 됩니다. 누군가 다른 사람이 정말로 질문을 하고 있다고 생각하세요. 더 깊이, 신중하게 생각할수록 더 잘 배우고 기억할 수 있습니다.

❷ 연습 문제를 꼭 풀어 보고 메모를 남깁시다.

연습 문제는 여러분을 위해 수록한 것입니다. 그냥 답만 보고 넘어가면 다른 사람이 운동하는 걸 구경하는 것과 마찬가지입니다. 연습 문제를 눈으로만 보고 넘어가면 안 됩니다. 반드시 직접 필기구를 들고 문제를 풀어 봅시다. 실제로 배우는 과정에서 몸을 움직이는 것이 배우는 데 도움이 된다고 합니다.

❸ 〈무엇이든 물어보세요〉 부분을 반드시 읽어 봅시다.

반드시 모두 읽어 보세요. 그냥 참고자료로 수록한 것이 아니라 이 책의 핵심 내용 중 하나입니다.

❹ 잠자리에 들기 전에 마지막으로 이 책을 읽어 봅시다.

학습 과정의 일부(특히 장기 기억으로의 전이 과정)는 책을 놓은 후에 일어납니다. 여러분의 두뇌에서 무언가를 처리하려면 시간이 필요하기 때문이죠. 처리하는 중에 다른 일을 하면 새로 배운 내용을 잊어버릴 가능성이 높아집니다.

❺ 물을 많이 마십시다.

머리가 잘 돌아가려면 물이 많이 필요합니다. 수분이 부족하면 (목이 마르다는 느낌이 들면 수분이 부족한 것입니다) 인지 기능이 떨어집니다.

❻ 배운 내용을 얘기해 봅시다.

소리 내어 말하면 읽기만 할 때와는 다른 두뇌 부분이 활성화됩니다. 뭔가를 이해하거나 나중에 더 잘 기억하고 싶다면 크게 소리를 내어 말해 보세요. 다른 사람에게 설명하면 더 좋습니다. 더 빠르게 배울 수 있으며 책을 읽는 동안에는 몰랐던 것도 생각할 수 있습니다.

❼ 두뇌의 반응에 귀를 기울여 봅시다.

여러분의 두뇌가 너무 힘들어하고 있지는 않은지 관심을 가져봅시다. 대강 훑어보고 있거나 방금 읽은 내용을 바로 잊어버린다는 느낌이 들면 잠시 쉬는 것이 좋습니다. 일단 어느 정도 공부하고 나면 무조건 파고든다고 해서 더 빨리 배울 수 있는 것은 아닙니다. 오히려 공부하는 데 방해가 될 수도 있습니다.

❽ 뭔가를 느껴 봅시다.

여러분의 두뇌에서 지금 공부하고 있는 것이 중요하다고 느낄 수 있어야 합니다. 책 속에 나와 있는 이야기에 몰입해 보고 책에 나와 있는 사진에 직접 제목을 붙여 봅시다. 아무것도 느끼지 않는 것보다는 썰렁한 농담을 보고 비웃기라도 하는 편이 낫습니다.

❾ 직접 코드를 입력하고 실행해 봅시다.

코드 예제를 직접 입력해서 실행해 보세요. 그리고 코드를 조금씩 고쳐 보세요(물론 그러다 보면 프로그램이 아예 돌아가지 않을 수도 있습니다. 하지만 그런 과정에서 프로그램이 어떤 식으로 돌아가는지 더 자세하게 알아낼 수 있습니다). 긴 예제나 인스턴트 코드를 실행시킬 때는 http://github.com/head-first-csharp/fourth-edition에서 소스 파일을 내려받아 써도 됩니다.

일러두기

이 책은 참고서가 아니라 학습서입니다. 그래서 내용 설명에 방해될 만한 부분은 최대한 생략했습니다. 그리고 이 책은 앞에서 배운 내용을 알아야만 뒷부분 내용을 이해할 수 있는 구성으로 되어 있습니다. 적어도 처음 읽을 때는 맨 앞부터 순서대로 읽어야 합니다.

개념을 쉽게 이해하기 위해 많은 시각 자료를 제공합니다.

퍼즐과 퀴즈는 꼭 풀어야 합니다.

〈퍼즐〉은 장식품이 아닙니다. 엄연히 이 책의 일부분입니다. 암기나 이해를 도우려고 만든 부분도 있고 배운 내용의 응용을 도우려고 만든 부분도 있습니다. 〈연습 문제〉는 절대로 건너뛰지 맙시다. <낱말 퀴즈>는 꼭 풀어 볼 필요는 없지만, 용어나 단어를 다른 관점에서 생각해 보는 좋은 기회가 될 겁니다.

〈쓰면서 제대로 공부하기〉 부분도 반드시 직접 풀어보세요.

중요한 내용은 일부러 반복해서 설명합니다.

헤드 퍼스트 시리즈가 다른 책들과 특히 다른 점은 여러분이 제대로 알고 넘어가도록 만들었다는 데 있습니다. 이 책을 다 읽었을 때 배운 내용을 최대한 많이 기억할 수 있어야 합니다. 참고서는 독자들이 확실히 기억하는 것을 주된 목표로 만들어진 것은 아닙니다. 하지만 헤드 퍼스트 시리즈는 학습을 목적에 둔 책이므로 같은 개념이 여러 번 나옵니다.

연습 문제는 반드시 풀어보세요. 정말 C#을 배우고 싶다면 절대로 건너뛰면 안 됩니다.

연습 문제

연습 문제는 반드시 모두 풀어 보세요!

이 책은 여러분이 C# 프로그래밍을 배우고 싶다는 가정하에 쓰였습니다. 여러분은 아마 코드에 뛰어들어서 직접 코드를 써 보고 싶을 것입니다. 이 책은 모든 장에서 〈쓰면서 제대로 공부하기〉를 통해 실력을 키울 기회를 제공하고, 다양한 프로젝트를 차근차근 해결해 나갈 수 있도록 〈따라해 보세요!〉 표시를 해 두었습니다. 〈연습 문제〉 아이콘을 보게 된다면 반드시 풀어 보세요. 이 책에서 〈연습 문제〉는 아주 중요한 부분을 차지합니다. 〈연습 문제〉의 다음 쪽에는 〈연습 문제 정답〉도 함께 제공하고 있으니, 해결하기 어려운 문제를 맞닥뜨리면 망설이지 말고 정답을 미리 봐도 됩니다. 이건 반칙이 아니예요. 그래도 스스로 문제를 풀어 본다면 실력이 더 빨리 늘 것입니다.

〈연습 문제〉의 소스 코드 역시 다음 웹 페이지에서 제공합니다.

https://github.com/head-first-csharp/fourth-edition

수영장 퍼즐은 꼭 할 필요는 없습니다. 까다로운 논리 문제나 십자낱말 풀이를 별로 좋아하지 않는다면 그냥 건너뛰어도 됩니다.

〈뇌 단련〉에는 정답이 없습니다.

어떤 문제에는 정답이 없습니다. 정답이 없는 문제에는 여러분이 상황에 따라 결론을 내리고, 그 결론이 맞는지 스스로 고민해 봐야 합니다. 경우에 따라 올바른 방향을 알려 주는 힌트가 들어 있는 것도 있습니다.

이 책은 C# 9.0과 비주얼 스튜디오 2022 버전을 기준으로 합니다.

이 책의 모든 것은 여러분의 C# 학습을 돕기 위해 제공된 것입니다. 그리고 마이크로소프트는 C#의 버전을 꾸준히 업데이트하죠. 이 책은 비교적 최신 버전인 C# 9.0을 사용합니다. 또한 이 책의 많은 프로젝트들은 마이크로소프트의 통합 개발 환경(Integrated Development Environmnet, IDE)인 비주얼 스튜디오의 도움을 받아 진행됩니다. 책에 삽입된 이미지는 비주얼 스튜디오 2022에서 캡처된 것이며, 1장에서 비주얼 스튜디오의 설치 방법을 안내합니다. 부록에는 맥 사용자를 위한 〈Visual Studio for Mac 학습자 가이드〉가 있습니다.

C# 9.0에는 멋진 기능이 포함되어 있습니다. 하지만 이 책은 C#의 핵심적인 기능을 소개하기 때문에 버전에 상관없이 C#을 배울 수 있을 것입니다. 반면 마이크로소프트는 비주얼 스튜디오를 정기적으로 유지보수하며 업데이트하기 때문에 매우 드문 경우이긴 하지만 UI가 변경되는 경우 실제 실습 환경과 이 책에 삽입된 스크린샷이 약간 다를 수 있습니다.

〈유니티 연구실〉은 유니티 2021 버전으로 진행됩니다. 역시 〈유니티 연구실 #1〉에서 설치 방법을 소개합니다.

이 책의 모든 코드는 여러분이 직접 사용할 수 있도록 오픈 소스로 공개되어 있습니다. 다음 깃허브 페이지에서 다운로드할 수 있습니다. https://github.com/head-first-csharp/fourth-edition
깃허브에서는 이 책에 미처 싣지 못한 C#의 최신 기능이나 추가적인 학습 자료를 PDF로 제공합니다.

이 책이 게임을 다루는 방법

이 책을 읽는 동안 여러분은 다양한 프로젝트와 코드를 작성하게 될 것입니다. 그리고 프로젝트의 대부분은 게임이죠. 이것은 단지 게임을 좋아하기 때문만은 아닙니다. 게임이 C#을 배우기 매우 적합한 형식이기 때문이죠.

- 게임은 모두에게 친숙합니다. 새로운 개념과 아이디어를 받아들이려면 친숙한 도구를 사용하는 것이 좋습니다. 여러분은 모두 게임을 해 본 적이 있을테니 C#을 더 자연스럽게 배울 수 있을 것입니다.
- 게임은 프로젝트를 쉽게 설명합니다. 프로젝트를 진행하려면 일단 무엇을 만들 것인지부터 이해해야 하는데, 때론 이것이 가장 어려운 과제죠. 게임은 이 과정을 더 쉽게 만들고, 빨리 코드로 직접 뛰어들 수 있게 해 줍니다.
- 무엇보다도 게임을 작성하는 것은 재미있습니다! 뇌는 재미있는 것을 할 때 새로운 정보를 더 많이 받아들입니다. 게임 프로젝트는 C#을 배우는 입장에서 거절할 수 없는 제안이죠.

이 책은 게임을 사용해서 C#을 비롯한 다양한 프로그래밍 개념을 소개합니다. 그러니 이 책에서 게임은 아주 중요한 부분이라고 할 수 있죠. 몇몇 독자 여러분은 게임 개발에 별 관심이 없을지도 모르지만, 게임 프로젝트를 수행해 보면 C# 학습에 큰 도움이 된다는 것을 알 수 있을 것입니다.

테크니컬 리뷰어

사진에는 없지만 개정판과 3판의 테크니컬 리뷰어인 레베카 둔-크렌(Rebeca Dunn-Krahn), 크리스 버로스(Chris Burrows), 조니 할리프(Johnny Hlife), 그리고 데이비드 스털링(David Sterling)의 도움을 받아 만들어졌습니다.

초판의 테크니컬 리뷰어 제이 힐야드(Jay Hilyard), 다니엘 키내어(Daniel Kinnaer), 아얌 싱(Aayam Singh), 시어도어 캐서(Theodore Casser), Andy Parker(앤디 파커), 피터 리치(Peter Ritchie), 크리스나 팔라(Krishna Pala), 빌 미텔스키(Bill Meitelski) 그리고 특히 브리지트 줄리 랜더스(Bridgette Julie Landers)에게 감사의 인사를 전합니다.

무엇보다도 우리의 멋진 독자 여러분들께 감사합니다. 독자 앨런 웰렛(Alan Ouellette), 제프 카운츠(Jeff Counts), 테리 그레이엄(Terry Graham), 세르게이 쿨래긴(Sergei Kulagin), 윌리엄 피바(William Piva), 그레그 컴보(Greg Combow)는 이 책을 읽고 우리에게 오류를 정정할 기회를 주었습니다. 특별히 모호크 대학의 강의에서 우리 책의 얼리 어답터가 되어 준 조 배러소(Joe Varrasso) 교수님, 감사합니다.

모두 고마워요!

"내가 더 멀리 내다볼 수 있었다면 그건 거인의 어깨 위에 올라섰기 때문이다." - 아이작 뉴턴

우리의 훌륭한 테크니컬 리뷰어들 덕분에 오류가 거의 없는 책을 출간할 수 있었습니다. 좋은 책을 만들 수 있게 도와주어 진심으로 감사합니다!

린제이 비에다(Linsey Bieda)는 펜실베니아 주 피츠버그에 거주하는 소프트웨어 엔지니어입니다. 제가 아는 사람 중에 키보드가 가장 많은 사람이죠. 코딩을 하지 않을 때는 차를 마시며 고양이 대시와 시간을 보냅니다. 린제이 비에다의 프로젝트와 아이디어는 rarlindseysmash.com에서 볼 수 있습니다.

타티아나 맥(Tatiana Mac)은 미국의 엔지니어로, 명료한 제품을 구축하고 시스템을 설계합니다. 그녀는 접근성, 성능 및 포용성 3요소가 디지털과 물리적 환경을 개선한다고 믿습니다. 공동체 중심의 포용적인 시스템이 배타적인 시스템을 해체할 수 있다는 신념이 있습니다. ← 우리도 여기에 완전히 동의합니다!

애슐리 고드볼드 박사(Dr. Ashley GodBold)는 게임 디자이너이자 저자, 예술가, 수학자, 교사이면서 동시에 어머니입니다. 그녀는 소프트웨어 엔지니어링 코치로서 일하면서 인디 비디오 게임 스튜디오 Mouse Potato Games를 운영합니다. 또 유니티의 공식 강사로서 컴퓨터 과학, 수학 및 게임 개발과 관련된 대학 과정 강의를 가르칩니다. 그녀는 『Mastering Unity 2D Game Development(개정판)』와 『Mastering UI Development with Unity』를 저술했으며 『2D Game Programming in Unity』 및 『Getting Started with Unity 2D Game Development』라는 비디오 강좌를 만들었습니다.

그리고 벌써 열 두 번째(!) 리뷰를 함께하고 있는 리사 켈너(Lisa Kellner)에게 열성적인 감사의 마음을 전합니다. 정말 감사합니다. 초판을 신중하게 검토해 준 조 알바하리(Joe Albahar)와 존 스킷(Jon Skeet)에게도 감사합니다. 돌이켜 생각해 보니 여러분의 의견과 지도로부터 큰 도움을 받았네요.

감사의 글

편집자에게

이 책을 위해 힘써준 우리의 놀라운 편집자, 니콜 타셰(Nicole Tache)에게 감사의 말씀을 전하고 싶습니다. 당신의 훌륭한 피드백이 없었다면 이 책을 출판할 수 없었을 거예요. 감사합니다!

오라일리 팀에게

이 책을 세상에 낼 수 있게 해준 오라일리 출판사의 모든 분께 감사의 인사를 전합니다. 누구보다도 이 책의 시작부터 여정을 함께한 매리 트리슬러(Mary Treseler)에게 감사합니다. 프로덕션 편집자 캐서린 토저(Katerine Tozer)와 인덱서 조안나 스프로트(Joanne Sprott), 그리고 예리한 교정자 레이첼 헤드(Rachel Head) 모두 감사합니다. 여러분의 노력 덕분에 기록적으로 빠르게 책을 제작할 수 있었습니다. 또한 프로젝트를 원활하게 진행하는 데 중요한 역할을 해 준 아만다 퀸(Amanda Quinn), 올리비아 맥도널드(Olivia MacDonald), 멜리사 더필드(Melissa Duffield)에게 큰 감사를 드립니다. 오라일리의 팀 오라일리(Tim O'Reilly)를 비롯해서 앤디 오람(Andy Oram), 제프 브리엘(Jeff Bleiel), 마이크 헨드릭슨(Mike Hendrickson) 친구들 모두 고마워요. 이 책을 읽고 있다면, 업계 최고의 홍보 팀 마르시 해넌(Marsee Henon), 캐트린 바렛(Kathryn Barrett), 그리고 세바스토폴(Sebastopol)의 멋진 분들께도 감사의 말씀을 드립니다.

우리가 가장 좋아하는 오라일리의 대표 저자들에게도 애정을 표합니다.

- 팀 너젠트(Tim Nugent)의 『Unity Game Development Cookbook』은 정말 놀랍습니다. 패리스 벗필드-애디슨 박사(Dr. Paris Buttfield-Addison)와 존 매닝(Jon Manning)의 『헤드 퍼스트 스위프트』도 정말 열심히 읽었어요.
- 조셉 알바하리(Joseph Albahari)와 에릭 조핸슨(Eric Johannsen)의 『C# 8.0 in a Nutshell』은 대체 불가입니다.

마지막으로...

이 책의 제작과 관련된 다양한 분야의 전문가와 협력자들에게 감사의 인사를 전합니다.

- 캐시 바이스(Cathy Vice): Indie Gamer Chick의 그녀의 소중한 이야기를 10장에 담았습니다. 발작(Epilepsy) 증세에 대한 놀라운 글과 이를 대변하는 그녀의 노력에 감사의 말씀을 전합니다.
- 파트리샤 아스(Patricia Aas): 부록의 코드 카타와 고급 학습자를 위한 피드백을 주셔서 감사합니다.
- 마이크로소프트 팀: 이 책의 제작에 많은 도움을 준 마이크로소프트의 친구들에게 고맙다는 말을 전합니다. Visual Studio for Mac 팀의 도미닉 나하우스(Dominic Nahous), 조던 매티슨(Jordan Matthiesen), 존 밀러(John Miller) 그리고 이 팀과 협력을 시작하는 데 중요한 역할을 해 준 코디 베이어(Cody Beyer)에게 감사합니다. 데이비드 스털링은 개정3판을 멋지게 리뷰해 주었습니다. 또 이모 랜드웰스(Immo Landwerth)는 개정3판의 주제를 확정할 수 있게 도와주었습니다. 특히 C#의 프로그램 매니저인 매즈 토거슨(Mads Torgersen)은 몇 년 동안 훌륭한 조언을 통해 우리를 지도해 주었습니다. 감사합니다. 여러분 모두 멋집니다!
- 존 갤러웨이(Jon Galloway): Blazor 프로젝트에 훌륭한 코드를 제공한 존 갤러웨이에게 특히 감사합니다. 존은 .NET 커뮤니티 팀의 시니어 프로그램 매니저로 활동하며 .NET 관련 서적을 공동 저술하고, .NET 커뮤니티 Standup 운영 및 Herding Code 팟캐스트의 공동 진행을 돕고 있습니다. 진심으로 고맙습니다!

CHAPTER 01

멋진 프로그램을 만들어 봅시다!

C#으로 개발 시작하기

지금 당장 앱을 개발하고 싶나요?

이 책에서 다루는 C#은 개발에 유용한 도구와 최신 패러다임을 포함하는 프로그래밍 언어입니다. 또한 비주얼 스튜디오는 코딩에 필요한 기능을 직관적으로 사용할 수 있는 훌륭한 통합 개발 환경으로, C#을 학습하는 데 아주 유용한 도구입니다. 페이지를 넘겨 코딩을 시작해 볼까요?

왜 C#을 배워야 하나요? C#에 뛰어들어 봅시다!

C#은 단순하면서도 강력한 최신 언어입니다. C#을 배우는 것은 '단순히 프로그래밍 언어를 다룰 수 있다'는 것만을 의미하지는 않습니다. C#은 모든 종류의 프로그램을 개발할 수 있는 강력한 오픈 소스 플랫폼인 **.NET(닷넷)** 생태계에 발을 들일 수 있도록 해 준다는 데 큰 의의가 있습니다.

C#으로 통하는 문, 비주얼 스튜디오

본격적으로 비주얼 스튜디오 2022를 설치해 보겠습니다. https://visualstudio.microsoft.com에서 **Visual Studio Community 2022**를 다운로드합니다. 비주얼 스튜디오 2022가 이미 설치됐다면 Visual Studio Installer를 실행해서 설치 항목을 변경합니다.

비주얼 스튜디오 코드를 설치하지 않도록 주의하세요. 이 책에서는 비주얼 스튜디오를 사용합니다. 비주얼 스튜디오 코드는 크로스 플랫폼 오픈소스 텍스트 편집기로, 비주얼 스튜디오처럼 .NET 개발에 필요한 기능을 지원하지 않습니다.

윈도우 사용자의 경우

다운로드한 파일을 실행하고, [설치] 대화상자의 [워크로드] 탭에서 **[ASP.NET 및 웹 개발]**과 **[.NET 데스크톱 개발]**을 체크합니다.

ASP.NET 및 웹 개발
Docker 지원이 포함된 ASP.NET Core, ASP.NET, HTML/JavaScript 및 컨테이너를 사용하여 웹 애플리케이션을 빌...

.NET 데스크톱 개발
.NET 및 .NET Framework와 함께 C#, Visual Basic 및 F#을 사용하여 WPF, Windows Forms 및 콘솔 애플리케이션을...

그런 다음 [개별 구성 요소] 탭에서 **[.NET Core 3.1 런타임(LTS)]**를 추가로 체크한 다음 [설치] 버튼을 클릭합니다.

☑ .NET Core 3.1 런타임(LTS)

맥OS 사용자의 경우

맥OS 사용자는 Visual Studio for Mac 설치 파일을 다운로드합니다. [Visual Studio for Mac Installer] 대화 상자에서 [.NET Core]의 **[대상]**이 체크되어 있는지 확인합니다.

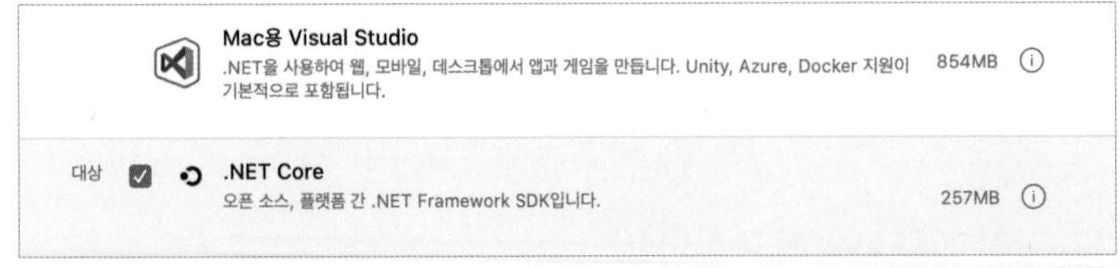

비주얼 스튜디오를 설치할 때 [ASP.NET 및 웹 개발] 항목을 체크하면 윈도우에서 ASP.NET Core 콘솔 앱을 만들 수 있습니다.

이 책에서 다루는 프로젝트 대부분은 .NET Core 콘솔 앱이고, 윈도우와 맥OS에서 모두 실행할 수 있습니다. 하지만 다음 장에 등장하는 <동물 짝 맞추기 게임> 같은 윈도우 데스크톱 프로젝트도 있습니다. 윈도우 데스크톱 프로젝트를 윈도우와 맥OS에서 모두 실행할 수 있는 프로그램으로 만들려면 <부록 I>에 있는 Visual Studio for Mac 학습자 가이드를 참고하세요. 이 부록은 ASP.NET Core Blazor를 사용해 1장의 내용과 몇몇 WPF 프로젝트를 설명하고 있습니다.

C# 코드 작성과 생태계 탐험에 필요한 도구, 비주얼 스튜디오

메모장이나 텍스트 편집기로도 코드를 작성할 수 있지만 비주얼 스튜디오를 사용하면 화면 설계부터 파일 관리, 디버깅 등 다양한 기능을 모두 한곳에서 할 수 있습니다. 이런 기능을 제공하는 도구를 IDE(Integrated Development Environment, **통합 개발 환경**)라고 합니다. 그럼 이제 비주얼 스튜디오로 할 수 있는 일을 몇 가지 살펴볼까요?

이 책에서 사용하는 비주얼 스튜디오가 바로 IDE입니다.

첫째, 프로그램을 빠르게 작성할 수 있습니다.

비주얼 스튜디오는 코딩할 때 수동으로 해야 하는 수많은 작업을 자동화해서 더 쉽고 빠르게 할 수 있도록 도와줍니다. 바로 다음과 같은 일을 말이죠.

- 프로젝트 파일 관리
- 프로젝트 코드 편집
- 프로젝트 리소스 관리(그림, 소리, 아이콘 등)
- 코드를 한 줄씩 검토하며 디버깅

둘째, UI를 쉽게 설계할 수 있습니다.

비주얼 스튜디오의 디자이너는 최고의 화면 설계 도구입니다. 디자이너는 **UI(User Interface, 사용자 인터페이스)**를 만들 때 많은 부분을 자동으로 처리합니다. 덕분에 UI를 다듬는 시간을 줄일 수 있고, 누구든 전문가처럼 프로그램을 만들 수 있습니다.

셋째, 프로그램을 멋지게 디자인할 수 있습니다.

XAML은 UI를 설계하는 마크업 언어로 WPF 애플리케이션을 개발할 때 사용합니다. UI가 있는 프로그램을 C#으로 작성할 때 가장 효율적으로 사용할 수 있는 도구이기도 하죠. XAML을 사용해 C# 프로그램을 작성하면 그저 작동하는 것만으로도 멋있어 보이는 프로그램을 만들 수 있습니다.

> WPF(Windows Presentation Foundation)는 윈도우 기반 응용 프로그램에서 UI를 표시하기 위해 만든 그래픽 서브 시스템으로, 이 UI는 XAML(eXtensible Application Markup Language)로 작성됩니다. 비주얼 스튜디오를 사용하면 아주 쉽게 XAML을 사용할 수 있습니다.

Visual Studio for Mac에서는 XAML 대신 HTML로 UI를 만듭니다.

비주얼 스튜디오는 아주 훌륭한 개발 환경으로, 여기서는 C#을 편리하게 배우는 학습 도구로 사용합니다.

넷째, C#과 .NET 생태계를 학습하고 살펴볼 수 있습니다.

비주얼 스튜디오는 최고 수준의 개발 도구이자 학습 도구입니다. 비주얼 스튜디오는 C#에서 찾아볼 수 있는 중요한 프로그래밍 개념을 빠르게 익힐 수 있도록 해 주는 길잡이 역할을 할 것입니다.

비주얼 스튜디오에서 첫 프로젝트 만들기

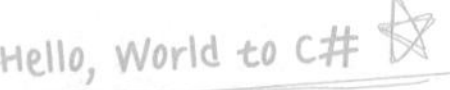

C#을 학습하는 가장 좋은 방법은 코드를 작성해 보는 것입니다. 지금 바로 비주얼 스튜디오를 사용해 새 프로젝트를 만들고 코드를 작성해 봅시다.

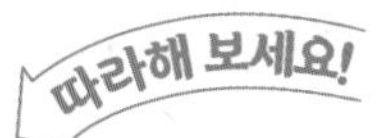

01 새 콘솔 앱 프로젝트를 생성합니다.

① 먼저 **[새 프로젝트 만들기]**를 선택합니다. 화면에 이 옵션이 없어도 놀라지 마세요. [파일] - [새로 만들기] - [프로젝트] 메뉴를 클릭해서 화면을 다시 불러낼 수 있습니다. **＊역주** 설치 후 처음으로 실행할 때 [개발 설정]과 [테마]를 고르는 화면이 나타납니다. 원하는 테마를 선택하고 [Visual Studio 시작] 버튼을 누르면 됩니다. 이 책에서는 '광원' 테마를 사용합니다.

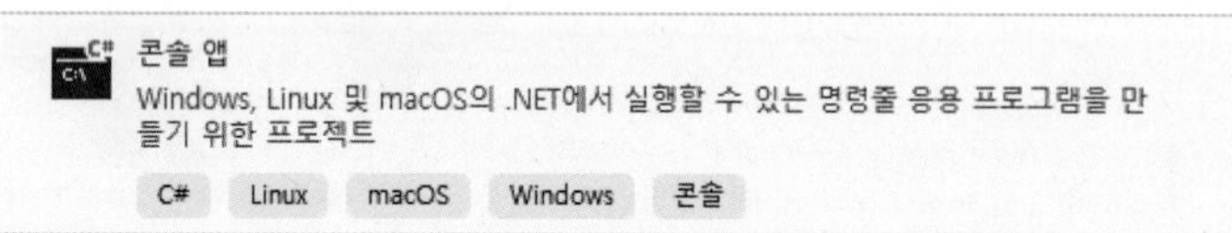

맥OS용 비주얼 스튜디오에서도 콘솔 앱을 똑같이 만들 수 있지만, 일부 기능에 차이가 있습니다. 〈부록 I〉의 706쪽을 참고하세요. 〈부록 I〉에는 맥OS용 비주얼 스튜디오 가이드가 있습니다.

② 프로젝트 템플릿에서 **[콘솔 앱]** 프로젝트를 선택하고 [다음] 버튼을 클릭합니다.

콘솔 앱
Windows, Linux 및 macOS의 .NET에서 실행할 수 있는 명령줄 응용 프로그램을 만들기 위한 프로젝트
C# Linux macOS Windows 콘솔

③ 프로젝트 이름에 **'MyFirstConsoleApp'**을 입력하고 [다음] 버튼을 클릭합니다.

④ Framework를 **.NET Core 3.1 (장기 지원)**으로 설정한 다음 [만들기] 버튼을 클릭합니다.

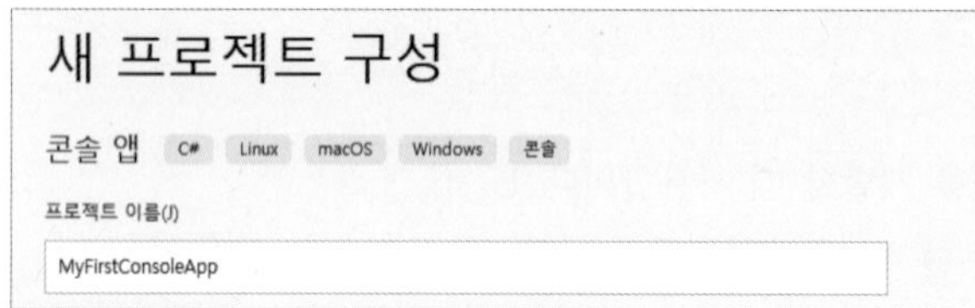

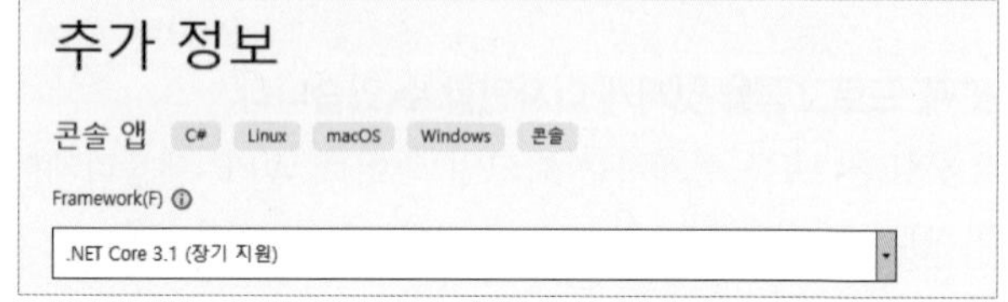

02 프로그램의 기본 코드를 살펴봅니다.

새 프로젝트를 생성한 다음 Program.cs 파일을 열어 보면 다음과 같은 기본 코드가 있습니다.

```
using System;

namespace MyFirstConsoleApp
{
    internal class Program
    {
        static void Main(string[] args)
        {
            Console.WriteLine("Hello World!");
        }
    }
}
```

Program 클래스는 새 콘솔 앱 프로젝트를 생성하면 자동으로 추가되는 클래스입니다.

Program 클래스는 Main() 메서드로 시작하는데, Main() 메서드 안에는 텍스트 한 줄을 콘솔에 출력하는 명령이 있습니다. 클래스와 메서드는 2장에서 자세히 살펴보겠습니다.

03 새 프로그램을 실행합니다.

이제 새 프로그램을 실행할 준비가 됐습니다. 비주얼 스튜디오 상단에서 [디버깅 시작(녹색 삼각형 모양과 프로그램 이름이 표시된)] 버튼을 찾아 클릭해 보세요.

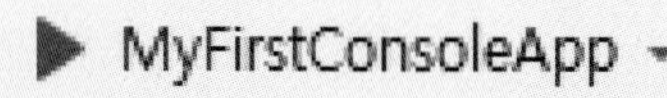

04 프로그램의 출력 결과를 확인합니다.

프로그램을 실행하면 [Microsoft Visual Studio 디버그 콘솔] 창(이하 [콘솔] 창)이 표시되면서 출력 결과를 표시합니다.

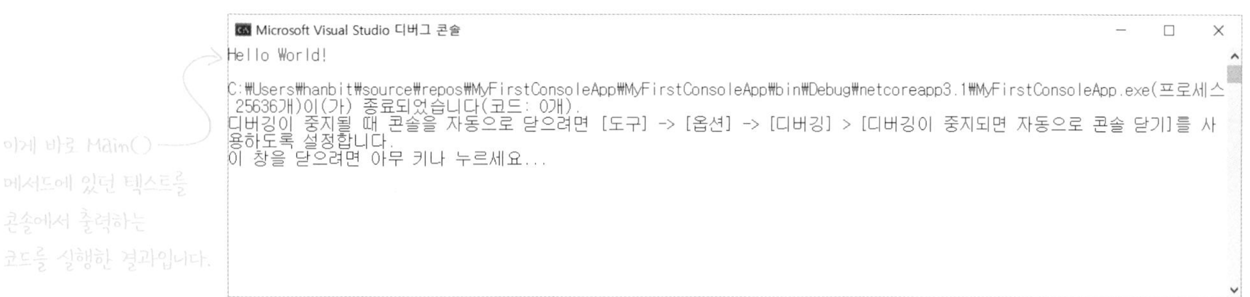

프로그래밍 언어를 학습하는 가장 좋은 방법은 코드를 많이 작성해 보는 것입니다. 그러므로 이 책에서는 C#으로 프로그램을 많이 작성할 예정입니다. 우선 이 책의 대부분을 차지하는 .NET Core 콘솔 앱(이하 콘솔 앱)에 대해 더 자세히 살펴보겠습니다. [Microsoft Visual Studio 디버그 콘솔] 창 상단에서 프로그램의 **출력 결과를 확인**할 수 있습니다.

```
Hello World!
```

그리고 이어서 다음과 같은 텍스트를 확인할 수 있습니다.

```
C:\Users\hanbit\source\repos\MyFirstConsoleApp\MyFirstConsoleApp\bin\Debug\netcoreapp3.1\
MyFirstConsoleApp.exe(프로세스 33384 개)이(가) 종료됐습니다(코드: 0개).
디버깅이 중지될 때 콘솔을 자동으로 닫으려면 [도구] -> [옵션] -> [디버깅] -> [디버깅이 중지되면
자동으로 콘솔 닫기]를 사용하도록 설정합니다.
이 창을 닫으려면 아무 키나 누르세요...
```

앞으로도 계속 [콘솔] 창에서 이 메시지를 볼 것입니다. 방금 작성한 프로그램은 한 줄의 텍스트(Hello World!)를 출력한 다음 종료하는 기능을 수행합니다. 비주얼 스튜디오는 사용자가 출력 결과를 확인할 수 있도록 결과 출력 창을 화면에 표시된 상태로 둡니다.

아무 키나 눌러 창을 닫고, [디버깅 시작] 버튼을 다시 클릭해서 프로그램을 실행해 보세요. 이 책에서 다룰 모든 콘솔 앱은 이 방법으로 실행합니다.

C#으로 게임 만들기

앞서 첫 번째 C# 프로그램을 만들고 실행해 봤습니다. 이제 더 복잡한 프로그램에 도전해 볼까요? 이번에는 **동물 짝 맞추기 게임**을 만들어 보겠습니다. 이 프로그램은 플레이어가 격자 안에 위치한 8쌍의 동물을 클릭해서 짝을 맞추면 해당 동물이 사라지는 게임입니다.

다양한 프로젝트를 만드는 능력은 개발자가 갖춰야 할 중요한 요소입니다. WPF 애플리케이션을 사용하면 그럴듯한 UI를 만들면서 윈도우 XP와 같은 오래된 운영체제에서도 실행되는 프로그램을 작성할 수 있습니다. 이 책에서 WPF 애플리케이션을 사용한 이유이기도 하죠. 하지만 C#은 윈도우만을 위한 프로그래밍 언어가 아닙니다. 이번 개정판에서는 맥OS 사용자를 위해서 맥OS용 비주얼 스튜디오 가이드를 추가했습니다. <부록 I>에서는 이 책의 1장과 모든 WPF 프로젝트를 맥OS 버전으로 다뤘습니다.

WPF 프로젝트의 맥OS 버전은 ASP.NET Core를 사용합니다. 윈도우에서도 ASP.NET Core 프로젝트를 작성할 수 있습니다.

이번에 만들어 볼 동물 짝 맞추기 게임입니다.

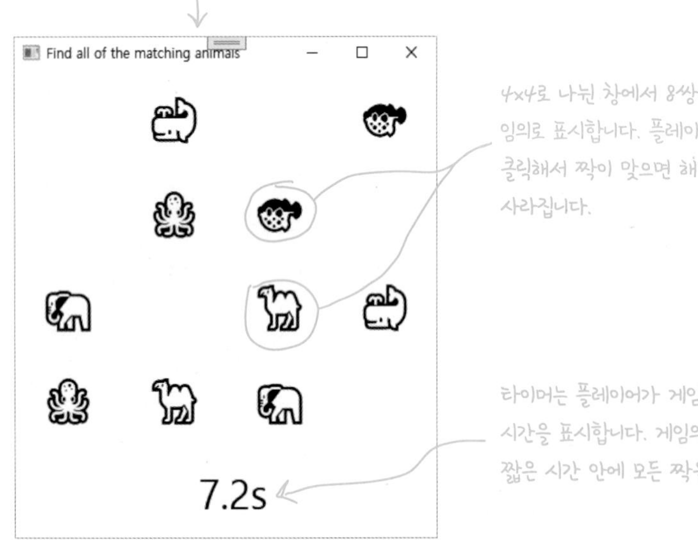

4x4로 나뉜 창에서 8쌍의 동물을 임의로 표시합니다. 플레이어가 동물을 클릭해서 짝이 맞으면 해당 동물은 사라집니다.

타이머는 플레이어가 게임을 끝내는 데 걸리는 시간을 표시합니다. 게임의 목표는 가능한 한 짧은 시간 안에 모든 짝을 맞추는 것입니다.

WPF로 작성하는 동물 짝 맞추기 게임

텍스트를 입출력하는 프로그램이라면 콘솔 앱으로도 충분합니다. 하지만 동물 이미지처럼 화면에 무엇인가를 보여줘야 하는 프로그램을 만들 때는 다른 기술을 사용해야 합니다. 그래서 동물 짝 맞추기 게임은 **WPF 애플리케이션**으로 만듭니다. WPF(Windows Presentation Foundation)를 사용하면 윈도우 버전과 상관없이 작동하는 윈도우용 데스크톱 응용 프로그램을 만들 수 있습니다. 이번 프로젝트의 목표는 WPF가 무엇인지 알고 데스크톱 응용 프로그램과 콘솔 앱을 만드는 데 필요한 도구의 사용 방법을 살펴보는 것입니다.

이번 프로젝트를 마치고 나면 C# 학습 도구에 더 익숙해질 것입니다.

게임 설계하기

이제부터 동물 짝 맞추기 게임을 만드는 과정을 하나씩 살펴보겠습니다.

이 프로젝트는 여러분의 타자 실력에 따라 15분에서 1시간 정도 걸립니다. 시간이 조금 걸리더라도 게임을 만드는 과정을 모두 따라해 보세요.

1. [프로젝트 만들기] 비주얼 스튜디오에서 새 데스크톱 프로젝트를 생성합니다.
2. [화면 디자인하기] XAML을 사용해 창을 설계합니다.
3. [C# 코드 작성하기] 창에 동물 이모지를 무작위로 추가하는 C# 코드를 작성합니다.
4. [마우스 클릭 처리하기] 플레이어가 동물을 클릭해서 짝을 맞추는 이벤트를 처리합니다.
5. [타이머 추가하기] 타이머를 추가해 게임을 푸는 데 걸리는 시간을 측정합니다.

● **게임 설계 과정**

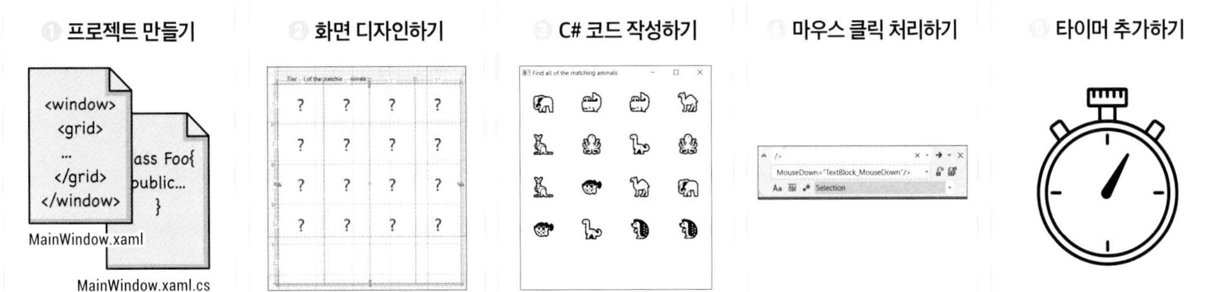

이 책 전반에 흩어져 있는 <게임 디자인 원칙>에 주목하세요. 여기서 소개하는 게임 디자인 원칙은 단지 비디오 게임에만 적용되는 것이 아니라, 어느 프로젝트에나 적용할 수 있는 중요한 프로그래밍 개념입니다.

게임이란 무엇인가?

Q1 모든 게임에 승자가 존재하나요? 게임에 끝이 있나요?

A1 모든 게임에 승자가 있는 것은 아닙니다. 플라이트 시뮬레이터(* **역주** 비행기를 조종하는 경험을 해 볼 수 있는 게임으로, 게임의 목표는 비행기를 조종하는 것 자체일 뿐 무사히 비행기를 착륙시키는 것이 아닙니다)나 심즈, 타이쿤 같은 게임에는 승자가 없죠.

Q2 모든 게임이 재미있나요?

A2 사람마다 좋아하는 게임 스타일이 다 다릅니다. 똑같은 일을 반복해야 하는 그라인딩(Grinding, * **역주** 게임을 진행하기 위해 같은 행동을 반복해야 하는 게임을 의미합니다) 스타일의 게임을 좋아하는 사람들도 있고, 이런 게임을 좋아하지 않는 사람들도 있습니다.

Q3 모든 게임이 결정을 내리거나 무언가와 맞서거나 문제를 해결해야 하나요?

A3 모든 게임이 그렇지는 않습니다. 워킹 시뮬레이터 같은 게임은 플레이어가 어떤 환경을 탐험할 뿐 퍼즐이나 문제가 등장하지 않습니다.

Q4 게임의 종류가 정말 다양한 것 같은데, 이들을 통틀어 정의할 수 있나요?

A4 언뜻 보기에 게임을 정의하는 것이 어렵지 않아 보이지만, 사실 게임이 무엇인지 명확히 정의하기는 매우 어렵습니다. 일례로 게임 디자인에 대한 책을 읽어 보면 게임에 대한 온갖 정의가 쏟아지죠. 일단 이 책에서는 게임의 의미를 다음과 같이 정의하겠습니다. **'게임은 가지고 놀 수 있는 프로그램이며, 최소한 플레이해 볼 만큼은 재미있어야 한다!'**

1단계: 비주얼 스튜디오에서 WPF 프로젝트 생성하기

많고 많은 파일 관리하기!

- **게임 설계 과정**

❶ **프로젝트 만들기**

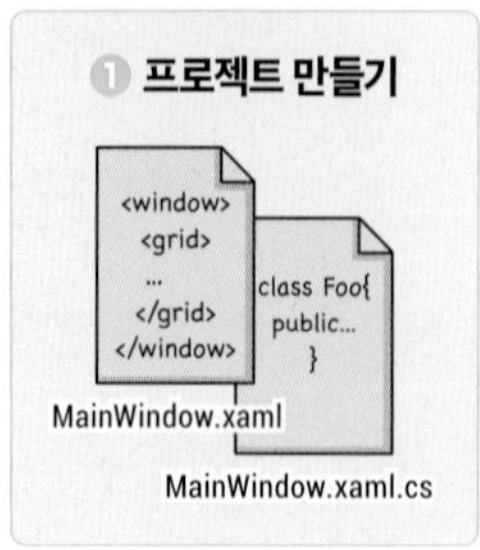

❷ 화면 디자인하기

❸ C# 코드 작성하기

❹ 마우스 클릭 처리하기

❺ 타이머 추가하기

01 비주얼 스튜디오를 실행하고 새 프로젝트를 생성합니다.

새 프로젝트 만들기(N)
시작하려면 코드 스캐폴딩과 함께 프로젝트 템플릿을 선택하세요.

앞에서 실행한 MyFirstConsoleApp 프로젝트는 더 이상 사용하지 않으니 [파일] – [끝내기] 메뉴를 클릭해서 프로젝트를 종료합니다.

02 이제 WPF를 사용해 데스크톱 응용 프로그램을 작성해 보겠습니다. 프로젝트 템플릿에서 **[WPF 애플리케이션]**을 선택하고 [다음] 버튼을 클릭합니다.

03 비주얼 스튜디오가 프로젝트를 어떻게 구성할지 물어봅니다. [프로젝트 이름]에 'MatchGame'을 입력하고 [다음] 버튼을 클릭합니다(프로젝트 저장 위치는 필요에 따라 수정하세요. 이 책에서는 C:\Users\hanbit\source\repos를 기본 위치로 사용합니다).

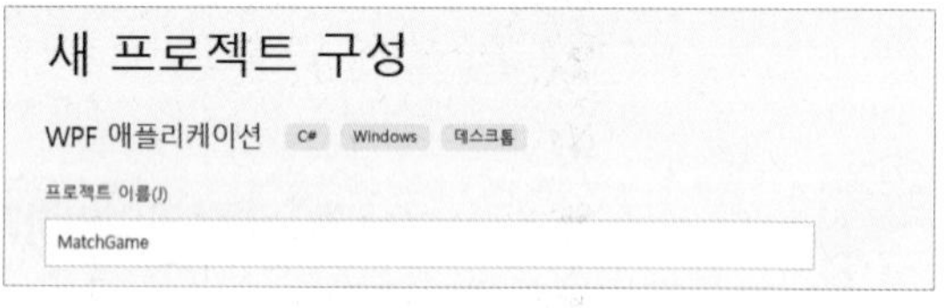

04 마지막으로 .NET 버전을 선택한 후 [만들기] 버튼을 클릭하면 새 프로젝트 MatchGame이 생성됩니다.

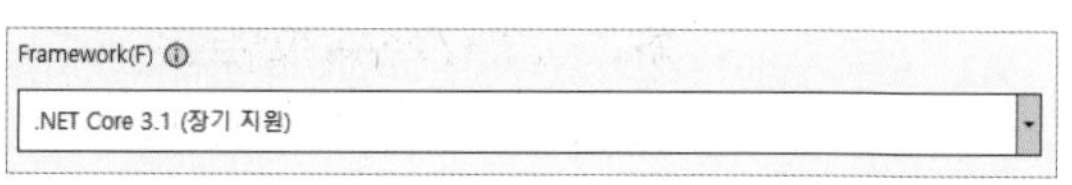

비주얼 스튜디오의 프로젝트 폴더

새 프로젝트가 생성되면 비주얼 스튜디오는 MatchGame이라는 폴더에 프로젝트를 실행하는 데 필요한 여러 개의 파일과 폴더를 생성합니다. 이렇게 생성된 파일 중에서 MainWindow.xaml과 MainWindow.xaml.cs 파일을 변경해 보겠습니다.

메인 화면의 UI를 정의하는 XAML 코드는 이 파일에 있습니다.

<window>
<grid>
...
</grid>
</window>

MainWindow.xaml

게임을 작동시키기 위한 C# 코드는 이 파일에 추가됩니다.

이 프로젝트를 진행하면서 문제가 있으면 다음 링크의 Video Walkthroughs 동영상을 참고하세요.
https://github.com/head-first-csharp/fourth-edition

<쓰면서 제대로 공부하기>는 C# 학습에 중요한 부분이니, 반드시 따라 해 봅시다.

쓰면서 제대로 공부하기

비주얼 스튜디오 이해하기

비주얼 스튜디오의 설정을 변경해 다음 화면과 같게 만들어 봅시다. 비주얼 스튜디오 우측의 [솔루션 탐색기] 창에서 MainWindow.xaml 파일을 더블 클릭합니다. 그리고 [보기]-[도구 상자] 메뉴와 [오류 목록] 메뉴를 선택합니다. 각 화면의 이름으로 어떤 기능을 하는지 유추해 볼까요? 비주얼 스튜디오의 각 부분이 어떤 역할을 하는지 생각해 보고 빈칸을 채워 보세요. 다른 부분을 살펴보면 힌트를 얻을 수 있을지도 모릅니다.

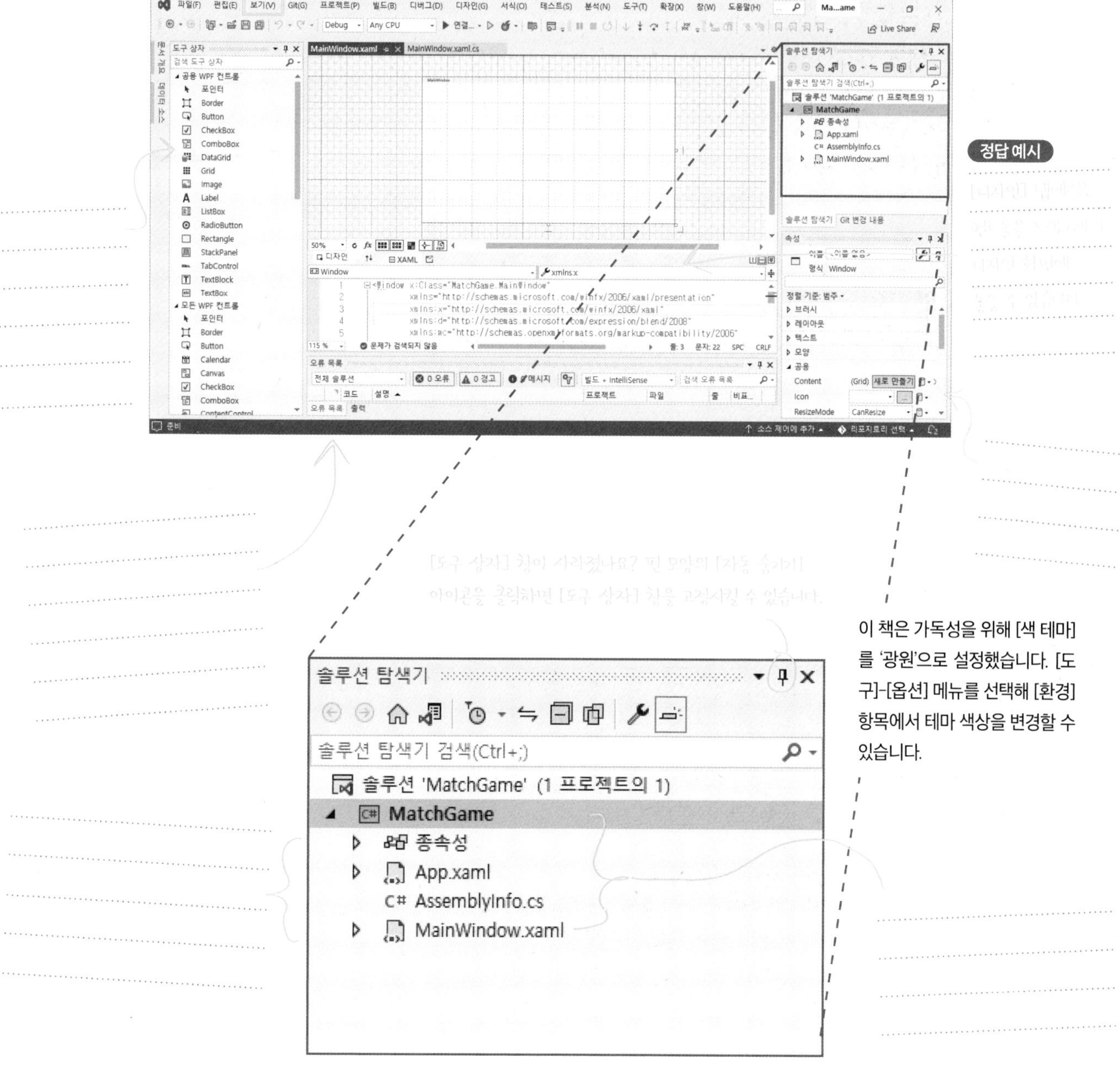

이 책은 가독성을 위해 [색 테마]를 '광원'으로 설정했습니다. [도구]-[옵션] 메뉴를 선택해 [환경] 항목에서 테마 색상을 변경할 수 있습니다.

쓰면서 제대로 공부하기
정답

앞에서 비주얼 스튜디오의 각 부분에 대한 설명을 채워 봤습니다. 여러분이 적은 내용이 여기 있는 내용과 약간 다를 수도 있지만, 비주얼 스튜디오의 각 부분에 대한 쓰임새를 알 수 있었을 것입니다. 답이 조금 다르더라도 걱정하지 마세요! 책에 나온 예제를 연습하면 익숙해질 것입니다. 이 책에서는 '비주얼 스튜디오'와 'IDE'를 같은 의미로 사용한다는 것도 알아 두세요.

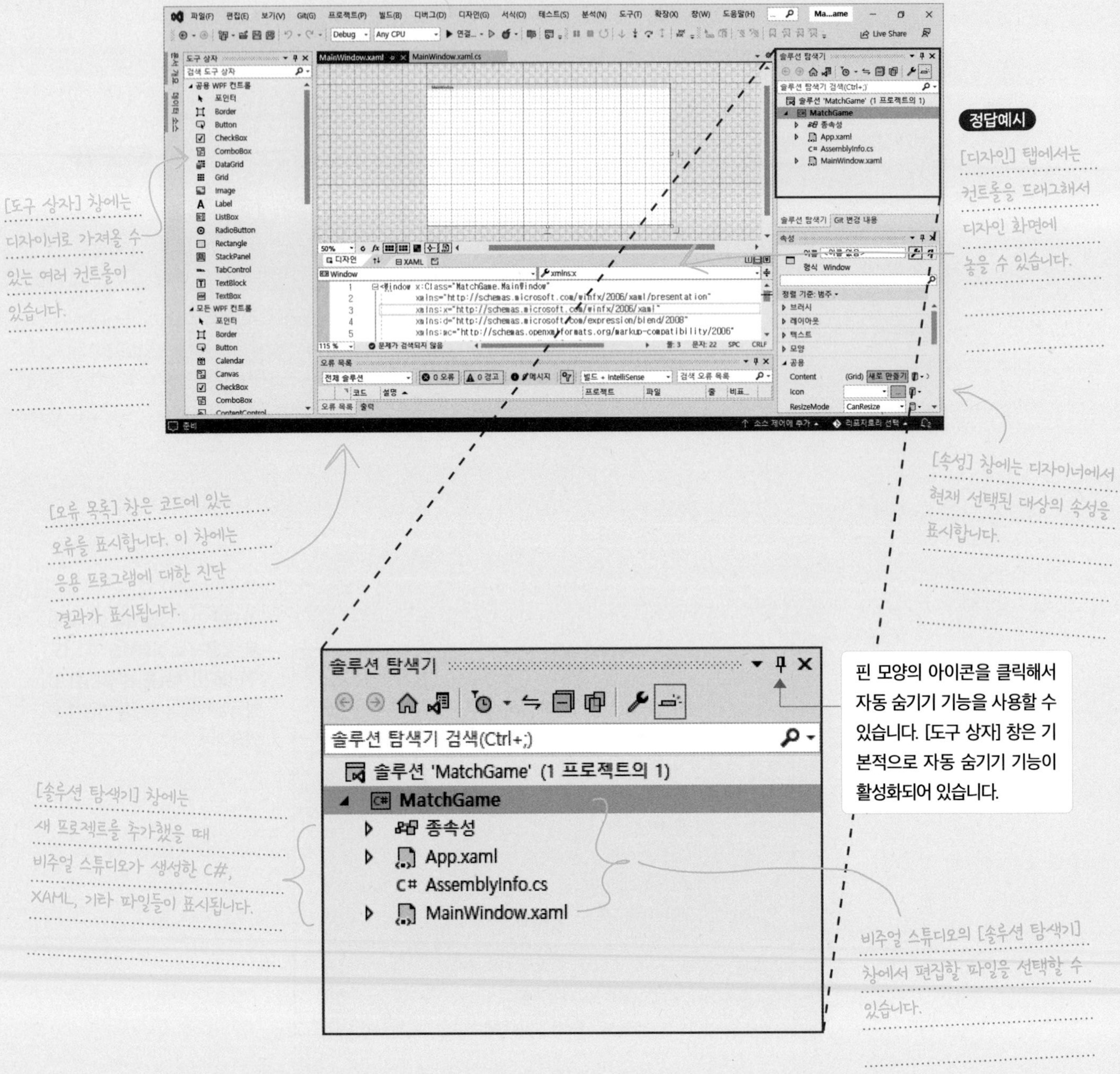

정답예시

[도구 상자] 창에는 디자이너로 가져올 수 있는 여러 컨트롤이 있습니다.

[디자인] 탭에서는 컨트롤을 드래그해서 디자인 화면에 놓을 수 있습니다.

[오류 목록] 창은 코드에 있는 오류를 표시합니다. 이 창에는 응용 프로그램에 대한 진단 결과가 표시됩니다.

[속성] 창에는 디자이너에서 현재 선택된 대상의 속성을 표시합니다.

솔루션 탐색기

솔루션 탐색기 검색(Ctrl+;)

솔루션 'MatchGame' (1 프로젝트의 1)

MatchGame

종속성

App.xaml

AssemblyInfo.cs

MainWindow.xaml

핀 모양의 아이콘을 클릭해서 자동 숨기기 기능을 사용할 수 있습니다. [도구 상자] 창은 기본적으로 자동 숨기기 기능이 활성화되어 있습니다.

[솔루션 탐색기] 창에는 새 프로젝트를 추가했을 때 비주얼 스튜디오가 생성한 C#, XAML, 기타 파일들이 표시됩니다.

비주얼 스튜디오의 [솔루션 탐색기] 창에서 편집할 파일을 선택할 수 있습니다.

무엇이든 물어보세요!

Q&A

Q1 비주얼 스튜디오가 코드를 자동으로 만들어 준다면 C#을 배우는 것은 단순히 프로그래밍 언어의 사용 방법을 익히는 것인가요?

A1 아닙니다. 물론 비주얼 스튜디오는 코딩을 시작하는 데 필요한 초기 환경을 만들어 주거나 UI의 컨트롤 속성을 자동으로 변경해 주는 작업 등을 탁월하게 수행합니다. 하지만 프로그래밍에서 가장 중요한 부분인, 프로그램이 무엇을 해야 하는지 파악하고 이를 구현하는 일은 비주얼 스튜디오가 대신할 수 없습니다. 비주얼 스튜디오에서 기본 코드를 자동으로 생성해 주지만 실제로 프로그램을 작동시키는 코드는 사람이 작성해야 합니다.

Q2 비주얼 스튜디오가 자동으로 생성한 코드가 마음에 들지 않으면 어떻게 하죠?

A2 보통 개발자가 프로젝트에 무언가를 추가하면 비주얼 스튜디오는 코드를 자동으로 생성하도록 설정되어 있지만, 생성된 코드가 개발자의 의도와 다를 수도 있죠. 그렇기 때문에 자동으로 생성된 코드 또는 추가된 파일은 수정하거나 삭제할 수 있습니다.

Q3 왜 비주얼 스튜디오 커뮤니티 에디션을 설치해야 하나요? 이 책에서 비주얼 스튜디오 유료 버전이 필요한 경우는 없나요?

A3 이 책에 있는 모든 실습은 마이크로소프트에서 제공하는 무료 버전의 비주얼 스튜디오만으로도 무리 없이 진행할 수 있습니다. 어떤 버전을 사용하든지 C# 응용 프로그램을 작성하고 실행하는 데 문제없습니다.

Q4 C#과 XAML을 사용해 프로그램을 작성한다는 부분 말인데요. XAML은 무엇이고 어떻게 C#과 함께 쓰이나요?

A4 XAML('재믈'이라고 읽습니다)은 마크업 언어로, WPF 애플리케이션의 UI를 만들 때 사용됩니다. XAML은 XML에 기반을 두고 있습니다(HTML을 다뤄 본 적이 있다면 약간 익숙할 것입니다). 회색 타원(Ellipse)을 그리는 XAML 코드 예제를 한번 살펴보죠.

```
<Ellipse Fill="Gray" Height="100" Width="75"/>
```

MainWindow.xaml의 [XAML] 탭에서 <Grid> 태그 다음에 이 XAML 예제 코드를 넣으면 [디자인] 탭의 한 가운데에 회색 다원이 표시되는 것을 볼 수 있습니다. 이 태그(tag)는 시작 태그(<), 단어(Ellipse), 닫는 태그(/>)로 이뤄져 있습니다. 속성(property)은 3개로, 색상을 회색으로 지정(Fill="Gray")하고, 높이와 너비를 지정(Height="100" Width="75")합니다. 태그가 />로 끝나지만, XAML 태그 중에는 다른 태그를 포함하는 컨테이너 태그도 있습니다. />를 >로 수정해서 이 태그를 컨테이너 태그로 변경하고 다른 태그를 내부에 추가할 수 있습니다. 물론 내부에 추가한 태그도 다른 태그를 포함할 수 있습니다. 컨테이너 태그로 사용할 때는 끝 태그(</Ellipse>)로 태그를 닫습니다.

XAML이 어떻게 작동하는지, 어떠한 XAML 태그가 있는지는 나중에 살펴봅시다.

Q5 제가 보고 있는 화면과 이 책의 화면이 달라요! 어떤 창은 없고 어떤 창은 다른 곳에 있어요. 무언가 잘못된 건가요? 어떻게 설정해야 하죠?

A5 [창] 메뉴에서 [창 레이아웃 다시 설정]을 클릭하면 기본 창 레이아웃으로 설정을 되돌립니다. 그런 다음 앞에서와 동일하게 [보기] - [도구 상자] 메뉴, [오류 목록] 메뉴를 클릭하면 됩니다. 그러면 이 책의 화면과 동일하게 설정할 수 있습니다

[도구 상자] 창은 자동 숨김이 기본 설정입니다. 우측 상단에 있는 핀 모양의 [자동 숨기기] 아이콘을 클릭하면 [도구 상자] 창을 고정할 수 있습니다.

비주얼 스튜디오는 개발자가 프로젝트에 응용 프로그램을 바로 작성할 수 있도록 기본 코드를 생성합니다. 그러나 프로그램이 작동하는 코드를 작성하는 일은 전적으로 개발자에게 달려 있다는 점을 명심하세요.

2단계: XAML을 사용해서 창 디자인하기

오밀조밀 XAML로 디자인하기

● **게임 설계 과정**

프로젝트의 각 단계를 시작할 때마다 진행 상황을 보여 줍니다.

① 프로젝트 만들기

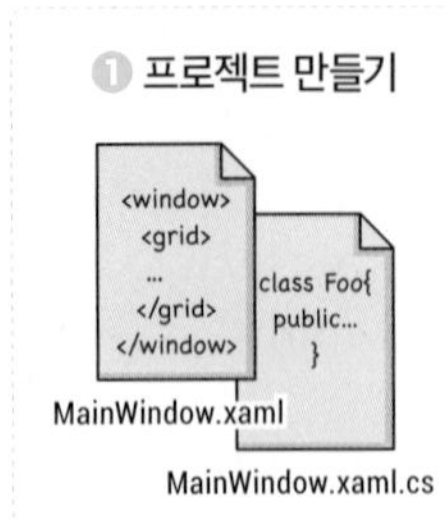
<window>
<grid>
...
</grid>
</window>
class Foo{
public...
}
MainWindow.xaml
MainWindow.xaml.cs

② **화면 디자인하기**

③ C# 코드 작성하기

④ 마우스 클릭 처리하기

⑤ 타이머 추가하기

비주얼 스튜디오에서 [WPF 애플리케이션] 프로젝트를 생성했으니 이제 XAML을 다룰 차례입니다. **XAML(eXtensible Application Markup Language)**은 C# 개발자가 UI를 디자인할 때 사용하는 마크업 언어입니다. 여기서는 두 종류의 코드를 사용해 프로그램을 작성합니다. 먼저, XAML로 UI를 디자인한 다음 C# 코드를 추가해 게임이 작동하도록 만들겠습니다. HTML을 사용해 웹 페이지를 작성해 본 적이 있다면, XAML이 HTML과 유사하다는 것을 알 수 있을 것입니다. 다음은 XAML로 작성된 작은 창 레이아웃의 예제입니다.

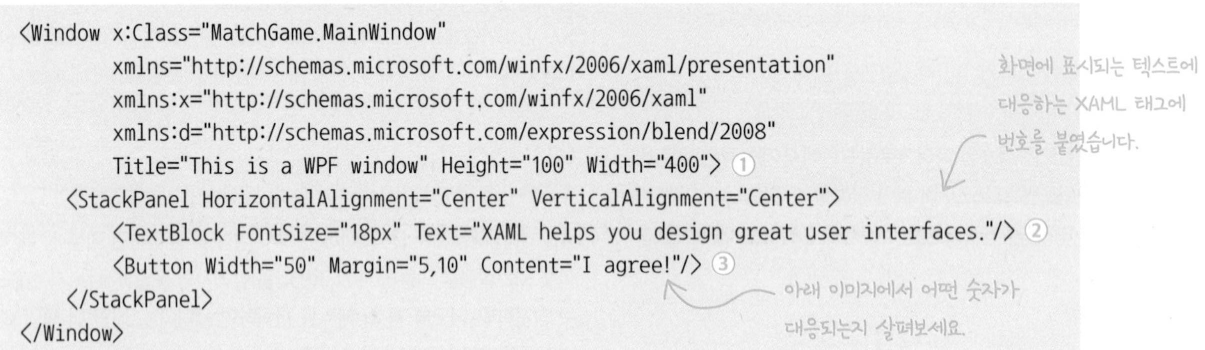

```
<Window x:Class="MatchGame.MainWindow"
        xmlns="http://schemas.microsoft.com/winfx/2006/xaml/presentation"
        xmlns:x="http://schemas.microsoft.com/winfx/2006/xaml"
        xmlns:d="http://schemas.microsoft.com/expression/blend/2008"
        Title="This is a WPF window" Height="100" Width="400"> ①
    <StackPanel HorizontalAlignment="Center" VerticalAlignment="Center">
        <TextBlock FontSize="18px" Text="XAML helps you design great user interfaces."/> ②
        <Button Width="50" Margin="5,10" Content="I agree!"/> ③
    </StackPanel>
</Window>
```

화면에 표시되는 텍스트에 대응하는 XAML 태그에 번호를 붙였습니다.

아래 이미지에서 어떤 숫자가 대응되는지 살펴보세요.

다음 이미지는 WPF가 출력한(또는 화면에 그린) 결과물입니다. 이 코드는 화면 안에 텍스트를 표시하는 TextBlock 컨트롤과 사용자가 클릭할 수 있는 Button 컨트롤이 있는 창을 그립니다. 2개의 컨트롤은 화면에 표시되지 않은 StackPanel 컨트롤을 사용해 정렬했으며, StackPanel 컨트롤은 내부에 포함된 컨트롤을 수직으로 정렬해서 출력(render)합니다. 다음 이미지에 포함된 두 컨트롤을 살펴보고, 다시 [XAML 편집기]로 돌아가서 TextBlock과 Button 태그를 찾아봅시다.

This is a WPF window ①

XAML helps you design great user interfaces. ②

I agree! ③

TextBlock 컨트롤은 이름 그대로 텍스트 블록을 표시합니다.

각 번호는 XAML 코드에 붙인 숫자와 서로 대응하는 디자인임을 보여 줍니다.

게임 화면 디자인하기

지금 만드는 프로그램은 GUI(Graphical User Interface)가 있고, 규칙대로 작동하는 게임 프로그램입니다. 할 일이 많아 보이지만 모든 작업을 1장에서 끝낼 수 있습니다. 1장을 잘 따라 하면 비주얼 스튜디오를 사용해 꽤 그럴 듯한 WPF 애플리케이션을 디자인하는 방법을 익힐 수 있습니다.

이제부터 만들 동물 짝 맞추기 게임의 화면 레이아웃은 다음과 같습니다.

화면은 5행 4열의 격자 형태입니다.

동물은 TextBlock 컨트롤로 표시합니다.

마지막 행은 4열을 모두 합쳐 타이머를 출력합니다. 타이머도 TextBlock 컨트롤을 사용했습니다.

쉬어 가기 **XAML은 C# 개발자에게 중요한 기술입니다**

C# 책에서 XAML에 왜 이렇게 많은 지면을 할애하는지 궁금할 것입니다. XAML로 프로그램의 UI를 디자인하는 일은 개발자에게 중요한 능력입니다. WPF 애플리케이션은 물론이고, 다른 종류의 C# 프로젝트도 UI를 디자인할 때 XAML을 사용하기 때문이죠. 지금 만드는 데스크톱 응용 프로그램뿐만 아니라 안드로이드와 iOS 모바일 앱을 만들 때도 XAML을 사용합니다(정확히는 XAML의 한 갈래인 Xamarin Forms를 사용하지만요). UI를 디자인하는 것은 C# 개발자에게 중요한 기술이기 때문에 이 책에서는 XAML을 상세히 다룰 것입니다.

이제 왜 XAML을 설명하는지 이해가 됐나요? 이어서 XAML 작성 방법을 단계별로 다루겠습니다.

XAML 속성을 통해 창 크기와 제목 지정하기

이제 동물 짝 맞추기 게임의 UI를 만들어 봅시다. 먼저 창의 너비를 줄이고 제목을 변경하겠습니다. 이 작업을 통해 디자이너와 친해져 봅시다.

따라해 보세요!

01 메인 화면을 구성합니다.

디자이너에서 [XAML] 탭을 선택하거나, [솔루션 탐색기] 창에서 MainWindow.xaml 파일을 더블 클릭합니다.

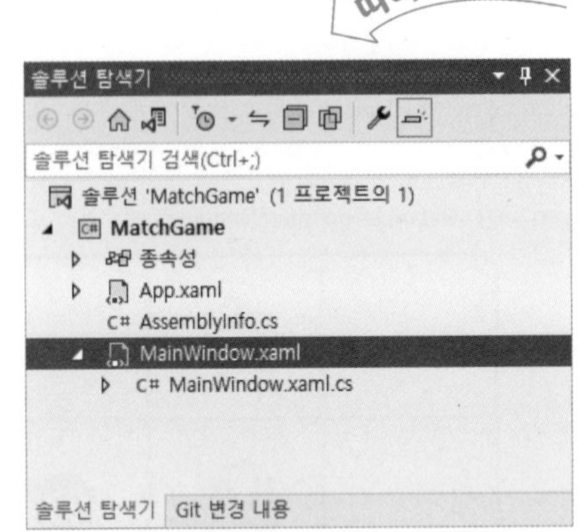

[XAML 편집기]에서 XAML 코드를 수정하면 곧바로 디자이너에 변경된 사항이 적용됩니다.

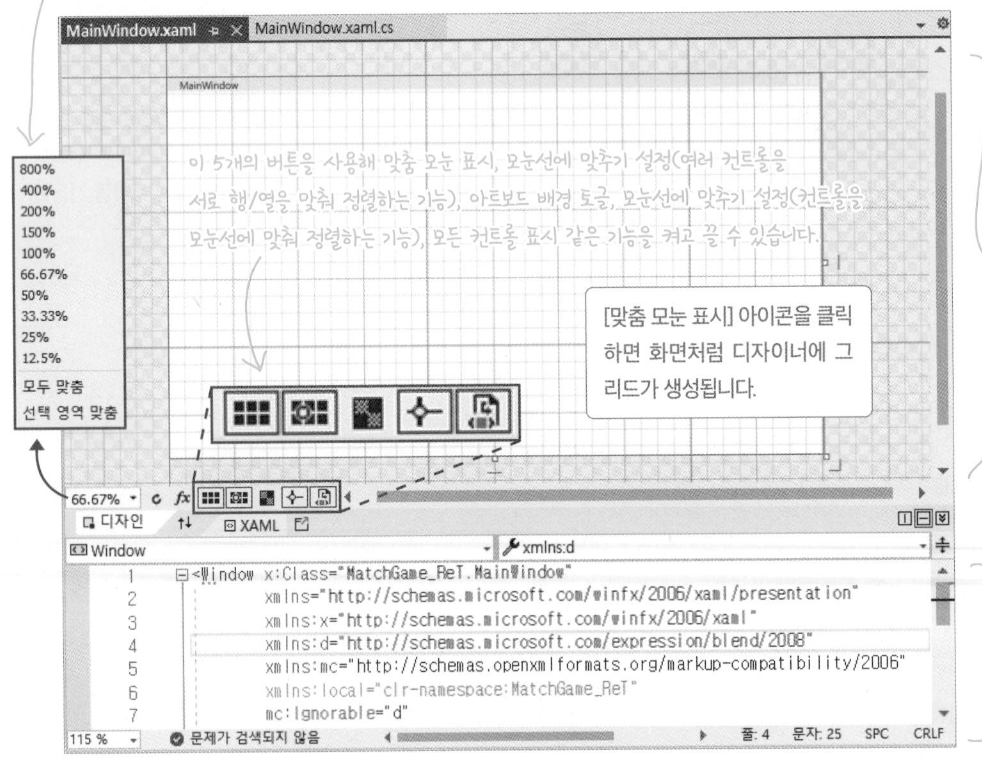

02 창의 크기를 수정합니다.

[XAML 편집기]로 이동해서 XAML 코드 중 아무 곳이나 클릭합니다. 그러면 우리가 만들려는 UI의 속성이 [속성] 창에 표시됩니다. [속성] 창에서 [레이아웃]의 드롭다운 버튼을 클릭하고 [Width] 속성을 '400'으로 지정합니다. 디자이너에서 UI의 너비가 줄어드는 것을 바로 볼 수 있습니다. 이제 [XAML 편집기]의 Width 속성은 400으로 변경됐습니다.

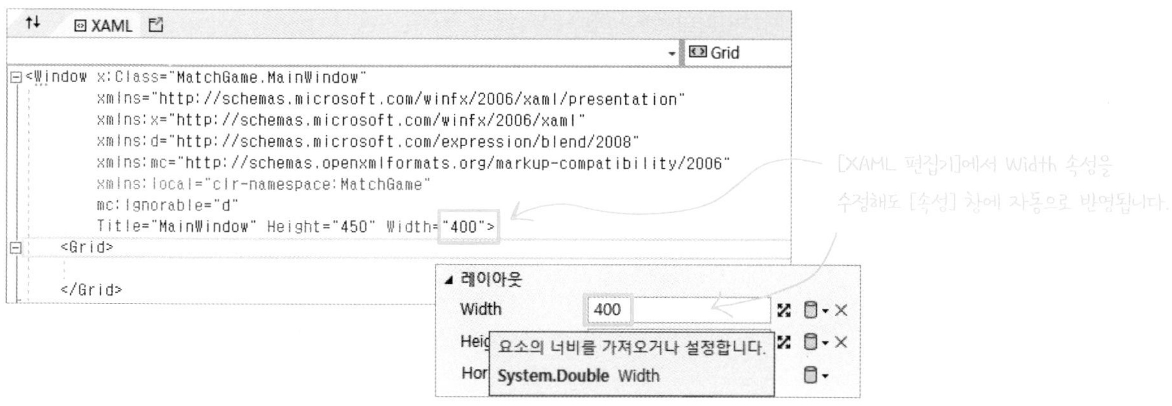

03 프로그램 제목 표시줄의 제목을 수정합니다.

[XAML 편집기]에서 Window 태그의 끝에 있는 다음 코드를 찾습니다.

```
Title="Main window" Height="450" Width="400">
```

그리고 다음과 같이 창의 제목을 Find all of the matching animals로 변경합니다.

```
Title="Find all of the matching animals" Height="450" Width="400">
```

그러면 [속성] 창의 [공용] 항목에 변경 사항이 적용됩니다. 이제 디자이너에 새로운 텍스트가 표시됩니다.

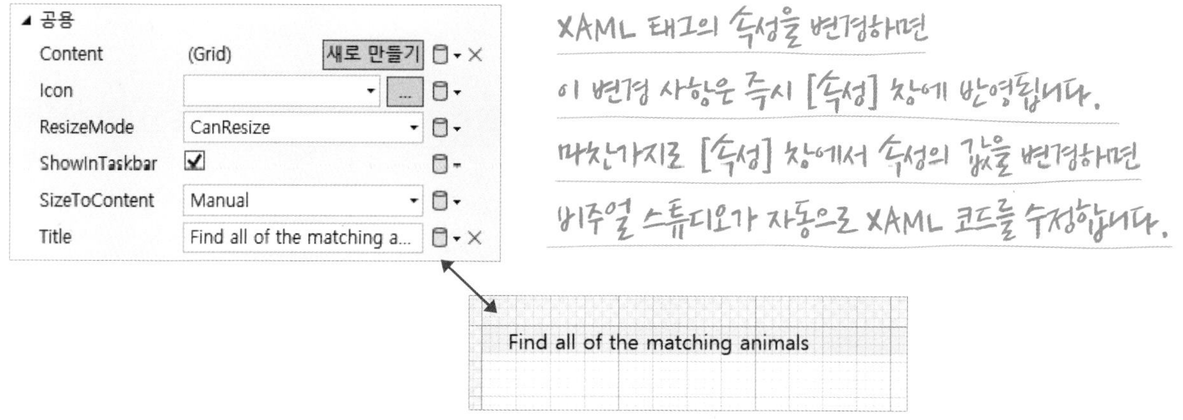

XAML 그리드에 행과 열 추가하기

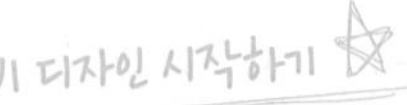

디자인 화면이 그저 비어 있는 것처럼 보이지만, [XAML 편집기]의 아랫부분을 살펴보면 그렇지 않다는 것을 알 수 있습니다. <Grid> ... </Grid> 태그가 있는 줄을 발견했나요? 이 창은 사실 내부에 이미 **그리드(grid)**가 있습니다. 창에 아무것도 표시되지 않는 것은 그리드에 행(row)이나 열(column)이 존재하지 않기 때문입니다. 행을 하나 추가해 보죠.

UI를 디자인할 수 있도록 구성된 화면을 디자인 화면이라고 부릅니다.

[XAML 편집기]에서 앞서 발견한 <Grid> 태그를 클릭하고, 마우스를 디자인 화면의 왼쪽 부분으로 이동한 다음 마우스 커서 위에 더하기 표시가 나타나면 클릭해서 행을 추가해 보세요.

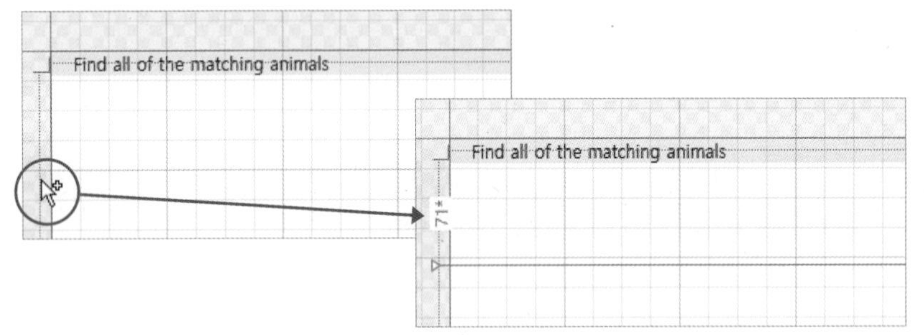

WPF 애플리케이션의 UI는 버튼(button), 레이블(label), 체크박스(checkbox) 같은 컨트롤로 구성됩니다. 그리드는 다른 컨트롤을 자신의 내부에 포함할 수 있는 컨테이너(container) 컨트롤이며, 행과 열을 사용해 레이아웃을 정의할 수 있습니다.

레이아웃 왼쪽에 별표(*)가 달린 숫자가 나타나고 창에 수평선이 표시되는 것을 볼 수 있습니다. 그리드에 행이 추가됐습니다. 행과 열을 더 추가해 봅시다.

- 디자인 화면에서 창의 왼쪽 부분을 4번 더 클릭해서 총 5개의 행을 만듭니다.
- 창의 윗부분으로 마우스 커서를 이동한 후 마찬가지 방법으로 3번 클릭해서 총 4개의 열을 만듭니다. 아래 이미지와 같은 모양이 되어야 합니다(표시되는 숫자는 다르겠지만, 괜찮습니다).
- [XAML 편집기]를 확인해 봅시다. 그리드에 방금 추가한 행과 열의 개수만큼 Column Definition과 RowDefinition 태그가 추가된 것을 볼 수 있습니다.

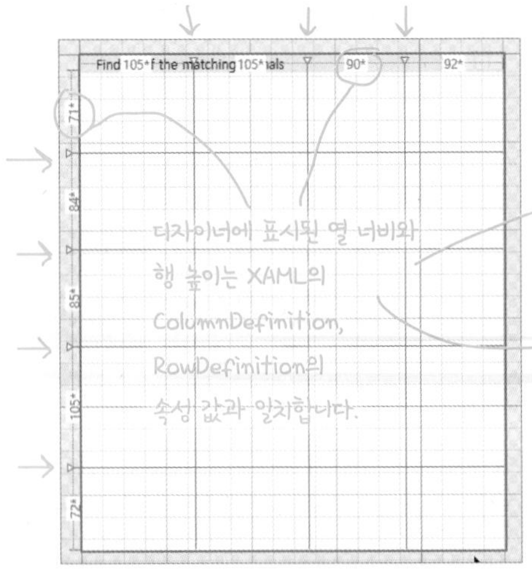

90*
92*
71*
84*
85*
105*
72*
디자이너에 표시된 열 너비와 행 높이는 XAML의 ColumnDefinition, RowDefinition의 속성 값과 일치합니다.

```
<Grid.ColumnDefinitions>
    <ColumnDefinition Width="105*"/>
    <ColumnDefinition Width="105*"/>
    <ColumnDefinition Width="90*"/>
    <ColumnDefinition Width="92*"/>
</Grid.ColumnDefinitions>
<Grid.RowDefinitions>
    <RowDefinition Height="71*"/>
    <RowDefinition Height="84*"/>
    <RowDefinition Height="85*"/>
    <RowDefinition Height="105*"/>
    <RowDefinition Height="74*"/>
</Grid.RowDefinitions>
```

주의하세요!

여러분의 비주얼 스튜디오 화면은 이 이미지와 조금 다를 수 있습니다. 이 책의 이미지는 Visual Studio Community 2022 윈도우 버전입니다. 여러분이 Professional 에디션이나 Enterprise 에디션을 사용한다면 책의 이미지와 약간 다를 수 있습니다. 걱정하지 마세요. 결과물에는 차이가 없습니다.

행과 열 크기를 똑같이 조정하기

게임 속 동물 이모지가 일정한 간격으로 있다면 화면이 더 깔끔하게 보일 것입니다. 동물 이모지는 그리드의 셀 안에 위치하며, 그리드는 창의 크기에 따라 자동 조정됩니다. 창의 크기를 변경할 때 그리드의 행과 열 크기도 함께 조절하면 되겠죠? 다행히 XAML에는 행과 열의 크기를 쉽게 조정할 수 있는 기능이 있습니다. [XAML 편집기]에서 첫 번째 RowDefinition 태그를 클릭하면 [속성] 창에 다음과 같은 속성이 표시됩니다.

[Local] 버튼입니다.

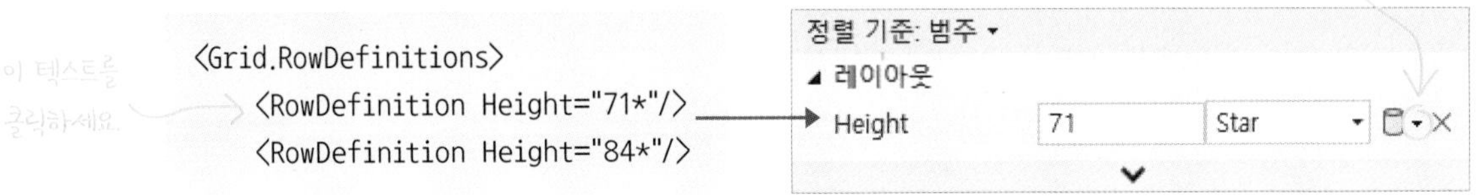

[Height]의 [Local] 버튼을 클릭한 다음 [다시 설정]을 선택하면 속성이 기본값으로 수정됩니다. 잠깐만요! [다시 설정]을 선택하니 디자인 화면에서 행이 사라지는데요? 사실 사라진 것이 아니라 크기가 아주 작아진 겁니다. 당황하지 말고 계속해서 RowDefinition 태그를 클릭해서 모든 행의 높이 속성을 다시 설정합니다. 그 다음에는 ColumnDefinition 태그를 클릭해서 같은 방법으로 모든 열의 너비 속성을 다시 설정합니다. 설정을 완료하면 이제 그리드의 모든 셀(5×4)의 크기가 일정해집니다.

이 XAML 코드를 읽어 보세요. 이전에 HTML이나 XML을 다뤄 본 적이 없다면 언뜻 보기에 꺾쇠(<)와 슬래시(/)가 뒤엉켜 있는 것처럼 보일 텐데요. 포기하지 않고 계속 따라하다 보면 금방 익숙해질 것입니다.

실습을 잘 따라 했다면 디자인 화면은 다음과 같이 보입니다.

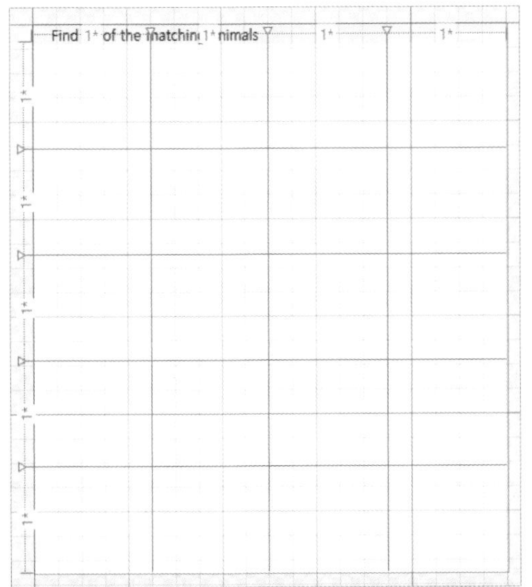

[XAML 편집기]에서 여는 <Window> 태그와 닫는 </Window> 태그 사이에 다음과 같은 코드를 볼 수 있습니다.

```
<Grid>
    <Grid.ColumnDefinitions>
        <ColumnDefinition/>
        <ColumnDefinition/>
        <ColumnDefinition/>
        <ColumnDefinition/>
    </Grid.ColumnDefinitions>
    <Grid.RowDefinitions>
        <RowDefinition/>
        <RowDefinition/>
        <RowDefinition/>
        <RowDefinition/>
        <RowDefinition/>
    </Grid.RowDefinitions>
</Grid>
```

균일한 크기의 5×4 그리드를 표현하는 XAML 코드입니다.

그리드에 TextBlock 컨트롤 추가하기

화면 디자인하기

WPF 애플리케이션은 **TextBlock 컨트롤**을 사용해서 텍스트를 표시합니다. 동물 짝 맞추기 게임에서도 TextBlock 컨트롤을 사용해 동물을 표시하겠습니다. [도구 상자] 창의 [공용 WPF 컨트롤] 항목에서 TextBlock 컨트롤을 드래그해 2행 2열 위치의 셀에 놓습니다. 그러면 Grid 태그 안에 다음 TextBlock 태그가 추가됩니다.

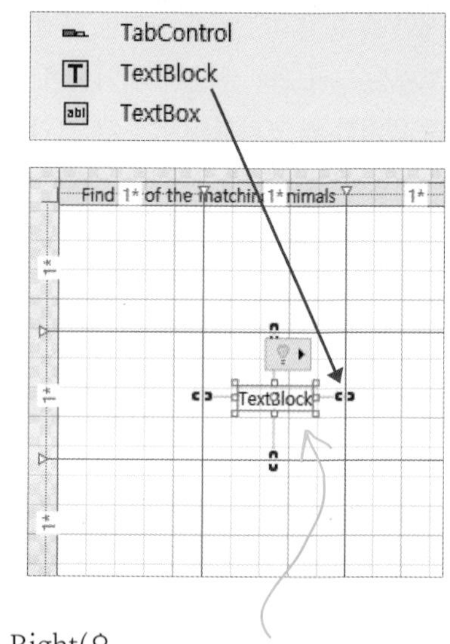

[도구 상자] 창에서 컨트롤을 셀로 드래그하면 자동으로 TextBlock이 [XAML 편집기]에 추가되고 행, 열, 간격 등이 설정됩니다.

```
<TextBlock Grid.Column="1" HorizontalAlignment="Center"
Margin="0,27,0,0" Grid.Row="1" TextWrapping="Wrap" Text="TextBlock"
VerticalAlignment="Top"/>
```

코드를 보면 TextBlock 태그에는 속성이 5개 있으며 각 역할은 다음과 같습니다.

- **Grid.Column**: TextBlock 컨트롤이 위치한 열 그리드의 위치입니다.
- **HorizontalAlignment**: 텍스트의 가로 맞춤을 의미하며 Left(왼쪽), Center(가운데), Right(오른쪽), Stretch(늘이기)를 선택할 수 있습니다.
- **Margin**: 컨테이너와 TextBlock 컨트롤 사이의 간격을 설정합니다.
- **Grid.Row**: TextBlock 컨트롤이 위치한 행 그리드의 위치입니다.
- **TextWrapping**: 텍스트가 한 줄 분량을 넘었을 때 자동 줄 바꿈을 적용할지 설정합니다.
- **Text**: TextBlock 자리에 표시할 텍스트를 적습니다.
- **VerticalAlignment**: 텍스트의 세로 맞춤을 의미하며 Top(위쪽), Center(가운데), Bottom(아래쪽), Stretch(늘이기)를 선택할 수 있습니다.

여러분이 보는 **속성의 순서와 Margin(여백)의 속성 값은 책과 다를 수 있습니다.** Margin의 속성 값은 TextBlock을 셀의 어디에 드래그했느냐에 따라 결정되기 때문입니다. 이 속성들은 [속성] 창에서 변경하거나 초기화할 수 있습니다.

동물 그림을 가운데에 정렬해 봅시다. 디자인 화면에서 **TextBlock을 클릭**합니다. 그 다음 [속성] 창에서 [레이아웃] 항목을 선택합니다. 그리고 [HorizontalAlignment]와 [VerticalAlignment] 속성을 'Center'로 설정한 다음, [Margin]의 [Local] 버튼을 클릭해 '다시 설정'을 클릭합니다.

[Margin]의 [Local] 버튼을 클릭하고 [다시 설정]을 선택해 간격을 재설정하세요.

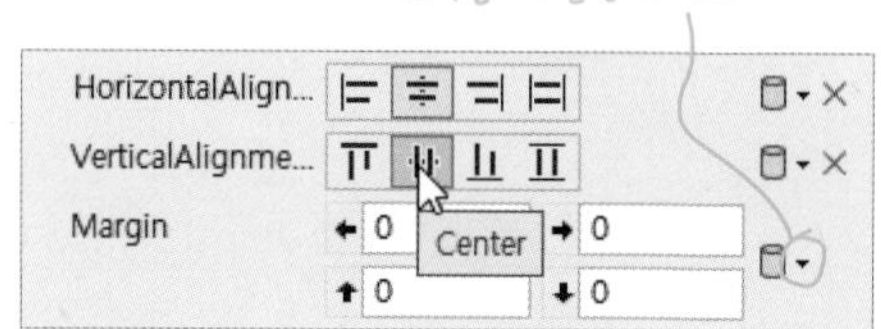

다음으로 동물의 크기를 키워 봅시다. 그리드 위의 텍스트를 클릭한 다음 **[속성] 창에서 [텍스트] 항목을 펼치고 글꼴의 크기를 '36px'로 변경**합니다. [공용] 항목에서 [Text] 속성 값을 '?'로 변경해서 화면에 물음표가 표시되는지 확인해 봅니다.

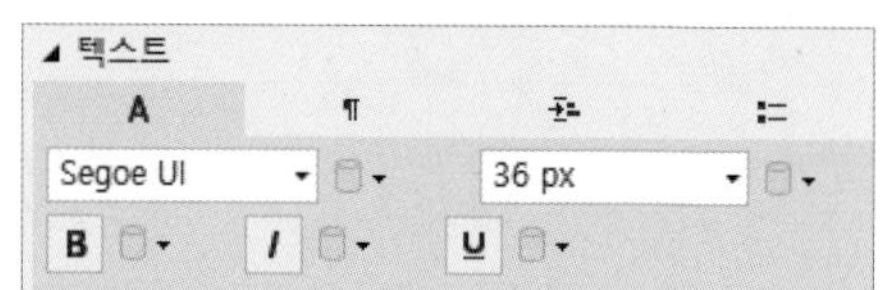

[공용] 항목의 [Text] 속성은 TextBlock에 표시되는 텍스트를 나타냅니다.

[속성] 창 상단에 있는 검색 상자를 클릭한 다음 'Wrap'을 입력해서 [TextWrapping] 속성을 검색합니다. 이 속성의 드롭다운 버튼을 클릭해서 다음과 같이 설정합니다.

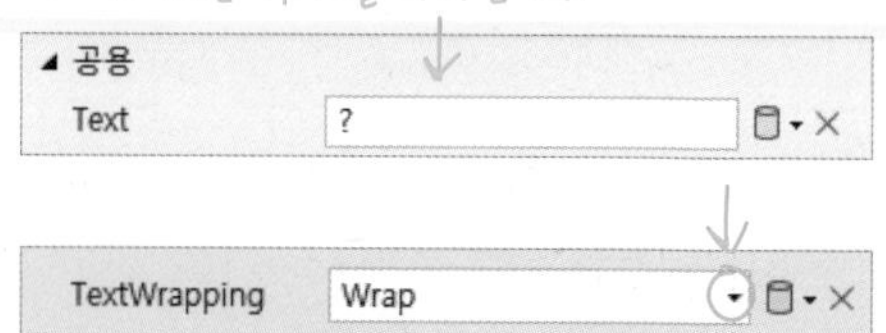

무엇이든 물어보세요!

Q&A

Q1 처음 네 개의 행을 초기화할 때는 행이 사라졌는데, 마지막 행의 높이를 조절했더니 다시 화면에 나타났어요. 무슨 일이 일어난 거죠?

A1 WPF 그리드는 행과 열의 크기를 비율에 따라 조정하기 때문에 그리드의 행이 사라진 것처럼 보일 수 있습니다. 마지막 행의 높이가 74*였다고 가정하면, 네 번째 행까지 모든 행의 기본 높이가 1*로 변경되면서 이 행들의 높이는 각각 그리드 높이의 1/78(1.3%)이 되고, 마지막 행의 높이는 그리드 높이의 74/78(94.8%)를 차지하게 됩니다. 그래서 위에 있는 행들이 작아져 보이는 거죠. 마지막 행을 초기화해서 높이가 1*로 변경되면, 각 행의 높이는 모두 동일하게 그리드의 20% 크기가 됩니다.

가변 크기 조정은 가중 비율에 따라 그리드의 행과 열 사이에 사용 가능한 공간을 분배합니다. XAML에서는 배율 값을 *로 표현합니다.

열의 크기를 다른 열의 2배로 만들고
싶을 때 Width 속성을 2*로 설정하면
그리드가 알아서 조절됩니다.

Q2 창의 너비를 400으로 지정할 때 이 숫자의 단위는 정확히 무엇인가요? 400이 얼마나 넓은 거죠?

A2 WPF의 단위는 **DIP(Device Independent Pixel)**인데, 이 단위의 기준은 **1/38cm**(0.26mm, 1/96인치)입니다. 풀어서 설명하면 화면 비율을 조정하지 않은 모니터에서 1cm가 38px로 이뤄졌다는 뜻이죠. 그렇다고 모니터에 자를 대고 WPF로 생성한 창의 너비를 재어 보진 마세요. 윈도우는 화면 비율 조정 기능이 있어서 화면 크기에 맞게 앱을 표시합니다. DIP는 WPF가 장치에 따라 알맞은 비율로 화면을 표시하도록 도와줍니다.

이 책에는 이런 연습 문제가 여러 번 등장합니다. <연습 문제>는 코딩 실력을 쌓을 좋은 기회가 될 것입니다. 정답을 슬쩍 살펴봐도 괜찮습니다!

연습 문제

TextBlock을 하나 추가했습니다. 순조롭게 출발했지만, 동물 짝 맞추기 게임을 완성하려면 15개의 TextBlock이 더 있어야 합니다. 어떻게 하면 1행에서 4행까지 16개의 셀에 같은 TextBlock을 추가할 수 있을까요? 방금 TextBlock을 추가하면서 생성된 XAML 태그를 살펴봅시다(속성의 순서는 다를 수 있으며, 여기서는 읽기 편하게 하기 위해 줄 바꿈 문자를 추가했습니다).

```
<TextBlock Text="?" Grid.Column="1" Grid.Row="1" FontSize="36" HorizontalAlignment="Center"
VerticalAlignment="Center" TextWrapping="Wrap"/>
```

이 태그를 여러 번 복사해서 총 16개의 TextBlock을 만들면 됩니다. 이미 1개를 만들었으니, TextBlock 15개를 더 추가하면 되겠네요. 다음 사항을 기억해 두세요.

- 행과 열은 1이 아닌 0부터 시작합니다. 그렇기 때문에 만약 속성 값을 지정하지 않으면 TextBlock은 가장 왼쪽 상단의 셀(0,0)에 표시됩니다.
- UI를 직접 편집해도 되고, XAML 태그를 복사하고 붙여 넣어도 됩니다. 두 방법을 모두 시도해 보고 마음에 드는 방법을 고르세요!

연습 문제 정답

다음 XAML 코드는 동물 짝 맞추기 게임에 쓰일 16개의 TextBlock을 나타냅니다. TextBlock 태그를 자세히 보니 Grid.Row와 Grid.Column 속성을 제외하면 TextBlock의 모든 속성 값이 같습니다. 이 Grid.Row와 Grid.Column 속성은 TextBlock이 5x4 그리드의 16개 셀 중 어디에 위치할지를 나타냅니다(Window 태그는 변화가 없기 때문에 여기에 포함하지 않았습니다).

```
<Grid>
    <Grid.ColumnDefinitions>
        <ColumnDefinition/>
        <ColumnDefinition/>
        <ColumnDefinition/>
        <ColumnDefinition/>
    </Grid.ColumnDefinitions>
    <Grid.RowDefinitions>
        <RowDefinition/>
        <RowDefinition/>
        <RowDefinition/>
        <RowDefinition/>
        <RowDefinition/>
    </Grid.RowDefinitions>
    <TextBlock Text="?" FontSize="36" HorizontalAlignment="Center" VerticalAlignment="Center"
               TextWrapping="Wrap"/>
    <TextBlock Text="?" Grid.Column="1" FontSize="36" HorizontalAlignment="Center"
               VerticalAlignment="Center" TextWrapping="Wrap"/>
    <TextBlock Text="?" Grid.Column="2" FontSize="36" HorizontalAlignment="Center"
               VerticalAlignment="Center" TextWrapping="Wrap"/>
    <TextBlock Text="?" Grid.Column="3" FontSize="36" HorizontalAlignment="Center"
               VerticalAlignment="Center" TextWrapping="Wrap"/>
    <TextBlock Text="?" Grid.Row="1" FontSize="36" HorizontalAlignment="Center" VerticalAlignment="Center"
               TextWrapping="Wrap"/>
    <TextBlock Text="?" Grid.Column="1" Grid.Row="1" FontSize="36"
               HorizontalAlignment="Center" VerticalAlignment="Center" TextWrapping="Wrap"/>
    <TextBlock Text="?" Grid.Column="2" Grid.Row="1" FontSize="36"
               HorizontalAlignment="Center" VerticalAlignment="Center" TextWrapping="Wrap"/>
    <TextBlock Text="?" Grid.Column="3" Grid.Row="1" FontSize="36"
               HorizontalAlignment="Center" VerticalAlignment="Center" TextWrapping="Wrap"/>
    <TextBlock Text="?" Grid.Row="2" FontSize="36" HorizontalAlignment="Center" VerticalAlignment="Center"
               TextWrapping="Wrap"/>
    <TextBlock Text="?" Grid.Column="1" Grid.Row="2" FontSize="36"
               HorizontalAlignment="Center" VerticalAlignment="Center" TextWrapping="Wrap"/>
    <TextBlock Text="?" Grid.Column="2" Grid.Row="2" FontSize="36"
               HorizontalAlignment="Center" VerticalAlignment="Center" TextWrapping="Wrap"/>
    <TextBlock Text="?" Grid.Column="3" Grid.Row="2" FontSize="36"
               HorizontalAlignment="Center" VerticalAlignment="Center" TextWrapping="Wrap"/>
    <TextBlock Text="?" Grid.Row="3" FontSize="36" HorizontalAlignment="Center"
               VerticalAlignment="Center" TextWrapping="Wrap"/>
    <TextBlock Text="?" Grid.Column="1" Grid.Row="3" FontSize="36"
               HorizontalAlignment="Center" VerticalAlignment="Center" TextWrapping="Wrap"/>
    <TextBlock Text="?" Grid.Column="2" Grid.Row="3" FontSize="36"
               HorizontalAlignment="Center" VerticalAlignment="Center" TextWrapping="Wrap"/>
    <TextBlock Text="?" Grid.Column="3" Grid.Row="3" FontSize="36"
               HorizontalAlignment="Center" VerticalAlignment="Center" TextWrapping="Wrap"/>
</Grid>
```

column 0 column 1 column 2 column 3

row 0 row 1 row 2 row 3 row 4

다음은 모든 TextBlock이 추가된 후 디자이너에 나타나는 모습입니다.

행과 열의 크기를 모두 같게 만들면 XAML 코드는 다음과 같습니다.

TextBlock 태그의 Grid.Row나 Grid.Column의 속성 값이 0이면 생략 가능하며, 생략 시 자동으로 0으로 인식합니다.

행은 0부터 시작하므로 Grid.Row="1"로 지정된 TextBlock은 두 번째 행에 총 4개 표시됩니다.

코드가 꽤 길지만, 자세히 보면 비슷한 태그가 여러 번 반복되고 있습니다. 각 코드는 TextBlock 태그로 시작해서 Text, FontSize, Grid.Row, Grid.Column의 속성을 포함합니다. 이 태그들은 Grid.Row, Grid.Column 속성 값만 서로 다릅니다(속성의 순서는 여기 있는 내용과 다를 수 있습니다).

이제 코드를 작성할 준비가 됐습니다

● 게임 설계 과정

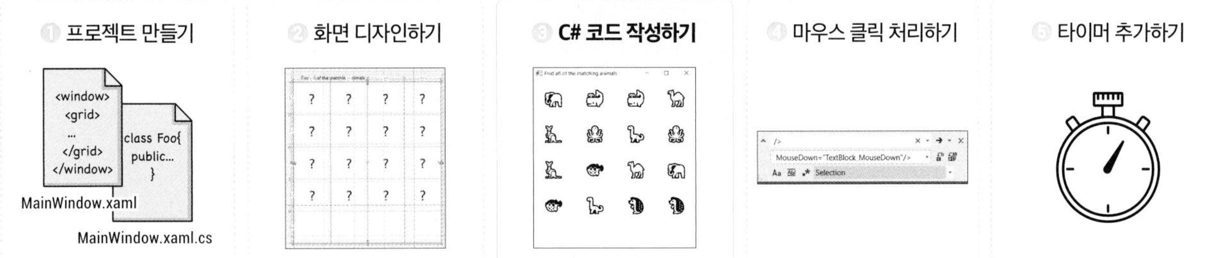

메인 화면의 디자인을 끝냈습니다. 이제 다음 과정으로 넘어갈 준비가 됐으니, 게임이 실제로 작동하도록 C# 코드를 추가해 봅시다.

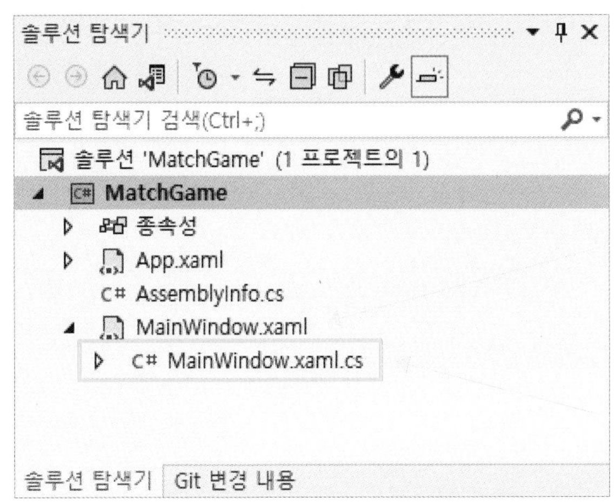

지금까지는 MainWindow.xaml 파일의 XAML 코드를 수정했습니다. 창에 들어가는 모든 디자인 요소는 이 xaml 파일에 포함되며, 이 파일에 들어 있는 XAML 코드가 창의 모습과 배치를 결정합니다.

이제 C# 코드를 작성할 차례입니다. C# 코드는 MainWindow.xaml.cs 파일에 저장되는데, 이 파일은 코드 숨김('뒤에 있는 코드'란 의미입니다) 파일이라고 부르며, 나중에 XAML 파일의 마크업 코드와 결합됩니다. 코드 숨김 파일이라는 이름이 붙은 이유는 xaml 파일과 똑같지만 파일 이름 뒤에 '.cs' 확장자가 붙기 때문입니다.
그리드에 이모지를 추가하거나 마우스 클릭을 처리하고, 타이머를 작동시키는 등 게임이 실행되는 방식을 결정하는 코드를 이 파일에 추가합니다.

주의하세요!

[XAML 편집기]에 입력된 C# 코드는 정확해야 합니다

'잘못 찍힌 점 하나를 찾느라 몇 시간을 허비해 봐야 진짜 개발자가 된다.'라는 말이 있습니다. 이처럼 코드를 작성할 때는 점이나 콜론, 대소문자도 매우 중요합니다. SetUpGame과 setUpGame은 전혀 다른 단어입니다. 쉼표, 세미콜론, 괄호 등을 잘못 사용해 오류가 발생하거나, 빌드는 되지만 개발자의 의도와는 다른 결과물이 나올 수 있습니다. 비주얼 스튜디오의 인텔리센스(IntelliSense) 기능으로 이런 문제를 예방할 수는 있지만 모든 문제를 해결하지는 못합니다.

게임 초기화 메서드 추가하기

게임 초기화를 위한 메서드를 추가합시다.

이제 게임에 사용할 UI가 준비됐으니 코드를 작성해 봅시다. 이번에는 메서드를 생성하고 (앞서 살펴본 Main() 메서드와 비슷한) 그 메서드에 코드를 추가하겠습니다.

따라해 보세요!

01 편집기에서 MainWindow.xaml.cs 파일을 엽니다.

[솔루션 탐색기] 창에서 MainWindow.xaml 파일의 확장 버튼을 클릭하고, MainWindow.xaml.cs 파일을 더블 클릭해 [코드 편집기]에서 파일을 엽니다. 파일에 이미 코드가 포함되어 있습니다.

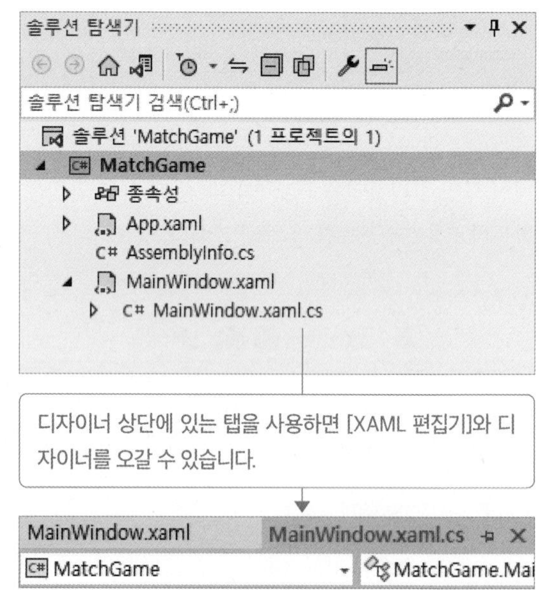

디자이너 상단에 있는 탭을 사용하면 [XAML 편집기]와 디자이너를 오갈 수 있습니다.

아직 메서드가 무엇인지 정확히 몰라도 괜찮습니다.

02 SetUpGame() 메서드를 생성합니다.

비주얼 스튜디오를 사용해 새 메서드를 추가할 수 있습니다. 방금 연 파일에서 다음 코드를 찾습니다.

```
Public MainWindow()
{
    InitializeComponent();
}
```

InitializeComponent(); 코드 아랫줄에 SetUpGame();을 입력합니다. 세미콜론까지 입력하면 SetUpGame 아래에 빨간색 물결선이 나타나고 SetUpGame을 클릭하면 왼쪽에 전구 모양의 [빠른 작업] 아이콘이 나타납니다. [빠른 작업] 아이콘을 클릭하고 ['SetUpGame' 메서드 생성]을 선택하세요.

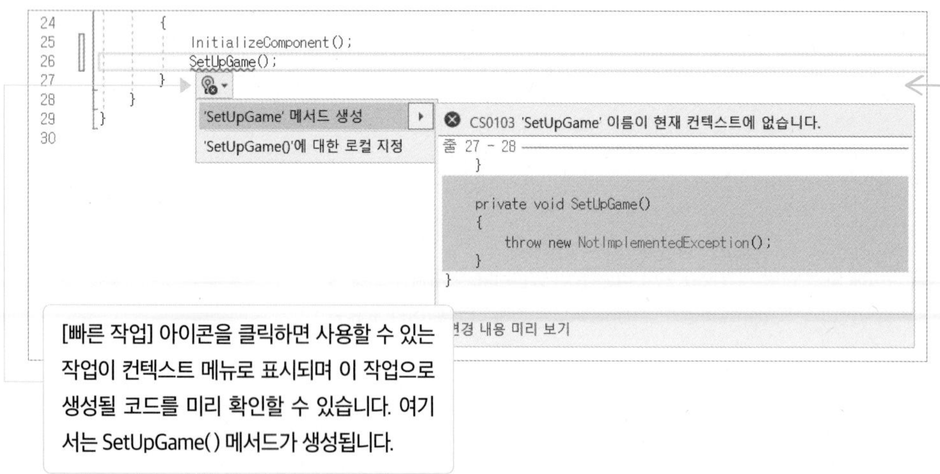

[변경 내용 미리 보기] 창에서는 빨간색 물결선으로 표시된 오류가 무엇인지, 이 오류를 고치기 위해 선택한 작업이 어떤 코드를 생성하는지 미리 확인할 수 있습니다.

[빠른 작업] 아이콘을 클릭하면 사용할 수 있는 작업이 컨텍스트 메뉴로 표시되며 이 작업으로 생성될 코드를 미리 확인할 수 있습니다. 여기서는 SetUpGame() 메서드가 생성됩니다.

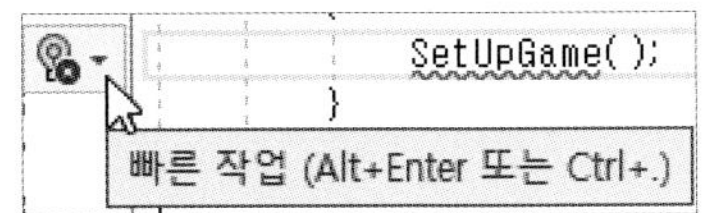

화면에 나타나는 전구 모양의 [빠른 작업] 아이콘은 비주얼 스튜디오가 제공하는 기능으로, 자동으로 코드 작성 및 편집 작업을 처리합니다. [빠른 작업] 아이콘을 클릭하거나 [Alt]+[Enter] 혹은 [Ctrl]+[.] 키를 누르면 선택 가능한 빠른 작업이 표시됩니다.

03 작성한 코드를 실행합니다.

콘솔 앱을 실행했던 것처럼 비주얼 스튜디오 상단의 [MatchGame] 버튼을 클릭해서 프로그램을 실행해 보세요.

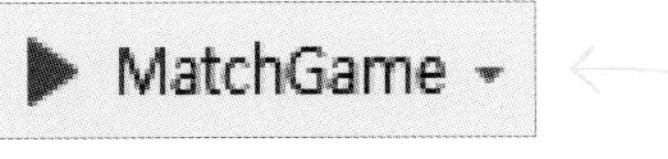

[디버그]-[디버깅 시작] 메뉴를 클릭하거나 [F5] 키를 눌러서 앱을 실행해도 됩니다.

앗! 무엇이 잘못됐나요? 프로그램 창이 나타나는 대신 **예외(exception)**가 발생했습니다.

```
public partial class MainWindow : Window
{
    참조 0개
    public MainWindow()
    {
        InitializeComponent();
        SetUpGame();
    }

    참조 1개
    private void SetUpGame()
    {
        throw new NotImplementedException();
    }
}
```

사용자가 처리하지 않은 예외

System.NotImplementedException: 'The method or operation is not implemented.'

자세히 보기 | 세부 정보 복사 | Live Share 세션을 시작합니다.

▸ 예외 설정

어딘가 고장 난 건 아닌가 싶겠지만, 사실 의도한 결과입니다! 예외가 발생하면 비주얼 스튜디오는 프로그램을 일시 중지시키고 방금까지 실행한 코드에 강조 표시를 보여 줍니다.

```
throw new NotImplementedException();
```

비주얼 스튜디오가 자동으로 생성한 이 메서드는 예외를 **발생(throw)**시킵니다. 이 예외의 상세한 내용을 살펴보죠.

```
System.NotImplementedException: 'The method or operation is not implemented.'
```

이 내용은 메서드를 구현하지 않았다는 의미입니다. 자동으로 생성된 메서드의 상세 내용은 **개발자가 직접 구현해야 합니다.** 즉, 개발자가 메서드 구현을 깜빡했을 때 메서드를 구현해야 한다고 알려 주는 역할을 하는 예외죠. 여러 메서드를 한꺼번에 생성할 때 이런 알림 기능이 있으면 매우 유용합니다.

[디버깅 중지 ▮▮ ■ ↺] 버튼을 클릭해서([디버그]-[디버깅 중지] 메뉴를 선택하거나 [Shift]+[F5] 키를 눌러도 됩니다) 프로그램을 중단하고, SetUpGame() 메서드를 구현해 봅시다.

앱을 실행하는 도중 [디버깅 중지] 버튼을 클릭하면 앱이 중단됩니다.

SetUpGame() 메서드 구현하기

SetUpGame() 메서드를 **public MainWindow()**에 추가하면 앱이 시작될 때 MainWindow 메서드에 있는 내용이 호출됩니다.

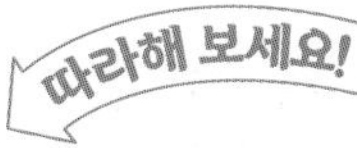

01 SetUpGame() 메서드에 코드를 추가합니다.

SetUpGame() 메서드는 동물 이모지 8쌍을 TextBlock 컨트롤에 임의로 할당해서 사용자가 동물 그림으로 짝을 맞출 수 있도록 해야 합니다. 먼저 이모지 목록을 만들어 봅시다. 메서드를 생성할 때 자동으로 추가된 throw 명령문을 삭제하세요. throw 명령문이 있던 자리에 List를 입력하세요. **[인텔리센스]** 창에 List로 시작하는 여러 키워드가 나타납니다.

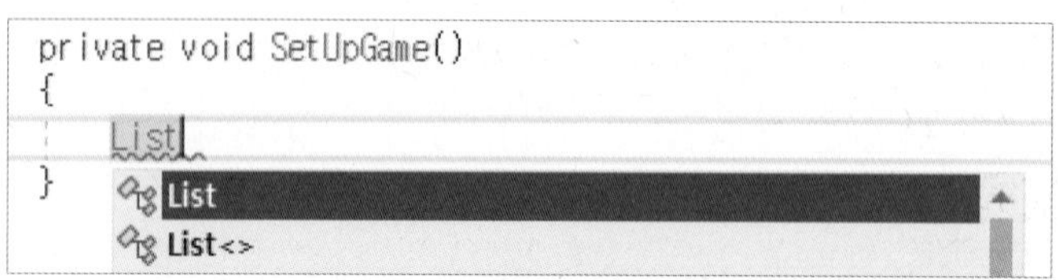

[인텔리센스] 창에서 'List'를 더블 클릭하세요. 그런 다음 '<str'을 입력하세요. 그러면 팝업 창이 나타나고 다음처럼 키워드가 표시되는 것을 볼 수 있습니다.

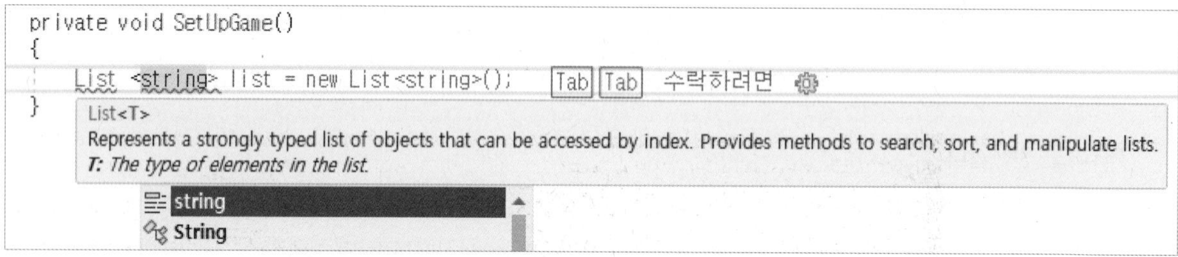

[팝업 대화 상자]의 'string'을 더블 클릭하세요. 이어서 다음 코드를 입력하고 **[Enter] 키는 누르지 마세요.**

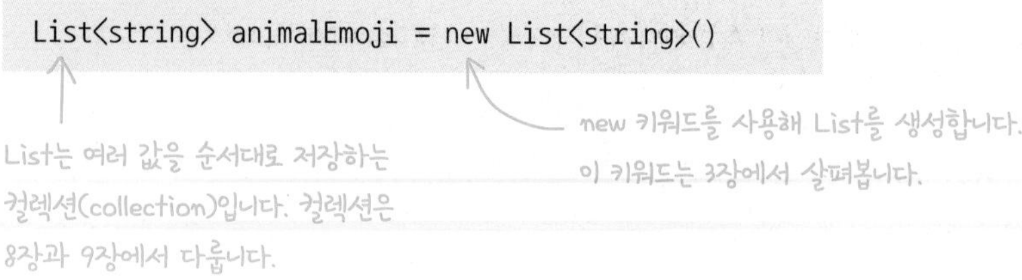

방금 전에 비주얼 스튜디오의 빠른 작업 기능으로 메서드를 추가했습니다. 하지만 메서드가 무엇인지는 아직 배우지 않았죠. 그래도 걱정하지 마세요! 다음 장에서 메서드가 무엇이고 C# 코드가 어떤 구조를 가지고 있는지 살펴볼 테니까요.

02 리스트에 값을 추가합니다.

아직 C# 명령어를 다 완성한 것이 아닙니다. 커서가 현재 명령문의 닫는 소괄호()) 다음 위치에 있는지 확인하고, 이 위치에서 여는 중괄호({)를 입력하세요. 그러면 닫는 중괄호(})가 자동으로 추가되고 커서는 두 중괄호 사이에 위치하게 됩니다. 이때 **[Enter] 키**를 누르면 비주얼 스튜디오가 줄 바꿈 문자를 자동으로 추가합니다.

```
List<string> animalEmoji = new List<string>()
{

}
```

윈도우 이모지 패널을 사용하거나 이모지 웹사이트(https://emojipedia.org/nature)에서 이모지 문자 하나를 복사하세요. 다시 [XAML 편집기]로 돌아와서 따옴표(")를 입력하고 방금 복사한 문자를 붙여 넣은 다음 따옴표, 쉼표, 공백, 따옴표를 차례로 입력하세요. 방금 복사한 문자를 붙여 넣고, 다시 따옴표와 쉼표를 입력하세요. 다른 이모지로 같은 작업을 반복해서 **중괄호 안에 8쌍의 동물 이모지를 추가하세요.** 그런 다음 닫는 중괄호 뒤에 세미콜론(;)을 입력하세요.

```
List<string> animalEmoji = new List<string>() {
    "🐙", "🐙",
    "🐡", "🐡",
    "🐘", "🐘",
    "🐳", "🐳",
    "🐪", "🐪",
    "🦕", "🦕",
    "🦘", "🦘",
    "🦔", "🦔",
};
```

이모지 패널은 윈도우 10에 내장되어 있습니다. [윈도우]+[.] 키를 누르면 이런 화면이 표시됩니다.

03 메서드를 완성합니다.

이어서 List 코드 아래에 나머지 코드를 입력합니다. **점과 괄호, 중괄호에 주의**해서 코드를 입력하세요.

```
Random random = new Random();
foreach (TextBlock textBlock in mainGrid.Children.OfType<TextBlock>())
{
    if (textBlock.Name != "timeTextBlock")
    {
        textBlock.Visibility = Visibility.Visible;
        int index = random.Next(animalEmoji.Count);
        string nextemoji = animalEmoji[index];
        textBlock.Text = nextemoji;
        animalEmoji.RemoveAt(index);
    }
}
```

02에서 입력한 마지막 코드인 }; 다음 줄에 이 코드를 입력합니다.

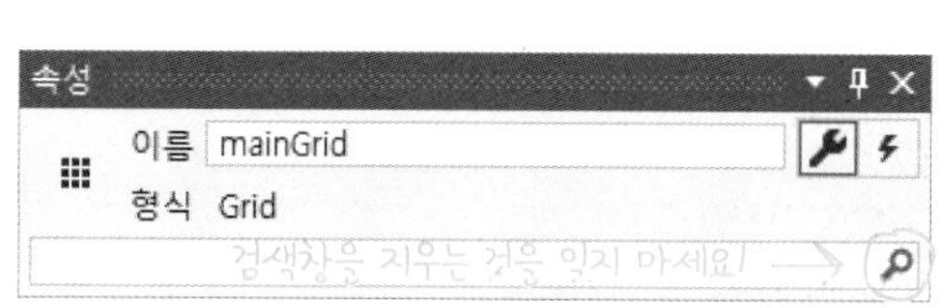

그러나 mainGrid에 오류가 있는지 빨간 물결선이 보입니다. 오류를 모두 해결하지 않으면 프로그램을 빌드할 수 없습니다. [XAML 편집기]로 돌아가 <Grid> 태그를 클릭한 다음 [속성] 창의 [이름] 속성에 'mainGrid'를 입력합니다. [XAML 편집기]에서 그리드의 상단이 <Grid x:Name="mainGrid">로 수정됐는지 확인하세요. 이로써 코드의 오류는 모두 제거됐습니다. 만약 아직도 오류가 남아 있다면 코드를 하나하나 확인해 보세요. 무언가가 놓친 것이 있을 것입니다.

게임을 실행할 때 예외가 발생한다면 animalEmoji 리스트에 정확히 8쌍의 이모지가 있는지, [XAML 편집기]에 16개의 <TextBlock ... /> 태그가 있는지 다시 한번 확인해 보세요.

프로그램 실행하기

빌드하고 실행하기 - 잘했어요!

다시 ▶ MatchGame 버튼을 클릭해 프로그램을 실행합니다. 창이 나타나고 8쌍의 동물이 임의의 위치에 표시됩니다.

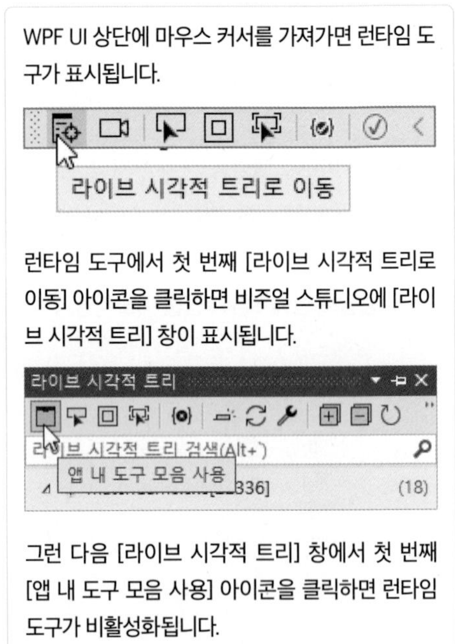

WPF UI 상단에 마우스 커서를 가져가면 런타임 도구가 표시됩니다.
라이브 시각적 트리로 이동
런타임 도구에서 첫 번째 [라이브 시각적 트리로 이동] 아이콘을 클릭하면 비주얼 스튜디오에 [라이브 시각적 트리] 창이 표시됩니다.
라이브 시각적 트리
라이브 시각적 트리 검색(Alt+')
앱 내 도구 모음 사용
(18)
그런 다음 [라이브 시각적 트리] 창에서 첫 번째 [앱 내 도구 모음 사용] 아이콘을 클릭하면 런타임 도구가 비활성화됩니다.

프로그램이 실행되는 동안 비주얼 스튜디오는 디버깅 모드로 작동합니다. [시작] 버튼은 회색의 [계속] 버튼으로 바뀌고, [도구 모음]에 오른쪽과 같은 **디버그 컨트롤**이 표시됩니다. 프로그램 창의 오른쪽 위에 있는 [X] 버튼을 클릭하거나 디버그 컨트롤의 [중지] 버튼을 클릭해 프로그램을 중지할 수 있습니다.

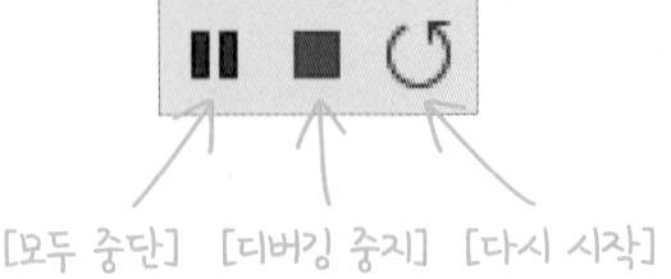

프로그램을 몇 번 실행해 보면 그때마다 동물의 위치가 계속 바뀌는 것을 볼 수 있습니다.

한 단계 더 나아갈 준비가 됐습니다!

코드를 작성하는 것이 프로그램을 만드는 과정의 전부가 아닙니다. 프로젝트를 관리해야 하죠. 프로젝트를 완성하는 효율적인 방법은 작업을 조금씩 진행하면서 작업이 올바른 방향으로 나아가고 있는지 계속 확인하는 것입니다. 그래야 무엇인가 잘못됐을 때 다른 방법을 시도해 볼 여지가 생깁니다.

누가 뭘 했다고?

축하합니다! 실제로 작동하는 프로그램을 만들었네요! 방금 살펴본 것처럼 프로그래밍은 단순히 어디서 가져온 코드를 복사해서 붙여 넣는 것이 아닙니다. 하지만 코드를 작성해 본 경험이 전혀 없더라도 여기까지 진행하면서 알게 된 개념이 꽤 많을 것입니다. 복습해 봅시다. 왼쪽의 C# 명령문과 오른쪽 설명이 맞게 이어지도록 선을 그어 보세요. 첫 번째 항목처럼 선을 그으면 됩니다.

C# 명령문

```
List<string> animalEmoji = new List<string>() {
     "🐙", "🐙",
     "🐡", "🐡",
     "🐘", "🐘",
     "🐳", "🐳",
     "🐪", "🐪",
     "🦕", "🦕",
     "🦘", "🦘",
     "🦔", "🦔",
};
```
❶

```
Random random = new Random();
```
❷

```
foreach(TextBlock textBlock in
    mainGrid.Children.OfType<TextBlock>())
```
❸

```
int index = random.Next(animalEmoji.Count);
```
❹

```
string nextemoji = animalEmoji[index];
```
❺

```
textBlock.Text = nextEmoji;
```
❻

```
animalEmoji.RemoveAt(index);
```
❼

무슨 일을 하나요?

❶ TextBlock의 텍스트를 이모지 목록으로 변경한다.

❷ mainGrid에 포함된 모든 TextBlock을 찾아 각 TextBlock마다 명령문을 실행한다.

❸ 목록에서 이모지를 제거한다.

❹ 8쌍의 이모지가 든 목록을 생성한다.

❺ 0부터 이모지 목록에 남은 이모지 개수 중 임의의 숫자를 택해 index라는 이름을 붙인다.

❻ 임의의 숫자를 만들어 내는 생성기를 만든다.

❼ index라는 이름이 붙은 임의의 숫자를 사용해 목록에서 임의의 이모지를 꺼낸다.

누가 뭘 했다고? 정답

C# 명령문

❶
```
List<string> animalEmoji = new List<string>() {
    "🐙", "🐙",
    "🐡", "🐡",
    "🐘", "🐘",
    "🐳", "🐳",
    "🐪", "🐪",
    "🦕", "🦕",
    "🦘", "🦘",
    "🦔", "🦔",
};
```

❷
```
Random random = new Random();
```

❸
```
foreach(TextBlock textBlock in
    mainGrid.Children.OfType<TextBlock>())
```

❹
```
int index = random.Next(animalEmoji.Count);
```

❺
```
string nextemoji = animalEmoji[index];
```

❻
```
textBlock.Text = nextEmoji;
```

❼
```
animalEmoji.RemoveAt(index);
```

무슨 일을 하나요?

❶ TextBlock의 텍스트를 이모지 목록으로 변경한다.

❷ mainGrid에 포함된 모든 TextBlock을 찾아 각 TextBlock마다 명령문을 실행한다.

❸ 목록에서 이모지를 제거한다.

❹ 8쌍의 이모지가 든 목록을 생성한다.

❺ 0부터 이모지 목록에 남은 이모지 개수 중 임의의 숫자를 택해 index라는 이름을 붙인다.

❻ 임의의 숫자를 만들어 내는 생성기를 만든다.

❼ index라는 이름이 붙은 임의의 숫자를 사용해 목록에서 임의의 이모지를 꺼낸다.

쓰면서 제대로 공부하기

다음 문제를 손으로 직접 써 보면 C# 코드를 이해하는 데 큰 도움이 됩니다.

1. 종이 한 장을 가로 방향으로 놓은 다음 가운데에 수직으로 선을 그으세요.
2. 종이의 왼쪽 면에 SetUpGame() 메서드 전체를 손으로 써 보세요. 각 명령문 사이에는 충분히 공간을 두세요. 이모지는 알아볼 수 있을 정도로만 표시해도 됩니다.
3. 종이의 오른쪽 면에 각 명령문이 무슨 일을 하는지 적어 본 뒤, 전체적으로 다시 한번 읽어 보세요. 프로그램이 어떻게 돌아가는지 이해되기 시작할 것입니다.

<쓰면서 제대로 공부하기>나 코드와 설명을 이어 보는 연습 문제가 정말 도움이 되는지 잘 모르겠어요. 비주얼 스튜디오에 코드를 바로 작성하는 게 낫지 않나요?

더 나은 개발자가 될 수 있는 밑거름은 코드를 이해하는 능력을 기르는 것입니다

<쓰면서 제대로 공부하기>의 연습 문제는 꼭 풀어 봐야 합니다. 연습 문제는 여러분의 뇌가 이전과는 다른 방식으로 정보를 습득하고 생각하도록 도와줍니다. 하지만 그보다 더 중요한 점은 연습 문제를 통해 **실수할 기회를 얻는 것입니다.** 실수도 학습의 일부이며, 사실 누구나 실수합니다(이 책의 실수는 오탈자겠죠). 처음부터 완벽한 코드를 작성하는 사람은 없습니다. 뛰어난 개발자는 코드를 작성하면서 나중에 이 코드를 수정할 일이 반드시 생길 것임을 예상하고 작업합니다.

이 책의 후반부에서는 이미 작성한 코드를 향상시키는 프로그래밍 기법인 **리팩터링(refactoring)**에 대해 배울 것입니다.

지금까지 살펴본 개념과 도구에 대한 요약 정보를 확인하세요.

요점 정리

- **비주얼 스튜디오**는 마이크로소프트의 IDE(Integrated Development Environment, 통합 개발 환경)로, C# 코드 파일을 편리하게 편집하고 관리할 수 있게 도와줍니다.
- **콘솔 앱**은 텍스트를 입력으로 받아 텍스트를 출력하는 크로스 플랫폼 애플리케이션입니다.
- 비주얼 스튜디오의 **인텔리센스 기능**은 코드를 더 빠르게 작성할 수 있도록 도와줍니다.
- **WPF(Windows Presentation Foundation)**는 C#으로 UI를 가진 앱을 작성할 때 사용하는 기술입니다.
- XML 기반 마크업 언어인 **XAML(eXtensible Application Markup Language)**을 사용해 WPF 애플리케이션의 UI를 디자인합니다. XAML은 태그와 속성을 사용해 디자인 화면에 사용할 컨트롤을 정의합니다.
- **Grid XAML 컨트롤**은 자기 내부에 포함된 컨트롤을 격자 형태로 배치하는 기능을 제공합니다.
- **TextBlock XAML 태그**는 텍스트를 표시하는 컨트롤을 추가합니다.
- **[속성] 창**을 사용해 컨트롤의 속성을 쉽게 편집할 수 있습니다. 컨트롤의 [레이아웃]과 [텍스트] 항목을 변경하거나, 컨트롤이 그리드의 어느 행과 열에 위치하는지 등을 결정할 수 있습니다.

새 프로젝트를 소스 제어 시스템에 추가하기

비주얼 스튜디오는 어디서든 쉽게 프로젝트에 접근할 수 있고, 실습 중 실수하더라도 금방 이전 버전으로 돌아갈 수 있게 하는 소스 제어 시스템을 제공합니다. 가장 널리 사용되는 소스 제어 시스템은 Git으로, 비주얼 스튜디오에서 작성한 코드를 직접 Git 리포지토리(Git 저장소)에 배포하면 코드에 원격으로 접속하거나 버전을 관리할 수 있습니다. 코드의 변경 사항을 저장하는 작업을 푸시(push)한다고 표현하며, 코드를 푸시하려면 깃허브 계정이 있어야 합니다. https://github.com에서 미리 계정을 생성하세요.

> **쉬어 가기**
>
> **꼭 소스 제어 시스템에 프로젝트를 추가할 필요는 없습니다**
>
> 이 책에서는 깃허브를 추천하지만, 여러분이 작업하는 곳이 깃허브 접속을 허용하지 않는 회사 네트워크일 수도 있습니다. 굳이 소스 제어 시스템을 사용하고 싶지 않을 수도 있고요. 이 단계는 넘어가도 됩니다. 아니면 비공개 리포지토리에 업로드해도 괜찮습니다.

하단에 있는 상태 바에서 [소스 제어에 추가]를 찾아봅시다.

[소스 제어에 추가]를 클릭하면 [Git]을 표시합니다.

[Git]을 클릭하면 Git 리포지토리를 만들 수 있습니다. 처음부터 Git의 원격 리포지토리에 코드를 푸시할 수도 있지만, 일단은 컴퓨터에 로컬 리포지토리를 먼저 만들어 보죠. [기타]에서 [로컬만]을 클릭한 다음, [만들기] 버튼을 클릭하세요.

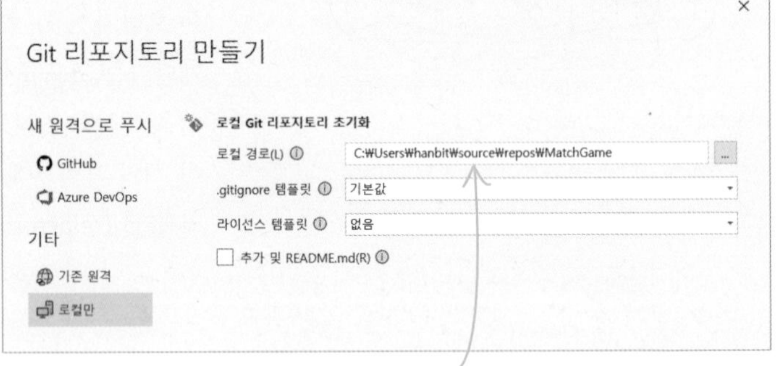

로컬 경로는 현재 프로젝트의 경로로 자동으로 지정됩니다.

[만들기] 버튼을 클릭하고 나서 ↑↓ 2/0 ▴ 를 클릭하고 [송신/수신 보기]를 누르면, Git 리포지토리가 켜지면서 다음과 같은 내용이 표시됩니다.

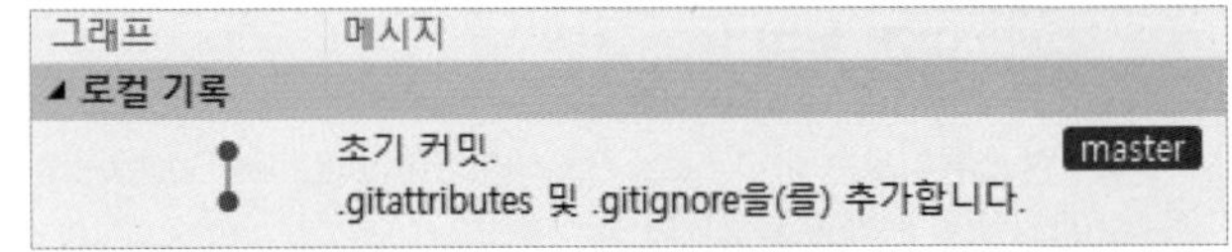

Git 리포지토리는 이 프로젝트의 코드가 Git이라는 소스 제어 시스템에 의해 관리되고 있음을 표시합니다. Git은 코드의 모든 변경 사항을 추적하기 위해 .git 폴더를 사용합니다.

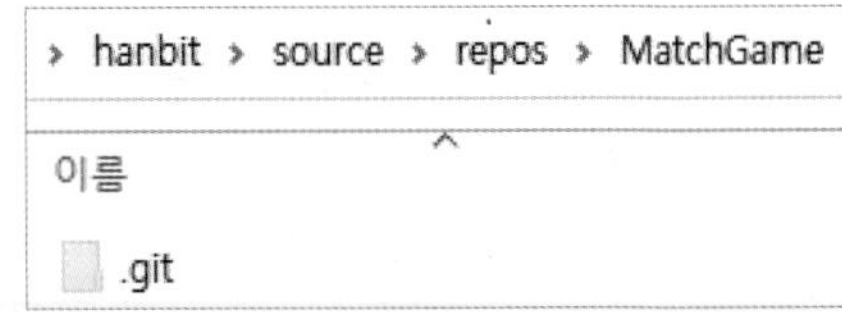

소스 제어 시스템에 프로젝트를 추가하면 비주얼 스튜디오는 [솔루션 탐색기] 창이 있는 위치에 [Git 변경 내용] 창을 표시합니다. [Git 변경 내용 창]이 안 보이면 [보기] 메뉴에서 선택하세요. [Git 변경 내용] 창에서 소스 제어 시스템을 관리할 수 있습니다. 또한 프로젝트를 원격 리포지토리에 배포할 수 있습니다.

방금 푸시한 코드를 보려면 https://github.com/<github-사용자명>/MatchGame 페이지에 접속하면 됩니다. 원격 저장소에 프로젝트를 푸시했다면 [Commits] 탭에서 변경 내역을 확인할 수 있습니다.

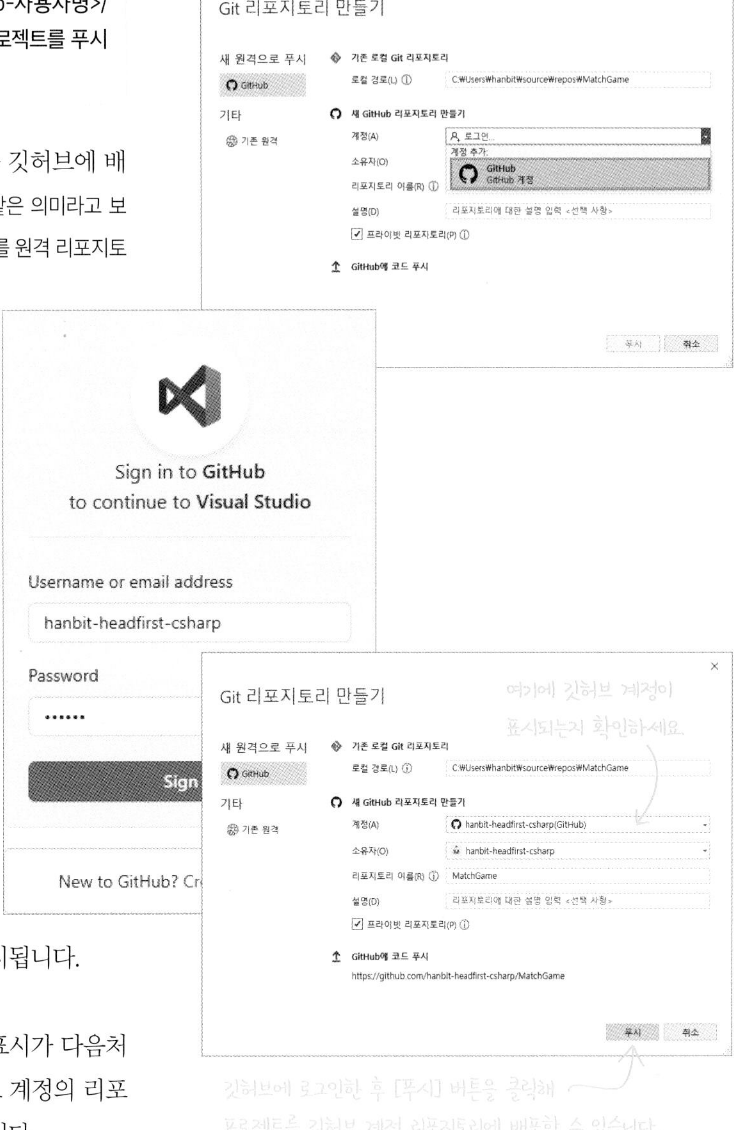

github.com에서 계정을 만들고 나면 소스 코드를 깃허브에 배포할 수 있습니다. **＊역주** '배포'와 '푸시'는 기본적으로 같은 의미라고 보면 됩니다. git 클라이언트에는 push 명령이 있는데, 소스 코드를 원격 리포지토리로 배포하는 작업을 수행합니다.

[Git 변경 내용] 창에서 [푸시] 버튼을 클릭하면 다시 [Git 리포지토리 만들기] 대화상자가 나타납니다. 이번에는 [계정]의 드롭다운 버튼을 클릭하고, 'GitHub 계정' 항목을 선택합니다.

그러면 깃허브 서비스의 로그인 화면이 나타납니다. 아까 만들어 둔 github.com 계정의 사용자 이름과 패스워드를 입력하세요. 만약 2단계 인증을 설정했다면 인증 단계를 하나 더 거쳐야 합니다.

로그인하면 다시 [Git 리포지토리 만들기] 대화상자로 넘어오고, [계정]과 [소유자] 항목이 채워진 것을 볼 수 있습니다. 이제 [푸시] 버튼을 클릭하면 커밋이 깃허브의 원격 리포지토리로 푸시됩니다.

깃허브에 배포를 하고 나면, 상태 바의 Git 상태 표시가 다음처럼 바뀝니다. 이는 현재 프로젝트의 코드가 깃허브 계정의 리포지토리에 저장된 내용과 일치한다는 것을 나타냅니다.

현재 푸시되지 않은 커밋은 없습니다.(Ctrl+E, Ctrl+C)

코드를 깃허브에 배포하고 나면, [Git 변경 내용] 창에서 Git 리포지토리에 접근할 수 있습니다.

Git은 오픈 소스 버전 제어 시스템으로 깃허브처럼 코드를 저장할 공간을 제공합니다. 또한, 웹을 통해 저장소에 접근하도록 해 주는 Git 서비스를 제공하는 다양한 서드파티 서비스가 존재합니다. Git에 대해 더 궁금한 점은 https://git-scm.com 사이트에서 확인하세요.

무엇이든 물어보세요!

Q&A

Q1 XAML이 정말로 코드인가요?

A1 네, 물론이죠. C# 코드에서 mainGrid 아래 빨간색 물결선이 나타났다가 [XAML 편집기]의 Grid 태그에 이름을 추가하고 나니 빨간색 물결선이 사라졌던 것을 생각해 보세요. XAML 태그를 수정했기 때문에 생긴 결과입니다. 그 말은 즉 XAML은 코드라는 뜻이죠. 또한 XAML 코드에 그리드 이름을 추가하면 C# 코드에서 그 이름을 사용할 수 있죠.

Q2 XAML이 브라우저에서 해석되는 HTML과 비슷한 류라고 생각했는데, 아닌가요?

A2 아뇨, XAML은 C# 코드와 함께 작성되는 프로그램 코드입니다. 2장에서 partial 키워드를 사용해 클래스를 여러 파일로 결합하고 분리하는 방법을 배울 것인데요, XAML 코드와 C# 코드를 결합하기 위해 이 방법을 사용합니다. XAML은 UI를 정의하고, C#은 행동을 정의합니다. 그리고 XAML과 C#은 부분(partial) 클래스를 사용해 서로 결합됩니다. 이것이 바로 XAML이 코드인 이유입니다.

Q3 C# 파일의 상단에 using 지시문이 많이 있는데 왜 저렇게 많은 거죠?

A3 WPF 애플리케이션은 다양한 네임스페이스의 코드를 사용합니다. 네임스페이스가 무엇인지는 2장에서 살펴볼 것입니다. 비주얼 스튜디오는 WPF 애플리케이션을 생성할 때 MainWindow.xaml.cs 상단에 자주 쓰는 using 지시문을 자동으로 추가합니다. 사실 여러분은 이미 몇 개의 네임스페이스 코드를 사용했습니다. 그중 사용하지 않는 네임스페이스는 텍스트 편집기에서 옅은 색으로 표시됩니다.

Q4 WPF 애플리케이션은 콘솔 앱보다 더 복잡해 보여요. 이 둘이 동일한 방식으로 작동하는 게 맞나요?

A4 네, 원론적으로 이야기하자면 C# 코드는 모두 같은 방식으로 작동합니다. 명령문 하나가 실행되고, 다음 명령문이 실행되고, 그 다음 명령문이 실행되는 식이죠. WPF 애플리케이션이 더 복잡해 보이는 이유는 특정한 상황(창이 표시되거나 사용자가 버튼을 클릭하는)이 발생했을 때만 메서드가 호출되는 방식으로 작동하기 때문입니다. 물론 메서드가 호출될 때 코드의 작동 방식은 콘솔 앱과 동일합니다.

IDE 팁 오류 목록

[XAML 편집기]의 하단을 보면 문제가 검색되지 않음 표시가 있습니다. 이 표시는 운영체제가 실행할 수 있는 바이너리로 코드를 변환하는 빌드 과정이 문제없이 수행됐다는 것을 의미합니다. 일부러 오류를 만들어서 확인해 볼까요?

SetUpGame() 메서드의 첫 번째 줄 바로 아래에 Xyz를 입력해 봅시다. [XAML 편집기]의 아랫부분을 다시 확인해 보면 ⊗ 3 가 표시된 것을 볼 수 있습니다. [오류 목록] 창이 열려 있지 않다면, [보기]-[오류 목록] 메뉴를 선택해서 여세요. [오류 목록] 창에서 다음과 같은 오류를 확인할 수 있습니다.

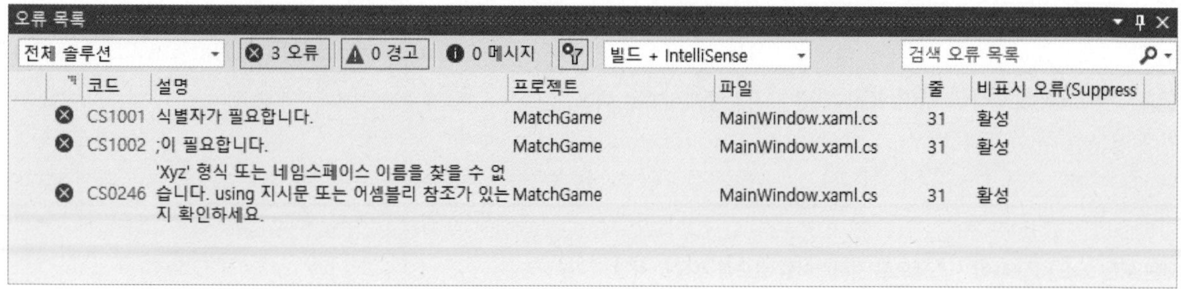

이 오류는 'Xyz'가 유효한 C# 코드가 아니라는 내용이며, 이 오류 때문에 비주얼 스튜디오가 코드를 빌드할 수 없다고 알려 줍니다. 즉, 코드에 이런 문구가 있으면 프로그램을 실행할 수 없습니다. 입력했던 Xyz를 지우세요.

게임 완성을 위한 마우스 클릭 이벤트 작성하기

● **게임 설계 과정**

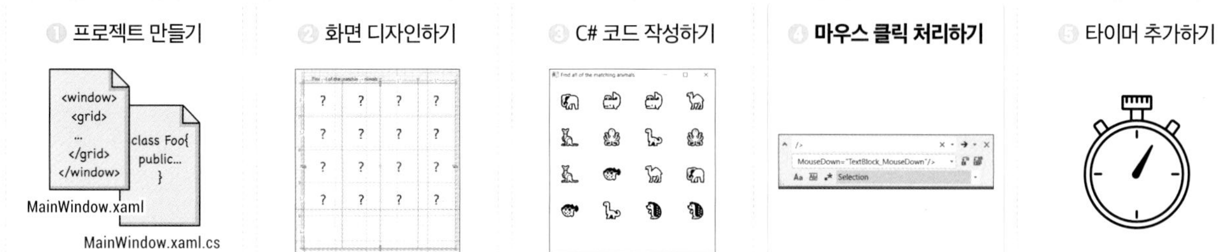

앞서 플레이어가 클릭할 동물을 화면에 표시하는 부분까지 완성했습니다. 이제 플레이어가 게임을 실행하는 데 필요한 코드를 추가해야 합니다. 플레이어는 한 턴에 동물을 두 마리 클릭합니다.

플레이어가 처음 클릭한 동물은 화면에서 사라집니다. 만약 두 번째로 클릭한 동물이 처음 클릭한 동물과 같다면 두 번째로 클릭한 동물도 사라집니다. 그러나 두 동물이 다르다면 처음에 클릭했던 동물이 다시 화면에 나타납니다. 이와 같은 작동을 **이벤트 처리기(event handler)**를 통해 구현할 것입니다. 이벤트 처리기는 앱에서 특정한 상황(마우스 클릭, 더블 클릭, 창 크기 변경 등)이 발생했을 때 호출되는 메서드를 의미합니다.

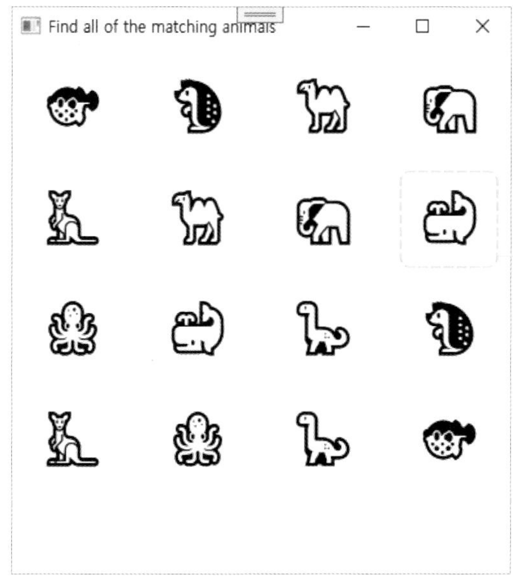

플레이어가 동물 하나를 클릭하면 앱은 TextBlock_MouseDown( )이라는 메서드를 호출하고, 이 메서드에서 마우스 클릭 이벤트를 처리합니다. 이 메서드가 할 일은 다음과 같습니다.

```
TextBlock_MouseDown() {
    /* 만약 첫 번째 동물을 클릭하면
     * 어떤 TextBlock이 클릭됐는지
     * 저장하고 동물을 감춥니다. 두 번째
     * 동물을 클릭하년, 누 농불이 일치할
     * 경우 둘 다 감추고, 일치하지 않으면
     * 첫 번째 동물을 다시 표시합니다.
     */
}
```

/* 과 */ 사이에 있는 텍스트는 주석(comment)으로, 빌드에 반영되지 않는 C# 코드입니다. 이 주석은 TextBlock_MouseDown( ) 메서드가 어떤 작동을 할지 설명하고 있으며, 추가로 주석을 어떻게 사용해야 하는지도 보여 줍니다.

마우스 클릭에 반응하는 TextBlock 만들기

다시 게임으로 돌아가 봅시다!

지금까지 만든 SetUpGame() 메서드는 TextBlock에 동물 이모지를 표시하는 기능을 수행합니다. 이 코드는 프로그램에 있는 컨트롤의 상태를 변경해서 화면에 동물 이모지를 표시하죠. 이제는 반대로 여러분이 작성한 코드를 컨트롤이 호출하도록 만들어야 합니다.

비주얼 스튜디오는 이러한 작업도 도와줍니다.

[XAML 편집기]로 돌아가서 첫 번째 TextBlock 태그를 클릭하세요. 그러면 디자인 화면에서도 해당 컨트롤이 선택되고, [속성] 창에서 이 태그의 속성을 변경할 수 있습니다. [속성] 창에서 [선택한 요소의 이벤트 처리기(⚡)] 버튼을 클릭하세요. [속성] 창에서 스크롤을 내리면서 TextBlock에 추가할 수 있는 이벤트 처리기의 종류를 살펴보세요. 그중 **MouseDown 이벤트를 찾아서 오른쪽에 있는 상자를 더블 클릭하세요.**

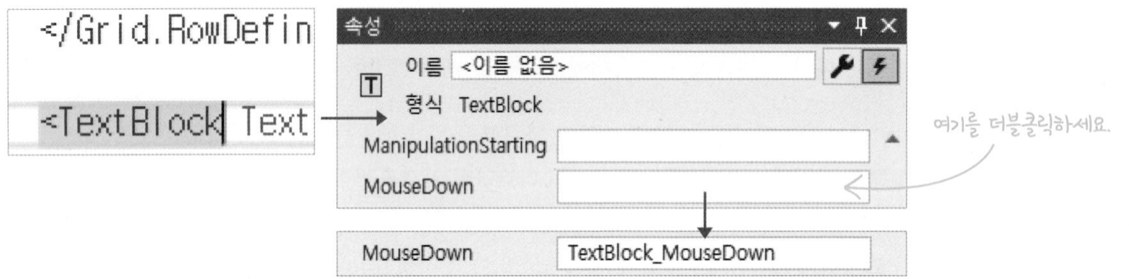

[MouseDown] 이벤트 박스를 더블 클릭하면 [코드 편집기]로 화면이 전환되고 TextBlock_MouseDown()이라는 메서드가 생성됩니다.

```
<TextBlock Text="?" FontSize="36" HorizontalAlignment="Center"
 VerticalAlignment="Center" TextWrapping="Wrap" MouseDown="TextBlock_MouseDown"/>
```

다시 [XAML 편집기]로 돌아가면 TextBlock의 XAML 코드에 MouseDown 속성이 추가된 것을 볼 수 있습니다.

```
private void TextBlock_MouseDown(object sender, MouseButtonEventArgs e) {

}
```

이벤트 처리기는 마우스 클릭, 키 입력, 창 크기 변경 등의 이벤트에 반응해서 호출되는 메서드입니다.

간혹 비주얼 스튜디오에서 C# 코드를 추가하면 바로 [XAML 편집기]로 돌아올 때가 있습니다. 그러면 메서드가 추가된 것을 어떻게 알 수 있을까요? [XAML 편집기]에서 TextBlock_MouseDown을 마우스 우클릭하고 [코드 보기] 메뉴를 선택하면 C# 코드에서 해당 부분을 찾을 수 있습니다.

플레이어가 TextBlock을 클릭하면 앱은 자동으로 TextBlock_MouseDown() 메서드를 호출합니다. 이제 이 메서드에 코드를 추가하고, 다른 TextBlock 컨트롤에도 이 이벤트를 연결(hook up)해서 모든 TextBlock이 클릭될 때 이 메서드가 호출되도록 하세요.

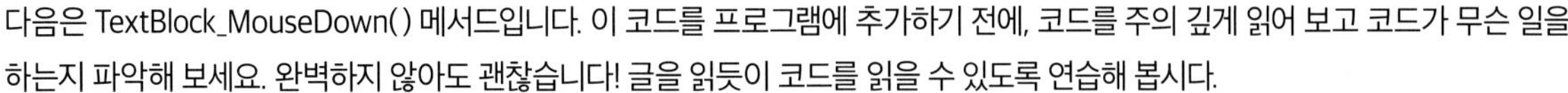

다음은 TextBlock_MouseDown( ) 메서드입니다. 이 코드를 프로그램에 추가하기 전에, 코드를 주의 깊게 읽어 보고 코드가 무슨 일을 하는지 파악해 보세요. 완벽하지 않아도 괜찮습니다! 글을 읽듯이 코드를 읽을 수 있도록 연습해 봅시다.

```
TextBlock lastTextBlockClicked;
bool findingMatch = false;

private void TextBlock_MouseDown(object sender, MouseButtonEventArgs e)
{
    TextBlock textBlock = sender as TextBlock;
     if (findingMatch == false)
     {
         textBlock.Visibility = Visibility.Hidden;
         lastTextBlockClicked = textBlock;
         findingMatch = true;
     }
     else if (textBlock.Text == lastTextBlockClicked.Text)
     {
         textBlock.Visibility = Visibility.Hidden;
         findingMatch = false;
     }
     else
     {
         lastTextBlockClicked.Visibility = Visibility.Visible;
         findingMatch = false;
     }
}
```

1 findingMatch는 무슨 일을 하나요?

2 (findingMatch == false)로 시작하는 코드 블록은 무슨 일을 하나요?

3 else if (textBlock.Text == lastTextBlockClicked.Text)로 시작하는 코드 블록은 무슨 일을 하나요?

4 else로 시작하는 코드 블록은 무슨 일을 하나요?

다음은 TextBlock_MouseDown() 메서드입니다. 이 코드를 프로그램에 추가하기 전에, 코드를 주의 깊게 읽어 보고 코드가 무슨 일을 하는지 파악해 보세요. 완벽하지 않아도 괜찮습니다! 글을 읽듯이 코드를 읽을 수 있도록 연습해 봅시다.

```
TextBlock lastTextBlockClicked;
bool findingMatch = false;

private void TextBlock_MouseDown(object sender, MouseButtonEventArgs e)
{
    TextBlock textBlock = sender as TextBlock;
     if (findingMatch == false)
     {
         textBlock.Visibility = Visibility.Hidden;
         lastTextBlockClicked = textBlock;
         findingMatch = true;
     }
     else if (textBlock.Text == lastTextBlockClicked.Text)
     {
         textBlock.Visibility = Visibility.Hidden;
         findingMatch = false;
     }
     else
     {
         lastTextBlockClicked.Visibility = Visibility.Visible;
         findingMatch = false;
     }
}
```

다음은 TextBlock_MouseDown() 메서드가 하는 일에 대한 설명입니다. 새로운 프로그래밍 언어로 쓴 코드는 마치 악보와 같아서 연습할수록 더 잘 읽을 수 있게 됩니다.

1 findingMatch는 무슨 일을 하나요?

플레이어가 첫 번째 동물을 클릭하고 맞는 짝을 찾는 중인지 여부를 저장합니다.

2 (findingMatch == false)로 시작하는 코드 블록은 무슨 일을 하나요?

플레이어가 첫 번째 동물을 클릭하면 화면에 보이지 않게 만든 다음, 나중에 다시 보이게 해야 될 경우를 대비해 다른 곳에 동물 이모지를 저장해 둡니다.

3 else if (textBlock.Text == lastTextBlockClicked.Text)로 시작하는 코드 블록은 무슨 일을 하나요?

플레이어가 짝을 맞췄어요! 그러면 두 번째로 클릭한 동물을 다시 클릭하지 못하도록 보이지 않게 만들고, findingMatch를 리셋해서 짝을 맞출 다음 동물을 클릭할 수 있게 합니다.

4 else로 시작하는 코드 블록은 무슨 일을 하나요?

플레이어가 짝이 맞지 않는 동물을 클릭하면 첫 번째로 클릭한 동물을 다시 보이게 만들고 findingMatch를 리셋합니다.

TextBlock_MouseDown( ) 메서드 채우기

앞에서 TextBlock_MouseDown() 메서드에 들어갈 코드를 살펴봤으니, 이제 프로그램에 코드를 추가해 봅시다.

따라해 보세요!

01 아까 자동으로 생성된 TextBlock_MouseDown( ) 메서드의 윗 줄에 TextBlock lastTextBlockClicked; bool findingMatch = false; 코드를 추가합니다. 추가한 코드가 SetUpGame() 메서드의 닫는 중괄호와 TextBlock_MouseDown() 메서드 사이에 위치하는지 다시 한번 확인하세요.

02 TextBlock_MouseDown( ) 메서드 안에 다음과 같이 코드를 채웁니다. 등호(=) 기호를 주의해서 입력하세요. =과 ==는 전혀 다른 의미입니다(2장에서 자세히 설명할 것입니다).

01에서 입력한 이 부분은 필드(field)입니다. 필드는 클래스 안에서 정의되지만 메서드 밖에 있는 변수(variable)를 말합니다. 클래스의 모든 메서드는 필드에 접근할 수 있습니다. 필드는 3장에서 더 자세히 알아보겠습니다.

TextBlock_MouseDown( ) 메서드 위에 '참조 1개'라는 표시를 볼 수 있는데, 이 메서드가 TextBlock 컨트롤의 MouseDown 이벤트에 연결되어 있기 때문입니다.

```
TextBlock lastTextBlockClicked;
bool findingMatch = false;

참조 1개
private void TextBlock_MouseDown(object sender, MouseButtonEventArgs e)
{
    TextBlock textBlock = sender as TextBlock;
    if (findingMatch == false)
    {
        textBlock.Visibility = Visibility.Hidden;
        lastTextBlockClicked = textBlock;
        findingMatch = true;
    }
    else if (textBlock.Text == lastTextBlockClicked.Text)
    {
        textBlock.Visibility = Visibility.Hidden;
        findingMatch = false;
    }
    else
    {
        lastTextBlockClicked.Visibility = Visibility.Visible;
        findingMatch = false;
    }
}
    }
}
```

컨트롤 마우스 클릭 이벤트에 연결하기

클릭 이벤트 코드 완성하기

지금은 MouseDown 이벤트 처리기에 TextBlock 컨트롤 하나만 연결되어 있습니다. 이제 남은 TextBlock 전부를 MouseDown 이벤트에 연결해 봅시다. 디자이너에서 TextBlock을 하나씩 선택해 MouseDown 이벤트 상자에 TextBlock_MouseDown을 입력해도 됩니다. 하지만 [XAML 편집기]에서 속성을 추가하는 방법을 알고 있으니, 지름길로 가 봅시다.

따라해 보세요!

01 [XAML 편집기]에서 TextBlock 15개를 선택합니다.

[XAML 편집기]에서 두 번째 TextBlock 태그의 왼쪽을 클릭한 다음 </Grid> 태그 직전까지 드래그해 TextBlock 컨트롤 15개를 선택합니다. 이때, 첫 번째 TextBlock은 제외해야 합니다.

02 빠른 바꾸기 기능을 사용해 MouseDown 이벤트 처리기를 추가합니다.

[편집]-[찾기 및 바꾸기]-[빠른 바꾸기] 메뉴를 선택합니다. [찾기]에서 '/>'를 검색하고 [바꾸기]에서 ' MouseDown="TextBlock_MouseDown"/>'를 입력해서 글자를 수정합니다. 바꾸기 전에 MouseDown 앞에 공백을 하나 넣었는지, 검색 범위가 선택 영역으로 설정되어 있는지 확인하세요. 그래야 선택된 TextBlock에만 속성이 추가됩니다.

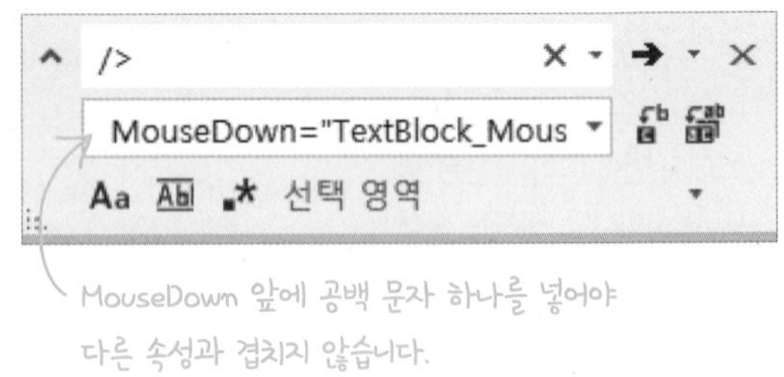

MouseDown 앞에 공백 문자 하나를 넣어야 다른 속성과 겹치지 않습니다.

03 선택된 TextBlock 15개에 바꾸기를 실행합니다.

[모두 바꾸기] 버튼을 눌러 TextBlock에 MouseDown 속성을 추가합니다. 그러면 15개가 바뀌었다고 알려 줄 것입니다. XAML 코드를 주의 깊게 살펴보고 모든 TextBlock에 MouseDown 속성이 있는지, 그 속성이 첫 번째 TextBlock에 있는 속성과 일치하는지 확인하세요.

이제 [코드 편집기]의 TextBlock_MouseDown() 메서드 위에 '참조 16개'가 표시되는지 확인하세요. [빌드]-[솔루션 빌드] 메뉴를 선택하면 이 표시를 업데이트할 수 있습니다. 만약 '참조 17개'라고 표시된다면 실수로 Grid에 이벤트 처리기를 연결한 것입니다. 이럴 경우 동물을 클릭하면 예외가 발생하므로, TextBlock에만 이벤트 처리기를 연결하도록 수정해야 합니다.

프로그램을 실행하고 동물을 클릭해 봅시다. 동물을 클릭하면 화면에서 사라지고, 이어서 방금 클릭한 동물과 짝이 맞는 동물을 클릭하면 그 동물도 함께 사라집니다. 만약 짝이 맞지 않는 동물을 클릭하면 처음에 클릭한 동물이 다시 화면에 나타납니다. 짝을 맞춰 화면에서 모든 동물이 사라지면 프로그램을 다시 시작하거나 종료할 수 있습니다.

뇌 단련

여러분은 한 게임의 체크 포인트에 도달했습니다! 아직 게임이 완성된 것은 아니지만, 어쨌든 실제 플레이가 가능한 게임 형태가 됐습니다. 그럼 이제 어떻게 하면 게임이 더 나아질지 잠깐 생각해 보세요. 어떻게 하면 게임이 더 재밌어질까요?

타이머 추가해서 게임 완성하기

● **게임 설계 과정**

플레이어가 게임을 클리어한 시간을 기록할 수 있다면 동물 짝 맞추기 게임이 더 재밌어질 것 같지 않나요? 이번에는 플레이어의 실행 시간을 기록할 수 있도록 **타이머(timer)**를 추가해 보겠습니다.

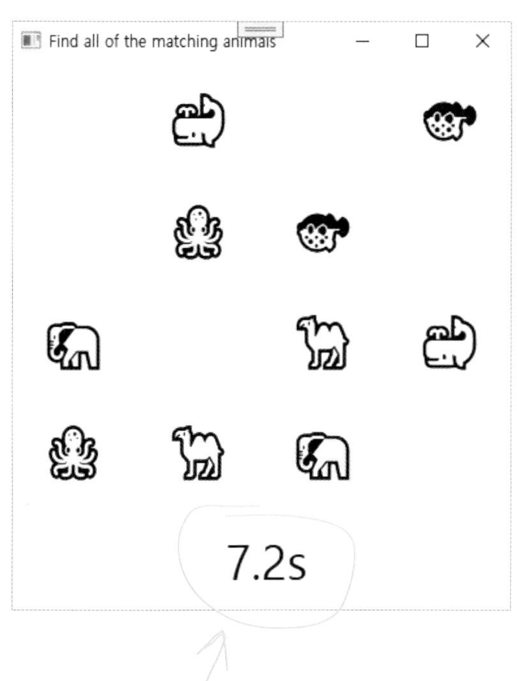

게임에 재미를 더해 봅시다! 게임 시작과 동시에 타이머가 시작되고 경과 시간을 화면 아래쪽에 표시합니다. 모든 동물의 짝을 맞추면 타이머가 멈춥니다.

타이머는 일정 시간마다 메서드를 반복 호출합니다. 여기서 사용할 타이머는 플레이어가 게임을 시작하면 같이 시작하고, 모든 동물의 짝을 맞추면 멈춰야 합니다.

게임에 타이머 기능 추가하기

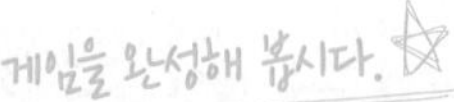

따라해 보세요!

01 MainWindow.xaml.cs 파일에서 namespace 키워드를 찾아서 다음 using 문을 using System. Windows.Threading; 코드를 다음처럼 추가합니다.

```
namespace MatchGame
 {
    using System.Windows.Threading;
```

02 public partial class MainWindow를 찾아 여는 중괄호 ({) 바로 아랫줄에 타이머 생성 코드를 추가합니다.

```
public partial class MainWindow : Window
 {
     DispatcherTimer timer = new DispatcherTimer();
     int tenthsOfSecondsElapsed;
     int matchesFound;
```

이 코드 세 줄은 새로운 타이머를 만들고, 경과 시간과 플레이어가 맞춘 동물 쌍의 숫자를 저장하는 2개의 필드를 추가합니다.

03 타이머에 어떤 메서드를 얼마나 자주 호출할지를 지정해야 합니다. SetUpGame() 메서드 위에 빈 줄을 추가하고, 다음 이미지처럼 timer로 시작하는 코드를 두 줄 입력합니다. += 연산자를 입력할 때 다음과 같은 팝업 메시지가 출력됩니다.

```
참조 0개
public MainWindow()
{
    InitializeComponent();

    timer.Interval = TimeSpan.FromSeconds(.1);
    timer.Tick +=
    SetUpGame();    Timer_Tick;   (삽입하려면 <Tab> 키 누름)
}
```

이 코드 두 줄을 추가합니다. 두 번째 줄에 timer.Tick +=을 입력합니다.

= 연산자를 입력하면 비주얼 스튜디오가 '삽입하려면 <Tab> 키 누름' 메시지를 표시합니다.

04 [Tab] 키를 누릅니다. 그러면 자동으로 Timer_Tick() 메서드가 추가됩니다.

```
    timer.Interval = TimeSpan.FromSeconds(.1);
    timer.Tick += Timer_Tick;
    SetUpGame();
}

참조 1개
private void Timer_Tick(object sender, EventArgs e)
{
    throw new NotImplementedException();
}
```

[Tab] 키를 누르면 비주얼 스튜디오에서 타이머가 호출할 메서드를 자동으로 추가합니다.

05 Timer_Tick() 메서드는 그리드 맨 아래의 행 전체에 걸쳐 있는 TextBlock의 내용을 업데이트합니다. 설정하는 방법을 알아보겠습니다. 디자인 화면으로 이동하세요.

- [도구 상자] 창에서 TextBlock 1개를 디자인 화면의 가장 왼쪽 아래 칸으로 드래그합니다.

- [속성] 창 상단에 있는 [이름] 속성에 'TimeTextBlock'을 입력합니다.
- [레이아웃] 항목에서 [ColumnSpan] 속성의 값을 '4'로 지정합니다.
- 가운데에 오도록 [HorizontalAlignment], [VerticalAlignment], [Margin] 속성을 다시 설정합니다.
- [텍스트] 항목에서 [FontSize] 속성을 '36'으로 지정한 다음, [공용] 항목에서 [Text] 속성을 'Elapsed time'으로 변경합니다.
- 추가한 TimeTextBlock에 MouseDown 이벤트 처리기를 추가하세요.

여기까지 하고 나면 XAML 코드는 다음과 같을 것입니다. [XAML 편집기]에 표시된 코드와 비교해 보세요.

```
<TextBlock x:Name="TimeTextBlock" HorizontalAlignment="Center" Grid.Row="4"
TextWrapping="Wrap" Text="Elapsed time" VerticalAlignment="Center" Grid.ColumnSpan="4"
FontSize="36" MouseDown="TimeTextBlock_MouseDown"/>
```

06 MouseDown 이벤트 처리기를 추가하면 이전 TextBlock 컨트롤에서와 마찬가지로 [코드 편집기]에 TimeTextBlock_MouseDown() 메서드가 생성됩니다. 다음 코드를 TimeTextBlock_MouseDown() 메서드 안에 추가합니다.

```
private void TimeTextBlock_MouseDown(object sender, MouseButtonEventArgs e) {
    if (matchesFound == 8) {
        SetUpGame();
    }
}
```

이 코드는 8쌍의 동물 이모지를 전부 맞추면 게임을 리셋하는 역할을 합니다.

07 이제 Timer_Tick() 메서드 구현에 필요한 모든 것이 준비됐습니다. Timer_Tick() 메서드를 TextBlock 컨트롤에 경과 시간을 표시하고, 플레이어가 모든 짝을 맞췄을 경우 타이머를 중지하는 코드를 찾아 작성해 보세요.

```
private void Timer_Tick(object sender, EventArgs e) {
    tenthsOfSecondsElapsed++;
    TimeTextBlock.Text = (tenthsOfSecondsElapsed / 10F).ToString("0.0s");
    if (matchesFound == 8) {
        timer.Stop();
        TimeTextBlock.Text = TimeTextBlock.Text + " - Play again?";
    }
}
```

프로그램을 실행해 봅시다. 이런, 예외가 발생했네요. 우선 비주얼 스튜디오에서 예외 내용과 함께 강조 표시가 된 구문을 살펴봅시다.

무슨 문제인지 짐작이 가나요?

사용자가 처리하지 않은 예외
System.ArgumentOutOfRangeException: 'Index was out of range. Must be non-negative and less than the size of the collection. '
자세히 보기 | 세부 정보 복사 | Live Share 세션을 시작합니다.
▷ 예외 설정

디버거로 예외 추적하기

단계별로 코드를 실행해 봅시다.

버그(bug)라는 단어를 들어본 적이 있나요? 어쩌면 이전에 '이 게임은 정말 버그가 심해, 문제가 많아' 같은 대화를 들은 적이 있을지도 모릅니다. 모든 버그에는 원인이 있죠. 방금 발생한 예외도 마찬가지입니다. 하지만 경우에 따라서는 버그를 추적하는 일이 쉽지 않습니다.

버그가 발생한 이유를 이해하는 것이 버그를 해결하기 위한 첫걸음입니다. 다행히도 비주얼 스튜디오는 버그가 왜 발생했는지 찾아보기에 아주 훌륭한 도구입니다. 버그를 제거하는 도구인 **디버거(debugger)**가 있기 때문이죠.

따라해 보세요!

01 게임을 몇 번 재시작해 봅니다.

먼저 프로그램이 항상 동일한 예외와 오류 메시지를 발생시키는지 확인해야 합니다.

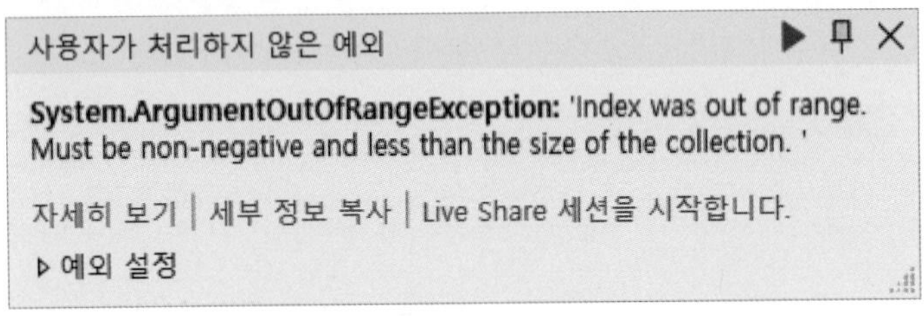
사용자가 처리하지 않은 예외
System.ArgumentOutOfRangeException: 'Index was out of range. Must be non-negative and less than the size of the collection. '
자세히 보기 | 세부 정보 복사 | Live Share 세션을 시작합니다.
▷ 예외 설정

예외는 C#이 코드가 실행되는 동안 무언가 잘못됐다는 것을 개발자에게 알려 주는 방식입니다. 모든 예외는 타입(type)을 가지며 방금 발생한 예외의 타입은 ArgumentOutOfRangeException입니다. 예외는 무엇이 잘못됐는지 파악하기 위한 오류 메시지도 포함합니다. 이 예외의 오류 메시지는 'Index was out of range'입니다. 오류 메시지는 무엇이 잘못됐는지 알려 주는 유용한 정보입니다.

예외가 발생하는 것은 좋은 소식입니다. 문제를 발견했고 고칠 수 있으니까요.

[예외 상자]를 옆으로 치우면 어느 명령어에서 프로그램이 멈추는지 볼 수 있습니다.

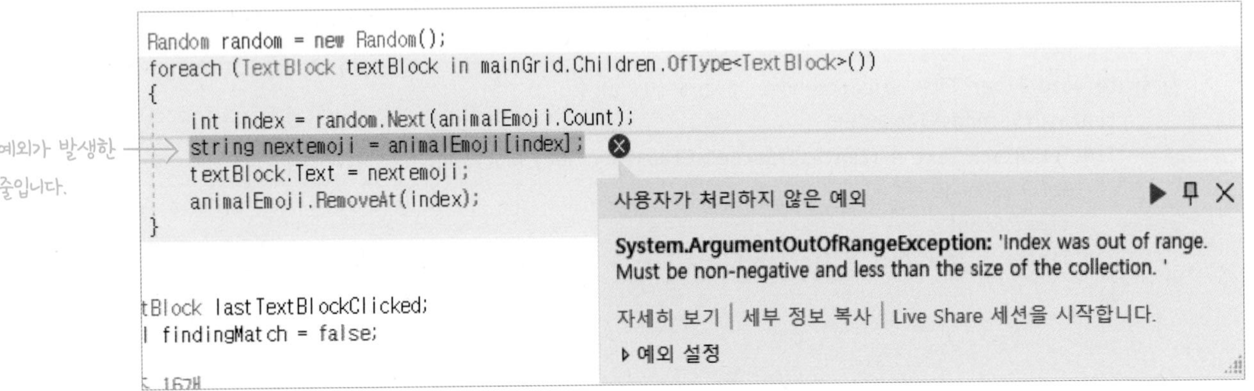
Random random = new Random();
foreach (TextBlock textBlock in mainGrid.Children.OfType<TextBlock>())
{
int index = random.Next(animalEmoji.Count);
string nextemoji = animalEmoji[index];
textBlock.Text = nextemoji;
animalEmoji.RemoveAt(index);
}
tBlock lastTextBlockClicked;
l findingMatch = false;
사용자가 처리하지 않은 예외
System.ArgumentOutOfRangeException: 'Index was out of range. Must be non-negative and less than the size of the collection. '
자세히 보기 | 세부 정보 복사 | Live Share 세션을 시작합니다.
▷ 예외 설정
예외가 발생한 줄입니다.

이 예외는 **재현(reproducible)**할 수 있습니다. 프로그램을 실행할 때마다 동일한 예외가 발생하네요. 이런 경우에는 문제가 무엇인지 쉽게 파악할 수 있습니다.

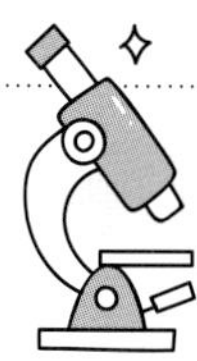

디버거 해부도

여러분이 실행한 앱이 예외가 발생해 일시 중지되면, 다시 말해 앱이 중단(break)되면 [도구 모음]에 디버그 컨트롤이 표시됩니다. 디버그 컨트롤은 앞으로도 계속 다룰 것이므로, 지금 디버그 컨트롤에 있는 기능을 모두 외울 필요는 없습니다. 일단 지금은 여기 적힌 설명을 읽어 보고, 마우스 커서를 각 버튼에 올려 보면서 각 버튼의 이름과 단축키를 살펴보세요.

[한 단계씩 코드 실행] 버튼은 다음 명령어를 실행합니다. 만약 명령어가 메서드면, 메서드 안에 있는 첫 번째 명령을 실행합니다.

[모두 중단] 버튼을 눌러 앱을 일시 중지할 수 있습니다. 이미 앱이 일시 중지 상태라면 이 버튼은 회색 상태가 됩니다.

[다시 시작] 버튼은 앱을 재시작합니다. 앱을 중지한 후 다시 실행하는 것과 같습니다.

[프로시저 단위 실행] 버튼은 다음 명령어를 실행하지만 다음 명령어가 메서드일 경우 해당 메서드의 전체 코드를 실행합니다.

계속(C)

[계속] 버튼을 누르면 앱을 다시 시작합니다. 지금 상황에서는 이 버튼을 누르면 똑같은 예외가 다시 발생합니다.

[디버깅 중지] 버튼을 누르면 앱을 중지합니다.

[다음 문 표시] 버튼은 바로 다음에 실행될 명령어로 커서를 옮깁니다.

[프로시저 나가기] 버튼은 현재 메서드의 실행을 끝내고 이 메서드를 호출한 위치의 다음 명령어로 이동합니다.

02 예외가 있는 코드에 중단점을 추가합니다.

프로그램을 다시 실행해서 예외가 발생한 지점으로 이동합니다. 프로그램을 중지하기 전에 **[디버그]-[중단점 설정/해제]** 메뉴를 선택합니다. 그러면 명령어가 빨간색으로 강조되면서 왼쪽에 빨간점이 표시됩니다. **앱을 중지해 보세요.** 강조 표시와 빨간점이 그대로 남아 있습니다.

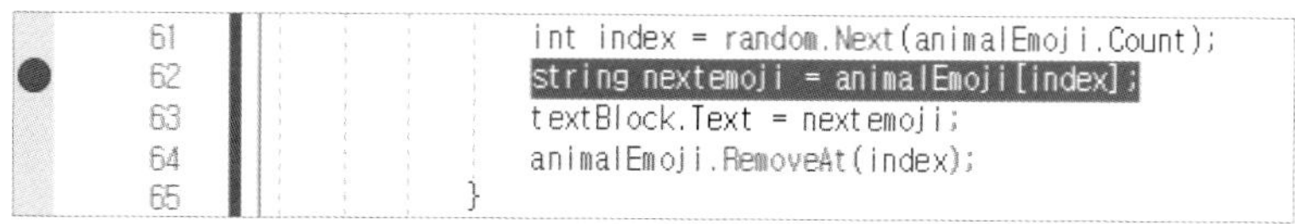

int index = random.Next(animalEmoji.Count);
string nextemoji = animalEmoji[index];
textBlock.Text = nextemoji;
animalEmoji.RemoveAt(index);
}

방금 명령어에 중단점(breakpoint)을 설정했습니다. 프로그램을 실행하면 이 명령어를 실행하려고 할 때마다 프로그램이 중단됩니다. 한번 시험해 보죠. 앱을 다시 실행하면 앱이 해당 명령어에서 중단되지만, **이번에는 예외를 표시하지 않습니다.** [계속] 버튼을 누르세요. 앱이 또 중단됩니다. [계속] 버튼을 눌러서 예외가 발생할 때까지 진행하세요. 그런 다음 다시 앱을 중지하세요.

쓰면서 제대로 공부하기

앱을 다시 실행해 보세요. 이번에는 주의 깊게 실행을 지켜보면서 다음 문제에 답해 보세요.

1. 앱에 예외가 발생하기 전까지 중단점에서 몇 번이나 멈췄나요?
2. 앱이 디버깅 모드로 들어가면 [로컬] 창이 나타납니다. [로컬] 창이 보이지 않는다면 [디버그]-[창]-[지역] 메뉴를 선택하세요. 이 창은 무슨 일을 하는 것 같나요?

쓰면서 제대로 공부하기 정답

1. 앱은 총 17번 중단됩니다. 17번째 중단 이후에 예외가 발생합니다.
2. [로컬] 창은 변수와 필드의 현재 값을 표시합니다. 이 창을 사용하면 프로그램이 실행되면서 변수와 필드의 값이 어떻게 바뀌는지 관찰할 수 있습니다.

03 무엇이 문제를 일으키는지 증거를 수집합니다.

앱을 실행하면서 [로컬] 창에서 재밌는 점을 발견하지 않았나요? 앱을 다시 실행하고 animalEmoji 변수의 값을 눈여겨 보세요. 앱이 처음 중단될 때, [로컬] 창에는 다음과 같은 값이 표시됩니다.

▸ animalEmoji	Count = 16

[계속] 버튼을 한번 눌러보세요. Count 값이 16에서 15로 1만큼 감소합니다.

▸ animalEmoji	Count = 15

이 부분의 코드는 animalEmoji 목록에서 임의의 이모지를 꺼내 TextBlock에 넣은 다음 animalEmoji 목록에서 그 이모지를 제거합니다. 그래서 Count 값이 1씩 감소하는 것이죠. 코드를 계속 실행해 보면, Count 값이 0이 될 때까지는 괜찮은데, 그 다음부터 예외가 발생합니다. 증거를 하나 찾았네요! 또 다른 증거는 이 예외가 foreach 반복문(loop)에서 발생한다는 것과 이 예외가 새 TextBlock을 추가하고 나서 발생했다는 겁니다. 셜록 홈즈가 되어 추리할 시간이군요. 예외에 대한 탐정 수사를 해 볼까요?

무대 뒤에서

foreach는 컬렉션의 모든 요소에 같은 작업을 반복합니다.

반복문은 특정 코드 블록을 반복적으로 실행하기 위해 사용되는 구문입니다. 지금 다루는 코드는 하나의 컬렉션(animalEmoji 목록 등)의 모든 요소에 동일한 작업을 실행하기 위해 특수한 foreach 반복문을 사용합니다. 다음 코드는 숫자 목록을 사용하는 foreach 반복문 예제입니다.

```
List<int> numbers = new List<int>() { 2, 5, 9, 11 };
foreach (int aNumber in numbers) {
    Console.WriteLine("The number is " + aNumber);
}
```

foreach 문은 numbers 목록에 들어 있는 모든 숫자에 Console.WriteLine 명령어를 반복해서 실행합니다.

이 foreach 반복문은 정수형 변수로 aNumber를 생성합니다. 그런 다음 numbers 목록에 있는 숫자를 순서대로 꺼내 이 변수에 Console.Write 명령어를 실행합니다.

```
The number is 2
The number is 5
The number is 9
The number is 11
```

foreach 문은 컬렉션에 있는 각 요소에 대해 동일한 코드를 반복해서 실행한 다음, 매번 변수의 값을 다음 요소로 설정합니다. 이 코드에서는 aNumber 변수에 리스트에 들어 있는 다음 숫자를 할당하고, 이 변수를 사용해 텍스트를 출력합니다.

foreach 반복문을 간단히 살펴봤습니다. 반복문은 2장에서 더 자세히 다루고, 3장에서 다시 한번 foreach 반복문을 사용할 예정입니다. 그러니 지금 이 개념을 접하는 것이 조금 이르게 느껴진다면, 3장을 학습한 다음에 이 예제를 다시 살펴보세요. 이런저런 개념을 익힌 후 코드를 다시 읽어 보면 이전보다 훨씬 익숙해질 것입니다. 아직 개념이 좀 어렵게 느껴지더라도 너무 걱정하지 마세요.

04 버그가 생기는 이유가 무엇인지 알아봅시다.

프로그램에 버그가 생기는 이유는 animalEmoji 목록에서 다음 이모지를 꺼내려고 할 때 목록이 비어 있기 때문입니다. 그래서 ArgumentOutOfRange 예외가 발생하는 거고요. 왜 목록이 비어 있을까요?

뭔가를 변경하기 전까지 프로그램은 잘 작동했습니다. 그런데 TextBlock을 추가했더니 갑자기 프로그램이 멈췄네요. 참고로 반복문에서는 모든 TextBlock에 대한 반복 처리를 하는데요. 점점 실마리가 풀리네요.

앱을 실행하면 UI에 있는 모든 TextBlock마다 예외가 발생한 명령문에서 실행이 중단됩니다. 물론 컬렉션에는 이모지가 16개 들어 있기 때문에 TextBlock 16개까지는 문제가 없습니다.

```
foreach (TextBlock textBlock in mainGrid.Children.OfType<TextBlock>())
{
    int index = random.Next(animalEmoji.Count);
    string nextemoji = animalEmoji[index];  경과 시간 1ms 이하
    textBlock.Text = nextemoji;
    animalEmoji.RemoveAt(index);
}
```

디버거는 다음에 실행할 명령문에 강조 표시합니다. 이 화면은 예외가 발생하기 직전의 화면입니다.

하지만 현재 UI 아래에는 새로 추가된 TextBlock이 있으므로, 17번째로 프로그램이 실행됐을 때 animalEmoji 목록은 비어 있습니다. animalEmoji 목록에는 16개의 이모지가 들어 있기 때문입니다.

animalEmoji	Count = 0

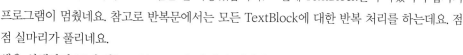

TextBlock을 추가하기 전에는 목록에 TextBlock 16개와 이모지 16개가 들어 있어서 TextBlock 1개당 이모지 1개를 할당할 수 있었습니다. 그러나 지금은 17개의 TextBlock이 있지만 이모지는 16개뿐이어서 더 할당할 이모지가 없기 때문에 예외가 발생합니다.

05 버그를 고칩시다.

반복문에서 TextBlock에 할당할 이모지 수가 부족해져서 예외가 발생했으므로 방금 추가한 TextBlock에는 이모지를 할당하지 않고 넘어가게 만들면 버그를 고칠 수 있습니다. 조건문을 추가해서 TextBlock의 이름이 새로 추가한 TextBlock의 이름과 일치하면 할당하지 않고 넘어가도록 코드를 고쳐 봅시다. 그런 다음 중단점을 클릭해서 제거하거나 **[디버그]-[모든 중단점 삭제]** 메뉴를 선택해서 중단점을 제거하겠습니다.

```
foreach (TextBlock textBlock in mainGrid.Children.OfType<TextBlock>())
{
    if (textBlock.Name != "TimeTextBlock")
    {
        textBlock.Visibility = Visibility.Visible;
        int index = random.Next(animalEmoji.Count);
        string nextEmoji = animalEmoji[index];
        textBlock.Text = nextEmoji;
        animalEmoji.RemoveAt(index);
    }
}
```

if 명령문을 foreach 반복문 안에 추가해서 TimeTextBlock이라는 이름을 가진 TextBlock은 그냥 넘어가도록 수정합니다.

이 코드 블록을 추가해 버그를 고치세요.

이 방법이 버그를 해결할 유일한 방법은 아닙니다. 코딩을 익힐수록 문제를 해결하는 방법이 매우 다양하다는 것을 알게 될 것입니다.

게임 완성하기 아주 훌륭합니다!

아직 할 일이 남았습니다. TimeTextBlock_MouseDown() 메서드는 matchesFound 필드의 값을 체크하지만, 이 필드에 값을 지정하는 명령문이 없습니다. 그러니 SetUpGame() 메서드의 foreach 문이 끝나는 중괄호 다음에 세 줄의 코드를 추가합니다.

```
                animalEmoji.RemoveAt(index);
            }
        }
        timer.Start();
        tenthsOfSecondsElapsed = 0;
        matchesFound = 0;
    }
```

SetUpGame 메서드의 끝에 이 코드를 추가해서 타이머를 시작하고 필드 값을 리셋합니다.

그런 다음 TextBlock_MouseDown 메서드의 else/if 문 블록 중간에 다음 명령문을 추가합니다.

```
else if (textBlock.Text == lastTextBlockClicked.Text)
{
    matchesFound++;
    textBlock.Visibility = Visibility.Hidden;
    findingMatch = false;
}
```

이 명령어는 플레이어가 짝을 맞출 때마다 matchesFound의 값을 1씩 증가시킵니다.

마지막으로, 잊지 말고 중단점을 삭제하세요. 이제 게임에 이 타이머는 플레이어가 모든 짝을 맞췄을 때 멈추고, 플레이어는 'Play again?'이라고 뜨는 TextBlock을 클릭해 게임을 다시 시작할 수 있습니다. **축하합니다! C#으로 첫 게임을 완성하셨군요.**

이제 게임에 있는 타이머로 플레이어가 짝을 맞추는 데 걸린 시간을 확인할 수 있습니다. 기록에 도전해 보시겠어요?

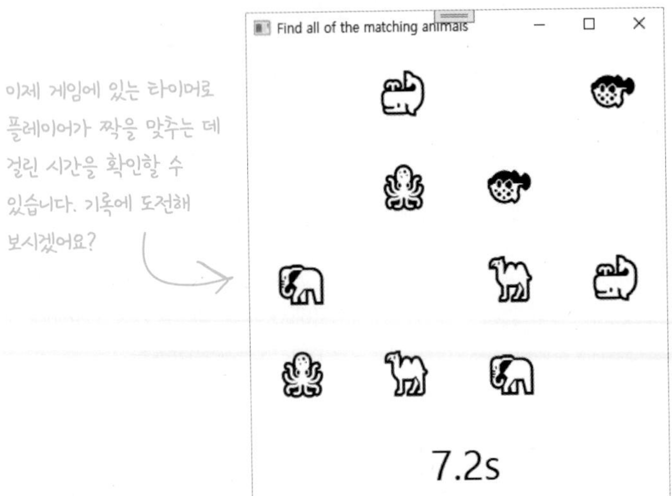

https://github.com/head-first-csharp/fourth-edition에서 이 책에 포함된 모든 프로젝트의 전체 코드를 살펴보거나 다운로드할 수 있습니다.

소스 제어 시스템의 코드 갱신하기

변경 사항을 로컬 컴퓨터에 저장하는 것을 스테이지, 혹은 스테이징한다고 표현합니다. 그리고 이렇게 스테이징된 변경 사항을 원격 저장소와 동기화하는 것을 푸시한다고 표현합니다.

게임을 완성했으니, 완성된 코드를 Git에 푸시해 봅시다. 비주얼 스튜디오를 사용하면 쉽게 이 작업을 할 수 있습니다. 커밋을 **스테이징(staging)**하고, 커밋 메시지를 입력한 다음, 이 변경 사항을 원격 저장소와 **동기화(sync)**하면 됩니다.

01 커밋 메시지에 변경한 내용을 입력합니다.

02 버튼을 눌러 파일을 스테이징합니다. 스테이징은 Git에 파일을 푸시할 준비가 됐다고 알려 주는 역할을 합니다. 파일을 스테이징한 다음에 변경하면 푸시해도 스테이징된 내용만 원격 저장소에 저장됩니다. 이후에 변경한 내용은 원격 저장소에 저장되지 않습니다.

03 [스테이징된 항목 커밋]-[스테이징된 항목 커밋 후 동기화]를 선택합니다. 몇 초가 지나면 동기화가 끝나고 [Git 변경 내용] 탭에서 다음과 같은 푸시 성공 메시지를 볼 수 있습니다.

스테이징된 항목 커밋(I) ▾ ☐ 수정
- 스테이징된 항목 커밋(I) Ctrl+Enter
- 스테이징된 항목 커밋 후 푸시(P)
- 스테이징된 항목 커밋 후 동기화(S)

ⓘ 들어오는 커밋과 나가는 커밋이 동기화되었습니다.

코드를 꼭 Git에 푸시할 필요는 없습니다.
하지만 Git은 정말로 유용한 도구이니 꼭 사용해 보는 것을 추천합니다!

게임을 여러 부분으로 나눠
하나씩 해결하는 방법은
정말 유용하군요.

큰 프로젝트는 여러 개의 작은 프로젝트로 나누어 진행해 보세요

크고 어려운 문제를 해결할 때 유용한 프로그래밍 전략은 문제를 더 작고 쉬운 문제로 분할하는 것입니다.
큰 프로젝트를 시작할 때 문제 자체에 압도되어 '이걸 어디서부터 어떻게 시작해야 하지...'라고 생각하기 쉽습니다. 하지만 문제를 작은 단위로 분할하면 작은 것부터 차근차근 시작할 수 있죠. 작은 부분 하나를 완성한 다음에 또 다른 작은 부분을 해결하며 전체 프로젝트를 하나씩 완성해 나가는 것입니다. 한 문제를 완성할 때마다 그에 따라 프로젝트를 어떻게 완성하는지 배울 수 있습니다.

더 발전하기

모든 게임은 발전할 수 있습니다.

만들고 보니 꽤 멋진 게임이군요. 하지만 그 어떤 게임이나 프로그램도 완성하는 것이 전부는 아닙니다. 더 나아지도록 발전시켜야 하죠. 동물 짝 맞추기 게임을 어떻게 하면 더 발전시킬 수 있을까요? 몇 가지를 생각해 봤습니다. 여러분의 게임에 추가해 보세요!

- 동물을 더 많이 추가해 게임을 시작할 때마다 다른 동물이 나오게 만들어 보세요.
- 플레이어의 최고 기록을 저장해서 다른 사람이 도전할 수 있게 해 보세요.
- 타이머의 시간을 감소시켜 플레이어가 정해진 시간 안에 게임을 끝내도록 만들어 보세요.

<좀 더 발전하기>에 대한 여러분의 아이디어가 있나요? 아이디어를 고민하는 것 또한 코딩 실력을 향상할 수 있는 좋은 연습입니다. 잠시 시간을 내서 동물 짝 맞추기 게임을 어떻게 발전시킬 수 있을지 최소 3가지 방법을 적어 보세요.

진심입니다. 잠시 시간을 들여 한 발짝 물러서서 이 프로젝트에 대해 고민해 보세요. 지금까지 배운 내용을 정리하기에 매우 좋은 방법입니다.

요점 정리

- 비주얼 스튜디오는 메서드가 C#과 XAML 코드에서 참조된(referenced) **참조 횟수를 추적**합니다.
- **이벤트 처리기**는 특정 이벤트(마우스 클릭, 키 입력, 창 크기 조절 등)가 일어날 때 호출되는 메서드입니다.
- 비주얼 스튜디오로 이벤트 처리기 메서드를 쉽게 추가하고 관리할 수 있습니다.
- 비주얼 스튜디오의 **[오류 목록] 창**은 실패한 빌드 오류를 보여 줍니다.
- **타이머**는 지정된 시간 간격으로 체크 이벤트 처리기 메서드를 반복해서 실행합니다.
- **foreach** 문은 컬렉션에 들어 있는 항목들에 대한 반복 처리를 수행하는 반복문입니다.
- 프로그램에서 예외가 발생하면 증거를 모아서 예외가 왜 일어나는지 알아내야 합니다.
- 예외는 **재현(reproducible)**이 가능할 경우 고치기 더 쉽습니다.
- 비주얼 스튜디오는 **소스 제어 시스템**을 사용해 코드를 백업하고 변경 사항을 추적하는 작업을 쉽게 할 수 있도록 도와줍니다.
- **원격 저장소**에 코드를 커밋할 수 있습니다. 이 책의 모든 프로젝트 소스 코드는 깃허브 저장소를 사용합니다.

잘 했어요!

CHAPTER

02

명령문, 클래스, 코드

C#의 매력에 빠져 보기

'찐' 개발자는 찰칵거리는
기계식 키보드만 사용한다고
들었어요. 정말인가요?

여러분은 비주얼 스튜디오 사용자가 아닙니다. 개발자입니다

비주얼 스튜디오는 많은 작업을 처리할 수 있는 아주 훌륭한 소프트웨어 개발 도구입니다. 그러나 비주얼 스튜디오 사용 방법을 아는 것만으로는 한계가 있습니다. 단지 출발선에 서 있는 것에 불과하죠. 이 유용한 도구를 이용해 코드를 어떻게 구성하고, 프로그램을 작동시키고, C# 코드를 어떻게 제어하는지 알아야 합니다. 이번 장에서는 비주얼 스튜디오로 C# 코드를 다루고 앱을 구현하는 방법을 배워 봅시다. 기계식 키보드가 필요하냐고요? 아니요, '찐' 개발자는 키보드가 아니라 코드로 이야기합니다!

콘솔 앱 구성 파일 자세히 살펴보기

클래스 안에 메서드 안에 명령문!

1장에서는 MyFirstConsoleApp이라는 이름의 콘솔 앱을 만들었습니다. 이 프로젝트를 좀 더 살펴보죠. 비주얼 스튜디오에서 프로젝트를 생성하면 폴더 2개와 파일 3개를 생성합니다.

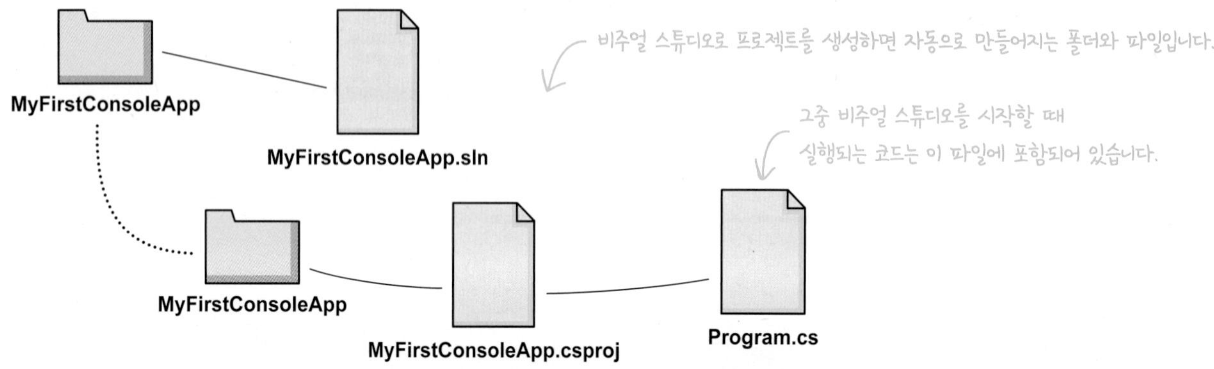

파일을 한번 자세히 살펴봅시다. 비주얼 스튜디오에서 이 파일을 열어 보세요.

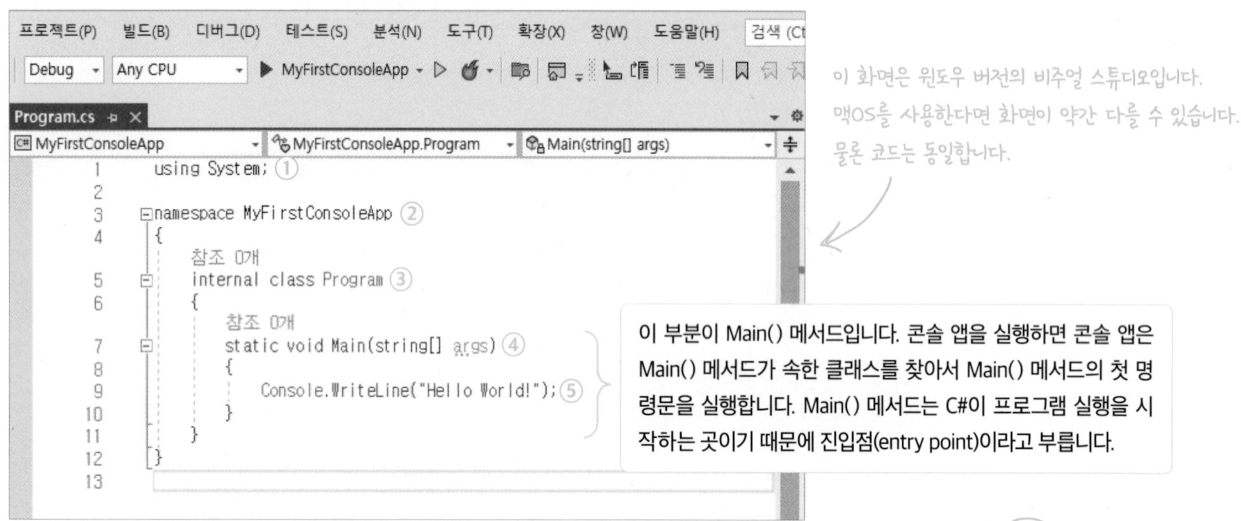

이 화면은 윈도우 버전의 비주얼 스튜디오입니다. 맥OS를 사용한다면 화면이 약간 다를 수 있습니다. 물론 코드는 동일합니다.

이 부분이 Main() 메서드입니다. 콘솔 앱을 실행하면 콘솔 앱은 Main() 메서드가 속한 클래스를 찾아서 Main() 메서드의 첫 명령문을 실행합니다. Main() 메서드는 C#이 프로그램 실행을 시작하는 곳이기 때문에 진입점(entry point)이라고 부릅니다.

흐름을 따라 가 보세요!

① C#의 코드는 using 지시문으로 시작합니다. 다른 C# 코드에서도 이 명령문을 보게 될 것입니다.

② using 지시문 바로 다음에는 namespace 키워드가 있습니다. 이 파일의 네임스페이스는 MyFirstConsoleApp입니다. 전체 코드를 보니 using 지시문을 제외한 모든 코드가 네임스페이스의 중괄호({ })로 둘러싸여 있습니다.

③ 네임스페이스 안에는 class 키워드가 있고, 이 프로그램에는 Program이라는 이름의 클래스가 하나 있습니다. 클래스 선언에도 여는 중괄호와 닫는 중괄호가 짝지어 있습니다.

④ 클래스 안에 Main() 메서드가 중괄호 한 쌍과 함께 있습니다.

⑤ 기본 Main() 메서드에는 Console.WriteLine("Hello World!");라는 명령문이 한 줄 있습니다.

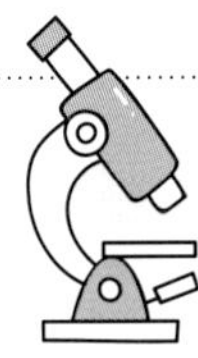

C# 프로그램의 구조

C#으로 작성된 프로그램의 코드를 쉽게 관리하는 용도로 모두 네임스페이스, 클래스, 메서드가 있습니다.

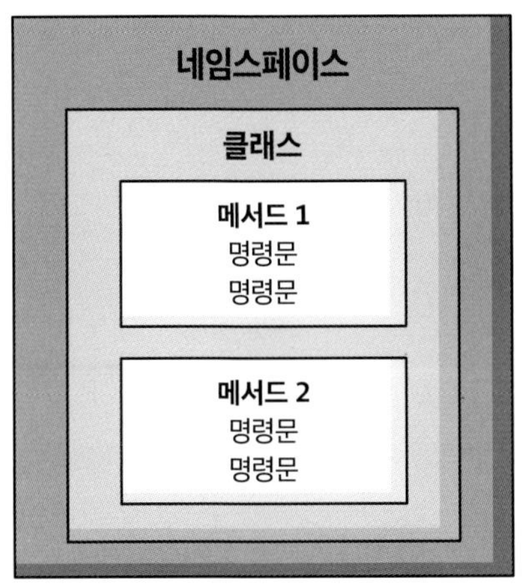

클래스를 생성할 때 클래스에 사용할 네임스페이스를 정의해서 .NET에서 제공하는 클래스와 개발자가 만든 클래스를 구분할 수 있습니다.

클래스는 프로그램의 일부분입니다. 작은 프로그램은 클래스 하나로 이루어지기도 합니다.

클래스는 메서드를 1개 이상 포함합니다. 메서드는 클래스에 속해 있으며 보통은 Console.WriteLine 같은 명령문 여러 개로 이루어집니다.

클래스 내부에서 메서드의 순서는 중요하지 않습니다. 메서드 2가 메서드 1 앞에 와도 상관없습니다.

하나의 명령문은 하나의 작업을 수행합니다

프로그램이 메서드를 호출하면 프로그램은 첫 번째 명령문을 실행하고, 차례차례 다음 명령문을 실행합니다. 메서드는 더 실행할 명령문이 없거나 return 명령문을 만나면 실행을 멈추고 원래 이 메서드를 호출했던 명령문으로 다시 돌아가 바로 다음 명령을 실행합니다.

무엇이든 물어보세요

Q&A

Q 실제로 실행되는 코드가 Program.cs에 있다는 건 알겠는데, 나머지 파일과 폴더들은 뭔가요?

A 비주얼 스튜디오는 새 프로젝트를 생성하면서 솔루션(프로젝트를 담는 컨테이너) 파일도 생성합니다. 솔루션 파일의 확장자는 .sln이고, 이 파일은 솔루션 안에 있는 프로젝트의 목록과 이 파일을 생성한 비주얼 스튜디오의 버전 같은 추가 정보를 포함합니다. 솔루션 폴더 내에는 프로젝트와 관련한 파일이 담긴 폴더가 있습니다. 솔루션 파일과 프로젝트 폴더는 서로 구분되어 있는데, 하나의 솔루션 파일에는 여러 프로젝트가 포함될 수 있습니다. 앞서 살펴본 MyFirstConsoleApp 프로젝트에서는 1개의 솔루션 파일에 1개의 프로젝트만 있으며, 솔루션 파일의 이름도 프로젝트와 동일하게 MyFirstConsoleApp입니다. 이 MyFirstConsoleApp 프로젝트 폴더에는 파일이 2개 있는데, 프로그램 코드가 있는 Program.cs 파일과 프로젝트 파일인 MyFirstConsoleApp.csproj입니다. 프로젝트 파일에 저장된 정보는 비주얼 스튜디오가 프로그램을 빌드하거나 컴퓨터가 실행할 수 있는 뭔가를 만들어 내는 데 사용합니다. 나중에는 이 프로젝트 폴더에 다른 폴더가 더 생성되는 것을 볼 수 있습니다. 추가로 bin 폴더에는 C# 코드로 빌드한 실행 파일이 생성되고, obj 폴더에는 빌드에 사용되는 임시 파일이 생성됩니다.

동일한 네임스페이스에 2개의 클래스 두기

[PetFiler2] 프로젝트의 C# 코드 파일입니다. 파일에는 3개의 클래스 Dog, Cat, Fish가 있습니다. 이 클래스들은 모두 PetFiler2 네임스페이스에 포함되므로 using 지시문 없이도 서로 다른 파일에 있는 Dog.Bark() 메서드에서 Cat.Meow()나 Fish.Swim() 메서드를 호출할 수 있습니다.

SomeClasses.cs

```
namespace PetFiler2
{
    public class Dog
    {
        public void Bark()
        {
            // 여기에 명령문이 옵니다.
        }
    }
    public partial class Cat
    {
        public void Meow()
        {
            // 여기에 명령문이 옵니다.
        }
    }
}
```

메서드 이름 앞에 붙은 public은 다른 클래스가 이 메서드에 접근할 수 있다는 의미입니다.

MoreClasses.cs

```
namespace PetFiler2
{
    public class Fish
    {
        public void Swim()
        {
            // 여기에 명령문이 옵니다.
        }
    }
    public partial class Cat
    {
        public void Purr()
        {
            // 여기에 명령문이 옵니다.
        }
    }
}
```

이처럼 클래스를 여러 파일에 나누어 작성할 수 있는데 그렇게 하려면 클래스를 선언할 때 **partial 키워드**를 사용해야 합니다. 네임스페이스와 클래스를 여러 파일에 나누어 작성해도 프로그램의 실행 결과는 동일합니다.

partial 키워드를 사용해야, 한 클래스를 여러 파일에 나누어 작성할 수 있습니다. 이 책에서는 자주 사용하진 않지만, partial 키워드를 사용한 예제를 살펴보겠습니다.

비주얼 스튜디오는 정말 유용하네요.
자동으로 코드를 생성하고, 코드의 문제를
찾는 것을 도와줍니다!

비주얼 스튜디오는 코드를 올바르게 작성할 수 있도록 도와줍니다

아주 오래 전에는 윈도우 메모장이나 맥OS 텍스트 편집기 등을 사용해서 코드를 작성했습니다. 찾아 바꾸기나 특정 줄 번호 이동 같은 편리한 기능이 최첨단 기술이던 시절이죠. 그때는 텍스트 편집기에 코드를 입력한 다음 빌드하거나 실행, 디버깅, 배포하려면 추가 프로그램이 필요했고, 직접 명령어를 입력해야 했습니다.

마이크로소프트를 비롯해 여러 기업과 개발자는 프로그래밍을 편리하게 도울 수 있는 기능을 오랫동안 고민하며 만들었습니다. 지금은 흔한 기능이 된 오류 강조라든가 인텔리센스, 위지윅 방식의 UI 편집, 자동 코드 생성 같은 것들 말이죠.

이제 비주얼 스튜디오는 가장 유용하고 편리한 코드 편집 도구로 자리 잡았습니다. 덕분에 프로그래밍에 입문하는 개발자는 비주얼 스튜디오를 사용해 더 편하게 앱을 개발할 수 있습니다.

무엇이든 물어보세요!

Q&A

Q1 이전에도 'Hello World' 문구를 본 적이 있어요. 이 문구에 무슨 특별한 뜻이라도 있나요?

A1 'Hello World'는 프로그램이 실제로 잘 작동하는지 확인하기 위해 으레 사용되는 임의의 문구입니다. 주로 새로운 프로그래밍 언어를 배울 때 시험적으로 작성하는 출력문에 쓰입니다.

Q2 중괄호가 많아서 일일이 열리고 닫히는지 확인하기가 어려워요. 중괄호가 원래 이렇게 많이 필요한가요?

A2 C#은 **명령문을 블록 단위로 묶는 용도**로 중괄호를 사용합니다. 중괄호는 항상 한 쌍을 이룹니다. 여는 중괄호 하나가 나오면 닫는 중괄호도 반드시 있어야 하죠. 비주얼 스튜디오를 사용하면 열고, 닫는 중괄호 한 쌍을 쉽게 확인할 수 있습니다. 중괄호 하나를 클릭해 보면 이 중괄호와 쌍을 이루는 중괄호의 색이 변하거든요. 또한 중괄호 왼쪽에 있는 버튼을 클릭해서 코드 블록을 접거나 펼칠 수 있습니다.

Q3 네임스페이스는 정확히 무엇인가요? 그게 왜 필요하죠?

A3 네임스페이스는 프로그램이 사용하는 도구를 쉽게 관리합니다. 앞에서 살펴본 텍스트를 출력하는 프로그램은 Console이라는 이름의 클래스를 사용합니다. 이 클래스는 오픈 소스이자 크로스 플랫폼 프레임워크인 .NET Core의 일부이고, 여기에는 프로그램을 작성할 때 사용할 수 있는 수천 개의 클래스가 포함되어 있습니다. 이 클래스들은 네임스페이스를 사용해서 종류별로 묶어 관리합니다. Console 클래스는 System이란 이름의 네임스페이스에 포함되므로 Console 클래스를 사용하려면 코드의 상단에 using System;이라는 지시문이 필요합니다.

Q4 진입점이 무엇인지 잘 모르겠어요. 한 번 더 설명해 주세요.

A4 프로그램에는 수많은 명령문이 있지만, 모든 명령문이 동시에 실행되는 것은 아닙니다. 프로그램은 첫 번째 명령문을 실행하는 것으로 프로그램을 시작하고, 그 다음 명령문을 차례로 실행합니다. 이 명령문은 보통 여러 클래스에 저장됩니다. 프로그램을 실행할 때 어떤 프로그램이 수많은 명령문 중에 처음 실행할 명령문인지 어떻게 알 수 있을까요? 이때 필요한 것이 바로 진입점입니다. C#에서는 Main() 메서드가 진입점 역할을 하는데, 이 Main() 메서드의 첫 번째 명령문을 시작하는 것으로 프로그램 시작을 판단합니다. 그래서 진입점이라는 이름이 붙었죠.

Q5 .NET Core 콘솔 앱을 다른 운영체제에서도 실행할 수 있나요?

A5 그럼요! .NET Core는 .NET의 크로스 플랫폼 구현체이기 때문에 윈도우, 맥OS, 리눅스 등 어떤 운영체제에서도 .NET Core 콘솔 앱을 실행할 수 있습니다. 원한다면 .NET Core를 설치해서 당장 테스트해 볼 수도 있습니다. 비주얼 스튜디오를 설치하면 자동으로 .NET Core가 함께 설치되지만, 다음 주소에서 .NET Core를 다운로드할 수도 있습니다:
https://dotnet.microsoft.com/download
.NET Core를 설치한 후, 비주얼 스튜디오를 켜서 MyFirstConsoleApp 프로젝트에 마우스 오른쪽 버튼을 클릭하고, 윈도우에서는 [경로 복사], 맥OS에서는 [파인더에서 보기]를 클릭해서 프로젝트 폴더를 찾습니다. 프로그램을 실행해 볼 컴퓨터에 프로젝트 폴더의 bin/Debug/ 디렉터리 아래 있는 파일들을 복사합니다. 그런 다음 실행해 보면 .NET Core가 설치된 윈도우, 맥OS, 리눅스 등 어떤 운영체제에서든지 실행되는 것을 볼 수 있습니다.

netcoreapp3.1 — bash — 45×5

```
bash-3.2$ dotnet MyFirstConsoleApp.dll
Hello World!
bash-3.2$
```

이 이미지는 맥OS 환경에서 실행한 것이지만 dotnet 명령은 윈도우에서도 동일하게 실행됩니다.

Q6 보통 프로그램은 더블 클릭해서 실행하잖아요. 그러나 .dll 파일은 더블 클릭해서 실행할 수가 없어요. 바로 실행할 수 있는 윈도우 실행 파일이나 맥OS 앱을 만들 수도 있나요?

A6 그럼요. dotnet 명령을 사용해서 다양한 플랫폼을 위한 실행 파일을 만들 수 있습니다. 윈도우 명령 프롬프트(cmd)나 맥OS 터미널을 열고 .sln 또는 .csproj 파일이 있는 경로에서 다음 명령을 실행하면 윈도우 실행 파일을 생성할 수 있습니다.

```
dotnet publish -c Release -r win10-x64
```

이 명령은 dotnet이 설치된 운영체제라면 윈도우 외 다른 운영체제에서도 사용할 수 있습니다. 이 명령을 실행하면 마지막 줄은 MyFirstConsoleApp - {폴더명}으로 끝납니다. 이 폴더에 MyFirstConsoleApp.exe 파일과 그 외 실행에 필요한 몇몇 DLL 파일이 생성됩니다. 다른 플랫폼을 위한 실행 파일도 빌드할 수 있습니다. 이 명령에서 win10-x64를 osx-x64로 바꾸면 맥OS 앱을 만들 수 있습니다.

```
dotnet publish -c Release -r osx-x64
```

아니면 linux-x64를 사용해서 리눅스 앱을 만들 수도 있습니다. 해당 매개변수는 런타임 식별자(RID, Runtime IDentifier)로, 다음 주소에서 런타임 식별자 목록을 확인할 수 있습니다.
https://docs.microsoft.com/en-us/dotnet/core/rid-catalog

앱을 구성하는 최소 단위, 명령문 알기

앱은 여러 클래스로 구성되고, 클래스에는 여러 개의 메서드가 포함되며, 메서드는 명령문으로 이루어집니다. 그러므로 다양한 작업을 수행하는 앱을 만들려면 이를 작동시키기 위한 **다양한 명령문**을 사용해야 합니다. 처음 앱에서 사용했던 명령문을 떠올려 볼까요?

```
Console.WriteLine("Hello World!");
```

이 명령문은 **Console.WriteLine( ) 메서드를 호출하는 명령문**입니다. Console.WriteLine() 메서드는 콘솔에 텍스트 한 줄을 출력하는 명령입니다. 이외에도 다음과 같은 다양한 종류의 명령문을 다룹니다.

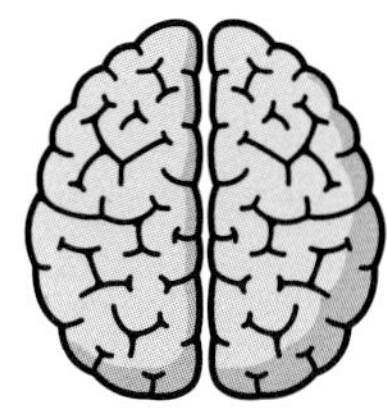

데이터를 저장하고 다시 꺼내서 쓰기 위해
변수와 변수 선언을 사용합니다.

프로그램은 보통 계산 기능이 필요합니다.
수학 연산자를 사용해 사칙연산 및
수학과 관련한 작업을 처리합니다.

조건문은 코드가 조건에 따라서
서로 다른 블록의 코드를 실행할 수 있게 해 줍니다.

반복문은 조건이 충족될 때까지 동일한 코드 블록을
반복해서 실행할 수 있게 해 줍니다.

데이터를 다루기 위해 변수 사용하기

모든 변수에는 타입이 있습니다.

프로그램의 규모와 상관없이 모든 프로그램은 데이터를 사용합니다. 문서, 비디오 게임의 이미지, 소셜 미디어의 메시지 등 다양한 형태가 있지만 이들은 모두 데이터입니다. 이러한 데이터를 다루기 위해서는 **변수(variable)**가 필요합니다. 프로그램은 변수를 사용해 데이터를 저장합니다.

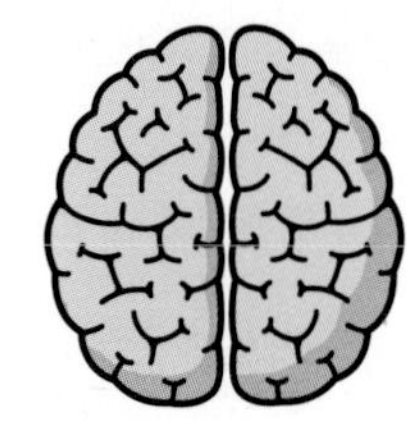

변수를 선언합니다

변수를 선언할 때는 타입과 이름을 정의합니다. C#은 변수 타입을 사용해서 실행이 불가능한 작업을 하려고 할 때 오류를 발생시켜 프로그램을 빌드하지 못하게 합니다. 예를 들어, 48353에서 'Fido'를 빼는 명령문을 상상해 보세요. 먼저 코드를 살펴보죠.

```
// 변수를 선언합니다.
int maxWeight;
string message;
bool boxChecked;
```

// 로 시작하는 줄은 주석문이며 실행되지 않습니다. 주석문을 사용하면 코드를 설명해 둘 수 있고, 다른 사람이 코드를 읽고 이해하는 데 도움을 줄 수 있습니다.

변수 타입입니다. C#은 타입을 사용해 변수가 저장할 수 있는 데이터의 종류를 정의합니다.

변수 이름입니다. C#은 변수 이름에 제약이 따로 없습니다.

그러므로 변수 이름을 적절하게 짓는 일은 아주 중요합니다.

프로그램은 변수를 사용해서 숫자, 텍스트, 참/거짓 등 다양한 종류의 데이터를 관리합니다.

변수는 변하는 값입니다

변수는 프로그램이 실행되는 순간순간 다른 값을 가지게 됩니다. 달리 말하면, 변수의 값은 **변합니다.** 그래서 '변수'라는 이름인 거죠. 프로그램은 모두 근본적으로 변수의 개념을 이용하기 때문에 매우 중요합니다. 예를 들어, 변수 myHeight의 값을 '167'로 설정한다고 해 봅시다.

```
int myHeight = 167;
```

그럼 다음 코드에서 myHeight라는 변수를 사용하면 C#은 그 변수의 값인 '167'을 그 자리에 대입합니다. 나중에 이 변수의 값을 175로 변경할 수 있습니다.

```
myHeight = 175;
```

그러면 이 코드 다음에 실행되는 명령문부터는 myHeight가 있는 자리에 175가 대입됩니다. 하지만 우리는 myHeight라는 변수 이름을 계속 사용할 수 있죠.

변수를 사용하기 전에 먼저 변수에 값을 할당해야 합니다

새 콘솔 앱을 하나 만들어서 'Hello World' 명령어 바로 아래에 다음 명령문을 입력해 봅시다.

```
string z;
string message = "The answer is " + z;
```

이 명령어를 입력하고 나면, 오류가 발생하면서 빌드되지 않습니다. 비주얼 스튜디오에서 변수를 사용하기 전에 변수에 값이 할당되어 있는지 확인하기 때문입니다. 명령어를 정상적으로 빌드하려면 변수에 값을 할당해야 합니다. 변수를 선언할 때 동시에 값을 할당하면 이러한 오류를 방지할 수 있습니다. 다음처럼 말이죠.

```
int maxWeight = 25000;
string message = "Hi!";
bool boxChecked = true;
```

변수에 할당되는 값들입니다. 한 명령문 안에서 변수를 선언함과 동시에 초깃값을 할당할 수 있습니다. 꼭 그래야만 하는 건 아니지만요.

값이 할당되지 않은 변수를 사용하는 코드는 빌드되지 않습니다. 변수 선언과 할당을 한 명령어에 같이 적으면 손쉽게 이 오류를 피할 수 있습니다.

변수에 할당된 값은 나중에 변경될 수 있습니다. 그러므로 변수를 선언할 때 초깃값을 할당해서 생기는 문제는 없습니다.

변수의 타입은 다양합니다

모든 변수는 타입을 가지며, 타입은 변수가 어떤 종류의 데이터를 저장할 수 있는지 나타냅니다. C# 변수의 여러 타입은 4장에서 살펴보겠습니다. 지금은 일단 세 종류만 살펴봅시다. int는 정수(integer)를, string은 텍스트(text)를, bool은 참(true)이나 거짓(false)을 나타내는 **불리언(boolean) 값**을 가질 수 있습니다.

변수 [명사]

변할 수 있는 요소 또는 기능.
기상학자가 많은 변수를 고려할 필요가 없다면, 날씨를 예측하는 것이 훨씬 쉬울 것입니다.

변수를 다루는 새 메서드 만들기

1장에서는 비주얼 스튜디오로 **코드를 자동 생성하는 방법**을 살펴봤습니다. 코드를 자동으로 생성하는 기능은 코드를 작성할 때 매우 편리합니다. 이 기능을 활용해서 메서드를 생성하고, 생성된 메서드를 세세히 살펴보겠습니다.

01 MyFirstConsoleApp 프로젝트에 메서드를 추가합니다.

1장에서 작업했던 콘솔 앱 프로젝트를 다시 엽니다. 프로젝트의 Main() 메서드에 다음과 같은 명령문이 있는 것을 볼 수 있습니다.

```
Console.WriteLine("Hello World!");
```

이 명령문을 다음처럼 메서드를 호출하는 명령문으로 바꿔 보세요.

```
OperatorExamples();
```

02 비주얼 스튜디오에서 오류를 확인합니다.

명령문을 바꾸면 비주얼 스튜디오가 메서드 호출 아래에 빨간색 물결선을 표시합니다. 해당 명령문 위에 마우스 커서를 올려놓아 보세요. 다음과 같이 [인텔리센스] 창이 뜨는 것을 볼 수 있습니다.

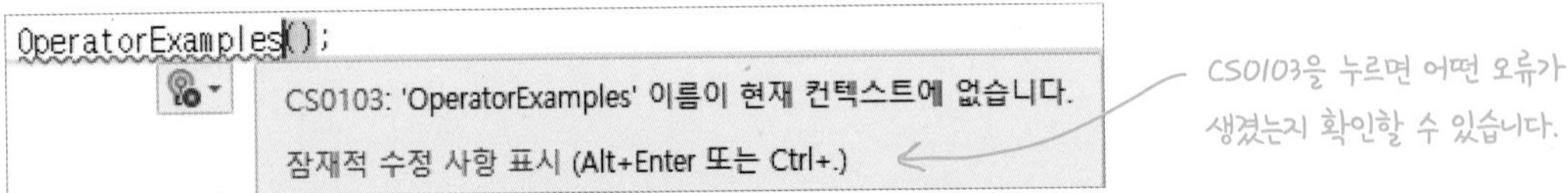

이 팝업으로 2가지 정보를 알 수 있습니다. 해당 메서드가 존재하지 않아서 코드를 빌드할 수 없다는 점과 이 오류를 해결할 수 있는 잠재적 수정 사항(potential fixes)이 있다는 점입니다.

03 OperatorExamples() 메서드를 생성합니다.

윈도우에서는 팝업 창에 [Alt]+[Enter] 키 또는 [Ctrl]+[.] 키를 눌러 잠재적 수정 사항을 확인할 수 있습니다. 맥OS에서는 [잠재적 수정 사항 표시] 링크를 클릭하거나 [Option]+[Return] 키를 눌러 잠재적 수정 사항을 확인할 수 있습니다. 해당 키 조합 중 하나를 눌러 보세요. 팝업 왼쪽에 있는 드롭다운 버튼을 클릭해도 됩니다.

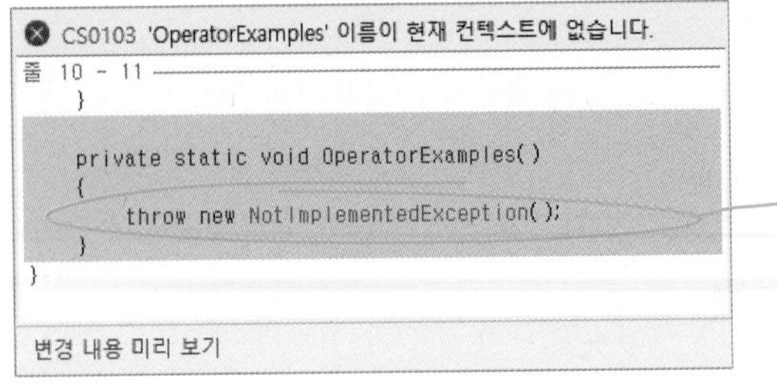

비주얼 스튜디오에서 자동으로 메서드를 생성할 때 자리 표시자(placeholder)에 throw 명령어를 넣습니다. 개발자가 이 부분을 수정하지 않고 그대로 프로그램을 실행하면 빌드가 중지됩니다. throw 명령문이 있는 자리에 필요한 코드를 직접 작성해야 하기 때문이죠.

비주얼 스튜디오는 Program 클래스에 OperatorExamples() 메서드를 생성하라고 제안합니다. **[변경 내용 미리 보기]**를 클릭해서 코드 변경 내용을 미리 확인해 보세요. 그런 다음 **[적용]**을 클릭해서 코드를 추가합니다.

메서드에 연산자를 사용하는 코드 추가하기

변수에 데이터를 할당하는 법을 살펴봤습니다. 이제 이걸로 무엇을 할 수 있을까요? 만약 변수가 숫자라면 수를 더하거나 곱할 수 있습니다. 변수가 문자열이라면, 다른 문자열과 합칠 수도 있죠. 이런 작업을 할 때 연산자를 사용합니다. OperatorExamples 메서드에 연산자를 사용하는 코드를 채워 봅시다. 다음 코드를 프로젝트에 추가하고, 주석문을 읽어 보세요. 각 연산자가 어디에 사용되는지 알 수 있습니다.

```
private static void OperatorExamples()
{
    // 이 명령문은 변수를 선언하고 3을 할당합니다.
    int width = 3;

    // ++ 연산자는 변수의 값을 1만큼 증가시킵니다.
    width++;

    // 숫자를 할당할 수 있는 변수 2개를 선언하고
    // +, * 연산자를 사용해 수를 더하고 곱해 봅니다.
    int height = 2 + 4;
    int area = width * height;
❶   Console.WriteLine(area);

    // 다음 두 명령문은 string 변수 2개를 선언하고
    // + 연산자를 사용해 두 문자열을 연결합니다.
    string result = "The area";
    result = result + " is " + area;
❷   Console.WriteLine(result);

    // 불리언 타입의 변수는 true 혹은 false 값을 가집니다.
    bool truthValue = true;
❸   Console.WriteLine(truthValue);
}
```

string 변수는 문자열을 저장합니다. 문자열에 + 연산자를 사용하면 문자열을 합칠 수 있습니다. 즉, "abc"+"def"의 결과는 "abcdef"라는 문자열입니다. 이렇게 문자열을 합치는 것을 연결(concatenation)이라고 합니다.

쓰면서 제대로 공부하기

방금 추가한 명령문은 콘솔에 문자열 세 줄을 출력합니다. 프로그램을 실행하기 전에, 프로그램의 출력 결과를 예상해서 여기에 적어 보세요. 책에서 정답을 찾을 필요는 없습니다. 이 문제의 답은 책에 없거든요! 대신 프로그램을 실행해 보면 답을 확인할 수 있습니다.
힌트: 불리언 타입의 변수는 True 또는 False로 출력됩니다.

❶ __________

❷ __________

❸ __________

디버그를 사용해 변수 값의 변화 관찰하기

디버그는 코드 이해를 돕습니다.

앞서 디버그에서 프로그램이 실행되는 것을 살펴봤습니다. **디버그**는 프로그램이 어떻게 작동하는지 이해하는 데 도움을 줍니다. **중단점**을 사용해 특정 명령어에서 프로그램을 잠시 중단하고 **조사식(watch)**을 추가해서 변수의 값 등을 관찰할 수 있습니다. 디버그를 사용해 코드의 작동을 한번 살펴봅시다. [보기]-[도구 모음]-[디버그]를 찾아 클릭하세요. 디버그의 3가지 기능을 살펴보겠습니다.

만약 프로그램이 생각한 대로 작동하지 않는다면 [다시 시작(↻)] 아이콘을 눌러 디버그를 재시작해 보세요.

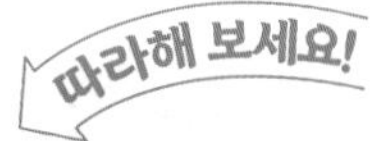

01 중단점을 추가하고 프로그램을 실행합니다.

Main() 메서드에 추가한 메서드 호출 부분에 마우스 커서를 가져다 놓고 **[디버그]-[중단점 설정/해제]** 메뉴를 선택합니다. 해당 라인이 다음과 같이 바뀝니다.

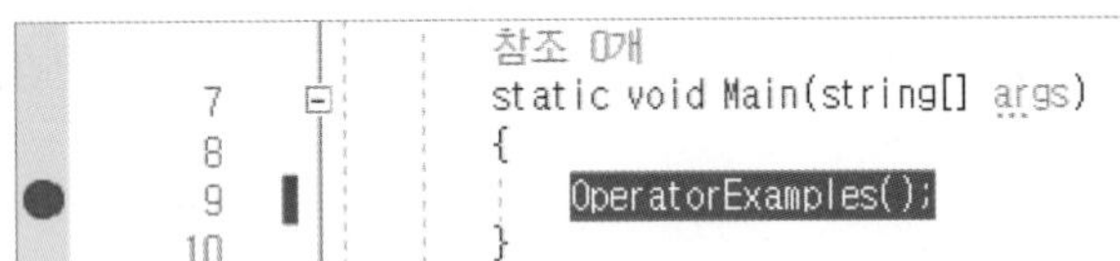

```
참조 0개
static void Main(string[] args)
{
    OperatorExamples();
}
```

맥OS에서 디버그 단축키는 각각 한 단계씩 코드 실행(Step Into)(⇧⌘I), 프로시저 단위 실행(Step Over) (⇧⌘O), 프로시저 나가기(Step Out) (⇧⌘U)입니다. 맥OS 사용자 가이드 1장에서 살펴보겠지만, 실제 화면은 조금 다를 수 있습니다. 기능은 동일합니다.

그런 다음 [▶ MyFirstConsoleApp ▾] 버튼을 눌러 앞에서 했던 대로 디버그에서 프로그램을 실행합니다.

02 [디버그] 메뉴에서 [한 단계씩 코드 실행]을 누르세요.

디버그가 메서드 안으로 이동해 메서드의 첫 번째 명령문을 실행하기 직전에 실행을 멈춥니다.

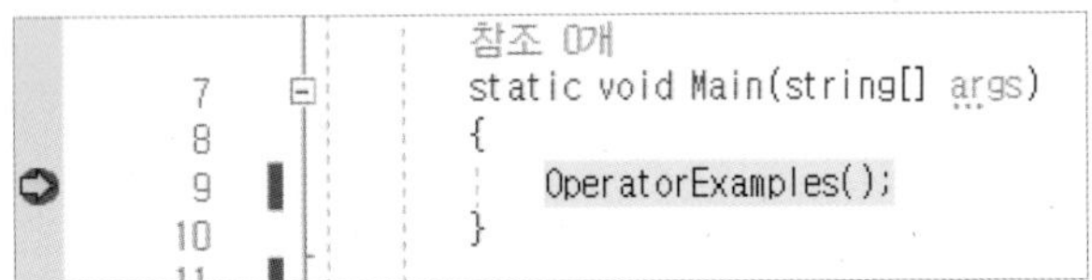

```
참조 0개
static void Main(string[] args)
{
    OperatorExamples();
}
```

03 width 변수의 값을 관찰합니다.

코드를 한 단계씩 실행하면 디버그는 명령문을 하나씩 실행한 후 실행을 중지합니다. 이때 변수의 값을 관찰할 수 있습니다. width 변수 위에 마우스 커서를 올려 보세요. 비주얼 스튜디오는 변수의 값을 보여 주는 팝업 창을 표시합니다. 현재 값은 0이네요.

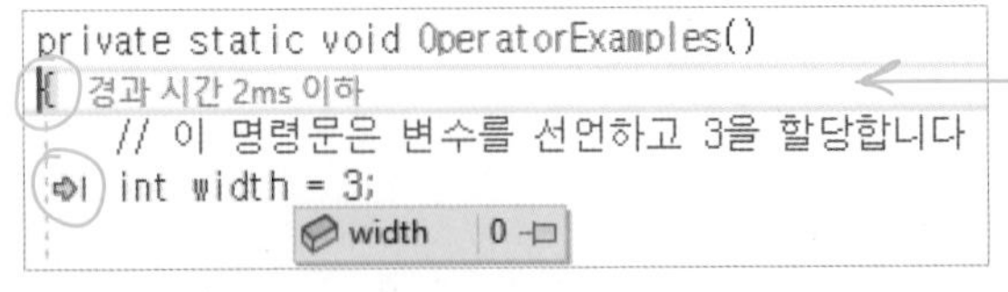

```
private static void OperatorExamples()
{ 경과 시간 2ms 이하
    // 이 명령문은 변수를 선언하고 3을 할당합니다
    int width = 3;
```


강조 표시된 중괄호와 왼쪽에 있는 화살표는 메서드의 첫 번째 명령어 실행 직전에 코드 실행이 멈췄음을 보여 줍니다.

04 [디버그]-[프로시저 단위 실행]을 누르세요.

이렇게 하면 주석문은 건너뛰고 첫 번째 명령어가 강조 표시됩니다. 이 명령어를 실행하기 위해 **[프로시저 단위 실행]을 한 번 더 누릅니다.** width 변수에 마우스 커서를 다시 올려 보세요. 값이 3으로 변합니다.

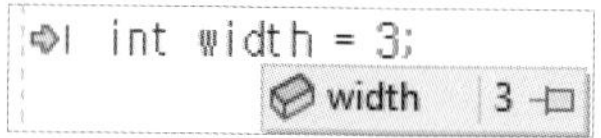

05 [로컬] 창으로 변수의 값을 확인합니다.

앞서 선언한 변수들은 OperatorExamples() 메서드의 **지역 변수(local variable)**입니다. 지역 변수는 메서드 안에 존재하며, 메서드 안에 있는 명령문에서만 사용할 수 있습니다. 디버깅 중에 비주얼 스튜디오 하단을 보면 [로컬] 창이 있습니다. 이 [로컬] 창에서 변수들의 값을 볼 수 있습니다.

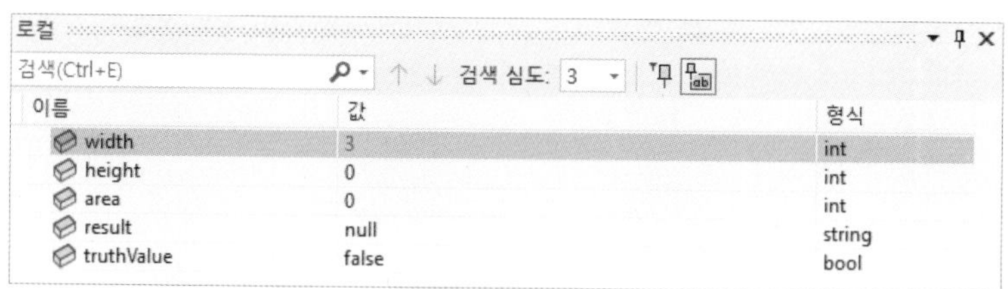

맥OS의 [로컬] 창과 [조사식] 창은 윈도우 버전과 모습은 달라도 동일한 정보를 표시합니다. 윈도우와 맥OS 모두 비주얼 스튜디오에서 같은 방식으로 조사식을 추가할 수 있습니다.

06 height 변수를 조사식에 추가합니다.

[조사식] 창은 보통 비주얼 스튜디오 하단의 [로컬] 창 옆에 위치하는 매우 유용한 기능입니다. 변수 이름에 마우스 커서를 올려놓고 우클릭해서 [조사식 추가] 메뉴를 선택하면 조사식을 추가할 수 있습니다. height 변수 위에 마우스 커서를 올려놓고 우클릭한 다음 **[조사식 추가]** 메뉴를 선택하세요.

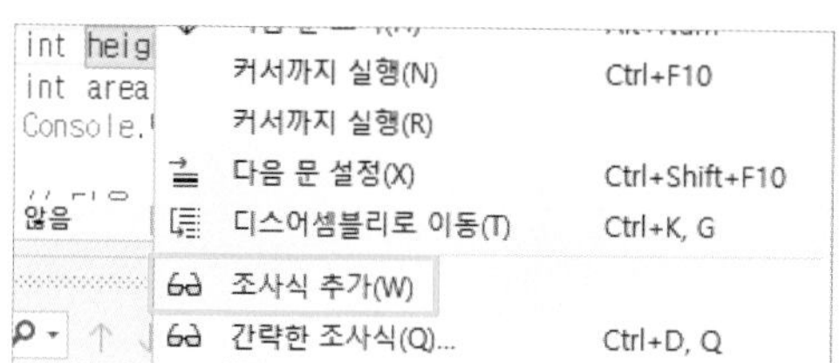

디버그는 비주얼 스튜디오에서 가장 중요한 기능이며, 프로그램이 어떻게 작동하는지 이해하는 데 큰 도움을 줍니다.

그러면 [조사식] 창에 height 변수가 추가됩니다.

07 메서드를 단계별로 실행합니다.

OperatorExamples() 메서드의 각 명령어를 한 단계씩 실행해 보면서 변수 값이 [로컬] 창과 [조사식] 창에서 어떻게 변하는지 관찰해 보세요. 윈도우에서는 [Alt]+[Tab] 키를 눌러 비주얼 스튜디오의 [디버그]와 [디버그 콘솔] 창의 출력 결과를 오가며 살펴볼 수 있습니다. 맥OS에서는 [터미널] 창에 출력 결과가 표시되기 때문에 창을 오갈 필요가 없습니다.

변수에 연산자 사용하기

프로그램 코드 대부분은 변수에 저장한 데이터를 처리하는 작업을 수행합니다. 그렇기 때문에 **같음(equality) 연산자, 비교(comparison) 연산자, 논리(logical) 연산자** 등이 중요합니다.

같음 연산자

같음 연산자는 두 값이 같은지 여부를 확인해서 참 또는 거짓을 반환합니다.

- == 연산자: 두 값이 같으면 참을 반환합니다.
- != 연산자: 두 값이 다르면 참을 반환합니다.

비교 연산자

- > 연산자, < 연산자: 두 수 중 어느 쪽이 크고 작은지 판단합니다.
- >= 연산자: 한 숫자가 다른 숫자보다 같거나 큰지를 판단합니다.
- <= 연산자: 한 숫자가 다른 숫자보다 같거나 작은지를 판단합니다.

논리 연산자

논리 연산자는 논리식을 판단해서 참 또는 거짓을 반환합니다.

- ! 연산자: 단항 논리식의 부정 값을 반환합니다(NOT).
- && 연산자: 논리식이 모두 참이면 참을 반환합니다(AND).
- || 연산자: 논리식 중 하나라도 참이면 참을 반환합니다(OR).
- ^ 연산자: 논리식이 서로 다르면 참을 반환합니다(XOR).

> **주의하세요!**
>
> **= 기호를 쓰는 연산자를 혼동하지 마세요!**
>
> 변수의 값을 할당할 때는 등호 1개(=)를 사용하고, 두 변수의 값을 비교할 때는 등호 2개(==)를 사용합니다. == 대신 =를 사용하는 실수는 꽤나 빈번하게 일어납니다. 숙련된 개발자조차 종종 실수하죠. 이러한 실수를 저지르면 비주얼 스튜디오는 '암시적으로 'int' 형식을 'bool' 형식으로 변환할 수 없습니다.'라는 오류 메시지를 보여 줍니다.

예를 들어, 다음 구문은 i가 3과 같거나 j가 5보다 작으면 참을 반환합니다.

```
(i == 3) || (j < 5)
```

> **두 int 변수를 비교하는 연산자 써 보기**
>
> 비교 연산자를 사용해 변수의 값을 간단하게 검사해 볼 수 있습니다.
> 두 int 변수 x, y가 있다고 해 봅시다.
>
> ```
> x < y (x가 y보다 작은지 검사)
> x > y (x가 y보다 큰지 검사)
> x == y (x와 y가 같은지 검사)
> ```
>
> 앞으로 자주 사용하게 될 연산자들입니다.

조건을 검사하는 if 문

if 문은 **조건을 검사**해 이 조건을 통과했을 때만 코드를 실행합니다. 즉 특정한 조건을 만족할 때만 명령문을 실행하는 프로그램을 작성할 수 있습니다. if 문에는 두 값이 같은지 검사하는 == 연산자를 많이 사용합니다.

변수에 값을 할당할 때 쓰는 = 연산자와는 다릅니다.

```
int someValue = 10;
string message = "";

if (someValue == 24)
{
    message = "Yes, it's 24!";
}
```

if 문에서 검사하는 조건은 괄호로 시작하고, 조건을 통과했을 때 실행되는 코드는 중괄호로 시작합니다.

중괄호 안의 명령문들은 검사 조건이 참일 때만 실행됩니다.

조건이 거짓일 때도 코드를 실행하는 if/else 문

if/else 문은 말 그대로 조건이 참이나 거짓일 때 실행할 코드 블록을 모두 지정합니다. if/else 문은 if 문 뒤에 **else 키워드**를 두고, 2개의 코드 블록으로 구성됩니다. 검사 결과가 참이면, 프로그램은 if 문 아래의 코드 블록을 실행합니다. 검사 결과가 거짓이면, else 문 아래의 코드 블록을 실행합니다.

```
if (someValue == 24)
{
    // 중괄호 안에는 여러 명령문을 넣어도 됩니다.
    message = "The value was 24.";
}
else
{
    message = "The value wasn't 24.";
}
```

기억하세요. 두 값이 같은지 비교할 때는 등호를 2개 사용해야 합니다.

특정 작업을 반복하는 반복문 알기

반복문을 사용해 조건 검사를 한다고?

대부분의 프로그램, 특히 게임은 특정한 작업을 반복한다는 특징이 있습니다. 반복문은 특정한 조건을 만족할 때까지 여러 개의 명령문을 반복하는 작업을 수행합니다.

조건이 참인 동안 명령문을 계속 반복 실행하는 while 문

while 문은 괄호 안의 조건이 참이면 중괄호 안에 있는 모든 명령문을 반복해서 실행합니다.

```
while (x > 5)
{
    // 이 중괄호 사이에 있는 명령문들은
    // x가 5보다 크면 반복해서 실행합니다.
}
```

명령문을 우선 실행한 후 조건을 검사하는 do...while 문

do...while 문은 명령문을 일단 한 번 실행한 다음에 조건을 확인합니다. 그러므로 반복문 내 명령문을 최소한 한 번은 실행하고 싶다면 do...while 문을 사용하는 것이 좋습니다.

do...while 문과 while 문은 비슷하지만 한 가지 차이점이 있습니다. while 문은 조건을 먼저 확인하고 조건이 참일 때만 명령문을 실행합니다.

```
do
{
    // 이 중괄호 내 명령문을 한 번 실행한 다음,
    // x > 5 조건에 해당하면 명령문을 반복 실행합니다.
} while (x > 5);
```

매번 명령문을 실행하는 for 문

for 문은 매번 반복문을 실행한 후 내부에 있는 구문을 실행합니다.

for 문에는 3개의 구문이 포함됩니다. 첫 번째 구문은 반복문을 설정하고, 두 번째 구문의 조건이 참인 동안 명령문을 반복 실행합니다. 그리고 한 번의 반복 실행이 끝날 때마다 세 번째 구문이 실행됩니다.

```
for (int i = 0; i < 8; i = i + 2)
{
    // 이 중괄호 안 명령문은 4번 실행됩니다.
}
```

for 문은 초기화식(int i = 0), 조건식(i < 8), 반복식(i = i + 2) 세 부분으로 구성되며 for 문 전체가 한 번 실행되는 것을 반복(iteration)이라고 합니다. 반복이 시작되는 시점에 조건식이 참인지 거짓인지 판별하고, 반복이 끝나는 시점에 반복식이 실행됩니다.

코드 자세히 들여다보기

for 문은 while 문이나 do…while 문보다 형식이 복잡하지만 더 많이 사용됩니다. 대표적으로 컬렉션의 길이를 하나하나 셀 때 for 문이 유용하죠. 비주얼 스튜디오는 다음과 같은 코드 조각(code snippet)을 자동으로 생성합니다.

```
for (int i = 0; i < length; i++)
{

}
```

for 코드 조각을 생성할 때, [Tab] 키를 눌러 i, length 사이를 이동할 수 있습니다. 또한 변수 i의 이름을 변경하면 코드 조각에 포함된 변수 이름도 자동으로 변경됩니다.

for 반복문은 초기화식(initializer), 조건식(condition), 반복식(iterator), 본문(body)으로 구성됩니다.

```
for (초기화식; 조건식; 반복식)
{
    본문
}
```

대부분 초기화식을 사용해 새 변수를 선언합니다. 예를 들어, 위 for 코드 조각에서 초기화식 int i = 0은 for 문 안에서만 사용되는 변수 i를 선언합니다. 그런 다음에는 조건이 참인 동안 중괄호로 감싼 명령문(본문)을 실행합니다. 한 번 반복 실행하고 난 후에는 반복식을 실행합니다. 오른쪽의 반복문을 살펴봅시다. 이 반복문은 10번 실행하면서 Iteration #0, Iteration #1, …, Iteration #9를 차례대로 콘솔에 출력합니다.

```
for (int i = 0; i < 10; i++)
{
    Console.WriteLine("Iteration #" + i);
}
```

쓰면서 제대로 공부하기

다음 반복문들을 살펴봅시다. 이 반복문들이 멈추지 않고 계속 실행되는지, 아니면 어느 시점에서 멈추는지 적어 보세요. 반복이 중단되었다면 몇 번이나 반복되었는지도 적어 보세요. 그리고 반복문 #2, #3에 있는 주석문에도 답해 보세요.

```
// 반복문 #1
int count = 5;
while (count > 0)
{
    count = count * 3;
    count = count * -1;
}
```

for 문은 처음 반복을 수행할 때 조건문을 먼저 실행한 다음 마지막에 반복식을 실행합니다.

```
// 반복문 #2
int j = 2;
for (int i = 1; i < 100; i = i * 2)
{
    j = j - 1;
    while (j < 25)
    {
        // 아래 명령문은 몇 번이나 실행될까요?
        j = j + 5;
    }
}
```

```
// 반복문 #3
int p = 2;
for (int q = 2; q < 32; q = q * 2)
{
    while (p < q)
    {
        // 아래 명령문은 몇 번이나 실행될까요?
        p = p * 2;
    }
    q = p - q;
}
```

```
// 반복문 #4
int i = 0;
int count = 2;
while (i == 0)
{
    count = count * 3;
    count = count * -1;
}
```

```
// 반복문 #5
while (true)
{
    int i = 1;
}
```

힌트: p는 2에서 시작합니다. 반복식 p=p*2가 언제 실행되는지 생각해 보세요.

<쓰면서 제대로 공부하기>와 <연습 문제>의 정답은 보통 바로 다음 장에 있습니다.

쓰면서 제대로 공부하기 **정답**

다음 반복문들을 살펴봅시다. 이 반복문들이 멈추지 않고 계속 실행되는지, 아니면 어느 시점에서 멈추는지 적어 보세요. 반복이 중단되었다면 몇 번이나 반복되었는지도 적어 보세요. 그리고 반복문 #2, #3에 있는 주석문에도 답해 보세요.

```
// 반복문 #1
int count = 5;
while (count > 0)
{
    count = count * 3;
    count = count * -1;
}
```

정답 반복문 #1은 1번 실행됩니다.
count = count * 3; 명령문은 count에 3을 곱하고 나서 결과인 15를 다시 count 변수에 저장합니다.

```
// 반복문 #2
int j = 2;
for (int i = 1; i < 100; i = i * 2)
{
    j = j - 1;
    while (j < 25)
    {
        // 아래 명령문은 몇 번이나 실행될까요?
        j = j + 5;
    }
}
```

정답 반복문 #2는 7번 실행됩니다.
명령문 j = j + 5는 6번 실행됩니다.

```
// 반복문 #3
int p = 2;
for (int q = 2; q < 32; q = q * 2)
{
    while (p < q)
    {
        // 아래 명령문은 몇 번이나 실행될까요?
        p = p * 2;
    }
    q = p - q;
}
```

정답 반복문 #3은 8번 실행됩니다.
명령문 p = p * 2는 3번 실행됩니다.

```
// 반복문 #4
int i = 0;
int count = 2;
while (i == 0)
{
    count = count * 3;
    count = count * -1;
}
```

정답 반복문 #4는 영원히 실행됩니다.

```
// 반복문 #5
while (true)
{
    int i = 1;
}
```

정답 반복문 #5 또한 영원히 실행됩니다.

반복문 #3이 어떻게 작동하는지 천천히 살펴보세요. 디버그를 활용해 볼 좋은 기회입니다! q = p - q; 명령문에 중단점을 설정하고 반복문의 명령어를 한 단계씩 실행할 때마다 [로컬] 창에서 p, q 변수의 값이 어떻게 바뀌는지 관찰해 보세요.

코드 조각 기능으로 반복문 작성하기

디버그로 반복을 관찰해 보자.

비주얼 스튜디오는 신속하게 코드를 작성할 수 있는 코드 조각 기능과 템플릿을 제공합니다. 코드 조각 기능을 사용해 OperatorExamples() 메서드에 반복문을 추가해 봅시다. 프로그램이 아직 실행 중이라면 [디버그]-[디버깅 중지] 메뉴를 선택합니다. [도구 모음]에 있는 [디버깅 중지] 버튼을 눌러도 됩니다.

01 **while을 입력하고 [Tab] 키를 두 번 누르세요.**

Console.WriteLine(area); 아랫줄에 [Enter] 키를 'while'을 입력하세요. 비주얼 스튜디오가 while 문 템플릿을 코드에 추가하고 조건문에 강조 표시를 합니다.

```
Console.WriteLine(truthValue);

while (true)
{

}
```

02 **area < 50을 입력하세요.**

조건식 자리에 'area < 50'을 입력하고 중괄호 안에 명령문을 추가합니다.

```
while (area < 50) {
    height++;
    area = width * height;
}
```

03 **do...while 문의 코드 조각을 추가합니다.**

방금 추가한 while 문 바로 다음에, **do ~ while 문의 코드 조각**을 추가해 봅시다. while 문 아래에 **do를 입력하고 [Tab] 키를 두 번 누르세요.** 다음과 같은 코드 조각이 추가됩니다.

```
while (area < 50)
{
    height++;
    area = width * height;
}
do
{

} while (true);
```

조건식이 항상 참이므로 이 반복문은 영원히 종료되지 않습니다.

04 **do...while 문을 완성하세요.**

조건식에 'area > 25'를 입력하고 중괄호 안에 명령문을 추가합니다.

```
do {
    width--;
    area = width * height;
} while (area > 25);
```

이제 **디버그를 사용**해 이 반복문이 어떻게 작동하는지 파악해 봅시다.

1. while (area < 50)에 커서를 두고 **[디버그]-[중단점 설정/해제]**를 선택해서 중단점을 추가합니다. 그런 다음 코드를 실행하고, **[F5] 키를 눌러** 방금 추가한 새 중단점으로 넘어가세요.
2. **프로시저 단위 실행**을 사용해서 두 반복문의 명령문들을 한 단계씩 실행합니다. [로컬] 창에서 height, width, area 변수 값의 변화를 관찰해 보세요.
3. 프로그램을 중지하고 while 문의 조건을 **'area < 20'**으로 바꿔 조건문이 거짓이 되도록 해 보세요. 프로그램을 다시 디버그하면 while 문의 조건이 거짓이므로 첫 번째 반복문은 건너뛰지만, do ~ while 문에서는 일단 명령문을 실행하고 나서 조건을 확인합니다.

IDE 팁 중괄호

여는 중괄호에 대응하는 닫는 중괄호가 없으면 프로그램이 빌드되지 않습니다. 이런 버그는 찾아내기 쉽지 않지만, 비주얼 스튜디오에는 중괄호에 커서를 놓으면 이 중괄호에 대응하는 중괄호에 강조 표시하는 기능이 있습니다.

쓰면서 제대로 공부하기

반복문을 연습해 보자!

조건문과 반복문을 다루는 연습을 해 봅시다. 콘솔 앱의 Main() 메서드를 다음과 같이 수정한 다음, TryAnIf(), TryAnIfElse(), TrySomeLoops() 메서드를 각각 추가해 보세요. 코드를 실행하기 전에 각 질문에 답해 보세요. 그런 다음 프로그램을 실행해서 결과가 맞는지 확인해 보세요.

```
static void Main(string[] args)
{
    TryAnIf();
    TrySomeLoops();
    TryAnIfElse();
}
```

```
private static void TryAnIf()
{
    int someValue = 4;
    string name = "Bobbo Jr.";
    if ((someValue == 3) && (name == "Joe"))
    {
        Console.WriteLine("x is 3 and the name is Joe");
    }
    Console.WriteLine("this line runs no matter what");
}
```

1 TryAnIf() 메서드는 콘솔에 어떤 값을 출력하나요?

```
private static void TryAnIfElse()
{
    int x = 5;
    if (x == 10)
    {
        Console.WriteLine("x must be 10");
    }
    else
    {
        Console.WriteLine("x isn't 10");
    }
}
```

2 TryAnIfElse() 메서드는 콘솔에 어떤 값을 출력하나요?

```
private static void TrySomeLoops()
{
    int count = 0;
    while (count < 10)
    {
        count = count + 1;
    }
    for (int i = 0; i < 5; i++)
    {
        count = count - 1;
    }
    Console.WriteLine("The answer is " + count);
}
```

3 TrySomeLoops() 메서드는 콘솔에 어떤 값을 출력하나요?

이 연습 문제에 대한 답은 없습니다. 코드를 실행해서 출력 결과와 여러분이 쓴 답을 비교해 보세요.

C# 코드를 읽을 때 염두에 두어야 할 것들 알아보기

- 각 명령문은 세미콜론으로 끝맺어야 합니다.

```
name = "Joe";
```

- 슬래시 두 개를 사용해서 단행 주석문을 작성할 수 있습니다.

```
// 이 텍스트는 무시됩니다.
```

- /* 와 */를 사용해서 여러 줄에 걸쳐 주석문을 작성할 수 있습니다.

```
/* 이 주석문은
 * 여러 줄에 걸쳐 작성할 수 있습니다. */
```

- 변수는 타입/이름 순서로 정의합니다.

```
int weight;
// 변수 타입은 int, 변수 이름은 weight입니다.
```

- 여분의 공백 문자는 대개 별 문제가 없습니다. 그러므로 다음 세 코드의 결과는 동일합니다.

```
int           j            =             1234           ;
int j = 1234; // 보통은 이렇게 한 칸씩 띄어 씁니다.
int j=1234;
```

- if/else, while, do, for 문은 조건식을 동반합니다.
  지금까지 살펴본 모든 반복문은 조건이 참인 동안 명령어의 수행을 반복합니다.

궁금한 게 있어요!
만약 조건이 항상 참인
반복문을 작성하면
어떤 일이 일어나나요?

반복문이 멈추지 않고 영원히 실행됩니다

프로그램이 조건을 검사할 때 조건문의 결과는 참 또는 거짓입니다. 결과가 참이면 프로그램은 반복문을 벗어나지 않고 본문을 한 번 더 수행합니다. 이 과정을 반복하다 조건의 결과가 거짓이 되면 반복문을 벗어납니다. 만약 거짓을 반환하는 조건이 없으면 반복문의 조건은 항상 참이고, 프로그램을 강제 종료하거나 컴퓨터를 끌 때까지 본문을 반복해서 실행합니다.

이 상태를 무한 루프(infinite loop)라고 부릅니다. 간혹 프로그램에 무한 루프가 필요할 경우도 있습니다.

뇌 단련

실행을 멈추지 않는 반복문(무한 루프)이 필요한 경우도 있을까요?

게임 디자인 원칙 | 역학(mechanics)

게임의 역학은 게임의 플레이를 구성하는 요소입니다. 게임의 규칙, 플레이어가 취할 수 있는 행동, 플레이어의 행동에 게임이 반응하는 방식이 이에 포함됩니다.

- 고전 비디오 게임 **팩맨**을 예로 들어 보겠습니다. **팩맨의 역학**은 조이스틱을 움직여 캐릭터를 조작하는 방식, 팩맨 캐릭터가 먹을 수 있는 아이템과 파워업 아이템의 개수, 몬스터가 움직이는 방식, 캐릭터가 파워업 아이템을 먹었을 때 몬스터가 파란색으로 변하고 행동을 바꾸는 방식, 플레이어가 추가 목숨을 얻는 상황, 몬스터가 터널을 지날 때 느려지는 정도 등이며 이 모든 규칙이 게임의 진행을 구성합니다.
- **게임 개발자가 다루는 역학**은 이러한 상호작용 또는 조작 방식을 의미합니다. 조작 방식은 슈퍼 마리오 같은 플랫포머(platformer) 게임에서의 더블 점프나 갤러그 같은 슈팅(shooting) 게임에서 공격을 몇 번 막을 수 있는 방패 등을 말합니다. 게임을 테스트하거나 개선하기 위해 게임에 존재하는 역학을 하나씩 따로 분리하는 것이 도움이 될 때도 있습니다.
- 보드 게임 같은 **테이블(table) 게임**은 역학의 개념을 이해하는 데 도움이 됩니다. 임의(random) 숫자 생성기의 개념을 가진 주사위, 회전판(spinner), 카드 등은 이러한 역학의 좋은 예입니다.
- 앞서 만든 동물 짝 맞추기 게임의 타이머 또한 역학의 좋은 예시입니다. 타이머의 유무로 게임의 경험이 완전히 달라지기 때문입니다. 타이머, 장애물, 적, 지도, 종족, 점수, 이러한 요소 하나하나가 모두 게임의 역학에 해당합니다.
- 여러 역학이 다양한 방식으로 **결합**되어 플레이어에게 큰 영향을 미칠 수 있습니다. 예를 들어 모노폴리는 주사위와 카드라는 두 가지의 임의 숫자 생성기를 사용해서 게임의 재미와 미묘함을 자아냅니다.
- 게임 역학에는 **데이터가 구성되는 방식, 데이터를 다루는 코드의 설계**까지도 포함됩니다(그럴 의도가 없었더라도요!). 팩맨에서는 화면의 절반에 깨진 이미지가 그려지고 게임 플레이가 불가능하게 되는 레벨 256 글리치(glitch, *** 역주** '버그'와 비슷한 의미이지만 좀 더 가벼운 오류들을 지칭할 때 쓰는 단어입니다)가 전설로 통하죠. 이런 글리치마저도 게임 역학의 일부라고 할 수 있습니다.
- 그러므로 우리가 C# 게임의 역학을 이야기할 때는, 실제로 게임을 작동하게 만드는 **클래스와 코드 그 자체도 포함**된다고 봐야 합니다.

역학의 개념은 게임뿐만 아니라
다른 프로젝트에도 도움이 되겠군요.

물론입니다! 모든 프로그램에는 나름의 역학이 존재합니다

역학은 소프트웨어 설계의 모든 과정에 관여해서 프로젝트를 완성하는 데 큰 도움을 줍니다. 다만 역학의 개념을 이해하기 위해 게임의 맥락을 예로 드는 것이 더 유리할 수 있습니다.

예시를 하나 들어 보죠. 게임의 역학은 게임 플레이의 난이도를 결정할 수 있습니다. 팩맨에서 캐릭터의 속도를 빠르게 하거나 몬스터의 속도를 느리게 해서 게임을 쉽게 만들 수 있죠. 그러나 이러한 결정이 좋은 게임이냐 나쁜 게임이냐로 나뉘지는 않습니다. 그저 게임의 난이도가 달라질 뿐이죠. 클래스 설계에도 이와 비슷한 논리를 적용할 수 있습니다! **클래스의 메서드와 필드를 설계하는 일** 또한 클래스의 역학입니다. 코드를 여러 메서드로 분리할지, 필드를 사용할지 등의 선택으로 클래스를 사용하기 쉬워질 수도, 또는 더 어려워질 수도 있습니다.

UI 역학을 다루는 컨트롤 알아보기

발판이 등장하는 게임을 플랫포머 게임이라고 합니다.

1장에서는 TextBlock과 Grid **컨트롤**을 사용해 게임을 만들었습니다. 사실 사용할 수 있는 컨트롤의 종류는 매우 많고, 컨트롤을 어떻게 사용하느냐에 따라 앱의 형태가 달라집니다. 게임 설계에서 결정을 내리는 방식도 마찬가지입니다. 테이블 게임에서 임의 숫자 생성기가 필요하다면 주사위, 회전판, 카드 등의 선택지가 있습니다. 플랫포머 게임을 디자인한다면 플레이어의 점프에도 더블 점프, 벽 점프, 비행하기 등의 선택지가 있습니다. 이는 앱 디자인에도 적용됩니다. 사용자가 숫자를 입력해야 할 때, 어떤 컨트롤을 사용해 숫자를 입력받을지 결정할 수 있습니다.
그리고 **이 결정은 UX(User eXperience, 사용자 경험)에 영향을 줍니다.** 다음은 이제 사용할 컨트롤들에 대한 설명입니다.

❶ 텍스트 상자(TextBox)

사용자가 텍스트를 직접 입력할 수 있습니다. 하지만 이 경우 입력된 텍스트가 글자인지 숫자인지 확인하기 위한 방법이 필요합니다.

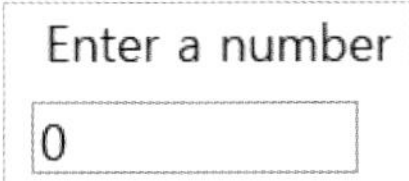

❷ 목록 상자(ListBox)

사용자가 목록에서 숫자를 선택할 수 있습니다. 목록이 길어지면 스크롤바가 표시되어 사용자가 원하는 항목을 쉽게 찾을 수 있습니다.

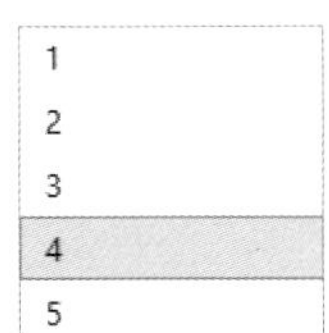

❸ 콤보 상자(ComboBox)

목록 상자와 텍스트 상자의 특징을 결합했습니다. 언뜻 보기에는 텍스트 상자처럼 보이지만, 사용자가 이를 클릭하면 목록 상자가 아래쪽으로 펼쳐집니다.

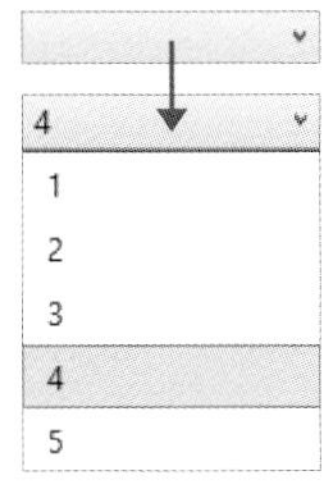

❹ 라디오 버튼(RadioButton)

사용자의 선택지를 제한합니다. 라디오 버튼을 사용해서 선택할 목록의 개수를 제한하거나, 필요에 따라 선택지를 배치할 수 있습니다.

○ 1 ○ 2 ○ 3
◉ 4 ○ 5 ○ 6

❺ 슬라이더(Slider)

마우스나 방향 키를 이용해서 슬라이더를 움직일 수 있으며 숫자만 다룰 수 있습니다.

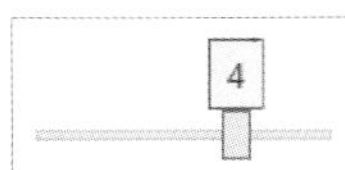

❻ 편집 가능한 콤보 상자

사용자가 목록 상자에서 원하는 항목을 선택하거나 직접 값을 입력할 수 있습니다.

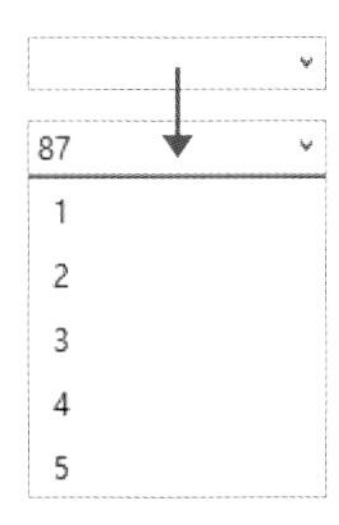

게임에서 빌려 온 역학의 개념을 컨트롤에 적용할 수 있습니다. 게임뿐만 아니라 어떤 앱을 만들든지 옳은 결정을 내리는 데 도움이 됩니다.

컨트롤은 공용 UI 구성 요소로, UI를 만들기 위한 부품 같은 것입니다. 어떤 컨트롤을 사용하느냐에 따라 앱의 역학이 달라질 수 있습니다.

전화번호도 숫자이므로 슬라이더로도 입력할 수 있습니다. 하지만 그게 과연 좋은 선택일까요?

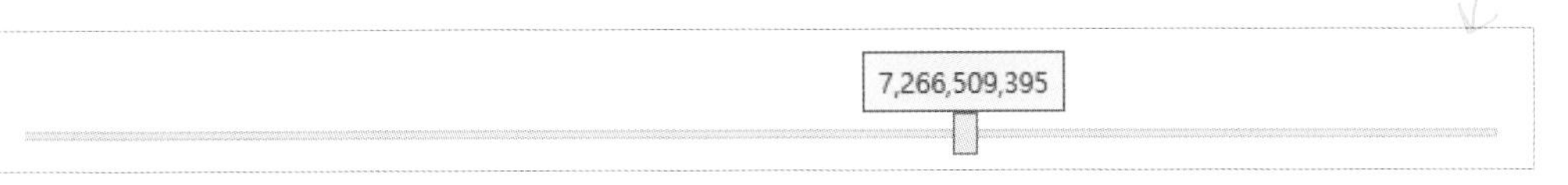

이 장의 뒷부분에는 WPF 애플리케이션을 사용해서 컨트롤을 실습하는 프로젝트가 포함되어 있습니다. 맥OS로 실습하고 싶다면 부록의 Visual Studio for Mac 학습자 가이드를 참고하세요.

컨트롤을 실험하기 위한 WPF 애플리케이션 만들기

숫자를 입력하는 다양한 방법

비록 '컨트롤'이란 공식 명칭을 몰랐더라도, 지금까지 한 번쯤은 컨트롤을 본 기억이 있을 것입니다. 이제 WPF 애플리케이션을 만들어 컨트롤을 사용하는 연습을 해 봅시다. 사용자로부터 숫자를 입력받고 입력된 숫자를 출력하는 단순한 앱을 만들어 볼게요.

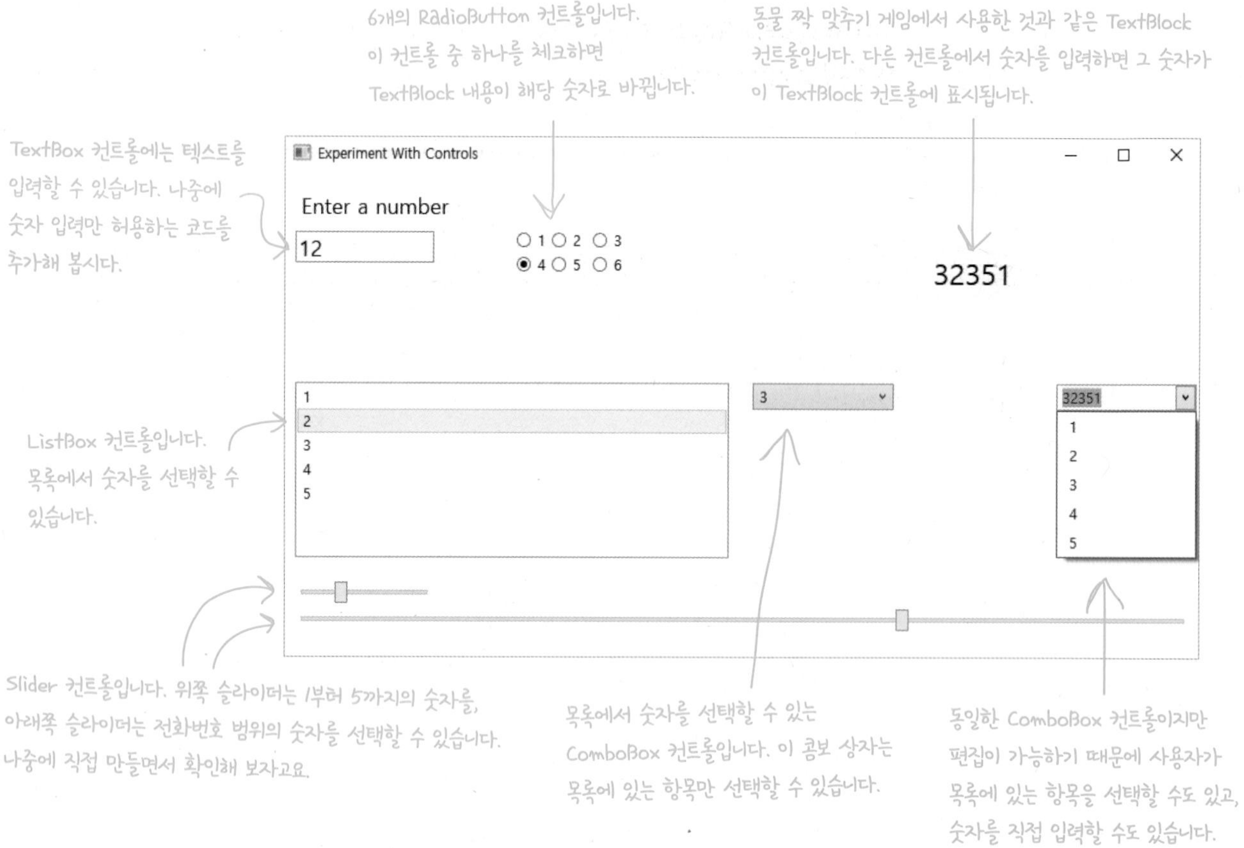

6개의 RadioButton 컨트롤입니다. 이 컨트롤 중 하나를 체크하면 TextBlock 내용이 해당 숫자로 바뀝니다.

동물 짝 맞추기 게임에서 사용한 것과 같은 TextBlock 컨트롤입니다. 다른 컨트롤에서 숫자를 입력하면 그 숫자가 이 TextBlock 컨트롤에 표시됩니다.

TextBox 컨트롤에는 텍스트를 입력할 수 있습니다. 나중에 숫자 입력만 허용하는 코드를 추가해 봅시다.

Experiment With Controls

Enter a number

12

1 2 3
4 5 6

32351

1
2
3
4
5

3

32351
1
2
3
4
5

ListBox 컨트롤입니다. 목록에서 숫자를 선택할 수 있습니다.

Slider 컨트롤입니다. 위쪽 슬라이더는 1부터 5까지의 숫자를, 아래쪽 슬라이더는 전화번호 범위의 숫자를 선택할 수 있습니다. 나중에 직접 만들면서 확인해 보자고요.

목록에서 숫자를 선택할 수 있는 ComboBox 컨트롤입니다. 이 콤보 상자는 목록에 있는 항목만 선택할 수 있습니다.

동일한 ComboBox 컨트롤이지만 편집이 가능하기 때문에 사용자가 목록에 있는 항목을 선택할 수도 있고, 숫자를 직접 입력할 수도 있습니다.

쉬어 가기

컨트롤에 해당하는 XAML 코드를 외워야 하나 걱정하지 마세요.
XAML을 사용해 컨트롤이 있는 앱을 만드는 연습하는 데 의미가 있으니까요. 나중에 다룰 프로젝트에서 이 컨트롤들을 사용할 때 지금 내용을 다시 참고해도 됩니다.

연습 문제

1장에서는 WPF 애플리케이션의 그리드에 행/열 정의를 추가해서 같은 크기를 가진 5행 4열 그리드를 만들었습니다. 이 앱에서도 비슷한 작업을 해야 합니다. 이 연습 문제에서는 1장에서 WPF 애플리케이션을 만들기 위해 익혔던 XAML 지식을 활용해 보세요.

1. 새로운 WPF 프로젝트 생성하기

비쥬얼 스튜디오를 실행하고 1장에서 동물 짝 맞추기 게임을 만들 때와 동일하게 새 WPF 애플리케이션 프로젝트를 생성하세요. [새 프로젝트 만들기]를 선택하고 [WPF 애플리케이션]을 선택하세요.

새 프로젝트 만들기(N)

시작하려면 코드 스캐폴딩과 함께 프로젝트 템플릿을 선택하세요.

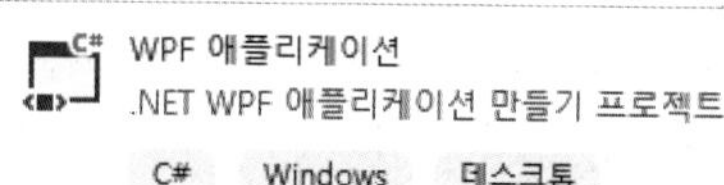

프로젝트의 이름에 'ExperimentWithControls'를 입력하고 추가 정보에서 [.NET Core 3.1]을 체크해서 프로젝트를 만드세요.

2. 메인 화면 제목 설정하기

<Window> 태그의 [Title] 속성을 'Experiment With Controls'로 변경해 창 제목을 설정하세요.

3. 행과 열 추가하기

3행 2열을 만듭니다. 행은 1* : 1* : 0.5*의 비율로, 열은 동일한 비율인 1* : 1*로 생성합니다. 디자이너에 표시된 결과물은 다음과 같습니다.

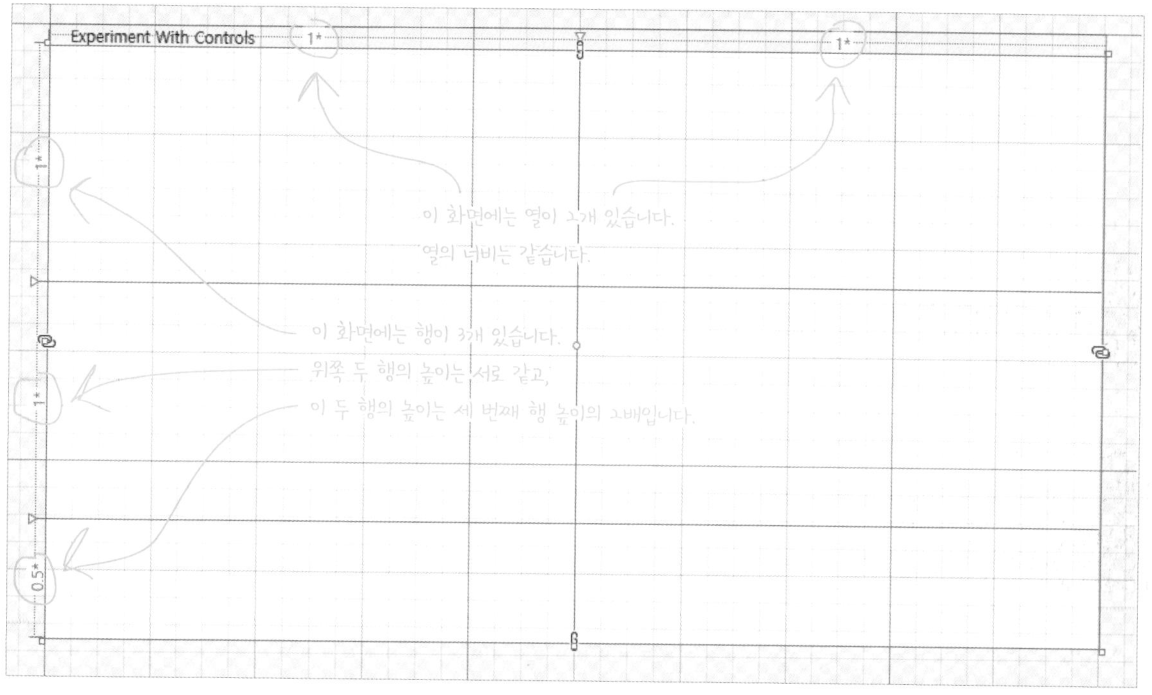

연습 문제 정답

변경된 UI의 XAML 코드는 다음과 같습니다. 이 코드는 비주얼 스튜디오가 자동으로 생성한 밝은 테마 색상의 XAML 코드를 그대로 사용했습니다. 여러분이 해야 할 일은 <Window> 태그의 [Title] 속성을 변경한 다음, <Grid.RowDefinitions>와 <Grid.ColumnsDefinitions> 섹션을 추가하는 것입니다.

```
<Window x:Class="ExperimentWithControls.MainWindow"
        xmlns="http://schemas.microsoft.com/winfx/2006/xaml/presentation"
        xmlns:x="http://schemas.microsoft.com/winfx/2006/xaml"
        xmlns:d="http://schemas.microsoft.com/expression/blend/2008"
        xmlns:mc="http://schemas.openxmlformats.org/markup-compatibility/2006"
        xmlns:local="clr-namespace:ExperimentWithControls"
        mc:Ignorable="d"
        Title="Experiment With Controls" Height="450" Width="800">
    <Grid>
        <Grid.ColumnDefinitions>
            <ColumnDefinition Width="1*"/>
            <ColumnDefinition Width="1*"/>
        </Grid.ColumnDefinitions>
        <Grid.RowDefinitions>
            <RowDefinition Height="1*"/>
            <RowDefinition Height="1*"/>
            <RowDefinition Height="0.5*"/>
        </Grid.RowDefinitions>
    </Grid>
</Window>
```

Window 태그의 [Title] 속성을 변경해서 창 제목을 설정합니다.

가장 아래 행의 Height 값을 0.5*로 지정해서 높이가 다른 행의 1/2이 되도록 합니다. 위쪽 두 행의 Height 값을 2*로, 세 번째 행의 값을 1*로 지정해도 됩니다(그 외에도 위 두 행과 세 번째 행의 값을 4*과 2* 또는 1000*과 500* 등으로 지정해도 결과는 동일합니다).

지금이 소스 제어 시스템에
프로젝트를 추가할 타이밍인 것 같은데...

빨리, 자주 저장하세요

이 말은 게임에 자동 저장 기능이 생기기도 전에, 컴퓨터 어딘가에 프로젝트를 백업해 둬야 했던 시절부터 존재했던 격언입니다. 정말 훌륭한 조언이죠!

비주얼 스튜디오에는 소스 제어 시스템에 쉽게 프로젝트를 추가하고 갱신, 저장할 수 있습니다. 그 덕분에 현재까지 진행된 작업 내용을 쉽게 확인할 수 있습니다.

과거에는 이렇게 생긴 플로피 디스크에 데이터를 저장했었죠.

앱에 TextBox 컨트롤 추가하기

TextBox 컨트롤은 사용자가 텍스트를 입력할 수 있는 상자입니다. TextBox 컨트롤을 앱에 추가하기 전에, **Label 컨트롤**을 추가해 컨트롤에 레이블을 달아 봅시다.

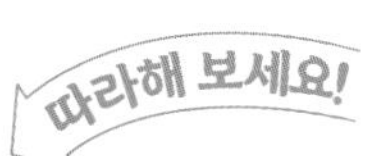

01 [도구 상자] 창에서 Label을 끌어 그리드의 가장 왼쪽 위 셀에 놓습니다.

1장의 동물 짝 맞추기 게임에서 TextBlock 컨트롤을 추가한 방법과 동일하지만, 이번에는 Label 컨트롤을 함께 추가해야 합니다. 컨트롤을 가장 왼쪽 위 셀에 놓기만 한다면 셀 안의 아무 위치나 끌어다 놓아도 괜찮습니다.

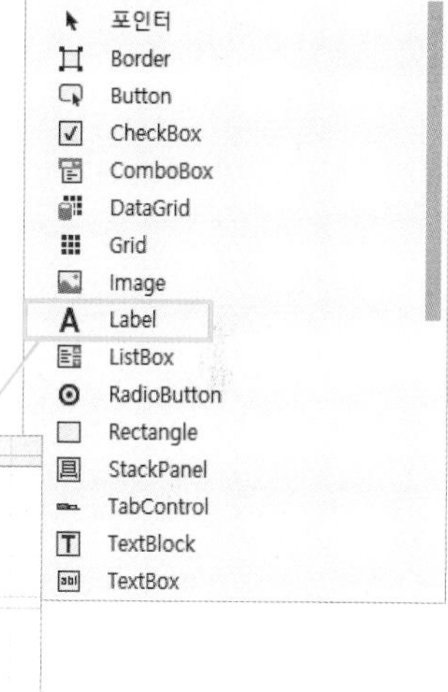

02 Label의 텍스트 크기와 텍스트 내용을 설정합니다.

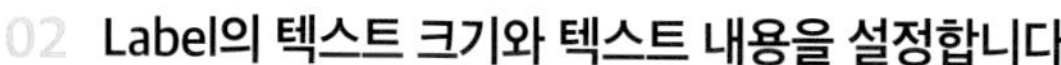

Label 컨트롤을 선택하고, [속성] 창에서 [텍스트] 항목을 펼친 다음, 폰트 크기를 '18px'로 설정합니다. 그런 다음 [공용] 항목에서 [Content] 속성에 'Enter a number'를 입력합니다.

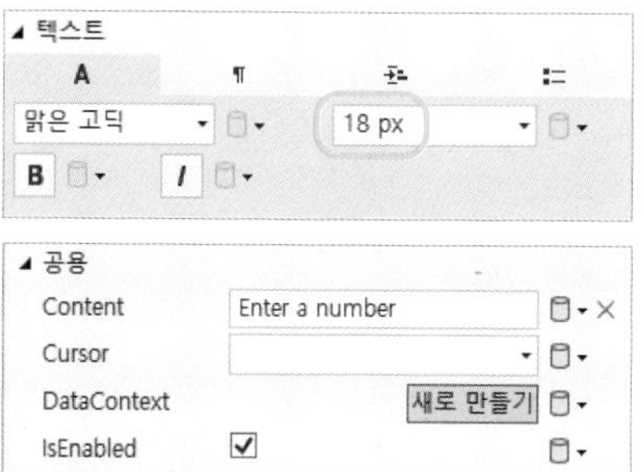

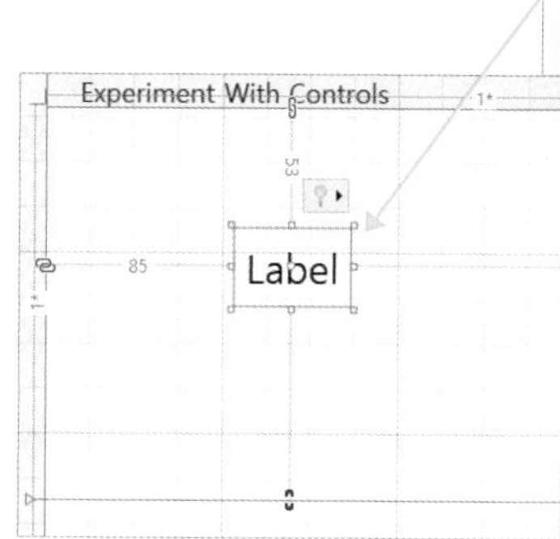

03 Label을 셀의 왼쪽 위 구석으로 드래그합니다.

[도구 상자] 창에서 Label을 클릭하고 왼쪽 위 구석으로 드래그합니다. 셀의 왼쪽 위 구석으로부터 10px 이내에 도달하면, 회색 막대가 표시되며 컨트롤이 10px 간격에 맞춰 배치되는 것을 볼 수 있습니다.

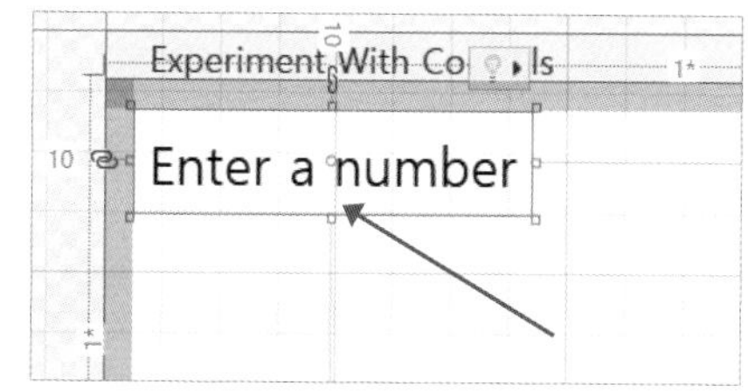

연습 문제

1장에서는 TextBlock 컨트롤을 여러 셀에 추가하면서 각 컨트롤의 내용에 '?'를 넣었습니다. 그리고 Grid 컨트롤과 TextBlock 컨트롤 1개에 이름을 설정했죠. 이번에는 TextBlock 컨트롤 1개를 그리드의 오른쪽 위 셀에 추가하고, 이 컨트롤의 이름을 number로, 텍스트 내용을 #로, 폰트 크기를 24px로 설정하고, 가운데(center) 정렬해 보세요.

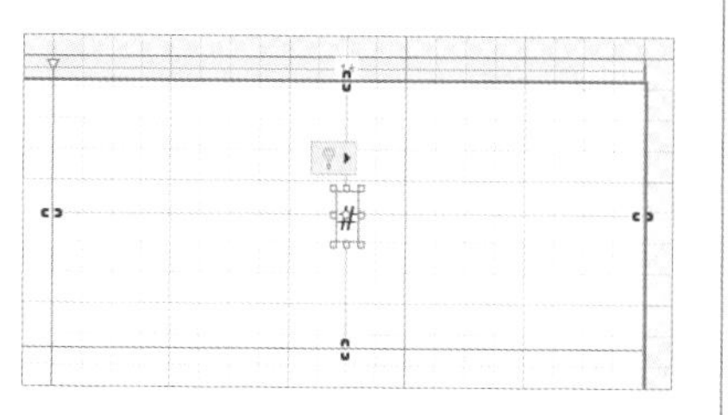

연습 문제 정답

다음은 그리드의 가장 오른쪽 위 셀에 추가된 TextBlock 컨트롤의 XAML 코드입니다. [속성] 창을 수정해도 되고, XAML 코드를 직접 입력해도 됩니다. TextBlock 태그가 이 코드와 일치하는 속성 값을 가지고 있기만 하면 상관없습니다. 앞에서도 언급했지만, 속성의 순서는 달라도 괜찮습니다.

```
<TextBlock x:Name="number" Grid.Column="1" Text="#" FontSize="24"
        HorizontalAlignment="Center" VerticalAlignment="Center" TextWrapping="Wrap"/>
```

04 TextBox를 그리드의 왼쪽 위 셀로 드래그합니다.

Label 컨트롤 바로 밑에 TextBox 컨트롤을 놓아 사용자가 이 컨트롤에 숫자를 입력할 수 있도록 합시다. TextBox 컨트롤을 드래그해 셀의 왼쪽 경계와 Label 바로 밑에 둡니다. 그러면 아까와 마찬가지로 회색 막대가 표시되면서 Label 컨트롤과 10px 간격을 둔 위치에 컨트롤이 고정됩니다. 이 컨트롤의 [이름]을 'numberTextBox'로, [글꼴 크기]는 '18px'로, [Text]는 '0'으로 설정합니다.

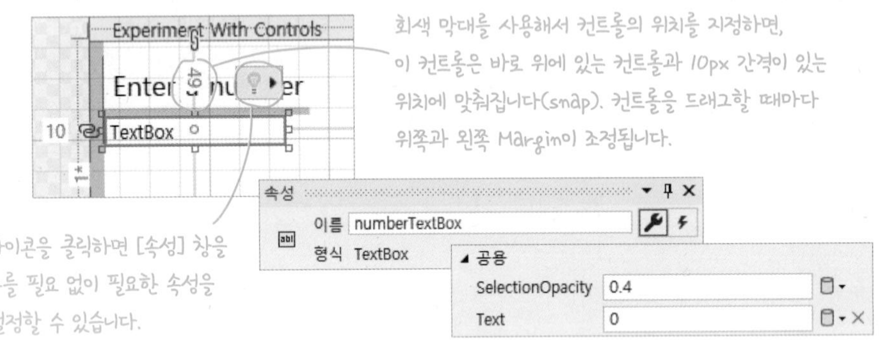

Experiment With Controls
Enter a number
10
TextBox
회색 막대를 사용해서 컨트롤의 위치를 지정하면, 이 컨트롤은 바로 위에 있는 컨트롤과 10px 간격이 있는 위치에 맞춰집니다(snap). 컨트롤을 드래그할 때마다 위쪽과 왼쪽 Margin이 조정됩니다.
속성
이름 numberTextBox
형식 TextBox
공용
SelectionOpacity 0.4
Text 0
아이콘을 클릭하면 [속성] 창을 누를 필요 없이 필요한 속성을 설정할 수 있습니다.

[모든 속성 보기]를 누르면 [속성] 창을 가리킵니다.

<Grid> 태그 안의 <Grid.RowDefinitions>, <Grid.ColumnDefinitions> 태그 다음에 오는 내용은 다음과 같아야 합니다.

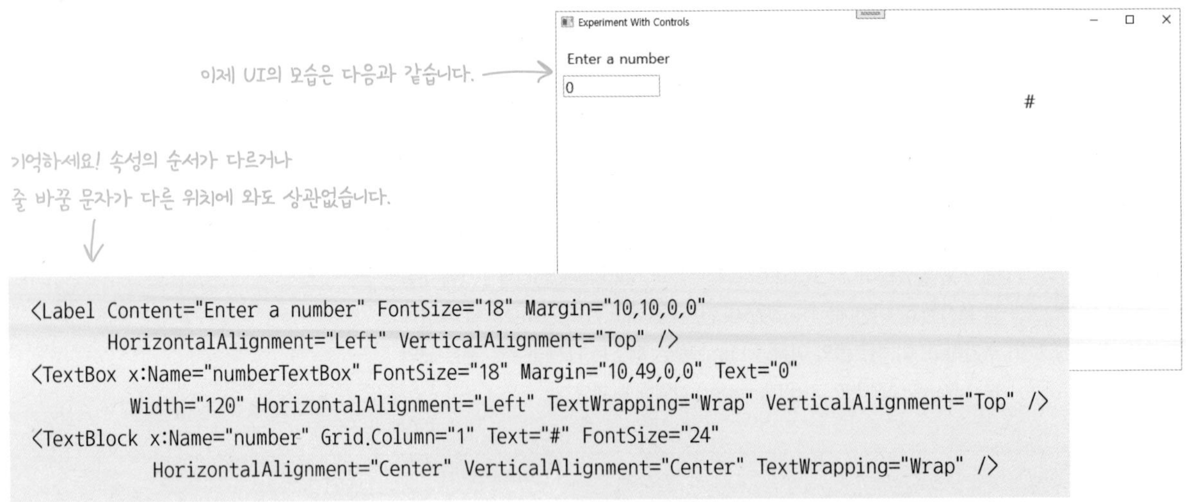

이제 UI의 모습은 다음과 같습니다.
Experiment With Controls
Enter a number
0
#
기억하세요! 속성의 순서가 다르거나 줄 바꿈 문자가 다른 위치에 와도 상관없습니다.


```
<Label Content="Enter a number" FontSize="18" Margin="10,10,0,0"
       HorizontalAlignment="Left" VerticalAlignment="Top" />
<TextBox x:Name="numberTextBox" FontSize="18" Margin="10,49,0,0" Text="0"
         Width="120" HorizontalAlignment="Left" TextWrapping="Wrap" VerticalAlignment="Top" />
<TextBlock x:Name="number" Grid.Column="1" Text="#" FontSize="24"
           HorizontalAlignment="Center" VerticalAlignment="Center" TextWrapping="Wrap" />
```

TextBlock의 값을 바꾸는 C# 코드 추가하기

TextBox에는 숫자만 입력합니다!

1장의 동물 짝 맞추기 게임에서는 마우스를 클릭하면 특정 이벤트가 발생하고, 이때 호출되는 이벤트 처리기를 사용했습니다. 마우스 클릭이 특정 이벤트였던 거죠. 이번에는 사용자가 TextBox에 텍스트를 입력하면 입력된 텍스트를 오른쪽 위의 셀에 있는 TextBlock에 출력하는 이벤트 처리기를 코드 숨김 파일에 추가해 보겠습니다.

01 TextBox 컨트롤을 더블 클릭해서 메서드를 추가합니다.

TextBox를 더블 클릭하면 TextBox의 TextChanged 이벤트에 연결된 이벤트 처리기가 자동으로 추가됩니다. 비주얼 스튜디오는 컨트롤 이름, 밑줄(_), 처리하는 이벤트 이름을 합쳐 'numberTextBox_TextChanged'라는 이름의 메서드를 생성합니다.

```
private void numberTextBox_TextChanged(object sender, TextChangedEventArgs e)
{

}
```

TextBox 컨트롤을 더블 클릭하면 사용자가 텍스트를 변경할 때 발생하는 이벤트인 TextChanged 이벤트의 이벤트 처리기가 추가됩니다. 다른 컨트롤도 더블 클릭하면 그에 따른 이벤트 처리기가 추가되지만, TextBlock은 더블 클릭해도 이벤트 처리기가 추가되지 않습니다.

02 TextChanged 이벤트 처리기에 코드를 추가합니다.

사용자가 TextBox에 텍스트를 입력하면 그리드의 오른쪽 위 셀에 입력된 텍스트를 출력하려고 합니다. TextBlock에 'number'라는 이름을 설정했으므로 TextBox에 'numberTextBox'라는 이름을 설정하고 다음 코드를 추가합니다.

```
private void numberTextBox_TextChanged(object sender, TextChangedEventArgs e) {
    number.Text = numberTextBox.Text;
}
```

사용자가 TextBox의 텍스트를 변경하면 이 코드를 호출해서 TextBlock의 텍스트를 TextBox의 텍스트와 같게 설정합니다.

03 앱을 실행합니다.

▶ ExperimentWithControls 버튼을 누르거나 [디버그]-[디버깅 시작]을 선택해서 프로그램을 실행합니다. 이런, 예외가 발생했습니다.

훌륭한 개발자는 코드 작성 그 이상의 일을 해야 합니다. 버그를 추적해서 문제를 파악하고 고치는 것은 아주 중요한 프로그래밍 기술입니다.

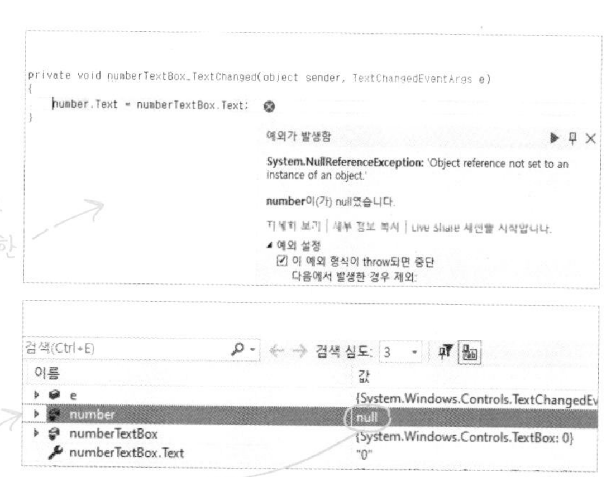

비주얼 스튜디오의 아랫부분을 살펴봅시다. [로컬] 창에는 지금 실행 중인 프로그램에서 정의한 변수가 표시됩니다.

TextBox 타입의 number 변수 값이 null임을 볼 수 있습니다.

도대체 무슨 일이 일어난 것일까요? 그보다도, 어떻게 이걸 고칠 수 있을까요?

추적하기

자동 탭은 예외가 발생한 명령문에서 사용한 변수를 표시합니다. 이 프로젝트에서는 number와 numberTextBox가 표시됩니다. numberTextBox의 값은 {System.Windows.Controls.TextBox: 0}인데 이 값은 별문제가 없어 보입니다. 하지만 number(텍스트 값을 복사할 대상인 TextBlock)의 값은 null입니다. null이 무엇을 의미하는지는 나중에 다루겠습니다.

여기서 중요한 단서는 number TextBlock이 초기화되지 않았다는 것입니다.

문제는 [XAML 편집기]의 TextBox 태그는 Text="0"이라는 속성 값을 가지고 있다는 점입니다. 앱이 처음 실행되어 TextBox를 초기화하면서 [Text] 속성에 값을 할당하려고 시도할 때 TextChanged 이벤트 처리기가 실행되고, 이 처리기는 텍스트를 TextBlock에 복사하려고 시도합니다. 하지만 TextBlock의 값이 null이기 때문에 앱은 예외를 일으킵니다. 그러므로 버그를 고치려면 TextBlock이 TextBox보다 먼저 초기화되도록 수정하면 됩니다.

WPF 애플리케이션이 시작될 때, 컨트롤은 [XAML 편집기]에 등장하는 순서대로 초기화됩니다. 그러므로 [XAML 편집기]에서 컨트롤 태그의 순서를 바꾸면 이 버그를 고칠 수 있습니다.

다음과 같이 TextBlock과 TextBox 컨트롤의 순서를 바꿔 TextBlock이 TextBox 앞으로 오도록 코드를 수정해 보세요.

```
<Label Content="Enter a number" ... />
<TextBlock x:Name="number" Grid.Column="1" ... />
<TextBox x:Name="numberTextBox" ... />
```

[XAML 편집기]에서 TextBlock 태그를 선택해
TextBox 위로 이동시키면 TextBlock이 먼저 초기화됩니다.
만약 처음 코드를 작성할 때의 순서가 이와 같다면
예외가 발생하지 않습니다.

디자인 화면에 표시된 UI는 이전과 동일해 보입니다. 여전히 같은 컨트롤을 가지고 있기 때문입니다. 이제 앱을 실행해 보세요. 이번에는 예외가 발생하지 않고, TextBox에는 숫자 값을 입력할 수 있게 됩니다.

04 앱을 실행하고 TextBox에 텍스트를 입력합니다.

이제 다시 프로그램을 실행합니다. 런타임 도구가 나타나면 1장에서와 마찬가지로 비활성화하세요. TextBox에 아무 숫자나 입력해 보고 입력한 값이 TextBlock에 복사되는지 확인합니다.

하지만 무엇인가 잘못됐군요. TextBox에 숫자가 아닌 텍스트를 입력해도 작동하네요!

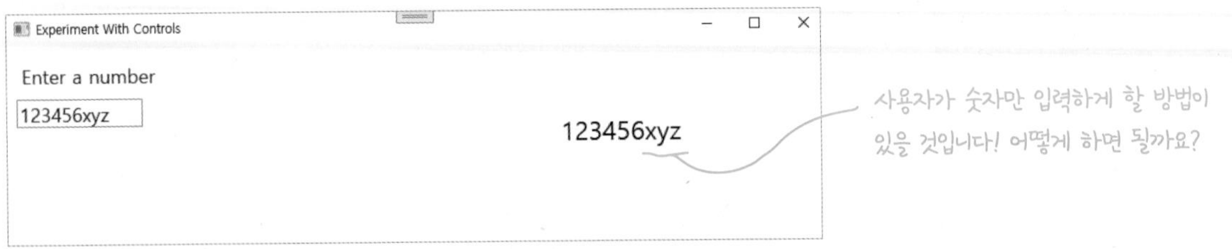

숫자 입력만 허용하는 이벤트 처리기 추가하기

1장에서 TextBlock에 MouseDown 이벤트 처리기를 추가할 때 [속성] 창의 오른쪽 위에 있는 버튼으로 속성과 이벤트를 전환할 수 있었습니다. 비슷한 방식이지만, 이번에는 **PreviewTextInput 이벤트**를 사용해 숫자로 된 텍스트만 입력을 허용하고, 숫자가 아닌 텍스트는 입력을 거부하도록 설정하겠습니다.

아직 앱이 실행 중이라면 앱을 중지하세요. 그리고 디자인 화면으로 이동해서 TextBox를 선택하고 [속성] 창에서 이벤트로 전환합니다. 그런 다음 스크롤을 내려 **PreviewTextInput을 찾아 옆에 있는 상자를 더블 클릭**해서 이벤트 처리기 메서드를 생성합니다.

[속성] 창의 오른쪽 위 구석에 있는 [속성 🔧] 버튼을 활성화하면 현재 선택된 컨트롤의 속성을 표시합니다. 그 옆에 [이벤트 처리기 ⚡] 버튼을 활성화하면 컨트롤의 이벤트 처리기를 보여 줍니다.

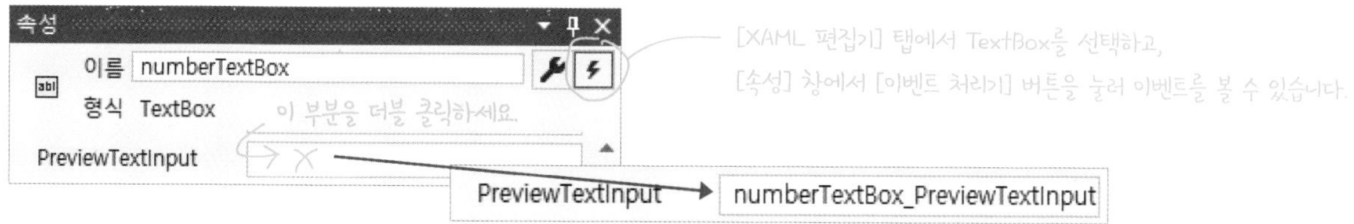
속성
이름 numberTextBox
형식 TextBox
이 부분을 더블 클릭하세요.
PreviewTextInput
PreviewTextInput
numberTextBox_PreviewTextInput
[XAML 편집기] 탭에서 TextBox를 선택하고,
[속성] 창에서 [이벤트 처리기] 버튼을 눌러 이벤트를 볼 수 있습니다.

생성된 이벤트 처리기 메서드에 다음과 같은 명령어를 추가합니다.

```
private void numberTextBox_PreviewTextInput(object sender, TextCompositionEventArgs e)
{
    e.Handled = !int.TryParse(e.Text, out int result);
}
```

int.TryParse는 나중에 설명하겠습니다. 일단 지금은 책과 똑같이 코드를 입력하세요.

이 이벤트 처리기는 다음과 같이 작동합니다.

1. 사용자가 TextBox에 텍스트를 입력하면 이벤트 처리기는 TextBox가 입력한 글자로 갱신되기 전에 호출됩니다.
2. int.TryParse() 메서드를 사용해서 사용자가 입력한 텍스트가 숫자인지 아닌지 검사합니다.
3. 사용자가 숫자를 입력하면 e.Handled는 true로 설정되고, WPF 애플리케이션에 입력을 무시하라고 알려 줍니다.
4. int 코드 앞에 !가 붙었으므로 숫자가 아닌 모든 텍스트를 무시합니다.

느낌표(!)는 논리를 부정하는 연산자입니다.

```
<TextBox x:Name="numberTextBox" FontSize="18" Margin="10,49,0,0" Text="0"
         Width="120" HorizontalAlignment="Left" TextWrapping="Wrap"
         VerticalAlignment="Top"  TextChanged="numberTextBox_TextChanged"
         PreviewTextInput="numberTextBox_PreviewTextInput" />
```

이제 TextBox가 위와 같이 두 이벤트 처리기를 가진 것을 볼 수 있습니다. 하나는 TextChange 이벤트에 연결된 numberTextBox_TextChanged() 메서드, 다른 하나는 PreviewTextInput 이벤트에 연결된 numberTextBox_PreviewTextInput() 메서드입니다.

연습 문제

이제 ExperimentWithControls 앱에 나머지 XAML 컨트롤인 RadioButton, ListBox, ComboBox, Slider를 추가해 봅시다. 각각의 컨트롤은 그리드의 오른쪽 위의 셀에 있는 TextBlock의 내용을 변경합니다.

라디오 버튼을 왼쪽 위 셀의 TextBox 옆에 추가하기

[도구 상자] 창에서 RadioButton을 그리드의 왼쪽 위 셀로 끌어옵니다. 그런 다음 RadioButton의 왼쪽 면이 셀의 가운데에, 위쪽 면이 TextBox의 위쪽에 맞춰지도록 끌어옵니다. 디자인 화면에 컨트롤을 드래그하면 안내선이 표시되며 컨트롤이 해당 안내선에 맞춰집니다.

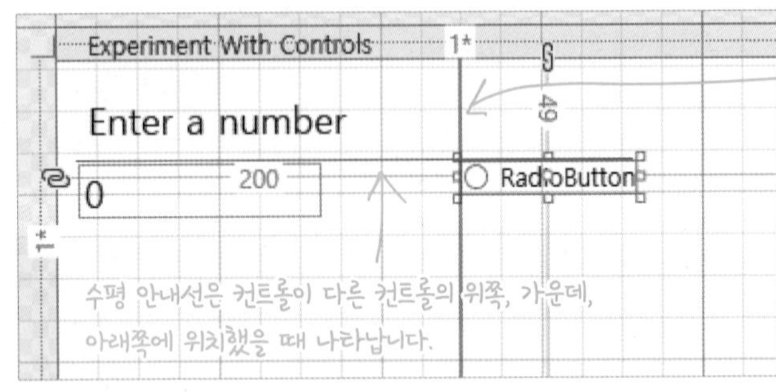

수직 안내선은 드래그하는 컨트롤의 왼쪽 면이 셀의 가운데 위치에 왔을 때 나타납니다.

[속성] 창의 [공용] 항목을 펼치고 RadioButton의 [Content] 속성을 '1'로 설정합니다. 그 다음으로 RadioButton을 5개 더 추가해서 총 6개 생성합니다. 위치를 지정한 다음 [Content] 속성을 설정합니다. 하지만 이번에는 [도구 상자] 창에서 RadioButton을 드래그하지 않고 추가해 봅시다. [도구 상자] 창의 RadioButton을 클릭하고 셀의 안쪽을 클릭하세요. 이렇게 하는 이유는 만약 RadioButton이 이미 선택되어 있는 상태에서 다른 컨트롤을 [도구 상자] 창에서 꺼낼 경우 새 컨트롤이 RadioButton 안쪽에 겹치게 배치될 수 있기 때문입니다. 컨트롤이 겹치는 상황은 나중에 따로 다루겠습니다.

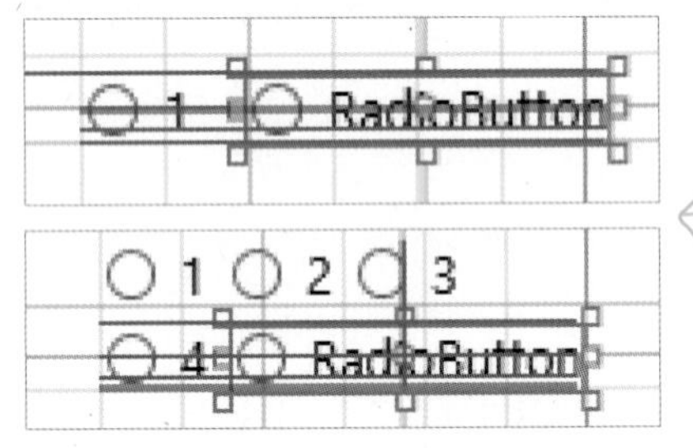

라디오 버튼을 추가할 때 막대와 안내선을 사용해 다른 컨트롤에 맞춰 배치할 수 있습니다.

> [속성] 창에 속성이 아닌 이벤트 처리기가 표시되나요? [속성] 버튼을 눌러 속성을 다시 표시하세요. 혹시 검색 상자에 검색어가 입력되어 있지는 않은지 확인하고, 검색어가 있다면 검색어를 삭제하세요.

그리드의 가운데 줄 왼쪽 셀에 목록 상자 추가하기

[도구 상자] 창에서 ListBox를 찾아보세요. 그런 다음 2행 1열의 안쪽으로 ListBox를 드래그해서 추가하고, [레이아웃] 항목에서 컨트롤의 [Margin] 속성을 '10'으로 설정하세요. [XAML 편집기]에 위 코드를 추가해도 결과는 동일합니다.

```
<ListBox Grid.Row="1" d:ItemsSource="{d:SampleData ItemCount=5}"
Margin="10,10,10,10"/>
```

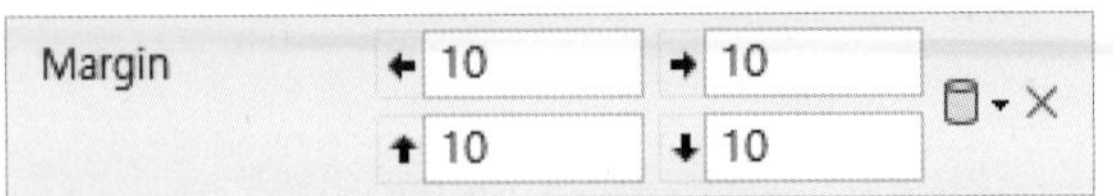

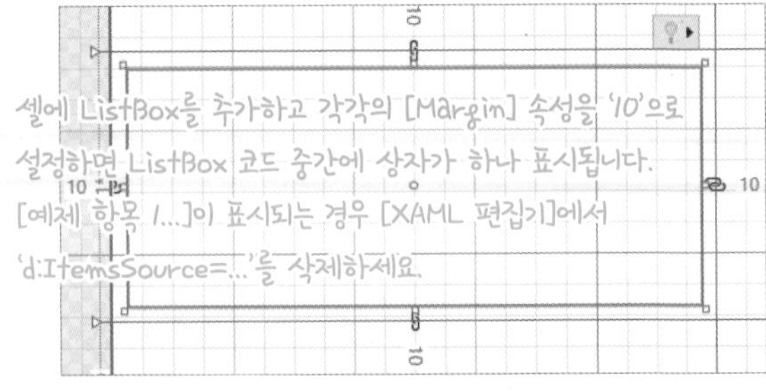

셀에 ListBox를 추가하고 각각의 [Margin] 속성을 '10'으로 설정하면 ListBox 코드 중간에 상자가 하나 표시됩니다. [예제 항목 1...]이 표시되는 경우 [XAML 편집기]에서 'd:ItemsSource=...'를 삭제하세요.

ListBox의 이름을 설정하고 ListBoxItem 추가하기

ListBox 컨트롤로 사용자가 숫자를 선택하게 하려면 ListBox에 항목을 추가해야 합니다. ListBox를 선택하고, [속성] 창에서 [공용] 항목을 펼친 다음 [Items] 속성 옆에 있는 이 컬렉션의 항목 편집 버튼(...)을 클릭합니다. [컬렉션 편집기]의 항목에 ListBoxItem 5개를 추가하고 [Content] 속성을 각각 1부터 5까지로 설정합니다.

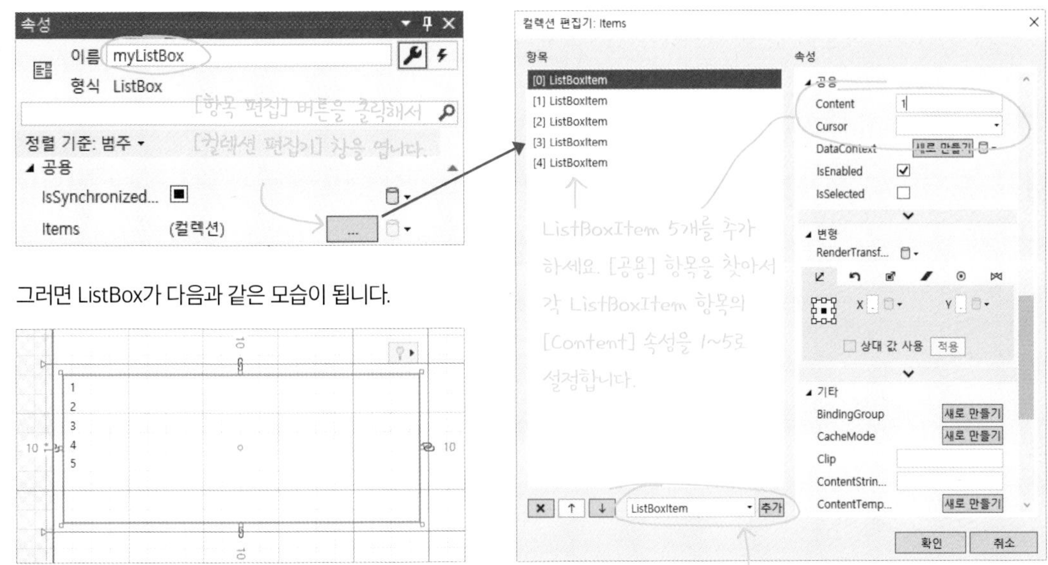

그러면 ListBox가 다음과 같은 모습이 됩니다.

그리드의 가운데 줄 오른쪽 셀에 ComboBox 2개 추가하기

[도구 상자]에서 ComboBox를 찾아서 2행 2열에 ComboBox를 드래그해서 추가한 다음, [이름]을 'readOnlyComboBox'로 설정합니다. 추가된 컨트롤을 셀의 왼쪽 위로 드래그해서 왼쪽과 위쪽 [Margin]을 '10'으로 설정합니다. 그런 다음 같은 셀의 오른쪽 위에 ComboBox 하나를 더 추가하고 [이름]을 'editableComboBox'로 설정합니다.

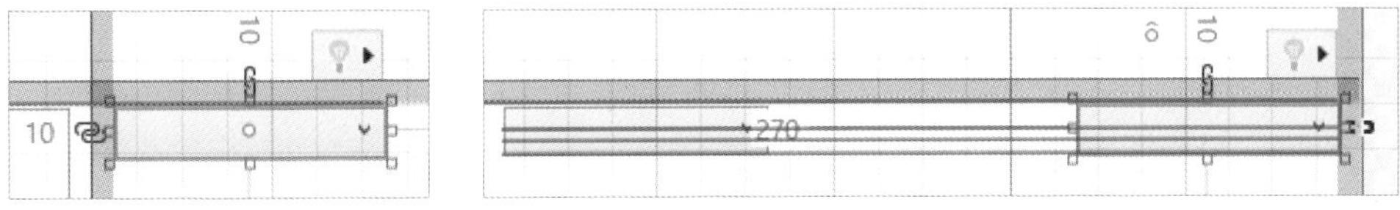

아까와 마찬가지로 [컬렉션 편집기] 창을 사용해 두 ComboBox에 숫자를 [Content] 속성으로 한 ListBoxItem 5개를 각각 추가합니다. 마지막으로, 오른쪽의 editableComboBox를 클릭한 다음 [속성] 창의 [공용] 항목을 펼쳐 [IsEditable] 속성을 체크해서 편집 가능한 ComboBox로 만듭니다. 이제 사용자는 이 콤보 상자에 직접 숫자를 입력할 수 있습니다.

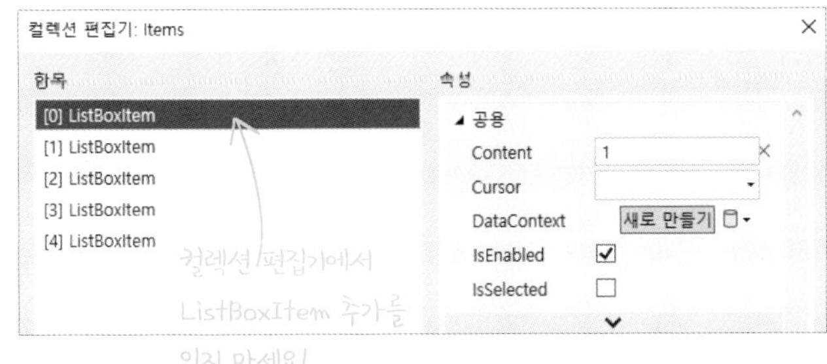

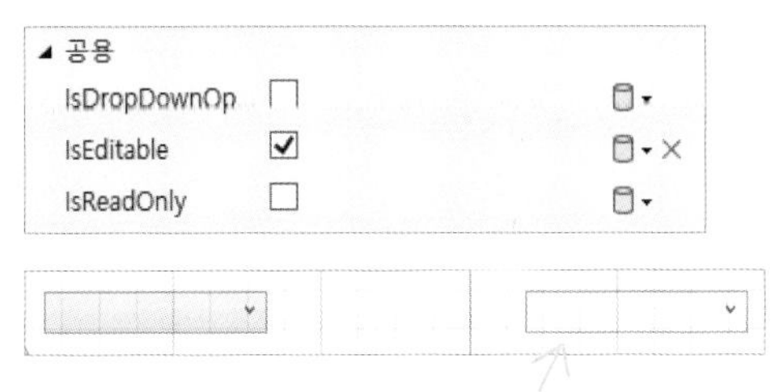

연습 문제 정답

다음 코드는 앞의 연습 문제에서 RadioButton과 ListBox를 1개씩, ComboBox 2개를 추가한 결과입니다. 이 XAML 코드는 Grid 태그의 마지막 부분, 즉 </Grid> 태그 위쪽에 있어야 합니다. 지금까지 살펴본 다른 XAML 코드와 마찬가지로 다음 코드에 표시된 속성의 순서나 줄 바꿈 위치는 여러분의 코드와 다를 수 있습니다.

```
<RadioButton Content="1" Margin="200,49,0,0"
             HorizontalAlignment="Left" VerticalAlignment="Top"/>
<RadioButton Content="2" Margin="230,49,0,0"
             HorizontalAlignment="Left" VerticalAlignment="Top"/>
<RadioButton Content="3" Margin="265,49,0,0"
             HorizontalAlignment="Left" VerticalAlignment="Top"/>
<RadioButton Content="4" Margin="200,69,0,0"
             HorizontalAlignment="Left" VerticalAlignment="Top"/>
<RadioButton Content="5" Margin="230,69,0,0"
             HorizontalAlignment="Left" VerticalAlignment="Top"/>
<RadioButton Content="6" Margin="265,69,0,0"
             HorizontalAlignment="Left" VerticalAlignment="Top"/>
<ListBox x:Name="myListBox" Grid.Row="1" Margin="10,10,10,10">
    <ListBoxItem Content="1"/>
    <ListBoxItem Content="2"/>
    <ListBoxItem Content="3"/>
    <ListBoxItem Content="4"/>
    <ListBoxItem Content="5"/>
</ListBox>

<ComboBox x:Name="readOnlyComboBox" Grid.Column="1" Margin="10,10,0,0" Grid.Row="1"
          HorizontalAlignment="Left" VerticalAlignment="Top" Width="120">
    <ListBoxItem Content="1"/>
    <ListBoxItem Content="2"/>
    <ListBoxItem Content="3"/>
    <ListBoxItem Content="4"/>
    <ListBoxItem Content="5"/>
</ComboBox>
<ComboBox x:Name="editableComboBox" Grid.Column="1" Grid.Row="1" IsEditable="True"
          HorizontalAlignment="Left" VerticalAlignment="Top" Width="120" Margin="270,10,0,0">
    <ListBoxItem Content="1"/>
    <ListBoxItem Content="2"/>
    <ListBoxItem Content="3"/>
    <ListBoxItem Content="4"/>
    <ListBoxItem Content="5"/>
</ComboBox>
```

RadioButton 컨트롤을 추가하면 자동으로 Margin, Alignment 속성이 태그에 추가됩니다.

[컬렉션 편집기] 창에서 ListBoxItem 항목을 ListBox나 ComboBox 컨트롤에 추가하면 자동으로 각 태그의 닫는 태그 </ListBox>, </ComboBox>가 생성됩니다. 또한 여는 태그와 닫는 태그 사이에 <ListBoxItem> 태그가 추가됩니다.

ListBox와 ComboBox 컨트롤의 이름을 확인하세요. 이 이름은 C# 코드에서 사용됩니다.

이 두 ComboBox 컨트롤의 차이점은 IsEditable 속성의 값이 다르다는 것입니다.

프로그램을 실행한 결과입니다. 화면상의 컨트롤은 모두 사용할 수 있지만 현재 상태에서 오른쪽 위에 표시되는 값을 변경할 수 있는 컨트롤은 TextBox뿐입니다.

Slider를 그리드의 아래쪽 행에 추가하기

용도에 맞는 슬라이더 UX

Slider 컨트롤 2개를 3행에 추가하고 이벤트 처리기를 연결해서 이 컨트롤이 TextBlock의 값을 변경하도록 만들어 봅시다.

따라해 보세요!

01 화면에 Slider를 추가합니다.

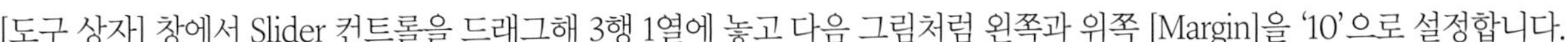

[도구 상자] 창에서 Slider 컨트롤을 드래그해 3행 1열에 놓고 다음 그림처럼 왼쪽과 위쪽 [Margin]을 '10'으로 설정합니다.

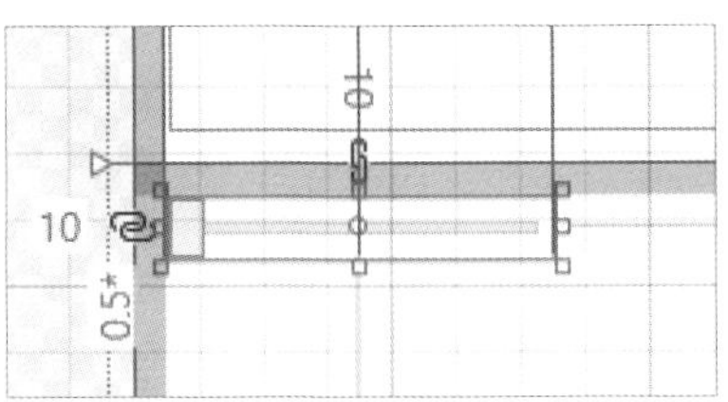

[도구 상자] 창의 검색창에 'Slider'를 입력하면 쉽게 찾을 수 있습니다.

속성	
이름	smallSlider
형식	Slider
정렬 기준: 범주	
공용	
AutoToolTipPla...	TopLeft
IsDirectionReve...	
LargeChange	1
Maximum	5
Minimum	1

[속성] 창의 [공용] 항목에서 [AutoToolTipPlacement] 속성을 'TopLeft'로, [Maximum] 속성을 '5'로, [Minimum] 속성을 '1'로 설정합니다. 그리고 컨트롤의 [이름]을 'smallSlider'로 설정합니다.

Slider 컨트롤을 더블 클릭하고 생성된 ValueChanged 이벤트 처리기 안에 다음과 같은 코드를 입력합니다.

```
private void smallSlider_ValueChanged(object sender, RoutedPropertyChangedEventArgs<double> e) {
    number.Text = smallSlider.Value.ToString("0");
}
```

Slider 컨트롤의 값은 소수점을 가진 실수입니다. .ToString("0")에서 '0'은 실수를 정수로 변환합니다.

02 슬라이더를 하나 더 추가합니다.

방금 추가한 Slider 컨트롤 아래에 슬라이더를 하나 더 추가해 봅시다.

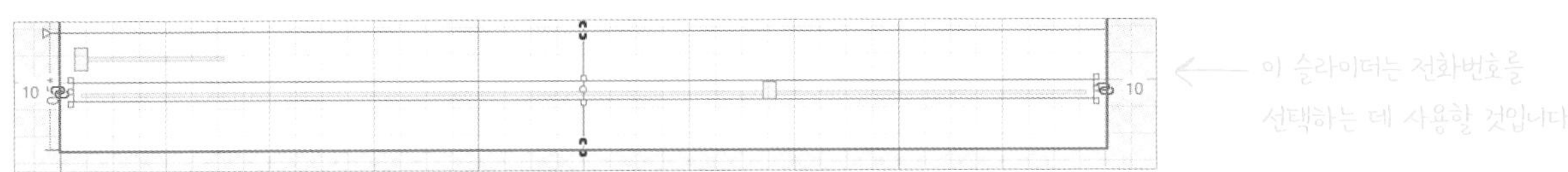

이 슬라이더는 전화번호를 선택하는 데 사용할 것입니다.

앞의 그림처럼 슬라이더의 width를 길게 늘리세요. 그 다음에 [Row]와 [ColumnSpan] 속성을 '2'로, [VerticalAlignment] 속성은 'Center'로, [HorizontalAlignment] 속성은 'Stretch(늘이기)'로 설정합니다.
그리고 왼쪽, 오른쪽, 위쪽 [Margin]을 각각 '10'으로 설정합니다. 그런 다음 [공용] 항목에서 [AutoToolTipPlacement] 속성을 'TopLeft'로, [Maximum]을 **'9999999999'**로, [Minimum]은 **'1111111111'**로, [Value]를 **'7183876962'**로 설정합니다. 마지막으로 컨트롤의 [이름]은 **'bigSlider'**로 짓습니다.

03 슬라이더를 더블 클릭하고 생성된 ValueChanged 이벤트 처리기 안에 다음 코드를 입력합니다.

```
private void bigSlider_ValueChanged(object sender, RoutedPropertyChangedEventArgs<double> e) {
    number.Text = bigSlider.Value.ToString("000-000-0000");
}
```

0과 하이픈(-)은 10자리 숫자를 전화번호 형태로 형식화(format)합니다.

C# 코드를 추가해 컨트롤 작동시키기 앱 마무리

지금까지 앱에 추가한 컨트롤은 모두 오른쪽 첫 번째 셀에 있는 TextBlock의 값을 변경하기 위해 추가한 것입니다. 앱을 실행해서 RadioButton을 선택하거나 ListBox 또는 ComboBox에서 항목을 선택하면 TextBlock의 내용이 선택한 값으로 변경되어야 합니다. 앞 장에 이어서 진행하겠습니다.

04 첫 번째 RadioButton에 Checked 이벤트 처리기를 추가합니다.

첫 번째 RadioButton 컨트롤을 더블 클릭하면 RadioButton_Checked라는 이름의 이벤트 처리기 메서드가 자동으로 추가된 것을 볼 수 있습니다. 컨트롤에 이름을 지어 주지 않았기 때문에 비주얼 스튜디오에서 컨트롤의 타입을 메서드 이름의 일부로 사용했습니다. 다음 코드를 추가해 보세요.

이 명령어는 7장에서 살펴볼 is 키워드를 사용합니다. 지금은 일단 이 책에 표시된 그대로 입력하고, 다른 이벤트 처리기에도 마찬가지 방식으로 입력하세요.

```
private void RadioButton_Checked(object sender, RoutedEventArgs e) {
    if (sender is RadioButton radioButton) {
        number.Text = radioButton.Content.ToString();
    }
}
```

[속성] 창에서 이벤트 처리기가 화면에 표시되어 있을 때 RadioButton 컨트롤을 선택해서 해당 컨트롤의 Checked 이벤트가 RadioButton_Checked 이벤트 처리기에 연결되어 있는지 확인할 수 있습니다.

05 다른 RadioButton에도 동일한 이벤트 처리기를 추가합니다.

앞서 변경한 RadioButton의 XAML 코드를 살펴보세요. 자동으로 새로운 속성 Checked="RadioButton_Checked"가 추가됐습니다. **이 속성을 다른 RadioButton 태그에 똑같이 복사해서 붙여 넣으세요.** 그러면 **다른 RadioButton에도 Checked 이벤트 처리기가 연결됩니다.** 그리고 [속성] 창의 이벤트 처리기에서 Checked 이벤트가 각각의 RadioButton에 잘 연결됐는지 확인하세요.

그럼 이제부터 ListBox가 1행 2열의 TextBlock을 변경하도록 만들겠습니다. 앞서 <연습 문제 정답>에서 ListBox의 이름을 myListBox로 지었습니다. 이제 이 컨트롤에 사용자가 항목을 선택하는 이벤트를 처리하는 이벤트 처리기를 추가하겠습니다. 이 컨트롤의 이름을 사용해서 사용자가 선택한 숫자를 가져올 것입니다.

06 ListBox 항목 아래의 빈 공간을 더블 클릭해서 SelectionChanged 이벤트 처리기를 추가합니다.

SelectionChanged 이벤트 안에 다음 명령문을 추가해 보세요.

```
private void myListBox_SelectionChanged(object sender, SelectionChangedEventArgs e) {
    if (myListBox.SelectedItem is ListBoxItem listBoxItem) {
        number.Text = listBoxItem.Content.ToString();
    }
}
```

ListBox 안에 있는 항목 아래의 빈 공간을 더블 클릭했는지 다시 확인하세요. 항목을 더블 클릭하면 ListBox에 적용되는 이벤트 처리기가 아니라, 해당 항목 하나만 적용되는 이벤트 처리기가 추가됩니다.

07 readOnlyComboBox가 TextBlock 컨트롤을 변경하도록 만듭니다.

readOnlyComboBox를 더블 클릭해서 SelectionChanged 이벤트 처리기를 추가합니다. 이 이벤트 처리기는 ComboBox에서 새로운 항목을 선택할 때 호출됩니다. 다음 코드를 살펴보세요. ListBox의 이벤트 처리기와 흡사하죠?

```
private void readOnlyComboBox_SelectionChanged(
        object sender, SelectionChangedEventArgs e) {
    if (readOnlyComboBox.SelectedItem is ListBoxItem listBoxItem) {
        number.Text = listBoxItem.Content.ToString();
    }
}
```

[속성] 창에서 SelectionChanged 이벤트를 직접 추가하는 방법도 있습니다. 실수로 이벤트를 추가했다면 [Ctrl]+[Z] 키를 눌러 취소할 수도 있습니다. 하지만 이벤트 처리기 코드를 없애려면 XAML 파일과 C# 파일에서 관련 코드를 제거해야 합니다.

08 editableComboBox가 TextBlock을 변경하도록 만듭니다.

editableComboBox는 ComboBox와 TextBox를 합쳐 놓은 것과 비슷합니다. 목록에서 항목을 선택할 수도 있고, 원하는 텍스트를 직접 입력할 수도 있습니다. editableComboBox는 TextBox처럼 작동하기 때문에 PreviewTextInput 이벤트 처리기를 사용해 사용자가 숫자를 입력하는지 확인해야 합니다. 물론 TextBox에 추가한 PreviewTextInput 이벤트 처리기를 그대로 사용해도 됩니다.

editableComboBox의 XAML 코드에서 '>' 앞에 PreviewTextInput을 입력합니다. 그런 다음 등호(=)를 입력하세요. 그러면 새로운 이벤트 처리기를 추가할지, 아니면 이미 추가한 이벤트 처리기를 선택할지를 물어보는 창이 나타납니다.

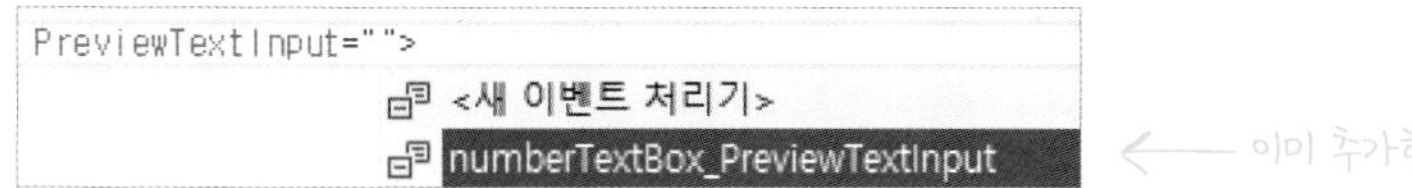

앞서 살펴본 이벤트 처리기에서는 TextBlock의 값을 변경하기 위해 ListBoxItem을 사용했습니다. 하지만 editableComboBox에는 사용자가 텍스트를 입력할 수 있기 때문에 다른 종류의 이벤트 처리기를 추가해야 합니다.

앞에서 추가한 PreviewTextInput 이벤트 옆에 TextBoxBase.을 입력하세요. 점(.)을 입력하는 즉시 [인텔리센스] 창이 선택 가능한 후보 목록을 표시합니다. TextChanged를 선택하고 팝업 창에서 <새 이벤트 처리기>를 선택하세요.

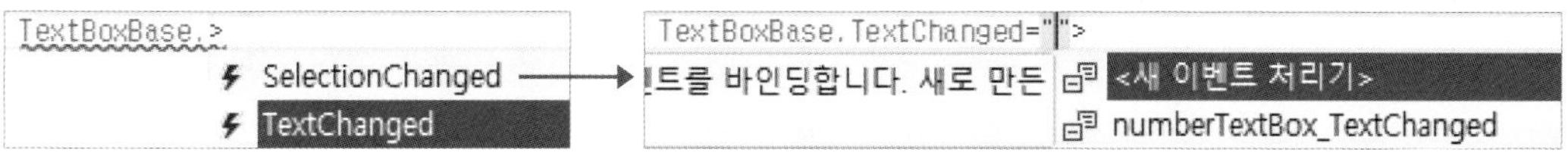

코드 숨김 파일을 보면 C# 코드에 새로운 이벤트 처리기가 추가됐습니다. 추가된 이벤트 처리기 안에 다음 코드를 추가하세요.

```
private void editableComboBox_TextChanged(object sender, TextChangedEventArgs e)
{
    if (sender is ComboBox comboBox) {
        number.Text = comboBox.Text;
    }
}
```

이제 프로그램을 시작해 보세요. 모든 컨트롤이 정상적으로 작동해야 합니다. 잘 했어요!

사용자가 숫자를 고르게 하는 것도 여러 방법이 있군요!
제가 앱을 개발할 때도 선택지가 많겠어요.

컨트롤은 사용자가 자유롭고 편리하게 앱을 만들 수 있도록 합니다

UI 설계에는 수많은 선택지가 있습니다. 어떤 컨트롤을 사용할지, 컨트롤을 어디에 놓을지, 컨트롤에 주어진 입력을 어떻게 처리할지 등이 있죠. 어떤 컨트롤을 사용하느냐에 따라 사용자에게 앱 사용 방법을 넌지시 알려 줄 수 있습니다. 예를 들어, 화면에 한 그룹의 RadioButton이 있다면 이들 중에서 하나를 '골라야' 하지만, 편집 가능한 ComboBox가 있을 때는 여기에 무엇이든 '추가로 입력'할 수 있다는 의미가 되죠. 그러니 UI 설계 과정에 옳고, 그른 선택지가 정해져 있다고 생각하지 마세요. 그보다는 어떻게 하면 사용자가 좀 더 앱을 쉽게 사용할 수 있을지를 고민하는 것이 좋습니다.

요점 정리

- **명령문**이 모여서 **메서드**를 이루고, 메서드가 모여서 **클래스**를 이루고, 클래스가 모여서 C# 프로젝트를 만듭니다.
- 각각의 클래스는 네임스페이스에 속해 있습니다. System.Collections.Generic 같은 몇몇 네임스페이스는 .NET 클래스를 포함합니다.
- 클래스는 필드를 가질 수 있으며, 필드는 메서드의 바깥쪽에 정의됩니다. 서로 다른 메서드가 필드 값을 읽고 쓰는 것이 가능합니다.
- 메서드가 **public으로 선언**되면 다른 클래스에서 이 메서드를 호출할 수 있습니다.
- 콘솔 앱은 **GUI(Graphic User Interface)**가 없는 크로스 플랫폼 프로그램입니다.
- 비주얼 스튜디오는 코드를 실행 가능한 **바이너리(binary)**로 빌드합니다.
- 콘솔 앱은 dotnet 명령줄 프로그램을 사용해서 여러 운영체제에서 실행되는 바이너리로 빌드할 수 있습니다.
- Console.WriteLine( ) 메서드는 문자열 한 줄을 콘솔에 출력합니다.
- 변수를 사용하기 전에 먼저 선언해야 합니다. 변수를 선언할 때 변수 값을 함께 지정할 수 있습니다.
- 비주얼 스튜디오 **디버그**는 앱을 일시 중지하고 변수 값을 검사할 수 있게 해 줍니다.
- 컨트롤은 다양한 이벤트를 발생(raise, trigger, fire)시킵니다. 이러한 이벤트에는 마우스 클릭, 선택 영역 변경, 텍스트 입력 등이 있습니다.
- **이벤트 처리기**는 이벤트가 발생했을 때 호출 또는 이벤트를 처리(handle)하는 메서드입니다.
- PreviewTextInput 이벤트를 사용해서 TextBox의 텍스트 입력을 받아들이거나 거부할 수 있습니다.
- Slider를 사용하면 편리하게 숫자를 입력할 수 있지만, 전화번호 입력에는 부적절합니다.

유니티 연구실 #1

유니티로 C# 탐험하기

헤드 퍼스트 C#의 **<유니티 연구실>**에 오신 것을 환영합니다. 코드 작성에는 기술이 필요합니다. 그리고 이 기술을 향상시키려면 수많은 연습과 시행착오가 필요하죠. 유니티는 이런 과정에 큰 도움을 줄 수 있는 도구입니다.

유니티는 상용 게임, 시뮬레이션 등 프로그램 개발에 사용하는 크로스 플랫폼 개발 도구입니다. 게다가 이 책에 등장하는 C# 도구와 개념들을 재미있게 학습할 수 있는 환경이기도 하죠. 유니티 연구실에서는 C# 코딩 기술을 더 갈고 닦을 수 있도록 지금까지 배운 개념과 기법을 심화 학습할 수 있도록 구성했습니다. 유니티 연구실을 반드시 읽어야 할 필요는 없습니다. 하지만 C#으로 게임을 만들 때 많은 도움을 얻을 수 있을 것입니다. 아직 게임을 만들 계획이 없다고 하더라도 말이죠.

유니티 연구실 #1에서는 유니티를 설치하고 유니티 에디터를 살펴본 다음 3D Shape를 만들고 조작해 보겠습니다.

유니티는 강력한 게임 디자인 도구입니다

유니티 세계에 오신 것을 환영합니다. 유니티는 2D/3D 게임, 시뮬레이션, 도구, 프로젝트를 상용 수준으로 만드는 데 사용할 수 있는 시스템입니다. 유니티는 다음과 같은 강력한 구성 요소를 가지고 있습니다

1 크로스 플랫폼 게임 엔진

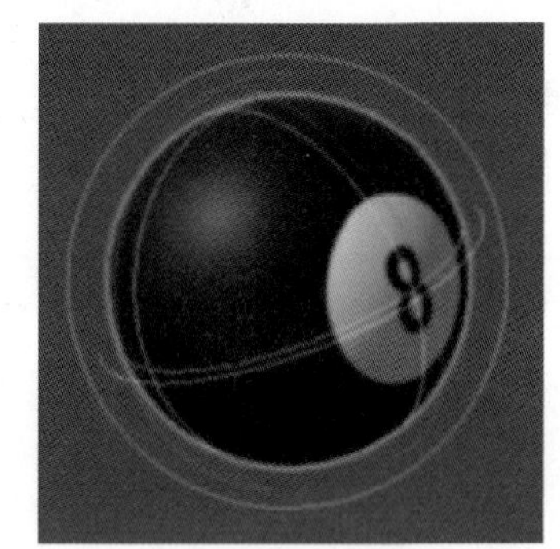

게임 엔진(game engine)은 그래픽을 화면에 표시하고, 2D/3D 캐릭터를 관리하며, 캐릭터 간 충돌을 감지하거나 캐릭터가 실제 사람처럼 행동하게 하는 등 수많은 일을 처리합니다. 이후 만들어 볼 3D 게임에서도 유니티로 이런 작업을 처리할 것입니다.

2 강력한 2D/3D 씬(scene) 편집기, 유니티 에디터

이 책은 유니티 편집기를 다루는 데 많은 시간을 씁니다. 유니티 편집기를 사용해 2D/3D 객체를 편집할 수 있으며, 이를 다른 여러 도구와 함께 게임에 사용할 공간을 디자인합니다. 유니티 게임에서는 C# 언어를 사용해 동작을 정의할 수 있으며, 유니티 편집기는 비주얼 스튜디오와 통합된 매끄러운(seamless) 게임 개발 환경을 제공합니다.

유니티 연구실은 유니티를 C# 개발에 사용하고 있지만, 유니티 에디터에는 시각 디자이너나 예술가에게도 유용한 도구를 다양하게 갖추고 있습니다.

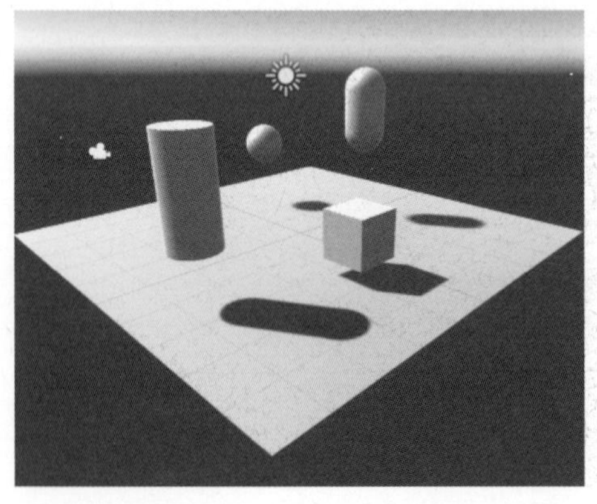

3 게임 개발을 위한 생태계

게임 개발을 위한 강력한 도구로서의 위상을 넘어, 유니티는 개발과 학습을 돕는 생태계 또한 갖추고 있습니다. Learn Unity 페이지(https://unity.com/learn)에는 독학을 위한 유용한 자료들이 있으며, Unity 포럼(https://forum.unity.com)을 통해 다른 게임 디자이너와 교류하고 질문해 볼 수 있습니다. 유니티 에셋스토어(https://assetstore.unity.com)에서는 유니티 프로젝트에서 사용할 수 있는 Character, Shape, Effect 같은 무료/유료 에셋(asset)을 제공합니다.

유니티 연구실은 유니티를 통해 C# 코드와 개념을 연습하는 것에 집중합니다

헤드 퍼스트 C#의 <유니티 연구실>은 개발자 중심의 학습 과정에 초점을 맞췄습니다. 유니티 연구실의 목표는 유니티에 빠르게 익숙해져서 이 책에서 익힐 **C#의 개념과 기법을 효율적으로 연습**하도록 훈련하는 것입니다.

유니티 허브 다운로드하기

이 책의 캡처 이미지는 모두 Personal Edition을 기준으로 진행했습니다. 유니티 허브를 다운로드하기 전에 unity.com에서 사용자 이름과 패스워드를 입력해 라이선스를 먼저 활성화하세요. 계정을 생성하기 전에 유니티 허브를 먼저 설치했다면 [Sign in] 버튼을 눌러 계정을 만드세요.

유니티 허브(Unity Hub)는 유니티 프로젝트와 유니티 설치를 관리할 수 있으며, 새로운 유니티 프로젝트를 만드는 시작점 역할을 하는 응용 프로그램입니다. https://store.unity.com/kr/download에서 유니티 허브를 다운로드하고 설치한 다음 [Unity Hub 실행하기]에 체크하고 [마침] 버튼을 누르세요. 유니티 허브를 설치하고 실행하면 설치 화면이 생성되는데 [Unity 에디터 설치]를 선택하면 2021.3.4 XTS 버전이 설치됩니다. 또는 [설치 건너뛰기]를 선택해 원하는 버전을 찾아 설치해도 괜찮습니다.

화면이 영어로 설정되어 있는 경우 [Preferences] 아이콘을 누르고 [Appearance]-[Language]에서 '한국어'로 변경하세요.

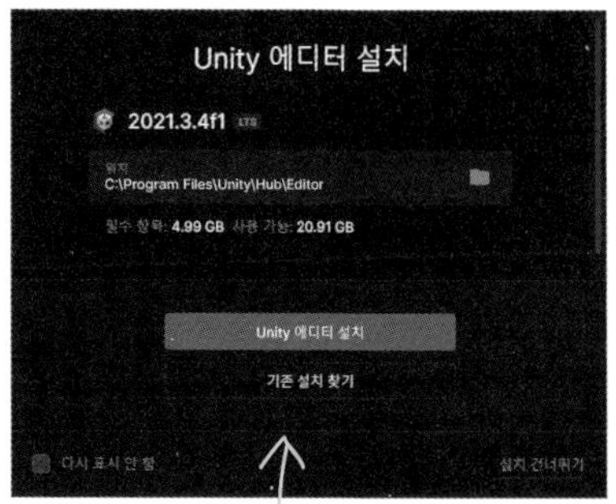

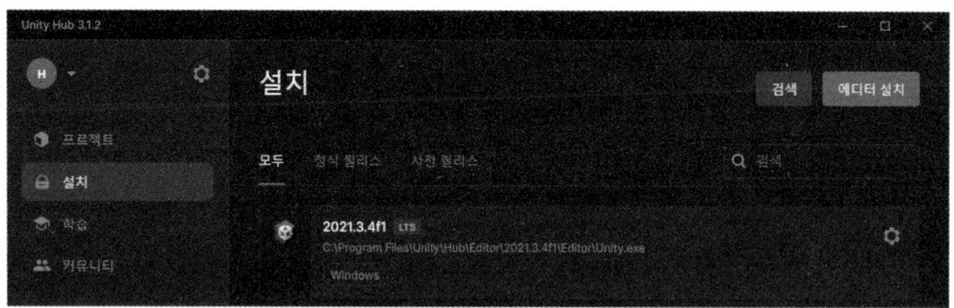

유니티 허브를 사용하면 여러 버전의 유니티를 한 컴퓨터에 설치할 수 있습니다. 2021.3.X 최신 버전을 설치하세요.

LTS는 일반 버전과 달리 안정성에 중점을 둔 버전으로, 보안 업데이트의 지원 기간이 일반 버전보다 훨씬 길어 안정성이 중요한 곳에 많이 쓰입니다.

[설치] 탭에서 설치한 유니티 버전 오른쪽의 [설정]-[모듈 추가] 탭을 선택하세요. 그리고 [기술 자료] 탭에서 [Documentation]를 체크합니다.

유니티 허브에서 유니티 에디터의 각종 버전과 프로젝트를 관리할 수 있습니다. 이 책에서는 2021.3.4f1 LTS로 진행하지만 2022.1 버전으로 진행해도 상관없습니다.

[언어팩(프리뷰)]-[한국어]를 체크하면 유니티 한글판을 사용할 수 있습니다.

유니티 허브는 비주얼 스튜디오 2022 버전이 설치돼 있으면 자동으로 2022 버전을 사용합니다. 그러나 유니티 허브에서 비주얼 스튜디오 버전을 직접 선택할 수 있으니 원하는 버전의 프로젝트를 생성해 보세요! 윈도우, 맥OS, 리눅스에서 유니티 허브 설치를 더 자세히 알고 싶다면 다음 주소를 참고하세요. https://docs.unity3d.com/hub/manual/InstallHub.html#install-hub-linux

유니티 허브는 한 컴퓨터에 여러 유니티 버전을 설치하는 것을 허용합니다. 유니티 버전이 새로 출시되면 최신 버전을 추가로 설치할 수 있습니다.

주의하세요!

유니티 허브의 모습이 조금 다를 수도 있습니다. 이 책에 수록된 이미지는 유니티 2021.3.4f1 LTS 버전과 유니티 허브 3.1.2 버전입니다. 유니티 허브를 사용하면 한 컴퓨터에 여러 유니티 버전을 설치할 수 있지만, 유니티 허브는 최신 버전 하나만 설치할 수 있습니다. 또한 유니티 개발 팀은 계속해서 유니티 허브와 유니티 에디터를 개발하고 있으므로 책의 이미지가 여러분의 화면과 다를 수도 있습니다. 헤드퍼스트 C# 개정판에서는 유니티 연구실을 계속 업데이트하고 있습니다. 업데이트한 유니티 연구실의 PDF는 다음 깃허브 페이지에서 확인할 수 있습니다. https://github.com/head-first-csharp/fourth-edition

유니티 허브를 사용해 새 프로젝트 생성하기

유니티 허브의 프로젝트 페이지에서 새 프로젝트 버튼을 클릭합니다. 프로젝트의 이름은 'Unity Lab1'로 설정하고 3D 템플릿이 선택됐는지 확인한 다음, 프로젝트 경로를 원하는 폴더에 파일을 생성합니다. 보통 Unity Projects 폴더는 홈 디렉터리 아래에 있습니다.

새 프로젝트를 생성하는 데 시간이 좀 걸릴 수 있습니다.

유니티 프로젝트 만들기

[프로젝트 생성] 버튼을 클릭해 유니티 프로젝트를 하나 생성합니다. 비주얼 스튜디오와 마찬가지로 유니티 프로젝트를 생성하면 유니티에서 실습에 필요한 여러 파일을 자동으로 생성합니다.

유니티 에디터에서 비주얼 스튜디오 사용하기

유니티 에디터(Unity Editor)와 비주얼 스튜디오를 함께 사용하면 코드 편집과 디버깅을 좀 더 쉽게 할 수 있습니다. 그러기 위해서는 먼저 유니티가 비주얼 스튜디오와 연결되어 있는지 확인해야 합니다. [Edit(편집)] 메뉴, 맥OS는 [Unity] 메뉴에서 [Preferences(환경 설정)] 메뉴를 선택해서 [Preference] 창을 엽니다. 왼쪽에서 [External Tools(외부 툴)]를 클릭한 다음, [External Script Editor(외부 스크립트 에디터)]의 드롭다운 목록에서 'Microsoft Visual Studio 2022'를 선택하세요. 이전 버전의 유니티라면 [Editor Attaching] 체크박스가 있을 수도 있습니다. 체크박스가 있다면 체크해 주세요. 그래야 비주얼 스튜디오에서 유니티 코드를 디버깅할 수 있습니다.

외부 스크립트 에디터의 드롭다운 목록에 Visual Studio 항목이 없다면 'Browse...' 항목을 선택한 다음 Visual Studio 파일을 찾아서 선택하세요. 윈도우에서 devenv.exe 실행 파일(비주얼 스튜디오의 실행 파일)은 보통 C:₩ProgramFiles(x86)₩MicrosoftVisual Studio₩2022₩Community₩Common7₩IDE₩ 경로에 있습니다. 맥OS에서는 응용 프로그램(Applications) 폴더 아래에 Visual Studio 앱이 있습니다.

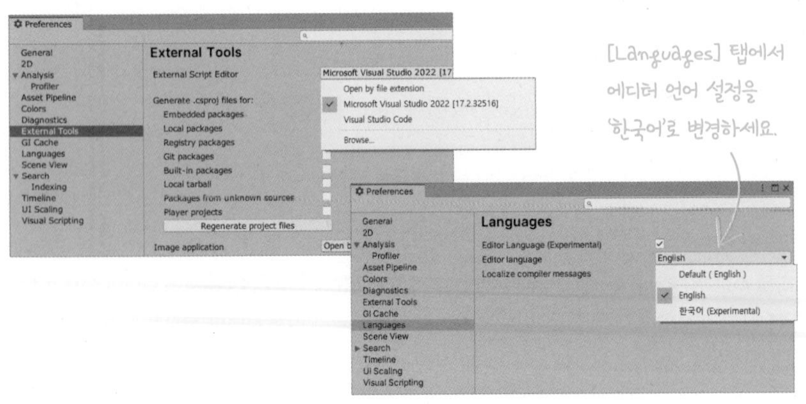

[Languages] 탭에서 에디터 언어 설정을 '한국어'로 변경하세요.

비주얼 스튜디오를 사용해 유니티 프로젝트의 코드를 디버깅할 수 있습니다. 유니티 환경 설정에서 외부 스크립트 에디터를 비주얼 스튜디오로 지정하세요.

좋아요! 이제 여러분은 유니티 프로젝트를 만들 준비가 됐습니다.

유니티 레이아웃 조정하기

유니티 에디터는 C#과 직접 관련이 없는 유니티 프로젝트의 모든 요소들도 다룰 수 있는 도구입니다. 유니티 에디터에서 씬(scene), 3D 오브젝트(3D shape), 머티리얼(material) 및 여러 요소를 다룰 수 있습니다. 비주얼 스튜디오와 마찬가지로 개발자는 유니티 에디터에 있는 창을 직접 재배치할 수 있습니다.
창 상단에서 [씬] 탭을 찾아보세요. 탭을 클릭하고 드래그해서 창에서 분리해 보세요.

[씬] 뷰는 유니티에서 만드는 3D 물체와 상호작용을 하기 위해 주로 사용하는 장소입니다. [씬] 뷰에서 3D 오브젝트, 카메라, 광원, 게임 등에 존재하는 객체의 위치를 조정할 수 있습니다.

떼어낸 [씬] 탭을 다른 창의 안쪽이나 옆쪽에 고정해 보고, 편집기의 중앙으로 드래그해서 고정되지 않은 창 상태로 만들어 보세요.

가로 배치 레이아웃을 선택해 책과 동일한 화면 만들기

유니티 연구실에서는 **가로 배치(Wide) 레이아웃**을 사용합니다. 책의 화면과 동일하게 하려면 유니티 에디터에서 [Default] 드롭다운 상자를 찾아 '가로 배치'를 선택하세요.

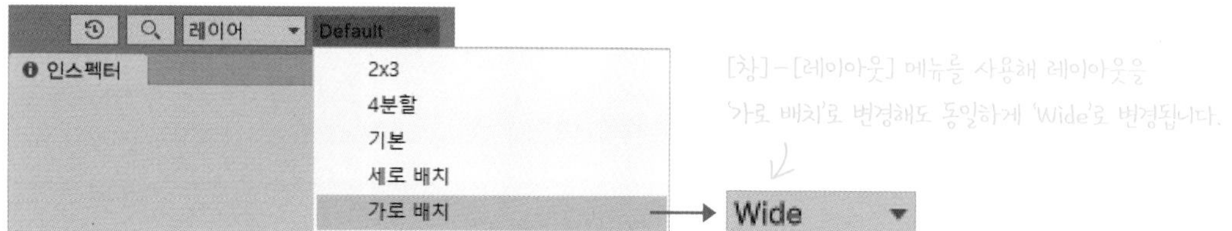

가로 배치 레이아웃을 선택했을 때 유니티 에디터의 모습은 다음과 같습니다.

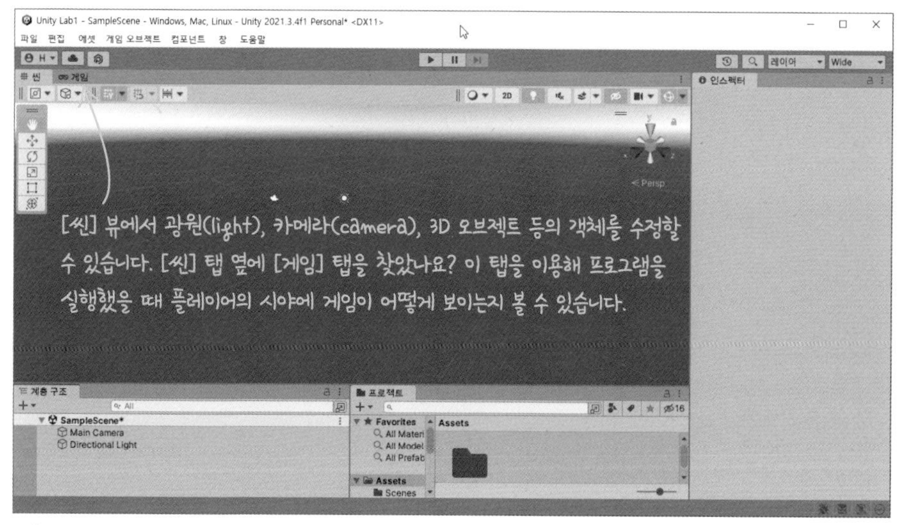

[계층 구조] 창에는 [씬] 뷰에 존재하는 모든 객체가 표시됩니다(Hierarchy는 [계층 구조] 창 또는 [계층] 창이라고 합니다).

[프로젝트] 창에서는 유니티 프로젝트에 포함된 파일을 관리할 수 있습니다.

게임에 존재하는 모든 객체는 프로퍼티(property)들 가지고 있으며, 이 프로퍼티는 [인스펙터(Inspector)] 창에서 확인하고 변경할 수 있습니다.

*** 역주** MS는 property를 속성으로 번역하고 있으나, 유니티는 프로퍼티로 번역하고 있습니다. 이 책에서는 해당 툴의 번역어를 우선으로 사용했습니다.

씬은 3D 환경입니다

유니티 에디터를 열면 씬을 수정할 수 있습니다. 씬은 여러분이 만들 게임 속 장소라고 생각할 수 있습니다. 유니티로 만든 게임은 하나 이상의 씬으로 구성됩니다. 각 씬은 3D 환경을 포함하며, 이 환경에는 각각 광원, 3D 오브젝트, 기타 3D 객체들을 포함합니다. 유니티 프로젝트를 생성하면, 유니티는 SampleScene이라는 이름의 [씬] 뷰를 기본으로 추가하고 SampleScene.unity라는 파일에 저장합니다.

[게임 오브젝트]-**[3D 오브젝트]**-**[구체]**를 선택해 [씬] 뷰에 구체를 추가하세요.

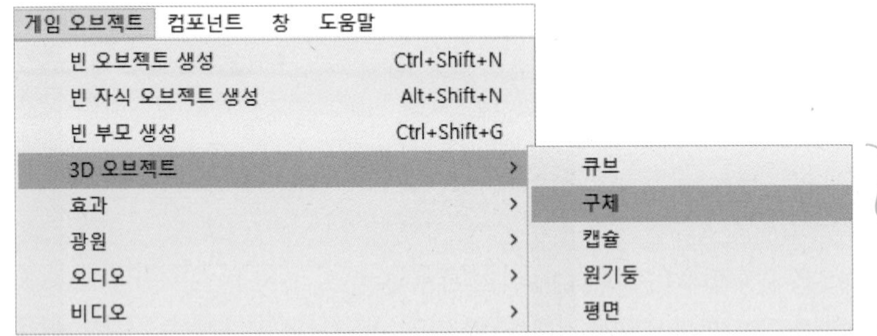

이들은 모두 유니티의 기본 오브젝트(primitive object)입니다. 유니티 연구실에서는 다양한 오브젝트를 다룹니다.

구체가 [씬] 뷰에 나타납니다. [씬] 뷰에 표시되는 모든 객체는 **씬 카메라**의 시점(perspective)에서 바라본 장면을 캡처한 것입니다.

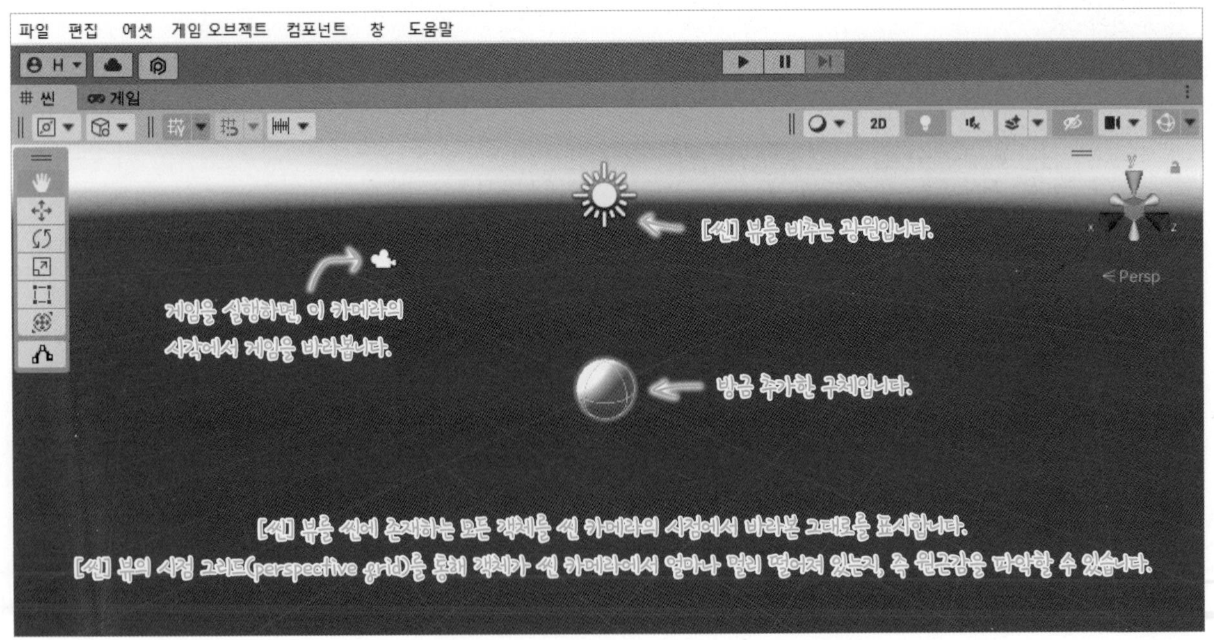

파일 편집 에셋 게임 오브젝트 컴포넌트 창 도움말
씬
게임
2D
Persp
[씬] 뷰를 비추는 광원입니다.
게임을 실행하면, 이 카메라의 시각에서 게임을 바라봅니다.
방금 추가한 구체입니다.
[씬] 뷰는 씬에 존재하는 모든 객체를 씬 카메라의 시점에서 바라본 그대로를 표시합니다.
[씬] 뷰의 시점 그리드(perspective grid)를 통해 객체가 씬 카메라에서 얼마나 멀리 떨어져 있는지, 즉 원근감을 파악할 수 있습니다.

유니티 게임 오브젝트로 구성된 게임

[씬] 뷰에 구체를 추가하는 것은 곧 새로운 **게임 오브젝트(GameObject)**를 생성하는 것과 같습니다. 게임 오브젝트는 유니티의 기초 개념 중 하나입니다. 유니티 게임의 모든 아이템, 3D 오브젝트, 캐릭터, 광원, 카메라, 특수 효과(special effect)는 게임 오브젝트입니다. 게임의 씬, 캐릭터, 프로퍼티 등도 모두 게임 오브젝트로 표현합니다.
유니티 연구실에서는 다음 다양한 게임 오브젝트로 게임을 만들어 보겠습니다.

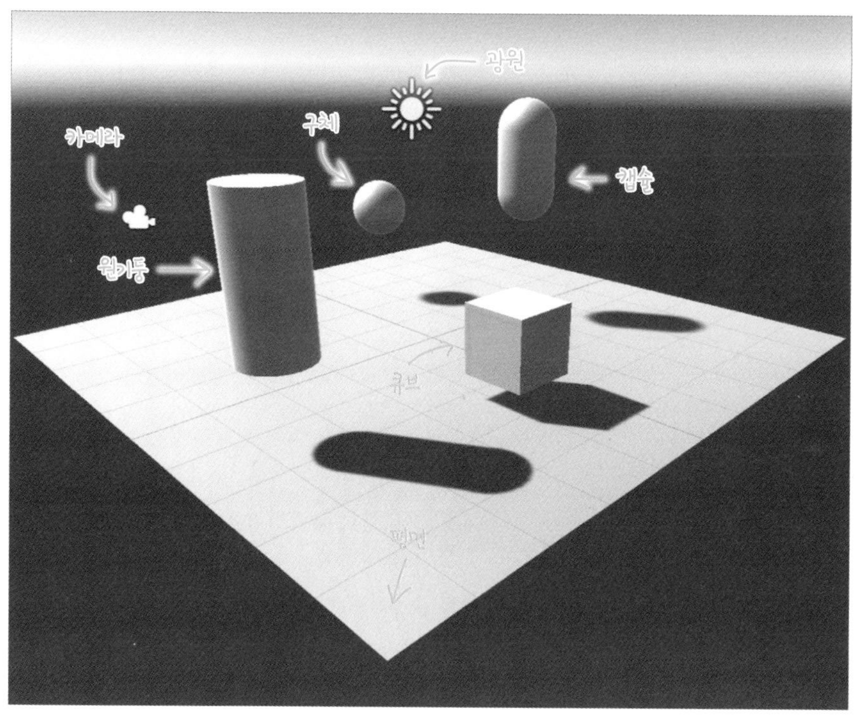

게임 오브젝트는 유니티의 기본 객체이며, 컴포넌트는 게임 오브젝트의 작동을 위한 기본 요소입니다. [인스펙터] 창에서는 [씬] 뷰에 존재하는 각각의 게임 오브젝트와 컴포넌트에 대한 세부 사항을 볼 수 있습니다.

각각의 게임 오브젝트는 게임 오브젝트의 형태, 위치, 행동 등을 나타내기 위한 여러 컴포넌트(component)를 가지고 있습니다. 예를 들어 봅시다.

- Transform 컴포넌트는 게임 오브젝트의 포지션(position)과 회전(rotation)을 결정합니다.
- Material 컴포넌트는 게임 오브젝트를 **렌더링(rendering)**하는 방식을 바꿀 수 있습니다. 색상(color), 반사(reflection), 평활도(smoothness) 등을 변경할 수 있습니다.
- Script 컴포넌트로 C# 스크립트를 사용해 게임 오브젝트의 행동을 정할 수 있습니다.

render [동사]

무엇인가를 예술적으로 표현하거나 묘사하다.

게임 오브젝트를 움직이는 이동 기즈모

[씬] 뷰 안의 [도구] 패널 안에 있는 [이동 도구]를 클릭하세요.

[도구] 패널의 버튼들은 트랜스폼 도구이며, '이동 도구'를 선택하면 화살표와 육면체로 이루어진 이동 기즈모가 현재 선택된 게임 오브젝트 위에 표시됩니다.

'이동 도구'를 선택하면 **이동 기즈모(move gizmo)**를 사용해 게임 오브젝트를 3D 공간에서 이동시킬 수 있습니다. 창의 중앙에 빨간색, 녹색, 파란색의 화살표와 함께 육면체가 표시되는 것을 볼 수 있는데, 이것이 이동 기즈모입니다. 이동 기즈모를 사용해 [씬] 뷰 안에서 선택된 객체를 움직일 수 있습니다.

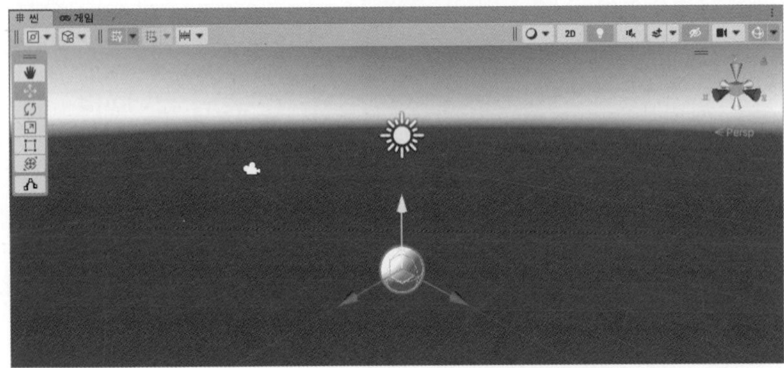

마우스 커서를 이동 기즈모 중앙의 육면체 위로 움직여 보세요. 육면체의 각 면이 밝게 강조되는 것을 발견하셨나요? 왼쪽 윗면을 클릭하고 구체를 이리저리 드래그해 보세요. 이렇게 구체를 X-Y축 평면에서 움직일 수 있습니다.

이동 기즈모 중앙에 있는 육면체의 왼쪽 윗면을 클릭하면, X와 Y 화살표가 밝게 표시되면서 구체를 현재 [씬] 뷰의 X-Y축 평면에서 움직일 수 있게 됩니다.

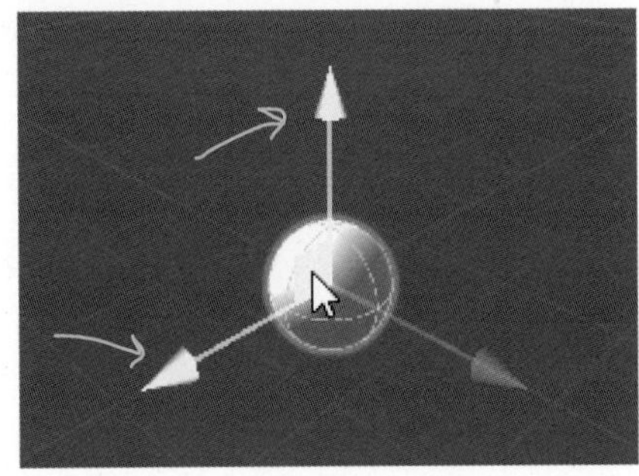

현재 [씬] 뷰에서 구체를 움직여 보면서 이동 기즈모를 사용하는 감각을 익혀 보세요. 화살표 3개를 각각 클릭하고 드래그하면 구체가 각 평면을 따라 이동합니다. 이동 기즈모로 각 육면체의 면을 클릭하고 드래그해서 세 평면 위를 따라 이동해 보세요. 구체를 움직여서 구체가 씬 카메라로부터 멀어지면 작아지고, 가까워지면 커지는 것을 관찰해 보세요.

이동 기즈모는 현재 [씬] 뷰의 3D 공간에서 축이나 평면을 따라 게임 오브젝트를 움직이게 해 줍니다.

게임 오브젝트의 컴포넌트를 보여 주는 인스펙터

구체를 3D 공간에서 움직이는 동안 [인스펙터] 창을 한번 살펴보세요. 여러분이 가로 배치 레이아웃을 사용한다면 [인스펙터] 창은 유니티 에디터의 오른쪽에 위치합니다. [인스펙터] 창을 살펴보면 구체에는 네 컴포넌트 Transform, Sphere(Mesh Filter), Mesh Renderer, Sphere Collider가 있습니다.

모든 게임 오브젝트에는 컴포넌트가 있으며 이들 컴포넌트는 게임 오브젝트의 작동에 관여하는 기본 요소를 제공합니다. 이중 Transform은 모든 게임 오브젝트에 있는 컴포넌트로, 게임 오브젝트의 포지션(position), 회전(rotation), 스케일(scale)을 결정합니다.

이동 기즈모를 사용해 구체를 X-Y축 평면을 따라 움직이고 Transform 컴포넌트가 어떻게 작동하는지 살펴봅니다. 구체가 움직일 때 Transform 컴포넌트의 [포지션] 항목에 있는 X, Y의 숫자에 주목하세요.

실수로 게임 오브젝트가 선택 해제됐다면, 게임 오브젝트를 다시 클릭하면 됩니다. 현재 [씬] 뷰에 해당 게임 오브젝트가 안 보이면 현재 [씬] 뷰의 모든 게임 오브젝트를 표시하는 [계층 구조] 창을 사용해 게임 오브젝트를 선택할 수 있습니다. 레이아웃을 가로 배치로 초기화하면 [계층 구조] 창은 유니티 에디터의 왼쪽 아랫부분에 표시됩니다.

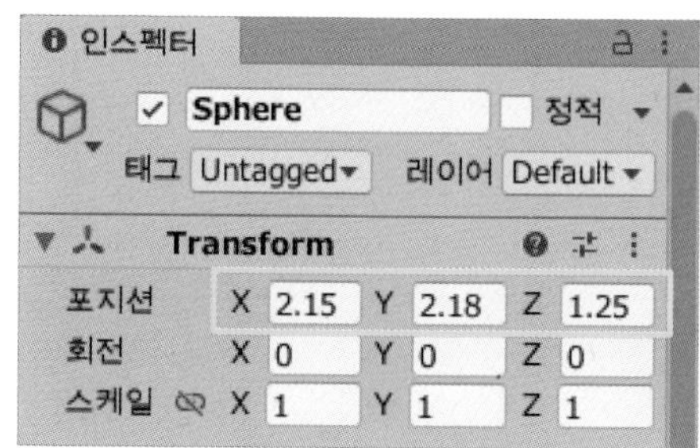

3D 공간에 격자가 표시되는 것을 눈치채셨나요? [Ctrl] 키를 누른 상태로 구체를 움직여 보세요. 그러면 게임 오브젝트가 격자에 맞게 움직입니다. 이럴 경우 Transform 컴포넌트의 숫자가 소수점 단위 대신 정수 단위로 움직입니다.

이동 기즈모의 다른 두 면도 각각 클릭해서 구체를 X-Z축 평면과 Y-Z축 평면으로도 드래그해 보세요. 그런 다음 빨간색, 녹색, 파란색 화살표를 클릭해서 구체를 X, Y, Z축을 따라서도 드래그해 보세요. 그러면 구체가 이동하는 것에 따라 Transform 컴포넌트의 [포지션]에서 X, Y, Z 값이 변합니다.

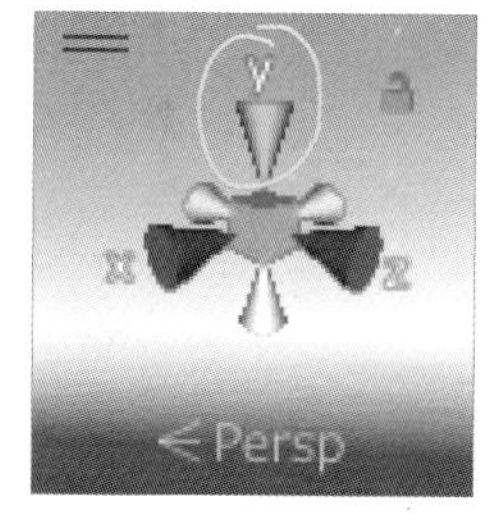

다음으로 씬의 오른쪽 상단에 있는 육면체 주변의 원뿔 모양 버튼을 이용해서 구체의 방향을 바꿔 보세요.

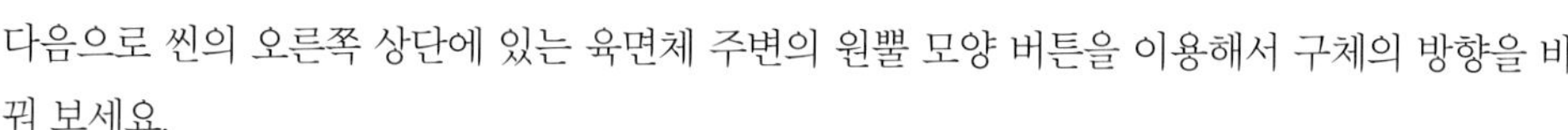

이동 기즈모를 충분히 시험해 봤다면 다시 처음 화면으로 돌아가 보겠습니다. 구체를 클릭한 다음 [인스펙터] 창에 있는 Transform 컴포넌트 상단에서 [컨텍스트 메뉴 ⋮] 버튼을 클릭하고 [초기화]를 선택하세요.

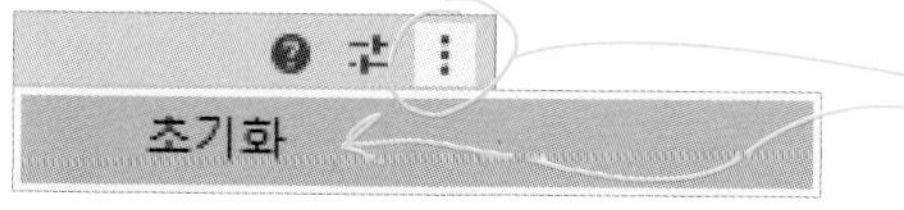

컨텍스트 메뉴를 사용해 컴포넌트를 초기화하세요. [컨텍스트 메뉴] 버튼을 클릭하거나 [인스펙터] 창의 Transform 컴포넌트 상단을 마우스 우클릭하면 됩니다.

그러면 위치가 [0, 0, 0]으로 초기화됩니다. 유니티 매뉴얼에서 게임 오브젝트의 위치를 지정하는 방법을 더 자세히 살펴볼 수 있습니다. [도움말]-[Unity 매뉴얼]을 클릭한 다음 유니티 홈페이지에서 'Position GameObjects' 페이지를 찾아보세요. 검색창을 이용하면 됩니다.

수정한 씬은 항상 저장하세요! [파일]-[저장] 또는 [Ctrl]+[S] 키를 눌러 씬을 저장할 수 있습니다. 맥OS 사용자는 [⌘S] 키를 누르세요.

구체 게임 오브젝트에 머티리얼 추가하기

유니티에서는 머티리얼을 통해 색상, 패턴, 텍스처, 시각 효과 등을 사용할 수 있습니다. 현재 화면에 추가한 구체는 기본 머티리얼로 설정되어 3D 객체를 흰 색상의 평평한 모습으로 렌더링되기 때문에 밋밋해 보이죠. 이 구체를 당구공처럼 보이게 만들어 봅시다.

따라해 보세요!

01 **구체를 선택합니다.**

구체를 선택하면 [인스펙터] 창에 Material 컴포넌트가 표시됩니다.

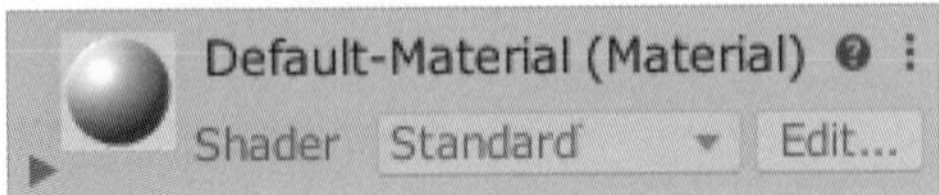

텍스처(texture)를 추가해서 구체의 모양을 좀 더 재미있게 만들어 보겠습니다. 텍스처는 3D 형상 주위를 감싸는 데 쓰는 간단한 이미지 파일을 말합니다. 이런 이미지를 잘 늘어나는 재질에 출력해서 잡아 늘려 3D 형상을 감싼다고 생각하면 됩니다.

02 **깃허브에 있는 Billiard Ball Texture 페이지를 여세요.**

https://github.com/head-first-csharp/fourth-edition 페이지를 열고 'Billiard Ball Textures' 링크를 클릭해 당구공의 텍스처 파일이 있는 폴더를 클릭하세요.

https://github.com/head-first-csharp/fourth-edition/tree/master/Unity_Labs/Billiard_Balls에서 찾을 수 있습니다.

03 **8번 공의 텍스처 이미지를 다운로드하세요.**

8 Ball Texture.png 파일을 클릭해서 8번 공의 텍스처를 확인하세요. 이 파일은 1200×600 크기의 PNG 이미지 파일이며, 이미지 뷰어를 사용하면 이미지를 확인할 수 있습니다. 파일을 다운로드하세요.

텍스처가 구체를 감싸는 모습을 고려해서 이미지를 디자인했습니다.

브라우저에 따라 [Download] 버튼을 마우스 우클릭해서 파일을 저장하거나 [Download] 버튼을 클릭한 후 파일을 열고 난 후에 저장해야 할 수도 있습니다.

04 8번 공의 텍스처 이미지를 유니티 프로젝트에 임포트합니다.

[프로젝트] 창에서 [Assets] 폴더를 마우스 우클릭하고, [새 에셋 임포트...] 버튼을 선택해서 텍스처 파일을 임포트합니다. [프로젝트] 창에서 Assets 폴더를 클릭하면 방금 임포트한 파일을 볼 수 있습니다.

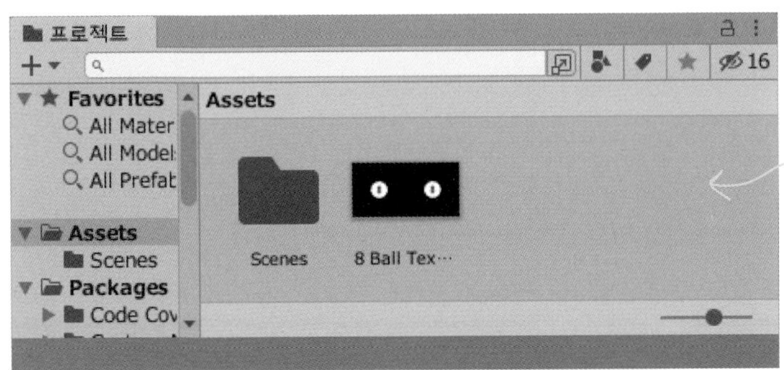

[프로젝트] 창에서 Assets 폴더 안쪽을 우클릭해서 새 에셋을 임포트하면, 유니티가 텍스처를 이 폴더로 임포트합니다.

05 텍스처를 구체에 추가합니다.

이제 텍스처를 선택해 구체를 '감싸면' 됩니다. [프로젝트] 창에서 '8 Ball Texture'를 클릭하고 드래그해서 구체 위에 놓습니다.

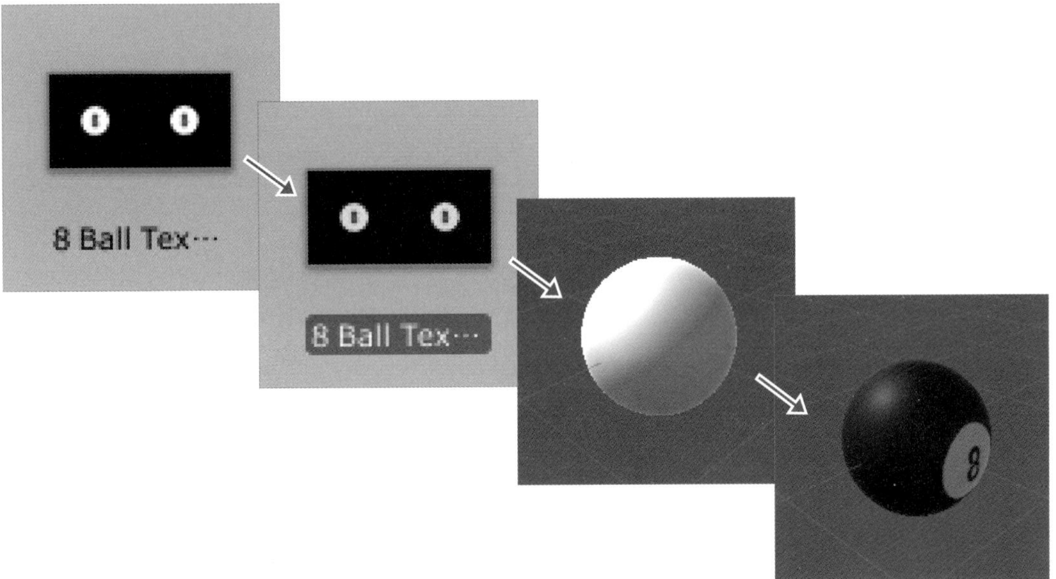

이제 구체가 8번 당구공처럼 됐습니다. 구체를 선택해 [인스펙터] 창에서 이 구체의 게임 오브젝트를 확인해 보세요. 8 Ball Texture 이름의 새로운 Material 컴포넌트가 표시됩니다.

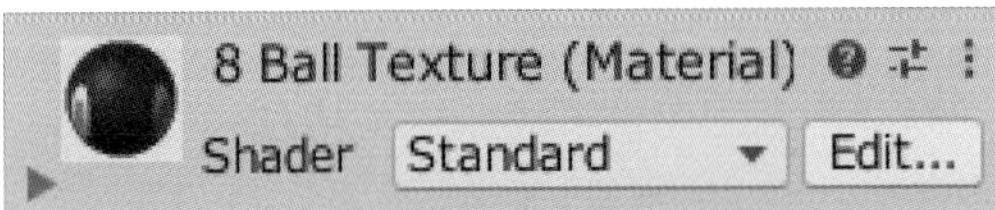

저는 일 때문에 C#을 배우려는 거지, 비디오 게임을 만들려는 게 아닌데요. 왜 유니티에 이렇게 신경을 써야 하죠?

유니티는 C#을 익히기 좋은 방법입니다

프로그래밍은 기술입니다. 코드를 작성하는 연습을 많이 할수록 코딩 기술이 더 좋아질 것입니다. 그래서 이 책의 유니티 연구실은 C# 프로그래밍 기술을 연습하고, 각 장에서 배웠던 C# 도구와 개념을 강화하도록 구성됐습니다. C# 코드를 많이 만져 보면서 익숙해지는 것이 훌륭한 C# 개발자가 될 수 있는 아주 효율적인 방법입니다. 신경과학에서는 우리가 무언가를 실험할 때 더 효율적으로 학습할 수 있다고 합니다. 그래서 유니티 연구실은 여러 실험을 해 보고, 창의성을 발휘할 수 있는 부분을 제시하며, 각각의 연구실을 계속 진행할 수 있도록 구성했습니다.

유니티는 중요한 C# 개념과 기법을 익힐 수 있는 귀중한 기회를 제공합니다. 또한 새로운 프로그래밍 언어를 배울 때 이 프로그래밍 언어가 여러 플랫폼과 기술에서 어떻게 쓰이는지 살펴보는 것도 큰 도움이 되죠. 그래서 이 책에서는 콘솔 앱과 WPF 애플리케이션을 주요 소재로 사용하고, 어떤 경우에는 동일한 프로젝트를 두 기술 모두로 만들어 보기도 합니다. 여기에 유니티를 더해 여러분은 더 다양하고 새로운 시각으로 C#을 바라볼 수 있을 것입니다. 그리고 이는 C#을 이해하는 데 많은 도움이 될 거예요.

깃허브 사용하기

유니티용 깃허브(확장판)는 유니티 프로젝트를 깃허브에 저장할 수 있도록 해 줍니다.

- **GitHub for Unity 설치하기**: 그 다음으로 https://assetstore.unity.com 사이트에서 GitHub for Unity를 찾아서 내 에셋에 추가하세요. 유니티 에디터로 돌아와서 [창]-[패키지 관리자]를 선택한 다음 [패키지: 내 에셋]에서 'GitHub for Unity'를 다운로드한 다음에 임포트하세요. 새 유니티 프로젝트를 만들 때마다 깃허브를 추가해야 합니다.
- **깃허브 저장소에 변경 사항 푸시하기**: [창]-[GitHub] 메뉴를 선택하세요. 각각의 유니티 프로젝트는 여러분의 깃허브 계정의 서로 다른 저장소에 저장됩니다. 다음으로 [Initialize] 패널의 Initialize a git repository for this project 버튼을 클릭해서 새로운 로컬 저장소를 초기화합니다. 오른쪽 상단에 [sign in] 버튼을 누르고 깃허브에 로그인합니다. 그런 다음 [Publish] 버튼을 클릭해 프로젝트를 저장할 새로운 저장소를 깃허브 계정에 생성합니다. 그러면 이제부터는 필요할 때마다 깃허브 창의 [Changes] 탭에서 [All] 버튼을 클릭하고 [Commit summary] 패널에서 커밋 메시지를 입력한 후 아래쪽의 [master] 버튼을 클릭합니다. 그런 다음 깃허브 창의 위쪽에 있는 [Push (1)]을 클릭해서 변경 사항을 깃허브에 푸시합니다.

유니티 콜라보레이트가 제공하는 클라우드 저장소에 유니티 프로젝트를 저장하고 다른 사람과 공유할 수 있습니다. Unity Personal 계정은 클라우드 저장소 용량 1GB를 무료로 제공합니다. 1GB는 이 책의 유니티 연구실 프로젝트를 저장하기에 충분한 용량입니다. 또한 유니티는 프로젝트의 변경 내역(저장소 용량에는 포함되지 않습니다)도 기록합니다. 프로젝트를 배포하려면 먼저 [창]-[콜라보레이트] 메뉴를 선택하세요. 그러면 [Github] 탭 옆에 [Collaborate] 탭이 생성됩니다. Set Project ID 버튼을 클릭하면 [Project settings] 창이 생성되는데, 해당 창의 [Organizations] 항목에서 프로젝트 ID를 설정합니다. 설정이 실패한다면 화면 아래에 있는 [Use an existing Unity project ID]를 선택해 현재 작업하고 있는 유니티 프로젝트를 연결한 다음 Link project ID 버튼을 클릭하세요. 프로젝트가 성공적으로 연결됐다면 다시 [Collaborate] 탭으로 돌아가서 Start Collab 버튼을 클릭합니다. 이후 [Publish] 버튼을 다시 클릭하면 변경 사항을 배포할 수 있습니다. 배포한 프로젝트를 확인하려면 https://unity3d.com에 로그인하고 [Organizations] 페이지로 이동한 다음 [프로젝트] 탭을 클릭하면 연결된 프로젝트 목록을 확인할 수 있습니다.

구체 회전시키기

[도구 모음]에서 **'회전 도구'**를 클릭합니다. 각각 [Q], [W], [E], [R], [T], [Y] 키를 사용해 Transform 도구를 빠르게 선택할 수 있습니다. [E] 키와 [W] 키는 각각 [회전 도구], [이동 도구]에 대응합니다.

따라해 보세요!

01 **구체를 클릭합니다.**

그러면 구체의 뼈대처럼 보이는 빨간색, 파란색, 녹색 원으로 이루어진 회전 기즈모가 표시됩니다. 빨간색 원을 클릭하고 드래그해서 X축을 따라 구체를 회전시켜 보세요.

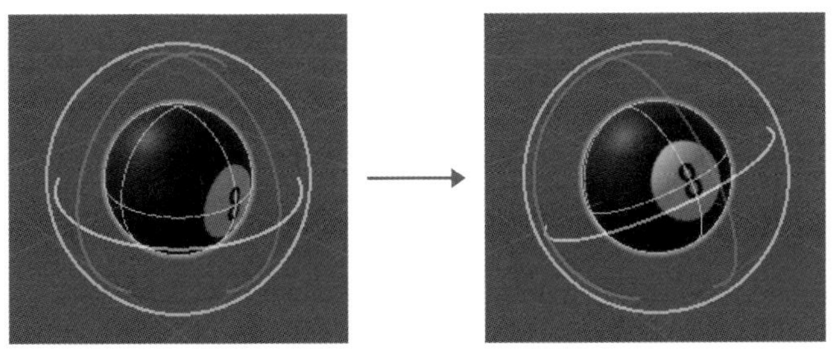

> 쉬어 가기
>
> **창과 씬 카메라는 쉽게 초기화할 수 있습니다.**
>
> [씬] 뷰를 조작하다가 구체가 화면에 안 보이는 상황이 되거나 창의 위치를 잘못 드래그했을 때는 오른쪽 위에 있는 [레이어]-[가로 배치]를 사용해 유니티 에디터를 초기화할 수 있습니다. 그러면 창의 배치가 초기화되며 씬 카메라가 기본 위치로 돌아오게 됩니다.

02 **녹색과 파란색 원을 드래그해 Y축과 Z축을 따라 회전시킵니다.**

바깥쪽 하얀색 원이 씬 카메라를 벗어나 구체를 축에 따라 회전시키는 것을 볼 수 있습니다. [인스펙터] 창의 [Transform] 컴포넌트에서 [회전]의 숫자가 변하는 것을 살펴보세요.

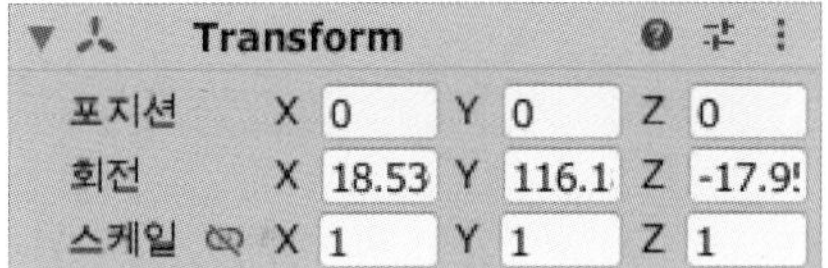

03 **[인스펙터] 창의 [Transform] 컴포넌트에서 컨텍스트 메뉴를 엽니다.**

다시 [Transform] 컴포넌트의 헤더 부분을 우클릭해서 [초기화]를 클릭합니다. 그러면 Transform 컴포넌트의 값은 기본값으로, 회전 값은 [0, 0, 0]으로 초기화합니다.

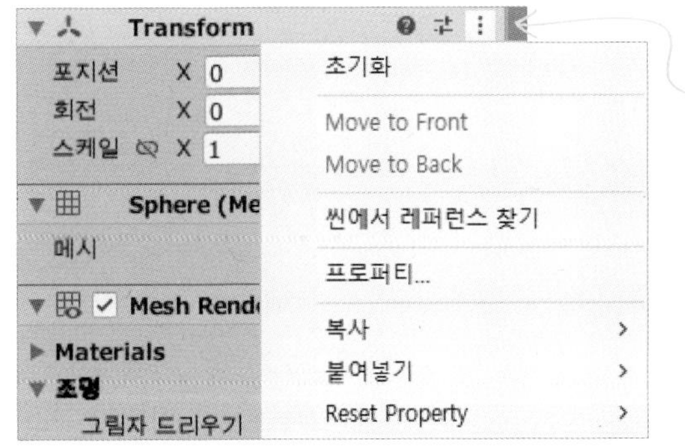

⋮ 버튼을 클릭해서 컨텍스트 메뉴를 표시할 수 있습니다. 메뉴의 가장 위에 있는 초기화 옵션을 선택하면 컴포넌트의 값을 기본값으로 초기화합니다.

[파일]-[저장] 또는 [Ctrl]+[S] 키를, 맥OS는 [⌘S] 키를 눌러 씬을 저장합니다. 미리 그리고 자주 저장하세요!

툴 보기와 씬 기즈모로 씬 카메라 움직이기

마우스 휠 또는 트랙패드의 스크롤 기능을 사용해 줌 인/아웃을 해 보고, 이동 및 회전 기즈모를 번갈아 설정해 보세요. 구체의 크기는 바뀌지만 기즈모의 크기는 바뀌지 않습니다. 유니티 에디터의 [씬] 뷰는 가상 카메라 시점에서의 장면을 보여주며, 스크롤은 카메라 줌 인/아웃 역할을 합니다.

[Q] 키를 누르거나 [도구 모음]에서 [툴 보기]를 선택하세요. 커서가 손 모양으로 바뀝니다. [툴 보기]를 사용하면 씬 카메라의 위치와 회전을 변경해서 **패닝(panning)**할 수 있습니다.

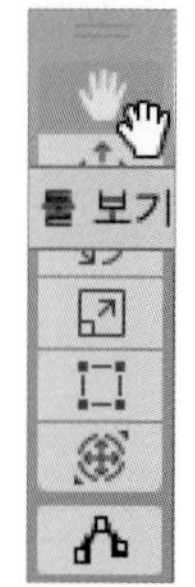
툴 보기

드래그하는 동안 [Alt](맥OS에서는 [Option]) 키를 누르고 있으면 [툴 보기]가 눈 모양으로 바뀌면서 뷰가 창의 한가운데를 기준으로 회전하게 됩니다.

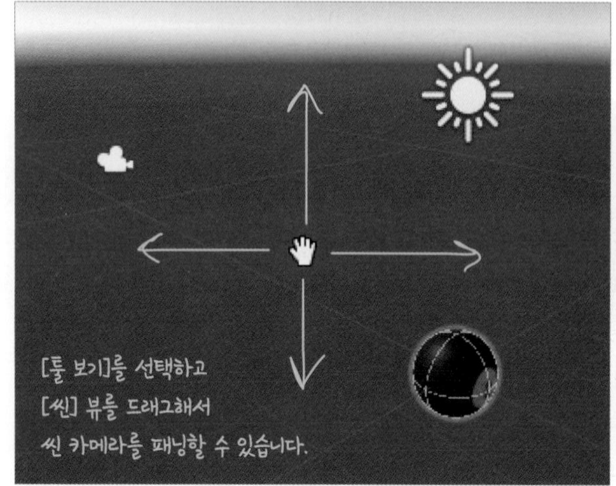
[툴 보기]를 선택하고
[씬] 뷰를 드래그해서
씬 카메라를 패닝할 수 있습니다.

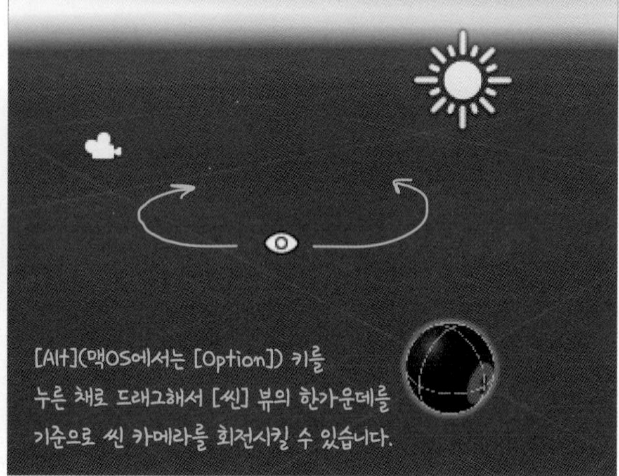
[Alt](맥OS에서는 [Option]) 키를
누른 채로 드래그해서 [씬] 뷰의 한가운데를
기준으로 씬 카메라를 회전시킬 수 있습니다.

[툴 보기]를 선택하고 씬을 드래그해서 씬 카메라를 패닝할 수 있으며, [Alt](맥OS에서는 [Option]) 키를 누른 채로 드래그해서 씬 카메라를 **회전**시킬 수도 있습니다. **마우스 휠**로 줌 인/아웃할 수 있습니다. **오른쪽 마우스 버튼을 누른 채**로 [W], [A], [S], [D] 키를 눌러 **[씬] 뷰 안에서 날아다니는 것처럼** 카메라를 이동시킬 수 있습니다.

씬 카메라를 회전시킬 때, [씬] 뷰의 오른쪽 위에 있는 **씬 기즈모**에 주목하세요. 씬 기즈모는 카메라의 방향(orientation)을 표시합니다. [툴 보기]를 사용해서 씬 카메라를 이동할 때 씬 기즈모가 어떻게 되는지 확인해 보세요. X, Y, Z 원뿔을 클릭해서 카메라를 특정 축에 고정해 보세요.

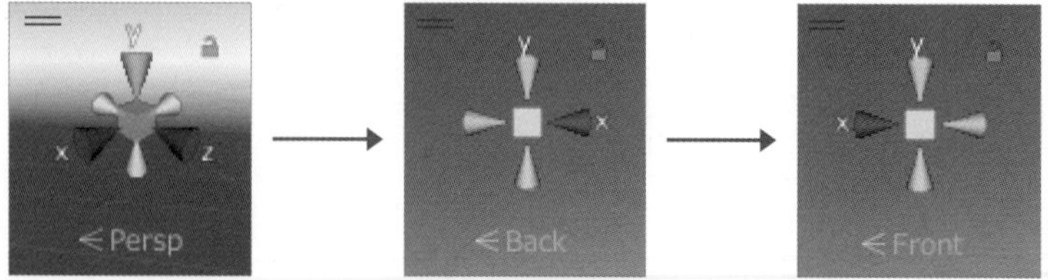
y
x
z
Persp
y
x
Back
y
x
Front

씬 기즈모의 원뿔을 클릭해 카메라를 축에 고정해 보세요. 유니티 메뉴얼에는 [씬] 뷰에서 이동하는 방법에 대한 여러 팁이 있습니다. https://docs.unity3d.com/Manual/SceneViewNavigation.html

무엇이든 물어보세요!

Q&A

Q1 저는 아직도 컴포넌트가 정확히 무엇인지 모르겠어요. 컴포넌트가 도대체 무엇이고, 게임 오브젝트와 어떻게 다르죠?

A1 게임 오브젝트 자체는 별로 하는 일이 없습니다. 모든 게임 오브젝트는 컴포넌트의 컨테이너 역할을 하죠. 게임 오브젝트 메뉴를 사용해 구체 1개를 씬에 추가하면, 유니티는 새로운 게임 오브젝트를 생성하고 구체를 구성하는 모든 컴포넌트를 게임 오브젝트에 추가합니다. 포지션, 회전, 스케일을 결정하는 Transform 컴포넌트, 흰색을 입히는 기본 Material 컴포넌트, 형태를 결정하고 구체가 다른 객체와 접촉했는지 알려 주는 몇몇 컴포넌트 등은 게임 오브젝트가 구체의 역할을 하도록 만들어 줍니다.

컴포넌트의 [도움말] 아이콘을 클릭하면 해당 항목에 대한 유니티 매뉴얼 페이지가 나타납니다.

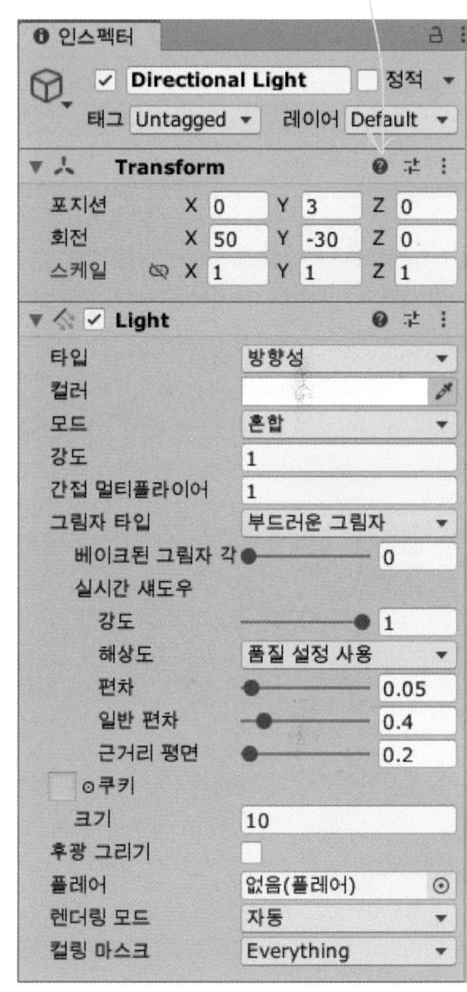

[계층 구조] 창에서 [Directional Light]를 클릭하면 [인스펙터] 창에 이와 같은 컴포넌트들이 표시됩니다. 위치와 회전을 처리하는 Transform 컴포넌트와 빛을 비추는 역할을 하는 Light 컴포넌트입니다.

Q2 그러면 개발자가 게임 오브젝트에 이런저런 컴포넌트를 직접 추가해서 게임 오브젝트가 구체 역할을 하도록 만들 수 있나요?

A2 네, 그렇습니다. 유니티는 씬을 생성할 때 메인 카메라(Main Camera)와 방향광(Directional Light)이라는 2개의 게임 오브젝트를 추가합니다. 유니티 에디터의 [계층 구조] 창에서 [Main Camera]를 클릭하면 [인스펙터] 창에 Transform, Camera, Audio Listener 컴포넌트가 나타납니다. 이들은 모두 카메라에 필요한 컴포넌트입니다. 카메라가 자신의 위치를 파악하고, 시야에 들어오는 것을 보고, 소리를 듣죠. [Directional Light]를 클릭하면 [인스펙터] 창에 2개의 컴포넌트 Transform과 Light를 볼 수 있는데, 이는 [씬] 뷰에 존재하는 다른 게임 오브젝트에 빛을 비추는 역할을 합니다.

Q3 만약 Light 컴포넌트를 다른 게임 오브젝트에 추가하면 이 객체가 광원이 되나요?

A3 그렇죠! 광원은 단순히 Light 컴포넌트를 가진 게임 오브젝트일 뿐입니다. [인스펙터] 창의 하단에 있는 [컴포넌트 추가] 버튼을 클릭해서 Light 컴포넌트를 공에 추가하면, 공이 빛을 방사(emit)하기 시작합니다. 다른 게임 오브젝트를 [씬] 뷰에 추가하면 객체가 빛을 반사(reflect)하는 것을 볼 수 있습니다.

Q4 광원을 설명할 때 주의 깊게 단어를 고른 것 같은데요. 빛을 방사하거나 반사한다고 말하는 특별한 이유가 있나요? 그냥 객체가 빛난다고 할 수도 있잖아요?

A4 빛을 방사하는 게임 오브젝트와 스스로 빛이 나는 게임 오브젝트에는 차이가 있기 때문이죠. 공에 Light 컴포넌트를 추가해서 빛을 방사하도록 만들었다고 해도 공의 모습은 그냥 똑같이 보입니다. 광원은 [씬] 뷰에 존재하면서 빛을 반사하는 게임 오브젝트에만 영향을 줄 수 있기 때문이죠. 게임 오브젝트가 빛나도록 만들려면 Material 컴포넌트를 변경하거나 객체가 렌더링되는 방식에 영향을 주는 다른 컴포넌트를 사용해야 합니다.

창의성을 발휘하세요!

유니티 연구실은 **C#으로 여러 실험을 직접 해 볼 수 있는 환경**을 제공합니다. 여러 실험을 해 보는 것이야말로 훌륭한 C# 개발자가 될 수 있는 가장 효율적인 방법이기 때문이죠. 각 유니티 연구실의 마지막 장에서는 여러분이 스스로 도전할 수 있는 몇 가지 과제를 드립니다. 다음 장으로 넘어가기 전에 방금 배운 내용들을 이용해 과제에 도전해 보세요.

C# 코드를 더 많이 작성할수록 여러분의 C# 실력은 계속 향상될 겁니다. 훌륭한 C# 개발자가 되는 가장 효율적인 방법은 많이 작성해 보는 것입니다. 이 유니티 연구실은 연습과 실험을 할 수 있는 환경을 제공합니다.

- 현재 씬에 구체를 몇 개 더 추가해 보세요. 다른 당구공 텍스처도 활용해 보세요. 8 Ball Texture.png 파일을 다운로드한 곳에서 다른 당구공 이미지도 다운로드 할 수 있습니다.
- [게임 오브젝트]-[3D 오브젝트] 메뉴에서 큐브, 원기둥, 캡슐 등의 다른 3D 오브젝트도 추가해 보세요.
- 색다른 이미지를 텍스처로 사용해 보세요. 사람을 찍은 사진이나 풍경 이미지를 사용해서 텍스처를 생성한 다음, 여러 형태의 객체에 텍스처를 추가하고 어떤 일이 일어나는지 관찰해 보세요.
- 여러 3D 오브젝트, 텍스처, 광원을 사용해 재미있는 3D 씬을 만들어 보세요!

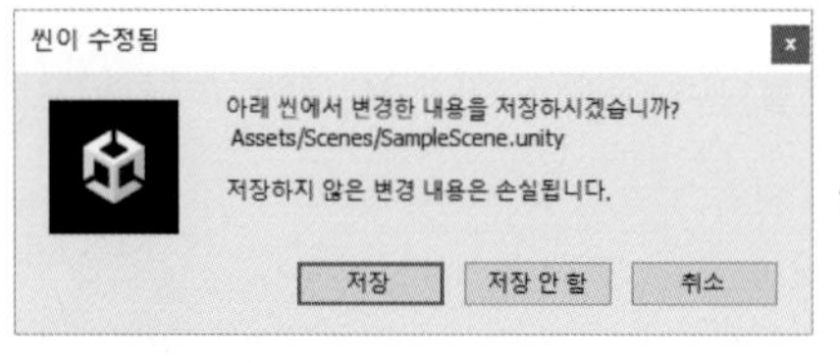

다음 장으로 넘어갈 준비가 됐다면 프로젝트를 저장했는지 꼭 확인하세요. 다음 번 유니티 연구실 #2에서도 이 프로젝트를 사용하니까요. 유니티를 닫으려고 하면 파일을 저장할 건지 물어봅니다.

요점 정리

- **씬**은 여러분이 만드는 3D 세상과 주로 상호 작용을 하는 장소입니다.
- **이동 기즈모**는 씬에서 객체를 이동할 수 있게 해 줍니다. **스케일 기즈모**는 객체의 스케일을 조정할 수 있습니다.
- **씬 기즈모**는 카메라의 방향을 표시합니다.
- **유니티**는 머티리얼을 사용해 색상, 패턴, 텍스처 기능을 제공합니다.
- **머티리얼**은 텍스처나 이미지 파일을 사용해 3D 오브젝트를 감싸기도 합니다.
- 게임의 씬, 캐릭터, props, 카메라, 광원은 모두 **게임 오브젝트**입니다.
- 게임 오브젝트는 유니티의 기본 객체이며, **컴포넌트**는 게임 오브젝트의 작동을 구성하는 기본 요소입니다.
- 모든 게임 오브젝트는 **Transform 컴포넌트**를 가지며, 이는 객체의 포지션, 회전, 스케일을 결정합니다.
- **[프로젝트] 창**은 C# 스크립트와 텍스처를 포함해, 프로젝트의 에셋을 폴더 단위로 표시합니다.
- **[계층 구조] 창**은 현재 [씬] 뷰에 있는 모든 게임 오브젝트를 보여 줍니다.
- **GitHub for Unity**(https://unity.github.com)는 깃허브에 유니티 프로젝트를 쉽게 저장하도록 해 줍니다.
- **유니티 콜라보레이트**는 여러분의 계정에 연결된 무료 클라우드 스토리지에 유니티 프로젝트를 저장하도록 해 줍니다.

CHAPTER 03

이해하기 쉬운 코드 만들기

객체를 소개합니다

프로그램은 문제를 해결하기 위해 작성합니다

프로그램을 만들 때, 이 프로그램으로 어떤 문제를 해결할 것인가를 생각해 보는 것은 언제나 좋은 습관입니다. 여기서 객체가 유용한 역할을 하죠. 객체는 프로그램이 해결하려는 문제를 기초로 해서 코드를 구조화할 수 있도록 해 줍니다. 그렇게 함으로써 여러분은 코드를 작성하는 기계적인 과정에 시간을 소모하는 대신 문제 자체에 집중할 수 있게 되죠. 객체를 올바로 사용하고 객체 설계에 공을 들인다면, 읽기 쉽고 수정하기 쉬운 직관적인 코드를 작성할 수 있습니다.

재사용되는 유용한 코드 짜기 재사용과 재활용

개발자는 프로그래밍이 존재했던 초창기부터 코드를 재사용해 왔습니다. 그 이유는 명확합니다. 한 프로그램에서 클래스를 작성했는데 또 다른 프로그램에서 이 클래스와 동일하게 작동하는 코드가 필요하다면 앞서 만든 클래스를 **재사용(reuse)**하는 것이 당연합니다.

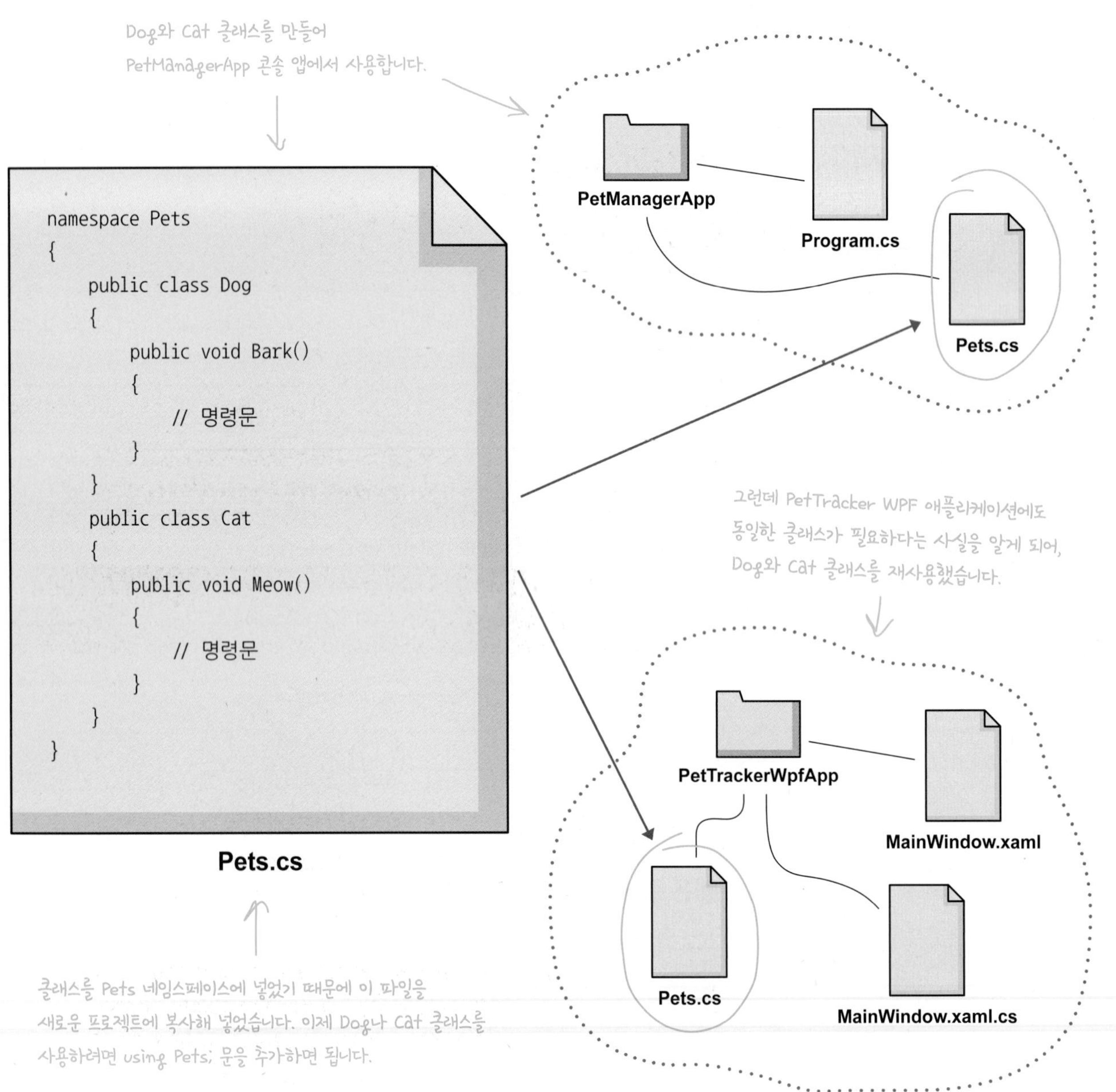
Dog와 Cat 클래스를 만들어
PetManagerApp 콘솔 앱에서 사용합니다.
namespace Pets
{
public class Dog
{
public void Bark()
{
// 명령문
}
}
public class Cat
{
public void Meow()
{
// 명령문
}
}
}
Pets.cs
PetManagerApp
Program.cs
Pets.cs
그런데 PetTracker WPF 애플리케이션에도
동일한 클래스가 필요하다는 사실을 알게 되어,
Dog와 Cat 클래스를 재사용했습니다.
PetTrackerWpfApp
MainWindow.xaml
Pets.cs
MainWindow.xaml.cs
클래스를 Pets 네임스페이스에 넣었기 때문에 이 파일을
새로운 프로젝트에 복사해 넣었습니다. 이제 Dog나 Cat 클래스를
사용하려면 using Pets; 문을 추가하면 됩니다.

매개 변수를 받고 값을 반환하는 메서드

1장에서는 게임의 초기 상태를 준비하는 SetUpGame() 메서드를 살펴봤습니다. SetUpGame()은 메서드 내 명령문을 실행하는 것이 전부였지만요. 실은 **매개 변수(parameter)**를 사용해서 입력을 받고, 입력된 값으로 작업을 하고, 메서드를 호출한 명령문으로 출력값을 **반환(return)**할 수 있습니다.

매개 변수는 메서드가 입력으로 사용하는 값입니다. 변수로 정의되며 메서드 선언의 괄호로 둘러싸인 부분에 포함됩니다. 반환 값은 메서드 내에서 계산되거나 생성된 값으로, 메서드를 호출한 명령문으로 전달됩니다. 반환 값의 타입(string, int 등)은 **반환 타입(return type)**이라고 부릅니다. 메서드가 반환 타입을 가지고 있다면 그 메서드는 **return 문**을 사용해서 값을 반환해야 합니다. int 매개 변수 두 개와 int 반환 타입을 가진 메서드 예제를 한번 살펴보죠.

```
int Multiply(int factor1, int factor2)
{
    int product = factor1 * factor2;
    return product;
}
```

반환 타입이 int이므로 메서드는 int 값을 반환해야 합니다.

이 메서드는 두 매개 변수 factor1과 factor2를 입력 값으로 받습니다. 이 매개 변수들은 int 변수로 취급됩니다.

return 문은 메서드를 호출한 명령문으로 값을 전달합니다.

이 메서드는 매개 변수 factor1과 factor2를 가지며, 곱하기 연산자(*)를 사용해 결과를 계산하고, return 키워드를 사용해 값을 반환합니다.
다음 코드는 Multiply() 메서드를 호출하고 결괏값을 area라는 변수에 저장합니다.

```
int height = 179;
int width = 83;
int area = Multiply(height, width);
```

Multiply(3, 5)으로 작성하면 3, 5라는 값을 메서드에 전달할 수 있으며 메서드를 호출할 때 변수를 매개 변수로 사용할 수 있습니다. 변수 이름은 매개 변수의 이름과 같을 필요는 없습니다.

디버거를 사용해 return 문이 실제로 어떻게 작동하는지 살펴봅시다.

- 메서드에 포함된 명령문을 모두 실행하고 나면 어떤 일이 발생할까요? 직접 살펴봅시다. 지금까지 작성한 프로그램 중 하나를 열어서 메서드 내부에 중단점을 설정하고, 한 단계씩 실행해 봅시다.
- 메서드는 자기 내부의 명령문을 모두 실행하고 나면, 자신을 호출한 명령문으로 돌아간 후 다음 명령문을 계속해서 실행합니다.
- 메서드 중간에 return 문이 있는 경우 실행 중에 return 문을 만나면 다른 명령문을 실행하지 않고 곧바로 메서드를 빠져나갑니다. 메서드 중간에 return 문을 추가해 보세요.

카드 뽑기 앱 만들기

앱을 만들어 봅시다.

이번 장에서 만들어 볼 첫 프로그램은 'PickRandomCards'라는 콘솔 앱으로, 트럼프 카드를 무작위로 뽑습니다. 앱의 구조는 다음과 같습니다.

비주얼 스튜디오에서 콘솔 앱을 만들면 Program이라는 이름의 클래스가 프로젝트 이름과 같은 이름의 네임스페이스에 추가되며 이 클래스에는 진입점인 Main() 메서드가 있습니다.

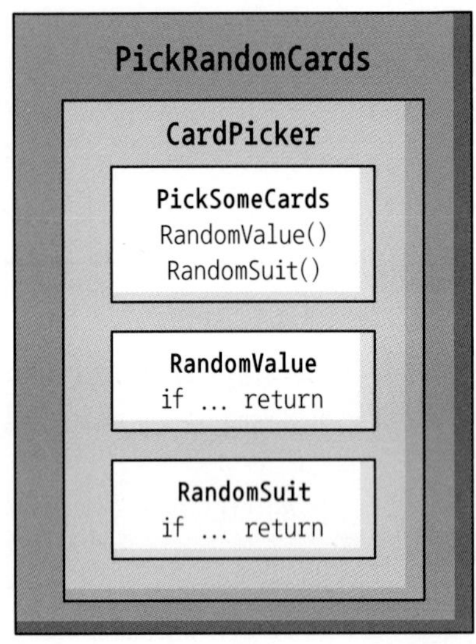

메서드를 3개 가진 CardPicker 클래스를 추가합니다. Main() 메서드는 이 클래스에서 PickSomeCards() 메서드를 호출합니다.

PickSomeCards() 메서드는 문자열 값을 사용해 트럼프 카드를 나타냅니다.

```
string[] cards = PickSomeCards(5);
```

cards 변수는 처음 등장하는 타입을 가지고 있네요. 대괄호는 문자열 **배열(array)**을 의미합니다. 배열은 여러 값을 한 변수에 저장할 수 있습니다. 이 코드에서는 트럼프 카드를 나타내는 여러 문자열을 저장합니다. PickSomeCards 메서드는 다음과 같은 문자열 배열을 반환할 수 있습니다.

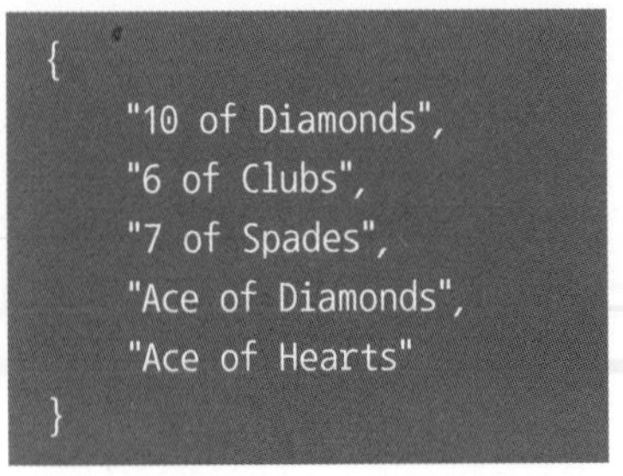

```
{
    "10 of Diamonds",
    "6 of Clubs",
    "7 of Spades",
    "Ace of Diamonds",
    "Ace of Hearts"
}
```

문자열 5개가 든 배열입니다. 카드 뽑기 앱은 무작위로 선택된 카드를 표현하기 위해 이런 배열을 사용합니다.

배열을 생성한 후 foreach 문을 사용해 배열을 콘솔에 출력해 보겠습니다.

PickRandomCards 콘솔 앱 만들기

지금까지 배운 내용으로 임의의 카드를 뽑는 프로그램을 만들어 봅시다.

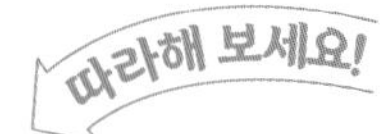

01 비주얼 스튜디오를 열고 'PickRandomCards'라는 이름의 새 콘솔 앱 프로젝트를 생성하세요. 이 프로그램에는 'CardPicker'라는 이름의 클래스를 추가할 것입니다. 다음은 클래스 이름과 포함된 메서드를 보여 주는 **클래스 다이어그램(class diagram)**입니다.

CardPicker
PickSomeCards RandomSuit RandomValue

클래스 다이어그램은 클래스 이름이 위에 있고 메서드 목록이 아래에 있는 사각형 그림을 말합니다. CardPicker 클래스는 3개의 메서드 PickSomeCards, RandomSuit, RandomValue를 가지고 있습니다.

02 CardPicker라는 새 클래스를 추가해 주세요. [솔루션 탐색기] 창에서 [PickRandom Cards] 항목을 마우스 우클릭하고 **[추가] - [클래스]**를 선택하세요. [이름]에 'CardPicker.cs'를 입력하고 [추가]를 클릭하세요.

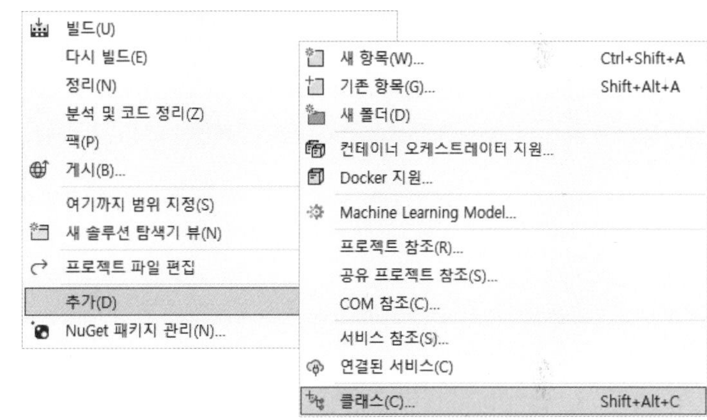

그러면 프로젝트에 CardPicker 클래스가 추가됩니다.

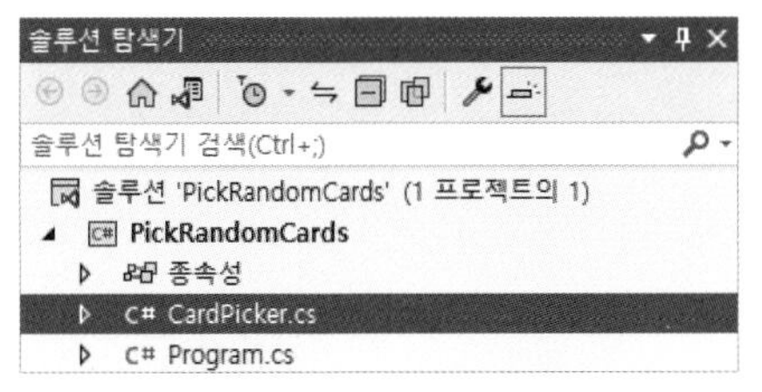

클래스의 내용을 살펴보면 CardPicker 클래스 이름과 중괄호로 시작하고, 그 안은 비어 있는 것을 볼 수 있습니다. 다음과 같이 메서드를 추가합니다.

```
internal class CardPicker {
    public static string[] PickSomeCards(int numberOfCards) {

    }
}
```

public, static 키워드를 입력했는지 확인하세요. 이 키워드들은 나중에 다시 살펴볼 것입니다.

잘 살펴보고 이와 똑같이 입력하세요. PickSomeCards 아래에 빨간색 물결선이 보일 것입니다. 이것은 무슨 의미일까요?

PickSomeCards() 메서드 마무리하기

return은 즉시 반환합니다.

03 PickSomeCards() 메서드에 return 문을 추가해야 합니다. 메서드의 내용을 채운 다음 return 문을 사용해서 문자열 배열 값을 반환하면 오류가 사라집니다.

```
internal class CardPicker
{
    public static string[] PickSomeCards(int numberOfCards)
    {
        string[] pickedCards = new string[numberOfCards];
        for (int i = 0; i < numberOfCards; i++)
        {
            pickedCards[i] = RandomValue() + " of " + RandomSuit();
        }
        return pickedCards;
    }
}
```

오류를 나타내는 빨간색 물결선은 메서드의 반환 타입에 맞는 값을 반환하면 사라집니다.

04 이제 코드에 다른 오류가 표시됩니다. RandomValue()와 RandomSuit() 메서드가 없기 때문인데요. 1장에서 했던 것처럼 메서드를 추가로 생성해 봅시다. 코드 편집기의 왼쪽 여백에 있는 [빠른 작업] 아이콘을 클릭하면 빠진 메서드를 생성할 수 있습니다.

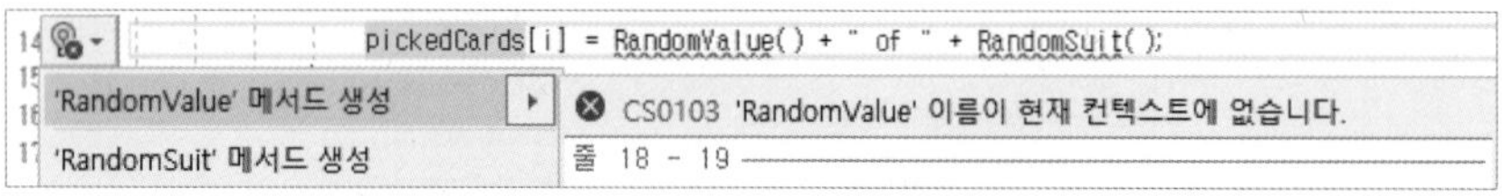

계속해서 빠진 메서드를 생성하세요. 클래스에 RandomValue()와 RandomSuit() 메서드가 추가됩니다.

```
internal class CardPicker
{
    public static string[] PickSomeCards(int numberOfCards)
    {
        string[] pickedCards = new string[numberOfCards];
        for (int i = 0; i < numberOfCards; i++)
        {
            pickedCards[i] = RandomValue() + " of " + RandomSuit();
        }
        return pickedCards;
    }
    private static string RandomValue()
    {
        throw new NotImplementedException();
    }
    private static string RandomSuit()
    {
        throw new NotImplementedException();
    }
}
```

[빠른 작업]을 사용해서 빠진 메서드를 추가했습니다. 메서드의 순서가 이 코드와 동일하지 않아도 괜찮습니다. 클래스 안에서 메서드의 순서는 중요하지 않습니다.

05 return 문을 사용해 RandomSuit()와 RandomValue() 메서드를 완성합니다. 메서드는 return 문을 1개 이상 가질 수 있으며, return 문이 실행되면 그 결과로 메서드를 곧바로 빠져나가고 메서드에 있는 명령문을 더 이상 실행하지 않습니다.

다음 예시는 return 문을 여러 개 사용하는 프로그램입니다. 카드 게임을 만들기 위해 임의의 카드 한 벌을 만드는 메서드가 필요하다고 가정해 보죠. 먼저 1장에서 동물 짝 맞추기 게임을 만들 때 사용한 것과 비슷한, 임의의 숫자를 만들어 내는 생성기가 필요합니다. 임의의 숫자 생성기를 클래스 선언에 추가합니다.

```
internal class CardPicker
{
    static Random random = new Random();
```

이제 RandomSuit() 메서드에 return 문을 사용해서 일치하는 값을 찾았을 때 메서드의 실행을 멈추는 코드를 추가해 봅시다. 임의의 숫자 생성기에서 Next 메서드는 매개 변수를 2개 가집니다. random.Next(1, 5)는 1 이상 5 미만의 수를 반환합니다. RandomSuit() 메서드는 임의의 숫자 생성기를 임의의 카드를 뽑는 데 사용합니다.

```
private static string RandomSuit()
{
    // 1~4 사이의 임의의 숫자를 뽑습니다.
    int value = random.Next(1, 5);
    // 1이면 스페이드를 반환합니다.
    if (value == 1) return "Spades";
    // 2면 하트를 반환합니다.
    if (value == 2) return "Hearts";
    // 3이면 클로버를 반환합니다.
    if (value == 3) return "Clubs";
    // 일치하는 값이 없으면 다이아몬드를 반환합니다.
    return "Diamonds";
}
```

무슨 일이 일어나고 있는지 정확히 파악하기 위해 주석을 추가했습니다.

다음 코드는 임의의 숫자를 생성하는 RandomValue() 메서드입니다.
한번 살펴보고 어떻게 작동하는지 파악해 보세요.

return 문은 메서드의 실행을 즉시 멈추고 메서드를 호출한 명령문으로 돌아갑니다.

```
private static string RandomValue()
{
    int value = random.Next(1, 14);
    if (value == 1) return "Ace";
    if (value == 11) return "Jack";
    if (value == 12) return "Queen";
    if (value == 13) return "King";
    return value.ToString();
}
```

value.ToString()이 반환하는 값이 숫자가 아니라는 것을 눈치챘나요? int 변수는 숫자 값을 가지고 있지만, RandomValue() 메서드의 반환 타입은 string으로 선언했기 때문에 숫자를 string으로 변환해야 합니다. .ToString()을 뒤에 추가해 변수나 숫자 값을 string으로 반환할 수 있습니다.

CardPicker 클래스 마무리하기 클래스가 준비됐으니 앱을 마무리합시다.

다음 코드는 마무리가 끝난 CardPicker 클래스입니다. 이 클래스는 프로젝트와 이름이 같은 네임스페이스 internal 안에 포함되어 있습니다.

```
internal class CardPicker
{
    static Random random = new Random();
    public static string[] PickSomeCards(int numberOfCards)
    {
        string[] pickedCards = new string[numberOfCards];
        for (int i = 0; i < numberOfCards; i++)
        {
            pickedCards[i] = RandomValue() + " of " + RandomSuit();
        }
        return pickedCards;
    }
    private static string RandomValue()
    {
        int value = random.Next(1, 14);
        if (value == 1) return "Ace";
        if (value == 11) return "Jack";
        if (value == 12) return "Queen";
        if (value == 13) return "King";
        return value.ToString();
    }
    private static string RandomSuit()
    {
        // 1~4 사이의 임의의 숫자를 뽑습니다.
        int value = random.Next(1, 5);
        // 1이면 스페이드를 반환합니다.
        if (value == 1) return "Spades";
        // 2이면 하트를 반환합니다.
        if (value == 2) return "Hearts";
        // 3이면 클로버를 반환합니다.
        if (value == 3) return "Clubs";
        // 일치하는 값이 없으면 다이아몬드를 반환합니다.
        return "Diamonds";
    }
}
```

이 random이라는 이름을 가진 정적(static) 필드는 임의의 숫자를 생성하는 데 사용합니다.

RandomSuit() 메서드가 어떻게 작동하는지 이해하기 쉽게 주석문을 추가했습니다. RandomValue() 메서드에도 어떻게 작동하는지 설명하는 주석문을 한번 추가해 보세요.

쉬어 가기

아직 많은 필드를 다루지 않았습니다.

CardPicker 클래스에는 random이라는 필드(field)가 있습니다. 1장 동물 짝 맞추기 게임에서도 필드가 있긴 했지만, 실제로 필드를 많이 다뤄 보진 않았습니다. 걱정하지 마세요. 곧 필드와 static 키워드를 살펴볼 예정이니까요.

뇌 단련

PickSomeCards() 메서드에는 public과 static 키워드를 사용했습니다. 비주얼 스튜디오가 메서드를 생성했을 때 처음부터 static 키워드가 있었지만, public 대신 private으로 선언됐습니다. 이 키워드는 무슨 일을 하는 것일까요?

연습 문제

이제 CardPicker 클래스에는 임의의 카드를 뽑는 메서드가 준비됐으니 Main 메서드의 내용을 채워 앱을 구현할 준비가 됐습니다. 남은 것은 콘솔 앱에서 사용자가 카드를 몇 장 뽑을지 입력받는 메서드를 작성하는 것입니다.

메서드 #1 : Console.Write()

Console.WriteLine() 메서드는 이전에 다뤘죠. Console.Write()는 이와 비슷한 메서드로, 텍스트를 콘솔에 출력하지만 마지막에 줄 바꿈 문자를 출력하지 않습니다. 이 메서드를 사용해 사용자에게 메시지를 표시할 수 있습니다.

```
Console.Write("Enter the number of cards to pick: ");
```

메서드 #2: Console.ReadLine()

Console.ReadLine() 메서드는 텍스트 한 줄을 입력으로 읽어와서 문자열을 반환합니다. 이 메서드를 사용해 카드를 몇 장 뽑을지 사용자에게 입력하도록 구현할 수 있습니다.

```
string line = Console.ReadLine();
```

메서드 #3: int.TryParse()

CardPicker.PickSomeCards() 메서드는 int 매개 변수를 입력으로 받습니다. 사용자가 입력한 텍스트는 string 타입이기 때문에, 이 텍스트를 int 값으로 변환해야 합니다. int.TryParse() 메서드를 사용하면 텍스트를 int 값으로 변환할 수 있습니다.

```
if (int.TryParse(line, out int numberOfCards))
{
    // line을 int로 변환할 수 있으면 변환된 int 값은
    // numberOfCards 변수에 저장되고 이 코드 블록을 실행합니다.
}
else
{
    // line을 int로 변환할 수 없으면 이 코드 블록을 실행합니다.
}
```

2장에서는 int.TryParse() 메서드를 사용해 TextBox 이벤트 처리기에서 숫자 값만 입력할 수 있도록 했죠. 앞으로 돌아가 그 이벤트 처리기를 다시 한번 살펴보고 어떻게 작동했는지 생각해 보세요.

Main() 메서드에 지금까지 살펴본 메서드 추가하기

이제 해야 할 일은 이 세 메서드를 콘솔 앱의 Main() 메서드에 함께 넣어 보는 것입니다. Program.cs 파일을 열고, Main 메서드의 'Hello World!'라인을 다음과 같은 작업을 하는 코드로 고쳐 보세요.

- Console.Write()로 사용자에게 카드를 몇 장 뽑을지 묻습니다.
- Console.ReadLine()에 입력된 문자열 한 줄을 line이라는 이름의 string 변수에 저장합니다.
- int.TryParse()에 입력된 line을 int 값으로 변환해 보고, numberOfCards 변수에 저장합니다.
- 사용자가 입력한 값을 int 값으로 변환할 수 있으면, CardPicker 클래스의 CardPicker.PickSomeCards(numberOfCards) 메서드로 지정된 숫자만큼 카드를 뽑습니다. string[] 변수에 결과를 저장하고, foreach 문으로 배열에 저장된 각각의 카드를 Console.WriteLine()으로 출력합니다. 1장을 다시 펼쳐 foreach 문의 예제를 살펴보세요. foreach 문으로 배열의 모든 요소에 특정 작업을 반복해야 합니다. foreach 문은 다음처럼 시작합니다.

```
foreach(string card in CardPicker.PickSomeCards(numberOfCards))
```

- 사용자가 입력한 값을 int 값으로 변환할 수 없으면 Console.WriteLine()으로 방금 입력한 값이 유효하지 않다는 메시지를 출력합니다.

Main() 메서드를 수정할 때 메서드의 반환 타입을 살펴보세요. 여기에는 어떤 값이 와야 할까요?

연습 문제 정답

답에 해당하는 콘솔 앱의 Main() 메서드는 다음과 같습니다. 이 메서드는 사용자에게 뽑을 카드의 숫자를 물어보고, 입력 값을 int로 변환하려고 시도한 다음, CardPicker 클래스의 PickSomeCards() 메서드를 사용해 그 숫자만큼의 카드를 뽑습니다. PickSomeCards는 뽑은 카드를 문자열 배열의 형태로 반환하며, foreach 문을 사용해 각 문자열을 콘솔에 출력합니다.

```
static void Main(string[] args)
{
    Console.Write("Enter the number of cards to pick: ");
    string line = Console.ReadLine();
    if (int.TryParse(line, out int numberOfCards))
    {
        foreach (string card in CardPicker.PickSomeCards(numberOfCards))
        {
            Console.WriteLine(card);
        }
    }
    else
    {
        Console.WriteLine("Please enter a valid number.");
    }
}
```

이 Main() 메서드는 비주얼 스튜디오 Program.cs에서 자동으로 생성한 'Hello World!'를 출력하는 메서드를 수정한 것입니다.

이 foreach 문은 PickSomeCards()가 반환한 배열의 요소 각각에 대해 Console.WriteLine(card) 명령문을 실행합니다.

이 Main() 메서드는 void 반환 타입을 가지고 있는데, 이는 메서드가 값을 반환하지 않는다는 것을 의미합니다. void 반환 타입으로 선언된 메서드에는 return 문이 포함되지 않아도 됩니다.

콘솔 앱을 실행한 결과는 다음과 같습니다.

```
Microsoft Visual Studio 디버그 콘솔
Enter the number of cards to pick: 13
8 of Hearts
5 of Clubs
King of Diamonds
10 of Spades
3 of Diamonds
4 of Clubs
Queen of Clubs
Ace of Diamonds
7 of Spades
8 of Clubs
King of Spades
10 of Clubs
8 of Diamonds

C:\Users\hanbit\source\repos\PickRandomCards\PickRandomCards\bin\Debug\netcore
app3.1\PickRandomCards.exe(프로세스 25096개)이(가) 종료되었습니다(코드: 0개).
```

코드를 살펴보면서 이 프로그램이 어떻게 작동하는지 이해해 보세요. 비주얼 스튜디오 디버거를 사용하면 코드를 더 쉽게 살펴볼 수 있습니다. Main() 메서드의 첫 번째 행에 중단점을 설정하고, [한 단계씩 실행(F11)]으로 프로그램을 한 줄씩 실행해 보세요. 변수를 [조사식] 창에 추가하고 RandomSuit(), RandomValue() 메서드에서 변수의 값이 어떻게 변하는지 관찰해 보세요.

애나가 만드는 게임 알아보기

외계인 침공으로부터 마을을 지켜내는 게임을 만들 거예요.

애나를 소개합니다! 애나는 인디 게임 개발자예요. 그녀는 지난번에 개발한 게임을 수천 번 팔았고, 이제 새로운 게임을 개발하려고 합니다.

애나는 몇 가지 **프로토타입(prototype)**을 만들어 보고 있습니다. 현재 애나는 무시무시한 외계인을 프로그래밍하고 있는데, 플레이어는 은신처에서 탈출하는 동안 외계인을 피해 도망 다녀야 합니다. 애나는 외계인의 행동을 정의하는 메서드를 작성했습니다. 이를테면 플레이어가 마지막으로 발견된 위치를 수색하는 것이죠. 일정 시간 동안 플레이어를 발견하지 못하면 수색을 포기하고, 만약 플레이어가 근처에 있다면 플레이어를 붙잡습니다.

```
SearchForPlayer();
```

```
if (SpottedPlayer()) {
    CommunicatePlayerLocation();
}
```

```
CapturePlayer();
```

발전하는 애나의 게임 게임은 결국 비슷합니다.

인간과 외계인이 대결한다는 아이디어도 괜찮긴 하지만, 애나는 이 방향이 옳은지 확신하지 못했습니다. 애나는 처음에 플레이어가 해적을 피해 다니는 항해 게임을 생각해 봤죠. 으스스한 농장에서 좀비로부터 탈출하는 게임도요. 이런 아이디어를 떠올려 보다가 애나는 문득, 이 3개의 게임은 모두 다른 그래픽을 사용하지만 적의 행동을 동일한 메서드로 정의할 수 있겠다는 생각이 들었습니다.

적의 행동을 정의하는 메서드는 다른 게임에도 사용할 수 있겠네.

게임의 방향이 어떻게 정해질지 아직 모르기 때문에, 애나는 프로토타입 게임을 몇 가지 더 만들어 보고 싶습니다. 또한 적의 행동을 정의하는 SearchForPlayer(), StopSearching(), SpottedPlayer(), CommunicatePlayerLocation(), CapturePlayer() 같은 메서드에 동일한 코드를 사용하고 싶고요. 무엇보다 깔끔한 결과물을 만들고 싶습니다.

뇌 단련

애나가 적의 행동을 정의하기 위한 메서드를 다른 프로토타입에서 사용하려면 어떻게 해야 할지 생각해 보세요.

Enemy 클래스에 적의 행동을 처리하는 모든 메서드를 넣으면 이 클래스를 3개의 게임 프로토타입에서 재사용할 수 있을까?

Enemy
SearchForPlayer SpottedPlayer CommunicatePlayerLocation StopSearching CapturePlayer

게임 디자인 원리 프로토타입(prototype)

프로토타입은 플레이, 테스트, 개선이 가능한 초기 버전의 게임을 말합니다. 프로토타입은 최종 결정을 내리기 전, 초기에 다양한 아이디어를 빠르게 실험해 볼 수 있기 때문에 게임을 변경할 수 있도록 해 주는 매우 유용한 도구입니다.

- 첫 프로토타입은 대체로 종이 프로토타입(paper prototype)으로 이루어집니다. 종이 위에 게임의 핵심 요소들을 늘어 놓는 것이죠. 예를 들면 게임에 등장하는 요소를 포스트잇이나 인덱스 카드에 정리해 게임 스테이지나 플레이 화면을 나타내는 큰 도화지 등에 올려놓고 실제로 움직여 보는 식입니다.
- 프로토타입을 만듦으로써 얻을 수 있는 이점은 아이디어를 실제로 작동하고 플레이가 가능한 형태로 빠르게 옮겨 볼 수 있다는 것입니다. 실제 작동하는 게임을 플레이어(또는 사용자)에게 쥐여 줬을 때, 여러분은 게임(또는 어떤 종류의 프로그램이든)으로부터 더 많은 것을 배울 수 있습니다.
- 대부분의 게임은 수많은 프로토타입을 거칩니다. 여러 가지를 시도해 보고 그 시도로부터 배울 수 있는 기회니까요. 어떤 시도의 결과가 좋지 않았더라도 이는 실험일 뿐이지 실수가 아닙니다.
- 프로토타이핑은 기술입니다. 여타 기술과 마찬가지로, 프로토타이핑도 연습을 통해 연마할 수 있습니다. 다행히도 프로토타입을 만드는 일은 재미있는데다, C# 코드를 작성하는 기술을 향상시키는 좋은 방법입니다.

프로토타입은 게임에만 적용되는 것이 아닙니다! 어떤 프로그램을 작성하든, 여러 아이디어를 실험해 볼 수 있는 프로토타입을 먼저 만들어 보는 것은 좋은 생각입니다.

고전 게임의 종이 프로토타입 만들기

종이 프로토타입 만들기

종이 프로토타입은 게임을 만들기 전에 게임이 어떻게 작동할지 미리 가늠해서 시간을 절약할 수 있게 해 주는 유용한 도구입니다. 종이 프로토타입을 만들기 위해 필요한 것은 종이 몇 장과 펜뿐입니다. 고전 게임을 하나 골라 보세요. 플랫포머 게임이 종이 프로토타입을 만들기 쉬우니, 이 책에서는 **특히 유명한 플랫포머 게임** 중 하나를 골랐습니다. 여러분은 생각나는 다른 게임을 골라도 괜찮아요! 이제 다음과 같이 해 봅시다.

01 종이에 배경을 그리세요. 프로토타이핑의 첫 작업으로 배경을 그려 봅니다. 이 프로토타입에서 바닥, 벽돌, 파이프는 고정된 사물이므로 종이에 직접 그렸습니다. 그리고 점수, 시간 등의 텍스트를 위쪽에 추가했습니다.

02 종잇조각이나 메모지를 잘라서 그 위에 움직이는 요소들을 그립니다. 이 프로토타입에서는 캐릭터, 피라냐 식물, 버섯, 화염꽃, 코인 등을 그렸습니다. 그림을 잘 못 그리더라도 상관없습니다! 선으로 그린 졸라맨이라도 좋습니다. 이 그림을 다른 사람들이 볼 일은 없을 테니까요!

03 게임을 '플레이'해 봅니다. 플레이어를 종이 위에서 움직여 보세요. 플레이어 외의 캐릭터들도 움직여 보세요. 실제로 게임을 몇 번 플레이해 보고, 프로토타입으로 그 움직임을 가능한 한 비슷하게 재현할 수 있는지 확인하는 것도 도움이 됩니다.

← 처음엔 좀 어색하게 느껴질 수도 있지만, 괜찮습니다.

화면 위쪽에 있는 텍스트는 HUD(Head-Up Display)라고 부릅니다. 종이 프로토타입에서는 보통 배경에 직접 그립니다.

바닥, 벽돌, 파이프는 움직이지 않기 때문에 배경에 직접 그렸습니다. 어떤 것을 배경 종이에 그리고 어떤 것을 움직이는 종잇조각에 그리는지에 대한 규칙은 사실 없습니다.

플레이어가 버섯을 잡으면 플레이어의 크기를 2배로 늘려야 하므로, 종이 조각에 작은 캐릭터, 큰 캐릭터를 각각 그립니다.

플레이어의 점프에 대한 역학은 섬세히 설계해야 합니다. 종이 프로토타입으로 이를 흉내 내는 것은 귀중한 경험이 될 것입니다.

<게임 디자인 원칙>에 등장하는 도구와 아이디어는 모두 게임 외에도 적용할 수 있는 중요한 프로그래밍 기술입니다. 하지만 직접 해 보면 게임으로 시도했을 때 더 익히기 쉬울 것입니다.

그럼요! 어떤 프로젝트든지 종이 프로토타입은 시작점으로 정말 좋습니다

데스크톱 앱, 모바일 앱 또는 UI가 있는 어떤 프로그램을 작성하든지 종이 프로토타입은 좋은 시작점입니다. 익숙해질 때까지는 종이 프로토타입을 몇 번 해 봐야겠지만요. 그래서 위에서 고전 게임으로 종이 프로토타입을 만들어 본 것입니다. 프로토타이핑은 게임 개발자뿐만 아니라 프로그램을 개발하는 사람 모두에게 유용한 기술입니다.

쓰면서 제대로 공부하기

다음 프로젝트로, CardPicker 클래스를 사용해 임의의 카드를 뽑는 WPF 애플리케이션을 만들어 볼 것입니다. 여기에서는 이 앱의 종이 프로토타입을 만들어 여러 디자인 선택 사항을 시험해 보겠습니다.
큰 종이 위에 앱의 디자인 화면을 그리고, 작은 종이 조각 위에 레이블을 그립니다.

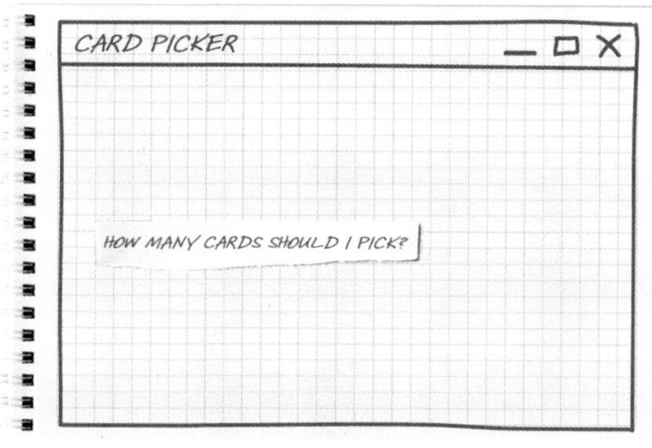

이 앱의 창에는 전체 카드가 들어 있는 ListBox와 'Pick some cards'라고 적힌 버튼이 포함되어야 합니다.

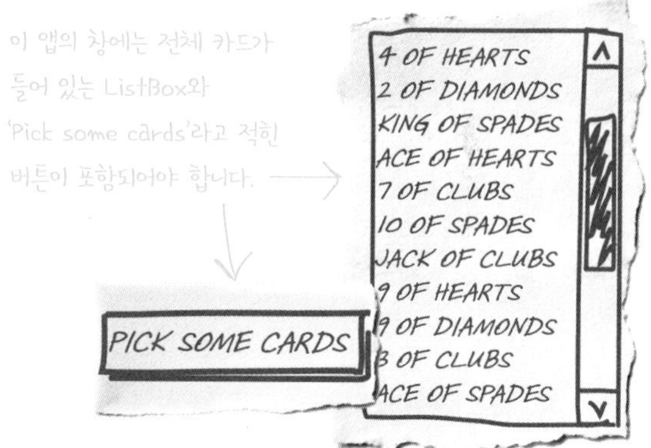

그런 다음, 종잇조각에 여러 컨트롤을 하나씩 그립니다. 종잇조각을 창에 놓고 결합해 보는 실험을 합니다.
어떤 디자인이 가장 알맞을 것 같나요? 정답은 없습니다. 앱을 설계하는 과정에는 여러 방법이 있으니까요.

이 앱에는 사용자가 뽑을 카드의 숫자를 선택할 방법이 필요합니다. 입력 상자를 그려 봅니다. 사용자는 이 상자에 직접 숫자를 입력할 수 있겠죠.

12|

슬라이더와 라디오 버튼도 시험해 봅니다. 숫자를 입력하는 데 사용할 수 있는 컨트롤이 또 무엇이 있었나요? 드롭다운 상자? 창의성을 발휘해 보세요!

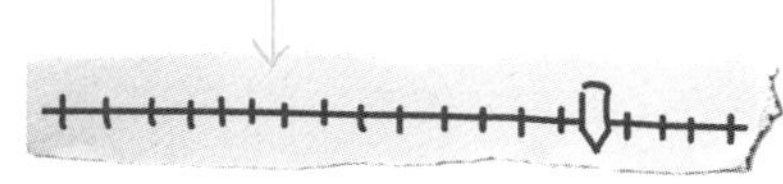

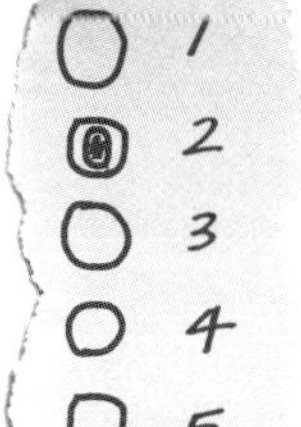

WPF 버전으로 카드 뽑기 앱 만들기

다른 컨트롤을 안에 담는 컨테이너

이번 프로젝트는 'PickACardUI' 이름의 WPF 애플리케이션입니다. 이 앱을 실행한 모습은 다음과 같습니다. 실제로 프로젝트를 만드는 과정은 뒤에서 설명할 것입니다. 지금은 앱을 어떻게 구성할 것인지 살펴보겠습니다.

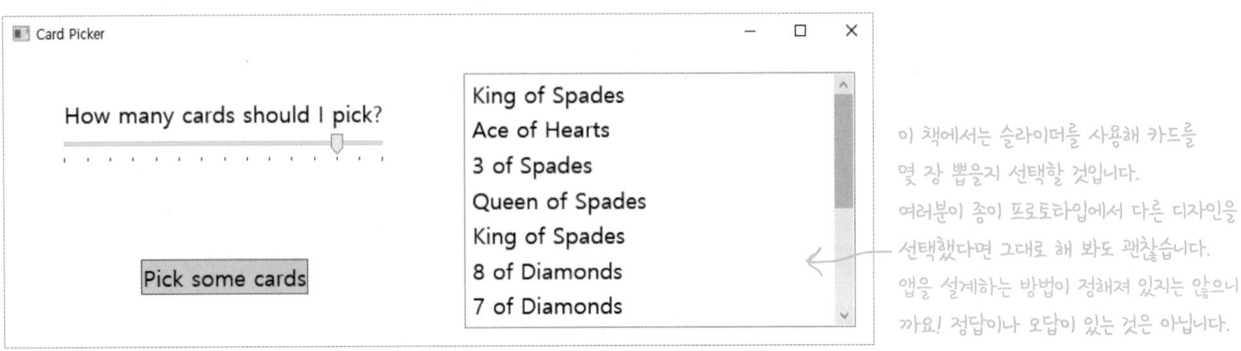

PickACardUI 앱은 Slider 컨트롤을 사용해 사용자가 뽑을 임의의 카드 수를 선택하도록 합니다. 카드 수를 선택한 후에는 버튼을 클릭해서 뽑은 카드를 ListBox에 추가하겠습니다. 각 컨트롤의 배치는 다음과 같습니다.

창은 2행 2열로 구성됐습니다. ListBox는 오른쪽 열에서 두 행의 범위에 걸쳐 배치됩니다.

Card Picker

How many cards should I pick?

Pick some cards

이 셀에는 Label과 Slider 두 컨트롤이 배치됩니다. 잠시 후에 이 컨트롤들이 어떻게 작동할지 살펴볼 것입니다.

ListBox 컨트롤을 여기에 놓습니다. ListBox 컨트롤은 선택할 수 있는 항목(여기에서는 카드)의 목록을 가지고 있습니다. 이 컨트롤은 두 행을 차지하고 20의 여백(margin)을 가지면서 가운데에 정렬됩니다.

이 버튼의 이벤트 처리기는 카드 목록을 반환하는 메서드를 호출한 다음 카드 목록의 카드 하나하나를 ListBox에 추가합니다.

이제부터는 소스 제어 시스템에 프로젝트를 저장하라고 따로 안내하지 않습니다. 그렇지만 깃허브 계정을 만들어 프로젝트를 저장소에 저장하는 것은 좋은 생각이죠!

↑ 소스 제어에 추가 ▲

맥OS에서 이 프로젝트를 작성해 보고 싶다면 <Visual Studio for Mac 학습자 가이드>를 참고하세요.

쌓는 형태로 컨트롤을 배치하는 컨테이너 StackPanel

이 WPF 애플리케이션은 앞서 살펴봤던 동물 짝 맞추기 게임처럼 Grid를 사용해 컨트롤을 배치합니다. 코드 작성을 시작하기 전에 그리드 왼쪽 위 셀에 있는 두 컨트롤을 한번 살펴보죠.

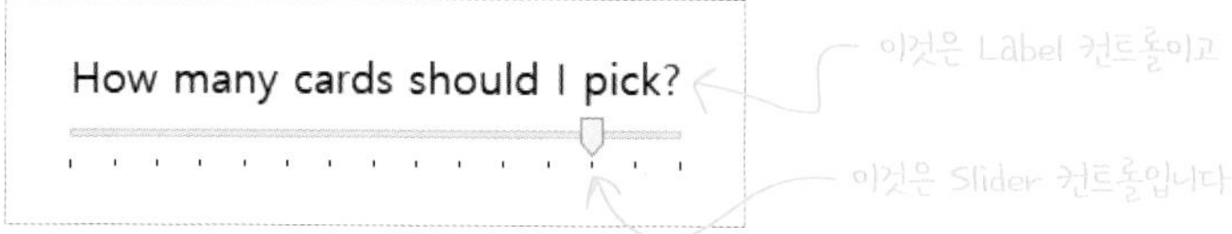

이것은 Label 컨트롤이고

이것은 Slider 컨트롤입니다.

두 컨트롤을 쌓아서 배치하려면 어떻게 해야 할까요? 다음처럼 두 컨트롤을 그리드의 같은 셀에 한번 넣어봅시다.

```
<Grid>
    <Label HorizontalAlignment="Center" VerticalAlignment="Center" Margin="20"
        Content="How many cards should I pick?" FontSize="20"/>
    <Slider VerticalAlignment="Center" Margin="20"
        Minimum="1" Maximum="15" Foreground="Black"
        IsSnapToTickEnabled="True" TickPlacement="BottomRight" />
</Grid>
```

이 XAML 코드는 Slider 컨트롤을 나타냅니다. UI 화면 구성이 끝나면 이 코드를 더 자세히 살펴볼 것입니다.

그러면 컨트롤이 서로 겹쳐서 표시됩니다.

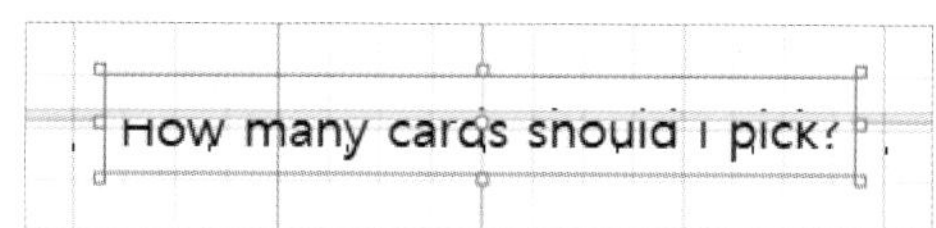

이런 경우에 **StackPanel**을 사용할 수 있습니다. StackPanel은 Grid와 같은 컨테이너 컨트롤이지만 자신이 포함하는 컨트롤을 화면에 표시하는 방식이 Grid와 다릅니다. Grid는 컨트롤을 행과 열에 맞게 배치하지만 StackPanel은 컨트롤을 **수직이나 수평으로 쌓아서 배치**합니다.
이번에는 StackPanel을 사용해서 Label이 Slider 컨트롤 위에 오도록 배치합시다. 다음 XAML 코드를 눈여겨보세요. StackPanel을 가운데 정렬한 다음 그 주위에 20의 여백을 주는 코드입니다.

```
<StackPanel HorizontalAlignment="Center" VerticalAlignment="Center" Margin="20" >
    <Label Content="How many cards should I pick?" FontSize="20" />
    <Slider Minimum="1" Maximum="15" Foreground="Black"
        IsSnapToTickEnabled="True" TickPlacement="BottomRight" />
</StackPanel>
```

StackPanel이 우리가 원하는 방식대로 컨트롤을 표시합니다.

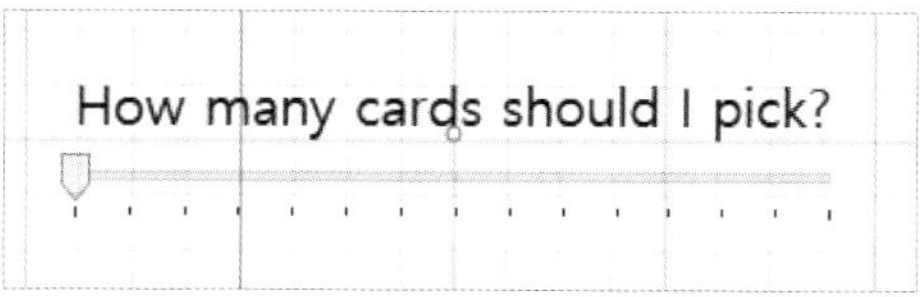

이제 진짜로 앱을 만들어 보죠!

CardPicker 클래스 재사용하기 같은 클래스, 다른 앱

한 프로그램에서 작성한 클래스를 다른 프로그램에서 사용하고 싶을 때가 종종 있을 것입니다. 클래스를 사용하는 주된 이유 중 하나는 코드를 쉽게 **재사용**할 수 있도록 해 주기 때문입니다. 카드 뽑기 앱에 예쁜 UI를 새로 입히면서도, CardPicker 클래스를 재사용해서 똑같이 작동하도록 할 수 있습니다.

따라해 보세요!

01 'PickACardUI'라는 이름의 새 WPF 애플리케이션을 만듭니다. 1장에서도 동일한 과정으로 게임을 만들었습니다.

❶ 비주얼 스튜디오를 열고 새 프로젝트를 생성합니다

❷ WPF 애플리케이션(.NET Core)을 선택합니다.

❸ 앱의 이름에 'PickACardUI'를 입력합니다. 비주얼 스튜디오는 프로젝트를 생성하고 MainWindow.xaml 파일과 PickACardUI 네임스페이스를 가진 MainWindow.xaml.cs 파일을 프로젝트에 추가합니다.

02 콘솔 앱에서 만든 CardPicker 클래스를 추가합니다. [솔루션 탐색기]에서 프로젝트 이름을 우클릭하고 메뉴에서 **[추가]-[기존 항목...]**을 선택합니다.

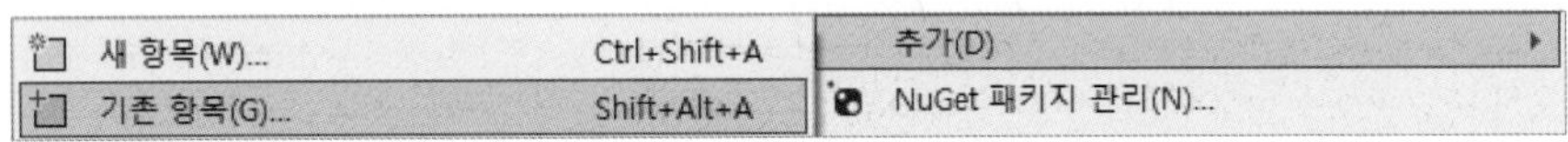

아까 만들었던 PickRandomCards 프로젝트 폴더를 찾으세요. [PickRandomCards]-[PickRandomCards]를 클릭하면 CardPickers.cs 파일이 있습니다. 이 CardPicker.cs를 선택해 새 프로젝트에 추가합니다. 그러면 CardPicker.cs 파일이 PickACardUI 프로젝트에 복사됩니다.

이 책에서는 C:\hanbit\source\repos\PickRandomCards\PickRandomCards 경로에 있습니다.

03 CardPicker 클래스의 네임스페이스를 변경합니다. 솔루션 탐색기에서 CardPicker.cs 파일을 더블 클릭합니다. **네임스페이스를 프로젝트 이름에 맞게 변경합니다.** [인텔리센스] 창이 뜨면서 네임스페이스 이름으로 PickACardUI를 제안합니다. [Tab] 키를 눌러서 표시된 제안을 적용하세요.

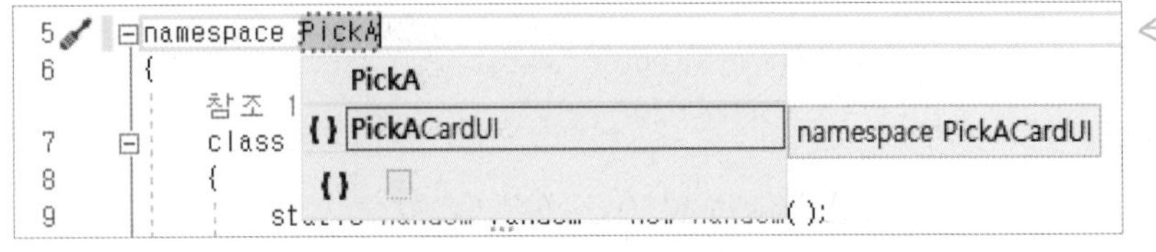

비주얼 스튜디오가 새로 생성한 프로젝트의 네임스페이스에 맞게 CardPicker.cs 파일의 네임스페이스를 변경하세요. 그러면 CardPicker 클래스를 새 프로젝트에서 사용할 수 있게 됩니다.

그러면 CardPicker 클래스의 네임스페이스가 PickACardUI로 바뀝니다.

```
namespace PickACardUI {
    class CardPicker {
```

CardPicker 클래스를 재사용하는 데 성공했어요! 솔루션 탐색기에 CardPicker 클래스가 표시됩니다. 이제 이 클래스를 WPF 애플리케이션에서 사용할 수 있습니다.

Grid와 StackPanel을 사용해서 메인 창에 컨트롤 배치하기

1장으로 돌아가 Grid를 사용해 동물 짝 맞추기 게임의 화면을 배치하던 부분을 펼쳐서 그리드에 컨트롤을 배치하는 부분을 다시 읽어 보세요. 이번에 컨트롤을 배치하는 작업을 또 할 테니까요.

04 행과 열을 준비합니다. 1장과 똑같은 방식으로 그리드에 **2행과 2열을 추가합니다.** <Grid> XAML 태그 안에 다음과 같은 코드가 생성될 것입니다.

```
<Grid.RowDefinitions>
    <RowDefinition/>
    <RowDefinition/>
</Grid.RowDefinitions>
<Grid.ColumnDefinitions>
    <ColumnDefinition/>
    <ColumnDefinition/>
</Grid.ColumnDefinitions>
```

비주얼 스튜디오 디자이너를 사용해서 높이가 같은 두 행과 너비가 같은 두 열을 추가할 수 있습니다. 만약 무언가 잘못됐다면 그냥 코드 편집기에서 직접 XAML 코드를 입력해도 됩니다.

05 StackPanel을 추가합니다. XAML 디자이너에서 비어 있는 StackPanel을 다루기란 쉽지 않습니다. 클릭해서 선택할 수가 없기 때문입니다. 그러므로 [XAML 편집기]를 사용합시다. **[도구 상자] 창에서 StackPanel을 더블 클릭**해서 비어 있는 StackPanel을 1행 1열 그리드에 추가합니다.

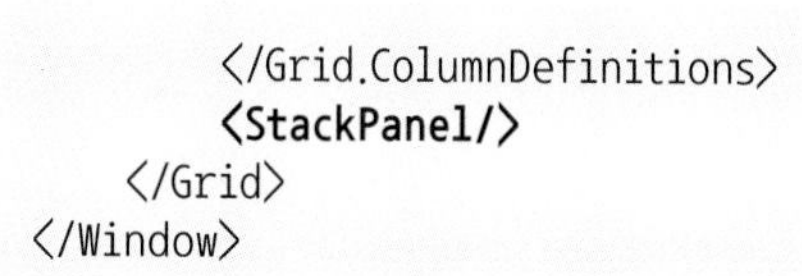

```
        </Grid.ColumnDefinitions>
        <StackPanel/>
    </Grid>
</Window>
```

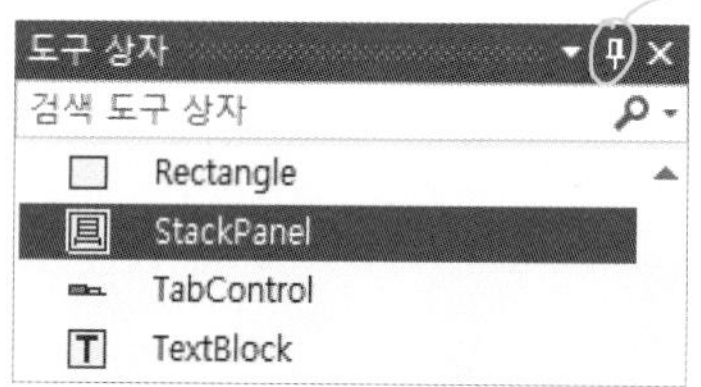

핀 모양 아이콘을 클릭해 [도구 상자] 창을 고정해 두면, 더 편하게 컨트롤을 드래그할 수 있습니다.

06 StackPanel의 속성을 설정합니다. StackPanel은 그리드의 1행 1열에 위치한 왼쪽 위 셀에 추가됩니다. 이제 가운데 맞춤과 여백을 설정하면 됩니다. [XAML 편집기]에서 **StackPanel 태그를 클릭**해서 선택한 다음 [속성] 창에서 [레이아웃] 속성을 다음처럼 수정합니다.

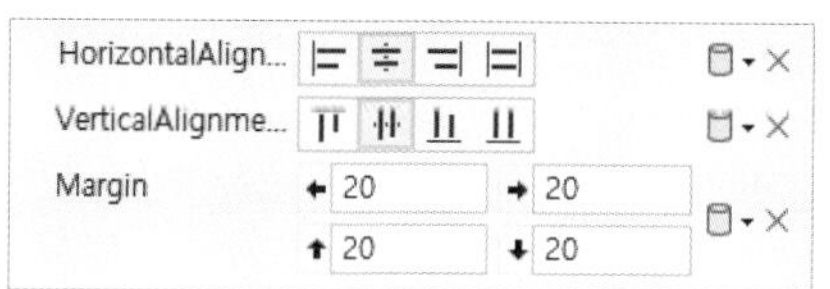

XAML 코드 편집기에서 컨트롤을 클릭하고 속성 창을 사용해서 속성을 변경하면, XAML 코드가 변경 사항에 따라 즉시 갱신됩니다.

XAML 코드의 StackPanel 태그가 다음과 같이 변경됩니다.

이 속성은 상하좌우 모든 여백이 20으로 설정됐다는 의미입니다. Margin 속성이 20인 경우에도 같은 의미입니다.

```
<StackPanel HorizontalAlignment="Center" VerticalAlignment="Center" Margin="20,20,20,20"/>
```

카드 뽑기 데스크톱 앱의 UI 배치하기 앱 마무리하기

사용자가 왼쪽에서 설정을 변경하고, 오른쪽에서 뽑은 카드를 확인할 수 있도록 카드 뽑기 앱의 UI를 배치해 봅시다. 왼쪽 위 셀에 있는 **StackPanel**에 Label과 Slider를 수직, 수평 방향으로 쌓아 배치하고, ListBox 컨트롤을 추가할 것입니다.

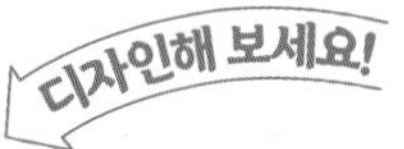

01 Label, Slider를 StackPanel에 추가합니다.

StackPanel은 컨테이너입니다. StackPanel은 비어 있으면 디자이너에 표시되지 않기 때문에 컨트롤을 StackPanel에 드래그하기가 어렵습니다. 다행히 속성을 추가하는 방법과 비슷하게 컨테이너에 컨트롤을 빠르게 추가할 수 있습니다.

```
</Grid.ColumnDefinitions>
<StackPanel HorizontalAlignment="Center" VerticalAlignment="Center" Mar
    System.Windows.Controls.StackPanel
```

← StackPanel을 클릭하세요.

StackPanel이 선택되어 있을 때 **[도구 상자] 창에서 Label을 더블 클릭하세요**. 그리고 같은 방식으로 **[도구 상자] 창에서 Slider를 찾아 더블 클릭**하세요. StackPanel 안에 Label과 Slider가 추가되고, [XAML 편집기]에 태그가 표시됩니다.

02 Label, Slider 컨트롤의 속성을 설정하세요.

- 디자이너에서 Label을 클릭하세요. [속성] 창에서 [공용] 항목을 펼치고 [Content] 속성에 'How many cards should I pick?'을 입력하세요. 그런 다음 [텍스트] 항목을 펼치고 폰트 크기를 '20px'로 설정하세요.
- **디자이너에서 슬라이더를 클릭하세요.** [이름] 속성에 'numberOfCards'를 입력해서 컨트롤의 이름을 변경합니다.
- [레이아웃] 항목에서 [자동으로 설정] 버튼을 눌러 [width] 속성을 재설정하세요.
- [공용] 항목을 펼치고 [AutoToolTipPlacement] 속성을 'TopLeft'로, [Maximum] 속성을 '15'로, [Minimum] 속성을 '1'로, [TickPlacement] 속성을 'BottomRight'로 설정합니다. 그런 다음[공용] 항목 하단의 [고급 속성 표시] 버튼을 클릭해서 추가 속성을 펼칩니다. [IsSnapToTickEnabled] 속성을 찾아 'True'로 설정하세요.
- [속성] 창에서 [브러시] 항목을 펼치고 **[Foreground]를 클릭한 다음 [브러시] 항목 하단의 [단색 브러시] 버튼을 클릭하세요**. 그러면 아래에 [색 편집기]가 나타납니다. 여기서 슬라이더의 전경색(foreground color)을 선택할 수 있습니다. [R], [G], [B]의 속성 값을 모두 '0'으로 설정하세요. Foreground 상자와 눈금(tick)이 검은색으로 설정됩니다.

[검색] 란에서 속성을 검색해도 됩니다.

수정한 XAML 코드의 내용은 다음과 같습니다. 디자이너로 작업하기가 어렵다면 [XAML 편집기]에서 XAML 코드를 직접 입력해도 됩니다.

```
<StackPanel HorizontalAlignment="Center" VerticalAlignment="Center" Margin="20,20,20,20">
    <Label Content="How many cards should I pick?" FontSize="20"/>
    <Slider x:Name="numberOfCards" Maximum="15" Minimum="1" AutoToolTipPlacement="TopLeft"
     TickPlacement="BottomRight" IsSnapToTickEnabled="True" Foreground="Black"/>
</StackPanel>
```

03 셀의 1행 2열에 Button을 추가합니다.

[도구 상자] 창에서 Button 컨트롤을 드래그해 그리드의 왼쪽 아래 셀에 놓고 속성을 설정합니다.

- [공용] 항목의 [Content] 속성에 'Pick some cards'를 입력합니다.
- [텍스트] 항목에서 폰트 크기를 '20px'로 설정합니다.
- [레이아웃] 항목에서 [Margin] 속성을 '0'으로 설정합니다. 그런 다음 [HorizontalAlignment] 속성과 [VerticalAlignment] 속성을 'Center'(과)로 설정합니다.

Button 컨트롤이 추가된 XAML 코드의 결과는 다음과 같습니다.

```
<Button Content="Pick some cards" HorizontalAlignment="Center" Grid.Row="1"
        VerticalAlignment="Center" FontSize="20" Width="Auto" Height="Auto"/>
```

04 창의 오른쪽 두 행의 공간을 차지할 ListBox를 추가합니다.

ListBox 컨트롤을 드래그해서 오른쪽 위 셀에 놓은 다음 속성을 설정합니다.

- 컨트롤의 이름을 변경하기 위해 [속성] 창 상단의 [이름] 속성에 'listOfCards'를 입력하세요.
- [텍스트] 항목에서 폰트 크기를 '20px'로 설정하세요.
- StackPanel 컨트롤과 마찬가지로 [레이아웃] 항목에서 [Margin] 속성을 '20'으로 설정하세요. 그런 다음 [Width], [Height], [HorizontalAlignment], [VerticalAlignment] 속성 옆의 드롭다운 버튼을 누르고 '다시 설정'을 클릭하세요.
- [Row] 속성을 '0'으로, [Column] 속성을 '1'로 설정하세요. 그런 다음 **[RowSpan] 속성을 '2'로 설정해서** ListBox가 오른쪽 열 1행과 2행의 공간을 모두 차지하도록 만드세요.

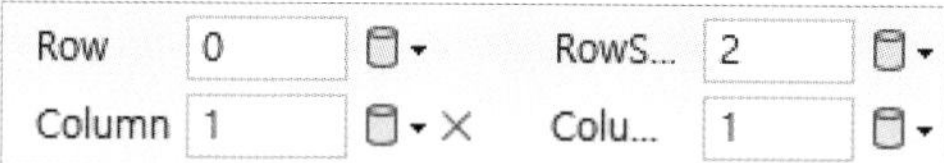

작업하고 난 ListBox 컨트롤의 XAML 코드는 다음과 같습니다.

```
<ListBox x:Name="listOfCards" Grid.Column="1" Grid.RowSpan="2"
     FontSize="20" Margin="20,20,20,20"/>
```

"20,20,20,20" 대신 "20"이어도 괜찮습니다. 둘은 동일한 의미입니다.

05 창 제목과 크기를 설정합니다.

비주얼 스튜디오에서 WPF 애플리케이션 프로젝트를 새로 생성할 때, 디자인 화면의 크기는 450×800px, 창 이름은 'Main Window'로 설정했습니다. 동물 짝 맞추기 게임을 만들었을 때처럼 창의 크기를 변경해 봅시다.

- [XAML 편집기]에서 <window> 태그 안의 Title="MainWindow" Height="450" Width="800" 부분을 찾습니다.
- Title을 'Card Picker'로 변경합니다.
- Height를 '300'으로 변경합니다.

수정한 코드는 다음과 같습니다.

```
Title="Card Picker" Height="300" Width="800"
```

06 Button 컨트롤에 Click 이벤트 처리기를 추가합니다.

1장에서 해 본 것처럼 방금 만든 'Pick some cards'라는 버튼을 더블 클릭하면, 비주얼 스튜디오가 'Button_Click'이라는 이름의 메서드를 추가합니다. 이 메서드를 Click 이벤트 처리기에 연결하는 코드를 작성해 보세요.

```
private void Button_Click(object sender, RoutedEventArgs e)
{
    string[] pickedCards = CardPicker.PickSomeCards((int)numberOfCards.Value);
    listOfCards.Items.Clear();
    foreach (string card in pickedCards)
    {
        listOfCards.Items.Add(card);
    }
}
```

XAML 코드에 결합된 C# 코드를 담고 있는 MainWindow.xaml.cs 파일은 코드 숨김 파일이라 불리며, 이 파일에는 이벤트 핸들러 메서드가 있습니다.

이제 앱을 실행해 봅시다. 슬라이더를 사용해 뽑을 카드의 숫자를 고르고, 버튼을 클릭해 뽑은 카드를 ListBox에 추가해 보세요. 잘했어요!

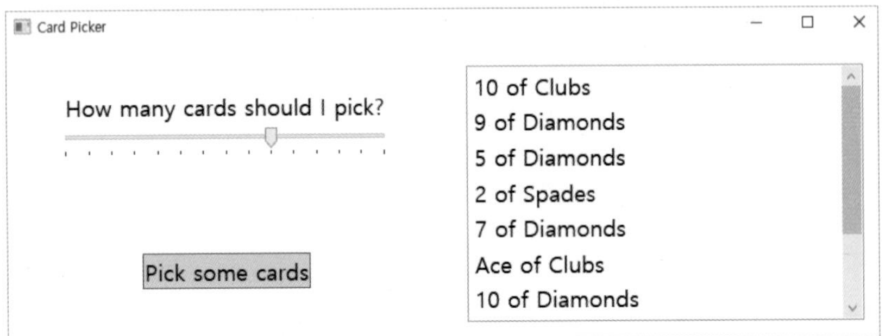

XAML 코드에 결합된 C# 코드 파일은 코드 숨김 파일이라 부르며, 이벤트 처리기 등의 코드를 포함합니다.

요점 정리

- **클래스**는 메서드를 가집니다. 메서드에는 특정한 작동을 수행하는 명령문들을 포함합니다. 잘 디자인된 클래스에는 알맞은 이름의 메서드가 있습니다.
- **메서드**는 반환 타입을 가질 수 있으며, 반환 타입은 메서드 선언부에서 지정합니다. 메서드 선언부가 int 키워드로 시작하면 그 메서드는 int 값을 반환합니다. return 37; 명령문은 int 값을 반환합니다.
- 메서드에 **반환 타입**이 있으면 이 메서드는 return 문을 사용해 반환 타입과 일치하는 값을 반환해야 합니다. 메서드 선언부에 string 반환 타입이 지정되어 있으면, 메서드에 string을 반환하는 return 문을 넣어야 합니다.
- 메서드의 코드가 실행되는 도중에 **return 문**을 만나면 프로그램은 이 메서드를 호출한 명령문으로 돌아가서 그 다음 명령문을 실행합니다.
- 반환 타입이 없는 메서드도 있습니다. public void로 시작하는 메서드 선언문을 가진 메서드는 값을 반환하지 않습니다. 하지만 return 문을 사용해서 void 메서드에서 빠져나갈 수 있습니다. 다음 코드를 보세요.

```
if (finishedEarly) {return;}
```

- 개발자는 같은 코드를 여러 프로그램에서 재사용하곤 합니다. 클래스는 코드를 재사용하기 쉽게 해 줍니다.
- [XAML 편집기]에서 컨트롤을 [속성] 창에서 선택된 컨트롤의 속성을 수정할 수 있습니다.

애나의 프로토타입은 멋집니다, 그런데...

코드 재사용 방식 알아보기

애나는 게임 속 플레이어가 외계인, 해적, 좀비, 살인 광대, 무엇에 쫓기든 간에, 동일하게 Enemy 클래스를 사용해서 적의 행동을 구현할 수 있다는 것을 알게 됐습니다. 이제 게임의 모양이 차차 갖춰지고 있네요.

더 많은 적이 필요하면 어떻게 하나요?

애나가 프로토타입 게임에 더 많은 적을 넣어야겠다고 생각하기 전까지는 모든 게 괜찮았습니다. 이제 두 번째, 세 번째 적을 게임에 추가하려면 어떻게 해야 될까요?
애나는 Enemy 클래스 코드를 복사해서 클래스 파일을 2개 더 만들 수도 있습니다. 그러면 애나가 만든 프로그램은 이 메서드를 사용해서 3개의 적을 제어할 수 있겠죠. 이론적으로는 말이죠.... 그런데 이게 코드 재사용이 맞나요?
저기, 애나. 이 아이디어 어때요?

맞는 말입니다. 만약 좀비가 10마리 필요하다면 어떻게 해야 할까요? 동일한 내용의 클래스 10개를 만드는 것은 전혀 실용적인 방법이 아니겠네요

Enemy1
SearchForPlayer
SpottedPlayer
CommunicatePlayerLocation
StopSearching
CapturePlayer

Enemy2
SearchForPlayer
SpottedPlayer
CommunicatePlayerLocation
StopSearching
CapturePlayer

Enemy3
SearchForPlayer
SpottedPlayer
CommunicatePlayerLocation
StopSearching
CapturePlayer

장난해요? 각각의 적에 동일한 내용의 서로 다른 클래스를 사용하는 것은 끔찍한 발상이네요. 만약 적이 더 필요하다면 어떻게 하려고요?

동일한 코드를 따로 관리하는 것은 정말 귀찮습니다

프로그래밍에서 만나는 문제는 대체로 어떤 대상을 프로그램 속에서 여러 번 표현해야 하는 것입니다. 이 게임에서는 적이, 음악 앱이라면 곡이, 소셜 미디어 앱이라면 연락처나 아이디가 그런 대상이 될 수 있겠죠. 이런 예시에는 공통점이 하나 있습니다. 곡이나 연락처 같은 대상이 프로그램 안에서 얼마나 많이 쓰이느냐와 상관없이 동일한 종류의 대상들을 동일한 방식으로 다뤄야 한다는 점입니다. 더 나은 해결책이 있는지 한번 살펴봅시다.

객체를 사용해 애나의 문제 풀어 보기

객체를 소개합니다.

객체(object)는 다수의 비슷한 대상을 다뤄야 할 때 사용할 수 있는 개념입니다. 객체를 사용하면 애나의 프로젝트에서 Enemy 클래스 코드를 한 번만 작성해도 Enemy 클래스를 다른 곳에서도 몇 번이고 사용할 수 있습니다.

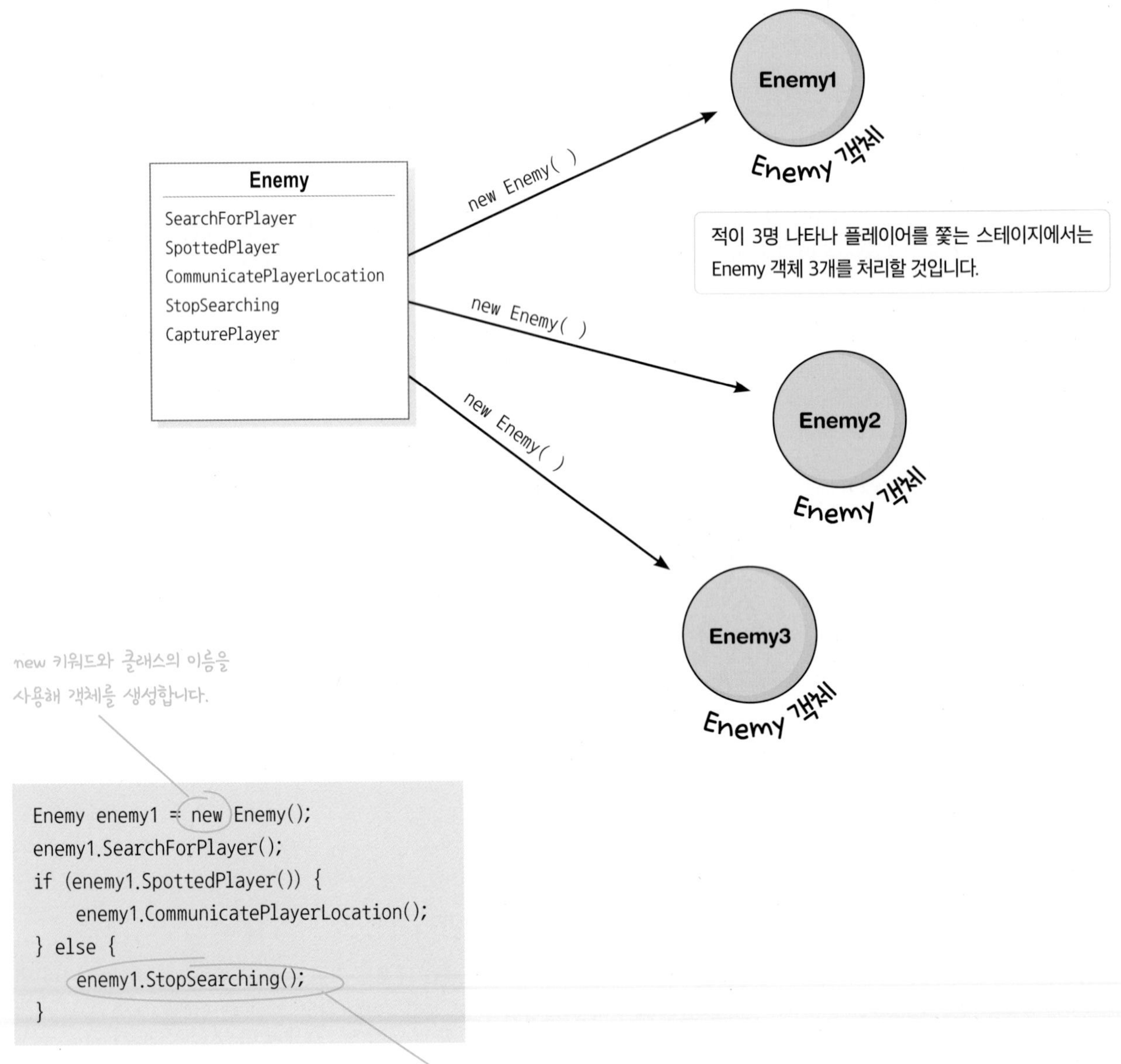

Enemy
SearchForPlayer
SpottedPlayer
CommunicatePlayerLocation
StopSearching
CapturePlayer
new Enemy( )
new Enemy( )
new Enemy( )
Enemy1
Enemy 객체
적이 3명 나타나 플레이어를 쫓는 스테이지에서는 Enemy 객체 3개를 처리할 것입니다.
Enemy2
Enemy 객체
Enemy3
Enemy 객체
new 키워드와 클래스의 이름을 사용해 객체를 생성합니다.
Enemy enemy1 = new Enemy();
enemy1.SearchForPlayer();
if (enemy1.SpottedPlayer()) {
enemy1.CommunicatePlayerLocation();
} else {
enemy1.StopSearching();
}
이렇게 객체를 사용할 수 있습니다! 클래스에서 객체를 생성하면 객체는 해당 클래스의 메서드를 가지게 됩니다.

클래스를 사용해 객체 생성하기

클래스는 객체의 **청사진(blueprint)**에 해당합니다. 여러분이 부동산 개발업자고 똑같은 모양의 집 5채를 짓는다고 해 보죠. 건축 설계사에게 청사진을 5개 다 요구할 필요는 없을 것입니다. 청사진 하나만 있으면 집 5채에 모두 적용할 수 있을 테니까요.

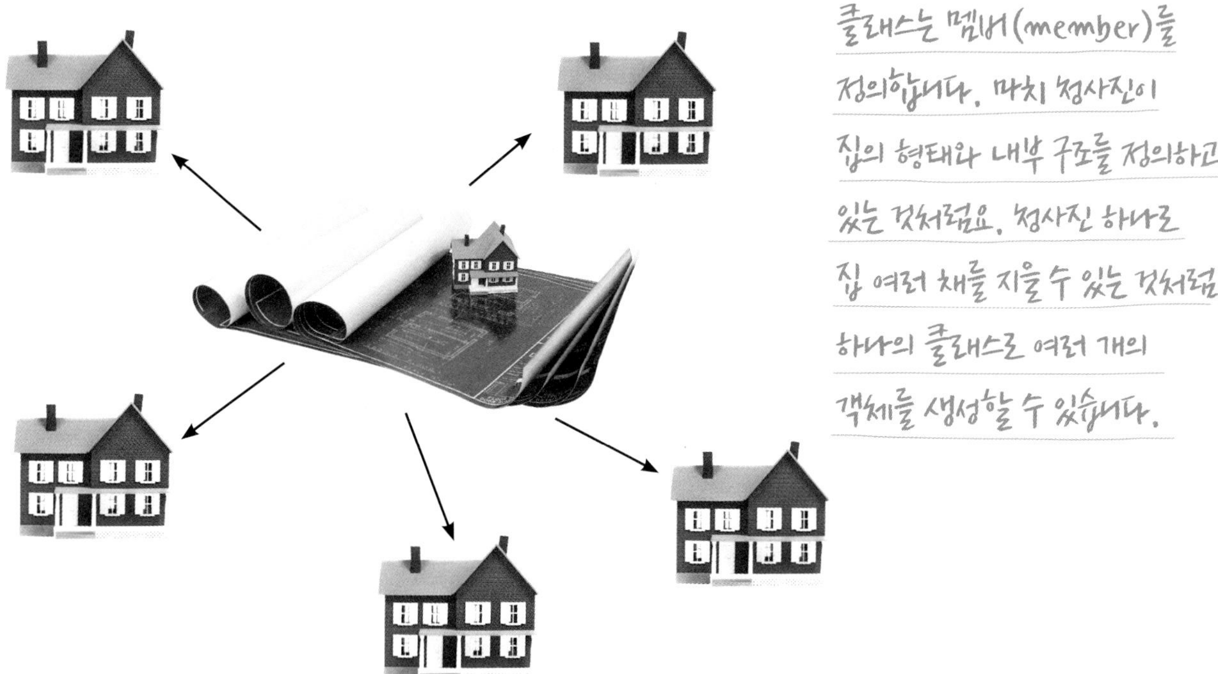

클래스는 멤버(member)를 정의합니다. 마치 청사진이 집의 형태와 내부 구조를 정의하고 있는 것처럼요. 청사진 하나로 집 여러 채를 지을 수 있는 것처럼, 하나의 클래스로 여러 개의 객체를 생성할 수 있습니다.

객체는 클래스의 메서드를 가진다

클래스를 작성한 후 **new 문**을 사용해 객체를 원하는 대로 생성할 수 있습니다. 객체를 생성하면 클래스의 메서드는 모두 객체의 일부가 됩니다.

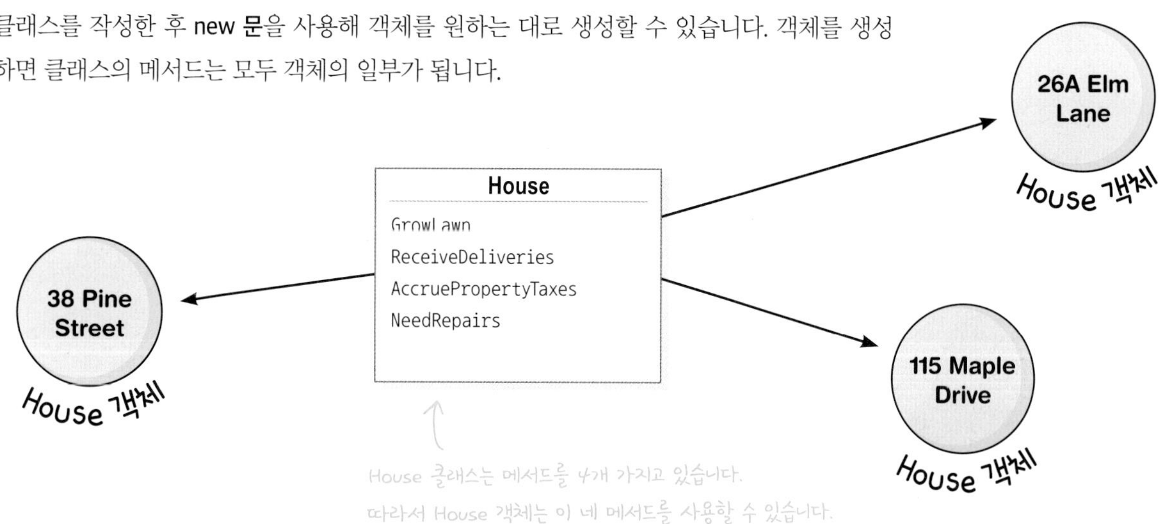

클래스로부터 만든 새 객체, 인스턴스

객체로 코드 개선하기

new 키워드를 사용해 객체를 생성할 수 있습니다. 그런 다음에는 변수에 객체를 할당해 그 변수를 사용하면 되죠. House나 Enemy 같은 클래스를 int나 bool과 같은 변수 타입으로 사용해 변수를 선언하면 됩니다.

> 인스턴스(instance) [명사]
>
> **어떤 사례 또는 무언가(사건 등)의 발생.**
> 비주얼 스튜디오의 찾기 및 바꾸기 기능은 모든 단어의 인스턴스를 찾아 다른 단어로 변경합니다.

실행 전: 프로그램을 막 시작했을 때 컴퓨터 메모리의 모습입니다.

프로그램이 new 문을 실행합니다.

실행 후: 이제 메모리에 House 클래스의 인스턴스가 생겼습니다.

```
House mapleDrive115 = new House();
```

이 new 문은 새 House 객체를 생성하고 mapleDrive115라는 변수에 객체를 할당합니다.

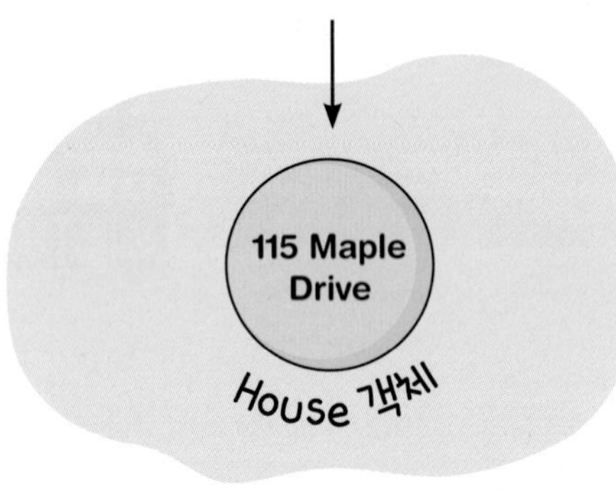

new 키워드가 눈에 익은데요. 이거 이전에 살펴봤나요?

네! 이전에 이미 인스턴스를 생성해 본 적이 있죠

동물 짝 맞추기 게임으로 돌아가서 이 코드를 다시 한번 살펴보세요.

```
Random random = new Random();
```

Random 클래스의 인스턴스를 생성한 다음, 인스턴스의 Next() 메서드를 호출했죠. 이제 CardPicker 클래스에서 new 문을 살펴보세요. 여러분은 이미 객체를 사용하고 있었습니다!

애나를 위해 가져온 해결책, 객체

애나는 프로젝트에 있는 코드를 복사해서 지저분한 중복 코드를 만드는 대신에 객체를 사용해서 Enemy 클래스의 코드를 재사용할 수 있게 됐습니다. 애나가 어떻게 문제를 해결했는지 살펴볼까요?

흠, 이 배열은 클래스 안에서 생성됐지만 메서드 바깥에 있네요. 이게 어떻게 된 것일까요?

01 게임의 스테이지를 나타내는 Level 클래스를 만들고, enemies라는 변수에 Enemy 배열을 만들어 적 객체를 저장해 둡니다. 카드와 동물 이모지를 string 배열에 저장했던 것과 비슷하죠.

```
public class Level {
    Enemy[] enemyArray = new Enemy[3];
```

클래스의 이름을 사용해서 클래스 인스턴스 배열을 선언합니다.

new 키워드를 사용해서 Enemy 객체 배열을 생성합니다. string 배열도 이렇게 생성했죠.

02 반복문을 사용해서 new 문을 여러 번 호출합니다. 게임의 스테이지에서 사용할 Enemy 클래스 인스턴스를 생성하고 enemies 배열에 추가합니다.

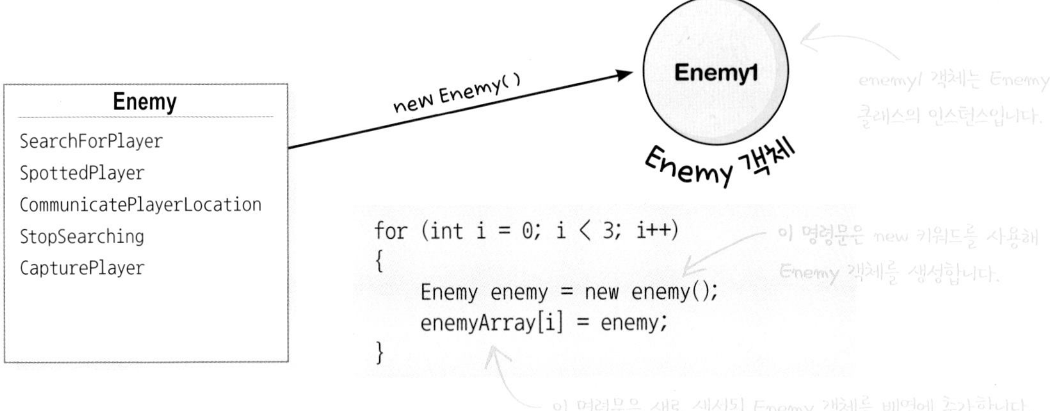
Enemy
SearchForPlayer
SpottedPlayer
CommunicatePlayerLocation
StopSearching
CapturePlayer
new Enemy( )
Enemy1
Enemy 객체
enemy1 객체는 Enemy 클래스의 인스턴스입니다.
이 명령문은 new 키워드를 사용해 Enemy 객체를 생성합니다.
이 명령문은 새로 생성된 Enemy 객체를 배열에 추가합니다.

```
for (int i = 0; i < 3; i++)
{
    Enemy enemy = new enemy();
    enemyArray[i] = enemy;
}
```

03 적의 행동을 구현하기 위해 게임에서 프레임이 바뀔 때마다 각 Enemy 인스턴스의 메서드를 호출합니다.

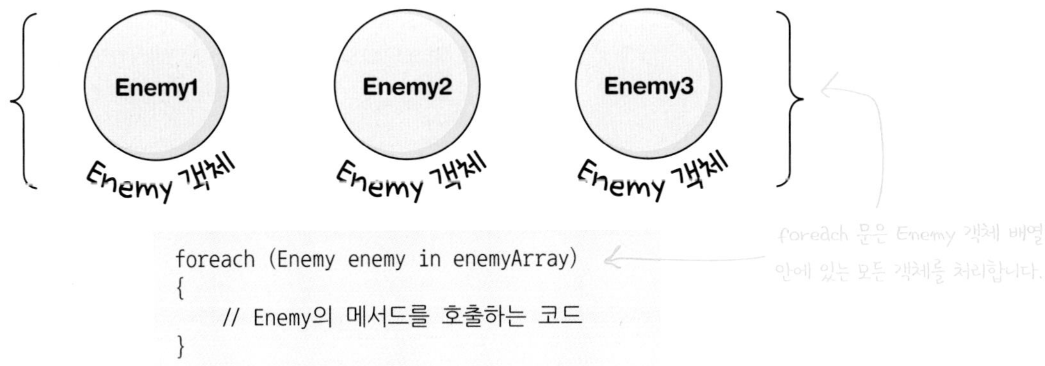
Enemy1
Enemy 객체
Enemy2
Enemy 객체
Enemy3
Enemy 객체
foreach 문은 Enemy 객체 배열 안에 있는 모든 객체를 처리합니다.

```
foreach (Enemy enemy in enemyArray)
{
    // Enemy의 메서드를 호출하는 코드
}
```

클래스의 인스턴스를 생성하는 것을 클래스를 인스턴스화(instantiating)한다고 합니다.

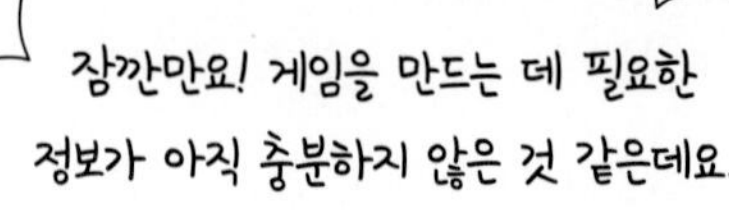

잠깐만요! 게임을 만드는 데 필요한
정보가 아직 충분하지 않은 것 같은데요.

맞아요, 이걸로는 어림없죠

게임 프로토타입 중에서는 정말 간단한 것도 있긴 하지만 실제로는 많이 복잡합니다. 하지만 복잡한 프로그램이나 간단한 프로그램이나 **똑같은 패턴을 따라** 만들어집니다. 애나의 게임 프로그램은 실제로 객체가 어떻게 사용되는지 보여 주기 위한 하나의 예시입니다. 그리고 이런 예시가 게임 개발에만 적용되는 것은 아닙니다! 여러분이 어떤 프로그램을 만들든지 간에, 애나의 프로그램에서 객체를 사용한 것과 동일한 방식으로 객체를 사용할 것입니다. 방금 살펴본 예는 객체와 인스턴스의 개념에 익숙해지기 위한 시작점이었습니다. 여러분은 앞으로 **더 많은 예제**를 접할 것이고, 이 개념은 매우 중요하므로 다음 장을 학습할 때도 다시 살펴보겠습니다.

이론과 실제

이 책에서 앞으로 계속해서 보게 될 패턴이 있습니다. 이 책은 먼저 개념이나 아이디어를 몇 장에 걸쳐 소개하고, 그림과 짧은 코드 조각을 통해 아이디어를 설명합니다. 이때 여러분은 프로그램을 어떻게 작동시킬지에 대한 걱정은 잠시 접어 두고, 제시된 개념에 집중하면 됩니다.

```
House mapleDrive115 = new House();
```

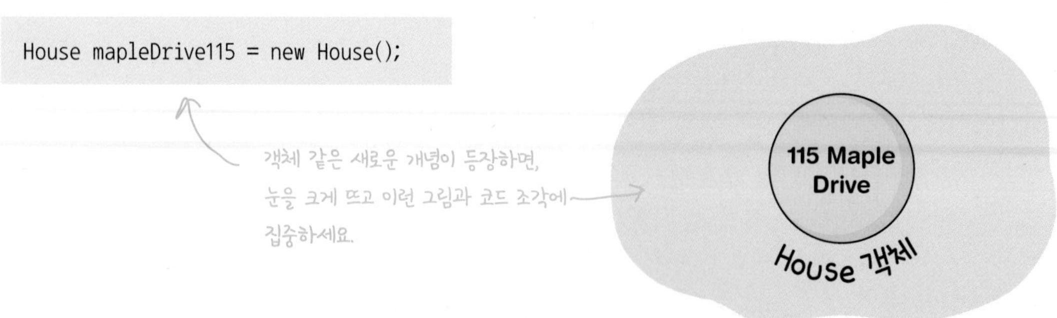

객체 같은 새로운 개념이 등장하면,
눈을 크게 뜨고 이런 그림과 코드 조각에
집중하세요.
115 Maple Drive
House 객체

쓰면서 제대로 공부하기

이제 객체가 어떻게 작동하는지 감을 잡았을 테니, CardPicker 클래스로 돌아와서 Random 클래스에 대해 더 알아봅시다.

1. 커서를 메서드의 아무 코드에 놓고, [Enter] 키를 눌러 새 명령문을 입력합니다. 'random.'을 입력해 보세요. 마침표를 입력하면 [인텔리센스] 창이 나타나면서 메서드를 표시합니다. 각 메서드 옆에는 큐브 아이콘( )이 붙어 있습니다. 메서드 이름을 살펴보면서, 다음 Random 클래스의 클래스 다이어그램을 채워 봅시다.

Random
Equals GetHashCode GetType
ToString

2. 새 double 배열을 생성해서 randomDoubles 변수에 할당하는 코드를 작성한 다음 for 문을 사용해 배열에 20개의 double 값을 추가해 봅시다. 0과 같거나 크고, 1보다는 작은 임의의 부동 소수점(floating-point) 숫자를 추가해야 합니다. [인텔리센스] 창을 사용하면 여러분의 코드에 Random 클래스에서 어떤 메서드를 사용해야 하는지 결정하는 데 도움이 됩니다.

```
Random random =
double[] randomDoubles = new double[20];

{
        double value =

}
```

중괄호를 포함해서 빠진 코드를 채워야 합니다. 명령문을 완성하고 나머지 코드를 작성하세요.

이제 객체가 어떻게 작동하는지 감을 잡았을 테니, CardPicker 클래스로 돌아와서 Random 클래스에 대해 더 알아봅시다.

1. 커서를 메서드의 아무 코드에 놓고, [Enter] 키를 눌러 새 명령문을 입력합니다. 'random.'을 입력해 보세요. 마침표를 입력하면 [인텔리센스] 창이 나타나면서 메서드를 표시합니다. 각 메서드 옆에는 큐브 아이콘()이 붙어 있습니다. 메서드 이름을 살펴보면서, 다음 Random 클래스의 클래스 다이어그램을 채워 봅시다.

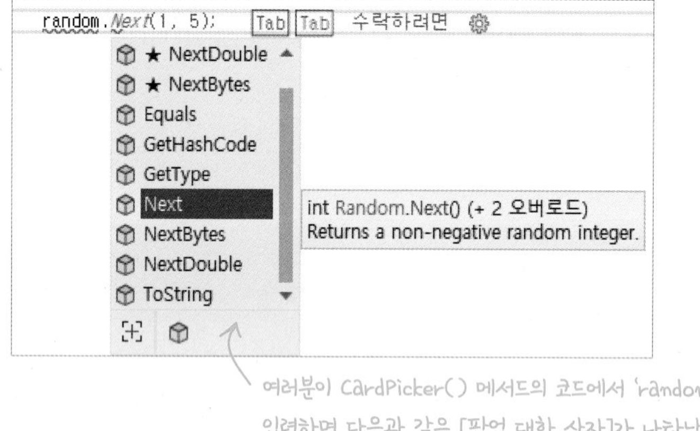

여러분이 CardPicker() 메서드의 코드에서 'random.'을 입력하면 다음과 같은 [팝업 대화 상자]가 나타납니다.

double Random.NextDouble()
Returns a random floating-point number that is greater than or equal to 0.0, and less than 1.0.
★ 이 컨텍스트를 기반으로 한 IntelliCode 제안

[인텔리센스] 창에서 'NextDouble'을 선택하면 메서드에 대한 설명이 표시됩니다.

2. 새 double 배열을 생성해서 randomDoubles 변수에 할당하는 코드를 작성한 다음 for 문을 사용해 배열에 20개의 double 값을 추가해 봅시다. 0과 같거나 크고, 1보다는 작은 임의의 부동 소수점(floating-point) 숫자를 추가해야 합니다. [인텔리센스] 창을 사용하면 여러분의 코드에 Random 클래스에서 어떤 메서드를 사용해야 하는지 결정하는 데 도움이 됩니다.

```
Random random = new Random();
double[] randomDoubles = new double[20];
for (int i = 0; i < 20; i++)
{
    double value = random.NextDouble();
    randomDoubles[i] = value;
}
```

CardPicker 클래스에서 사용한 코드와 비슷합니다.

필드를 사용해 인스턴스의 상태 기록하기

클래스에서 필드를 어떻게 사용하는지도 살펴봤습니다. 다음처럼 CardPicker 클래스에서 static 키워드를 사용해 필드를 선언했죠.

```
static Random random = new Random();
```

이 명령문에서 static 키워드를 빼면 어떻게 될까요? 그러면 이 필드는 **인스턴스 필드**가 돼서 클래스를 인스턴스화할 때마다 자신만의 필드를 가지게 됩니다. 클래스 다이어그램에 필드를 그려 넣을 때, 가로로 선을 하나 더 그어서 구분합니다. 선 위에 오는 것은 필드이고, 선 아래에 오는 것은 메서드입니다.

이 클래스 다이어그램은 필드를 포함합니다. 클래스의 인스턴스는 자신의 상태를 저장하기 위해 각 인스턴스마다 고유한 필드를 가집니다.

Class
필드1 필드2 필드3
메서드1 메서드2 메서드3

클래스 다이어그램은 클래스의 모든 필드와 메서드를 포함합니다. 필드와 메서드를 뭉뚱그려 클래스 멤버(class member)라고 부르곤 합니다.

메서드는 객체의 행동을 나타내고, 필드는 객체의 상태를 나타냅니다

애나의 프로토타입에서 Enemy 클래스의 인스턴스 3개를 생성할 때, 각 객체는 게임에 존재하는 서로 다른 적을 표현했습니다. 모든 인스턴스는 저마다 다른 데이터를 유지합니다. enemy2 인스턴스의 필드 값을 변경해도, enemy1이나 enemy3 인스턴스에는 아무런 영향을 주지 않습니다.

Enemy
LastLocationSpotted
SearchForPlayer SpottedPlayer CommunicatePlayerLocation StopSearching CapturePlayer

애나가 만든 게임에 존재하는 적들은 각각의 필드를 사용해서 마지막으로 플레이어가 있었던 위치를 저장합니다.

Level 클래스가 Enemy 객체의 상태를 저장하기 위해 배열을 사용했던 것을 기억하나요? 그 배열이 바로 필드입니다!

Level
Enemies
ResetEnemies

객체의 작동은 메서드로 정의되고, 객체는 필드를 사용해 자신의 상태를 관리합니다.

Random 인스턴스를 생성할 때는
new 키워드를 사용했는데, CardPicker
클래스의 인스턴스는 생성한 적이 없네요.
객체를 생성하지 않고도 메서드를
호출할 수 있는 것인가요?

그렇습니다! 그래서 선언부에서 static 키워드를 사용했습니다

CardPicker 클래스의 처음 코드 몇 줄을 다시 한번 살펴봅시다.

```
internal class CardPicker {
    static Random random = new Random();
    public static string PickSomeCards(int numberOfCards)
```

static 키워드를 사용해 클래스의 필드나 메서드를 선언하면 인스턴스 없이도 이 클래스 멤버에 접근할 수 있습니다.

```
CardPicker.PickSomeCards(numberOfCards)
```

PickSomeCards() 메서드 선언에서 static을 제거하면 CardPicker의 인스턴스를 만들어야 메서드를 호출할 수 있습니다. 이런 차이점만 제외하면 static 메서드는 객체 메서드와 비슷합니다. 인수(argument, * **역주** 메서드를 호출해 매개 변수가 메서드 안으로 전달되면, 메서드 안에서 이 변수를 인수라고 부릅니다)를 받고, 값을 반환하는 클래스의 일부죠.

필드가 static일 경우 **필드의 사본은 오직 하나만 존재합니다. 그래서 모든 인스턴스가 이 필드를 공유할 수 있죠.** CardPicker의 인스턴스 여러 개를 만들었을 때, 이들 인스턴스는 동일한 random 필드를 공유할 수 있습니다. 클래스 전체를 static으로 선언하면 클래스의 **모든 멤버가 static으로 선언돼야 합니다.** 정적 클래스(static class)에 정적 메서드(static method)가 아닌 메서드를 추가하면 프로그램 빌드에 실패합니다.

static 필드는 1개의 사본만 존재하며 모든 인스턴스가 공유합니다.

무엇이든 물어보세요!

Q&A

Q1 어떤 것을 정적(static)이라고 말하면 그 대상이 변하지 않는 무엇이라는 것처럼 들리는데요. 비정적(non-static) 메서드가 변하는 무엇이라면, 정적 메서드는 변하지 않는 것인가요? 비정적 메서드와 정적 메서드는 서로 다른 방식으로 작동하나요?

A1 아뇨, 정적 메서드와 비정적 메서드는 완전히 동일합니다. 유일한 차이점은 정적 메서드는 인스턴스가 필요 없다는 것이고, 비정적 메서드는 인스턴스가 필요하다는 것이죠.

Q2 그렇다면 인스턴스를 만들어야 클래스를 사용할 수 있는 것인가요?

A2 정적 메서드를 사용할 수도 있지만, 클래스에 비정적 메서드가 있다면 인스턴스를 만들어야 해당 메서드를 사용할 수 있겠죠.

Q3 그렇다면 왜 굳이 인스턴스가 필요한 메서드를 사용해야 하죠? 그냥 모든 메서드를 정적 메서드로 만들면 안 되나요?

A3 자신의 상태를 데이터 형태로 기록하는 객체가 필요할 때가 있기 때문입니다. 앞서 애나의 Enemy 클래스가 적의 상태를 기록한 것처럼요. 각 객체의 상태에 접근하기 위해 인스턴스 메서드를 사용할 수 있습니다. 애나의 게임에서 enemy2 인스턴스의 StopSearching() 메서드를 호출하게 되면, 결과적으로 적 하나만 탐색을 중단하게 됩니다. enemy1과 enemy3 객체는 아무 영향을 받지 않고 탐색을 계속하겠죠. 이런 방식으로 애나는 여러 적이 포함된 게임 프로토타입을 만들 수 있고, 이 게임은 여러 적들의 상태를 한꺼번에 추적할 수 있습니다.

쓰면서 제대로 공부하기

다음 코드는 콘솔에 텍스트 몇 줄을 출력하는 콘솔 앱의 코드입니다. Clown 클래스는 두 필드 Name과 Height, 그리고 TalkAboutYourself() 메서드를 가지고 있습니다. 코드를 살펴보고, 어떤 텍스트가 콘솔에 출력될지 적어 보세요.

Clown 클래스의 클래스 다이어그램과 코드는 다음과 같습니다.

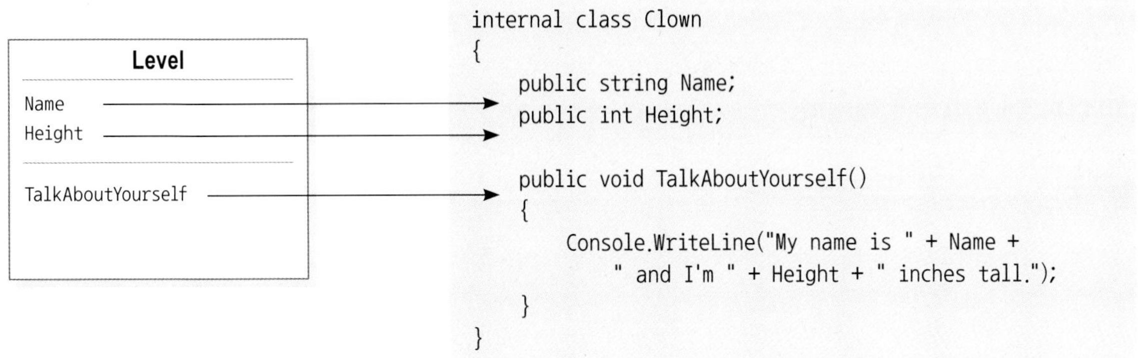

여기 콘솔 앱의 메인 메서드가 있습니다. 주석에 적힌 출력 결과 예시를 보고, 코드의 빈칸을 채워 보세요.

```
static void Main(string[] args) {
    Clown oneClown = new Clown();
    oneClown.Name = "Boffo";
    oneClown.Height = 14;
    oneClown.TalkAboutYourself(); // My name is _________ and I'm ______ inches tall.

    Clown anotherClown = new Clown();
    anotherClown.Name = "Biff";
    anotherClown.Height = 16;
    anotherClown.TalkAboutYourself(); // My name is _________ and I'm ______ inches tall.

    Clown clown3 = new Clown();
    clown3.Name = anotherClown.Name;
    clown3.Height = oneClown.Height - 3;
    clown3.TalkAboutYourself(); // My name is _________ and I'm ______ inches tall.

    anotherClown.Height *= 2;
    anotherClown.TalkAboutYourself(); // My name is _________ and I'm ______ inches tall.
}
```

*= 연산자는 왼쪽 변수에 오른쪽 값을 곱하고 왼쪽 변수에 다시 할당합니다. 결과적으로 Height 필드에 2가 곱해집니다. 그럼 실제 콘솔 앱을 만들어서 직접 실행해 보세요. 프로젝트 만드는 방법은 앞에서 전부 설명했습니다.

고마운 기억 공간, 힙

힙에 데이터 넣기

프로그램이 객체를 생성하면, 이 객체는 **힙(heap)**이라 불리는 컴퓨터의 기억 공간에 저장됩니다. new 문을 사용해 객체를 생성할 때, C#은 힙에 공간을 예약해서 객체의 데이터를 저장할 수 있도록 만듭니다.

프로그램이 새로운 객체를 만들면 그 객체는 힙에 추가됩니다.

다음 그림은 프로그램이 시작되기 전 힙의 모습입니다. 비어 있죠.

쓰면서 제대로 공부하기 정답

프로그램이 콘솔에 출력한 결과는 다음과 같습니다. 'SharpenYourPencil'이라는 이름으로 콘솔 앱을 직접 만들고 'Clown'이라는 이름의 새 C# 클래스를 추가합니다. 앞 장의 Clown 클래스의 코드를 추가하세요. Main( ) 메서드의 코드를 완성한 다음 디버거를 사용해 한 단계씩 실행해 보세요.

```
static void Main(string[] args) {
    Clown oneClown = new Clown();
    oneClown.Name = "Boffo";
    oneClown.Height = 14;
    oneClown.TalkAboutYourself(); // My name is  Boffo  and I'm  14  inches tall.

    Clown anotherClown = new Clown();
    anotherClown.Name = "Biff";
    anotherClown.Height = 16;
    anotherClown.TalkAboutYourself(); // My name is  Biff  and I'm  16  inches tall.

    Clown clown3 = new Clown();
    clown3.Name = anotherClown.Name;
    clown3.Height = oneClown.Height - 3;
    clown3.TalkAboutYourself(); // My name is  Biff  and I'm  11  inches tall.

    anotherClown.Height *= 2;
    anotherClown.TalkAboutYourself(); // My name is  Biff  and I'm  32  inches tall.
}
```

디버거를 사용해 한 단계씩 실행해 보면, 이 명령어를 실행하고 나서 Height 필드의 값이 14로 바뀌는 것을 볼 수 있습니다.

이 명령어는 처음의 oneClown 인스턴스의 Height 필드에 clown3 인스턴스의 Height 값을 할당합니다.

프로그램의 마음에는 무엇이 있나?

이 객체는 Clown 클래스의 인스턴스입니다.

"Boffo"
14
Clown 객체 #1

<쓰면서 제대로 공부하기>에서 진행한 프로젝트를 더 살펴봅시다. Main() 메서드의 첫 번째 줄은 사실 두 명령문을 하나로 합친 것입니다.

```
Clown oneClown = new Clown();
```

이 명령문은 Clown 타입의 oneClown 변수를 선언합니다.

이 명령문은 새 객체를 생성해서 oneClown 변수에 할당합니다.

그러면 각 명령어 묶음을 실행한 후 힙의 상태를 하나씩 살펴봅시다.

```
// 이 명령문들은 Clown 인스턴스를 생성하고
// 인스턴스의 필드 값을 설정합니다.
Clown oneClown = new Clown();
oneClown.Name = "Boffo";
oneClown.Height = 14;
oneClown.TalkAboutYourself();
```

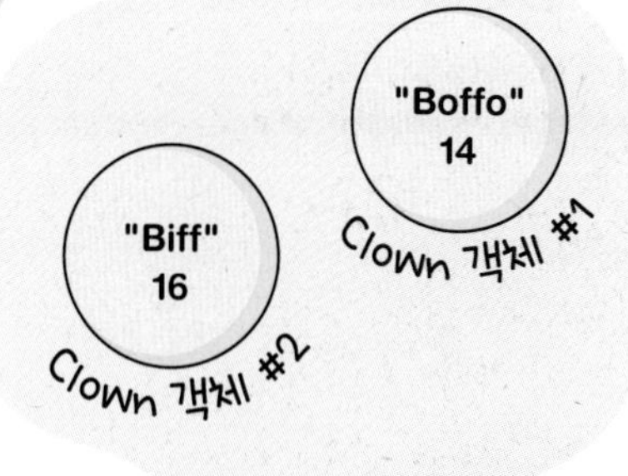


```
// 이 명령문들은 두 번째 Clown 객체를 인스턴스화하고
// 객체의 데이터를 채웁니다.
Clown anotherClown = new Clown();
anotherClown.Name = "Biff";
anotherClown.Height = 16;
anotherClown.TalkAboutYourself();
```

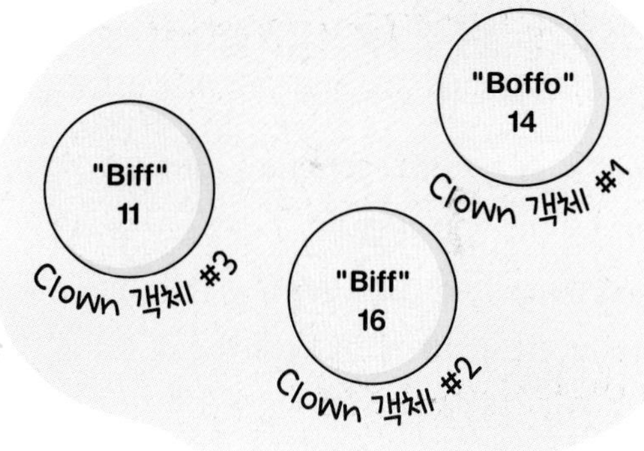


```
// 세 번째 Clown 객체를 인스턴스화하고
// 다른 두 인스턴스의 데이터를 사용해
// 새 인스턴스의 필드 값을 설정합니다.
Clown clown3 = new Clown();
clown3.Name = anotherClown.Name;
clown3.Height = oneClown.Height - 3;
clown3.TalkAboutYourself();
```

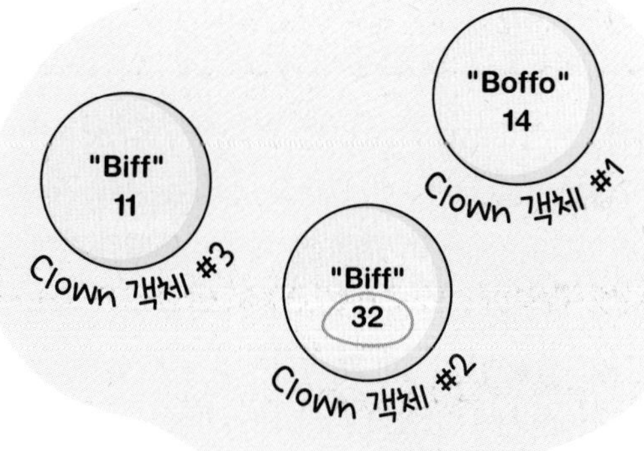


```
// new 키워드를 사용하지 않았음을 눈여겨보세요.
// 새 객체를 생성하지 않고
// 이미 메모리에 있는 객체의 필드를 변경합니다.
anotherClown.Height *= 2;
anotherClown.TalkAboutYourself();
```

읽기 어려운 코드

이해할 수 있는 메서드 만들기

개발자는 종종 의식하지 못한 채로, 어떻게 코드의 구조를 만들지 결정을 내리곤 합니다. 특정한 일을 처리하기 위해 메서드 한 개를 호출해야 하나요? 메서드 하나를 여러 메서드로 분리해야 하나요? 새로운 메서드를 꼭 만들어야 하나요? 메서드를 만들 때 충분히 주의를 기울이지 않고 결정을 내리면 복잡한 코드를 만들게 될 수 있습니다.
다음 코드를 살펴보세요. 이 군더더기 없는 코드는 막대 사탕을 생산하는 기계의 제어 프로그램 중 일부입니다.

```
int t = m.chkTemp();
if (t > 160) {
    T tb = new T();
    tb.clsTrpV(2);
    ics.Fill();
    ics.Vent();
    m.airsyschk();
}
```

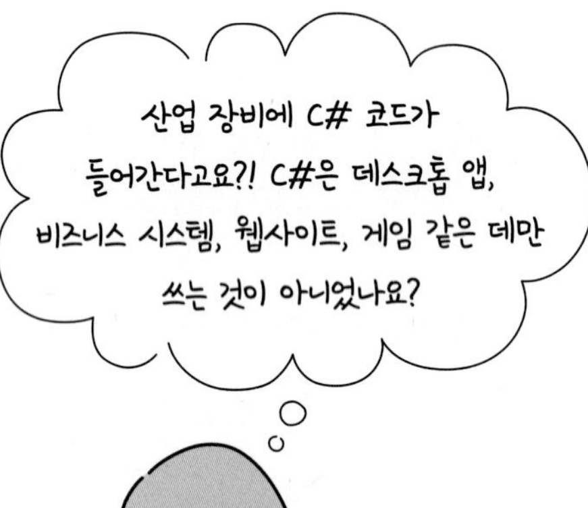

산업 장비에 C# 코드가
들어간다고요?! C#은 데스크톱 앱,
비즈니스 시스템, 웹사이트, 게임 같은 데만
쓰는 것이 아니었나요?

극단적으로 조밀한 코드는 문제가 될 수 있습니다

코드를 살펴보세요. 이 코드가 무슨 일을 하는지 파악할 수 있나요? 코드의 의미를 모르겠다고 해서 실망할 필요는 없습니다. 이것은 읽기 어려운 코드니까요. 이 코드가 읽기 어려운 이유를 몇 가지 들어 보면 다음과 같습니다.

- tb, ics, m 같은 변수명이 있네요. 대체 무슨 이름인가요! 대체 무엇을 하는 변수들인지 알 수가 없네요. T 클래스는 또 뭐죠?
- chkTemp() 메서드는 정수를 반환합니다. 근데 이게 뭐죠? 어쩌면 온도(Temperature)를 체크(Check)하는 것 같기도 한데...
- clsTrpV() 메서드는 매개 변수를 1개 가지고 있군요. 그렇다면 이 매개 변수는 무엇일까요? 왜 값이 2죠? t > 160은 또 뭐죠?

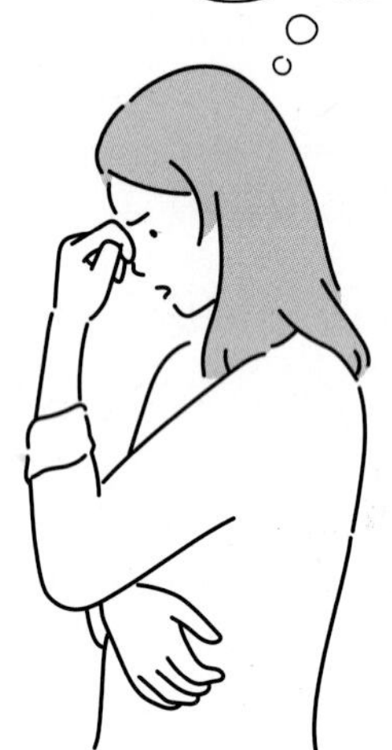

C#과 .NET은 정말로 모든 곳에 쓰입니다

라즈베리 파이(Raspberry PI)를 알고 있나요? 라즈베리 파이는 단일 보드로 구성된 저렴한 컴퓨터입니다. 그리고 이런 컴퓨터는 다양한 기계 장비에 탑재되죠. 윈도우 IoT(Internet of Things) 덕에 라즈베리 파이에서 C# 코드를 구동할 수 있습니다. 관심이 있다면 프로토타이핑용 무료 버전을 살펴보세요.
.NET IoT 앱을 더 자세히 알고 싶다면 다음 웹 페이지에서 찾아볼 수 있습니다.
https://dotnet.microsoft.com/apps/iot

코드에는 매뉴얼이 따라오지 않습니다

앞에서 살펴본 코드에서는 해당 코드가 각각 무슨 일을 하는지 힌트가 전혀 없었습니다. 이 경우 개발자는 코드를 메서드 하나에 몰아넣고 결과가 도출된다는 것에 만족했겠죠. 하지만 코드를 그저 조밀하게만 만들면 쓸모가 없습니다! 코드를 여러 메서드로 분리해서 어떤 작동을 하는지 알기 쉽게 만들고, 클래스의 이름을 이해하기 쉽게 지어 봅시다.

먼저 코드가 무슨 일을 하는지부터 파악해 보죠. 다행히 우리는 이 코드가 **임베디드 시스템(embedded system)**의 한 부분, 사탕을 만드는 대형 기계 시스템의 일부분이라는 것을 이미 알고 있습니다. 또한 코드에 대한 다음과 같은 문서가 있습니다. 이 문서는 원래 시스템을 만들 때 개발자가 사용한 매뉴얼입니다.

General Electronics 타입 5 사탕 제조기 매뉴얼

자동화된 시스템을 사용해 사탕 용액의 온도를 3분마다 체크해야 합니다. 온도가 160°C를 넘으면 사탕 용액이 너무 뜨거운 상태이므로, CICS(Candy Isolation Cooling System, 사탕 분리 냉각 시스템) 순환 과정을 수행해야 합니다.
CICS 과정은 다음과 같습니다.

- 2번 터빈의 트립 스로틀 밸브(터빈 엔진 내의 유체의 흐름을 제어하는 밸브)를 닫습니다.
- 냉각 시스템에 물을 채웁니다.
- 물을 순환시킵니다.
- 시스템의 자동 공기 확인 과정을 초기화합니다.

프로그램이 무슨 일을 하는지 어떻게 알아낼 수 있을까요? 모든 코드에는 이유가 있습니다. 그 이유를 알아내는 것이 여러분의 몫이죠! 이 경우에는 다행히 개발자가 사용한 매뉴얼이 있네요.

이제 이 코드가 어떤 일을 하는지 알려 주는 매뉴얼과, 우리가 가진 읽기 어려운 코드를 비교해 보겠습니다. 주석문을 추가해 두면 코드가 어떤 일을 하는지 파악하는 데 도움이 됩니다.

```
/* 이 코드는 3분마다 온도를 체크합니다.
 * 160도가 넘으면 냉각 시스템을 순환시켜야 합니다.
 */
int t = m.chkTemp();
if (t > 160) {
    // 터빈의 제어 시스템을 가져옵니다.
    T tb = new T();

    // 2번 터빈의 스로틀 밸브를 닫습니다.
    tb.clsTrpV(2);

    // 냉각 시스템에 물을 채우고 순환시킵니다.
    ics.Fill();
    ics.Vent();

    // 시스템의 자동 공기 확인 과정을 초기화합니다.
    m.airsyschk();
}
```

코드에 줄 바꿈 문자를 추가해서 읽기 편하게 만들 수 있습니다.

뇌 단련

주석문 작성은 좋은 시작입니다. 이 코드를 더 이해하기 쉽게 만들 다른 방법이 또 있을까요?

직관적인 클래스와 메서드 이름 사용하기

읽을 수 있는 코드로 쉬워지는 코딩

매뉴얼의 내용은 코드를 이해하는 데 큰 도움이 됐습니다. 이 매뉴얼은 또한 어떻게 하면 코드 자체를 이해하기 쉬운 코드로 만들지 힌트를 주고 있습니다. 다음 주석문을 한번 살펴보죠.

```
/* 이 코드는 3분마다 온도를 체크합니다.
 * 160도가 넘으면 냉각 시스템을 순환시켜야 합니다.
 */
int t = m.chkTemp();
if (t > 160) {
```

이 주석문은 많은 내용을 시사합니다.

이제 왜 변수 t가 160을 넘는지 확인하는 조건 검사가 있는지 알게 됐습니다. 매뉴얼에 따르면 온도가 160도를 넘으면 사탕 용액이 너무 뜨겁다는 의미입니다. 그렇다면 t는 temperature(온도)의 앞글자겠네요. m은 사탕 제조기를 제어하는 클래스이고, 정적 메서드를 사용해 사탕 용액의 온도와 공기 시스템을 확인하는 일을 하는 것으로 보입니다.

이제 온도 체크 부분을 메서드로 만들고, 클래스와 메서드의 이름을 더 명확하게 변경하겠습니다. 먼저 앞의 주석문 두 줄을 사탕 용액이 너무 뜨거울 때 true를, 그렇지 않을 때는 false 값을 반환하는 새로운 메서드로 작성하겠습니다.

```
/// <summary>
/// 사탕 용액의 온도가 160도가 넘는지 확인합니다.
/// </summary>
public bool IsNougatTooHot() {
    int temp = CandyBarMaker.CheckNougatTemperature();
    if (temp > 160) {
        return true;
    } else {
        return false;
    }
}
```

CandyBarMaker가 대문자 C로 시작하는 것을 볼 수 있습니다. 클래스 이름은 대문자로 시작하고 변수 이름은 소문자로 시작하도록 규칙을 정하면 정적 메서드와 인스턴스 메서드의 호출을 쉽게 구분할 수 있습니다.

클래스 이름을 'CandyBarMaker'로, 메서드 이름을 'CheckNougatTemperature'로 변경하면 코드를 이해하기 더 쉬워집니다.

IDE 팁 **메서드와 필드의 XML 문서**

'///' 주석문을 XML 문서 주석(XML document comments)라고 하며, 이 주석문은 문서화에 사용됩니다. 비주얼 스튜디오는 XML 문서를 추가하기 위한 기능을 제공합니다. 메서드가 시작하는 코드 바로 윗줄에 커서를 놓고 슬래시 3개를 입력해 보세요. 그러면 문서화를 위한 빈 템플릿이 표시됩니다. 해당 메서드에 매개 변수와 반환 타입이 있다면 <param>과 <returns> 태그 또한 각각 표시됩니다. CardPicker 클래스를 다시 열어 PickSomeCards() 메서드의 윗줄에 ///를 입력하세요. 빈 XML 문서 템플릿이 추가되면 템플릿을 채워 보고, [인텔리센스] 창에 이 내용이 나타나는지 확인해 보세요.

```
/// <summary>
/// 카드를 여러 장 뽑고 반환합니다.
/// </summary>
/// <param name="numberOfCards">뽑을 카드의 수.</param>
/// <returns>카드 이름이 포함된 문자열의 배열.</returns>
```

```
string[] CardPicker.PickSomeCards(int numberOfCards)
여러 장의 카드를 뽑고 반환합니다.

반환 값:
  카드 이름이 포함된 문자열의 배열.
```

필드에도 XML 문서를 추가할 수 있습니다. 필드 윗줄에 커서를 놓고 '///'를 입력해 보세요. 이 필드가 [인텔리센스] 창에 표시될 때 <summary> 다음 내용이 나타납니다.

매뉴얼에는 사탕 용액이 너무 뜨거울 경우 사탕 분리 냉각 시스템(CICS) 순환 과정을 수행하라고 되어 있습니다. 그러니 이 과정을 처리하는 메서드를 추가하고, T 클래스가 터빈을 제어하고, ics 클래스가 분리 냉각 시트셈을 제어하는 코드임을 알 수 있도록 더 명확한 이름을 지어 줍시다. 또 두 정적 메서드가 시스템에 물을 채우고 순환시키는 코드임을 알 수 있게 수정합니다. 그리고 클래스와 메서드 이름의 대소문자를 정리해 봅시다.

```
/// <summary>
/// 사탕 분리 냉각 시스템(CICS) 순환 과정을 수행합니다.
/// </summary>
public void DoCICSVentProcedure() {
    TurbineController turbines = new TurbineController();
    turbines.CloseTripValve(2);
    IsolationCoolingSystem.Fill();
    IsolationCoolingSystem.Vent();
    Maker.CheckAirSystem();
}
```

메서드의 반환 타입이 void로 선언됐다면 이 메서드는 값을 반환하지 않으며 return 문을 사용할 필요가 없다는 의미입니다. 2장에서 작성한 메서드는 모두 void 키워드를 사용했습니다.

IsNougatTooHot(), DoCICSVentProcedure() 메서드를 추가했으니, **이해하기 어렵던 원래 코드를 메서드 하나로 다시 작성해 봅시다.** 이 메서드가 하는 일을 명확히 알 수 있는 이름으로 지어 봅시다.

```
/// <summary>
/// 이 코드는 3분마다 온도를 체크합니다.
/// 온도가 160도가 넘으면 냉각 시스템을 순환시켜야 합니다.
/// </summary>
public void ThreeMinuteCheck() {
    if (IsNougatTooHot() == true) {
        DoCICSVentProcedure();
    }
}
```

새로운 메서드는 TemperatureChecker라는 클래스에 포함했습니다. 클래스 다이어그램은 다음과 같습니다.

TemperatureChecker
ThreeMinuteCheck DoCICSVentProcedure IsNougatTooHot

이제 더 직관적인 코드가 됐네요! 사탕 용액이 뜨거울 때 CICS 순환 과정을 수행해야 한다는 사실을 모르는 사람이 이 코드를 읽더라도 **무슨 일을 해야 하는지 명확히 알 것입니다.**

클래스 다이어그램을 사용해 미리 클래스 그려 보기

클래스 다이어그램은 코드 작성을 시작하기 전에 코드를 설계할 수 있는 유용한 도구입니다. 다이어그램 위에 클래스의 이름을 적고, 그 아래에 각각의 메서드를 적으면 클래스 전체를 한눈에 살펴볼 수 있습니다. 코드의 청사진을 그려 보면 사용하기 어려운 코드인지, 또는 이해하기 어렵게 설계하지 않았는지 미리 파악해 볼 수 있습니다.

잠깐만요, 이거 정말 흥미로운데요!
코드를 이곳저곳 수정하고 나니 코드가 정말 읽기 쉬워졌어요.
하는 일은 완전히 동일한데 말이죠.

그렇습니다.
이처럼 코드의 기능은 그대로 유지하면서 구조를 수정하는 일을 리팩터링(refactoring)이라고 합니다

훌륭한 개발자는 시간을 많이 들이지 않고도 이해하기 쉬운 코드를 작성합니다. 주석문도 도움이 되긴 하지만 메서드, 클래스, 변수, 필드의 이름을 직관적으로 짓는 것이 가장 중요합니다.

프로그램이 풀려는 문제를 깊게 고민해야 이해하기 쉽고 작성하기도 쉬운 코드를 만들 수 있습니다. 메서드의 이름을 직관적으로 이해할 수 있다면 이 코드는 해석하기도 쉽고, 이 코드로 다른 코드를 작성하기도 훨씬 수월할 것입니다.

어떤 코드를 작성하든 처음부터 완벽하지는 않습니다. 그래서 능력 있는 개발자는 **코드를 지속적으로 리팩터링**합니다. 그들은 코드 덩어리를 메서드로 분리하면서 적절한 이름을 지어 주고, 변수의 이름을 수정합니다. 코드가 100% 명확하게 느껴지지 않는다면 그들은 시간을 들여 리팩터링합니다. 고수 개발자는 리팩터링에 시간을 투자할 만한 가치가 있다고 생각합니다. 다른 코드를 쉽게 추가할 수 있기 때문입니다.

쓰면서 제대로 공부하기

다음 클래스에는 중대한 설계 결함이 있습니다. 각각의 클래스가 잘못된 점을 적어 보고, 어떻게 고칠 수 있을지도 적어 보세요.

Class23

CandyBarWeight
PrintWrapper
GenerateReport
Go

이 클래스는 앞서 살펴본 사탕 제조 시스템의 일부입니다.

DeliveryGuy

AddAPizza
PizzaDelivered
TotalCash
ReturnTime

DeliveryGirl

AddAPizza
PizzaDelivered
TotalCash
ReturnTime

다음 두 클래스는 피자 가게가 배달 추적을 위해 사용하는 시스템의 일부입니다.

CashRegister

MakeSale
NoSale
PumpGas
Refund
TotalCashInRegister
GetTransactionList
AddCash
RemoveCash

CashRegister 클래스는 편의점의 자동 결제 시스템이 사용하는 프로그램의 일부입니다.

다음은 클래스를 수정한 결과입니다. 물론 여기서 제시한 답만이 정답은 아닙니다. 클래스가 어떻게 사용될지에 따라 다양한 다른 방법으로 클래스를 설계할 수 있습니다.

이 클래스는 앞서 살펴본 사탕 제조 시스템의 일부입니다.

Class23이라는 클래스 이름은 이 클래스가 무슨 일을 하는지 알려 주지 않습니다.
또한, Class23.Go() 메서드를 호출하는 코드는 대체 무슨 일을 하는지 알 수가 없죠.
그래서 다음과 같이 이름을 변경해 클래스와 메서드의 의도를 보여 줬습니다.
MakeTheCandy라고 이름을 변경했지만, 다른 이름을 적어도 문제가 되지 않습니다.
해당 클래스의 기능이 명확히 보인다면 말이죠.

CandyMaker
CandyBarWeight PrintWrapper GenerateReport MakeTheCandy

다음 두 클래스는 피자 가게가 배달 추적을 위해 사용하는 시스템의 일부입니다.

DeliveryGuy 클래스와 DeliveryGirl 클래스는 피자를 배달하는 배달원을
추적하는 동일한 일을 처리합니다. 이 두 클래스는 성별 필드를 추가한
클래스 하나로 대체하는 것이 더 나은 설계일 수 있습니다.

DeliveryPerson
~~Gender~~
AddAPizza PizzaDelivered TotalCash ReturnTime

여기서는 성별(Gender) 필드를 추가하지 않기로 결정했습니다.
피자 배달 클래스에서 딱히 피자 배달부의 성별을 알아야 할 이유가 없기 때문입니다.
개인 정보 보호 문제의 소지도 있고요! 코드에 사람의 편견이 들어갈 수도 있다는 점 또한 주의하세요.

CashRegister 클래스는 편의점의 자동 결제 시스템이 사용하는 프로그램의 일부입니다.

클래스의 모든 메서드는 금전 출납기가 처리하는 일을 수행합니다. 상품을 판매하고,
판매 기록을 조회하고, 현금을 투입하는 일 등이죠. 하지만 휘발유 주입(PumpGas)은
금전 출납기가 처리하는 일이 아니므로 다른 클래스로 옮기는 것이 나은 선택입니다.

CashRegister
MakeSale NoSale Refund TotalCashInRegister GetTransactionList AddCash RemoveCash

Code 팁 직관적인 클래스를 설계하는 방법

다시 코드를 작성해 봅시다. 이 책을 따라 하면 코드를 많이 작성하게 될 것입니다. 그 말인즉, 수많은 클래스를 만들어야 한다는 의미죠. 클래스의 설계를 결정할 때 염두에 두어야 할 몇 가지를 다음과 같이 정리했습니다.

프로그램은 문제를 해결하기 위해 작성합니다.

시간을 들여 해결할 문제에 대해 고민해 보세요. 문제를 여러 부분으로 쉽게 분리할 수 있나요? 다른 사람에게 이 문제를 어떻게 설명할 것인가요? 이런 고민은 클래스를 설계할 때 좋은 양분이 됩니다.

실제로 누가 이 프로그램을 사용하나요?

동물원에서 동물들의 식사 시간을 관리하는 프로그램이 있다면 이 프로그램은 여러 종류의 먹이와 동물 유형에 대한 클래스를 가지고 있을 것입니다.

클래스와 메서드의 이름을 명확히 하세요.

클래스와 메서드의 이름만 보고도 이들이 무슨 일을 하는지 파악할 수 있어야 합니다.

여러 클래스가 서로 유사성이 없는지 확인하세요.

종종 비슷한 클래스들을 하나로 합칠 수도 있습니다. 생각해 보세요. 사탕 제조 시스템에는 서너 개의 터빈이 포함되어 있지만, 트립 밸브를 잠그는 메서드는 하나뿐이었고, 이 메서드는 터빈 번호를 매개 변수로 받았었죠.

쉬어 가기 코드를 작성하다가 막히더라도 괜찮습니다. 사실 그것은 좋은 징조예요!

코드 작성은 문제 해결의 한 과정이고, 까다로울 때도 종종 있습니다. 하지만 다음과 같은 몇 가지 문제를 기억해 두면 코딩이 더 편하게 느껴질 수 있습니다.

- 괄호나 따옴표를 빼먹는 문법 오류를 저지르기 쉽습니다. 중괄호를 하나만 생략해도 수많은 빌드 오류가 발생할 수 있죠. 생각보다 간단한 오류로 코드가 돌아가지 않을 수도 있다는 것을 기억하세요.
- 한 문제를 가지고 계속 끙끙거리느니 정답을 보는 것이 훨씬 낫습니다. 문제를 고민만 한다면 무언가를 배우기 어렵습니다.
- 이 책의 모든 코드는 비주얼 스튜디오 2022에서 제대로 실행되는지 테스트했습니다. 하지만 소문자 L 대신 숫자 1을 입력하는 식의 실수로 글자를 잘못 입력할 수도 있으니 유의하세요.
- 프로젝트 빌드가 실패한다면 이 책의 GitHub 저장소에서 소스 코드를 다운로드해서 빌드해 보세요. 이 책에서 다루는 소스 코드는 GitHub 저장소(https://github.com/head-first-csharp/fourth-edition/tree/master/Code)에 대부분 업로드되어 있습니다.

코드를 읽으면서 많은 것을 배울 수 있습니다. 코딩 연습 도중에 문제가 생기면 정답을 보는 것을 주저하지 마세요. 이것은 부정 행위가 아니니까요!

두 사람의 상호작용을 위한 클래스 만들기

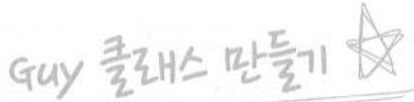

Joe와 Bob은 서로에게 돈을 빌려주는 사이입니다. Joe와 Bob이 가진 돈을 관리하는 클래스를 한번 만들어 봅시다. 무엇을 만들지 요약하면 다음과 같습니다.

01 Guy 클래스 인스턴스를 2개 만듭니다.

joe, bob이라는 이름의 Guy 변수를 사용해서 인스턴스를 저장할 것입니다. 힙에 인스턴스를 생성하고 나면 다음과 같은 모습이 됩니다.

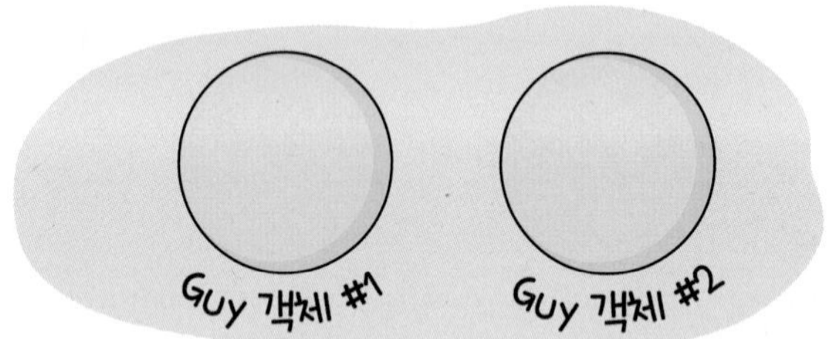

Guy
Name Cash
WriteMyInfo GiveCash ReceiveCash

메서드 이름은 무엇을 하는지 파악할 수 있도록 정했습니다. Guy 객체의 GiveCash() 메서드를 사용하면 다른 Guy 객체에게 돈을 줄 수 있으며, ReceiveCash() 메서드로는 다른 Guy 객체에게 돈을 받을 수 있습니다.

02 Guy 객체의 Cash, Name 필드의 값을 설정합니다.

두 객체는 두 사람을 나타내며, 각자의 이름과 주머니에 돈이 얼마나 있는지 나타내는 필드를 가지고 있습니다. 각각의 객체는 Name 필드를 사용해 이름을 저장하고, Cash 필드를 사용해 주머니에 돈이 얼마나 있는지 나타냅니다.

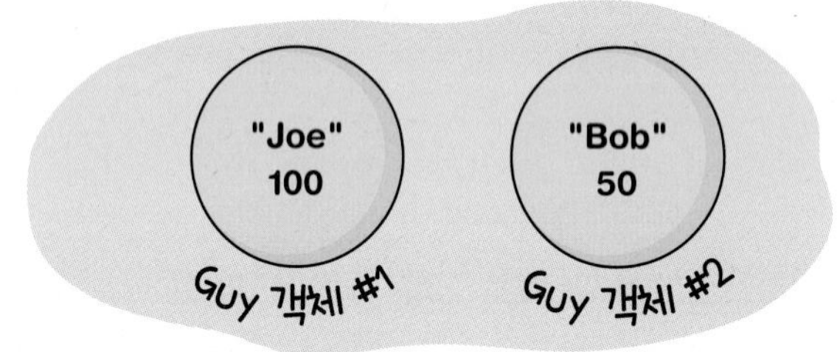

03 돈을 주고받는 데 사용할 메서드를 추가합니다.

GiveCash() 메서드를 사용해 한 사람의 주머니에서 돈을 꺼내고(Cash 필드의 값 감소), 이 돈을 반환하도록 할 것입니다. 또한, ReceiveCash() 메서드를 사용해 돈을 받아 한 사람의 주머니에 넣고(Cash 필드의 값 증가), 이 돈을 반환하도록 할 것입니다.

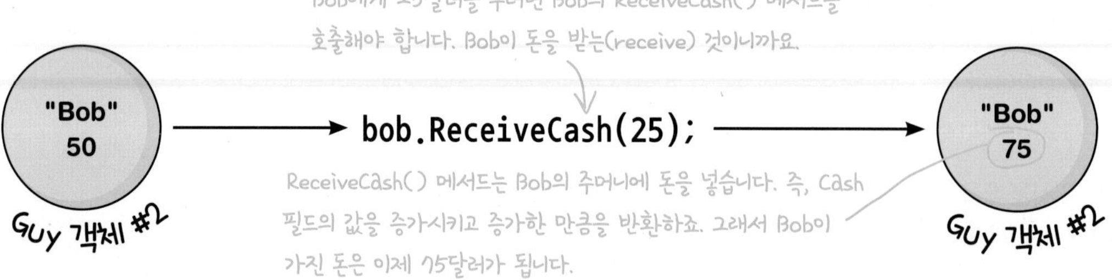

```
internal class Guy
{
    public string Name;
    public int Cash;

    /// <summary>
    /// 이 사람의 이름과 가진 돈을 콘솔에 출력합니다.
    /// </summary>
    public void WriteMyInfo()
    {
        Console.WriteLine(Name + " has " + Cash + " bucks.");
    }

    /// <summary>
    /// 돈을 주기 위해 이 사람의 지갑에서 돈을 꺼냅니다.
    /// 돈이 부족하면 메시지를 출력합니다.
    /// </summary>
    /// <param name="amount">줄 돈의 금액</param>
    /// <returns>
    /// 줄어든 돈의 금액.
    /// 돈이 부족하거나 금액이 유효하지 않은 경우 0을 반환합니다.
    /// </returns>
    public int GiveCash(int amount)
    {
        if (amount <= 0)
        {
            Console.WriteLine(Name + " says: " + amount + " isn't a valid amount");
            return 0;
        }
        if (amount > Cash)
        {
            Console.WriteLine(Name + " says: " +
                "I don't have enough cash to give you " + amount);
            return 0;
        }
        Cash -= amount;
        return amount;
    }

    /// <summary>
    /// 돈을 받아서 지갑에 넣습니다.
    /// 금액이 유효하지 않을 경우 메시지를 출력합니다.
    /// </summary>
    /// <param name="amount">줄 돈의 금액</param>
    public void ReceiveCash(int amount)
    {
        if (amount <= 0)
        {
            Console.WriteLine(Name + " says: " + amount + " isn't an amount I'll take");
        }
        else
        {
            Cash += amount;
        }
    }
}
```

Name, Cash 필드는 사람의 이름과 그 사람이 가진 돈의 금액을 저장합니다.

객체 자기 자신에 대한 설명을 콘솔에 출력하는 일 같은 특정한 작업을 객체가 수행하도록 할 수 있습니다.

GiveCash와 ReceiveCash() 메서드는 돈을 주거나 받을 때 금액이 유효한지 확인합니다. 이렇게 해서 금액이 음수인 돈을 받아 결과적으로 돈이 줄어드는 일을 막을 수 있습니다.

이 코드에 있는 주석문을 Guy 객체의 클래스 다이어그램 및 그림과 비교해 봅시다. 처음에 살펴보고 무언가 말이 안 되는 것 같다면 이해가 갈 때까지 충분히 오래 생각해 보세요.

객체를 쉽게 초기화하는 C# 코드

인스턴스를 제대로 시작하는 법

객체를 생성할 때는 대개 어떤 식으로든 초기화해야 합니다. Guy 객체 또한 예외가 아니며 Name과 Cash 필드의 값을 설정하지 않으면 이 객체는 의미가 없습니다. 필드를 꼭 초기화해야 하는 경우가 일반적이며, C#에는 초기화를 위한 객체 이니셜라이저(object initializer)라는 단축 문법이 있습니다. 이 기능은 비주얼 스튜디오의 [인텔리센스] 창을 통해 쉽게 사용할 수 있습니다.

객체 이니셜라이저는 코드를 작성하는 시간을 절약해 주는 동시에 간결하고 읽기 쉬운 코드를 만들 수 있게 해 줍니다. 또한 코드 작성을 보조해 줍니다.

연습해 봅시다. Guy 객체를 2개 생성합니다. 다음과 같이 new 키워드를 사용하고 명령문 두 줄로 필드 값을 설정할 수 있습니다.

```
joe = new Guy();
joe.Name = "Joe";
joe.Cash = 50;
```

이 구문 대신 다음 명령문을 입력해 보세요.

```
Guy joe = new Guy() {
```

여는 중괄호({)를 입력하면 [인텔리센스] 창이 나타나면서 초기화할 수 있는 필드가 표시됩니다.

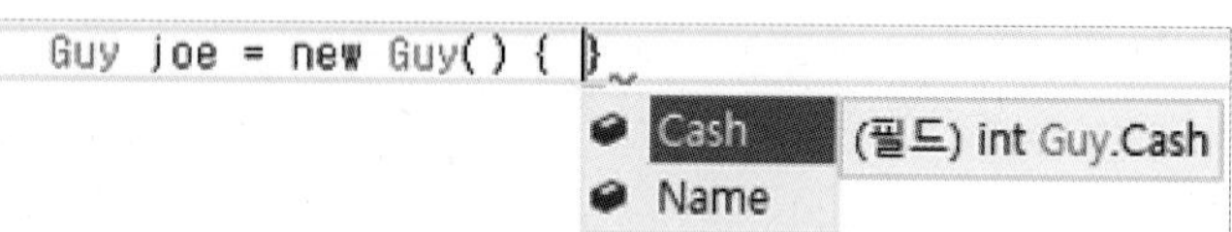

Cash 필드를 선택하고 50으로 설정한 다음, 콤마(,)를 입력합니다.

```
Guy joe = new Guy() { Cash = 50,
```

[스페이스 바] 키를 누르세요. 또 다시 [인텔리센스] 창이 나타나면서 아직 설정되지 않은 필드가 표시됩니다.

```
Guy joe = new Guy() { Cash = 50, | }
```

Name (필드) string Guy.Name

Name 필드의 값을 설정하고 세미콜론(;)을 입력하세요. 그러면 객체를 초기화하는 명령문 한 줄이 완성됩니다.

```
Guy joe = new Guy() { Cash = 50, Name = "Joe" };
```

이 새로운 선언문은 처음 살펴본 코드 세 줄과 같은 기능을 하지만 더 짧고 읽기 쉽습니다.

이제 Guy 클래스의 두 인스턴스를 사용하는 콘솔 앱을 빌드하기 위한 조각이 모두 갖춰졌습니다. 실행 결과는 이와 같습니다.

```
Joe has 50 bucks.
Bob has 100 bucks.
Enter an amount:37
Who should give the cash: Bob
Joe has 87 bucks.
Bob has 63 bucks.
Enter an amount:
```

먼저 이 코드는 Guy 객체의 WriteMyInfo() 메서드를 호출합니다. 그런 다음 금액을 입력받은 후 누가 돈을 줄지 입력받습니다. 그러면 한 쪽 Guy 객체의 GiveCash() 메서드를 호출하고, 다른 Guy 객체의 ReceiveCash() 메서드를 호출합니다. 이 프로그램은 사용자가 빈 줄을 입력할 때까지 계속 실행됩니다.

연습 문제

다음 코드는 Guy 객체가 돈을 서로 주고받는 콘솔 앱의 Main() 메서드입니다. 이 연습 문제에서는 주석문을 읽고 주석문이 있던 자리에 실제 작동하는 코드를 채워 넣어야 합니다. 작성이 끝난 코드는 바로 앞 페이지에서 살펴본 프로그램과 동일한 실행 결과를 보여 줘야 합니다.

모든 주석의 내용을 실제 작동하는 코드로 교체하세요.

```
static void Main(string[] args)
{
    // Guy 객체를 만들어 joe라는 변수에 할당합니다.
    // Name 필드의 값을 "Joe"로 설정합니다.
    // Cash 필드의 값을 50으로 설정합니다.

    // Guy 객체를 만들어 bob이라는 변수에 할당합니다.
    // Name 필드의 값을 "Bob"으로 설정합니다.
    // Cash 필드의 값을 100으로 설정합니다.

    while (true)
    {
        // 각 Guy 객체의 WriteMyInfo() 메서드를 호출합니다.
        Console.Write("Enter an amount: ");
        string howMuch = Console.ReadLine();
        if (howMuch == "") return;
        // int.TryParse를 사용해 howMuch 문자열을 int로 변환해 봅니다.
        // 변환이 성공했는지 확인합니다.
        {
            Console.Write("Who should give the cash: ");
            string whichGuy = Console.ReadLine();
            if (whichGuy == "Joe")
            {
                // joe 객체의 GiveCash() 메서드를 호출하고 결과를 저장합니다.
                // bob 객체의 ReceiveCash() 메서드에 저장된 결과를 매개 변수로 넘겨주며 호출합니다.
            }
            else if (whichGuy == "Bob")
            {
                // bob 객체의 GiveCash 메서드를 호출하고 결과를 저장합니다.
                // joe 객체의 ReceiveCash 메서드에 저장된 결과를 매개 변수로 넘겨주며 호출합니다.
            }
            else
            {
                Console.WriteLine("Please enter 'Joe' or 'Bob'");
            }
        }
        else
        {
            Console.WriteLine("Please enter an amount (or a blank line to exit).");
        }
    }
}
```

연습 문제 정답

수정된 콘솔 앱의 Main() 메서드는 다음과 같습니다. 다음 코드는 무한 루프(infinite loop)를 사용해서 Guy 객체 사이에 얼마나 많은 금액을 이동시킬지 사용자에게 계속 묻습니다. 사용자가 금액에 빈 줄을 입력하면, 메서드는 return 문을 실행하고, 프로그램의 실행은 Main() 메서드를 벗어나 프로그램이 종료됩니다.

```
static void Main(string[] args)
{
    Guy joe = new Guy() { Cash = 50, Name = "Joe" };
    Guy bob = new Guy() { Cash = 100, Name = "Bob" };

    while (true)
    {
        joe.WriteMyInfo();
        bob.WriteMyInfo();
        Console.Write("Enter an amount: ");
        string howMuch = Console.ReadLine();
        if (howMuch == "") return;
        if (int.TryParse(howMuch, out int amount))
        {
            Console.Write("Who should give the cash: ");
            string whichGuy = Console.ReadLine();
            if (whichGuy == "Joe")
            {
                int cashGiven = joe.GiveCash(amount);
                bob.ReceiveCash(cashGiven);
            }
            else if (whichGuy == "Bob")
            {
                int cashGiven = bob.GiveCash(amount);
                joe.ReceiveCash(cashGiven);
            }
            else
            {
                Console.WriteLine("Please enter 'Joe' or 'Bob'");
            }
        }
        else
        {
            Console.WriteLine("Please enter an amount (or a blank line to exit).");
        }
    }
}
```

Main() 메서드가 이 return 문을 실행하면 프로그램이 종료됩니다. 콘솔 앱은 Main() 메서드가 끝날 때 종료되기 때문입니다.

이 코드에서는 한 Guy 객체가 돈을 꺼내고, 다른 객체가 그 돈을 받습니다.

이 연습 문제를 마치고 코드가 어떻게 작동하는지 이해가 갈 때까지 다음 페이지로 넘어가지 마세요. 디버거를 사용해 프로그램을 한 단계씩 실행해 보며 코드가 실제로 어떻게 작동하는지 파악하세요.

연습 문제 2부

작동하는 Guy 클래스를 만들어 봤으니, 이제 이 클래스를 내기 게임에서 재사용할 수 있는지 시험해 봅시다. 다음 이미지를 잘 살펴보고 어떻게 작동하는지, 콘솔에 어떤 내용을 출력하는지 파악해 봅시다.

Microsoft Visual Studio 디버그 콘솔

```
Welcome to the casino. The odds are 0.75
The player has 100 bucks.
How much do you want to bet: 36
Bad luck, you lose.
The player has 64 bucks.
How much do you want to bet: 27
Bad luck, you lose.
The player has 37 bucks.
How much do you want to bet: 33
Bad luck, you lose.
The player has 4 bucks.
How much do you want to bet: 4
Bad luck, you lose.
The house always wins.
```

내기에서 질 확률을 나타냅니다.

플레이어는 라운드마다 내기에 건 금액의 2배를 받거나 잃게 됩니다.

프로그램은 0과 1 사이 임의의 double 값을 고릅니다. 이 숫자가 odds보다 크면 플레이어가 이겨서 돈의 두 배 금액을 받고, 이 숫자가 odds와 같거나 작으면 플레이어가 집니다.

새로운 콘솔 앱을 생성하고 Guy 클래스를 추가합니다. 그런 다음 Main() 메서드에 변수를 3개 선언합니다. Random 타입의 **random** 변수를 만들어 새 Random 클래스 인스턴스를 할당하고, double 타입의 **odds** 변수를 선언해서 0.75를 할당하고, Guy 타입의 **player** 변수를 선언하고 새 Guy 클래스 인스턴스를 만들어 Name 필드와 Cash 필드에 각각 'The player'와 100을 할당합니다.

콘솔에 플레이어를 환영하는 메시지와 함께 확률을 출력합니다. 그리고 다음 과정을 반복합니다.

1. Guy 객체가 가진 금액을 출력합니다.
2. 사용자에게 얼마를 내기에 걸지 묻습니다.
3. 입력받은 값을 string 타입의 howMuch 변수에 저장합니다.
4. howMuch 변수를 int 타입으로 변환해 보고, amount라는 int 타입 변수에 저장합니다.
5. int 타입으로 변환됐으면, 플레이어가 건 금액을 pot이라는 int 타입 변수에 저장합니다. 저장할 때 금액에 2를 곱하는데, 이 금액이 플레이어가 이겼을 때 받을 금액이기 때문입니다.
6. 0과 1 사이 임의의 숫자를 고릅니다.
7. 임의의 숫자가 odds보다 크면, 플레이어는 pot 변수에 저장된 액수를 받습니다.
8. 임의의 숫자가 odds와 같거나 작으면, 플레이어는 건 돈을 잃습니다.
9. 플레이어에게 돈이 남아 있으면 프로그램을 계속 실행합니다.

쓰면서 제대로 공부하기

보너스 문제 이 클래스에 Guy라는 이름이 최선일까요? 최선이라고 생각한다면 왜 그런지, 그렇지 않다면 왜 아닌지 적어 보세요.

연습 문제 2부 정답

다음 코드는 내기 게임의 Main() 메서드입니다. 어떻게 하면 게임을 더 재미있게 만들 수 있을까요? 플레이어를 추가하거나 다른 방식의 확률을 추가하는 것은 어떤가요? 더 기발한 방식이 있을지도 생각해 봅시다. 창의성을 발휘해 볼 기회예요!

또한 실습해 볼 기회이기도 합니다. 코딩이야말로 훌륭한 개발자가 되기 위한 최선의 방법이죠.

```
static void Main(string[] args)
{
    double odds = .75;
    Random random = new Random();

    Guy player = new Guy() { Cash = 100, Name = "The player" };

    Console.WriteLine("Welcome to the casino. The odds are " + odds);
    while (player.Cash > 0)
    {
        player.WriteMyInfo();
        Console.Write("How much do you want to bet: ");
        string howMuch = Console.ReadLine();
        if (int.TryParse(howMuch, out int amount))
        {
            int pot = player.GiveCash(amount) * 2;
            if (pot > 0)
            {
                if (random.NextDouble() > odds)
                {
                    int winnings = pot;
                    Console.WriteLine("You win " + winnings);
                    player.ReceiveCash(winnings);
                }
                else
                {
                    Console.WriteLine("Bad luck, you lose.");
                }
            }
        }
        else
        {
            Console.WriteLine("Please enter a valid number.");
        }
    }
    Console.WriteLine("The house always wins.");
}
```

여러분이 작성한 코드와 다른가요? 정답 코드와 다르더라도 프로그램이 잘 작동하고 출력 결과가 정확하다면 괜찮습니다! 같은 프로그램이라 하더라도 다양한 방법으로 코드를 작성할 수 있습니다.

연습 문제의 정답이 길어질수록 책에 적힌 답과 여러분의 코드는 더 많이 달라질 것입니다. 연습 문제를 풀면서 정답을 살펴봐도 괜찮다는 것을 기억하세요!

쓰면서 제대로 공부하기

보너스 문제 이 클래스에 Guy라는 이름이 최선일까요? 최선이라고 생각한다면 왜 그런지, 그렇지 않다면 왜 아닌지 적어 보세요.

Joe와 Bob을 나타내기 위해 Guy라는 클래스를 사용하는 것은 문제가 없었어요. 이제는 게임 플레이어를 표현하기 위해 사용하는 클래스이므로 그에 맞게 Bettor 또는 Player가 더 직관적인 클래스 이름이겠네요.

쓰면서 제대로 공부하기

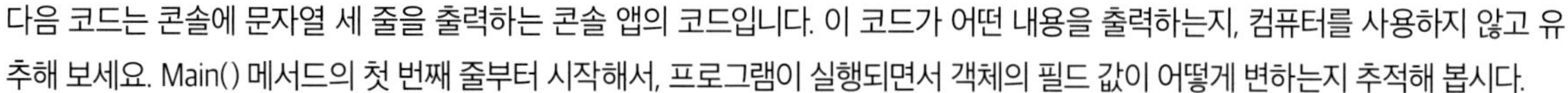

다음 코드는 콘솔에 문자열 세 줄을 출력하는 콘솔 앱의 코드입니다. 이 코드가 어떤 내용을 출력하는지, 컴퓨터를 사용하지 않고 유추해 보세요. Main() 메서드의 첫 번째 줄부터 시작해서, 프로그램이 실행되면서 객체의 필드 값이 어떻게 변하는지 추적해 봅시다.

```
internal class Pizzazz
{
    public int Zippo;
    public void Bamboo(int eek)
    {
        Zippo += eek;
    }
}

internal class Abracadabra
{
    public int Vavavoom;
    public bool Lala(int floq)
    {
        if (floq < Vavavoom)
        {
            Vavavoom += floq;
            return true;
        }
        return false;
    }
}

internal class Program
{
    public static void Main(string[] args)
    {
        Pizzazz foxtrot = new Pizzazz() { Zippo = 2 };
        foxtrot.Bamboo(foxtrot.Zippo);
        Pizzazz november = new Pizzazz() { Zippo = 3 };
        Abracadabra tango = new Abracadabra() { Vavavoom = 4 };
        while (tango.Lala(november.Zippo))
        {
            november.Zippo *= -1;
            november.Bamboo(tango.Vavavoom);
            foxtrot.Bamboo(november.Zippo);
            tango.Vavavoom -= foxtrot.Zippo;
        }
        Console.WriteLine("november.Zippo = " + november.Zippo);
        Console.WriteLine("foxtrot.Zippo = " + foxtrot.Zippo);
        Console.WriteLine("tango.Vavavoom = " + tango.Vavavoom);
    }
}
```

이 프로그램은 콘솔에 무엇을 출력하나요?

inovember.Zippo = ...

foxtrot.Zippo = ...

tango.Vavavoom = ...

답을 확인하려면 코드를 비주얼 스튜디오에 입력해서 실행해 보세요. 답이 다르다면 코드를 한 단계씩 실행하면서 각 객체의 필드 값을 조사식에 추가해 확인해 보세요. 코드를 직접 입력하고 싶지 않다면 GitHub에서 코드를 다운로드해도 됩니다. https://github.com/head-first-csharp/fourth-edition

맥OS에서는 비주얼 스튜디오가 Program 대신에 MainClass 클래스를 생성합니다. 클래스의 이름이 다른 것 빼고는 차이가 없습니다.

C# 대화형 창을 사용해서 C# 코드 실행하기

코드를 실행하는 빠른 방법

단순히 짧은 C# 코드를 실행해 보고 싶은 것이라면 비주얼 스튜디오에서 꼭 새 프로젝트를 만들지 않아도 됩니다. **[C# 대화형 (C# Interactive)] 창**에 C# 코드를 입력하면 이 코드가 즉시 실행됩니다. [보기]-[다른 창]-[C# 대화형] 창 메뉴를 선택해 [C# 대화형] 창을 열 수 있습니다. 연습 문제 정답 코드를 붙여 넣어서 테스트해 보세요. 다음 코드를 입력하고 [Enter] 키를 눌러 코드를 실행할 수 있습니다.

```
Program.Main(new string[] {})
```

← args 매개 변수로 빈 배열을 전달합니다.

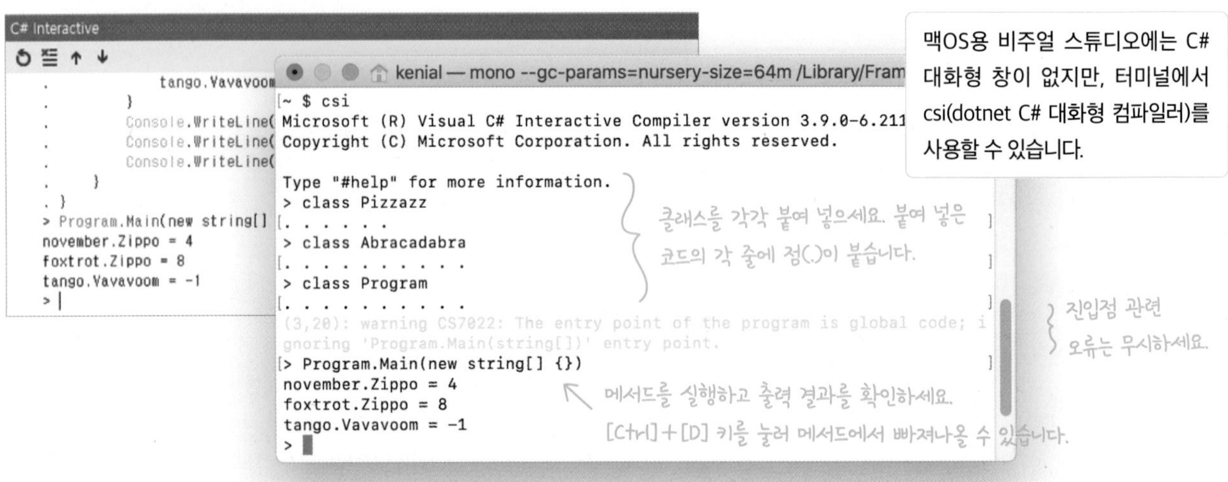

명령줄에서도 [C# 대화형] 창을 열 수 있습니다. 윈도우에서는 시작 메뉴에서 개발자 명령 프롬프트(Developer Command Prompt)를 검색해서 시작한 다음 **csi**를 입력하세요. 맥OS나 리눅스에서는 **csharp**을 입력해 모노 C# 셸(Mono C# Shell)을 시작하세요. 어느 쪽을 사용하든 앞서 살펴본 연습 문제의 Pizzazz, Abracadabra, Program 클래스의 코드를 직접 입력하고, 콘솔 앱의 진입점을 실행하기 위해 'Program.Main(new string[] {})'을 입력하면 프로그램을 실행할 수 있습니다.

요점 정리

- **new 키워드**를 사용해 클래스의 인스턴스를 생성할 수 있습니다. 프로그램은 한 클래스의 여러 인스턴스를 포함할 수 있습니다.
- **인스턴스**에는 클래스에 정의된 메서드를 포함하며, 각 필드마다 자신만의 사본을 가지고 있습니다.
- **new Random();**을 사용해 Random 클래스의 인스턴스를 생성할 수 있습니다.
- **static 키워드**를 사용해 클래스의 필드나 메서드를 정적(static)으로 선언할 수 있습니다. 정적 메서드와 정적 필드는 클래스의 인스턴스 없이도 접근할 수 있습니다.
- **정적 필드**는 하나의 사본만 존재하며, 이 사본은 모든 인스턴스가 공유합니다. 클래스 선언에 static 키워드를 사용하면 이 클래스의 모든 멤버가 정적 멤버가 됩니다.
- 정적 필드에서 static 키워드를 빼면 이 필드는 **인스턴스 필드(instance field)**가 됩니다.
- **클래스 멤버**는 클래스의 필드와 메서드를 의미합니다.

CHAPTER 04

참조 이해하기

타입과 참조

– 데이터가 존재하지 않는다면 앱은 무슨 일을 할 수 있을까요? –

잠깐 생각해 봅시다. 데이터가 없는 프로그램은... 사실 데이터가 없는 코드를 작성한다는 것은 상상하기조차 어렵습니다. 사용자에게 입력을 받아야 하고, 이를 바탕으로 정보를 검색하거나 새로운 정보를 생성해서 사용자에게 돌려주어야 합니다. 사실 개발자가 하는 일 대부분은 이래저래 데이터와 관련 있습니다. 생각해 보면 객체도 데이터죠. 4장에서는 C# 데이터 타입과 참조의 특성, 프로그램에서 데이터를 다루는 법, 객체에 대해 배워 보겠습니다.

오언은 도움이 필요합니다!

비범한 게임 마스터 오언 ☆

오언은 훌륭한 게임 마스터(* **역주** 미국의 RPG는 보드 게임처럼 사람들을 모아서 특정한 배경과 스토리를 제공하고, 플레이어에게 각자 역할을 부여해 역할 놀이를 하는 게임에서 시작됐습니다. 게임 마스터는 이러한 RPG에서 게임을 진행하는 사람을 의미합니다)입니다. 오언은 매주 사람들을 모아 자신의 집에서 다양한 RPG(Role Playing Game, 롤플레잉 게임)를 플레이하고, 여느 훌륭한 게임 마스터들처럼 플레이어들이 게임에 흥미를 느낄 수 있도록 열심히 노력합니다.

스토리텔링, 판타지, 역학

오언은 특히 스토리텔링에 능합니다. 그러나 지난 몇 달간 오언은 모임을 위한 흥미로운 판타지 세계를 만들었지만, 게임 자체의 역학이 마음에 들지 않는 모양입니다.

어떻게 하면 오언이 만든 RPG를 향상시킬 수 있을까요?

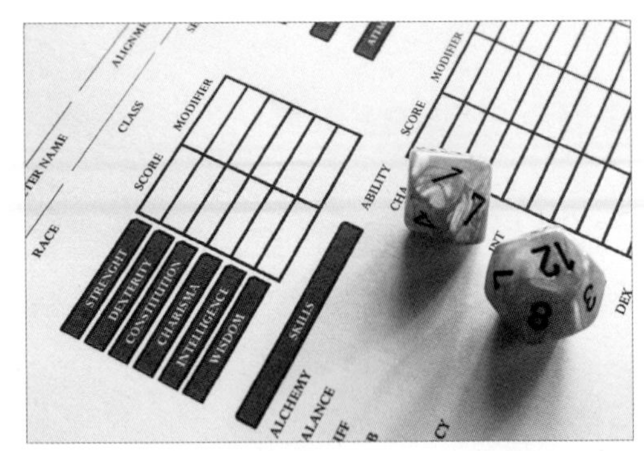

힘, 체력, 매력, 지능과 같은 능력치는 RPG에서 중요한 역학 중 하나입니다. 플레이어는 계속 주사위를 굴려 자기가 맡은 캐릭터의 점수를 결정하는 수식을 계산하곤 합니다.

다양한 타입의 데이터가 존재하는 캐릭터 시트

RPG를 플레이해 봤다면 캐릭터 시트(Character Sheet)를 본 적이 있을 것입니다. 캐릭터 설명, 각종 수치, 배경 정보, 기타 사항이 적힌 종이죠. 캐릭터 시트의 정보를 저장하는 클래스를 만들려면 어떤 타입의 필드를 사용해야 할까요?

CharacterSheet
CharacterName Level PictureFilename Alignment CharacterClass Strength Dexterity Intelligence Wisdom Charisma SpellSavingThrow PoisonSavingThrow MagicWandSavingThrow ArrowSavingThrow
ClearSheet GenerateRandomScores

캐릭터 시트

ELLIWYNN
캐릭터 이름

7
레벨

합법적인 선
성향

마법사
캐릭터 직업

그림

이 상자에는 캐릭터의 그림이 표시됩니다. 캐릭터 시트를 표현하는 C# 클래스를 만든다면 이 그림을 이미지 파일로 저장할 수 있겠죠.

911	힘
	민첩성
17	지능
15	지혜
10	매력

마법 방어 찬스

독 방어 찬스

마법 지팡이 방어 찬스

화살 방어 찬스

오언이 플레이하는 RPG에서 방어 찬스(saving throw)는 플레이어가 주사위를 굴려 특정한 공격을 회피할 수 있는 기회를 줍니다. 캐릭터가 마법 지팡이 방어 찬스를 가졌다면 이 원을 채우면 됩니다.

플레이어는 주사위를 굴려 캐릭터의 능력치를 정하고, 그 값을 이곳에 적습니다.

뇌 단련

캐릭터 시트 클래스 다이어그램의 필드를 한번 살펴보세요. 각 필드에 어떤 타입을 사용하겠어요?

데이터의 종류를 결정하는 변수의 타입

당신의 타입을 알아야 합니다.

C#에는 여러 종류의 **타입**이 있고, 이 타입들을 사용해 여러 종류의 데이터를 저장할 수 있습니다. 지금까지 int, string, bool, float처럼 자주 사용하는 타입을 살펴봤습니다. 이외에도 여러 편리한 타입이 있습니다.

앞으로 많이 사용하게 될 몇 가지 타입을 살펴보죠.

Better a witty fool, than a foolish wit.

- **string**은 빈 문자열 " "을 포함해 임의의 길이의 **텍스트**를 저장할 수 있습니다.

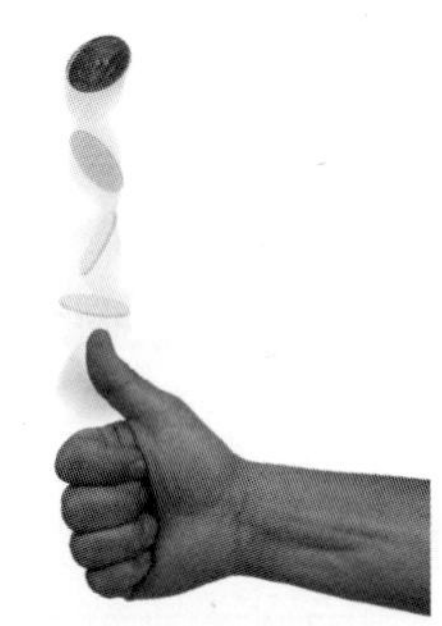

- **bool**은 불리언(boolean) 값으로, **참(true) 또는 거짓(false)** 값을 가집니다. 이 타입을 사용해 두 가지 상태밖에 없는 것을 표현할 수 있습니다.

- **int**는 -2,147,483,648에서 2,147,483,647 사이 **정수**를 저장할 수 있습니다. 정수에는 소수점이 없습니다.

- **double**은 $\pm5.0\times10^{-324}$에서 $\pm1.7\times10^{308}$ 사이 **실수**를 저장할 수 있으며, 유효 자릿수(significant digits)는 16자리입니다. XAML 속성 값을 다룰 때 자주 보게 되는 타입입니다.

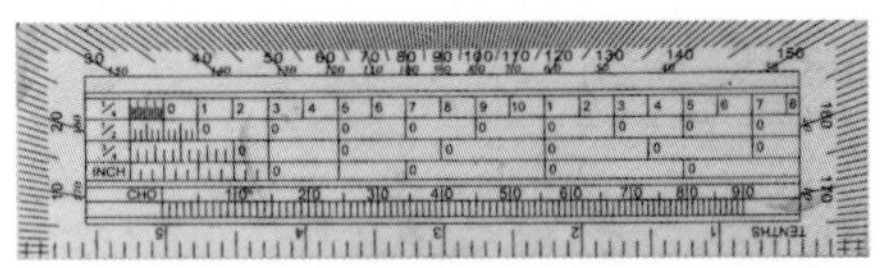

- **float**은 $\pm1.5\times10^{-45}$에서 $\pm3.4\times10^{38}$ 사이 **실수**를 저장할 수 있으며, 유효 자릿수는 8자리입니다.

뇌 단련

왜 C#에는 소수점이 있는 숫자를 저장할 수 있는 타입이 여러 개 있을까요?

정수를 저장할 수 있는 여러 C# 타입들

C#에는 int처럼 정수를 저장할 수 있는 타입이 여럿 있습니다. 왜 소수점이 없는 숫자를 저장하는 데 여러 타입이 필요한 것일까요? 이 책에서 등장하는 프로그램 예제 대부분은 int를 사용하든 long을 사용하든 별 차이가 없습니다. 하지만 수백만 개 정숫값을 저장하는 프로그램을 작성해야 한다면, 큰 정수 타입인 long 대신 그보다 작은 정수 타입인 byte를 사용해서 메모리를 절약할 수 있습니다.

- **byte**는 0~255 범위의 **음이 아닌 정수**를 저장할 수 있습니다.
- **sbyte**는 -128~127 범위의 **정수**를 저장할 수 있습니다.
- **short**는 -32,768~32,767 범위의 **정수**를 저장할 수 있습니다.
- **long**은 -9,223,372,036,854,775,808~9,223,372,036,854,775,807 범위의 **정수**를 저장할 수 있습니다.

byte는 0~255 범위의 음이 아닌 정수를 저장할 수 있습니다.

이보다 큰 숫자를 저장해야 한다면 short를 사용해서 -32,768 ~ 32,767 범위의 정수를 저장할 수 있습니다.

long과 byte는 모두 정수를 저장하지만, 저장할 수 있는 값의 크기는 long이 훨씬 더 큽니다.

byte는 0과 양수만을 저장할 수 있지만, sbyte는 음수도 저장할 수 있습니다. 두 타입 모두 가질 수 있는 값의 종류는 256가지이지만, sbyte는 short나 long과 마찬가지로 음수 값을 가질 수 있습니다. 이렇게 양수와 음수 값을 가질 수 있는 타입은 **부호 있는(signed)** 타입이라고 부릅니다(sbyte의 s는 signed를 나타냅니다). byte 타입은 sbyte 타입의 **부호 없는(unsigned)** 버전이며, short, int, long의 부호 없는 버전의 타입은 u로 시작합니다.

- **ushort**는 0~65,535 범위의 **음이 아닌 정수**를 저장할 수 있습니다.
- **Uint**는 0~4,294,967,295 범위의 **음이 아닌 정수**를 저장할 수 있습니다.
- **ulong**은 0~18,446,744,073,709,551,615 범위의 **음이 아닌 정수**를 저장할 수 있습니다.

정말 큰 수와 정말 작은 수를 저장하는 타입

큰 수와 작은 수, 그리고 수가 아닌 것

가끔 float의 정밀도가 충분하지 않을 수 있습니다. 믿거나 말거나지만, 때론 10^{38}보다 크거나 10^{-45}보다 작은 수를 표현해야 할 수도 있습니다. 금융 또는 과학 연구에 쓰이는 프로그램은 항상 이러한 문제에 맞닥뜨리게 됩니다. 그래서 C#에는 매우 크고 작은 수를 다룰 수 있는 여러 **부동 소수점 타입**이 있습니다.

- **float**는 $\pm1.5\times10^{-45}$ ~ $\pm3.4\times10^{38}$ 범위의 숫자를 저장할 수 있고, 유효 자릿수는 6~9입니다.
- **double**은 $\pm5.0\times10^{-324}$ ~ $\pm1.7\times10^{308}$ 범위의 숫자를 저장할 수 있고, 유효 자릿수는 15~17입니다.
- **decimal**은 $\pm1.0\times10^{-28}$ ~ $\pm7.9\times10^{28}$ 범위의 숫자를 저장할 수 있고, 유효 자릿수는 28~29입니다. 통화량 등을 다뤄야 한다면 숫자를 저장하는 데 decimal 타입이 적당할 것입니다.

decimal 타입은 더 높은 정밀도, 즉 더 많은 유효 자릿수를 가지므로 금융 계산 등에 적합합니다.

부동 소수점 자세히 살펴보기

float, double 타입은 부동 소수점(floating-point) 타입입니다. 소수점이 움직일 수 있기 때문에 이런 이름이 붙었습니다. 반대로, 고정 소수점(fixed-point) 방식은 자릿수가 고정되어 있습니다. 소수점이 움직인다는 개념, 특히 정밀도(precision)라는 개념이 약간 생소할 수 있으므로 자세히 살펴봅시다.

유효 자릿수(significant digits)는 숫자의 정밀도를 나타냅니다. 1,048,415, 104.8415, .0000001048415는 모두 7자리의 유효 자릿수를 가집니다. float는 3.4×10^{38}만큼 큰 실수와 -1.5×10^{-45}처럼 작은 실수를 저장할 수 있다고 할 때, 이는 뒤에 0이 30개가 붙은 8자리 유효 숫자를 가진 큰 수를 저장하거나 0이 앞에 37개가 붙은 8자리의 소수만큼 작은 수를 저장할 수 있다는 의미입니다.

지수(exponent)식을 본 지 오래 됐나요? 3.4×10^{38}은 34 뒤에 0이 37개 붙어 있는 숫자를 의미합니다. -1.5×10^{-45}는 -.00...(40개의 0)...0015를 의미합니다.

또한, float, double 타입은 몇 가지 특수 값을 가지고 있습니다. 양수와 음수의 0, 양수와 음수의 무한(infinity) 값, NaN(not-a-number, 숫자가 아닌 값) 등 특수 값이 존재하죠. float, double 타입은 이런 특수 값을 확인할 수 있는 정적 메서드를 가지고 있습니다. 다음 반복문을 실행해 보세요.

```
for (float f = 10; float.IsFinite(f); f *= f)
{
    Console.WriteLine(f);
}
```

이번에는 동일한 반복문을 double 타입으로 실행해 봅시다.

```
for (double d = 10; double.IsFinite(d); d *= d)
{
    Console.WriteLine(d);
}
```

문자열을 다뤄 봅시다

앞서 **문자열(string)**을 다루는 코드를 작성해 봤습니다. 그런데 문자열이란 정확히 무엇일까요?

콘솔 앱의 문자열은 객체입니다. 문자열의 전체 클래스 이름은 System.String입니다. 즉 System 네임스페이스에 있는 String 클래스라는 의미입니다. 앞서 살펴본 Random 클래스와 마찬가지입니다. C#의 string 키워드를 사용할 때 실제로는 System.String 클래스를 사용하는 셈이죠. 사실 지금까지 작성한 코드에서 string을 System.String으로 바꿔도 실행에는 아무 문제가 없습니다(string 키워드는 단순히 별칭(alias)에 불과합니다. C# 코드에서 string과 System.String은 완전히 같은 의미입니다).

문자열에는 두 특수 값이 있는데, 하나는 공백 문자 ""(문자가 없는 문자열)이고, 다른 하나는 null(값이 설정되지 않은 문자열)입니다. null은 잠시 후에 다시 살펴보겠습니다.

문자열은 문자(character)로 구성되며, 이 문자는 유니코드(unicode) 문자로 이루어집니다(유니코드 문자도 나중에 다시 살펴보겠습니다). Q, j, $와 같은 문자를 1개 저장할 때는 **char** 타입을 사용할 수 있습니다. char의 문자 값은 작은따옴표를 사용해 나타내야 합니다(예: 'x', '3'). 이 따옴표 안에 **이스케이프 시퀀스(escape sequence)**를 사용할 수도 있습니다. 예를 들어 '₩n'은 줄 바꿈, '₩t'는 탭을 나타냅니다. 이스케이프 시퀀스는 C# 코드에서는 문자 둘로 표현되지만, 실제 메모리에는 문자 하나로 저장됩니다.

마지막으로 중요한 타입으로 **object** 타입이 있습니다. **object 타입의 변수에는 어떤 값이라도 할당할 수 있습니다.** object 키워드도 별칭이며, 실제로는 System.Object와 동일합니다.

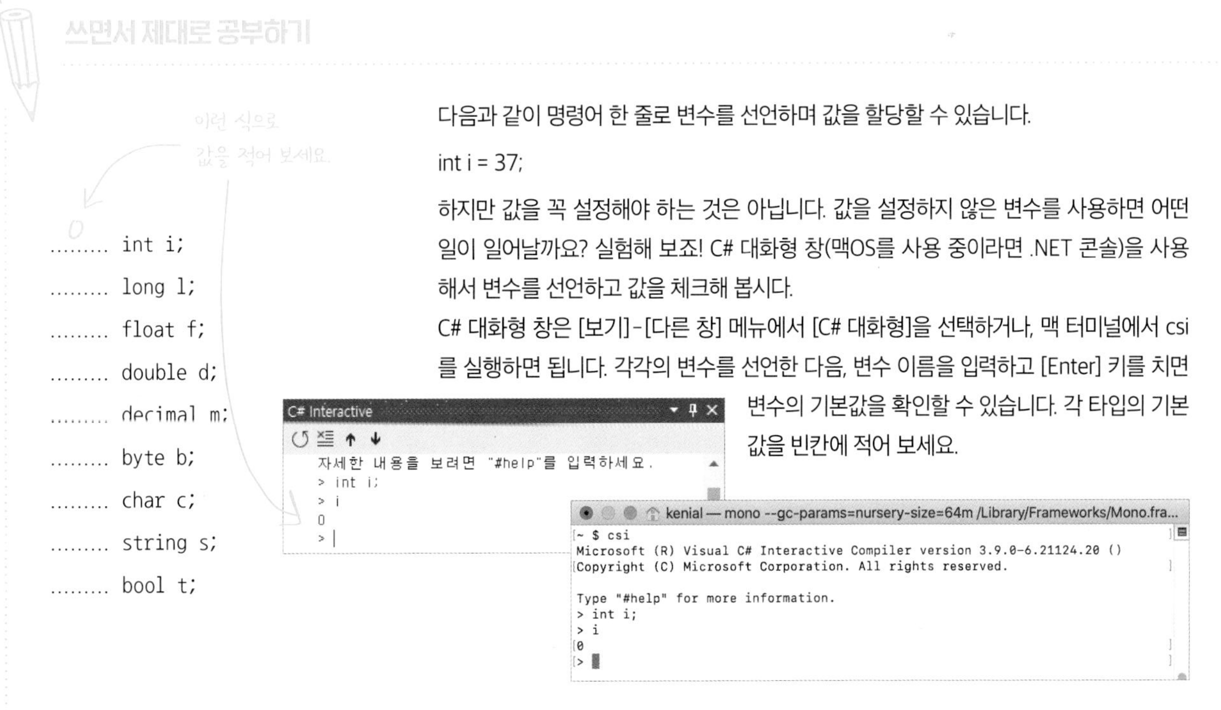

쓰면서 제대로 공부하기
이런 식으로 값을 적어 보세요.
0 .... int i;
.... long l;
.... float f;
.... double d;
.... decimal m;
.... byte b;
.... char c;
.... string s;
.... bool t;
다음과 같이 명령어 한 줄로 변수를 선언하며 값을 할당할 수 있습니다.
int i = 37;
하지만 값을 꼭 설정해야 하는 것은 아닙니다. 값을 설정하지 않은 변수를 사용하면 어떤 일이 일어날까요? 실험해 보죠! C# 대화형 창(맥OS를 사용 중이라면 .NET 콘솔)을 사용해서 변수를 선언하고 값을 체크해 봅시다.
C# 대화형 창은 [보기]-[다른 창] 메뉴에서 [C# 대화형]을 선택하거나, 맥 터미널에서 csi를 실행하면 됩니다. 각각의 변수를 선언한 다음, 변수 이름을 입력하고 [Enter] 키를 치면 변수의 기본값을 확인할 수 있습니다. 각 타입의 기본값을 빈칸에 적어 보세요.
C# Interactive
자세한 내용을 보려면 "#help"를 입력하세요.
> int i;
> i
0
>
kenial — mono --gc-params=nursery-size=64m /Library/Frameworks/Mono.fra...
~ $ csi
Microsoft (R) Visual C# Interactive Compiler version 3.9.0-6.21124.20 ()
Copyright (C) Microsoft Corporation. All rights reserved.
Type "#help" for more information.
> int i;
> i
0
>

코드에 직접 기록되는 값, 리터럴 알아보기

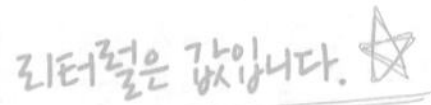

리터럴(literal)은 숫자, 문자열 등 고정된 값으로 코드에 직접 포함된 값을 말합니다. 지금까지 살펴본 코드에서 리터럴은 여러 번 등장했습니다. 다음은 지금까지 사용한 숫자, 문자열, 그 외 리터럴입니다.

```
int number = 15;
string result = "the answer";
public bool GameOver = false;
Console.Write("Enter the number of cards to pick: ");
if (value == 1) return "Ace";
```

이 명령문에서 리터럴을 모두 식별할 수 있나요? 마지막 명령문에는 리터럴이 2개 있습니다.

int i = 5;라는 명령어가 있을 때, 리터럴은 5입니다.

접미사를 사용해 리터럴 타입 지정하기

유니티에서 다음 명령문을 사용했을 때, F가 무슨 의미인지 궁금하지 않았나요?

```
InvokeRepeating("AddABall", 1.5F, 1);
```

1.5F, 0.75F와 같은 리터럴에서 F를 떼 버리면 빌드가 실패한다는 것을 알고 있었나요? 이는 **리터럴에 타입이 있기 때문**입니다. 모든 리터럴에는 자동으로 타입이 부여되는데, C#에는 서로 다른 타입을 결합하는 방법에 대한 규칙이 있습니다. 이 규칙이 어떻게 작동하는지 알아보죠. C# 프로그램에 다음과 같은 명령문을 입력해 봅시다.

C#은 접미사 없는 정수 리터럴(예: 3기)을 int 타입으로 간주하고, 소수점이 있는 경우(예: 27.4) double 타입으로 간주합니다.

```
int wholeNumber = 14.7;
```

그리고 프로그램을 빌드하면 다음과 같은 오류를 오류 목록에 표시합니다.

⊗ CS0266	암시적으로 'double' 형식을 'int' 형식으로 변환할 수 없습니다. 명시적 변환이 있습니다. 캐스트가 있는지 확인하세요.

비주얼 스튜디오는 리터럴 14.7이 double 타입이라는 것을 알려줍니다. 접미사(suffix)를 사용해 타입을 변환(convert)할 수 있는데, 끝에 F를 붙이면(14.7F) float 타입으로 변환할 수 있고, M을 붙여서(14.7M에서 M은 사실 money를 의미합니다) decimal 타입으로 변환할 수 있습니다. 이렇게 타입을 바꾸면 오류 메시지도 float 타입이나 decimal 타입을 변환할 수 없다는 메시지로 바뀔 것입니다. D를 추가하거나 접미사를 제거하면 원래대로 double 타입이 됩니다.

쓰면서 제대로 공부하기 **정답**

```
....0..... int i;
....0..... long l;
....0..... float f;
....0..... double d;
....0..... decimal m;
....0..... byte b;
..'₩0'.... char c;
...null... string s;
..false... bool t;
```

맥OS 또는 리눅스에서 C# 명령줄을 사용할 경우, char 타입의 기본값으로 ₩0 대신 ₩x0을 볼 수도 있습니다. 이 리터럴이 무슨 의미인지는 나중에 유니코드를 알아볼 때 더 자세히 살펴보죠.

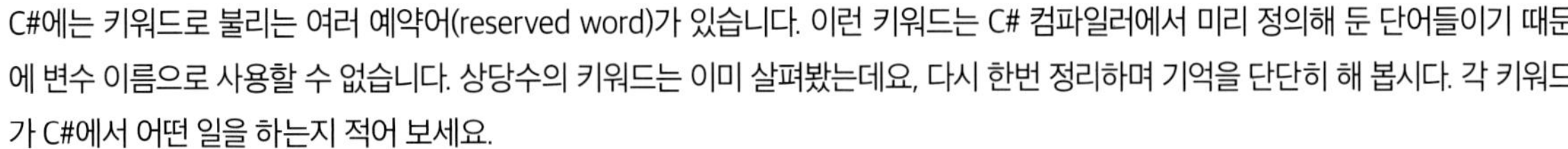

쓰면서 제대로 공부하기

C#에는 키워드로 불리는 여러 예약어(reserved word)가 있습니다. 이런 키워드는 C# 컴파일러에서 미리 정의해 둔 단어들이기 때문에 변수 이름으로 사용할 수 없습니다. 상당수의 키워드는 이미 살펴봤는데요, 다시 한번 정리하며 기억을 단단히 해 봅시다. 각 키워드가 C#에서 어떤 일을 하는지 적어 보세요.

namespace

for

class

else

new

using

if

while

예약어를 변수로 꼭 사용하고 싶은 경우에는, 앞에 @를 붙이면 컴파일러가 이 변수명을 사용하도록 해 줍니다. 예약어가 아니어도 앞에 @를 붙일 수 있습니다.

쓰면서 제대로 공부하기 정답

C#에는 키워드로 불리는 여러 예약어(reserved word)가 있습니다. 이런 키워드는 C# 컴파일러에서 미리 정의해 둔 단어들이기 때문에 변수 이름으로 사용할 수 없습니다. 키워드의 상당수는 이미 살펴봤는데요, 다시 한번 정리하며 기억을 단단히 해 봅시다. 각 키워드가 C#에서 어떤 일을 하는지 적어 보세요.

namespace
프로그램에 존재하는 모든 클래스와 메서드는 네임스페이스 안에 있습니다. 네임스페이스는 개발자가 작성하는 프로그램에서 사용한 이름이 .NET 프레임워크에 있는 이름 또는 다른 클래스의 이름과 충돌하지 않도록 도와줍니다.

for
for 키워드로는 세 명령문을 실행하는 반복문을 작성할 수 있습니다. 첫 번째로 사용할 변수를 선언합니다. 두 번째로, 이 변수를 사용한 조건문을 평가해 반복문을 계속 실행할지 평가합니다. 세 번째로는 변수의 값을 바꿉니다.

class
클래스는 메서드와 필드를 포함하며, 클래스를 인스턴스화해서 객체를 만들 수 있습니다.
필드는 객체의 값을 저장하고, 메서드는 객체의 작동을 수행합니다.

else
else로 시작하는 코드 블록은 if 블록 다음에 와야 하며, if 문의 조건이 거짓일 때 실행합니다.

new
새 인스턴스를 생성하는 데 사용합니다.

using
프로그램에서 사용할 네임스페이스를 나열하는 데 사용합니다.
.NET 프레임워크의 다양한 클래스를 사용할 수 있도록 해 줍니다.

if
프로그램에서 사용할 수 있는 조건문 중 하나입니다.
조건이 참일 경우 if 블록의 코드를 실행하고, 조건이 거짓일 경우 else 블록의 코드를 실행합니다.

while
while 문의 조건이 참인 동안 while 블록 안의 코드를 반복해서 수행합니다.

변수는 데이터를 담는 컵

double로 부탁해요.

데이터는 메모리 공간을 차지합니다(3장에서 힙에 대해 이야기한 것을 기억하나요?). 개발자가 염두에 두어야 할 일 중 하나는 프로그램에서 문자열이나 숫자를 사용할 때마다 얼마나 많은 메모리 공간이 필요할지 가늠해 보는 것입니다. 이는 변수를 사용하는 이유 중 하나인데, 변수를 사용하면 데이터를 저장할 충분한 메모리 공간을 확보해 둘 수 있습니다.

데이터가 힙에만 존재하는 것은 아닙니다. 값 타입(value type)은 데이터를 스택(stack)이라고 부르는 메모리 공간에 저장합니다. 값 타입과 스택은 나중에 다시 살펴볼 것입니다.

변수를 데이터를 담는 컵이라고 생각해 봅시다. C#은 다른 종류의 컵을 사용해 다양한 데이터를 저장합니다. 카페에 다양한 크기의 컵이 있는 것과 마찬가지로, 변수의 크기도 다양합니다.

int는 정수를 저장할 때 일반적으로 사용하는 타입입니다. int 타입은 2,147,483,647까지의 정수를 저장할 수 있습니다.

short는 32,767까지의 정수를 저장할 수 있습니다.

byte는 255까지의 자연수를 저장할 수 있습니다. long이 경(10^{16}) 단위의 숫자를 다룰 수 있다는 것과 비교해 보세요.

long은 정말 큰 정수를 저장할 때 사용합니다.

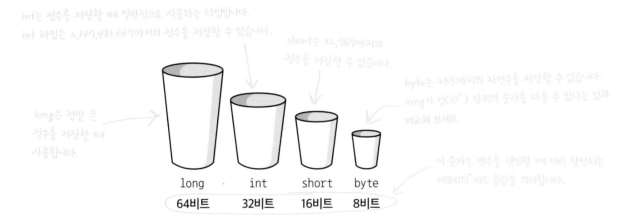

long	int	short	byte
64비트	32비트	16비트	8비트

이 숫자는 변수를 선언할 때 미리 할당되는 메모리의 비트 용량을 의미합니다.

Convert 클래스로 비트와 바이트 살펴보기

프로그래밍은 결국 0과 1을 다루는 일이라는 이야기를 들어본 적이 있을 것입니다. .NET은 **정적 클래스 Convert**를 제공하는데, 이 클래스를 사용해 숫자 데이터 타입을 변환할 수 있습니다. 이 클래스를 사용해 비트(bit)와 바이트(byte)가 어떻게 작동하는지 살펴봅시다. 비트는 0과 1로 표현됩니다. 바이트는 8비트이므로, byte 타입 변수는 8비트 숫자를 저장할 수 있습니다. 8비트 숫자는 8비트로 표현할 수 있는 숫자를 의미합니다. 8비트로 표현된다는 것은 어떤 의미일까요? Convert 클래스를 사용해 이진수 숫자를 바이트로 한번 변환해 보죠.

```
Convert.ToByte("10111", 2) // 23을 반환합니다.
Convert.ToByte("11111111", 2); // 255를 반환합니다.
```

Convert.ToByte의 첫 번째 인수는 변환할 숫자, 두 번째 인수는 밑 수(base)를 의미합니다. 이진수의 밑 수는 2입니다.

byte 타입은 8비트의 메모리를 사용하므로 0~255 범위의 숫자를 저장할 수 있습니다. 8비트 숫자를 이진수로 표현하면 0~11111111 범위입니다. 십진수로는 0~255가 되고요.

1이 15개입니다.

short 타입은 16비트 값입니다. Convert.ToInt16() 메서드를 사용해 이진 값 111111111111111을 short 타입으로 변환해 봅시다. 또한, int는 32비트 값이니, Convert.ToInt32() 메서드를 사용해 31개의 1을 int로 변환해 보죠.

```
Convert.ToInt16("111111111111111", 2); // 32767을 반환합니다.
Convert.ToInt32("1111111111111111111111111111111", 2); // 2147483647을 반환합니다.
```

다양한 크기의 타입 알아보기

값이 클수록 메모리를 많이 먹습니다.

소수점이 있는 숫자는 정수와는 다른 방법으로 저장됩니다. 부동 소수점에도 여러 타입이 있으며, 이 타입들 또한 서로 다른 양의 메모리를 차지합니다. **float** 타입은 소수점을 가진 웬만한 숫자를 처리할 수 있으며, 소수점을 저장할 수 있는 타입 중 가장 적은 양의 메모리를 차지합니다. 정밀도가 높은 타입이 필요하다면 **double** 타입을 사용하면 됩니다. 금융 데이터를 다루는 프로그램을 작성한다면 **decimal** 타입이 필요할 것입니다.

한 번 더 강조합니다. 원화나 달러 같은 화폐 단위를 다뤄야 할 경우, **double 타입 대신 꼭 decimal 타입을 사용하세요.**

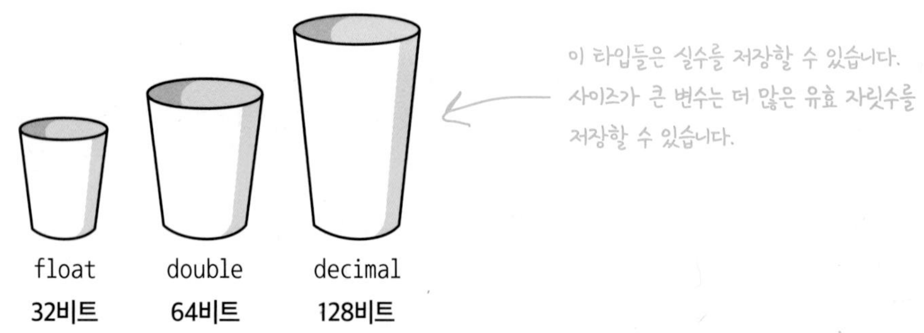
이 타입들은 실수를 저장할 수 있습니다.
사이즈가 큰 변수는 더 많은 유효 자릿수를 저장할 수 있습니다.
float
32비트
double
64비트
decimal
128비트

string 타입은 숫자 타입이 아닌 문자를 다룹니다. char 타입은 문자 1개를 저장할 수 있으며, string 타입은 문자 여러 개를 저장할 수 있습니다. string 객체에는 정해진 크기가 없고, 저장하는 데이터의 양에 따라 크기가 늘어납니다. bool 데이터 타입은 참 또는 거짓 값을 저장하는 데 쓰며, if 문 등에 사용합니다.

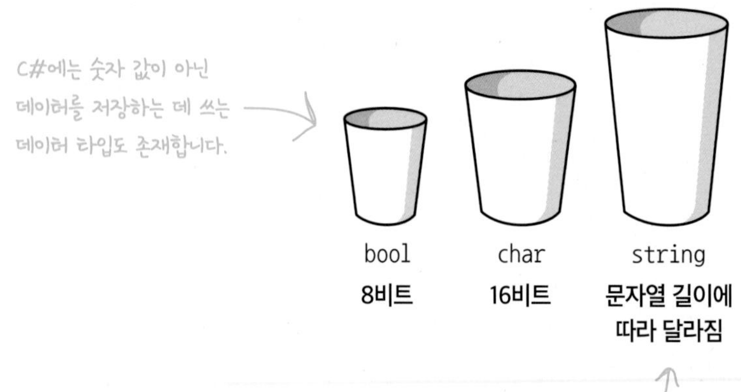
C#에는 숫자 값이 아닌 데이터를 저장하는 데 쓰는 데이터 타입도 존재합니다.
bool
8비트
char
16비트
string
문자열 길이에 따라 달라짐

부동 소수점 타입들은 메모리 사용량에 차이가 있습니다. float 타입이 가장 작고, decimal 타입이 가장 큽니다.

문자열의 크기는 엄청나게 커질 수 있습니다!
C#은 문자열의 길이를 저장하는 데 32비트 정수를 사용하므로, 문자열의 최대 길이는 231(2,147,483,648)글자입니다.

5파운드짜리 주머니에 10파운드짜리 데이터 넣기

특정 타입의 변수를 선언하면, C# 컴파일러는 이 타입의 최댓값을 저장하는 데 필요한 메모리 공간을 할당 또는 예약합니다. 어떤 타입의 변수에 저장된 값이 그 타입의 최댓값에 훨씬 미치지 못하더라도 컴파일러는 변수의 값이 아니라 변수의 타입을 검사합니다. 그러므로 다음 명령문에서는 오류가 발생합니다.

```
int leaguesUnderTheSea = 20000;
short smallerLeagues = leaguesUnderTheSea;
```

short 타입 변수에는 20,000을 저장할 수 있습니다. 하지만 leaguesUnderTheSea 변수가 int 타입으로 선언됐기 때문에 C#은 int 타입의 크기를 보고 이 값을 short 타입 변수에 넣기에는 너무 크다고 판단합니다. 그러나 컴파일러는 이러한 변환을 자동으로 수행하지 않습니다. 개발자가 현재 다루는 데이터에 맞는 타입을 사용하고 있는지 직접 점검해야 합니다.

C#은 int 타입의 값을 short 타입 변수에 넣으려고 시도합니다(오류가 발생하죠). C# 컴파일러는 int 컵에 어떤 값이 들어 있는지 신경 쓰지 않습니다.

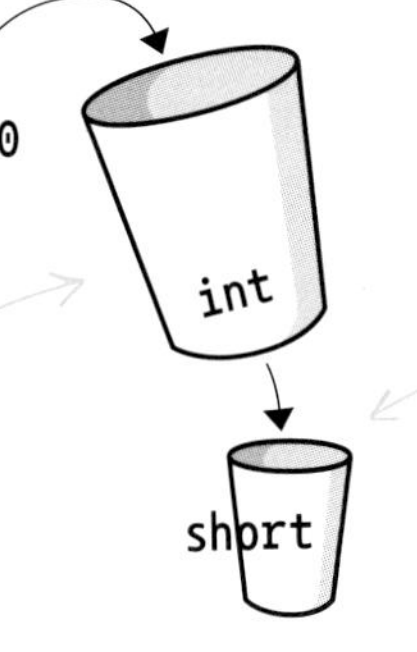

이것은 말이 되죠. int 컵에 충분히 큰 값을 넣었다면, short 컵에 그 값이 맞을까요? 이 기능은 실제로 개발자에게 도움이 됩니다.

쓰면서 제대로 공부하기

다음 중 3개는 오류가 발생합니다. 큰 값을 작은 변수에 욱여넣으려 했거나, 잘못된 타입의 값을 할당하려 했기 때문입니다. 잘못된 명령문에 동그라미를 치고 무엇이 잘못됐는지 적어 보세요.

```
int hours = 24;

short y = 78000;

bool isDone = yes;

short RPM = 33;

int balance = 345667 - 567;
```

```
string taunt = "your mother";

byte days = 365;

long radius = 3;

char initial = 'S';

string months = "12";
```

캐스팅을 사용해 값 변환하기

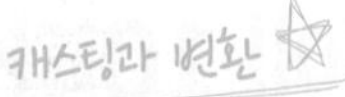

decimal 타입의 값을 int 변수에 할당하면 어떻게 되는지 한번 살펴봅시다.

01 새 콘솔 앱 프로젝트를 생성하고, 다음 코드를 Main() 메서드에 붙여 넣습니다.

```
float myFloatValue = 10;
int myIntValue = myFloatValue;
Console.WriteLine("myIntValue is " + myIntValue);
```

암시적 변환(implicit conversion)은 정보 손실 없이 자동으로 어떤 값을 다른 타입으로 변환하는 방식입니다.

02 프로그램을 빌드합니다. 앞서 경험한 'CS0266' 오류가 또 발생하는 것을 볼 수 있습니다.

CS0266 암시적으로 'float' 형식을 'int' 형식으로 변환할 수 없습니다. 명시적 변환이 있습니다. 캐스트가 있는지 확인하세요.

'캐스트가 있는지 확인하세요.'라는 오류 메시지를 잘 살펴봅시다. C# 컴파일러는 이 메세지에서 문제를 해결하는 방법에 대해 유용한 힌트를 제공합니다.

03 decimal 타입을 int 타입으로 **캐스팅(casting)**함으로써 오류를 잡습니다. 변환하려는 타입의 이름을 괄호 안에 넣어 변수 앞에 붙여서 캐스팅할 수 있습니다. 두 번째 명령문을 다음과 같이 고치면 프로그램을 빌드하고 실행할 수 있습니다.

```
int myIntValue = (int) myFloatValue;
```

float 타입의 값을 int 타입으로 캐스팅하면 그 값은 소수점을 제외한 정숫값으로 절삭(round down)됩니다.

무슨 일이 일어난 것이죠?

C# 컴파일러는 변수에 잘못된 타입의 값을 할당하는 것을 허용하지 않습니다. 해당 변수가 실제로 그 값을 저장할 수 있더라도 말이죠! 잘못된 타입으로 수많은 버그가 발생할 수 있기 때문입니다. **C# 컴파일러가 개발자의 실수를 사전에 막으려는 것**입니다. 기본적으로 캐스팅은 개발자가 어떤 값을 다른 타입으로 변환한다는 것을 인지하고 있으며, 이 값을 새로운 변수에 넣어도 괜찮다는 것을 컴파일러에 알려 주는 역할을 합니다.

쓰면서 제대로 공부하기 정답

다음 중 3개는 오류가 발생합니다. 큰 값을 작은 변수에 욱여넣으려 했거나, 잘못된 타입의 값을 할당하려 했기 때문입니다. 잘못된 명령문에 동그라미를 치고 무엇이 잘못됐는지 적어 보세요.

```
short y = 78000;
```

short 타입은 -32,768~32,767 범위의 숫자만 저장할 수 있습니다. 이 숫자는 너무 큽니다!

```
bool isDone = yes;
```

bool 타입에는 true 또는 false 값만 할당할 수 있습니다.

```
byte days = 365;
```

byte 타입은 0~255 범위의 숫자만 저장할 수 있습니다. 365를 저장하려면 short 타입이 필요합니다.

타입의 범위를 초과하는 값 조정하기

앞서 decimal 타입을 int 타입으로 캐스팅하는 코드를 살펴봤습니다. 사실 모든 숫자 타입은 다른 숫자 타입으로 캐스팅할 수 있습니다. 그렇다고 해서 캐스팅 이후의 값이 그대로 보존된다는 의미는 아니지만요.

값이 365인 int 변수가 있다고 해 보죠. 만약 이 변수 값을 byte(최댓값이 255)로 캐스팅하면 오류는 발생하지 않지만, 캐스팅된 값이 **최댓값을 초과하므로, 변수 값이 최솟값으로 초기화됩니다(wrap around)**. 예를 들어, 256을 byte 타입으로 캐스팅하면 256이 0이 되고, 257은 1이, 258은 2가 되는 식입니다. 따라서 365의 경우에는 **109**가 됩니다. 캐스팅된 값이 또 255를 초과하면 변환된 값을 다시 0으로 초기화합니다.

서로 다른 숫자 타입의 값으로 사칙연산을 하면 연산자가 작은 쪽 타입을 큰 쪽으로 **자동 변환합니다.** 다음 예제를 살펴보죠.

```
int myInt = 36;
float myFloat = 16.4F;
myFloat = myInt + myFloat;
```

int 타입의 값은 float 타입에 할당할 수 있지만, float 타입의 값은 int에 할당할 수 없습니다. 그래서 + 연산자는 myFloat에 myInt 값을 더하기 전에, 먼저 float 타입으로 변환합니다.

모든 타입이 캐스팅 가능한 것은 아닙니다.
새로운 콘솔 앱을 만들고 Main() 메서드에 다음 명령문을 입력해 봅시다. 그리고 프로그램을 빌드해 보세요. 여러 오류가 발생합니다. 어떤 타입이 캐스팅이 가능한지, 또는 불가능한지 알아볼 수 있게 오류가 발생하는 명령어에 줄을 그어 보세요.

```
int myInt = 10;

byte myByte = (byte)myInt;

double myDouble = (double)myByte;

bool myBool = (bool)myDouble;

string myString = "false";

myBool = (bool)myString;

myString = (string)myInt;

myString = myInt.ToString();

myBool = (bool)myByte;

myByte = (byte)myBool;

short myShort = (short)myInt;

char myChar = 'x';

myString = (string)myChar;

long myLong = (long)myInt;

decimal myDecimal = (decimal)myLong;

myString = myString + myInt +
myByte + myDouble + myChar;
```

C# 값 타입(value type)에 대한 내용을 읽어 보면 더 도움이 될 것입니다.
https://docs.microsoft.com/ko-kr/dotnet/csharp/language-reference/builtin-types/value-types

2장에서 반복문을 다룰 때
메시지 상자에 숫자와
문자열을 결합해 넣었는데!
저도 모르게 타입을
변환하고 있던 것인가요?

쓰면서 제대로 공부하기 **정답**

모든 타입이 캐스팅 가능한 것은 아닙니다.

새로운 콘솔 앱을 만들고 Main() 메서드에 다음 명령문을 입력해 봅시다. 그리고 프로그램을 빌드해 보세요. 여러 오류가 발생하는 것을 볼 수 있습니다. 어떤 타입이 캐스팅이 가능한지, 또는 불가능한지 알아볼 수 있게 오류가 발생하는 명령어에 줄을 그어 보세요.

`int myInt = 10;`

`byte myByte = (byte)myInt;`

`double myDouble = (double)myByte;`

~~`bool myBool = (bool)myDouble;`~~

`string myString = "false";`

~~`myBool = (bool)myString;`~~

~~`myString = (string)myInt;`~~

`myString = myInt.ToString();`

~~`myBool = (bool)myByte;`~~

~~`myByte = (byte)myBool;`~~

`short myShort = (short)myInt;`

`char myChar = 'x';`

~~`myString = (string)myChar;`~~

`long myLong = (long)myInt;`

`decimal myDecimal = (decimal)myLong;`

`myString = myString + myInt +`
`myByte + myDouble + myChar;`

네! 문자열을 연결할 때 C#은 값을 변환합니다

\+ 연산자를 사용해서 문자열과 다른 값을 결합하는 것을 **연결(concatenation)**이라고 합니다. 문자열을 int, bool, float 등의 값 타입과 연결하면, C#은 그 값을 자동으로 변환합니다. 이런 변환은 캐스팅과는 또 다른데, 실제로 내부에서의 변환 작업은 해당 값의 ToString() 메서드를 호출하기 때문입니다. 또한, .NET에서는 **모든 객체가 해당 객체를 문자열로 변환하는 ToString() 메서드를 가지고 있습니다**(어떤 문자열을 생성할지는 해당 클래스의 구현에 달려 있기는 합니다).

계산해 보세요!

캐스팅에서 어떻게 값이 초기화되는지 직접 계산해 봅시다. 나눗셈을 수행하는 Mod 버튼이 있는 계산기 앱을 열어서, 365 Mod 256을 계산해 보세요.

자동 변환이 일어나는 경우 알아보기

캐스팅할 필요가 없는 변환이 2가지 있습니다. 첫 번째는 산술 연산자를 사용할 때 발생하는 자동 변환입니다. 다음 예제를 살펴보죠.

```
long l = 139401930;
short s = 516;
double d = l - s;
d = d / 123.456;
Console.WriteLine("The answer is " + d);
```

- 연산자는 long 타입 값에서 s 값을 빼기만 하고, 실제로는 = 연산자가 연산 결과를 double 타입으로 변환합니다.

두 번째는 + 연산자를 사용해 문자열 하나를 다른 문자열 뒤에 붙여 연결하는 경우입니다. + 연산자를 사용해 문자열과 문자열이 아닌 타입을 연결하면 .NET은 자동으로 숫자를 문자열로 변환합니다.

다음 예제를 살펴보죠. C# 프로그램에 다음 명령문을 붙여 넣어 보세요. 첫째 줄과 둘째 줄은 괜찮지만, 셋째 줄에서 컴파일 오류가 발생합니다.

```
long number = 139401930;
string text = "Player score: " + number;
text = number;
```

C# 컴파일러는 셋째 줄에 다음과 같은 오류를 표시합니다.

```
CS0029 암시적으로 'long' 형식을 'string' 형식으로 변환할 수 없습니다.
```

text 변수는 string 타입 변수이므로 + 연산자를 사용해 숫자 값이 변환된 문자열을 연결하는 것은 괜찮습니다. 하지만 숫자를 직접 text 변수에 할당하려고 할 때 long 타입을 string으로 자동 변환하는 기능 같은 것은 없습니다. 이 경우 ToString() 메서드를 호출해서 문자열로 변환해야 합니다.

무엇이든 물어보세요!

Q&A

Q Convert.ToByte(), Convert.ToInt32(), Convert.ToInt64()를 사용해서 이진수 숫자로 된 문자열을 정수로 변환했잖아요? 거꾸로 정수를 이진수로 변환하는 것도 가능한가요?

A 네. Convert 클래스에는 Convert.ToString() 메서드가 있는데, 이를 사용해 정수를 문자열로 변환할 수 있습니다. [인텔리센스] 창을 살펴보면 사용 방법을 알 수 있습니다.

```
Console.WriteLine(Convert.ToString(8675309, 2));
    ▲ 26/36 ▼ string Convert.ToString(int value, int toBase)
    Converts the value of a 32-bit signed integer to its equivalent string representation in a specified base.
    value: The 32-bit signed integer to convert.
```

그러므로 Convert.ToString(255, 2)는 문자열 '11111111'을 반환하고, Convert.ToString(8675309, 2)는 문자열 '100001000101111111101101'을 반환합니다. 몇 가지 숫자로 시험해 보면서 이진수의 값이 어떻게 변하는지 감을 잡아 보세요.

매개 변수 타입과 호환되는 메서드 호출 인수

C#이 타입을 자동으로 변환하는 경우

3장에서 Random 클래스를 사용해 카드의 종류를 정하기 위해 1 이상 5 미만의 범위에서 임의의 숫자를 생성했습니다.

```
int value = random.Next(1, 5);
```

첫 번째 인수인 1을 1.0으로 바꾸면 어떻게 될까요?

```
int value = random.Next(1.0, 5);
```

이 명령문은 int 값이 들어가야 할 메서드 인수의 자리에 double 리터럴 값을 넣었습니다. 컴파일 오류가 발생하지 않죠. 다음과 같은 오류를 표시합니다.

```
CS1503 1 인수: 'double'에서 'int'(으)로 변환할 수 없습니다.
```

C#이 자동으로 값을 변환하는 경우가 있지만, double에서 int로(즉, 1.0에서 1로) 변환하는 것은 안 됩니다. 하지만 int에서 double로(즉, 1에서 1.0으로) 변환하는 것은 가능합니다. 더 정확하게 말하자면 다음과 같습니다.

- C# 컴파일러는 정수 타입 값을 부동 소수점 타입 값으로 변환할 수 있습니다.
- C# 컴파일러는 정수 타입을 다른 정수 타입으로 변환할 수 있고, 부동 소수점 타입을 다른 부동 소수점 타입으로 변환할 수 있습니다.
- 하지만 C# 컴파일러는 같은 크기의 타입 또는 자신보다 작은 타입으로만 변환할 수 있습니다. 그러므로 int → long으로, float → double로 변환하는 것은 가능하지만, long → int, double → float로는 변환할 수 없습니다.

Random.Next() 메서드만 매개 변수 타입과 다른 변수를 사용했을 때 컴파일 오류를 내는 것은 아닙니다. 다음과 같은 메서드를 콘솔 앱에 추가해 보세요.

```
public int MyMethod(bool add3)
{
    int value = 12;
    if (add3)
        value += 3;
    else
        value -= 2;
    return value;
}
```

컴파일러에서 '잘못된 인수입니다'라는 오류가 발생하는 것은, 메서드를 호출할 때 메서드의 매개 변수와 맞지 않는 타입의 변수를 사용했다는 의미입니다.

이 메서드의 인수로 string이나 long 타입 값을 넣어 봅시다. 인수를 bool로 변환할 수 없다는 CS1503 오류가 발생할 것입니다. 간혹 매개 변수(parameter)와 인수(argument)의 차이를 혼동하는 경우가 있는데, 설명하자면 이렇습니다.

매개 변수는 메서드의 정의에 있는 변수입니다. 인수는 메서드를 호출할 때 넣은 값입니다. int 타입 매개 변수를 가진 메서드를 호출할 때 byte 타입 인수를 넣을 수 있습니다.

무엇이든 물어보세요!

Q&A

Q1 아까 코드에서 if 문은 if (add3)라고만 적었는데, 이 명령문은 if (add3 == true)와 동일한 의미인가요?

A1 네. 그 if/else 문을 다시 한번 살펴보겠습니다.

```
if (add3)
    value += 3;
else
    value -= 2;
```

if 문은 항상 조건문이 true인지 검사합니다. 그러므로 add3 변수의 타입이 bool이라면 if 문은 그 값이 true인지 false인지 평가하므로, 명시적으로 == true를 포함할 필요가 없습니다.
만약 어떤 값이 false인지 검사하려면 ! 또는 NOT 연산자를 사용하면 됩니다. if (!add3) 이라는 코드는 if (add3 == false)와 동일합니다. 이후에는 코드 예제에서 bool 타입 변수의 값을 검사할 때 보통 if (add3) 또는 if (!add3) 형태를 사용하겠습니다. 즉, ==을 사용해 true 또는 false인지 명시적으로 검사하지 않을 것입니다.

Q2 if 또는 else 블록에 중괄호도 없네요. 이 중괄호는 선택적으로 사용할 수 있는 것인가요?

A2 맞아요. 하지만 if 또는 else 블록의 내용이 명령문 1개일 때만 가능합니다. 명령문이 하나씩만, 즉 if 블록에는 value += 3; 명령문, else 블록에는 value -= 2; 명령문만 있기 때문에 중괄호를 생략해도 됐죠. 블록에 명령문을 추가할 것이라면 중괄호를 사용해야 합니다.

```
if (add3)
    value += 3;
else
{
    Console.WriteLine("Subtracting 2");
    value -= 2;
}
```

중괄호를 생략할 때는 주의해야 하는데, 실수로 의도와는 다른 코드를 만들 수 있기 때문입니다. 중괄호를 추가한다고 해서 손해 볼 것은 없지만, 중괄호가 있는 if 문과 중괄호가 없는 if 문 둘 다에 익숙해지는 것이 좋습니다.

요점 정리

- **값 타입**에는 다양한 크기의 숫자를 저장할 수 있습니다. 가장 큰 수는 long 타입, (255까지의) 가장 작은 수는 byte 타입이 될 수 있습니다.
- 값 타입에는 각자의 **크기**가 있어서 실제 값이 무엇이냐에 상관없이 어떤 타입의 값을 그보다 작은 타입의 값에 넣을 수 없습니다.
- **리터럴 값**을 사용할 때, 접미사 F를 사용해 float 타입(예: 15.6F) 값을, M을 사용해 decimal 타입(예: 36.12M) 값을 나타낼 수 있습니다.
- 통화, 재무 데이터 등을 다룰 때는 **decimal 타입**을 사용하세요. 부동 소수점 타입의 정확도에는 약간 문제가 있습니다.
- C#의 타입 중에서는 암시적 변환을 통해 자동으로 **변환**하는 타입이 있습니다. short → int, int → double, float → double 등의 변환이 가능합니다.
- 변수의 타입과 다른 타입의 값을 변수에 할당할 때 컴파일 오류가 발생한다면 **타입 캐스팅**, 즉 명시적으로 변환해야 합니다. 다른 타입으로 캐스팅하려면 값 앞에 원하는 타입 이름을 넣은 괄호를 추가하면 됩니다.
- C# 언어에서 사용하도록 **예약된(reserved) 키워드**는 변수 이름으로 사용할 수 없습니다. 이런 예약어(for, while, using, new 등)는 언어에서 특별한 일을 하도록 정의되어 있습니다.
- **매개 변수(parameter)**는 메서드 선언에 정의된 변수입니다. **인수(argument)**는 메서드를 호출할 때 전달하는 값입니다.
- 비주얼 스튜디오에서 프로그램을 빌드하면 **C# 컴파일러**가 소스 코드에서 실행 가능한 프로그램을 만들어 냅니다.
- 정적 **Convert 클래스**를 사용해 여러 타입의 값을 서로 변환할 수 있습니다.

오언은 게임을 계속 향상시키고 있습니다

오언은 더 나은 게임을 만들고 싶어요.

좋은 게임 개발자는 플레이어에게 최상의 게임 경험을 제공하기 위해 최선을 다합니다. 오언은 이제 막 새로운 캐릭터들이 포함된 캠페인을 새로 시작하려는 참인데, 캐릭터의 능력치를 결정하는 데 사용하는 공식을 조금 변경하면 게임이 더 재밌어질까 생각하고 있습니다.

플레이어가 게임을 시작하면서 캐릭터 시트의 내용을 채울 때,
다음과 같은 과정을 거쳐 각 캐릭터의 능력치를 계산합니다.

능력치 공식

* 주사위를 4번 굴려 4~24 사이의 숫자 합을 구함
* 이 숫자를 1.75로 나눔
* 결과에 2를 더함
* 소수점 이하를 버리고 정수로 만듦
* 결괏값이 너무 작으면 최솟값은 3

이 표준 규칙도 괜찮긴 하지만
더 개선할 수 있을 거예요.

시행착오에는 시간이 필요합니다

오언은 능력치 계산 방식을 이것저것 실험해 보고 있습니다. 공식 자체는 괜찮다고 생각하지만 숫자를 바꿔 보고 싶은 거죠.

오언은 주사위 4번 굴리기, 나누기, 빼기, 소수점 버리기, 최솟값 정하기 등이 포함된 공식 자체는 맘에 듭니다. 하지만 구체적인 숫자가 괜찮은지는 확신하지 못하고 있네요.

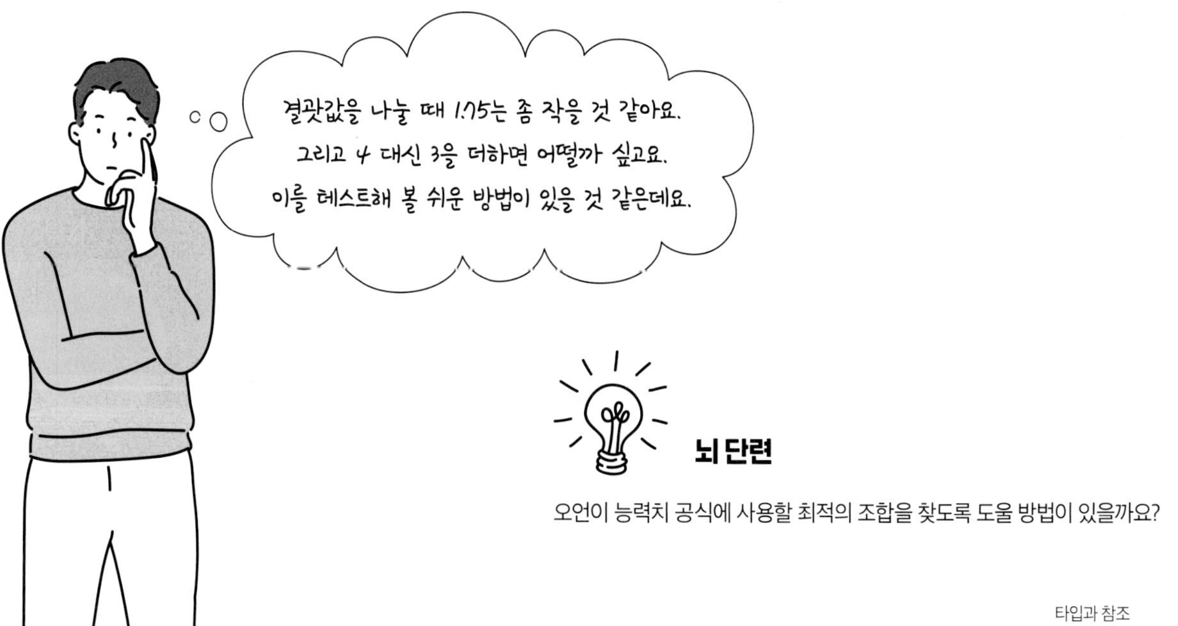

뇌 단련

오언이 능력치 공식에 사용할 최적의 조합을 찾도록 도울 방법이 있을까요?

오언의 능력치 실험 돕기

이번 프로젝트에서는 오언이 여러 값을 넣어 보면서 능력치 공식의 결괏값이 어떻게 변화하는지 확인할 수 있는 콘솔 앱을 만들어 볼 것입니다. 이 공식에는 주사위를 4번 굴린 값과, 그 값을 나눌 값, 나눈 값에 더할 숫자, 이렇게 계산된 값이 너무 작을 경우의 최솟값 등 **4개의 입력 값**이 있습니다.

오언이 4개의 입력 값을 앱에 입력하면, 앱은 능력치를 계산해서 표시합니다. 오언이 여러 값을 테스트해야 하므로 한 번 입력했던 값이 있으면 다음 번 입력에서는 이 입력 값을 기본값으로 사용해서 매번 같은 값을 반복 입력할 필요가 없게 만들 것입니다. 그러면 오언이 더 편하게 값을 입력할 수 있겠죠. 오언의 앱을 실행했을 때 보게 될 화면은 다음과 같습니다.

이것은 오언의 게임 마스터 노트에서 가져온 능력치 공식입니다.

능력치 공식

* 주사위를 4번 굴려 4~24 사이의 숫자 합을 구함
* 이 숫자를 1.75로 나눔
* 결과에 2를 더함
* 소수점 이하를 버리고 정수로 만듦
* 결괏값이 너무 작으면 최솟값은 3

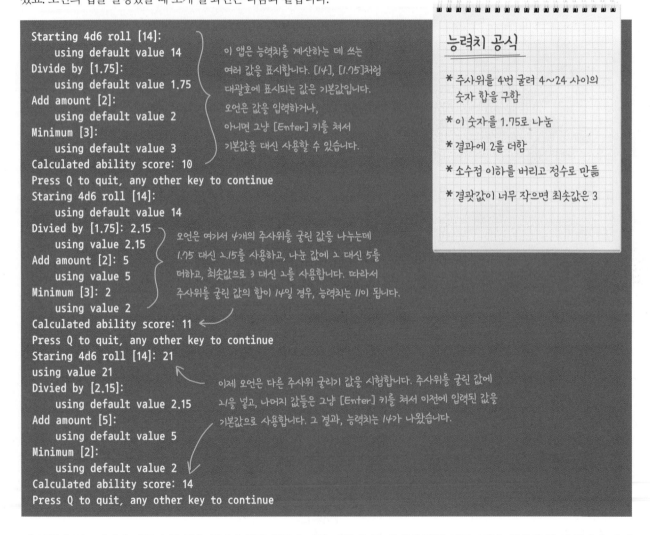

```
Starting 4d6 roll [14]:
    using default value 14
Divide by [1.75]:
    using default value 1.75
Add amount [2]:
    using default value 2
Minimum [3]:
    using default value 3
Calculated ability score: 10
Press Q to quit, any other key to continue
Staring 4d6 roll [14]:
    using default value 14
Divied by [1.75]: 2.15
    using value 2.15
Add amount [2]: 5
    using value 5
Minimum [3]: 2
    using value 2
Calculated ability score: 11
Press Q to quit, any other key to continue
Staring 4d6 roll [14]: 21
using value 21
Divied by [2.15]:
    using default value 2.15
Add amount [5]:
    using default value 5
Minimum [2]:
    using default value 2
Calculated ability score: 14
Press Q to quit, any other key to continue
```

이 앱은 능력치를 계산하는 데 쓰는 여러 값을 표시합니다. [14], [1.75]처럼 대괄호에 표시되는 값은 기본값입니다. 오언은 값을 입력하거나, 아니면 그냥 [Enter] 키를 쳐서 기본값을 대신 사용할 수 있습니다.

오언은 여기서 4개의 주사위를 굴린 값을 나누는데 1.75 대신 2.15를 사용하고, 나눈 값에 2 대신 5를 더하고, 최솟값으로 3 대신 2를 사용합니다. 따라서 주사위를 굴린 값의 합이 14일 경우, 능력치는 11이 됩니다.

이제 오언은 다른 주사위 굴리기 값을 시험합니다. 주사위를 굴린 값에 21을 넣고, 나머지 값들은 그냥 [Enter] 키를 쳐서 이전에 입력된 값을 기본값으로 사용합니다. 그 결과, 능력치는 14가 나왔습니다.

이 프로젝트는 이전에 만들어 본 콘솔 앱보다 약간 규모가 크기 때문에, 몇 단계에 걸쳐 프로그램을 완성해 볼 것입니다. 먼저 <쓰면서 제대로 공부하기>에서 능력치를 계산하는 코드를 이해하고, <연습 문제>에서 앱의 나머지 코드를 작성한 다음, <추적하기>에서 코드의 버그를 찾아보겠습니다. 그럼 시작해 보겠습니다!

쓰면서 제대로 공부하기

오언이 능력치를 계산하는 데 사용할 클래스를 다음과 같이 만들었습니다. 이 클래스를 사용하려면 Starting4D6Roll, DivideBy, AddAmount, Minimum 필드 값을 설정한 다음(또는, 필드를 선언할 때 값을 할당해도 되죠), CalculateAbilityScore() 메서드를 호출해서 능력치를 계산하면 됩니다. 하지만 이 코드에는 문제 있는 코드가 한 줄 있습니다. 잘못된 코드에 동그라미를 치고 무엇이 잘못 됐는지 적어 보세요.

비주얼 스튜디오에서 이 코드를 입력하지 않고도 문제를 찾을 수 있을지 한번 살펴보세요. 컴파일 오류를 일으킬 만한 코드를 찾을 수 있나요?

```
internal class AbilityScoreCalculator
{
    public int RollResult = 14;
    public double DivideBy = 1.75;
    public int AddAmount = 2;
    public int Minimum = 3;
    public int Score;
    public void CalculateAbilityScore()
    {
        // 굴리기 값을 DivideBy 필드 값으로 나눕니다.
        double divided = RollResult / DivideBy;

        // AddAmount를 나눗셈 결과에 더합니다.
        int added = AddAmount += divided;

        // 결괏값이 너무 작으면 Minimum 값을 사용합니다.
        if (added < Minimum)
        {
            Score = Minimum;
        }
        else
        {
            Score = added;
        }
    }
}
```

이 필드들은 능력치 공식에 있던 값들로 초기화합니다. 앱은 사용자에게 기본값으로 이 값들을 표시할 것입니다.

여기에 힌트가 있어요! 이 주석문과 오언의 게임 마스터 노트에 있던 능력치 공식을 비교해 보세요. 이 주석문에는 공식의 어떤 부분이 빠져 있나요?

문제가 있는 고드에 동그라미를 치고, 어떤 문제가 있는지 아래에 적어 보세요.

C# 컴파일러를 사용해 문제의 코드 찾기

문제를 고쳐 봅시다.

'AbilityScore'라는 이름의 새 콘솔 앱을 생성합니다. 그런 다음 새 AbilityScoreCalculator.cs 파일을 추가하고 AbilityScoreCalculator 클래스 안에 <쓰면서 제대로 공부하기>에 있던 코드를 입력합니다. 코드를 정확히 입력했다면 [인텔리센스] 창에 다음과 같은 C# 컴파일 오류가 발생합니다.

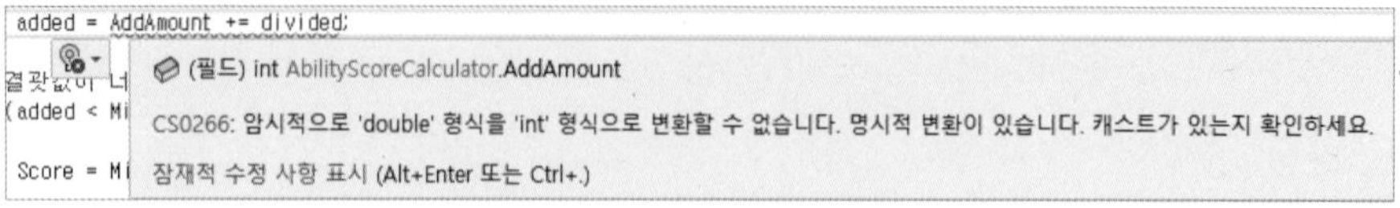

```
added = AddAmount += divided;
```

(필드) int AbilityScoreCalculator.AddAmount

CS0266: 암시적으로 'double' 형식을 'int' 형식으로 변환할 수 없습니다. 명시적 변환이 있습니다. 캐스트가 있는지 확인하세요.

잠재적 수정 사항 표시 (Alt+Enter 또는 Ctrl+.)

이 C# 컴파일 오류는 말 그대로 캐스트가 있는지 확인하라는 의미입니다.

C# 컴파일러에서 오류가 발생하면 [오류 목록] 창이나 [인텔리센스] 창에 나오는 오류 메시지를 주의 깊게 읽어 보세요. 보통 이 오류 메시지에는 문제를 추적하는 데 필요한 힌트가 있습니다. 여기서는 왜 오류가 생성됐는지 정확히 알려 주고 있네요. 이 코드에서는 캐스트 없이 double 타입 값을 int 값으로 변환할 수 없습니다. Divided 변수는 double 타입으로 선언됐으며, C# 컴파일러는 AddAmount int 필드에 double 타입의 값을 더하는 것을 허용하지 않습니다. C# 컴파일러는 double 값을 int 값으로 어떻게 변환할지 모르기 때문입니다.

따라서 [오류 목록] 창에 '캐스트가 있는지 확인하세요.'라는 오류 메시지는 이 코드에서 나눗셈의 결과인 double 변수의 값을 AddAmount int 필드에 더하기 전에 캐스팅(명시적 변환)하라는 것입니다.

캐스트를 추가해 AbilityScoreCalculator 클래스가 컴파일되도록 해 봅시다

이제 문제가 무엇인지 알았으니, 캐스트를 추가해 AbilityScoreCalculator 클래스에서 문제가 되는 코드를 고쳐 봅시다. 다음 코드는 '암시적으로 형식을 변환할 수 없습니다.'라는 오류를 시킵니다.

```
int added = AddAmount += divided;
```

AddAmount += divided 부분이 double 값을 반환하지만, 이 값은 int 변수인 added에 할당될 수 없기 때문에 오류가 발생합니다. Divided 값을 int로 캐스팅해서 이 오류를 고칠 수 있습니다. 그러면 int 값을 AddAmount에 더해서 결과적으로 int를 반환하기 때문입니다. 위 코드에서 divided를 (int)divided로 고쳐 봅시다.

```
int added = AddAmount += (int)divided;
```

이 캐스트는 오언의 능력치 공식에서 빠진 부분과도 연관이 있습니다. 바로 '소수점 이하를 버리고 정수로 만들기' 부분이죠. double 타입 값을 int로 캐스팅하면 소수점 이후 숫자를 버리게 됩니다. 예를 들어 (int)19.7431D는 '19'라는 값을 반환합니다. 캐스트를 추가하면 이 클래스에 오언의 능력치 공식을 구현하면서 빠진 부분을 추가할 수 있습니다.

하지만 아직도 버그가 있습니다

아직 끝난 게 아닙니다! 컴파일 오류를 고쳤기 때문에 프로젝트를 빌드할 수 있게 됐습니다. 하지만 컴파일은 되어도 아직 문제가 남아 있습니다. 이 코드에 남아 있는 버그를 찾아내 볼까요?

<쓰면서 제대로 공부하기>의 정답은 나중에 나올 거예요!

연습 문제

AbilityScoreCalculator 클래스를 사용한 콘솔 앱 프로젝트를 마무리해 봅시다. 이번 <연습 문제>에서는 Main() 메서드의 내용을 알려 주는 대신 다음 두 메서드의 코드를 작성해 보세요. ReadInt() 메서드는 사용자에게 입력받아 int.TryParse() 메서드를 사용해 int 값으로 변환하는 메서드이고, ReadDouble() 메서드도 비슷한 일을 하지만 int 대신 double 값으로 변환합니다.

1. 다음 코드를 Main() 메서드에 추가하세요.

AbilityScoreCalculator 클래스 인스턴스 하나를 사용하는데, 이 인스턴스는 사용자에게 입력받아 while 문이 실행될 때마다 기본값으로 사용할 값을 저장하는 필드를 갱신하는 역할을 합니다.

```
static void Main(string[] args) {
    AbilityScoreCalculator calculator = new AbilityScoreCalculator();
    while (true) {
        calculator.RollResult = ReadInt(calculator.RollResult, "Starting 4d6 roll");
        calculator.DivideBy = ReadDouble(calculator.DivideBy, "Divide by");
        calculator.AddAmount = ReadInt(calculator.AddAmount, "Add amount");
        calculator.Minimum = ReadInt(calculator.Minimum, "Minimum");
        calculator.CalculateAbilityScore();
        Console.WriteLine("Calculated ability score: " + calculator.Score);
        Console.WriteLine("Press Q to quit, any other key to continue");
        char keyChar = Console.ReadKey(true).KeyChar;
        if ((keyChar == 'Q') || (keyChar == 'q')) return;
    }
}
```

이전 프로젝트의 코드와 비슷하지만 Console.ReadKey() 메서드를 사용한다는 점이 다릅니다.

```
char keyChar = Console.ReadKey(true).KeyChar;
```

Console.ReadKey()의 인수 값으로 'true'를 사용하면 프로그램이 입력을 가로채서(intercept) 입력 값이 콘솔에 출력되지 않습니다. .KeyChar은 눌린 키를 char 값으로 반환하는 역할을 합니다.

2. ReadInt() 메서드를 추가합니다.

이 메서드에는 사용자에게 표시할 메시지와 기본값, 2개의 매개 변수가 필요합니다. ReadInt() 메서드는 기본값을 대괄호에 넣은 메시지를 콘솔에 표시한 다음 콘솔에서 한 줄의 입력 값을 읽어 들여 변환을 시도합니다. 입력 값이 변환할 수 있는 값이면 그 값을 사용하고, 변환이 불가능하면 기본값을 사용합니다.

```
/// <summary>
/// 메시지를 출력하고 콘솔에서 int 값을 읽어 들입니다.
/// </summary>
/// <param name="lastUsedValue">기본값</param>
/// <param name="prompt">콘솔에 출력할 메시지</param>
/// <returns>읽어 들인 int 값 또는 변환이 불가능할 때는 기본값</returns>
static int ReadInt(int lastUsedValue, string prompt) {
    // 메시지와 함께 [기본값]을 출력합니다.
    // 입력을 받은 다음 int.TryParse를 사용해 변환을 시도합니다.
    // 변환이 가능하면 "using value" + 값을 콘솔에 출력합니다.
    // 그렇지 않으면 "using default value" + lastUsedValue를 콘솔에 출력합니다.
}
```

3. ReadDouble() 메서드를 추가합니다.

이 메서드는 ReadInt()와 비슷하지만 int.TryParse() 대신 double.TryParse()를 사용합니다.

Double.TryParse() 메서드는 int.TryParse()와 비슷하지만 out 변수의 타입이 int가 아닌 double 타입입니다.

연습 문제 정답

ReadInt()와 ReadDouble() 메서드는 기본값을 포함한 메시지를 콘솔에 출력하고, 콘솔에서 입력 값 한 줄을 읽어 들인 다음, 입력 값을 int 또는 double로 변환합니다. 그리고 변환된 값 또는 기본값을 포함한 메시지를 콘솔에 출력합니다.

```
static int ReadInt(int lastUsedValue, string prompt)
{
    Console.Write(prompt + " [ " + lastUsedValue + " ]: ");
    string line = Console.ReadLine();
    if (int.TryParse(line, out int value))
    {
        Console.WriteLine("    using value " + value);
        return value;
    }
    else
    {
        Console.WriteLine("    using default value     " + lastUsedValue);
        return lastUsedValue;
    }
}
static double ReadDouble(double lastUsedValue, string prompt)
{
    Console.Write(prompt + " [ " + lastUsedValue + " ]: ");
    string line = Console.ReadLine();
    if (double.TryParse(line, out double value))
    {
        Console.WriteLine("    using value " + value);
        return value;
    }
    else
    {
        Console.WriteLine("    using default value " + lastUsedValue);
        return lastUsedValue;
    }
}
```

Main() 메서드의 while 문이 매번 실행될 때마다 어떻게 사용자가 입력한 값을 필드에 저장하고, 그 값을 다시 다음 반복 때 기본값으로 사용하는지 이해하려면 시간이 좀 걸릴 수 있습니다.

double.TryParse() 메서드는 int 버전과 하는 일이 비슷하지만, out 변수 타입으로 double을 사용한다는 차이가 있습니다.

앱 개발을 도와줘서 고마워요!
빨리 사용해 보고 싶네요.

다음은 앱의 출력 결과입니다.

```
Starting 4d6 roll[14]: 18
    using value 18
Divide by[1.75]: 2.15
    using value 2.15
Add amount[2]: 5
    using value 5
Minimum[3]:
    using default value 3
Calculated ability score: 13
Press Q to quit, any other key to continue
Starting 4d6 roll [18]:
    using default value 18
Divide by[2.15]: 3.5
    using value 3.5
Add amount[13]: 5
    using value 5
Minimum[3]:3
    using default value 3
Calculated ability score: 10
Press Q to quit, any other key to continue
Starting 4d6 roll [18]:
    using default value 18
Divide by[3.5]:
    using default value 3.5
Add amount[10]: 7
    using value 7
Minimum[3]:
    using default value 3
Calculated ability score: 12
Press Q to quit, any other key to continue
Starting 4d6 roll [18]:
    using default value 18
Divide by[3.5]:
    using default value 3.5
Add amount[12]: 4
    using value 4
Minimum[3]:
    using default value 3
Calculated ability score: 9
Press Q to quit, any other key to continue
Starting 4d6 roll [18]:
    using default value 18
Divide by[3.5]:
    using default value 3.5
Add amount[9]:
    using default value 9
Minimum[3]:
    using default value 3
Calculated ability score: 14
Press Q to quit, any other key to continue
```

이상하네요. 오언은 직전의 [add amount] 항목에 '5'를 입력했는데, 기본값 옵션에 '10'이 표시됐어요.

또 그러네요. 오언이 마지막으로 입력한 [add amount] 항목의 값은 '7'이었는데, 기본값 옵션에 '12'가 표시됐어요. 이상해요.

'9'는 어디서 온 걸까요? 이런 값을 입력한 적이 있었나요? 이 값이 오류에 대한 힌트를 주는 건 아닐까요?

무언가 잘못됐어요. 이 프로그램은 제가 입력한 값을 기억해야 하는데, 생각한 대로 작동하지 않아요.

처음에 저는 add amount에 '5'를 입력했어요. 다른 값들은 모두 정상적으로 표시됐는데, add amount에만 '10'이 표시되네요.

오언은 능력치 공식에 다양한 값을 시험해 보고 싶습니다. 그래서 이 프로그램은 반복문을 사용해 여러 값을 반복해서 입력할 수 있게 만들었습니다.

오언이 여러 값 중 하나만 쉽게 변경할 수 있게 하기 위해 이 앱에 마지막으로 입력한 값을 기억했다가 다음에 입력할 때 기본값으로 제공하는 기능을 포함했습니다. 이 기능은 AbilityScoreCalculator 클래스의 인스턴스가 개별 값을 기억하고, while 반복문이 매번 필드의 값을 갱신하는 형태로 구현했죠.

하지만 무언가 잘못된 것 같네요. 다른 값들은 제대로 저장되지만, 'add amount'의 기본값은 이상하게 저장되네요. 오언이 처음에 '5'를 입력했는데, 실행 결과에 표시된 기본값은 '10'이었습니다. '7'을 입력했을 때는 기본값이 '12'가 됐죠. 무슨 일이 벌어지고 있죠?

뇌 단련

어떤 과정을 거쳐야 능력치 계산기 앱의 버그를 추적할 수 있을까요?

추적하기

코드를 디버깅할 때 여러분은 탐정처럼 행동해야 합니다. 무엇인가 버그를 일으키고 있다면 의심이 가는 부분을 찾아내고, 단서를 추적해야 합니다. 조사한 다음, 범인이 맞는지 확인하는 것이죠. 마치 셜록 홈즈처럼요!

문제는 'add amount' 값에서만 발생하는 것 같으니, 먼저 AddAmount 필드의 값에 접근하는 코드를 살펴보겠습니다. Main() 메서드에서 AddAmount 필드를 사용하는 코드는 다음과 같습니다. 이 코드에 중단점을 추가해 봅시다.

```
calculator.DivideBy = ReadDouble(calculator.DivideBy, "Divide by");
calculator.AddAmount = ReadInt(calculator.AddAmount, "Add amount");
calculator.Minimum = ReadInt(calculator.Minimum, "Minimum");
```

그리고 AbilityScoreCalculator.CalculateAbilityScore() 메서드에서도 AddAmount 필드를 사용합니다. 여기에도 중단점을 추가해 봅시다.

```
// Add AddAmount to the result of that division
int added = AddAmount += (int)divided;
```

이 명령문은 'added' 변수의 값을 변경하지만, [AddAmount] 항목의 값은 변경하지 않는다는 의미입니다.

프로그램을 실행해 보세요. 만약 Main() 메서드에서 프로그램 실행이 중단되면 calculator.AddAmount를 선택해서 조사식에 추가해 보세요. AddAmount를 마우스 우클릭해서 [조사식 추가] 메뉴를 선택하면, calculator.AddAmount가 아닌 'AddAmount'가 조사식에 추가됩니다. 이상한 부분이 있나요? 문제될 만한 것은 없는 것 같네요. 값을 읽어 들이고 값을 갱신하는 코드는 괜찮아 보이는군요. 좋아요. 여기엔 별문제가 없는 것 같습니다. 중단점을 끄거나 해제합시다.

프로그램을 계속 실행해 봅니다. AbilityScoreCalculator.CalculateAbilityScore() 메서드에서 실행이 중단되면, 'AddAmount'를 조사식에 추가해 봅시다. 오언의 공식에 따르면, 이 코드는 주사위 값을 나눈 다음 그 결과에 AddAmount 값을 더해야 합니다. 이제 한 단계 더 코드를 실행해 보면...

잠깐, AddAmount의 값이 변경됐습니다. 하지만 이건 의도하지 않은 작동인데요. 말도 안 돼요! 하지만 셜록 홈즈는 이렇게 말했죠. "불가능한 것을 제외하고 나면, 아무리 믿기 힘들어도 남아 있는 것이 진실이다."

문제의 원인을 찾아낸 것 같네요. 이 명령문의 의도는 나뉜 값을 int 값으로 캐스트하고 소수점을 버려 정수로 만든 다음, 이 정수 값을 AddAmount와 더해 added 변수에 저장하는 것이었습니다. 그러나 이 명령문에는 의도치 않은 부작용이 있습니다. 이 명령문은 += 연산자를 사용하기 때문에 덧셈의 결과를 AddAmount에 저장하게 됩니다. += 연산자는 덧셈의 결과를 반환하면서 그 결과를 왼쪽의 변수에 할당하기 때문입니다.

마침내 버그를 고칠 수 있게 됐습니다

이제 무슨 일이 일어났는지 알게 됐으니 버그를 고칠 수 있습니다. 수정해야 할 내용은 매우 간단합니다. += 연산자 대신 + 연산자를 사용하도록 명령문을 수정하면 됩니다.

```
int added = AddAmount + (int)divided;
```

+=을 +로 바꿔서 이 명령문이 'added' 변수의 값만 수정하도록 변경하면 됩니다. 셜록 홈즈라면 이렇게 말했겠죠. "이 정도는 기본이지, 왓슨."

정답

문제를 찾았으니, 마침내 <쓰면서 제대로 공부하기>의 정답을 볼 수 있게 됐네요.

오언이 능력치를 계산하는 데 사용할 클래스를 다음과 같이 만들었습니다. 이 클래스를 사용하려면 Starting4D6Roll, DivideBy, AddAmount, Minimum 필드 값을 설정한 다음(또는 필드를 선언할 때 값을 할당해도 되죠), CalculateAbilityScore( ) 메서드를 호출해서 능력치를 계산하면 됩니다. 하지만 이 코드에는 문제 있는 코드가 한 줄 있습니다. 잘못된 코드에 동그라미를 치고 무엇이 잘못됐는지 적어 보세요.

```
int added = AddAmount += divided;
```

다음 코드에 어떤 문제가 있는지 아래에 적어 보세요.

먼저 AddAmount += divided가 double 타입이기 때문에 컴파일할 수 없습니다. 이를 해결하려면 캐스트를 사용해 int 값으로 변환해야 합니다. 그리고 이 명령문은 + 연산자가 아닌 += 연산자를 사용합니다. 그래서 AddAmount의 값이 바뀌고 있죠.

무엇이든 물어보세요!

Q&A

Q1 아직 + 연산자와 += 연산자의 차이점을 잘 모르겠어요. 이 연산자들은 어떻게 작동하고, 어떤 상황에 어떤 연산자를 사용해야 하나요?

A1 등호와 결합할 수 있는 연산자가 몇 개 있습니다. 더하기는 += 연산자, 빼기는 -= 연산자, 나누기는 /= 연산자, 곱하기는 *= 연산자, 나눗셈의 나머지는 %= 연산자를 사용하죠. + 연산자처럼 두 값을 계산하는 연산자를 이항 연산자(binary operator)라고 합니다.
이항 연산자를 사용하면 복합 할당(compound assignment)을 할 수 있습니다. 다음 명령어 대신에

```
a = a + c;
```

다음 명령어를 사용할 수 있다는 의미이며,

```
a += c;
```

+= 연산자는 a + c를 더한 결괏값을 a에 저장하라는 의미입니다.

두 명령문의 의미는 동일합니다. 복합 할당 x op = y는 x = x op y와 기술적으로 동일합니다. 두 명령문은 동일한 작업을 수행합니다. 이항 연산자와 등호를 결합한 +=, *= 같은 연산자를 복합 할당 연산자라고 합니다.

Q2 그렇다면 added 변수의 값은 언제 바뀌나요?

A2 능력치 계산기에서 혼동을 주는 부분은 **할당 연산자(=)도 값을 반환**한다는 것입니다. 다음과 같은 명령문도 유효합니다.

```
int q = (a = b + c);
```

이 명령문은 우선 a = b + c를 계산합니다. = 연산자가 값을 반환하기 때문에 계산 결과는 q 변수에도 저장됩니다. 그러므로

```
int added = AddAmount += divided;
```

위 명령문은 다음 명령문과 같은 의미입니다.

```
int added = (AddAmount = AddAmount + divided);
```

AddAmount 필드 값에 divided 변수의 값을 더한 값이 저장되고, 이 값이 다시 added 변수에 저장됩니다.

Q3 잠깐, 뭐라고요? = 연산자가 값을 반환한다고요?

A3 네, = 연산자는 필드나 변수를 설정하는 데 쓴 값을 반환합니다. 다음 코드를 살펴보죠.

```
int first;
int second = (first = 4);
```

first와 second 변수의 값은 모두 4가 됩니다. 콘솔 앱을 열고 디버깅해 보세요. 실제로 작동하는 코드입니다!

다음 if/else 문을 콘솔 앱에 추가해 보세요.

```
if (0.1M + 0.2M == 0.3M) Console.WriteLine("They're equal");
else Console.WriteLine("They aren't equal");
```

어이 꼬마!
괴상한 것 하나
보여 줄까?

두 번째 Console 구문에 녹색 물결선이 표시됩니다. 이 물견선은 접근할 수 없는 (unrea chable) 코드를 감지했을 때 표시되는 경고의 의미입니다. C# 컴파일러는 0.1 + 0.2의 결과가 항상 0.3이 되어서 if 문의 else 블록이 절대 실행되지 않는다는 것을 감지합니다. 프로그램을 실행하면 'They're equal'을 콘솔에 출력합니다.
이번에는 float 리터럴 값을 double로 바꿔 봅시다. 0.1 같은 리터럴은 기본적으로 double 타입이라는 것을 기억하세요.

```
if (0.1 + 0.2 == 0.3) Console.WriteLine("They're equal");
else Console.WriteLine("They aren't equal");
```

이상하네요. 이번에는 경고 표시가 if 문의 첫 번째 블록의 console로 이동했습니다. 프로그램을 실행해 보세요. 잠깐, 어떻게 된 것이죠? 이번에는 콘솔에 'They aren't equal'이 출력됩니다. 0.1 + 0.2가 왜 0.3이 아니죠?

3과 4 사이에 0이 15개 있습니다.

한 가지를 더 해 보죠. 0.3을 0.30000000000000004로 변경해 봅시다. 그러면 다시 'They're equal'이 콘솔에 출력됩니다. 보다시피, 0.1D 더하기 0.2D는 0.30000000000000004D와 같은 것이죠.

잠깐, 뭐라고요?!

이래서 화폐/통화/금전 데이터를
다루는 앱에서는 decimal 타입을
사용해야 하고, 절대로 double 타입을
사용하면 안 되나요?

네, 화폐 같은 금전 데이터는 double 타입을 사용하면 안 됩니다

decimal 타입은 double/float보다 정밀도가 훨씬 높기 때문에 0.30000000000000004 문제를 피할 수 있습니다.

일부 부동 소수점 타입은 흔치 않은 괴상한 오류를 발생시키곤 합니다. C#뿐 아니라, 대부분 프로그래밍 언어에서요. 정말 이상하죠! 0.1 + 0.2가 0.30000000000000004가 된다니요?
사실은 double 타입으로 정확히 표현할 수 없는 숫자들이 있습니다. 숫자가 0과 1로 이루어진 이진 데이터 형태로 저장되기 때문입니다. 예를 들어, .1D는 정확히 .1이 아닙니다. .1D * .1D를 한번 해 보세요. 결괏값은 0.01이 아닌 0.010000000000000002이 됩니다. 하지만 .1M * .1M을 하면 정확한 답을 얻을 수 있습니다. float/double 타입은 유니티에서 게임 오브젝트의 위치를 지정하는 등 유용하게 쓰이지만, 이를테면 금융 앱같이 정밀도가 높은 숫자를 다뤄야 한다면 decimal 타입을 사용해야 합니다.

무엇이든 물어보세요!

Q&A

Q1 아직도 변환과 캐스팅의 차이를 잘 모르겠어요. 좀 더 명확하게 설명해 줄 수 있나요.

A1 변환이라는 단어는 어떤 데이터의 타입을 다른 타입으로 변환하는 것을 나타내는 포괄적인 용어입니다. 그리고 캐스팅은 특정 타입의 데이터를 다른 타입으로 캐스팅할 수 있는지, 실제로 캐스팅될 데이터의 타입이 원래 데이터의 타입과 맞는지 명시적인 규칙을 가지고 이루어지는, 더 구체적인 변환 작업을 의미합니다. 이러한 규칙 중 하나를 예를 들면, 부동 소수점 숫자를 int로 캐스팅할 때 소수점 이하 자릿수가 제거되는 것을 들 수 있습니다. 또 다른 예로는 정수 타입에서 타입의 최대 값을 초과하는 값을 해당 타입으로 캐스팅했을 때 나머지 연산자를 사용한 것처럼 정수 값의 초기화가 일어나는 것을 들 수 있습니다.

Q2 잠시만요. 이전에 계산기 앱에서 mod 함수를 사용해 정수 값을 '초기화'하도록 했잖아요. 이번에는 나머지 연산을 설명하네요. 둘은 어떻게 다른가요?

A2 mod 함수와 나머지(remainder) 연산은 비슷한 연산입니다. 양수일 경우 두 연산은 동일합니다. A % B는 A를 B로 나눴을 때의 나머지를 나타냅니다. 즉, 5 % 2는 5 ÷ 2의 나머지인 1을 나타냅니다(5 ÷ 2는 2 × 2 + 1과 같으므로, 나누기의 몫인 2와 나머지 1이 되는 것이죠). 하지만 음수의 경우 mod(모듈러스)와 나머지 연산에는 차이가 생깁니다. 직접 한번 테스트해 보세요. -397 mod 17 = 11이지만, C# 나머지 연산을 사용하면 -397 % 17 = -6이 됩니다.

Q3 오언의 공식에서는 두 값을 나눈 다음, 소수점 이하 자릿수를 버린 정수로 만들어야 하는데요. 이 공식에 캐스팅을 어떻게 적용할 수 있죠?

A3 다음과 같은 부동 소수점 타입 값이 있다고 가정해 보죠.

```
float f1 = 185.26F;
double d2 = .0000316D;
decimal m3 = 37.26M;
```

이 값들을 int 값으로 캐스팅해서 각각 i1, i2, i3 변수에 할당하려고 합니다. int 변수에는 정수만 할당할 수 있으므로, 이 코드에서는 숫자의 소수점 부분을 어떻게든 해야 합니다.

C#의 규칙은 정수 타입으로의 캐스팅은 소수점을 버리고 자리내림한다는 것입니다. 그러므로 f1은 185, d2는 0, m3는 37이 됩니다. 직접 실험해 보세요. C# 코드를 직접 작성해 부동 소수점 값을 int 타입으로 캐스팅할 때 어떤 일이 일어나는지 살펴보세요.

↑ 0.30000000000000004 문제를 다루는 웹 페이지가 있습니다! https://0.30000000000000004.com 사이트에 접속해 다른 프로그래밍 언어의 예제를 확인해 보세요.

0.1D + 0.2D != 0.3D 예제는 보통 예외적인 매개 변수(아주 크거나 아주 작은 숫자 같은)를 사용했을 때처럼 특정한 조건에서만 드물게 발생하는 문제라고 할 수 있습니다. 비슷한 예제를 더 알아보고 싶다면 .NET이 부동 소수점을 어떻게 메모리에 저장하는지 존 스킷(Jon Skeet)이 작성한 훌륭한 글을 읽어 보세요. 다음 주소에서 읽어 볼 수 있습니다.
https://csharpindepth.com/Articles/FloatingPoint

↑ 존은 이 책의 1판에 멋진 리뷰를 써 줬습니다. 고마워요, 존!

참조 변수를 사용해 객체에 접근하기

새 객체를 생성할 때는 new 키워드를 사용해서 인스턴스화합니다. 3장에서 사용한 new Guy() 구문은 힙에 새로운 Guy 객체를 생성합니다. 이렇게 생성된 객체에 접근하려면 joe와 같은 변수를 사용해서 다음과 같이 할당해야 합니다.

```
Guy joe = new Guy()
```

이 구문이 정확히 어떤 일을 하는지 더 자세히 확인해 볼까요?

New 구문은 인스턴스를 생성하지만, 인스턴스를 생성했다고 일이 끝난 것이 아닙니다. **이 객체에 접근하려면 참조(reference)가 필요합니다.** 그러므로 Guy 타입의 joe와 같은 **참조 변수**를 생성해야 합니다. 여기서 joe는 새로 생성한 Guy 객체의 참조가 됩니다. 특정한 Guy 객체를 사용하고 싶을 때, joe라고 이름 붙인 참조 변수를 사용해서 해당 객체를 참조하는 것처럼 객체에 접근할 수 있습니다.

객체 타입의 변수는 특정 객체에 대한 참조를 나타내는 참조 변수입니다. 다음 내용을 살펴보면서 이 새로운 용어를 완전히 이해해 봅시다. 3장에서 살펴본 'Joe와 Bob' 프로그램의 시작 코드 두 줄을 다시 한번 살펴봅시다.

참조를 생성하는 것은 포스트잇에 이름을 쓰고 객체 위에 붙여 놓는 것과 비슷합니다. 객체에 이름을 붙이고 나중에 이 객체를 참조하는 데 사용하는 것이죠.

코드를 실행하기 전 힙의 상태입니다. 아무것도 없죠.

```
static void Main(string[] args)
{
    Guy joe = new Guy() { Cash = 50, Name = "Joe" };
    Guy bob = new Guy() { Cash = 100, Name = "Bob" };
```

이것이 참조 변수입니다.

이 구문은 참조 변수가 참조하는 객체를 생성합니다.

이 그림은 코드가 실행되고 난 뒤의 힙의 상태입니다. 힙에는 객체가 2개 있고, 각각 'joe'라는 이름으로 참조되는 객체와 'bob'이라는 이름으로 참조되는 객체입니다.

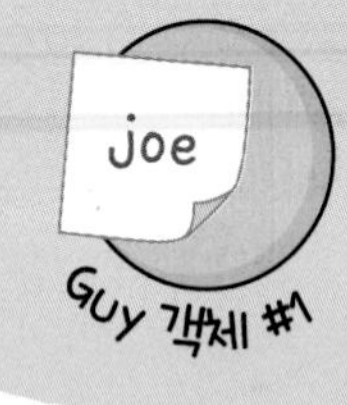

이 Guy 객체를 참조할 수 있는 방법은 'bob'이라는 참조 변수를 사용하는 것뿐입니다.

참조는 객체에 붙이는 포스트잇

여러분의 주방에도 소금이나 설탕을 담는 용기가 있을 것입니다. 만약 이 용기에 이름표를 잘못 붙여 두면 끔찍한 맛의 음식을 만들게 될 수도 있겠죠. 그러나 용기의 이름표를 바꿔 붙이더라도 용기의 내용물은 변하지 않습니다. **참조는 이름표와 유사합니다.** 이름표를 떼어 내어 다른 곳에 붙일 수 있지만 여전히 **객체**가 메서드와 데이터를 유지하는 주체이며, 이 경우 참조가 어떤 객체를 가리키는지만 바뀔 뿐입니다. 또한, 값을 복사하는 것처럼 **참조 복사**(copy reference)를 할 수 있습니다.

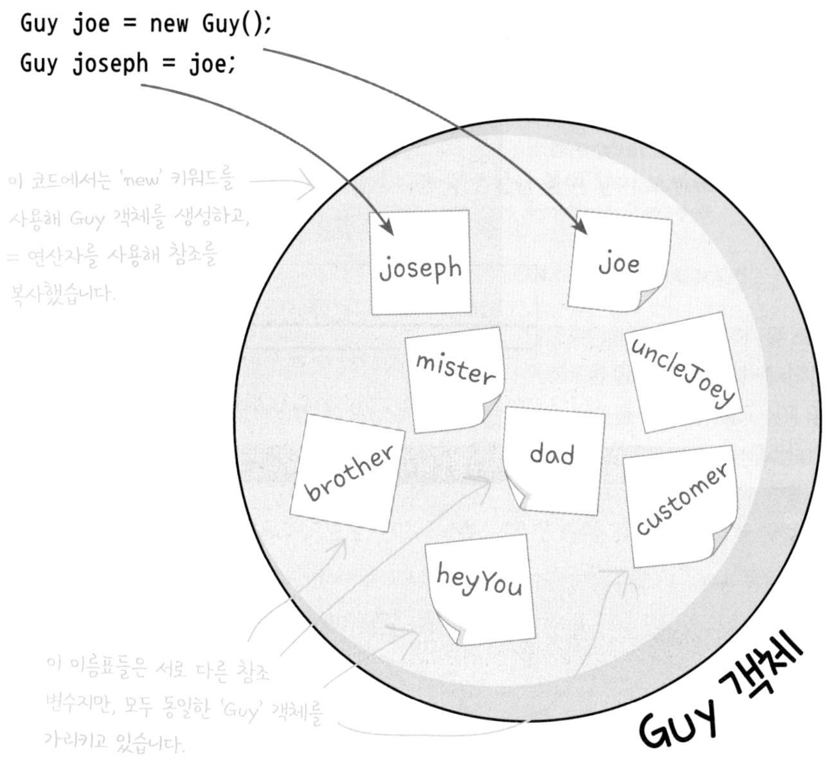

Guy joe = new Guy();
Guy joseph = joe;
이 코드에서는 'new' 키워드를 사용해 Guy 객체를 생성하고, = 연산자를 사용해 참조를 복사했습니다.
joseph
joe
mister
uncleJoey
brother
dad
customer
heyYou
이 이름표들은 서로 다른 참조 변수지만, 모두 동일한 'Guy' 객체를 가리키고 있습니다.
Guy 객체

참조는 프로그램 코드가 특정한 객체를 알아보기 위해 사용하는 이름표 같은 것입니다. 참조를 사용해서 참조가 가리키는 객체의 필드에 접근하거나 객체의 메서드를 호출할 수 있습니다.

객체에 포스트잇을 엄청나게 붙였군요! 경우에 따라서는 같은 Guy 객체에 여러 참조를 만들어야 할 수도 있습니다. 이 객체를 사용하는 메서드가 저마다 다른 목적으로 객체를 사용할 수 있으니까요. 맥락에 따라서는 참조에 다른 이름을 사용합니다.

그래서 같은 인스턴스를 가리키는 참조를 여러 개 만들 수 있는 기능이 유용합니다. Guy dad = joe라는 참조 변수를 만들고 dad.GiveCash() 메서드를 호출했다고 합시다(Joe의 아이들이 매일 하는 일이겠죠). 객체를 다루는 코드를 작성하려면 그 객체에 대한 참조가 필요합니다. 만약 객체에 참조가 없다면 객체에 접근할 방법이 없습니다.

참조되지 않는 객체는 가비지 컬렉션됩니다

객체였지만 지금은 쓰레기죠.

객체에 붙은 이름표가 모두 없어지면 프로그램 코드는 이 객체에 더 이상 접근할 수 없게 됩니다. 이는 C# 코드가 객체를 **가비지 컬렉션(garbage collection)** 대상으로 표시한다는 의미입니다. 가비지 컬렉션이 일어나면 C#은 더 이상 참조되지 않는 객체(*** 역주** 즉, 쓰레기(garbage)가 된 객체라는 의미입니다)를 제거하고 이 객체들이 사용하던 메모리를 회수해서 프로그램에서 다시 사용할 수 있도록 만듭니다.

01 코드가 객체를 생성합니다.

지금까지 이야기한 내용을 정리하겠습니다. new 구문을 사용해 새로운 객체를 생성합니다. 참조 변수 joe에 새 객체를 할당하는 일은 객체에 포스트잇을 붙이는 것과 비슷합니다.

```
Guy joe = new Guy() { Cash = 50, Name = "Joe" };
```

객체 이니셜라이저를 사용해 Guy 객체를 생성했습니다. 객체의 Name 필드에는 'Joe'라는 문자열을 설정하고, Cash 필드에는 int 값 '50'을 설정한 다음, 객체 참조를 'joe'라는 변수에 넣었습니다.

02 두 번째 객체를 생성합니다.

그럼으로써 Guy 객체 인스턴스 2개와 참조 변수 2개를 만듭니다. 첫 번째 Guy 객체는 joe 변수에, 두 번째 Guy 객체는 bob 변수에 할당합니다.

```
Guy bob = new Guy() { Cash = 100, Name = "Bob" };
```

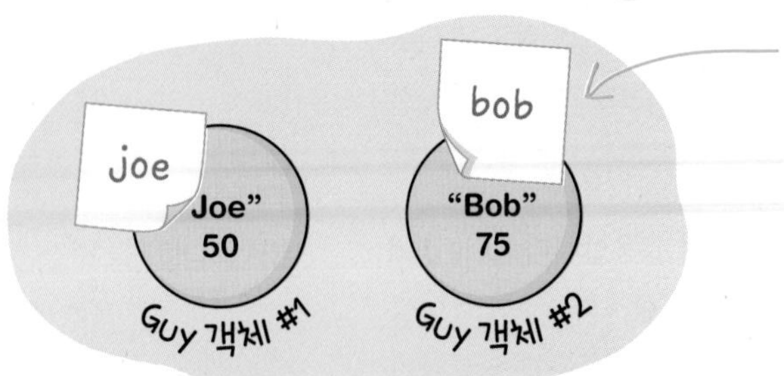

두 번째 Guy 객체를 만들고 이 객체에 대한 참조를 'bob' 변수에 저장했습니다. 변수는 포스트잇과 같은 역할을 합니다. 여기서 변수는 객체에 붙일 수 있는 이름표에 불과합니다.

03 첫 번째 Guy 객체의 참조가 두 번째 Guy 객체를 가리키도록 변경합니다.

새 Guy 객체를 생성할 때 무슨 일이 일어난 것인지 더 자세히 살펴봅시다. 앞서 = 연산자를 사용해 변수의 값을 설정했죠. 이때 new 문이 반환한 참조를 변수에 설정했습니다. 이런 할당이 가능한 이유는 **값을 복사하는 것처럼 참조를 복사하는 것도 가능**하기 때문입니다.

계속해서 이 값을 복사해 보겠습니다.

```
joe = bob;
```

위 구문은 joe 변수에 bob 변수가 가리키는 객체와 동일한 참조를 할당합니다. 이제 joe와 bob 변수는 **동일한 객체를 가리키게 됩니다.**

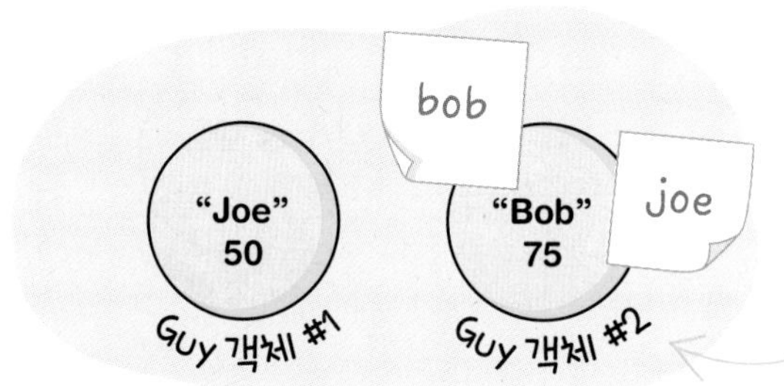

CLR이 객체에 대한 마지막 참조를 제거한 후 이 객체는 가비지 컬렉션 대상으로 표시됩니다. 곧이어 나올 <가비지 컬렉션 인터뷰>에서 자세히 살펴볼 것입니다!

04 더 이상 첫 번째 Guy 객체에 대한 참조가 없으므로, 이 객체에는 가비지 컬렉션이 일어납니다.

이제 joe와 bob은 동일한 객체를 가리키기 때문에, 처음에 joe가 참조했던 객체를 가리키는 참조는 더 이상 없습니다. 그러면 어떻게 될까요? C#은 이 객체를 가비지 컬렉션 대상으로 표시하고, **결국** 이 객체를 버립니다. 객체가 팟- 하고 없어지죠!

CLR은 각 객체에 대한 모든 참조를 추적하고, 마지막 참조가 없어지면 객체를 제거 대상으로 표시합니다. 하지만 당장 처리해야 할 일이 많다면 이 객체는 몇 밀리초 또는 그보다 더 긴 시간 동안 메모리에 계속 남아 있을 수도 있습니다!

힙에는 참조된 객체만 남아 있게 됩니다.

객체에 마지막 참조가 제거되면, 이후 해당 객체도 제거됩니다.

```
public partial class Dog{
    public string Breed(){ get; set; }
}
```

다중 참조와 부작용

변수의 참조를 변경할 때는 각별히 주의해야 합니다. 단순히 서로 다른 객체를 가리키는 참조를 변수에 할당하는 것처럼 보이겠지만, 이 과정에서 객체에 대한 모든 참조를 제거하게 될 수도 있습니다. 이것은 큰 문제는 아니지만, 의도와는 다른 코드가 될 수 있습니다. 다음 코드를 살펴보죠.

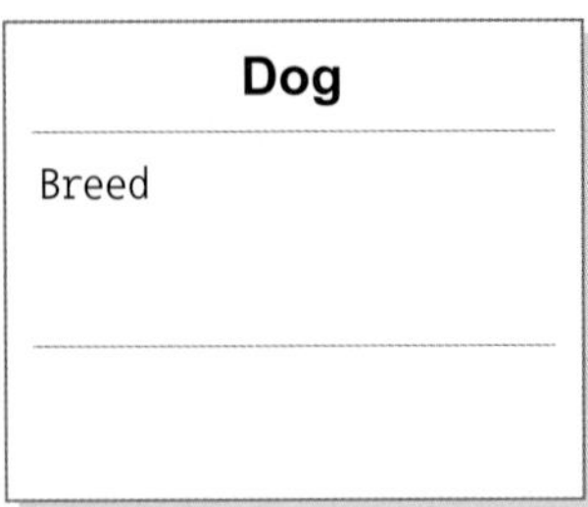

01

```
Dog rover = new Dog();
rover.Breed = "Greyhound";
```

- 객체 수 : 1
- 참조 수 : 1

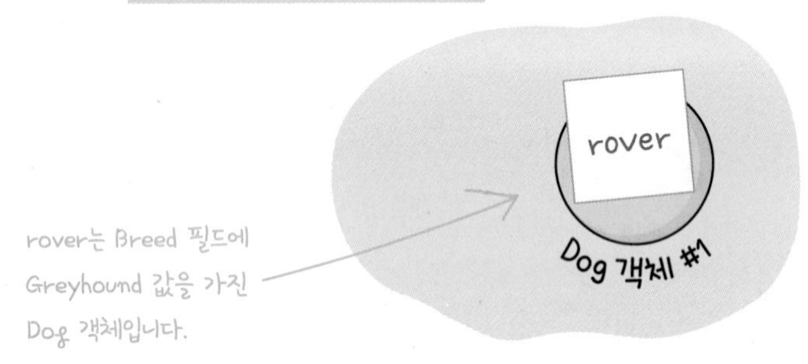

02

```
Dog fido = new Dog();
fido.Breed = "Beagle";
Dog spot = rover;
```

- 객체 수 : 2
- 참조 수 : 3

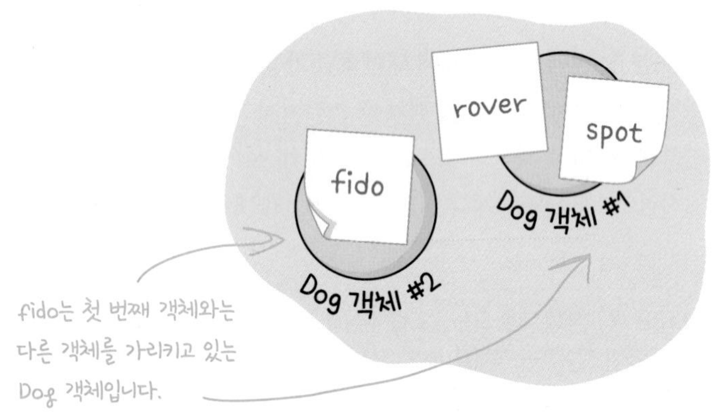

03

```
Dog lucky = new Dog();
lucky.Breed = "Dachshund";
fido = rover;
```

- 객체 수 : 2
- 참조 수 : 4

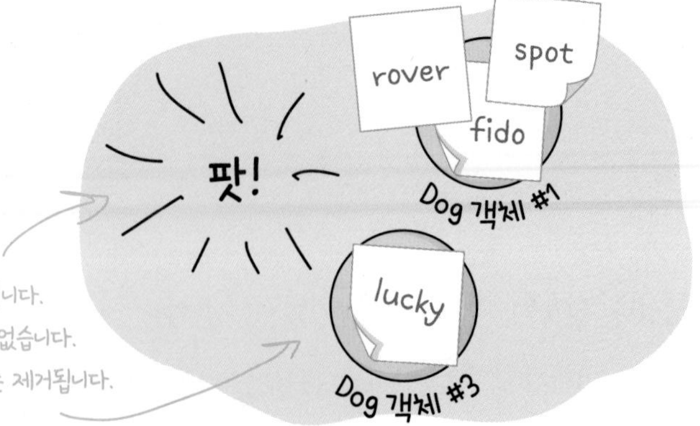

rover
spot
fido
팟!
Dog 객체 #1
lucky
Dog 객체 #3
lucky는 세 번째 객체입니다.
Fido는 이제 객체 #1을 가리킵니다.
그러므로 객체 #2에는 참조가 없습니다.
프로그램이 수행되면 객체 #2는 제거됩니다.

쓰면서 제대로 공부하기

이제 여러분의 차례입니다. 다음 코드들을 살펴보세요. 코드를 실행하고 각각 몇 개의 객체와 참조가 존재하는지 알아봅시다. 코드 오른쪽 힙에 남아 있는 객체와 포스트잇을 그림으로 그려 보세요.

1

```
Dog rover = new Dog();
rover.Breed = "Greyhound";
Dog rinTinTin = new Dog();
Dog fido = new Dog();
Dog greta = fido;
```

- **객체 수** : ________
- **참조 수** : ________

2

```
Dog spot = new Dog();
spot.Breed = "Dachshund";
spot = rover;
```

- **객체 수** : ________
- **참조 수** : ________

3

```
Dog lucky = new Dog();
lucky.Breed = "Beagle";
Dog charlie = fido;
fido = rover;
```

- **객체 수** : ________
- **참조 수** : ________

4

```
rinTinTin = lucky;
Dog laverne = new Dog();
laverne.Breed = "pug";
```

- **객체 수** : ________
- **참조 수** : ________

5

```
charlie= laverne;
lucky = rinTinTin;
```

- **객체 수** : ________
- **참조 수** : ________

이제 여러분의 차례입니다. 다음 코드들을 살펴보세요. 코드를 실행하고 각각 몇 개의 객체와 참조가 존재하는지 알아봅시다. 코드 오른쪽에 힙에 남아 있는 객체와 포스트잇을 그림으로 그려 보세요.

1

```
Dog rover = new Dog();
rover.Breed = "Greyhound";
Dog rinTinTin = new Dog();
Dog fido = new Dog();
Dog greta = fido;
```

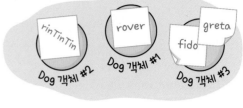

- 객체 수 : 3
- 참조 수 : 4

2

```
Dog spot = new Dog();
spot.Breed = "Dachshund";
spot = rover;
```

새로운 Dog 객체 하나가 생성됐지만, spot 변수는 새로운 객체를 참조할 뿐입니다. Spot이 rover의 값을 복사하면 이 새 객체는 사라집니다.

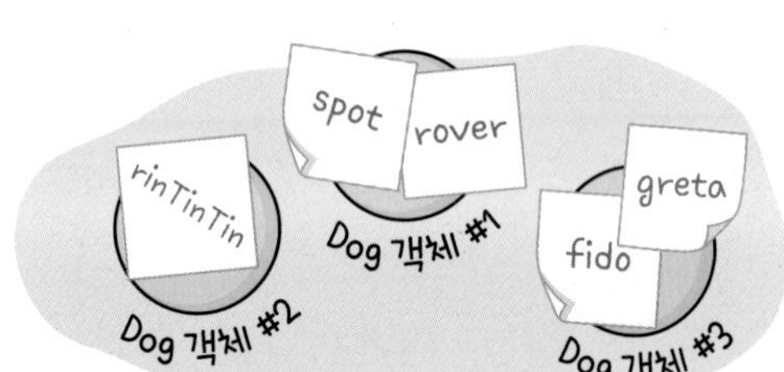

- 객체 수 : 3
- 참조 수 : 5

3

```
Dog lucky = new Dog();
lucky.Breed = "Beagle";
Dog charlie = fido;
fido = rover;
```

fido가 객체 #3을 가리킬 때 charlie에 fido의 참조 값을 할당했습니다. 그 후에 fido는 객체 #1을 가리키도록 변경됐지만, charlie의 값은 변경되지 않았습니다.

- 객체 수 : 4
- 참조 수 : 7

4

```
rinTinTin = lucky;
Dog laverne = new Dog();
laverne.Breed = "pug";
```

Dog #2는 마지막 참조를 잃었기 때문에 삭제됐습니다.

rinTinTin이 lucky의 객체를 가리키면 원래 rinTinTin이 가리키던 객체는 사라집니다.

- 객체 수 : 4
- 참조 수 : 8

5

```
charlie= laverne;
lucky = rinTinTin;
```

참조 값은 바뀌었지만, 새로운 객체는 생성되지 않았습니다. Lucky 변수의 값을 rinTinTin 참조로 변경해도 아무 일도 일어나지 않는데, 이미 이 두 변수가 같은 객체를 참조하기 때문입니다.

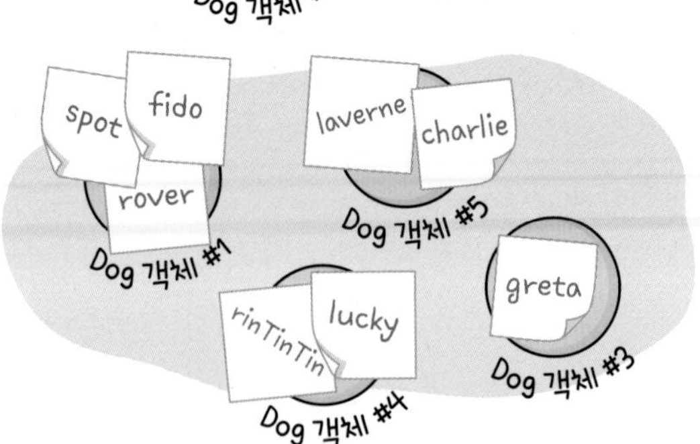

- 객체 수 : 4
- 참조 수 : 8

가비지 컬렉션 인터뷰

금주의 인터뷰

CLR(공용 언어 런타임)

헤드 퍼스트 CLR 님 반갑습니다. CLR이 프로그램 실행에서 매우 중요한 일을 한다고 들었어요. 어떤 일을 하는지 자세히 설명해 주시겠어요?

CLR 여러 일을 하긴 하지만, 꽤 단순합니다. 우선 여러분의 코드를 실행하죠. .NET 앱을 실행할 때, 그 앱이 작동하도록 합니다.

헤드 퍼스트 작동하게 한다는 것이 어떤 의미죠?

CLR 프로그램 코드와 그 코드를 실행하는 컴퓨터 사이에서 일종의 '번역' 작업을 수행합니다. 객체의 인스턴스화 또는 가비지 컬렉션 같은 모든 저수준 작업을 처리하죠.

헤드 퍼스트 그런 작업이 정확히 어떻게 일어나는 건가요?

CLR 여러분이 윈도우, 리눅스, 맥OS, 기타 운영체제에서 프로그램을 실행할 때, 운영체제는 이진 파일(binary)에서 기계어(machine language)를 읽어 들입니다.

헤드 퍼스트 잠깐 그 부분에서 멈춰야겠군요. 기계어가 무엇인지 먼저 설명해 주시겠어요?

CLR 그러죠. 기계어는 CPU가 직접 읽고 실행하는 코드입니다. C# 코드에 비하면 사람이 읽기 불편하죠.

헤드 퍼스트 CPU가 실제 기계어 코드를 실행한다면, 운영체제가 하는 일은 무엇인가요?

CLR 운영체제는 프로그램에 프로세스(process)를 할당하고, 시스템의 보안 규칙을 지키도록 강제하며, API를 제공합니다.

헤드 퍼스트 API를 모르는 사람도 있으니 API가 무엇인지 먼저 설명해 주시겠어요?

CLR API(Application Programming Interface, 응용 프로그래밍 인터페이스)는 운영체제, 라이브러리, 프로그램 등이 제공하는 메서드의 모음입니다. OS API는 파일 시스템에 접근하거나 하드웨어를 다루는 등의 작업을 할 수 있도록 해 주죠. 하지만 OS API는 사용하기 어려울 때가 많고(특히 메모리 관리), 운영체제마다 차이가 있기도 합니다.

헤드 퍼스트 CLR이 하는 일로 돌아와서, 이진 파일에 대해 말씀하셨잖아요. 실행 파일이 정확히 무엇인가요?

CLR 이진 파일은 보통 컴파일러에 의해 생성되는 파일입니다. 컴파일러는 고수준 언어를 기계어 코드와 같은 저수준 코드로 변환하는 역할을 합니다. 윈도우의 이진 파일은 보통 .exe, .dll이란 확장자를 가지고 있어요.

헤드 퍼스트 꽤 복잡해 보이는군요. '기계어 코드와 같은 저수준 코드'라고 말씀하셨는데, 기계어 코드 외에도 다른 저수준 코드가 있다는 말씀이신가요?

CLR 그렇습니다. 제가 실행하는 코드는 CPU가 실행하는 기계어와는 다릅니다. 여러분이 C# 코드를 작성하면, 비주얼 스튜디오는 C# 컴파일러를 사용해 CIL(Common Intermediate Language, 공용 중간 언어)을 생성합니다. 이 CIL이 제가 실행하는 코드입니다. C# 코드는 CIL을 생성하고, 저는 CIL을 읽어 들여 실행합니다.

헤드 퍼스트 메모리 관리를 언급하셨는데, 가비지 컬렉션이 메모리 관리와 관련이 있나요?

CLR 그럼요! 가비지 컬렉션은 여러분이 작성한 프로그램에서 특정한 객체의 사용이 끝났는지 알아내서 컴퓨터의 메모리를 엄격하게 관리합니다. 사용이 끝난 객체가 발견되면 저는 객체를 제거해서 메모리를 회수합니다. 예전에는 개발자가 스스로 이런 작업을 했었죠. 하지만 제 덕분에 이런 귀찮은 작업에 신경 쓸 필요가 없어졌습니다. 여러분은 몰랐을 수도 있지만, 메모리 관리가 필요 없기 때문에 C#을 더 쉽게 배울 수 있습니다.

헤드 퍼스트 윈도우 이진 파일을 언급하셨는데요. 맥OS나 리눅스에서 .NET 프로그램을 실행할 때는 어떻게 되는 건가요? 이런 운영체제에서도 CLR이 똑같은 일을 하나요?

CLR 엄밀히 말해 맥OS나 리눅스, 또는 윈도우에서 Mono를 사용할 경우에는 CLR을 사용하지 않습니다. 이런 경우엔 CLR의 사촌 격인 Mono 런타임이라는 것을 사용하는데요, Mono 런타임은 CLR과 동일하게 ECMA CLI(Common Language Infrastructure)를 구현합니다. 지금까지 이야기한 것을 종합해 보면 기본적으로 같은 일을 하기는 하죠(*** 역주** .NET Core 환경에서는 CoreCLR이 CLR 역할을 합니다).

연습 문제

Elephant 클래스를 사용하는 프로그램을 만들어 봅시다. Elephant 클래스의 인스턴스를 2개 만든 다음 Elephant 인스턴스가 가비지 컬렉션되지 않도록 하면서 인스턴스를 가리키는 참조값을 서로 바꿔 봅시다. 프로그램 실행 결과는 다음과 같아야 합니다.

```
Press 1 for Lloyd, 2 for Lucinda, 3 to swap
You pressed 1
Calling lloyd.WhoAmI()
My name is Lloyd.
My ears are 40 inches tall.

You pressed 2
Calling lucinda.WhoAmI()
My name is Lucinda.
My ears are 33 inches tall.

You pressed 3
References have been swapped

You pressed 1
Calling lloyd.WhoAmI()
My name is Lucinda.
My ears are 33 inches tall.

You pressed 2
Calling lucinda.WhoAmI()
My name is Lloyd.
My ears are 40 inches tall.

You pressed 3
References have been swapped

You pressed 1
Calling lloyd.WhoAmI()
My name is Lloyd.
My ears are 40 inches tall.

You pressed 2
Calling lucinda.WhoAmI()
My name is Lucinda.
My ears are 33 inches tall.
```

Elephant 클래스의 WhoAmI 메서드는 Name과 EarSize 필드의 값을 콘솔에 두 줄로 출력합니다.

참조를 서로 바꾸고 나면 lloyd 변수는 lucinda 객체의 메서드를 호출하게 되고, lucinda 변수는 lloyd 객체의 메서드를 호출하게 됩니다.

참조를 다시 한번 서로 바꾸면 프로그램이 시작되는 시점의 상태로 돌아갑니다.

참조를 서로 바꾸고 나면 lloyd 변수는 lucinda 객체의 메서드를 호출하게 되고, lucinda 변수는 lloyd 객체의 메서드를 호출하게 됩니다.

Elephant
Name EarSize
WhoAmI

이것은 Elephant 클래스의 클래스 다이어그램입니다.

CLR은 참조가 없는 객체에 대해 가비지 컬렉션을 실행합니다. 이 연습 문제에 대한 힌트를 하나 드리자면 컵에 담긴 커피를 이미 차가 들어 있는 다른 컵으로 옮기려면 일단 차를 또 다른 컵에 따라야겠죠.

연습 문제

여러분이 해야 할 일은 클래스 다이어그램대로 Elephant 클래스를 만들고, 이 클래스의 필드와 메서드를 사용해 앞서 살펴본 예시와 같은 출력을 만들어 내는 프로그램을 작성하는 것입니다.

1. SharpenYourPencil 이름의 새 콘솔 앱을 만들고 Elephant 클래스를 추가합니다.

Elephant 클래스를 프로젝트에 추가합니다. 잠시 Elephant 클래스 다이어그램을 살펴보세요. int 타입 필드 EarSize와 string 타입 필드 Name을 추가하세요. 이 필드들은 public으로 선언되어야 합니다. 그런 다음 WhoAmI() 메서드를 추가합니다. WhoAmI() 메서드는 Name과 EarSize를 두 줄로 콘솔에 출력합니다. 앞 장의 출력 결과를 다시 한번 살펴보고 정확히 무엇을 출력해야 하는지 확인하세요.

2. 두 개의 Elephant 인스턴스와 참조를 생성합니다.

객체 이니셜라이저를 사용해 Elephant 객체 2개를 인스턴스화합니다.

```
Elephant lucinda = new Elephant() { Name = "Lucinda", EarSize = 33 };
Elephant lloyd = new Elephant() { Name = "Lloyd", EarSize = 40 };
```

3. WhoAmI() 메서드를 호출합니다.

사용자가 1을 누르면 lloyd.WhoAmI()를, 2를 누르면 lucinda.WhoAmI()를 호출합니다. 앞 장의 예시를 살펴보고 출력 결과가 일치하는지 확인하세요.

4. 참조를 서로 바꿔 보세요. ← 이제 재미있는 부분입니다.

<연습 문제>에서 흥미로운 부분입니다. 사용자가 '3'을 입력하면 두 참조를 서로 바꾸는 메서드를 호출하는 메서드를 작성해 보세요. '1'을 입력하면 lucinda의 메시지가, '2'를 입력하면 lloyd의 메시지가 콘솔에 출력되어야 합니다. 참조를 다시 한번 바꾸고 나면 원래 상태로 돌아와야 합니다.

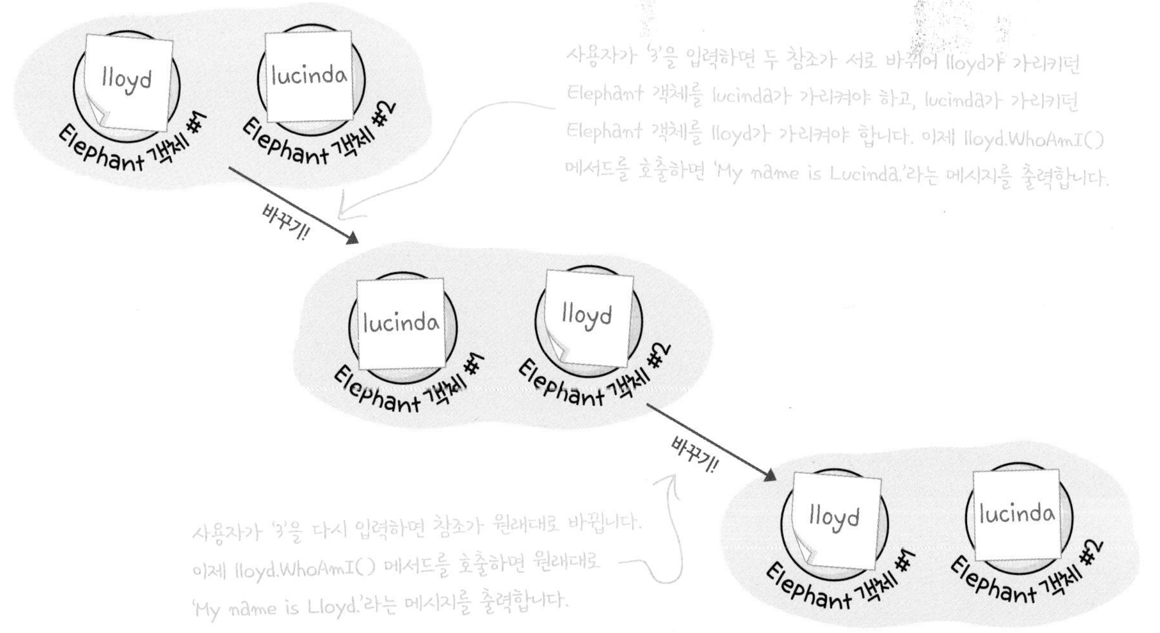

연습 문제 정답

Elephant 클래스를 사용하는 프로그램을 만들어 봅시다. Elephant 클래스의 인스턴스 2개를 만든 다음, Elephant 인스턴스가 가비지 컬렉션되지 않도록 하면서 인스턴스를 가리키는 참조 값을 서로 바꿔 봅시다. 프로그램 실행 결과는 다음과 같아야 합니다.

Elephant 클래스의 내용은 다음과 같습니다.

Elephant
Name EarSize
WhoAmI

```
internal class Elephant
{
    public int EarSize;
    public string Name;
    public void WhoAmI()
    {
        Console.WriteLine("My name is " + Name + ".");
        Console.WriteLine("My ears are " + EarSize + " inches tall.");
    }
}
```

Main( ) 메서드의 코드는 다음과 같습니다.

```
static void Main(string[] args)
{
    Elephant lucinda = new Elephant() { Name = "Lucinda", EarSize = 33 };
    Elephant lloyd = new Elephant() { Name = "Lloyd", EarSize = 40 };
    Console.WriteLine("Press 1 for Lloyd, 2 for Lucinda, 3 to swap");
    while (true)
    {
        char input = Console.ReadKey(true).KeyChar;
        Console.WriteLine("You pressed " + input);
        if (input == '1')
        {
            Console.WriteLine("Calling lloyd.WhoAmI()");
            lloyd.WhoAmI();
        }
        else if (input == '2')
        {
            Console.WriteLine("Calling lucinda.WhoAmI()");
            lucinda.WhoAmI();
        }
        else if (input == '3')
        {
            Elephant holder;
            holder = lloyd;
            lloyd = lucinda;
            lucinda = holder;
            Console.WriteLine("References have been swapped");
        }
        else return;
        Console.WriteLine();
    }
}
```

곧바로 Lloyd가 Lucinda를 가리키도록 참조를 변경하면, Lloyd를 가리키는 참조가 없어서 Lloyd 객체가 사라지게 됩니다. 그렇기 때문에 Lloyd 객체 참조를 Lucinda로 옮길 때까지 잠시 보관하기 위한 별도의 변수(여기서는 'holder'라는 이름을 사용했죠)가 필요합니다.

여기에서는 holder 변수를 선언할 때 new 문을 사용하지 않았습니다. 새 Elephant 인스턴스를 만들려는 것이 아니기 때문입니다.

2개의 참조 변수로 동일한 객체의 데이터 변경하기

객체 참조를 잃어버리는 상황 외에도 한 객체에 여러 참조를 만들었을 때 의도치 않게 객체를 변경하게 되는 경우가 있습니다. 달리 말하자면, 여러 참조가 있을 때 참조 하나가 객체의 값을 변경하면 다른 참조는 이 객체에 어떤 변경이 일어났는지 알 수 없습니다. 이게 어떻게 돌아가는 것인지 한번 살펴보죠.

Main() 메서드에 else if 블록을 하나 더 추가해 봅시다.

```
else if (input == '3')
{
    Elephant holder;
    holder = lloyd;
    lloyd = lucinda;
    lucinda = holder;
    Console.WriteLine("References have been swapped");
}
else if (input == '4')
{
    lloyd = lucinda;
    lloyd.EarSize = 4321;
    lloyd.WhoAmI();
}
else return;
```

이 구문이 실행되면 lloyd와 lucinda 변수가 동일한 Elephant 객체를 가리키게 됩니다.

이 구문은 lloyd 변수에 저장된 참조가 (우연히) 가리키고 있는 객체의 EarSize 필드에 '4321'을 설정합니다.

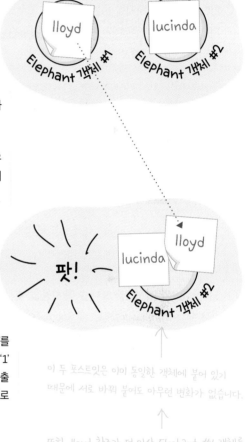

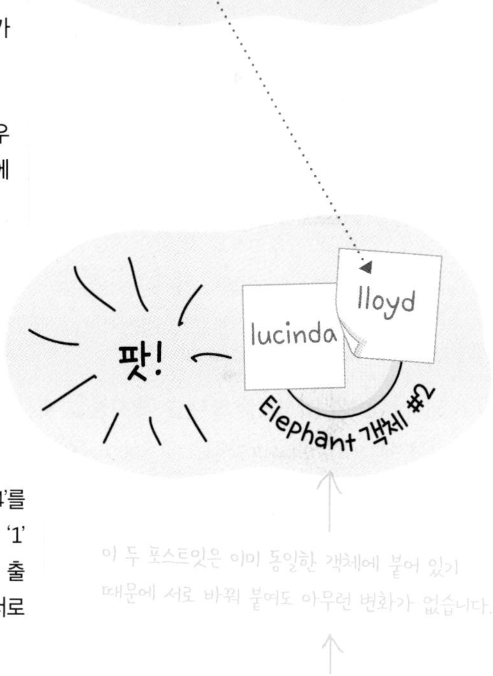

lloyd
lucinda
Elephant 객체 #1
Elephant 객체 #2
팟!
lucinda
lloyd
Elephant 객체 #2
이 두 포스트잇은 이미 동일한 객체에 붙어 있기 때문에 서로 바꿔 붙여도 아무런 변화가 없습니다.
또한, lloyd 참조가 더 이상 Elephant #1 객체를 가리키지 않기 때문에 이 객체는 가비지 컬렉션 대상이 됩니다. 되돌릴 방법이 없어요!

이제 프로그램을 실행해 보세요. 실행 결과는 다음과 같습니다.

```
You pressed 4
My name is Lucinda
My ears are 4321 inches tall.

You pressed 1
Calling lloyd.WhoAmI()
My name is Lucinda
My ears are 4321 inches tall.

You pressed 2
Calling lucinda.WhoAmI()
My name is Lucinda
My ears are 4321 inches tall.
```

프로그램은 정상적으로 작동합니다. '4'를 누르기 전까지는요. '4'를 누르고 나면, '1'이나 '2'를 누를 때와 동일한 메시지를 출력합니다. 그리고 '3'을 눌러서 참조를 서로 바꿔도 결과가 변하지 않습니다.

'4'를 눌러서 여러분이 추가한 코드를 실행하면 lloyd와 lucinda 변수가 Elephant 객체 #2를 가리키는 동일한 참조를 가지게 됩니다. '1'을 눌러 lloyd.WhoAmI()를 호출할 때나 '2'를 눌러 lucinda.WhoAmI()를 호출할 때와 동일한 메시지가 출력되요. 이 두 변수의 값을 서로 바꿔도 두 변수가 이미 동일한 참조를 가지기 때문에 아무런 변화가 없습니다.

참조를 사용해 서로 대화하는 객체 잡담하는 elephant 객체

지금까지 폼(form)이 참조 변수를 사용해 객체의 메서드와 필드 값을 사용하는 코드를 살펴봤습니다. 객체는 참조를 사용해서 서로의 메서드를 호출할 수도 있습니다. 사실 폼이 할 수 있는 작업을 객체가 할 수 없는 경우는 없습니다. **폼도 결국은 객체에 불과하기 때문입니다.** 객체가 서로 통신할 때 유용한 키워드 중 하나는 this입니다. 객체에서 this 키워드를 사용하면 객체가 자기 자신을 참조할 수 있습니다. **this 키워드는 this를 사용하는 객체 자신을 가리키는 참조입니다.** Elephant 클래스를 변경해서 클래스 인스턴스들이 서로 메서드를 호출할 수 있도록 만들어 보죠.

따라해 보세요!

01 Elephant가 메시지를 듣는 데 사용할 메서드를 추가합니다.

Elephant 클래스에 메서드 하나를 추가합니다. 이 메서드의 첫 번째 매개 변수는 다른 Elephant 객체가 보내는 메시지입니다. 두 번째 매개 변수는 메시지를 보내는 Elephant 객체입니다.

```
public void HearMessage(string message, Elephant whoSaidIt)
{
    Console.WriteLine(Name + " heard a message");
    Console.WriteLine(whoSaidIt.Name + " said this: " + message);
}
```

다음 코드처럼 이 메서드를 호출할 수 있습니다.

```
lloyd.HearMessage("Hi", lucinda);
```

lloyd의 HearMessage() 메서드를 호출하면서 두 매개 변수 'Hi'와 'Lucinda 객체의 참조'를 전달합니다. 이 메서드는 whoSaidIt 매개 변수를 통해 Elephant 객체의 Name 필드에 접근할 수 있습니다.

02 Elephant가 메시지를 보내는 데 사용할 메서드를 추가합니다.

이번에는 Elephant 클래스에 SpeakTo() 메서드를 추가해 봅시다. 이 메서드는 this 키워드를 사용하며, 이 키워드는 객체 자신에 대한 참조를 나타냅니다.

```
public void SpeakTo(Elephant whoToTalkTo, string message)
{
    whoToTalkTo.HearMessage(message, this);
}
```

Elephant의 SpeakTo() 메서드는 'this' 키워드를 사용해 객체 자신에 대한 참조를 다른 Elephant 객체에 보냅니다.

무슨 일이 일어나고 있는지 더 자세히 들여다보겠습니다. 다음 코드처럼 Lucinda 객체의 SpeakTo() 메서드를 호출하면,

```
.SpeakTo(lloyd, "Hi, Lloyd!");
```

위 코드는 다음과 같이 Lloyd 객체의 HearMessage() 메서드를 호출합니다.

```
whoToTalkTo.HearMessage("Hi, Lloyd! ", this);
```

Lucinda는 whoToTalkTo(Lloyd에 대한 참조 객체)를 사용해 HearMessage() 메서드를 호출합니다.

this는 Lucinda 객체에 대한 참조로 변환됩니다.

```
[Lloyd에 대한 참조].HearMessage("Hi, Lloyd! ", [Lucinda에 대한 참조]);
```

03 새 메서드를 호출해 봅니다.

else if 블록을 Main() 메서드에 하나 더 추가해서 Lucinda 객체가 Lloyd 객체에 메시지를 보내 봅시다.

```
else if (input == '4')
{
    lloyd = lucinda;
    lloyd.EarSize = 4321;
    lloyd.WhoAmI();
}
else if (input == '5')
{
    lucinda.SpeakTo(lloyd, "Hi, Lloyd!");
}
else return;
```

this 키워드는 객체가 자기 자신을 참조할 수 있도록 해 줍니다.

이제 프로그램을 실행하고 '5'를 눌러 보세요. 다음과 같은 결과를 볼 수 있습니다.

```
You pressed 5
Lloyd heard a message
Lucinda said this: Hi, Lloyd
```

04 디버거를 사용해 무슨 일이 일어나는지 살펴봅시다.

방금 Main() 메서드에 추가한 명령문에 중단점을 설정합니다.

```
lucinda.SpeakTo(lloyd, "Hi, Lloyd!");
```

1. 프로그램을 실행하고 '5'를 누릅니다.
2. 중단점에서 프로그램이 멈추면 [디버그]-[한 단계씩 코드 실행]을 사용해 SpeakTo() 메서드로 진입합니다.
3. Name을 조사식에 추가해서 현재 어떤 Elephant 객체의 코드를 디버깅 중인지 표시합니다. 현재는 Lucinda 객체의 코드를 실행하고 있습니다. Main() 메서드에서 lucinda.SpeakTo() 메서드를 호출했기 때문입니다.
4. 코드 끝부분의 this 키워드에 마우스 커서를 올려 놓고, [인텔리센스] 창이 표시되면 this 항목을 펼칩니다. This가 Lucinda 객체의 참조임을 확인할 수 있습니다.

whoToTalkTo 위에 마우스 커서를 올려 놓고, [인텔리센스] 창이 표시되면 [팝업 대화 상자]를 펼쳐 보세요. 이 변수는 Llyod 객체에 대한 참조임을 확인할 수 있습니다.

5. SpeakTo() 메서드에는 명령문이 하나 있습니다. 이 명령문은 whoToTalkTo.HearMessage() 메서드를 호출합니다. 한 단계씩 코드 실행을 사용해 이 메서드로 진입합니다.
6. HearMessage 메서드에 진입합니다. 조사식을 확인해 보세요. 현재는 Name 필드의 값이 'Lloyd'로 표시됩니다. Lucinda 객체가 Lloyd 객체의 HearMessage() 메서드를 호출했기 때문입니다.
7. whoSaidIt 위에 마우스 커서를 놓고, [인텔리센스] 창이 표시되면 펼쳐 보세요. 이 변수는 Lucinda 객체에 대한 참조임을 확인할 수 있습니다.

코드 실행을 마칩니다. 코드를 계속 살펴보면서 무슨 일이 일어난 것인지 완전히 이해해 보세요.

여러 값을 저장하는 배열 알아보기 일렬로 선 객체들

여러분이 상품의 가격처럼 동일한 타입의 데이터를 여러 개 저장해야 한다면 **배열(array)**을 사용할 수 있습니다. 배열은 하나의 객체처럼 다룰 수 있는 **변수들의 묶음**입니다. 배열을 사용하면 여러 변수를 개별적으로 저장하지 않고도 1개 이상의 데이터를 저장하거나 처리할 수 있습니다. 배열을 생성할 때는 다른 변수와 마찬가지로 선언이 필요하며, 타입과 이름을 지정해야 합니다. **배열의 타입은 다음과 같이 대괄호 안에 넣습니다.**

문자열과 배열은 정해진 크기가 없는 타입이라는 점에서 4장에서 살펴본 데이터 타입과는 사뭇 다른 종류의 데이터 타입입니다. 이 말이 무슨 의미인지 잠시 생각해 보세요.

```
bool[] myArray;
```

new 키워드를 사용해 배열을 생성할 수 있습니다. 다음 코드는 bool 요소(element) 15개를 가진 배열을 생성합니다.

```
myArray = new bool[15];
```

대괄호를 사용해 배열에 있는 값 하나를 설정할 수 있습니다. 다음 명령은 myArray의 다섯 번째 요소의 값을 false로 설정합니다. 그리고 **색인(index)** 값을 4로 지정한 것처럼 첫 번째 요소는 **myArray[0]**, 두 번째 요소는 **myArray[1]** 같은 식으로 접근할 수 있습니다.

배열은 객체이기 때문에 new 키워드를 사용해 생성합니다. 그러므로 배열 변수는 참조 변수입니다. C#의 배열은 0부터 시작하기(zero-based) 때문에 첫 번째 요소의 색인 값은 0입니다.

```
myArray[4] = false;
```

배열 안의 요소를 보통 변수처럼 사용하기

배열을 사용할 때는 우선 배열을 가리키는 참조 변수를 선언해야 합니다. new 문을 사용해 배열 객체를 생성하면서 배열의 크기를 지정합니다. 그런 다음 배열의 요소들을 설정할 수 있습니다. 다음은 배열을 선언하고 배열의 내용을 채우는 코드 예제와, 배열을 생성할 때 힙에서 어떤 일이 일어나는지 보여 주는 그림입니다. 배열의 첫 번째 요소는 0이라는 색인 값을 가지고 있습니다.

prices 변수는 객체 참조 타입 변수입니다. 이 변수가 가리키는 객체는 decimal 값의 배열이며, 이 배열의 값들은 힙에 한 덩어리로 존재합니다.

```
// 7개 요소를 가진 decimal 타입 배열을 선언합니다.
decimal[] prices = new decimal[7];
prices[0] = 12.37M;
prices[1] = 6_193.70M;
// 색인 값 2에 해당하는 요소를 설정하지 않았습니다.
// 이 요소의 값은 기본값인 0이 됩니다.
prices[3] = 1193.60M;
prices[4] = 58_000_000_000M;
prices[5] = 72.19M;
prices[6] = 74.8M;
```

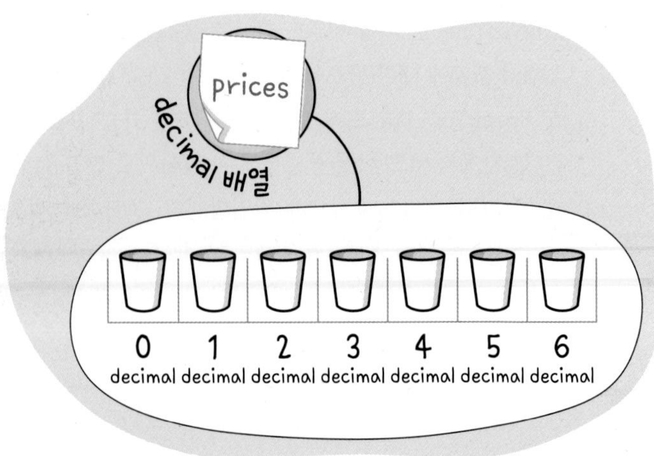

참조 변수를 포함하는 배열

숫자 배열 또는 문자열과 같은 객체 참조의 배열을 만들 수 있습니다. 배열은 저장할 변수의 타입이 무엇인지 가리지 않으며 개발자가 마음대로 지정할 수 있습니다. 그러므로 int 타입의 배열이나 Duck 객체의 배열 등을 문제없이 만들 수 있습니다.

다음 코드는 Dog 변수 7개의 배열을 생성하는 코드입니다. 배열을 초기화하는 줄은 참조 변수만을 생성합니다. 여기에는 new Dog();를 사용하는 코드가 두 줄밖에 없기 때문에 Dog 클래스 인스턴스는 2개만 생성됩니다.

배열의 요소에 접근할 때 대괄호 안에 쓰는 숫자를 색인(index)이라고 부릅니다. 배열의 첫 번째 요소는 색인 값이 0입니다.

```
// Dog 객체의 참조를 저장할 수 있는
// 배열을 선언합니다.
Dog[] dogs = new Dog[7];
// Dog 인스턴스 2개를 생성하고
// 색인 위치 0과 5에 넣습니다.
dogs[5] = new Dog();
dogs[0] = new Dog();
```

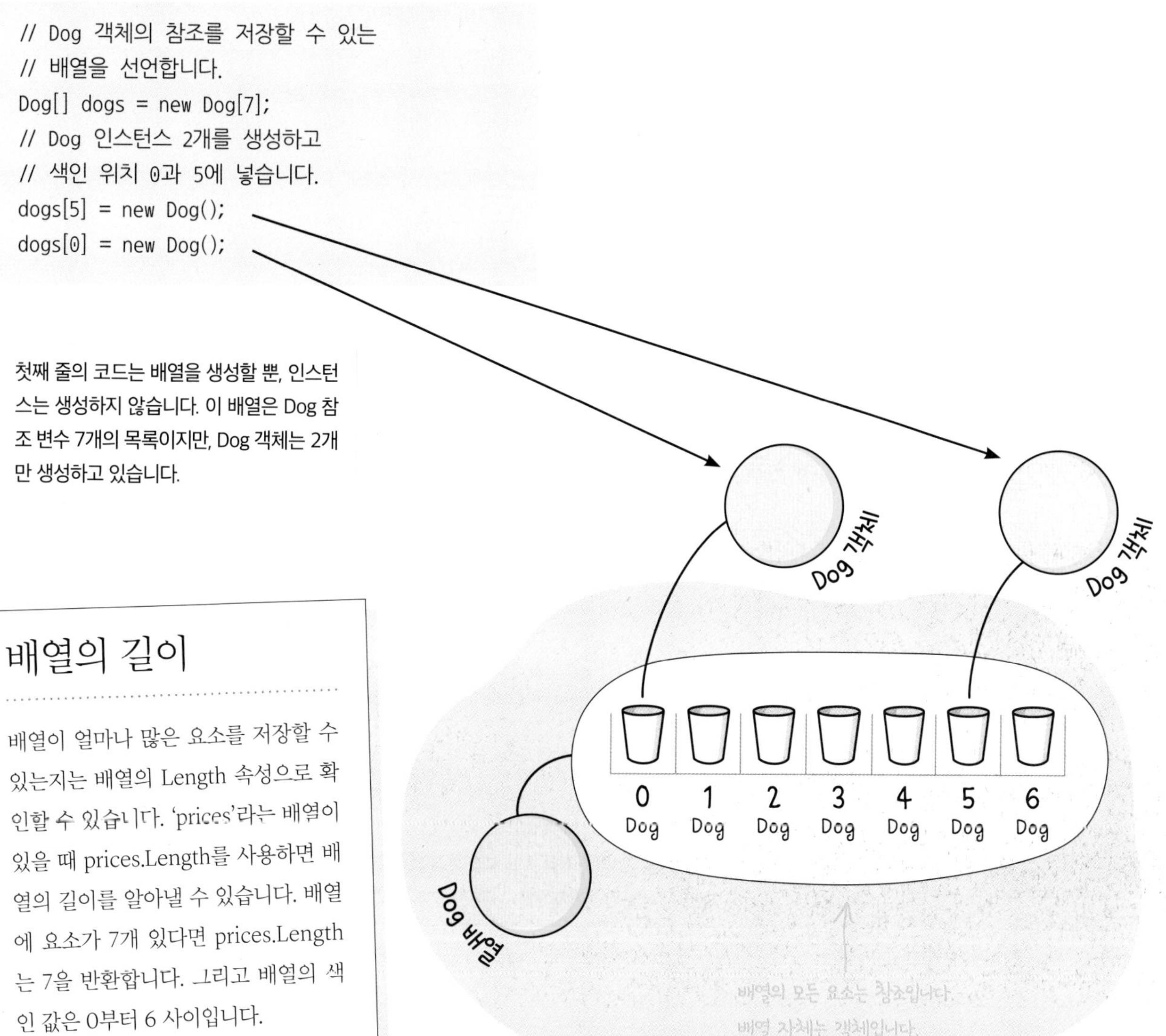

첫째 줄의 코드는 배열을 생성할 뿐, 인스턴스는 생성하지 않습니다. 이 배열은 Dog 참조 변수 7개의 목록이지만, Dog 객체는 2개만 생성하고 있습니다.

배열의 길이

배열이 얼마나 많은 요소를 저장할 수 있는지는 배열의 Length 속성으로 확인할 수 있습니다. 'prices'라는 배열이 있을 때 prices.Length를 사용하면 배열의 길이를 알아낼 수 있습니다. 배열에 요소가 7개 있다면 prices.Length는 7을 반환합니다. 그리고 배열의 색인 값은 0부터 6 사이입니다.

쓰면서 제대로 공부하기

다음 코드는 Elephant 객체 배열에서 가장 큰 귀를 가진 객체를 찾아내는 코드입니다. 반복문이 실행된 이후의 biggestEars.EarSize의 값은 어떻게 바뀔까요?

```
private static void Main(string[] args)
{
    Elephant[] elephants = new Elephant[7];
    elephants[0] = new Elephant() { Name = "Lloyd", EarSize = 40 };
    elephants[1] = new Elephant() { Name = "Lucinda", EarSize = 33 };
    elephants[2] = new Elephant() { Name = "Larry", EarSize = 42 };
    elephants[3] = new Elephant() { Name = "Lucille", EarSize = 32 };
    elephants[4] = new Elephant() { Name = "Lars", EarSize = 44 };
    elephants[5] = new Elephant() { Name = "Linda", EarSize = 37 };
    elephants[6] = new Elephant() { Name = "Humphrey", EarSize = 45 };
    Elephant biggestEars = elephants[0];
    for (int i = 1; i < elephants.Length; i++)
    {
        Console.WriteLine("Iteration #" + i);
        if (elephants[i].EarSize > biggestEars.EarSize)
        {
            biggestEars = elephants[i];
        }
        Console.WriteLine(biggestEars.EarSize.ToString());
    }
}
```

Elephant 참조 7개를 담을 배열을 만듭니다.

객체의 색인 값은 0에서 시작합니다. 그러므로 배열의 첫 번째 Elephant 객체는 elephants[0]입니다.

biggestEars가 참조하는 값을 elephants[i]가 가리키는 객체로 설정합니다.

주의하세요. 이 반복문은 배열의 두 번째 요소부터 시작해서 i 값이 배열의 길이와 같아질 때까지 총 6번 실행합니다. 색인 값은 1부터 시작합니다.

반복 #1 biggestEars.EarSize = ________

반복 #2 biggestEars.EarSize = ________

반복 #3 biggestEars.EarSize = ________

반복 #4 biggestEars.EarSize = ________

반복 #5 biggestEars.EarSize = ________

반복 #6 biggestEars.EarSize = ________

null: 참조가 가리키는 객체가 없습니다

객체를 다룰 때 기억해야 할 중요한 키워드가 하나 더 있습니다. 새 참조 변수를 만들어 변수에 아무 값도 설정하지 않았을 때, 이 변수에는 값이 들어 있습니다. 참조 변수는 이를 생성할 때 null 값을 가지는데, 이 값은 **참조 변수가 가리키는 객체가 없음**을 의미합니다. 더 자세히 살펴보죠.

참조 변수의 기본값은 null입니다. fido는 아무 값도 설정하지 않았기 때문에 null이 됩니다.

```
Dog fido;
Dog lucky = new Dog();
```

fido에 객체 참조 값을 설정했으므로 이제 이 값은 null이 아닙니다.

```
fido = new Dog();
```

lucky에 null 값을 설정하면 객체 #1을 가리키는 참조가 없어지므로, 이 객체는 가비지 컬렉션 대상이 됩니다.

```
lucky = null;
```

팟!

fido

Dog 객체 #2

네, null 키워드는 매우 유용합니다

일반적인 프로그램에서 null을 쓰는 경우가 몇 가지 있습니다. 흔한 예로는 객체를 가리키는 참조가 존재하는지 확인하는 코드가 있죠.

```
if (lloyd == null) {
```

위 코드는 lloyd 참조가 null인지 검사합니다.

또 다른 예로는 개발자가 객체를 가비지 컬렉션되도록 하고 싶을 때가 있습니다. 사용이 끝난 객체가 있을 때 객체 참조의 값을 null로 설정하고 이 객체에 대한 다른 참조가 없다면 이 객체는 즉시 가비지 컬렉션됩니다.

쓰면서 제대로 공부하기 **정답**

다음 코드는 Elephant 객체 배열에서 가장 큰 귀를 가진 객체를 찾아내는 코드입니다. **반복문**이 실행된 후 biggestEars.EarSize의 값은 어떻게 바뀔까요?

이 반복문은 두 번째 Elephant 객체부터 시작해서 biggestEars 참조가 가리키는 Elephant와 값을 비교합니다. EarSize를 비교해서 귀 크기가 더 크면 biggestEars 참조가 더 큰 객체를 가리키도록 합니다. 그 다음 객체로 넘어가면서 반복문이 끝날 때까지 반복합니다. 결과적으로 biggestEars는 가장 큰 귀를 가진 객체를 가리키게 됩니다.

```
private static void Main(string[] args)
{
    Elephant[] elephants = new Elephant[7];
    elephants[0] = new Elephant() { Name = "Lloyd", EarSize = 40 };
    elephants[1] = new Elephant() { Name = "Lucinda", EarSize = 33 };
    elephants[2] = new Elephant() { Name = "Larry", EarSize = 42 };
    elephants[3] = new Elephant() { Name = "Lucille", EarSize = 32 };
    elephants[4] = new Elephant() { Name = "Lars", EarSize = 44 };
    elephants[5] = new Elephant() { Name = "Linda", EarSize = 37 };
    elephants[6] = new Elephant() { Name = "Humphrey", EarSize = 45 };
    Elephant biggestEars = elephants[0];
    for (int i = 1; i < elephants.Length; i++)
    {
        Console.WriteLine("Iteration #" + i);
        if (elephants[i].EarSize > biggestEars.EarSize)
        {
            biggestEars = elephants[i];
        }
        Console.WriteLine(biggestEars.EarSize.ToString());
    }
}
```

반복문이 배열의 두 번째 요소부터 시작한다는 사실을 기억하고 있나요? 왜 이렇게 했을까요?

biggestEars 참조는 배열의 Elephant 객체 중 가장 귀가 큰 객체를 가리킵니다. 디버깅해서 정말 그런지 확인해 보죠! 이 코드에 중단점을 설정하고 biggestEars.EarSize의 값을 추적해 보세요.

반복 #1 biggestEars.EarSize = 40

반복 #2 biggestEars.EarSize = 42

반복 #3 biggestEars.EarSize = 42

반복 #4 biggestEars.EarSize = 44

반복 #5 biggestEars.EarSize = 44

반복 #6 biggestEars.EarSize = 45

무엇이든 물어보세요!

Q&A

Q1 아직도 참조가 어떻게 작동하는지 잘 모르겠어요.

A1 참조는 객체의 메서드와 필드에 접근하기 위한 방법입니다. Dog 객체에 대한 참조를 만들면, 이 참조를 사용해서 Dog 객체의 모든 메서드에 접근할 수 있습니다. Dog 클래스가 비정적 메서드인 Bark()와 Fetch()를 가지면, Dog 클래스의 참조인 spot을 만든 다음 spot.Bark(), spot.Fetch()를 사용해서 메서드를 호출할 수 있습니다. 또한, 참조를 사용해 객체의 필드 값을 변경할 수 있습니다. 이를테면, spot.Breed의 값을 변경하는 방식으로 객체의 Breed 필드 값을 변경할 수 있습니다.

Q2 참조를 통해 객체의 값을 변경하면 그 객체를 가리키는 다른 모든 참조 변수의 값도 변하나요?

A2 네. 만약 rover 변수가 spot 변수와 동일한 객체를 참조할 때, rover.Breed의 값을 'beagle'로 바꾸면 spot.Breed의 값도 'beagle'로 바뀝니다.

Q3 this는 어떤 역할을 하나요? 다시 한번 설명해 주세요.

A3 this는 객체 내부에서만 사용할 수 있는 특수한 변수입니다. 클래스 내부에서 this를 사용하면 인스턴스 자신의 필드와 메서드를 참조할 수 있습니다. this는 다른 클래스의 메서드를 호출하는 메서드를 가진 클래스를 다룰 때 특히 유용합니다. 어떤 객체가 다른 객체로 자기 자신을 가리키는 참조를 보내야 할 때 this를 사용할 수 있습니다. 그러므로 만약 spot 객체가 rover의 메서드를 호출할 때 this를 매개 변수로 보내면, spot 객체에 대한 참조를 rover의 메서드에 전달할 수 있습니다.

Q4 가비지 컬렉션에 대한 이야기가 계속 나오는데요, 실제로 무엇이 수집되는 것이죠?

A4 모든 .NET 앱은 CLR(맥OS, 리눅스, 윈도우에서 Mono로 실행할 경우 Mono 런타임) 위에서 실행됩니다. CLR은 여러 일을 처리하지만, 방금까지 중요한 두 가지를 살펴봤습니다. 먼저, CLR은 C# 컴파일러가 생성한 .NET 코드를 실행하는 일을 합니다. 그리고 CLR은 프로그램이 사용하는 메모리를 관리합니다. 다시 말해, CLR은 객체를 저장하고, 객체에 대한 마지막 참조가 사라질 때를 감지해서 객체가 사용하던 메모리를 해제합니다. 마이크로소프트의 .NET 팀과 Xamarin(원래는 독립된 회사였지만 지금은 마이크로소프트에 인수됐습니다)의 Mono 팀은 CLR이 빠르고 효율적으로 작동하도록 여러 노력을 기울이고 있습니다.

Q5 여러 타입이 서로 다른 크기의 값을 저장할 수 있다는 부분을 아직 이해하지 못하겠어요. 다시 한번 설명해 줄 수 있나요?

A5 물론이죠. 변수는 변수 자신에 실제로 저장되는 값의 크기와 상관없이 크기가 정해져 있습니다. long 타입 변수를 만들어서 아주 작은 값을 설정한다고 해도, CLR은 큰 숫자를 저장할 수 있는 메모리를 이 변수에 할당합니다. 생각해 보면 이 기능은 매우 유용합니다. 변수의 값은 계속 변하기 때문에 어떤 값을 가지게 될지 알 수 없으니까요.

그리고 CLR은 개발자가 스스로 무엇을 하고 있는지 알고 있어서 변수에 필요 이상으로 큰 타입을 지정하지 않을 것이라 가정합니다. 그러므로 당장 변수에 할당된 값이 크지 않더라도 나중에 계산해 보면 큰 값이 될 수도 있겠죠. CLR은 해당 타입이 수용할 수 있는 최댓값을 처리할 수 있을 만큼 충분한 메모리를 할당할 뿐입니다.

인스턴스화될 수 있는 객체의 코드에서는
객체 자신에 대한 참조를 가리키는 특수한 this 변수를 사용할 수 있습니다.

게임 디자인 원칙 | 보드 게임

보드 게임에는 유구한 역사가 있습니다. 또한, 보드 게임의 역사는 비디오 게임에도 영향을 미쳤고, 최초의 상업적 RPG 게임의 등장 초기에도 큰 영향을 미쳤습니다.

- 던전 앤 드래곤즈(D&D) 1판은 1974에 출시됐고, 그 해에 제목에 '던전', 'DND' 같은 이름이 들어간 게임이 대학의 메인 프레임 컴퓨터에서 등장하곤 했습니다.
- 앞서 무작위 숫자를 생성하기 위해 Random 클래스를 사용했죠. 무작위 숫자를 게임에 사용한다는 발상은 오랜 역사가 있습니다. 이를테면, 다양한 보드 게임에서 주사위, 카드, 회전판(spinner)과 같은 우연성의 요소를 사용하죠.
- 3장에서 비디오 게임을 디자인할 때 종이 프로토타입이 큰 도움이 된다는 것을 배웠습니다. 종이 프로토타입은 보드 게임과 유사한 점이 많습니다. 사실 비디오 게임의 종이 프로토타입을 그대로 보드 게임으로 만들어 게임 역학을 시험해 보는 용도로 사용할 수도 있죠.
- 게임 역학의 개념을 이해하기 위한 학습 도구로 카드 게임과 보드 게임을 활용할 수 있습니다. 이런 게임 역학의 예는 카드 나눠 주기, 카드 섞기, 주사위 굴리기, 보드 위에서 말을 옮길 때의 규칙, 모래 시계 사용 방법, 협력 플레이의 규칙 등이 될 수 있습니다.
- Go Fish의 역학을 예로 든다면, 최초의 카드 배분, 다른 플레이어에게 카드가 있는지 묻는 행동, 카드가 없을 때 "Go Fish"라고 말하는 규칙, 승자가 누구인지 정하는 규칙 등이 Go Fish의 게임 역학입니다. 다음 주소에서 Go Fish 게임의 규칙을 한번 살펴보세요.
  https:// en.wikipedia.org/wiki/Go_Fish#The_game

Go Fish를 한 번도 플레이해 본 적이 없다면 규칙을 한번 읽어 보세요. 곧 책에서 다룰 테니까요!

비디오 게임을 직접 만들지 않더라도 보드 게임에서는 배울 점이 많습니다

수많은 프로그램이 임의의 숫자에 의존합니다. 이 책에서도 Random 클래스를 사용해 임의의 숫자를 사용하는 프로그램을 작성했죠. 우리가 실세계에서 임의의 숫자를 사용할 일이 많지는 않지만, 게임을 할 때만큼은 예외입니다. 주사위 굴리기, 카드 섞기, 회전판 돌리기, 동전 던지기 등은 모두 임의의 숫자 생성기의 좋은 예죠. Random 클래스는 .NET의 임의의 숫자 생성기입니다. 여러분이 보드 게임에서 임의의 숫자라는 개념을 접해 봤다면, 프로그램에서 Random 클래스를 사용할 때 이 클래스가 무슨 일을 하는지 이해하는 데 도움이 많이 될 것입니다.

Random 테스트해 보기

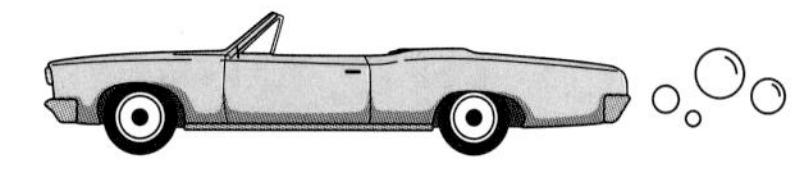

Random 클래스 알아보기

여러 프로젝트에서 .NET의 Random 클래스를 사용하고 있으므로, 다양한 기능을 시험하면서 Random 클래스에 익숙해져 봅시다. 비주얼 스튜디오를 실행하고 다음 내용을 따라 해 보세요. 그리고 코드를 여러 번 실행해 보면서 임의의 숫자가 생성되는 것을 살펴보세요.

01 **'RandomTestDrive'라는 이름의 새 콘솔 앱을 만듭니다.** 다음 코드를 Main() 메서드에 넣습니다. 새 Random 인스턴스를 만들고, 임의의 int 값을 생성한 다음 콘솔에 출력합니다.

```
Random random = new Random();
int randomInt = random.Next();
Console.WriteLine(randomInt);
```

생성될 임의의 숫자의 최댓값을 설정합니다. 최댓값을 10으로 설정하면 0~9 사이에서 임의의 숫자가 생성됩니다.

02 **이제 주사위의 기능을 흉내내 봅시다.** 최솟값과 최댓값을 각각 1, 7로 설정하면 1~6 사이에서 임의의 숫자를 생성할 수 있습니다.

```
int zeroToNine = random.Next(10);
Console.WriteLine(zeroToNine);
```

03 **NextDouble() 메서드는 임의의 double 값을 생성합니다.** 메서드 이름 위에 마우스 커서를 놓으면 도구 설명을 볼 수 있습니다. 이 메서드는 0.0부터 1.0까지의 부동 소수점 숫자를 생성합니다.

```
double randomDouble = random.NextDouble();
```

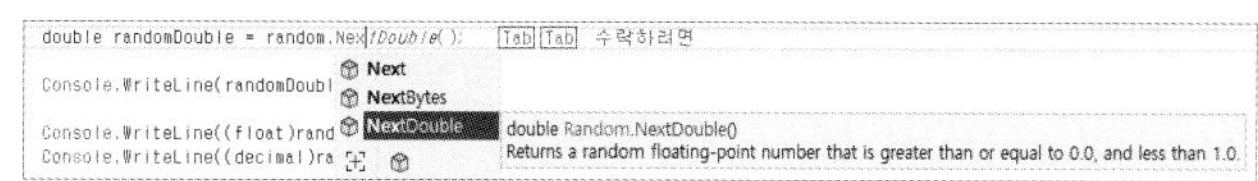

임의의 double 숫자를 곱해서 큰 임의의 숫자를 만들 수 있습니다. 임의의 double 값에 100을 곱하면 0~100 사이에서 숫자를 생성할 수 있습니다.

```
Console.WriteLine(randomDouble * 100);
```

캐스팅을 사용해 임의의 double 값을 다른 타입으로 변환할 수 있습니다. 다음 코드를 여러 번 실행해 보세요. float와 decimal 값의 정밀도 차이를 볼 수 있습니다.

```
Console.WriteLine((float)randomDouble * 100F);
Console.WriteLine((decimal)randomDouble * 100M);
```

04 **최댓값을 2로 설정해 동전 던지기를 흉내낼 수 있습니다.** Convert 클래스의 ToBoolean() 정적 메서드를 사용해 이 숫자 값을 불리언 값으로 변환할 수 있습니다.

```
int zeroOrOne = random.Next(2);
bool coinFlip = Convert.ToBoolean(zeroOrOne);
Console.WriteLine(coinFlip);
```

뇌 단련

Random 클래스를 사용해 문자열 배열에서 임의의 문자열을 선택하려면 어떻게 해야 할까요?

슬로피 조의 샌드위치 가게에 오신 것을 환영합니다!

슬로피 조는 고기, 빵, 각종 소스를 산처럼 쌓아 뒀습니다. 그런데 메뉴가 없네요! 그를 위해 매일 메뉴를 정해 주는 프로그램을 작성하면 어떨까요? 새로운 WPF 애플리케이션을 만들어서 배열과 함께 몇 가지 기술을 활용하면 가능할 것 같은데요.

MenuItem
Randomizer Proteins Condiments Breads Description Price
Generate

01 'SloppyJoe'라는 이름의 WPF 프로젝트를 생성하세요. 그리고 클래스 다이어그램을 살펴보세요. Random 클래스의 인스턴스, 그리고 샌드위치의 재료를 나타내는 세 배열이 있습니다. 배열 필드는 **컬렉션 이니셜라이저(collection initializer)**를 사용하는데, 이를 사용하면 배열에 들어갈 항목들을 중괄호 안에 넣어 정의할 수 있습니다.

```
class MenuItem
{
    public Random Randomizer = new Random(12345);
    public string[] Proteins = { "Roast beef", "Salami", "Turkey", "Ham", "Pastrami", "Tofu" };
    public string[] Condiments = { "yellow mustard", "brown mustard",
                "honey mustard", "mayo", "relish", "french dressing" };
    public string[] Breads = { "rye", "white", "wheat", "pumpernickel", "a roll" };

    public string Description = "";
    public string Price;
}
```

02 Generate() 메서드를 MenuItem 클래스에 추가하세요. Random.Next 메서드를 사용해 Proteins, Condiments, Breads 필드의 배열에서 임의의 항목을 뽑아 문자열 하나로 합칩니다.

```
public void Generate()
{
    string randomProtein = Proteins[Randomizer.Next(Proteins.Length)];
    string randomCondiment = Condiments[Randomizer.Next(Condiments.Length)];
    string randomBread = Breads[Randomizer.Next(Breads.Length)];
    Description = randomProtein + " with " + randomCondiment + " on " + randomBread;

    decimal bucks = Randomizer.Next(2, 5);
    decimal cents = Randomizer.Next(1, 98);
    decimal price = bucks + (cents * .01M);
    var usCultureInfo = new System.Globalization.CultureInfo("en-US");
    Price = price.ToString("c", usCultureInfo);
}
```

이 메서드는 두 임의의 int 값을 decimal 타입 값으로 변환해서 $2.01~$5.97 사이에서 임의의 가격을 매깁니다. 매개 변수 c는 ToString에 숫자 값을 현지 통화(currency) 형식으로 변환하라는 의미입니다. 여러분이 미국에 있다면 $ 기호가 한국에 있다면 ₩ 기호가 표시됩니다. 여기서는 $ 기호로 표시하기 위해 System.Globalization.CultureInfo("en-US");를 사용해 지역을 미국으로 지정했습니다.

03 열을 2개 가진 창에 임의의 메뉴들을 표시하겠습니다. 1열에는 메뉴 이름을, 2열에는 메뉴 가격을 표시할 것입니다. 그리드의 각 셀에는 폰트 크기가 18px인 TextBlock 컨트롤을 넣고, 가장 아래 행은 열 2개를 합쳐서 그 안에 오른쪽 정렬된 TextBlock 컨트롤을 넣겠습니다. 창의 제목은 'Welcome to Sloppy Joe's Budget House o' Discount Sandwiches!'라고 설정하고, 디자인 화면의 크기는 [width] 속성은 '500', [height] 속성은 '350'으로 설정합니다. 그리드의 [Margin] 속성은 '20'으로 설정합니다.

이전의 WPF 프로젝트에서 배운 XAML을 활용해 코드를 작성합시다. 디자이너에서 화면을 구성하거나, [XAML 편집기]에서 직접 XAML 코드를 입력하세요.

그리드에는 열이 두 개 있고 너비는 각각 5*, 1*로 설정되었습니다.

Welcome to Sloppy Joe's Budget House o' Discount Sandwiches!

Roast beef with honey mustard on a roll	$4.23
Salami with mayo on pumpernickel	$2.40
Turkey with yellow mustard on white	$3.84
Pastrami with french dressing on onion bagel	$3.66
Roast beef with french dressing on everything bagel	$3.85
Mortadella with au jus on pita	$3.09

Add guacamole for $2.65

그리드에는 동일한 크기의 행 7개가 있습니다.

그리드의 [Margin] 속성을 '20'으로 설정했기 때문에 메뉴 사이에 약간 여백이 있습니다.

가장 아래에 있는 7행의 TextBlock은 2개 열의 영역을 모두 차지합니다.

왼쪽 열의 TextBlock 컨트롤에는 각각 item1, item2, item3... 같은 이름을 붙이고, 오른쪽 열의 TextBlock 컨트롤에는 price1, price2, price3... 같은 이름을 붙입니다. 7행의 TextBlock 컨트롤에는 guacamole라는 이름을 붙입니다.

```
<Grid Margin="20">
    <Grid.RowDefinitions>
        <RowDefinition/>
        <RowDefinition/>
        <RowDefinition/>
        <RowDefinition/>
        <RowDefinition/>
        <RowDefinition/>
        <RowDefinition/>
    </Grid.RowDefinitions>
    <Grid.ColumnDefinitions>
        <ColumnDefinition Width="5*"/>
        <ColumnDefinition/>
    </Grid.ColumnDefinitions>

    <TextBlock x:Name="item1" FontSize="18px"/>
    <TextBlock x:Name="price1" FontSize="18px" HorizontalAlignment="Right" Grid.Column="1"/>
    <TextBlock x:Name="item2" FontSize="18px" Grid.Row="1"/>
    <TextBlock x:Name="price2" FontSize="18px" HorizontalAlignment="Right" Grid.Row="1"
               Grid.Column="1"/>
    <TextBlock x:Name="item3" FontSize="18px" Grid.Row="2"/>
    <TextBlock x:Name="price3" FontSize="18px" HorizontalAlignment="Right" Grid.Row="2"
               Grid.Column="1"/>
    <TextBlock x:Name="item4" FontSize="18px" Grid.Row="3"/>
    <TextBlock x:Name="price4" FontSize="18px" HorizontalAlignment="Right" Grid.Row="3"
               Grid.Column="1"/>
    <TextBlock x:Name="item5" FontSize="18px" Grid.Row="4"/>
    <TextBlock x:Name="price5" FontSize="18px" HorizontalAlignment="Right" Grid.Row="4"
               Grid.Column="1"/>
    <TextBlock x:Name="item6" FontSize="18px" Grid.Row="5"/>
    <TextBlock x:Name="price6" FontSize="18px" HorizontalAlignment="Right" Grid.Row="5"
               Grid.Column="1"/>
    <TextBlock x:Name="guacamole" FontSize="18px" FontStyle="Italic" Grid.Row="6"
               Grid.ColumnSpan="2" HorizontalAlignment="Right" VerticalAlignment="Bottom"/>
</Grid>
```

04 XAML UI에 C# 코드를 추가합니다. MakeTheMenu() 메서드가 전체 메뉴를 생성하며, 이 메서드는 앱이 InitializeComponent를 호출하고 난 바로 다음에 호출됩니다. 그리고 MenuItem 클래스의 배열을 사용해 메뉴에 들어갈 항목들을 생성합니다. 앞의 세 메뉴는 일반 메뉴, 그다음 두 메뉴는 베이글 메뉴, 마지막 메뉴는 고유의 재료를 사용한 특별 메뉴입니다.

```
public MainWindow()
{
    InitializeComponent();
    MakeTheMenu();
}

private void MakeTheMenu()
{
    MenuItem[] menuItems = new MenuItem[5];
    string guacamolePrice;

    for (int i = 0; i < 5; i++)
    {
        menuItems[i] = new MenuItem();
        if (i >= 3)
        {
            menuItems[i].Breads = new string[] {
            "plain bagel", "onion bagel", "pumpernickel bagel", "everything bagel"
            };
        }
        menuItems[i].Generate();
    }

    item1.Text = menuItems[0].Description;
    price1.Text = menuItems[0].Price;
    item2.Text = menuItems[1].Description;
    price2.Text = menuItems[1].Price;
    item3.Text = menuItems[2].Description;
    price3.Text = menuItems[2].Price;
    item4.Text = menuItems[3].Description;
    price4.Text = menuItems[3].Price;
    item5.Text = menuItems[4].Description;
    price5.Text = menuItems[4].Price;

    MenuItem specialMenuItem = new MenuItem()
    {
        Proteins = new string[] { "Organic ham", "Mushroom patty", "Mortadella" },
        Breads = new string[] { "a gluten free roll", "a wrap", "pita" },
        Condiments = new string[] { "dijon mustard", "miso dressing", "au jus" }
    };
    specialMenuItem.Generate();

    item6.Text = specialMenuItem.Description;
    price6.Text = specialMenuItem.Price;

    MenuItem guacamoleMenuItem = new MenuItem();
    guacamoleMenuItem.Generate();
    guacamolePrice = guacamoleMenuItem.Price;

    guacamole.Text = "Add guacamole for " + guacamoleMenuItem.Price;
}
```

이 코드가 어떻게 돌아가는지 자세히 살펴보죠. 메뉴 #4, #5(색인 값은 각각 3, 4입니다)는 객체 이니셜라이저를 사용해 초기화된 MenuItem 객체입니다. 앞서 Joe, Bob 객체를 초기화할 때 사용했죠. 이 객체 이니셜라이저는 Breads 필드에 새 string 배열을 할당합니다. 이 string 배열에는 컬렉션 이니셜라이저를 사용해 여러 베이글 종류를 나타내는 문자열 4개를 할당합니다. 이 컬렉션 이니셜라이저에 배열 타입(new string[])이 포함됐음을 눈치채셨나요? 처음에 필드를 정의할 때는 new string[]을 사용하지 않았죠. 필드 정의에는 new string[]을 넣어도 되고 안 넣어도 됩니다. 필드의 선언부에 이미 타입 정의가 있기 때문에 생략할 수 있습니다.

여기에서는 new string[]을 사용해 초기화할 배열의 타입을 선언합니다. MenuItem의 필드를 선언할 때는 이미 배열 타입의 정의가 있었기 때문에 new string[]을 사용할 필요가 없었죠.

Generate() 메서드를 호출해야 합니다. 그렇지 않으면 필드 값이 비어 있기 때문에 화면에 아무것도 출력할 수 없게 됩니다.

마지막 메뉴는 특별한 재료를 사용한 오늘의 특별 샌드위치입니다. 그러므로 세 문자열 배열 필드를 모두 사용하도록 객체 이니셜라이저를 사용해 초기화해야 합니다.

이 코드는 과카몰리(guacamole) 메뉴의 가격을 정합니다.

어떻게 작동할까요?

Randomizer.Next(7) 메서드는 7보다 작은 임의의 int 값을 반환합니다. Breads.Length는 Breads 배열의 요소가 몇 개인지 반환합니다. 그러므로 Randomizer.Next(Breads.Length)는 0과 같거나 크지만 Breads 배열의 요소 개수보다는 작은 임의의 숫자를 반환합니다.

```
Breads[Randomizer.Next(Breads.Length)]
```

Breads는 string 배열이고, 요소 5개를 가지며, 각 요소에는 0~4까지의 숫자가 부여됩니다. 그러므로 Breads[0]은 "rye", Breads[3]은 "a roll"이 됩니다.

여러분의 컴퓨터가 충분히 빠르다면 이 문제가 발생하지 않을 수도 있지만, 느린 컴퓨터에서는 이 문제가 발생할 것입니다.

05 **프로그램을 실행하고 메뉴가 생성되는 것을 지켜봅니다.**

어... 무엇인가 잘못됐네요. 메뉴에 표시된 가격이 모두 동일하고, 메뉴도 무엇인가 좀 이상해요. 앞의 세 메뉴는 서로 동일해요. 그다음 두 메뉴도 그렇고, 모두 똑같은 고기가 들어갔네요. 어떻게 된 걸까요?

이는 사실 .NET Random 클래스가 **유사 난수(pseudo-random number)** 생성기여서 그렇습니다. *** 역주** 유사 난수 생성기는 수학 공식을 통해 통계적인 난수 검사를 통과할 수 있는 일련의 숫자를 생성합니다. Next라는 이름의 메서드가 있는 이유 또한 이 일련의 숫자들 중에서 다음 숫자를 골라 사용하기 때문입니다.

이 난수 생성기는 초깃값 설정을 통해 일련의 숫자들 중 어디에서 출발할지를 결정합니다. 보통 Random 인스턴스를 생성하면 컴퓨터 시간을 난수 생성기의 초깃값으로 사용하지만, 여러분이 직접 초깃값을 지정할 수도 있습니다. C# 대화형 창에서 new Random(12345).Next();를 여러 번 입력해 보세요. 이 명령문은 초깃값이 12345인 Random 인스턴스를 생성하고 Next() 메서드를 호출해 임의의 숫자를 생성합니다. 하지만 초깃값이 동일하기 때문에 계속 같은 값을 생성하는 것입니다.

여러 개의 Random 인스턴스가 모두 같은 값을 반환한다면, 이는 거의 동시에 생성된 인스턴스가 모두 컴퓨터의 시간을 초깃값으로 가졌기 때문입니다.

그럴 때는 정적 필드인 Randomizer를 만들어서 모든 MenuItem이 하나의 Random 인스턴스를 공유하면 됩니다.

```
public static Random Randomizer = new Random();
```

프로그램을 다시 실행해 보세요. 이번에는 임의의 메뉴가 정상적으로 생성됩니다.

Welcome to Sloppy Joe's Budget House o' Discount Sandwiches!

Roast beef with yellow mustard on pumpernickel	$3.78
Roast beef with yellow mustard on pumpernickel	$3.78
Roast beef with yellow mustard on pumpernickel	$3.78
Roast beef with yellow mustard on everything bagel	$3.78
Roast beef with yellow mustard on everything bagel	$3.78
Organic ham with dijon mustard on pita	$3.78

왜 메뉴와 가격이 똑같이 나올까요?

Add guacamole for $3.78

Welcome to Sloppy Joe's Budget House o' Discount Sandwiches!

Turkey with yellow mustard on rye	$3.49
Pastrami with french dressing on white	$3.08
Pastrami with mayo on a roll	$3.52
Ham with french dressing on plain bagel	$2.17
Turkey with mayo on everything bagel	$4.83
Organic ham with miso dressing on a gluten free roll	$2.48

Add guacamole for $4.55

4장이 끝났습니다. 잘했어요!

요점 정리

- **new 키워드**는 객체에 대한 참조를 반환합니다. 이 참조는 참조 변수에 저장할 수 있습니다.
- **한 객체를 가리키는 여러 참조**를 만들 수 있습니다. 참조 하나를 통해 객체의 상태를 변경하면 같은 객체를 가리키는 다른 참조에도 이 변경 사항이 적용됩니다.
- 힙에 있는 객체는 **참조**돼야 합니다. 객체를 가리키는 마지막 참조가 사라지면, 이 객체는 가비지 컬렉션 대상이 되고 이 객체가 사용하던 메모리는 회수됩니다.
- .NET 프로그램은 **CLR(Common Language Runtime, 공용 언어 런타임)** 위에서 실행됩니다. CLR은 운영체제와 프로그램 사이의 '계층'입니다. C# 컴파일러는 C# 코드를 **CIL(Common Intermediate Language, 공용 중간 언어)**로 변환하며, CLR은 이 CIL을 실행할 수 있습니다.
- **this 키워드**는 객체 자기 자신에 대한 참조를 반환합니다.
- **배열**은 여러 값을 저장할 수 있는 객체입니다. 배열에는 값이나 참조를 저장할 수 있습니다.
- 타입 이름 다음에 대괄호를 넣는 방법으로 **배열 변수**를 선언할 수 있습니다(예: bool[] trueFalseValues, Dog[] kennel).
- **new** 키워드를 사용해 새 배열을 생성할 수 있고, 대괄호를 사용해 배열의 크기를 지정할 수 있습니다(예: new bool[15], new Dog[3]).
- **Length 메서드**를 사용해 배열의 길이를 얻을 수 있습니다(예: kennel.Length).
- 대괄호 안에 **색인 값(index)**을 넣어 배열의 값에 접근할 수 있습니다(예: bool[3] or Dog[0]). 배열의 색인은 0부터 시작합니다.
- **null**은 참조가 가리키는 값이 없음을 의미합니다. null은 참조하는 객체가 있는지 검사하거나, 참조 변수의 값을 null로 설정해서 해당 참조가 가리키던 객체가 가비지 컬렉션 대상이 되도록 하는 데 유용하게 쓰입니다.
- **컬렉션 이니셜라이저(collection initializer)**를 사용하면 new 키워드와 배열 타입을 지정해서 배열을 초기화하면서, 배열에 넣을 요소를 콤마로 구분해서 중괄호에 넣는 방식으로 배열의 값을 지정할 수 있습니다(예: new int[] { 8, 6, 7, 5, 3, 0, 9 }). 배열 타입을 지정하는 선언부가 있으면 배열 타입을 생략할 수 있습니다.
- ToString( ) 메서드에 **형식 매개 변수(format parameter)**를 넘겨줄 수 있습니다. 숫자 타입의 ToString( ) 메서드를 호출할 때 매개 변수로 'c'를 사용하면, 이 값은 현지 통화로 형식화됩니다.
- .NET Random 클래스는 컴퓨터의 시간을 초깃값(seed)으로 사용하는 **유사-난수(pseudo-random number)** 생성기입니다. 여러 Random 인스턴스가 우연히 같은 초깃값을 가지게 되어 동일한 숫자를 생성하는 상황을 피하려면, Random 인스턴스 하나를 공유해서 사용하면 됩니다.

유니티 연구실 #2

유니티에서 C# 코드 작성하기

유니티는 2D/3D 게임과 시뮬레이션을 위한 강력한 크로스 플랫폼 엔진이자 개발 도구입니다. 그리고 **C# 코드 작성을 연습할 수 있는 훌륭한 도구**이기도 합니다.

유니티 연구실 #1에서는 유니티의 전체 모습과 3D 공간을 탐색하는 방법을 살펴봤습니다. 그리고 게임 오브젝트를 생성하고 게임 오브젝트가 어떤 것인지 살펴봤죠. 이번에는 게임 오브젝트를 조작하는 코드를 작성해 봅시다. 이제 유니티 에디터에 익숙해졌으니, 유니티 연구실 #2에서는 게임 오브젝트를 움직이기 위한 코드를 작성해 보겠습니다. 유니티 연구실 #1에서 만든 8번 공 게임 오브젝트를 회전시키는 C# 코드를 작성할 것입니다. 또한 유니티에서 비주얼 스튜디오 디버거를 사용해 게임의 문제를 추적해 나가는 방법을 살펴보겠습니다.

게임 오브젝트에 C# 스크립트로 작동 추가하기

유니티 연구실 #1에서는 게임 오브젝트를 [씬] 뷰에 추가해 봤습니다. 이번에는 게임 오브젝트의 작동을 구현하는 방법에 대해 알아보기로 하죠. 지금까지 갈고닦은 C# 기술을 사용해 봅시다. 유니티는 게임에 존재하는 모든 것의 작동을 정의하기 위해 **C# 스크립트**를 사용합니다.

이번 유니티 연구실에서는 C#과 유니티를 다루기 위해 사용할 도구들을 소개합니다. 8번 공이 [씬] 뷰에서 날아다니는, 눈을 즐겁게 할 만한 간단한 '게임'을 만들 거예요. **유니티 허브를 열고 유니티 연구실 #1에서 만든 프로젝트를 엽니다.**

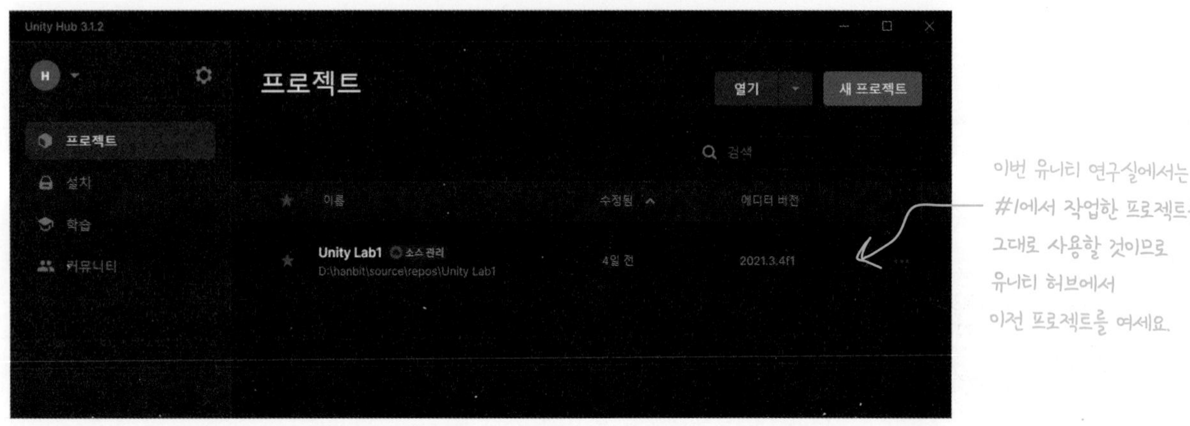

유니티 연구실 #2에서 할 일은 다음과 같습니다.

1 게임 오브젝트에 C# 스크립트를 연결(attach)합니다.

구체 게임 오브젝트에 [스크립트] 컴포넌트를 추가하면 유니티는 스크립트를 위한 클래스를 추가합니다. 이 클래스를 수정해서 8번 공(구체)의 작동을 제어합니다.

2 비주얼 스튜디오를 사용해 스크립트를 편집합니다.

비주얼 스튜디오를 사용하기 위해 유니티 에디터에서 어떻게 환경 설정해야 하는지 기억하나요? 이렇게 해 두면 유니티 에디터에서 스크립트를 더블 클릭해서 비주얼 스튜디오를 실행할 수 있습니다.

3 유니티에서 게임을 실행해 봅니다.

화면 상단에 실행 버튼이 있습니다. 이 버튼을 누르면 [씬] 뷰의 게임 객체에 있는 게임 오브젝트에 연결된 모든 스크립트를 실행하게 됩니다. 이 버튼을 눌러 구체에 연결된 스크립트를 실행할 수 있습니다.

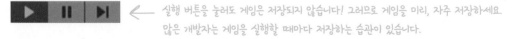

실행 버튼을 눌러도 게임은 저장되지 않습니다! 그러므로 게임을 미리, 자주 저장하세요.
많은 개발자는 게임을 실행할 때마다 저장하는 습관이 있습니다.

4 스크립트를 디버깅하기 위해 유니티와 비주얼 스튜디오를 함께 사용해 봅니다.

앞서 C# 코드에서 문제를 추적해 보며 비주얼 스튜디오 디버거가 얼마나 유용한지 살펴봤습니다. 유니티와 비주얼 스튜디오는 잘 통합되어 있기 때문에, 게임이 실행되는 동안 중단점을 설정하거나 로컬 창을 사용하는 등 비주얼 스튜디오 디버거의 친숙한 도구를 사용할 수 있습니다.

게임 오브젝트에 C# 스크립트 추가하기

유니티에서는 2D/3D 게임만 만들 수 있는 것이 아닙니다. 유니티는 예술 작품, 데이터 시각화, 증강 현실(augmented reality) 등 여러 분야에서 쓰이고 있죠. 유니티는 C#을 공부하는 사람에게도 유용한데, 게임 안에 존재하는 모든 것을 제어하는 C# 코드를 작성할 수 있기 때문입니다. 이런 점 때문에 유니티는 **C#을 배우기에 훌륭한 도구이기도 합니다.**

이제 유니티에서 C# 코드를 다뤄 보겠습니다. 구체 게임 오브젝트를 선택한 다음, [인스펙터] 창에서 **[컴포넌트 추가] 버튼을 클릭**합니다.

컴포넌트 추가

그러면 추가할 수 있는 컴포넌트 목록이 화면에 표시됩니다. **'New Script' 또는 '새 스크립트'를 검색**해서 구체 게임 오브젝트에 C# 스크립트를 추가합니다. [이름]에 'BallBehaviour'라고 입력하고 [생성하고 추가] 버튼을 클릭해 스크립트를 추가합니다.

주의하세요!

유니티는 영국식 철자법을 따릅니다. 그래서 클래스 이름이 영국식 철자법을 따르는 경우가 있습니다. 미국식 철자법에 익숙하다면 유니티 스크립트를 다룰 때 조금 주의해야 합니다. 예를 들면, behaviour는 영국식 철자법이지만 미국식 철자법에서는 behavior입니다.

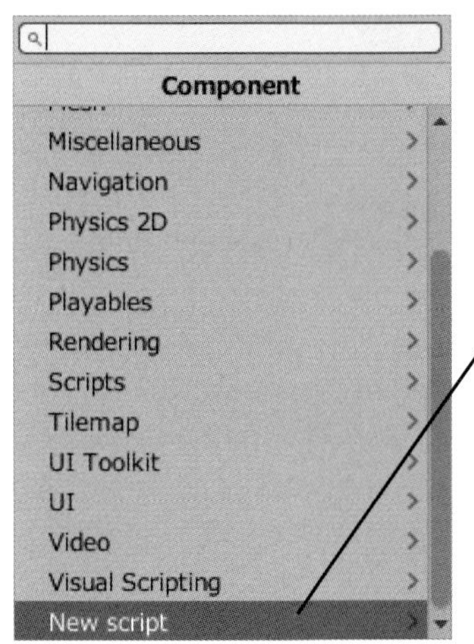

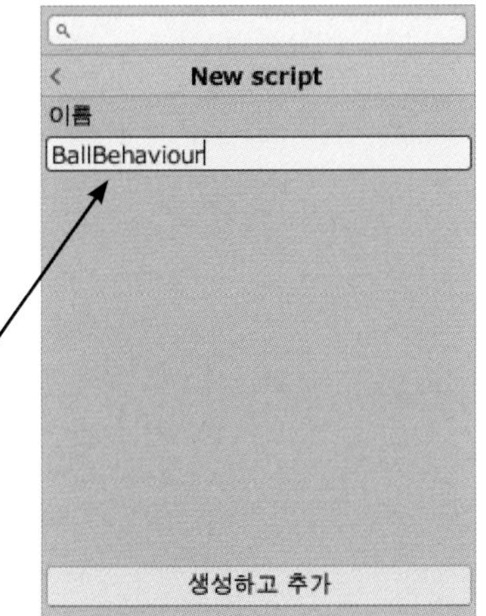

Ball Behaviour라는 이름의 [스크립트] 컴포넌트가 [인스펙터] 창에 표시됩니다.

Ball Behaviour(스크립트)

그리고 프로젝트 창에 C# 스크립트가 표시됩니다.

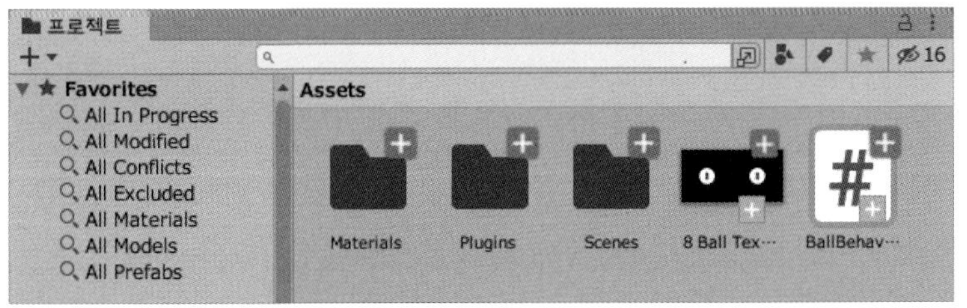

프로젝트 창은 프로젝트를 폴더 구조로 보여 줍니다. 유니티 프로젝트에는 미디어 파일, 데이터 파일, C# 스크립트, 텍스처 등의 파일이 포함되어 있습니다. 유니티에서는 이런 파일을 Assets(에셋)이라고 부릅니다. [프로젝트] 창에는 Assets 폴더가 있는데, 앞에서 이 폴더를 마우스 우클릭해서 텍스처를 임포트했죠. 이렇게 추가한 에셋은 Assets 폴더에 추가됩니다.

8번 공 텍스처 이미지를 구체에 드래그해서 놓으면 [프로젝트] 창에 Materials 폴더가 표시됩니다.

구체를 회전시키는 C# 코드 작성하기

유니티 연구실 #1에서 비주얼 스튜디오를 유니티의 외부 스크립트 에디터로 설정했기 때문에 새로 생성한 C# 스크립트를 더블 클릭하면 **유니티는 이 스크립트를 비주얼 스튜디오에서 엽니다.** C# 스크립트에는 'BallBehaviour'라는 이름의 클래스가 있고, 이 클래스에는 비어 있는 Start(), Update() 메서드가 들어 있습니다.

```
using System.Collections;
using System.Collections.Generic;
using UnityEngine;

public class BallBehaviour: MonoBehaviour
{
    // 첫 프레임이 갱신되기 전에 호출됩니다.
    void Start()
    {

    }
    // 프레임이 바뀔 때마다 한 번씩 호출됩니다.
    void Update()
    {

    }
}
```

[프로젝트] 창에 있는 C# 스크립트를 클릭해서 C# 스크립트를 비주얼 스튜디오에서 열었습니다. [계층 구조] 창은 현재 [씬] 뷰에 있는 모든 게임 오브젝트를 보여 줍니다. 유니티는 프로젝트를 생성할 때 카메라와 광원이 포함된 SampleScene이라는 이름의 [씬] 뷰를 추가합니다. 앞서 [씬] 뷰에 구체를 추가했기 때문에 [계층 구조] 창에 이 모든 오브젝트가 표시됐습니다.

C# 스크립트가 비주얼 스튜디오에서 열리지 않았다면, 유니티 연구실 #1으로 돌아가서 환경 설정을 모두 수행했는지 확인하세요.

다음 코드를 Update() 메서드에 추가하고 저장합니다. 이 코드는 구체를 회전시키는 역할을 합니다.

```
transform.Rotate(Vector3.up, 180 * Time.deltaTime);
```

이제 유니티 에디터로 돌아와 [시작] 버튼을 클릭해서 게임을 시작합니다.

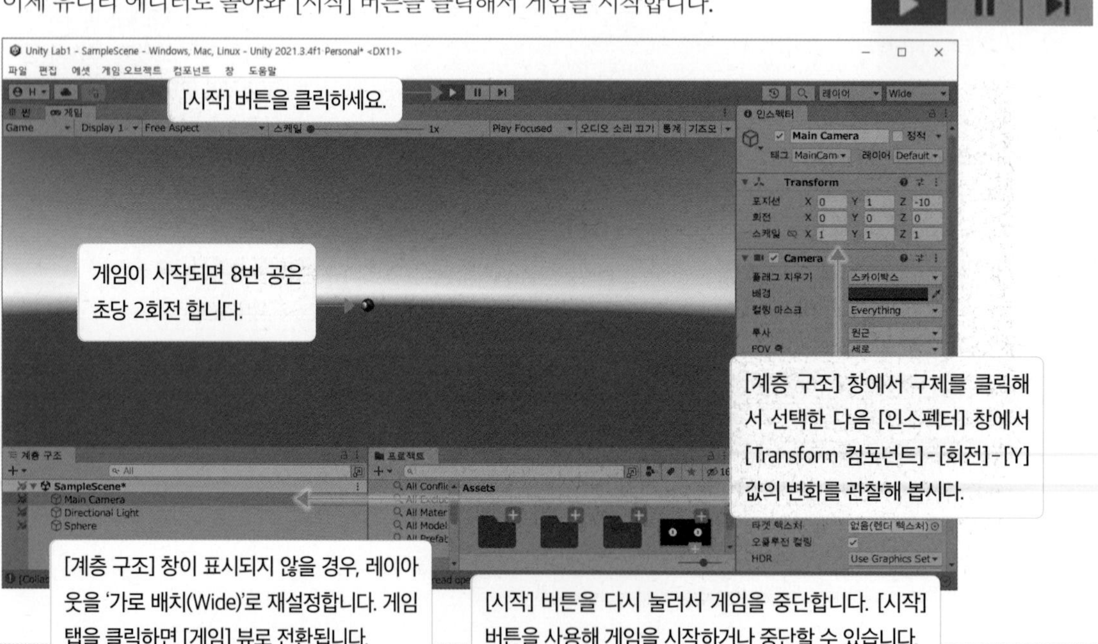

코드 자세히 들여다보기

```
using System.Collections;
using System.Collections.Generic;
using UnityEngine;

public class BallBehaviour : MonoBehaviour
{
    // 첫 프레임이 갱신되기 전에 호출됩니다.
    void Start()
    {

    }

    // 프레임이 바뀔 때마다 한 번씩 호출됩니다.
    void Update()
    {
        transform.Rotate(Vector3.up, 180 * Time.deltaTime);
    }
}
```

2장에서 네임스페이스에 대해 배웠죠. C# 스크립트를 생성하면 유니티는 UnityEngine 네임스페이스의 코드와 몇 가지 공용 네임스페이스를 사용한다는 의미의 using 문을 코드 상단에 추가합니다.

프레임은 애니메이션의 기본 개념 중 하나입니다. 유니티는 정지 프레임 하나를 화면에 그리고 다음 프레임을 화면에 빠르게 그리는 것을 반복해서 프레임의 변화를 움직임으로 인식하도록 합니다. 유니티는 각 프레임을 그리기 전에 모든 게임 오브젝트의 Update() 메서드를 호출해서 게임 오브젝트가 움직이거나 회전하는 등의 변경 사항을 적용할 수 있도록 합니다. 빠른 컴퓨터를 사용할수록 높은 프레임 속도(frame rate)로 화면을 그릴 수 있습니다. 프레임 속도는 FPS(Frames Per Second) 또는 초당 프레임이라고도 합니다.

transform.Rotate() 메서드는 게임 오브젝트를 회전시킵니다. 첫 번째 매개 변수는 오브젝트가 회전할 축을 나타냅니다. 여기서는 Vector3.up을 사용하는데, 이는 Y축을 기준으로 객체가 회전하는 것을 나타냅니다. 두 번째 매개 변수는 회전하는 각도를 나타냅니다.

프레임 속도 값은 컴퓨터마다 다릅니다. 게임이 30FPS로 실행될 경우 60프레임마다 한 번 회전합니다. 게임이 120FPS로 실행되면 240프레임마다 한 번 회전합니다. 게임의 프레임 속도는 게임이 복잡한 코드를 실행하는지에 따라서도 변할 수 있습니다.
이럴 때 Time.deltaTime 값이 도움이 됩니다. 유니티 엔진은 프레임을 갱신할 때마다 게임 오브젝트의 Update 메서드를 호출하며, 마지막 프레임이 그려진 후 경과한 시간을 Time.deltaTime에 초 단위로 저장합니다. 이 코드는 구체를 2초에 한 번씩, 1초마다 180도씩 회전시키기 때문에, Time.deltaTime에 180을 곱하면 프레임당 얼마나 회전할지 구할 수 있습니다.

Time.deltaTime은 정적 값입니다(3장에서 살펴봤죠). 그러므로 Time.deltaTime을 사용하기 위해 Time 클래스의 인스턴스를 만들 필요가 없습니다.

Update() 메서드에서는 Time.deltaTime 값을 사용해 매초 객체가 얼마나 회전할지 계산합니다.
Time.deltaTime에 원하는 숫자를 곱하면 해당 숫자의 초당 값을 구할 수 있습니다.

중단점 설정하고 게임 디버깅하기

유니티 게임을 디버깅해 봅시다. 아직 게임이 실행 중이라면 [시작] 버튼을 눌러서 게임을 중단합니다. 그런 다음 비주얼 스튜디오로 넘어와서 앞서 추가한 코드에 **중단점을 추가합니다.**

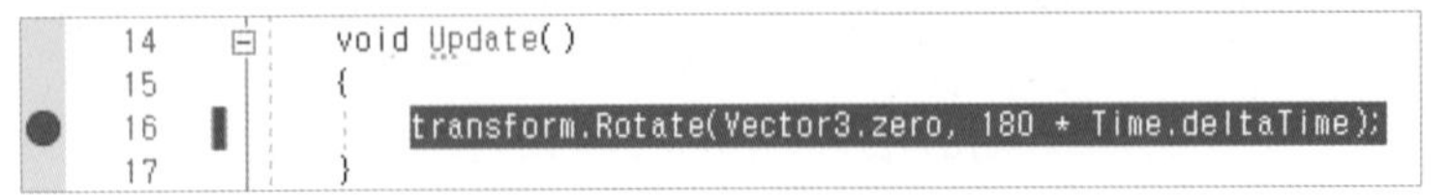

[Unity에 연결] 버튼 대신 [연결...] 버튼이 뜬다면 무언가 설치가 안 됐을 수 있습니다. [솔루션 탐색기] 창에서 Assembly... 파일을 마우스 우클릭한 다음 [필요한 기능 설치] 버튼을 누르세요. [비주얼 스튜디오 Installer] 창이 활성화되면 필요한 기능을 프로젝트를 다시 로드해 보세요.

이제 비주얼 스튜디오의 상단에 있는 버튼을 눌러 디버깅을 시작합니다.

- 윈도우: ▶ Unity에 연결 ▾ 버튼 클릭 또는 [디버그]-[디버깅 시작] 메뉴 선택.
- 맥OS: Debug › Unity에 연결 버튼 클릭 또는 [실행]-[디버깅 시작] 메뉴 선택.

유니티 에디터로 돌아오세요. 프로젝트를 처음 디버깅하면 다음과 같은 대화창이 표시됩니다. [Enable debugging for this session] 버튼을 누릅니다.

만약 이 질문을 다시 받기 싫다면, [Enable debugging for all projects] 버튼을 누르세요.

이 과정을 모두 마치면 비주얼 스튜디오가 유니티에 연결되면서 게임을 디버깅할 수 있게 됩니다. 이제 유니티에서 [시작] 버튼을 클릭해 게임을 시작하세요. 게임이 방금 추가한 중단점에서 즉시 멈추는 것을 볼 수 있습니다.

적중 횟수를 사용해 프레임 건너뛰기

너무 빨리 멈추지 않았나요? 중단점에 적중 횟수(hit count) 조건을 추가해서 500번째 프레임마다 프로그램을 중단해 보겠습니다. 프로그램이 멈추기 전에 해당 코드를 잠깐 실행할 수 있을 거예요. 먼저 비주얼 스튜디오를 멈추세요.

- 윈도우: 코드 왼쪽의 중단점(●)에 마우스를 올려 놓고 [설정( )]을 클릭하세요.
  그리고 [조건]을 체크한 다음, 드롭다운 목록에서 [적중 횟수]와 [다음의 배수 -]를 선택하고 입력란에 '500'을 입력합니다.

- 맥OS에서는 중단점(◎)을 마우스 우클릭하고 [중단점 편집] 메뉴를 선택한 다음 드롭다운 목록에서 [적중 횟수가 다음의 배수일 경우] 항목을 선택하고 빈 상자에 '500'을 입력합니다.

모두 입력했으면 [닫기] 버튼을 클릭하세요. 이제부터 Update() 메서드가 500번 호출될 때마다(또는 500번째 프레임마다) 게임이 중단됩니다. 만약 게임을 60FPS로 실행하면 시작하고 약 8초 후에 게임이 중단됩니다.

디버거를 사용해 Time.deltaTime 살펴보기

이후의 유니티 연구실에서도 Time.deltaTime을 계속 사용하기 때문에 디버거를 사용해 Time.deltaTime 값에 어떤 일이 일어나는지 자세히 관찰해 봅시다. 비주얼 스튜디오의 중단점에서 게임이 중단됐을 때 **Time.deltaTime 값에 마우스 커서를 올려 보면**, 이전 프레임으로부터 몇 초가 지났는지 나타내는 값을 볼 수 있습니다. 이 내용 위에서 마우스 우클릭하면 표시되는 메뉴에서 **[조사식 추가]를 선택**해 이 값을 조사식 창에 추가합니다.

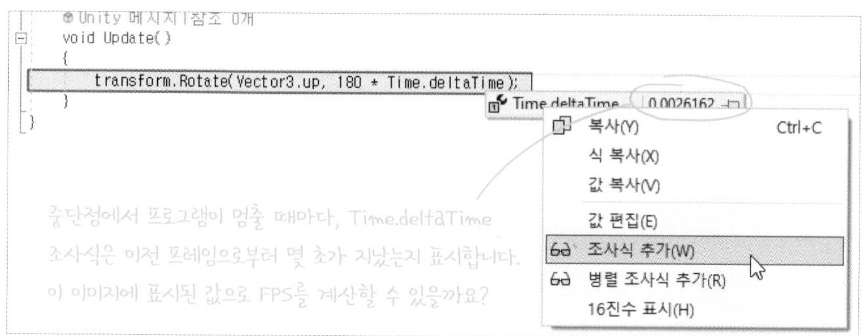

[계속](윈도우에서 [F5] 키, 맥OS에서 [⇧]+[⌘]+[↩] 키) 버튼을 클릭해서 게임을 계속 실행합니다. 공이 다시 회전하기 시작하고, 500번째 프레임이 그려질 때 게임이 중단점에서 다시 멈춥니다. 계속 한 번에 500프레임만큼씩 게임을 실행할 수 있습니다. [조사식] 창에서 게임이 중단될 때마다 값이 어떻게 변하는지 관찰해 보세요.

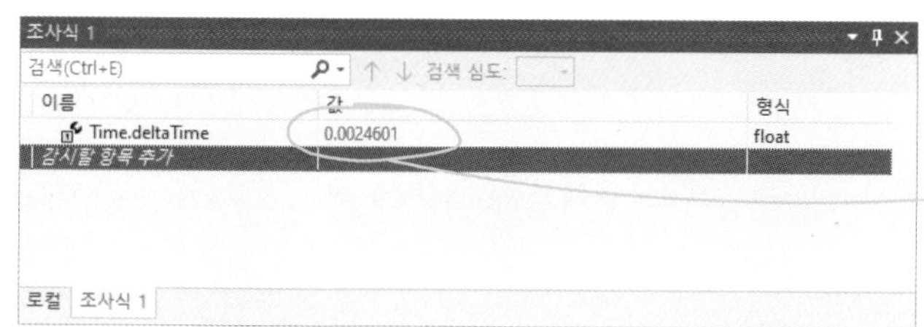

[계속] 버튼을 눌러 보면서 Time.deltaTime 값을 확인해 보세요. 대략의 FPS 값은 1 ÷ Time.deltaTime으로 구할 수 있습니다.

[디버깅 중지] 버튼을 클릭해서 프로그램을 중지하고 [Unity에 연결] 버튼을 클릭해서 다시 디버깅해 보세요. 게임이 계속 실행 중이기 때문에 비주얼 스튜디오가 다시 유니티에 연결되면 중단점에서 다시 게임이 멈춥니다. 게임이 멈추면 중단점을 해제하세요. 이때, 비주얼 스튜디오에 중단점을 남겨 놓되, 프로그램을 중단하지는 않도록 주의하세요. [디버깅 중지] 버튼을 다시 클릭해 유니티와 비주얼 스튜디오의 연결을 끊습니다.

유니티로 돌아가서 게임을 중지하고 저장합니다. [시작] 버튼을 눌러도 게임이 자동으로 저장되지 않습니다.

유니티의 [시작] 버튼은 게임을 시작하고 중지합니다. 비주얼 스튜디오는 유니티에서 게임을 중지하더라도 유니티에 연결된 상태를 유지합니다.

뇌 단련

게임을 다시 디버깅하면서 'Vector3.up' 값에 마우스 커서를 올려 값을 관찰해 보세요. (0.0, 1.0, 0.0)은 무슨 의미일까요?

Y축 위치를 표시하는 원기둥 추가하기

방금 코드에서는 [씬] 뷰의 중앙에서 구체가 Y축을 기준으로 회전했습니다. 이번에는 길고 얇은 원기둥(cylinder)을 추가해 봅시다. [게임 오브젝트]-[3D 오브젝트]-[원기둥] 메뉴를 클릭해 **새 원기둥을 만듭니다.** [계층 구조] 창에서 [Cylinder] 오브젝트를 선택한 다음 [인스펙터] 창에서 이 객체의 [포지션]이 (0, 0, 0)인 것을 확인합니다. 만약 (0, 0, 0)이 아닐 경우, [컨텍스트 메뉴 ⋮] 버튼을 사용해 [Transform] 컴포넌트의 값을 '초기화'하세요. 이제 원기둥을 길고 얇게 만들어 봅시다. [R] 키를 누르거나 [도구 모음]에서 [스케일 도구]를 선택하세요. 스케일 기즈모가 원기둥에 표시됩니다.

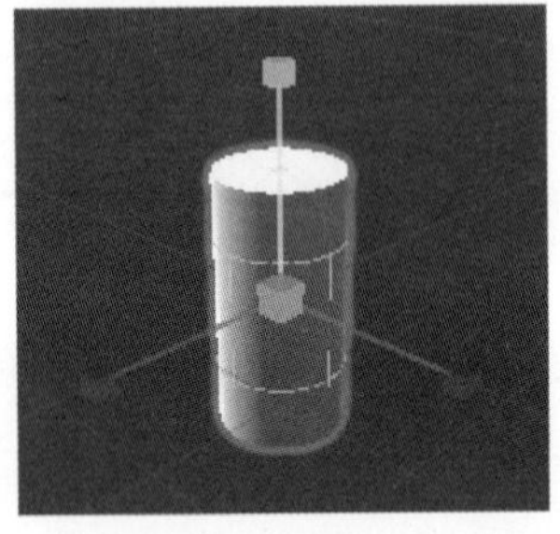

스케일 기즈모는 이동 기즈모와 비슷하게 생겼지만, 각 축의 끝에 원뿔 대신 큐브가 표시됩니다. 새 원기둥은 구체 위에 표시됩니다. 원기둥의 중심 너머로 구체가 살짝 보일 수도 있습니다. [Transform] 컴포넌트 - [스케일]에서 X, Z 축을 따라 조절해 원기둥을 얇게 만들면 구체가 드러나게 됩니다.

녹색 큐브를 클릭하고, Y축을 따라 드래그해서 원기둥의 길이를 늘리세요. 그런 다음 빨간색 큐브를 클릭하고 X축을 따라 원기둥 방향으로 드래그해 원기둥을 얇게 만듭니다. 마찬가지로 파란색 큐브를 클릭하고 Z축을 따라 드래그해서 원기둥의 굵기를 변경해 보세요. 원기둥의 크기를 조절하면서 [인스펙터] 창의 [Transform] 컴포넌트를 살펴보세요. [스케일]의 Y 값은 증가하고 X, Z 값은 줄어들었습니다.

Transform						
포지션	X	0	Y	0	Z	0
회전	X	0	Y	0	Z	0
스케일	X	0.229	Y	2.323	Z	0.203

[Transform] 컴포넌트의 [스케일]에서 글자 'X'를 클릭하고 위아래로 드래그해 보세요(숫자를 입력하는 상자의 왼쪽에 있는 X 레이블을 클릭해야 합니다). 레이블을 클릭하면 글자 'X'가 파란색으로 변하고 그 옆의 X 값 상자가 파란색으로 표시됩니다. 마우스를 위아래로 드래그하면 상자의 숫자도 증가/감소합니다. [씬] 뷰도 이 값이 변화함에 따라 바뀝니다. 마우스 드래그에 따라 [스케일]의 값이 양수와 음수로 바뀌는 것을 눈여겨보세요.

이번에는 [스케일]의 X 값에 '0.1'을 입력해 보세요. 원기둥이 매우 얇아집니다. [Tab] 키를 누르면 바로 옆 Y 값으로 이동합니다. Y 값에 '20'을 입력하고, 또 다시 [Tab] 키를 눌러서 Z 값에 '0.1'을 입력하고 [Enter] 키를 입력하세요.

Transform						
포지션	X	0	Y	0	Z	0
회전	X	0	Y	0	Z	0
스케일	X	0.1	Y	20	Z	0.1

이제 아주 긴 원기둥이 Y축의 0 위치에 있는 구체를 관통하는 것을 볼 수 있습니다.

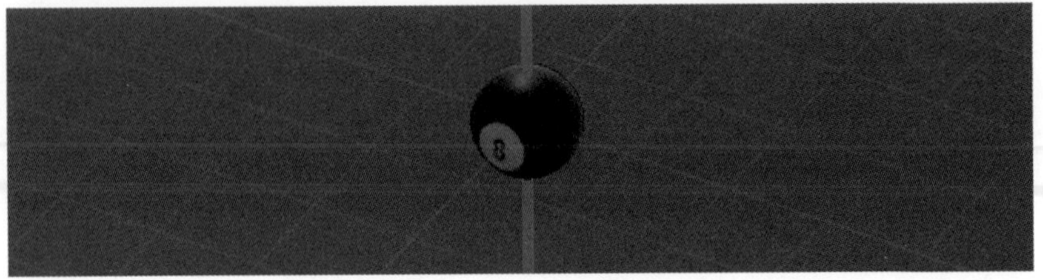

클래스에 회전 각도와 속도를 나타내는 필드 추가하기

비주얼 스튜디오에서 BallBehaviour.cs 파일의 코드를 수정해 봅시다. 다음과 같은 코드 네 줄을 클래스 선언부 다음 클래스의 첫 번째 중괄호 바로 아래에 추가하세요.

```
public class BallBehaviour : MonoBehaviour {
    public float XRotation = 0;
    public float YRotation = 1;
    public float ZRotation = 0;
    public float DegreesPerSecond = 180;
...
```

이 필드들은 3, 4장에서 프로젝트에 추가한 필드와 동일합니다. 해당 필드는 유니티에서 3D 오브젝트의 포지션 값을 저장하기 위한 변수입니다. Update() 메서드가 호출될 때 이 필드를 계속 재사용합니다.

XRotation, YRotation, ZRotation 필드는 0과 1 사이의 값을 가집니다. 이 값들은 서로 결합해서 공의 회전 방향을 결정하는 **벡터(vector)** 값이 됩니다.

```
new Vector3(XRotation, YRotation, ZRotation)
```

DegreesPerSecond 필드는 초당 회전 횟수를 결정하는 초당 회전 각도를 나타냅니다. 앞에서 살펴본 것처럼 이 값에 Time.deltaTime을 곱하겠습니다. Time.deltaTime 필드를 사용하도록 Update() 메서드를 수정해 봅시다. 다음과 같이 axis라는 이름의 Vector3 타입 변수를 새로 생성해서 transform.Rotate() 메서드에 넘겨줍니다.

```
void Update() {
    Vector3 axis = new Vector3(XRotation, YRotation, ZRotation);
    transform.Rotate(axis, DegreesPerSecond * Time.deltaTime);
}
```

유니티 에디터로 돌아와 [계층 구조] 창에서 [Sphere] 오브젝트를 선택하고, [인스펙터] 창에서 [Ball Behaviour(스크립트)] 컴포넌트를 확인해 보세요. 방금 작성한 필드들이 [Ball Behaviour(스크립트)] 컴포넌트에 표시됩니다. [스크립트] 컴포넌트는 필드의 값을 표시할 때, 대문자 사이에 자동으로 공백을 추가해서 사용자가 읽기 쉽게 만들어 줍니다.

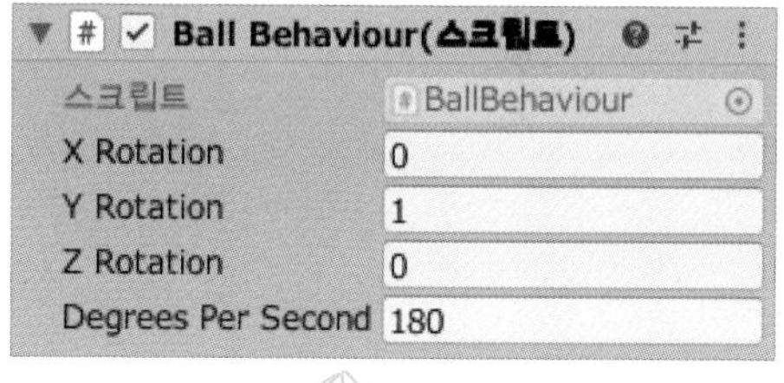

이 값을 변경하면 변경된 값은 [씬] 뷰에 반영됩니다. 게임이 실행 중일 때도 값을 변경할 수 있지만, 게임을 중지하면 다시 기존의 값으로 복구됩니다.

게임을 실행해 보세요. [Sphere] 오브젝트의 [Ball Behaviour(스크립트)] 컴포넌트에서 [Degrees Per Second] 값을 '360'이나 '90'으로 변경해 보세요. 공이 2배 또는 1/2 속도로 회전합니다. 다시 게임을 중지하면 필드의 값이 180으로 돌아옵니다.

게임이 중지된 상태에서 유니티 에디터를 사용해 [X Rotation]을 '1'로, [Y Rotation]을 '0'으로 변경해 보세요. 게임을 실행하면 공이 다른 방향으로 회전합니다. 게임이 실행되는 동안 [X Rotation]을 클릭해 위아래로 드래그해서 값을 변경해 보세요. 숫자가 음수가 되면 공이 반대 방향으로 회전합니다.

숫자를 다시 양수로 변경하면 공이 원래 방향으로 회전합니다.

Debug.DrawRay를 사용해 3D 벡터의 작동 방식 살펴보기

벡터는 **길이**(또는 강도)와 **방향**을 나타내는 값입니다. 수학에서 벡터에 대해 배운 적이 있다면, 다음과 같이 2D 벡터를 나타내는 그림을 본 적이 있을 겁니다.

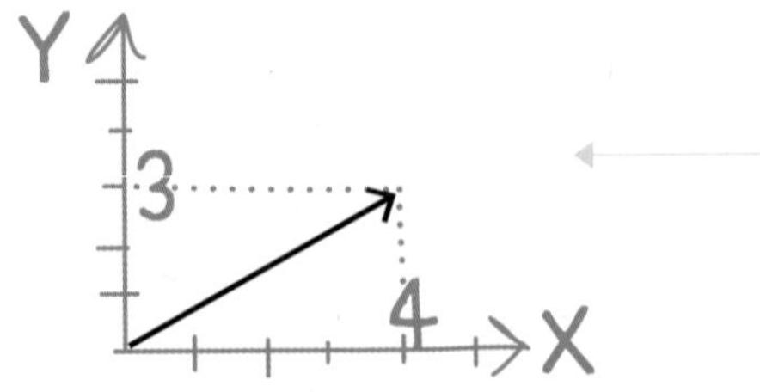

다음은 2차원 벡터의 그림입니다. 벡터는 숫자 2개로 표현할 수 있습니다. 이 그림은 X축 값(4)과 Y축 값(3)이며, 보통 (4, 3)의 형태로 적습니다.

벡터 자체를 이해하는 것은 어렵지 않습니다. 하지만 수학 시간에 벡터를 배웠더라도 3D 공간에서 벡터가 어떻게 작동하는지 직관적으로 파악하기란 쉽지 않습니다. C#과 유니티를 도구로 활용해 벡터를 공부하고 살펴보면 되겠네요!

유니티를 사용해 벡터를 3D로 시각화하기

3D 벡터의 작동 방식을 파악하는 데 도움을 줄 코드를 게임에 추가해 봅시다. 비주얼 스튜디오로 돌아가 Update() 메서드의 명령문 첫째 줄을 자세히 살펴보겠습니다.

```
Vector3 axis = new Vector3(XRotation, YRotation, ZRotation);
```

이 명령문에서 벡터에 대한 어떤 내용을 알 수 있을까요?

❶ 모든 변수는 타입 선언으로 시작합니다. 유니티는 3D 벡터를 나타내기 위해 string, int, bool 등의 타입 대신 Vector3 타입을 사용합니다.

❷ axis는 변수의 이름입니다.

❸ new 키워드를 사용해 Vector3을 생성합니다. XRotation, YRotation, ZRotation 값을 사용해 벡터를 생성합니다.

그렇다면 3D 벡터는 어떤 모습을 하고 있을까요? 상상만 하고 넘기지 마세요. 유니티의 디버깅 도구를 사용해 벡터를 직접 그려 볼 수 있습니다. Update() 메서드의 끝부분에 다음과 같은 코드를 추가해 보세요.

```
void Update()
{
    Vector3 axis = new Vector3(XRotation, YRotation, ZRotation);
    transform.Rotate(axis, DegreesPerSecond * Time.deltaTime);
    Debug.DrawRay(Vector3.zero, axis, Color.yellow);
}
```

Debug.DrawRay() 메서드는 게임의 디버깅을 위해 제공하는 유니티의 특수한 메서드입니다. 이 메서드는 한 점에서 다른 점으로 뻗은 벡터를 나타내는 광선(ray)을 화면에 그립니다. 이 메서드가 받는 매개 변수는 시작점, 끝점, 그리고 선의 색상입니다. 기억해 두세요. 이 광선은 [씬] 뷰에만 표시됩니다.

유니티의 Debug 클래스는 게임에는 아무 영향을 미치지 않도록 설계됐습니다. Debug 클래스는 보통 유니티 에디터에서 볼 수 있는 게임 화면에만 영향을 미칩니다.

게임을 실행해 씬에서 광선 확인하기

이제 게임을 다시 실행해 보세요. [게임] 뷰와 차이점을 찾을 수 없을 겁니다. Debug.DrawRay는 디버깅을 위한 도구이기 때문에 게임 실행에는 영향을 미치지 않기 때문입니다. [씬] 탭을 사용해 [씬] 뷰로 넘어가 봅시다. 화면이 책과 다르다면 [도구 모음]-[에디터 레이아웃 선택] 항목에서 '가로 배치'를 클릭하세요.

이제 친숙한 화면으로 돌아왔습니다. 이제 3D 벡터의 작동 방식을 살펴보겠습니다.

먼저 [계층 구조] 창에서 [Sphere] 오브젝트를 클릭한 다음 [인스펙터]-[Ball Behaviour(스크립트)] 항목의 값을 변경합니다. [X Rotation]을 '0'으로, [Y Rotation]을 '0'으로, [Z Rotation]을 '3'으로 설정하세요. 그리고 [이동 도구]를 사용해 구체를 클릭하면 공이 회전하는 축인 Z축에서 뻗어 나온 노란색 광선을 볼 수 있습니다. 이 광선은 [씬] 뷰에서만 표시된다는 것을 기억하세요.

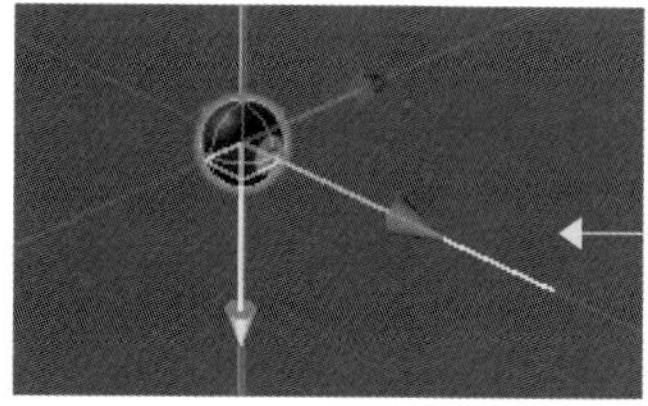

벡터 (0, 0, 3)은 Z축을 따라 3단위만큼 뻗은 벡터입니다. 유니티 에디터의 그리드를 유심히 살펴보면, 벡터의 길이가 3단위만큼인 것을 볼 수 있습니다. [인스펙터] 창에서 [Ball Behaviour(스크립트)]-[Z Rotation]을 선택하고 드래그해 봅시다. 광선이 드래그에 따라 커지거나 작아집니다. 벡터의 Z 값이 음수가 되면 공이 다른 방향으로 회전합니다.

- [Z Rotation]을 다시 '3'으로 설정합니다. [X Rotation]과 [Y Rotation]의 값을 드래그해서 광선이 어떻게 되는지를 실험해 봅시다. 값을 바꿀 때마다 [Transform] 컴포넌트를 초기화하는 것을 잊지 마세요.
- [툴 보기]와 씬 기즈모를 사용해서 여러 방면에서 관찰해 볼 수 있습니다. 씬 기즈모의 X 원뿔을 클릭해서 뷰 오른쪽에서 볼 수 있도록 설정합니다. 씬 기즈모의 원뿔들을 계속 클릭해서 화면이 정면에서 보이도록 만들어 보세요. 실수를 두려워하지 마세요! 레이아웃을 가로 배치로 재설정해 친숙한 화면으로 다시 돌아올 수 있습니다.

광선이 자취를 남기도록 duration 추가하기

Debug.DrawRay() 메서드에 네 번째 매개 변수를 추가해 광선이 화면에 얼마나 오래 머물지를 초 단위로 지정할 수 있습니다. 앞서 작성한 스크립트 코드 뒤에 .5f를 추가해서 각 광선이 화면상에 0.5초만 표시되도록 할 수 있습니다.

```
Debug.DrawRay(Vector3.zero, axis, Color.yellow, 0.5f);
```

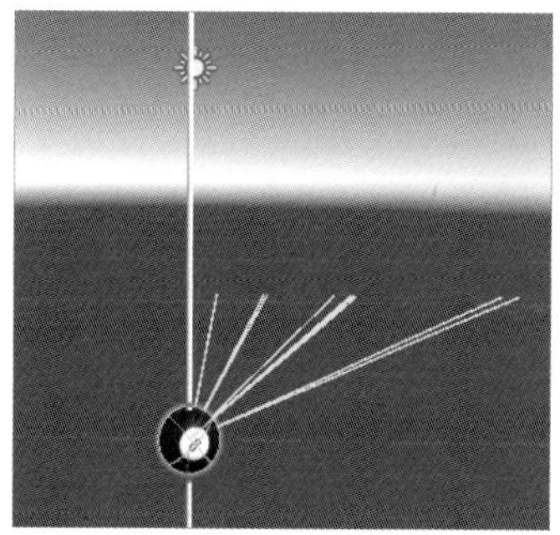

이제 게임을 다시 실행해서 [씬] 뷰로 전환합니다. 이제 숫자를 위아래로 드래그하면 광선의 자취가 남는 것을 볼 수 있습니다. 이는 흥미롭기도 하지만, 무엇보다도 3D 벡터를 시각화하기 위한 훌륭한 도구입니다.

광선이 자취를 남기도록 만들면, 3D 벡터의 작동 방식에 직관적인 감을 얻는 데 도움이 됩니다.

씬에서 공이 점 주위를 회전하도록 만들기

transform.Rotate() 메서드를 호출하는 코드는 공이 자신의 중심을 따라 회전하도록 Rotation의 X, Y, Z 값을 변경해 봅시다. [계층 구조] 창에서 [Sphere] 오브젝트를 선택하고 [Transform] 컴포넌트에서 [포지션]의 X 값을 '5'로 변경하세요. 그런 다음 [Ball Behaviour(스크립트)] 컴포넌트에 있는 [컨텍스트 메뉴] 버튼을 선택하고 [초기화]를 클릭합니다. 그러고 나서 프로그램을 다시 실행하면 이제 공이 (5, 0, 0) 위치에서 시작해 Y축 중심으로 회전하는 것을 볼 수 있습니다.

[포지션]의 X 값을 '5로' 변경하면
공이 [씬] 뷰의 중심에서 약간 떨어진
곳에서 회전을 시작합니다.

Update() 메서드를 변경해서 공을 다른 방식으로 회전시켜 봅시다. 이번에는 공이 [씬] 뷰의 중심점인 (0, 0, 0) 주변을 회전하게 할 것입니다. 게임 오브젝트가 제자리에서 회전하게 했던 tansform.Ratate() 메서드와 달리, transform.RotateAround() 메서드는 게임 오브젝트가 [씬] 뷰의 특정 위치 주변을 맴돌게 하는 역할을 합니다. transform.RotateAround() 메서드의 첫 번째 매개 변수는 어떤 점을 중심으로 회전할지 나타냅니다. 여기서는 Vector3.zero(new Vector3(0, 0, 0)과 같은 의미입니다)를 매개 변수로 사용합니다.
수정된 Update() 메서드는 다음과 같습니다.

이 Update() 메서드는 공이 [씬] 뷰의 (0, 0, 0) 점 주위를 회전하도록 만듭니다.

```
void Update()
{
    Vector3 axis = new Vector3(XRotation, YRotation, ZRotation);
    transform.RotateAround(Vector3.zero, axis, DegreesPerSecond * Time.deltaTime);
    Debug.DrawRay(Vector3.zero, axis, Color.yellow, .5f);
}
```

이제 프로그램을 실행해 보세요. 이번에는 공이 중심점을 기준으로 큰 원을 그리며 회전합니다.

유니티를 통해 회전과 벡터 자세히 살펴보기

유니티 연구실에서는 3D 오브젝트와 씬을 많이 다뤄야 합니다. 3D 비디오 게임을 많이 해 본 개발자라고 하더라도 벡터와 3D 객체의 작동 방식을 완전히 이해하거나, 3D 공간에서 각각의 객체가 어떻게 이동하고 회전하는지 감을 잡기는 어렵습니다. 다행히 유니티는 3D 오브젝트의 작동 방식을 살펴보는 데 큰 도움이 되는 도구입니다. 이제 게임을 시작해 보죠. 코드가 실행되는 동안 매개 변수를 바꿔서 회전이 어떻게 이루어지는지 실험해 봅시다.

- [씬] 뷰로 돌아오면 BallBehaviour.Update() 메서드에서 Debug.DrawRay() 메서드가 그리는 노란색 광선을 확인할 수 있습니다.
- [계층 구조] 창에서 [Sphere] 오브젝트를 선택하세요. 그러면 [인스펙터] 창에서 구체의 컴포넌트 항목들을 볼 수 있습니다.
- [Ball Behaviour(스크립트)] 컴포넌트에서 **[X Rotation], [Y Rotation], [Z Rotation]**을 '10'으로 변경합니다. 그러면 벡터가 긴 광선 모양으로 그려집니다. [툴 보기]를 사용해 [씬] 뷰를 회전시켜 광선을 관찰해 보세요.
- [Transform] 컴포넌트의 [컨텍스트 메뉴] 버튼을 사용해 [Transform] 컴포넌트를 **초기화하세요**. 구체의 중심점이 [씬] 뷰의 중심점인 (0, 0, 0)으로 재설정됐기 때문에, 구체는 이제 자기 자신을 기준으로 회전합니다.
- 그런 다음 [Transform] 컴포넌트의 **[포지션]의 X 값을 '2'**로 변경합니다. 이제 공은 벡터 주위를 회전하게 됩니다. 공이 Y축 원기둥을 따라 회전하면서 그림자를 드리우는 것을 볼 수 있습니다.

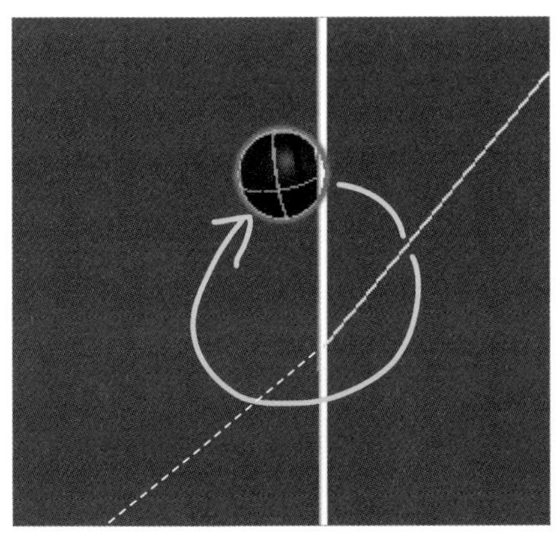

게임이 실행되는 동안 [Ball Behaviour(스크립트)] 컴포넌트의 [X Rotation], [Y Rotation], [Z Rotation]을 '10'으로 설정하고, 구체의 [Transform] 컴포넌트를 초기화한 다음 구체의 [포지션]의 X 값을 '2'로 설정합니다. 그러면 구체가 광선 주위를 회전하는 것을 볼 수 있습니다.

[X Rotation], [Y Rotation], [Z Rotation]에 각각 다른 값을 설정하면서 마지막 세 단계를 반복해 보세요(반복할 때마다 [Transform] 컴포넌트를 재설정하면 원래 위치에서 다시 시작할 수 있습니다). 그런 다음 [회전] 항목의 레이블을 클릭하고 위아래로 드래그해 보면서 구체가 어떻게 회전하는지 감을 잡아 봅시다.

유니티는 게임 오브젝트의 속성을 변경해서 실시간으로 3D 오브젝트가 작동하는 방식을 살펴볼 수 있는 훌륭한 도구입니다.

창의성을 발휘하세요!

C#과 유니티로 여러분의 창의성을 발휘해 볼 기회입니다. 지금까지 C#과 유니티 게임 오브젝트를 결합하는 기초적인 방법을 배웠습니다. 여러 유니티 도구와 지금까지 유니티 연구실에서 배운 메서드를 사용해 이것저것 시험해 봅시다.

시간을 들여서 지금까지 배운 도구와 기법을 시험해 보세요. 유니티와 비주얼 스튜디오를 학습 도구로 활용하는 좋은 방법일 테니까요.

- 큐브, 원기둥, 캡슐 등을 [씬] 뷰에 추가해 보세요. 추가한 오브젝트에 스크립트를 추가하고 여러 방식으로 오브젝트들을 회전시켜 보세요. 이때 스크립트의 이름은 서로 달라야 합니다.
- [씬] 뷰의 여러 위치에서 게임 오브젝트를 회전시켜 보세요. 여러 게임 오브젝트를 회전시켜 보며 재미있는 애니메이션이 만들어지는지 살펴봅시다.
- 광원을 [씬] 뷰에 추가해 보세요. transform.RotateAround()를 사용해 광원을 여러 축 주위로 회전시키면 어떻게 될까요?
- 간단한 코딩 문제를 하나 풀어 봅시다. += 연산자를 사용해 [Ball Behaviour (스크립트)] 컴포넌트의 항목 중 하나를 점점 증가시켜 봅시다. 더할 값에 Time.deltaTime을 곱해야 한다는 것을 기억해 두세요. if 문을 추가해 필드의 값이 너무 커지면 필드의 값을 '0'으로 재설정하도록 합시다.

코드를 실행하기 전에 이 코드가 무슨 일을 하는지 예상해 보세요. 이 코드는 여러분의 의도대로 작동할까요? 코드가 어떻게 작동할지 미리 예측해 보면 C#에 익숙해지는 데 큰 도움이 될 것입니다.

요점 정리

- **씬 기즈모**는 카메라의 방향을 표시합니다.
- **게임 오브젝트**에 유니티 에디터와 C# 스크립트를 연결할 수 있습니다. 스크립트의 Update() 메서드는 프레임마다 한 번씩 호출됩니다.
- **transform.Rotate() 메서드는** 게임 오브젝트가 특정 축을 따라 몇 도씩 회전하도록 합니다.
- Update() 메서드 안에서 원하는 값을 **Time.deltaTime**에 곱해 1초당 변화하는 값을 만들 수 있습니다.
- 유니티에 비주얼 스튜디오 디버거를 **연결**해 게임이 실행되는 동안 게임을 디버깅할 수 있습니다. 게임이 실행되지 않는 동안에도 이 연결은 유지됩니다.
- **적중 횟수(Hit Count) 조건**을 중단점에 추가해서 해당 문장이 특정 횟수만큼 실행된 후에 프로그램을 중단하도록 할 수 있습니다.
- **필드**는 메서드의 밖, 클래스의 내부에 있는 변수로 클래스 인스턴스의 값을 저장하는 역할을 합니다.
- 유니티 스크립트 클래스에 public 필드를 추가하면 [스크립트] 컴포넌트에 이들 필드의 값을 수정할 수 있는 입력 상자가 표시됩니다. 여기에 표시되는 필드 이름은 읽기 쉽도록 대문자마다 공백을 추가합니다.
- **new Vector3**를 사용해 3D 벡터를 만들 수 있습니다(new 키워드는 3장에서 배웠습니다).
- **Debug.DrawRay() 메서드**는 [씬] 뷰에서 벡터를 화면에 그리지만 [게임] 뷰에는 표시되지 않습니다. 벡터와 이 메서드를 사용해 디버깅 도구나 학습 도구로 활용할 수 있습니다.
- **transform.RotateAround() 메서드**는 게임 오브젝트를 [씬] 뷰의 특정 지점 주위를 회전하도록 할 수 있습니다.

CHAPTER 05

데이터 기밀 유지하기

캡슐화

그럼! 만약 다른 사람이
읽는 게 싫었다면 빌리가
뭔가 조치를 했겠지.
이건 빌리의 일기인데,
읽어도 괜찮은 거 맞지?

개인 정보를 지키고 싶나요?

개인 정보를 지키는 것은 중요합니다. 그리고 프로그램 속 객체들도 지키고 싶은 비밀이 있을 수 있습니다! 여러분이 신뢰하지 않는 사람이 여러분의 일기나 은행 잔고를 들여다보게 내버려 두지 않는 것처럼 잘 설계된 객체 또한 다른 객체가 자신의 변수나 메서드, 필드 등을 마음대로 들쑤셔 보도록 내버려 두지 않습니다. 5장에서는 객체가 자신의 값을 숨기는 방법인 캡슐화를 배웁니다. 캡슐화는 데이터로의 접근을 제어해서 데이터의 기밀을 유지하고 보호해 주죠. 또한, 코드를 더 사용하기 쉬우면서도 유연하게 만들어 실수할 확률을 줄여 줍니다. 이번 장에서는 캡슐화와 캡슐화를 사용하기 위해 객체의 데이터를 비공개로 설정하는 방법, 속성(property)을 추가하는 방법 등을 살펴보겠습니다.

칼 데미지 계산하기

오언은 또 도움이 필요합니다.

오언은 앞에서 만든 칼 데미지 계산기가 매우 마음에 들어서 게임에 사용할 C# 프로그램을 더 만들어 보기로 했습니다. 오언이 만들고 있는 게임에는 캐릭터가 칼로 공격할 때마다 주사위를 굴려서 데미지(damage)를 계산하는 공식이 있습니다.

오언은 게임 마스터 노트에 칼 데미지 계산 공식을 적어 뒀습니다.

- 보통 칼로 공격했을 때 주사위 3개를 굴려서 나온 값의 합을 더한 다음 기본 데미지 '3 HP'를 더한다.
- 불타는 칼로 공격했을 때 화염 데미지 '2 HP'를 더한다.
- 마법 칼로 공격했을 때 주사위 3개를 굴려서 나온 값에 '1.75'를 곱하고 소수점을 버린다. 그런 다음 기본 데미지와 화염 데미지를 마법 데미지 결과에 더한다.

다음은 칼 데미지를 계산하는 SwordDamage 클래스의 코드입니다. 코드를 주의 깊게 읽어 보세요. 이 클래스로 프로젝트를 만들어 볼 것입니다.
먼저 SwordDamage_Console_Part_1 이름의 새 콘솔 앱을 생성하고 SwordDamage 이름의 새 C# 클래스를 추가하세요.

```
using System;
using System.Collections.Generic;
using System.Text;

namespace SwordDamage_Console_Part_1
{
    internal class SwordDamage
    {
        public const int BASE_DAMAGE = 3;
        public const int FLAME_DAMAGE = 2;

        public int Roll;
        public decimal MagicMultiplier = 1M;
        public int FlamingDamage = 0;
        public int Damage;

        public void CalculateDamage()
        {
            Damage = (int)(Roll * MagicMultiplier) + BASE_DAMAGE + FlamingDamage;
        }

        public void SetMagic(bool isMagic)
        {
            if (isMagic)
            {
                MagicMultiplier = 1.75M;
            }
            else
            {
                MagicMultiplier = 1M;
            }
            CalculateDamage();
        }

        public void SetFlaming(bool isFlaming)
        {
            CalculateDamage();
            if (isFlaming)
            {
                Damage += FLAME_DAMAGE;
            }
        }
    }
}
```

유용한 구문이 있네요. '기본 데미지(BASE_DAMAGE)'와 '화염 데미지(FLAME_DAMAGE)' 값은 프로그램에서 변경될 일이 없기 때문에 const 키워드를 사용해서 값을 상수(constant)로 선언합니다. 상수는 변수와는 달리 절대 변경되지 않는 값을 말합니다. 만약 상수를 변경하는 코드를 작성하면 컴파일 오류가 발생합니다.

데미지가 계산되는 부분입니다. 코드를 찬찬히 읽어 보면서 공식이 어떻게 구현됐는지 파악해 보세요.

불타는 칼은 주사위를 굴린 다음 화면 데미지가 더해지기 때문에 SetFlaming() 메서드에서 데미지를 계산한 다음 FLAME_DAMAGE 값을 결과에 더합니다.

이제 데미지를 계산하느라 허비하는 시간을 아껴 게임을 더 재밌게 만드는 일에 시간을 들일 수 있겠어요.

데미지를 계산하는 콘솔 앱 만들기

이제 SwordDamage 클래스를 사용해 오언이 사용할 콘솔 앱을 만들어 봅시다. 이 앱은 칼이 마법 칼인지, 불타는 칼인지 사용자에게 먼저 물어본 다음에 데미지를 계산할 것입니다. 출력 결과는 다음과 같습니다.

```
0 for no magic/flaming, 1 for magic, 2 for flaming, 3 for both, anything else to quit: 0
Rolled 11 for 14 HP
```
← 보통 칼일 때 주사위가 11이 나오면 11(주사위 숫자) + 3(기본 데미지) = 14 HP의 데미지가 발생합니다.

```
0 for no magic/flaming, 1 for magic, 2 for flaming, 3 for both, anything else to quit: 0
Rolled 15 for 18 HP

0 for no magic/flaming, 1 for magic, 2 for flaming, 3 for both, anything else to quit: 1
Rolled 11 for 22 HP
```
← 마법 칼일 때 주사위가 11이 나오면 (11 × 1.75)(마법 데미지) + 3(기본 데미지) = 22 HP의 데미지가 발생합니다.

```
0 for no magic/flaming, 1 for magic, 2 for flaming, 3 for both, anything else to quit: 1
Rolled 8 for 17 HP

0 for no magic/flaming, 1 for magic, 2 for flaming, 3 for both, anything else to quit: 2
Rolled 10 for 15 HP
```
불타는 마법 칼일 때 주사위가 11이 나오면 (11 × 1.75)(마법 데미지) + 3(기본 데미지) + 2(화염 데미지) = 34 HP의 데미지가 발생합니다. ↙

```
0 for no magic/flaming, 1 for magic, 2 for flaming, 3 for both, anything else to quit: 3
Rolled 17 for 34 HP

0 for no magic/flaming, 1 for magic, 2 for flaming, 3 for both, anything else to quit: q
계속하려면 아무 키나 누르세요...
```

연습 문제

SwordDamage 클래스의 클래스 다이어그램을 그려 보세요. 코드를 입력할 때 SetMagic() 메서드와 SetFlaming() 메서드의 작동 방식과 이 둘이 서로 어떻게 다르게 작동하는지 주의 깊게 살펴보세요. 충분히 이해했다는 생각이 들면 Main() 메서드를 작성해 보세요. 해야 할 일은 다음과 같습니다.

1. SwordDamage 클래스와 Random 클래스의 새 인스턴스를 만듭니다.
2. 콘솔에 메시지를 출력하고 사용자의 입력을 받는 코드를 작성합니다. Console.ReadKey(false)를 사용해서 사용자의 입력이 콘솔에 출력되도록 합니다. 입력받는 글자가 0, 1, 2, 3 중 하나가 아닐 경우, return으로 프로그램을 종료합니다.
3. random.Next(1, 7)을 3번 호출해 주사위 3개를 랜덤으로 굴리고, 결과를 합산해서 Roll 변수에 저장합니다.
4. 사용자가 1, 3 중 하나를 입력했을 경우 SetMagic(true)를 호출합니다. 그렇지 않을 경우 SetMagic(false)를 호출합니다. key == '1'은 true를 반환하고, || 연산자를 사용해서 인수에 들어 있는 키 값을 직접 비교할 수 있으므로 if 문을 사용하지 않아도 됩니다.
5. 사용자가 2, 3 중 하나를 입력했을 경우 SetFlaming(true)를 호출합니다. 그렇지 않을 경우 SetFlaming(false)를 호출합니다. 위와 마찬가지로 == 연산자와 || 연산자를 사용하면 1줄짜리 명령문을 만들 수 있습니다.
6. 콘솔에 결과를 출력합니다. 출력할 내용을 잘 살펴보고 필요하다면 ₩n을 사용해서 줄 바꿈하세요.

연습 문제 정답

이 콘솔 앱은 SwordDamage 클래스의 인스턴스와 주사위 3개를 굴려서 나온 값을 구하는 Random 클래스의 인스턴스를 생성합니다. 이를 바탕으로 주사위 굴림 데미지를 계산하고 다음 예시처럼 결과를 출력합니다.

SwordDamage
Roll MagicMultiplier FlamingDamage Damage
CalculateDamage SetMagic SetFlaming

```
public static void Main(string[] args)
{
    Random random = new Random();
    SwordDamage swordDamage = new SwordDamage();
    while (true)
    {
        Console.Write("0 for no magic/flaming, 1 for magic, 2 for flaming, " +
                      "3 for both, anything else to quit: ");
        char key = Console.ReadKey().KeyChar;
        if (key != '0' && key != '1' && key != '2' && key != '3') return;
        int roll = random.Next(1, 7) + random.Next(1, 7) + random.Next(1, 7);
        swordDamage.Roll = roll;
        swordDamage.SetMagic(key == '1' || key == '3');
        swordDamage.SetFlaming(key == '2' || key == '3');
        Console.WriteLine("\nRolled " + roll + " for " + swordDamage.Damage + " HP\n");
    }
}
```

훌륭해요! 궁금한 게 있는데
이걸 UI가 있는 앱으로 만들 수 있지 않나요?

그럼요! 이 클래스를 재사용해서 WPF 애플리케이션을 만들 수 있습니다

SwordDamage 클래스를 WPF 애플리케이션에서 재사용할 방법을 찾아봅시다. 먼저 해결해야 할 일은 직관적인 UI를 만드는 것입니다. 칼의 종류에는 보통 칼, 마법 칼, 불타는 칼, 불타는 마법 칼이 있으므로 GUI에서 다양한 옵션을 보여 주는 방법을 생각해야 합니다. 3장의 콘솔 앱에서처럼 선택지가 4개 있는 라디오 버튼이나 드롭다운 목록을 생각할 수도 있겠죠. 하지만 여기에서는 시각적으로 더 깔끔하고 명확한 체크 박스를 사용하겠습니다.

맥 사용자는

Visual Studio for Mac 학습자 가이드를 참고하세요.

WPF 애플리케이션에서 데미지 계산기 디자인하기

01 새 WPF 애플리케이션 'SwordDamage_WPF_Part_1'을 생성하세요.

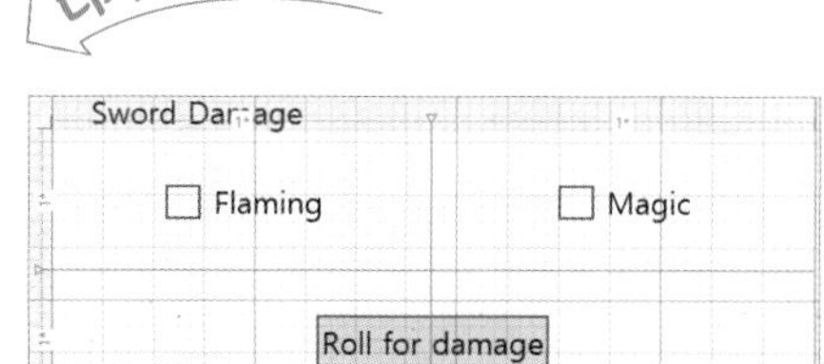

02 [XAML 편집기] 창 또는 [속성] 창에서 Title을 'Sword Damage'로 수정하고, Height는 '175', Width는 '300'으로 지정합니다. 그 다음으로 그리드에 행을 3개 열을 2개 추가하세요. 1행에는 Check Box 컨트롤을 2개 놓습니다. 왼쪽과 오른쪽 컨트롤의 [이름]과 [Content] 속성에 각각 'Flaming'과 'Magic'을 추가합니다. 2행에는 Button 컨트롤이 열 2개를 차지하게 두고, [Content] 속성에 'Roll for damage'를 추가합니다. 마지막 행에는 TextBlock이 열 2개를 차지하게 두고, [Text] 속성에 'damage'를 추가합니다.

체크박스에 이벤트 처리기를 추가하세요. 디자이너에서 Flaming 체크박스를 선택하고 [속성] 창에서 [이벤트 처리기 ⚡] 버튼을 클릭한 후 [Checked] 속성에 'Flaming_Checked', [Unchecked] 속성에 'Flaming_Unchecked'를 추가해서 코드 숨김 파일에 이벤트 처리기를 추가합니다. 마찬가지로, Magic 체크박스의 [Checked]와 [Unchecked] 속성에 각각 'Magic_Checked', 'Magic_Unchecked'를 추가하세요.

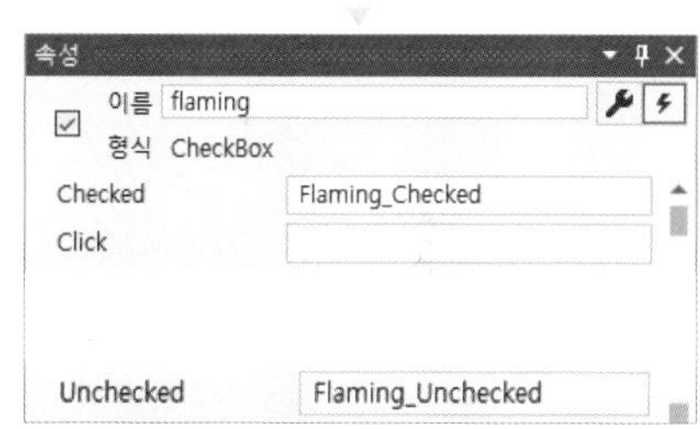

다음은 방금까지 작성한 XAML 코드입니다.

CheckBox 컨트롤의 이름을 magic, flaming으로, TextBlock 컨트롤의 이름을 damage로 입력하세요. XAML 코드에 이들 컨트롤의 이름이 x:Name 프로퍼티에 정확히 표시되는지 확인하세요.

```
<Window x:Class="SwordDamage_WPF_Part_1.MainWindow"
        xmlns="http://schemas.microsoft.com/winfx/2006/xaml/presentation"
        xmlns:x="http://schemas.microsoft.com/winfx/2006/xaml"
        xmlns:d="http://schemas.microsoft.com/expression/blend/2008"
        xmlns:mc="http://schemas.openxmlformats.org/markup-compatibility/2006"
        xmlns:local="clr-namespace:SwordDamage_WPF_Part_1"
        mc:Ignorable="d"
        Title="Sword Damage" Height="175" Width="300">
    <Grid>
        <Grid.ColumnDefinitions>
            <ColumnDefinition/>
            <ColumnDefinition/>
        </Grid.ColumnDefinitions>
        <Grid.RowDefinitions>
            <RowDefinition/>
            <RowDefinition/>
            <RowDefinition/>
        </Grid.RowDefinitions>
        <CheckBox x:Name="Flaming" Content="Flaming" HorizontalAlignment="Center" VerticalAlignment="Center"
                  Checked="Flaming_Checked" Unchecked="Flaming_Unchecked"/>
        <CheckBox x:Name="Magic" Grid.Column="1" Content="Magic" HorizontalAlignment="Center"
                  VerticalAlignment="Center" Checked="Magic_Checked" Unchecked="Magic_
                  Unchecked"/>
        <Button Content="Roll for damage" HorizontalAlignment="Center" Grid.Row="1"
                  VerticalAlignment="Center" Grid.ColumnSpan="2"/>
        <TextBlock x:Name="damage" HorizontalAlignment="Center" Grid.Row="2"
                   TextWrapping="Wrap" Text="damage" VerticalAlignment="Center" Grid.ColumnSpan="2"/>
    </Grid>
</Window>
```

Checked 이벤트 핸들러는 사용자가 체크박스를 체크하거나 체크 취소를 눌렀을 때 호출됩니다.

이 텍스트는 출력 결과(예: 'Rolled 17 for 34 HP')로 대체됩니다.

WPF 데미지 계산기의 코드 숨김 파일 작성하기

다음은 SwordDamage, Random 클래스 인스턴스를 생성하고 체크박스와 버튼을 사용해 데미지를 계산하는 코드입니다. 해당 코드를 코드 숨김 파일에 추가하세요.

```
public partial class MainWindow : Window
{
    Random random = new Random();
    SwordDamage swordDamage = new SwordDamage();

    public MainWindow()
    {
        InitializeComponent();
        swordDamage.SetMagic(false);
        swordDamage.SetFlaming(false);
        RollDice();
    }

    public void RollDice()
    {
        swordDamage.Roll = random.Next(1, 7) + random.Next(1, 7) + random.Next(1, 7);
        DisplayDamage();
    }

    void DisplayDamage()
    {
        damage.Text = "Rolled " + swordDamage.Roll + " for " + swordDamage.Damage + " HP";
    }

    private void Button_Click(object sender, RoutedEventArgs e)
    {
        RollDice();
    }

    private void Flaming_Checked(object sender, RoutedEventArgs e)
    {
        swordDamage.SetFlaming(true);
        DisplayDamage();
    }

    private void Flaming_Unchecked(object sender, RoutedEventArgs e)
    {
        swordDamage.SetFlaming(false);
        DisplayDamage();
    }

    private void Magic_Checked(object sender, RoutedEventArgs e)
    {
        swordDamage.SetMagic(true);
        DisplayDamage();
    }

    private void Magic_Unchecked(object sender, RoutedEventArgs e)
    {
        swordDamage.SetMagic(false);
        DisplayDamage();
    }
}
```

← Roll for damage 버튼을 더블 클릭하면 자동으로 Button_Click 이벤트 처리기가 생성됩니다.

준비된 코드

이 책의 프로젝트에는 기능이 동일한 코드가 여러 방식으로 등장한다는 사실을 눈치챘나요? 이처럼 프로그램의 코드는 다양한 방식으로 작성할 수 있습니다. 하지만 오언의 칼 데미지 계산기는 가급적 여기에 있는 코드를 그대로 입력하세요. 미리 귀띔하자면, 일부러 오류를 심어 두었답니다.

코드를 재사용해 봅시다! 먼저 WPF 프로젝트에 SwordDamage 이름의 새 클래스를 생성하세요. 그다음으로 앞서 만들었던 SwordDamage_Console_Part_1 프로젝트의 SwordDamage 클래스 코드를 복사해서 WPF 프로젝트의 SwordDamage 클래스에 붙여 넣으세요.

코드를 주의 깊게 살펴보세요. 프로그램을 실행하기 전에 오류를 찾을 수 있나요?

오언의 칼 데미지 계산기에 대해 토론하기

뭔가 잘못된 것 같아요.

오늘은 게임하는 날입니다! 오언은 게임 동호회가 마무리될 때쯤 새로 만든 칼 데미지 계산기를 선보일 작정입니다. 이야기가 어떻게 흘러가는지 살펴볼까요?

제이든 오언, 그게 무슨 소리야?

오언 자동으로 칼 데미지를 계산하는 새로운 앱을 이야기하는 거야.

매슈 주사위 굴리는 게 그렇게도 어려워서?

제이든 잠깐만, 그렇게 비꼬지 말고 한번 시험해 보자고.

오언 그렇게 말해줘서 고마워, 제이든. 방금 브리트니가 불타는 마법 칼로 날뛰는 웨어카우(Were-cow, * **역주** 소와 말로 변신할 수 있는 몬스터)를 공격했으니 이걸로 한번 계산해 보자. 브리트니, 데미지 계산기를 시험해 봐.

브리트니 좋아. 앱을 실행하고 Magic을 체크했어. 예전 주사위 값이 남아 있네. 버튼을 클릭해서 다시 한번 주사위를 굴려 볼게. 그러면...

제이든 잠깐, 이거 안 맞는 것 같은데? 방금 주사위 수가 14였는데 3 HP가 나왔잖아. 다시 한번 클릭해 봐. 이번엔 주사위 수가 11인데 3 HP? 몇 번 더 해 보자. 주사위 수가 9, 10, 5일 때도 전부 3 HP가 나오네. 오언, 이거 어떻게 된 거야?

브리트니 작동은 하는 것 같은데. 버튼을 클릭하고 나서 항목을 체크하면 맞는 답이 나오는 것 같아. 주사위 수는 10, 그리고 22 HP가 나왔어.

제이든 그렇네. 버튼을 특정 순서에 맞춰서 클릭해야만 맞는 답이 나오네. 버튼을 먼저 클릭하고 체크박스를 체크하고... 그럼 작동이 제대로 되는지 확인하려면 Flaming을 두 번 체크해야 하는 거네.

오언 맞아. 그 순서대로 진행하면 프로그램은 작동하는 것 같아. 하지만 순서를 다르게 하면 잘못된 값이 나오네. 좋아, 어떻게든 쓸 수는 있겠어.

매슈 어... 그냥 원래 하던 대로 진짜 주사위를 쓰면 안 될까?

좋아요, 여러분!
새로운 규칙을 도입해 봅시다.
이 눈부신 기술적 성취에
놀라지 마세요.

브리트니와 제이든의 말이 맞습니다. 프로그램은 작동하지만 특정한 순서대로 작동해야만 옳은 답이 나옵니다. 다음은 처음 앱을 실행했을 때의 화면입니다.

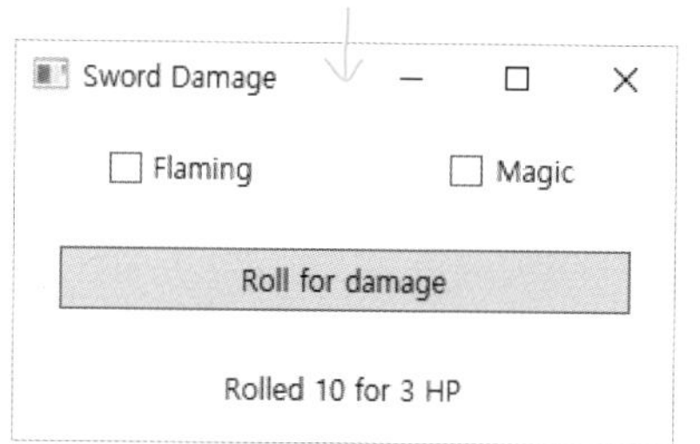

불타는 마법 칼의 데미지를 계산해 봅시다. Flaming을 먼저 체크하고 Magic을 체크해 보죠. 이런, 숫자가 잘못됐네요.

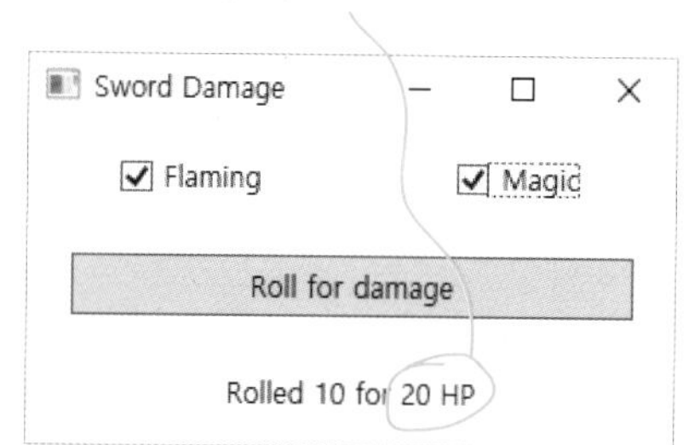

하지만 Flaming을 2번 클릭하면 이제 제대로 된 값을 출력합니다.

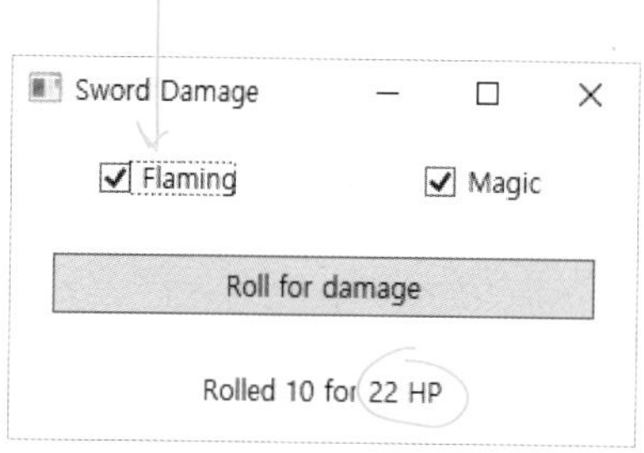

오류를 고쳐 봅시다

고치기 전에 생각했나요?

이 프로그램을 실행하고 처음으로 수행하는 작업은 무엇일까요? MainWindow 클래스의 가장 위쪽에 있는 다음 메서드를 살펴봅시다.

```
public partial class MainWindow : Window
{
    Random random = new Random();
    SwordDamage swordDamage = new SwordDamage();

    public MainWindow()
    {
        InitializeComponent();
        swordDamage.SetMagic(false);
        swordDamage.SetFlaming(false);
        RollDice();
    }
```

이 메서드는 생성자입니다. 이 메서드는 MainWindow 클래스가 처음 인스턴스화될 때 호출되므로 인스턴스를 초기화할 때 이 메서드를 사용할 수 있습니다. 생성자는 반환 타입을 가지지 않으며 생성자의 메서드 이름은 클래스 이름과 동일합니다.

생성자(constructor)는 클래스의 인스턴스가 생성됨과 동시에 호출됩니다. 앱을 시작하고 MainWindow 클래스의 인스턴스가 생성되면 이 인스턴스는 먼저 변수를 초기화하고 SwordDamage 객체를 만듭니다. 그런 다음 생성자를 호출합니다. 그러므로 프로그램이 창을 화면에 그리기 직전에 RollDice를 호출하며 Roll 버튼을 클릭할 때 문제가 발생합니다. 어쩌면 RollDice() 메서드를 대충 고쳐서 수정할 수도 있겠네요. **RollDice() 메서드를 다음과 같이 고쳐 봅시다.**

```
public void RollDice()
{
    swordDamage.Roll = random.Next(1, 7) + random.Next(1, 7) + random.Next(1, 7);
    swordDamage.SetFlaming(Flaming.IsChecked.Value);
    swordDamage.SetMagic(Magic.IsChecked.Value);
    DisplayDamage();
}
```

IsChecked.Value 값은 항목이 체크되어 있으면 true를, 그렇지 않으면 false를 반환합니다.

앱을 실행해서 고친 코드를 테스트해 봅시다. [flaming]을 체크해 보면 여전히 값이 다르다는 것을 알 수 있습니다.

추측으로 빠르게 코드를 수정했지만, 문제를 전부 해결하지는 못했어요. 정확히 어떤 부분에서 오류를 일으키는지 파악하지 못했기 때문이겠죠.

오류를 수정하기 전에 무엇이 오류를 야기했는지 생각해야 합니다

코드가 잘못되면 **곧바로 코드를 더 작성해서 오류를 수정하고 싶은 유혹**에 빠지고는 합니다. 하지만 대개는 오류를 더 많이 만들어 내죠. 빠르게 수정 사항을 내놓는 것보다는 먼저 왜 오류가 생겼는지, 어떤 코드를 수정해야 하는지 충분히 파악하는 편이 또 다른 오류를 막을 수 있습니다.

Debug.WriteLine을 사용해 진단 정보 출력하기

지금까지는 디버거를 사용해 오류를 추적했습니다. 하지만 디버거 사용이 코드에서 문제를 발견하는 유일한 방법은 아닙니다. 전문 개발자가 코드에서 오류를 추적할 때 처음 하는 일은 **메시지를 출력하는 명령문을 추가**하는 것입니다. 그러니 오언의 칼 데미지 계산기에도 메시지 출력 코드를 추가해 오류를 추적해 보죠.

문자열 보간

지금까지는 + 연산자로 문자열을 결합했습니다. 문자열 결합(concatenation)은 강력한 도구입니다. 어떤 값이든(null만 아니라면 해당 타입의 ToString( ) 메서드를 호출합니다) 안전하게 문자열로 변환할 수 있죠. 그러나 문자열 결합을 사용하면 코드가 읽기 어려워집니다.

다행히 C#에는 문자열을 더 쉽게 결합해 주는 방법이 있습니다. 바로 문자열 보간(string interpolation)이죠. 결합하려는 문자열의 맨 앞에 달러 기호($)를 넣으면 됩니다. 그런 다음 변수나 필드, 복잡한 수식, 메서드 호출 등의 명령문을 중괄호 안에 넣으면 되죠. 중괄호 문자를 문자열에 포함하려면 중괄호 문자 2개를 {{ }} 처럼 사용하면 됩니다.

다른 클래스의 인스턴스가 private 필드에 저장된 데이터를 얻는 유일한 방법은 해당 데이터를 반환하는 public 메서드를 사용하는 것입니다.

[보기]-[출력] 메뉴를 선택해서 [출력] 창을 여세요. WPF 애플리케이션에서 Console.WriteLine을 호출하면 이 메서드에 전달된 문자열이 [출력] 창에 표시됩니다. Console.WriteLine은 사용자가 볼 수 있는 메시지를 출력하는 용도로만 사용해야 합니다. 디버깅을 목적으로 메시지를 출력할 때는 **Debug.WriteLine**을 사용해야 합니다. Debug 클래스는 System.Diagnostics 네임스페이스에 포함되어 있습니다. 그러므로 Debug 클래스를 사용하려면 SwordDamage 클래스 파일의 상단에 using 문을 추가해야 합니다.

```
using System.Diagnostics;
```

그런 다음 **Debug.WriteLine** 문을 CalculateDamage( ) 메서드 끝에 추가합니다.

```
public void CalculateDamage()
{
    Damage = (int)(Roll * MagicMultiplier) + BASE_DAMAGE + FlamingDamage;
    Debug.WriteLine($"CalculateDamage finished: {Damage} (roll: {Roll})");
}
```

Debug.WriteLine 문을 SetMagic( ), SetFlaming( ) 메서드 끝에도 추가합니다. CalculateDamage( ) 메서드에 추가한 구문과 동일하지만, 'CalculateDamage' 대신에 'SetMagic' 또는 'SetFlaming'을 출력하도록 수정합니다.

```
public void SetMagic(bool isMagic)
{
    // SetMagic() 메서드의 나머지 부분은 그대로 둡니다.
    Debug.WriteLine($"SetMagic finished: {Damage} (roll: {Roll})");
}
public void SetFlaming(bool isFlaming)
{
    // SetFlaming() 메서드의 나머지 부분은 그대로 둡니다.
    Debug.WriteLine($"SetFlaming finished: {Damage} (roll: {Roll})");
}
```

프로그램을 실행하면 [출력] 창에 진단 정보(diagnostic information)가 출력됩니다.

이런 오류는 중단점 없이도 추적할 수 있습니다. 개발자라면 누구나 늘 하는 일입니다. 그러니 여러분도 이 방법을 익혀 둬야 합니다!

디버거 없이 디버깅하기

추적하기

앱을 디버그해 봅시다. 프로그램을 실행하고 [출력] 창을 살펴보세요. 앱에서 무슨 일이 벌어졌는지 확인할 수 있습니다. 프로그램이 로드되면서 CRL이 여러 DLL을 로드했다는 사실을 알려 주는 여러 줄의 메시지를 출력합니다. 이런 메시지가 출력되는 것은 정상입니다. 지금은 무시해도 됩니다.

앱이 실행되면 [출력] 창 상단의 [모두 지우기]를 눌러 안에 있는 내용을 지우고 Flaming을 체크하세요. 다음 이미지는 주사위 수가 9일 때 어떤 메시지가 출력됐는지 보여 줍니다.

14는 옳은 값입니다. '9'에 기본 데미지 '3'을 더하고 불타는 칼 데미지 '2'를 더했으니까요. 지금까지는 괜찮은 것 같습니다. SetFlaming 메서드는 먼저 CalculateDamage를 호출해서 12라는 값을 계산합니다. 그런 다음에 FLAME_DAMAGE 값을 더해 결괏값이 14가 됩니다. 그 후 Debug.WriteLine 문이 실행되어 텍스트를 출력합니다.

이제 버튼을 눌러 다시 데미지를 계산해 봅니다. [출력] 창에 텍스트 3줄이 출력되어야 합니다.

주사위 수가 12이므로, 계산 결과는 17 HP가 되어야 합니다. 디버깅에서 우리가 알아낼 수 있는 사실은 무엇인가요?

먼저 SetFlaming() 메서드가 호출됩니다. 이 메서드는 Damage의 값을 '17'로 설정하죠. 여기까지는 맞습니다. 12 + 3(기본 데미지) + 2(화염 데미지) = 17이니까요.

하지만 그다음에 프로그램이 CalculateDamage() 메서드를 호출하면 이 메서드가 Damage 필드 값을 수정하면서 값을 '15'로 되돌립니다. 문제는 **CalculateDamage() 메서드를 호출하기도 전에 SetFlaming() 메서드가 호출된다**는 것입니다. 그래서 화염 데미지 값을 정확히 더했는데도 CalculateDamage() 메서드를 호출할 때 이 값이 빠지는 거죠. 프로그램이 제대로 작동하지 않았던 진짜 이유는 SwordDamage 클래스의 필드와 메서드를 **특정한 순서를 지켜서 사용해야 하기 때문입니다.**

아하! 이제 프로그램이 제대로 작동하지 않는 진짜 이유를 알았네요.

1. Roll 변수에 주사위 3개를 굴려서 나온 값을 저장합니다.
2. SetMagic() 메서드를 호출합니다.
3. SetFlaming() 메서드를 호출합니다.
4. CalculateDamage() 메서드를 호출하면 안 됩니다. SetFlaming() 메서드가 CalculateDamage() 메서드를 호출하기 때문입니다.

콘솔 앱은 제대로 작동했지만 WPF 애플리케이션은 작동하지 않았던 이유 또한 이 때문입니다. 콘솔 앱은 SwordDamage 클래스를 특정한 방식으로만 사용했기 때문에 정상적으로 작동했습니다. 하지만 WPF 애플리케이션은 잘못된 순서로 메서드를 호출했기 때문에 잘못된 결과가 나온 것이죠.

Debug.WriteLine은 개발자 도구 중에서 가장 기본적이면서도 유용한 디버깅 도구입니다. 전략적으로 Debug.WriteLine 문을 배치해서 문제 해결의 중요한 단서를 모으는 것이 종종 코드에서 오류를 추적하는 가장 빠른 방법일 때가 있습니다.

그러니까 메서드를 제 순서에 맞게 호출하면 되는 문제였군요. 별거 아니죠?
메서드를 호출하는 순서만 맞게 바꾼다면 코드가 제대로 작동할 테니까요.

다른 개발자는 여러분이 만든 클래스를 여러분의 의도대로 사용하지 않을 수도 있습니다

사실 클래스는 그 클래스를 만든 사람이 가장 많이 사용하죠! 오늘 만든 클래스를 내일 당장 사용할 수도 있고 또는 한 달 후에 사용할 수도 있습니다. 다행히도 C#에는 사용자가 여러분의 의도대로 클래스를 사용하지 않는 경우에도 프로그램이 정확히 작동할 수 있도록 도와주는 강력한 기법이 있습니다. 이 기법을 **캡슐화(encapsulation)**라고 부르며, 캡슐화는 객체를 다룰 때 큰 도움이 됩니다. 캡슐화의 목표는 클래스 내부로의 접근을 제한해서 클래스의 멤버를 **안전하게 사용하면서도 실수를 저지르기 어렵게 만드는 것**입니다. 다시 말해, 클래스를 잘못 사용하기 어렵게 설계할 수 있도록 해 주며 칼 데미지 계산기 같은 앱에서 발생하는 **오류를 방지하는 훌륭한 기능**을 제공합니다.

쉬어 가기

생성자는 이후에 더 살펴보겠습니다

일단 지금은 생성자를 객체 초기화에 사용 가능한 특수 메서드라고 생각합시다.

무엇이든 물어보세요!

Q&A

Q1 Console.WriteLine과 Debug.WriteLine의 차이점은 무엇인가요?

A1 Console 클래스는 콘솔 앱이 사용자로부터 입력을 받거나, 사용자에게 출력을 내보낼 때 사용합니다. 이 클래스는 운영체제에서 제공하는 stdin(standard input, 표준 입력), stdout(standard output, 표준 출력), stderr(standard error, 표준 오류) 등 3가지 **표준 스트림(standard stream)**을 사용합니다. 표준 입력은 프로그램에 텍스트를 입력할 때, 표준 출력은 프로그램이 출력할 때 쓰입니다(쉘의 파이프 입출력 또는 명령 프롬프트의 <, >, |, <<, >>, || 와 같은 연산자들이 stdin과 stdout입니다). Debug 클래스는 System.Diagnostics 네임스페이스에 속해 있으며 이 네임스페이스는 이름 그대로 문제의 진단을 돕기 위한 추적 기능과 문제를 고치기 위한 기능을 제공합니다. Debug.WriteLine은 추적 수신기(trace listener)로 출력을 보내거나, 프로그램의 진단 출력 모니터용 특수 클래스에 출력을 보내 콘솔과 로그 파일에 기록하거나, 분석을 위해 프로그램에서 데이터를 모으는 진단 도구로 출력을 보냅니다.

Q2 제가 만든 코드에 생성자를 사용할 수 있나요?

A2 물론이죠. 생성자는 객체의 인스턴스가 처음 생성될 때 CLR이 호출하는 메서드입니다. 생성자는 특별하지 않습니다. 보통의 메서드와 다를 바 없죠. CLR은 클래스에 void 또는 반환 타입이 없고 클래스와 이름이 같은 메서드가 있으면 이를 생성자로 인식합니다. 그래서 객체를 생성해서 힙에 추가할 때 이 메서드를 호출합니다.

실수로 객체를 잘못 사용하는 경우

오언의 앱은 CalculateDamage() 메서드가 데미지를 잘 계산할 것이라고 가정했습니다. 그러나 실제로는 이 메서드를 직접 호출해서 문제가 생겼습니다. CalculateDamage() 메서드를 호출하면 Damage 값을 변경하면서 기존에 계산된 결과를 지우기 때문입니다. SetFlaming() 메서드가 CalculateDamage() 메서드를 호출하도록 만들기는 했지만, 이렇게 수정하는 것도 **완전한 해결책은 아니었습니다.** SetMagic() 메서드도 같은 방식으로 먼저 호출해야 하기 때문입니다. SwordDamage 클래스가 어떻게 작동하긴 해도 원래 의도와 다른 식으로 이 메서드를 호출하면 여전히 문제가 발생합니다.

원래 의도한 SwordDamage 클래스의 사용 방법

SwordDamage 클래스는 칼 데미지 계산용 메서드를 제공합니다. 주사위 3개를 굴려 나온 수의 합을 구하고, SetMagic() 메서드를 호출한 다음 SetFlaming() 메서드를 호출하는 방식으로 데미지를 계산해야 합니다. 이 순서대로 호출이 이루어지면 Damage 필드에는 올바로 계산된 데미지 값이 설정됩니다. 하지만 앱의 호출은 이 순서를 따르지 않았죠.

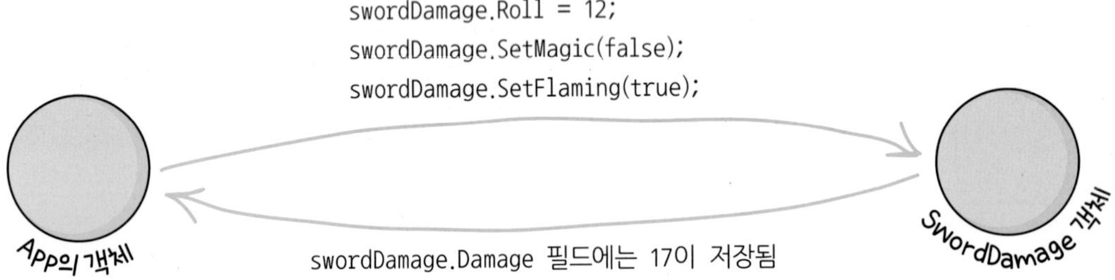
swordDamage.Roll = 12;
swordDamage.SetMagic(false);
swordDamage.SetFlaming(true);
App의 객체
swordDamage.Damage 필드에는 17이 저장됨
SwordDamage 객체

실제 SwordDamage 클래스가 쓰인 방법

앱은 Roll 필드 값을 설정한 다음에 SetFlaming() 메서드를 호출했습니다. 이 메서드는 Damage 필드에 불타는 칼의 화염 데미지를 더하죠. 그런 다음에는 SetMagic() 메서드를 호출하고 마지막에 CalculateDamage() 메서드를 호출합니다. 이 메서드는 Damage 필드 값을 초기화하기 때문에 추가할 화염 데미지가 사라집니다.

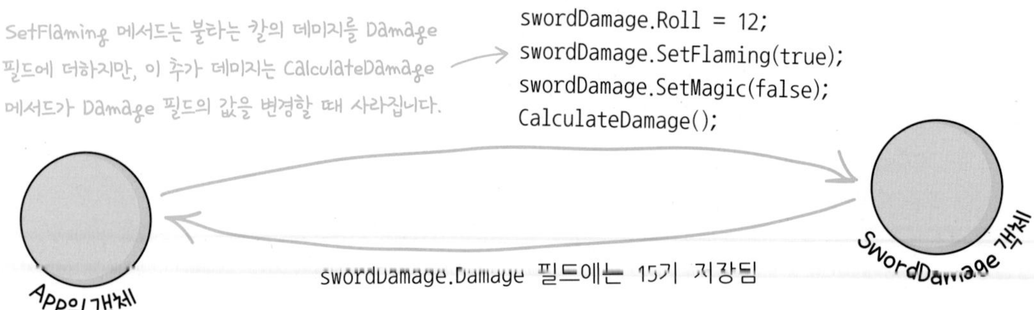
SetFlaming 메서드는 불타는 칼의 데미지를 Damage 필드에 더하지만, 이 추가 데미지는 CalculateDamage 메서드가 Damage 필드의 값을 변경할 때 사라집니다.
swordDamage.Roll = 12;
swordDamage.SetFlaming(true);
swordDamage.SetMagic(false);
CalculateDamage();
App의 객체
swordDamage.Damage 필드에는 15가 저장됨
SwordDamage 객체

아직 수정이 모두 끝나진 않았습니다! 프로젝트를 다듬기 위해 중요한 개념들을 먼저 살펴보고 오언의 칼 데미지 계산기를 다시 한번 고쳐보겠습니다!

캡슐화로 클래스의 데이터 기밀 유지하기

객체를 잘못 사용하는 문제를 피하려면 클래스를 사용하는 방식을 한 가지로 제한해야 합니다. 이를 위해 C#은 필드를 private으로 선언하는 기능을 제공합니다. 지금까지는 public 필드만을 사용했는데 객체에 public 필드가 있을 경우 외부의 어떤 객체든지 이 필드를 읽고 쓰는 것이 가능합니다. 반면 private 필드는 이 필드가 선언된 객체의 내부 또는 같은 클래스의 다른 인스턴스에서만 접근이 가능합니다.

쉬어 가기

확신이 없다면 일단 private으로 선언하세요

어떤 필드와 메서드를 private으로 선언해야 하는지 고민되나요? 먼저 모든 멤버를 private으로 선언한 다음 필요할 경우에만 public으로 바꾸세요. **아니면 귀차니즘을 발휘해도 됩니다.** 'public'이나 'protected' 선언이 없을 경우 C#은 해당 멤버를 전부 private으로 간주합니다.

```
internal class SwordDamage
{
    public const int BASE_DAMAGE = 3;
    public const int FLAME_DAMAGE = 2;

    public int Roll;
    private decimal magicMultiplier = 1M;
    private int flamingDamage = 0;
    public int Damage;

    private void CalculateDamage()
    {
        ...
```

private 필드를 선언할 때 필드 앞에 private 키워드를 붙여 주면 됩니다. 이 명령문은 SwordDamage 클래스의 인스턴스가 있을 때 SwordDamage 인스턴스의 메서드만 magicMultiplier와 flamingDamage 필드를 읽고 쓸 수 있도록 해 줍니다. 다른 객체들은 이 필드의 존재조차도 알 수 없죠.

private 필드의 이름이 소문자로 시작한다는 사실을 눈치챘나요?

CalculateDamage() 메서드를 **private**으로 선언하면 앱이 실수로 이 메서드를 호출해서 Damage 필드 값을 초기화하는 것을 방지할 수 있습니다. 계산과 관련한 필드를 private으로 선언하면 앱이 계산에 영향을 미치는 것을 막을 수 있고요. 데이터 필드를 private으로 선언하고 이렇게 선언된 필드를 사용하는 것을 **캡슐화**라고 합니다. 어떤 클래스가 데이터를 보호하면서 안전하게 사용할 수 있으며 잘못 사용할 확률이 낮은 멤버를 제공한다면 이 클래스는 캡슐화가 잘 됐다고 할 수 있습니다.

캡슐화된(encapsulated) [형용사]

뭔가로 덮여 있거나 막으로 보호되고 있는 상태.

잠수부는 완전히 캡슐화된 에어록을 통해서만 잠수정에 출입할 수 있습니다.

캡슐화로 클래스의 메서드와 필드에 대한 접근 제어하기

스파이 대 스파이

여러분이 클래스를 만들면서 모든 필드와 메서드를 public으로 선언하면 어떤 클래스든 이들 멤버에 접근할 수 있게 됩니다. 즉, 여러분이 만든 클래스의 모든 내용이 프로그램에 있는 모든 다른 클래스에 노출되는 것이죠. 오언의 칼 데미지 계산기에서 살펴봤듯이 이렇게 될 경우 예기치 않은 문제가 발생할 수 있습니다.

public과 private은 **액세스 한정자**(access modifier, * **역주** 접근 제어자라고 부르기도 합니다)라고 부릅니다. 액세스 한정자는 클래스 멤버에 대한 액세스를 한정하는 역할을 하기 때문입니다. 캡슐화는 무엇을 외부에 공유하고 무엇을 클래스 내부에 안전하게 보관할지 제어할 수 있게 해 줍니다. 액세스 한정자가 어떻게 작동하는지 한번 살펴볼까요.

SecretAgent
Alias RealName Password
AgentGreeting

01 슈퍼 스파이 '허브 존스'는 생명과 자유와 행복을 수호하는 1960년대 스파이 게임에 등장하는 구소련의 비밀 요원입니다. 이 객체는 SecretAgent 클래스의 인스턴스입니다.

```
RealName: "Herb Jones"
Alias: "Dash Martin"
Password: "the crow flies at midnight"
```

EnemyAgent
Borscht Vodka
ContactComrades OverthrowCapitalists

02 비밀 요원은 적 요원에게 들키지 않을 수단을 가지고 있습니다. 비밀 요원은 AgentGreeting() 메서드를 가지고 있는데 이 메서드는 암호를 매개 변수로 가지고 있습니다. 만약 암호가 틀릴 경우 비밀 요원은 실명인 'Herb Jones' 대신 가명인 'Dash Martin'을 반환합니다.

03 비밀 요원의 신원을 보호하기에는 너무 간단한 방법 같긴 하죠? 어쨌든 비밀 요원의 객체가 호출될 때 정확한 암호를 전달하지 않으면 비밀 요원의 이름은 안전합니다.

EnemyAgent의 인스턴스는 비밀 요원의 신원을 캐내려고 합니다.

적 요원이 암호를 틀렸네요.

AgentGreeting("the jeep is parked outside")

EnemyAgent

SecretAgent

"Dash Martin"

비밀 요원은 적 요원에게 가명을 말합니다. 비밀 요원의 신원은 보호되는 거죠!

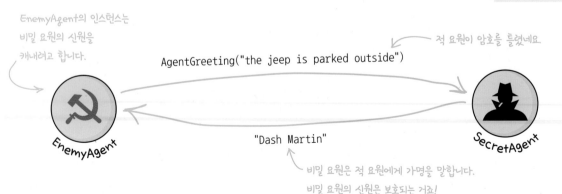

RealName 필드는 정말로 보호되고 있나요?

적 요원이 비밀 요원 객체의 암호를 모른다면 비밀 요원의 실명은 안전합니다. 그렇죠? 하지만 만약 실명 데이터가 **public 필드에 저장되어 있었다면 실명이 다른 프로젝트에 그대로 노출됐겠죠.**

```
public string RealName;
public string Password;
```

필드를 public으로 선언한다는 것은 다른 객체가 이 필드에 접근할 수 있도록 하겠다는 의미입니다(심지어 값을 변경할 수도 있죠).

아하! 필드가 public으로 선언되어 있군! 내가 왜 AgentGreeting() 메서드의 암호를 알아내려고 고민해야 하지? 이 비밀 요원의 이름을 바로 알아낼 수 있는데!

```
tring iSpy = herbJones.RealName;
```

비밀 요원은 어떻게 해야 할까요? 적 요원 객체로부터 신원을 보호하기 위해 private 필드를 사용할 수 있습니다. realName 필드를 private으로 선언하면 **클래스의 private 필드에 접근할 수 있는 메서드를 호출하는 방법만 남게 됩니다.** 그러면 적 요원의 시도를 막을 수 있겠죠!

EnemyAgent 객체는 SecretAgent의 private 필드에 접근할 수 없습니다. 이 인스턴스들은 서로 다른 클래스의 인스턴스이기 때문입니다.

필드를 public 대신 private으로 선언하면 이 필드는 같은 클래스의 인스턴스에만 노출됩니다. 적절한 필드와 메서드를 private으로 선언함으로써 외부 코드가 의도치 않게 데이터를 변경하는 것을 방지할 수 있습니다. 코드를 쉽게 읽을 수 있도록 필드의 이름 첫 글자를 소문자로 변경했습니다.

```
private string RealName;
private string Password;
```

뇌 단련

칼 데미지 계산기 앱의 메서드와 필드를 private으로 선언하면 필드 값에 직접 접근해서 발생하는 오류를 방지할 수 있습니다. **하지만 이 앱에는 아직 문제가 있죠!** SetMagic() 메서드가 SetFlaming() 메서드보다 먼저 호출되면 잘못된 답을 얻게 됩니다. private 키워드로 이 문제를 방지할 수 있을까요?

private 필드와 메서드는 같은 클래스의 인스턴스로만 접근할 수 있습니다

비밀을 지켜라!

다른 객체의 private 필드에 저장된 데이터에 접근할 수 있는 유일한 방법은 해당 데이터를 반환하는 public 필드와 메서드를 사용하는 것입니다. EnemyAgent와 AlliedAgent 객체는 서로 AgentGreeting() 메서드를 사용해야 하지만, 같은 SecretAgent 클래스의 인스턴스는 서로 모든 데이터를 볼 수 있죠. **같은 클래스의 인스턴스는 서로 private 필드에 접근할 수 있기 때문입니다.**

다른 SecretAgent 인스턴스는 private 클래스 멤버를 볼 수 있습니다. 그 외의 객체들은 public 클래스 멤버를 사용해야 합니다.

AlliedAgent 클래스는 비밀 요원의 신원에 접근할 수 있는 동맹국의 스파이입니다.
그렇지만 AlliedAgent 인스턴스는 SecretAgent 객체의 private 필드에 직접 접근할 수는 없습니다.
SecretAgent 객체만 다른 SecretAgent 객체의 private 필드에 접근할 수 있습니다.

AgentGreeting("the crow flies at midnight")

AlliedAgent

SecretAgent

"Herb Jones"

무엇이든 물어보세요! Q&A

다른 클래스의 인스턴스가 private 필드에 저장된 데이터를 얻는 유일한 방법은 해당 데이터를 반환하는 public 메서드를 사용하는 것입니다.

Q1 왜 객체가 다른 객체의 필드를 읽거나 쓸 수 없도록 숨겨야 하죠?

A1 클래스는 특정 기능을 수행하기 위해 데이터를 저장해야 하는데 그 데이터가 다른 객체에게 노출되면 안 되는 경우가 있습니다. 4장에서 Random 클래스가 특정한 초깃값으로 난수 생성기를 초기화하는 과정을 살펴봤죠. 사실 내부적으로 Random 클래스의 인스턴스는 커다란 숫자 배열을 가지고 있으면서 Next 메서드가 호출될 때 난수처럼 보이는 숫자를 반환하도록 만들어졌습니다. 하지만 이 배열은 private으로 선언되어 있습니다. 그래서 개발자가 Random 인스턴스를 만들 때 이 배열에 접근할 수 없었던 것이죠. 만약 이 배열에 접근할 수 있다면 배열의 값을 조작해서 난수가 아닌 값을 반환하게 할 수도 있겠죠. 그래서 다른 클래스에서 접근할 수 없도록 이 배열과 초깃값을 캡슐화한 것입니다.

Q2 그래서 public 메서드를 사용해 private 데이터에 접근해야 한다는 것이군요. 그렇다면 어떤 클래스가 private 필드를 가지고 있는데 이 데이터에 접근할 방법이 없고, 저는 이 데이터를 사용해야 한다면 어떻게 하죠?

A2 현재로서는 해당 private 데이터에 접근할 방법이 없습니다. 클래스를 작성할 때 외부 객체가 필요로 하는 데이터에 접근할 수 있는 방법을 미리 만들어 놔야 하기 때문이죠. 캡슐화가 잘 된 클래스를 만들려면 필요한 데이터에 외부 객체가 접근할 수 있는 합리적이고 쉬운 방법이 있어야 합니다. 이것이 바로 private 메서드가 캡슐화에서 아주 중요한 부분이지만, 전체적인 그림에서는 지극히 일부분에 불과한 이유죠. 즉, 결론은 무조건 캡슐화해서 필요한 데이터에도 접근하지 못하도록 만들면 안 됩니다!

Q3 방금 알게 됐는데 비주얼 스튜디오의 '메서드 생성' 기능을 사용하면 private 메서드가 생성되네요. 왜 이런 것이죠?

A3 가장 안전한 방식이니까요. '메서드 생성' 기능으로 생성한 메서드뿐만 아니라 컨트롤을 더블클릭할 때 생성되는 이벤트 핸들러 메서드도 private으로 선언됩니다. 앞서 살펴본 칼 데미지 계산기 앱에서 발생한 것과 같은 오류를 방지하기 위한 가장 안전한 방법이 바로 필드나 메서드를 private으로 선언하는 것이기 때문입니다. 다른 클래스가 이 데이터에 꼭 접근해야 할 경우 이 클래스 멤버를 public으로 고치면 됩니다.

연습 문제

private 키워드를 사용해 **간단한 하이-로우(High-Low) 게임**을 만들어 봅시다. 이 게임은 처음에 10달러를 걸고 1~10에서 임의의 수 하나를 골라 보여 줍니다. 플레이어는 다음에 나오는 숫자가 이 임의의 숫자보다 큰지 작은지 맞히면 됩니다. 플레이어가 맞으면 돈을 따고, 틀리면 돈을 잃습니다. 그런 다음 마지막으로 나온 숫자로 또 다음 숫자가 무엇일지 계속 맞히면 됩니다. 그리고 Main() 메서드의 내용을 다음과 같이 수정하세요.

```
public static void Main(string[] args)
{
    Console.WriteLine("Welcome to HiLo.");
    Console.WriteLine($"Guess numbers between 1 and {HiLoGame.MAXIMUM}.");
    HiLoGame.Hint();
    while (HiLoGame.GetPot() > 0)
    {
        Console.WriteLine("Press h for higher, l for lower, ? to buy a hint,");
        Console.WriteLine($"or any other key to quit with {HiLoGame.GetPot()}.");
        char key = Console.ReadKey(true).KeyChar;
        if (key == 'h') HiLoGame.Guess(true);
        else if (key == 'l') HiLoGame.Guess(false);
        else if (key == '?') HiLoGame.Hint();
        else return;
    }
    Console.WriteLine("The pot is empty. Bye!");
}
```

잊지 마세요, 정답을 미리 살펴봐도 괜찮아요!

그리고 [솔루션 탐색기] 창에서 HiLo 파일을 마우스 우클릭한 다음 [추가]-[새 항목] 메뉴에서 HiLoGame이라는 이름의 C# 클래스를 생성합니다. **처음 클래스는 internal로 선언**되어 있습니다. 이를 static으로 재설정해서 **정적 클래스(static class)**로 바꿔 줍니다.

이제 HiLoGame 클래스에 멤버들을 추가하겠습니다. 이 클래스는 정적 클래스이기 때문에 클래스의 멤버들 또한 static으로 선언해야 합니다. 각각의 멤버를 선언할 때 public, private을 사용해서 선언하세요.

1. int 타입 상수 **MAXIMUM을 만들고** 값을 '10'으로 선언하세요. 상수는 static 키워드를 사용할 수 없습니다.
2. Random 타입의 인스턴스를 **random** 변수에 할당하세요.
3. int 타입 변수 **currentNumber**를 만들어 임의의 수로 초기화하세요.
4. int 타입 변수 **pot**을 만듭니다. 이 필드에는 판돈의 액수가 저장됩니다. **필드를 private으로 선언하세요.**
5. **Guess() 메서드**를 선언합니다. 이 메서드는 **higher**라는 이름의 boolean 타입 매개 변수를 받아 다음과 같은 일을 수행합니다. Main() 메서드가 이 메서드를 호출하는 방법을 자세히 살펴보세요.
   - 플레이어가 맞힐 임의의 수를 하나 뽑습니다.
   - 플레이어는 뽑은 숫자가 현재 숫자보다 높을지 낮을지 추측하고, 플레이어의 추측이 옳거나 현재 숫자와 뽑은 숫자가 같으면 콘솔에 'You guessed right!'을 출력한 뒤 판돈을 올립니다.
   - 그 외의 경우에는 콘솔에 'Bad luck, you guessed wrong'을 출력하고 판돈을 내립니다.
   - 현재 숫자를 새로 뽑은 숫자로 바꾼 다음, 'The current number is'라는 문자열과 현재 숫자를 콘솔에 출력합니다.
6. **Hint**라는 이름의 메서드는 새로 뽑은 숫자가 최댓값의 절반보다 큰지 작은지 비교한 후, 'The number is at least {half}' 또는 'The number is at most {half}'를 콘솔에 출력하고 판돈을 내립니다.

pot을 private으로 선언한 이유는 다른 클래스가 판돈에 접근하지 못하게 하기 위함입니다. 하지만 Main() 메서드에서는 판돈의 액수를 콘솔에 출력할 수 있어야 합니다. Main 메서드의 코드를 잘 살펴보세요. Main() 메서드가 필드 값을 변경할 수는 없지만 읽을 수는 있도록 하기 위해 어떻게 하고 있나요?

보너스 문제: HiLoGame.random 필드가 public으로 선언되어 있다면 Random 클래스가 숫자를 생성하는 방식을 이용해서 게임을 해킹하는 방법을 고민해 보세요!

연습 문제 정답

다음은 하이-로우 게임의 나머지 코드입니다. 게임은 판돈 10달러로 시작하고, 1~10에서 임의의 숫자를 고릅니다. 플레이어는 다음에 나오는 숫자가 이 임의의 숫자보다 큰지 작은지 맞혀야 합니다. 플레이어가 맞으면 돈을 따고, 틀리면 돈을 잃습니다. 새로 뽑은 숫자가 현재 숫자가 되고 계속해서 다음에 오는 숫자가 현재 숫자보다 큰지 작은지 맞히면 됩니다. HiLoGame 클래스의 코드는 다음과 같습니다.

```
static class HiLoGame
{
    public const int MAXIMUM = 10;
    private static Random random = new Random();
    private static int currentNumber = random.Next(1, MAXIMUM + 1);
    private static int nextNumber = random.Next(1, MAXIMUM + 1);
    private static int pot = 10;

    public static int GetPot() { return pot; }

    public static void Guess(bool higher)
    {
        int nextNumber = random.Next(1, MAXIMUM + 1);
        if ((higher && nextNumber >= currentNumber) ||
              (!higher && nextNumber <= currentNumber))
        {
            Console.WriteLine("You guessed right!");
            pot++;
        }
        else
        {
            Console.WriteLine("Bad luck, you guessed wrong.");
            pot--;
        }
        currentNumber = nextNumber;
        Console.WriteLine($"The current number is {currentNumber}");
    }
    public static void Hint()
    {
        int half = MAXIMUM / 2;
        if (currentNumber >= half)
            Console.WriteLine($"The current number is {currentNumber}, the next number is at least {half}");
            else Console.WriteLine($"The current number is {currentNumber}, the next is at most {half}");
        pot--;
    }
}
```

상수 앞에 static을 붙이면 컴파일 오류가 발생합니다. 상수는 이미 static으로 선언한 것과 같기 때문입니다. 상수를 클래스에 추가하면 다른 클래스에서도 이 상수를 static 필드처럼 접근할 수 있습니다.

pot 변수는 private으로 선언되어 있지만, Main() 메서드는 GetPot() 메서드를 사용해서 pot 변수의 값을 변경하고 pot 변수의 값을 읽을 수 있습니다.

이 코드는 캡슐화의 좋은 예시입니다. pot 필드를 private으로 선언해서 보호할 수 있습니다. pot 필드의 값을 변경하려면 Guess()나 Hint() 메서드를 호출해야 하며, GetPot() 메서드는 읽기 전용(read only) 접근만을 허용합니다.

중요한 부분입니다. 읽기 전용 접근 방법이 어떻게 작동하는 것인지 곰곰이 생각해 보세요.

Main() 메서드에서 Hint() 메서드를 호출하기 때문에 Hint() 메서드는 public으로 선언해야 합니다. if/else 문에서 중괄호를 생략했던 것 기억나나요? if나 else 절의 코드 블록이 한 줄일 경우에는 중괄호를 생략할 수 있습니다.

보너스 문제 정답: public random 변수에 특정 초깃값을 가진 새 Random 인스턴스를 교체할 수 있습니다. 그런 다음 앞에서 사용한 초깃값으로 새 Random 인스턴스를 생성해서 Next() 메서드가 반환할 숫자를 미리 알아낼 수 있습니다. Main 메서드 안에 다음 코드를 추가하세요.

```
HiLoGame.random = new Random(1);
Random seededRandom = new Random(1);
Console.Write("The first 20 numbers will be: ");
for (int i = 0; i < 10; i++)
    Console.Write($"{seededRandom.Next(1, HiLoGame.MAXIMUM + 1)}, ");
```

동일한 초깃값으로 초기화된 Random 인스턴스들은 동일한 순서의 의사 난수를 생성합니다.

컴퓨터 알고리즘으로 만들어 내는 무작위 숫자를 의사 난수(pseudo-random number)라고 합니다. '난수를 흉내 낸 것' 또는 '가짜 난수'라는 의미죠. 겉보기에는 무작위 숫자 같지만, 사실 정해진 알고리즘으로 만들기 때문에 진짜 난수는 아닙니다.

클래스가 자신의 정보를 감춰야 할 때가 종종 있기 때문입니다

캡슐화를 처음 접하는 사람들은 한 클래스의 필드, 속성, 메서드를 다른 클래스로부터 숨긴다는 개념이 모호하고 이상하게 느껴질 수 있습니다. 그러나 프로그램을 작성할 때 어떤 정보가 다른 클래스에 노출되어도 될지를 고민하는 것은 중요하고, 반드시 필요한 과정입니다.

캡슐화는 다른 프로그램 코드로부터 클래스의 정보를 숨기는 것을 의미합니다.
캡슐화는 프로그램의 오류를 방지하는 데 도움을 줍니다.

캡슐화는 보안의 동의어가 아닙니다. private 필드 그 자체는 안전하지 않습니다

1960년대 스파이 게임을 만들 때 캡슐화는 오류를 방지하는 훌륭한 수단이었습니다. 그러나 **진짜 스파이를 위한 프로그램**을 작성한다면 캡슐화 기법만으로는 프로그램을 지킬 수 없습니다. 캡슐화는 데이터를 완전히 보호할 수 있는 수단이 아니기 때문이죠. '하이-로우' 게임을 다시 한번 살펴봅시다. Main() 메서드의 첫 번째 줄에 중단점을 설정하고 프로그램을 실행합니다. 그리고 **HiLoGame.random**을 마우스 우클릭한 다음 [조사식 추가] 버튼을 클릭해서 해당 코드를 [조사식] 창에 추가합니다. **[public이 아닌 멤버]** 항목을 펼쳐 보면 Random 클래스의 내부 데이터를 살펴볼 수 있고, 여기에는 의사 난수를 생성하는 데 사용하는 _seedArray 배열도 표시됩니다.

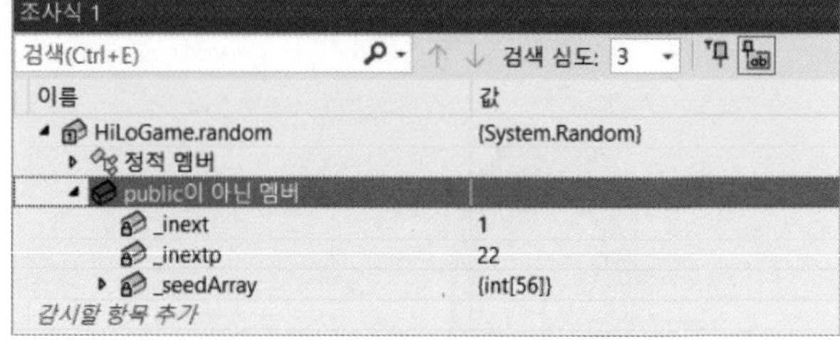

객체의 private 멤버를 살펴볼 수 있는 도구가 비주얼 스튜디오에만 있는 것은 아닙니다. .NET은 리플렉션(reflection)이라는 도구를 제공하는데 이 도구는 메모리에 있는 객체에 접근해서 객체의 내용과 private 필드 값을 확인하는 코드 작성을 도와줍니다. 다음 코드는 리플렉션을 사용하는 코드의 예시입니다. HasASecret이라는 **새 콘솔 앱을 생성**하고 HasASecret이라는 이름의 클래스를 추가해 보세요.

```
internal class HasASecret
{
    // 이 클래스에는 비밀 필드가 있습니다. private 키워드를 사용하면 안전할까요?
    private string secret = "xyzzy";
}
```

리플렉션 클래스는 **System.Reflection 네임스페이스**에 포함되어 있으므로 이들 클래스를 사용하려면 Main() 메서드가 있는 파일에 다음 using 문을 추가해야 합니다.

```
using System.Reflection;
```

Main() 메서드가 포함된 MainClass의 코드는 다음과 같습니다. 이 코드는 HasASecret 클래스의 새 인스턴스를 생성하고, 리플렉션을 사용해 **secret** 필드 값을 읽어 들입니다. 여기에서는 GetType() 메서드가 사용되는데 이 메서드는 모든 객체에서 호출할 수 있으며 객체의 타입에 대한 정보를 반환합니다. HasASecret 네임스페이스 아래 코드를 다음 코드로 변경해 보세요.

```
internal class MainClass
{
    public static void Main(string[] args)
    {
        HasASecret keeper = new HasASecret();

        // Console.WriteLine 문의 주석을 제거하면 다음과 같은 컴파일 오류가 발생합니다.
        // 보호 수준 때문에 'HasASecret.secret'에 액세스할 수 없습니다.
        // Console.WriteLine(keeper.secret);

        // 하지만 리플렉션을 사용하면 secret 필드 값을 얻을 수 있습니다.
        FieldInfo[] fields = keeper.GetType().GetFields(
                    BindingFlags.NonPublic | BindingFlags.Instance);

        // 다음 foreach 반복문은 콘솔에 "xyzzy"를 출력합니다.
        foreach (FieldInfo field in fields)
        {
            Console.WriteLine(field.GetValue(keeper));
        }
    }
}
```

왜 캡슐화를 사용하느냐고요? 객체를 블랙 박스라고 생각해 봅시다

가끔 객체를 '블랙 박스'라고 표현하기도 합니다. 이는 객체를 설명하는 좋은 단어인데요. 작동 방식은 알고 있지만, 실제로 그 내부에서 무슨 일이 일어나는지는 모르는 대상을 블랙 박스라고 표현합니다. 마찬가지로 개발자는 객체의 메서드를 호출할 때 이 메서드가 어떻게 작동하는지 별로 신경 쓰지 않습니다. 최소한 지금 당장은 말이죠. 개발자가 관심 있는 것은 이 메서드가 의도한 대로 작동하느냐죠.

개발자가 무언가를 '블랙 박스'라고 표현한다면, 내부 메커니즘이 감춰져 있어서 개발자가 작동 방식을 이해할 필요 없이 사용할 수 있는 대상이라는 사실을 의미합니다. 매개 변수를 받지 않으면서 한 가지 일만 처리하는 객체가 있다면 이 객체는 버튼이 하나 달린 블랙 박스와 비슷한 코드라고 할 수 있습니다.

물론 블랙 박스에 여러 장치를 추가할 수 있습니다. 이를테면 내부에서 어떤 일이 일어나는지 보여주는 작은 창이라든가, 내부의 작동을 이것저것 제어할 수 있는 손잡이와 다이얼 같은 것 말이죠. 하지만 이런 블랙 박스가 프로그램에 필요한 기능을 수행하지 못한다면 이 블랙 박스는 아무 쓸모도 없이 문제만 일으킬 것입니다.

캡슐화가 클래스에 주는 이점

- **더욱 쉽게 사용할 수 있습니다.**
  클래스는 필드로 자신의 상태를 저장합니다. 대다수 클래스는 필드 값을 변경하기 위해 메서드를 사용합니다. 다른 클래스가 그 메서드를 호출하지 않더라도 말이죠. 외부 코드가 한 클래스의 필드, 메서드, 속성에 전혀 접근하지 않는 경우도 꽤 흔합니다. 이러한 멤버를 private으로 선언하면 해당 클래스를 사용할 때 private 멤버는 [인텔리센스] 창에도 표시되지 않습니다. 비주얼 스튜디오에서 신경 쓸 부분이 적어지면 클래스를 사용하기도 쉬워지죠.
- **오류를 줄일 수 있습니다.**
  오언의 프로그램에서 발생했던 오류는 클래스에 있는 메서드가 다른 메서드를 간접적으로 호출하는 대신 앱이 직접 메서드에 접근해서 발생했습니다. 만약 해당 메서드가 private으로 선언됐더라면 이런 오류를 피할 수 있었겠죠.
- **유연하게 사용할 수 있습니다.**
  프로그램을 작성하다 보면 옛날에 작성했던 프로그램에 기능을 추가해야 할 일이 종종 있습니다. 클래스의 캡슐화가 잘 이루어져 있다면 나중에 이 클래스에 쉽게 기능을 추가하고 사용할 수 있습니다.

뇌 단련

클래스의 캡슐화가 적절히 이뤄지지 않으면 수정이 어렵습니다. 왜일까요?

클래스 캡슐화하기 전에 고민해 보기

클래스 캡슐화에 도움이 될 질문들

- **클래스의 멤버가 모두 public인가요?**
  여러분이 만든 클래스에 public 필드와 메서드만 있다면 캡슐화가 필요한지 고민해야 합니다.

- **필드와 메서드가 잘못 사용될 수도 있나요?**
  필드 값을 잘못 설정하거나 메서드를 잘못 호출했을 경우 어떤 문제가 생길지 고민해야 합니다.

- **필드 값을 설정할 때 일련의 처리나 연산 과정이 필요한가요?**
  이러한 필드는 캡슐화의 주요 후보들입니다. 만약 누군가가 나중에 이 필드 값을 변경하는 메서드를 작성하면 프로그램의 작동에 문제가 생길 수도 있기 때문이죠.

우리는 기본 데미지와 화염 데미지의 값을 상수로 선언했지만
상수는 값을 변경할 수 없기 때문에 그 값들을 public으로 선언해도 괜찮았던 거네요.

그런데 생각해 보니 다른 클래스가
이 값들을 사용할 일이 없으므로
private으로 선언해도 되겠군요.

필요한 경우에만 필드와 메서드를 public으로 선언하세요

public으로 선언해야 할 이유가 딱히 없다면 private으로 선언하세요. 클래스의 필드를 모두 public으로 선언하면 나중에 상황이 매우 복잡해질 수 있습니다. 하지만 그렇다고 모두를 private으로 선언할 필요도 없습니다. 정말 public으로 선언해야 하는 필드가 어떤 것인지 미리 생각하고 코드를 작성하면 수정하는 시간을 절약할 수 있습니다.

캡슐화가 잘된 클래스나
그렇지 않은 클래스나 하는 일은 똑같네요!

그렇습니다! 캡슐화가 잘된 클래스는 사용하기 쉽고 오류도 예방할 수 있습니다

캡슐화가 잘된 클래스를 그렇지 않은 클래스로 만드는 것은 쉽습니다. private으로 선언된 멤버를 모두 public으로 바꾸기만 하면 되니까요.
비주얼 스튜디오에서 [Ctrl]+[F] 키를 누르고 드롭다운 버튼을 클릭한 뒤 [파일에서 찾기] 메뉴를 선택하면 [찾기 및 바꾸기] 기능을 사용할 수 있습니다. [찾기 및 바꾸기] 기능을 사용해 private 키워드를 모두 public으로 변경해도 프로그램 빌드에는 아무 문제가 없으며, 변경 전과 동일하게 작동합니다. 이 때문에 일부 개발자는 캡슐화의 메커니즘을 이해하는 데 어려움을 느끼기도 합니다.

시간을 충분히 들여서 코드를 살펴보지 않으면 클래스를 원래 어떻게 사용하려 했는지 그 의도를 잊어버리기 쉽습니다. 이럴 때 캡슐화가 도움이 되죠!

이 책에서는 지금까지 프로그램을 작동시키는, 다시 말해 특정 작업을 수행하도록 하는 방법을 살펴봤습니다. 캡슐화는 이와 좀 다른 이야기입니다. 캡슐화는 프로그램의 작동 방식을 바꾸지 않습니다. 캡슐화는 '체스 게임' 프로그램과 비슷한 측면이 있습니다. 클래스를 설계하고 만들 때, 클래스의 특정한 정보를 감춤으로써 클래스가 프로그램과 상호 작용하는 방법에 관한 전략을 세울 수 있습니다. 이 전략이 좋을수록 프로그램의 **유연성과 유지 보수성이 증가하고** 오류를 방지하기 쉬워집니다.

또한, 체스와 마찬가지로 수많은 캡슐화 전략이 존재합니다!

클래스에 캡슐화를 잘 적용하면 재사용이 편해집니다.

요점 정리

- 오류를 고치기 전에 **오류가 발생한 원인을 먼저 생각해 보세요.** 시간을 투자해서 무엇이 어떻게 돌아가는지 이해해야 합니다.
- 텍스트를 출력하는 명령문 몇 줄을 추가하는 것이 효율적인 디버깅 도구가 될 수 있습니다. 진단 정보를 출력하는 **Debug.WriteLine** 명령문을 추가해 보세요.
- **생성자(constructor)**는 객체의 새 인스턴스를 생성할 때 처음 CLR이 호출하는 메서드입니다.
- **문자열 보간(string interpolation)**은 문자열 결합을 더 읽기 쉽게 해 줍니다. 이 기능을 사용하려면 문자열 앞에 **$ 기호**를 붙인 다음 중괄호 안에 출력할 값을 넣으면 됩니다.
- System.Console 클래스는 콘솔 앱의 입출력 기능을 제공하는 **표준 스트림**에 텍스트를 출력하는 기능을 제공합니다.
- System.Diagnostics.Debug 클래스는 **추적 수신기**(진단 출력에 관련된 특정한 작동을 수행하는 특별 클래스)에 텍스트를 출력합니다. 추적 수신기는 비주얼 스튜디오의 [출력] 창(맥OS의 경우 [Application Output] 창)에 텍스트를 출력합니다.
- 다른 개발자는 여러분이 만든 클래스를 여러분의 의도대로만 사용하지는 않습니다. **캡슐화(encapsulation)**는 클래스 멤버를 유연하게 만들고 잘못 사용하기 어렵게 만드는 기법입니다.
- 캡슐화에는 보통 **private** 키워드를 사용해서 클래스의 필드와 메서드를 private으로 선언해서 이들 멤버가 다른 클래스에 의해 잘못 사용되는 일을 방지하는 과정도 포함합니다.
- 클래스가 데이터를 보호하는 동시에 안전하게 사용할 수 있고 잘못 사용될 가능성이 적은 멤버를 제공하면 이 클래스를 **'캡슐화가 잘 됐다(well-encapsulated)'**고 표현합니다.

그래요, 이제 칼 데미지 계산기 코드에
문제가 있음을 파악했네요.
이 문제를 어떻게 해결해야 하죠?

SwordDamage

SwordDamage
Roll MagicMultiplier FlamingDamage Damage
CalculateDamage SetMagic SetFlaming

앞서 Debug.WriteLine을 사용해 앱의 버그를 추적했습니다. SwordDamage 클래스의 메서드를 특정한 순서로 호출했을 때만 올바로 작동한다는 사실을 발견했죠. 5장은 캡슐화를 다루고 있으므로 5장의 남은 부분에서 캡슐화로 이 문제를 고칠 것입니다. 그런데 어떻게 고쳐야 할까요?

캡슐화를 사용해 SwordDamage 클래스 개선하기

지금까지 클래스 캡슐화에 대한 몇 가지 개념을 살펴봤습니다. 이러한 개념을 SwordDamage 클래스에 적용해서 클래스 사용에 혼란을 주는 부분이나, 잘못 사용되는 상황을 막을 수 있는지 살펴봅시다.

- **SwordDamage 클래스의 모든 멤버가 public인가요?**
  예, 그렇습니다. Roll, MagicMultiplier, FlamingDamage, Damage라는 필드 4개와 CalculateDamage, SetMagic, SetFlaming이라는 메서드 3개가 public으로 선언되어 있습니다. 캡슐화에 대해 생각해 볼 시점입니다.

- **필드나 메서드가 잘못 사용됐나요?**
  물론이죠. 칼 데미지 계산기의 처음 버전에서는 CalculateDamage() 메서드를 직접 호출하고 있었지만, 사실 SetFlaming() 메서드가 CalculateDamage() 메서드를 호출하도록 해야 했습니다. 이를 바로잡으려고 했으나 메서드를 잘못된 순서로 호출하고 있었기 때문에 실패했습니다.

- **필드 값을 설정한 다음에 계산이 필요한가요?**
  당연합니다. Roll 필드를 설정한 다음에 인스턴스가 데미지를 즉시 계산해야 합니다.

- **그렇다면 어떤 필드와 메서드를 public으로 선언해야 하나요?**
  좋은 질문입니다. 답을 잠시 생각해 보세요. 5장 마지막에서 이 문제를 다뤄 볼 것입니다.

클래스 멤버를 private으로 선언함으로써 다른 클래스가 public 메서드를 호출하거나, public 필드 값을 의도하지 않은 방식으로 변경하면서 발생하는 오류를 방지할 수 있습니다.

뇌 단련

위 질문들에 대해 고민해 보고 SwordDamage 클래스의 작동 방식을 다시 한번 살펴보세요. SwordDamage 클래스의 어떤 부분을 고쳐야 할까요?

캡슐화로 데이터를 안전하게 보호하기

캡슐화 잘해 보기

지금까지 private 키워드를 사용해 **클래스의 멤버에 대한 직접 접근을 막는 방법**과, 이를 통해 다른 클래스가 예기치 않게 메서드를 호출하거나 필드 값을 변경해서 생기는 오류를 어떻게 방지할 수 있는지를 살펴봤습니다. HiLoGame 클래스에는 pot 필드를 private으로 선언하고, GetPot() 메서드를 제공해 pot 필드 값에는 읽기 전용 접근만 허용했습니다. 그래서 Guess()나 Hint() 메서드로만 pot 필드 값을 수정할 수 있었죠. 이번에 만들어 볼 클래스도 이와 동일한 방식으로 작동합니다.

클래스에 캡슐화 적용하기

페인트볼 총 게임을 위한 PaintballGun 클래스를 먼저 살펴보겠습니다. 플레이어는 페인트볼 탄창을 가지고 있으며 언제든 재장전할 수 있습니다. 그러므로 플레이어의 남은 페인트볼 개수와 현재 장전된 페인트볼 개수를 관리하는 클래스가 필요합니다. 그리고 페인트볼을 재장전해야 하는지 확인하는 메서드 또한 추가해야 합니다. 플레이어가 페인트볼을 얻었을 때 자동으로 탄창이 가득 찰 때까지 재장전하는 기능도 필요하므로 Reload() 메서드의 매개 변수로 페인트볼을 몇 개 장전할지 지정할 수 있어야 합니다. 물론 탄창의 크기도 지정할 수 있어야겠죠.

```
internal class PaintballGun
{
    public const int MAGAZINE_SIZE = 16;

    private int balls = 0;
    private int ballsLoaded = 0;

    public int GetBallsLoaded() { return ballsLoaded; }

    public bool IsEmpty() { return ballsLoaded == 0; }

    public int GetBalls() { return balls; }

    public void SetBalls(int numberOfBalls)
    {
        if (numberOfBalls > 0)
            balls = numberOfBalls;
        Reload();
    }

    public void Reload()
    {
        if (balls > MAGAZINE_SIZE)
            ballsLoaded = MAGAZINE_SIZE;
        else
            ballsLoaded = balls;
    }

    public bool Shoot()
    {
        if (ballsLoaded == 0) return false;
        ballsLoaded--;
        balls--;
        return true;
    }
}
```

이 상수는 public으로 유지합니다. Main 메서드가 사용하는 값이기 때문입니다.

게임에서 UI에 남은 페인트볼 개수와 장전된 페인트볼 개수를 표시해야 할 때 GetBalls(), GetBallsLoaded() 메서드를 사용합니다.

게임에서는 페인트볼 개수를 지정할 수 있어야 합니다. SetBalls() 메서드는 balls 필드에 양수 값만 허용해서 balls 필드를 보호합니다. 그런 다음 SetBalls()는 Reload() 메서드를 호출해서 자동으로 총을 재장전합니다.

총을 재장전하려면 Reload() 메서드를 호출해야 합니다. 이 메서드는 탄창이 가득 찰 때까지 볼을 장전합니다. 탄창을 꽉 채울 수 없다면 남아 있는 볼을 모두 장전합니다. 이러면 balls와 ballsLoaded 필드의 값이 서로 따로 노는 상황을 방지할 수 있습니다.

Shoot() 메서드는 공이 장전되어 있으면 true를 반환하며 balls 필드의 숫자를 감소시킵니다. 장전된 공이 없으면 false를 반환합니다.

IsEmpty() 메서드가 코드를 읽기 쉽게 만드나요? 아니면 단순히 코드 낭비 같나요? 정답은 없습니다. 양쪽 다 나름의 논리가 있으니까요.

PaintballGun 클래스를 테스트하는 콘솔 앱 만들기

01 새 콘솔 앱을 만드세요.

PaintballGun이라는 콘솔 앱을 만들고 Main() 메서드에 반복문으로 클래스의 여러 메서드를 호출하는 코드를 추가하세요.

```
static void Main(string[] args)
{
    PaintballGun gun = new PaintballGun();
    while (true)
    {
        Console.WriteLine($"{gun.GetBalls()} balls, {gun.GetBallsLoaded()} loaded");
        if (gun.IsEmpty()) Console.WriteLine("WARNING: You're out of ammo");
        Console.WriteLine("Space to shoot, r to reload, + to add ammo, q to quit");
        char key = Console.ReadKey(true).KeyChar;
        if (key == ' ') Console.WriteLine($"Shooting returned {gun.Shoot()}");
        else if (key == 'r') gun.Reload();
        else if (key == '+') gun.SetBalls(gun.GetBalls() + PaintballGun.MAGAZINE_SIZE);
        else if (key == 'q') return;
    }
}
```

이제 클래스의 인스턴스 테스트용 반복문이 들어 있는 콘솔 앱은 많이 익숙해졌을 것입니다. 이 코드를 읽고 코드의 작동 방식을 이해할 수 있는지 확인해 보세요.

빨간색 물결선이 표시되지만, PaintballGun 클래스를 생성하면 오류가 사라집니다.

02 PaintballGun 클래스를 추가합니다.

[솔루션 탐색기] 창에서 PaintballGun 프로젝트를 마우스 우클릭한 다음 [추가]-[새 항목] 메뉴를 선택해 PaintballGun 이름의 C# 클래스를 생성하세요. 그러고 나서 PaintballGun 클래스 안에 292쪽에서 살펴본 코드를 입력하세요.

클래스의 캡슐화는 잘되어 있습니다. 그러나...

클래스는 잘 작동하고 캡슐화도 잘되어 있습니다. **balls 필드는 보호되어 있어서** 음수를 입력할 수 없으며, ballsLoaded 필드 값은 다른 메서드의 호출에 따라 함께 변경됩니다. Reload()와 Shoot() 메서드 또한 의도대로 작동하고 실수로 클래스를 잘못 사용할 만한 방법도 없어 보입니다. 하지만 Main() 메서드의 다음 코드를 자세히 한번 살펴보세요.

```
else if (key == '+') gun.SetBalls(gun.GetBalls() + PaintballGun.MAGAZINE_SIZE);
```

솔직히 말해 이 코드는 퇴보한 코드나 다름없습니다. 필드를 사용하고 있었다면 += 연산자를 사용해 탄창의 크기에 해당하는 값을 더할 수 있었겠죠. 캡슐화는 좋은 방법이지만 캡슐화 때문에 클래스를 사용하기 어려워져서는 안 됩니다.

balls 필드를 안전하게 유지하면서도 편리하게 += 연산자를 사용할 수 있는 방법이 있을까요?

private과 public 필드의 이름을 짓는 방법

이 책에서는 public 필드의 이름은 파스칼 케이스(PascalCase) 표기법에, private 필드의 이름은 카멜 케이스(camelCase) 표기법에 따라 지었습니다. 파스칼 케이스는 변수 이름에 있는 단어의 첫 글자를 모두 대문자로 적는 방식입니다. 반면 카멜 케이스는 첫 번째 글자는 소문자로 적죠. 중간 글자의 대문자가 낙타(camel)의 혹과 같다고 해서 카멜이라는 이름이 붙었습니다. 많은 개발자가 public과 private 필드에 서로 다른 표기법을 사용합니다. 이처럼 필드, 속성, 변수, 메서드의 이름에 일관성이 있으면 코드의 가독성이 더 좋아집니다.

속성으로 캡슐화를 쉽게 하기 클래스의 속성

지금까지는 두 클래스 멤버, 메서드와 필드를 배웠습니다. 이번에는 클래스의 캡슐화를 도와줄 세 번째 클래스 멤버인 **속성(property)**을 배울 차례입니다. 속성은 사용할 때는 **필드처럼 보이지만,** 실제로는 **메서드처럼 실행되는** 클래스 멤버입니다.

속성은 필드처럼 타입과 이름을 사용해서 선언되지만, 선언부의 마지막에 중괄호가 따라옵니다. 중괄호 안에는 **속성 접근자(property accessor),** 즉 속성 값을 반환하거나 설정하는 메서드가 옵니다. 두 가지 속성 접근자가 존재합니다.

- **get 속성 접근자는 get 접근자, getter**라고 부르기도 합니다. get 속성 접근자는 속성 값을 반환합니다. get 키워드로 시작하며 바로 뒤에 중괄호 안에 들어 있는 메서드 코드가 따라옵니다. 이 메서드는 속성 선언부의 타입과 일치하는 값을 반환해야 합니다.
- **set 속성 접근자는 set 접근자, setter**라고 부르기도 합니다. set 속성 접근자는 속성 값을 설정합니다. set 키워드로 시작하며 바로 뒤에 중괄호 안에 들어 있는 메서드 코드가 따라옵니다. 메서드 안 value 키워드는 속성에 설정할 값을 담은 읽기 전용 변수를 나타냅니다.

클래스는 **지원 필드(backing field)**라는 private 필드를 사용해 속성을 통한 접근으로부터 데이터를 캡슐화합니다.

GetBalls()와 SetBalls() 메서드를 속성으로 바꿔 보기

다음은 PaintballGun 클래스의 GetBalls(), SetBalls() 메서드입니다.

```
public int GetBalls() { return balls; }

public void SetBalls(int numberOfBalls)
{
    if (numberOfBalls > 0)
        balls = numberOfBalls;
    Reload();
}
```

03 이 두 메서드를 속성으로 바꿔 작성해 봅시다.

두 메서드를 지우고 Balls 속성을 다음처럼 추가하세요.

```
public int Balls
{
    get { return balls; }

    set
    {
        if (value > 0)
            balls = value;
        Reload();
    }
}
```

여기는 선언부입니다. 속성의 타입이 int이고 이름은 Balls라는 사실을 나타냅니다.

getter는 GetBalls() 메서드와 동일한 내용으로 바꿀 수 있습니다.

setter는 SetBalls() 메서드와 비슷합니다. SetBalls()에서는 매개 변수를 사용했지만, setter는 value 키워드를 사용합니다. value 키워드는 setter에 의해 할당되는 값을 저장합니다.

SetBalls() 메서드에서는 numberOfBalls라는 이름의 int 타입 매개 변수를 받아 지원 필드에 저장했습니다. setter는 numberOfBalls 대신 'value' 키워드를 사용합니다.

Balls 속성을 사용하도록 Main() 메서드 수정하기

코드에서는 Console.WriteLine이 GetBalls() 메서드를 호출하고 있습니다. 두 메서드 GetBalls(), SetBalls()를 하나의 속성 Balls로 수정했으므로 이제 프로그램은 컴파일되지 않습니다.

```
Console.WriteLine($"{gun.GetBalls()} balls, {gun.GetBallsLoaded()} loaded");
```

Main() 메서드를 수정해 Balls 속성을 사용해 봅시다. 속성은 일반적으로 getter와 setter로 석정합니다.

04 **GetBalls()를 Balls로 수정하세요.**

코드를 수정해서 컴파일 문제를 해결해 봅시다. GetBalls()를 **Balls**로 수정하고 나면 명령문의 오류 표시가 사라집니다. GetBalls(), SetBalls() 메서드를 사용했던 곳을 더 찾아봅시다.

```
else if (key == '+') gun.SetBalls(gun.GetBalls() + PaintballGun.MAGAZINE_SIZE);
```

그리 보기 좋은 코드는 아니네요. 위 구문에서 += 연산자를 사용해서 Balls를 필드처럼 사용하도록 명령문을 수정합니다.

```
else if (key == '+') gun.Balls += PaintballGun.MAGAZINE_SIZE;
```

Balls가 필드였다면 += 연산자를 사용해서 값을 수정할 수 있었을 것입니다. 속성은 필드와 동일한 방식으로 사용할 수 있습니다.

수정된 Main 메서드는 다음과 같습니다.

```
static void Main(string[] args) {
    PaintballGun gun = new PaintballGun();
    while (true) {
        Console.WriteLine($"{gun.Balls} balls, {gun.GetBallsLoaded()} loaded");
        if (gun.IsEmpty()) Console.WriteLine("WARNING: You're out of ammo");
        Console.WriteLine("Space to shoot, r to reload, + to add ammo, q to quit");
        char key = Console.ReadKey(true).KeyChar;
        if (key == ' ') Console.WriteLine($"Shooting returned {gun.Shoot()}");
        else if (key == 'r') gun.Reload();
        else if (key == '+') gun.Balls += PaintballGun.MAGAZINE_SIZE;
        else if (key == 'q') return;
    }
}
```

PaintballGun 클래스를 디버깅해서 속성의 작동 방식 이해하기

디버거를 사용해서 Balls 속성이 작동하는 방식을 파악해 봅시다.

1. getter의 중괄호 안(return balls;)에 중단점을 추가합니다.
2. setter의 첫 번째 행(if (value > 0))에 중단점을 추가합니다.
3. Main() 메서드의 첫 번째 행에 중단점을 추가하고 디버깅을 시작합니다. 한 단계씩 각 명령문을 수행합니다.
4. Console.WriteLine 명령문을 수행하면 디버거가 getter의 중단점에서 실행을 중지합니다.
5. 메서드 호출 명령문을 한 단계씩 수행합니다. += 연산자가 있는 명령문을 수행하면 디버거가 setter의 중단점에서 실행을 중지합니다. balls 지원 필드와 value 키워드를 조사식에 추가하세요.

자동 구현 속성으로 단순한 코드 만들기 조각 조각 코드 조각

일반적으로 속성은 지원 필드에 대한 get과 set 접근자를 만들어 사용합니다.

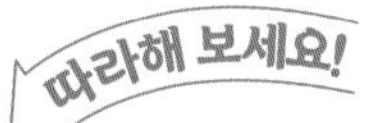

05 PaintballGun 클래스에 BallsLoaded 속성을 새로 추가하세요.

다음과 같이 코드를 추가해서 ballsLoaded 필드를 지원 필드로 사용하는 BallsLoaded 속성을 만듭니다.

```
private int ballsLoaded = 0;

public int BallsLoaded {
    get { return ballsLoaded; }
    set { ballsLoaded = value; }
}
```

이 속성은 private 지원 필드를 사용합니다. 이 필드의 getter는 필드 값을 반환하고 setter는 필드 값을 수정합니다.

06 GetBallsLoaded() 메서드를 제거하고 속성을 사용하도록 Main() 메서드를 수정합니다.

```
Console.WriteLine($"{gun.Balls} balls, {gun.BallsLoaded} loaded");
```

프로그램을 다시 실행해 보세요. 프로그램이 이전과 동일하게 작동합니다.

prop 코드 조각을 사용해서 자동 구현 속성 만들기

자동 구현 속성(auto-implemented properties) 또는 **자동 속성(auto-property)**은 getter와 setter를 가진 속성입니다. 방금 만든 BallsLoaded 속성처럼 작동하지만, 지원 필드를 정의할 필요가 없습니다. C# 컴파일러가 지원 필드를 자동으로 생성하며 이 필드에 접근하려면 getter와 setter를 사용해야 합니다. 비주얼 스튜디오의 코드 조각 기능은 코드를 자동으로 입력해 줍니다. 이 기능을 사용해 BallsLoaded 자동 속성을 생성해 봅시다.

07 BallsLoaded 속성과 지원 필드를 제거합니다.

작성한 BallsLoaded 속성과 ballsLoaded 지원 필드 private int ballsLoaded = 0;를 삭제합니다. 오류가 뜨더라도 걱정하지 마세요. 방금 지운 속성을 자동 구현 속성으로 다시 작성해서 C# 컴파일러가 숨겨진 지원 필드를 생성할 것입니다.

08 비주얼 스튜디오에서 prop 코드 조각을 불러냅니다.

삭제된 필드가 있던 곳에 커서를 놓고 prop을 입력한 다음 [Tab] 키를 2번 눌러서 코드 조각을 불러내면 다음과 같은 코드가 추가됩니다.

```
참조 0개
public int MyProperty { get; set; }
```

이 속성은 private 지원 필드를 사용하고 있습니다. 이 필드의 getter는 필드 값을 반환하고 setter는 필드 값을 수정합니다.

09 클래스의 나머지 부분을 수정합니다.

ballsLoaded 필드를 제거했기 때문에 PaintballGun 클래스에서는 컴파일 오류가 발생합니다. 해당 코드에서는 ballsLoaded 필드를 총 5번 사용합니다(IsEmpty() 메서드에서 1번, Reload()와 Shoot() 메서드에서 각각 2번씩). 오류가 발생하는 필드 이름을 모두 BallsLoaded로 수정하면 컴파일이 정상적으로 작동합니다.

private setter를 사용해 읽기 전용 속성 만들기

방금 만든 자동 구현 속성을 다시 한번 살펴봅시다.

```
public int BallsLoaded { get; set; }
```

자동 구현 속성은 접근자와 지원 필드만 있는 속성을 훌륭하게 대체합니다. ballsLoaded 필드와 GetBallsLoaded() 메서드가 둘 다 있는 코드와 비교하면 읽기 좋으면서도 더 짧은 코드를 제공하죠.

하지만 한 가지 문제가 있습니다. 캡슐화가 훼손됐다는 것입니다. private 필드와 public 메서드를 사용한 이유는 장전된 페인트볼의 개수를 읽기 전용으로 만들기 위해서였습니다. 그런데 현재 Main() 메서드에서는 BallsLoaded 속성 값을 변경할 수 있죠. PaintBallGun 클래스 안에서만 해당 필드 값을 변경할 수 있게 해야 합니다.

BallsLoaded setter를 private으로 만들기

다행히 간단하게 PaintballGun 클래스가 캡슐화를 유지하도록 되돌릴 방법이 있습니다. 속성을 선언할 때 get과 set 키워드 앞에 **액세스 한정자**를 넣으면 됩니다.

속성의 setter를 private으로 선언하면 다른 클래스가 값을 변경할 수 없는 **읽기 전용 속성**(read-only property)을 만들 수 있습니다. 사실 일반적인 속성에서는 setter를 생략해도 되지만, 자동 속성의 경우에는 setter가 없으면 컴파일이 실패합니다. 그러므로 setter를 private으로 선언해 봅시다.

```
public int BallsLoaded { get; private set; }
```

← 속성의 setter를 private으로 선언해서 자동 속성을 읽기 전용으로 만들 수 있습니다.

이제 BallsLoaded 필드가 읽기 전용 속성이 됐습니다. 어떤 클래스든지 이 값을 읽을 수는 있지만, 이 값을 수정하는 코드는 PaintballGun 클래스 안에 있어야 합니다. 이제 PaintballGun 클래스는 다시 잘 캡슐화된 클래스가 됐습니다.

무엇이든 물어보세요!

Q&A

Q1 메서드로 작성된 코드를 속성으로 바꿨네요. 메서드의 작동 방식과 getter와 setter의 작동 방식에는 어떤 차이가 있나요?

A1 차이가 없습니다. getter와 setter는 특수한 메서드입니다. 다른 객체들은 이 접근자를 필드처럼 사용할 수 있지만, 이 필드에 누군가가 접근하면 실제 호출이 일어납니다. setter는 필드와 타입이 같은 매개변수 value를 가진 메서드와 같은 방식으로 작용합니다.

Q2 그렇다면 속성에는 어떤 명령문이든 사용할 수 있나요?

A2 물론이죠. 메서드에 넣을 수 있는 코드라면 속성에도 포함할 수 있습니다. 일반적인 메서드에서 수행할 수 있다면 아무리 복잡한 로직이라도 상관없죠. 속성은 다른 메서드를 호출할 수 있고, 다른 필드에 접근할 수 있으며, 객체의 인스턴스를 생성할 수도 있습니다. 이들 속성의 코드는 다른 코드가 속성에 접근할 때 호출되므로 속성 값을 읽거나 쓰는 작업과 관련한 명령문만 포함해야 한다는 점을 기억하세요.

Q3 왜 getter와 setter에 복잡한 로직을 넣어야 하는 거죠? 단순히 필드 값을 읽고 쓰는 방법에 불과한 것 아닌가요?

A3 가끔은 필드 값을 변경할 때 일정한 계산을 하거나 특정한 작업을 수행해야 하기 때문입니다. 오언의 경우를 떠올려 보세요. 오언의 앱은 Roll 필드 값을 수정한 다음 SwordDamage() 메서드를 올바른 순서로 호출하지 않았기 때문에 문제가 생겼습니다. 이 모든 메서드를 속성으로 교체한다면 setter가 데미지 계산을 정확히 하도록 할 수 있습니다(잠시 후에 이 작업을 해 보겠습니다!).

탄창의 크기를 바꿔 봅시다 처음으로 호출되는 생성자

현재 PaintballGun 클래스는 탄창 크기를 const로 선언하고 있습니다.

```
public const int MAGAZINE_SIZE = 16;
```

만약 페인트볼 총을 인스턴스화할 때 탄창의 크기를 설정해야 한다면 어떻게 해야 할까요?
이 값을 속성으로 대체해 봅시다.

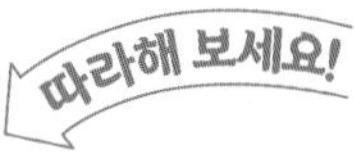

01 **MAGAZINE_SIZE 상수를 제거하고 읽기 전용 속성으로 교체합니다.**

```
public int MagazineSize { get; private set; }
```

02 **새 속성을 사용하도록 Reload 메서드를 수정합니다.**

```
if (balls > MagazineSize)
    BallsLoaded = MagazineSize;
```

03 **Main 메서드에서 탄환을 추가하는 명령어를 수정합니다.**

```
else if (key == '+') gun.Balls += gun.MagazineSize;
```

하지만 문제가 있습니다. MagazineSize를 어떻게 초기화하죠?

MAGAZINE_SIZE 상수는 '16'으로 선언됐습니다. 이 상수를 자동 속성으로 교체했으므로 원한다면 선언부의 끝에 할당문을 추가해서 필드를 사용하는 것처럼 속성 값을 '16'으로 초기화할 수 있습니다.

```
public int MagazineSize { get; private set; } = 16;
```

지금은 총이 장전된 채로 생성되지만, 게임에 공습 스테이지가 있다면 장전되지 않은 총을 생성해서 플레이어가 총을 쏘기 전에 재장전하게 해야 합니다. 탄창에 들어갈 페인트볼의 개수를 설정할 수 있게 하려면 어떻게 해야 할까요?

무엇이든 물어보세요!
Q&A

Q 생성자가 무엇인지 다시 한번 설명해 주세요.

A 생성자는 클래스의 새 인스턴스가 생성될 때 호출되는 메서드로 반환 타입이 없고 클래스와 이름이 같습니다. 생성자의 작동 방식을 살펴보기 위해 ConstructorTest라는 이름으로 테스트용 새 콘솔 앱을 만듭니다. 그런 다음처럼 생성지와 public 필드 i를 가지고 있는 ConstructorTest 클래스를 추가해 봅시다.

```
public class ConstructorTest
{
    public int i = 1;

    public ConstructorTest()
    {
        Console.WriteLine($"i is {i}");
    }
}
```

디버거를 사용해서 생성자가 정말로 어떻게 작동하는지 이해해 봅시다.
다음 세 부분에 중단점을 추가하세요.

- 필드의 선언부 (i = 1)
- 생성자의 첫 번째 행
- Main() 메서드의 마지막 행 다음의 중괄호

디버거는 처음에 필드 선언부에서 중단되고 그 다음에는 생성자에서 그리고 Main() 메서드의 마지막 줄에서 중단됩니다. CLR은 필드를 먼저 초기화하고 생성자를 호출한 다음 마지막으로 new 명령문에서 빠져나와 다음 행을 수행합니다.

매개 변수가 있는 생성자를 사용해서 속성 초기화하기

앞서 생성자가 있는 객체를 초기화해 봤습니다. 생성자는 여느 메서드와 마찬가지로 매개 변수를 가질 수 있습니다. 매개 변수가 있는 생성자를 사용해 속성을 초기화해 보겠습니다.
앞에서 생성했던 생성자는 public ConstructorTest()와 같은 형태였습니다. 이 생성자는 매개 변수를 가지고 있지 않으며 일반적인 매개 변수 없는 메서드와 마찬가지로 선언부가()으로 끝납니다. 이번에는 다시 PaintballGun 프로젝트로 돌아와 PaintballGun 클래스에 매개 변수가 있는 생성자를 추가해 봅시다. 생성자의 코드는 다음과 같습니다.

이 속성은 private 지원 필드를 사용합니다. 이 필드의 getter는 필드 값을 반환하고 setter는 필드 값을 수정합니다.

이 생성자는 매개 변수를 3개 받습니다. int 타입의 balls, int 타입의 magazineSize, bool 타입의 loaded입니다.

```
public PaintballGun(int balls, int magazineSize, bool loaded)
{
    this.balls = balls;
    MagazineSize = magazineSize;
    if (!loaded) Reload();
}
```

생성자는 새 인스턴스가 생성되는 즉시 호출되므로 메서드의 내부에 코드를 넣어 페인트볼의 개수와 탄창 크기를 지정할 수 있고 필요하다면 재장전할 수도 있습니다. 첫 번째 줄에서 this 키워드가 사용됐다는 사실을 알아챘나요? 이 키워드를 사용해야 할 이유는 무엇일까요?

어, 문제가 있네요. 이 생성자를 추가하면 [오류 목록] 창에 오류가 있다는 메시지를 표시합니다.

⊗ CS7036	'PaintballGun.PaintballGun(int, int, bool)'에서 필요한 정식 매개 변수 'balls'에 해당하는 제공된 인수가 없습니다.

이 오류를 고치려면 어떻게 해야 할까요?

매개 변수와 필드의 이름이 같으면 필드의 이름이 감춰집니다.

생성자의 balls 매개 변수는 balls 필드와 이름이 같습니다. 이 둘은 이름이 같기 때문에 생성자 내부의 코드에서는 매개 변수가 우선권을 갖습니다. 메서드의 매개 변수 또는 변수가 필드와 이름이 같이서 헤당 메서드에서 이 이름을 사용할 때 필드가 아닌 매개 변수 또는 변수를 참조하는 현상을 마스킹(masking)이라고 합니다. PaintballGun 생성자에서 this 키워드를 사용하는 이유가 바로 이것 때문입니다.

new 키워드 사용 시 인수 지정하기

생성자에 인수 추가하기

생성자를 추가하고 프로젝트를 실행하면 Main() 메서드 속 new 구문에 오류가 있다는 메시지가 표시됩니다. new 구문을 다시 입력해 보면 [인텔리센스]에서 추가할 내용을 알려 줍니다.

```
PaintballGun gun = new PaintballGun();
while (true)
{
    Console.WriteLine($"{gun.Balls}
    if (gun.IsEmpty()) Console.Writ
    Console.WriteLine("Space to sho
```

PaintballGun.PaintballGun(int balls, int magazineSize, bool loaded)

CS7036: 'PaintballGun.PaintballGun(int, int, bool)'에서 필요한 정식 매개 변수 'balls'에 해당하는 제공된 인수가 없습니다.

잠재적 수정 사항 표시 (Alt+Enter 또는 Ctrl+.)

지금까지는 만들었던 모든 클래스는 매개 변수가 없는 생성자였기 때문에 인수를 제공할 필요가 없었습니다. 그러나 지금은 보통 메서드처럼 생상자에 매개 변수가 있기 때문에 이들 매개 변수와 타입이 같은 인수를 지정해야 합니다. Main() 메서드를 수정해서 PaintballGun 생성자에 매개 변수를 전달해 봅시다.

따라해 보세요!

01 우리는 이미 int 값을 받을 수 있는 메서드를 작성한 적이 있습니다. 4장 오언의 능력치 계산기에 사용한 ReadInt() 메서드를 재사용해 봅시다.

```
static int ReadInt(int lastUsedValue, string prompt)
{
    Console.Write(prompt + " [" + lastUsedValue + "]: ");
    string line = Console.ReadLine();
    if (int.TryParse(line, out int value))
    {
        Console.WriteLine(" using value " + value);
        return value;
    }
    else
    {
        Console.WriteLine(" using default value " + lastUsedValue);
        return lastUsedValue;
    }
}
```

02 ReadInt() 메서드를 이용해 콘솔에서 2개의 int 값을 읽어 들입시다. Main() 메서드 상단에 다음 코드 4줄을 추가합니다.

```
int numberOfBalls = ReadInt(20, "Number of balls");
int magazineSize = ReadInt(16, "Magazine size");

Console.Write($"Loaded [false]: ");
bool.TryParse(Console.ReadLine(), out bool isLoaded);
```

만약 TryParse가 값을 파싱하는 데 실패하면 isLoaded는 기본값인 false를 가지게 됩니다.

03 new 문을 수정해서 변수의 값을 생성자에 인수로 전달합니다.

```
PaintballGun gun = new PaintballGun(numberOfBalls, magazineSize, isLoaded);
```

04 프로그램을 실행하면 페인트볼 개수, 탄창 크기, 총의 장전 여부를 물어봅니다. 입력이 끝나면 프로그램이 선택한 내용을 바탕으로 PaintballGun의 새 인스턴스를 생성합니다.

여러분은 수영장에서 코드 조각을 가져다 코드의 빈칸을 채워야 합니다. 같은 코드 조각을 여러 번 사용해도 되고 사용하지 않은 코드 조각이 있어도 됩니다. 목표는 컴파일하면서 예제와 같은 내용을 출력하는 클래스를 완성하는 것입니다.

출력 결과가 다음과 같도록 곱셈이나 덧셈 퀴즈를 내고 답을 맞히는 프로그램을 작성해 봅시다.

```
8 + 5 = 13
Right!
4 * 6 = 24
Right!
4 * 9 = 37
Wrong! Try again.
4 * 9 = 36
Right!
9 * 8 = 72
Right!
6 + 5 = 12
Wrong! Try again.
6 + 5 = 9
Wrong! Try again.
6 + 5 = 11
Right!
8 * 4 = 32
Right!
8 + 6 = Bye
Thanks for playing!
```

이 게임은 임의의 덧셈과 곱셈 문제를 생성합니다.

틀리면 답을 맞힐 때까지 질문을 반복합니다.

숫자가 아닌 답을 입력하면 게임을 종료합니다.

알아 두기

여기 있는 코드 조각은 여러 번 사용해도 됩니다!

```
class Q {
    public Q(bool add) {
        if (add) ________ = "+";
        else ________ = "*";
        N1 = ________ . ________________ ;
        N2 = ________ . ________________ ;
    }

    public _____________ Random R = new Random();
    public _____________ N1 {  get; _____________  set;  }
    public _____________ Op {  get; _____________  set;  }
    public _____________ N2 {  get; _____________  set;  }

    public _____________ Check(int ______ )
    {
        if ( ______ == "+") return (a ______ N1 + N2);
        else return (a ______ ______ * ______ );
    }
}

internal class Program {
    public static void Main(string[] args) {
        Q ______ = ______ Q( ______ .R. ______ = ");
        while (true) {
            Console.Write($ "{q.______} {q.______} {q.______} = ");
            if (!int.TryParse(Console.ReadLine(), out int i)) {
                Console.WriteLine("Thanks for playing!");
                ___________;
            }
            if (______.__________(______)) {
                Console.WriteLine("Right!");
                ______ = new Q(______.R.______ == 1);
            }
            else Console.WriteLine("Wrong! Try again.");
        }
    }
}
```

```
a        Q
b        add        add
c        Main       int        class      if
i        Op         args       void       else      +
j        Random     bool       int        new       *
k        R          string     public     return    -
q        N1         double     private    while     *=
r        N2         float      static     for       ==
s        out                              foreach   +=

Next()
Next(1, 10)
Next(2)
Next(1, 9)
Check
```

조금 어려운 문제를 낸 것 같네요. 풀다가 막혔다면 정답을 살펴봐도 괜찮습니다!

여러분은 수영장에서 코드 조각을 가져다 코드의 빈칸을 채워야 합니다. 빈칸을 채울 때 코드 조각을 여러 번 사용해도 되고 사용하지 않은 코드 조각이 있어도 됩니다. 목표는 컴파일하면서 예제와 같은 내용을 출력하는 클래스를 완성하는 것입니다.
출력 결과는 다음과 같도록 곱셈이나 덧셈 퀴즈를 내고 답을 맞히는 프로그램을 작성해 봅시다.

```
8 + 5 = 13
Right!
4 * 6 = 24
Right!
4 * 9 = 37
Wrong! Try again.
4 * 9 = 36
Right!
9 * 8 = 72
Right!
6 + 5 = 12
Wrong! Try again.
6 + 5 = 9
Wrong! Try again.
6 + 5 = 11
Right!
8 * 4 = 32
Right!
8 + 6 = Bye
Thanks for playing!
```

이 게임은 임의의 덧셈과 곱셈 문제를 생성합니다.

틀리면 답을 맞힐 때까지 질문을 반복합니다.

숫자가 아닌 답을 입력하면 게임을 종료합니다.

알아 두기
여기 있는 코드 조각은 여러 번 사용해도 됩니다!

```
class Q {
    public Q(bool add) {
        if (add) Op = "+";
        else Op = "*";
        N1 = R . Next(1, 10) ;
        N2 = R . Next(1, 10) ;
    }

    public static Random R = new Random();
    public int N1 { get; private set; }
    public string Op { get; private set; }
    public int N2 { get; private set; }

    public bool Check(int a )
    {
        if ( Op == "+") return (a == N1 + N2);
        else return (a == N1 * N2 );
    }
}

internal class Program {
    public static void Main(string[] args) {
        Q q = new Q( Q .R. Next(2) == 1);
        while (true) {
            Console.Write($ "{q. N1 } {q. Op } {q. N2 } = ");
            if (!int.TryParse(Console.ReadLine(), out int i)) {
                Console.WriteLine("Thanks for playing!");
                return ;
            }
            if ( q . Check ( i )) {
                Console.WriteLine("Right!");
                q = new Q( Q .R. Next(2) == 1);
            }
            else Console.WriteLine("Wrong! Try again.");
        }
    }
}
```

코드 조각 중 정답에 쓰인 코드 조각 옆에는 체크 표시를 해 두었습니다.

Next()	a ✓	Q ✓	add	class	if	+
Next(1, 10) ✓	b	add	int	void	else	*
Next(2) ✓	c	Main	args	int ✓	new ✓	-
Next(1, 9)	i ✓	Op ✓	bool ✓	public	return ✓	*=
Check ✓	j	Random	string ✓	private ✓	while	== ✓
	k	R ✓	double	static ✓	for	+=
	q ✓	N1 ✓	float		foreach	
	r	N2 ✓				
	s	out				

메서드와 속성에 관한 몇 가지 유용한 사실

- **클래스의 모든 메서드는 유일한 시그니처(signature)를 가집니다.**
  메서드의 첫 줄에 있는 액세스 한정자, 반환 값, 메서드 이름, 매개 변수 등을 메서드의 **시그니처**라고 부릅니다. 속성 역시 액세스 한정자, 타입, 이름으로 구성된 시그니처를 가집니다.

- **객체 이니셜라이저에서 속성을 초기화할 수 있습니다.**
  여러분은 앞서 다음과 같은 객체 이니셜라이저를 사용했습니다.

```
Guy joe = new Guy() { Cash = 50, Name = "Joe" };
```

  객체 이니셜라이저에서 속성 값을 지정할 수도 있습니다. 그러면 생성자가 먼저 실행되고, 그다음에 속성 값이 설정됩니다. 객체 이니셜라이저는 public 필드, 속성만 초기화할 수 있습니다.

- **개발자가 정의하지 않더라도 모든 클래스에는 생성자가 있습니다.**
  CLR이 객체를 인스턴스화하려면 생성자가 필요합니다. 이는 .NET이 작동하는 내부 메커니즘의 일부입니다. 클래스에 생성자를 정의하지 않았다면 C# 컴파일러는 자동으로 매개 변수 없는 생성자를 추가해 줍니다.

- **private 생성자를 추가해서 다른 클래스가 클래스를 인스턴스화하는 것을 막을 수 있습니다.**
  때론 객체가 생성되는 방식을 면밀하게 제어해야 합니다. 생성 방식을 제어하는 방법 중 하나는 생성자를 private으로 선언하는 것입니다. 그러면 클래스 내부에서만 생성자를 호출할 수 있게 됩니다. 정말 그런지 다음 코드를 테스트해 보세요.

```
internal class NoNew {
    private NoNew() { Console.WriteLine("I'm alive!"); }
    public static NoNew CreateInstance() { return new NoNew(); }
}
```

  NoNew 클래스를 콘솔 앱에 추가해 보세요. new NoNew();를 Main() 메서드에 추가하면 C# 컴파일러는 보호 수준 때문에 'NoNew.NoNew()'에 액세스할 수 없다는 오류를 발생시킵니다. 하지만 NoNew.CreateInstance() 메서드는 정상적으로 새 인스턴스를 만들 수 있습니다.

이번에는 비디오 게임의 미학에 관해서 한번 이야기해 볼까요? 캡슐화를 알게 됐다고 해서 여러분이 예전에는 구현하지 못했던 기능을 하루아침에 갑자기 구현할 수 있게 되는 것은 아닙니다. 실제로 속성, 생성자, private 메서드 등을 사용하지 않고도 동일한 프로그램을 작성할 수는 있죠. 하지만 캡슐화를 바탕으로 만든 프로그램은 이전 프로그램과 분명 달라 보일 것입니다. 프로그래밍의 역할은 코드로 어떤 일을 수행하도록 하는 것이 전부가 아니기 때문입니다.
동일한 작업을 수행하는 코드를 더 나은 방법으로 작성할 수 있습니다. 미학에 관한 다음 글을 읽고 한번 생각해 보세요.
미학은 게임의 작동 방식을 바꾸지는 않습니다만, 플레이어가 게임에 대해 생각하고 느끼는 방식을 바꿀 수 있습니다.

게임 디자인 원칙 | 미학

최근에 했던 게임에서는 어떤 느낌을 받았나요? 재밌었나요? 스릴을 느끼거나 아드레날린이 분비되는 경험을 했나요? 무엇인가를 발견했거나 성취감을 느꼈나요? 다른 플레이어와 경쟁하거나 협력하는 느낌을 받았나요? 빠져들 만한 이야기가 있었나요? 재밌었나요? 슬펐나요? 게임은 감정적인 반응을 이끌어 낼 수 있으며 이것이 미학의 기저에 있는 개념입니다.

게임에 대한 감정을 논하는 것이 어색할 수도 있지만, 게임 디자인에서 감정은 중요한 심미적 요소입니다. 성공한 게임은 플레이어가 감정을 느끼게 하죠. 테트리스에서 긴 막대를 떨어뜨려 4줄을 한꺼번에 삭제했을 때의 만족감이나 몬스터가 팩맨 바로 뒤에 있는 상황에서 파워 펠릿을 먹었을 때의 긴박감을 생각해 보면 이해가 될 것입니다.

- 미술, 시각, 음악, 사운드, 스토리 작법 등의 요소는 당연히 미학에 영향을 주지만, 게임에서의 미학은 예술적 요소 그 이상을 의미합니다. 미학은 게임이 구성되는 방식 그 자체로부터 비롯됩니다.
- 이러한 미학은 비디오 게임뿐만 아니라 보드 게임에서도 찾아볼 수 있습니다. 예를 들면 포커의 미학은 감정 컨트롤이나 아슬아슬한 블러핑에 있죠. Go Fish! 같은 단순한 카드 게임조차 나름의 미학을 갖추고 있습니다. 플레이어가 다른 플레이어의 패를 파악해 가는 느낌, 플레이어가 새 짝(book)을 맞출 때마다 승자에게 가까워지는 느낌, 필요한 카드를 뽑았을 때의 스릴과 상대방이 나에게 없는 카드를 요구했을 때 'Go Fish!'라고 말하는 것 등이 그러한 요소들이죠.
- 간혹 '재미'와 '게임 플레이'를 이야기하는 것보다 게임의 미학을 이야기하는 편이 더 정확할 수 있습니다.
- 게임이 플레이어에게 극복할 장애물을 던져 주면 그것을 해결하는 성취감도 함께 준다고 할 수 있습니다.
- 게임의 줄거리는 플레이어가 게임 속 이야기에 주의를 기울이도록 합니다.
- 게임의 순수한 실체적 감각은 플레이어에게 기쁨을 줍니다. 리듬 게임의 박자, 파워 펠릿을 먹을 때 '꿀꺽' 하는 감각, 자동차를 가속할 때 '부르릉' 하는 감각 등 말이죠.
- 협동 또는 멀티플레이어 게임은 다른 이들과의 일체감을 느끼게 합니다.
- 상상의 세계를 제공하는 게임은 플레이어가 다른 세계에 있다는 느낌을 줄 뿐만 아니라 플레이어가 전혀 다른 인물(또는 사람조차도 아닌!)이 될 수 있도록 해 줍니다.
- 제작자의 생각을 표현한 게임은 플레이어가 자아 성찰을 하거나 플레이어 자신에 대한 깨달음을 얻도록 해 줍니다.

믿거나 말거나 미학에 관련한 이런 개념으로 게임뿐만 아니라 프로그램이나 앱에 적용되는 개발 방식에 대한 더 큰 깨달음을 얻을 수 있습니다. 방금 배운 개념은 잠시 잊죠. 다음 장에서 이에 대해 더 이야기하겠습니다.

일부 개발자는 미학에 대해 회의적인 입장을 보입니다. 이들은 게임의 '역학'만이 전부라 여기기 때문입니다.
미학의 중요성을 생각해 보기 위해 간단한 실험을 하나 해 봅시다. 동일한 역할을 가진 게임이 2개 있다고 가정하겠습니다.
이 두 게임에는 아주 작은 차이가 있습니다. 첫 번째 게임은 마을을 구하기 위해 바위를 걷어차는 게임입니다.
두 번째 게임은 플레이어가 고약한 사람이라서 강아지나 고양이를 걷어차는 게임이고요.
두 게임의 요소인 '발로 걷어차는 것'이 서로 동일하지만, 전혀 다른 게임으로 받아들여지죠. 이것이 미학의 힘입니다.

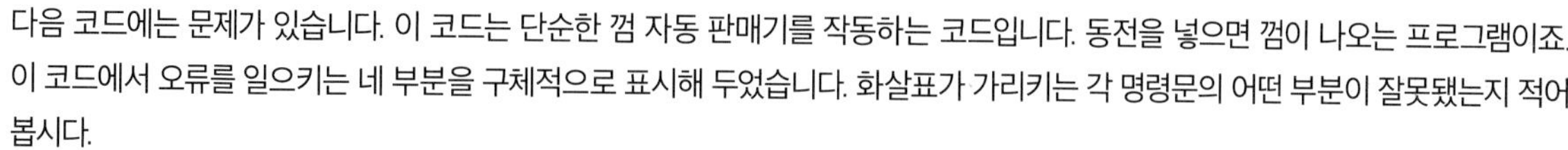

다음 코드에는 문제가 있습니다. 이 코드는 단순한 껌 자동 판매기를 작동하는 코드입니다. 동전을 넣으면 껌이 나오는 프로그램이죠. 이 코드에서 오류를 일으키는 네 부분을 구체적으로 표시해 두었습니다. 화살표가 가리키는 각 명령문의 어떤 부분이 잘못됐는지 적어 봅시다.

```
internal class GumballMachine {
    private int gumballs;

        private int price;
        public int Price
        {
            get
            {
                return price;
            }
        }

    public GumballMachine(int gumballs, int price)
    {
            gumballs = this.gumballs;
            price = Price;
    }

    public string DispenseOneGumball(
            int price, int coinsInserted)
    {
            // price 지원 필드를 검사합니다.
            if (this.coinsInserted >= price)
            {
                gumballs -= 1;
                return "Here's your gumball";
            } else {
                return "Insert more coins";
            }
    }
}
```

쓰면서 제대로 공부하기 정답

오언의 코드를 수정할 준비가 됐습니다. 

다음 코드에는 문제가 있습니다. 코드에서 오류를 일으키는 명령문을 표시해 두었습니다. 이 명령문의 문제가 무엇인지 살펴보죠.

소문자 p로 시작하는 price는 필드가 아닌 생성자의 매개 변수를 나타냅니다. 이 명령문은 Price getter가 반환한 값을 매개 변수에 할당합니다. 하지만 Price의 값이 설정된 적이 없기 때문에 이 코드에는 아무 의미가 없습니다. Price를 price로 초기화하면 이 코드는 잘 작동합니다.

'this' 키워드가 잘못된 'gumballs'에 사용됐습니다. this.gumballs는 속성을 가리켜야 하지만, gumballs는 사실 매개 변수를 나타내고 있으니까요.

여기 'this' 키워드는 매개 변수에 사용하면 안 됩니다. this 키워드는 price 필드에 붙어야 하는데 이 필드가 매개 변수에 의해 마스킹되고 있기 때문입니다.

이 매개 변수는 price라는 private 필드를 마스킹합니다. 그리고 주석문을 보면 이 메서드는 price 지원 필드의 값을 검사한다고 되어 있죠.

```
public GumballMachine(int gumballs, int price)
{
    gumballs = this.gumballs;
    price = Price;
}

public string DispenseOneGumball(int price, int coinsInserted)
{
    // price 지원 필드를 검사합니다.
    if (this.coinsInserted >= price)
    {
        gumballs -= 1;
        return "Here's your gumball";
    } else {
        return "Insert more coins";
    }
}
```

코드를 살펴보는 데 시간을 더 많이 투자하세요. 이와 같은 실수들은 초보 개발자가 객체를 다룰 때 종종 저지르는 것들입니다. 이런 실수를 피하는 법을 배운다면 코드를 더 잘 작성할 수 있습니다.

무엇이든 물어보세요! Q&A

Q1 생성자가 메서드라면 왜 생성자에는 반환 타입이 없죠??

A1 모든 생성자는 void로 선언되기 때문에 반환 타입이 없습니다. 생성자는 값을 반환할 방법이 없기 때문입니다. 그런데 매번 생성자 앞에 void를 입력해야 한다면 시간이 낭비되겠죠.

Q2 setter 없이 getter만 갖는 속성을 만들 수 있을까요?

A2 그럼요! set 접근자 없이 get 접근자만 있다면 이 속성은 읽기 전용 속성이 됩니다. 예를 들면, SecretAgent는 다음과 같이 지원 필드를 가지는 public 읽기 전용 속성을 가집니다.

```
string spyNumber = "007";
public string SpyNumber
{
    get { return spyNumber; }
```

Q3 그렇다면 getter 없이 setter만 갖는 속성도 있겠군요, 그렇죠?

A3 네, 있습니다. 그러나 자동 속성은 반드시 getter가 필요하므로 getter가 없으면 오류가 발생합니다. setter만 있는 속성은 쓰기만 가능합니다. 이 점을 이용하면 SecretAgent 클래스에 다른 스파이가 값을 쓸 수는 있지만 읽을 수는 없는 속성을 만들 수 있습니다.

```
public string DeadDrop
{
    set { StoreSecret(value); }
}
```

연습 문제

배운 내용을 바탕으로 오언의 칼 데미지 계산기 프로젝트의 코드를 고쳐 봅시다. SwordDamage_Console_Part_1 프로젝트를 여세요. 그러고 나서 SwordDamage 클래스를 변경해 필드를 속성으로 교체하고 생성자를 추가하겠습니다. 이 작업이 끝나면 클래스를 사용하는 콘솔 앱을 그에 맞게 수정합니다. 그다음으로 WPF 애플리케이션을 고쳐 보겠습니다. 콘솔 앱과 WPF 애플리케이션을 각각 새로 만든다면 이 연습 문제를 더 쉽게 풀 수 있습니다.

1단계: SwordDamage 클래스를 수정해서 잘 캡슐화합니다.

① Roll 필드를 제거하고 그 대신 Roll 속성과 roll이라는 이름의 지원 필드를 추가합니다. getter는 지원 필드 값을 반환합니다. setter는 지원 필드 값을 수정한 후 CalculateDamage() 메서드를 호출합니다.

② SetFlaming() 메서드를 제거하고 그 대신 Flaming 속성과 flaming이라는 이름의 지원 필드를 추가합니다. Roll 속성이 작동했던 것처럼 Flaming 속성의 getter는 지원 필드 값을 반환하고, setter는 지원 필드 값을 수정한 후 CalculateDamage() 메서드를 호출합니다.

③ SetMagic() 메서드를 제거하고 그 대신 Magic 속성과 magic이라는 이름의 지원 필드를 추가해서 Flaming과 Roll 속성처럼 작동하도록 만듭니다.

④ Damage라는 이름의 자동 속성을 만들어 public getter와 private setter를 추가합니다.

⑤ MagicMultiplier, FlamingDamage 필드를 삭제합니다. CalculateDamage() 메서드를 수정해서 Roll, Magic, Flaming 속성 값을 검사한 후 메서드 안에서 전체 계산을 다시 수행합니다.

⑥ 초기의 주사위 개수(roll) 값을 매개 변수로 받는 생성자를 추가합니다. CalculateDamage() 메서드는 이제 속성의 setter와 생성자에서만 호출되며 다른 클래스는 이 메서드를 호출하지 않습니다. 메서드를 private으로 선언합니다.

⑦ 모든 public 클래스 멤버에 XML 코드 문서화를 추가합니다.

2단계: 잘 캡슐화된 SwordDamage 클래스를 사용하도록 콘솔 앱을 변경합니다.

① 주사위 3개를 굴려서 나온 값을 반환하는 static 메서드 RollDice()를 만듭니다. Random 인스턴스를 변수 대신 static 필드에 저장해서 Main() 메서드와 RollDice() 메서드가 이 인스턴스를 사용하도록 만듭니다.

② 새로운 RollDice() 메서드를 SwordDamage 생성자의 인수와 Roll 속성 값을 설정에 사용합니다.

③ SetMagic(), SetFlaming() 메서드를 호출하는 코드를 수정해 Magic과 Flaming 속성을 대신 사용하도록 합니다.

3단계: 잘 캡슐화된 SwordDamage 클래스를 사용하도록 WPF 애플리케이션을 수정합니다.

① 1단계의 코드를 새 WPF 애플리케이션에 복사합니다. 4장에서 사용했던 XAML 코드도 함께 복사합니다.

② 코드 숨김 파일에 MainWindow.swordDamage 필드를 다음과 같이 선언합니다. 그리고 생성자에서 인스턴스화합니다.

```
SwordDamage swordDamage;
```

③ MainWindow 생성자에서 swordDamage 필드에 주사위 3개를 굴려서 나온 임의의 값으로 초기화한 새 SwordDamage 인스턴스를 할당합니다. 그런 다음 CalculateDamage() 메서드를 호출합니다.

④ RollDice(), Button_Click() 메서드는 4장과 동일하게 둡니다.

⑤ 문자열 보간을 사용하도록 DisplayDamage() 메서드를 변경합니다. 다만 출력하는 내용은 이전과 동일해야 합니다.

⑥ 체크박스 2개에 적용된 Checked, Unchecked 이벤트 핸들러를 이전의 SetMagic(), SetFlaming() 메서드 대신 Magic, Flaming 속성을 사용하도록 변경합니다. 그런 다음 DisplayDamage()를 호출합니다.

이제 프로그램을 테스트해 보세요. 디버거나 Debug.WriteLine 명령문을 사용해 작동이 제대로 되는지 확인합니다.

연습 문제 정답

이제 오언은 훨씬 쉽게 사용할 수 있으면서도 오류도 없는 칼 데미지 계산 클래스를 만들었습니다. 각 속성은 데미지를 다시 계산하므로 더 이상 호출 순서 때문에 문제가 발생하지 않습니다. 다음은 잘 캡슐화된 SwordDamage 클래스의 코드입니다.

```
internal class SwordDamage
{
    private const int BASE_DAMAGE = 3;
    private const int FLAME_DAMAGE = 2;

    /// <summary>
    /// 계산된 데미지 값을 저장합니다.
    /// </summary>
    public int Damage { get; private set; }

    private int roll;

    /// <summary>
    /// 주사위 3개를 굴려서 나온 값을 설정하거나 반환합니다.
    /// </summary>
    public int Roll
    {
        get { return roll; }
        set
        {
            roll = value;
            CalculateDamage();
        }
    }

    private bool magic;

    /// <summary>
    /// 마법 칼이면 true, 아니면 false를 반환합니다.
    /// </summary>
    public bool Magic
    {
        get { return magic; }
        set
        {
            magic = value;
            CalculateDamage();
        }
    }

    private bool flaming;

    /// <summary>
    /// 불타는 칼이면 true, 아니면 false를 반환합니다.
    /// </summary>
    public bool Flaming
    {
        get { return flaming; }
        set
        {
            flaming = value;
```

이들 상수는 다른 클래스에서 사용하지 않기 때문에 private으로 두는 것이 상식적입니다.

Damage 속성의 private set 접근자는 읽기 전용 속성을 만듭니다. 그러므로 이 값은 다른 클래스가 변경할 수 없습니다.

Roll 속성은 private 지원 필드를 가지고 있습니다. set 접근자는 CalculateDamage() 메서드를 호출해서 Damage 속성의 값을 자동으로 갱신합니다.

Magic, Flaming 속성은 Roll 속성과 동일한 방식으로 작동합니다. 이들 속성은 CalculateDamage()를 호출하므로 둘 다 Damage 속성의 값을 자동으로 갱신합니다.

```
            CalculateDamage();
        }
    }

    // <summary>
    /// 현재 속성들의 값을 기준으로 데미지를 계산합니다.
    /// </summary>
    private void CalculateDamage()
    {
        decimal magicMultiplier = 1M;
        if (Magic) magicMultiplier = 1.75M;

        Damage = BASE_DAMAGE;
        Damage = (int)(Roll * magicMultiplier) + BASE_DAMAGE;
        if (Flaming) Damage += FLAME_DAMAGE;
    }

    /// <summary>
    /// 생성자는 기본 Magic, Flaming 값과 주사위 3개를 굴려서 나온 값을 기준으로 데미지를 계산합니다.
    /// </summary>
    /// <param name="startingRoll">주사위 3개를 굴려서 나온 값</param>
    public SwordDamage(int startingRoll)
    {
        roll = startingRoll;
        CalculateDamage();
    }
}
```

이 모든 계산은 CalculateDamage() 메서드 내부에 캡슐화되어 있습니다. 이 메서드는 Roll, Magic, Flaming 속성의 get 접근자를 사용합니다.

생성자는 Roll 속성의 지원 필드 값을 설정한 다음, CalculateDamage()를 호출해서 Damage 속성의 값을 갱신합니다.

다음은 콘솔 앱의 Main() 메서드 코드입니다.

```
internal class Program
{
    static Random random = new Random();

    static void Main(string[] args)
    {
        SwordDamage swordDamage = new SwordDamage(RollDice());
        while (true)
        {
            Console.Write("0 for no magic/flaming, 1 for magic, 2 for flaming, " +
                          "3 for both, anything else to quit: ");
            char key = Console.ReadKey().KeyChar;
            if (key != '0' && key != '1' && key != '2' && key != '3') return;
            swordDamage.Roll = RollDice();
            swordDamage.Magic = (key == '1' || key == '3');
            swordDamage.Flaming = (key == '2' || key == '3');
            Console.WriteLine($"\nRolled {swordDamage.Roll} for {swordDamage.Damage} HP\n");
        }
    }

    private static int RollDice()
    {
        return random.Next(1, 7) + random.Next(1, 7) + random.Next(1, 7);
    }
}
```

주사위 3개를 굴려서 나온 값을 더하는 별도의 메서드를 만들면 Main() 메서드 두 군데에서 이 메서드를 호출할 수 있으므로 편리합니다. '메서드 생성' 기능을 사용해서 메서드를 생성하면 비주얼 스튜디오가 이 메서드를 자동으로 private으로 설정합니다.

연습 문제 정답

다음은 WPF 애플리케이션의 코드 숨김 파일의 내용입니다. XAML은 이전과 동일합니다.
연습 문제에 주사위 3개를 굴려서 나온 값을 더하는 별도의 메서드로 옮기라는 내용은 없었죠. 만약 콘솔 앱에서처럼 RollDice() 메서드를 추가하면 코드를 읽기가 쉬워질까요? 아니면 불필요한 작업일까요? 어떤 한 가지 방법이 다른 방법에 비해 꼭 더 낫다거나 나쁘기만 한 것은 아닙니다! 두 가지 방법을 모두 시도해 보고 상황에 따라 맞는 것을 선택하면 됩니다.

중복된 코드 한 줄을 별도의 메서드로 분리할지 말지 고민하는 것에서부터 코드를 더 아름답게 만드는 '코드 미학'이 시작됩니다. 아름다움은 대상을 바라보는 사람의 눈에 존재하니까요.

```
public partial class MainWindow : Window
{
    Random random = new Random();
    SwordDamage swordDamage;

    public MainWindow()
    {
        InitializeComponent();
        swordDamage = new SwordDamage(random.Next(1, 7) + random.Next(1, 7) + random.Next(1, 7));
        DisplayDamage();
    }

    public void RollDice()
    {
        swordDamage.Roll = random.Next(1, 7) + random.Next(1, 7) + random.Next(1, 7);
        DisplayDamage();
    }

    void DisplayDamage()
    {
        damage.Text = $"Rolled {swordDamage.Roll} for {swordDamage.Damage} HP";
    }

    private void Button_Click(object sender, RoutedEventArgs e)
    {
        RollDice();
    }

    private void Flaming_Checked(object sender, RoutedEventArgs e)
    {
        swordDamage.Flaming = true;
        DisplayDamage();
    }

    private void Flaming_Unchecked(object sender, RoutedEventArgs e)
    {
        swordDamage.Flaming = false;
        DisplayDamage();
    }

    private void Magic_Checked(object sender, RoutedEventArgs e)
    {
        swordDamage.Magic = true;
        DisplayDamage();
    }

    private void Magic_Unchecked(object sender, RoutedEventArgs e)
    {
        swordDamage.Magic = false;
        DisplayDamage();
    }
}
```

잠깐! 쉬어 가는 코너로 여러분의 우뇌에 할 일을 줘 봅시다.
다음 낱말 퀴즈의 답은 지금까지 이 책에서 등장한 단어들입니다.

알아 두기

잊지 마세요. 낱말 퀴즈의 정답은 영어로 작성해야 합니다!

가로

1. x = (int) y; 다음 명령문에서 (int)가 하는 역할은?
4. 필드처럼 보이지만 메서드처럼 작동하는 것은?
7. ₩n, ₩r은 ________ 시퀀스.
9. 클래스의 인스턴스를 생성할 때 선언부에 넣으면 안 되는 키워드는?
12. 객체를 가리키는 변수는?
14. 객체는 ________의 인스턴스다.
15. 양의 정수만 저장하는 숫자 타입을 ________ int 타입이라고 한다.
18. 변수에 어떤 값이든 할당할 수 있는 타입은?
21. $과 중괄호를 사용해서 문자열에 값을 포함시키는 것은?
23. 코드를 작성하기 전에 미리 그려보면 좋은 것은?
26. 변수 선언은 ________(으)로 시작한다.
27. 가장 큰 숫자를 저장하는 숫자 타입은?
28. 메서드에 정보를 전달하기 위해 사용하는 것은?
29. 통화 값을 저장할 때 사용하는 타입은?

세로

2. 문자열로의 변환을 위해 모든 객체가 가진 이 메서드는?
3. 객체의 필드는 자신의 ________을/를 저장한다.
5. namespace, for, while, using, new 등은 ________ 키워드다.
6. 클래스의 행위를 정의하는 것은?
8. 객체의 마지막 참조가 없어지면 일어나는 일은?
10. + 연산자가 두 문자열을 합치는 것은?
11. 메서드가 무엇을 전달할지 알려 주는 방식은?
13. +=, -=는 ________대입 연산자다.
16. 변수 선언의 두 번째 부분은?
17. 객체가 생성되는 곳은?
19. 클래스에 직접 선언된 변수로 이 클래스의 모든 멤버가 접근할 수 있는 변수는?
20. 부동 소수점에서 움직이는 것은?
22. 메서드에게 실행을 즉시 중단하고 변환 값을 반환하면서 메서드를 호출한 명령어로 돌아가도록 하는 것은?
24. 객체를 생성할 때 사용하는 명령어는?
25. 메서드가 아무것도 반환하지 않을 때의 타입은?

요점 정리

- **캡슐화(encapsulation)**는 다른 클래스가 의도와는 다르게 값을 변경하거나 다른 클래스의 멤버를 잘못 사용하는 상황을 방지해서 코드를 안전하게 지켜 줍니다.
- 값을 설정할 때 특정한 처리 또는 계산이 필요한 필드는 캡슐화의 주요 후보입니다.
- 필드와 메서드가 잘못 사용될 경우를 대비해서 꼭 필요한 경우에만 필드와 메서드를 public으로 선언하세요.
- 필드, 속성, 변수, 메서드 등의 이름을 지을 때는 일관성 있는 명명법을 사용해서 코드를 읽기 쉽게 만드세요. 많은 개발자가 private 필드의 이름에는 **카멜 케이스(camelCase)**를 사용하고, public 필드에는 **파스칼 케이스(PascalCase)**를 사용합니다.
- **속성(property)**은 사용할 때는 필드처럼 보이고 내부 실행은 메서드처럼 작동하는 클래스 멤버입니다.
- **get 접근자**(또는 **getter**)는 get 키워드 그리고 다음에 속성 값을 반환하는 메서드가 오는 형태로 정의됩니다.
- **set 접근자**(또는 **setter**)는 set 키워드 그리고 다음에 속성 값을 설정하는 메서드가 오는 형태로 정의됩니다. 메서드 내부에는 읽기 전용 변수인 value 키워드가 있으며 이 변수에는 설정되는 값이 저장되어 있습니다.
- **속성**은 가끔 **지원 필드(backing field)**의 값을 반환하거나 설정합니다. 지원 필드는 속성을 통해 접근을 제한하는 방식으로 캡슐화된 private 필드입니다.
- **자동 구현 속성(auto-implemented property)**은 지원 필드 값을 반환하는 getter와 지원 필드 값을 설정하는 setter를 가진 속성입니다. 자동 구현 속성은 **자동 속성**(automatic property 또는 auto-property)이라고도 합니다.
- 비주얼 스튜디오에서는 **prop 코드 조각(code snippet)**을 사용해서 자동 구현 속성을 생성할 수 있습니다. 'prop'을 입력하고 [Tab] 키를 2번 누르세요.
- **private 키워드**를 사용해 getter와 setter에 대한 접근을 제한할 수 있습니다. 읽기 전용 속성(read-only property)은 private setter를 가지고 있습니다.
- 객체가 생성되면, CLR은 먼저 선언부에 있는 모든 필드 값을 설정하고 생성자를 실행한 다음 new 구문을 사용해 객체를 생성한 코드로 돌아옵니다.
- **매개 변수가 있는 생성자**를 사용해 속성을 초기화할 수 있습니다. 그러면 new 키워드를 사용할 때 생성자에 전달할 인수를 지정하면 됩니다.
- 필드와 이름이 같은 매개 변수는 필드를 **마스킹(masking)**합니다. 필드에 접근하려면 **this 키워드**를 사용하세요.
- 클래스에 생성자를 추가하지 않으면 C# 컴파일러가 자동으로 **매개 변수 없는 생성자**를 클래스에 추가합니다.
- 클래스에 **private 생성자**를 추가해서 다른 클래스가 해당 클래스를 인스턴스화하는 것을 방지할 수 있습니다.

낱말 퀴즈 정답

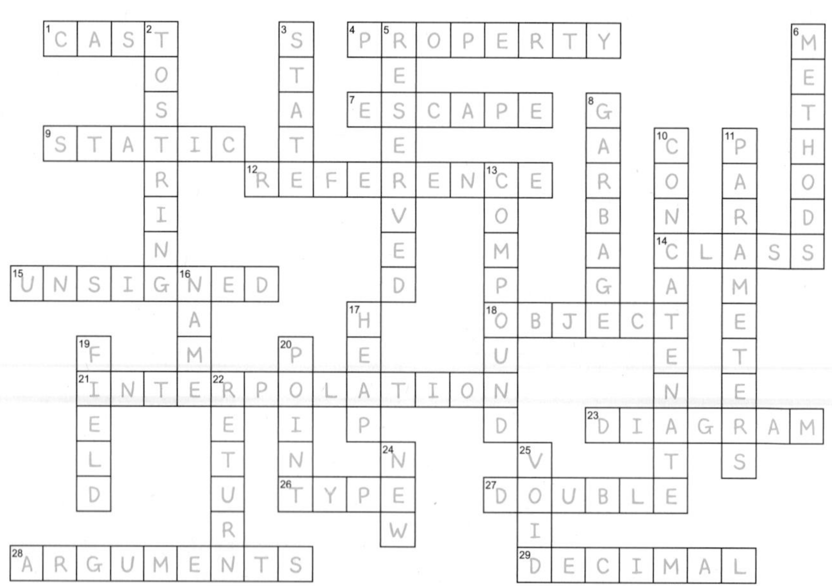

CHAPTER

06

상속

객체의 가계도

그러니까 나는 TwoWheeler를 상속받은 Bicycle 객체를 타고 커브 길을 따라 가고 있었는데, Brake 메서드를 재정의하는 걸 깜빡했지 뭐야?!

가끔은 부모처럼 굴고 싶을 때가 있습니다

여러분이 원하는 대로 모든 작업을 정확히 수행하는 클래스를 만들어 본 적이 있나요? 몇 가지만 바꾸면 완벽한 클래스가 될 것 같다고 생각해 본 적은 있었나요? 상속을 사용하면 이미 존재하는 클래스의 기능을 그대로 이어받으면서 클래스를 확장할 수 있습니다. 클래스의 특정한 행위를 유연하게 변경해서, 원하는 대로 기능을 다듬을 수 있습니다. 상속은 C# 언어의 가장 강력한 개념과 기법입니다. 상속을 통해 코드 중복을 피하고, 좀 더 실세계에 가깝게 모델링할 수 있으며, 유지 보수가 쉽고 오류를 덜 유발하는 앱을 만들 수 있습니다.

다른 무기의 데미지 계산하기

여러분의 앱에 새로운 무기를!

게임에서 수정된 칼 데미지 계산기를 사용해 봤더니 반응이 좋았습니다! 이제 오언은 다른 무기에도 이 계산기를 사용해 보려고 합니다. 먼저 주사위를 굴려서 나온 값을 화살의 기본 데미지로 설정하고 프로젝트를 만들어 봅시다. 새로운 ArrowDamage 클래스를 만들어 오언의 게임 마스터 노트에 있는 화살 데미지 공식을 사용해 데미지를 계산해 봅시다. ⟶

* 보통 화살의 기본 데미지는 주사위 1개를 굴려서 나온 값에 0.35 HP를 곱합니다.
* 마법 화살은 기본 데미지에 2.5 HP를 곱합니다.
* 불타는 화살은 1.25 HP를 추가로 더합니다.
* 결과 값을 가까운 정수 HP로 반올림합니다.

따라해 보세요!

01 WeaponDamage_Part_1 이름의 새 콘솔 앱 프로젝트를 만듭니다.

칼과 화살 데미지를 모두 계산할 것이므로, 칼 데미지 계산기 앱을 만들 때 사용했던 SwordDamage 파일을 복사해서 프로젝트에 추가합니다.

02 SwordDamage 클래스를 복사해서 ArrowDamage 클래스를 만듭니다.

ArrowDamage라는 이름의 새 클래스를 만들고, SwordDamage 클래스의 코드를 복사해 ArrowDamage 클래스에 붙여 넣습니다. 그런 다음 클래스의 이름과 생성자 이름을 ArrowDamage로 변경한 다음 프로그램을 빌드합니다.

ArrowDamage

Roll
Magic
Flaming
Damage

03 상수를 리팩터링합니다.

화살 데미지 계산 공식은 기본 데미지와 화염 데미지를 다르게 계산하므로, BASE_DAMAGE 상수의 이름을 BASE_MULTIPLIER로 변경하고, 상수의 값도 변경합니다. MAGIC_MULTIPLIER 상수도 추가합니다.

```
private const decimal BASE_MULTIPLIER = 0.35M;
private const decimal MAGIC_MULTIPLIER = 2.5M;
private const decimal FLAME_DAMAGE = 1.25M;
```

이 상수들이 코드를 읽기 쉽게 만들고 있나요? 그렇게 느껴지지 않아도 괜찮습니다!

04 CalculateDamage 메서드를 수정합니다.

이제 새 ArrowDamage 클래스가 올바른 계산을 수행하도록 CalculateDamage() 메서드를 수정합니다.

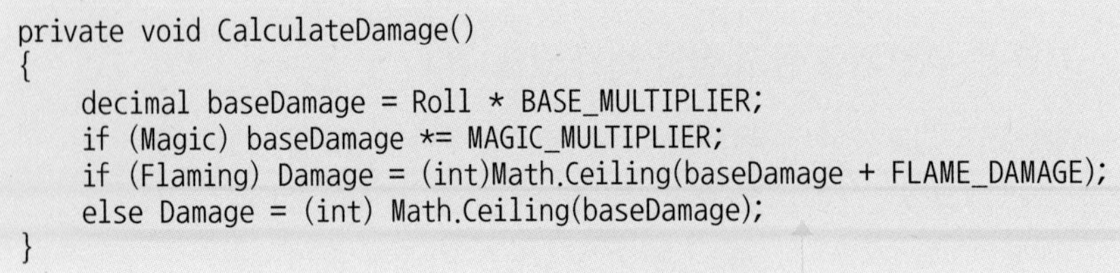

```
private void CalculateDamage()
{
    decimal baseDamage = Roll * BASE_MULTIPLIER;
    if (Magic) baseDamage *= MAGIC_MULTIPLIER;
    if (Flaming) Damage = (int)Math.Ceiling(baseDamage + FLAME_DAMAGE);
    else Damage = (int) Math.Ceiling(baseDamage);
}
```

Math.Ceiling() 메서드를 사용해 반올림할 수 있습니다. 이 함수는 입력된 인수의 타입을 그대로 반환하므로, int 타입으로 캐스팅해야 합니다.

뇌 단련

동일한 작업을 수행하는 코드를 작성하는 방법에는 여러 가지가 있습니다. 어떻게 하면 다른 방식으로 화살 데미지를 계산하는 코드를 작성할 수 있을까요?

switch 문을 사용해 조건을 맞춰 보기

Main() 메서드를 수정해서 사용자에게 화살 데미지를 계산할지 칼 데미지를 계산할지 묻게 해 봅시다. 여기서는 키 입력을 요구하므로, Char.ToUpper() 정적 메서드를 사용해서 입력된 키를 대문자로 변환합니다.

```
Console.Write("\nS for sword, A for arrow, anything else to quit: ");
char weaponKey = Char.ToUpper(Console.ReadKey().KeyChar);
```

Char.ToUpper() 메서드는 's', 'a'를 'S', 'A'로 변환합니다.

이와 같은 내용을 구현하기 위해 if/else 문을 사용할 수 있습니다.

```
if (weaponKey == 'S') { /* 칼 데미지 계산 */ }
else if (weaponKey == 'A') { /* 화살 데미지 계산 */ }
else return;
```

지금까지는 앞에서와 같은 방법으로 입력을 처리했습니다. 하나의 변수를 여러 다른 값과 비교해 보는 것은 흔한 패턴입니다. C#에는 이런 흔한 패턴을 처리하기 위해 설계된 특수한 구문이 있습니다. switch 문은 간결하고 읽기 쉬운 방식으로 하나의 변수를 여러 값들과 비교할 수 있게 해 줍니다. 위에 있는 if/else 문과 똑같이 작동하는 switch 문은 다음과 같습니다.

switch 문의 내부에는 switch 키워드 다음에 오는 값과 비교할 다른 값을 지정한 여러 case 레이블이 옵니다. 각각의 case 레이블은 case 키워드로 시작해서 비교할 값 다음에 콜론(:)이 오고, break 문으로 case 레이블이 끝났음을 표시합니다.

```
switch (weaponKey)
{
    case 'S':
        /* 칼 데미지 계산 */
        break;
    case 'A':
        /* 화살 데미지 계산 */
        break;
    default:
        return;
}
```

switch 키워드 다음에 다른 여러 값과 비교될 값이 옵니다.

default 키워드는 if/else 문의 마지막 else 문 같은 역할을 합니다. switch 문에서 일치하는 case 값이 없을 경우 default 절에 있는 내용이 실행됩니다.

연습 문제

switch 문을 사용해서 사용자가 무기 종류를 고를 수 있도록 Main() 메서드를 고쳐 보세요. 우선 5장의 마지막 연습 문제 정답에서 Main(), RollDice() 메서드를 복사하세요.

1. 메서드 시작 부분의 SwordDamage 인스턴스를 생성하는 명령문 바로 다음에 ArrowDamage 인스턴스를 생성하는 명령문을 추가하세요.
2. RollDice() 메서드를 수정해서 int 타입 numberOfRolls를 매개 변수로 받으세요. 이렇게 하면 주사위 3개를 굴려서 나온 값은 RollDice(3), 주사위 1개를 굴려서 나온 값은 RollDice(1)을 호출해서 쉽게 구할 수 있습니다.(RollDice() 메서드는 내부적으로 random.Next(1, 7)을 numberOfRolls의 횟수만큼 호출해서 결과를 합산해 반환합니다).
3. 위에 설명한 코드처럼 칼과 화살 중 무엇을 선택할지 묻는 문자열을 출력하고 Console.ReadKey를 사용해 글자 하나를 입력받습니다. 그 다음 Char.ToUpper로 입력받은 글자를 대문자로 변환해 weaponKey 변수에 저장합니다.
4. switch 문을 추가합니다. 위에 설명된 switch 문과 동일하지만, /* 주석 */ 부분은 실제 데미지를 계산하고 콘솔에 문자열을 출력하는 코드로 채워야 합니다.

연습 문제 정답

이 문제는 새로운 문법인 switch 문을 사용해 보기 위한 것이었습니다. C#뿐만 아니라 다른 언어에서도 switch 문을 많이 사용하기 때문에 잘 익혀 두면 여러모로 많은 도움을 얻을 수 있습니다.

```
internal class Program
{
    static Random random = new Random();
    static void Main(string[] args)
    {
        SwordDamage swordDamage = new SwordDamage(RollDice(3));
        ArrowDamage arrowDamage = new ArrowDamage(RollDice(1));

        while (true)
        {
            Console.Write("0 for no magic/flaming, 1 for magic, 2 for flaming, " +
                "3 for both, anything else to quit: ");
            char key = Console.ReadKey().KeyChar;
            if (key != '0' && key != '1' && key != '2' && key != '3') return;
            Console.Write("\nS for sword, A for arrow, anything else to quit: ");
            char weaponKey = Char.ToUpper(Console.ReadKey().KeyChar);

            switch (weaponKey)
            {
                case 'S':
                    swordDamage.Roll = RollDice(3);
                    swordDamage.Magic = (key == '1' || key == '3');
                    swordDamage.Flaming = (key == '2' || key == '3');
                    Console.WriteLine($"\nRolled {swordDamage.Roll} for {swordDamage.Damage} HP\n");
                break;
                case 'A':
                    arrowDamage.Roll = RollDice(1);
                    arrowDamage.Magic = (key == '1' || key == '3');
                    arrowDamage.Flaming = (key == '2' || key == '3');
                    Console.WriteLine($"\nRolled {arrowDamage.Roll} for {arrowDamage.Damage} HP\n");
                        break;
                default:
                    return;
            }
        }
    }

    private static int RollDice(int numberOfRolls)
    {
        int total = 0;
        for (int i = 0; i < numberOfRolls; i++) total += random.Next(1, 7);
        return total;
    }
}
```

방금 작성한 ArrowDamage 클래스의 새 인스턴스를 생성하세요.

이 코드 블록은 5장에서 살펴본 프로그램과 거의 동일합니다. if/else 블록 대신 switch/case 문을 사용한다는 점과 RollDice에 인수를 전달하고 있다는 점을 빼면요.

ArrowDamage를 사용해 데미지를 계산하는 코드는 SwordDamage를 사용하는 코드와 비슷합니다. 사실 거의 똑같죠. 코드 중복을 줄이면서 프로그램을 읽기 쉽게 만들 방법이 있지 않을까요?

switch(weaponKey)에 중단점을 설정하고, 디버거를 사용해 switch 문부터 한 단계씩 실행해 보세요. switch 문이 어떻게 작동하는지 감을 잡는 데 도움이 될 것입니다. 그런 다음, break 문을 삭제하고 다시 한 단계씩 실행해 보세요. break 문이 없는 부분에서 바로 다음 case 문으로 넘어갑니다.

하나만 더요. 단검의 데미지를 계산할 수 있을까요? 철퇴나 방망이는요?

잠깐, 무기를 더 추가한다고요?!

지금까지 칼과 화살의 데미지를 계산하는 클래스 2개를 만들었습니다. 하지만 무기의 종류가 3, 4개, 심지어 12개까지 늘어난다면 어떨까요? 이 코드를 유지 보수하고 나중에 코드를 더 수정해야 한다면? 게다가 같은 수정을 관련된 클래스 5~6개에 똑같이 적용해야 한다면요? 단순히 코드를 복사, 붙여넣기 한다고 하더라도 오류가 발생할 가능성이 높아질 것입니다.

수정할 코드가 완전히 동일하지 않아 클래스별로 추가 수정해야 한다면 어떻게 해야 할까요? 철퇴에 가시는 달려 있을 수 있지만, 불타는 철퇴는 없다면요?

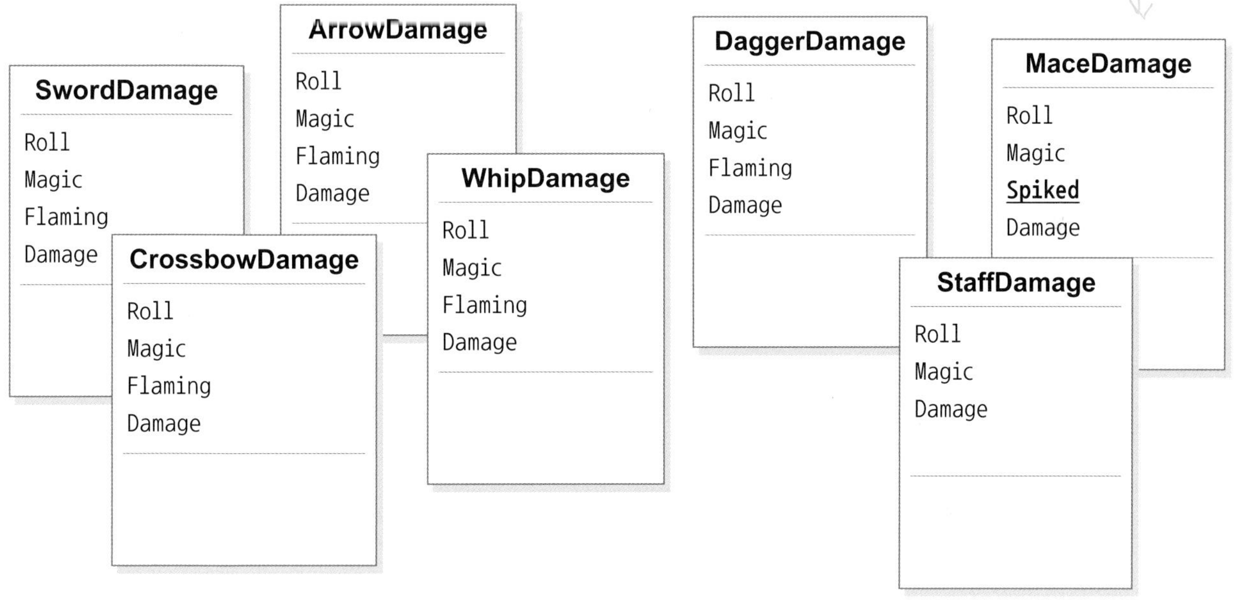

이런, 똑같은 코드를 몇 번이고 작성해야 하는군요. 이건 정말 비효율적이에요. 더 나은 방법이 있을 것 같은데요.

그렇습니다! 서로 다른 클래스가 똑같은 코드를 가지고 있으면 비효율적인데다 오류를 유발하기 쉽습니다

다행히도, C#은 서로 연관성이 있어 같은 기능을 공유하는 여러 클래스를 만들기 위한 더 나은 방법을 제공합니다. 그 개념이 바로 **상속(Inheritance)**입니다.

클래스에서 상속을 사용하면, 코드를 한 번만 작성해도 됩니다

모든 사물이 반짝인다면 금이 무슨 소용이랴.

SwordDamage와 ArrowDamage 클래스가 동일한 코드를 공유하는 것은 우연이 아닙니다. C# 프로그램에서 실세계의 사물을 나타내는 여러 클래스는 보통 서로 연관성이 있습니다. 롤플레잉 게임에서 각 무기의 데미지 계산 수식이 비슷한 것처럼, 실세계에서도 비슷한 기능의 사물을 나타내는 클래스는 비슷한 코드를 포함하기 마련이죠.

SwordDamage

Roll
Magic
Flaming
Damage

오언이 각 무기의 데미지를 비슷한 방식으로 계산하기 때문에 SwordDamage와 ArrowDamage 클래스는 거의 동일합니다.

서로 공통점이 있는 클래스가 2개 있다면, 이 클래스들이 동일한 클래스를 상속하게 할 수 있습니다. 그렇게 하면 각 클래스는 기본 클래스(base class)의 하위 클래스(subclass)가 됩니다.

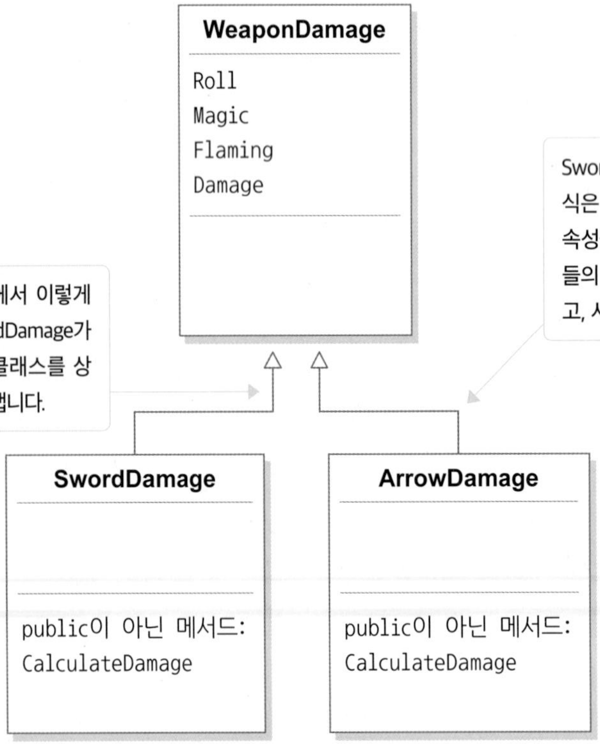

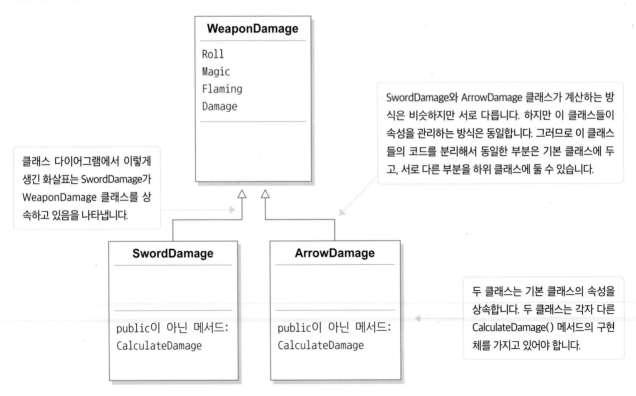

WeaponDamage

Roll
Magic
Flaming
Damage

SwordDamage와 ArrowDamage 클래스가 계산하는 방식은 비슷하지만 서로 다릅니다. 하지만 이 클래스들이 속성을 관리하는 방식은 동일합니다. 그러므로 이 클래스들의 코드를 분리해서 동일한 부분은 기본 클래스에 두고, 서로 다른 부분을 하위 클래스에 둘 수 있습니다.

클래스 다이어그램에서 이렇게 생긴 화살표는 SwordDamage가 WeaponDamage 클래스를 상속하고 있음을 나타냅니다.

SwordDamage

public이 아닌 메서드:
CalculateDamage

ArrowDamage

public이 아닌 메서드:
CalculateDamage

두 클래스는 기본 클래스의 속성을 상속합니다. 두 클래스는 각자 다른 CalculateDamage() 메서드의 구현체를 가지고 있어야 합니다.

일반적인 요소에서 구체적인 요소로 클래스 모델 만들기

어떤 대상(특히 실세계의 사물)을 나타내는 여러 클래스를 만드는 것은 클래스 모델을 설계하는 일과 같습니다. 실세계의 사물은 종종 일반적인 대상에서 구체적인 대상으로 이어지는 **계층 구조(hierarchy)**를 가집니다. 마찬가지로 여러분이 만드는 프로그램도 자신만의 클래스 계층 구조를 가집니다. 클래스 모델 중 하위에 있는 클래스들은 상위에 있는 클래스를 상속합니다.

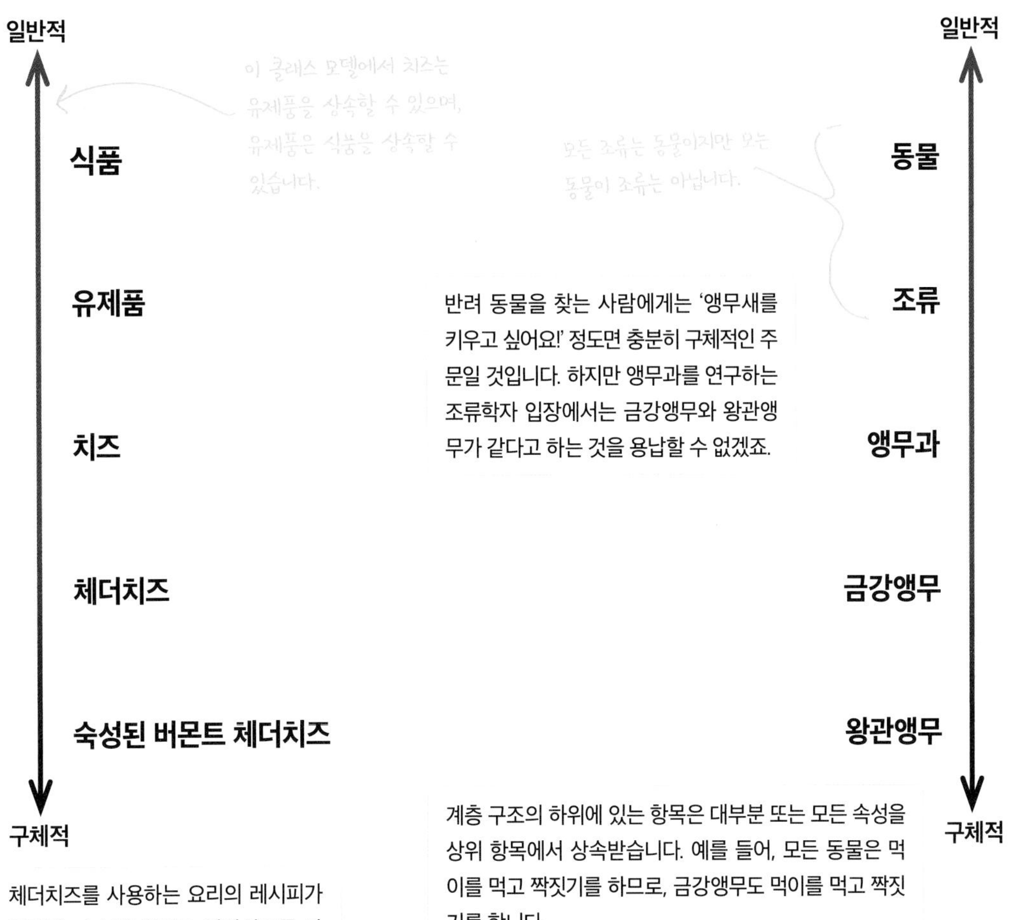

일반적
이 클래스 모델에서 치즈는 유제품을 상속할 수 있으며, 유제품은 식품을 상속할 수 있습니다.
식품
유제품
치즈
체더치즈
숙성된 버몬트 체더치즈
구체적
일반적
모든 조류는 동물이지만 모든 동물이 조류는 아닙니다.
동물
조류
반려 동물을 찾는 사람에게는 '앵무새를 키우고 싶어요!' 정도면 충분히 구체적인 주문일 것입니다. 하지만 앵무과를 연구하는 조류학자 입장에서는 금강앵무와 왕관앵무가 같다고 하는 것을 용납할 수 없겠죠.
앵무과
금강앵무
왕관앵무
구체적
계층 구조의 하위에 있는 항목은 대부분 또는 모든 속성을 상위 항목에서 상속받습니다. 예를 들어, 모든 동물은 먹이를 먹고 짝짓기를 하므로, 금강앵무도 먹이를 먹고 짝짓기를 합니다.

체더치즈를 사용하는 요리의 레시피가 있다면, 숙성된 버몬트 체더치즈를 사용할 수 있습니다. 만약 그 레시피에 특별히 숙성된 버몬트 체더치즈가 필요하다면, 아무 체더치즈나 사용할 수는 없습니다. 구체적으로 지정된 치즈가 필요한 것이니까요.

상속하다(inherit) [동사]

부모나 조상으로부터 어떤 특징을 이어받다.

그녀는 아기가 남편의 구슬 같은 푸른색 눈이 아닌, 자신의 큰 갈색 눈을 상속받기를 원했습니다.

동물원 시뮬레이터 설계해 보기

여기 동물원이 있어요.

사자, 호랑이, 곰, 하마, 늑대, 그냥 흔한 동네 개... 이제부터 여러분의 임무는 동물원을 시뮬레이션하는 앱을 설계해 보는 것입니다. 너무 흥분하지는 마세요. 실제로 코드를 작성하려는 것이 아니라 동물을 나타내는 클래스를 설계해 보려는 것뿐이니까요. 혹시 유니티에서 이를 어떻게 구현할지 이미 상상해 보셨나요?
현재 우리가 알고 있는 것은 다음과 같습니다. 각각의 동물을 객체로 표현할 것이며, 객체들은 시뮬레이터 안에서 움직일 것이고, 각 객체는 특정한 동물이 하는 행동을 프로그래밍할 것입니다.
무엇보다 중요한 것은, 다른 개발자도 이 프로그램을 유지 보수하는 데 어려움이 없어야 한다는 점입니다. 나중에 다른 개발자가 새로운 동물을 시뮬레이터에 추가하려 할 때 코드를 쉽게 파악하고 필요한 클래스를 적재적소에 추가할 수 있어야 합니다.

지금까지 파악한 동물의 클래스 모델을 만들어 봅시다.
먼저 동물들이 공통으로 가지고 있는 일반적인 특성, 즉 모든 동물이 가지고 있는 추상적인 특징을 파악할 필요가 있습니다. 이런 특징들을 모으면 모든 동물 클래스가 상속할 수 있는 기본 클래스를 작성할 수 있습니다.

부모 클래스(parent class), 슈퍼클래스(superclass), 기본 클래스(base class)는 모두 같은 의미입니다. 확장(extend)과 상속(inherit) 또한 같은 의미로 사용합니다. 자식 클래스(child class)와 하위 클래스(subclass)도 동일한 의미입니다.

간혹 '기본 클래스'라는 용어를 '계층 구조의 상위에 있는 클래스'라는 의미로 사용하는 경우도 있습니다. 하지만 이 용어가 최상위 클래스를 의미하지는 않습니다. 모든 클래스는 Object 클래스 또는 Object의 하위 클래스를 상속하고 있기 때문입니다.

01 동물들이 공통으로 가진 특성을 찾습니다.

다음 여섯 종류의 동물을 살펴봅시다. 사자, 하마, 호랑이, 살쾡이, 늑대, 개의 공통점은 무엇인가요? 이들의 관계를 파악하면 모든 동물의 공통점을 포함하는 클래스 모델을 만들 수 있습니다.

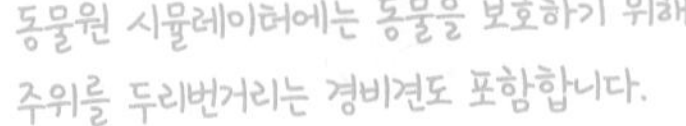

동물원 시뮬레이터에는 동물을 보호하기 위해 주위를 두리번거리는 경비견도 포함합니다.

02 공통적 특성을 제공하는 기본 클래스를 만듭니다.

기본 클래스의 필드, 속성, 메서드는 모든 동물이 상속받을 공통적인 상태와 행위를 제공합니다. 모든 동물들이 Animal 기본 클래스에 있는 멤버를 호출하는 것이 자연스럽겠죠.

중복 코드는 유지 보수하기 어렵고 다루기 까다롭기 때문에 피해야 합니다. Animal 기본 클래스의 필드와 메서드를 중복 없이 작성하고 하위 클래스가 기본 클래스를 상속하게 합시다. 다음과 같은 public 속성부터 시작해 보죠.

- Picture: 이미지 파일 경로입니다.
- Food: 이 동물이 먹는 먹이의 종류입니다. 현재는 고기(meat)와 풀(grass) 두 값만 존재합니다.
- Hunger: 동물이 배고픈 정도를 나타냅니다. 이 값은 동물이 언제 얼마나 많이 먹는지에 따라 값이 변합니다.
- Boundaries: 동물이 들어 있는 우리의 가로세로 길이와 위치를 저장하는 클래스에 대한 참조입니다.
- Location: 동물이 있는 위치의 X, Y 좌표입니다.

이외에도 Animal 클래스는 다음과 같이 동물의 하위 클래스가 상속할 수 있는 4개의 메서드를 가지고 있습니다.

- MakeNoise: 동물이 소리를 내게 하는 메서드입니다.
- Eat: 동물이 선호하는 음식을 발견했을 때 행동하는 메서드입니다.
- Sleep: 동물이 누워 잠을 자게 하는 메서드입니다.
- Roam: 동물이 우리 안을 두리번거리게 만드는 메서드입니다.

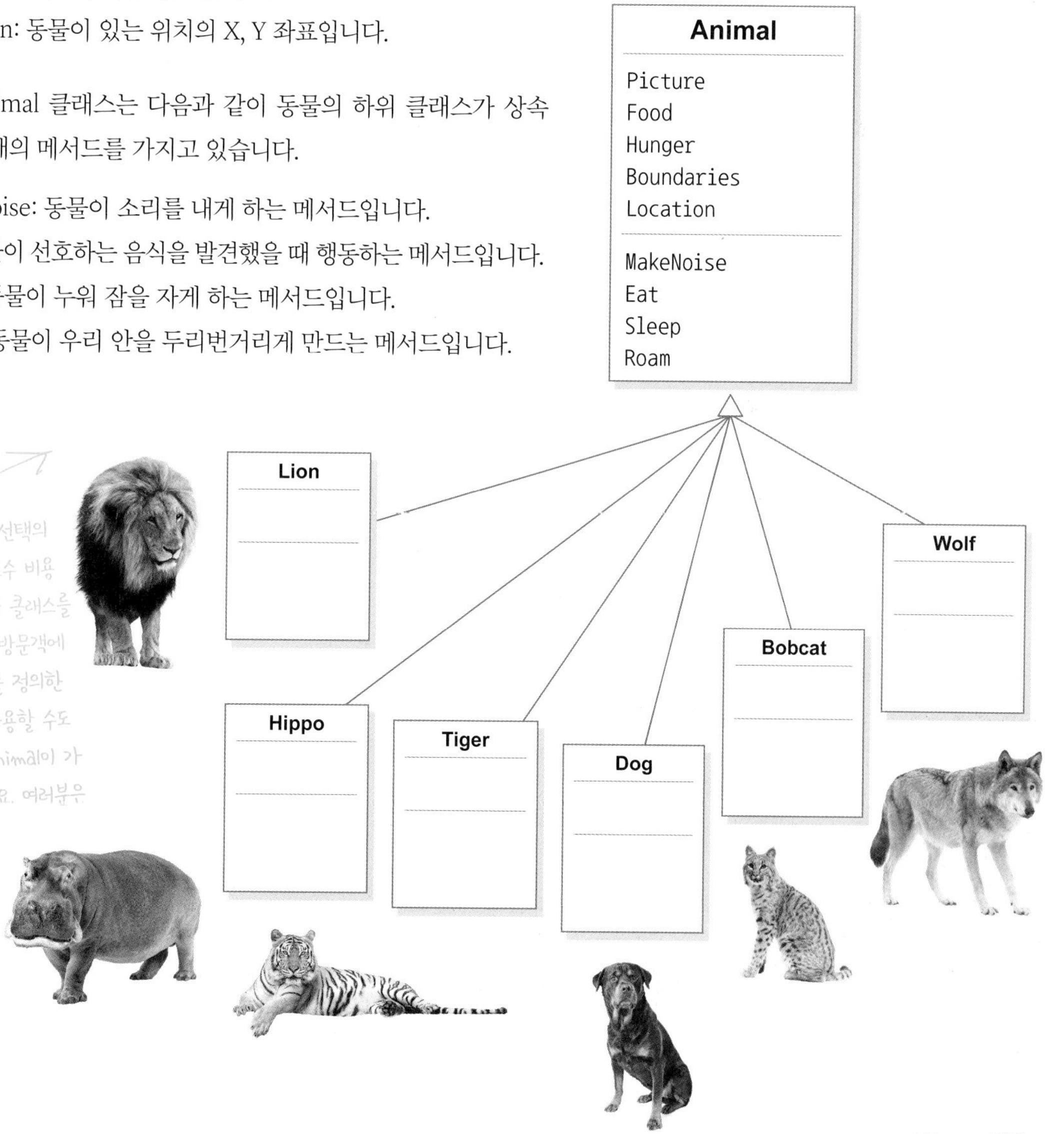

Animal

Picture
Food
Hunger
Boundaries
Location

MakeNoise
Eat
Sleep
Roam

Lion

Wolf

Bobcat

Hippo

Tiger

Dog

기본 클래스를 고르는 것은 선택의 연속입니다. 먹이와 유지 보수 비용을 정의한 ZooOccupant 클래스를 사용할 수도 있고, 동물원 방문객에게 재롱을 부리는 메서드를 정의한 Attraction 클래스를 사용할 수도 있습니다. 이 책에서는 Animal이 가장 적절하다고 가정했고요. 여러분은 어떻게 생각하시나요?

동물원 시뮬레이터 설계해 보기

통상적으로 사자는 으르렁거리고, 개는 짖고, 하마는 아무 소리를 내지 않는다고 알려져 있습니다. Animal을 상속하는 클래스는 모두 MakeNoise() 메서드를 가지고 있지만, 각 동물의 메서드는 다른 방식으로 작동하고 코드로 서로 다룰 것입니다. 하위 클래스가 상속받은 메서드의 작동을 변경하는 것을 이 메서드를 재정의(override)했다고 표현합니다.

Animal의 모든 하위 클래스가 Animal 기본 클래스에 있는 속성이나 메서드를 있는 그대로 사용해야 하는 것은 아닙니다!

03 각 동물의 행동이 Animal 클래스와 같은 경우와 다른 경우를 파악합니다.

모든 동물은 먹이를 먹어야 하지만, 개는 비교적 적은 양의 고기를 먹고, 하마는 엄청난 양의 풀을 먹습니다. 이러한 행동을 코드로는 어떻게 표현해야 할까요? 개와 하마 모두 Eat() 메서드를 재정의해 보겠습니다. 하마의 Eat() 메서드는 호출될 때마다 10kg의 건초를 먹을 수 있겠죠. 한편, 개의 Eat() 메서드는 동물원의 먹이 창고에서 340g짜리 통조림 사료 1캔을 소비할 것입니다.

하위 클래스는 기본 클래스의 모든 행위를 상속해야 합니다. 하지만 하위 클래스에서 이 행위를 변경할 수 있으므로, 하위 클래스는 기본 클래스와 정확히 같은 방식으로 작동하지 않아도 됩니다. 메서드 재정의란 이런 것입니다.

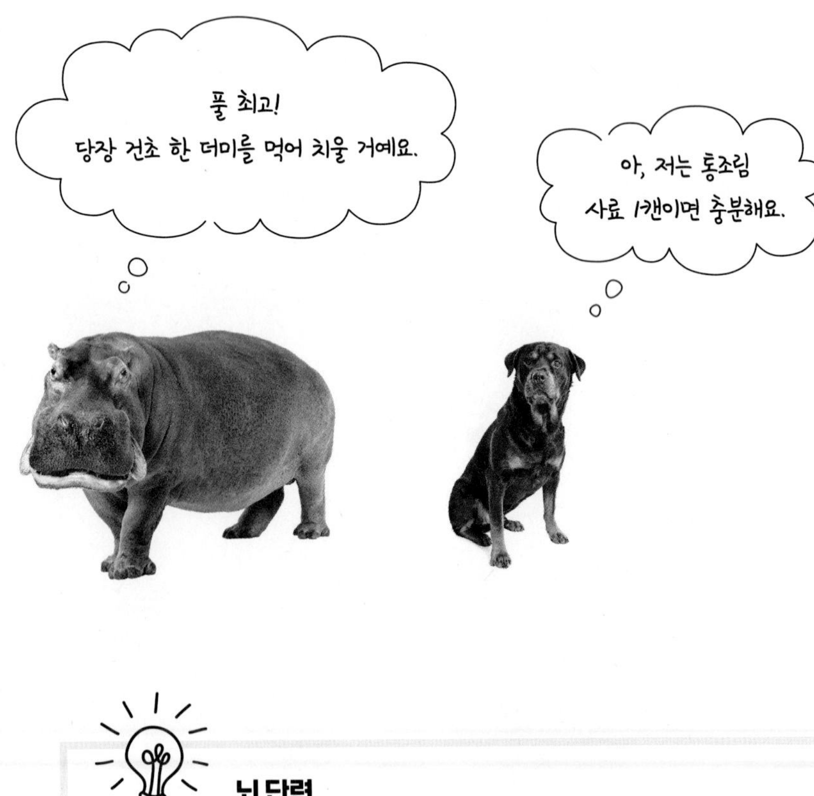
풀 최고!
당장 건초 한 더미를 먹어 치울 거예요.
아, 저는 통조림
사료 1캔이면 충분해요.

Animal
Picture Food Hunger Boundaries Location
MakeNoise Eat Sleep Roam

뇌 단련

동물 중 일부는 MakeNoise()와 Eat() 메서드를 재정의했습니다. 어떤 동물이 Sleep()이나 Roam() 메서드를 재정의할까요? 그런 동물이 있을까요?

04 공통점이 많은 클래스를 찾습니다.

개와 늑대는 꽤 비슷하지 않나요? 이들의 행동을 보면 공통점이 많습니다. 개와 늑대는 아마 같은 먹이를 먹고 같은 방식으로 잠을 잘 것입니다. 살쾡이와 호랑이, 사자는 또 어떨까요? 이 세 고양잇과 동물들은 같은 방식으로 행동합니다. 그렇다면 Animal 클래스와 이들 세 동물의 클래스 사이에 더 일반적인 Feline(고양잇과) 클래스를 두어 중복 코드를 방지하도록 할 수 있습니다.

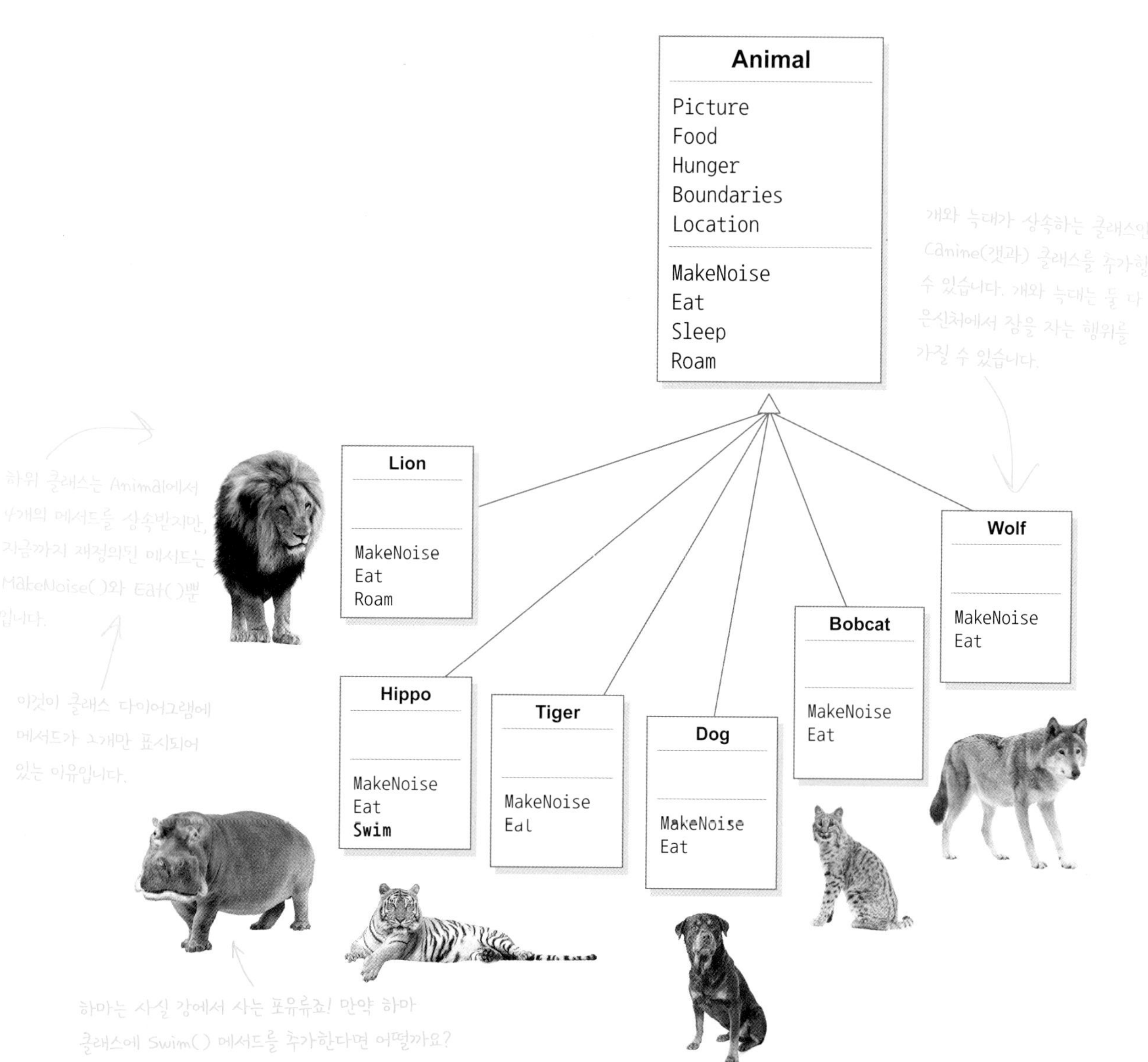

Animal
Picture
Food
Hunger
Boundaries
Location
MakeNoise
Eat
Sleep
Roam
개와 늑대가 상속하는 클래스인 Canine(갯과) 클래스를 추가할 수 있습니다. 개와 늑대는 둘 다 은신처에서 잠을 자는 행위를 가질 수 있습니다.
하위 클래스는 Animal에서 4개의 메서드를 상속받지만, 지금까지 재정의된 메서드는 MakeNoise()와 Eat()뿐입니다.
이것이 클래스 다이어그램에 메서드가 2개만 표시되어 있는 이유입니다.
Lion
MakeNoise
Eat
Roam
Wolf
MakeNoise
Eat
Bobcat
MakeNoise
Eat
Hippo
MakeNoise
Eat
Swim
Tiger
MakeNoise
Eat
Dog
MakeNoise
Eat
하마는 사실 강에서 사는 포유류죠! 만약 하마 클래스에 Swim() 메서드를 추가한다면 어떨까요?

05 클래스 계층 구조를 완성하세요.

이제 동물들을 어떻게 분류할지 파악했으니, Feline과 Canine 클래스를 추가해 봅시다.

클래스 모델을 만들 때는 상위의 기본 클래스를 상속하는 하위 클래스가 있고, 또 이 하위 클래스를 상속하는 그 하위의 클래스들이 있습니다. 이렇게 만들어진 구조를 **클래스 계층 구조(class hierarchy)**라고 합니다. 클래스 계층 구조는 프로그램의 코드가 어떻게 구성돼 있는지 파악할 수 있게 해 주는 일종의 지도 역할을 합니다. 클래스 계층 구조는 단순히 코드 중복을 막는 것뿐만 아니라, 코드를 이해하고 유지 보수하기 쉽게 만들어 줍니다. Feline 클래스의 메서드와 속성을 살펴보면, Feline 클래스 멤버가 고양잇과 동물들이 공유하는 공통점이라는 사실을 알아차릴 수 있습니다.

Animal

Picture
Food
Hunger
Boundaries
Location

MakeNoise
Eat
Sleep
Roam

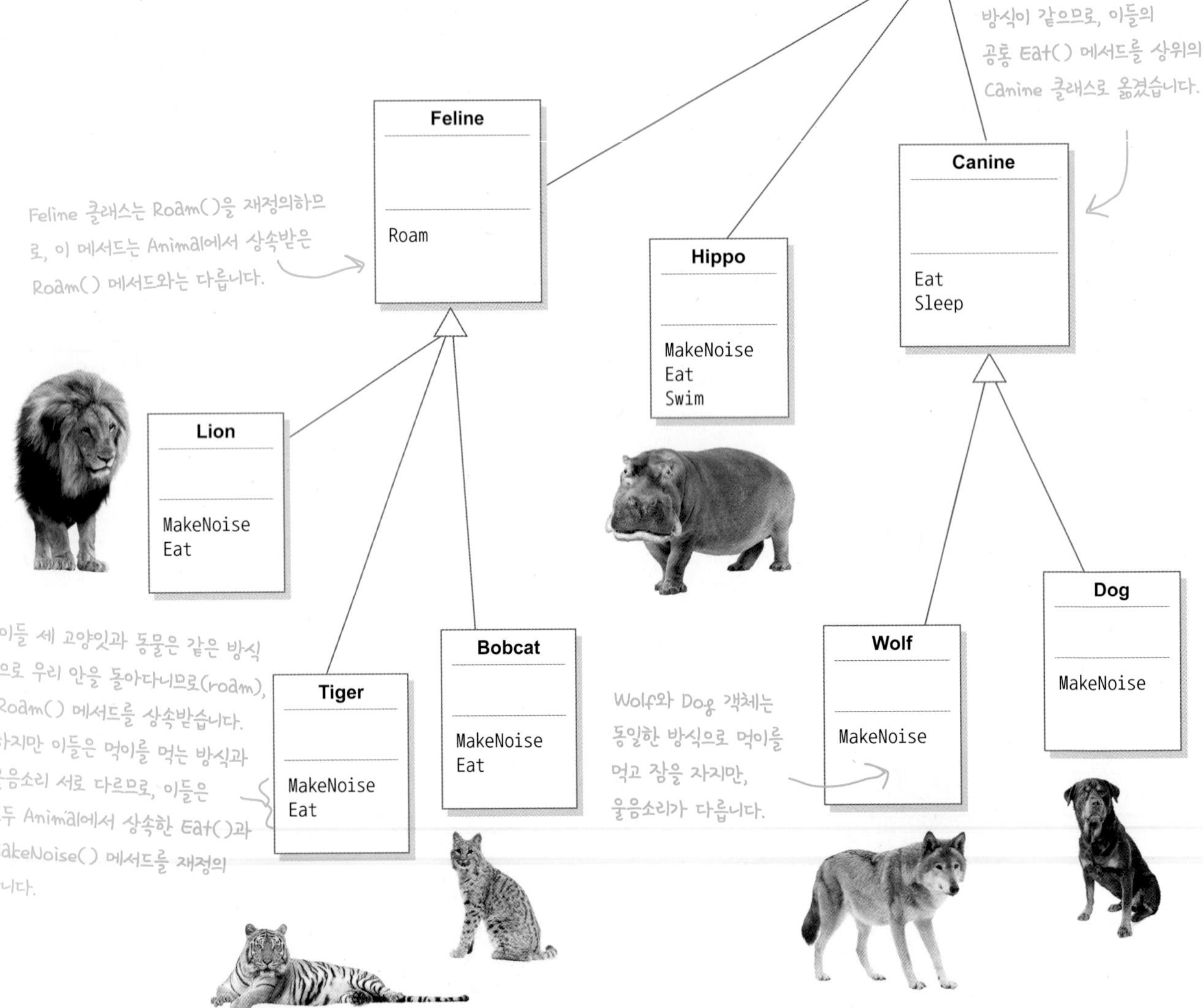

늑대와 개는 먹이를 먹는 방식이 같으므로, 이들의 공통 Eat() 메서드를 상위의 Canine 클래스로 옮겼습니다.
Feline
Roam
Feline 클래스는 Roam()을 재정의하므로, 이 메서드는 Animal에서 상속받은 Roam() 메서드와는 다릅니다.
Hippo
MakeNoise
Eat
Swim
Canine
Eat
Sleep
Lion
MakeNoise
Eat
이들 세 고양잇과 동물은 같은 방식으로 우리 안을 돌아다니므로(roam), Roam() 메서드를 상속받습니다. 하지만 이들은 먹이를 먹는 방식과 울음소리 서로 다르므로, 이들은 모두 Animal에서 상속한 Eat()과 MakeNoise() 메서드를 재정의합니다.
Tiger
MakeNoise
Eat
Bobcat
MakeNoise
Eat
Wolf와 Dog 객체는 동일한 방식으로 먹이를 먹고 잠을 자지만, 울음소리가 다릅니다.
Wolf
MakeNoise
Dog
MakeNoise

기본 클래스를 확장하는 하위 클래스

기본 클래스 확장하기

기본 클래스에서 상속받은 메서드만 다루는 것이 아닙니다. 클래스 모델을 다루려면, 결국 모든 클래스에서 작업해야 합니다. 잠시 뒤에 실제 코드를 살펴보겠지만, 상속 멤버를 만들기 위해 클래스를 수정할 때 개발자는 필드, 속성, 메서드를 기본 클래스에 추가하는 방식으로 기존의 클래스를 확장합니다. 그렇기 때문에 만약 Dog 객체에 Fetch(물어 오기) 메서드를 추가하려 한다면, 이는 말이 되는 수정입니다. 무엇인가를 물어 오는 행동은 개의 고유한 행동이므로, Wolf, Canine, Animal, Hippo 등 나는 클래스는 Fetch() 메서드가 필요 없기 때문입니다.

> **계층(hierarchy) [명사]**
>
> **그룹이나 사물이 서로 위의 순위를 매기는 배열 또는 분류.**
>
> 다이네미코 사의 사장은 우편물 관리실에서 시작해서 사내 최고 계층으로 올라섰습니다.

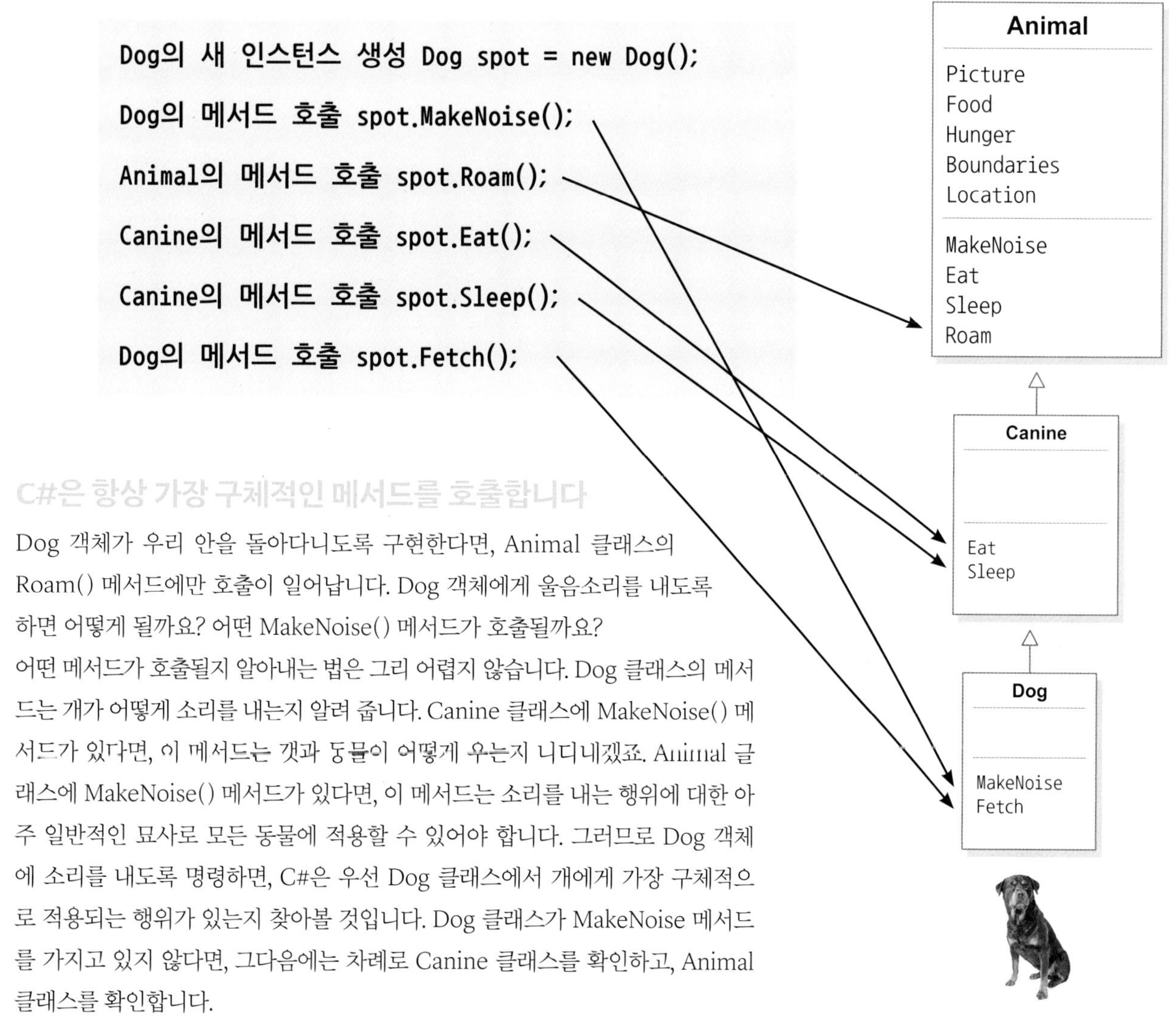

C#은 항상 가장 구체적인 메서드를 호출합니다

Dog 객체가 우리 안을 돌아다니도록 구현한다면, Animal 클래스의 Roam() 메서드에만 호출이 일어납니다. Dog 객체에게 울음소리를 내도록 하면 어떻게 될까요? 어떤 MakeNoise() 메서드가 호출될까요?

어떤 메서드가 호출될지 알아내는 법은 그리 어렵지 않습니다. Dog 클래스의 메서드는 개가 어떻게 소리를 내는지 알려 줍니다. Canine 클래스에 MakeNoise() 메서드가 있다면, 이 메서드는 갯과 동물이 어떻게 우는지 나타내겠죠. Animal 클래스에 MakeNoise() 메서드가 있다면, 이 메서드는 소리를 내는 행위에 대한 아주 일반적인 묘사로 모든 동물에 적용할 수 있어야 합니다. 그러므로 Dog 객체에 소리를 내도록 명령하면, C#은 우선 Dog 클래스에서 개에게 가장 구체적으로 적용되는 행위가 있는지 찾아볼 것입니다. Dog 클래스가 MakeNoise 메서드를 가지고 있지 않다면, 그다음에는 차례로 Canine 클래스를 확인하고, Animal 클래스를 확인합니다.

기본 클래스를 사용할 수 있는 곳에 하위 클래스를 사용하세요

새가 필요하세요? 여기 딱따구리가 있습니다!

상속은 클래스를 확장할수 있습니다. Bird 객체를 인수로 받는 메서드가 있다면, Woodpecker(딱따구리)의 인스턴스를 이 메서드에 넘겨줄 수 있습니다. 이 메서드는 받은 객체가 새라는 것만 알고, 어떤 새인지는 모르기 때문에 새의 일반적인 행위만 요구할 수 있습니다. 예를 들면, 새 객체의 Walk(걷기), LayEggs(알 낳기) 메서드를 호출할 수는 있지만, HitWoodWithBeak(부리로 나무 쪼기) 메서드는 호출할 수 없습니다. 부리로 나무를 쪼는 행동은 딱따구리만 할 수 있기 때문입니다. 메서드는 일반적인 객체인 Bird를 전달받았을 뿐, 딱따구리인지는 알 수 없죠. 해당 메서드는 자기가 전달받은 매개 변수의 타입에 해당하는 클래스의 필드, 속성, 메서드에만 접근할 수 있습니다. 위 내용이 코드에서 어떻게 작동하는지 살펴봅시다. 다음 코드는 Bird 참조를 인수로 받는 메서드입니다.

Bird
Walk LayEggs Fly

Woodpecker
BeakLength
HitWoodwthBeek

```
public void IncubateEggs(Bird bird)
{
    bird.Walk(incubatorEntrance);
    Egg[] eggs = bird.LayEggs();
    AddEggsToHeatingArea(eggs);
    bird.Walk(incubatorExit);
}
```

만약 딱따구리 객체가 알을 품게하려면 (IncubateEggs), Woodpecker 참조를 IncubateEggs() 메서드에 넘겨주면 됩니다. Woodpecker는 Bird 클래스를 상속하고 있기 때문입니다.

```
public void GetWoodpeckerEggs()
{
    Woodpecker woody = new Woodpecker();
    IncubateEggs(woody);
    woody.HitWoodWithBeak();
}
```

부모 클래스를 하위 클래스로 대체할 수 있지만, 그 반대는 불가능합니다.

직관적으로 이해가 되나요? 새가 필요한 사람에게 딱따구리를 준다면 그 사람은 좋아하겠죠. 하지만 딱따구리가 필요한 사람에게 비둘기를 준다면, 그 사람은 어리둥절할 것입니다.

```
public void GetWoodpeckerEggs_Take_Two()
{
    Woodpecker woody = new Woodpecker();
    woody.HitWoodWithBeak();
    // 다음 명령문은 Bird 변수에 Woodpecker 참조를 복사합니다.
    Bird birdReference = woody;
    IncubateEggs(birdReference);
    // 다음 명령문은 컴파일러 오류를 일으킵니다!!!
    Woodpecker secondWoodyReference = birdReference;
    secondWoodyReference.HitWoodWithBeak();
}
```

woody를 Bird 변수에 할당할 수 있습니다. 딱따구리는 새의 한 종류니까요.

하지만 birdReference 인스턴스를 다시 Woodpecker 타입 변수에 할당할 수는 없습니다. 모든 새가 딱따구리는 아니니까요! 그래서 이 명령문에서 오류가 발생합니다.

Woodpecker 객체를 IncubateEggs() 메서드에 넘겨줄 수 있긴 하지만, 이 객체는 메서드 내에서는 Bird 참조이므로 Bird 클래스 멤버에만 접근할 수 있습니다.

아래 코드는 Animal, Hippo, Canine, Wolf, Dog 등이 포함된 클래스 모델을 사용하는 프로그램의 일부입니다. 컴파일 오류를 일으킬 명령문에 표시해 보고, 오류가 일어나는 이유를 옆에 적어 봅시다.

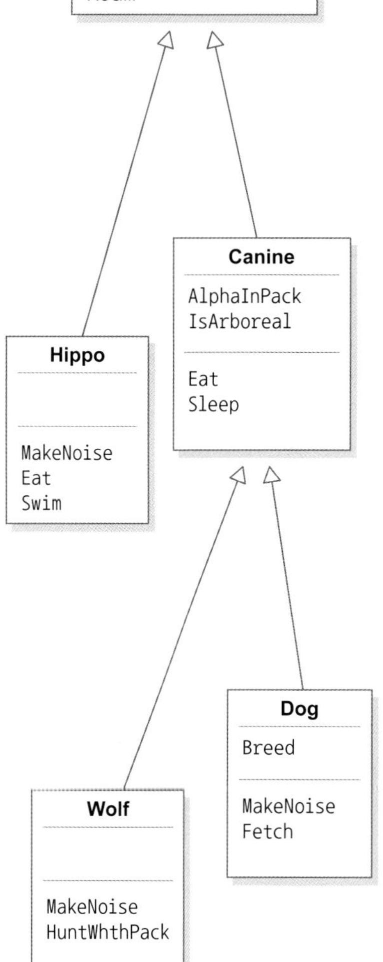


```
Canine canis = new Dog();
Wolf charon = new Canine();
charon.IsArboreal = false;
Hippo bailey = new Hippo();
bailey.Roam();
bailey.Sleep();
bailey.Swim();
bailey.Eat();

Dog fido = canis;
Animal visitorPet = fido;
Animal harvey = bailey;
harvey.Roam();
harvey.Swim();
harvey.Sleep();
harvey.Eat();
Hippo brutus = harvey;
brutus.Roam();
brutus.Sleep();
brutus.Swim();
brutus.Eat();

Canine london = new Wolf();
Wolf egypt = london;
egypt.HuntWithPack();
egypt.HuntWithPack();
egypt.AlphaInPack = false;
Dog rex = london;
rex.Fetch();
```

쓰면서 제대로 공부하기 **정답**

명령문 중 6개가 클래스 모델과 충돌하기 때문에 컴파일 오류를 일으킵니다. 직접 테스트해 보세요! 빈 메서드에 클래스 모델을 작성하고 다음에, 다음 코드를 입력한 뒤 컴파일 오류를 확인해 보세요.

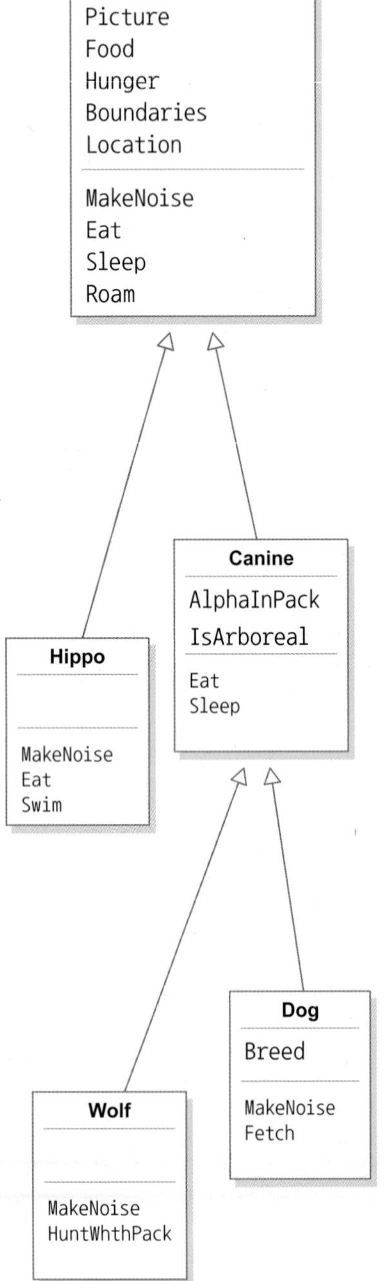


```
Canine canis = new Dog();
Wolf charon = new Canine();      (취소선)
charon.IsArboreal = false;
Hippo bailey = new Hippo();
bailey.Roam();
bailey.Sleep();
bailey.Swim();
bailey.Eat();

Dog fido = canis;                (취소선)
Animal visitorPet = fido;
Animal harvey = bailey;
harvey.Roam();
harvey.Swim();                   (취소선)
harvey.Sleep();
harvey.Eat();
Hippo brutus = harvey;           (취소선)
brutus.Roam();
brutus.Sleep();
brutus.Swim();
brutus.Eat();

Canine london = new Wolf();
Wolf egypt = london;             (취소선)
egypt.HuntWithPack();
egypt.HuntWithPack();
egypt.AlphaInPack = false;
Dog rex = london;                (취소선)
rex.Fetch();
```

- `Wolf charon = new Canine();` — Wolf는 Canine의 하위 클래스이므로, Canine 객체를 Wolf 변수에 할당할 수 없습니다. 이렇게 생각해 보세요. 늑대는 갯과 동물이지만, 갯과 동물이 모두 늑대는 아닙니다.
- `Dog fido = canis;` — canis 변수는 Dog 객체의 참조이지만, 변수 타입은 Canine입니다. 그러므로 이 참조를 Dog 변수에 할당할 수 없습니다.
- `harvey.Swim();` — harvey는 Hippo 객체의 참조이지만, harvey 변수는 Animal 타입이므로 Hippo.Swim() 메서드를 호출할 수 없습니다.
- `Hippo brutus = harvey;` — 이 명령어는 Dog fido = canis; 명령문과 동일한 이유로 오류를 일으킵니다. harvey는 Hippo 객체를 가리킬 수 있지만, 변수 타입이 Animal입니다. 그러므로 Animal 객체를 Hippo 변수에 할당할 수 없습니다.
- `Wolf egypt = london;` — 동일한 문제입니다! Wolf를 Canine에 할당할 수는 있지만, Canine을 Wolf에 할당할 수는 없습니다.
- `Dog rex = london;` — 당연하게도 Wolf를 Dog에 할당할 수 없습니다.

이론적으로는 다 좋아요. 그런데 이게
데미지 계산기 앱에 어떤 도움이 되죠?

뇌 단련

오언이 좋은 질문을 했네요. 칼과 화살 데미지를 계산하는 앱으로 돌아가 봅시다. 상속을 사용해서 이 코드를 어떻게 개선할 수 있을까요? (스포일러 주의: 뒤에서 이 작업을 직접 해 보겠습니다!)

요점 정리

- **switch 문**은 한 변수를 여러 값과 비교할 수 있도록 해 줍니다. 각 case 레이블은 일치하는 값이 있을 때 실행됩니다. default 절은 case 레이블과 일치하는 값이 없을 경우 실행됩니다.
- **상속**은 서로 연관성이 있는 클래스를 작성하고 행위를 공유할 수 있게 해 줍니다. 클래스 다이어그램에서 화살표를 사용해 상속 관계를 표시할 수 있습니다.
- 두 클래스를 아우르는 일반적인 공통점이 있을 때, 이 두 클래스가 동일한 일반 클래스를 상속할 수 있습니다. 그러면 이들 클래스는 일반적인 **기본** 클래스의 **하위** 클래스가 됩니다.
- 어떤 대상을 나타내는 일련의 여러 클래스를 작성하면, 이들 클래스는 **클래스 모델**이 됩니다. 클래스 모델은 **계층** 구조를 이루는 여러 기본 클래스와 하위 클래스를 포함할 수 있습니다.
- **부모 클래스(parent class)**, **슈퍼클래스(superclass)**, **기본 클래스(base class)**는 같은 의미입니다. **확장(extend)**과 **상속(inherit)** 또한 동일한 의미입니다.
- **자식 클래스(child class)**, **하위 클래스(subclass)**는 동일한 의미입니다. 흔히 하위 클래스가 기본 클래스를 확장한다고 표현합니다.
- 하위 클래스가 상속받은 메서드의 행동을 변경할 때, 메서드를 **재정의(override)**한다고 표현합니다.
- C#은 항상 메서드 중 **가장 구체적인 메서드**를 호출합니다. 기본 클래스의 메서드가 하위 클래스가 재정의한 메서드나 속성을 사용하는 경우, 하위 클래스의 재정의된 멤버가 호출됩니다.
- 기본 클래스의 참조가 들어갈 자리에 항상 **하위 클래스의 참조**를 사용하세요. 만약 메서드가 Animal 매개 변수를 받고 Dog가 Animal을 상속한 경우, Dog 인수를 전달할 수 있습니다.
- 기본 클래스가 들어갈 자리에 **이를 상속받은 하위 클래스**를 사용하는 것은 가능하지만, 하위 클래스를 사용할 자리에 하위 클래스가 상속한 기본 클래스를 사용하는 것은 불가능합니다.

콜론을 사용해서 기본 클래스 상속하기

하위 클래스는 기본 클래스의 멤버를 상속합니다.

클래스를 작성할 때 콜론(:)을 사용해서 기본 클래스를 상속할 수 있습니다. 그러면 이 클래스는 하위 클래스가 되고, 기본 클래스의 모든 필드, 속성, 메서드를 상속하게 됩니다. 다음 Bird 클래스는 Vertebrate(척추동물) 클래스의 하위 클래스입니다.

하위 클래스는 기본 클래스를 상속할 때 기본 클래스의 필드, 속성, 메서드 등 모든 멤버를 상속합니다. 이 멤버들은 하위 클래스에 자동으로 추가됩니다.

Vertebrate
NumberOfLegs
Eat

```
internal class Vertebrate
{
    public int Legs { get; set; }
    public string Eat() {
        // 먹이를 먹는 행동을 하는 코드입니다.
    }
}
```

Bird 클래스는 콜론을 사용해서 Vertebrate 클래스를 상속합니다. 이는 Bird 클래스가 Vertebrate 클래스의 모든 필드, 속성, 메서드를 상속한다는 의미입니다.

Bird
Wingspan
Fly

```
internal class Bird : Vertebrate
{
    public double Wingspan;
    public void Fly() {
        // 나는 행동을 하는 코드입니다.
    }
}
```

기본 클래스는 클래스 선언의 콜론 다음에 옵니다. 이 경우, Bird 클래스가 Vertebrate 클래스를 상속합니다.

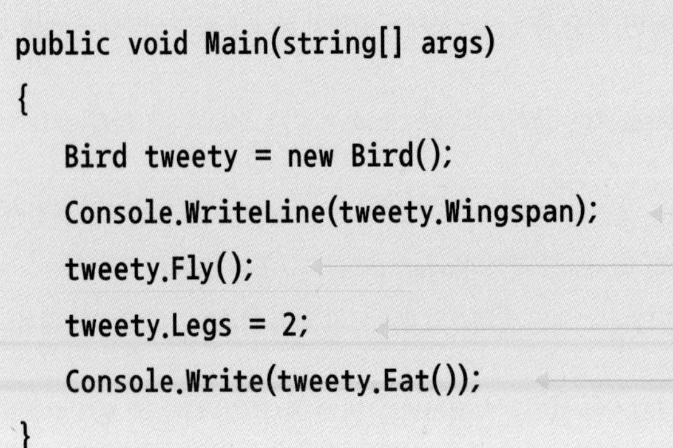

```
public void Main(string[] args)
{
   Bird tweety = new Bird();
   Console.WriteLine(tweety.Wingspan);
   tweety.Fly();
   tweety.Legs = 2;
   Console.Write(tweety.Eat());
}
```

tweety는 Bird 클래스의 인스턴스이므로, 이 객체는 Bird의 메서드, 속성, 필드를 가집니다.

Bird 클래스는 Vertebrate 클래스를 상속하므로 Bird의 인스턴스는 Vertebrate 클래스에 정의되어 있는 멤버를 가지고 있습니다.

상속은 기본 클래스의 필드, 속성, 메서드를 하위 클래스에 추가합니다

지금까지 하위 클래스가 기본 클래스의 모든 메서드, 속성, 필드를 상속하는 경우를 살펴봤습니다.

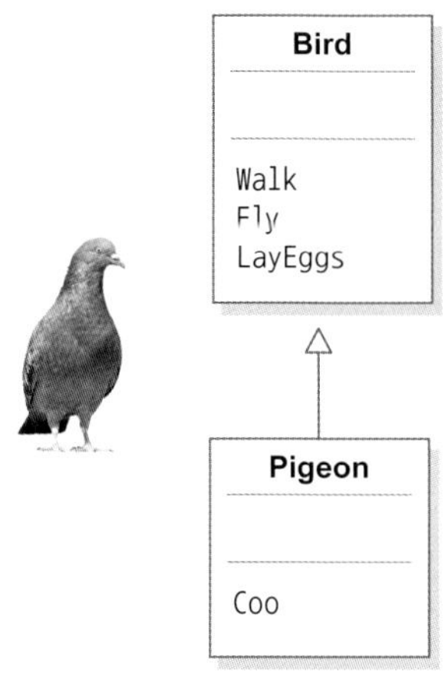


```
internal class Bird {
    public void Fly() {
        // 나는 행동을 하는 코드입니다.
    }
    public void LayEggs() { ... };
    public void PreenFeathers() { ... };
}
```

```
internal class pigeon : Bird {
    public void Coo() { ... }
}

public void SimulatePigeon() {
    Pigeon Harriet = new Pigeon();
    // Pigeon은 Bird의 하위 클래스이므로,
    // 두 클래스의 메서드를 모두 호출할 수 있습니다.
    Harriet.Walk();
    Harriet.LayEggs();
    Harriet.Coo();
    Harriet.Fly();
}
```

하지만 날지 못하는 새도 있습니다

기본 클래스의 메서드를 하위 클래스에서 변경하려면 어떻게 해야 할까요?

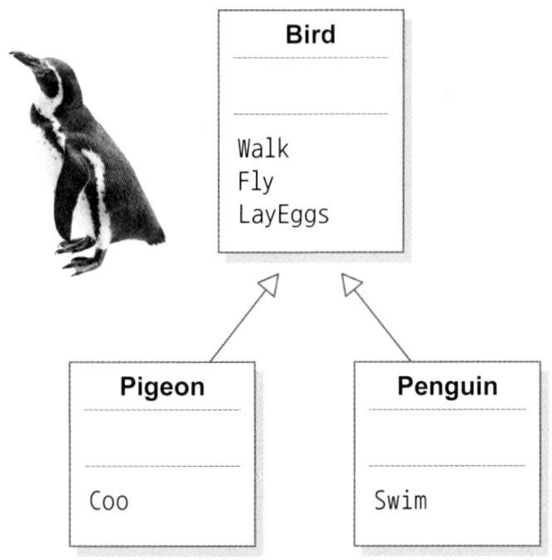


```
internal class Penguin : Bird {
    public void Swim() { ... }
}

public void SimulatePenguin() {
    Penguin Izzy = new Penguin();
    Izzy.Walk();
    Izzy.LayEggs();
    Izzy.Swim();
    Izzy.Fly();
}
```

Penguin이 Bird를 상속하고 있습니다. 펭귄이 Fly() 메서드를 호출하려고 할 때 경고를 보여 주도록 Penguin 클래스를 수정할 수 있을까요?

문제가 생겼네요. 펭귄은 조류지만 날 수 없습니다. Bird 클래스는 Fly() 메서드를 가지고 있지만, 펭귄 객체에 나는 행동을 하는 코드를 넣을 수 없습니다. 펭귄이 날기를 시도할 때 경고를 보여 주는 기능이 있으면 좋겠군요.

뇌 단련

동물원 시뮬레이터에 이 클래스가 포함돼 있었다면, 비행하는 펭귄을 어떻게 처리해야 할까요?

하위 클래스는 메서드를 재정의하거나 상속한 멤버를 다른 것으로 교체할 수 있습니다

가상과 재정의

하위 클래스가 기본 클래스의 멤버를 그대로 상속하면 좋겠지만, 모든 경우가 그렇지는 않습니다. 상속받은 기능 중 일부를 변경하고 싶을 때, 이러한 메서드나 속성을 재정의해서, 같은 이름을 가진 새로운 멤버로 교체할 수 있습니다.

재정의된 메서드는 기본 클래스의 메서드와 정확히 동일한 시그니처를 가지고 있어야 합니다. 펭귄을 예로 들면, 새 메서드의 이름은 Fly이고, void를 반환하며, 매개 변수를 갖지 않아야 한다는 것이죠.

> 재정의하다(override) [동사]
>
> **어떤 말이나 사물의 뜻을 다시 밝혀 규정하다.**
> 최근 전문가와 경영자 들이 인문학적 근거에 비추어 미래 지향적 관점에서 성공과 행복을 재정의하고 있습니다.

01 기본 클래스의 메서드에 virtual 키워드를 추가합니다.

하위 클래스는 virtual 키워드로 표시된 메서드만 재정의할 수 있습니다. Fly() 메서드 선언에 virtual 키워드를 추가하면, 이는 Bird 클래스의 하위 클래스가 Fly() 메서드를 재정의할 수 있음을 의미합니다.

```
internal class Bird {
    public virtual void Fly() {
        // 나는 행동을 하는 코드입니다.
    }
}
```

Fly() 메서드에 virtual 키워드를 추가하면 하위 클래스가 이 메서드를 재정의할 수 있습니다.

02 하위 클래스에서 같은 이름을 가진 메서드에 override 키워드를 추가합니다.

하위 클래스의 메서드는 기본 클래스의 메서드와 동일한 시그니처, 즉 같은 반환 타입과 매개 변수를 가지고 있어야 하며, 선언부에 override 키워드를 사용해야 합니다. Penguin 객체는 이제 Fly() 메서드가 호출될 때 경고를 표시합니다.

```
internal class Penguin : Bird
{
    public override void Fly() {
        Console.Error.WriteLine("WARNING");
        Console.Error.WriteLine("Flying Penguin Alert");
    }
}
```

Fly() 메서드를 재정의하려면, 하위 클래스에 동일한 메서드를 추가하고 override 키워드를 사용합니다.

Console.Error를 사용해서 오류 메시지를 표준 오류 스트림(stderr)으로 출력했습니다. 표준 오류 스트림은 보통 콘솔 앱이 오류 메시지와 중요한 진단 정보를 출력할 때 사용합니다.

계속 퍼덕거려 봐,
우리도 곧 날 수 있을 거라고!

부제: 뒤섞인 메시지

```
a = 6;      56
b = 5;      11
a = 5;      65
```

지시 사항:

1 코드 중간에 있는 빈칸을 채우세요.

2. 코드와 출력 내용을 연결하세요.

다음 C# 코드를 살펴보세요. 프로그램의 코드 블록 하나가 빠져 있습니다! 왼쪽의 코드 후보를 실행했을 때 출력될 결과를 오른쪽의 문자열과 맞춰 보세요. 오른쪽의 출력 결과와 일치하는 코드 후보가 없을 수도 있고, 일치하는 코드 후보가 하나 이상일 수도 있습니다. 선을 그어서 코드 후보와 출력 결과를 연결하세요.

```
class A {
    public int ivar = 7;
    public __________ string m1() {
        return "A's m1, ";
    }
    public string m2() {
        return "A's m2, ";
    }
    public __________ string m3() {
        return "A's m3, ";
    }
}

class B : A {
    public __________ string m1() {
        return "B's m1, ";
    }
}
class C : B {
    public __________ string m3() {
        return "C's m3, " + (ivar + 6);
    }
}

class Mixed5 {
    public static void Main(string[] args) {
      A a = new A();
      B b = new B();
      C c = new C();
      A a2 = new C();
      string q = "";
      [                    ]

      Console.WriteLine(q);
  }
}
```

여기가 프로그램의 진입점입니다.

이게 정말 무엇을 의미하는지 깊이 생각해 보세요.

작성할 코드는 세 줄입니다.

코드 후보:

```
q +=  b.m1();
q +=  c.m2();
q +=  a.m3();

q +=  c.m1();
q +=  c.m2();
q +=  c.m3();

q +=  a.m1();
q +=  b.m2();
q +=  c.m3();

q += a2.m1();
q += a2.m2();
q += a2.m3();
```

```
A's m1, A's m2, C's m3, 6

B's m1, A's m2, A's m3,

A's m1, B's m2, C's m3, 6

B's m1, A's m2, C's m3, 13

B's m1, C's m2, A's m3,

A's m1, B's m2, A's m3,

B's m1, A's m2, C's m3, 6

A's m1, A's m2, C's m3, 13
```

이 코드를 직접 비주얼 스튜디오에 입력해서 풀지 마세요.
종이 위에 문제를 풀었을 때 배울 것이 더 많습니다!

부제: 뒤섞인 메시지

a = 6;
b = 5;
a = 5;
56
11
65

```
class A {
    public virtual string m1() {
        ...
    public virtual string m3()      {
}
```

```
class B : A {
    public override string m1() {
        ...
class C : B {
    public override string m3() {
        ...
```

기본 클래스의 참조는 항상 하위 클래스의 참조로 대체될 수 있습니다. 일반적인 대상의 위치에 구체적인 대상을 놓을 수 있으니까요.

```
A a2 = new C();
```

그러므로 위 코드는 새로운 C 객체를 인스턴스화하고, a2라는 이름의 A 타입 참조가 이 새 객체를 가리키도록 한다는 의미입니다. 하지만 이런 명명법으로는 한눈에 코드를 이해하기 어렵습니다. 다음 코드는 클래스와 변수의 이름을 더 알기 쉽게 지었네요.

```
Canine fido = new Dog();
Bird pidge = new Pigen();
Feline rex = new Lion();
```

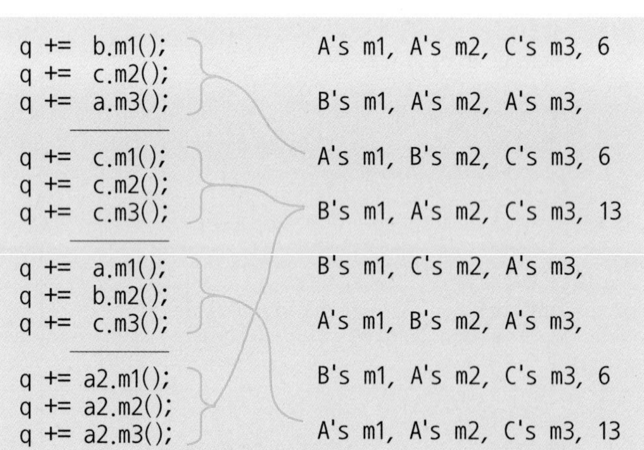
q += b.m1();
q += c.m2();
q += a.m3();
q += c.m1();
q += c.m2();
q += c.m3();
q += a.m1();
q += b.m2();
q += c.m3();
q += a2.m1();
q += a2.m2();
q += a2.m3();
A's m1, A's m2, C's m3, 6
B's m1, A's m2, A's m3,
A's m1, B's m2, C's m3, 6
B's m1, A's m2, C's m3, 13
B's m1, C's m2, A's m3,
A's m1, B's m2, A's m3,
B's m1, A's m2, C's m3, 6
A's m1, A's m2, C's m3, 13

무엇이든 물어보세요!

Q&A

Q1 switch 문은 if/else 문과 똑같은 것 아닌가요?

A1 그렇지 않습니다. if/else 문에 비해 switch 문이 더 읽기 쉬운 경우가 있습니다. 콘솔 앱에서 메뉴를 표시해 사용자가 키 10개 중 하나를 골라야 하는 경우 10개의 if/else 문이 줄 지어 있는 것보다 switch 문이 더 깔끔하고 읽기도 쉬울 것입니다. 입력 값과 비교할 문자, 각각의 선택 사항이 처리되는 구문, 선택 사항이 아닌 키가 입력됐을 때 처리 방법 등이 한눈에 들어올 테니까요. 또한, 필요한 else 문을 실수로 빠뜨리는 추적하기 어려운 성가신 오류가 발생할 수도 있습니다. 그러므로 코드의 가독성을 고려해서 switch 문과 if/else 문 중 적절한 것을 골라 사용해야 합니다.

Q2 클래스 다이어그램에서 화살표 방향은 왜 하위 클래스에서 기본 클래스 쪽으로 향해 있나요? 그 반대가 더 직관적이지 않나요?

A2 하위 클래스를 추가해도 기본 클래스의 작동은 전혀 변하지 않기 때문입니다. 그러니 화살표의 방향이 하위 클래스에서 기본 클래스로, 즉 아래에서 위로 향하는 것이 정확하죠. 기본 클래스는 하위 클래스의 존재 자체를 알 수조차 없습니다. 하위 클래스는 콜론으로 기본 클래스를 상속한다는 표시를 선언부에 추가하기만 하면 기본 클래스의 모든 속성, 필드, 메서드를 자동으로 이어받습니다. 하위 클래스가 행위를 변경해도 기본 클래스의 메서드, 필드, 속성은 그대로 남죠.

새의 말을 조사하는 프로그램으로 연습해 봅시다. 새 콘솔 앱 PigeonAndOstrich를 생성하고 Bird 클래스의 하위 클래스 2개를 구현하세요.

1. Main() 메서드를 다음과 같이 수정합니다. 이 메서드는 사용자에게 새의 종류를 고르고 알을 몇 개나 낳았는지 입력하도록 합니다.

```
static void Main(string[] args) {
    while (true) {
        Bird bird;
        Console.Write("\nPress P for pigeon, O for ostrich: ");
        char key = Char.ToUpper(Console.ReadKey().KeyChar);
        if (key == 'P') bird = new Pigeon();
        else if (key == 'O') bird = new Ostrich();
        else return;

        Console.Write("\nHow many eggs should it lay? ");
        if (!int.TryParse(Console.ReadLine(), out int numberOfEggs)) return;
        Egg[] eggs = bird.LayEggs(numberOfEggs);

        foreach (Egg egg in eggs) {
            Console.WriteLine(egg.Description);
        }
    }
}
```

프로그램의 출력은 다음과 같습니다.

Press P for pigeon, O for ostrich: P

How many eggs should it lay? 4

A 3.0cm white egg

A 1.1cm white egg

A 2.4cm white egg

A 1.9cm white egg

Press P for pigeon, O for ostrich: O

How many eggs should it lay? 3

A 12.1cm speckled egg

A 13.0cm speckled egg

A 12.8cm speckled egg

2. Egg 클래스를 추가합니다. 생성자로 크기와 색을 지정할 수 있습니다.

```
internal class Egg {
    public double Size { get; private set; }
    public string Color { get; private set; }
    public Egg(double size, string color) {
        Size = size;
        Color = color;
    }
    public string Description {
        get { return $"A {Size:0.0}cm {Color} egg"; }
    }
}
```

3. 다음은 상속할 Bird 클래스입니다.

```
internal class Bird {
    public static Random Randomizer = new Random();
    public virtual Egg[] LayEggs(int numberOfEggs) {
        Console.Error.WriteLine("Bird.LayEggs should never get called");
        return new Egg[0];
    }
}
```

4. Bird 클래스를 상속하는 Pigeon(비둘기) 클래스를 만드세요. LayEggs를 수정해서 알의 색상은 'white'로, 크기는 1~3cm로 재정의합니다.
5. Bird 클래스를 상속하는 Ostrich(타조) 클래스를 만드세요. LayEggs를 수정해서 알의 색상은 'speckled'로 크기는 12~13로 재정의합니다.

다음은 Pigeon, Ostrich 클래스 코드입니다. 이들 클래스에는 자신만의 LayEggs() 메서드가 있으며, 메서드의 선언부에는 override 키워드를 사용했습니다. override 키워드를 사용하면 하위 클래스의 메서드가 상속된 메서드를 대체합니다.

Pigeon은 Bird의 하위 클래스입니다. LayEggs() 메서드를 재정의하면, bird.LayEggs()를 호출할 때 실제로는 Pigeon에 정의된 LayEggs()가 호출됩니다. Pigeon 객체가 Bird 타입 변수인 bird에 할당되었기 때문이죠.

```
internal class Pigeon : Bird
{
    public override Egg[] LayEggs(int numberOfEggs)
    {
        Egg[] eggs = new Egg[numberOfEggs];
        for (int i = 0; i < numberOfEggs; i++)
        {
            eggs[i] = new Egg(Bird.Randomizer.NextDouble() * 2 + 1, "white");
        }
        return eggs;
    }
}
```

Ostrich 클래스도 Pigeon과 동일한 방식으로 작동합니다. 두 클래스 모두 override 키워드를 사용하여 LayEggs() 메서드를 선언하고 있으므로 이 새 메서드가 Bird에서 상속한 LayEggs() 메서드를 대체합니다. 그러므로 여러분이 할 일은 적절한 크기와 색상의 알을 생성하는 것입니다.

```
internal class Ostrich : Bird
{
    public override Egg[] LayEggs(int numberOfEggs)
    {
        Egg[] eggs = new Egg[numberOfEggs];
        for (int i = 0; i < numberOfEggs; i++)
        {
            eggs[i] = new Egg(Bird.Randomizer.NextDouble() + 12, "speckled");
        }
        return eggs;
    }
}
```

하위 클래스에서만 구현되는 멤버

방금 살펴본 LayEggs() 메서드가 Main() 메서드에서 호출되던 것처럼 지금까지 살펴본 하위 클래스의 코드는 객체 외부에서 접근하는 멤버에 대한 것이었습니다. 상속은 기본 클래스의 메서드나 속성이 하위 클래스에서 구현될 때 진정 빛을 발하죠. 예시를 하나 살펴보겠습니다. 동물원 시뮬레이터에 관람객이 음료수, 캔디, 동물 먹이를 파는 자동 판매기가 있다고 가정해 봅시다. VendingMachine 이름의 새 콘솔 앱을 만들고, 새 VendingMachine 클래스를 생성하세요.

01 VendingMachine 클래스 아래에 다음 코드를 추가하세요.

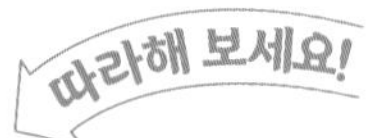


```
internal class VendingMachine
{
    public virtual string Item { get; }
    protected virtual bool CheckAmount(decimal money)
    {
        return false;
    }
    public string Dispense(decimal money)
    {
        if (CheckAmount(money)) return Item;
        else return "Please enter the right amount";
    }
}
```

이 클래스는 protected 키워드를 사용합니다. protected 키워드는 액세스 한정자로, 현재 클래스의 하위 클래스만 접근할 수 있고 그 외 클래스는 접근하지 못하도록 합니다.

VendingMachine은 자동 판매기의 기본 클래스입니다. 이 클래스의 코드는 상품을 반환하지만 어떤 상품을 판매하는지는 아직 정의되지 않았습니다. 관람객이 올바른 금액을 투입했는지 검사하는 메서드는 항상 false를 반환하죠. 왜일까요? 이 메서드는 하위 클래스에서 구현될 것이기 때문입니다.

02 동물 먹이를 판매하는 하위 클래스 AnimalFeedVendingMachine을 새로 만들고 다음과 같이 코드를 수정하세요.

```
internal class AnimalFeedVendingMachine : VendingMachine
{
    public override string Item
    {
        get { return "a handful of animal feed"; }
    }
    protected override bool CheckAmount(decimal money)
    {
        return money >= 1.25M;
    }
}
```

속성에도 메서드에서처럼 override를 사용할 수 있습니다.

캡슐화를 위해 protected 키워드를 사용했습니다. CheckAmount 메서드는 protected로 선언돼 있는데, 다른 클래스는 이 메서드를 호출할 수 없게 하고, VendingMachine과 VendingMachine의 하위 클래스는 호출할 수 있어야 하기 때문입니다.

디버거로 재정의의 작동 방식 이해하기

C#은 가장 구체적인 메서드를 호출합니다.

AnimalFeedVendingMachine의 인스턴스를 생성하고 이 인스턴스에 먹이를 배출하라고 요청하면 정확히 어떤 일이 일어날까요? 디버거를 사용해 확인해 봅시다.

디버그해 보세요!

01 Main() 메서드에 다음 코드를 추가합니다.

```
internal class Program
{
    static void Main(string[] args)
    {
        VendingMachine vendingMachine = new AnimalFeedVendingMachine();
        Console.WriteLine(vendingMachine.Dispense(2.00M));
    }
}
```

02 VendingMachine과 AnimalFeedvendingMachine 클래스를 추가하고, Main() 메서드에 다음 코드를 작성하세요.

```
vendingMachine.CheckAmount(1F);
```

그러면 VendingMachine 클래스와 그 하위 클래스만 protected 메서드에 접근할 수 있기 때문에 오류가 발생합니다.

```
CS0122 '보호 수준 때문에 'VendingMachine.CheckAmount(decimal)'에 액세스할 수 없습니다.
```

이 코드를 삭제하면 다시 컴파일됩니다.

03 Main() 메서드의 첫 번째 줄에 중단점을 설정합니다.

프로그램을 실행하고 중단점에서 멈추면, [한 단계씩 코드 실행(F11)]을 사용해 코드를 한 줄씩 실행합니다. 다음과 같은 일이 일어납니다.

- AnimalFeedVendingMachine 인스턴스가 생성되고, 이 인스턴스의 Dispense() 메서드를 호출합니다.
- 이 메서드는 기본 클래스에만 정의돼 있으므로, VendingMachine.Dispense()가 호출됩니다.
- VendingMachine.Dispense의 첫 번째 줄은 protected로 선언된 CheckAmount() 메서드를 호출합니다.
- CheckAmount()는 AnimalFeedVendingMachine 하위 클래스에서 재정의돼 있으므로, VendingMachine.Dispense는 AnimalFeedVendingMachine에 정의된 CheckAmount() 메서드를 호출하게 됩니다.
- AnimalFeedVendingMachine 클래스의 CheckAmount() 메서드는 true를 반환하므로, Dispense() 메서드는 Item 속성을 반환합니다.
- AnimalFeedVendingMachine 클래스는 Item 속성을 재정의해서 "a handful of animal feed"를 반환합니다.

비주얼 스튜디오 디버거를 사용해 코드의 오류를 추적해 봤습니다. 이 <디버그해 보세요!>처럼 재정의가 어떻게 작동하는지 살펴보면 C# 학습에 큰 도움이 되죠. 클래스의 재정의를 경험해 볼 만한 또 다른 방법이 있을까요?

왜 virtual과 override 키워드를 사용해야 하는지 모르겠어요.
이들 키워드가 없으면 비주얼 스튜디오가 경고를 표시한다지만,
이 경고에 무슨 의미가 있는 것 같진 않아요. 프로그램은 여전히 잘 실행되거든요!
그러니까 제 말은, 이 키워드가 별다른 역할을 한다기보다는
필요하다니까 괜히 쓰는 느낌이네요.

virtual과 override를 사용해야 하는 중요한 이유가 있습니다!

virtual과 override는 단순한 장식용 키워드가 아닙니다. 이들 키워드는 프로그램의 작동에 실질적인 영향을 끼칩니다. virtual 키워드는 C#에 이 멤버(메서드, 속성, 필드)가 상속될 수 있다는 것을 알려 줍니다. virtual 키워드가 없는 멤버는 재정의할 수 없습니다. override 키워드는 C#에 이 멤버를 상속한다는 것을 알려 줍니다. 하위 클래스에서 override 키워드를 생략하면 단순히 어쩌다 같은 이름을 가진, 전혀 서로 상관이 없는 메서드가 만들어집니다.

좀 이상하다고 생각되나요? virtual과 override의 작동 방식을 이해하려면 코드를 직접 작성해 보는 것이 가장 좋습니다. 이들 키워드로 실험해 봅시다.

하위 클래스가 기본 클래스의 메서드를 재정의하면,
기본 클래스에서 정의된 메서드를 통해 호출됐을 경우에도
항상 하위 클래스에 정의된 더 구체적인 버전이 호출됩니다.

앱을 만들어 virtual과 override 살펴보기

virtual과 override 탐험하기

C#의 상속에서 정말 중요한 부분은 클래스 멤버의 상속입니다. 상속을 통해 하위 클래스는 기본 클래스의 행위를 이어받지만, 필요하다면 특정한 멤버를 재정의할 수 있습니다. 이때 virtual과 override 키워드가 등장합니다. virtual 키워드는 어떤 클래스 멤버가 상속될 수 있는지 나타냅니다. 멤버를 상속하려면 override 키워드를 사용해야 합니다. 클래스를 만들어 virtual과 override 키워드를 실험해 보죠. 이번에는 보석을 보관하는 금고를 나타내는 클래스를 만들어 볼 것입니다. 보석을 훔치는 못된 도둑 클래스도 함께요.

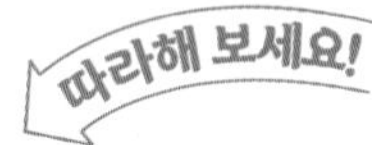

01 JewelThief 이름의 새로운 콘솔 앱을 생성하고 Safe 클래스를 추가합니다.

다음은 Safe 클래스의 코드입니다.

```
internal class Safe
{
    private string contents = "precious jewels";
    private string safeCombination = "12345";
    public string Open(string combination)
    {
        if (combination == safeCombination) return contents;
        return "";
    }
    public void PickLock(Locksmith lockpicker)
    {
        lockpicker.Combination = safeCombination;
    }
}
```

금고 객체는 귀중품(valuables)을 contents 필드에 저장합니다. 이 객체는 Open() 메서드가 올바른 금고 비밀번호(combination)를 호출하거나 열쇠공(Locksmith)이 자물쇠를 딸 때만 contents 필드를 반환합니다.

Locksmith 클래스는 나중에 추가할 것입니다. Locksmith 클래스는 금고 비밀번호 자물쇠를 딸 수 있고 자기 자신을 매개 변수로 PickLock() 메서드를 호출해 비밀번호를 알아낼 수 있습니다. Safe 객체는 쓰기 전용(write-only) Combination 속성을 사용해 Locksmith 객체에 금고 비밀번호를 줄 수 있습니다.

02 금고 주인을 나타내는 클래스를 추가합니다.

금고 주인은 건망증이 있어 가끔 금고 비밀번호를 잊어버리고는 합니다. 금고 주인을 나타내는 SafeOwner 클래스를 추가하세요.

```
internal class SafeOwner
{
    private string valuables = "";
    public void ReceiveContents(string safeContents)
    {
        valuables = safeContents;
        Console.WriteLine($"Thank you for returning my {valuables}!");
    }
}
```

03 자물쇠를 딸 수 있는 열쇠공 클래스를 추가합니다.

금고 주인이 금고를 열 수 있는 열쇠공을 데려오면, 열쇠공은 안전하고 확실하게 금고의 내용물을 꺼낼 수 있을 것입니다. Locksmith.OpenSafe() 메서드가 이 작업을 처리합니다.

```
internal class Locksmith
{
    public void OpenSafe(Safe safe, SafeOwner owner)
        {
        safe.PickLock(this);
        string safeContents = safe.Open(Combination);
        ReturnContents(safeContents, owner);
    }
    public string Combination { private get; set; }
    protected void ReturnContents(string safeContents, SafeOwner owner)
    {
        owner.ReceiveContents(safeContents);
    }
}
```

Locksmith의 OpenSafe 메서드는 자물쇠를 따고, 금고를 열고, ReturnContents를 호출해 귀중품을 안전하게 주인에게 돌려줍니다.

04 귀중품을 훔치려 하는 악당 클래스를 추가합니다.

이 악당은 금고를 열 수 있는 솜씨 좋은 열쇠공이기도 합니다. Locksmith 클래스를 상속하는 JewelThief 클래스를 추가합니다.

```
internal class JewelThief : Locksmith
{
    private string stolenJewels;
    protected void ReturnContents(string safeContents, SafeOwner owner)
    {
        stolenJewels = safeContents;
        Console.WriteLine($"I'm stealing the jewels! I stole: {stolenJewels}");
    }
}
```

JewelThief는 Locksmith의 멤버인 OpenSafe() 메서드와 Combination 속성을 상속하지만, ReturnContents() 메서드는 보석을 돌려주는 대신 훔치는군요. 교묘합니다!

05 Main() 메서드를 추가하고 JewelThief가 보석을 훔치도록 해 봅니다.

괴도 루팡이 등장할 차례입니다! Main() 메서드에서 JewelThief는 몰래 집에 들어가 자신이 상속한 Locksmith.OpenSafe() 메서드를 사용해 금고 비밀번호를 얻습니다. 다음 코드가 실행되면 어떤 일이 일어날까요?

```
static void Main(string[] args)
{
    SafeOwner owner = new SafeOwner();
    Safe safe = new Safe();
    JewelThief jewelThief = new JewelThief();
    jewelThief.OpenSafe(safe, owner);
    Console.ReadKey(true);
}
```

쓰면서 제대로 공부하기

프로그램 코드를 꼼꼼히 읽어 보세요. 실행하기 전에, 콘솔에 어떤 내용이 출력될지 미리 적어 보세요. (힌트: JewelThief 클래스는 Locksmith 클래스를 상속합니다.)

하위 클래스는 기본 클래스의 메서드를 숨길 수 있습니다

숨기기와 재정의

JewelThief 프로그램을 실행하면 다음 메시지가 출력됩니다.

```
Thank you for returning my precious jewels!
```

쓰면서 제대로 공부하기

I'm stealing the jewels! I stole: precious jewels
혹시 이렇게 다른 메시지가 출력될 거라고 예상했나요?

C#은 가장 구체적인 메서드를 호출합니다. 그렇다면 여기서는 왜 JewelThief.ReturnContents()를 호출하지 않았을까요?

JewelThief 객체가 보통의 Locksmith 객체처럼 행동한 것 같네요! 어떻게 된 것일까요?

메서드 숨기기와 메서드 재정의

ReturnContents() 메서드를 호출했을 때 JewelThief 객체가 Locksmith 객체처럼 행동한 이유는, JewelThief 클래스가 ReturnContents() 메서드를 선언한 방식 때문입니다. 프로그램을 컴파일할 때 표시된 경고 메시지에 중요한 힌트가 있습니다.

⚠	CS0108	'JewelThief.ReturnContents(string, SafeOwner)'은(는) 상속된 'Locksmith.ReturnContents(string, SafeOwner)' 멤버를 숨깁니다. 숨기려면 new 키워드를 사용하세요.

JewelThief 클래스는 Locksmith 클래스를 상속하고 자기 자신의 ReturnContents() 메서드를 가지고 있기 때문에, Locksmith 클래스의 ReturnContents() 메서드를 재정의한 것처럼 보입니다. 하지만 실제로는 그렇지 않습니다. JewelThief는 ReturnContents() 메서드를 재정의한 것이 아니라, 단순히 숨긴(hide) 것입니다.

JewelThief
Locksmith.ReturnContents JewelThief.ReturnContents

숨기기와 재정의에는 큰 차이가 있습니다. 하위 클래스가 메서드를 숨기면, 새 메서드가 **같은 이름을 가진** 기본 클래스의 메서드를 대체합니다. 이를 기술적으로 재선언(redeclare)했다고 하는데, 결과적으로 하위 클래스에 똑같은 이름의 서로 다른 두 메서드가 생긴 것입니다. 하나는 기본 클래스에서 상속한 메서드이고, 다른 하나는 하위 클래스에 정의된 메서드죠.

new 키워드를 사용해 메서드 숨기기

경고 메시지를 자세히 살펴봅시다. 물론 이런 경고 메시지는 항상 주의 깊게 읽어야겠지만, 그러지 못할 때도 있죠. 그러니 이번에는 이 경고 메시지가 뭐라고 하는지 집중해서 살펴보자고요. JewelThief 클래스로 돌아와서 new 키워드를 추가해 봅시다.

```
new protected void ReturnContents(string safeContents, SafeOwner owner)
```

JewelThief 클래스의 ReturnContents() 메서드에 new 키워드를 추가하면 경고 메시지가 사라집니다. 하지만 코드는 여전히 의도대로 작동하지 않는군요!

코드는 여전히 Locksmith 클래스의 ReturnContents() 메서드를 호출합니다. 왜일까요? JewelThief 객체에 대해 메서드 호출이 일어나지만, ReturnContents() 메서드는 Locksmith 클래스에서 정의된 메서드(Locksmith.OpenSafe)를 통해 호출되고 있기 때문입니다. JewelThief가 Locksmith 클래스의 ReturnContents() 메서드를 숨기면, JewelThief의 ReturnContents() 메서드는 호출되지 않습니다.

만약 하위 클래스에서 기본 클래스에 있는 메서드와 똑같은 이름의 메서드를 추가하면, 기본 클래스의 메서드는 재정의되는 것이 아니라 숨겨집니다.

서로 다른 참조를 사용해서 숨겨진 메서드 호출하기

이제 JewelThief 객체가 ReturnContents() 메서드를 재정의한 것이 아니라 숨기고 있다는 것을 알게 됐습니다. 그래서 JewelThief 객체가 Locksmith 객체인 것처럼 'Thank you for returning my precious jewels!'를 반환하는 것이죠. JewelThief 클래스는 Locksmith 클래스에서 첫 번째 버전의 ReturnContents() 메서드를 상속하고, 두 번째 버전의 ReturnContents() 메서드는 자기 자신의 클래스에 정의합니다. 즉, 하위 클래스에서 두 메서드는 서로 다른 방법으로 호출해야 합니다.

서로 다른 두 ReturnContents() 메서드를 호출하려면 참조 변수를 달리하면 되는데, 메커니즘은 다음과 같습니다. 코드를 살펴보세요. Locksmith를 참조하면 숨겨진 Locksmith.ReturnContents() 메서드가, JewelThief를 참조하면 새로운 ReturnContents() 메서드가 호출되네요.

```
// JewelThief 하위 클래스는 Locksmith 기본 클래스의 메서드를 숨깁니다.
// 그러므로 호출할 때 사용하는 참조에 따라
// 동일한 객체라도 서로 다르게 작동할 수 있습니다!

// JewelThief 객체를 Locksmith 참조로 선언하면
// 기본 클래스의 ReturnContents() 메서드가 호출됩니다.
Locksmith calledAsLocksmith = new JewelThief();
calledAsLocksmith.ReturnContents(safeContents, owner);

// JewelThief 객체를 JewelThief 참조로 선언하면
// JewelThief의 ReturnContents() 메서드가 호출됩니다.
// 기본 클래스에서 같은 이름의 메서드가 숨겨져 있었기 때문입니다.
JewelThief calledAsJewelThief = new JewelThief();
calledAsJewelThief.ReturnContents(safeContents, owner);
```

JewelThief가 ReturnContents() 메서드를 숨기는 대신 재정의하려면 어떻게 해야 하는지 파악했나요? 다음 내용을 읽기 전에 생각해 보세요!

무엇이든 물어보세요!

Q&A

Q1 아직도 'virtual' 메서드라는 명칭의 이유를 모르겠어요. 이 메서드는 실존(real)하는 것 같은데, 왜 가상(virtual)이라고 부르는 거죠?

A1 'virtual'이라는 명칭은 .NET이 내부적으로 가상 메서드를 처리하는 방식과는 전혀 관련이 없습니다. 가상 메서드는 가상 메서드 테이블(또는 vtable)을 사용하는데, 여기에는 어떤 메서드를 상속했고 재정의했는지에 대한 정보가 저장됩니다. 걱정하지 마세요. 가상 메서드를 사용하기 위해 가상 메서드 테이블의 작동 방식을 이해할 필요는 없답니다.

Q2 하위 클래스에 대한 참조를 기본 클래스의 참조로 대체하는 법을 이야기하셨는데, 한 번 더 설명해 줄 수 있나요?

A2 기본 클래스와 하위 클래스가 있는 클래스 다이어그램을 살펴보면, 위쪽 클래스는 아래쪽 클래스보다 더 추상화돼 있습니다. 더 구체적인 클래스(Shirt, Car 같은)는 추상적인 클래스(Clothing, Vehicle)를 상속하죠. 탈 것(vehicle)이 필요한 경우에는 오토바이를 써도 되겠지만, 밴이 필요하다면 오토바이는 쓸모가 없을 것입니다. 이를 상속에 적용해서, Van과 Motorcycle 클래스가 Vehicle 클래스를 상속받았다고 해봅시다. Vehicle을 매개 변수로 가지는 메서드에 Motorcycle 클래스를 전달할 수 있습니다. 하지만 Motorcycle을 매개 변수로 가지는 메서드에 Van을 전달할 수는 없죠. 만일 메서드가 오토바이 핸들을 나타내는 속성인 Handlebars에 접근하려고 한다면 C#은 이를 처리할 수 없을 것입니다.

행위를 상속하기 위해 override와 virtual 키워드 사용하기

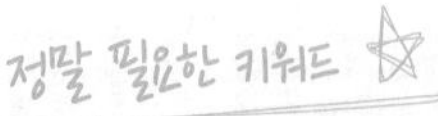

어떤 방식으로 호출되든 JewelThief 클래스가 항상 자신의 ReturnContents()를 사용하게 만들고 싶다면 어떻게 해야 할까요? 우리가 상속을 클래스에 적용할 때는 대부분 다음 코드처럼 기본 클래스의 메서드를 하위 클래스에서 재정의해서, 하위 클래스의 메서드가 항상 호출되게 합니다. 먼저 ReturnContents() 메서드에 override 키워드를 사용해 봅시다. 앞서 작성했던 new 키워드는 삭제하세요.

```
internal class JewelThief : Locksmith {
 ...
 protected override void ReturnContents (string safeContents, SafeOwner owner)
```

하지만 override 키워드를 사용하는 것만으로는 충분하지 않습니다. 클래스 선언에 override 키워드를 추가하면 이런 컴파일러 오류가 발생합니다.

```
CS0506 'JewelThief.ReturnContents(string, SafeOwner)': 상속된 'Locksmith.ReturnContents(string, SafeOwner)' 멤버는 virtual, abstract 또는 override로 표시되지 않았으므로 재정의할 수 없습니다.
```

다시 한번 오류 메시지를 자세히 살펴보세요. JewelThief는 상속한 멤버 ReturnContents()를 재정의할 수 없습니다. 이 메서드가 Locksmith 클래스에서 virtual, abstract, override로 표시되지 않았기 때문입니다. 자, 이 오류는 간단히 고칠 수 있습니다. Locksmith 클래스의 ReturnContents() 메서드에 virtual 키워드를 추가하면 됩니다.

```
internal class Locksmith {
 ...
 protected virtual void ReturnContents (string safeContents, SafeOwner owner)
```

이제 프로그램을 다시 실행해 보세요. 다음처럼 우리가 기대한 결과가 출력됩니다.

```
I'm stealing the jewels! I stole: precious jewels
```

쓰면서 제대로 공부하기

다음 각 설명과 설명에 부합하는 키워드 사이에 선을 연결해 보세요.

1. 같은 클래스의 인스턴스만 접근할 수 있는 메서드	virtual
2. 하위 클래스에서 같은 이름의 메서드로 대체할 수 있는 메서드	new
3. 어떤 클래스의 인스턴스든지 접근할 수 있는 메서드	override
4. 부모 메서드의 같은 이름을 가진 메서드를 감추는 메서드	protected
5. 부모 클래스의 메서드를 대체하는 메서드	private
6. 같은 클래스 또는 그 하위 클래스의 멤버만 접근할 수 있는 메서드	public

정답 1. private 2. virtual 3. public 4. new 5. override 6. protected

클래스 계층 구조를 짤 때 주로 메서드를 재정의하지,
숨기고 싶지 않아요. 하지만 해당 메서드를 숨기고 싶다면
new 키워드를 사용해야 하는 게 맞죠?

그렇습니다. 대부분의 경우 메서드를 재정의하겠지만, 메서드를 숨길 수도 있죠

기본 클래스를 상속하는 하위 클래스를 다룰 때는 기본 클래스의 기능을 숨기기보다 재정의할 때가 많습니다. 그러므로 메서드 숨김에 대한 컴파일 오류를 보게 된다면 한 번 더 확인하세요! 메서드를 정말 숨길 것인지 생각해 보고, virtual과 override 키워드를 사용하는 것을 잊지 마세요. 항상 virtual, override, new 키워드를 정확히 사용한다면, 이런 문제를 다시 겪을 일은 없을 것입니다!

기본 클래스의 메서드를 재정의할 생각이라면,
메서드에 항상 virtual 키워드를 추가하고,
하위 클래스에서 메서드를 재정의할 때 override 키워드를 사용하세요.
그렇지 않으면 실수로 메서드를 숨기게 됩니다.

하위 클래스에서 base 키워드를 사용해 기본 클래스 접근하기

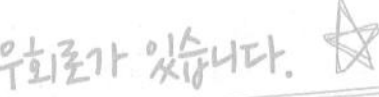

기본 클래스의 메서드와 속성을 재정의했더라도, 이 멤버들에 접근해야 할 때가 있습니다. 다행히 base 키워드를 사용해 기본 클래스의 멤버에 접근할 수 있습니다.

01 모든 동물은 먹이를 먹습니다. 그러므로 Vertebrate(척추동물) 클래스에는 Food 객체를 매개 변수로 가지는 Eat() 메서드가 있습니다.

```
internal class Vertebrate
{
    public virtual void Eat(Food morsel) {
        Swallow(morsel);
        Digest();
    }
}
```

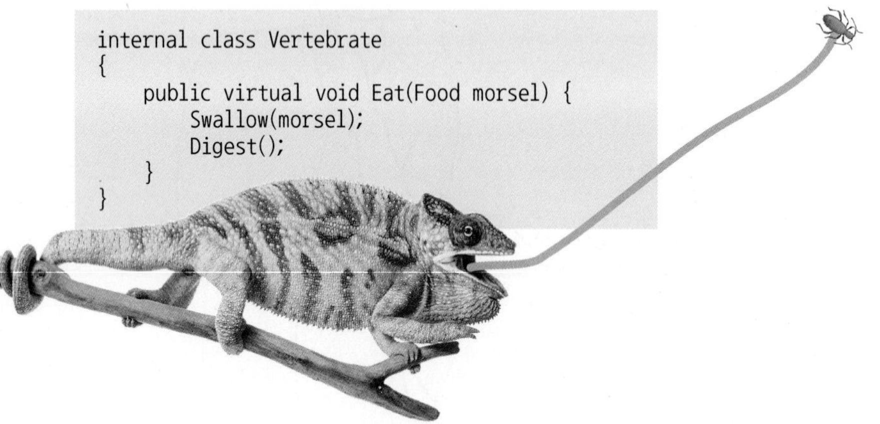

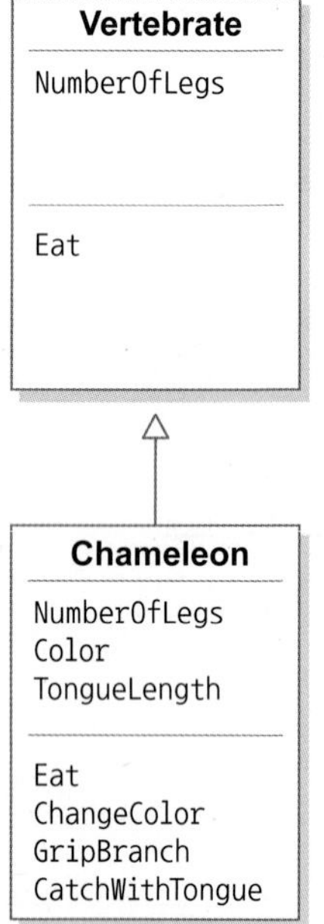

02 카멜레온은 혀로 먹이를 낚아채 먹습니다. 그러므로 Chameleon 클래스는 Vertebrate를 상속하고 Eat() 메서드를 재정의합니다.

```
internal class Chameleon : Vertebrate {
    public override void Eat(Food morsel) {
        CatchWithTongue(morsel);
        Swallow(morsel);
        Digest();
    }
}
```

이 부분이 기본 클래스의 코드와 동일합니다. 정말로 동일한 코드를 중복해서 사용해야 할까요?

Chameleon.Eat() 메서드는 CatchWithTongue() 메서드를 호출하지만, 그다음에 오는 코드는 자신이 재정의한 Vertebrate 기본 클래스의 Eat() 메서드와 동일합니다.

03 base 키워드를 사용해 재정의한 메서드를 호출합니다. 이제 Eat() 메서드의 예전 버전과 새로운 버전 둘 다에 접근할 수 있습니다.

```
internal class Chameleon : Vertebrate {
    public override void Eat(Food morsel) {
        CatchWithTongue(morsel);
        base.Eat(morsel);
    }
}
```

다음처럼 수정된 버전의 메서드는 base 키워드를 사용해 기본 클래스의 Eat() 메서드를 호출합니다. 이제 중복된 코드는 제거됐습니다. 그러므로 Vertebrate의 Eat() 메서드를 수정하더라도, 카멜레온에도 이 수정 사항이 자동으로 적용됩니다.

base 없이 Eat(morsel)만 적으면 Chameleon.Eat() 메서드가 호출될 수도 있습니다. Vertebrate.Eat() 메서드에 접근하려면 반드시 base 키워드를 사용해야 합니다.

기본 클래스에 생성자가 있으면, 하위 클래스는 생성자를 호출해야 합니다

PigeonAndOstrich 프로젝트로 돌아가세요. Egg 클래스를 상속하는 클래스 BrokenEgg를 추가해 Pigeon이 낳은 알이 1/4 확률로 깨지게 해 봅시다.

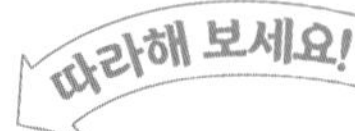

01 Pigeon 클래스의 LayEgg() 메서드에 있는 new 문을 다음처럼 수정해서 Egg 또는 BrokenEgg의 인스턴스를 생성하게 합니다.

```
if (Bird.Randomizer.Next(4) == 0)
    eggs[i] = new BrokenEgg(Bird.Randomizer.NextDouble() * 2 + 1, "white");
else
    eggs[i] = new Egg(Bird.Randomizer.NextDouble() * 2 + 1, "white");
```

쉽게 작업하던 프로젝트로 돌아갈 수 있습니다.

IDE에서 파일 메뉴의 (윈도우라면) 최근 프로젝트와 솔루션, (맥OS라면) 최근 솔루션을 선택해서 이전 프로젝트를 로드할 수 있습니다.

02 Egg를 상속하는 BrokenEgg 클래스를 만들고, 생성자에서 알이 깨졌다는 메시지를 콘솔에 출력합니다.

```
class BrokenEgg : Egg{
    public BrokenEgg(){
        Console.WriteLine("A bird laid a broken egg");
    }
}
```

Egg 프로그램에 변경 사항을 적용하세요. 어라, 새로 추가한 코드가 컴파일 오류를 일으킵니다.

- CS1729 - 'BrokenEgg'에는 인수를 2개 사용하는 생성자가 포함돼 있지 않습니다.
- CS7036 - 'Egg.Egg(double, string)'에서 필요한 정식 매개 변수 'size'에 해당하는 제공된 인수가 없습니다.

첫 번째 오류는 BrokenEgg 클래스의 생성자에 인수를 전달할 매개 변수가 없어서 생깁니다. BrokenEgg 클래스의 메서드 이름을 다음처럼 변경해서 매개 변수를 추가하세요.

```
public BrokenEgg(double size, string color)
```

두 번째 오류는 Egg 클래스의 생성자 때문에 발생했습니다. 정확하게는 매개 변수 size에 제공된 인수가 없기 때문이죠. base 키워드를 사용해서 BrokenEgg 클래스가 기본 클래스 생성자를 호출하도록 수정하면 컴파일이 잘될 것입니다. 프로그램을 실행해서 출력 메시지를 확인하세요.

```
public BrokenEgg(double size, string color) : base(size, color)
```

무기 중에는 마법 철퇴나, 마법 단검 같은 마법 무기가 있어서 Magic의 타입을 int로 변경해야 한다면 어떻게 해야 할까요?

하위 클래스와 기본 클래스는 서로 다른 생성자를 가질 수 있습니다

하위 클래스 만들기

기본 클래스 생성자를 호출하도록 BrokenEgg를 수정했을 때, BrokenEgg의 생성자가 Egg 기본 클래스의 생성자와 같은 시그니처를 갖도록 했었습니다. 만약 깨진 알의 크기를 0으로 설정하고 색상을 'broken'으로 시작하도록 하면 어떨까요? BrokenEgg를 초기화하는 구문을 수정해서 색상만 인수로 받도록 해 봅시다.

수정해 보세요!

```
if (Bird.Randomizer.Next(4) == 0)
    eggs[i] = new BrokenEgg("white");
else
    eggs[i] = new Egg(Bird.Randomizer.NextDouble() * 2 + 1, "white");
```

이렇게 수정하면 '정식 매개 변수(CS7036)' 컴파일 오류가 다시 발생합니다. BrokenEgg 생성자에 매개 변수는 2개인데, 전달한 인수는 1개뿐이니 당연히 오류가 발생하죠.
BrokenEgg 생성자가 매개 변수를 하나만 받도록 수정해서 코드를 고쳐 봅시다.

```
internal class BrokenEgg : Egg
{
    public BrokenEgg(string color) : base(0, $"broken {color}")
    {
        Console.WriteLine("A bird laid a broken egg");
    }
}
```

하위 클래스의 생성자는 이제 매개 변수가 1개이거나 2개여도 되고, 심지어 매개 변수가 없어도 괜찮습니다. base 키워드를 사용해 정확한 개수의 인수를 기본 클래스 생성자로 전달하기만 하면 됩니다.

이제 프로그램을 다시 실행해 보세요. BrokenEgg 생성자는 여전히 Pigeon 생성자를 호출하는 반복문 안에서 콘솔에 메시지를 표시하지만, Egg를 생성할 때 Size와 Color 필드 값을 초기화할 것입니다. Main() 메서드의 foreach 반복문에서 egg.Description을 콘솔에 출력할 때, 깨진 알에 대한 메시지 또한 출력합니다.

```
Press P for pigeon, O for ostrich:
p
How many eggs should it lay? 7
A bird laid a broken egg
A bird laid a broken egg
A bird laid a broken egg
A 2.4cm white egg
A 0.0cm broken White egg
A 3.0cm white egg
A 1.4cm white egg
A 0.0cm broken White egg
A 0.0cm broken White egg
A 2.7cm white egg
```

실제로 비둘기는 한번에 1~2개의 알을 낳습니다. 이런 내용을 Pigeon 클래스에 적용하고 싶다면 코드를 어떻게 변경해야 할까요?
거기 위에는 날씨 어때요?

오언의 작업을 마무리해 봅시다

6장에서 처음 시작했던 일은 오언의 칼 데미지 계산기를 수정해서 칼과 화살의 데미지를 계산하는 것이었습니다. 계산기를 수정하고, SwordDamage와 ArrowDamage 클래스를 캡슐화했습니다. 하지만 코드 몇 줄을 제외하면 이들 두 클래스는 거의 동일합니다. 여러 클래스에서 동일한 코드가 반복되는 것은 비효율적이며 오류를 유발한다는 것을 배웠습니다. 특히 이 클래스의 경우, 앞으로 프로그램을 확장해서 더 다양한 무기를 지원하는 클래스를 추가해야 한다면 더욱 그렇죠. 이제 여러분은 이러한 문제를 해결하기 위한 새로운 도구인 상속에 대한 지식을 갖췄습니다. 그러므로 이제 데미지 계산기 앱을 마무리해 봅시다. 먼저 새로운 클래스 모델을 종이 위에서 설계해 보고, 코드로 그 내용을 구현해 봅시다.

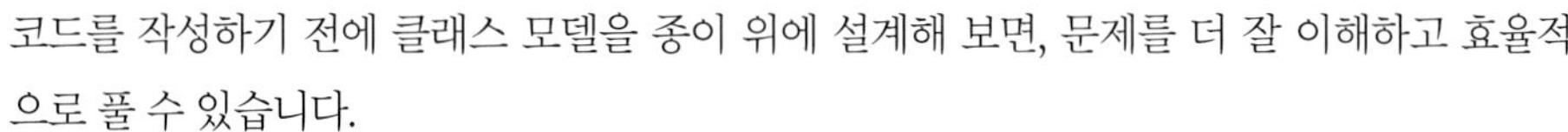
코드를 작성하기 전에 클래스 모델을 종이 위에 설계해 보면, 문제를 더 잘 이해하고 효율적으로 풀 수 있습니다.

쓰면서 제대로 공부하기

훌륭한 코드는 비주얼 스튜디오가 아닌, 여러분의 머릿속에서 시작됩니다. 그러니 이번에는 코드를 작성하기 전에 종이 위에 클래스 모델을 설계해 봅시다. 클래스 다이어그램에는 클래스 이름을 먼저 채웠습니다. 여러분이 할 일은 이들 세 클래스에 필요한 멤버를 추가하고, 각 상자 사이에 화살표를 그리는 것입니다. 각 클래스에는 private CalculateDamage 메서드가 포함돼 있죠. 클래스 다이어그램을 채울 때 클래스 멤버 옆에 한정자(public, private, protected)도 적는 것을 잊지 마세요.

참고하세요! 다음은 앞에서 작업한 SwordDamage와 ArrowDamage 클래스의 클래스 다이어그램입니다. SwordDamage와 ArrowDamage 클래스는 6장 앞부분에서 다음과 같은 모습이었습니다. 이들 클래스는 잘 캡슐화되었지만, SwordDamage의 코드 대부분은 ArrowDamage 클래스와 중복입니다.

관심사 분리는 클래스의 중복을 최소화하는 중요한 설계 원칙입니다

복잡함을 줄여 주는 방법, 분리

잘 설계된 클래스는 수정하기 쉽습니다. 무기의 데미지를 계산하는 클래스가 10개 있다고 가정해 보죠. 여기에 마법 철퇴 같은 마법 무기가 있어서 Magic의 타입을 int로 변경해야 한다면 어떨까요? 상속을 사용한다면 부모 클래스의 Magic 속성만 변경하면 되겠죠. 물론 각 클래스의 메서드를 수정해야 할 수도 있지만 작업량과 실수는 분명히 줄어들 것입니다.

이는 관심사 분리(Separation of Concerns, SoC)의 좋은 예입니다. 각 클래스는 프로그램의 특정 한 가지에만 관심이 있습니다. SwordDamage 클래스는 칼에만, ArrowDamage 클래스는 화살에만 관심이 있죠.

관심사 분리는 클래스 설계의 핵심입니다. 어떤 클래스가 서로 다른 2가지 일을 동시에 수행하고 있다면, 클래스를 2개로 분리할 수 있는지 생각해 보세요.

컴퓨터 과학에서 관심사 분리는 프로그램을 기능과 내용에 따라 분리하여, 구별된 부분이 각자의 관심사를 해결하게 하는 디자인 원칙입니다.

쓰면서 제대로 공부하기 정답

SwordDamage와 ArrowDamage는 동일한 속성을 가지므로, 이들 속성을 WeaponDamage 부모 클래스로 옮기는 것이 타당합니다.

CalculateDamage() 메서드는 virtual로 표시되므로, 다른 속성들은 이 메서드를 그대로 예전처럼 호출하면 됩니다. 하위 클래스에서 이 메서드를 재정의했으니, SwordDamage 객체에서 WeaponDamage.Roll 메서드를 호출할 때 다른 속성이 SwordDamage 클래스에 정의된 CalculateDamage() 메서드를 호출하게 됩니다.

앞에서는 CaculateDamage를 private으로 정의해서 클래스를 캡슐화했습니다. 이제는 하위 클래스에서 CaculateDamage에 접근해야 하므로 protected로 변경했습니다.

생각해 볼 문제가 하나 있습니다. Program 클래스의 Main() 메서드는 사용자 입력이라는 관심사를 분리해서 처리합니다. 이 메서드 자체는 아무 계산도 수행하지 않습니다. 계산은 SwordDamage와 ArrowDamage 클래스에 캡슐화된 CalculateDamage() 메서드가 하죠. 하지만 만약 주사위를 굴려 난수를 생성하는 코드를 무기 클래스가 아닌 Main() 메서드에 구현한다고 해 보세요. 이것이 과연 옳은 결정일까요?

프로그램은 여러 방식으로 작성할 수 있고, 하나의 '정답'만 존재하지 않습니다. 책에서 설명하는 내용조차도요! 하지만 괜찮은 다른 답이 생각났더라도 다음 연습 문제를 위해 이 클래스 모델을 계속 사용해 봅시다.

연습 문제

클래스 모델을 설계했으니, 이제 구현을 위해 코드를 작성할 준비가 됐습니다. 이는 훌륭한 습관입니다. 먼저 클래스를 설계한 다음에 코드로 구현하세요.

이제 오언의 작업을 마무리해 봅시다. 6장을 시작할 때 생성했던 WeaponDamage_Part_1 프로젝트를 다시 열어서 연습 문제를 실습을 진행해 보세요. 아니면 새로 프로젝트를 생성해서 관련 코드를 복사해 넣어도 됩니다). 만약 여러분의 코드가 앞에서 작업한 연습 문제 정답과 너무 다르다면, 정답 코드를 가져와서 작업해도 됩니다. 직접 코드를 입력하고 싶지 않다면 https://github.com/head-first-csharp/fourth-edition 에서 다운로드할 수 있습니다.

그럼 연습 문제를 진행해 봅시다! 여기서 잠깐, Main() 메서드는 수정하지 마세요. Main() 메서드는 6장 처음에서처럼 새로운 SwordDamage와 ArrowDamage 클래스를 사용할 것입니다.

1. WeaponDamage 클래스를 구현합니다. WeaponDamage 클래스를 새로 추가하고 <쓰면서 제대로 공부하기 정답>에서의 클래스 다이어그램과 일치하도록 만드세요. 고려해야 할 사항은 다음과 같습니다.

- WeaponDamage의 속성은 6장을 시작할 때 SwordDamage와 ArrowDamage 클래스에 있었던 속성들과 거의 동일합니다. 차이점은 키워드 하나뿐입니다.
- CalculateDamage() 메서드에는 코드를 넣지 마세요. 주석은 넣어도 됩니다. 이 메서드는 virtual로 선언돼야 하고, private으로 선언할 수 없습니다. private으로 선언하면 다음과 같은 컴파일 오류가 발생합니다.

```
CS0621 'WeaponDamage.CalculateDamage()': 가상 또는 추상 멤버는 프라이빗일 수 없습니다.
```

- 난수를 생성할 생성자를 추가합니다.

2. SwordDamage 클래스를 구현합니다. 다음 사항을 고려해서 만드세요.

- 생성자는 매개 변수 1개를 가지고, 기본 클래스의 생성자에 이 값을 전달합니다.
- C#은 언제나 가장 구체적인 메서드를 호출합니다. 이는 여러분이 SwordDamage 클래스의 CalculateDamage() 메서드를 재정의해서 칼 데미지를 계산하도록 구현해야 한다는 의미입니다.
- CalculateDamage()가 작동하는 방식을 잠시 생각해 보세요. Roll, Magic, Flaming의 setter는 CalculateDamage()를 호출해서 Damage 필드가 자동으로 갱신되도록 합니다. C#은 언제나 가장 구체적인 메서드를 호출하므로, WeaponDamage 부모 클래스에서 호출이 일어나도 SwordDamage.CalculateDamage()가 호출됩니다.

3. ArrowDamage 클래스를 구현합니다. SwordDamage 클래스와 동일하지만, CalculateDamage() 메서드가 화살의 데미지를 계산한다는 점만 다릅니다.

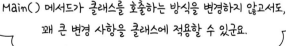

Main() 메서드가 클래스를 호출하는 방식을 변경하지 않고서도,
꽤 큰 변경 사항을 클래스에 적용할 수 있군요.

클래스가 잘 캡슐화돼 있다면 코드를 변경하기가 수월합니다

현업 개발자와 이야기해 볼 기회가 있다면, 최근에 일하면서 가장 짜증났던 부분이 어떤 것인지 한번 물어보세요. 클래스 하나를 변경하려 했더니, 이것 때문에 다른 클래스들을 변경해야 하고, 이 때문에 또 다른 3가지 변경 사항이 튀어나와 모든 변경 사항을 추적하기가 어려웠다는 종류의 이야기를 쉽게 들을 수 있습니다. 캡슐화를 염두에 둔 클래스 설계는 이러한 상황을 피할 수 있는 좋은 방법입니다.

연습 문제

다음은 WeaponDamage 클래스의 코드입니다. 속성은 예전의 SwordDamage, ArrowDamage 클래스에 있던 것들과 동일합니다. 이 클래스에는 주사위의 시작 값을 설정하기 위한 생성자가 있으며, 하위 클래스들이 재정의하기 위한 CalculateDamage() 메서드가 있습니다.

WeaponDamage
public Roll public Magic public Flaming public Damage
protected virtual CalculateDamage

```
internal class WeaponDamage
{
    public int Damage { get; protected set; }
    private int roll;
    public int Roll
    {
        get { return roll; }
        set
        {
            roll = value;
            CalculateDamage();
        }
    }
    private bool magic;
    public bool Magic
    {
        get { return magic; }
        set
        {
            magic = value;
            CalculateDamage();
        }
    }
    private bool flaming;
    public bool Flaming
    {
        get { return flaming; }
        set
        {
        flaming = value;
        CalculateDamage();
        }
    }
    protected virtual void CalculateDamage() { /* 하위 클래스에서 재정의합니다. */ }
    public WeaponDamage(int startingRoll)
    {
        roll = startingRoll;
        CalculateDamage();
    }
}
```

Damage 속성의 getter는 protected로 선언해야 합니다. 그래야 하위 클래스만 이 속성에 접근해서 값을 변경할 수 있고, 다른 클래스는 값을 변경할 수 없으니까요. protected는 실수로 다른 클래스가 이 속성을 변경하는 것을 막고 하위 클래스가 잘 캡슐화되도록 해 줍니다.

여러 속성은 계속 CalculateDamage() 메서드를 호출해서 Damage 속성의 값을 갱신합니다. Damage 속성은 부모 클래스에 정의돼 있지만, 하위 클래스에서 이 속성을 상속해 CalculateDamage() 메서드를 호출하면 하위 클래스의 CalculateDamage() 메서드가 호출됩니다.

이는 JewelThief가 작동했던 방식과 비슷합니다. Locksmith 클래스의 메서드를 재정의해서, 금고에서 보석을 가져다 돌려주는 대신 훔치도록 했죠.

CalculateDamage() 메서드 자체는 비어 있습니다. 여기서는 C#이 언제나 가장 구체적인 메서드를 호출한다는 사실을 이용하고 있죠. 지금 SwordDamage 클래스는 WeaponDamage 클래스를 상속하고 있으므로, 상속된 Flaming 속성의 setter는 CalculateDamage()를 호출할 때 이 메서드의 가장 구체적인 버전인 SwordDamage.CalculateDamage()를 호출하게 됩니다.

디버거를 사용해서 클래스의 작동 방식 이해하기

6장에서는 상속과 재정의라는 중요한 개념을 배웠습니다. 클래스를 상속할 때 메서드를 재정의하면 클래스의 작동 방식을 변경할 수 있었죠. 디버거를 사용해서 이 작동 방식을 이해해 봅시다.

- Roll, Magic, Flaming 속성의 setter에서 CalculateDamage()를 호출하는 명령문에 중단점을 설정합니다.
- WeaponDamage.CalculateDamage()에 Console.WriteLine 문을 추가합니다. 이 명령문은 호출되지 않을 것입니다.
- 프로그램을 실행합니다. 실행이 중단점에서 멈추면, 한 단계씩 코드를 실행해서 CalculateDamage() 메서드 내부로 진입합니다. 이때 하위 클래스의 CalculateDamage() 메서드로 진입해야 하며, WeaponDamage.CalculateDamage() 메서드는 호출되지 않습니다.

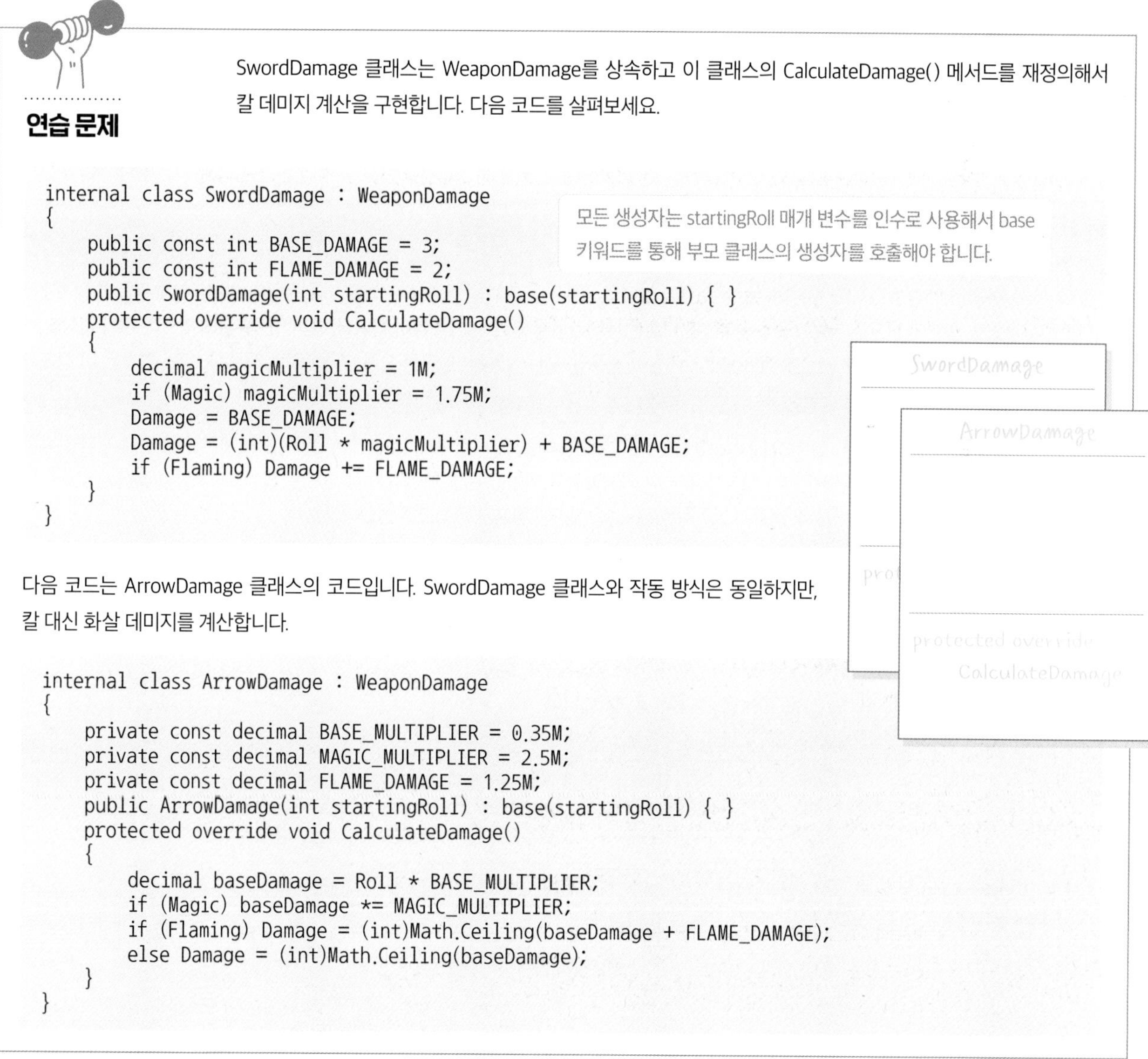

연습 문제

SwordDamage 클래스는 WeaponDamage를 상속하고 이 클래스의 CalculateDamage() 메서드를 재정의해서 칼 데미지 계산을 구현합니다. 다음 코드를 살펴보세요.

```
internal class SwordDamage : WeaponDamage
{
    public const int BASE_DAMAGE = 3;
    public const int FLAME_DAMAGE = 2;
    public SwordDamage(int startingRoll) : base(startingRoll) { }
    protected override void CalculateDamage()
    {
        decimal magicMultiplier = 1M;
        if (Magic) magicMultiplier = 1.75M;
        Damage = BASE_DAMAGE;
        Damage = (int)(Roll * magicMultiplier) + BASE_DAMAGE;
        if (Flaming) Damage += FLAME_DAMAGE;
    }
}
```

모든 생성자는 startingRoll 매개 변수를 인수로 사용해서 base 키워드를 통해 부모 클래스의 생성자를 호출해야 합니다.

다음 코드는 ArrowDamage 클래스의 코드입니다. SwordDamage 클래스와 작동 방식은 동일하지만, 칼 대신 화살 데미지를 계산합니다.

```
internal class ArrowDamage : WeaponDamage
{
    private const decimal BASE_MULTIPLIER = 0.35M;
    private const decimal MAGIC_MULTIPLIER = 2.5M;
    private const decimal FLAME_DAMAGE = 1.25M;
    public ArrowDamage(int startingRoll) : base(startingRoll) { }
    protected override void CalculateDamage()
    {
        decimal baseDamage = Roll * BASE_MULTIPLIER;
        if (Magic) baseDamage *= MAGIC_MULTIPLIER;
        if (Flaming) Damage = (int)Math.Ceiling(baseDamage + FLAME_DAMAGE);
        else Damage = (int)Math.Ceiling(baseDamage);
    }
}
```

게임 디자인의 중요한 요소인 동역학을 이야기해 볼 것입니다. 게임 디자인이 아니더라도 동역학은 중요한 개념이죠. 사실 동역학의 요소는 모든 종류의 앱에서 찾아볼 수 있습니다.

역학, 동역학, 미학

게임 디자인 원칙 | 동역학(dynamics)

게임의 동역학은 게임 플레이를 이끄는 역학이 어떻게 결합하고 협력하는지에 대한 설명입니다. 이는 비디오 게임에만 국한되지 않습니다. 모든 종류의 게임에는 역학이 존재하고, 동역학은 이러한 역학에서 발생합니다.

- 오언의 칼 데미지 계산기 게임을 통해, 역학의 좋은 예시를 이미 살펴봤습니다. 이 게임에서는 여러 무기의 데미지를 계산하기 위해 데미지 계산 공식을 사용했죠. 이 공식은 이러한 역학의 변화가 게임의 동역학에 어떻게 영향을 미치는지 생각해 볼 좋은 시작점입니다.
- 화살 데미지 계산 공식을 변경해서 기본 데미지에 10을 곱하면 어떤 일이 일어날까요? 이는 역학의 관점에서는 작은 변화이지만, 게임의 동역학에는 큰 변화를 일으킬 수 있습니다. 활이 갑자기 칼보다 엄청나게 강력해지는 것이니까요. 플레이어는 가까운 거리에서도 칼 대신 활을 쏘기 시작할 것입니다. 이것이 동역학 관점에서의 변화입니다.
- 플레이어의 행동이 달라지기 시작하면, 오언은 게임 규칙을 변경해야 합니다. 예를 들어, 무기가 칼뿐이었을 때는 다소 어려운 난이도였던 전투가 활이 생기면서 갑자기 너무 쉬워질 수 있으니까요. 이러한 변화는 플레이어에게도 변화를 일으킵니다.
- 오언은 게임 플레이에 직접 개입하지 않았습니다. 규칙을 살짝 수정했을 뿐인데 플레이어의 행동 방식이 완전히 바뀌었죠. 역학에서의 작은 변화가 동역학에서의 큰 변화를 가져올 수 있다는 것입니다. 기술적인 용어로 말하자면, **동역학의 변화는 역학의 변화로부터 창발**(emergence, *** 역주** 이전에는 존재하지 않았던 개념이 새롭게 등장함)합니다. 창발의 개념을 접해 본 적이 없다면 이해하기 어려울 수 있으니, 고전 비디오 게임의 예를 한번 살펴보죠.
- 스페이스 인베이더(space invader)의 역학은 단순합니다. 외계인들이 행진하면서 아래로 총알을 발사합니다. 총알이 플레이어에게 닿으면 플레이어는 목숨을 하나 잃습니다. 플레이어는 우주선을 좌우로 움직이며 총알을 발사할 수 있습니다. 총알이 외계인에게 닿으면 외계인은 파괴됩니다. 종종 화면의 상단을 가로지르며 날아가는 모선은 플레이어에게 점수를 더 많이 줍니다. 방어벽은 총알에 맞으며 점점 침식돼 가죠. 외계인의 종류에 따라 점수도 다르게 주어집니다. 게임이 진행되면서 외계인의 행진은 점점 더 빨라집니다. 이 게임의 역학은 이 정도가 전부입니다.
- 스페이스 인베이더의 동역학은 좀 더 복잡합니다. 게임은 아주 쉬운 난이도로 시작되죠. 대부분 플레이어는 외계인의 첫 번째 진격을 막아 냅니다. 하지만 게임은 곧 점점 어려워지기 시작합니다. 이 과정에서 바뀌는 것은 외계인의 행진 속도뿐입니다. 외계인이 점점 빨라질수록 전체 게임의 양상이 달라집니다. 게임이 빠르게 느껴지는 정도, 즉 게임의 템포가 극적으로 변합니다.
- 어떤 플레이어는 대형의 가장자리에 있는 외계인을 집중적으로 공략합니다. 외계인 대형의 가장자리와 화면의 공간이 넓을수록 외계인의 행진 속도가 느려지기 때문입니다. 그러나 사실 코드 어디에도 이런 규칙이 쓰여 있지는 않으며, 단순히 외계인이 양 옆으로, 각 난도에 따라 다른 속도로 행진한다는 간단한 규칙을 따랐을 뿐이죠. 이것이 바로 동역학이고, 역학의 변화로부터 새로운 규칙이 창발된 예시입니다. 플레이어가 총을 쏘고 외계인이 행진한다는 역학이 결합하면서 플레이어의 행동 방식이 결정되었으니까요. 이러한 동역학은 게임의 코드에 프로그램돼 있지 않습니다. 역학의 일부도 아니죠. 이것이 동역학입니다.

처음에는 동역학이 추상적인 개념으로 느껴질 수 있습니다! 이는 나중에 더 설명할 예정입니다. 하지만 지금은 다음 프로젝트를 위해 동역학의 개념을 알아보는 데 집중합시다. 가능하면 프로그램을 작성하면서 동역학이 어떻게 적용될 수 있는지 생각해 보세요.

생각해 보니, 지금까지 계속 게임을 다뤄 왔네요. 동물 짝 맞추기 게임,
3D 게임, 숫자 게임, 카드 게임, 칼 데미지 계산기, 페인트볼 총 게임, 게임 디자인...
저는 C#을 배워서 취업에 활용하고 싶어요. 뭔가 진지한 비즈니스
응용 프로그램을 개발하는 프로젝트를 다뤄 볼 수는 없을까요?

비디오 게임 산업은 진지한 비즈니스입니다

비디오 게임 산업은 전 세계적으로 매년 성장하고 있으며, 세계에서 수십만 명을 고용하는 비즈니스입니다! 개인 또는 작은 팀으로 게임을 개발하고 판매하는 독립 게임 개발자만의 고유한 생태계도 존재하고요.

C#이 게임 개발자에게 특히 사랑받는 언어이긴 하지만, 다양한 산업군의 비즈니스에도 사용됩니다.

그러니 이번 프로젝트로 진지한 비즈니스 응용 프로그램을 만들어 보면서 상속을 연습해 봅시다.

벌집 관리 시스템 만들기

벌처럼 바쁘게!

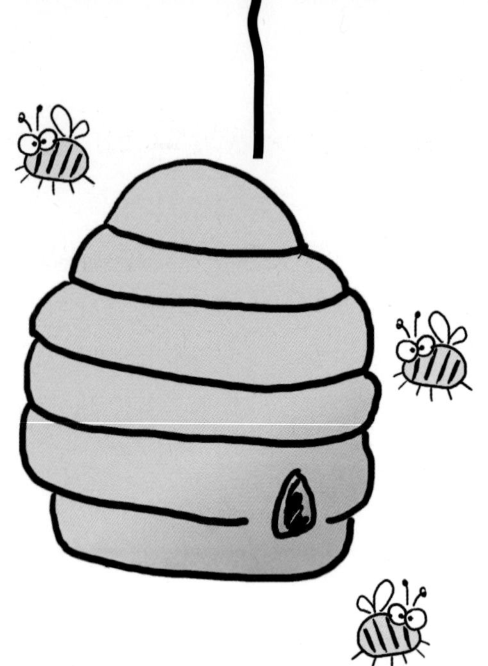

여왕벌은 여러분의 도움이 필요합니다! 벌집은 통제 불가능한 상태이고, 여왕벌은 벌꿀 생산 비즈니스를 관리해 줄 프로그램이 필요합니다. 벌집에는 처리해야 할 일이 잔뜩 있고, 그 일을 할 일벌도 많습니다. 하지만 여왕벌은 어떤 벌이 무슨 일을 해야 하는지, 또 그 일에 적당한 수의 일벌이 할당되었는지도 모르고 있네요. 여러분의 임무는 벌집 관리 시스템을 만들어 여왕벌이 일벌을 관리할 수 있게 돕는 것입니다. 벌집 관리 시스템은 다음과 같이 일을 처리합니다.

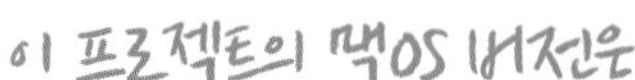

<Visual Studio for Mac 학습자 가이드>를 참고하세요.

01 여왕벌이 일벌에게 작업을 할당합니다.

모든 벌은 벌꿀을 먹어야 일을 할 수 있고, 3가지 작업 중 하나를 합니다. 먼저 꽃꿀 수집(nectar collect) 벌이 날아다니며 꽃꿀(nectar)을 모아 벌집으로 가져옵니다. 벌꿀 생산(honey manufacturer) 벌이 꽃꿀로 벌꿀을 만듭니다. 마지막으로 알 돌봄(egg care) 벌은 여왕벌이 낳은 알을 일벌(worker)로 키워냅니다.

02 작업이 모두 할당되면 일을 시작합니다.

여왕벌은 벌집 관리 시스템 앱에서 작업을 할당하고, 교대할 수 있습니다. [Work the next shift] 버튼을 클릭해 일벌을 교대하면 작업 교대 보고서(report)를 생성해 각 작업에 일벌이 몇 마리나 투입되었는지, 꽃꿀 및 벌꿀 창고(honey vault)에 꿀이 얼마나 보관되어 있는지 알려 줍니다.

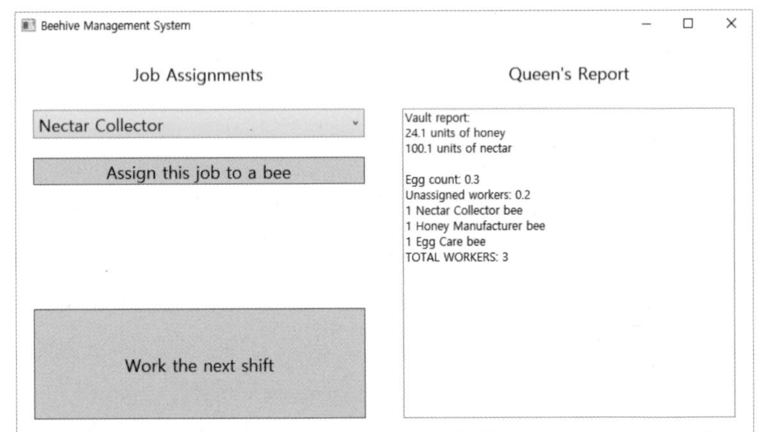

03 벌집을 늘립니다.

여느 비즈니스 리더들처럼 여왕벌도 가세를 확장하고자 합니다. 군체를 관리하기 위해 여왕벌은 벌집의 일벌 수를 측정합니다. 벌꿀이 부족하면 파산할 것입니다. 여왕벌은 일벌을 늘려 벌집의 규모를 키울 수 있을까요?

벌집 관리 시스템 클래스 모델

벌집 관리 시스템을 만드는 데 사용할 클래스들은 다음과 같습니다. 이 상속 모델에는 기본 클래스 하나와 하위 클래스 4개가 있고, 벌꿀과 꽃꿀을 관리하기 위한 정적 클래스 1개가 있습니다. 그리고 디자인 화면의 코드 숨김 파일에 연결될 MainWindow 클래스가 있습니다.

HoneyVault는 벌집에 있는 벌꿀과 꽃꿀을 관리하는 정적 클래스입니다. 벌은 ConsumeHoney() 메서드를 사용해 충분한 양의 벌꿀이 있는지 확인하고, 필요한 양만큼 소비합니다.

Bee는 모든 벌 클래스의 기본 클래스입니다. Bee의 WorkTheNextShift() 메서드는 벌꿀 창고의 ConsumeHoney() 메서드를 호출하고, 이 메서드에서 true를 반환하면 DoJob() 메서드를 호출합니다.

MainWindow의 코드 숨김 파일은 다음과 같은 작업을 처리합니다. Queen 객체 인스턴스를 생성하고, 버튼의 Click 이벤트 핸들러는 Queen 객체의 WorkTheNextShift()와 AssignBee() 메서드를 호출하고 현황 보고서를 표시합니다.

Static HoneyVault
```
string StatusReport
      (읽기 전용)
private float honey = 25f
private float nectar = 100f
-----------------------------
CollectNectar
ConvertNectarToHoney
bool ConsumeHoney
```

Bee
```
string Job
virtual float CostPerShift
            (읽기 전용)
-----------------------------
WorkTheNextShift
protected virtual DoJob
```

MainWindow
```
private Queen queen
-----------------------------
WorkShift_Click
AssignJob_Click
```

Queen
```
string StatusReport
      (읽기 전용)
override float CostPerShift
private Bee[] workers
-----------------------------
AssignBee
CareForEggs
protected override DoJob
```

NectarCollector
```
override float CostPerShift
-----------------------------
protected override DoJob
```

HoneyManufacturer
```
override float CostPerShift
-----------------------------
protected override DoJob
```

EggCare
```
override float CostPerShift
-----------------------------
protected override DoJob
```

이 Bee의 하위 클래스는 배열을 사용해 일벌을 관리하고 DoJob() 메서드를 재정의해서 하위 클래스의 WorkTheNextShift() 메서드를 호출합니다.

이 Bee의 하위 클래스는 DoJob() 메서드를 재정의해서 HoneyVault() 메서드를 호출해 꽃꿀을 수집합니다.

이 Bee의 하위 클래스는 DoJob() 메서드를 재정의해서 HoneyVault() 메서드를 호출해 꽃꿀을 벌꿀로 바꿉니다.

이 Bee의 하위 클래스는 Queen 참조를 가지고 있으면서 DoJob() 메서드를 재정의해 Queen.CareForEggs() 메서드를 호출합니다.

쉬어 가기

이 클래스 모델은 시작에 불과합니다. 코드 작성을 위해 더 자세히 살펴보겠습니다.

이 클래스 모델을 주의해서 살펴보세요. 이 클래스 모델은 이제부터 만들어야 할 앱에 대한 다양한 정보를 가지고 있습니다. 다음으로, 이들 클래스의 코드를 작성하기 위해 필요한 세부 사항들을 알아봅시다.

Queen 클래스: 여왕벌이 일벌을 관리하는 법

버튼을 클릭해 작업을 교대하면 Click 이벤트 핸들러가 Queen 객체의 WorkTheNextShift() 메서드를 호출합니다. 이 메서드는 Bee 기본 클래스에서 상속한 것이죠. 그다음에는 이런 작업이 수행됩니다.

- Bee.WorkTheNextShift()는 CostPerShift 속성을 사용해 벌이 일하기 위해 꿀이 얼마만큼 필요한지 알아내고 HoneyVault.ConsumeHoney(HoneyConsumed) 메서드를 호출합니다. 각 하위 클래스들은 서로 다른 CostPerShift 값을 가지고 있습니다.
- 그런 다음 Bee.WorkTheNextShift()는 DoJob() 메서드를 호출합니다. Queen 객체도 이 메서드를 재정의합니다.
- Queen.DoJob()은 private으로 선언된 eggs 필드에 EGGS_PER_SHIFT const 값을 더합니다. EggCare 객체는 자신의 CareForEggs() 메서드를 호출해, eggs를 감소시키고 unassignedWorkers를 증가시킵니다.
- 그런 다음 foreach 반복문을 사용해 각 일벌의 WorkTheNextShift() 메서드를 호출합니다.
- 일벌 후보(unassignedWorkers)도 벌꿀을 소비합니다. HONEY_PER_UNASSIGNED_WORKER const 값은 작업 교대마다 일벌 후보가 소비하는 꿀의 양을 나타냅니다.
- 마지막으로 UpdateStatusReport() 메서드를 호출합니다.

일벌에게 작업을 할당하는 버튼을 클릭하면 이벤트 핸들러가 Queen 객체의 AssignBee()를 호출합니다. AssignBee()는 jobSelector.text에서 가져온 string 타입의 작업 이름을 인수로 받는 메서드입니다. switch 문을 사용해 적절한 Bee의 하위 클래스 인스턴스를 생성한 다음 AddWorker()의 인수로 넘겨줍니다. 그러므로 아래의 AddWorker() 메서드를 Queen 클래스에 추가해야 합니다.

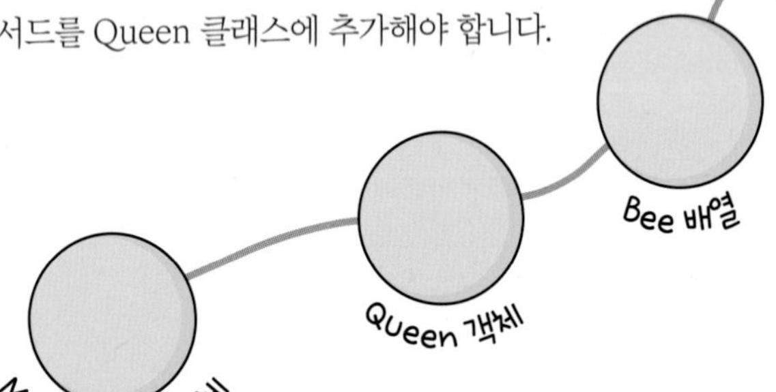

Array 인스턴스의 길이는 객체의 생애주기 동안 변경할 수 없습니다. 이 때문에 C#에는 Array.Resize라는 정적 메서드가 있습니다. 이 메서드는 실제로 배열의 크기를 변경하지는 않습니다. 대신에, 이 메서드는 새로운 배열을 만들고 예전 배열의 내용을 새 배열에 복사합니다. 이 메서드가 ref 키워드를 어떻게 사용하는지 살펴보세요. 이는 나중에 자세히 배우겠습니다.

여러분은 Queen의 workers 배열에 새로운 일벌을 추가하는 AddWorker() 메서드를 추가해야 합니다. 이 메서드는 Array.Resize를 호출해서 배열의 크기를 늘린 다음, 새로운 일벌을 배열에 추가합니다.

```
/// <summary>
/// Expand the workers array by one slot and add a Bee reference.
/// </summary>
/// <param name="worker">Worker to add to the workers array.</param>
private void AddWorker(Bee worker) {
    if (unassignedWorkers >= 1) {
        unassignedWorkers--;
        Array.Resize(ref workers, workers.Length + 1);
        workers[workers.Length - 1] = worker;
    }
}
```

UI: 디자인 화면에 XAML 추가하기

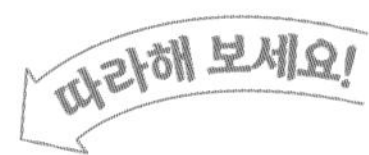

BeehiveManagementSystem 이름의 새 WPF 애플리케이션을 생성합니다. 디자인 화면의 속성 값을 Title="Beehive Management System" Height="325" Width="625"로 설정합니다. 앱에는 Label, StackPanel, Button 컨트롤과 더불어 새로운 2개의 컨트롤을 추가로 사용합니다. 작업 할당(Job Assignments)에는 ComboBox 컨트롤을 사용해서 원하는 항목을 선택할 수 있는 드롭다운 목록을 만듭니다. 여왕별 보고서(Queen's Report)의 현황 보고서는 TextBox 컨트롤에 표시됩니다.

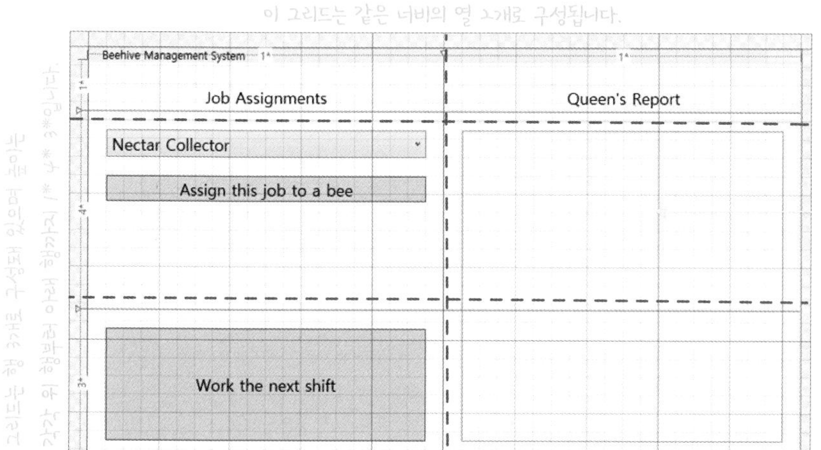

이 컨트롤은 TextBox 컨트롤입니다. 보통 TextBox는 사용자에게 입력을 받기 위해 사용하지만 IsReadOnly 속성을 "True"로 설정해서 읽기 전용 TextBox를 만들 수 있습니다. TextBlock 대신 TextBox 컨트롤을 사용하는 이유는 2가지입니다. 첫째, TextBox는 상자 주위에 테두리가 있어 보기 좋습니다. 둘째, 컨트롤 안 텍스트를 선택해서 복사할 수 있습니다. 이는 비즈니스 응용 프로그램의 현황 보고서에는 매우 유용한 기능입니다.

ComboBox 컨트롤은 Grid처럼 같은 컨테이너 컨트롤이기 때문에 열고 닫는 태그 사이에 둘 수 있습니다. 이 앱에서 ComboBox 컨트롤은 ListBoxItem 컨트롤 3개를 포함하고 있는데, 사용자는 이들 항목 중 하나를 선택할 수 있습니다.
[속성] 창에서 [공용] 항목을 펼친 다음, [Items] 옆 [...] 버튼을 클릭하면 드롭다운 목록에서 ListBoxItem을 선택할 수 있습니다. 하지만 XAML 코드로 필요한 항목을 직접 손으로 입력하는 편이 더 쉽습니다. 각 항목의 내용이 이 코드와 일치하는지 확인하세요.

```
<Grid>
    <Grid.RowDefinitions>
        <RowDefinition Height="1*"/>
        <RowDefinition Height="4*"/>
        <RowDefinition Height="3*"/>
    </Grid.RowDefinitions>
    <Grid.ColumnDefinitions>
        <ColumnDefinition/>
        <ColumnDefinition/>
    </Grid.ColumnDefinitions>
    <Label Content="Job Assignments" FontSize="18" Margin="20,0"
 HorizontalAlignment="Center" VerticalAlignment="Bottom"/>
    <StackPanel Grid.Row="1" VerticalAlignment="Top" Margin="20">
        <ComboBox x:Name="jobSelector" FontSize="18" SelectedIndex="0" Margin="0,0,0,20">
            <ListBoxItem Content="Nectar Collector"/>
            <ListBoxItem Content="Honey Manufacturer"/>
            <ListBoxItem Content="Egg Care"/>
        </ComboBox>
        <Button Content="Assign this job to a bee" FontSize="18px" Click="AssignJob_Click" />
    </StackPanel>

    <Button Grid.Row="2" Content="Work the next shift" FontSize="18px"
 Click="WorkShift_Click" Margin="20"/>
        <Label Content="Queen's Report" Grid.Column="1" FontSize="18" Margin="20,0"
         VerticalAlignment="Bottom" HorizontalAlignment="Center"/>
    <TextBox
x:Name="statusReport" IsReadOnly="True"
Grid.Row="1" Grid.RowSpan="2" Grid.Column="1" Margin="20"/>
</Grid>
```

이들 ListBoxItem 컨트롤은 ComboBox 목록에 포함돼 사용자에게 표시될 항목들을 나타냅니다.

TextBox에 이름을 부여하면 코드 숨김 파일에서 이 텍스트 상자 객체의 Text 속성에 접근할 수 있습니다.

연습 문제의 분량에 겁먹지 마세요! 연습 문제는 여러 단계로 작게 나뉘어 있으니까요.
연습 문제를 다 풀고 나면, 무엇을 배웠는지 검토하는 시간을 가질 것입니다.

일을 시작해 봅시다.

연습 문제

벌집 관리 시스템을 만들어 봅시다. 목표는 일벌의 수를 최대화하고 꿀을 다 소모할 때까지 가능한 오래 벌집을 운영하는 것입니다.

벌집의 규칙

일벌은 세 종류의 일을 할 수 있습니다. 꽃꿀 수집 벌은 꽃꿀을 벌꿀 창고로 옮기고, 벌꿀 생산 벌은 꽃꿀로 벌꿀을 만들고, 알 돌봄 벌은 알을 일벌로 길러냅니다. 일벌에게는 작업을 할당할 수 있고요. 일벌이 2회 이상 작업을 교대하면 여왕벌은 알을 1개 낳습니다. 현황 보고서에는 벌꿀 창고, 알의 개수, 일벌 후보의 수, 각 작업에 할당된 벌의 수 등이 기재되어 있으며, 교대 때마다 갱신됩니다.

HoneyVault 정적 클래스부터 작성 시작하기

- HoneyVault 클래스는 다른 클래스의 메서드를 호출하거나 속성, 필드를 사용하지 않으므로 좋은 출발점입니다. HoneyVault라는 이름의 새 클래스를 생성합니다. static으로 선언한 다음, 클래스 다이어그램을 살펴보며 클래스 멤버를 추가합니다.
- HoneyVault에는 두 상수 NECTAR_CONVERSION_RATIO = .19f와 LOW_LEVEL_WARNING = 10f가 있습니다. HoneyVault의 private 필드인 honey는 '25f'로, nectar는 '100f'로 초기화되어 있습니다.
- ConverNectarToHoney() 메서드는 꽃꿀로 벌꿀을 만듭니다. 이 메서드는 float 타입 매개 변수인 amount를 받아, nectar 필드에서 amount만큼의 값을 뺀 다음, amount × NECTAR_CONVERSION_RATIO에 해당하는 값을 honey 필드에 더합니다. 이때 메서드에 전달된 amount 값이 창고에 남아 있는 nectar 값보다 작다면, 남아 있는 모든 nectar로 벌꿀을 만듭니다).
- ConsumeHoney() 메서드는 벌들이 일을 하기 위해 벌꿀을 사용하도록 해 줍니다. 이 메서드는 amount라는 매개 변수를 가지고 있습니다. amount의 값이 honey 필드보다 작거나 같다면, honey 필드에서 amount 값을 뺀 다음 true를 반환합니다. amount의 값이 honey 필드보다 크다면 false를 반환합니다.
- CollectNectar() 메서드는 꽃꿀 수집 벌이 교대할 때마다 호출됩니다. 이 메서드는 amount라는 매개 변수를 가지고 있습니다. amount의 값이 0보다 크면, nectar 필드에 이 값을 더합니다.
- StatusReport 속성은 getter만 가지고 있으며, 이 접근자는 창고에 있는 벌꿀과 꽃꿀의 양을 여러 줄로 표시한 문자열을 반환합니다. 벌꿀의 양이 LOW_LEVEL_WARNING보다 낮아지면, 반환하는 문자열에 경고를 추가합니다('LOW HONEY - ADD A HONEY MANUFACTURER').

Bee 클래스를 만들고, Queen, HoneyManufacturer, NectarCollector, EggCare 클래스 작성하기

- Bee 기본 클래스를 생성합니다. Bee 클래스의 생성자는 문자열 하나를 인수로 받아, 읽기 전용 Job 속성의 값을 설정합니다. 각각의 Bee 하위 클래스는 기본 생성자에 문자열('Queen', 'Nectar Collector', 'Honey Manufacturer', 'Egg Care' 중 하나)을 전달합니다. 그러므로 Queen 클래스는 public Queen() : base("Queen") 코드를 가지고 있습니다.
- virtual로 선언된 읽기 전용 CostPerShift 속성은 각각의 Bee 하위 클래스가 교대할 때마다 소모하는 벌꿀의 양을 정의합니다. WorkTheNextShift() 메서드는 HoneyConsumed 값을 HoneyVault.ConsumeHoney() 메서드로 전달합니다. 벌집에 벌꿀이 충분히 남아서 ConsumeHoney 메서드가 true를 반환하면, WorkTheNextShift() 메서드가 DoJob() 메서드를 호출하게 됩니다.
- Bee를 상속하는 HoneyManufacturer, NectarCollector, EggCare 클래스를 빈 상태로 생성합니다. Queen 클래스를 작성하려면 이 클래스들이 필요합니다. Queen 클래스를 먼저 완성한 다음, Bee 하위 클래스들을 마무리할 것입니다.
- 각각의 Bee 하위 클래스는 DoJob() 메서드를 재정의해서 자신들의 작업을 수행하고, 또한 CostPerShift 속성을 재정의해서 업무를 교대할 때마다 소모하는 벌꿀의 양을 설정합니다.
- 각각의 Bee 하위 클래스의 읽기 전용 Bee.CostPerShift 속성의 값은 다음과 같습니다. Queen.CostPerShift = 2.15f, NectarCollector.CostPerShift = 1.95f, HoneyManufacturer.CostPerShift = 1.7f, EggCare.CostPerShift = 1.35f.

이 연습 문제의 각 부분들은 예전에 살펴본 내용들입니다. 여러분은 해낼 수 있어요!

천 리 길도 한 걸음부터 Queen 클래스를 작성하고 Bee 하위 클래스를 하나씩 완성해 보세요.

- Queen 클래스는 private Bee[] 타입 workers 필드를 가지고 있습니다. 이 필드의 값은 처음에는 비어 있는 배열입니다. AddWorker() 메서드를 사용해 Bee 참조를 이 배열에 추가할 수 있습니다.
- Queen 클래스의 AssignBee() 메서드는 작업의 이름을 매개 변수로 받습니다. 이 메서드는 AddWorker()를 호출하는 switch 문을 가지고 있습니다. 예를 들어, 작업이 'Egg Care(알 돌봄)'일 경우 AddWorker(new EggCare(this))가 호출됩니다.
- Queen 클래스에는 eggs와 unassignedWorkers라는 2개의 private float 타입 필드가 있습니다. 이들 필드는 알의 개수와 일벌 후보의 수를 저장합니다. 알의 개수는 교대가 끝날 때마다 늘어납니다.
- Queen 클래스는 DoJob() 메서드를 재정의해서 알의 개수를 늘리고, 일벌들에게 작업을 할당하고, 아직 일을 시작하지 않은 일벌들에게 꿀을 먹입니다. 0045f 설정된 상수 EGGS_PER_SHIFT 상수는 교대가 끝날 때 eggs 필드에 더해집니다. 또한 foreach 반복문을 사용해 각 일벌의 WorkTheNextShift() 메서드를 호출합니다. 그런 다음 HoneyVault.ConsumeHoney() 메서드를 호출하면서 HONEY_PER_UNASSIGNED_WORKER × workers.Length 값을 넘겨줍니다.
- Queen 클래스는 일벌 셋을 데리고 시작합니다. Queen 클래스의 생성자는 AssignBee() 메서드를 3번 호출해 각각의 작업이 할당된 일벌 셋을 생성합니다.
- EggCare는 Queen의 CareForEggs() 메서드를 호출합니다. 이 메서드는 eggsToConvert라는 float 타입 매개 변수를 받습니다. eggs >= eggsToConvert일 경우, eggs 필드에서 eggsToConvert만큼의 값을 뺀 다음, 그 수를 unassginedWorkders 필드에 더합니다.
- 여왕벌의 현황 보고서를 주의 깊게 살펴보세요. private으로 선언된 UpdateStatusReport() 메서드가 HoneyVault.StatusReport()를 사용해서 내용을 생성합니다. Queen 클래스는 DoJob() 메서드와 AssignBee() 메서드의 마지막 부분에서 UpdateStatusReport를 호출합니다.

나머지 Bee 하위 클래스 완성하기

- NectarCollector 클래스는 상수 NECTAR_COLLECTED_PER_SHIFT = 33.25f를 가지고 있습니다. 이 클래스의 DoJob() 메서드는 위 상수를 HoneyVault.CollectNectar() 메서드에 전달합니다.
- HoneyManufacturer 클래스는 상수 NECTAR_PROCESSED_PER_SHIFT = 33.15f를 가지고 있으며, 이 클래스의 DoJob 메서드는 위 상수를 HoneyVault.ConvertNectarToHoney() 메서드에 전달합니다.
- EggCare 클래스는 상수 CARE_PROGRESS_PER_SHIFT = 0.15f를 가지고 있으며, 이 클래스의 DoJob() 메서드는 위 상수를 queen.CareForEggs 메서드에 전달합니다. private으로 선언된 Queen 타입의 참조 queen은 EggCare 클래스의 생성자에서 초기화됩니다.

코드 숨김 파일 완성하기

- 앞서 디자인 화면의 XAML 코드를 살펴봤습니다. 여러분이 할 일은 [코드 편집기]에서 코드 숨김 파일의 내용을 채우는 것입니다. MainWindow 클래스에는 Queen 타입의 private 필드인 queen이 있으며, 이 필드는 생성자에서 초기화됩니다. 또한, 버튼과 콤보 상자의 이벤트 핸들러도 이 클래스에 있습니다.
- 이벤트 핸들러를 연결합니다. 'assign job' 버튼은 queen.AssignBee(jobSelector.Text)를 호출합니다. 'Work the next shift' 버튼은 queen.WorkTheNextShift()를 호출합니다. 이 두 메서드는 statusReport.Text의 값을 queen.StatusReport로 설정합니다.

벌집 관리 시스템의 작동 방식에 대한 추가 세부 사항

- 목표는 현황 보고서에서 TOTAL WORKERS의 숫자를 최대한 높게 유지하는 것입니다. 이 숫자는 새 일벌에게 어떤 작업을 할당하는지에 달려 있습니다. 일벌은 벌꿀을 섭취합니다. 특정 업무에 너무 많은 일벌이 할당되면 벌꿀의 양은 줄어들기 시작합니다. 프로그램을 실행하고 벌꿀과 꽃꿀의 숫자를 지켜보세요. 시작하고 작업 교대가 몇 번 지나가면, 벌꿀이 부족하다는 경고가 나타나므로 벌꿀 생산 벌을 추가해야 합니다. 그리고 몇 번 더 작업 교대를 하고 나면, 이번에는 꽃꿀이 부족해져서 꽃꿀 수집 벌을 추가해야 합니다. 그런 다음에는 벌집의 인원을 어떻게 늘릴 수 있는지 알아내야 합니다. 벌꿀이 떨어지기 전까지 얼마나 높은 TOTAL WORKERS 숫자를 유지할 수 있을까요?

연습 문제 정답

이 프로젝트는 큰데다, 여러 부분으로 구성돼 있습니다. 무작정 문제로 돌진하기보다는 하나씩 차근차근 해결해 보세요. 여러분은 이 모든 구성 요소를 이해하는 데 필요한 도구들을 이미 갖추고 있습니다.

다음은 정적 HoneyVault 클래스의 코드입니다.

```
static class HoneyVault
{
    public const float NECTAR_CONVERSION_RATIO = .19f;
    public const float LOW_LEVEL_WARNING = 10f;
    private static float honey = 25f;
    private static float nectar = 100f;

    public static void CollectNectar(float amount)
    {
        if (amount > 0f) nectar += amount;
    }
    public static void ConvertNectarToHoney(float amount)
    {
        float nectarToConvert = amount;
        if (nectarToConvert > nectar) nectarToConvert = nectar;
        nectar -= nectarToConvert;
        honey += nectarToConvert * NECTAR_CONVERSION_RATIO;
    }
    public static bool ConsumeHoney(float amount)
    {
        if (honey >= amount)
        {
            honey -= amount;
            return true;
        }
        return false;
    }
    public static string StatusReport
    {
        get
        {
            string status = $"{honey:0.0} units of honey\n" + $"{nectar:0.0} units of nectar";
            string warnings = "";
            if (honey < LOW_LEVEL_WARNING) warnings += "\nLOW HONEY - ADD A HONEY MANUFACTURER";
            if (nectar < LOW_LEVEL_WARNING) warnings += "\nLOW NECTAR - ADD A NECTAR COLLECTOR";
            return status + warnings;
        }
    }
}
```

HoneyVault 클래스의 상수들은 매우 중요합니다. 꽃꿀당 벌꿀 생산 비율을 높이면, 매번 작업 교대를 할 때마다 창고에 더 많은 벌꿀이 쌓입니다. 반대로 비율이 줄어들면, 벌꿀은 급격하게 줄어들기 시작합니다.

NectarCollector 벌은 CollectNectar() 메서드를 호출해서 꽃꿀을 벌집에 모으는 일을 수행합니다.

HoneyManufacturer 벌은 ConvertNectarToHoney() 메서드를 호출해서 꽃꿀로 벌꿀을 만들어 창고에 저장하는 일을 수행합니다.

모든 벌은 작업 교대마다 일정량의 벌꿀을 소모합니다. ConsumeHoney() 메서드는 벌들이 자신의 작업을 수행할 수 있을 만큼 벌꿀이 충분히 있을 때만 true를 반환합니다.

여러분이 작성한 코드가 이 책의 코드와 일치하지 않아도 괜찮습니다! 이 문제를 푸는 데는 여러 방법이 있을 수 있습니다. 프로그램이 커질수록, 프로그램을 작성할 수 있는 방법 또한 많아지죠. 코드가 제대로 작동한다면, 문제를 맞게 푼 것입니다! 하지만 여러분의 프로그램을 이 책에 나온 코드와 비교하면서, 책에서는 왜 이런 코드를 사용했는지 그 이유를 파악해 보세요.

[클래스 뷰] 창은 클래스 계층 구조를 살펴보는 데 유용한 도구입니다. [메뉴 모음]-[보기]-[클래스 뷰] 메뉴를 클릭하면 [클래스 뷰]가 [솔루션 탐색기] 창에 고정될 것입니다. [클래스 뷰] 창에서 클래스를 펼쳐 보고 그 안에서 [기본 형식] 폴더를 펼쳐 계층 구조를 확인해 보세요. 하단의 탭을 사용해 [클래스 뷰]와 [솔루션 탐색기] 창을 전환할 수 있습니다.

이 프로그램의 행위는 여러 클래스가 상호 작용하는 방식에 따라, 특히, Bee 클래스 계층 구조에 있는 클래스들에 의해 일어납니다. 계층 구조의 최상위에는 다른 Bee 하위 클래스들이 상속하는 Bee 부모 클래스가 있습니다.

```
internal class Bee
{
    public virtual float CostPerShift { get; }
    public string Job { get; private set; }
    public Bee(string job)
    {
        Job = job;
    }
    public void WorkTheNextShift()
    {
        if (HoneyVault.ConsumeHoney(CostPerShift))
        {
            DoJob();
        }
    }
    protected virtual void DoJob() { /* 하위 클래스에서 이 메서드를 재정의합니다. */ }
}
```

Bee 생성자는 하나의 매개 변수를 받아, 읽기 전용 Job 속성의 값을 설정합니다. Queen은 이 속성을 사용해 현황 보고서를 생성할 때 어떤 작업을 하는 벌들이 있는지 파악합니다.

NectarCollector 클래스는 작업 교대를 할 때마다 꽃꿀을 수집해 창고에 모읍니다.

```
internal class NectarCollector : Bee
{
    public const float NECTAR_COLLECTED_PER_SHIFT = 33.25f;
    public override float CostPerShift { get { return 1.95f; } }
    public NectarCollector() : base("Nectar Collector") { }

    protected override void DoJob()
    {
        HoneyVault.CollectNectar(NECTAR_COLLECTED_PER_SHIFT);
    }
}
```

NectarCollector와 HoneyManufacturer 클래스는 작업 교대를 할 때마다 얼마나 많은 꽃꿀을 모으는지와 얼마나 많은 벌꿀을 생산할 수 있는지 나타내는 상수를 가지고 있습니다. 이들 상수의 값을 변경해 보세요. HoneyVault의 꽃꿀당 벌꿀 생산비의 변화보다 이들 상수 값의 변화가 프로그램이 실행되는 방식에 더 영향을 미치는 것을 볼 수 있습니다.

HoneyManufacturer 클래스는 창고에 있는 꽃꿀로 벌꿀을 만듭니다.

```
internal class HoneyManufacturer : Bee
{
    public const float NECTAR_PROCESSED_PER_SHIFT = 33.15f;
    public override float CostPerShift { get { return 1.7f; } }
    public HoneyManufacturer() : base("Honey Manufacturer") { }

    protected override void DoJob()
    {
        HoneyVault.ConvertNectarToHoney(NECTAR_PROCESSED_PER_SHIFT);
    }
}
```

Bee의 하위 클래스는 각각 서로 다른 일을 하지만, 이들은 같은 작동을 공유합니다(심지어 여왕벌도요). 이들은 작업 교대를 할 때까지 일하지만, 벌꿀이 충분할 때만 일할 수 있습니다. Queen 클래스는 일벌을 관리하고 현황 보고서를 생성하는 역할을 합니다.

```
internal class Queen : Bee
{
    public const float EGGS_PER_SHIFT = 0.45f;
    public const float HONEY_PER_UNASSIGNED_WORKER = 0.5f;

    private Bee[] workers = new Bee[0];
    private float eggs = 0;
    private float unassignedWorkers = 3;
    public string StatusReport { get; private set; }
    public override float CostPerShift { get { return 2.15f; } }

    public Queen() : base("Queen") {
        AssignBee("Nectar Collector");
        AssignBee("Honey Manufacturer");
        AssignBee("Egg Care");
    }

    private void AddWorker(Bee worker)
    {
        if (unassignedWorkers >= 1)
        {
            unassignedWorkers--;
            Array.Resize(ref workers, workers.Length + 1);
            workers[workers.Length - 1] = worker;
        }
    }

    private void UpdateStatusReport()
    {
        StatusReport = $"Vault report:\n{HoneyVault.StatusReport}\n" +
        $"\nEgg count: {eggs:0.0}\nUnassigned workers: {unassignedWorkers:0.0}\n" +
        $"{WorkerStatus("Nectar Collector")}\n{WorkerStatus("Honey Manufacturer")}" +
        $"\n{WorkerStatus("Egg Care")}\nTOTAL WORKERS: {workers.Length}";
    }

    public void CareForEggs(float eggsToConvert)
    {
        if (eggs >= eggsToConvert)
        {
            eggs -= eggsToConvert;
            unassignedWorkers += eggsToConvert;
        }
    }
```

Queen 클래스의 상수는 매우 중요합니다. 이 상수들이 프로그램의 작동에 많은 영향을 미치기 때문입니다. 여왕벌이 알을 너무 많이 낳으면, 일벌들은 더 많은 벌꿀을 소모하게 되지만, 벌집도 빠르게 성장하게 됩니다. 만약 일이 할당되지 않은 일벌들이 벌꿀을 더 많이 소모하면, 빨리 일벌에게 작업을 할당해야 합니다.

Queen은 생성자에서 각 업무에 한 마리씩의 일벌을 할당하는 것으로 일을 시작합니다.

여기에 AddWorker() 메서드가 있습니다. 이 메서드는 배열의 크기를 바꾸고 Bee 객체를 배열의 끝에 추가합니다. 현황 보고서에 가끔 일벌 후보가 1.0으로 표시되지만 작업을 할당할 수 없을 때가 있다는 것을 눈치채셨나요? AddWorker() 메서드의 첫 번째 행에 중단점을 설정해 보세요. 그러면 unassignedWorkers의 값이 0.99999999999...인 것을 볼 수 있습니다. 이 문제를 어떻게 해결할 수 있을까요?

앞에서 본 현황 보고서를 자세히 살피고 여기에 무엇이 포함되는지 파악해 보세요.

EggCare 벌은 CareForEggs() 메서드를 호출해 알을 (일이 아직 없는) 일벌로 만듭니다.

Queen 클래스는 프로그램 작동 전반에 관여합니다. 여왕벌은 일벌 객체 인스턴스를 관리하죠. 객체를 생성해서 일벌에게 작업을 할당하고 일을 시작하게 합니다.

```
private string WorkerStatus(string job)
{
    int count = 0;
    foreach (Bee worker in workers)
    if (worker.Job == job) count++;
    string s = "s";
    if (count == 1) s = "";
    return $"{count} {job} bee{s}";
}

public void AssignBee(string job)
{
    switch (job)
    {
    case "Nectar Collector":
        AddWorker(new NectarCollector());
        break;
    case "Honey Manufacturer":
        AddWorker(new HoneyManufacturer());
        break;
    case "Egg Care":
        AddWorker(new EggCare(this));
        break;
    }
    UpdateStatusReport();
}

protected override void DoJob()
{
    eggs += EGGS_PER_SHIFT;
    foreach (Bee worker in workers)
    {
        worker.WorkTheNextShift();
    }
        HoneyVault.ConsumeHoney(unassignedWorkers * HONEY_PER_UNASSIGNED_WORKER);
        UpdateStatusReport();
    }
}
```

private WorkerStatus() 메서드는 foreach 반복문을 사용해 workers 배열에 있는 벌들이 어떤 작업에 몇 마리가 할당됐는지 계산합니다. 어떻게 s 변수를 사용해 벌이 한 마리만 있을 때 복수형인 'bees'를 출력하지 않는지 살펴보세요.

AssignBee() 메서드는 switch 문을 사용해 어떤 일벌을 추가할지 결정합니다. case 문에 있는 문자열은 ComboBox에 들어 있는 ListBoxItem 각각의 Content 속성과 일치해야 하며, 일치하는 값이 없으면 아무 일도 일어나지 않습니다.

Queen은 알을 낳고, 작업 교대가 이루어질 때 일벌들에게 작업을 지시하고, 일이 할당되지 않은 일벌에게 벌꿀을 먹입니다. Queen은 일벌에게 작업을 할당하고 작업 교대가 끝날 때마다 현황 보고서를 최신 내용으로 갱신합니다.

여왕벌은 마이크로 매니징하지 않습니다.
여왕벌은 일벌 객체들이 각자 작업을 수행하고 각자 벌꿀을 섭취하도록 합니다.

이는 관심사 분리의 좋은 예시입니다. 여왕벌과 관련한 행위는 Queen 클래스 안에 캡슐화돼 있으며, Bee 클래스는 모든 벌에게 적용되는 행위만 포함합니다.

상수의 값을 정하기 위해 상수 값을 변경하면 프로그램 실행에 어떤 영향이 있는지 살펴보고, 클래스 간 균형을 맞추기 위해 여러 시도를 해 보았습니다. 그 결과 정해진 값이 과연 적당한 것일까요? 더 나은 값을 찾아낼 수는 없을까요? 한번 해 보세요!

EggCare 클래스는 Queen 객체에 대한 참조를 사용해 CareForEggs() 메서드를 호출해 알을 일벌로 길러냅니다.

```
internal class EggCare : Bee
{
    public const float CARE_PROGRESS_PER_SHIFT = 0.15f;
    public override float CostPerShift { get { return 1.35f; } }
    private Queen queen;
    public EggCare(Queen queen) : base("Egg Care")
    {
        this.queen = queen;
    }
    protected override void DoJob()
    {
        queen.CareForEggs(CARE_PROGRESS_PER_SHIFT);
    }
}
```

EggCare 벌의 상수는 알이 얼마나 빨리 일벌 후보로 자라나는지 결정합니다. 일벌이 많을수록 벌집에는 유리하지만, 일벌이 많으면 그만큼 벌꿀을 더 많이 소비합니다. 여러 종류의 일벌 수의 적당한 균형을 찾는 것이 중요합니다.

다음은 디자인 화면의 코드 숨김 파일의 내용입니다. 코드가 그리 많지는 않습니다. 대부분의 로직은 다른 클래스에 있거든요.

```
public partial class MainWindow : Window
{
    private Queen queen = new Queen();
    public MainWindow()
    {
        InitializeComponent();
        statusReport.Text = queen.StatusReport;
    }
    private void WorkShift_Click(object sender, RoutedEventArgs e)
    {
        queen.WorkTheNextShift();
        statusReport.Text = queen.StatusReport;
    }
    private void AssignJob_Click(object sender, RoutedEventArgs e)
    {
        queen.AssignBee(jobSelector.Text);
        statusReport.Text = queen.StatusReport;
    }
}
```

생성자에서 현황 보고서 TextBox를 갱신합니다. 버튼을 클릭하면 항상 최신 보고서가 표시되도록 합니다.

[assign job] 버튼은 선택된 ComboBox 항목의 텍스트를 Queen.AssignBee로 전달하므로, switch 문의 case 레이블에 있는 문자열이 ComboBox 항목의 문자열과 정확히 일치해야 합니다.

코드를 작성하다 문제가 생기면, 당연히 정답을 살펴봐도 괜찮습니다!

저기 잠깐만요.
이건... 진지한 비즈니스 응용 프로그램이 아니잖아요.
이건 게임이잖아요!

진짜 너무하네요.

그래요, 눈치채셨군요. 맞습니다. 이건 게임이에요

정확히 말하면 이것은 자원 관리 게임입니다. 자원을 수집하고, 관리하고, 사용하는 과정의 역학에 초점을 맞춘 게임이죠. 심시티 같은 시뮬레이션 게임이나 문명 같은 전략 게임을 해 본 적이 있다면, 도시를 운영하거나 제국을 건설하기 위해 돈, 철광석, 연료, 목재, 물 등의 자원 관리가 게임의 큰 부분을 차지한다는 것을 알고 있을 것입니다.

자원 관리 게임은 역학, 동역학, 미학 사이의 관계를 실험해 볼 수 있는 훌륭한 방법이기도 합니다.

- 역학은 단순합니다. 플레이어는 일벌을 할당하고 다음 턴으로 넘어갑니다. 그러면 각 벌은 꽃꿀을 모으고, 꽃꿀로 벌꿀을 만들거나 알에서 일벌을 길러냅니다. 알의 개수가 증가하고, 보고서가 표시됩니다.
- 미학은 좀 더 복잡하죠. 플레이어는 벌꿀과 꽃꿀의 양이 줄어드는 것을 걱정해야 하고, 일정 양을 미달할 때마다 경고 표시가 뜹니다. 플레이어는 선택할 때 재미를 느끼고, 그 결과가 게임에 영향을 미칠 때 만족감을 느낍니다. 플레이어는 숫자가 오르락내리락하는 것을 보며 이 과정을 반복합니다.
- 게임은 동역학에 의해 진행됩니다. 벌꿀이나 꽃꿀을 부족하게 만드는 코드는 어디에도 없습니다. 벌과 알이 벌꿀을 소비할 뿐이죠.

이는 동역학의 핵심이 무엇인지에 대한 질문입니다. 천천히 한번 생각해 보세요. 이러한 개념을 게임이 아닌 다른 프로그램에도 적용할 수 있는 방법이 있을까요?

뇌 단련

HoneyVault.NECTAR_CONVERSION RATIO를 조금 변경하면 벌꿀의 소모 속도가 느려지거나 빨라지기 때문에, 게임이 무척 쉬워지거나 어려워질 수 있습니다. 게임 플레이에 영향을 미치는 다른 숫자는 어떤 것이 있을까요? 무엇이 게임의 요소들 간 관계를 이끌어 내는 것일까요?

벌집 관리 게임의 방향을 결정하는 피드백

동역학과 피드백 루프

잠시 이 게임의 작동 방식을 생각해 봅시다. 꽃꿀당 벌꿀의 생산 비율은 게임에 큰 영향을 미칩니다. 이 상수를 변경하면 게임 플레이가 크게 달라집니다. 알을 일벌로 길러내는 데 벌꿀을 거의 소비하지 않는다면 게임은 정말 쉬워지겠죠. 반대로 벌꿀의 소비가 많다면 게임은 어려워지고요. 하지만 클래스를 들여다보면 난이도를 설정한 부분은 어디에도 없습니다. 어디에도 Difficulty 필드 같은 것은 없죠. 여왕벌이 게임을 쉽게 만들 수 있는 특별한 힘이있는 것도 아니고, 게임을 어렵게 만드는 강한 적이나 미션이 있는 것도 아닙니다. 달리 말하면, 알의 숫자, 일벌의 숫자, 게임의 난이도 사이에 어떤 연관성을 명시적으로 드러내는 코드가 없습니다. 그럼 무슨 일이 일어나고 있는 것일까요?

비디오를 출력하고 있는 화면에 카메라를 들이대면, 이러한 이상한 패턴을 만들어 내는 피드백 루프가 만들어집니다.

피드백(feedback)은 라이브 비디오나 오디오의 출력을 다시 입력으로 보내는 것입니다. 예를 들어, 스마트폰과 컴퓨터로 영상 통화를 걸어 보세요. 컴퓨터 스피커에 스마트폰을 가까이 대면 시끄러운 메아리 소리가 들리고, 스마트폰 카메라로 컴퓨터를 가리키면 컴퓨터 화면 안에 또 컴퓨터 화면이 무한히 반복되는 것이 보이죠. 영상 통화 프로그램 어디에도 이런 현상을 유도하는 코드는 딱히 존재하지 않습니다. 피드백을 통해 이런 결과물이 창발된 것이죠.

피드백 루프를 이루는 일벌과 벌꿀

벌집 관리 게임은 일련의 피드백 루프에 바탕을 두고 있습니다. 게임의 요소들이 상호 작용하며 여기저기에 작은 순환이 생겨나죠. 예를 들어, 벌꿀 생산 벌은 벌꿀을 생산해 창고에 넣습니다. 벌꿀 생산 벌은 벌꿀을 소비하면서 그보다 많은 벌꿀을 생산하죠.

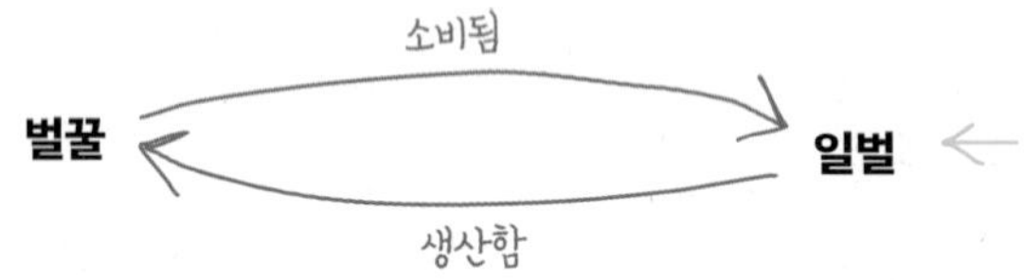

벌꿀과 일벌 사이의 피드백 루프는 게임의 방향을 결정하는 전체 시스템의 아주 작은 한 부분에 불과합니다. 아래의 전체 그림에서 이 관계성을 한번 찾아보세요.

일련의 피드백 루프는 게임의 동역학을 결정합니다. 여러분이 작성하는 코드는 명시적으로 이러한 피드백 루프를 관리하지 않습니다. 피드백 루프는 여러분이 만들어 낸 여러 역학 관계에서 창발되는 것이죠.

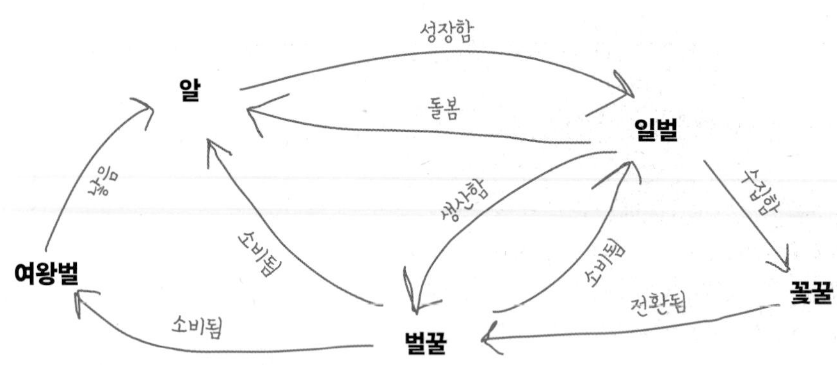

이는 피드백 루프 하나에 불과합니다. 벌집 관리 게임에는 서로 다른 여러 피드백 루프가 있어서, 이들이 어울려 게임 전체를 더 복잡하고, 흥미롭고, 더 재미있게 만듭니다.

게임뿐만 아니라, 실세계의 비즈니스 응용 프로그램에서도 이와 같은 동일한 개념이 매우 중요합니다. 여러분이 여기서 배운 모든 것은 전문 소프트웨어 개발자로서 업무에 활용할 수 있는 것들입니다.

역학, 미학, 동역학 자세히 살펴보기

피드백 루프... 평형 상태... 시스템을 만들어 간접적으로 작동하는 코드 작성하기... 무엇인가 머리 속에서 맴돌기만 하는 느낌인가요? 게임 디자인을 통해 좀 더 거시적인 프로그래밍 개념을 살펴보겠습니다.

역학, 동역학, 미학에 대해서는 이미 살펴봤으니, 이번에는 이 개념들을 한데 모아 보죠. 역학-동역학-미학(Mechanics-Dynamics-Aesthetics, MDA) 프레임워크는 연구자들과 학자들이 게임을 분석하고 이해하기 위해 사용하는 형식화된 도구입니다. MDA 프레임워크는 역학, 동역학, 미학 사이의 관계를 정의하고, 이들이 어떻게 서로에게 영향을 주는 피드백 루프를 이루는지 논의할 방법을 제공합니다.

MDA 프레임워크는 로빈 허니키(Robin Hunicke), 마크 르블랑(Marc LeBlanc), 로버트 주벡(Robert Zubek)에 의해 개발되었습니다. 5장에서 미학이 어떻게 도전, 내러티브, 감각, 상상, 표현 등을 포괄하는지 설명했던 것이 기억나나요? 바로 2004년 세 사람이 출판한 논문 'MDA: 게임 디자인과 게임 연구에 대한 형식화된 접근(A Formal Approach to Game Design and Game Research)'의 내용입니다. 학계의 용어를 잘 모르더라도 읽을 만한 훌륭한 논문이니, 시간이 있다면 한번 읽어 보세요. http://bit.ly/mda-paper

MDA 프레임워크의 목표는 비디오 게임에 대해 논의하고, 비디오 게임을 분석할 수 있는 형식화된 방법을 제공하는 것입니다. 대학의 게임 디자인 강의 같은 학술적인 맥락에서나 중요한 이야기처럼 들릴 수 있겠지만, 사실 게임 개발자에게도 매우 중요한 내용입니다. 이 프레임워크는 사람들이 게임을 어떻게 인식하는지 이해할 수 있게 해 주며, 무엇이 게임의 재미를 이끌어 내는지 깊은 통찰을 주기 때문입니다.

게임 디자이너는 이전에는 역학, 동역학, 미학과 같은 용어를 명확한 정의 없이 사용해 왔지만, 이 논문은 이러한 용어에 확고한 정의를 내리고, 이들 용어 간 관계를 명확하게 밝히고 있습니다.

MDA 프레임워크가 해결하려는 과제 중 하나는 플레이어와 게임 디자이너 간 시각 차이입니다. 플레이어는 무엇보다도 게임이 재미있기를 바랍니다. 하지만 '재미'라는 것은 플레이어에 따라 달라질 수 있는 요소죠. 다른 한편으로는 게임 디자이너는 일반적으로 역학이라는 관점에서 게임을 바라봅니다. 게임 디자이너는 코드를 작성하고, 레벨을 디자인하고, 그래픽을 만들고, 게임의 역학적 요소들을 매만지는 데 시간을 들이기 때문이죠.

게임 개발자를 포함한 모든 개발자는 누구나 피드백 루프를 파악하기 위해 MDA 프레임워크를 사용할 수 있습니다

MDA 프레임워크를 사용해 고전 게임인 스페이스 인베이더를 분석해 봅시다. 이 게임의 피드백 루프를 더 깊게 이해해 보자고요.

- 게임의 역학에서 시작합니다: 플레이어의 우주선은 좌우로 움직이며 위로 총알을 발사합니다. 외계인은 대형을 이루어 행진하면서 아래로 총알을 발사합니다. 벽은 총알을 막습니다. 화면에 남은 적의 숫자가 줄어들면, 외계인은 점점 빠르게 움직입니다.
- 플레이어가 게임을 이해합니다: 외계인이 이동할 위치를 예측해서 총알을 발사하고, 가장자리에 위치한 적들을 제거하고, 벽 뒤에 숨습니다. 당연하게도 이러한 전략을 위한 if/else 문이나 switch 문이 게임의 코드에 존재하지는 않습니다. 플레이어가 게임에 익숙해지면서 자연스럽게 창발하는 전략이죠. 플레이어는 규칙을 익힌 다음, 시스템을 이해하기 시작하고, 그에 따라 규칙을 더 잘 활용할 수 있게 됩니다. 달리 표현하면, 역학과 동역학은 피드백 루프를 이룹니다.
- 외계인이 속도를 높이고 행진 소리가 빨라지면 플레이어의 아드레날린이 솟구치기 시작합니다. 게임이 더 흥미진진해지며, 그에 따라 플레이어는 더 빠르게 결정을 내려야 하고, 가끔 실수를 저지르며, 전략을 수정하기도 합니다. 이 모든 것이 시스템에 영향을 받습니다. 동역학과 미학은 또 다른 피드백 루프를 이룹니다.
- 이 모든 것은 우연에 의해 발생하는 것이 아닙니다. 외계인의 속도, 속도가 빨라지는 비율, 사운드, 그래픽 등 요소들은 게임의 제작자인 니시카도 토모히로가 세심하게 균형을 잡은 결과물입니다. 그는 이 고전 게임을 디자인하고, 허버트 조지 웰즈(Herbert George Wells)와, 심지어 자신의 꿈에서 영감을 얻으며 이미지를 그리는 등, 1년 이상 이 고전 게임을 완성하는 데 시간을 쏟았습니다.

벌집 관리 시스템은 턴제 방식이었죠, 이제 실시간으로 바꿔 봅시다

턴제 대 실시간

턴제(turn-based) 게임은 게임의 흐름이 부분부분으로 나눠지는 형태의 게임을 말합니다. 벌집 관리 시스템의 경우, 작업 교대가 곧 한 턴을 의미했죠. 버튼을 클릭하기 전까지는 다음 작업 교대가 시작되지 않으므로, 일벌에게 작업을 할당하는 데 얼마든지 시간을 써도 상관없었습니다. 1장에서 사용한 DispatcherTimer를 써서 코드 몇 줄을 고치면 이 게임을 실시간(real-time)으로 바꿀 수 있습니다.

따라해 보세요!

01 코드 숨김 파일 상단에 using을 추가합니다.

DispatcherTimer를 사용해 게임상 작업 교대가 1.5초마다 일어나도록 할 것입니다. DispatcherTimer는 System.Windows.Threading 네임스페이스에 속한 클래스이므로, MainWindow.xaml.cs 상단에 using 문을 사용해서 이 네임스페이스를 추가해야 합니다.

```
using System.Windows.Threading;
```

1장에서는 DispatcherTimer를 사용해 동물 짝 맞추기 게임에 타이머를 추가했습니다. 이 코드는 1장에서 사용했던 코드와 매우 비슷합니다. 1장을 다시 펼쳐보며 DispatcherTimer의 작동법을 다시 떠올리는 시간을 가져 보세요.

02 DispatcherTimer 타입 private 필드를 추가합니다.

이제 새 DispatcherTimer를 생성해야 합니다. MainWindow 클래스의 상단에 private 필드를 선언하고 이 필드에 새 객체를 저장합니다.

```
private DispatcherTimer timer = new DispatcherTimer();
```

03 타이머가 WorkShift 버튼의 클릭 이벤트 핸들러 메서드를 호출하도록 합니다.

타이머는 플레이어가 버튼을 빨리 누르지 않으면 자동으로 작업 교대를 하도록 만듭니다. 다음 코드를 추가하세요.

```
public MainWindow()
{
    InitializeComponent();
    statusReport.Text = queen.StatusReport;
    timer.Tick += Timer_Tick;
    timer.Interval = TimeSpan.FromSeconds(1.5);
    timer.Start();
}
private void Timer_Tick(object sender, EventArgs e)
{
    WorkShift_Click(this, new RoutedEventArgs());
}
```

+=을 입력하면 비주얼 스튜디오가 Timer_Tick 이벤트 핸들러를 생성할지 물어봅니다. 탭 키를 누르면 비주얼 스튜디오가 자동으로 메서드를 생성합니다.

타이머는 1.5초마다 Tick 이벤트 핸들러를 호출하며, 차례로 이벤트 핸들러가 WorkShift 버튼의 이벤트 핸들러를 호출합니다.

이제 프로그램을 실행해 보세요. 버튼을 누르든 누르지 않든 1.5초마다 작업 교대가 시작됩니다. 이는 역학에 약간 변화를 준 것뿐이지만 게임의 동역학에는 극적인 변화를, 미학에는 커다란 변화를 가져오게 됩니다. 이 게임이 턴제일 때 더 나은지 실시간일 때 더 나을지 결정하는 것은 여러분의 몫입니다.

몇 줄의 코드만으로 타이머를 추가했는데, 이 조그만 변화가 게임을 완전히 바꿔 놓았네요!
이건 타이머가 역학, 동역학, 미학 사이의 관계에 큰 영향을 미쳤기 때문인가요?

그렇습니다! 타이머가 역학에 변화를 줘서 동역학을 바꿔 놓았고, 차례로 미학에 영향을 준 것이죠

잠시 피드백 루프를 생각해 보세요. 1.5초마다 [Work the next shift] 버튼을 자동으로 클릭하는 타이머의 등장으로 일어난 역학의 변화는 완전히 새로운 동역학을 만들었습니다. 플레이어가 일정 시간 안에 결정을 내리지 않으면, 게임이 대신 결정을 내리는 것이죠. 이는 긴장감을 높여, 플레이어를 몰입하게 만들 수 있지만 어떤 플레이어에게는 스트레스가 될 수 있습니다. 미학이 변화하면 몇몇 플레이어에게는 더 큰 재미를 줄 수 있지만, 재미를 느끼지 못하는 플레이어도 있을 수 있습니다.

하지만 여러분이 한 일은 단지 코드 몇 줄을 게임에 추가한 것뿐이고, 이 코드 중 어디에도 '결정을 내리지 않으면' 같은 로직은 존재하지 않습니다. 이는 타이머와 버튼이 함께 작동함으로써 창발되는 행위를 예제로 보여 준 것뿐입니다.

여기에도 피드백 루프가 있습니다. 플레이어가 스트레스를 많이 받을수록 잘못된 결정을 내릴 확률이 높아지고, 이것이 게임에 변화를 주고... 결국 미학이 역학에 다시 피드백을 주는 셈입니다.

피드백 루프에 대한 이 모든 논의는 꽤 중요한 것 같네요.
특히 어떻게 창발적인 행동이 나타나는지에 대한 부분이요.

피드백 루프와 창발은 중요한 프로그래밍 개념입니다

이 프로젝트는 상속 개념을 익히기 위해 디자인됐지만, 또한 창발적인 행동을 체험하고 실험해 볼 수 있기도 합니다. 이는 개별적인 객체들의 작동에서 비롯되는 행동이 아니라 각각의 객체가 상호 작용하는 방식에서부터 일어납니다. 이 게임의 꽃꿀 당 벌꿀 생산 비율 같은 상수는 창발적인 상호 작용에서 중요한 부분을 담당합니다. 이 연습 문제를 처음 디자인할 때는 먼저 상수에 넣을 초깃값을 설정한 다음, 이 상수 값을 조금씩 바꿔 가며 평형 상태(모든 것이 완벽하게 균형 잡힌 상태)에서 약간 벗어난 시스템이 될 때까지 반복했습니다. 그래야 플레이어가 게임을 계속 이어가기 위한 결정을 계속 내리게 만들 수 있기 때문입니다. 그리고 이 모든 것은 알, 일벌, 꽃꿀, 벌꿀, 여왕벌 사이 피드백 루프에 의해 진행됩니다.

여러 피드백 루프를 실험해 보세요. 예를 들어 작업 교대를 할 때마다 더 많은 알을 낳도록 하거나, 벌꿀이 더 많은 상태에서 게임을 시작하면 게임이 좀 더 쉬워질 것입니다. 상수 값을 조금 바꾸는 것만으로 게임의 전체적인 분위기가 달라질 수도 있습니다.

절대로 인스턴스화되지 않는 클래스

상속으로 돌아가 봅시다.

동물원 시뮬레이터의 클래스 계층 구조를 기억하나요? 분명 여러 Hippo, Dog, Lion 클래스 등을 인스턴스화해야 했죠. Canine과 Feline 클래스는 어떻게 했죠? Animal 클래스는요? 알고 보니 어떤 클래스들은 인스턴스화할 필요가 전혀 없었네요. 사실 이런 클래스들을 인스턴스화한다고 하면 말이 안 되긴 하죠.

무엇인가 이상하게 느껴지나요? 하지만 늘 일어나는 일입니다. 사실 이전에도 인스턴스화하지 않는 클래스를 만든 적이 있었죠.

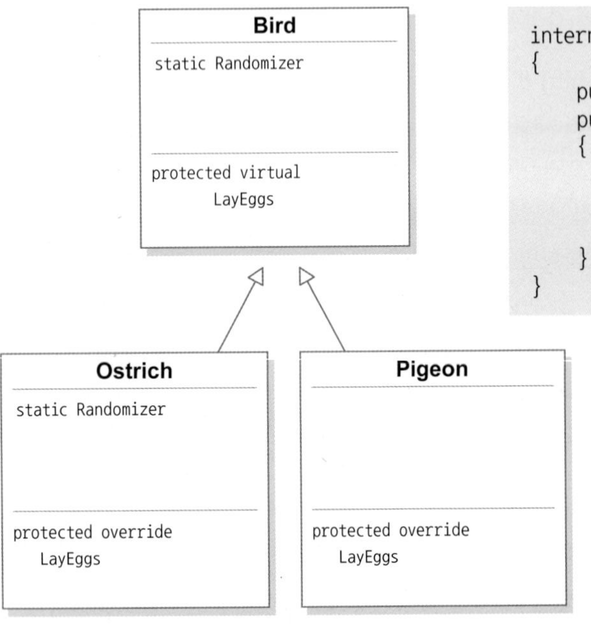


```
internal class Bird
{
    public static Random Randomizer = new Random();
    public virtual Egg[] LayEggs(int numberOfEggs)
    {
        Console.Error.WriteLine
            ("Bird.LayEggs should never get called");
        return new Egg[0];
    }
}
```

이 Bird 클래스는 코드가 많지 않습니다. 공유되는 Random 인스턴스가 있고, LayEggs() 메서드는 하위 클래스가 재정의할 수 있도록 존재할 뿐입니다. WeaponDamage 클래스는 훨씬 크죠. 이 클래스에는 여러 속성이 있으며, 그중 하위 클래스의 재정의를 위해 존재하는 CalculateDamage() 메서드도 있습니다. 이 메서드는 WeaponDamage 클래스에서 호출됩니다.

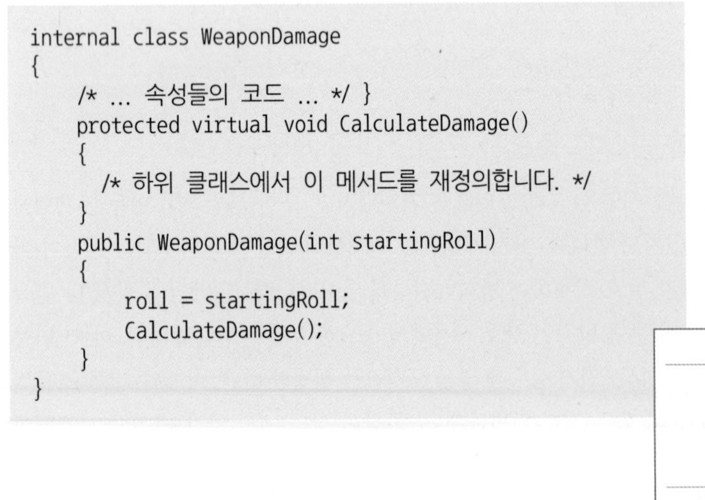

```
internal class WeaponDamage
{
    /* ... 속성들의 코드 ... */ }
    protected virtual void CalculateDamage()
    {
      /* 하위 클래스에서 이 메서드를 재정의합니다. */
    }
    public WeaponDamage(int startingRoll)
    {
        roll = startingRoll;
        CalculateDamage();
    }
}
```

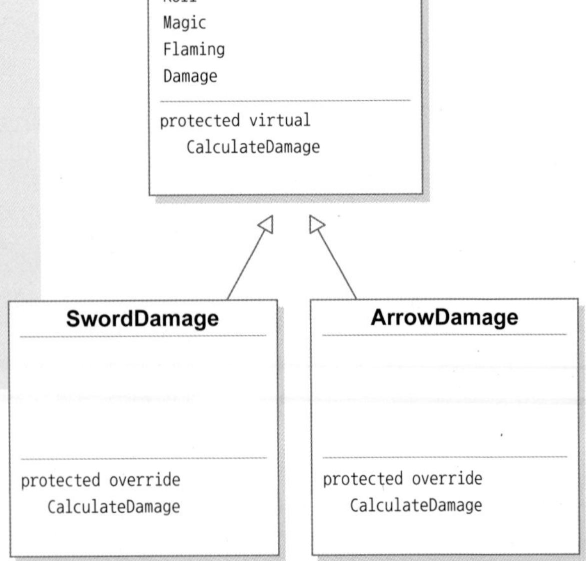

벌집 관리 시스템에서는 Bee 클래스를 전혀 인스턴스화하지 않습니다. 만일 Bee 클래스의 인스턴스를 생성하려고 해도, 어떤 일이 일어날지 명확하지가 않습니다. 이 클래스에는 작업 교대마다 필요한 벌꿀의 양이 설정되지 않았기 때문입니다.

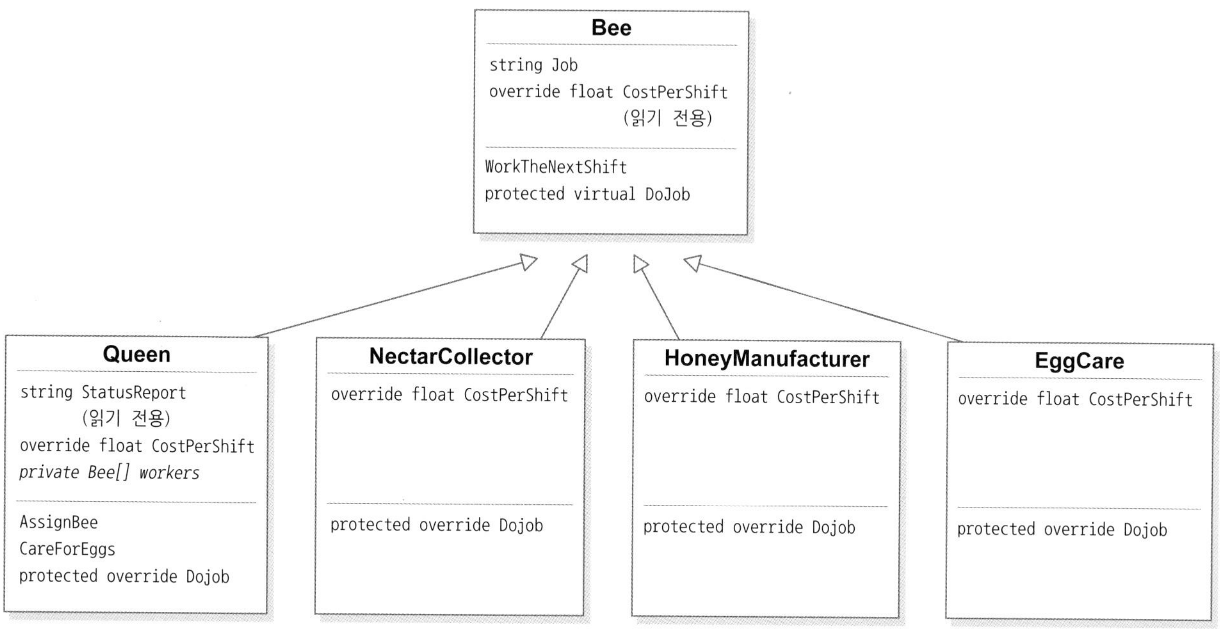


```
internal class Bee
{
    public virtual float CostPerShift { get; }
    public string Job { get; private set; }
    public Bee(string job)
    {
        Job = job;
    }
    public void WorkTheNextShift()
    {
        if (HoneyVault.ConsumeHoney(CostPerShift))
        {
            DoJob();
        }
    }
    protected virtual void DoJob() { /* 하위 클래스에서 이 메서드를 재정의합니다. */ }
}
```

Bee 클래스는 WorkTheNextShift 메서드를 가지고 있습니다. 이 메서드는 벌꿀을 소비한 다음 일벌에게 할당된 일을 수행합니다. 그러므로 하위 클래스는 DoJob() 메서드를 재정의해서 실제로 할당된 일을 수행하도록 해야 합니다.

뇌 단련

그렇다면 Bird, WeaponDamage, Bee 클래스를 인스턴스화하면 어떻게 될까요? 이들 클래스의 인스턴스를 생성하는 것이 말이 되긴 할까요? 인스턴스의 메서드들이 작동은 할까요?

의도적으로 완성되지 않은 추상 클래스

추상 클래스는 인스턴스화할 수 없습니다.

하위 클래스가 구현할 '빈 자리(placeholder)' 멤버를 가진 클래스를 만드는 것은 아주 흔한 일입니다. 이러한 클래스는 Bee, WeaponDamage, Bird 클래스처럼 계층 구조의 상위에 올 수도 있고, 동물원 시뮬레이터 클래스 모델의 Feline, Canine 클래스처럼 계층 구조의 중간에 올 수도 있습니다. 이들 클래스는 C#이 항상 가장 구체적인 메서드를 호출한다는 사실을 이용합니다. WeaponDamage가 SwordDamage나 ArrowDamage 클래스에 구현돼 있는 CalculateDamage() 메서드를 호출하는 방식이나 Bee.WorkTheNextShift() 메서드가 하위 클래스의 DoJob() 메서드 구현에 의존하는 방식이 그러한 예시죠.

C#은 특별히 이런 클래스를 위한 기능을 갖추고 있습니다. 바로 추상(abstract) 클래스죠. 추상 클래스는 의도적으로 완성하지 않은 클래스로, 하위 클래스가 나중에 구현할 빈 자리 역할을 하는 클래스 멤버들을 포함합니다. 추상 클래스를 선언하려면 abstract 키워드를 클래스 선언에 추가하면 됩니다. 추상 클래스에 대해 알아야 할 내용들은 다음과 같습니다.

01 추상 클래스는 일반 클래스처럼 작동합니다.

추상 클래스는 일반 클래스와 같은 방식으로 정의할 수 있습니다. 추상 클래스는 필드와 메서드를 가지며, 다른 클래스를 상속할 수도 있습니다. 일반 클래스와 다른 점이 거의 없습니다.

02 추상 클래스는 미완성된 '빈 자리' 멤버들을 가질 수 있습니다.

추상 클래스는 하위 클래스에서 구현돼야 하는 속성과 메서드의 선언을 포함할 수 있습니다. 선언만 있고 명령문이나 메서드 본체가 없는 메서드를 추상 메서드라고 하며, 접근자만 선언돼 있고 정의가 없는 속성은 추상 속성이라고 불립니다. 다시 abstract로 선언되지 않는 한, 추상 클래스의 하위 클래스는 모든 추상 메서드와 추상 속성을 구현해야 합니다.

03 추상 클래스는 미완성된 '빈 자리' 멤버들을 가질 수 있습니다.

추상 클래스가 아닌 클래스에 추상 메서드나 추상 속성을 추가하면 컴파일 오류가 발생합니다. 추상 클래스를 선언하는 방법은 잠시 후에 살펴보겠습니다.

04 추상 클래스는 인스턴스화될 수 없습니다.

추상(abstract)의 반대말은 구체(concrete)입니다. 구체적 메서드는 메서드 본체를 가지고 있는 메서드를 말하며, 여러분이 지금까지 만들어 온 클래스들은 모두 구체적 클래스입니다. 추상 클래스와 구체적 클래스의 가장 큰 차이점은, 추상 클래스는 new 키워드를 사용해 인스턴스를 생성할 수 없다는 것입니다. 인스턴스 생성을 시도할 경우, C#은 컴파일 오류를 일으킵니다. 한번 해 보세요! 새로운 콘솔 앱을 생성하고, 빈 추상 클래스를 만든 다음 인스턴스화해 보세요.

```
abstract class MyAbstractClass { }
internal class Program
{
    MyAbstractClass myInstance = new MyAbstractClass();
}
```

컴파일러는 추상 클래스의 인스턴스화를 허용하지 않습니다. 추상 클래스는 인스턴스를 생성하지 않는 것을 전제로 하기 때문입니다.

다음과 같은 컴파일러 오류가 발생하면서 컴파일이 실패합니다.

✖ CS0144 **추상 형식 또는 인터페이스 'MyAbstractClass'의 인스턴스를 만들 수 없습니다.**

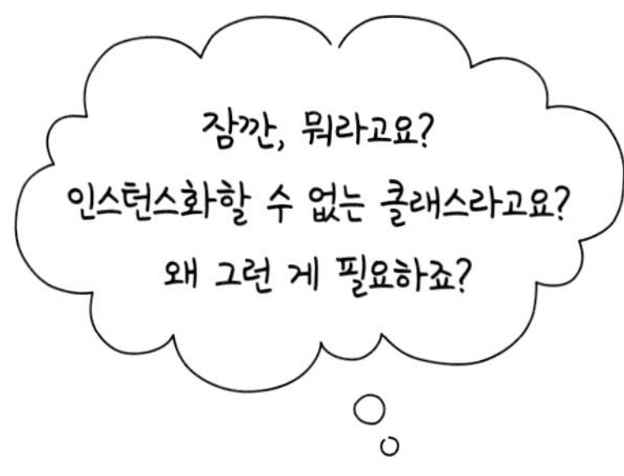

잠깐, 뭐라고요?
인스턴스화할 수 없는 클래스라고요?
왜 그런 게 필요하죠?

일부 코드를 제공하면서 나머지 코드는 하위 클래스에서 채워 넣도록 하고 싶을 수 있기 때문입니다

절대 인스턴스화하지 말아야 할 객체를 생성하면 문제가 될 수 있습니다. 클래스 다이어그램의 최상단에 위치한 클래스는 보통 하위 클래스에서 설정돼야 할 필드를 가지고 있습니다. Animal 클래스가 HasTail 같이 불리언 값에 의존하는 계산식을 가지고 있을 수도 있지만, 이러한 값을 클래스 스스로 설정할 방법은 없습니다. 다음은 인스턴스를 생성하면 문제가 되는 클래스의 간단한 예제입니다. PlanetMission이라는 이름의 새 콘솔 앱을 생성하고 다음 클래스 파일을 만들어서 코드를 작성해 보세요.

❶ PlanetMission 클래스

```
internal class PlanetMission
{
    protected float fuelPerKm;
    protected long kmPerHour;
    protected long kmToPlanet;
    public string MissionInfo()
    {
        long fuel = (long)(kmToPlanet * fuelPerKm);
        long time = kmToPlanet / kmPerHour;
        return $"We'll burn {fuel} units of fuel in {time} hours";
    }
}
```

❷ Mars 클래스

```
internal class Mars : PlanetMission
{
    public Mars()
    {
        kmToPlanet = 92000000;
        fuelPerKm = 1.73f;
        kmPerHour = 37000;
    }
}
```

❸ Venus 클래스

```
internal class Venus : PlanetMission
{
    public Venus()
    {
        kmToPlanet = 41000000;
        fuelPerKm = 2.11f;
        kmPerHour = 29500;
    }
}
```

❹ Program 클래스

```
internal class Program
{
    public static void Main(string[] args)
    {
        Console.WriteLine(new Venus().MissionInfo());
        Console.WriteLine(new Mars().MissionInfo());
        Console.WriteLine(new PlanetMission().MissionInfo());
    }
}
```

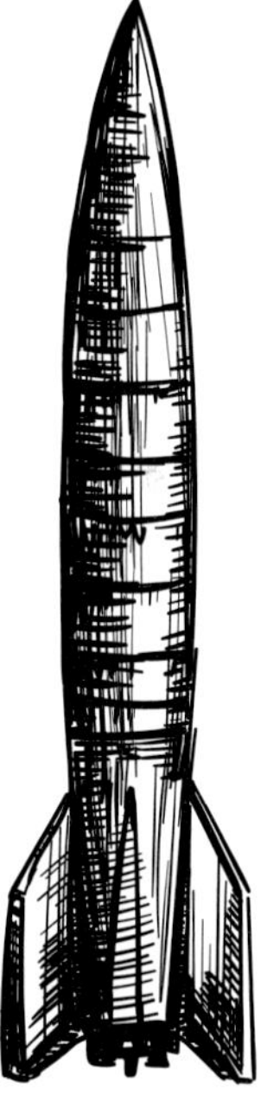

콘솔에 어떤 내용이 출력될지 코드를 실행해 보기 전에 알아낼 수 있을까요?

어떤 클래스는 절대 인스턴스화되면 안 됩니다

추상 클래스는 예외를 피할 수 있도록 해 줍니다.

PlanetMission 콘솔 앱을 실행해 보세요. 여러분이 예상한 대로 실행됐나요?
이 앱은 다음처럼 문자열 2줄을 콘솔에 출력합니다.

```
We'll burn 86509992 units of fuel in 1389 hours
We'll burn 159160000 units of fuel in 2486 hours
```

하지만 그런 다음 바로 예외가 발생합니다. 이 문제는 PlanetMission 클래스의 인스턴스를 생성할 때 발생합니다. 이 클래스의 필드 값은 하위 클래스에서 설정돼야 합니다. 그렇지 않으면 필드 값이 기본 값 0으로 설정됩니다. C#이 숫자를 0으로 나누면 다음과 같은 예외가 발생합니다.

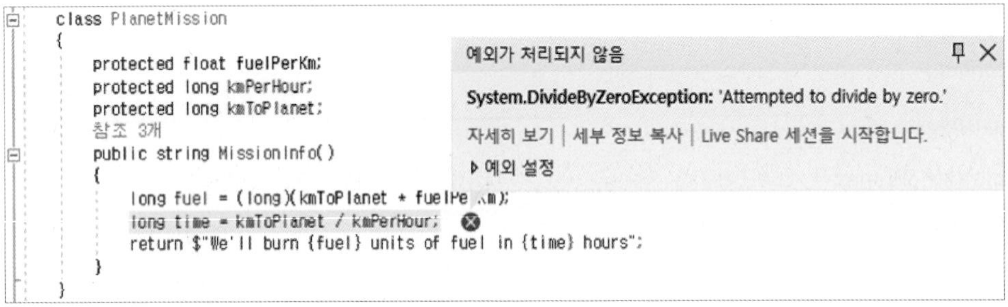

```
class PlanetMission
{
    protected float fuelPerKm;
    protected long kmPerHour;
    protected long kmToPlanet;
    참조 3개
    public string MissionInfo()
    {
        long fuel = (long)(kmToPlanet * fuelPerKm);
        long time = kmToPlanet / kmPerHour;
        return $"We'll burn {fuel} units of fuel in {time} hours";
    }
}
```

예외가 처리되지 않음
System.DivideByZeroException: 'Attempted to divide by zero.'
자세히 보기 | 세부 정보 복사 | Live Share 세션을 시작합니다.
▶ 예외 설정

정답: 추상 클래스를 사용하세요

클래스를 abstract로 선언하면, C#은 이 클래스의 인스턴스를 생성하지 못하게 합니다. '예방이 치료보다 낫다'는 격언대로죠. PlanetMission 클래스 선언부에 abstract 키워드를 추가하세요. 추상 클래스가 이 문제를 어떻게 해결하는지 봅시다.

클래스 선언부에 abstract 키워드를 추가하면 이 클래스의 인스턴스를 생성하려고 할 때 컴파일러 오류가 발생합니다.

```
abstract class PlanetMission
{
    // 클래스의 나머지 부분은 그대로입니다.
}
```

이렇게 수정하면 다음과 같은 컴파일 오류가 발생합니다.

CS0144 추상 형식 또는 인터페이스 'PlanetMission'의 인스턴스를 만들 수 없습니다.

수정된 코드는 컴파일되지 않습니다. 그 말인즉슨, 예외가 발생할 일도 없다는 것이죠. 5장에서 살펴본 private 키워드, 6장에서 살펴본 virtual, override 키워드와 비슷한 접근 방식이라고 할 수 있습니다. 멤버를 private으로 선언한다고 해서 멤버의 작동 자체에 변화가 일어나지는 않습니다. private 키워드는 단지 캡슐화를 위반하는 코드가 컴파일되는 것을 막을 뿐이죠. abstract 키워드 또한 동일한 방식으로 작동합니다. 애초에 C# 컴파일러가 추상 클래스의 인스턴스를 생성하는 것을 막을 것이기 때문에, 추상 클래스의 인스턴스를 생성해 예외가 발생하는 일도 없어집니다.

본체가 없는 추상 메서드 알아보기

앞서 살펴본 Bird 클래스도 인스턴스화할 의도로 작성되지 않았습니다. 만약 프로그램에서 Bird 클래스를 인스턴스화하고 LayEggs() 메서드를 호출할 경우, 다음처럼 Console.Error.WriteLine을 사용해 오류 메시지를 출력하도록 한 것도 그래서였죠.

```
internal class Bird
{
    public static Random Randomizer = new Random();
    public virtual Egg[] LayEggs(int numberOfEggs)
    {
        Console.Error.WriteLine
            ("Bird.LayEggs should never get called");
        return new Egg[0];
    }
}
```

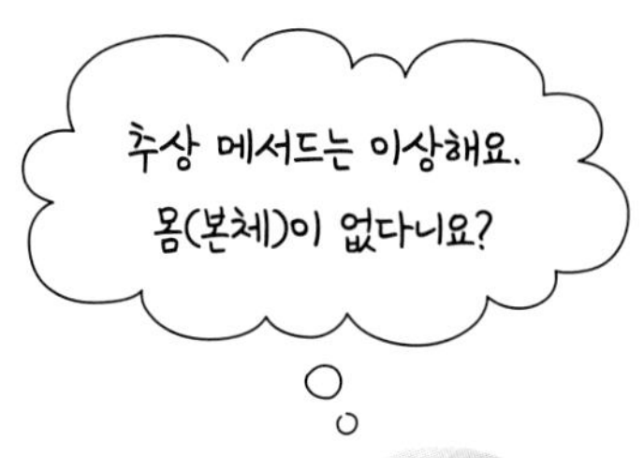

Bird 클래스는 인스턴스화할 필요가 없으므로, 선언부에 abstract 키워드를 추가해 봅시다. 하지만 키워드를 추가하는 것만으로는 충분하지 않습니다. 이 클래스의 인스턴스 생성을 막는 것뿐만 아니라, Bird 클래스의 모든 하위 클래스가 LayEggs() 메서드를 재정의하도록 해야 하기 때문입니다. 클래스 멤버에 abstract 키워드를 추가함으로써 이를 강제할 수 있습니다. 추상 메서드는 메서드 본체 없이 선언부만 가지고 있으며, 이 추상 클래스를 상속하는 하위 클래스에서 구현해야만 하는 메서드를 말합니다. 메서드의 본체는 선언부 다음에 오는 중괄호 안에 있는 코드를 의미합니다. 추상 메서드는 이 본체를 가지고 있지 않습니다.

앞서 살펴본 Bird 프로젝트로 돌아가서, Bird 클래스를 다음처럼 추상 클래스로 변경해 봅시다.

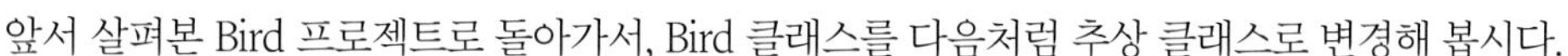

```
abstract class Bird
{
    public static Random Randomizer = new Random();
    public abstract Egg[] LayEggs(int numberOfEggs);
}
```

프로그램이 예전처럼 작동합니다! 이번에는 Main() 메서드의 Brid 변수 선언 코드를 다음 명령어로 수정해 보세요.

```
Bird abstract Bird = new Bird();
```

그러면 다음과 같은 컴파일 오류가 발생합니다.

> ⊗ CS0144 추상 형식 또는 인터페이스 'Bird'의 인스턴스를 만들 수 없습니다.

추상 클래스가 virtual 멤버를 가지고 있을 경우, 추상 클래스의 하위 클래스는 이 멤버를 재정의해야 합니다.

그러고 나서 Bird 클래스의 LayEggs() 메서드를 다음과 같이 수정하세요.

```
public abstract Egg[] LayEggs(int numberOfEggs)
{
    return new Egg[0];
}
```

이번에는 또 다른 컴파일 오류가 발생합니다.

> ⊗ CS0500 'Bird.LayEggs(int)'은(는) abstract로 표시되어 있으므로 본문을 선언할 수 없습니다.

추상 메서드처럼 작동하는 추상 속성 작성하기

속성도 abstract로 선언할 수 있습니다.

아까 살펴본 예제의 Bee 클래스로 돌아가 봅시다. 이 클래스는 인스턴스화할 필요가 없으니, 추상 클래스로 변경해 봅시다. 클래스 선언부에 abstract 키워드를 추가하고, DoJob() 메서드를 본체 없는 추상 메서드로 변경하기만 하면 됩니다.

```
abstract class Bee
{
    /* 클래스의 나머지 부분은 이전과 동일합니다. */
    protected abstract void DoJob();
}
```

하지만 Bee 클래스에는 메서드가 아닌 virtual 멤버가 하나 더 있었죠. 바로 CostPerShift 속성입니다. 이 속성은 Bee.WorkTheNextShift() 메서드가 각 벌이 한 번 교대할 때마다 얼마나 많은 벌꿀을 소비하는지 알아내기 위해 호출됩니다.

```
public virtual float CostPerShift { get; }
```

5장에서 속성은 사실 필드처럼 호출할 수 있는 메서드라고 배웠습니다. 당연히 메서드처럼 abstract 키워드를 사용해 추상 속성을 만들 수도 있습니다.

```
public abstract float CostPerShift { get; }
```

추상 속성은 getter 또는 setter를 가지거나, 두 접근자를 모두 가질 수도 있습니다. 추상 속성의 getter와 setter 접근자는 메서드 본체를 가지지 않습니다. 추상 속성의 선언부는 마치 자동 속성처럼 보이지만, 자동 속성이 아닙니다. 추상 속성은 구현체를 가지지 않기 때문입니다. 추상 속성은 추상 메서드처럼, 단순히 해당 클래스를 상속하는 하위 클래스가 구현해야 하는 속성들을 위한 빈 자리에 불과합니다.

다음은 추상 메서드와 추상 속성으로 채워진 추상 Bee 클래스의 코드입니다.

```
abstract class Bee {
    public abstract float CostPerShift { get; }
    public string Job { get; private set; }
    public Bee(string job) {
        Job = job;
    }
    public void WorkTheNextShift() {
        if (HoneyVault.ConsumeHoney(CostPerShift)) {
            DoJob();
        }
    }
    protected abstract void DoJob();
}
```

교체해 보세요!

벌집 관리 시스템 앱의 Bee 클래스를 이 새로운 추상 클래스로 교체해 보세요. 그대로 작동합니다! 하지만 이제부터는 만약 new Bee();를 사용해 Bee 클래스를 인스턴스화하려고 시도하면 컴파일 오류가 발생합니다. 더 중요한 사실은 Bee를 상속할 때 CostPerShift를 구현하는 것을 깜빡해도 컴파일 오류가 발생한다는 것입니다.

연습 문제

추상 클래스를 연습할 시간입니다. 추상 클래스로 선언해 볼 클래스를 따로 찾아볼 필요도 없을 것 같네요. 6장 앞부분에서 SwordDamage와 ArrowDamage 클래스를 변경해 새로운 클래스인 WeaponDamage 클래스를 상속하도록 했죠. WeaponDamage 클래스를 추상 클래스로 선언해 봅시다. WeaponDamage에는 추상 메서드로 만들어 볼 만한 좋은 후보 메서드들도 있습니다. 이 메서드들도 추상 메서드로 선언해 보세요.

무엇이든 물어보세요!

Q&A

Q1 추상 클래스를 선언하면 클래스의 행동에 변화가 생기나요? 메서드나 속성이 구체(concrete)적인 클래스에서와 다르게 작동하지는 않나요?

A1 아뇨. 추상 클래스는 다른 클래스와 똑같이 작동합니다. 클래스 선언부에 abstract 키워드를 추가하면, C#은 다음 2가지 일을 합니다. 첫째, new 문에 이 클래스를 사용할 수 없도록 합니다. 둘째, 클래스가 추상 멤버를 가질 수 있도록 허용합니다.

Q2 어떤 추상 메서드는 public으로, 어떤 것은 protected로 선언돼 있네요. 여기에 어떤 차이가 있나요? 그리고 클래스 선언에서 이러한 키워드의 순서가 중요한가요?

A2 추상 메서드도 액세스 한정자를 사용할 수 있습니다. 추상 메서드를 private으로 선언하면, 하위 클래스도 이 메서드를 private으로 구현해야 합니다. 키워드의 순서는 상관없습니다. protected abstract void DoJob();과 abstract protected void DoJob();은 동일한 의미입니다.

Q3 구현(implement)과 구현체(implementation)라는 단어가 좀 헷갈리네요. 추상 메서드를 구현한다는 것이 무슨 의미죠?

A3 추상 메서드나 추상 속성을 선언하기 위해 abstract 키워드를 사용하는 것을 '추상 멤버를 정의한다'고 표현합니다. 나중에 동일한 선언부와 본체를 가진 (완성된) 메서드와 속성을 구체적 클래스에 추가하게 되면, 이를 멤버를 구현한다고 표현합니다. 그러므로 추상 클래스에서는 추상 메서드나 추상 속성을 정의하고, 나중에 이를 상속하는 구체적 클래스에서 멤버들을 구현하는 것이죠.

Q4 아직 abstract 키워드가 추상 클래스의 인스턴스 생성을 방지한다는 개념을 잘 모르겠어요. 컴파일 오류를 발견하고 고치는 것도 어렵고요. 프로그램 컴파일을 더 어렵게 만드는 일 같은데, 왜 굳이 추상 클래스를 작성해야 하죠?

A4 처음 프로그래밍을 배울 때 CS 컴파일 오류는 좀 어렵고 당혹스럽죠. 그러나 개발자라면 누구나 쉼표, 점, 따옴표 등을 빼먹은 것을 찾아 고치고 오류 목록에서 오류를 하나하나 지워 나가는 데 시간을 소모합니다. 그렇다면 왜 굳이 abstract나 private 키워드처럼 코드에 제약을 추가해서 컴파일러 오류를 양산하는 것일까요? 이런 행동은 얼핏 보면 직관적이지 않아 보입니다. abstract 키워드를 사용하지 않는다면 '추상 클래스의 인스턴스를 생성할 수 없습니다'와 같은 컴파일러 오류를 볼 일조차 없죠. 그럼 왜 추상 클래스를 사용할까요?
대개 abstract나 private 같은 키워드가 일으키는 '추상 클래스의 인스턴스를 생성할 수 없습니다'와 같은 컴파일 오류를 고치는 일이, 이 키워드를 사용하지 않으면 방지할 수 없는 종류를 추적하는 일보다 훨씬 쉽기 때문입니다. 예를 들어, 여러분의 코드에 인스턴스화할 일이 없는 클래스가 있을 경우, 실수로 하위 클래스 대신 이 클래스를 생성했을 때 발생하는 오류는 훨씬 미묘해서 찾아내기 어렵습니다. 기본 클래스에 abstract 키워드를 추가하면 고치기 쉬운 컴파일 오류를 먼저 일으킬 수 있습니다.

인스턴스화하지 않아야 할 기본 클래스를
인스턴스화함으로써 발생하는 오류는
훨씬 미묘해서 찾아내기 어려울 수 있습니다.
추상 클래스를 만들면 이 클래스의
인스턴스를 생성하려고 했을 때
미리 오류가 발생하도록 할 수 있습니다.

이 클래스를 리팩터링해 줘서 고마워요! 짜증나는
오류도 미리 예방됐을 거라 믿어요. 이제 코드 작성보다
게임에 좀 더 집중할 수 있겠네요. 훌륭해요!

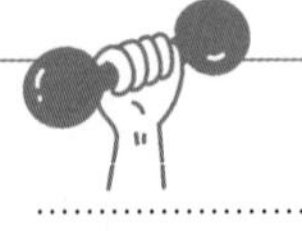

연습 문제 정답

WeaponDamage 클래스는 인스턴스화하면 안 됩니다. 이 클래스가 존재하는 이유는 SwordDamage와 ArrowDamage 클래스가 상속할 속성과 메서드를 제공해야 하기 때문입니다. 그러므로 이 클래스를 추상 클래스로 만들 이유가 되죠. WeaponDamage 프로젝트를 다시 실행하고, CalculateDamage() 메서드를 한번 살펴봅시다.

```
protected virtual void CalculateDamage() {
    /* 하위 클래스에서 이 메서드를 재정의합니다. */
}
```

이 메서드는 추상 메서드가 되기에 좋은 후보입니다. CalculateDamage() 메서드가 존재하는 이유는 하위 클래스가 이 메서드를 재정의해서 Damage 속성을 갱신하는 자신의 구현체를 갖도록 하기 위해서입니다. WeaponDamage 클래스에서 변경해야 할 부분은 다음과 같습니다.

```
abstract class WeaponDamage
{
    /* Damage, Roll, Flaming, Magic 속성은 이전과 동일합니다. */
    protected abstract void CalculateDamage();
    public WeaponDamage(int startingRoll)
    {
        roll = startingRoll;
        CalculateDamage();
    }
}
```

이전 연습 문제의 코드를 다시 읽으라고 하는 책은 처음인가요?

이미 작성한 코드를 다시 살펴보는 것이 좀 이상하게 느껴질 수도 있습니다. 하지만 실제로 많은 개발자가 그렇게 하고, 여러분이 익숙해져야 할 습관이기도 합니다. 기회가 한 번 더 있었다면 다르게 했을 법한 것이 있었나요? 그 부분에는 어떤 개선점이나 변경 사항이 있었나요? 이처럼 코드의 동작을 변경하지 않고 코드의 구조를 개선하는 것이 리팩터링입니다. 그리고 시간을 내서 코드를 리팩터링하는 것을 언제나 좋은 결과를 낳죠.

상속은 정말 유용하네요. 기본 클래스에서 메서드를 한 번만 정의하면 하위 클래스에 이 메서드가 자동으로 나타나니까요. 만약 서로 다른 클래스 2개를 상속하려면 어떻게 해야 하죠? 하위 클래스 하나가 기본 클래스 2개를 상속할 수도 있나요?

좋은 생각입니다! 하지만 문제가 있어요

C#이 여러 기본 클래스를 상속할 수 있다면, 이는 벌집을 건드리는 꼴이 됩니다. 하위 클래스 하나가 둘 이상의 기본 클래스를 상속하도록 허용하는 것을 다중 상속(multiple inheritance)이라고 합니다. C#이 다중 상속을 지원하면, 거대한 클래스의 수수께끼를 마주하게 될 것입니다. 그 이름은 다음과 같습니다.

끔찍한 죽음의 마름모꼴(The Deadly Diamond of Death)

진짜 이름이 이렇습니다! '마름모꼴 문제'라고 부르는 개발자도 있습니다.

Oven과 Toaster는 둘 다 Appliance(가전제품) 클래스를 상속하고 TurnOn 메서드를 재정의합니다. 만약 ToasterOven 클래스가 필요하다면 Oven에서 Tempardture를 상속하고 Toaster에서 SlicesOfBredd를 상속할 수 있으면 아주 편리하겠죠.

Appliance
abstract TurnOn

Oven	Toaster
Temperature	SlicesOfBread
override TurnOn	override TurnOn

ToasterOven
Temperature SlicesOfBread
어떤 TurnOn() 메서드를 상속할까요?

Oven과 Toaster 클래스는 둘 다 TurnOn 메서드를 재정의합니다. C#이 Oven과 Toaster 클래스를 동시에 상속하도록 허용한다고 가정하면, ToastOven은 어떤 버전의 TurnOn 메서드를 사용하게 될까요?

C#이 다중 상속을 허용하는 이상한 세상에서는 어떤 일이 벌어질까요? 어떤 일이 벌어질지 '만약에' 게임을 한번 해 보죠

만약에 Appliance 클래스가 TurnOn이라는 이름의 추상 메서드를 가지고 있다면?

그리고 만약에 Appliance 클래스가 하위 클래스인 Oven, Toaster 클래스를 가지고 있고, Oven 클래스는 Temperature 속성을, Toaster 클래스는 SlicesOfBread 속성을 가지고 있다면?

그리고 만약에 Temperature와 SlicesOfBread 속성을 모두 상속하는 ToasterOven 클래스가 필요하다면?

그리고 만약에 C#이 다중 상속을 지원한다면 이것으로 무엇을 할 수 있을까요?

그렇다면 질문 하나가 더 있는데, **ToasterOven은 어떤 TurnOn() 메서드를 상속할까요?**

Oven의 TurnOn() 메서드일까요? 아니면 Toaster의 TurnOn() 메서드일까요?

알아낼 방법이 없습니다!

그렇기 때문에 C#은 다중 상속을 허용하지 않습니다.

추상 클래스와 비슷하지만 마름모꼴 문제를 피할 수 있는
다중 상속 방법이 있다면 너무 꿈같은 이야기인가요?
하지만 상상 속 이야기만은
아닐 것 같은데...

요점 정리

- 하위 클래스는 상속한 멤버를 재정의할 수 있으며, 이는 상속한 멤버를 동일한 이름을 가진 메서드나 속성으로 대체하는 것을 의미합니다.
- 메서드나 속성을 재정의하려면 기본 클래스에 선언된 멤버에 **virtual 키워드**를 추가하고, 그다음에 하위 클래스에서 동일한 이름을 가진 멤버에 **override 키워드**를 추가하면 됩니다.
- **protected 키워드**는, 하위 클래스는 접근할 수 있지만 그 외의 클래스는 접근하지 못하도록 만드는 액세스 한정자입니다.
- 하위 클래스가 기본 클래스의 메서드를 재정의하고 나면, 언제나 하위 클래스에 있는 **더 구체적인(specific)** 버전의 멤버가 호출됩니다. 기본 클래스에 있는 멤버가 해당 메서드를 호출하는 경우에도 마찬가지입니다.
- 기본 클래스에 있던 메서드와 같은 이름의 메서드를 하위 클래스가 추가하더라도, 이는 메서드를 재정의하는 것이 아니기 때문에 기본 클래스의 메서드를 **감춥니다**. 의도적으로 메서드를 감추고 싶으면 **new 키워드**를 사용하세요.
- 게임의 **동역학**은 어떻게 역학이 서로 결합해서 같이 작동하며 게임 플레이를 구성하는지 설명해 줍니다.
- 하위 클래스는 **base 키워드**를 사용해 기본 클래스에 접근할 수 있습니다. 기본 클래스가 생성자를 가지고 있으면, 하위 클래스는 base 키워드를 사용해서 생성자를 호출해야 합니다.
- 하위 클래스와 기본 클래스는 **서로 다른 생성자**를 가질 수 있습니다. 하위 클래스는 기본 클래스 생성자에 어떤 값을 전달할지 선택할 수 있습니다.
- 코드를 작성하기 전에 **클래스 모델**을 종이 위에 먼저 작성해 보면 문제를 이해하고 해결하는 데 도움이 됩니다.
- 중요한 디자인 원칙 중 하나인 **관심사 분리(Separation of Concerns, SoC)**는, 클래스에서 중복된 부분을 최소화하는 것입니다.
- **창발적 행동(emergent behavior)**은 객체가 상호 작용할 때, 각 객체의 작동 논리를 넘어서 일어납니다.
- **추상 클래스(abstract)**는 인스턴스화할 수 없는, 의도적으로 미완성된 클래스입니다.
- **abstract 키워드**를 메서드나 속성에 추가하고 본체를 생략하면 추상 멤버로 선언할 수 있습니다. 추상 클래스를 구체화(concrete)한 하위 클래스는 추상 멤버를 구현해야 합니다.
- **리팩터링**은 이미 작성된 코드를 읽고, 코드의 동작을 변경하지 않으면서 코드를 개선하는 것입니다.
- C#은 **마름모꼴 문제** 때문에 다중 상속을 허용하지 않습니다. 마름모꼴 문제는 기본 클래스 2개에서 중복된 이름의 멤버를 상속했을 때, 하위 클래스에서 어떤 멤버를 상속할지 결정할 수 없는 문제입니다.

유니티 연구실 #3

게임 오브젝트 인스턴스

유니티 연구실은 C# 코드 작성을 연습하기 위해 마련된 공간입니다. 그리고 C#은 객체 지향 언어죠. 이번 장에서는 유니티로 객체의 생성에 초점을 맞춰 보겠습니다.

본문 3장에서 new 키워드를 익힌 다음, 이 키워드로 객체를 생성했습니다. 이번 유니티 연구실에서는 유니티 게임 오브젝트의 인스턴스를 생성해, 실제로 작동하는 게임에서 사용해 보겠습니다. C#으로 유니티 게임을 작성하는 과정에서 중요한 전환점이 되겠죠.

유니티 연구실 #3과 #4의 목표는 이전 유니티 연구실에서 작업했던 당구공을 사용해 간단한 게임을 만드는 것입니다. 이번 유니티 연구실에서는 C# 객체와 인스턴스에 대해 배운 내용으로 게임을 만들어 보겠습니다. 이 과정에서 게임 오브젝트 인스턴스를 생성하기 위한 유니티 도구인 프리팹을 사용하고, 스크립트를 사용해서 게임의 3D 공간을 날아다니는 게임 오브젝트를 만듭니다.

유니티에서 게임을 만들어 봅시다!

유니티는 게임 제작을 위한 도구죠. 이제 유니티 연구실 #3, #4에서 여러분의 C# 지식을 활용해 간단한 게임을 만들겠습니다. 이제부터 만들어 볼 게임은 다음과 같습니다.

게임을 시작하면 [게임 보기] 창에 당구공 여러 개가 천천히 채워집니다. 플레이어가 당구공을 클릭하면 클릭한 당구공은 사라집니다. 당구공이 15개 이상 화면에 나타나면 게임은 끝납니다.

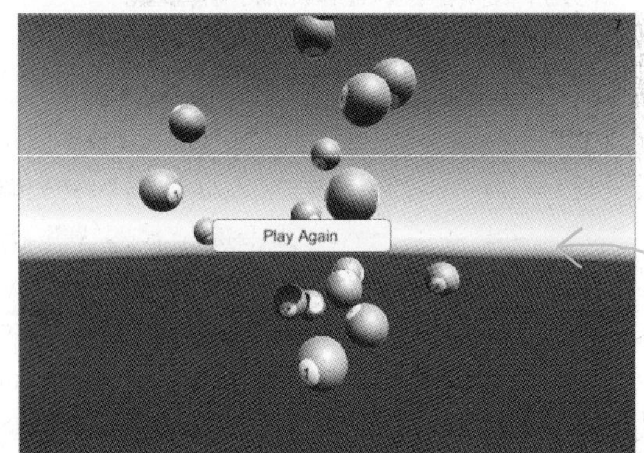

[게임 보기] 창의 오른쪽 상단에는 점수가 표시됩니다. 이 점수는 당구공을 클릭할 때마다 증가합니다.

게임이 끝나면 화면에 표시된 [Play Again] 버튼을 눌러 게임을 새로 시작할 수 있습니다.

그럼 시작해 보죠. 먼저 유니티 프로젝트를 준비합니다. 이번에는 프로젝트의 파일을 조금 더 정돈하기 위해, 머티리얼과 스크립트를 저장할 폴더와 프리팹(이는 잠시 후에 배웁니다)을 위한 폴더를 별도로 생성하겠습니다.

1. 이 과정을 시작하기 전에, 열어 둔 유니티 프로젝트 또는 비주얼 스튜디오가 있다면 모두 닫으세요. 비주얼 스튜디오가 필요할 때, 유니티가 이를 자동으로 실행할 것입니다.
2. 이전 유니티 연구실에서 실습했던 것처럼, [모든 템플릿]-[3D]를 선택해 새 유니티 프로젝트를 생성하세요. 지금 실습하는 프로젝트가 유니티 연구실 몇 장에서 다루는지 쉽게 기억하기 위해 'Unity Lab 3, 4' 같은 이름을 지어 주세요.
3. 가로 배치 레이아웃을 선택하세요.
4. Assets 폴더 아래에 머티리얼을 저장할 폴더를 생성합니다. 하단의 [프로젝트] 창에서 Assets 폴더를 마우스 우클릭하고 [생성]-[폴더] 메뉴를 선택하세요. 생성한 폴더 이름에 'Materials'를 입력하세요.
5. Assets 폴더 아래에 'Scripts' 이름의 폴더를 생성하세요.
6. Assets 폴더 아래에 'Prefabs' 이름의 폴더를 생성하세요.

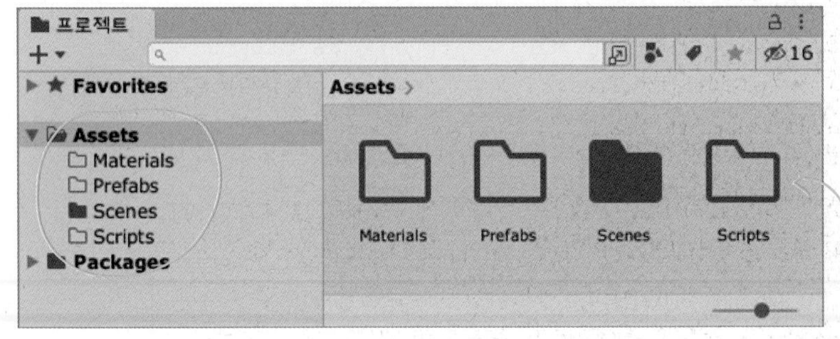

Assets 폴더 아래에 Materials, Scripts, Prefabs 폴더가 생성된 것을 확인하세요.

창에서 이 폴더 모양은 빈 폴더를 의미합니다.

Materials 폴더에 새 머티리얼 생성하기

Materials 폴더를 더블 클릭해서 엽니다. 이 폴더에 새 머티리얼을 생성할 것입니다.
유니티 연구실 #1에서 했던 것처럼 https://github.com/head-first-csharp/fourth-edition 페이지에서 Billiard Ball Textures 링크를 클릭하고 1 Ball Texture.png 텍스처 파일을 다운로드한 다음, 이 파일을 Materials 폴더로 드래그하세요. 다운로드한 파일을 [Assets]-[Materials] 폴더에 저장한다는 것만 제외하면, 유니티 연구실 #1에서 했던 것과 동일합니다. 이제 새 머티리얼을 만들어 봅시다. [프로젝트] 창에서 Materials 폴더를 마우스 우클릭하고 [생성]-[머티리얼] 메뉴를 선택하세요. 이름에는 '1 Ball'을 입력하세요. 그러면 [프로젝트] 창의 Materials 폴더에 새 머티리얼이 표시됩니다.

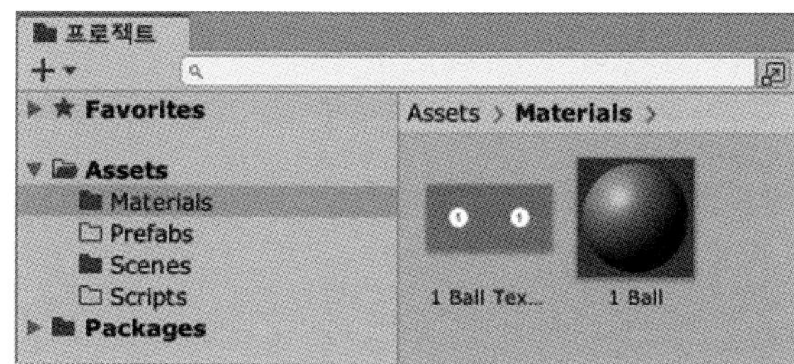

이전 유니티 연구실에서는 게임 오브젝트로 포장될 수 있는 텍스처나 비트맵 이미지 파일을 사용했습니다. 텍스처를 구체에 드래그하면 유니티는 자동으로 머티리얼을 생성합니다. 유니티는 머티리얼을 사용해 게임 오브젝트가 렌더링되는 데 필요한 정보를 저장하며, 머티리얼은 텍스처에 대한 참조를 가집니다. 이번에는 머티리얼을 수동으로 생성해 보겠습니다. 이전 유니티 연구실에서 했던 것처럼, Github 페이지에서 텍스처 PNG 파일을 다운로드하기 위해 [Download] 버튼을 클릭해야 할 수도 있습니다.

Materials 폴더에서 1 Ball 머티리얼을 선택하세요. 그러면 해당 머티리얼이 [인스펙터] 창에 표시됩니다. 1 Ball Texture 파일을 클릭하고 [알베도] 항목의 왼쪽 상자로 드래그하세요.

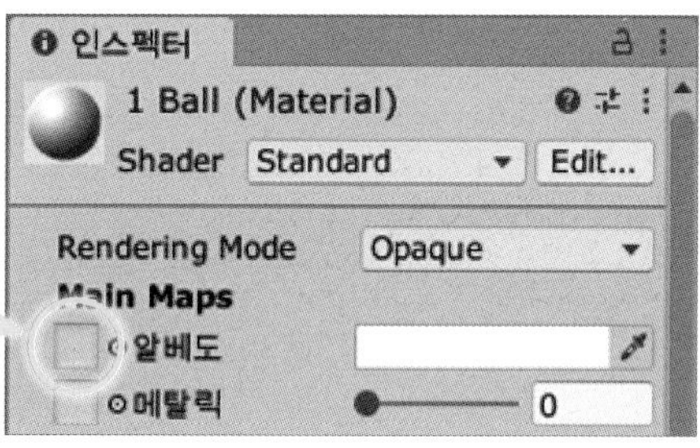

[프로젝트] 창에서 1 Ball 머티리얼을 선택해서 속성이 화면에 표시되면, 텍스처 맵(Map)을 드래그해 알베도 항목의 왼쪽 상자까지 드래그합니다.

그러면 [인스펙터] 창의 [알베도] 항목 왼쪽 상자에 1 Ball 텍스처의 그림이 작게 표시됩니다.

이제 텍스처로 구체를 감싼 머티리얼이 당구공처럼 보이게 됩니다.

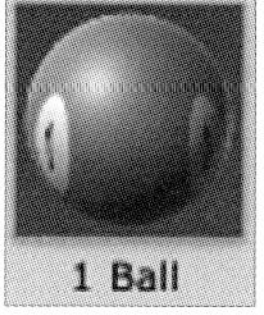

무대 뒤에서

게임 오브젝트는 자신의 표면에서 빛을 반사합니다.

유니티 게임에서 색이 입혀졌거나 텍스처를 가지는 게임 오브젝트는, 씬의 광원에서 오는 빛을 표면으로 반사하며, 알베도 항목은 이 표면이 색상을 제어합니다. 알베도라는 단어는 물리학, 정확히는 천문학에서 온 용어로 **객체에 의해 반사되는 색상**을 의미합니다. 알베도를 더 자세히 알고 싶다면 유니티 매뉴얼을 참고하세요. [도움말]-[Unity 매뉴얼] 메뉴를 선택해서 브라우저를 연 다음, 알베도를 검색하면 됩니다. 그러면 알베도 컬러와 투명도에 대한 설명을 볼 수 있습니다.

임의의 씬 위치에 당구공 생성하기

다음으로 새로운 구체 게임 오브젝트를 생성하고, 구체에 'OneBallBehaviour'라는 이름의 스크립트를 추가해 보겠습니다.

- [게임 오브젝트] - [3D 오브젝트] - [구체] 메뉴를 선택해서 씬에 구체를 생성하세요.
- 1 Ball 머티리얼을 씬에 생성된 구체 위로 드래그하면 구체가 당구공처럼 보이게 됩니다.
- [프로젝트] 창에서 아까 생성한 Scripts 폴더를 마우스 우클릭한 다음, [생성] - [C# 스크립트] 메뉴를 선택하고 생성된 파일의 이름을 OneBallBehaviour로 설정합니다.
- 생성한 스크립트를 드래그해서 [계층 구조] 창의 Sphere 위에 놓으세요. 그리고 다시 구체를 선택해서 [인스펙터] 창에 추가한 Script 컴포넌트(# ✓ One Ball Behaviour)가 표시되는지 확인하세요.

새로 생성된 스크립트를 더블 클릭하고 비주얼 스튜디오에서 다음처럼 유니티 연구실 #2의 BallBehaviour에 사용했던 코드를 복사해 이 스크립트에 추가하세요. Update() 메서드의 Debug.DrawRay 명령어는 주석으로 처리하세요.

```
public class OneBallBehaviour : MonoBehaviour
{
    public float XRotation = 0;
    public float YRotation = 1;
    public float ZRotation = 0;
    public float DegreesPerSecond = 180;

    // 첫 프레임이 갱신되기 전에 호출됩니다.
    void Start()
    {

    }
    // 프레임이 바뀔 때마다 한 번씩 호출됩니다.
    void Update()
    {
        Vector3 axis = new Vector3(XRotation, YRotation, ZRotation);
        transform.RotateAround(Vector3.zero, axis, DegreesPerSecond * Time.deltaTime);
        // Debug.DrawRay(Vector3.zero, axis, Color.yellow);
    }
}
```

이 코드에는 using 문을 넣지 않았지만, using 문이 이미 있다고 가정합니다.

게임 오브젝트에 Start() 메서드를 추가하면, 유니티는 씬에 이 객체가 추가될 때마다 Start() 메서드를 호출합니다. 스크립트의 Start() 메서드가 [계층 구조] 창에 표시된 게임 오브젝트에 연결되면 이 메서드는 게임이 시작되자마자 호출됩니다.

유니티는 게임 오브젝트가 씬에 추가되기 전에 객체를 인스턴스화합니다. 하지만 이 게임 오브젝트가 실제로 씬에 추가됐을 때만 Start 메서드를 호출합니다.

이 명령어는 필요가 없으므로 주석 처리합니다.

그리고 Start() 메서드를 수정해서 구체가 생성될 때 임의의 위치로 이동하도록 해 봅시다. transform.position의 값을 설정해서 씬에 있는 게임 오브젝트의 위치를 변경할 수 있습니다. OneBallBehaviour 스크립트의 Start() 메서드에 코드를 추가해 봅시다. 구체가 임의의 위치에 나타나도록 하는 코드는 다음과 같습니다.

```
// 첫 프레임이 갱신되기 전에 호출됩니다.
void Start()
{
    transform.position = new Vector3(3 - Random.value * 6,
        3 - Random.value * 6, 3 - Random.value * 6);
}
```

[시작] 버튼을 클릭해 게임을 실행해도 프로젝트는 저장되지 않는다는 것을 기억하세요! 게임을 미리, 자주 저장하세요.

다시 유니티로 돌아와 [시작] 버튼을 클릭하고 게임을 실행해 보세요. 공이 임의의 위치에 나타나 Y축을 따라 회전합니다. 게임을 몇 번 중지했다가 시작하기를 반복해 보세요. 공이 매번 씬의 다른 위치에 나타나야 합니다.

디버거를 사용해 Random.value 이해하기

여러분은 .NET의 System 네임스페이스에 있는 Random 클래스를 이미 몇 번 사용해 봤습니다. Random 클래스는 본문 1장의 동물 짝 맞추기 게임에서 동물을 뒤섞고, 본문 3장에서 무작위로 카드를 뽑는 데 사용되었죠. 그러나 유니티에서 사용할 Random 클래스는 System.Random 클래스와 조금 다릅니다. 비주얼 스튜디오에서 Random 키워드 위에 마우스 커서를 올려 보세요.

이 두 클래스의 이름은 모두 Random이지만, 유니티에 연결된 Script 파일과 본문에서 만든 프로젝트를 비주얼 스튜디오에서 열고 Random 키워드 위에 마우스 커서를 올려 보면 각각 서로 다른 네임스페이스를 표시합니다. 본문에서 사용했던 프로젝트의 Random 클래스는 System 네임스페이스에 있지만, 유니티에서 사용할 Random 클래스는 UnityEngine 네임스페이스에 있습니다.

```
void Start()
{
    transform.position = new Vector3(3 - Random.value * 6,
        3 - Random.value * 6, 3 - Random.value * 6);
}
```

class UnityEngine.Random
Easily generate random data for games.

```
class CardPicker
{
    static Random random = new Random();

    참조 1개
    public st
    {
```

class System.Random
Represents a pseudo-random number generator, which is a device that produces a sequence of numbers that meet certain statistical requirements for randomness.

이 코드는 이전에 무작위로 카드를 뽑기 위해 사용했던 PickACardUI 프로젝트 코드입니다.

새로운 Random 클래스는 이전에 사용했던 Random 클래스와 다릅니다. 이전에는 임의의 수를 얻기 위해 Random.Next를 호출했고, 해당 메서드는 정수 값을 반환했죠. Random.value는 메서드가 아니고 속성입니다.

비주얼 스튜디오 디버거를 사용해 이 Random 클래스가 반환하는 값을 확인해 봅시다. [Unity에 연결] 버튼(윈도우는 ▶ Unity에 연결 ▾, 맥OS는 Debug > Unity에 연결)을 클릭해 비주얼 스튜디오를 유니티에 연결합니다. 그런 다음 앞서 Start() 메서드에 추가한 명령어에 중단점을 설정합니다. ← 앞서의 실습에서 설명했던 것처럼 유니티가 디버깅을 허용하겠냐고 물어볼 수 있습니다.

이제 유니티로 돌아가서 게임을 시작해 봅시다. 그러나 [시작] 버튼을 누르면 [Hold on] 창이 활성화되고 게임이 실행되지 않습니다. 그리도 곧바로 비주얼 스튜디오가 활성화됩니다. Random.value의 'value' 위에 마우스 커서를 올려 보세요. [툴팁]에 값이 표시됩니다.

```
void Start()
{
    transform.position = new Vector3(3 - Random.value * 6,
        3 - Random.value * 6, 3 - Random.value * 6);
}
```

Random.value 0.4413272

비주얼 스튜디오를 유니티에 연결한 상태로 두고 게임을 몇 번 재시작해 보세요. 시작할 때마다 0~1 사이 임의의 숫자가 생성됩니다.

비주얼 스튜디오를 유니티에 연결한 상태로 두고, 유니티 에디터로 돌아가 게임을 중지합니다(비주얼 스튜디오가 아닌, 유니티 에디터에서 해야 합니다). 게임을 다시 시작합니다. 이를 몇 번 반복해 보면, 실행할 때마다 서로 다른 임의의 수가 생성됩니다. UnityEngine.Random의 작동 방식은 이렇게 value 속성에 접근할 때마다 0~1 사이 임의의 값을 반환하는 것입니다. 다시 비주얼 스튜디오로 돌아가 ▶ 계속(C) 버튼을 눌러 게임을 재개합니다. 중단점은 Start() 메서드에만 설정했기 때문에 게임 오브젝트 인스턴스가 생성될 때 한 번만 호출해야 하므로, 게임은 다시 중단되지 않고 계속 실행돼야 합니다. 이제 유니티로 돌아가 게임을 중지합니다.

비주얼 스튜디오가 유니티에 연결됐을 때는 비주얼 스튜디오에서 스크립트를 편집할 수 없으므로, [디버깅 중지] 버튼을 눌러 유니티에서 비주얼 스튜디오 디버거와의 연결을 끊어야 합니다.

게임 오브젝트를 프리팹으로 만들기

프리팹(prefab)은 유니티 씬 안에서 인스턴스화할 수 있는 게임 오브젝트를 말합니다. 지난 장에서는 객체 인스턴스를 다루는 법을 배웠죠. 유니티에서는 객체와 인스턴스를 사용할 수 있으므로, 동일한 게임 오브젝트를 계속해서 재사용하는 게임을 작성할 수도 있습니다. 그러면 1 Ball 게임 오브젝트를 한번 프리팹으로 변환해 보죠.

먼저 게임 오브젝트의 이름을 'OneBall'로 변경해 봅시다. [계층 구조] 창 또는 [씬] 뷰에서 구체를 선택합니다. 그런 다음 [인스펙터] 창에서 게임 오브젝트의 이름을 'OneBall'로 변경합니다.

비주얼 스튜디오가 유니티에 연결돼 있으면 비주얼 스튜디오에서는 코드를 편집할 수 없습니다.
비주얼 스튜디오에서 코드를 편집할 수 없다면 아마 비주얼 스튜디오가 유니티에 연결된 상태여서 그럴 수 있습니다! [디버깅 중지] 버튼을 눌러 연결을 해제하세요.

[계층 구조] 창에서 게임 오브젝트를 마우스 우클릭한 다음 [이름 바꾸기] 메뉴를 선택해서 게임 오브젝트의 이름을 변경할 수도 있습니다.

이제 게임 오브젝트를 프리팹으로 변경해 봅니다. [계층 구조] 창에서 OneBall을 드래그해서 Prefabs 폴더 위에 놓으세요.

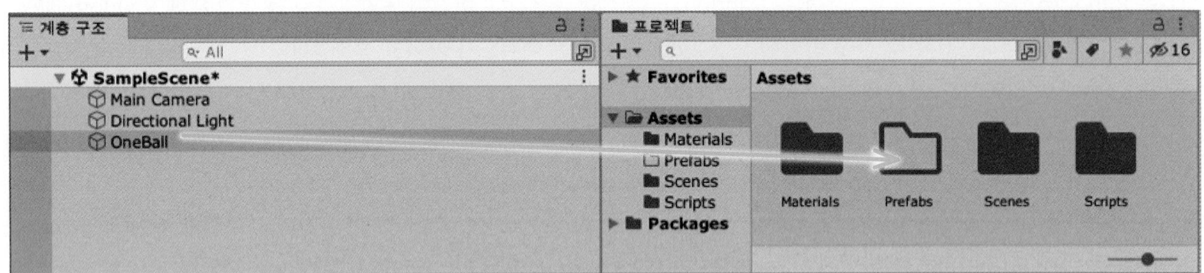

그러면 Prefabs 폴더에 OneBall이 나타납니다. [계층 구조] 창에서 OneBall이 파란색으로 표시되는지 확인하세요. 이는 OneBall 게임 오브젝트가 프리팹이 됐음을 의미하며, 프리팹 인스턴스는 [계층 구조] 창에서 파란색으로 표시됩니다. 이 게임에서는 모든 공 인스턴스를 스크립트로 생성할 것입니다.

[계층 구조] 창에서 OneBall을 마우스 우클릭해서 [삭제] 메뉴를 선택합니다. 그러면 OneBall이 프로젝트 창에는 표시되지만, [씬] 뷰나 [계층 구조] 창에는 표시되지 않습니다.

진행하면서 씬을 계속 저장했나요? 미리, 자주 저장하세요!

[계층 구조] 창에서 게임 오브젝트가 파란색으로 표시되면, 이 객체는 프리팹 인스턴스입니다.

게임을 제어하는 스크립트 생성하기

이 게임에는 [씬] 뷰에 공을 추가할 방법이 필요하고, 최종적으로는 게임의 종료 여부와 상관없이 점수를 저장해야 합니다. [프로젝트] 창에서 Scripts 폴더를 마우스 우클릭해서 'GameController'라는 이름의 새 C# 스크립트를 생성합니다. 새로운 스크립트는 모든 게임 오브젝트 스크립트가 가지고 있는 메서드 2개를 사용합니다.

- **Instantiate() 메서드**는 게임 오브젝트의 새 인스턴스를 생성합니다. 유니티에서 게임 오브젝트를 인스턴스화할 때는 지금까지 살펴봤던 일반적인 C#의 new 키워드를 사용하지 않습니다. 그 대신 Instantiate() 메서드를 사용합니다. AddABall() 메서드에서 이 메서드를 호출할 것입니다.
- **InvokeRepeating() 메서드**는 스크립트에서 다른 메서드를 반복적으로 호출합니다. 여기에서는 1.5초를 대기한 다음, 게임이 실행되는 동안 1초마다 AddABall() 메서드를 계속 호출합니다.

```
public class GameController : MonoBehaviour
{
    public GameObject OneBallPrefab;

    void Start()
    {
        InvokeRepeating("AddABall", 1.5F, 1);
    }

    void AddABall()
    {
        Instantiate(OneBallPrefab);
    }
}
```

InvokeRepeating() 메서드에 전달하는 두 번째 인수의 타입은 무엇인가요?

유니티의 InvokeRepeating() 메서드는 다른 메서드를 반복적으로 호출합니다. 이 메서드의 첫 번째 매개 변수는 호출할 메서드의 이름입니다('invoke'는 메서드를 호출한다는 의미입니다).

AddABall() 메서드는 프리팹의 새 인스턴스를 생성합니다.

OneBallPrefab 필드를 Instantiate() 메서드의 매개 변수로 전달하는데, 이 값은 유니티가 프리팹의 인스턴스를 생성하는 데 사용합니다.

뇌 단련

유니티는 씬에 있는 게임 오브젝트에 연결된 스크립트만을 실행합니다. GameController 스크립트는 OneBall 프리팹의 인스턴스를 생성하지만, 이 스크립트를 어딘가에 연결해야만 합니다. 다행히 우리는 카메라가 단순한 카메라 컴포넌트(그리고 오디오 리스너 컴포넌트)로 이루어진 게임 오브젝트임을 알고 있습니다. 메인 카메라는 [씬] 뷰 안에 항상 존재합니다. 그렇다면... 이 새로운 GameController 스크립트를 어떻게 해야 할까요?

메인 카메라에 스크립트 연결하기

GameController 스크립트를 실행하려면 게임 오브젝트에 이 스크립트를 연결해야 합니다. 다행히 씬에 있는 메인 카메라도 게임 오브젝트입니다. 메인 카메라는 카메라 컴포넌트와 오디오 리스너 컴포넌트를 가지고 있는 게임 오브젝트죠. 그러니 새 스크립트를 메인 카메라에 연결해 봅시다. [프로젝트] 창의 Scripts 폴더에서 GameController 스크립트를 [계층 구조] 창의 Main Camera로 드래그해 봅시다.

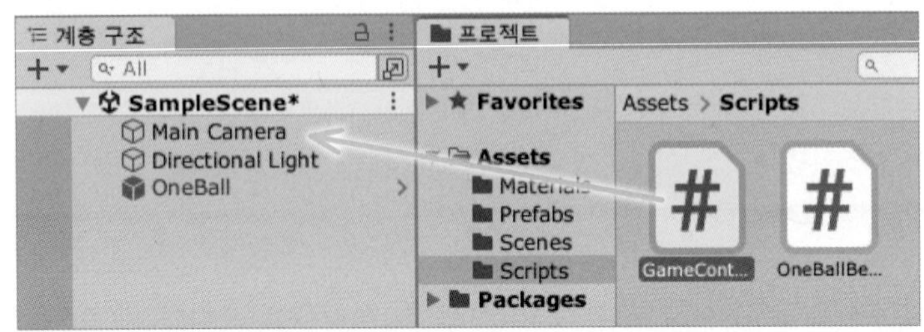

5장에서 public과 private 필드를 배웠습니다. 스크립트가 public 필드를 가지고 있으면 유니티 에디터는 이 필드를 [인스펙터] 창의 Script 컴포넌트에 표시합니다. 필드의 이름을 쉽게 읽을 수 있도록 대문자 글자 사이에는 공백이 추가됩니다.

[인스펙터] 창을 살펴보세요. 다른 게임 오브젝트와 마찬가지로, 스크립트의 컴포넌트가 표시됩니다. 이 스크립트는 public 필드인 OneBallPrefab을 가지고 있기 때문에, 스크립트 컴포넌트에 필드가 표시됩니다.

GameController 클래스의 OneBallPrefab 필드가 표시됩니다. 필드 이름을 쉽게 읽을 수 있도록 대문자 앞에 공백이 추가됐습니다(이전 유니티 연구실에서도 살펴봤던 부분입니다).

OneBallPrefab 필드의 값이 아직 없으므로 이 값을 설정해야 합니다. Prefabs 폴더에서 OneBall을 드래그해서 One Ball Prefab 레이블 옆의 상자 위에 놓습니다.

그러면 GameController의 OneBallPrefab 필드는 OneBall 프리팹에 대한 참조를 가지게 됩니다.

코드로 돌아가서 AddABall() 메서드를 자세히 살펴보세요. 이 메서드는 Instantiate() 메서드를 호출하며, OneBallPrefab 필드를 인수로 전달합니다. 방금 이 필드의 값을 OneBall 프리팹으로 설정했으므로 매개 변수에는 프리팹이 저장돼 있습니다. 그러므로 GameController가 AddABall() 메서드를 호출할 때마다, 이 메서드는 OneBall 프리팹의 인스턴스를 새로 생성합니다.

Play 버튼을 눌러 코드 실행하기

게임을 실행할 준비가 됐습니다. 메인 카메라에 연결된 GameController 스크립트는 1.5초를 대기한 후, 1초마다 OneBall 프리팹을 인스턴스화합니다. 매번 인스턴스화되는 OneBall의 Start() 메서드는 씬의 임의의 위치로 새 인스턴스를 이동시키며, Update 메서드는 OneBallBehaviour 필드를 사용해 2초마다 Y축 기준으로 인스턴스를 회전시킵니다. 어렵게 생각하지 마세요. 이전 유니티 연구실의 내용과 동일합니다. [시작] 버튼을 눌러 씬에 회전하는 공들이 채워지는 것을 지켜보세요.

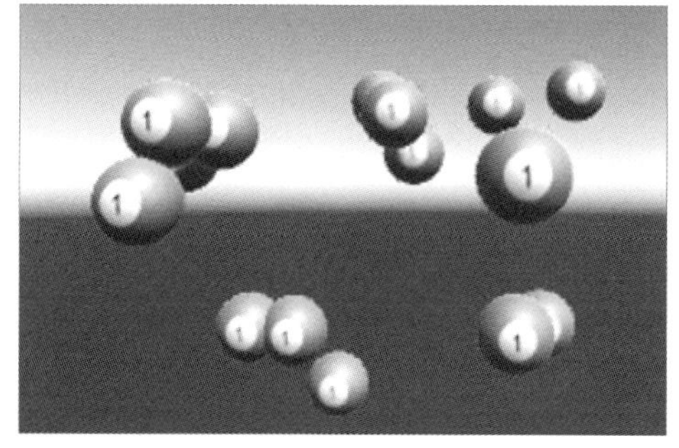

유니티는 프레임마다 모든 게임 오브젝트의 Update() 메서드를 호출합니다. 이를 업데이트 루프(update loop)라고 합니다.

코드를 사용해 게임 오브젝트를 인스턴스화하면 이 게임 오브젝트들은 게임을 실행했을 때 [계층 구조] 창에 표시됩니다.

[계층 구조] 창에서 라이브 인스턴스 지켜보기

씬에서 날아다니는 공들은 모두 OneBall 프리팹의 인스턴스입니다. 각 인스턴스는 자신만의 OneBallBehavior 클래스 인스턴스를 가지고 있습니다. [계층 구조] 창을 이용해 OneBall 인스턴스를 추적할 수 있으며, 각 인스턴스가 생성될 때마다 'OneBall(Clone)' 항목이 [계층 구조] 창에 추가됩니다.

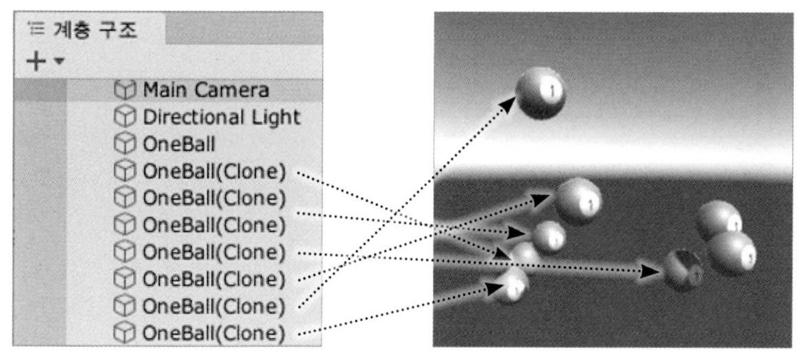

아무 OneBall(Clone) 항목을 클릭하면 [인스펙터] 창에서 정보를 확인할 수 있습니다. 이전 실습에서 살펴본 것처럼, 객체의 회전에 따라 해당 항목의 [Transform] 컴포넌트의 항목 값이 변합니다.

유니티 연구실에도 일부 코딩 연습 문제가 있습니다. 이전에 살펴봤던 연습 문제와 비슷하여, 정답을 미리 살펴봐도 괜찮습니다.

연습 문제

OneBallBehaviour 스크립트에 BallNumber 필드를 추가하는 법을 알아내 보세요. 필드를 추가하고 나면, [계층 구조] 창에서 OneBall 인스턴스를 클릭하고 [One Ball Behaviour(스크립트)] 컴포넌트를 확인했을 때, [X Rotation], [Y Rotation], [Z Rotation], [Degrees Per Second] 항목 아래에 Ball Number 필드가 표시됩니다.

Ball Number	11

OneBall의 첫 인스턴스는 Ball Number가 1로 설정돼 있습니다. 두 번째 인스턴스는 2, 세 번째 인스턴스는 3과 같은 식으로 설정돼야 합니다. 힌트를 드리자면, 모든 OneBall 인스턴스가 전체 인스턴스의 수를 공유할 방법이 필요합니다. Start() 메서드를 변경해서 인스턴스 수를 증가시키고, 이 숫자를 BallNumber 필드에 설정하는 데 사용할 수 있습니다.

인스펙터 창을 사용해 게임 오브젝트 인스턴스 다루기

게임을 실행합니다. 공 몇 개가 생성되고 나면 [정지] 버튼을 클릭합니다. 그러면 [게임 보기] 창에서 씬으로 화면이 전환됩니다. 그다음으로 [계층 구조] 창에서 OneBall 인스턴스 중 하나를 클릭해 선택합니다. 씬에 선택된 객체의 외곽선이 표시됩니다. [인스펙터] 창에서 선택한 객체의 [Transform] 컴포넌트의 [Z scale]에 '4'를 입력해 보세요. 공이 좌우로 늘어나는 것을 확인할 수 있습니다.

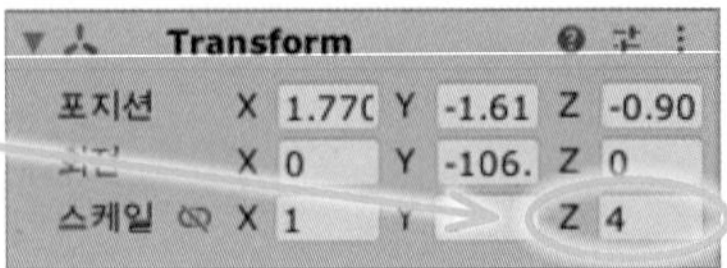

게임을 다시 시작해 보세요. 방금 변경했던 공을 추적할 수 있습니다. 이전 실습에서 했던 것처럼 [X Rotation], [Y Rotation], [Z Rotation], [Degrees Per Second] 항목들의 값을 변경해 보세요.

게임이 실행되는 동안 씬과 [게임 보기] 창을 전환해 보세요. 게임이 실행 중일 때는 씬에서 기즈모를 사용할 수 있는데, Instantiate( ) 메서드를 사용해 생성하거나 [계층 구조] 창에서 추가한 게임 오브젝트 인스턴스도 마찬가지입니다).

화면 상단의 [오버레이] 메뉴에서 [기즈모] 메뉴를 클릭해 기즈모를 키고 끌 수 있습니다. [게임 보기] 창에서는 기즈모를 켜고, 씬에서는 기즈모를 끄도록 설정할 수도 있습니다.

연습 문제 정답

지금까지 씬에 추가된 공의 갯수를 BallCount라는 이름의 static 필드에 저장해서, OneBallBehaviour 스크립트에 BallNumber 필드의 값을 추가할 수 있습니다. 새 공을 인스턴스화할 때마다 Start() 메서드가 호출되므로, 이 메서드에서 static BallCount 필드의 값을 증가시키면서 BallCount 필드의 값을 생성된 인스턴스의 BallNumber 필드에 할당하면 됩니다.

```
static int BallCount = 0;
public int BallNumber;
void Start()
{
    transform.position = new Vector3(3 - Random.value * 6,
        3 - Random.value * 6, 3 - Random.value * 6);
    BallCount++;
    BallNumber = BallCount;
}
```

모든 OneBall 인스턴스는 한 개의 static BallCount 필드를 공유하므로, 첫 번째 인스턴스의 Start() 메서드에서 이 값은 1로 증가하고, 두 번째 인스턴스는 2, 세 번째 인스턴스는 3과 같은 식으로 증가하게 됩니다.

물리 법칙을 통해 공이 겹치지 않게 하기

가끔 공이 서로 겹칠 때도 있다는 것을 발견하셨나요? 유니티는 강력한 물리 엔진을 가지고 있으며, 이를 사용해 게임 오브젝트가 실세계의 사물이 작동하는 것처럼 고체(solid body)가 서로 겹치지 않도록 할 수 있습니다. 객체가 겹치는 것을 방지하려면 OneBall 프리팹을 고체로 설정해야 합니다.

게임을 중지하고, [프로젝트] 창에서 프리팹 폴더의 OneBall을 선택하세요. 그런 다음 [인스펙터] 창에서 최하단까지 스크롤한 다음 [컴포넌트 추가] 버튼을 클릭하세요.

컴포넌트를 선택할 수 있는 목록이 나타나면 [Physics] - [Rigidbody]를 선택합니다.

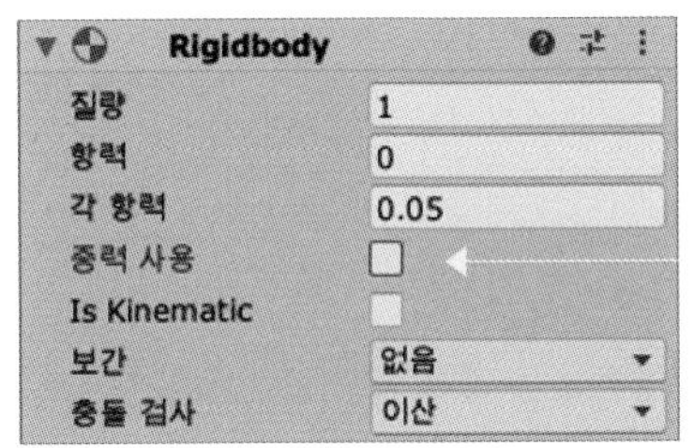

[중력 사용] 항목의 체크가 해제됐는지 확인하세요. 이 항목이 체크돼 있으면 공에 중력이 적용돼 낙하하기 시작하며, 닿을 바닥이 없기 때문에 공은 계속 낙하하게 됩니다.

물리 실험을 해 보고 싶다면 게임이 실행되고 있을 때 이 항목을 체크해 보세요. 새로 생성된 공이 낙하하기 시작하고, 가끔 다른 공에 부딪혀 튕겨집니다.

게임을 다시 실행해 보세요. 이제 공이 겹치지 않습니다. 어떤 공이 다른 공 위에 생성되면 새 공이 원래 있던 공을 튕겨냅니다.

이제 이 공이 정말 딱딱한 고체가 됐는지 확인하기 위한 작은 물리 실험을 해 보겠습니다. 게임을 시작하고 공이 생성되다 3개 이상이 됐을 때 게임을 잠시 멈춥니다. 그런 다음 [프로젝트] 창의 Prefabs 폴더에 있는 OneBall을 더블 클릭하면 [계층 구조] 창에 다음과 같은 내용이 표시됩니다.

[계층 구조] 창을 이용하면 게임이 실행되는 동안에도 씬에서 게임 오브젝트를 삭제할 수 있습니다.

이제 프리팹을 수정합니다. [계층 구조] 창의 오른쪽 위에 있는 돌아가기 캐럿(<) 버튼을 클릭해서 [씬] 뷰으로 돌아갑니다.

- [Shift] 키를 누른 채로 [계층 구조] 창의 첫 번째 OneBall 인스턴스를 클릭한 다음 바로 두 번째 OneBall 인스턴스를 선택해서 OneBall 인스턴스 2개가 선택되도록 합니다.
- [인스펙터] 창의 [Transform] 컴포넌트의 [포지션] 항목에 있는 대시(—)를 찾습니다. [포지션]의 값을 (0, 0, 0)으로 설정해서 두 OneBall 인스턴스의 포지션 값을 동시에 설정하세요.
- [Shift] 키를 누른 채로 나머지 OneBall 인스턴스들을 클릭해서 선택하고, 마우스 우클릭한 다음 [삭제] 메뉴를 선택해 씬에서 제거합니다. 결과적으로 방금 포지션을 (0, 0, 0)으로 설정해서 서로 겹쳐 있는 공 2개만 씬에 남겨 놓습니다.
- 게임을 재시작합니다. 이제는 공이 서로 겹칠 수 없기 때문에, 두 공이 나란히 회전합니다.

창의성을 발휘하세요!

게임을 반쯤 완성했네요! 다음 유니티 연구실 #4에서 이 게임을 마무리할 것입니다. 이 게임은 페이퍼 프로토타이핑 기술을 연마해 볼 기회이기도 합니다. 게임에 대해서는 이번 유니티 연구실의 서두에서 이미 설명했습니다. 게임의 페이퍼 프로토타입을 한번 만들어 보죠. 게임을 좀 더 재미있게 만들 방법을 한번 생각해 볼까요?

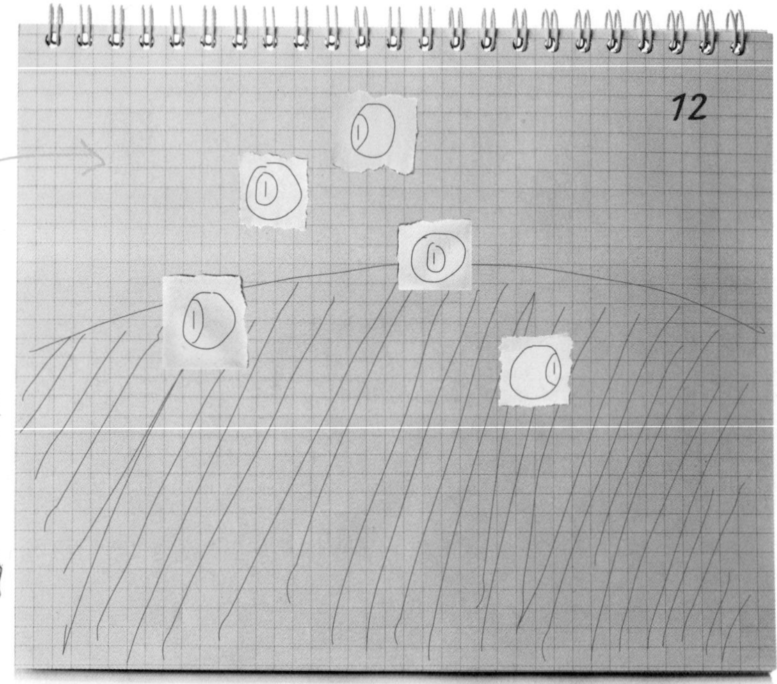

유니티 게임의 배경을 종이 위에 그려 본 다음, 당구공 조각을 종잇조각 위에 그려 보세요.
12
유니티 연구실 #1, #2에서 사용한 8번 공 텍스처를 사용해 이 게임을 더 재미있게 만들 방법이 없을까요?
이 종이 조각은 게임이 종료됐을 때 표시할 [Play Again] 버튼입니다.
Play Again

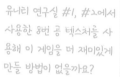

요점 정리

- **알베도(albedo)**는 객체에 반사되는 색상을 의미합니다. 유니티는 머티리얼의 알베도에 쓰일 텍스처 맵(Map)을 사용할 수 있습니다.
- 유니티의 UnityEngine 네임스페이스에는 **Random 클래스**가 있습니다. 이 정적 Random.value() 메서드는 0~1 사이 임의의 숫자를 반환합니다.
- **프리팹(prefab)**은 씬에서 인스턴스화할 수 있는 게임 오브젝트입니다. 모든 게임 오브젝트를 프리팹으로 만들 수 있습니다.
- **Instrantiate() 메서드**는 새로운 게임 오브젝트의 인스턴스를 생성합니다. Destroy() 메서드는 인스턴스를 제거합니다. 인스턴스는 업데이트 루프가 끝날 때 생성/제거됩니다.
- **InvokeRepeating() 메서드**는 스크립트의 다른 메서드를 반복적으로 호출합니다.
- 유니티는 매번 프레임을 갱신하기 직전에 게임 오브젝트의 Update() 메서드를 호출합니다. 이를 **업데이트 루프**라고 합니다.
- [계층 구조] 창에서 프리팹을 클릭해서 프리팹의 **라이브 인스턴스**를 관찰할 수 있습니다.
- 게임 오브젝트에 **[Rigidbody] 컴포넌트**를 추가하면, 유니티의 물리 엔진은 이 오브젝트를 실재하는 고체와 같이 작동하도록 만듭니다.
- [Rigidbody] 컴포넌트를 사용해서 게임 오브젝트에 **중력**을 적용하거나 끌 수 있습니다.

CHAPTER 07

약속을 지키는 클래스

인터페이스, 캐스팅, is

저는 서점 고객 인터페이스를 상속했어요! 하지만 시간이 좀 부족해서 지불 메서드는 금요일까지 구현할 수 없을 것 같아요.
오호, 깡패 객체를 보내서 다리 부러트리기 메서드를 구현하게 해 줄까? 이틀 남았어.

특정한 작업을 수행하는 객체가 필요한가요? 인터페이스를 사용하세요

가끔 객체를 상속하는 클래스가 아니라 객체가 수행할 수 있는 작업을 기준으로 묶어야 할 때가 있습니다. 이럴 때 인터페이스가 필요하죠. 인터페이스를 사용하면 특정한 작업을 정의할 수 있습니다. 클래스에서 인터페이스를 구현하면, 곧 이 클래스의 인스턴스가 바로 그 특정한 작업을 수행할 수 있다고 보증하는 것과 같습니다. 이 클래스가 다른 어떤 클래스와 관련이 있든 없든 간에 말이죠. 이 모든 것이 잘 작동하려면 인터페이스를 구현하는 클래스는 인터페이스가 요구하는 사항을 만족시켜야 합니다. 그렇지 않으면 컴파일러가 여러분을 혼내 주러 올 것입니다. 아시죠?

벌 클래스 계층 구조에 새 하위 클래스 추가하기

벌집이 공격받고 있어요!

다른 벌 세력이 우리 여왕벌의 영역을 빼앗으려 하고 있습니다. 적들은 공격 벌을 보내 우리 여왕벌의 일벌을 공격하네요. 그래서 여왕벌은 벌집을 지키는 엘리트 벌을 나타내는 HiveDefender(지킴이 벌)라는 하위 클래스를 추가했습니다.

무슨 수를 써서라도
벌집을 지키세요.
네, 여왕님!
Queen 객체
HiveDefender 객체

적이 언제든 공격할 수 있으므로 DefendHive 메서드가 필요합니다

지킴이 벌은 Bee 클래스를 상속해서 HiveDefender 하위 클래스를 Bee 클래스 계층 구조에 추가하고 지킴이 벌이 작업 교대 시 소모하는 꿀의 양을 나타내는 CostPerShift()를 재정의합니다. 그리고 적의 벌집으로 날아가 공격하도록 DoJob()을 재정의할 수 있습니다.

하지만 적은 언제든 공격해 올 수 있습니다. 벌집이 공격받으면 지킴이 벌이 무슨 일을 하고 있었든지 간에 벌집을 바로 방어할 수 있도록 만들고 싶습니다. 그러므로 DoJob() 메서드 외에도 DefendHive() 메서드를 추가해서 모든 벌이 벌집을 지킬 수 있도록 할 것입니다. 지킴이 벌뿐만 아니라 무기를 들고 여왕벌을 지킬 수 있는 다른 벌들도 말이죠. 여왕벌은 언제라도 벌집이 공격받으면 일벌의 DefendHive() 메서드를 호출할 수 있습니다.

Bee
```
string Job
virtual float CostPerShift
        (읽기 전용)
---
WorkTheNextShift
protected virtual DoJob
```

HiveDefender (Bee 상속)
```
override float CostPerShift
---
protected override DoJob
DefendHive
```

NectarCollector (Bee 상속)
```
override float CostPerShift
---
protected override DoJob
```

NectarDefender (NectarCollector 상속)
```
---
DefendHive
```

캐스팅을 사용해 DefendHive 메서드를 호출할 수 있습니다

Queen.DoJob() 메서드는 foreach 문을 사용해 workers 배열에 있는 각각의 Bee 참조를 얻어 worker.DoJob()을 호출했습니다. 벌집이 공격을 받으면 여왕벌은 지킴이 벌을 뜻하는 DefendHive() 메서드를 호출하려 할 것입니다. 그렇다면 여왕벌 클래스에는 벌집이 적에게 공격받을 때 호출되는 HiveUnderAttack() 메서드를 구현하면 됩니다. 그러면 여왕벌은 foreach 문을 사용해 일벌에게 적들이 물러갈 때까지 벌집을 지키라고 명령할 수 있습니다.

하지만 문제가 하나 있네요. 각 하위 클래스가 Bee.DoJob() 메서드를 재정의하고 있기 때문에 여왕벌은 Bee 참조를 사용해 DoJob() 메서드를 호출할 수 있지만, DefendHive() 메서드를 호출할 수는 없습니다. DefendHive() 메서드는 Bee 클래스에 없으니까요. DefendHive()는 하위 클래스에만 정의됐으므로 캐스팅을 사용해 Bee 참조를 그에 맞는 하위 클래스로 변환하면 해당 하위 클래스의 DefendHive() 메서드를 호출할 수 있습니다.

```
public void HiveUnderAttack()
{
    foreach (Bee worker in workers)
{
        if (EnemyHive.AttackingBees > 0)
        {
            if (worker.Job == "Hive Defender")
            {
                HiveDefender defender = (HiveDefender) worker;
                defender.DefendHive();
            } else if (worker.Job == "Nectar Defender") {
                NectarDefender defender = (NectarDefender) defender;
                defender.DefendHive();
            }
        }
    }
}
```

벌꿀 생산 벌과 알 돌봄이 벌도 벌집을 지키는 데 힘을 보태고 싶어합니다. 여왕벌이 각각의 하위 클래스를 위한 if/else 코드 블록을 가지고 있어야 할까요?

하지만 벌집을 지킬 Bee 하위 클래스가 더 늘어나면 어쩌죠?

필요하다면 벌꿀 생산 벌과 알 돌봄이 벌도 나서서 벌집을 지킬 것입니다. 이는 HiveUnderAttack() 메서드에 else 코드 블록을 더 추가해야 한다는 의미이기도 하죠.

Queen.DoJob() 메서드는 foreach 반복문을 사용해 Bee 클래스 모델의 하위에 있는 구체적인 DoJob() 메서드를 호출합니다. 그러나 DefendHive() 메서드는 Bee() 클래스의 일부가 아니므로 이런 방식을 사용할 수 없죠. 그렇다고 DefendHive() 메서드를 Bee 클래스에 추가하기에는 모든 벌이 벌집을 방어하는 것도 아닙니다. 서로 관련이 없는 클래스들이 똑같은 작업을 수행하도록 하는 더 좋은 방법은 없을까요?

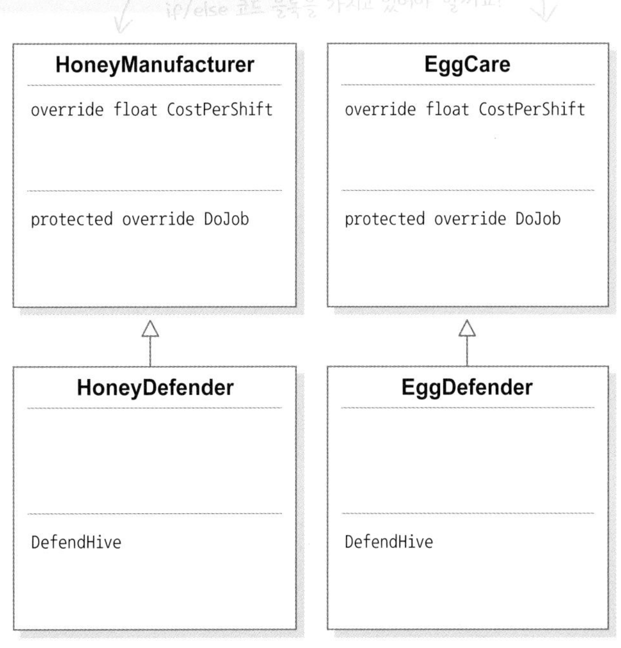

인터페이스는 클래스가 구현해야 하는 메서드와 속성을 정의합니다

인터페이스(interface)는 추상 클래스와 비슷합니다. 추상 메서드를 사용하는 것처럼 콜론(:)을 사용해서 클래스가 해당 인터페이스를 구현하도록 강제할 수 있습니다.

지킴이 벌을 벌집에 추가하기 위해 IDefend라는 인터페이스를 만든다고 해 보죠. 이 인터페이스는 다음과 같이 interface 키워드를 사용해 선언할 수 있습니다. 이 인터페이스에는 Defend()라는 추상 메서드가 하나 있습니다. 인터페이스의 모든 멤버는 기본적으로 public이자 abstract로 선언되므로 여기서는 public과 abstract 키워드를 생략했습니다.

```
interface IDefend
{
    void Defend();
}
```

이 인터페이스의 멤버는 public abstract로 선언된 Defend 메서드뿐입니다. 이 메서드는 6장에서 살펴본 추상 메서드처럼 작동합니다.

IDefend 인터페이스를 구현하는 클래스는, 인터페이스에 포함되어 있는 Defend() 메서드와 동일한 시그니처를 가진 메서드를 구현해야 합니다. 그렇지 않으면 컴파일 오류가 발생합니다.

클래스가 구현할 수 있는 인터페이스의 개수는 제한이 없습니다

앞서 콜론(:)을 사용해서 클래스가 인터페이스를 구현하도록 할 수 있다고 설명했죠. 만약 클래스가 이미 다른 클래스를 상속하고 있다면 어떻게 될까요? 문제없습니다! 한 클래스는 여러 인터페이스를 구현할 수 있으며 이미 다른 기본 클래스를 상속하고 있더라도 마찬가지입니다.

```
internal class NectarDefender : NectarCollector, IDefend
{
    void Defend()
    {
        /* 벌집을 지키는 코드 */
    }
}
```

Defend() 메서드는 IDefend 인터페이스의 일부이므로, NectarDefender 클래스가 Defend() 메서드를 구현하지 않으면 컴파일 오류가 발생합니다.

이 클래스는 꽃꿀 수집(NectarCollector)과 비슷하지만 벌집을 지키도록 할 수 있습니다. NectarCollector 클래스는 Bee를 상속하므로 참조를 사용해 Bee 객체처럼 사용할 수도 있습니다.

```
Bee worker = new NectarCollector();
Console.WriteLine(worker.Job);
worker.WorkTheNextShift();
```

하지만 IDefend 참조를 사용할 경우 이 객체는 지킴이 벌처럼 행동합니다.

```
IDefend defender = new NectarCollector();
defender.Defend();
```

클래스가 인터페이스를 구현할 때 이 클래스가 인터페이스 안에 있는 모든 메서드와 속성을 포함하고 있지 않는다면 컴파일 오류가 발생합니다.

인터페이스는 서로 관련 없는 클래스도 같은 일을 할 수 있게 해 줍니다

인터페이스는 C# 코드를 이해하고 작성하기 쉽게 설계하도록 도와주는 강력한 도구입니다. 클래스가 수행해야 하는 특정 작업을 생각해 보겠습니다. 인터페이스야말로 이런 경우에 필요한 도구니까요.

모든 Bee 클래스는 클래스 계층 구조의 위치와 상관없이 IDefender 인터페이스를 구현할 수 있습니다. 해당 클래스에 efendHive() 메서드가 있다면 컴파일은 정상적으로 이루어집니다.

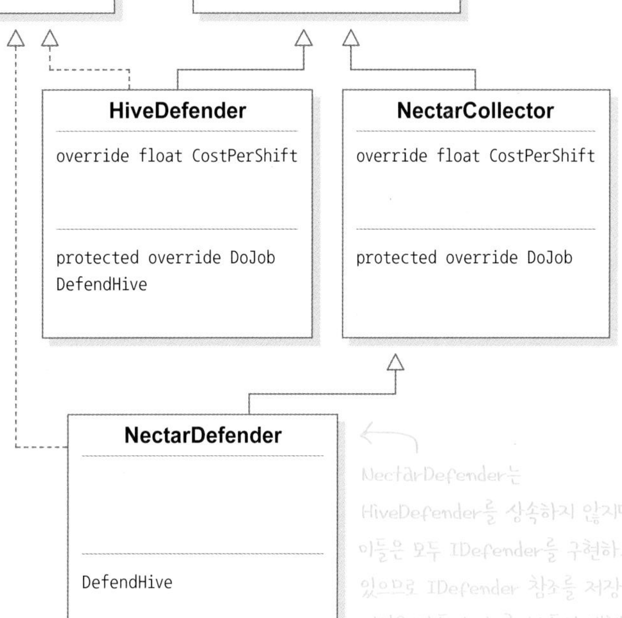

NectarDefender는 HiveDefender를 상속하지 않지만 이들은 모두 IDefender를 구현하고 있으므로 IDefender 참조를 저장하는 배열을 만들어 이 클래스들의 객체를 저장할 수 있습니다.

클래스 다이어그램에서는 점선을 사용해서 인터페이스가 구현됐음을 나타냅니다.

여왕벌은 인터페이스를 구현한 클래스로 무엇을 할 수 있을까요? IDefender 인터페이스는 Bee 클래스 계층 구조와는 별도로 존재하므로 NectarCollector를 상속하는 NectarDefender 클래스를 추가할 수 있습니다. 또한, 여왕벌은 지킴이 벌을 저장하기 위한 배열을 가질 수 있습니다.

```
IDefender[] defenders = new IDefender[2];
defenders[0] = new HiveDefender();
defenders[1] = new NectarDefender();
```

여왕벌은 이제 지킴이 벌들을 쉽게 불러 모을 수 있습니다.

```
private void DefendTheHive()
{
    foreach (IDefender defender in defenders)
    {
        defender.Defend();
    }
}
```

또한, 지킴이 벌은 Bee 클래스 모델 외부에 존재하므로, 기존 코드를 수정하지 않고도 구현이 가능합니다.

이제 벌집을 지킬 벌들이 있으니 벌집이 훨씬 안전하겠군요!
Queen 객체

쉬어 가기

이제부터 다양한 인터페이스 예제를 살펴보겠습니다.

인터페이스가 어떻게 작동하고, 인터페이스를 왜 사용해야 하는지 아직 이해가 되지 않나요? 걱정하지 마세요. 정상적인 반응이니까요! 인터페이스의 문법은 직관적이지만, 여러모로 미묘한 부분이 많죠. 그러므로 인터페이스 시간을 더 할애해서 여러 예제를 살펴보고 연습 문제도 풀어보겠습니다.

인터페이스 연습하기 인터페이스 광대

인터페이스를 이해하는 데 가장 좋은 방법은 직접 사용해 보는 것입니다. 우선 새로운 Clowns 이름의 새 콘솔 앱 프로젝트를 생성하세요.

따라해 보세요!

01 **Main 메서드를 추가합니다.** 다음 코드는 TallGuy라는 이름의 클래스와, 객체 이니셜라이저로 TallGuy 클래스를 인스턴스화한 다음 TalkAboutYourself() 메서드를 호출하는 Main() 메서드 코드입니다. 달리 새로운 내용은 없습니다. 곧 이 클래스를 사용할 것입니다.

❶ TallGuy 클래스

```
internal class TallGuy
{
    public string Name;
    public int Height;
    public void TalkAboutYourself()
    {
        Console.WriteLine($"My name is {Name} and
            I'm {Height} inches tall.");
    }
}
```

❷ Program 클래스

```
internal class Program
{
    static void Main(string[] args)
    {
        TallGuy tallGuy = new TallGuy() {
            Height = 76, Name = "Jimmy" };
        tallGuy.TalkAboutYourself();
    }
}
```

02 **인터페이스를 추가합니다.** TallGuy 클래스에서 인터페이스 하나를 구현할 것입니다. [솔루션 탐색기] 창에서 Clowns 프로젝트를 마우스 우클릭한 다음 [추가]-[새 항목](맥OS의 경우 [추가]-[새 파일])을 선택하고 [인터페이스] 메뉴를 선택해서 IClown이라는 이름으로 새 인터페이스를 추가합니다. 그러면 인터페이스 선언부가 포함된 인터페이스 파일이 생성됩니다. 다음과 같이 Honk() 메서드를 추가하세요.

```
using System;
using System.Collections.Generic;
using System.Text;

namespace Clowns
{
    interface IClown
    {
        void Honk();
    }
}
```

인터페이스 선언에 public이나 abstract 같은 키워드는 추가할 필요가 없습니다. 인터페이스의 모든 속성과 메서드는 기본적으로 public abstract로 선언되기 때문입니다.

03 **IClown 인터페이스의 내용을 채웁니다.** 다음 단계로 넘어가기 전에 IClown 인터페이스의 나머지 내용을 채우고 TallGuy 클래스에서 이 인터페이스를 구현해 보세요. void 반환 타입에 매개 변수가 없는 Honk() 메서드 외에도 IClown 인터페이스는 읽기 전용 string 타입의 get 접근자만 있는 FunnyThingIHave 속성을 가져야 합니다.

I로 시작하는 인터페이스 이름

인터페이스의 이름은 대문자 I로 시작해야 합니다. 인터페이스 이름을 작성하는 데 명시적인 규칙이 있는 것은 아니지만, 이렇게 해 두면 코드를 이해하기가 쉬워집니다. 이 작은 습관이 개발자의 삶을 얼마나 편하게 해 주는지 직접 체험해 보세요. [코드 편집기] 창에서 아무 메서드 안에 커서를 놓고 'I'를 입력해 보세요. [인텔리센스] 창이 .NET 프레임워크의 인터페이스들을 보여 줄 것입니다.

04 IClown 인터페이스는 다음과 같습니다. 혹시 빠진 것 없나요? Honk() 메서드가 앞에 와도 괜찮습니다. 인터페이스에서 멤버의 순서는 아무 상관이 없습니다. 클래스와 마찬가지죠.

```
interface IClown
{
    string FunnyThingIHave { get; }
    void Honk();
}
```

IClown 인터페이스를 구현하는 클래스는 void Honk() 메서드와 get 접근자를 가지는 string FunnyThingIHave 속성을 가지고 있어야 합니다.

05 IClown 인터페이스를 구현하도록 TallGuy 클래스를 수정합니다. 콜론 뒤에 상속할 기본 클래스가 온 다음, 구현할 인터페이스 목록이 콤마로 구분되어 따라옵니다. 상속할 기본 클래스가 없고 구현할 인터페이스 하나만 있는 경우라면 이 클래스의 선언부는 다음과 같습니다.

```
class TallGuy : IClown
```

그런 다음 클래스의 나머지 부분(두 필드와 메서드)은 그대로 두세요. [빌드]-[솔루션 빌드] 메뉴를 선택해서 프로그램을 컴파일합니다. 그러면 다음과 같은 오류들이 발생합니다.

```
CS0535 'TallGuy'은(는) 'IClown.FunnyThingIHave' 인터페이스 멤버를 구현하지 않습니다.
CS0535 'TallGuy'은(는) 'IClown.Honk()' 인터페이스 멤버를 구현하지 않습니다.
```

06 빠진 인터페이스 멤버를 추가해서 오류를 고칩니다. 인터페이스에 정의됐던 메서드와 속성을 추가하면 오류가 곧 사라지게 됩니다. 그러므로 인터페이스를 구현해 봅시다. FunnyThingIHave라는 이름의 읽기 전용 string 속성을 추가하고, 여기에 'big shoes'라는 문자열을 반환하는 get 접근자를 추가합니다. 그런 다음 Honk() 메서드를 추가해서 콘솔에 'Honk honk!'를 출력하도록 구현합니다.
다음 코드를 TalkAboutYourself() 메서드 아래에 작성하세요.

```
public string FunnyThingIHave
{
    get { return "big shoes"; }
}
public void Honk()
{
    Console.WriteLine("Honk honk!");
}
```

IClown 인터페이스를 구현하는 클래스는 void Honk() 메서드와 get 접근자를 가지는 string FunnyThingIHave 속성을 가지고 있어야 합니다. 인터페이스에서 FunnyThingIHave 속성의 set 접근자를 정의하지 않았기 때문에 set 접근자가 있든 없든 영향이 없습니다.

07 이제 코드를 컴파일합니다. Main() 메서드를 수정해서 TallGuy 객체의 FunnyThinkIHave 속성을 출력한 다음 Honk() 메서드를 호출합니다.

```
static void Main(string[] args)
{
    TallGuy tallGuy = new TallGuy() { Height = 76, Name = "Jimmy" };
    tallGuy.TalkAboutYourself();
    Console.WriteLine($"The tall guy has {tallGuy.FunnyThingIHave}");
    tallGuy.Honk();
}
```

다음 문제는 여러분의 예술적 능력을 선보일 기회입니다. 왼쪽에는 여러 클래스와 인터페이스 선언이 있습니다. 여러분이 해야 할 일은 오른쪽에 서로 연결된 클래스 다이어그램들을 그리는 것입니다. 인터페이스의 구현은 점선으로, 클래스 상속은 실선으로 표현하세요.

이런 코드가 있을 때...

클래스 다이어그램은 어떻게 되죠?

1)

```
interface Foo { }
class Bar : Foo { }
```

1번 문제의 답은 다음과 같습니다.

1) (인터페이스) Foo ← Bar

2)

```
interface Vinn { }
abstract class Vout : Vinn { }
```

2)

3)

```
abstract class Muffie : Whuffie { }
class Fluffie : Muffie { }
interface Whuffie { }
```

3)

4)

```
class Zoop { }
class Boop : Zoop { }
class Goop : Boop { }
```

4)

5번 문제는 공간이 좀 더 필요할 거예요.

5)

5)

```
class Gamma : Delta, Epsilon { }
interface Epsilon { }
interface Beta { }
class Alpha : Gamma,Beta { }
class Delta { }
```

쓰면서 제대로 공부하기

왼쪽에는 여러 클래스 다이어그램이 있습니다. 여러분이 해야 할 일은 이 다이어그램들을 C# 선언으로 바꾸는 것입니다. 1번 문제의 답은 미리 적어 뒀습니다. 클래스 선언이 중괄호 { }로 끝난다는 사실을 눈치챘나요? 이 클래스 다이어그램에는 멤버가 표시되지 않았기 때문입니다(하지만 분명 이 코드도 유효한 클래스 선언이므로 문제없이 컴파일됩니다!).

이런 클래스 다이어그램이 있을 때...

선언은 어떻게 되죠?

1) public class Click { }

public class Clack : Click { }

2)

3)

4)

5)

KEY

확장 (extends)		Clack	클래스
구현 (implements)		*Clack*	인터페이스
		Clack	추상 클래스

방구석 토크

오늘 밤의 주제 추상 클래스와 인터페이스의 격돌, 논란의 질문 '누가 더 중요한가?'

추상 클래스

우리 둘 중 누가 더 중요한지는 명백한 것 같은데요? 개발자가 일을 하려면 제가 있어야 하죠. 인터페이스와 비교조차 안 됩니다!

인터페이스

좋아요, 이렇게 나오신다고요? 이거 재미있겠네요.

추상 클래스

누가 뭐라고 한들 저보다 중요하다고 할 수는 없을 거예요. 인터페이스는 진짜 상속을 사용하는 것도 아니고 단지 구현만 할 뿐이잖아요?

인터페이스

그래요, 또 시작이군요. '인터페이스는 진짜 상속이 아니다', '인터페이스는 단지 구현할 뿐이다' 진짜 단순한 소리죠. 구현은 상속만큼이나 좋은 개념이에요. 사실 구현이 더 낫죠!

추상 클래스

구현이 더 낫다고요? 추상 클래스는 인터페이스보다 더 유연하다고요. 물론, 추상 클래스는 인스턴스화할 수 없죠. 하지만 인터페이스도 마찬가지 아닌가요? 추상 클래스는 인터페이스와는 달리 상속을 그대로 사용할 수 있어요. 인터페이스는 가상 멤버나 재정의도 전혀 활용할 수 없는데 말이죠!

인터페이스

그래요? 만약 어떤 클래스가 여러 클래스를 상속해야 한다면요? 클래스 2개를 동시에 상속할 수 없어서 어떤 클래스를 상속할지 선택해야 하지 않나요? 클래스가 구현할 수 있는 인터페이스의 숫자에는 제한이 없습니다. 이게 바로 유연성이라고요! 개발자는 인터페이스로 뭐든지 할 수 있는 클래스를 만들 수 있다고요.

쓰면서 제대로 공부하기 정답

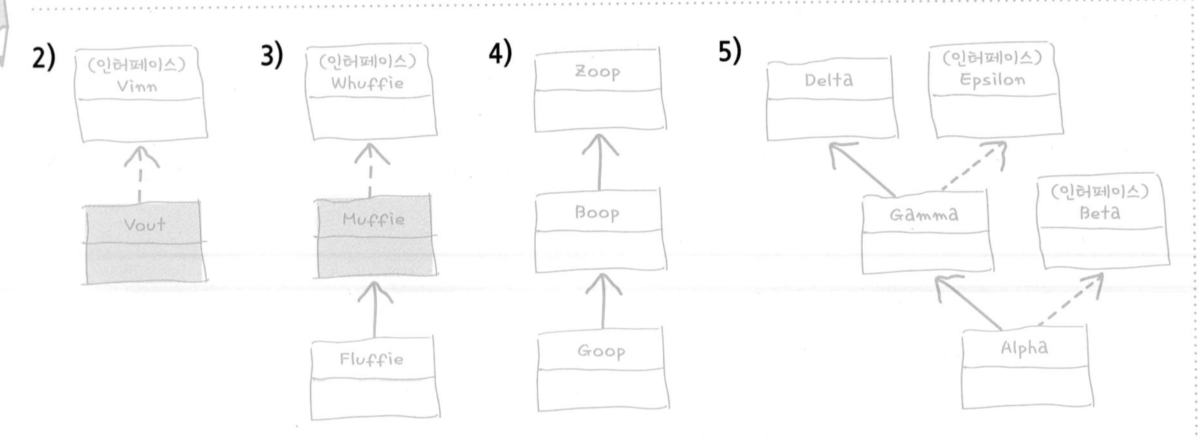

추상 클래스

인터페이스

당신의 능력을 좀 과장하고 있는 것 같네요.

정말 그렇게 생각해요? 자, 인터페이스가 얼마나 강력한지 설명해 볼게요. 인터페이스는 객체가 처리할 수 있는 작업에 집중하죠. 인터페이스 참조가 있을 때 개발자는 객체 내부에서 어떤 일이 일어나는지 전혀 알 필요가 없어요.

그건 전혀 장점이 아니에요. 추상 클래스와 그 하위 클래스를 사용하면 클래스의 내부에서 어떤 일이 일어나는지 정확하게 파악할 수 있습니다. 하위 클래스에서 필요한 모든 행동을 통제할 수 있고, 하위 클래스는 필요할 때 멤버를 상속하기만 하면 되죠. 투명성이야말로 진정한 강력함이다 이 말이에요, 어린 친구!

개발자라면 열에 아홉은 객체에 원하는 속성과 메서드가 있는지만 확인하지, 그게 어떻게 구현되어 있는지는 전혀 신경 쓰지 않을걸요?

정말 그럴까요? 개발자는 속성과 메서드에 무엇이 들어 있을지 항상 신경 씁니다.

물론 그렇겠죠. 하지만 매개 변수로 특정 메서드가 요구하는 객체를 넘겨받는 메서드가 얼마나 많았는지 생각해 보세요. 그 시점에서 개발자는 메서드가 어떻게 구현되어 있는지는 전혀 상관하지 않고 그냥 있는 대로 사용한다고요. 자! 이런 개발자는 인터페이스만 사용하면 충분합니다.

퍽도 그러겠네요. 어디 개발자에게 코드를 직접 만질 수 없다고 한번 말씀해 보시죠.

어라, 추상 클래스 님, 당황하셨나 보네요!

쓰면서 제대로 공부하기 정답

2)
```
abstract class Top { }
class Tip: Top { }
```

3)
```
abstract class Fee { }
abstract class Fi : Fee { }
```

4)
```
interface Foo { }
class Bar : Foo { }
class Baz : Bar { }
```

5)
```
interface Zeta { }
class Alpha Zeta { }
interface Beta { }
class Delta : Alpha, Beta { }
```

Delta는 Alpha를 상속하고 Beta를 구현합니다.

선언은 어떻게 되죠?

인터페이스의 인스턴스는 만들 수 없지만, 인터페이스를 참조할 수는 있습니다

인터페이스는 객체를 생성하지 않습니다!

반복문에서 벌집을 지키려면 Defend() 메서드를 가진 객체가 있어야 한다고 해 봅시다. IDefender 인터페이스를 구현한 객체는 모두 이 행동을 수행할 수 있습니다. HiveDefender, NectarDefender, 심지어 HelpfulLadyBug 객체도 가능합니다. IDefender 인터페이스를 구현했다면 이는 해당 객체가 Defend() 메서드를 가지고 있음을 보증합니다. 여러분은 메서드를 호출만 하면 되는 것이죠. 여기서 인터페이스 참조가 등장합니다. 필요한 인터페이스를 구현한 객체를 참조하면, 여러분이 이 객체에 대해 아는 바가 거의 없더라도, 이 객체는 분명히 여러분에게 필요한 메서드를 가지고 있을 것입니다.

인터페이스를 인스턴스화하려고 하면 컴파일 오류가 발생합니다

IWorker 참조의 배열을 생성할 수는 있지만, 인터페이스를 인스턴스화할 수는 없습니다. IWorker를 구현하는 클래스의 새 인스턴스를 참조하는 것만 가능합니다. 다시 말해, 해당 인터페이스를 구현하는 여러 종류의 객체를 저장하는 배열을 생성할 수 있습니다! 인터페이스를 인스턴스화하려고 하면 컴파일 오류가 발생합니다.

```
IDefender barb = new IDefender();
```

이 명령은 컴파일되지 않습니다.

인터페이스에는 new 키워드를 사용할 수 없습니다. 메서드와 속성에 구현체가 존재하지 않기 때문입니다. 인터페이스에서의 객체를 생성한다고 하면 이 객체는 자신이 어떻게 행동해야 할지 알 수 있을까요?

인터페이스를 사용해 이미 생성한 객체 참조하기

인터페이스를 인스턴스화할 수는 없지만, 인터페이스를 사용해 참조 변수를 만들 수 있고 이 변수로 인터페이스를 구현한 객체를 참조할 수 있습니다.

Tiger가 Animal을 상속하기 때문에 Animal 매개 변수를 받는 메서드에 Tiger 참조를 전달할 수 있었습니다. 자, 이것도 비슷한 경우입니다. IDefender를 구현한 클래스의 인스턴스는 IDefender 참조를 받는 메서드나 명령어에 사용할 수 있습니다.

```
IDefender susan = new HiveDefender();
IDefender ginger = new NectarDefender();
```

이 객체가 할 수 있는 일이 IDefender에 정의된 멤버 외에 더 있더라도 인터페이스 참조를 사용하면 해당 인터페이스에 있는 메서드에만 접근할 수 있습니다.

위 명령문은 지금까지 살펴봤던 보통의 new 문을 사용합니다. 유일한 차이점은 IDefender 타입의 변수를 사용해 객체를 참조하고 있다는 것입니다.

인터페이스 타입으로 'susan', 'ginger' 변수를 선언했지만, 이 변수들은 다른 객체 참조들과 동일한 방식으로 작동하는 일반적인 참조입니다.

여러분은 수영장에서 코드 조각을 가져다 다음 코드의 빈칸을 채워야 합니다. 빈칸을 채울 때 코드 조각을 여러 번 사용해도 되고 한 번도 사용하지 않아도 됩니다. 목표는 컴파일하면서 예제와 같은 내용을 출력하는 클래스를 완성하는 것입니다.

```
____________ INose
{
    ____________ ;
    string Face { get; }
}

abstract class ________ : ________
{
    private string face;
    public virtual string Face
    {
        ________ { ________  ________ ;}
    }
    public abstract int Ear();
    public Picasso(string face)
    {
        ________ = face;
    }
}

class ________ : ________
{
    public Clowns() : base("Clowns") { }
    public override int Ear() {
        return 7;
    }
}
```

```
class ________ : ____________
{
    public Acts() : base("Acts") { }
    public override ____________
    {
        return 5;
    }
}

class ________ : ________
{
    public override string Face
    {
        get { return "Of2016"; }
    }
    public static void Main(string[] args)
    {
        string result = "";
        INose[] i = new INose[3];
        i[0] = new Acts();
        i[1] = new Clowns();
        i[2] = new Of2016();
        for (int x = 0; x < 3; x++)
        {
            result += $"{ ________ } { ________ }\n";
        }
        Console.WriteLine(result);
        Console.ReadKey();
    }
}
```

여기가 진입점입니다. 이 코드는 실제로 실행되는 C# 프로그램입니다.

출력 결과

```
5 Acts
7 Clowns
7 Of2016
```

```
Acts( );
INose( );
Of76( );
Clowns( );
Picasso( );
Of76 [ ] i = new INose[3];
Of76 [ 3 ] i;
INose [ ] i = new INose( );
INose [ ] i = new INose[3];

:
;
class
abstract
interface
int Ear()
this
this.
face
this.face

i
i( )
i(x)
i[x]
get
set
return

class
5 class
7 class
7 public class

i.Ear(x)
i[x].Ear()
i[x].Face()
i[x].Face

Acts
INose
Of2016
Clowns
Picasso
```

알아 두기

수영장의 각 코드 조각은 여러 번 사용할 수 있습니다!

수영장 퍼즐 정답

여러분은 수영장에서 코드 조각을 가져다 다음 코드의 빈칸을 채워야 합니다. 빈칸을 채울 때 코드 조각을 여러 번 사용해도 되고 한 번도 사용하지 않아도 됩니다. 목표는 컴파일하면서 예제와 같은 내용을 출력하는 클래스를 완성하는 것입니다.

출력 결과

```
5 Acts
7 Clowns
7 Of2016
```

Face는 face 속성의 값을 반환하는 get 접근자입니다. 이 둘은 Picasso에 정의되어 있으며 하위 클래스로 상속됩니다.

```
interface INose
{
    int Ear() ;
    string Face { get; }
}

abstract class Picasso : INose
{
    private string face;
    public virtual string Face
    {
        get { return face ;}
    }
    public abstract int Ear();
    public Picasso(string face)
    {
        this.face = face;
    }
}

class Clowns : Picasso
{
    public Clowns() : base("Clowns") { }
    public override int Ear() {
        return 7;
    }
}
```

이 부분을 통해 Acts 클래스는 Picasso의 생성자를 상속한 후 생성자를 호출합니다. Acts 클래스의 생성자는 'Acts'를 기본 클래스의 생성자에 전달하고 이 값은 Face 속성에 저장됩니다.

```
class Acts : Picasso
{
    public Acts() : base("Acts") { }
    public override int Ear()
    {
        return 5;
    }
}

class Of2016 : Clowns
{
    public override string Face
    {
        get { return "Of2016"; }
    }
    public static void Main(string[] args)
    {
        string result = "";
        INose[] i = new INose[3];
        i[0] = new Acts();
        i[1] = new Clowns();
        i[2] = new Of2016();
        for (int x = 0; x < 3; x++)
        {
            result += $"{ i[x].Ear() } { i[x].Face }\n";
        }
        Console.WriteLine(result);
        Console.ReadKey();
    }
}
```

```
Acts( );          :            i          class              Acts
INose( );         ;            i( )       5 class            INose
Of76( );          class        i(x)       7 class            Of2016
Clowns( );        abstract     i[x]       7 public class     Clowns
Picasso( );       interface    get        i.Ear(x)           Picasso
Of76 [ ] i = new INose[3];     int Ear()  set    i[x].Ear()
Of76 [ 3 ] i;     this         return     i[x].Face()
INose [ ] i = new INose( );    this.      i[x].Face
INose [ ] i = new INose[3];    face
                  this.face
```

인터페이스 참조는 보통의 객체 참조

인터페이스 참조하기

객체가 힙에 존재한다는 사실은 앞에서 배웠죠. 인터페이스 참조는 객체를 지금까지 다뤄 온 방식과는 다른 방식으로 참조하는 것일 뿐입니다. 인터페이스가 힙에 있는 객체를 참조할 때 어떻게 쓰일 수 있는지 더 자세히 알아보죠.

01 **평소처럼 객체를 생성합니다.** 다음 코드는 Bee 객체를 생성하는 코드입니다. HiveDefender와 NectarDefender의 인스턴스를 하나씩 생성합니다. 이들 클래스는 모두 IDefender 인터페이스를 구현하고 있습니다.

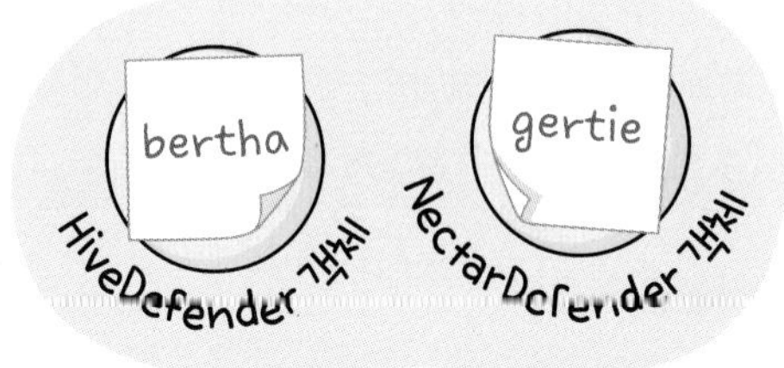


```
HiveDefender bertha = new HiveDefender();
NectarDefender gertie = new NectarDefender();
```

02 **IDefender 참조를 추가합니다.** 다른 참조 타입과 비슷하게 인터페이스 참조를 사용할 수 있습니다. 다음 두 명령어는 인터페이스를 사용해 기본 객체에 대한 새 참조를 생성합니다. 인터페이스 참조는 이 인터페이스를 구현하는 클래스의 인스턴스만 가리킬 수 있습니다.

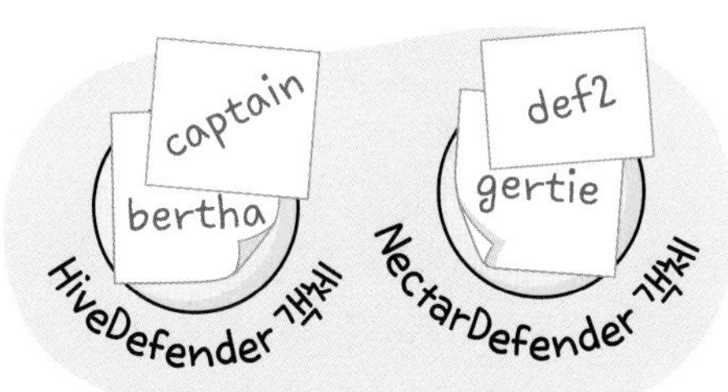


```
IDefender def2 = gertie;
IDefender captain = bertha;
```

03 **인터페이스 참조는 객체가 삭제되는 것을 막습니다.** 객체는 자신을 가리키는 참조가 하나도 남지 않으면 삭제됩니다. 이러한 참조가 모두 동일한 타입일 필요는 없습니다! 인터페이스 참조는 여타 객체 참조처럼 객체를 저장해서 가비지 컬렉션되지 않도록 해 줍니다.

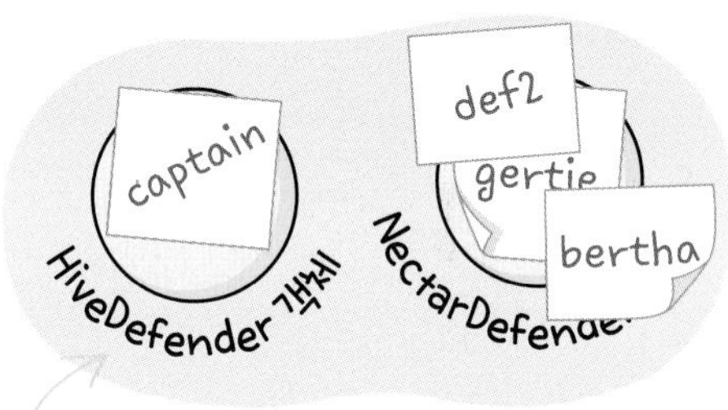

이 객체는 'captain'이 아직 참조하고 있기 때문에 힙에서 삭제되지 않습니다.

```
bertha = gertie;
// captain 참조는 아직
// HiveDefender 객체를 가리키고 있습니다.
```

이제 bertha는 nectarDefender 객체를 가리킵니다.

04 **다른 타입들처럼 인터페이스를 사용할 수 있습니다.** New 문으로 생성한 객체를 명령문 한 줄로 인터페이스 참조 변수에 직접 할당할 수 있습니다. 인터페이스를 사용해 배열을 생성하면 이 배열은 해당 인터페이스를 구현한 객체를 저장할 수 있습니다.

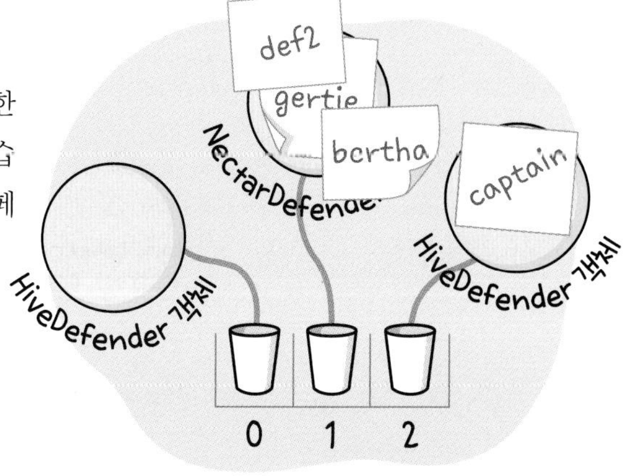


```
Idefender[] defenders = new Idefender[3];
defenders[0] = new HiveDefender();
defenders[1] = bertha;
defenders[2] = captain;
```

인터페이스를 사용해 객체의 작동 정의하기

RoboBee 4000은 벌꿀을 소비하지 않고 일벌의 업무를 처리하는 객체입니다. 벌집이 끊임없이 성장해서 여왕벌은 첨단 기술 연구에 충분한 예산을 투자할 수 있었습니다. 그 결과 RoboBee 4000이 등장했죠. 이 로봇은 세 종류 벌이 처리할 수 있는 업무를 모두 처리할 수 있고 무엇보다도 벌꿀을 소비하지 않습니다! 그 대신 친환경적이지 않은 휘발유(Gas)를 소비하지만요. 인터페이스를 어떻게 사용하면 RoboBee 4000을 벌집 관리 시스템에 통합할 수 있을까요?

```
internal class Robot
{
    public void ConsumeGas()
    {
        // 친환경적이지 않은 방식
    }
}

class RoboBee4000 : Robot, IWorker
{
    public string Job {
        get { return "Egg Care"; }
    }
    public void WorkTheNextShift()
    {
        // 세 종류 벌의 일을 처리합니다!
    }
}
```

클래스 다이어그램을 자세히 살펴보면서 어떻게 인터페이스를 사용해 RoboBee 클래스를 벌집 관리 시스템에 통합할 수 있을지 알아봅시다. 클래스의 인터페이스 구현은 점선으로 표시한다는 점을 기억하세요.

IWorker	Robot
Job	
WorkTheNextShift	ConsumeGas

Bee	RoboBee
Job abstract CostPerShift	Job
WorkTheNextShift abstract Dojob	WorkTheNextShift

IWorker 인터페이스를 생성해 벌집에서 할 일과 관련이 있는 두 멤버를 정의합니다.

간단한 Robot 클래스를 작성하는 것으로 시작하겠습니다. 이 로봇은 휘발유로 작동하기 때문에 ConsumeGas 메서드를 가지고 있습니다.

Bee 클래스는 IWorker 인터페이스를 구현하며, RoboBee 클래스는 IWorker 인터페이스를 구현한 Robot 클래스를 상속합니다. 이는 RoboBee 클래스가 로봇이지만, 일벌의 업무를 처리할 수 있음을 의미합니다

RoboBee 클래스는 IWorker 인터페이스의 두 멤버를 구현합니다. 여기에는 선택지가 없습니다. RoboBee 클래스가 IWorker 인터페이스의 모든 멤버를 구현하지 않으면 컴파일 오류가 발생하기 때문입니다.

이제 벌집 관리 시스템을 수정해서 Bee 추상 클래스 대신 IWorker 인터페이스를 일벌 참조 코드에서 사용하도록 합니다.

연습 문제

일벌 참조 코드에서 Bee 추상 클래스 대신 IWorker 인터페이스를 사용하도록 벌집 관리 시스템을 수정하세요. 프로젝트에 IWorker 인터페이스를 추가한 다음 Bee 클래스에서 인터페이스를 구현하면서 Queen 클래스를 수정해 IWorker 참조만 사용하게 말이죠. 수정된 클래스 다이어그램은 다음과 같습니다.

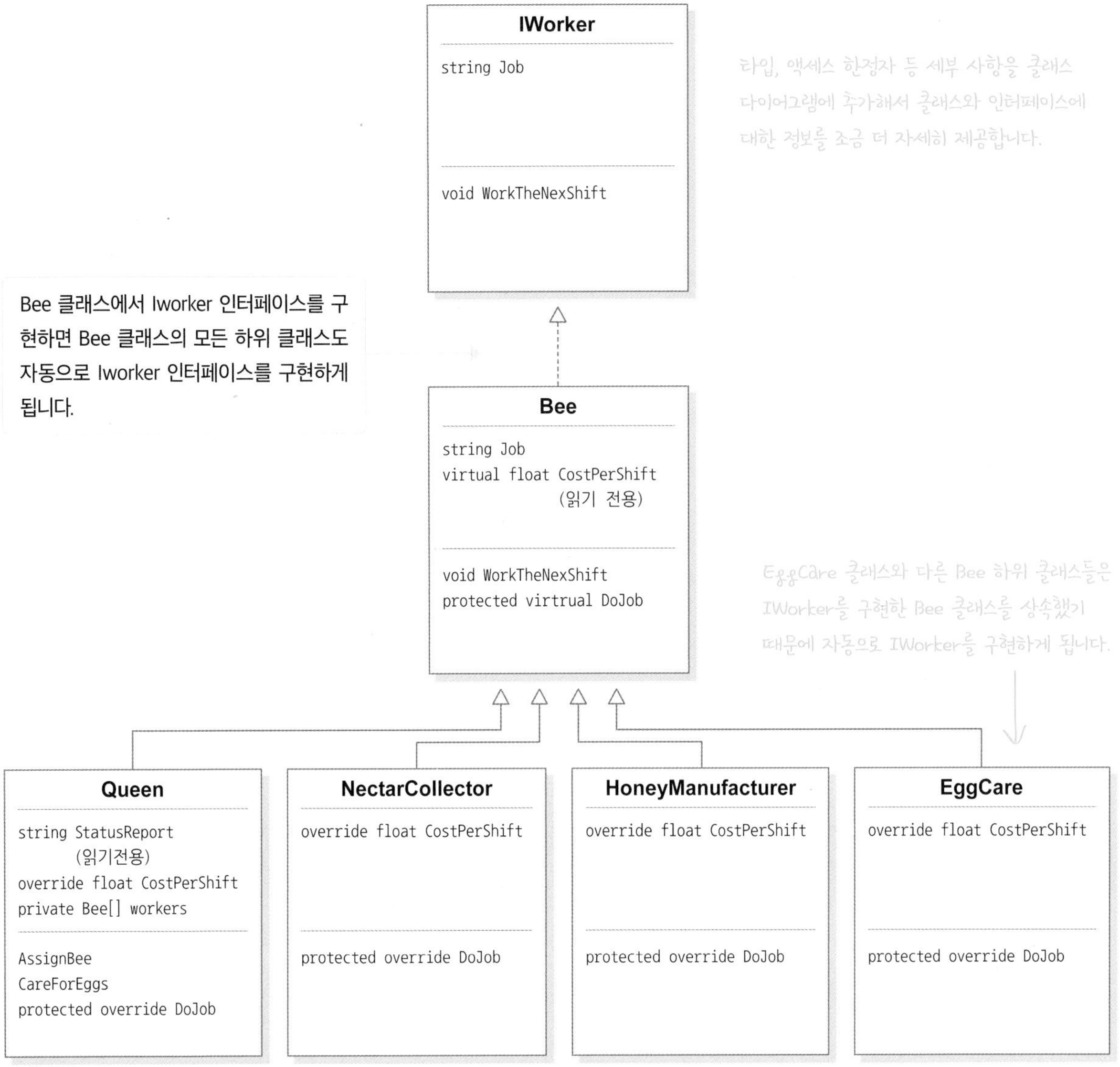

IWorker

```
string Job

void WorkTheNexShift
```

타입, 액세스 한정자 등 세부 사항을 클래스 다이어그램에 추가해서 클래스와 인터페이스에 대한 정보를 조금 더 자세히 제공합니다.

Bee 클래스에서 Iworker 인터페이스를 구현하면 Bee 클래스의 모든 하위 클래스도 자동으로 Iworker 인터페이스를 구현하게 됩니다.

Bee

```
string Job
virtual float CostPerShift
              (읽기 전용)

void WorkTheNexShift
protected virtrual DoJob
```

EggCare 클래스와 다른 Bee 하위 클래스들은 IWorker를 구현한 Bee 클래스를 상속했기 때문에 자동으로 IWorker를 구현하게 됩니다.

Queen

```
string StatusReport
      (읽기전용)
override float CostPerShift
private Bee[] workers

AssignBee
CareForEggs
protected override DoJob
```

NectarCollector

```
override float CostPerShift

protected override DoJob
```

HoneyManufacturer

```
override float CostPerShift

protected override DoJob
```

EggCare

```
override float CostPerShift

protected override DoJob
```

여러분이 할 일은 다음과 같습니다.

- IWorker 인터페이스를 벌집 관리 시스템 프로젝트에 추가합니다.
- Bee 클래스를 수정해 IWorker를 구현합니다.
- Queen 클래스를 수정해 기존의 Bee 참조를 IWorker 참조로 대체합니다.

코드 수정이 많지 않은 것처럼 느껴질 것입니다. 실제로 코드 수정을 많이 하지 않았습니다. 인터페이스를 추가한 후 Bee 클래스에서 코드 한 줄, Queen 클래스에서 코드 세 줄을 변경했을 뿐이니까요.

연습 문제 정답

일벌 참조 코드에서 Bee 추상 클래스 대신 IWorker 인터페이스를 사용하도록 벌집 관리 시스템을 수정하세요. 프로젝트에 IWorker 인터페이스를 추가한 다음 Bee와 Queen 클래스를 수정해야 합니다. 이 작업은 코드 수정이 많지 않습니다. 인터페이스를 사용하기 위해 코드를 많이 추가할 필요가 없기 때문입니다.

먼저 IWorker 인터페이스를 프로젝트에 추가합니다.

```
interface IWorker
{
    string Job { get; }
    void WorkTheNextShift();
}
```

인터페이스는 기존 C# 클래스를 생성하는 것과 동일하게 [추가] - [새 항목] 메뉴를 선택해서 새 클래스를 생성한 다음 클래스 선언부를 interface로 수정하면 됩니다.

그런 다음 Bee 클래스를 수정해서 IWorker 인터페이스를 구현합니다.

```
abstract class Bee : IWorker
{
    /* 클래스의 나머지 부분은 이전과 동일합니다. */
}
```

클래스는 인터페이스의 메서드와 속성을 구현한다는 약속을 지키는 한 어떤 인터페이스라도 구현할 수 있습니다.

그리고 마지막으로 Queen 클래스를 수정해서 Bee 클래스 참조 대신 IWorker 참조를 사용하도록 합니다.

```
internal class Queen : Bee
{
    private IWorker[] workers = new IWorker[0];
    private void AddWorker(IWorker worker)
    {
        if (unassignedWorkers >= 1)
        {
            unassignedWorkers--;
            Array.Resize(ref workers, workers.Length + 1);
            workers[workers.Length - 1] = worker;
        }
    }
    ...
    private string WorkerStatus(string job)
    {
        int count = 0;
        foreach (IWorker worker in workers)
            if (worker.Job == job) count++;
        string s = "s";
        if (count == 1) s = "";
        return $"{count} {job} bee{s}";
    }

    /* Queen 클래스의 나머지 코드는 예전과 동일합니다. */
}
```

WorkerStatus를 수정해서 foreach 반복문의 IWorker를 다시 한번 Bee로 되돌려 보세요.

```
foreach (Bee worker in workers)
```

그런 다음 프로그램을 실행해 보면 정상적으로 실행되는 것을 볼 수 있습니다. 이번에는 NectarCollector로 변경해 보세요. 그러면 System.InvalidCastException 예외가 발생할 것입니다. 왜 이런 오류가 발생할까요?

무엇이든 물어보세요!

Q&A

Q1 이 인터페이스의 속성은 마치 자동 속성처럼 느껴지네요. 이 인터페이스에는 자동 속성만 사용할 수 있나요?

A1 아뇨, 전혀 그렇지 않습니다. 인터페이스 안에 있는 속성이 자동 속성과 비슷해 보이긴 해요. 다음 장에 등장할 IWorker 인터페이스의 Job 속성도 그렇습니다. 하지만 이 속성은 자동 속성이 아니에요. 여러분은 Job 속성을 다음과 같이 구현할 수 있습니다.

```
public Job
{
    get; private set;
}
```

자동 속성은 set 접근자와 get 접근자를 모두 가지고 있어야 하기 때문에(둘 다 private이더라도요) 여기에서는 private set이 필요합니다. 하지만 이렇게 구현할 수도 있죠.

```
public Job
{
    get
    {
        return "Egg Care";
    }
}
```

그리고 컴파일러는 이 코드에 아무 불만을 가지지 않죠. 여기에 setter도 추가할 수 있습니다. IWorker 인터페이스를 구현하려면 getter가 필요하지만, 그게 setter를 추가해서는 안 된다는 의미는 아닙니다(만약 자동 속성을 사용해 구현한다면 setter를 private 또는 public으로 설정할지 결정할 수 있습니다).

Q2 인터페이스에 액세스 한정자가 없는 것은 좀 이상하지 않나요? 메서드와 속성을 public으로 선언해야 하지 않을까요?

A2 인터페이스에서는 모든 멤버가 기본적으로 public으로 선언되므로 액세스 한정자가 굳이 필요하진 않습니다. 만약 인터페이스가 다음 메서드를 가지고 있다면 이 코드는 인터페이스를 구현할 때 public void로 선언된 Honk 메서드가 필요하다는 의미입니다.

```
void Honk();
```

하지만 메서드가 어떤 일을 해야 하는지는 정의하지 않았습니다. 이 메서드는 무슨 일이든 상관없이 수행할 수 있으며 시그니처가 일치하는 메서드가 있는 한 코드는 정상적으로 컴파일됩니다.

무엇인가와 비슷하지 않나요? 이런 특성은 6장에서 살펴본 추상 클래스와 비슷합니다. 인터페이스에서 본체가 없는 메서드와 속성을 선언하면 이 멤버들은 자동으로 public abstract로 선언됩니다. 추상 클래스에서 사용했던 추상 멤버들과 마찬가지죠. 인터페이스의 멤버는 추상 메서드나 속성처럼 작동합니다. 여러분이 abstract 키워드를 사용한 것은 아니지만, 암묵적으로 이렇게 작동합니다. 인터페이스를 구현하는 클래스가 인터페이스의 모든 멤버를 구현해야만 하는 이유가 여기에 있습니다. 각 멤버를 개발자가 직접 public abstract으로 선언하도록 C# 문법을 설계할 수도 있었겠지만, 그랬다면 그저 반복 작업이 늘어났을 뿐이겠죠. 그래서 C# 설계자는 깔끔함을 위해 인터페이스의 멤버가 기본적으로 public abstract으로 선언되게 만든 것입니다.

public 인터페이스의 모든 멤버는 자동으로 public이 됩니다.

결국 public 메서드와 속성을 정의하기 위해

이 인터페이스로 클래스를 구현할 것이기 때문이죠.

IWorker의 Job 속성은 핵입니다

작업에 문자열을 사용하면 안 됩니다!

벌집 관리 시스템은 Worker.Job 속성을 다음과 같이 사용합니다.

```
if (worker.Job == job)
```

이거 좀 이상하게 느껴지지 않나요? 이런 방식은 우아하지 못합니다. 일명 핵(hack)이죠. 왜 Job 속성이 핵이냐고요? 다음과 같은 오타를 냈다고 한번 가정해 보세요.

```
internal class EggCare : Bee
{
    public EggCare(Queen queen) : base("Egg Crae")
    // 어이쿠! EggCare 클래스에 오류가 발생했습니다.
    // 클래스의 나머지 부분은 그대로인데요.
}
```

여기서는 'Egg Care'의 철자를 틀렸습니다. 이런 실수는 누구든 저지를 수 있습니다! 이 간단한 오타가 일으키는 오류를 추적하기가 얼마나 어려운지 상상이 되나요?

이제 이 코드는 Worker 참조가 EggCare 인스턴스를 가리키는지 확인할 방법이 없어졌습니다. 그러니 이 코드가 오류를 발생시키기 쉽다는 사실을 이제 알았겠죠. 하지만 이게 왜 핵일까요?
앞서 특정 문제를 다루는 코드는 한 부분에 모여 있어야 한다는 원칙인 관심사 분리를 배웠습니다. Job 속성은 이 관심사 분리 원칙을 어기고 있습니다. Worker 참조가 있을 때 이 참조가 EggCare 객체를 가리키는지, 아니면 NectarCollector 객체를 가리키는지 알아내기 위해 개발자가 문자열을 검사할 필요가 없어야 합니다. Job 속성은 EggCare 객체일 때 'Egg Care'를 반환하고, NectarCollector 객체일 때는 'Nectar Collector'를 반환합니다. 이 문자열은 객체의 타입을 검사할 때만 쓰이죠. 하지만 이 정보는 이미 객체의 타입으로 저장되어 있습니다.

무슨 이야기를 하려는지 알 것 같아요.
아마 C#에는 이런 핵에 의지하지 않고 객체의 타입을 알아낼 수 있는 방법이 있다는 이야기죠?

그렇습니다! C#은 타입을 다루는 도구를 제공합니다

클래스의 타입을 나타내는 'Egg Care'나 'Nectar Collector' 같은 문자열을 저장하려고 Job 같은 속성을 사용할 필요는 없습니다. C#은 객체의 타입을 검사하기 위한 도구를 제공하기 때문이죠.

핵(hack) [명사]

엔지니어링에서 어떤 문제에 대해 더럽고 우아하지 않으며 유지보수도 어려운 문제.

릴라는 시간을 들여 코드에 있는 핵을 리팩터링해서 나중에 오류를 처리할 필요가 없도록 했습니다.

동의어 클루지(kludge)

is를 사용해 객체의 타입 검사하기

핵을 제거하려면 어떻게 해야 할까요? Queen 클래스의 일벌 배열에서 꺼낼 수 있는 것은 IWorker 참조입니다. 어떤 일벌이 EggCare 일벌이고 NectarCollector 일벌인지 알아내려고 여왕벌은 Job 속성을 사용합니다.

```
foreach (IWorker worker in workers) {
    if (worker.Job == "Egg Care") {
        WorkNightShift((EggCare)worker);
    }
    void WorkNightShift(EggCare worker) {
        // 야간 근무자가 일하는 코드
    }
}
```

??? 객체
??? 객체
??? 객체
0 1 2
IWorker 배열

방금 전에 'Egg Care' 대신 실수로 'Egg Crae'를 입력했을 때 오류가 발생하는 것을 확인했습니다. 만약 HoneyManufacturer의 Job 속성을 실수로 'Egg Care'로 입력하면 또 InvalidCastException 오류가 발생할 것입니다. 문제를 미리 발견하기 위해 private이나 abstract 멤버를 사용했던 것처럼 is 키워드를 사용하면 객체의 타입을 검사해서 문제를 조기에 발견할 수 있습니다. 객체 참조를 가지고 있다면 is 키워드로 이 참조가 특정한 타입인지 알 수 있습니다. objectReference가 가리키는 객체가 ObjectType 타입이면 다음 구문은 true를 반환하면서 이 타입으로 newVariable이라는 이름의 새로운 참조를 생성합니다.

```
objectReference is ObjectType newVariable
```

여왕벌이 EggCare 일벌을 찾아 야간 근무를 시키고 싶다면 is 키워드를 사용하면 됩니다.

```
foreach (IWorker worker in workers) {
    if (worker is EggCare eggCareWorker) {
        WorkNightShift(eggCareWorker);
    }
}
```

is 키워드는 객체와 타입이 일치할 경우 true를 반환하고 해당 객체를 참조하는 변수를 선언할 수 있습니다.

반복문 안에 있는 if 문은 is를 사용해서 IWorker 참조를 검사합니다. 조건절 검사 부분을 좀 더 자세히 살펴봅시다.

```
worker is EggCare eggCareWorker
```

worker 변수가 참조하는 객체가 EggCare 객체일 경우 위 조건절은 true를 반환하며 is 문은 참조를 새 EggCare 변수인 eggCareWorker에 할당합니다. is 문은 캐스팅과 비슷하지만, 더 안전합니다.

is를 사용해 하위 클래스의 메서드에 접근하기

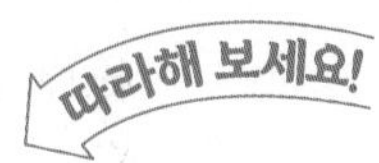

01 지금까지 논의했던 것을 모두 모아 간단한 클래스 모델을 만들어 새 프로젝트를 진행해 봅시다. 이 클래스 모델에서 가장 상위에는 Animal이 오고, 이를 상속하는 Hippo와 Canine 클래스가 있고, Wolf 클래스는 Canine 클래스를 상속합니다. HippoAndWolf 이름의 새 콘솔 앱을 생성하고 다음처럼 Animal, Hippo, Canine, Wolf 클래스를 각각 추가하세요.

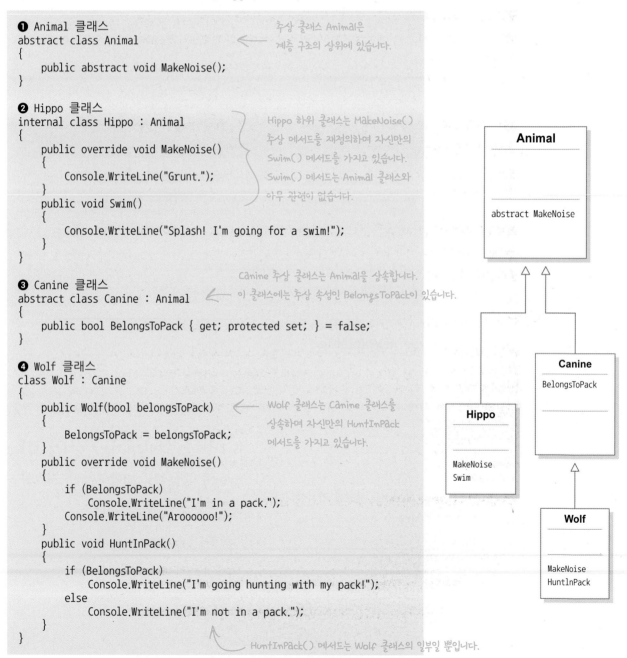

❶ Animal 클래스

```
abstract class Animal
{
    public abstract void MakeNoise();
}
```

추상 클래스 Animal은 계층 구조의 상위에 있습니다.

❷ Hippo 클래스

```
internal class Hippo : Animal
{
    public override void MakeNoise()
    {
        Console.WriteLine("Grunt.");
    }
    public void Swim()
    {
        Console.WriteLine("Splash! I'm going for a swim!");
    }
}
```

Hippo 하위 클래스는 MakeNoise() 추상 메서드를 재정의하며 자신만의 Swim() 메서드를 가지고 있습니다. Swim() 메서드는 Animal 클래스와 아무 관련이 없습니다.

❸ Canine 클래스

```
abstract class Canine : Animal
{
    public bool BelongsToPack { get; protected set; } = false;
}
```

Canine 추상 클래스는 Animal을 상속합니다. 이 클래스에는 추상 속성인 BelongsToPack이 있습니다.

❹ Wolf 클래스

```
class Wolf : Canine
{
    public Wolf(bool belongsToPack)
    {
        BelongsToPack = belongsToPack;
    }
    public override void MakeNoise()
    {
        if (BelongsToPack)
            Console.WriteLine("I'm in a pack.");
        Console.WriteLine("Arooooo!");
    }
    public void HuntInPack()
    {
        if (BelongsToPack)
            Console.WriteLine("I'm going hunting with my pack!");
        else
            Console.WriteLine("I'm not in a pack.");
    }
}
```

Wolf 클래스는 Canine 클래스를 상속하며 자신만의 HuntInPack 메서드를 가지고 있습니다.

HuntInPack() 메서드는 Wolf 클래스의 일부일 뿐입니다. 부모 클래스에서 상속한 메서드가 아니죠.

Animal: abstract MakeNoise
Hippo: MakeNoise, Swim
Canine: BelongsToPack
Wolf: MakeNoise, HuntInPack

02 다음으로 Main() 메서드의 내용을 채워 봅시다. 해야 할 일은 다음과 같습니다.

- Hippo와 Wolf 객체의 배열을 생성하고 foreach 반복문을 사용해 각 배열의 요소에 접근합니다.
- Animal 참조를 사용해 MakeNoise() 메서드를 호출합니다.
- Hippo일 경우, Hippo.Swim() 메서드를 호출합니다.
- Wolf일 경우, Wolf.HuntInPack() 메서드를 호출합니다.

6장에서 한 객체에 대해 서로 다른 참조를 사용해 해당 타입의 메서드를 호출하는 방법을 배웠습니다. override와 virtual 키워드가 없으면서 참조 변수가 Locksmith 타입을 가지고 있다면 Locksmith.ReturnsContents()를 호출했고, JewelThief 타입을 가지고 있다면 JewelThief.ReturnContents() 메서드를 호출했습니다. is로도 비슷한 작업을 할 수 있습니다.

문제는 Hippo 객체를 가리키는 Animal 참조를 가질 때 이 참조를 사용해서 Hippo.Swim()을 호출할 수 없다는 것입니다.

```
Animal animal = new Hippo();
animal.Swim(); // <-- 이 명령문은 컴파일되지 않습니다!
```

객체가 Hippo일 때는 괜찮습니다. 하지만 Animal 변수를 가지고 있을 때는 Animal의 필드, 메서드, 속성 밖에 접근할 수 없습니다. 다행히 만약 Hippo 객체를 참조하는 것이 확실하다면 Animal 참조를 Hippo 타입으로 캐스팅하면 됩니다. 그런 다음 Hippo.Swim() 메서드에 접근할 수 있습니다.

```
Hippo hippo = (Hippo)animal;
hippo.Swim(); // 동일한 객체이지만, 이 코드는 Hippo.Swim() 메서드를 호출할 수 있습니다.
```

03 다음 Main() 메서드는 is 키워드를 사용해 Hippo.Swim() 또는 Wolf.HuntInPack()을 호출합니다. 코드를 추가해 보세요.

```
internal class Program {
    static void Main(string[] args) {
        Animal[] animals =
        {
            new Wolf(false),
            new Hippo(),
            new Wolf(true),
            new Wolf(false),
            new Hippo()
        };
        foreach (Animal animal in animals) {
            animal.MakeNoise();
            if (animal is Hippo hippo) {
                hippo.Swim();
            }
            if (animal is Wolf wolf) {
                wolf.HuntInPack();
            }
            Console.WriteLine();
        }
    }
}
```

이 foreach 반복문은 'animals' 배열의 값에 접근합니다. 타입이 일치하는지 확인하기 위해 Animal 타입의 변수를 선언해야 하지만, 이 참조 변수로는 Hippo.Swim() 또는 Wolf.HuntInPack() 메서드에 접근할 수 없습니다.

이 if 문은 'is' 키워드를 사용해 animal 참조가 Hippo 또는 Wolf인지를 검사한 후 참조를 안전하게 hippo 또는 wolf 변수로 캐스팅해서 하위 클래스의 메서드를 호출할 수 있게 해 줍니다.

디버거를 사용해 이 코드에서 무슨 일이 일어나는 것인지 이해할 때까지 시간을 들여 살펴보세요. foreach 반복문의 첫 번째 줄에 중단점을 설정하고 animal, hippo, wolf 변수를 조사식에 추가한 다음 한 단계씩 실행해 보세요.

서로 다른 동물이 헤엄치거나 무리 사냥을 하도록 하려면 어떻게 해야 할까요?

작업을 실행하는 인터페이스 구현하기

사자가 무리 사냥을 한다는 사실을 알고 있나요? 호랑이도 헤엄을 친다는 것은요? 개가 무리 사냥과 헤엄치기 둘 다 할 수 있다는 것은 알고 있나요? 만약 현재 동물원 시뮬레이터 모델에 있는 모든 동물에 Swim()과 HuntInPack() 메서드를 필요에 따라 추가한다면 foreach 반복문은 계속 길어지기만 할 것입니다.

기본 클래스에 추상 메서드와 추상 속성을 정의하고 하위 클래스에서 재정의하는 방식의 장점은 기본 클래스를 만든 개발자가 나중에 이를 하위 클래스에서 어떻게 사용할지 알 필요가 없다는 점입니다. Animal의 하위 클래스에 필요한 내용을 모두 추가해도 이 반복문은 잘 작동하죠.

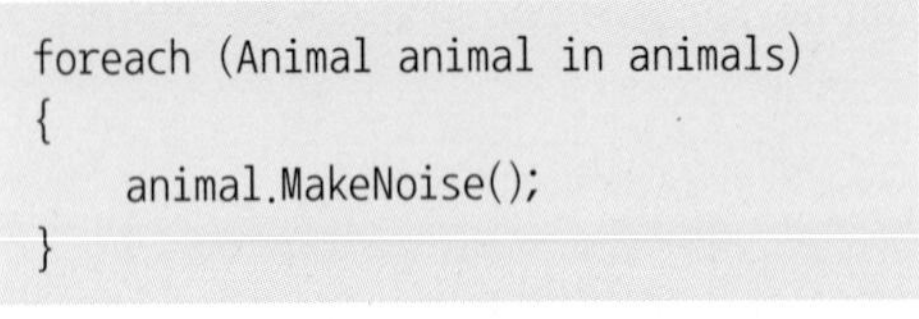

```
foreach (Animal animal in animals)
{
    animal.MakeNoise();
}
```

MakeNoise() 메서드는 항상 해당 객체에서 구현돼야 합니다. 사실 이 추상 메서드는 컴파일러가 강제하는 일종의 계약(contract)입니다.

그렇다면 HuntInPack()과 Swim() 메서드를 계약처럼 취급하기 위한 다른 방법이 있을까요? Animal 클래스를 사용해 MakeNoise()를 호출한 것처럼 그렇게 좀 더 일반적인 타입의 변수를 사용할 수 있을까요?

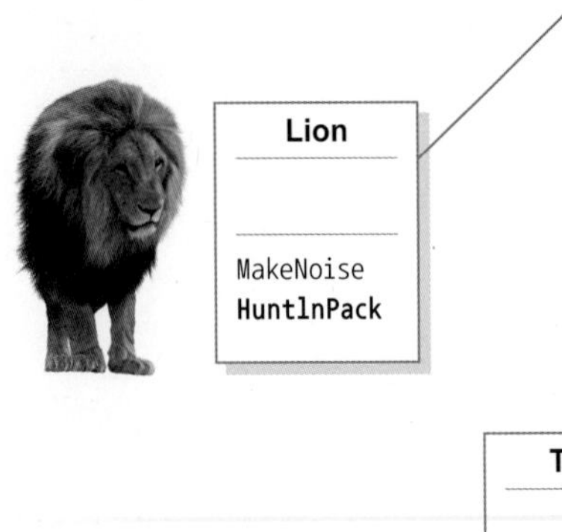

인터페이스를 사용해 동일한 작업을 수행하는 클래스 다루기

Dog 객체는 Swim() 메서드와 HuntInPack() 메서드를 모두 가지고 있습니다. 시작이 좋네요. 이제 헤엄을 치거나 무리 사냥을 하는 객체를 다뤄 보겠습니다. interface 키워드로 두 인터페이스를 정의하고 추상 멤버를 추가합니다.

01 먼저 Animal 클래스와 Canine 클래스 하단에 다음 인터페이스 2개를 정의합니다. 

```
interface ISwimmer { void Swim(); }
interface IPackHunter { void HuntInPack(); }
```

02 Hippo와 Wolf 클래스의 선언부 끝에 다음처럼 인터페이스를 구현합니다. 클래스를 상속하고 있다면 부모 클래스 다음에 쉼표를 추가한 후 인터페이스 이름을 넣으면 됩니다. 빠진 멤버가 있으면 컴파일 오류가 발생하니 모든 인터페이스 멤버를 구현했는지 확인하세요.

```
❶ Hippo 클래스
class Hippo : Animal, ISwimmer {
    /* 이 코드는 이전과 동일합니다. Swim() 메서드가 포함되어 있어야 합니다. */
}

❷ Wolf 클래스
class Wolf : Canine, IPackHunter {
    /* 이 코드는 이전과 동일합니다. HuntInPack() 메서드가 포함되어 있어야 합니다. */
}
```

is 키워드로 Animal이 헤엄을 치는지 무리 사냥을 하는지 검사하기

is 키워드는 특정한 객체가 어떤 인터페이스를 구현하는지 검사합니다. animal 변수가 ISwimmer 인터페이스를 구현하는 객체를 참조하면 조건절 animal is ISwimmer는 true를 반환하고 객체를 안전하게 ISwimmer 참조로 캐스팅해서 Swim() 메서드를 호출합니다.

03 Main() 메서드를 다음과 같이 수정하세요.

```
foreach (Animal animal in animals) {
    animal.MakeNoise();
    if (animal is ISwimmer swimmer) {
        swimmer.Swim();
    }
    if (animal is IPackHunter hunter) {
        hunter.HuntInPack();
    }
    Console.WriteLine();
}
```

헤엄을 칠 수 있는 Animal 하위 클래스가 20개 더 있다면 이 코드는 어떻게 될까요? 아마 animal을 개별 하위 클래스로 캐스팅해서 Swim() 메서드를 호출하는 if (animal is ...) 문이 20개 더 필요할것입니다. ISwimmer를 사용하면 한 번만 검사하면 됩니다.

이전 방식처럼 is 키워드를 사용하지만, 이번에는 인터페이스 타입을 사용합니다. 이 명령문도 같은 방식으로 작동합니다.

is로 안전하게 클래스 계층 구조 탐색하기

IS는 안전하지 못한 변환을 방지합니다.

벌집 관리 시스템에서 처음으로 Bee 클래스를 IWorker로 교체했을 때, InvalidCastException 예외가 왜 발생하는지 이해하셨나요? 이 예외가 발생하는 이유는 다음과 같습니다.

NectarCollector 참조는 IWorker 참조로 안전하게 변환할 수 있습니다.

NectarCollector 클래스는 모두 Bee 기본 클래스를 상속하므로 = 연산자를 사용해 언제라도 NectarCollector 참조를 Bee 타입 변수에 할당할 수 있습니다.

```
HoneyManufacturer lily = new HoneyManufacturer();
Bee hiveMember = lily;
```

그리고 Bee는 IWorker 인터페이스를 구현하기 때문에 Bee 객체는 안전하게 IWorker 참조로도 변환할 수 있습니다.

```
HoneyManufacturer daisy = new HoneyManufacturer();
IWorker worker = daisy;
```

이들 타입 변환은 안전하며 절대 IllegalCastException을 발생시키지 않습니다. 구체적인 객체를 같은 클래스 계층 구조에 있는, 더 일반적인 타입의 변수에 할당하는 것이기 때문입니다.

Bee 참조는 NectarCollector 참조로 안전하게 변환할 수 없습니다.

반대로 Bee 참조를 NectarCollector 참조로 안전하게 변환할 수는 없습니다. 모든 Bee 객체가 NectarCollector의 인스턴스가 아니기 때문입니다. 예를 들어, HoneyManufacturer는 당연히 NectarCollector가 아니죠. 그러므로 다음과 같은 캐스팅은 유효한 캐스팅이 아닙니다.

```
IWorker pearl = new HoneyManufacturer();
NectarCollector irene = (NectarCollector)pearl;
```

객체를 자신의 타입과 일치하지 않는 변수로 캐스팅하기 때문입니다.

is 키워드를 사용하면 안전하게 타입을 변환할 수 있습니다.

다행히 is 키워드는 괄호를 사용한 캐스팅보다 안전합니다. is 키워드를 사용하면 타입이 일치하는지 검사할 수 있으며 타입이 일치할 때 해당 참조를 새로운 변수로 캐스팅할 수 있습니다.

```
if (pearl is NectarCollector irene)
{
    /* NectarCollector 객체를 사용하는 코드 */
}
```

이 코드는 InvalidCastException 예외를 절대로 발생시키지 않습니다. pearl이 NectarCollector 타입일 때만 NectarCollector 객체를 사용하는 코드를 실행하기 때문입니다.

안전한 타입 변환을 위한 또 하나의 키워드: as

C#에는 안전한 타입 캐스팅을 위한 키워드가 하나 더 있습니다. 바로 as입니다. 이 키워드는 다음과 같이 작동합니다. pearl이라는 이름의 IWorker 참조가 있고 이 참조를 NectarCollector 변수인 irene으로 안전하게 캐스팅하고 싶다고 해 봅시다. 다음과 같이 NectarCollector 타입으로 안전하게 변환할 수 있습니다.

```
NectarCollector irene = pearl as NectarCollector;
```

타입이 호환된다면 위 명령어는 irene 변수에 pearl 변수가 가리키는 객체의 참조를 저장합니다. 객체의 타입이 변수의 타입과 일치하지 않아도 예외는 발생하지 않습니다. 대신 변수에는 null이 할당되며, 이 값은 if 문으로 검사할 수 있습니다.

```
if (pearl is NectarCollector irene)
{
    /* NectarCollector 객체를 사용하는 코드 */
}
```

주의하세요!

is 키워드는 예전 C#에서 사용하던 키워드와 다르게 작동합니다.

C#에서 is 키워드는 예전부터 있었지만, 2017년에 발표된 C# 7.0 버전 이전에서는 새 변수를 선언하는 기능이 없었습니다. 그러므로 비주얼 스튜디오 2015와 그 이전 버전에서는 if (pearl is NectarCollector irene) { ... } 명령어가 작동하지 않습니다.
그러므로 예전 버전에서는 위 명령어 대신 as 키워드를 사용해 변환을 수행하고 결과 값이 null인지 검사해야 합니다.

```
NectarCollector irene = pearl as NectarCollector;
if (irene != null) { /* irene 참조를 사용하는 코드 */ }
```

쓰면서 제대로 공부하기

왼쪽 명령문들은 Bee 클래스 모델의 타입을 사용합니다. 이 명령문 중 2개는 컴파일 오류를 일으킵니다. 오류가 생기는 두 명령문을 골라 줄을 그으세요. 오른쪽에는 is 키워드를 사용하는 세 명령문이 있습니다. 이 명령문들이 true 값을 반환하도록 하는 i의 값을 적어 보세요.

```
IWorker[] bees = new IWorker[8];
bees[0] = new HiveDefender();
bees[1] = new NectarCollector();
bees[2] = bees[0] as IWorker;
bees[3] = bees[1] as NectarCollector;
bees[4] = IDefender;
bees[5] = bees[0];
bees[6] = bees[0] as Object;
bees[7] = new IWorker();
```

1. (bees[i] is IDefender)

2. (bees[i] is IWorker)

3. (bees[i] is Bee)

클래스 계층 구조를 오르내리기 위해 업캐스팅과 다운캐스팅 사용하기

클래스 계층 구조 오르내리기 ☆

클래스 다이어그램은 보통 기본 클래스를 위에 놓고 기본 클래스의 하위 클래스를 차례차례 아래에 놓습니다. 클래스가 다이어그램 위쪽에 있을수록 더 추상적이며, 아래쪽에 있을수록 더 구체적입니다. 물론 '위쪽은 추상적, 아래쪽은 구체적'이 불변의 법칙인 것은 아닙니다. 클래스 모델이 어떻게 작동하는지 한눈에 알아보기 쉽도록 사용하는 방편일 뿐이죠.

6장에서는 기본 클래스가 올 자리에는 이를 상속한 하위 클래스를 둘 수 있지만, 하위 클래스가 올 자리에 이 클래스의 기본 클래스를 둘 수 없다는 내용을 다뤘습니다. 이 규칙을 다른 관점으로 바라보면 클래스 계층 구조에서 클래스를 위아래로 이동시키는 것으로 볼 수 있습니다. 다음 코드를 한번 살펴보겠습니다.

```
NectarCollector ida = new NectarCollector();
```

= 연산자를 사용해 보통의 할당(부모 클래스의 경우)을 수행하거나 캐스팅(인터페이스의 경우)을 수행할 수 있습니다. 이는 클래스 계층 구조에서 위쪽으로 이동하는 것과 같으며 이를 **업캐스팅(upcasting)**이라고 합니다.

```
// NectarCollector에서 Bee로 업캐스팅
Bee beeReference = ida;
// 모든 Bee는 IWorker이기 때문에 이 업캐스팅은 안전합니다.
IWorker worker = (IWorker)beeReference;
```

그리고 is 연산자를 사용해 클래스 계층 구조에서 아래 방향으로 안전하게 이동할 수 있습니다. 이를 **다운캐스팅(down-casting)**이라고 합니다.

```
// IWorker에서 NectarCollector로 다운캐스팅
if (worker is NectarCollector rose) { /* rose 참조를 사용하는 코드 */ }
```

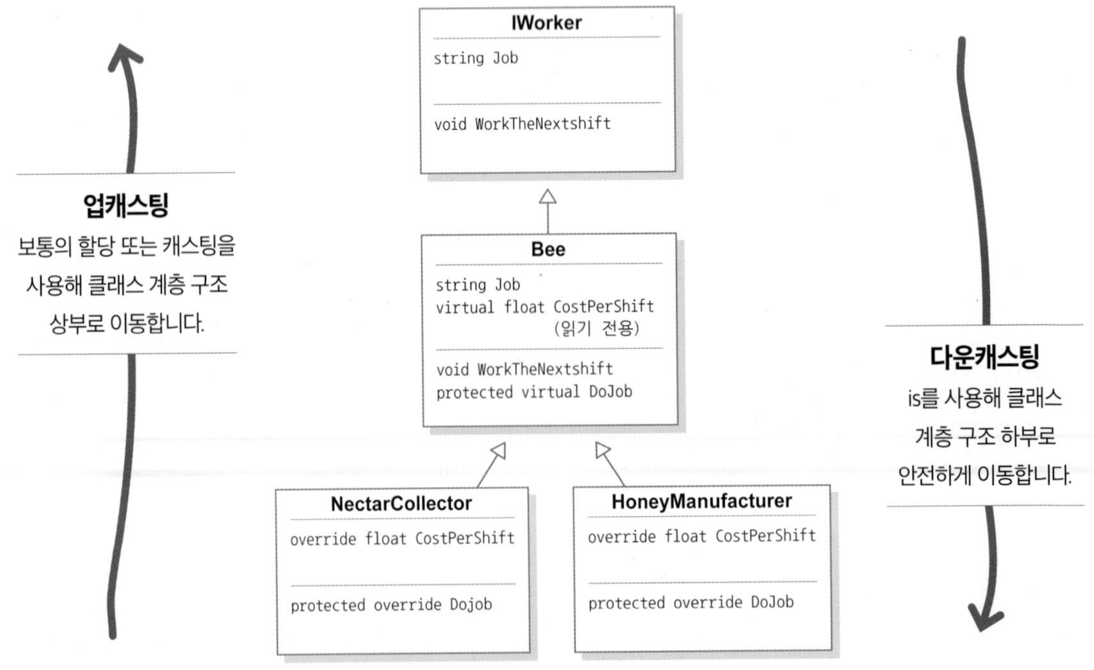

간단한 업캐스팅 예제 알아보기

매달 나오는 전기 요금을 어떻게 하면 줄일까 고민하는 중이라면 가전제품이 무슨 일을 하는지는 신경 쓰지 않을 것입니다. 가전제품이 전기를 얼마나 소모하는지가 중요하죠.
그러므로 전력 사용량을 측정하는 프로그램을 작성해야 한다면 아마도 Appliance(가전제품) 클래스가 있어야 합니다. 하지만 커피메이커와 오븐의 전력 사용량을 구분하려면 상속을 위해 클래스 계층 구조를 만들어 공통 메서드와 속성을 가진 Appliance 클래스를 추가하고, 이를 상속하는 CoffeeMaker와 Oven 클래스에 구체적인 메서드와 속성을 추가해야 할 것입니다. 그런 다음 전력 사용량을 측정하는 메서드를 작성할 수 있습니다.

Appliance
ConsumePower

CoffeeMaker	Oven
CoffeeLeft	Capacity
FillWithWater StartBrewing	Preheat CookFood

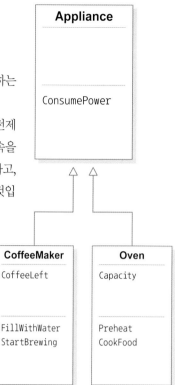

```
void ConsumePower(Appliance appliance)
{
    /* 가정 전력 사용량 데이터베이스에
        데이터를 추가하는 코드 */
}
```

이 메서드를 사용해 커피메이커의 전력 사용량을 측정하려면 CoffeeMaker 인스턴스를 생성한 다음 이 참조를 메서드에 넘겨줘야 합니다.

```
CoffeeMaker mrCoffee = new CoffeeMaker();
ConsumePower(misterCoffee);
```

이 부분은 업캐스팅의 좋은 예입니다. MonitorPower( ) 메서드는 Appliance 객체의 참조를 받고 있는데도 이 코드는 mrCoffee 참조를 전달하고 있습니다. CoffeeMaker가 Appliance의 하위 클래스이기 때문입니다.

쓰면서 제대로 공부하기 정답

왼쪽 명령문들은 Bee 클래스 모델의 타입을 사용합니다. 이 명령문 중 2개는 컴파일 오류를 일으킵니다. 오류가 생기는 두 명령문을 골라 줄을 그으세요. 오른쪽에는 is 키워드를 사용하는 세 명령문이 있습니다. 이 명령문들이 true 값을 반환하도록 하는 i의 값을 적어 보세요.

```
IWorker[] bees = new IWorker[8];
bees[0] = new HiveDefender();
bees[1] = new NectarCollector();
bees[2] = bees[0] as IWorker;
bees[3] = bees[1] as NectarCollector;
bees[4] = IDefender;            (줄 그어짐)
bees[5] = bees[0];
bees[6] = bees[0] as Object;
bees[7] = new IWorker();        (줄 그어짐)
```

배열의 0, 2, 6번째 요소는 모두 HiveDefender 객체를 가리킵니다.

이 명령어는 IWorker를 NectarCollector로 캐스팅하지만, IWorker 참조 변수에 다시 저장합니다.

1. (bees[i] is IDefender)
   0, 2, 6
2. (bees[i] is IWorker)
   0, 1, 2, 3, 5, 6
3. (bees[i] is Bee)
   0, 1, 2, 3, 5, 6

모든 객체는 Bee를 상속하고 Bee는 IWorker를 구현하므로, 이 객체들은 모두 Bee이자 IWorker입니다.

CoffeeMaker를 Appliance로 업캐스팅하기

다양한 업캐스팅, 다운캐스팅 예제

CoffeeMaker를 Appliance로 대체하거나 Hippo를 Animal로 대체하는 것처럼 하위 클래스를 기본 클래스로 대체하는 경우를 업캐스팅이라고 합니다. 업캐스팅은 클래스 계층 구조를 작성할 때 사용할 수 있는 강력한 도구입니다. 업캐스팅의 유일한 단점은 기본 클래스의 속성과 메서드만 사용할 수 있다는 것입니다. 달리 말하면, CoffeeMaker를 Appliance처럼 사용할 때는 이 객체로 커피를 만들거나 물을 채울 수 없습니다. Appliance 참조를 가지고는 플러그가 연결되어 있는지 아닌지나 확인할 수 있을 뿐이죠(Appliance 클래스에 PluggedIn 속성이 있는 이유입니다).

01 **객체를 생성합니다.** CoffeeMaker와 Oven 클래스의 인스턴스를 생성해 봅니다.

```
CoffeeMaker misterCoffee = new CoffeeMaker();
Oven oldToasty = new Oven();
```

여기 있는 코드는 직접 입력해 보지 않아도 됩니다. 코드를 읽어 보면서 업캐스팅과 다운캐스팅이 어떻게 작동하는지 감을 익혀 보세요. 잠시 후에 연습해 볼 기회가 있습니다.

02 **Appliances 배열을 생성한다면 어떻게 될까요?** CoffeeMaker 객체를 Oven[] 배열에 넣거나, Oven 객체를 CoffeeMaker[] 배열에 넣을 수는 없습니다. 하지만 이 두 가지 객체는 모두 Appliance[] 배열에 넣을 수 있습니다.

```
Appliance[] kitchenWare = new Appliance[2];
kitchenWare[0] = misterCoffee;
kitchenWare[1] = oldToasty;
```

업캐스팅을 사용하면 Appliance 배열을 만들어 CoffeeMakers와 Ovens 객체를 모두 저장할 수 있습니다.

03 **하지만 모든 Appliance 객체를 Oven인 것처럼 다룰 수는 없습니다.** Appliance 참조를 가지고는 가전제품으로 접근할 수 있는 메서드와 속성만 사용할 수 있습니다. Appliance 참조가 실제로는 CoffeeMaker 객체를 가리키고 있다는 사실을 알고 있더라도 이 참조를 사용해 CoffeeMaker의 메서드와 속성을 사용할 수는 없습니다. 그러므로 다음 코드는 정상적으로 작동하는데 CoffeeMaker 객체를 Appliance인 것처럼 사용하고 있기 때문입니다.

```
Appliance powerConsumer = new CoffeeMaker();
powerConsumer.ConsumePower();
```

하지만 이 참조를 CoffeeMaker인 것처럼 사용하려고 하면 컴파일되지 않습니다. 게다가 다음과 같은 오류가 표시되죠.

```
powerConsumer.StartBrewing();
```

이 코드는 컴파일되지 않습니다. powerConsumer는 Appliance 참조이므로 Appliance의 멤버에만 접근할 수 있기 때문입니다.

⊗ CS1061	'Appliance'에는 'StartBrewing'에 대한 정의가 포함되어 있지 않고, 'Appliance' 형식의 첫 번째 인수를 허용하는 액세스 가능한 확장 메서드 'StartBrewing'이(가) 없습니다. using 지시문 또는 어셈블리 참조가 있는지 확인하세요.

하위 클래스에서 기본 클래스로 업캐스팅하고 나면 해당 참조와 일치하는 메서드와 속성에만 접근할 수 있습니다.

powerConsumer는 CoffeeMaker 객체를 가리키는 Appliance 참조입니다.

Appliance를 다시 CoffeeMaker로 다운캐스팅하기

업캐스팅은 CoffeeMaker나 Oven을 Appliance로써 사용해야 할 때 유용합니다. 하지만 여기에는 중요한 단점이 있죠. CoffeeMaker 객체를 가리키는 Appliance 참조를 가지고 있다면 이 참조로는 Appliance에 속한 메서드와 속성만 사용할 수 있습니다. 이때 다운캐스팅이 필요합니다. 업캐스팅된 참조를 다운캐스팅하면 다시 원래대로 되돌릴 수 있으니까요. Appliance 참조가 CoffeeMaker인지 is 키워드로 확인할 수 있으며 만약 그럴 경우 이 참조를 다시 CoffeeMaker 타입으로 되돌릴 수 있습니다.

01 **업캐스팅한 CoffeeMaker를 준비합니다.** 다음 코드는 앞에서 사용했던 코드입니다.

```
Appliance powerConsumer = new CoffeeMaker();
powerConsumer.ConsumePower();
```

02 **Appliance를 다시 CoffeeMaker로 되돌리려면 어떻게 해야 될까요?** Appliance 참조 배열을 검색해서 CoffeeMaker를 찾아 커피를 내리는 앱을 작성한다고 해 봅시다. Appliance 참조를 사용해서는 CoffeeMaker의 메서드를 호출할 수 없습니다.

```
Appliance someAppliance = appliances[5];
someAppliance.StartBrewing()
```

위 명령문은 컴파일 오류를 일으킵니다. StartBrewing은 CoffeeMaker의 멤버이고 여기서는 Appliance 참조를 사용하고 있기 때문에 "'Appliance'에 'StartBrewing'에 대한 정의가 없습니다."라는 컴파일 오류가 발생합니다.

CoffeeMaker 객체를 가리키는 Appliance 참조입니다. 이 참조를 사용하면 Appliance 클래스의 멤버에만 접근할 수 있습니다.

03 is 키워드를 사용해 StartBrewing() 메서드를 사용해 봅시다. CoffeeMaker 객체를 가리키는 Appliance 참조를 가지고 있으면 is를 사용해 이 참조를 다운캐스팅할 수 있습니다. 그러면 CoffeeMaker 클래스의 메서드와 속성을 사용할 수 있습니다. CoffeeMaker는 Appliance를 상속하므로 CoffeeMaker 객체는 Appliance의 메서드와 속성도 사용할 수 있습니다.

```
if (someAppliance is CoffeeMaker javaJoe)
{
    javaJoe.StartBrewing();
}
```

javaJoe 참조는 powerConsumer와 동일한 CoffeeMaker 객체를 가리키고 있지만 이 변수는 CoffeeMaker 참조이므로 StartBrewing() 메서드를 호출할 수 있습니다.

인터페이스로도 업캐스팅, 다운캐스팅하기

인터페이스로 캐스팅하기

인터페이스로도 업캐스팅과 다운캐스팅을 할 수 있습니다. 음식을 데울 수 있는 클래스를 위해 ICooksFood 인터페이스를 추가해 봅시다. 그런 다음 Microwave(전자레인지) 클래스를 추가합니다. Microwave와 Oven 클래스는 모두 ICooksFood 인터페이스를 구현합니다. 그리고 Oven 객체를 가리키는 참조는 ICooksFood, Appliance, Oven 참조를 가질 수 있습니다. 이는 세 종류의 타입 참조가 Oven 객체를 가리킬 수 있음을 의미합니다. 그리고 각 타입 참조는 타입에 따라 서로 다른 멤버에 접근할 수 있습니다. 다행히 비주얼 스튜디오의 인텔리센스 기능은 각 참조가 무엇에 접근할 수 있는지 없는지 쉽게 파악할 수 있도록 해 줍니다.

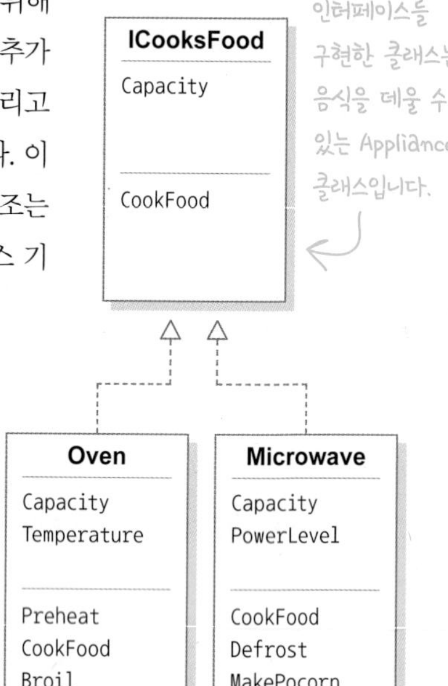


```
Oven misterToasty = new Oven();
misterToasty.
```

마침표를 입력하면 [인텔리센스] 창이 표시되면서 사용 가능한 모든 멤버의 목록이 나타나는 것을 볼 수 있습니다. misterToasty는 Oven 객체를 가리키는 Oven 참조 변수이므로 모든 멤버와 속성에 접근할 수 있습니다. Oven은 가장 구체적인 타입이므로 이 참조 변수로는 Oven 객체만 가리킬 수 있습니다.

ICooksFood 인터페이스 멤버에 접근하려면 ICooksFood 참조를 변환해야 합니다.

```
if (misterToasty is ICooksFood cooker) {
  cooker.
```

cooker는 동일한 Oven 객체를 가리키는 ICooksFood 참조입니다. cooker는 ICooksFood 인터페이스의 멤버에만 접근할 수 있지만 Microwave 객체를 가리킬 수 있습니다.

동일한 객체를 가리키는 세 참조는 참조 타입에 따라서 서로 다른 메서드와 속성에 접근할 수 있습니다.

앞서 사용한 Oven 클래스는 Appliance 기본 클래스도 상속하고 있습니다. Appliance 참조를 사용해 Oven 객체에 접근하면 Appliance 클래스의 멤버만 볼 수 있습니다.

```
if (misterToasty is Appliance powerConsumer)
    powerConsumer.
```

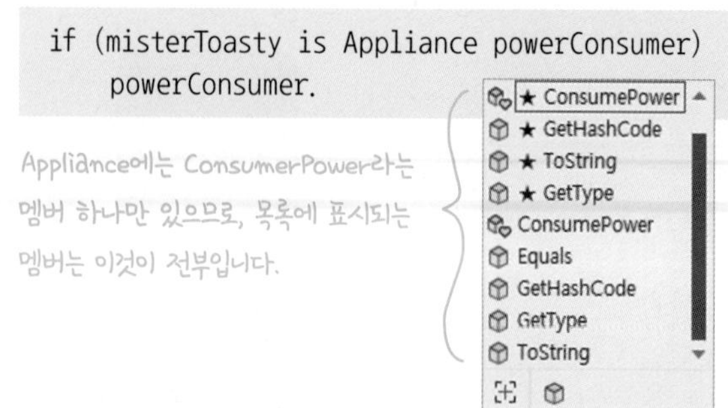

powerConsumer는 Appliance 참조입니다. 이 참조는 Appliance 클래스의 public 필드, 메서드, 속성에 접근하도록 해 줍니다. Appliance 클래스는 Oven 참조보다 더 일반적인 클래스입니다(필요하다면 Appliance 참조는 CoffeeMaker 객체도 가리킬 수 있습니다).

무엇이든 물어보세요!

Q&A

Q1 그럼 정리해 보죠. 앞에서 업캐스팅은 언제든지 할 수 있지만 다운캐스팅은 그렇지 않다고 말한 것이 맞나요?

A1 네, 맞습니다. 왜냐하면 어떤 객체를 원래 상속받지 않았던 클래스 또는 구현하지 않았던 인터페이스 타입 참조 변수에 할당하려고 하면 업캐스팅이 작동하지 않기 때문입니다. 컴파일러는 업캐스팅을 제대로 할 수 없음을 즉시 파악해서 오류를 발생시킵니다. 그러니 '업캐스팅은 언제든지 할 수 있지만 다운캐스팅은 그렇지 않다.'라는 말은 '모든 오븐은 가전제품이지만 모든 가전제품이 오븐은 아니다.'라는 말과 비슷합니다.

Q2 인터페이스가 계약(contract)과 같다는 글을 온라인에서 읽었지만, 의미를 정확히 모르겠어요. 도대체 무슨 의미인가요?

A2 네, 많은 사람이 인터페이스를 계약과 비슷하다고 표현하고는 하죠. 클래스에서 인터페이스를 구현하면 이는 특정한 메서드를 이 클래스에 넣기로 한 컴파일러와의 약속을 지키는 것입니다. 컴파일러는 개발자가 이 약속을 지킬 것이라 기대하죠. 이는 사람들이 맺은 계약이 법으로 강제되는 것과 비슷합니다. 이런 비유가 인터페이스를 이해하는 데 도움이 된다면 '인터페이스는 계약이다'라고 생각해도 좋습니다.

하지만 저런 비유보다는 인터페이스를 일종의 체크리스트로 생각하는 편이 좀 더 인터페이스의 작동 방식을 이해하는 데 도움이 될 것입니다. 컴파일러는 이 체크리스트를 사용해 인터페이스의 모든 메서드가 클래스에서 실제로 구현됐는지 확인합니다. 빠진 메서드가 있다면 오류가 발생하면서 컴파일이 중지됩니다.

Q3 왜 인터페이스를 사용해야 하나요? 클래스의 내용은 변하지 않는데 제약 사항만 더 늘어나는 것 같은데요?

A3 인터페이스를 구현하면 이 인터페이스 타입으로 참조를 선언해 클래스의 인스턴스를 가리킬 수 있기 때문입니다. 이 기능은 매우 유용한데, 타입 참조 하나를 가지로 삼아 서로 다른 다양한 객체를 다룰 수 있게 해 줍니다.

간단한 예를 하나 들어 보겠습니다. 말, 황소, 당나귀는 모두 수레를 끌 수 있는 동물입니다. 동물원 시뮬레이터 프로젝트를 진행한다고 생각해 보면 이 동물들은 서로 다른 클래스가 되겠죠. 동물원 시뮬레이터에서 동물이 끄는 수레에 탈 수 있는 프로그램을 운영하고, 이를 위해 수레를 끌 수 있는 동물을 배열에 저장하려 한다고 해 보죠. 그냥 배열을 만들어 모든 동물을 넣을 수는 없습니다. 만약 이 동물들이 동일한 기본 클래스를 상속한다면 그 클래스로 배열을 만들 수 있겠지만, 이들은 동일한 클래스를 상속하지 않습니다. 그럼 어떻게 해야 할까요?

이럴 때 편리하게 인터페이스를 사용할 수 있습니다. 수레를 끄는(pull cart) 메서드를 포함하고 있는 IPuller 인터페이스를 생성하면 됩니다. 그런 다음 인터페이스의 배열을 생성할 수 있습니다.

```
IPuller[] pullerArray;
```

그러면 IPuller 인터페이스를 구현하는 동물의 참조를 이 배열에 넣을 수 있습니다.

인터페이스는 컴파일러가 특정한 메서드들이 클래스에 구현됐는지 확인하기 위해 사용하는 일종의 체크리스트와 같습니다.

다른 인터페이스를 상속하는 인터페이스

앞서 살펴본 대로 클래스는 다른 클래스를 상속할 때 그 기본 클래스의 모든 메서드와 속성을 이어받습니다. 인터페이스 상속은 간단합니다. 인터페이스에는 메서드 본체가 없기 때문에 기본 클래스의 생성자나 메서드를 호출하는 문제에 관해 걱정할 필요가 없습니다. 다른 인터페이스를 상속한 인터페이스는 원래 인터페이스의 모든 멤버를 물려받습니다.

```
interface IDefender : IWorker
{
    void DefendHive();
}
```

콜론(:)을 사용해서 인터페이스가 다른 인터페이스를 상속할 수 있습니다.

클래스가 인터페이스를 구현하면 클래스는 해당 인터페이스의 모든 속성과 메서드를 구현해야 합니다. 다른 인터페이스를 상속한 인터페이스 또한 마찬가지로 다른 클래스에서 모든 멤버가 구현되어야 합니다. 그러므로 IDefender를 구현하는 클래스는 모두 IDefender뿐만 아니라 IWorker의 멤버도 구현해야 합니다. 다음은 IWorker와 IDefender가 포함된 클래스 모델이며 이들을 구현하는 두 계층을 볼 수 있습니다.

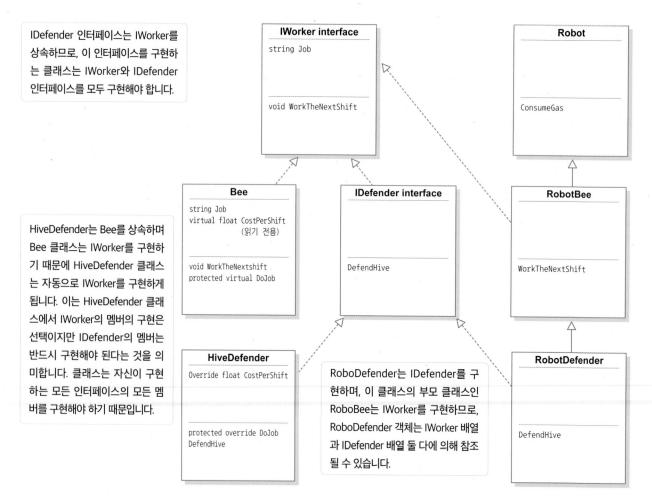

IDefender 인터페이스는 IWorker를 상속하므로, 이 인터페이스를 구현하는 클래스는 IWorker와 IDefender 인터페이스를 모두 구현해야 합니다.

HiveDefender는 Bee를 상속하며 Bee 클래스는 IWorker를 구현하기 때문에 HiveDefender 클래스는 자동으로 IWorker를 구현하게 됩니다. 이는 HiveDefender 클래스에서 IWorker의 멤버의 구현은 선택이지만 IDefender의 멤버는 반드시 구현해야 된다는 것을 의미합니다. 클래스는 자신이 구현하는 모든 인터페이스의 모든 멤버를 구현해야 하기 때문입니다.

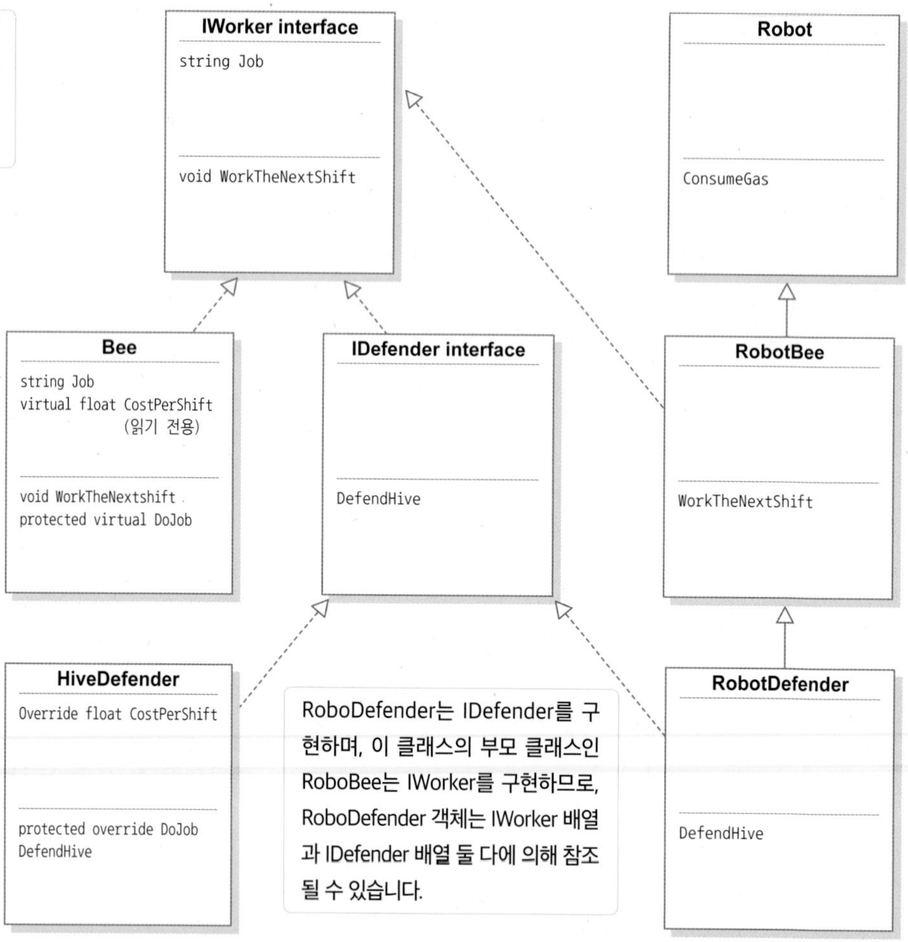

RoboDefender는 IDefender를 구현하며, 이 클래스의 부모 클래스인 RoboBee는 IWorker를 구현하므로, RoboDefender 객체는 IWorker 배열과 IDefender 배열 둘 다에 의해 참조될 수 있습니다.

연습 문제

IClown 인터페이스를 구현하는 클래스로 ScaryClown 이름의 새 콘솔 앱을 만들어 보세요. 아래에 있는 코드가 실행되도록 앱을 작성할 수 있을까요?

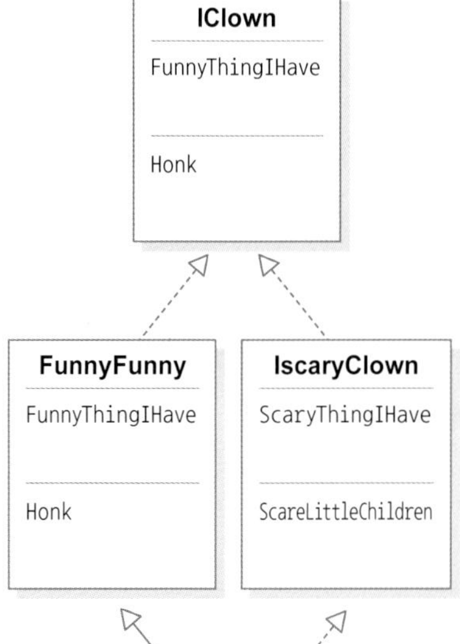

1. 앞에서 작성한 IClown 인터페이스를 사용합니다.

```
interface IClown
{
    string FunnyThingIHave { get; }
    void Honk();
}
```

2. IClown 인터페이스를 상속하는 IScaryClown 인터페이스를 만듭니다. 이 인터페이스는 getter 없이 setter만 있는 ScaryThingIHave 문자열 속성과 반환 값이 void인 ScareLittleChildren() 메서드가 있어야 합니다.

3. 인터페이스를 구현하는 클래스를 작업합니다.
   - FunnyFunny 클래스는 IClown 인터페이스를 구현합니다. 이 클래스는 funnyThingIHave 라는 private string 변수를 사용해 재미있는 것을 저장합니다. FunnyThingIHave의 getter는 funnyThingIHave를 지원 필드로 사용합니다. funnyThingIHave 필드의 값을 설정하는 매개 변수 하나를 받는 생성자를 사용합니다. Honk() 메서드가 출력하는 메시지는 'Hi kids! I have a'라는 문자열 뒤에 재미있는 것(FunnyThingIHave)을 출력하고 마지막에 쉼표를 넣으면 됩니다.
   - ScaryScary 클래스는 IScaryClown 인터페이스를 구현합니다. 이 클래스는 scaryThingCount라는 int 타입 private 변수를 사용합니다. 생성자는 scaryThingCount 필드와 funnyThingIHave 필드의 값을 모두 설정해야 합니다. funnyThingIHave 필드는 ScaryScary 클래스가 FunnyFunny 클래스에서 상속한 필드입니다. ScaryThingIHave의 getter는 생성자에서 받은 scaryThingCount 숫자 다음에 'spiders'를 반환합니다. ScareLittleChildren() 메서드는 문자열 'Boo! Gotcha! Look at my...!'에서 '...' 부분을 무서운 것(ScaryThingIHave)으로 대체해서 콘솔에 출력합니다.

4. 다음은 새로운 Main() 메서드의 코드입니다. 하지만 이 코드는 작동하지 않죠. 어떻게 해야 문제를 수정해서 컴파일하고 콘솔에 메시지를 출력할 수 있을까요?

```
static void Main(string[] args)
{
    IClown fingersTheClown = new ScaryScary("big red nose", 14);
    fingersTheClown.Honk();
    IScaryClown iScaryClownReference = fingersTheClown;
    iScaryClownReference.ScareLittleChildren();
}
```

프로그램을 실행해 보기 전에 Main() 메서드의 출력 내용(프로그램이 수정됐다고 가정하고)을 예상해서 적어 보세요. 그런 다음 코드를 실행해 보고 답이 맞는지 확인하세요.

이 문제는 제대로 풀어야 할 거예요... 그렇지 않았다가는...!

연습 문제 정답

IClown 인터페이스를 구현하는 클래스로 새로운 콘솔 앱을 만들어 보세요. 다음 코드가 실행되도록 앱을 작성할 수 있을까요?

> ISaryClown 인터페이스는 IClown 인터페이스를 상속합니다. 이는 ScaryClown 인터페이스를 구현하는 클래스는 ScaryThingIHave 속성과 FunnyThingIHave 속성, ScareLittleChildren() 메서드와 Honk() 메서드를 구현해야 한다는 것을 의미합니다.

IScaryClown 인터페이스는 IClown 인터페이스를 상속하고 속성과 메서드 하나씩을 추가합니다.

```
interface IScaryClown : IClown
{
    string ScaryThingIHave { get; }
    void ScareLittleChildren();
}
```

FunnyFunny 클래스는 IClown 인터페이스를 구현하고 생성자를 사용해 지원 필드의 값을 설정합니다.

```
internal class FunnyFunny : IClown
{
    private string funnyThingIHave;
    public string FunnyThingIHave { get { return funnyThingIHave; } }

    public FunnyFunny(string funnyThingIHave)
    {
        this.funnyThingIHave = funnyThingIHave;
    }

    public void Honk()
    {
        Console.WriteLine($"Hi kids! I have a {funnyThingIHave}.");
    }
}
```

이러한 생성자와 지원 필드는 5장에서 살펴 봤습니다.

ScaryScary 클래스는 FunnyFunny 클래스를 상속하고 IScaryClown 인터페이스를 구현합니다. ScaryScary 클래스의 생성자는 base 키워드를 사용해서 FunnyFunny 클래스의 생성자를 호출해서 private 지원 필드의 값을 설정합니다.

> FunnyFunny.funnyThingIHave는 private 필드이므로, ScaryScary 클래스는 이 필드에 접근할 수 없습니다. 이 필드의 값을 설정하려면 base 키워드를 사용해서 FunnyFunny 생성자를 호출해야 합니다.

```
internal class ScaryScary : FunnyFunny, IScaryClown
{
    private int scaryThingCount;
    public ScaryScary(string funnyThing, int scaryThingCount) : base(funnyThing)
    {
        this.scaryThingCount = scaryThingCount;
    }
    public string ScaryThingIHave { get { return $"{scaryThingCount} spiders"; } }
    public void ScareLittleChildren()
    {
        Console.WriteLine($"Boo! Gotcha! Look at my {ScaryThingIHave}!");
    }
}
```

Main() 메서드를 고치려면, 메서드의 3, 4번째 줄을 is 연산자를 사용하도록 변경해야 합니다.

```
if (fingersTheClown is IScaryClown iScaryClownReference)
{
    iScaryClownReference.ScareLittleChildren();
}
```

> FunnyFunny 참조는 ScaryScary 객체를 가리킬 수 있습니다. ScaryScary 클래스가 FunnyFunny 클래스를 상속하기 때문입니다. IScaryClown 참조로는 가리킬 수 없는 광대 클래스가 있는데, 광대 클래스가 IScaryClown 인터페이스를 구현했는지 알 수 없기 때문입니다. 그래서 is 키워드를 사용해야 합니다.

비주얼 스튜디오에서 자꾸 필드를 읽기 전용으로
만들라고 하는데 그렇게 해야 하나요?

네! 필드를 읽기 전용으로 만들면 오류를 방지하는 데 도움이 됩니다

ScaryScary.scaryThingCount 필드를 다시 살펴보죠. 비주얼 스튜디오에서 필드 이름의 첫 두 글자 아래에 점 몇 개를 표시할 때 이 점 위에 마우스 커서를 가져가면 다음과 같은 창이 표시됩니다.

```
private int scaryThingCount;
```

(필드) int ScaryScary.scaryThingCount

IDE0044: 필드를 읽기 전용으로 만들기

잠재적 수정 사항 표시 (Alt+Enter 또는 Ctrl+.)

[Ctrl]+[.] 키를 눌러서 사용할 수 있는 작업을 표시하고 [읽기 전용 한정자 추가] 메뉴를 선택해 readonly 키워드를 선언에 추가합니다.

```
private readonly int scaryThingCount;
```

이 필드의 값은 이제 선언부와 생성자에서만 설정할 수 있습니다. 이 필드의 값을 그 외 다른 곳에서 설정하려고 하면 컴파일 오류가 발생합니다.

CS0191 읽기 전용 필드에는 할당할 수 없습니다. 단, 필드가 정의된 형식의 생성자 또는 초기값 전용 setter나 변수 이니셜라이저에서는 예외입니다.

readonly 키워드는 데이터를 안전하게 지켜 주는 C#의 기능 중 하나입니다.

readonly 키워드

캡슐화를 사용하는 이유는 어떤 클래스가 실수로 다른 클래스의 데이터를 덮어쓰는 일을 방지하는 데 있습니다. 하지만 클래스가 자기 자신의 데이터를 실수로 고치는 일을 방지하려면 어떻게 해야 할까요? 'readonly' 키워드를 사용하면 도움이 됩니다. readonly로 표시한 필드는 선언부와 생성자에서만 그 값을 변경할 수 있습니다.

무엇이든 물어보세요!

Q&A

Q1 왜 필요한 메서드를 직접 클래스에 작성하기만 하는 것이 아니라 인터페이스를 사용해야 하나요?

A1 인터페이스를 사용해도 클래스에는 메서드를 작성해야 합니다. 인터페이스는 클래스가 하는 일의 종류에 따라 클래스를 묶을 수 있습니다. 이렇게 하면 모든 클래스가 같은 메서드를 사용하는 특정한 종류의 일을 처리하는 과정을 파악하는 데 도움이 됩니다. 인터페이스를 구현하는 클래스는 어떻게든 그 작업을 처리할 것이고 개발자는 그 클래스가 어떻게 일을 처리하는지 걱정할 필요가 없습니다.
예를 하나 들어 보겠습니다. ICarryPassenger를 구현하는 Truck, Sailboat 클래스가 있습니다. ICarryPassenger 인터페이스는 ConsumeEnergy() 메서드를 가지고 있습니다. 프로그램에서 이들 클래스를 사용해서 승객을 태울(carry passenger) 때 Sailboat 클래스의 ConsumeEnergy() 메서드는 풍력을, Truck 클래스는 디젤 연료를 사용하겠죠.
ICarryPassenger 인터페이스가 없다면 어떨까요? 그렇다면 프로그램에서 어떤 탈 것이 승객을 실어나를 수 있는지 없는지 파악하기 어려울 것입니다. 각각의 클래스를 들여다보고 클래스를 프로그램에서 사용할 수 있는지, 승객을 한 곳에서 다른 곳으로 태우는 데 필요한 메서드가 있는지 알아내야 할 수도 있습니다. 그런 다음 프로그램에서 각각의 탈 것에 따라 승객을 수송하기 위해 정의된 메서드를 해당 클래스에서 호출해야 합니다. 표준 인터페이스가 없기 때문에 이러한 메서드는 이름이 제멋대로이거나 다른 메서드에 묻혀 있을 수도 있습니다. 상황이 얼마나 빠르게 혼란스러워질지 상상이 가시죠?

Q2 왜 인터페이스에서 속성을 사용해야 하죠? 그냥 필드를 추가할 수는 없나요?

A2 좋은 질문입니다. 인터페이스는 클래스가 해야 하는 특정한 종류의 작업을 정의할 뿐입니다. 인터페이스 자체는 객체가 아니며 인스턴스화되거나 정보를 저장할 수도 없습니다. 필드를 선언하면, 곧 변수를 선언하는 것과 마찬가지이며 변수는 데이터를 어딘가에 저장해야 합니다. 하지만 인터페이스 자신은 데이터를 저장할 수 없고요. 속성은 다른 객체에게 필드처럼 보이는 뭔가를 만들기 위한 방식으로 실제로는 메서드입니다. 사실 속성 자체는 데이터를 저장하지 않습니다.

Q3 일반적인 객체 참조와 인터페이스 참조의 차이점은 무엇인가요?

A3 일반적인 객체 참조가 작동하는 방식은 이미 다뤘습니다. Skateboard의 인스턴스 vertBoard를 만들고 새로운 참조 변수 halfPipeBoard로 이 인스턴스를 가리키면 이 두 참조는 같은 객체를 가리킵니다. 하지만 만약 Skateboard가 IStreetTricks 인터페이스를 구현했고 이 인터페이스의 참조 변수 streetBoard를 만들어 인스턴스를 가리키면 streetBoard 참조 변수는 Skateboard 클래스에 있지만 IStreetTricks 인터페이스에도 정의된 메서드만 호출할 수 있습니다.
위에서 언급한 세 참조는 모두 동일한 객체를 가리킵니다. halfPipeBoard와 vertBoard 참조를 사용하면 해당 객체의 모든 메서드와 속성에 접근할 수 있습니다. streetBoard 참조를 사용하면 IStreetTricks 인터페이스의 메서드와 속성에만 접근할 수 있습니다.

Q4 인터페이스가 객체 접근에 제한을 건다면 왜 인터페이스 참조를 사용해야 하는 거죠?

A4 인터페이스 참조는 같은 작업을 수행하는 서로 다른 객체들을 같이 처리할 수 있는 방법을 제공합니다. 인터페이스 참조 타입의 배열을 만들어 객체와 값을 주고받을 수 있습니다. 예를 들면, 앞에서 언급한 ICarryPassenger 인터페이스를 가지고 Truck, Horse, Unicycle, Car 객체 등을 다룰 수 있다는 말이죠. 이 객체들은 약간씩 다른 방식으로 승객을 태우겠지만, 여러분이 알아야 하는 것은 이들 객체의 인터페이스 참조가 동일한 매개 변수를 받고 동일한 타입의 값을 반환하는 동일한 메서드를 가지고 있다는 것뿐입니다. 그러므로 동일한 방식으로 이들 인터페이스 참조의 메서드를 호출하고 값을 전달할 수 있는 것이죠.

Q5 왜 클래스 멤버에 private이나 public이 아닌, protected를 사용해야 하는지 한 번 더 설명해 주겠어요?

A5 클래스의 캡슐화를 잘 수행하기 위해서입니다. 하위 클래스가 기본 클래스의 내부 멤버에 접근해야 하는 경우가 종종 있습니다. 예를 들어, 속성을 재정의해야 할 때 get 접근자를 사용하는 기본 클래스의 지원 필드를 사용해야 하는 경우는 꽤 흔합니다. 그래야 반환되는 값에 변화를 줄 수 있으니까요. 클래스를 작성할 때는 이유가 있는 경우에만 특정 멤버를 public으로 선언해야 합니다. protected 액세스 한정자를 사용하면 필요한 하위 클래스에만 이 멤버를 노출하면서 다른 클래스에는 private 상태를 유지할 수 있습니다.

인터페이스 참조는 인터페이스에 정의된 메서드와 속성에 관한 정보만 가지고 있습니다.

요점 정리

- **인터페이스**는 클래스가 구현해야 하는 메서드와 속성을 정의합니다.
- 인터페이스는 추상 메서드와 추상 속성을 사용해 **필요한 멤버**를 정의합니다.
- 기본적으로, 모든 인터페이스 멤버는 **public이자 abstract**로 선언됩니다(그래서 보통 public, abstract 키워드는 생략합니다).
- **콜론(:)**을 사용해 클래스에서 인터페이스를 구현할 수 있으며 클래스에서 인터페이스의 모든 멤버를 구현하지 않으면 컴파일 오류가 발생합니다.
- 클래스는 **여러 인터페이스**를 구현할 수 있습니다(또한, 인터페이스에는 구현이 없기 때문에 끔찍한 죽음의 마름모꼴이 되지 않습니다).
- 인터페이스는 서로 관련이 없는 클래스들이 **동일한 작업**을 할 수 있도록 해 주므로 매우 유용합니다.
- 인터페이스를 만들 때 인터페이스의 이름은 **대문자 I**로 시작합니다(이는 관례일 뿐, 컴파일러에서 강제하는 규칙은 아닙니다).
- 클래스 다이어그램에서 인터페이스 구현의 관계성을 표현할 때는 **점선**을 사용합니다.
- 인터페이스의 멤버는 모두 추상 멤버이기 때문에 인터페이스를 인스턴스화할 때 **new 키워드**를 사용할 수 없습니다.
- 인터페이스 **타입**을 사용해 해당 인터페이스를 구현한 객체를 참조할 수 있습니다.
- 인터페이스의 모든 메서드와 속성을 구현한다는 약속을 지키기만 하면 어떤 클래스든지 해당 인터페이스를 구현할 수 있습니다.
- public 인터페이스의 모든 멤버는 **자동으로 public**으로 선언됩니다. 이를 구현하는 클래스에서 public 메서드와 public 속성을 정의하는 데 사용하기 때문입니다.
- **핵(hack)**은 지저분하고, 허술하고, 우아하지 못하며, 나중에 관리하기 어려운, 어떤 문제의 해결책을 의미합니다.
- **is 키워드**는 객체와 타입이 일치할 때 true를 반환합니다. 또한 검사하려는 객체의 참조로 설정된 변수를 선언하는 데도 사용할 수 있습니다.
- **업캐스팅**은 보통 일반적인 할당문이나 클래스 계층의 상위 클래스로 캐스팅하는 것 또는 부모 클래스 변수를 사용해 하위 클래스 객체를 참조하는 것을 말합니다.
- is 키워드는 안전하게 클래스 계층 구조의 아래 방향으로 **다운캐스팅**하게 해 줍니다. 다운캐스팅은 하위 클래스 변수를 사용해 부모 클래스 객체를 참조할 수 있습니다.
- **인터페이스**로도 업캐스팅과 다운캐스팅을 할 수 있습니다. 객체 참조를 인터페이스 참조로 업캐스팅하거나, 반대로 인터페이스 참조를 객체 참조로 다운캐스팅할 수 있습니다.
- **as 키워드**는 캐스팅과 비슷하지만, 캐스팅이 유효하지 않을 때 예외를 던지는 대신 null을 반환합니다.
- 필드를 **readonly 키워드**로 표시하면 이 필드는 필드 선언부 또는 생성자에서만 수정할 수 있습니다.

'구현'의 사전적 의미는 '어떤 내용이 구체적인 사실로 나타나게 함'입니다.

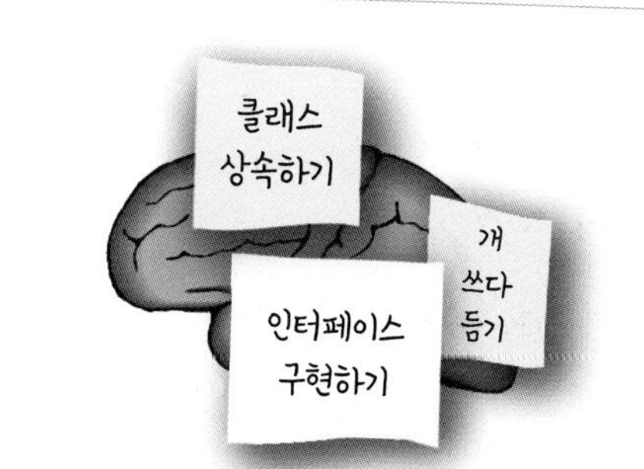

메모해 둘 것

인터페이스의 작동 방식을 기억하세요. 클래스는 상속하고 인터페이스는 구현합니다. 상속은 이미 존재하는 클래스를 이어받아 확장하는 것입니다(이 경우 작동을 추가하는 것이죠). 구현은 모든 인터페이스 멤버를 추가하기로 한 계약을 이행하는 것이죠(그리고 컴파일러가 이 계약을 강제합니다).

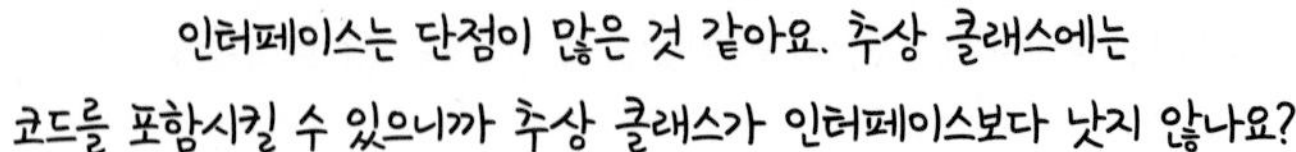

인터페이스는 단점이 많은 것 같아요. 추상 클래스에는
코드를 포함시킬 수 있으니까 추상 클래스가 인터페이스보다 낫지 않나요?

사실 정적 멤버와 기본 구현을 인터페이스에 추가할 수 있습니다

인터페이스는 단순히 클래스에 특정 멤버를 추가하라고 강제하는 수단이 아닙니다(인터페이스의 주된 역할이 맞긴 하지만요). 그러나 인터페이스도 클래스 모델을 만드는 데 사용하는 다른 도구들처럼 코드를 포함할 수 있습니다.

인터페이스에 코드를 추가하는 가장 쉬운 방법은 정적 메서드, 정적 속성, 정적 필드를 추가하는 것입니다. 이들 정적 멤버는 클래스에서와 동일하게 작동합니다. 이들은 어떤 데이터든 저장할 수 있으며(객체 참조도요), Interface.MethodName(); 과 같이 일반적인 정적 메서드처럼 호출할 수 있습니다.

메서드의 기본 구현을 추가해서 인터페이스에 코드를 포함할 수도 있습니다. 기본 구현을 추가하려면 인터페이스의 메서드에 메서드 본체를 추가하기만 하면 됩니다. 이 메서드는 객체의 일부가 아니며(상속과는 다릅니다) 인터페이스 참조를 통해서만 이 메서드에 접근할 수 있습니다. 인터페이스의 메서드를 통해 인터페이스에 선언된 다른 메서드(객체가 구현한 메서드)에 접근할 수도 있습니다.

주의하세요!

기본 인터페이스 구현체는 C#의 최신 기능입니다. 기본 구현은 C# 8.0에서 추가됐습니다. 2019년 9월에 출시된 비주얼 스튜디오 2019(버전 16.3.0)에서 포함됐으므로 2019보다 낮은 버전을 사용하고 있다면 기본 인터페이스 구현체를 사용할 수 없습니다.

정적 멤버를 가지는 인터페이스

좁은 퍼레이드 차에 광대들이 구겨 타고 있는 모습은 모든 사람이 좋아하죠! **＊역주** 과거 미국에서는 퍼레이드 등에서 화려하게 꾸민 좁은 차에 광대들이 타고 행진하고는 했습니다. 그러니 IClown 인터페이스를 수정해서 광대 퍼레이드 설명 문구를 반환하는 정적 메서드를 추가해 봅시다.

- 임의의 수를 생성해야 하므로 Random 인스턴스를 참조하는 정적 변수를 추가하겠습니다. 이 변수는 나중에 IScaryClown에서도 사용할 것이므로 protected로 표시합니다.
- 퍼레이드 차에는 광대들이 한가득 타고 있어야 웃기죠. 그러니 static int 타입 속성을 추가하면서 10 이상의 값만 허용하는 set 접근자와 이 속성의 private static 지원 필드를 함께 추가하겠습니다.
- ClownCarDescription() 메서드는 퍼레이드 차를 설명하는 문자열을 반환합니다.

IClown
FunnyThingIHave static CarCapacity protected static Random
Honk static ClownCarDescription

코드는 다음과 같습니다. 마치 클래스처럼 정적 필드, 정적 속성, 정적 메서드를 사용하고 있습니다.

```
interface IClown
{
    string FunnyThingIHave { get; }
    void Honk();
    protected static Random random = new Random();
    private static int carCapacity = 12;
    public static int CarCapacity
    {
        get { return carCapacity; }
        set
           {
               if (value > 10) carCapacity = value;
               else Console.Error.WriteLine($"Warning: Car capacity {value} is too small");
           }
    }
    public static string ClownCarDescription()
    {
        return $"A clown car with {random.Next(CarCapacity / 2, CarCapacity)} clowns";
    }
}
```

정적 random 필드는 protected 액세스 한정자로 표시했습니다. 이는 IClown 또는 IClown을 상속한 인터페이스(IScaryClown 같은)가 이 필드에 접근할 수 있다는 의미입니다.

이제 Main() 메서드에 다음 코드를 추가해서 IClown의 정적 멤버에 접근할 수 있습니다.

```
static void Main(string[] args)
{
    IClown.CarCapacity = 18;
    Console.WriteLine(IClown.ClownCarDescription());

    // Main() 메서드의 나머지 내용은 이전과 동일합니다.
}
```

private 필드를 인터페이스에 추가해 보세요. 필드를 추가할 수 있지만, 이 필드는 static이어야 합니다! static 키워드를 빼면 컴파일러가 인터페이스는 인스턴스 필드를 가질 수 없다는 오류를 보여 줄 것입니다.

정적 인터페이스 멤버는 이전에 살펴본 정적 클래스 멤버와 완전히 동일하게 작동합니다. public 멤버는 모든 클래스가 사용할 수 있고, private 멤버는 IClown 인터페이스 내부에서만 사용될 수 있으며, protected 멤버는 IClown 또는 이를 상속한 인터페이스 내부에서 사용할 수 있습니다.

인터페이스 메서드에 본체를 추가하는 기본 구현

인터페이스 메서드에 본체 추가하기

지금까지 살펴봤던 인터페이스 메서드는 정적 메서드를 제외하면 모두 추상 메서드였습니다. 그렇기 때문에 메서드의 본체가 없으며 이 인터페이스를 구현하는 클래스가 메서드의 구현체를 제공해야 했죠.

```
interface IWorker
{
    string Job { get; }
    void WorkTheNextShift();

    void Buzz()
    {
        Console.WriteLine("Buzz!");
    }
}
```

하지만 인터페이스 메서드에 기본 구현을 제공할 수도 있습니다. 다음 코드를 살펴보세요.

필요하다면 private 메서드를 인터페이스에 추가할 수 있지만, 이 메서드는 public 기본 구현에서만 호출할 수 있습니다. 그러면 이 기본 구현을 호출할 수 있습니다. 다만 이 메서드를 호출하려면 인터페이스 참조를 사용해야 합니다.

```
IWorker worker = new NectarCollector();
worker.Buzz();
```

하지만 다음 코드는 컴파일되지 않습니다. 컴파일할 경우 "'NectarCollector'에 'Buzz'에 대한 정의가 없습니다."라는 오류 메시지가 나옵니다.

```
NectarCollector pearl = new NectarCollector();
pearl.Buzz();
```

오류가 발생한 이유는 인터페이스의 기본 구현이 가상 메서드이기 때문입니다(앞서 클래스에서 사용했죠). 인터페이스를 구현하는 클래스는 이 메서드를 구현해도 되고 안 해도 됩니다. 가상 메서드는 인터페이스에 연결되어 있습니다. 다른 인터페이스 구현체와 마찬가지로 이 가상 메서드는 상속되지 않습니다. 이러한 특성에는 장점이 있습니다. 만약 클래스가 구현한 인터페이스에서 기본 구현을 이어받게 되면 클래스가 인터페이스 2개를 구현하고, 이 인터페이스들에 기본 구현을 가지는 동일한 이름의 메서드가 있으면 또 끔찍한 죽음의 마름모꼴 사태가 발생할 수 있죠.

@를 사용해서 축자 문자열 리터럴 만들기

@ 문자는 C# 프로그램에서 특별한 의미를 가지고 있습니다. 문자열 리터럴의 맨 앞에 @ 문자를 넣으면, C# 컴파일러는 이 리터럴을 축자(verbatim)로 해석합니다. 그러면 슬래시가 이스케이프 시퀀스로 쓰이지 않게 되며 @"₩n"는 줄바꿈 문자 대신, 문자열 그대로 슬래시 문자와 n 문자를 나타내게 됩니다. 또한 문자열 안에 줄바꿈 문자가 있을 때도 그대로 처리합니다: @"Line 1
Line 2": "Line1₩nLine2"와 동일합니다(줄바꿈 문자가 포함되어 있음을 눈여겨보세요).

축자 문자열 리터럴을 사용해 줄 바꿈 문자 여러 개가 포함된 여러 줄의 문자열을 만들 수도 있습니다. 이는 문자열 보간과도 함께 잘 작동하며, 문자열 맨 앞에 $만 추가하면 됩니다.

ScareAdults 메서드와 기본 구현 추가하기

IScaryClown 인터페이스는 무서운 광대를 시뮬레이션하는 최첨단 인터페이스입니다. 하지만 문제가 있습니다. 이 인터페이스에는 어린애들을 겁주는 메서드만 있습니다. 만약 이 광대들이 어른들도 겁먹게 하려면 어떻게 해야 할까요? IScaryClown 인터페이스에 추상 ScareAdults() 메서드를 추가할 수도 있습니다. 하지만 IScaryClown을 구현한 클래스가 이미 수십 개 있다면 어쩌죠? 게다가 이들 대부분이 동일한 ScareAdults() 메서드 구현을 가져도 되기까지 한다면 어떨까요? 이럴 때 유용한 것이 바로 기본 구현입니다. 기본 구현은 인터페이스를 이미 구현해서 사용하고 있는 클래스를 고칠 필요 없이 인터페이스에 메서드를 추가할 수 있게 해 줍니다. 기본 구현을 가진 ScareAdults() 메서드를 IScaryClown에 추가해 봅시다.

```
interface IScaryClown : IClown
{
    string ScaryThingIHave { get; }
    void ScareLittleChildren();
    void ScareAdults()
    {
        Console.WriteLine($@"I am an ancient evil that will haunt your dreams.
Behold my terrifying necklace with {random.Next(4, 10)} of my last victim's fingers.
Oh, also, before I forget...");
        ScareLittleChildren();
    }
}
```

여기서는 축어 리터럴을 사용하고 있습니다. 줄 바꿈 문자를 표현하기 위해 '\n'을 넣는 대신 문자열 리터럴을 직접 사용하고 있죠. 이 편이 훨씬 읽기 쉽습니다.

ScareAdults() 메서드의 작동 방식을 더 자세히 살펴봅시다. 이 메서드는 명령어 두 줄로 이루어져 있지만, 많은 내용이 포함되어 있습니다. 이 명령어가 무슨 일을 하는지 하나하나 쪼개서 살펴봅시다.

- Console.WriteLine 명령문은 축어 리터럴과 문자열 보간을 함께 사용하고 있습니다. 리터럴은 $@으로 시작하며, $는 문자열 보간을, @는 축어 리터럴을 사용한다는 사실을 나타냅니다. 그래서 이 리터럴에는 줄 바꿈 문자 3개가 들어갈 수 있습니다.
- 리터럴은 문자열 보간을 사용해 random.Next(4, 10)을 호출합니다. 이는 private 정적 필드인 random을 사용하는데, 이 필드는 IClown에서 IScaryClown으로 상속된 필드입니다.
- 앞서 정적 필드는 오직 사본 하나를 가지는 필드라고 배웠죠. 그러므로 이 Random 인스턴스는 IClown과 IScaryClown 모두가 공유하는 단 하나의 사본입니다.
- ScareAdults() 메서드의 마지막 줄은 ScareLittleChildren() 메서드를 호출합니다. 이 메서드는 IScaryClown 인터페이스의 추상 메서드이므로 이 명령문은 IScaryClown을 구현하는 클래스의 ScareLittleChildren 메서드를 호출합니다.
- 즉, ScareAdults()는 IScaryClown을 구현한 클래스(그게 어떤 클래스든지 간에)에 정의되어 있는 ScareLittleChildren() 메서드를 호출한다는 의미입니다.

Main() 메서드의 if 문 이후 코드 블록을 수정해서 ScareLittleChildren() 대신 ScareAdults() 메서드를 호출하면 기본 구현이 호출됩니다.

```
if (fingersTheClown is IScaryClown iScaryClownReference)
{
    iScaryClownReference.ScareAdults();
}
```

인터페이스는 너무 이론적이에요.
이 책의 소소한 예제가 어떻게 작동하는지는 잘 알겠는데요,
개발자가 실제로 프로젝트에서 인터페이스를 사용하나요?

C# 개발자는 항상 인터페이스를 사용합니다. 특히 라이브러리, 프레임워크, API를 사용할 때 말이죠

개발자는 언제나 거인의 어깨 위에서 세상을 봅니다. 여러분은 이제 이 책의 절반 정도를 읽었습니다. 그동안 콘솔에 텍스트를 출력하고, 창과 버튼을 화면에 그리고, 3D 객체를 렌더링하는 코드를 작성했죠. 딱히 바이트를 하나하나 쪼개서 콘솔에 출력하거나, 창에 선을 긋고 텍스트를 출력해 버튼을 그리거나, 구체를 표시하기 위해 계산을 하는 코드를 작성할 필요는 없었습니다. 다른 사람들이 이미 작성해 놓은 코드를 최대한 이용했기 때문이죠.

- 여러분은 지금까지 .NET Core와 WPF와 같은 프레임워크를 사용했습니다.
- 여러분은 지금까지 유니티 스크립팅 같은 API를 사용했습니다.
- 프레임워크와 API는(코드의 맨 위에 넣는 using 지시자로 가져다 쓸 수 있는) 다양한 클래스 라이브러리를 포함하고 있습니다.

또한, 라이브러리, 프레임워크, API를 사용한다면 인터페이스도 많이 사용하게 됩니다. 직접 한번 찾아보세요. .NET Core 또는 WPF 응용 프로그램 프로젝트를 열고 코드에서 아무 메서드나 메서드 본체 부분을 클릭한 다음 'I'를 입력하면 [인텔리센스] 창이 표시됩니다. 'I'라는 글자로 시작하며 심볼(⊶) 모양을 가진 항목들은 인터페이스로 모두 프레임워크를 다루기 위해 사용할 수 있습니다.

여기서 다루는 WPF 기능은 맥OS에서는 지원되지 않기 때문에 Visual Studio for Mac 학습자 가이드에 이 섹션은 포함되어 있지 않습니다.

WPF 컨트롤을 자동으로 갱신하는 데이터 바인딩

인터페이스를 사용하는 실세계의 훌륭한 예시로 데이터 바인딩을 한번 살펴보겠습니다. **데이터 바인딩(data binding)**은 WPF의 유용한 기능으로 객체의 속성 값에 따라 컨트롤의 속성이 자동으로 설정되도록 구성할 수 있습니다. 그러면 객체의 속성을 변경하면 컨트롤의 속성이 그에 따라 최신 내용으로 변경됩니다.

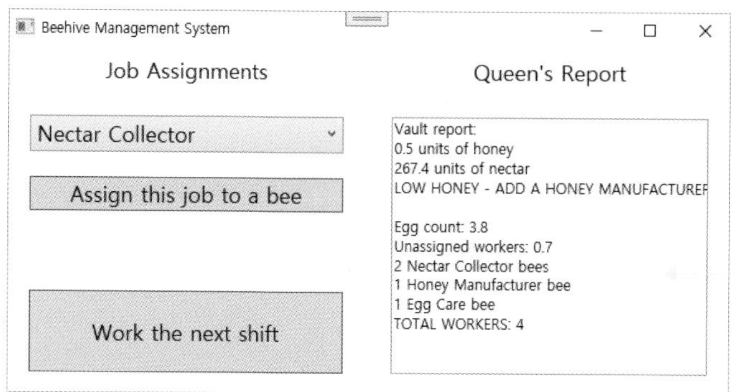

6장의 벌집 관리 시스템에서는 statusReport.Text의 값을 수동으로 변경해 TextBox 컨트롤을 갱신했습니다. 이번에는 데이터 바인딩을 사용해 TextBox가 자동으로 갱신되도록 코드를 변경해 보겠습니다.

벌집 관리 시스템을 변경하는 과정은 대강 다음과 같습니다. 자세한 내용은 다음 페이지에서 살펴볼 것입니다.

01 **Queen 클래스를 수정해서 INotifyPropertyChanged 인터페이스를 구현합니다.**
이 인터페이스는 상황 보고서 갱신 여부를 Queen 객체가 외부에 알릴 수 있게 해 줍니다.

02 **Queen 클래스의 인스턴스를 생성하도록 XAML 코드를 수정합니다.**
TextBox.Text 속성의 값을 Queen 객체의 StatusReport 속성에 바인딩할 것입니다.

03 **코드 숨김 파일을 수정해 'queen' 필드에 방금 생성한 Queen 인스턴스를 할당합니다.**
현재 MainWindow.xaml.cs 파일의 queen 필드는 필드 선언부에서 new 문을 사용해 Queen 인스턴스를 생성하고 있습니다. 이 코드를 수정해서 XAML에서 생성한 인스턴스를 대신 사용하도록 할 것입니다.

데이터 바인딩은 데이터 콘텍스트(data context)에서 시작합니다. 이 앱의 경우, 데이터 콘텍스트는 TextBox에 표시할 데이터를 담고 있는 객체를 의미합니다. 여기서는 Queen 인스턴스를 데이터 콘텍스트로 사용할 것입니다.

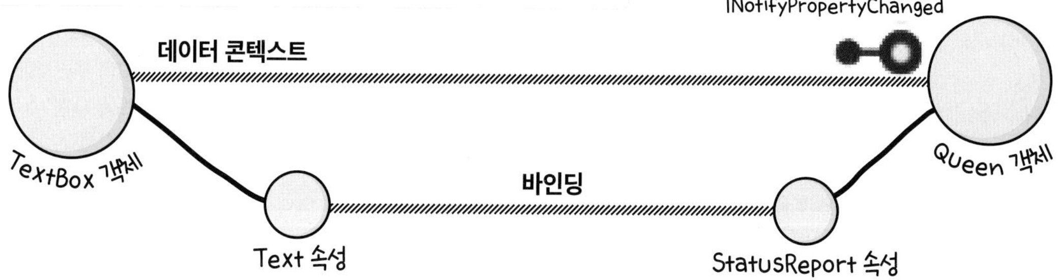

Queen은 자신의 StatusReport 속성의 값이 변경됐을 때 TextBox에 알려 줘야 합니다. 이를 위해, Queen 클래스를 수정해서 INotifyPropertyChanged 인터페이스를 구현하도록 해야 합니다.

데이터 바인딩을 사용하도록 벌집 관리 시스템 수정하기

데이터를 컨트롤에 바인딩하기

WPF 애플리케이션에 데이터 바인딩을 추가해 보겠습니다. 6장의 BeehiveManagementSystem 프로젝트를 여세요.

따라해 보세요!

01 Queen 클래스를 변경해서 INotifyPropertyChanged 인터페이스를 구현합니다.

이 인터페이스는 System.ComponentModel에 속해 있으므로 using 지시자를 namespace 아래에 추가해야 합니다.

```
using System.ComponentModel;
```

클래스 선언부 끝에 INotifyPropertyChanged를 추가하세요. 그러면 INotifyPropertyChanged 아래에 빨간색 물결선이 표시되고 아직 멤버가 추가되지 않아 구현되지 않은 인터페이스가 남아 있음을 알려 줍니다.

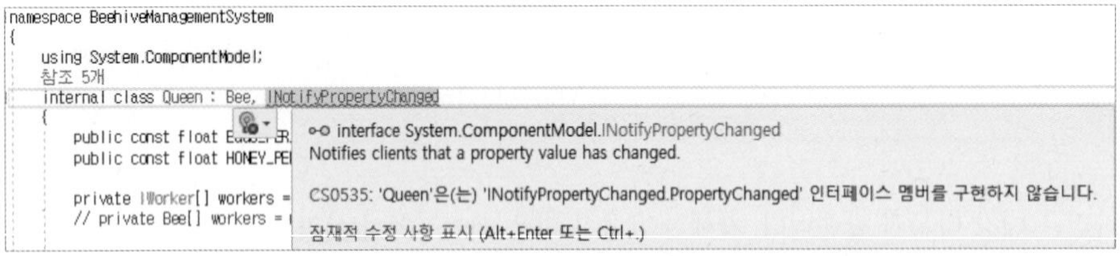

```
namespace BeehiveManagementSystem
{
    using System.ComponentModel;
    참조 5개
    internal class Queen : Bee, INotifyPropertyChanged
    {
        public const float E...ER.
        public const float HONEY_PE
        
        private IWorker[] workers =
        // private Bee[] workers = 
```

```
interface System.ComponentModel.INotifyPropertyChanged
Notifies clients that a property value has changed.

CS0535: 'Queen'은(는) 'INotifyPropertyChanged.PropertyChanged' 인터페이스 멤버를 구현하지 않습니다.

잠재적 수정 사항 표시 (Alt+Enter 또는 Ctrl+.)
```

[잠재적 수정 사항 표시]를 클릭하거나 [Alt]+[Enter] 또는 [Ctrl]+[,] 키를 누르고, [인터페이스 구현]을 클릭하면 다음 코드가 추가됩니다.

```
public event PropertyChangedEventHandler PropertyChanged;
```

event 키워드는 이미 사용해 본 적이 있습니다. 1장의 DispatcherTimer의 Tick 이벤트와 Button 컨트롤의 Click 이벤트가 그것이죠. 이제 Queen 클래스에 PropertyChanged 이벤트를 추가해서 WPF에 속성이 변경되었음을 알리고, 데이터를 바인딩합니다. Queen 클래스 하단에 OnPropertyChanged() 메서드를 작성하세요. Dispatcher 클래스가 Tick 이벤트를 발생시킨 것처럼, Queen 클래스는 속성이 변경되면 OnPropertyChanged 이벤트를 발생시킵니다.

```
protected void OnPropertyChanged(string name)
{
    PropertyChanged?.Invoke(this, new PropertyChangedEventArgs(name));
}
```

Queen 클래스에 이벤트를 추가했고, ? 연산자를 사용해서 이벤트를 호출하는 메서드를 추가했습니다. 이벤트에 대해 더 궁금하다면 책의 후반부에 나오는 이벤트에 대한 추가 내용을 확인하세요.

그리고 OnPropertyChanged를 호출하도록 UpdateStatusReport( ) 메서드를 변경합니다.

```
private void UpdateStatusReport()
{
    StatusReport = $"Vault report:\n{HoneyVault.StatusReport}\n" +
    $"\nEgg count: {eggs:0.0}\nUnassigned workers: {unassignedWorkers:0.0}\n" +
    $"{WorkerStatus("Nectar Collector")}\n{WorkerStatus("Honey Manufacturer")}" +
    $"\n{WorkerStatus("Egg Care")}\nTOTAL WORKERS: {workers.Length}";
    OnPropertyChanged("StatusReport");
}
```

02 XAML을 수정해서 Queen 인스턴스를 생성합니다.

지금까지는 new 키워드 또는 유니티의 Instantiate() 메서드를 사용해 객체를 생성했습니다. XAML을 사용해 클래스의 인스턴스를 생성할 수 있는 다른 방법이 있습니다. 다음 코드를 XAML 코드의 <Grid> 태그 바로 위에 추가하세요.

```
<Window.Resources>
    <local:Queen x:Key="queen"/>
</Window.Resources>
```

이 태그는 Queen의 새 인스턴스를 생성하고 인스턴스를 Window의 리소스에 추가합니다. WPF 창은 컨트롤이 사용하는 객체에 대한 참조들을 리소스에 저장합니다.

그런 다음 <Grid> 태그를 수정해 DataContext 특성을 추가하세요.

```
<Grid DataContext="{StaticResource queen}">
```

마지막으로, Text 특성을 <TextBox> 태그에 추가해서 Queen의 StatusReport 속성을 TextBox에 바인딩하세요.

```
<TextBox Text= "{Binding StatusReport, Mode=OneWay}" ...
```

이제 TextBox는 Queen 객체가 PropertyChanged 이벤트를 호출할 때마다 갱신됩니다.

03 코드 숨김 파일을 수정해서 창의 리소스에 저장된 Queen의 인스턴스를 사용합니다.

현재 MainWindow.xaml.cs의 queen 필드는 필드 선언부에서 new 문을 사용해서 Queen 인스턴스를 생성하고 있습니다. new 문 대신에 XAML로 생성한 인스턴스를 사용하도록 명령문을 수정합니다.

먼저 statusReport.Text의 값을 설정하는 코드 세 줄을 주석 처리(또는 삭제)합니다. MainWindow 생성자에 한 줄, WorkShift_Click과 AssignJob_Click 이벤트 핸들러에 각각 한 줄씩 있습니다.

```
// statusReport.Text = queen.StatusReport;
```

그런 다음 맨 윗줄의 Queen 필드 선언부를 다음과 같이 수정합니다.

```
private readonly Queen queen;
```

마지막으로 생성자를 수정해서 queen 필드를 다음과 같이 설정하도록 합니다.

```
public MainWindow()
{
    InitializeComponent();
    queen = Resources["queen"] as Queen;
    // statusReport.Text = queen.StatusReport;
    timer.Tick += Timer_Tick;
    timer.Interval = TimeSpan.FromSeconds(1.5);
    timer.Start();
}
```

이제 WPF은 데이터 바인딩을 사용하므로 더 이상 상황 보고서의 TextBox의 Text 속성을 사용할 필요가 없습니다. 그러므로 이 줄을 주석 처리하거나 삭제하세요.

이 코드는 Resources라는 **사전(dictionary)**을 사용합니다(사전은 다음 장에서 배웁니다). 이제 게임을 실행해 보세요. 게임은 이전과 동일하게 작동하지만, Queen이 상황 보고서를 갱신할 때마다 자동으로 TextBox도 같이 갱신됩니다.

축하합니다! 인터페이스를 사용해서 WPF 애플리케이션에 데이터 바인딩을 추가했습니다.

무엇이든 물어보세요!

Q&A

Q1 지금까지 책 내용을 잘 따라온 것 같긴 한데요. 혹시 제가 빼먹은 것이 있는지 한번 복기해 주겠어요?

A1 물론이죠. 6장에서 만들었던 벌집 관리 시스템 프로젝트는 TextBox(statusReport)의 Text 속성을 다음과 같은 코드를 사용해 갱신했습니다.

```
statusReport.Text = queen.StatusReport;
```

이 앱을 데이터 바인딩을 사용하도록 수정해서, Queen 객체가 자신의 StatusReport 속성을 수정할 때마다 자동으로 TextBox를 갱신하도록 했습니다. 이 수정 작업에는 변경 사항이 3개 있었습니다. 첫째, Queen 클래스가 INotifyPropertyChanged 인터페이스를 구현해서 속성이 변경될 때 UI에 알림을 보내도록 했습니다. 둘째, XAML 코드를 수정해 Queen 인스턴스를 생성하고, TextBox.Text 속성을 Queen 객체의 StatusReport 속성에 바인딩했습니다. 셋째, 코드 숨김 파일을 수정해서 XAML에서 생성한 인스턴스를 대신 사용하고, statusReport.Text의 값을 설정하는 코드를 제거했습니다.

Q2 인터페이스는 정확히 왜 사용하는 것인가요?

A2 INotifyPropertyChanged 인터페이스는 WPF에 속성이 변경됐다는 것을 알릴 수 있도록 해 줍니다. 이 기능으로 해당 속성이 바인딩된 컨트롤을 자동으로 갱신할 수 있죠. 인터페이스는 특정한 작업을 수행한다는 면에서 클래스와 다른 점이 없습니다. INotifyPropertyChanged 인터페이스의 경우에는 WPF 애플리케이션에서 일어나는 속성의 변경을 알리는 것이죠. 이 인터페이스는 PropertyChanged라는 이벤트 하나를 가지고 있습니다. 데이터 바인딩에 클래스를 사용하면, WPF는 이 클래스가 INotifyPropertyChanged 인터페이스를 구현했는지 검사합니다. 인터페이스가 구현되어 있다면 WPF는 클래스의 PropertyChanged 이벤트에 이벤트 핸들러를 연결합니다. 이 연결 작업은 여러분이 Button의 Click 이벤트에 이벤트 핸들러를 연결했던 것과 비슷합니다.

Q3 디자인 화면을 열어 보니, 상황 보고서 TextBox의 값이 더 이상 공백이 아니네요. 데이터 바인딩 때문인가요?

A3 눈썰미가 있으시네요! 그렇습니다. XAML 코드를 수정해 <Window.Resources> 섹션을 추가해서 Queen 객체 인스턴스를 생성하면 비주얼 스튜디오 XAML 디자이너는 해당 객체의 인스턴스를 생성합니다. 그리드를 수정해 데이터 콘텍스트를 추가하고 TextBox의 Text 속성에 바인딩을 추가하면, 디자이너는 이 정보를 사용해 텍스트를 출력합니다. 그러므로 일단 데이터 바인딩을 사용하게 되면, 프로그램을 실행할 때만 객체가 인스턴스화되는 것이 아닙니다. 비주얼 스튜디오는 XAML 창에서 XAML을 편집하고 있을 때도 객체의 인스턴스를 생성합니다. 이는 IDE의 강력한 기능 중 하나인데, 코드에서 속성을 변경하고 컴파일하면 그 결과가 디자이너에 곧바로 반영되기 때문입니다.

데이터 바인딩은 속성에 적용할 수 있고, 필드에는 적용할 수 없습니다. 데이터 바인딩은 public 속성에만 적용할 수 있습니다. WPF 컨트롤 특성에 public 필드를 바인딩하려고 시도하면, 아무 변화도 일어나지 않고 예외도 발생하지 않습니다.

다형성은 객체가 여러 형태를 가질 수 있음을 의미합니다

다른 타입의 같은 객체 fx

IWorker가 들어갈 자리에 RoboBee를 사용하거나, Animal이 들어갈 자리에 Wolf를 사용하거나, 치즈가 필요하다는 레시피에 숙성된 체더치즈를 사용할 때, 이는 **다형성(polymorphism)** 개념을 이용하는 것입니다. 다형성은 업캐스팅과 다운캐스팅을 할 때 적용되는 개념이므로, 메서드나 명령문이 요구하는 것과 다른 객체를 넘겨주는 것을 의미합니다.

어떤 클래스의 인스턴스를 가지고 다른 타입(이 클래스의 부모 클래스 또는 클래스가 구현하는 인터페이스)을 요구하는 명령문이나 메서드에 사용할 때, 여러분은 다형성을 사용하고 있는 것입니다.

다형성에 눈을 뜨세요!

여러분은 지금까지 다형성을 사용하고 있었습니다. 이러한 개념을 설명하기 위해 다형성이라는 단어를 사용하지 않은 것뿐이었죠. 이후 장에서, 얼마나 다양한 방식으로 다형성을 활용하는지 잘 지켜보세요.
다음은 다형성을 이용하는 전형적인 방식 4가지를 설명한 목록입니다. 각 방식에 해당하는 예제가 함께 적혀 있습니다. 다음 장의 연습 문제에서 비슷한 코드를 작성하게 되면, 이 페이지로 돌아와 다음 목록에 있는 항목을 체크해 보세요.

☐ 한 클래스가 구현하는 타입의 참조 변수를 만들어서 그 클래스와는 다른 클래스의 인스턴스를 할당하기

```
NectarStinger bertha = new NectarStinger();
INectarCollector gatherer = bertha;
```

☐ 명령문이나 메서드에서 기본 클래스가 올 자리에 하위 클래스를 사용해서 업캐스팅하기

```
spot = new Dog();
zooKeeper.FeedAnAnimal(spot);
```

FeedAnAnimal 메서드는 Animal 객체를 받지만, Dog 클래스는 Animal 클래스를 상속하기 때문에 Dog 객체를 FeedAnAnimal 메서드에 전달할 수 있습니다.

☐ 인터페이스 타입의 참조 변수를 만들고, 이 인터페이스를 구현한 객체를 가리키도록 하기

```
IStingPatrol defender = new StingPatrol();
```

이것도 업캐스팅입니다!

☐ is 키워드 사용해 다운캐스팅하기

```
void MaintainTheHive(IWorker worker)
{
    if (worker is HiveMaintainer)
    {
        HiveMaintainer maintainer = worker as HiveMaintainer;
    ...
```

MaintainTheHive() 메서드는 IWorker를 매개 변수로 받습니다. as 키워드를 사용해 HiveMaintainer 타입 참조가 worker를 가리키도록 합니다.

데이터와 코드를 클래스와 객체로 결합한다는 아이디어가 처음 소개됐을 때, 이는 혁명적인 아이디어였습니다. 하지만 지금까지 여러분이 C# 프로그램을 작성해 온 방식이 바로 OOP이므로, 여러분은 OOP를 그냥 일반적인 프로그래밍 방식으로 받아들여도 됩니다.

여러분은 객체 지향 개발자입니다

방금까지 살펴본 주제에는 사실 이름이 있습니다. 이 주제는 **객체 지향 프로그래밍(object-oriented programming)** 또는 **OOP**라고 부릅니다. C# 같은 객체가 등장하기 이전, 사람들은 코드를 작성할 때 객체나 메서드를 사용하지 않았습니다. 그냥 함수(비객체 지향 프로그램에서는 메서드를 이렇게 부릅니다)를 사용했고 함수는 모두 한곳에 모여 있었죠. 하나의 프로그램은 마치 정적 메서드밖에 없는 하나의 커다란 정적 클래스 같았습니다. 그래서 풀려는 문제를 잘 모델링하는 프로그램을 만들기가 매우 어려웠습니다. 다행히도 여러분은 OOP 외의 방식으로 프로그램을 작성할 일은 없을 것입니다. OOP는 C#의 핵심적인 부분이거든요.

객체 지향 프로그래밍의 4가지 핵심 원칙

개발자들이 OOP를 이야기할 때 반드시 알아야 할 4가지 중요한 원칙이 있습니다. 사실 여러분은 지금까지 이 원칙들을 살펴봤기 때문에 각 원칙이 친숙할 것입니다. 5, 6장에서 상속, 추상화, 캡슐화를 모두 설명했고, 7장에서 다형성도 언급했기 때문이죠.

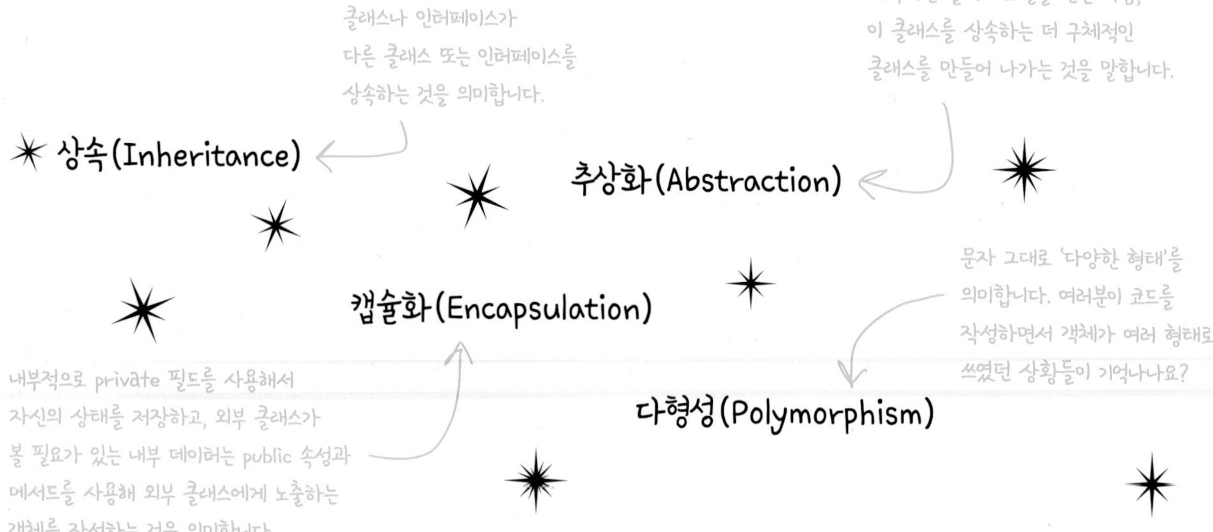

클래스나 인터페이스가
다른 클래스 또는 인터페이스를
상속하는 것을 의미합니다.
상속(Inheritance)
더 일반적인(또는 추상) 클래스부터
시작하는 클래스 모델을 만든 다음,
이 클래스를 상속하는 더 구체적인
클래스를 만들어 나가는 것을 말합니다.
추상화(Abstraction)
캡슐화(Encapsulation)
내부적으로 private 필드를 사용해서
자신의 상태를 저장하고, 외부 클래스가
볼 필요가 있는 내부 데이터는 public 속성과
메서드를 사용해 외부 클래스에게 노출하는
객체를 작성하는 것을 의미합니다.
문자 그대로 '다양한 형태'를
의미합니다. 여러분이 코드를
작성하면서 객체가 여러 형태로
쓰였던 상황들이 기억나나요?
다형성(Polymorphism)

CHAPTER 08

데이터 조직하기

열거형과 컬렉션

자, 이번 장면에서 엑스트라들은 모두
키 순서대로 서야 합니다. 빨리 움직이세요!

데이터는 여러분이 바라는 것처럼 항상 깔끔하게 정돈되어 있지 않습니다

실생활에서 여러분이 데이터를 다룰 때는 정리되지 않은 자잘한 데이터를 받는 경우가 대다수입니다. 아니, 데이터는 보통 무더기로 쌓여 들어오죠. 이러한 데이터를 정리하려면 강력한 도구가 필요할 것입니다. 열거형과 컬렉션이 바로 그 도구죠. 열거형은 데이터를 분류하는 유효한 값을 정의할 수 있게 해 주는 타입입니다. 컬렉션은 여러 값을 저장하는 특수한 객체로, 프로그램이 처리할 모든 데이터를 저장, 정렬, 관리할 수 있게 해 줍니다. 컬렉션을 사용하면 컬렉션이 데이터를 저장하는 기능을 제공하므로, 개발자는 데이터를 다루는 프로그램을 작성하는 데 집중할 수 있습니다.

문자열은 데이터 분류에 적합하지 않습니다

문자열은 이상한 데이터도 저장할 수 있습니다.

이제부터 몇 장에 걸쳐 트럼프 카드를 처리하는 코드를 작성해 보겠습니다. 앞으로 계속 사용할 Card 클래스를 작성해 보죠. 먼저, 새 Card 클래스를 만들어 생성자에서 무늬(suit)와 숫자(value)를 받아 문자열로 저장해 보겠습니다.

```
internal class Card
{
    public string Value { get; set; }
    public string Suit { get; set; }
    public string Name { get { return $"{Value} of {Suit}"; } }
    public Card(string value, string suit)
    {
        Value = value;
        Suit = suit;
    }
}
```

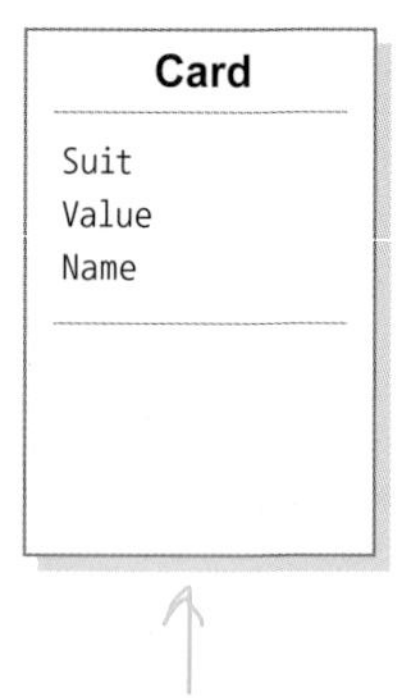

이 카드는 무늬와 숫자를 저장하기 위해 문자열 속성을 사용합니다.

나쁘지 않네요. 이제 Card 객체를 다음처럼 생성하고 사용할 수 있습니다.

```
Card aceOfSpades = new Card("Ace", "Spades");
Console.WriteLine(aceOfSpades.Name); // "Ace of Spades"를 출력
```

하지만 문제가 있네요. 문자열을 사용해서 무늬와 숫자를 저장하면 다음처럼 예외적인 값을 넣을 수 있습니다.

```
Card duchessOfRoses = new Card("Duchess", "Roses");
Card fourteenOfBats = new Card("Fourteen", "Bats");
Card dukeOfOxen = new Card("Duke", "Oxen");
```

이 코드는 정상적으로 컴파일되지만, 이 무늬와 숫자의 값은 말이 안 됩니다. Card 클래스는 이러한 값을 유효한 데이터로 처리하면 안 됩니다.

생성자에 코드를 추가해 각 문자열이 유효한 무늬와 숫자를 나타내는 값인지 확인하고, 잘못된 값일 경우 예외를 발생시킬 수 있습니다. 이것도 유효한 접근 방식입니다. 물론 여러분이 예외를 제대로 처리해야 하긴 하지만요.

C# 컴파일러가 자동으로 잘못된 값을 인식해 준다면 좋지 않을까요? 심지어 프로그램을 실행하기 전에 컴파일러가 모든 카드의 값이 유효한지 확인해 준다면? 그런 기능이 이미 있습니다! 여러분은 유효한 값을 열거(enumerate)하기만 하면 됩니다.

황소 공작(Duke of Oxen) 같은 카드 따윈 없겠죠.

> **열거하다(enumerate) [동사]**
>
> **여러 예시나 차례를 늘어놓다.**
>
> 랄프는 로라의 잘못을 온 세상에 낱낱이 열거했습니다.

열거형은 유효한 값의 모음을 다룰 수 있게 해 줍니다

enum 또는 열거형(enumeration type)은 특정한 값만 허용하는 데이터 타입입니다. 열거형 Suits를 정의하면 특정 무늬만 허용할 수 있습니다.

열거형을 정의할 때에는 enum 키워드 다음에 열거형의 이름을 적습니다. 이 열거형의 이름은 Suits입니다.

```
enum Suits {
    Diamonds,
    Clubs,
    Hearts,
    Spades,
}
```

마지막 열거형 멤버에는 쉼표가 없어도 되지만, 쉼표가 있을 경우 텍스트를 복사한 후 붙여 넣을 때 텍스트를 정렬하기 쉽습니다.

열거형의 나머지 부분은 중괄호 안에 오는 멤버의 목록이며, 각 멤버는 쉼표로 구분됩니다. 각 멤버는 유일한 값이어야 하며, 이 열거형에서는 각 무늬를 나타냅니다.

열거형은 새로운 타입을 정의합니다

enum 키워드를 사용하면 새로운 타입이 정의됩니다. 열거형에 대해 알아 두면 유용한 몇 가지 사항을 살펴보겠습니다.

- 열거형은 변수 정의에서 타입(string, int 같은)처럼 사용할 수 있습니다.

```
Suits mySuit = Suits.Diamonds;
```

- 열거형은 타입이므로 배열을 생성할 때 사용할 수 있습니다.

```
Suits[] myVals= new Suits[3] { Suits.Spades, Suits.Clubs, mySuit };
```

- == 연산자를 사용해 열거형 값을 비교할 수 있습니다. 다음 메서드는 Suit 열거형을 매개 변수로 받아서 == 연산자를 사용해 Suits.Hearts와 같은지 비교합니다.

```
void IsItAHeart(Suits suit)
{
    if (suit == Suits.Hearts)
    {
        Console.WriteLine("You pulled a heart!");
    } else {
        Console.WriteLine($"You didn't pull a heart: {suit}");
    }
}
```

열거형의 ToString 메서드는 열거형 값과 동등한 문자열을 반환합니다. Suits.Spades.ToString()의 경우 'Spades'를 반환합니다.

- **하지만 열거형에 임의의 값을 사용할 수는 없습니다. 그럴 경우 프로그램이 컴파일되지 않으며, 이를 사용해 성가신 오류를 피할 수 있습니다.**

```
IsItAHeart(Suits.Oxen);
```

위 코드는 열거형에 포함되지 않은 값을 사용했기 때문에, 컴파일러는 다음과 같은 오류를 발생시킵니다.

CS0117 'Suits'에는 'Oxen'에 대한 정의가 포함되어 있지 않습니다.

열거형은 특정한 값만 허용하는 새로운 타입을 정의할 수 있게 해 줍니다. 열거형에 포함되지 않은 값을 사용하면 컴파일러 오류를 일으키며, 이를 통해 오류를 방지할 수 있습니다.

열거형으로 숫자에 이름을 붙일 수 있습니다

이름이 숫자보다 유용하게 쓰일 때

가끔은 편의를 위해 숫자에 이름을 붙이는 편이 좋을 때가 있습니다. 열거형의 값에 숫자를 할당하면 숫자에 이름을 붙일 수 있고, 그러면 아무 설명 없이 사용하는 수많은 숫자를 없앨 수 있죠. 다음 열거형은 애견 경연대회에서 강아지의 개인기에 따라 점수를 매긴 것입니다.

```
enum TrickScore
{
    Sit = 7,
    Beg = 25,
    RollOver = 50,
    Fetch = 10,
    ComeHere = 5,
    Speak = 30,
}
```

멤버의 순서는 상관이 없으며, 여러 이름에 같은 숫자를 할당해도 됩니다.

열거형 이름, '=', 이름이 나타내는 숫자가 차례대로 옵니다.

int 값을 열거형으로 캐스팅하고, 열거형(int 값 기반일 때)을 int로 다시 캐스팅할 수 있습니다. 일부 열거형은 int가 아닌 byte, long 같은 타입을 사용할 수 있으며, int 대신 해당 유형으로 캐스팅할 수 있습니다.

다음 코드는 TrickScore 열거형을 int 값으로 캐스팅하고, 다시 열거형으로 캐스팅하는 코드입니다.

```
int score = (int)TrickScore.Fetch * 3;
// 아래 명령어는 'The score is 30'를 출력합니다
Console.WriteLine($"The score is {score}");
```

(int) 캐스팅은 컴파일러에게 열거형 값을 해당 값이 나타내는 숫자로 변환하라는 의미입니다. TrickScore.Fetch의 값은 10이기 때문에 (int) TrickScore.Fetch는 int 값 10으로 변환됩니다.

열거형을 숫자로 캐스팅해서 계산에 사용하거나 문자열로 변환할 수 있습니다. 열거형의 ToString() 메서드는 멤버 이름을 나타내는 문자열을 반환합니다.

```
TrickScore whichTrick = (TrickScore)7;
// 아래 명령어는 'Sit'을 출력합니다.
Console.WriteLine(whichTrick.ToString());
```

int 값을 다시 TrickScore 열거형으로 캐스팅할 수 있으며, TrickScore.Sit의 값은 7입니다.

Console.WriteLine은 열거형의 ToString() 메서드를 호출하며, 이 메서드는 멤버의 이름을 나타내는 문자열을 반환합니다.

열거형 이름에 숫자를 할당하지 않으면 기본으로 항목의 순서에 따라 숫자가 할당됩니다. 첫 번째 항목에는 0이 할당되고, 두 번째 항목에는 1이 할당되는 식입니다. 만일 열거형 이름에 매우 큰 숫자를 할당하려면 어떻게 해야 할까요? 열거형의 숫자에 사용되는 기본 타입은 int이지만, 다음과 같이 콜론(:) 연산자를 사용해 원하는 타입을 지정할 수 있습니다.

```
enum LongTrickScore : long
{
    Sit = 7,
    Beg = 2500000000025,
}
```

이 숫자는 int 타입으로 표현하기에는 너무 큽니다

이렇게 선언하면 컴파일러는 TrickScore 열거형의 값을 int 타입이 아닌 long 타입으로 처리합니다.

만약 위 열거형을 정의할 때 long 타입을 지정하지 않으면, 다음과 같은 오류가 발생합니다.

> ⊗ CS0266 암시적으로 'long' 형식을 'int' 형식으로 변환할 수 없습니다. 명시적 변환이 있습니다. 캐스트가 있는지 확인하세요.

연습 문제

열거형을 사용해서 트럼프 카드를 관리하는 클래스를 작성해 봅시다. 새 콘솔 앱 JumbledCards를 생성하고 Card 클래스를 추가하세요. Card에는 각각 카드의 무늬와 숫자를 뜻하는 public 속성 Suit와 Value와, 'Ace of Spades'처럼 카드의 숫자와 무늬를 문자열로 반환하는 public 읽기 전용 속성 Name이 있어야 합니다.

Card
Suit Value Name

1. 열거형 타입 Suits와 Values를 각각 *.cs 타입 파일로 만들어 추가합니다.

[추가]-[클래스]를 선택해 새로운 클래스를 두 개 생성하고 각각 이름을 'Suits', 'Values'로 지정합니다. 파일 상단의 internal class 키워드를 enum으로 수정한 뒤 Suits 열거형에는 Spades, Clubs, Diamonds, Hearts를, Values 열거형에는 Ace, Two, Three, ..., Ten, Jack, Queen, King에 1부터 13까지 숫자를 대응해 정의하세요.

맥OS에서 열거형을 추가하려면, 파일을 추가하고 파일 타입에서 [빈 열거형]을 선택하면 됩니다.

2. Main( ) 메서드에 생성자를 추가하고 카드 이름을 문자열로 반환하는 Name 속성을 추가하세요.

카드의 무늬와 숫자를 매개 변수로 받는 생성자를 추가하세요.

```
Card myCard = new Card(Values.Ace, Suits.Spades);
```

Name은 읽기 전용 속성입니다. getter는 카드를 나타내는 문자열을 반환하는 코드를 입력하세요

```
Console.WriteLine(myCard.Name);
```

앱을 실행하면 다음과 같은 내용이 출력됩니다.

```
Ace of Spades
```

3. Main( ) 메서드에 무작위로 카드의 이름을 출력하는 코드를 작성합니다.

Suits 열거형에 0~3 사이의 난수를, Values 열거형에 1~13 사이의 난수를 캐스팅해서 무작위 카드를 생성합니다. Random 클래스의 Next( ) 메서드는 다음과 같이 세 가지 방법으로 호출할 수 있습니다.

메서드를 호출하는 방법이 하나 이상일 때 이를 오버로딩(overloading)이라고 말합니다.

```
Random random = new Random();
int numberBetween0and3 = random.Next(4);
int numberBetween1and13 = random.Next(1, 14);
int anyRandomInteger = random.Next();
```

이 메서드는 3장에서 사용해 봤습니다. 이 메서드는 1 이상 14 미만의 값을 반환합니다.

무엇이든 물어보세요!

Q&A

Q 인수가 두 개인 Random.Next( ) 메서드를 호출하면 [인텔리센스] 창에 '3/3'이라고 표시됩니다. 이 문구와 오버로딩이 연관되어 있나요?

A 그렇습니다! 클래스에 오버로드된 메서드가 있으면(즉, 같은 이름의 메서드를 호출할 방법이 여러 가지일 경우) 비주얼 스튜디오는 개발자에게 추가로 선택할 수 있는 메서드가 있음을 알려 줍니다. random.Next를 [코드 편집기] 창에 입력하면, 비주얼 스튜디오는 [인텔리센스] 창으로 오버로드된 메서드 각각에 대한 매개 변수를 보여 줍니다. '1/3' 옆에 있는 위아래 화살표는 원하는 메서드를 선택할 수 있게 해 줍니다. 오버로드된 메서드가 많을 때 유용한 기능이죠. 오버로딩에 대해서는 조금 후에 다룹니다.

```
random.Next()
▲ 1/3 ▼ int Random.Next()
        Returns a non-negative random integer.
```

연습 문제 정답

트럼프 카드를 활용한 프로그램은 유효 값 제한을 보여 주는 훌륭한 예시입니다. 누구라도 카드를 뒤집었을 때 있지도 않은 하트 28이나, 망치 카드를 보고 싶어하진 않겠죠. Card 클래스의 내용은 다음과 같습니다. 이 클래스는 지금부터 몇 장에 걸쳐 재사용될 것입니다.

Suits 열거형은 Suits.cs 파일에 있습니다. 이 열거형의 코드는 앞서 나온 코드와 동일합니다(책을 두세 장 앞으로 넘겨 보세요!). Values 열거형은 Values.cs 파일에 있습니다. 이 열거형의 코드는 다음과 같습니다.

```
enum Values
{
    Ace = 1,
    Two = 2,
    Three = 3,
    Four = 4,
    Five = 5,
    Six = 6,
    Seven = 7,
    Eight = 8,
    Nine = 9,
    Ten = 10,
    Jack = 11,
    Queen = 12,
    King = 13,
}
```

여기서 Values.Ace의 값이 1로 설정됩니다.

Values.King의 값은 13입니다.

여기서는 열거형의 이름으로 'Suits'와 'Values'를 사용했지만, Card 클래스의 속성은 'Suit'와 'Value'라는 이름을 사용하고 있습니다. 이러한 명명법에 대해 어떻게 생각하시나요? 책을 읽으면서 다른 열거형의 이름도 한 번씩 살펴보세요. 이 열거형의 이름으로 'Suit'와 'Value'가 더 나을 수도 있지 않을까요? 정답은 없습니다. 사실 마이크로소프트의 C# 언어 참조 페이지도 단수형(예: Season)과 복수형(Days) 이름을 모두 사용하고 있습니다. https://docs.microsoft.com/ko-kr/dotnet/csharp/language-reference/builtin-types/enum

Card 클래스에는 Suit, Value 속성의 값을 설정하는 생성자와 카드를 설명하는 문자열을 반환하는 Name 속성이 있습니다.

```
internal class Card
{
    public Values Value { get; private set; }
    public Suits Suit { get; private set; }

    public Card(Values value, Suits suit)
    {
      this.Suit = suit;
      this.Value = value;
    }

    public string Name
    {
        get { return $"{Value} of {Suit}"; }
    }
}
```

이 코드는 캡슐화의 예제라고도 할 수 있습니다. Value와 Suit 속성의 setter는 private으로 선언되어 있는데, 이 속성은 생성자에서만 접근해도 충분하기 때문입니다. private으로 선언함으로써 실수로 속성 값을 변경하는 것을 막을 수 있습니다.

Name 속성의 getter는 열거형의 이름을 문자열로 반환하는 열거형의 ToString() 메서드를 사용하고 있습니다.

Program 클래스는 정적 Random 참조를 사용해 Suits와 Values로 캐스팅해서 무작위로 카드를 인스턴스화하는 데 사용합니다.

```
internal class Program
{
    private static readonly Random random = new Random();
    static void Main(string[] args)
    {
        Card card = new Card((Values)random.Next(1, 14), (Suits)random.Next(4));
        Console.WriteLine(card.Name);
    }
}
```

오버로드된 Random.Next() 메서드는 1~13 사이의 난수를 생성하는 데 쓰입니다. 그런 다음 Values 열거형으로 캐스팅됩니다.

카드 한 벌을 만드는 데 배열을 사용할 수 있지만요...

배열을 사용하면 안 되나요?

카드 한 벌(deck)을 나타내는 클래스를 만들려면 모든 카드의 정보를 저장할 방법이 필요하고, 각 카드가 어떤 순서로 카드 덱에 들어가 있는지도 알아야 합니다. Cards 배열로 약간의 트릭을 써 볼까요? 가장 위에 있는 카드는 0 위치에, 다음 카드는 1의 위치에 있다는 걸 이용해 보겠습니다. 아, 그리고 카드 한 벌은 52개의 카드로 이루어져 있죠.

```
internal class Deck
{
    private readonly Card[] cards = new Card[52];

    public Deck()
    {
        int index = 0;
        for (int suit = 0; suit <= 3; suit++)
        {
            for (int value = 1; value <= 13; value++)
            {
                cards[index++] = new Card((Values)value, (Suits)suit);
            }
        }
    }
    public void PrintCards()
    {
        for (int i = 0; i < cards.Length; i++)
        Console.WriteLine(cards[i].Name);
    }
}
```

여기서는 for 문을 두 번 사용해 카드의 모든 무늬와 숫자 조합을 반복했습니다.

더 많은 기능이 필요하면 어쩌죠?

카드 앱에 더 필요할 만한 기능에 대해 생각해 봅시다. 카드 게임을 하려면, 시시때때로 카드의 순서를 바꾸고 카드 덱에 카드를 넣고 뺄 수 있어야 하겠죠. 배열로는 이런 작업을 쉽게 처리할 수 없습니다. 예를 들어, 6장에서 살펴본 벌집 관리 시스템의 AddWorker 메서드를 다시 살펴봅시다.

```
private void AddWorker(Bee worker)
{
    if (unassignedWorkers >= 1)
    {
        unassignedWorkers--;
        Array.Resize(ref workers, workers.Length + 1);
        workers[workers.Length - 1] = worker;
    }
}
```

배열에 요소를 추가하는 코드입니다. 만약 배열의 끝이 아닌 중간에 Bee 참조를 추가해야 한다면 어떻게 할까요?

배열의 크기를 늘리기 위해 Array.Resize를 사용하고, 일벌을 마지막에 추가했습니다.

뇌 단련

Deck 클래스에 카드를 무작위 순서로 정리하는 Shuffle(뒤섞기) 메서드를 추가하려면 어떻게 해야 할까요? 카드 덱 제일 위에 있는 카드를 하나 뽑아서 반환하는 메서드를 만들려면요? 카드 덱에 카드를 추가하려면 어떻게 해야 하죠?

배열은 다루기 성가십니다

배열은 값이나 참조의 목록이 고정된 값을 저장할 때는 좋습니다. 하지만 배열의 요소를 옮기거나 배열의 길이보다 더 많은 요소를 추가하면 일이 꼬이기 시작합니다. 배열을 사용하기 까다로운 몇 가지 상황이 있죠.

배열에는 길이가 있습니다. 그리고 배열의 길이는 조정(resize)하지 않는 한 변하지 않습니다. 그러므로 배열을 사용할 때는 배열의 길이를 알아야만 합니다(배열의 길이를 정해야만 하기도 하죠). 배열에 Card 참조를 저장한다고 해 보죠. 저장하는 참조의 수가 배열의 길이보다 작다면 null 참조를 사용해 배열의 일부 요소를 비어 있는 상태로 유지할 수 있습니다.

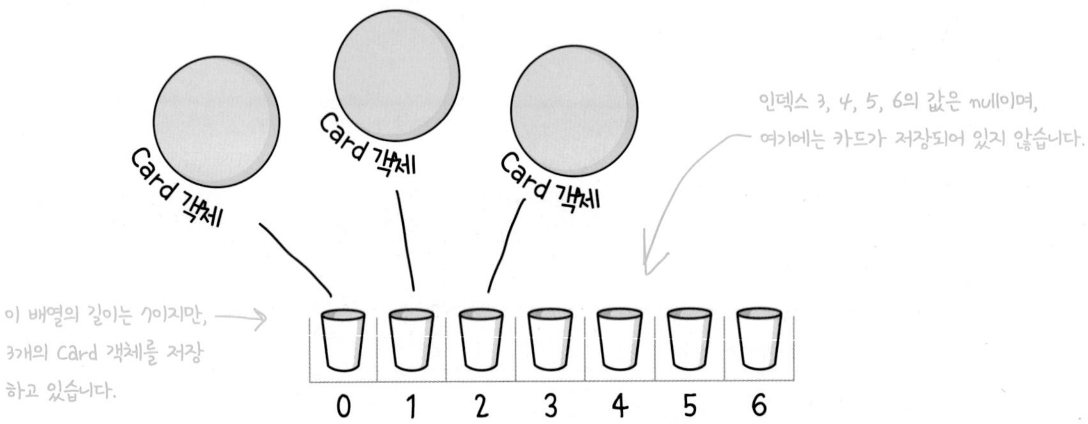

배열을 사용하면 한 배열에 카드가 몇 장 저장되어 있는지를 관리해야 합니다. 예를 들면, cardCount라는 int 타입 필드를 추가해서 배열에 새 카드가 들어갈 자리의 인덱스 값을 저장할 수 있습니다. 그러므로 길이가 7인 배열에 카드가 3개 들어 있다면, cardCount를 '3'으로 설정해야 합니다.

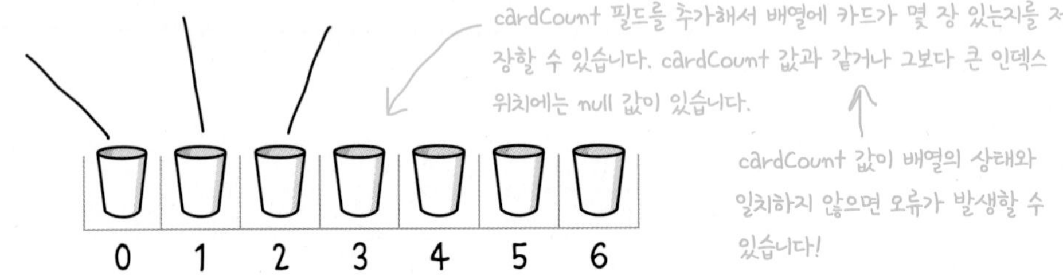

cardCount 필드를 추가해서 배열에 카드가 몇 장 있는지를 저장할 수 있습니다. cardCount 값과 같거나 그보다 큰 인덱스 위치에는 null 값이 있습니다.
cardCount 값이 배열의 상태와 일치하지 않으면 오류가 발생할 수 있습니다!
인덱스 3, 4, 5, 6의 값은 null이며,
여기에는 카드가 저장되어 있지 않습니다.
0 1 2 3 4 5 6

이제 상황이 점점 복잡해지네요. 맨 위에 있는 카드의 참조를 반환하는 Peek() 메서드를 추가하는 일은 비교적 쉽습니다. 그러니 카드 덱의 맨 위를 살짝 살펴볼 수는 있겠죠. 카드를 추가하려면 어떻게 해야 할까요? cardCount가 배열의 길이보다 작다면 카드를 cardCount의 인덱스 위치에 넣고, cardCount에 1을 더하면 됩니다. 하지만 배열이 가득 찬 상태라면요? 이럴 경우 좀 더 큰 배열을 만들어서 기존 카드를 이 새 배열에 복사해야 합니다.

6장에서 살펴본 AddWorker() 메서드는 배열을 사용했습니다. 이 작업을 위해 Resize() 메서드를 사용했죠.

카드를 제거하는 일은 비교적 쉽습니다. 하지만 cardCount에서 1을 뺀 다음, 제거된 카드의 위치에 있던 배열의 인덱스 값을 null로 설정했는지 확인합니다. 카드 덱 중간에서 카드 하나를 제거하려면 어떻게 해야 할까요? 4번 카드를 제거했다고 칩시다. 그러면 4번 카드가 있던 자리에 5번 카드를 넣고, 5번 카드가 있던 자리에 6번 카드를 넣고, 7번 카드가... 아, 번거롭네요!

리스트로 아무거나 모아서 쉽게 저장하기

아무거나 저장할 수 있는 리스트

C#과 .NET은 배열의 요소를 추가 또는 제거할 때 생기는 잡다한 문제를 처리하기 위한 여러 컬렉션 클래스를 가지고 있습니다. 가장 흔히 쓰는 컬렉션은 List<T>입니다. 리스트는 항목을 쉽게 추가 또는 제거할 수 있으며, 항목을 살펴보거나 항목을 다른 위치로 이동하는 것도 가능합니다.

01 **먼저 List<T>의 새 인스턴스를 만듭니다.** 모든 배열에는 타입이 있습니다. 그냥 배열이라는 것은 없고, int 타입 배열, Card 타입 배열이 있는 것이죠. 리스트도 동일합니다. new 키워드를 사용해 리스트를 생성할 때, 리스트가 내부에 저장할 객체 또는 값의 타입을 꺾쇠(<>) 안에 넣어 지정해야 합니다.

이 책에서는 리스트를 지칭할 때 간혹 <T>를 생략합니다. 리스트라는 단어를 보면 List<T>라고 생각하세요.

```
List<Card> cards = new List<Card>();
```

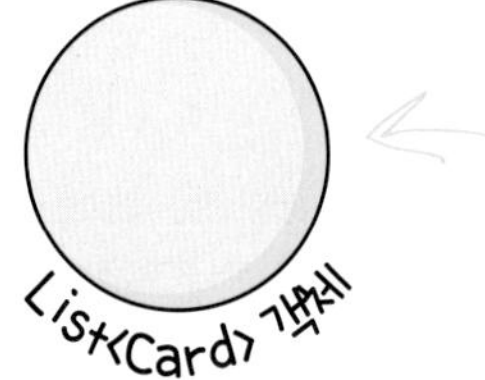

리스트를 생성할 때 <Card>를 지정했으므로, 이 리스트는 Card 객체의 참조만 저장할 수 있습니다.

쉬어 가기

List<T>의 <T>는 제네릭(generic)을 의미합니다.

T는 타입으로 대체됩니다. 그러므로 List<int>는 int 타입의 리스트라는 뜻입니다. 다음 몇 페이지에 걸쳐 제네릭에 대해 살펴보겠습니다.

02 **이제 List<T>에 항목을 추가할 수 있습니다.** List<T>에 인터페이스, 추상 클래스, 기본 클래스를 포함한 타입을 지정하면, 해당 타입의 항목을 원하는 만큼 많이 리스트에 추가할 수 있습니다.

```
cards.Add(new Card(Values.King, Suits.Diamonds));
cards.Add(new Card(Values.Three, Suits.Clubs));
cards.Add(new Card(Values.Ace, Suits.Hearts));
```

Add() 메서드를 사용해 리스트에 Card 객체를 원하는 만큼 추가할 수 있습니다. 리스트는 항목을 추가할 충분한 공간이 있는지 알아서 확인하고 부족하면 알아서 자신의 크기를 조정합니다.

이 책에서는 리스트를 지칭할 때 간혹 <T>를 생략합니다. 리스트라는 단어를 보면 List<T>라고 생각하세요.

List<Card> 객체

Card 객체

3 of Clubs

Card 객체

Ace of Hearts

Card 객체

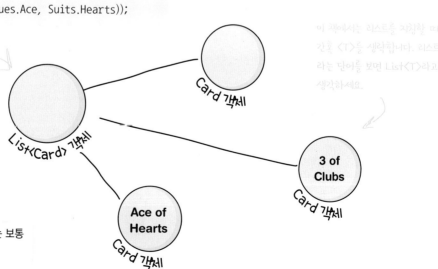

리스트에 저장된 값 또는 객체 참조는 보통 리스트의 요소로 참조됩니다.

배열보다 유연한 리스트

리스트는 배열을 개선했습니다. ☆

List 클래스는 .NET 프레임워크에 내장되어 있으며, 이 클래스를 사용하면 예전의 간단한 배열로는 처리할 수 없었던 다양한 작업을 처리할 수 있습니다. List<T>를 어떻게 사용하는지 한번 살펴보겠습니다.

01 new 키워드를 사용해 List를 인스턴스화합니다.

```
List<Egg> myCarton = new List<Egg>();
```

new List<egg>();는 Egg 객체의 리스트를 생성합니다. 이 리스트는 비어 있는 상태로 생성됩니다. 이제 이 리스트에 객체를 추가하거나 제거할 수 있지만, 이 리스트는 Egg 객체의 리스트이므로, Egg 객체 또는 Egg로 캐스팅할 수 있는 객체의 참조만 이 리스트에 추가할 수 있습니다.

02 리스트에 객체를 하나 추가합니다.

```
Egg x = new Egg();
myCarton.Add(x);
```

이것은 Egg 객체의 참조입니다.

이제 리스트는 Egg 객체를 저장합니다.

03 리스트에 객체를 더 추가합니다.

```
Egg y = new Egg();
myCarton.Add(y);
```

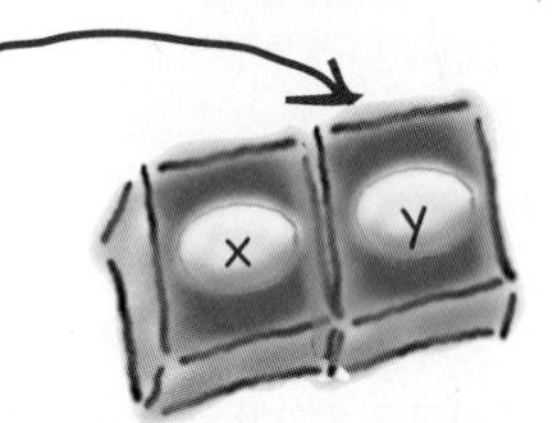

달걀이 하나 더 있네요.

그리고 두 번째 Egg 객체를 저장합니다.

04 리스트에 저장된 요소가 몇 개인지 알아봅니다.

```
int theSize = myCarton.Count;
```

05 리스트에 특정 객체가 있는지 알아봅니다.

```
bool isIn = myCarton.Contains(x);
```

이제 리스트 안에 특정 Egg 객체가 있는지 검색할 수 있습니다. isIn의 값은 당연히 true여야 합니다. 방금 달걀을 리스트에 추가했기 때문입니다.

06 특정 객체가 리스트의 어느 위치에 있는지 알아봅니다.

```
int index = myCarton.IndexOf(x);
```

x의 인덱스 값은 '0'이고, y의 인덱스 값은 '1'입니다.

07 리스트에서 특정 객체를 제거합니다.

```
myCarton.Remove(x);
```

리스트에서 x를 제거하면 y만 남으며, 리스트의 크기가 줄어듭니다! y를 제거하면 이 객체는 나중에 가비지 컬렉션됩니다.

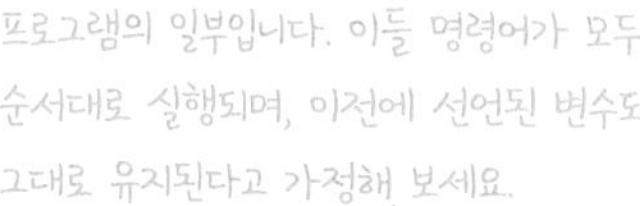

쓰면서 제대로 공부하기

프로그램의 일부입니다. 이들 명령어가 모두 순서대로 실행되며, 이전에 선언된 변수도 그대로 유지된다고 가정해 보세요.

왼쪽의 리스트 코드를 살펴보고, 리스트 대신 일반적인 배열을 사용하면 코드를 어떻게 작성해야 하는지 다음 표의 빈 부분을 채워 보세요. 꼭 정답일 필요는 없으니, 가장 그럴듯하다고 생각하는 답을 적어 보세요.

이런 식으로 채워 보세요.

리스트	일반적인 배열
List<string> myList = new List <string>();	string [] myList = new string[2];
string a = "Yay!";	string a = "Yay!";
myList.Add(a);	
string b = "Bummer";	string b = "Bummer";
myList.Add(b);	
int theSize = myList.Count;	
Guy o = guys[1];	
bool foundIt = myList.Contains(b);	

힌트: 여기에는 코드가 여러 줄 필요합니다.

쓰면서 제대로 공부하기 **정답**

왼쪽의 리스트 코드를 살펴보고, 리스트 대신 일반적인 배열을 사용하면 코드를 어떻게 작성해야 하는지 다음 표의 빈 부분을 채워 보세요.

리스트	일반적인 배열
`List<string> myList = new List <string>();`	`string [] myList = new string[2];`
`string a = "Yay!";`	`string a = "Yay!";`
`myList.Add(a);`	`myList[0] = a;`
`string b = "Bummer";`	`string b = "Bummer";`
`myList.Add(b);`	`myList[1] = b;`
`int theSize = myList.Count;`	`int theSize = myList.Length;`
`Guy o = guys[1];`	`Guy o = guys[1];`

`bool foundIt = myList.Contains(b);`	`bool foundIt = false;`
	`for (int i = 0; i < myList.Length; i++) {`
	`    if (b == myList[i]) {`
	`        foundIt = true;`
	`    }`
	`}`

리스트는 여러분이 지금까지 사용한 클래스들과 마찬가지로 메서드를 가진 객체입니다. 비주얼 스튜디오에서 리스트의 객체 이름 옆에 '.'을 입력하면 사용할 수 있는 메서드 목록을 볼 수 있으며, 메서드를 선택해 매개 변수를 전달할 수 있습니다. 지금까지 여러분이 만들었던 클래스와 마찬가지로 말이죠. 물론 리스트 안에 들어 있는 요소들의 순서는 유지되며, 리스트 내 각 요소의 위치는 인덱스(index)라고 부릅니다. 배열과 마찬가지로 리스트의 인덱스는 0부터 시작합니다. 인덱서(Indexer)를 사용해 리스트의 특정 인덱스에 있는 요소에 접근할 수 있습니다.

```
Guy o = guys[1];
```

'요소(element)'는 리스트 안에 있는 항목의 별칭입니다.

배열에는 제약이 많습니다. 배열을 생성할 때는 배열의 크기를 정해야 하고, 작업에 필요한 로직을 직접 작성해야 합니다.

Array 클래스는 이런 종류의 작업을 조금 쉽게 만들어 주는 정적 메서드를 몇 개 가지고 있습니다. 예를 들면, 여러분이 AddWorker 메서드를 작성할 때 이미 살펴본 Array.Resize() 메서드가 있습니다. 하지만 List 객체가 좀 더 사용하기 쉽기 때문에 여기에서는 List 객체를 중점적으로 다룹니다.

신발장 앱 만들기

신발을 진열해 볼까요?

리스트를 실제로 어떻게 쓰는지 살펴볼 시간입니다. 사용자가 신발을 추가하거나 제거할 수 있는 콘솔 앱 Shoes를 만들어 봅시다. 다음은 앱을 실행하고, 신발을 두 켤레 추가했다가 제거할 때 작동 과정이 어떻게 될지 살펴보겠습니다.

```
The shoe closet is empty.
Press 'a' to add or 'r' to remove a shoe: a
Add a shoe
Press 0 to add a Sneaker
Press 1 to add a Loafer
Press 2 to add a Sandal
Press 3 to add a Flipflop
Press 4 to add a Wingtip
Press 5 to add a Clog
Enter a style: 1
Enter the color: black

The shoe closet contains:
Shoe #1: A black Loafer

Press 'a' to add or 'r' to remove a shoe: a
Add a shoe
Press 0 to add a Sneaker
Press 1 to add a Loafer
Press 2 to add a Sandal
Press 3 to add a Flipflop
Press 4 to add a Wingtip
Press 5 to add a Clog
Enter a style: 0
Enter the color: blue and white

The shoe closet contains:
Shoe #1: A black Loafer
Shoe #2: A blue and white Sneaker
Press 'a' to add or 'r' to remove a shoe: r
Enter the number of the shoe to remove: 2
Removing A blue and white Sneaker

The shoe closet contains:
Shoe #1: A black Loafer

Press 'a' to add or 'r' to remove a shoe: r
Enter the number of the shoe to remove: 1
Removing A black Loafer

The shoe closet is empty.

Press 'a' to add or 'r' to remove a shoe:
```

신발을 추가하려면 'a' 키를 누른 다음, 신발의 스타일과 신발의 색상을 고릅니다.

신발을 제거하려면 'r' 키를 누른 다음, 제거할 신발의 수를 입력합니다.

따라해 보세요!

01 **신발의 스타일을 나타내는 열거형을 추가합니다.** 신발에는 스니커즈, 샌들 등 여러 종류가 있으므로, 다음과 같이 열거형을 선언합니다.

```
enum Style
{
    Sneaker,
    Loafer,
    Sandal,
    Flipflop,
    Wingtip,
    Clog,
}
```

열거형을 int로 캐스팅하거나 반대로 int를 열거형으로 캐스팅할 수 있습니다. 또한, 정의한 순서대로 Sneaker는 0, Loafer는 1... 의 값을 가집니다.

02 **Shoe 클래스를 추가합니다.** 이 클래스는 신발의 스타일을 나타내는 열거형 Style과, 신발의 색상을 나타내는 문자열 Color를 사용합니다.

```
internal class Shoe
{
    public Style Style
    {
        get; private set;
    }
    public string Color
    {
        get; private set;
    }
    public Shoe(Style style, string color)
    {
        Style = style;
        Color = color;
    }
    public string Description
    {
        get { return $"A {Color} {Style}"; }
    }
}
```

03 **ShoeCloset 클래스는 List<Shoe>를 사용해서 신발을 관리합니다.** ShoeCloset 클래스는 세 메서드를 가지고 있습니다. PrintShoes() 메서드는 콘솔에 신발 목록을 출력하고, AddShoe() 메서드는 사용자에게 추가할 신발을 선택하도록 하며, RemoveShoe() 메서드는 사용자에게 제거할 신발을 선택하도록 합니다.

```
using System.Collections.Generic;

internal class ShoeCloset
{
    private readonly List<Shoe> shoes = new List<Shoe>();

    public void PrintShoes()
    {
        if (shoes.Count == 0)
        {
            Console.WriteLine("\nThe shoe closet is empty.");
        }
        else {
            Console.WriteLine("\nThe shoe closet contains:");
            int i = 1;
            foreach (Shoe shoe in shoes)
            {
                Console.WriteLine($"Shoe #{i++}: {shoe.Description}");
            }
        }
    }

    public void AddShoe()
    {
        Console.WriteLine("\nAdd a shoe");
        for (int i = 0; i < 6; i++)
        {
            Console.WriteLine($"Press {i} to add a {(Style)i}");
        }
        Console.Write("Enter a style: ");
        if (int.TryParse(Console.ReadKey().KeyChar.ToString(), out int style))
        {
            Console.Write("\nEnter the color: ");
            string color = Console.ReadLine();
            Shoe shoe = new Shoe((Style)style, color);
            shoes.Add(shoe);
        }
    }
    public void RemoveShoe()
    {
        Console.Write("\nEnter the number of the shoe to remove: ");
        if (int.TryParse(Console.ReadKey().KeyChar.ToString(), out int shoeNumber) &&
            (shoeNumber >= 1) && (shoeNumber <= shoes.Count))
        {
            Console.WriteLine($"\nRemoving {shoes[shoeNumber - 1].Description}");
            shoes.RemoveAt(shoeNumber - 1);
        }
    }
}
```

이 using 문이 코드의 상단에 있는지 다시 한번 확인하세요. 이 using 문이 없으면 List 클래스를 사용할 수 없습니다.

이 리스트에 Shoe 객체의 참조가 저장됩니다.

이 foreach 반복문은 shoes에 포함된 요소들을 처리해서, 각각의 신발에 대한 설명을 한 줄씩 출력합니다.

이 for 문에서 i의 값은 0부터 5까지로 설정됩니다. 보간된 문자열은 {(Style)i}를 사용해서 i의 값을 Style 열거형으로 캐스팅한 다음, ToString() 메서드를 사용해 열거형 멤버의 이름을 출력합니다.

Console.ReadKey를 호출한 다음, KeyChar를 사용해서 입력된 글자를 얻습니다. int.TryParse는 char가 아닌 string 값을 받으므로, ToString()을 호출해서 char를 string으로 변환해야 합니다.

새 Shoe 인스턴스를 생성하고 리스트에 추가합니다.

인스턴스를 리스트에서 제거하는 부분입니다.

ShoeCloset
private List<Shoe> shoes
PrintShoes AddShoe RemoveShoe

04 **Program 클래스에 진입점을 추가합니다.** Main() 메서드가 처리하는 일이 별로 없어 보이나요? 이유는 재미있는 작업이 모두 ShoeCloset 클래스에 캡슐화되어 있기 때문입니다.

```
internal class Program
{
    static ShoeCloset shoeCloset = new ShoeCloset();

    static void Main(string[] args)
    {
        while (true)
        {
            shoeCloset.PrintShoes();
            Console.Write("\nPress 'a' to add or 'r' to remove a shoe: ");
            char key = Console.ReadKey().KeyChar;
            switch (key)
            {
                case 'a':
                case 'A':
                    shoeCloset.AddShoe();
                    break;
                case 'r':
                case 'R':
                    shoeCloset.RemoveShoe();
                    break;
                default:
                    return;
            }
        }
    }
}
```

case 'a' 다음에 break 문이 없기 때문에 실행은 case 'A'로 넘어가게 되며, 결국 'a', 'A' 모두 shoeCloset.AddShoe()를 호출하도록 처리됩니다.

사용자 입력을 처리하기 위해 switch 문을 사용했습니다. 여기서는 대문자 'A'와 소문자 'a'가 동일하게 작동하도록 하기 위해, 두 case 절 사이에 break 문 없이 나란히 오도록 했습니다.

case 'a':
case 'A':

switch 문의 case 레이블에 break가 없으면 실행 경로는 바로 다음 case 레이블로 이어집니다. 이 두 case 레이블 사이에 명령문을 넣을 수도 있습니다. 이 방법을 사용할 때는 주의해야 합니다. 실수로 break 문을 빠뜨리기도 쉽거든요.

05 **앱을 실행하고 앞서 살펴본 예시와 같은 결과가 나오는지 확인합니다.** 앱을 디버깅하면서 리스트를 다루는 법에 익숙해져 보세요. 지금 당장은 전부 기억하려 애쓰지 않아도 됩니다. 이제부터 충분히 연습해 볼 예정이니까요!

List 클래스 멤버 자세히 살펴보기

List 컬렉션 클래스는 리스트의 끝에 요소를 추가하는 Add() 메서드를 가지고 있습니다. AddShoe() 메서드는 Shoe 인스턴스를 생성하고, shoes.Add 메서드에 이 인스턴스의 참조를 넘겨줍니다.

```
shoes.Add(shoe);
```

RemoveAt() 메서드는 특정 인덱스의 요소를 리스트에서 제거합니다. 배열과 마찬가지로 리스트의 인덱스는 0부터 시작합니다.

```
shoes.RemoveAt(shoeNumber - 1);
```

마지막으로, PrintShoes() 메서드는 List.Count 속성을 사용해 리스트가 비었는지 검사합니다.

```
if (shoes.Count == 0)
```

모든 타입을 저장할 수 있는 제네릭 컬렉션

제네릭 컬렉션은 모든 타입을 저장할 수 있습니다.

여러분은 지금까지 string, Shoe를 저장하는 리스트를 살펴봤습니다. 리스트에는 저장할 수 있습니다. 이는 리스트가 **제네릭 컬렉션(generic collection)**이기 때문입니다. 새로운 List 객체를 생성할 때, List 객체에 특정한 타입을 지정해야 합니다. 그러면 int, string, Shoe 객체의 리스트를 만들 수 있죠. 이는 리스트를 다루기 쉽게 해 줍니다. 일단 리스트를 생성했다면 리스트 안에 들어 있는 데이터의 타입을 언제라도 알 수 있으니까요.

그렇다면 제네릭은 정확히 무슨 뜻일까요? 비주얼 스튜디오를 사용해 제네릭 컬렉션을 살펴봅시다. ShoeCloset.cs 파일을 열고 마우스 커서를 List 위에 올려 보세요.

```
private readonly List<Shoe> shoes = new List<Shoe>();
참조 1개
public void PrintSh
{
    if (shoes.Count
```

```
class System.Collections.Generic.List<T>
Represents a strongly typed list of objects that can be accessed by index. Provides methods to search, sort, and manipulate lists.
T 은(는) Shoe
```

여기에서 몇 가지 사실을 알 수 있습니다.

- List 클래스는 System.Collections.Generic 네임스페이스에 속해 있습니다. 이 네임스페이스에는 제네릭 컬렉션에 해당하는 몇 개의 클래스가 있습니다(그렇기 때문에 using 문을 사용해야 합니다).
- 설명에 따르면 리스트는 목록의 검색, 정렬 및 조작에 사용할 수 있는 메서드를 제공합니다. ShoeCloset 클래스에서 이들 중 몇 개의 메서드를 사용했습니다.
- 설명의 상단에는 List<T>가 쓰여 있고, 하단에는 'T은(는) Shoe'라고 쓰여 있습니다. 제네릭은 이런 방식으로 정의됩니다. 리스트는 어떤 타입이든 처리할 수 있지만, 이 리스트의 타입은 Shoe 클래스입니다.

제네릭 컬렉션은 모든 타입의 객체를 저장할 수 있으며, 객체의 타입과 상관없이 컬렉션에 있는 객체를 일관적인 방식으로 다룰 수 있는 메서드를 제공합니다.

제네릭 리스트는 꺾쇠(< >)를 사용해서 선언합니다

리스트를 선언할 때 리스트에 어떤 타입을 저장하는지와 상관없이, 꺾쇠를 사용해서 리스트에 저장할 객체의 타입을 지정하는 식으로 선언합니다. 그리고 리스트 외에도 제네릭 클래스가 List<T>와 같은 문법을 사용합니다. 이런 방식으로 클래스가 어떤 타입을 처리하는지 알 수 있습니다.

여러분이 실제로 T라는 문자를 사용한다는 의미가 아닙니다. T는 클래스든 인터페이스든 모든 종류의 타입을 사용할 수 있다는 것을 나타내는 표기법입니다.
<T> 부분은 List<Shoe>처럼, T가 있는 자리에 타입을 넣을 수 있음을 의미합니다. 그러면 선언된 리스트는 해당 타입만 멤버로 받을 수 있습니다.

```
List<T> name = new List<T>();
```

리스트는 매우 유연하면서도 제한적입니다. 리스트는 배열의 기능을 수행하면서, 몇 가지 기능을 더 가지고 있습니다.

> 제네릭(generic) [형용사]
>
> **어떤 사물의 분류나 모음에 관련된 특성의, 일반적인.**
> '개발자'는 코드의 종류와 상관없이, 코드를 작성하는 모든 사람을 가리키는 일반적인(generic) 용어입니다.

IDE 팁 정의로 이동하는 윈도우와 선언으로 이동하는 맥OS

List 클래스는 .NET Core의 일부입니다. .NET Core는 이외에도 유용한 클래스, 인터페이스, 타입 등을 한가득 가지고 있습니다. 비주얼 스튜디오는 이러한 클래스와 여러분이 작성한 코드를 살펴보는 데 사용할 수 있는 강력한 도구입니다. Program.cs 파일을 열고 다음 코드를 찾아보세요.

```
static ShoeCloset shoeCloset = new ShoeCloset();
```

ShoeCloset을 마우스 우클릭해 윈도우에서는 [정의로 이동] 메뉴를, 맥OS에서는 [선언으로 이동] 메뉴를 선택해 보세요.

윈도우에서 [Ctrl] 키를 누른 채로 클래스, 멤버, 변수를 클릭하면 정의 부분으로 이동할 수 있습니다.

윈도우 메뉴	단축키
빠른 작업 및 리팩터링...	Ctrl+.
이름 바꾸기(R)...	F2
Using 제거 및 정렬(E)	Ctrl+R, Ctrl+G
정의 피킹	Alt+F12
정의로 이동(G)	F12
기본으로 이동	Alt+홈
구현으로 이동	Ctrl+F12

맥OS 메뉴	단축키
빠른 작업 및 리팩터링...	⌥↩
이름 바꾸기(N)...	⌘R
Using 제거 및 정렬	
선언으로 이동	⌘D
구현으로 이동	⌘I
기본 멤버로 이동	

그러면 비주얼 스튜디오가 곧바로 ShoeCloset 클래스의 정의 부분으로 이동합니다. 다시 Program.cs로 돌아와 앞서와 같은 방법으로 shoeCloset.PrintShoes(); 명령어에서 PrintShoes 부분을 마우스 우클릭한 다음 [정의로 이동] 메뉴를 선택하세요. ShoeCloset 클래스에서 해당 메서드의 정의로 이동하는 것을 볼 수 있습니다. 이처럼 [정의로 이동] 또는 [선언으로 이동] 메뉴를 사용하면 빠르게 코드의 이곳저곳을 오갈 수 있습니다.

이동 메뉴를 사용해서 제네릭 컬렉션 탐색하기

이제 정말 재미있는 부분입니다. ShoeCloset.cs 파일을 열고 List의 정의로 이동해 보세요. 비주얼 스튜디오에서 List 클래스의 정의를 별도의 창으로 보여 줍니다. 내용이 복잡해 보여도 걱정하지 마세요! 지금 이 모든 것을 이해할 필요는 없습니다. 우선 다음 코드를 검색해서 List<T>가 어떤 인터페이스를 구현하고 있는지를 살펴보세요.

```
public class List<[NullableAttribute(2)] T> : ICollection<T>, IEnumerable<T>, IEnumerable, IList<T>,
        IReadOnlyCollection<T>, IReadOnlyList<T>, ICollection, IList
```

첫 번째 인터페이스는 ICollection<T>입니다. 이 인터페이스는 모든 제네릭 컬렉션이 사용하는 인터페이스입니다. 이제 무엇을 해 봐야 하는지 짐작이 가나요? ICollection<T>의 정의로 이동해 보세요. 그러면 비주얼 스튜디오에 다음과 같은 화면이 표시되는 것을 볼 수 있습니다(XML 주석문은 축소되어 있어서 [...] 버튼으로 표시됐습니다. 맥OS에서는 이 주석문이 확장되어 있을 수도 있습니다).

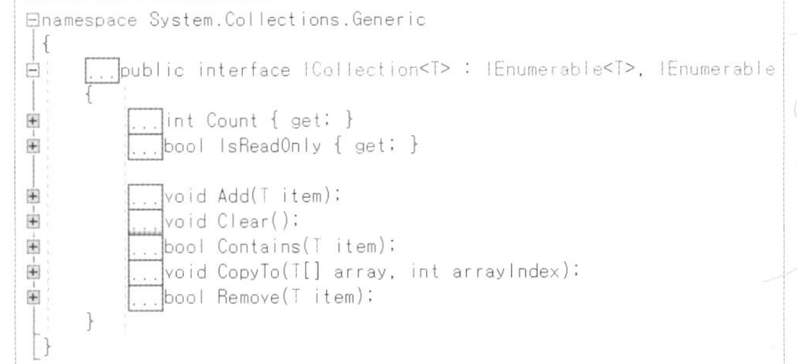

namespace System.Collections.Generic
{
public interface ICollection<T> : IEnumerable<T>, IEnumerable
{
int Count { get; }
bool IsReadOnly { get; }
void Add(T item);
void Clear();
bool Contains(T item);
void CopyTo(T[] array, int arrayIndex);
bool Remove(T item);
}
}

제네릭 컬렉션은 컬렉션에 얼마나 많은 항목이 들어 있는지 알아내고, 새 항목을 추가하고, 컬렉션을 비우고, 항목이 컬렉션 안에 있는지 검사하고, 항목을 삭제하는 작업 등을 할 수 있게 해 줍니다. 그 외의 기능을 제공하기도 하지만(List의 경우, 특정 인덱스 위치의 요소를 삭제할 수 있습니다), 모든 제네릭 컬렉션은 최소한의 표준을 지켜야 합니다.

6장에서는 인터페이스가 클래스에 특정 작업을 수행하게 하는 방법을 다뤘습니다. List<T>를 포함해서, ICollection<T> 인터페이스를 구현하는 모든 클래스는 제네릭 컬렉션입니다. 이들 클래스는 각자 다르게 작동하지만 모두 제네릭 컬렉션의 작업을 수행할 수 있습니다. 따라서 모든 제네릭 컬렉션 클래스는 값이나 참조를 저장하는 기본적인 작업을 처리할 수 있다고 생각해도 됩니다.

요점 정리

- **List**는 값 또는 객체 참조의 모음을 저장, 관리하며 쉽게 다룰 수 있게 해 주는 .NET 클래스입니다. 리스트에 저장된 값이나 참조는 보통 **요소(element)**라고 부릅니다.
- 리스트는 필요한 크기에 따라 **동적으로 크기를 조절**합니다. 리스트에 데이터를 추가하면, 추가된 데이터의 양에 맞춰 크기가 증가합니다.
- 리스트에 항목을 추가하려면 **Add()**를 사용합니다. 리스트에서 항목을 제거하려면 **Remove()**를 사용합니다.
- 리스트에서 인덱스 번호로 객체를 제거하려면 **RemoveAt()**을 사용합니다.
- 꺾쇠 안에 넣은 타입 이름인 **타입 인수(type argument)**를 사용해서 리스트의 타입을 선언합니다. 예를 들면, List<Frog>는 Frog 타입의 객체만을 저장할 수 있는 리스트를 의미합니다.
- **Contains() 메서드**를 사용해서 특정 객체가 리스트 안에 있는지 검사할 수 있습니다. **IndexOf() 메서드**는 리스트 안에 있는 특정 요소의 인덱스 값을 반환합니다.
- **Count 속성**은 리스트에 있는 속성의 개수를 반환합니다.
- **인덱서(Indexer)**를 사용해(예: guys[3]) 컬렉션의 특정 인덱스에 있는 항목에 접근할 수 있습니다.
- 배열과 마찬가지로 **foreach 반복문**을 사용해 리스트의 요소를 열거할 수 있습니다.
- 리스트는 **제네릭 컬렉션**이며, 이는 어떤 타입이든지 저장할 수 있다는 의미입니다.
- 모든 제네릭 컬렉션은 제네릭 **ICollection<T> 인터페이스**를 구현합니다.
- 제네릭 클래스나 제네릭 인터페이스 정의의 <T> 부분은, 해당 객체가 인스턴스화될 때 **타입으로 대체**됩니다.
- 비주얼 스튜디오에서 **정의로 이동(윈도우)** 또는 **선언으로 이동(맥OS)** 기능을 사용해 코드와 클래스를 탐색할 수 있습니다.

foreach는 명령문에 사용된 컬렉션을 수정할 수 없습니다.

foreach를 사용해 컬렉션 내용을 반복할 때 컬렉션을 변경하지 마세요!

그렇게 하면 InvalidOperationException 예외가 발생합니다. 직접 확인해 보세요. 새로운 .NET Core 콘솔 앱을 생성해서 List<string>을 생성하고, 이 객체에 값을 추가한 다음, foreach 문을 사용해 컬렉션 내용을 반복하면서 컬렉션에 값을 추가해 보세요. 프로그램을 실행하면 foreach 문에서 예외가 발생합니다. 또한, 제네릭 클래스를 사용할 때 언제나 타입을 지정해야 한다는 점을 기억하세요. List<string>은 문자열의 리스트를 의미합니다.

```
참조 0개
static void Main(string[] args)
{
    List<string> values = new List<string>();
    values.Add("a value");
    foreach (var s in values)
    {
        values.Add("another value");
    }
}
```

예외가 처리되지 않음

System.InvalidOperationException: 'Collection was modifie
enumeration operation may not execute.'

자세히 보기 | 세부 정보 복사 | Live Share 세션을 시작합니다

▶ 예외 설정

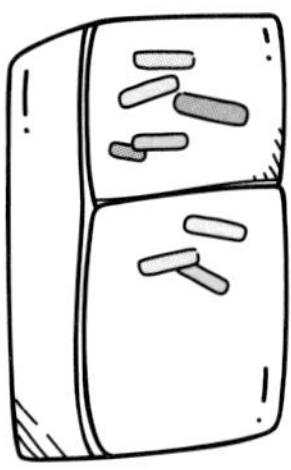

코드 자석

코드 조각을 재배치해서 다음과 같은 내용을
콘솔에 출력하는 콘솔 앱을 만들어 보세요.

```
static void Main(string[] args)
{
```

```
string zilch = "zero";
string first =  "one";
string second = "two";
string third = "three";
string fourth = "4.2";
string twopointtwo = "2.2";
```

```
}
```

```
a.Add(zilch);
a.Add(first);
a.Add(second);
a.Add(third);
```

```
}
```

```
static void PppPppL (List<string> a){
```

```
foreach (string element in a)
{
    Console.WriteLine(element);
}
```

```
List<string> a = new List<string>();
```

```
if (a.IndexOf("four") != 4)
{
        a.Add(fourth);
}
```

```
a.RemoveAt(2);
```

```
if (a.Contains("three"))
{
      a.Add("four");
}
```

```
PppPppL(a);
```

```
if (a.Contains("two")) {
   a.Add(twopointtwo);
}
```

출력 결과

```
zero
one
three
four
4.2
```

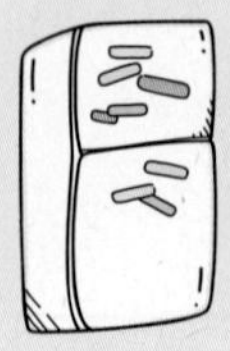

코드 자석 정답

3장에서 직관적인 명명 방식에 대해 다뤘던 것을 기억하나요? 여기서 퍼즐이 너무 쉬워지는 것을 방지하기 위해 이상한 이름을 썼습니다. 실제 코드를 작성할 때는 PppPppL처럼 암호 같은 이름은 사용하지 마세요!

이 코드를 실행하려면 코드 상단에 using System.Collections.Generic이 포함되어 있는지 확인하세요.

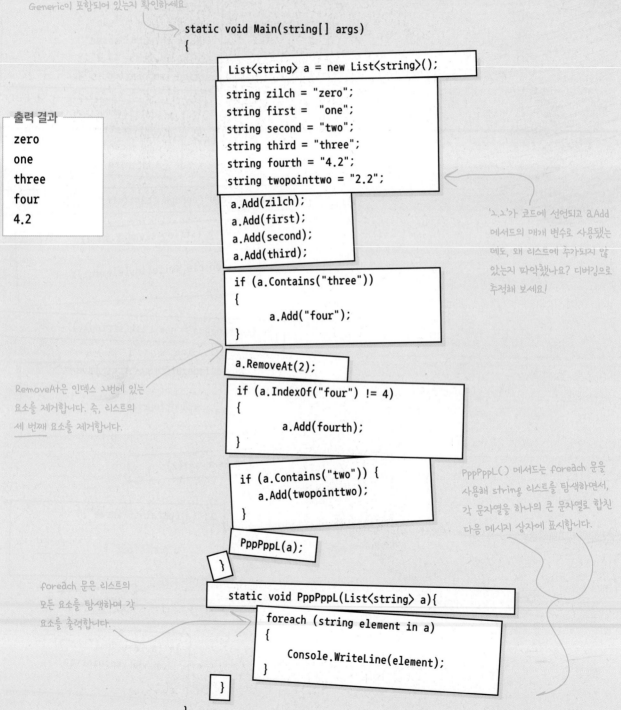

```
static void Main(string[] args)
{
    List<string> a = new List<string>();
    string zilch = "zero";
    string first =  "one";
    string second = "two";
    string third = "three";
    string fourth = "4.2";
    string twopointtwo = "2.2";
    a.Add(zilch);
    a.Add(first);
    a.Add(second);
    a.Add(third);
    if (a.Contains("three"))
    {
          a.Add("four");
    }
    a.RemoveAt(2);
    if (a.IndexOf("four") != 4)
    {
          a.Add(fourth);
    }
    if (a.Contains("two")) {
        a.Add(twopointtwo);
    }
    PppPppL(a);
}
static void PppPppL(List<string> a){
    foreach (string element in a)
    {
        Console.WriteLine(element);
    }
}
}
```

출력 결과

```
zero
one
three
four
4.2
```

'2.2'가 코드에 선언되고 a.Add 메서드의 매개 변수로 사용됐는데도, 왜 리스트에 추가되지 않았는지 파악했나요? 디버깅으로 추적해 보세요!

RemoveAt은 인덱스 2번에 있는 요소를 제거합니다. 즉, 리스트의 세 번째 요소를 제거합니다.

PppPppL() 메서드는 foreach 문을 사용해 string 리스트를 탐색하면서, 각 문자열을 하나의 큰 문자열로 합친 다음 메시지 상자에 표시합니다.

foreach 문은 리스트의 모든 요소를 탐색하며 각 요소를 출력합니다.

무엇이든 물어보세요!

Q&A

Q1 왜 컬렉션 대신 열거형을 사용해야 하나요? 둘 다 비슷한 문제를 해결해 주는 것 아닌가요?

A1 열거형은 컬렉션과 완전 다른 종류의 일을 처리합니다. 무엇보다도 열거형은 타입이고, 컬렉션은 객체입니다.

열거형은 상수의 목록을 저장하고, 이름으로 이 상수를 참조할 수 있도록 하는 편리한 방법입니다. 열거형은 코드의 가독성을 높이며, 자주 사용하는 값에 접근할 때 정확한 변수명을 사용할 수 있게 합니다.

컬렉션은 객체 참조를 저장할 수 있으며 객체 참조를 통해 객체의 멤버에 접근할 수 있습니다. 따라서 컬렉션은 무엇이든 저장할 수 있는 셈입니다. 반면에, 열거형은 C#의 값 타입에서만 선택할 수 있습니다(4장을 참고하세요). 열거형 멤버는 값으로 캐스팅할 수 있지만 참조로는 캐스팅할 수 없습니다.
또한, 열거형은 동적으로 크기를 변경할 수 없습니다. 열거형은 인터페이스를 구현하지도 않고 메서드도 가지고 있지 않으며, 열거형의 값을 다른 변수에 넣으려면 다른 타입으로 캐스팅해야 합니다. 이런 점들을 종합해 보면 이 둘은 차이가 큽니다. 둘 다 나름의 유용한 쓰임새가 있지만요.

Q2 List 클래스는 매우 강력한 것 같네요. 그럼 배열은 왜 사용해야 하는 거죠?

A2 객체의 컬렉션을 어딘가에 저장해야 할 경우, 보통은 배열이 아닌 리스트를 사용합니다. 다만 파일에서 일련의 바이트를 읽어 들이는 등의 상황에서는 배열을 사용해야 합니다. 이 경우, byte[]를 반환하는 메서드를 호출하게 됩니다. 다행히, 리스트를 배열(ToArray 메서드를 호출하면 됩니다)로, 또는 배열을 리스트로(오버로드된 List 생성자를 사용하면 됩니다) 쉽게 변환할 수 있습니다.

배열은 사실 메모리와 CPU 시간을 덜 소모합니다. 하지만 이로 인해 얻을 수 있는 성능상 이득은 미미합니다. 예컨대 초당 수백만 번 실행해야 하는 작업에는 리스트 대신 배열이 효율적입니다. 하지만 프로그램 자체가 느린 거라면 리스트를 배열로 바꾼다고 해도, 문제가 해결될 확률은 거의 없겠죠.

Q3 '제네릭'이라는 이름이 이해가 안 되네요. 왜 제네릭 컬렉션이라는 이름이 붙었나요?

A3 제네릭 컬렉션은 오직 한 가지 타입(또는 여러 타입일 수도 있습니다. 잠시 후에 살펴볼 것입니다)만 저장할 수 있도록 설정된 컬렉션 객체를 말합니다(또는, 다른 객체를 저장하고 관리할 수 있게 하는 내장 객체를 말합니다).

Q4 좋아요, 이제 '컬렉션' 부분은 알겠네요. 그럼 '제네릭'은 뭐죠?

A4 슈퍼마켓에서 다양한 일반적인(generic) 물건을 팔면서, 흰색 포장지에 '딸기맛 과자', '비누', '사과맛 젤리' 같은 이름을 적어 포장지 안 내용물을 표시한다고 해 보죠. 제네릭은 포장지 안에 무엇이 있는지에 대한 정보를 알려 줄 뿐, 그 자체는 어떤 역할을 하진 않습니다.
제네릭 데이터 타입도 이와 비슷한 개념입니다. List<T> 객체는 리스트 안에 무엇이 들어 있든 동일한 방식으로 작동합니다. Shoe 객체, Card 객체, int, long 등이 저장된 List 객체는 모두 컨테이너 수준에서 작동합니다. 그러므로 개발자는 리스트 안에 어떤 타입이 저장됐든 똑같은 방식으로 추가, 삭제, 삽입 등을 작업할 수 있습니다.

'제네릭'이라는 용어는 List 클래스 자체는 일반적으로 어느 타입이든 저장할 수 있음을 의미합니다. <T>는, T가 가리키는 타입 참조를 저장하는 리스트라는 의미입니다.

Q5 타입이 없는 리스트도 생성할 수 있나요?

A5 아뇨. 모든 리스트와 제네릭 컬렉션(잠시 후에 다른 제네릭 컬렉션도 배울 겁니다)은 타입 인수가 필요합니다. C#에는 ArrayList라는 비제네릭 컬렉션이 있으며, 이 클래스는 어떤 종류의 객체라도 저장할 수 있습니다. ArrayList를 사용하려면 using System.Collections;를 코드에 추가해야 합니다. ArrayList를 사용할 일은 별로 없는데, ArrayList 대신 List<Object>를 사용해도 보통은 별문제가 없기 때문입니다.

List 객체를 생성할 때는 항상 타입을 지정해서 어떤 데이터 타입이 리스트에 저장되는지 나타내야 합니다. 리스트는 값 타입(int, bool, decimal 같은), 참조 타입 어떤 것이든 저장할 수 있습니다.

컬렉션 이니셜라이저는 객체 이니셜라이저와 비슷합니다

컬렉션 초기화하기

C#은 List 객체를 생성하면서 곧바로 객체에 항목을 추가할 수 있는 단축(shorthand) 코드를 제공합니다. List 객체를 생성할 때 컬렉션 이니셜라이저(collection initializer)를 사용하면 리스트에 미리 항목을 채울 수 있습니다. 항목은 리스트가 생성되는 즉시 추가됩니다.

다음 코드는 List<Shoe> 객체를 생성한 다음 Add() 메서드를 반복 호출해 List 객체에 새 Shoe 객체를 채우고 있습니다.

```
List<Shoe> shoeCloset = new List<Shoe>();
shoeCloset.Add(new Shoe() { Style = Style.Sneakers, Color = "Black" });
shoeCloset.Add(new Shoe() { Style = Style.Clogs, Color = "Brown" });
shoeCloset.Add(new Shoe() { Style = Style.Wingtips, Color = "Black" });
shoeCloset.Add(new Shoe() { Style = Style.Loafers, Color = "White" });
shoeCloset.Add(new Shoe() { Style = Style.Loafers, Color = "Red" });
shoeCloset.Add(new Shoe() { Style = Style.Sneakers, Color = "Green" });
```

이 코드는 컬렉션 이니셜라이저를 사용해 이렇게 고칠 수 있습니다.

각 Shoe 객체가 객체 이니셜라이저에서 초기화되고 있는 것을 눈치채셨나요? 이렇게 컬렉션 이니셜라이저 안에 객체 이니셜라이저를 중첩해서 쓸 수 있습니다.

Add() 메서드로 추가하던 항목들을, 컬렉션 이니셜라이저에 넘겨줘서 List 객체를 생성하고 있습니다.

이 명령어는 리스트를 생성한 다음, 따라오는 중괄호 안에 여러 'new' 문을 쉼표로 구분해 넣습니다.

이니셜라이저 내에 'new' 문을 사용하는 것뿐만 아니라, 변수도 사용할 수 있습니다.

```
List<Shoe> shoeCloset = new List<Shoe>()
{
    new Shoe() { Style = Style.Sneakers, Color = "Black" },
    new Shoe() { Style = Style.Clogs, Color = "Brown" },
    new Shoe() { Style = Style.Wingtips, Color = "Black" },
    new Shoe() { Style = Style.Loafers, Color = "White" },
    new Shoe() { Style = Style.Loafers, Color = "Red" },
    new Shoe() { Style = Style.Sneakers, Color = "Green" },
};
```

컬렉션 이니셜라이저는 리스트 생성 명령어와 리스트에 추가될 항목들을 결합해서 코드를 더 깔끔하게 만들어 줍니다.

오리 리스트를 만듭시다

Duck 클래스는 오리들의 정보를 관리합니다. Ducks 이름의 새 콘솔 앱을 만들고, Duck 클래스와 KindOfDuck 열거형을 추가하세요.

모든 오리는 크기가 다릅니다.
이 녀석은 17인치네요.
이 오리는 청둥오리
(mallard)입니다.
이 오리는 머스코비
(muscovy)네요.
따라해 보세요!

Duck

Size
Kind

01 Program.cs의 상단에 다음 using 지시문을 추가하세요.

```
using System.Collections.Generic;
```

02 그런 다음 이 PrintDucks() 메서드를 Main() 메서드 아래에 추가하세요.

```
public static void PrintDucks(List<Duck> ducks)
{
    foreach (Duck duck in ducks)
    {
        Console.WriteLine($"{duck.Size} inch {duck.Kind}");
    }
}
```

03 Duck 객체의 리스트를 생성하고 그 내용을 출력하는 다음 코드를 Main() 메서드에 추가하세요.

```
List<Duck> ducks = new List<Duck>()
{
    new Duck() { Kind = KindOfDuck.Mallard, Size = 17 },
    new Duck() { Kind = KindOfDuck.Muscovy, Size = 18 },
    new Duck() { Kind = KindOfDuck.Loon, Size = 14 },
    new Duck() { Kind = KindOfDuck.Muscovy, Size = 11 },
    new Duck() { Kind = KindOfDuck.Mallard, Size = 14 },
    new Duck() { Kind = KindOfDuck.Loon, Size = 13 },
};

PrintDucks(ducks);
```

```
internal class Duck
{
    public int Size
    {
        get; set;
    }
    public KindOfDuck Kind
    {
        get; set;
    }
}

enum KindOfDuck
{
    Mallard,
    Muscovy,
    Loon,
}
```

Duck 클래스와 KindOfDuck 열거형을 프로젝트에 추가하세요. KindOfDuck 열거형을 사용해서 컬렉션에 어떤 종류의 오리가 저장될지 관리할 수 있습니다. 값을 할당하는 것이 아니라는 점에 유의하세요. 오리에 숫자 값을 사용하지 않을 것이므로, 기본 열거형 값(0, 1, 2, ...)을 사용해도 괜찮습니다.

프로그램을 실행해 보세요. 콘솔에 여러 마리 오리가 출력되는 것을 볼 수 있습니다.

리스트는 쉽지만 정렬은 까다롭습니다

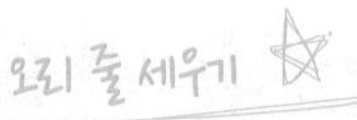

숫자나 문자를 정렬하는 방법은 그다지 어렵지 않습니다. 하지만 여러 필드를 가진 두 객체를 비교하려면 어떻게 해야 할까요? Name 필드의 값으로 객체를 정렬해야 할 경우도 있고, 키나 출생날짜를 기준으로 객체를 정렬하는 것이 옳은 경우도 있을 것입니다. 정렬 방법에는 여러 가지가 있고, 리스트 역시 여러 방법을 지원해야 합니다.

여러분은 오리를 크기에 따라 정렬할 수도 있고...

...종에 따라서 정렬할 수도 있습니다.

작은 것에서 큰 것 순으로 정렬한 것입니다.
오리의 종에 따라 정렬한 것입니다.

리스트는 스스로 어떻게 정렬할지 알고 있습니다

실질적으로, List<T>가 정렬하는 방법을 알고 있는 것은 아닙니다. 이는 IComparer<T> 객체가 하는 일이며, 이 인터페이스에 대해 잠시 후에 살펴보겠습니다.

모든 리스트에는 Sort() 메서드가 있어서 리스트 안에 있는 항목을 순서대로 정렬할 수 있습니다. 리스트는 내장된 대부분의 타입과 클래스를 정렬하는 방법을 이미 알고 있으며, 여러분이 만든 클래스를 정렬하는 방법도 쉽게 지시할 수 있습니다.

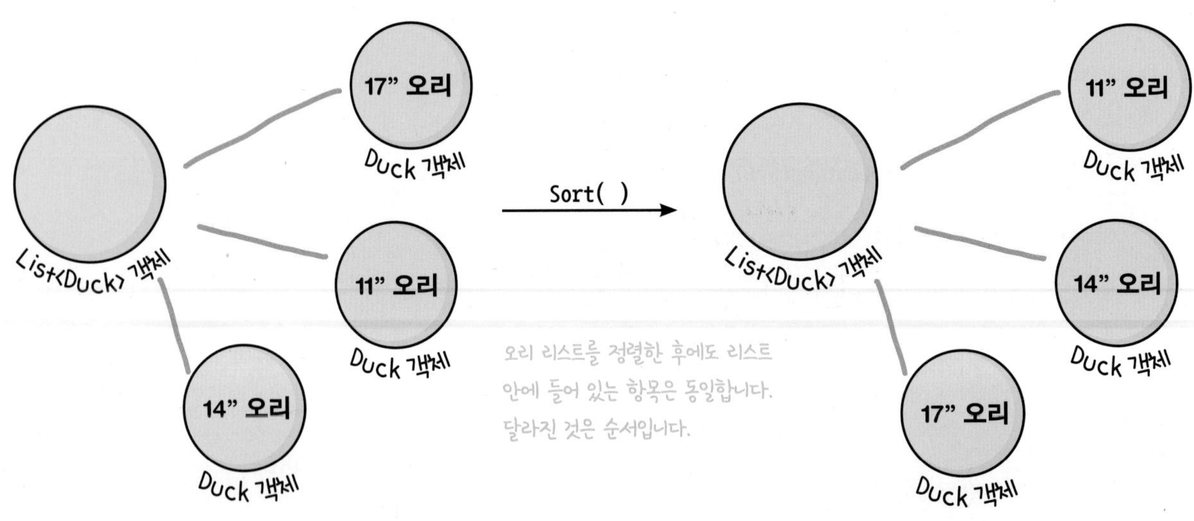

IComparable<Duck>을 사용해서 리스트 안 오리 정렬하기

숫자가 든 List 객체의 Sort() 메서드를 호출하면, 작은 숫자부터 큰 숫자 순으로 리스트의 요소가 정렬됩니다. 하지만 Duck 객체를 정렬하는 방법을 List 객체가 어떻게 알 수 있을까요? List.Sort() 메서드에 Duck 클래스를 정렬할 수 있다는 것을 알려 줘야 합니다. 보통 이럴 때는 클래스가 특정한 작업을 수행할 수 있음을 알려 주는 인터페이스를 이용하죠.

List.Sort() 메서드는 IComapreble<T> 인터페이스를 구현하는 타입 또는 클래스를 정렬할 수 있습니다. 이 인터페이스는 단 하나의 메서드, CompareTo()를 가지고 있습니다. List.Sort() 메서드는 객체의 CompareTo() 메서드를 사용해 객체를 서로 비교하고, 이 메서드의 반환 값(int 타입입니다)을 사용해 어떤 객체가 앞에 올지 결정합니다.

객체의 CompareTo() 메서드를 사용해 다른 객체와 비교하기

IComparable<Duck>을 구현하도록 Duck 클래스를 수정해서, 오리를 크기에 따라 정렬되도록 합니다.

List 객체에 오리를 정렬하는 기능을 부여하는 방법 중 하나는 Duck 클래스를 수정해서 IComparable<Duck> 인터페이스를 구현하고, Duck 참조를 매개 변수로 받는 이 인터페이스의 CompareTo() 메서드를 구현하는 겁니다. IComparable<T>를 구현하고 CompareTo() 메서드를 추가하면 여러분이 작성한 클래스에 List.Sort() 메서드를 사용할 수 있습니다.

클래스에서 IComparable<T> 인터페이스를 구현할 때 비교할 타입을 지정해야 합니다.

```
internal class Duck : IComparable<Duck>
{
    public int Size { get; set; }
    public KindOfDuck Kind { get; set; }

    public int CompareTo(Duck duckToCompare)
    {
        if (this.Size > duckToCompare.Size)
            return 1;
        else if (this.Size < duckToCompare.Size)
            return -1;
        else
            return 0;
    }
}
```

대부분의 CompareTo() 메서드가 이런 모습을 하고 있습니다. 이 메서드는 우선 Size 필드의 값을 다른 오리의 Size 필드와 비교합니다. 이 오리가 더 크면 1을, 작으면 -1을, 크기가 같으면 0을 반환합니다.

리스트를 크기에 따라서 오름차순으로 정렬하려면 CompareTo() 메서드에서 this 객체의 크기가 더 큰 경우 양수를, this 객체의 크기가 더 작을 경우 음수를 반환하면 됩니다.

리스트를 정렬할 때 비교 대상인 오리가 this의 뒤에 와야 된다면 CompareTo() 메서드가 양수를 반환합니다. 비교 대상인 오리가 this의 앞에 와야 한다면 -1을 반환합니다. 같을 경우에는 0을 반환합니다.

다음 코드를 Main() 메서드의 끝에 있는 PrinDucks(ducks); 바로 앞에 추가하세요. 이 명령문은 오리 리스트 객체의 요소를 정렬합니다. 이번에는 오리를 콘솔에 출력하기 전에 오리가 정렬됩니다.

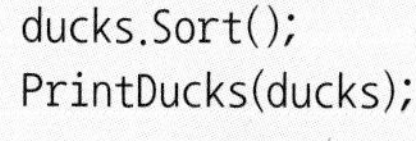

```
ducks.Sort();
PrintDucks(ducks);
```

IComparer 사용해서 정렬 방법 지시하기

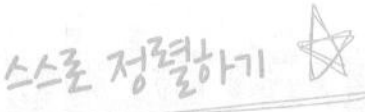

이제 Duck 클래스는 IComparable를 구현하기 때문에, List.Sort()는 Duck 객체의 리스트를 정렬할 수 있습니다. 하지만 이 리스트를 평소와 다른 방식으로 정렬하려면 어떻게 해야 할까요? 또는, IComparable을 구현하지 않는 객체 타입을 정렬해야 한다면? 이럴 경우 비교자(comparer) 객체를 List.Sort()의 인수로 전달해서 다른 방식으로 객체를 정렬할 수 있습니다. List.Sort()에 오버로드된 메서드를 한번 살펴보세요.

```
ducks.Sort()
PrintDucks(     void List<Duck>.Sort() (+ 3 오버로드)
                Sorts the elements in the entire List<T> using the default comparer.
 1개
lic static v    예외:
                  InvalidOperationException
```

List.Sort()에 오버로드된 메서드에는 IComparer<T> 참조를 받는 것이 있습니다. T는 List의 제네릭 타입으로 대체되므로, List<Duck>을 정렬할 때는 인수로 IComparer<Duck>을, List<string>은 IComparer<string>을 받는 식입니다. IComparer 인터페이스를 구현하는 객체의 참조를 인수로 넘겨주는 것이죠. 여기서 인터페이스는 리스트의 요소를 비교함으로써 List.Sort()가 요소를 어떻게 정렬할지 알려 주는 작업을 수행합니다.

IComparer<T> 인터페이스에는 Compare()라는 메서드 하나가 있습니다. CompareTo() 메서드와 비슷한 것으로 두 객체 매개 변수 x, y를 받아서 x가 y 앞에 와야 하면 양수를, 그렇지 않으면 음수를 반환하며, 두 객체가 동등하면 0을 반환합니다.

IComparer를 프로젝트에 추가하기

DuckComparerBySize 클래스를 프로젝트에 추가하세요. 이 비교자 객체를 List.Sort() 메서드에 매개 변수로 넘겨 오리를 크기에 따라 정렬할 것입니다. IComparer 인터페이스는 System.Collections.Generic 네임스페이스에 속해 있으므로 클래스에 using 지시문이 있는지 확인해야 합니다.

```
using System.Collections.Generic;
```

비교자 객체는 IComparer<T>를 구현하는 클래스의 인스턴스이며, List.Sort에 참조로 넘겨줄 수 있습니다. Compare() 메서드는 IComparable<T> 인터페이스의 CompareTo() 메서드와 동일하게 작동합니다. List.Sort()가 정렬을 위해 내부의 요소들을 비교할 때, 리스트는 두 객체를 비교자 객체의 Compare() 메서드에 전달합니다. 그렇게 비교자를 구현한 방식에 따라 리스트를 서로 다른 방식으로 정렬할 수 있습니다.

비교자 클래스의 코드는 다음과 같습니다.

```
internal class DuckComparerBySize : IComparer<Duck>
{
    public int Compare(Duck x, Duck y)
    {
        if (x.Size < y.Size)
            return -1;
        if (x.Size > y.Size)
            return 1;
        return 0;
    }
}
```

비교 결과가 음수일 경우, 객체 x가 객체 y 앞에 와야 한다는 의미입니다. 즉 x가 y보다 '작은' 것이죠.

양수는 객체 x가 객체 y 뒤에 와야 한다는 의미입니다. x가 y보다 '큰' 것이죠. 0은 객체가 '같음'을 의미합니다.

그렇다면 DuckComparerBySize를 어떻게 변경하면 오리를 큰 것부터 작은 것 순으로 정렬할 수 있을까요?

비교자 객체 인스턴스 만들기

IComparer<T>를 사용해 정렬하려면 이 인터페이스를 구현한 클래스(여기서는 DuckComparerBySize)의 인스턴스를 생성해야 합니다. 이 비교자 객체는 List.Sort()가 요소를 어떻게 정렬하는지 알려 줍니다. 정적 클래스를 제외한 일반적인 클래스처럼, 비교자 클래스도 사용하기 전에 인스턴스화해야 합니다.

Main() 메서드에서 ducks.Sort()를 다음 두 줄 코드로 변경합니다. 이 코드는 이전과 동일하게 오리를 정렬하지만, 비교자 객체를 사용한다는 차이가 있습니다.

```
IComparer<Duck> sizeComparer = new DuckComparerBySize();
ducks.Sort(sizeComparer);
PrintDucks(ducks);
```

Sort에 새 DuckComparerBySize 객체의 참조를 매개 변수로 넘겨줍니다.

여러 IComparer 구현체로 여러 방식으로 객체 정렬하기

IComparer<Duck> 클래스를 여러 개 만들어 서로 다른 정렬 로직을 사용해 오리 순서를 바꿀 수 있습니다. 그런 다음에는 원하는 비교자 객체를 사용해서 필요한 방식대로 정렬하면 됩니다. 이번에는 다른 오리 비교자 구현체를 프로젝트에 추가하겠습니다. DuckComparerByKind 클래스를 생성해 다음과 같이 작성합니다.

이 비교자는 종에 따라서 오리를 정렬합니다. 열거형을 사용해서 오리를 비교할 때는 열거형의 인덱스 값을 사용합니다. KindOfDuck 열거형을 선언할 때 특별히 값을 할당하지 않았기 때문에 enum 선언에 표시된 순으로 0부터 인덱스 값이 할당됩니다.

```
internal class DuckComparerByKind : IComparer<Duck>
{
    public int Compare(Duck x, Duck y)
    {
        if (x.Kind < y.Kind)
            return -1;
        if (x.Kind > y.Kind)
            return 1;
        else
            return 0;
    }
}
```

오리의 Kind 속성을 비교하므로, 오리는 Kind 속성(즉, KindOfDuck 열거형)의 인덱스 값에 따라 정렬됩니다.

'큰', '작은'의 개념이 여기서는 다르게 사용되고 있습니다. 이 코드에서는 오리를 정렬하기 위해 부등호를 사용해 열거형의 인덱스 값을 비교하고 있습니다.

이 코드는 열거형과 리스트를 함께 사용하는 방법을 보여 줍니다. 열거형은 리스트의 정렬을 위해 숫자 대신 사용하고 있습니다.

이제 Main() 메서드로 돌아가서 새 비교자를 사용해 보세요. 오리가 종에 따라 정렬되어 출력됩니다.

```
IComparer<Duck> kindComparer = new DuckComparerByKind();
ducks.Sort(kindComparer);
PrintDucks(ducks);
```

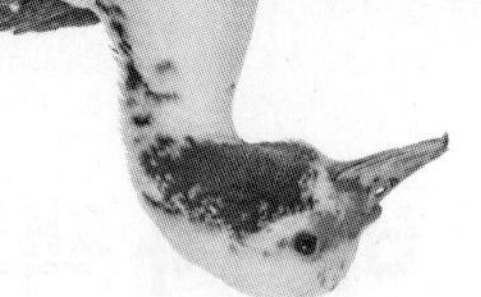

비교자로 복잡한 비교 수행하기

카드도 정렬해 봅시다.

오리를 정렬하기 위한 클래스를 따로 만들면 이 클래스에 좀 더 복잡한 로직을 넣을 수 있습니다. 리스트를 정렬하는 방식을 결정하는 데 필요한 멤버를 클래스에 추가할 수도 있습니다.

01 열거형 SortCriteria을 새로 만듭니다.

```
enum SortCriteria
{
    SizeThenKind,
    KindThenSize,
}
```

이 열거형은 비교자 객체에 오리를 정렬하는 방법을 알려 줍니다.

02 새 클래스 'DuckComparer'를 생성합니다.

이 클래스는 오리를 비교하는 데 좀 더 복잡한 로직을 사용합니다. Compare() 메서드가 받는 매개변수는 동일하지만, 이 클래스는 public SortBy 필드를 살펴보고 오리를 어떻게 비교할지 결정합니다.

```
internal class DuckComparer : IComparer<Duck>
{
    public SortCriteria SortBy = SortCriteria.SizeThenKind;
    public int Compare(Duck x, Duck y)
    {
        if (SortBy == SortCriteria.SizeThenKind)
            if (x.Size > y.Size)
                return 1;
            else if (x.Size < y.Size)
                return -1;
            else
                if (x.Kind > y.Kind)
                    return 1;
                else if (x.Kind < y.Kind)
                    return -1;
                else
                    return 0;
        else
            if (x.Kind > y.Kind)
                return 1;
            else if (x.Kind < y.Kind)
                return -1;
            else
                if (x.Size > y.Size)
                    return 1;
                else if (x.Size < y.Size)
                    return -1;
                else
                    return 0;
    }
}
```

이 if 문은 SortBy 필드의 값을 검사합니다. 만약 SortBy 필드의 값이 SizeThenKind이면, 먼저 오리를 크기에 따라 정렬한 다음 크기가 같으면 종에 따라 정렬합니다.

이 비교자는 두 오리의 크기가 같을 때 0을 반환하는 대신, 종도 검사합니다. 그래서 오리의 크기와 종이 동일할 때만 0을 반환합니다.

SortBy가 SizeThenKind가 아닐 경우, 이 비교자는 우선 오리의 종으로 정렬합니다. 오리의 종이 같으면 오리의 크기를 비교합니다.

```
DuckComparer comparer = new DuckComparer();
Console.WriteLine("\nSorting by kind then size\n");
comparer.SortBy = SortCriteria.KindThenSize;
ducks.Sort(comparer);
PrintDucks(ducks);
Console.WriteLine("\nSorting by size then kind\n");
comparer.SortBy = SortCriteria.SizeThenKind;
ducks.Sort(comparer);
PrintDucks(ducks);
```

이 코드를 Main() 메서드의 마지막 부분에 추가하세요. 이 코드는 새로운 비교자 객체를 사용하며, ducks.Sort() 메서드를 호출하기 전에 SortBy 필드의 값을 설정합니다. 이렇게 비교자의 속성 값을 바꿈으로써 오리가 정렬되는 방식을 변경할 수 있습니다.

연습 문제

새로운 콘솔 앱을 작성해서 무작위로 카드 리스트를 생성하고, 생성한 카드를 콘솔에 출력한 다음 비교자 객체를 사용해 카드를 정렬하고 출력해 봅시다.

1. 뒤섞인 카드 덱을 만드는 메서드를 작성합니다.

새 콘솔 앱 'SuitsAndValues'를 생성하고 JumbledCards 프로젝트의 Suits, Values 열거형과 Card 클래스를 복사해서 추가합니다. 그다음 Program.cs에 임의의 무늬와 숫자가 있는 카드를 반환하는 정적 메서드 RandomCard()와 List<Card>를 출력하는 메서드 PrintCards()를 작성하세요.

2. 카드를 정렬하기 위해 IComparer<Card>를 구현한 클래스를 만듭니다.

인터페이스를 구현하기 위해 비주얼 스튜디오에서 제공하는 [빠른 작업] 메뉴를 사용해 볼 좋은 기회입니다. 새 클래스 'CardComparerByValue'를 추가하고, 이 클래스에 IComparer<Card> 인터페이스를 구현합니다.

```
internal class CardComparerByValue : IComparer<Card>
```

IComparer<Card>를 클릭한 다음 I 위에 마우스 커서를 올려 보세요. 전구 아이콘(또는)이 나타납니다. 아이콘을 클릭하면 비주얼 스튜디오가 빠른 작업 메뉴를 표시합니다.

빠른 작업 메뉴는 단축키로도 접근할 수 있습니다. 윈도우에서는 [Ctrl]+[.] 키를, 맥OS에서는 [Option]+[Enter] 키를 누르세요.

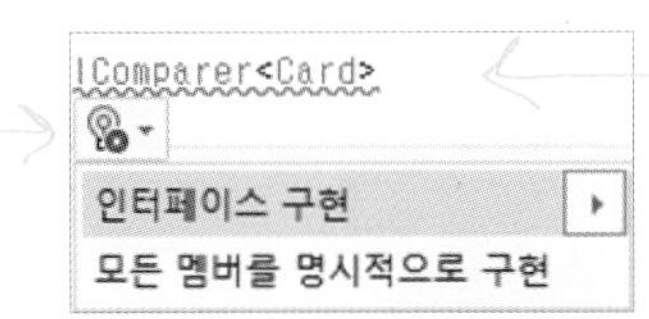

IComparer 객체는 카드의 숫자로 카드를 정렬해서 작은 숫자가 앞으로 오게 합니다.

[인터페이스 구현] 메뉴를 선택합니다. 그러면 비주얼 스튜디오가 구현이 필요한 인터페이스 메서드와 속성을 자동으로 클래스에 채워 줍니다. 생성된 Comparer() 메서드가 2개의 카드 객체를 비교하도록 내용을 채우세요. x가 y보다 크면 1, 작으면 -1, 같으면 0을 반환합니다. 먼저 카드의 무늬를 Diamond, Club, Heart, Space 순으로 정렬하고, 그다음 숫자를 Ace부터 10, Jack, Quen, King 순으로 오름차순 정렬합니다. 열거형 값은 if (x.Suit < y.Suit)처럼 캐스팅 없이 비교할 수 있습니다.

3. 출력이 맞는지 확인합니다.

다음과 같은 텍스트를 출력하도록 Main() 메서드를 작성합니다.

- 카드의 개수를 입력받습니다.
- 사용자가 유효한 숫자를 입력하고 [Enter] 키를 누르면, 무작위로 카드를 생성한 다음 출력합니다.
- 비교자를 사용해 카드 목록을 정렬합니다.
- 정렬된 카드 목록을 출력합니다.

```
Enter number of cards: 9
Eight of Spades
Nine of Hearts
Four of Hearts
Nine of Hearts
King of Diamonds
King of Spades
Six of Spades
Seven of Clubs
Seven of Clubs
... sorting the cards ...
King of Diamonds
Seven of Clubs
Seven of Clubs
Four of Hearts
Nine of Hearts
Nine of Hearts
Six of Spades
Eight of Spades
King of Spades
```

연습 문제 정답

새로운 콘솔 앱을 작성해서 무작위로 카드 리스트를 생성하고, 생성한 카드를 콘솔에 출력한 다음 비교자 객체를 사용해 카드를 정렬하고 출력해 봅시다. 프로그램의 진입점이 있는 파일의 상단에 System.Collections.Generic;을 추가하는 것을 잊지 마세요.

```
internal class CardComparerByValue : IComparer<Card>
{
    public int Compare(Card x, Card y)
    {
        if (x.Suit < y.Suit)
            return -1;
        if (x.Suit > y.Suit)
            return 1;
        if (x.Value < y.Value)
            return -1;
        if (x.Value > y.Value)
            return 1;
        return 0;
    }
}
```

내장된 List.Sort() 메서드를 사용하는 카드 정렬의 핵심 로직입니다. List.Sort() 메서드는 IComparer 객체를 받는데, 이 객체는 Compare()라는 메서드 하나를 가지고 있습니다. 이 메서드는 카드 두 장을 받아 카드의 무늬를 비교한 다음 숫자를 비교합니다.

모든 Diamond 무늬 카드가 Club 앞에 오도록 하려면 먼저 무늬를 비교해야 합니다. 이 작업에서 열거형 값을 이용할 수 있습니다.

이 명령어들은 x, y의 무늬가 같을 때만 실행됩니다. 달리 말하면 위의 두 return 문은 실행되지 않았다는 의미죠.

앞에 4개의 return 문이 실행되지 않았다면, 비교하는 카드의 무늬와 숫자가 똑같다는 뜻입니다. 이때 0을 반환합니다.

```
internal class Program
{
    private static readonly Random random = new Random();
    static Card RandomCard()
    {
        return new Card((Values)random.Next(1, 14), (Suits)random.Next(4));
    }
    static void PrintCards(List<Card> cards)
    {
        foreach (Card card in cards)
        {
            Console.WriteLine(card.Name);
        }
    }
    static void Main(string[] args)
    {
        List<Card> cards = new List<Card>();
        Console.Write("Enter number of cards: ");
        if (int.TryParse(Console.ReadLine(), out int numberOfCards))
            for (int i = 0; i < numberOfCards; i++)
                cards.Add(RandomCard());

        PrintCards(cards);

        cards.Sort(new CardComparerByValue());
        Console.WriteLine("\n... sorting the cards ...\n");

        PrintCards(cards);
    }
}
```

카드를 저장할 제네릭 List<Card> 객체를 생성합니다. 카드가 리스트에 저장되면, IComparer를 사용해 쉽게 정렬할 수 있습니다.

이 부분은 중괄호를 생략했습니다. 코드가 읽기 쉬운가요, 어려운가요?

ToString() 메서드를 재정의해서 객체가 스스로를 설명하게 하기

객체 스스로 자신을 설명하게 하기

모든 객체는 ToString() 메서드를 가지고 있어서 자기 자신을 문자열로 변환할 수 있습니다. 이 기능은 여러 곳에서 사용합니다. 예를 들어, 문자열 보간에서 중괄호 안에 넣는 모든 값은 ToString() 메서드를 호출하며, 비주얼 스튜디오도 ToString() 메서드를 이용합니다. 모든 클래스는 최상위 기본 클래스인 Object 클래스의 ToString() 메서드를 상속합니다.
Object.ToString() 메서드는 **정규화된 클래스 이름**(fully qualified class name, 클래스가 속한 네임스페이스 이름과 클래스 이름으로 이루어진 문자열)을 반환합니다. 이 프로젝트는 DucksProject 네임스페이스를 사용하고 있으므로 Duck 클래스의 정규화된 클래스 이름은 DucksProject.Duck입니다.

```
Console.WriteLine(new Duck().ToString()); ——→ "DucksProject.Duck"
```

비주얼 스튜디오의 변수에 조사식을 추가하거나 변수의 값을 검사할 때 ToString() 메서드를 사용합니다.

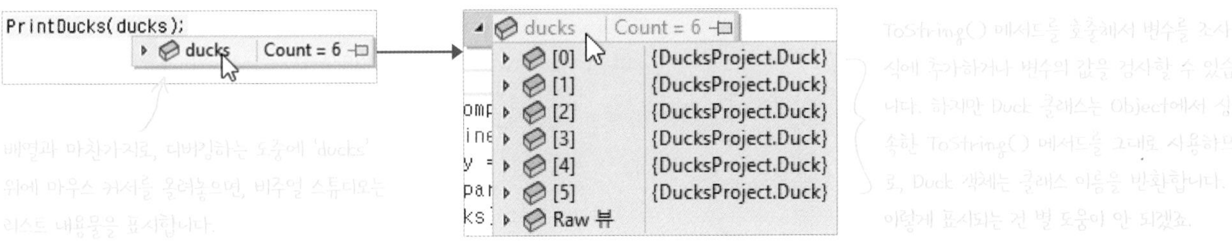

리스트에 Duck 객체가 6개 있다는 것은 알 수 있습니다만, 생각보다 도움이 안 되네요. Duck을 확장하면 Kind와 Size의 값도 확인할 수 있지만 이 값들을 한 번에 볼 수 있다면 좀 더 편리하지 않을까요?

오리 정보 한 번에 확인하기

다행히도, 모든 객체의 기본 클래스인 Object의 ToString()은 가상 메서드입니다. 그러므로 이 ToString() 메서드를 재정의하면 됩니다. 메서드를 재정의하고 [조사식] 창을 확인해 보죠!

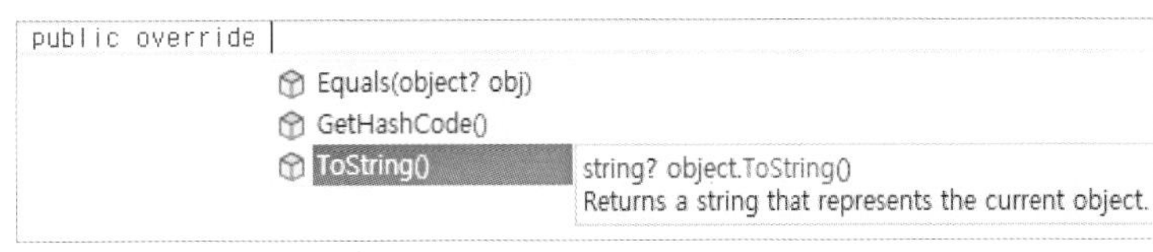

Duck 클래스를 열고 새 메서드를 추가해 보세요. override를 입력하고 스페이스 키를 누르면, 비주얼 스튜디오가 재정의할 수 있는 메서드를 표시해 줍니다.
ToString()을 클릭하면 비주얼 스튜디오가 ToString() 메서드를 새로 추가합니다. 메서드를 다음과 같이 수정하세요.

비주얼 스튜디오의 디버거는 객체를 표시할 때 객체의 ToString() 메서드를 사용합니다.

```
public override string ToString()
{
    return $"A {Size} inch {Kind}";
}
```

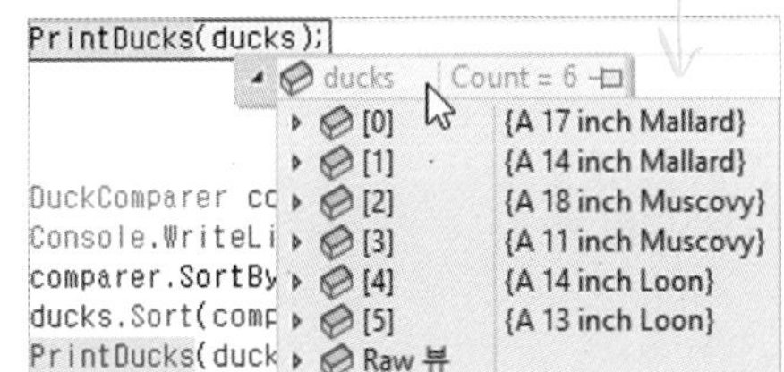

프로그램을 실행하고 리스트를 다시 한번 살펴보세요. 비주얼 스튜디오에서 Duck 객체의 내용을 표시해 줍니다.

Duck과 Card가 자신의 정보를 콘솔에 출력하도록 foreach 반복문 수정하기

foreach 문 사용하기

지금까지 객체의 리스트(예: List<Card>)에 반복문을 사용하고 Console.WriteLine()을 호출해서 콘솔에 리스트의 객체를 출력했던 예제 코드 2개를 살펴봤습니다.

```
foreach (Card card in cards) {
    Console.WriteLine(card.Name);
}
```

PrintDucks() 메서드는 위 코드와 비슷하게 리스트의 Duck 객체를 출력합니다.

```
foreach (Duck duck in ducks) {
    Console.WriteLine($"{duck.Size} inch {duck.Kind}");
}
```

Duck 클래스에 ToString() 메서드를 재정의했으므로, 이제 PrintDucks() 메서드가 이 메서드를 이용할 수 있습니다. [인텔리센스] 창으로 Console.WriteLine() 메서드에 오버로드된 메서드를 살펴봅시다.

▲ 10/18 ▼ **void** Console.WriteLine(**object value**)

Console.WriteLine()에 객체 참조를 넘겨주면, 이 메서드는 객체의 ToString() 메서드를 자동으로 호출합니다.

Console.WriteLine() 메서드에는 어떤 객체든 넘겨줄 수 있으며, 메서드 내부에서는 객체의 ToString() 메서드를 호출합니다. 그러므로 PrintDucks() 메서드의 코드를 다음과 같이 오버로드된 메서드를 호출하도록 변경할 수 있습니다.

```
public static void PrintDucks(List<Duck> ducks) {
    foreach (Duck duck in ducks) {
        Console.WriteLine(duck);
    }
}
```

PrintDucks() 메서드를 위와 같이 변경하고 코드를 다시 실행하면 동일한 텍스트를 출력합니다. Duck 객체에 새로운 속성 Color, Weight 등을 추가하려면 그때 ToString() 메서드를 고치면 됩니다. 그러면 ToString() 메서드를 사용하는 모든 코드에 이 변경 사항이 적용됩니다.

Card 객체에 ToString 메서드 추가하기

Card 객체에는 이미 카드의 이름을 반환하는 Name 속성이 있습니다.

```
public string Name { get { return $"{Value} of {Suit}"; } }
```

이 속성은 ToString() 메서드의 반환값입니다. 그러므로 다음과 같은 ToString() 메서드를 Card 클래스에 추가합니다.

```
public override string ToString()
{
    return Name;
}
```

여기에서는 ToString() 메서드에서 Name 속성을 호출하도록 했습니다. 이게 옳은 결정일까요? Name 속성의 코드를 ToString()으로 옮기고 Name 속성을 제거하는 게 낫지 않을까요? 여러분은 코드를 수정할 때마다 이런 결정을 내려야 합니다. 게다가 무엇이 가장 좋은 선택인지 항상 명확한 것도 아니죠.

이제 Card 클래스를 사용하는 프로그램을 디버그하기가 훨씬 수월해집니다.

다음 코드를 주의 깊게 읽고 출력 결과를 적어 보세요.

❶ Breeds 열거형

```
enum Breeds
{
    Collie = 3,
    Corgi = -9,
    Dachshund = 7,
    Pug = 0,
}
```

❷ Dog 클래스

```
internal class Dog : IComparable<Dog>
{
    public Breeds Breed { get; set; }
    public string Name { get; set; }
    public int CompareTo(Dog other)
    {
        if (Breed > other.Breed) return -1;
        if (Breed < other.Breed) return 1;
        return -Name.CompareTo(other.Name);
    }
    public override string ToString()
    {
        return $"A {Breed} named {Name}";
    }
}
```

힌트: 음수임에 유의하세요!

❸ Program 클래스

```
internal class Program
{
    static void Main(string[] args)
    {
        List<Dog> dogs = new List<Dog>()
        {
            new Dog() { Breed = Breeds.Dachshund, Name = "Franz" },
            new Dog() { Breed = Breeds.Collie, Name = "Petunia" },
            new Dog() { Breed = Breeds.Pug, Name = "Porkchop" },
            new Dog() { Breed = Breeds.Dachshund, Name = "Brunhilda" },
            new Dog() { Breed = Breeds.Collie, Name = "Zippy" },
            new Dog() { Breed = Breeds.Corgi, Name = "Carrie" },
        };
        dogs.Sort();
        foreach (Dog dog in dogs)
            Console.WriteLine(dog);
    }
}
```

이 앱은 텍스트 6줄을 콘솔에 출력합니다. 출력 결과가 어떻게 될지 여기에 적어 보세요. 우선은 코드를 읽고 앱을 실행하지 않은 상태에서 출력 결과를 예상해 보세요.

쓰면서 제대로 공부하기 정답

다음은 앱의 출력 결과입니다. 답을 맞히셨나요? 틀려도 괜찮습니다! 앞으로 돌아가서 열거형에 대한 내용을 다시 한번 살펴보세요.

- 열거형의 멤버가 서로 다른 값을 가지고 있는 것을 눈치챘나요?
- Name 속성은 string 타입이며, string 타입에도 IComparable이 구현되어 있으므로 CompareTo() 메서드를 호출해 문자열을 비교할 수 있습니다.
- CompareTo() 메서드를 자세히 살펴봅시다. other.Breed가 크면 1을 반환하고, other.Breed가 작으면 -1을 반환하도록 -Name.CompareTo(other.Name)에 마이너스 기호가 있습니다. 그러므로 이 로직은 먼저 Breed 순으로 정렬한 다음 Name 순으로 정렬하긴 하지만, Breed와 Name을 서로 반대로 정렬합니다.

CompareTo()가 비교 연산자 >와 <를 사용해 Breed의 값을 비교할 때, 이 코드는 Breed 열거형 선언부의 int 값을 사용합니다. 그러므로 Collie는 3, Corgi는 -9, Dachshund는 7, Pug는 0이 됩니다.

출력 결과는 다음과 같습니다.

A Dachshund named Franz

A Dachshund named Brunhilda

A Collie named Zippy

A Collie named Petunia

A Pug named Porkchop

A Corgi named Carrie

요점 정리

- **컬렉션 이니셜라이저**는 컬렉션을 생성할 때 List<T> 또는 다른 컬렉션의 내용을 지정할 수 있게 해 줍니다. 중괄호와 쉼표로 구분된 객체의 목록을 사용합니다.
- 컬렉션 이니셜라이저는 컬렉션의 생성과 초기 항목들을 추가하는 부분을 합쳐서 코드를 **간결**하게 해 줍니다(하지만 코드가 빨라지는 건 아닙니다).
- **List.Sort() 메서드**는 컬렉션의 내용을 정렬해서 항목이 포함된 순서를 변경합니다.
- **IComparable<T>** 인터페이스는 CompareTo() 메서드를 가지고 있습니다. List.Sort()는 이 메서드를 사용해서 객체를 정렬합니다.
- **오버로드**된 메서드는 같은 이름의 메서드를 여러 방식으로, 즉 서로 다른 매개 변수의 모음으로 호출할 수 있는 메서드를 말합니다. 비주얼 스튜디오의 [인텔리센스] 창에서 오버로드된 메서드 중 하나를 선택할 수 있습니다.
- **Sort() 메서드**는 IComparer<T> 객체를 받아 정렬에 사용하는 오버로드된 메서드를 가지고 있습니다.
- IComparable.CompareTo()와 IComparer.Compare() 메서드는 모두 **두 객체를 서로 비교**합니다. 첫 번째 객체가 두 번째 객체보다 작으면 -1을, 첫 번째 객체가 두 번째 객체보다 크면 1을, 두 객체가 같으면 0을 반환합니다.
- **String 클래스**는 IComparable을 구현합니다. 클래스의 IComparer 또는 IComparable 인터페이스는 string 객체가 호출할 수 있는 Compare() 또는 CompareTo() 메서드를 가지고 있어서, 정렬 순서를 정하는 데 사용할 수 있습니다.
- 모든 객체는 자기 자신을 문자열로 변환할 수 있는 **ToString() 메서드**를 가지고 있습니다. ToString() 메서드는 문자열 보간이나 문자열 결합을 사용할 때 호출됩니다.
- 기본 ToString() 메서드는 Object 클래스에서 상속됩니다. ToString은 **정규화된 클래스 이름(fully qualified class name)**을 반환하며, 이 값은 네임스페이스, 마침표, 그다음에 클래스 이름이 오는 문자열입니다.
- ToString() 메서드를 **재정의**해서 문자열 보간, 문자열 결합, 그 외의 작업에서 원하는 문자열이 출력되도록 할 수 있습니다.

foreach 문 자세히 살펴보기

foreach 문을 자세히 살펴봅시다. Program 클래스에서 List<Duck> 변수를 찾고 [인텔리센스] 창으로 이 객체의 GetEnumerator() 메서드를 살펴봅시다. 변수 끝에 커서를 놓고 '.GetEnumerator'를 입력한 다음, 어떤 일이 일어나는지 살펴봅시다.

```
List<Duck>.Enumerator List<Duck>.GetEnumerator()
Returns an enumerator that iterates through the List<T>.
```

Array[Duck]을 만들고 똑같이 해 보세요. 리스트, 배열을 다른 컬렉션도 모두 IEnumerable<T>라는 인터페이스를 구현하므로 GetEnumerator() 메서드를 가지고 있습니다.

인터페이스는 서로 다른 객체들이 동일한 작업을 처리하도록 해 주는 것이라고 했죠. 어떤 객체가 IEnumerable<T> 인터페이스를 구현하면, 이는 해당 객체가 컬렉션에 대한 반복 호출을 지원하거나, 달리 표현하면 해당 객체에 대해 반복문을 사용하는 코드를 작성할 수 있게 해 준다는 의미입니다. 정확히는 foreach 문을 사용할 수 있다는 의미죠.

컬렉션이 IEnumerable<T>를 구현하면 이 컬렉션은 반복문을 사용해 컬렉션의 내용을 순서대로 반복 처리할 수 있게 해 줍니다.

그렇다면 내부에서는 어떤 일이 일어날까요? 윈도우의 [정의로 이동] 또는 맥OS의 [선언으로 이동] 기능을 사용해 List<Duck>이 구현한 인터페이스와 IEnumerable<T>의 멤버를 살펴보죠. 무엇이 있나요?

IEnumerable<T> 인터페이스는 GetEnumerator라는 메서드 1개를 가지고 있으며, 이 메서드는 열거자(enumerator) 객체를 반환합니다. 열거자 객체는 목록의 요소들을 순서대로 반복 처리하는 기능을 제공합니다. 다음과 같은 foreach 문을 사용한다고 해 보죠.

```
foreach (Duck duck in ducks)
{
    Console.WriteLine(duck);
}
```

이 반복문의 내부에서 실제로 일어나는 일은 다음과 같습니다.

```
IEnumerator<Duck> enumerator = ducks.GetEnumerator();
while (enumerator.MoveNext())
{
    Duck duck = enumerator.Current;
    Console.WriteLine(duck);
}
if (enumerator is IDisposable disposable) disposable.Dispose();
```

실제로는 이보다 더 많은 코드가 있지만, 어떤 작업이 일어나는지 기본 개념을 전달하기 위해 생략했습니다.

두 반복문은 모두 ducks의 내용을 콘솔에 출력합니다. 두 코드를 모두 직접 실행하고 같은 결과가 나오는지 확인하세요(그리고 마지막 명령문은 지금은 신경 쓰지 마세요. 10장에서 IDisposable에 대해 배울 겁니다).

리스트나 배열(또는 그 외의 컬렉션)에 대한 foreach 문을 구성하는 두 메서드를 살펴보세요. MoveNext() 메서드는 컬렉션에 아직 요소가 더 남아 있으면 true를 반환하며, 반복자가 컬렉션의 끝에 도달하면 false를 반환합니다. Current 속성은 현재 위치의 요소에 대한 참조를 반환합니다.

IEnumerable<T>를 사용해 리스트 전체를 업캐스팅하기

펭귄 리스트에 오리 추가하기

어떤 객체든 부모 클래스로 업캐스팅할 수 있다는 사실을 기억하나요? 객체의 리스트 전체를 한 번에 업캐스팅할 수 있습니다. 이를 **공변성(covariance)**이라고 하며, IEnumerable<T> 인터페이스 참조만 있으면 됩니다.

이게 어떻게 작동하는지 한번 살펴보죠. 먼저 앞서 사용했던 Duck 클래스를 준비하고, 상속할 기본 클래스로 Bird 클래스를 만듭니다. Bird 클래스는 컬렉션을 반복 처리하는 정적 메서드를 가집니다. 이 메서드를 Duck 객체의 리스트에도 사용할 수 있을까요?

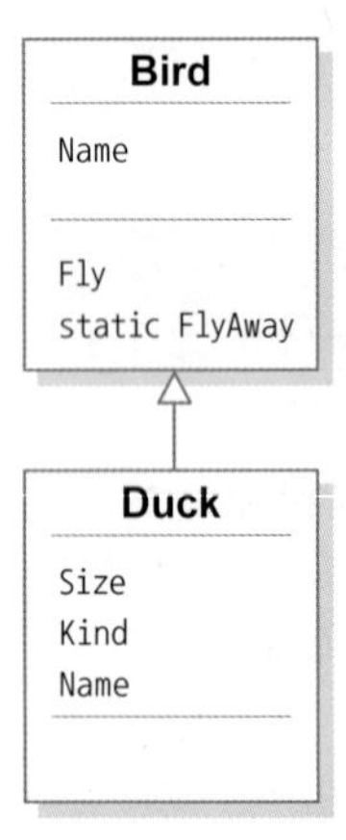

Duck 클래스가 이 Bird 클래스를 상속하도록 해야 합니다. Duck 클래스의 선언부를 변경해 Bird 클래스를 상속하되, 클래스의 나머지 부분은 그대로 두세요. 그런 다음 콘솔 앱에 두 클래스를 추가해서 공변성을 실험해 봅시다.

모든 오리는 새이기 때문에 공변성은 오리 컬렉션을 새 컬렉션으로 변환할 수 있게 해 줍니다. 이는 List<Bird>를 매개 변수로 받는 메서드에 List<Duck> 컬렉션을 전달하려고 할 때 매우 유용합니다.

01 **'Bird' 이름의 새 콘솔 앱을 생성합니다.** 기본 클래스 Bird를 추가합니다. ToString() 메서드를 사용해 어떤 클래스인지 식별하기 쉽게 만들 것입니다.

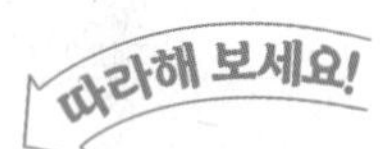


```
internal class Bird
{
    public string Name { get; set; }
    public virtual void Fly(string destination)
    {
        Console.WriteLine($"{this} is flying to {destination}");
    }
    public override string ToString()
    {
        return $"A bird named {Name}";
    }
    public static void FlyAway(List<Bird> flock, string destination)
    {
        foreach (Bird bird in flock)
        {
            bird.Fly(destination);
        }
    }
}
```

공변성은 암시적으로 하위 클래스 참조를 부모 클래스 참조로 변환할 수 있게 해 주는 기능입니다. '암시적으로'라는 단어는 명시적으로 캐스팅을 사용할 필요 없이, C#이 자동으로 변환할 방법을 알아낸다는 의미입니다.

FlyAway() 정적 메서드는 Bird 컬렉션에 사용할 수 있습니다. 하지만 Duck 객체 리스트를 이 메서드에 전달하면 어떻게 될까요?

02 **Duck 클래스를 앱에 추가합니다.** 선언부를 변경해서 Bird를 상속하고 앞서 사용했던 KindOf Duck 열거형을 추가합니다.

```
internal class Duck : Bird
{
    public int Size { get; set; }
    public KindOfDuck Kind { get; set;
}
    public override string ToString()
    {
        return $"A {Size} inch {Kind}";
    }
}
```

Bird를 선언부에 추가해서 Duck이 Bird를 상속하도록 했습니다. Duck 클래스의 나머지 내용은 이전 프로젝트와 동일합니다.

```
enum KindOfDuck
{
    Mallard,
    Muscovy,
    Loon,
}
```

Duck.Kind 속성은 KindOfDuck을 사용하므로 이 열거형도 추가해야 합니다.

03 **List<Duck> 컬렉션을 생성합니다.** Main() 메서드에 다음 코드를 추가하세요. 이 코드는 앞서 사용했던 코드와 동일하지만, List<Bird>로 업캐스팅하는 명령어 하나가 더 있습니다.

```
List<Duck> ducks = new List<Duck>()
{
    new Duck() { Kind = KindOfDuck.Mallard, Size = 17 },
    new Duck() { Kind = KindOfDuck.Muscovy, Size = 18 },
    new Duck() { Kind = KindOfDuck.Loon, Size = 14 },
    new Duck() { Kind = KindOfDuck.Muscovy, Size = 11 },
    new Duck() { Kind = KindOfDuck.Mallard, Size = 14 },
    new Duck() { Kind = KindOfDuck.Loon, Size = 13 },
};
Bird.FlyAway(ducks, "Minnesota");
```

List<Duck>을 초기화할 때 사용했던 컬렉션 이니셜라이저를 복사하고 붙여 넣으세요.

어라, 컴파일 오류가 발생했네요. 오류 메시지에 따르면 Duck 컬렉션을 Bird 컬렉션으로 변환할 수 없다고 합니다.

```
Bird.FlyAway(ducks, "Minnesota");
```

CS1503 1 인수: 'System.Collections.Generic.List<Bird.Duck>'에서 'System.Collections.Generic.List<Bird.Bird>'(으)로 변환할 수 없습니다.

List<Bird>에 ducks 객체를 할당해 보겠습니다. 당연하게도 안전한 업캐스팅과 다운캐스팅의 차이 때문에 오류가 발생합니다. 6장에서 배웠죠. 다운캐스팅에서는 할당을 사용할 수 있지만, 안전한 업캐스팅을 위해서는 is 키워드를 사용해야 합니다.

```
List<Bird> upcastDucks = ducks;
```

CS0029 암시적으로 'System.Collections.Generic.List<Bird.Duck>' 형식을 'System.Collections.Generic.List<Bird.Bird>' 형식으로 변환할 수 없습니다.

그렇다면 List<Duck>을 List<Bird>로 안전하게 업캐스팅하려면 어떻게 해야 할까요?

04 **공변성을 사용해 오리가 날 수 있도록 해 봅시다.** 이제 공변성이 등장할 차례입니다. List<Duck>을 IEnumerable<Bird>로 업캐스팅합니다. IEnumerable<Bird> 참조가 있으면, 이 참조의 ToList() 메서드를 호출해서 List<Bird>로 변환할 수 있습니다. 파일의 상단에 using System.Linq; 지시문을 추가하고 업캐스팅을 위한 코드를 추가하세요.

```
IEnumerable<Bird> upcastDucks = ducks;
Bird.FlyAway(upcastDucks.ToList(),
    "Minnesota");
```

이제 Duck 참조 컬렉션이 Bird 참조의 컬렉션으로 변환됐습니다. 오리 날다!

사전을 사용해 키와 값 저장하기

키와 값

리스트는 사람의 이름을 쭉 적어 놓은 페이지 같은 것입니다. 만약에 이름과 주소가 동시에 필요하다면 어떻게 해야 할까요? 또는 주차장 리스트에서 특정 자동차에 대한 자세한 정보가 필요하다면? 이런 경우에는 다른 종류의 .NET 컬렉션인 **사전(dictionary)**이 필요합니다. 사전은 특별한 값인 키(key)를 받아, 이 키에 데이터 덩어리인 값(value)을 연결해 줍니다. 또한, 사전에 들어 있는 특정한 키는 오직 하나만 존재합니다.

실세계의 사전에서는 표제어가 키에 해당합니다. 사전을 사용해서 값을 찾는 것은 표제어에 대한 설명을 찾는 것과 비슷합니다.

> 사전(dictionary) [명사]
>
> **어떤 언어의 단어를 알파벳 순서로 나열하고 각 단어의 의미를 설명하는 책.**

값의 정의입니다. 값은 특정한 키(여기서는 표제어를 의미합니다)에 연결된 데이터입니다.

C#에서 사전을 선언하는 방법은 다음과 같습니다.

```
Dictionary<TKey, TValue> dict = new Dictionary<TKey, TValue>();
```

Dictionary에도 제네릭 타입이 존재합니다. TKey는 키의 타입으로 값을 검색하는 데 쓰이며, TValue는 값의 타입을 나타냅니다. 그러므로 만약 단어와 단어의 정의를 저장할 경우에는 Dictionary<string, string>을 사용할 수 있습니다. 책에 있는 단어가 몇 번이나 사용됐는지 그 수를 저장하고 싶다면 Dictionary<string, int>를 사용할 수 있습니다.

이 부분은 타입을 나타냅니다. 꺾쇠 안에 있는 첫 번째 타입은 키이며, 두 번째 타입은 값입니다.

실제로 사전을 어떻게 사용하는지 살펴봅시다. 다음 콘솔 앱은 Dictionary<string, string>을 사용해서 친구들이 어떤 음식을 좋아하는지 저장합니다.

```
using System.Collections.Generic;
internal class Program
{
    static void Main(string[] args)
    {
        Dictionary<string, string> favoriteFoods = new Dictionary<string, string>();
        favoriteFoods["Alex"] = "hot dogs";
        favoriteFoods["A'ja"] = "pizza";
        favoriteFoods["Jules"] = "falafel";
        favoriteFoods["Naima"] = "spaghetti";
        string name;
        while ((name = Console.ReadLine()) != "")
        {
            if (favoriteFoods.ContainsKey(name))
                Console.WriteLine($"{name}'s favorite food is {favoriteFoods[name]}");
            else
                Console.WriteLine($"I don't know {name}'s favorite food");
        }
    }
}
```

리스트와 마찬가지로 using 지시문을 사용해야 사전을 사용할 수 있습니다.

4개의 키/값 쌍을 사전에 추가합니다. 이 경우 키는 사람 이름이고, 값은 그 사람이 좋아하는 음식입니다.

사전의 ContainsKey() 메서드는 사전이 특정 키에 대한 값을 가지고 있을 경우 true를 반환합니다.

이렇게 특정 키의 값을 얻을 수 있습니다.

Dictionary 클래스 기능의 개요

사전은 리스트와 비슷합니다. 두 타입은 모두 자유롭게 수많은 데이터 타입을 다룰 수 있게 해 주면서, 다양한 내장 기능을 함께 제공합니다. 다음 목록은 사전이 기본적으로 수행할 수 있는 일들입니다.

- **항목 추가하기**

  인덱서와 대괄호를 사용해 사전에 항목을 추가할 수 있습니다.

```
Dictionary<string, string> myDictionary = new Dictionary<string, string>();
myDictionary["some key"] = "some value";
```

  Add() 메서드를 사용해서 사전에 항목을 추가할 수도 있습니다.

```
Dictionary<string, string> myDictionary = new Dictionary<string, string>();
myDictionary.Add("some key", "some value");
```

- **키를 사용해 값 검색하기**

  사전으로 할 수 있는 가장 중요한 일은 인덱서를 사용해 값을 검색하는 일입니다. 다음은 Dictionary<string, string>의 string 키를 사용해 값을 검색해 반환하는 명령어를 보여 줍니다.

```
string lookupValue = myDictionary["some key"];
```

- **항목 제거하기**

  리스트와 마찬가지로, 사전에서도 Remove() 메서드를 사용해 항목을 제거할 수 있습니다. Remove() 메서드는 키를 받아 이 키와 키에 해당하는 값을 제거합니다.

```
myDictionary.Remove("some key");
```

  사전의 값은 동일한 것을 여러 번 쓸 수 있습니다. 즉, 여러 개의 키가 동일한 값을 가질 수 있습니다. 반면 키는 유일해야 합니다. 그래야 사전에서 값을 검색할 때 키를 사용해 어느 것을 반환하거나 제거할지 알 수 있기 때문입니다.

- **키 리스트 얻기**

  Keys 속성을 사용해 사전에는 있는 모든 키의 리스트를 얻을 수 있습니다. foreach 문을 사용해 다음과 같이 모든 키를 반복 처리할 수 있습니다.

```
foreach (string key in myDictionary.Keys) { ... };
```

  Keys는 Dictionary 객체의 속성입니다. 위 사전은 string 타입 키를 가지고 있으므로, Keys는 string 객체의 컬렉션입니다.

- **사전 안에 있는 키/값 쌍의 개수 얻기**

  Count 속성은 사전 안에 있는 키/값 쌍의 개수를 반환합니다.

```
int howMany = myDictionary.Count;
```

키와 값은 서로 다른 타입이어도 됩니다

객체에 유일한 ID 숫자를 할당하는 방식으로, 숫자를 객체에 매핑하는 사전은 흔히 사용합니다.

사전은 다재다능합니다! 사전에는 어떤 객체 타입이든 저장할 수 있습니다. 다음은 int를 키로 저장하고 Duck 객체 참조를 값으로 저장하는 사전의 예입니다.

```
Dictionary<int, Duck> duckIds = new Dictionary<int, Duck>();
duckIds.Add(376, new Duck() { Kind = KindOfDuck.Mallard, Size = 15 });
```

사전을 사용해 프로그램 만들기

사전은 검색에 사용됩니다.

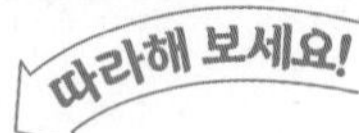

뉴욕 양키스(New York Yankees) 야구 팬이 좋아할 만한 간단한 앱을 만들어 보죠. 주요 선수가 은퇴하면, 팀은 그 선수의 등번호(jersey number)를 영구 결번(retired number)으로 만듭니다. Yankees 사전을 검색해서 등번호 몇 번이 영구 결번인지, 그 번호는 누구의 등번호이며, 언제 영구 결번이 됐는지 보여 주는 콘솔 앱을 만들어 보겠습니다. 새 콘솔 앱 'BaseballPlayers'를 생성한 다음, RetiredPlayer 클래스를 추가하세요. 다음 클래스는 은퇴한 야구 선수를 저장하는 클래스입니다.

```
internal class RetiredPlayer
{
    public string Name { get; private set; }
    public int YearRetired { get; private set; }
    public RetiredPlayer(string player, int yearRetired)
    {
        Name = player;
        YearRetired = yearRetired;
    }
}
```

뉴욕 양키스 팀의 등번호 8번은 요기 베라(Yogi Berra) 선수였고, 볼티모어 오리올스 팀의 등번호 8번은 칼 립켄 주니어(Calvin Ripken Jr.) 선수였습니다. 사전은 값은 중복되어도 괜찮지만, 키는 반드시 유일해야만 하죠. 여러 팀의 영구 결번을 저장하려면 어떻게 해야 할까요?

Program 클래스의 Main() 메서드에서는 은퇴한 선수를 사전에 추가합니다. 사전의 키는 등번호인데, 등번호가 유일한 숫자이기 때문입니다. 일단 등번호가 영구 결번이 되면, 그 팀은 해당 번호를 다시 사용하지 않습니다. 이는 사전을 사용하는 앱을 설계할 때 고려해야 할 중요한 사항입니다. 키가 유일하지 않다면 큰일이니까요!

```
using System.Collections.Generic;
internal class Program
{
    static void Main(string[] args)
    {
        Dictionary<int, RetiredPlayer> retiredYankees = new Dictionary<int, RetiredPlayer>()
        {
            {3, new RetiredPlayer("Babe Ruth", 1948)},
            {4, new RetiredPlayer("Lou Gehrig", 1939)},
            {5, new RetiredPlayer("Joe DiMaggio", 1952)},
            {7, new RetiredPlayer("Mickey Mantle", 1969)},
            {8, new RetiredPlayer("Yogi Berra", 1972)},
            {10, new RetiredPlayer("Phil Rizzuto", 1985)},
            {23, new RetiredPlayer("Don Mattingly", 1997)},
            {42, new RetiredPlayer("Jackie Robinson", 1993)},
            {44, new RetiredPlayer("Reggie Jackson", 1993)},
        };
        foreach (int jerseyNumber in retiredYankees.Keys)
        {
            RetiredPlayer player = retiredYankees[jerseyNumber];
            Console.WriteLine($"{player.Name} #{jerseyNumber} retired in {player.YearRetired}");
        }
    }
}
```

컬렉션 이니셜라이저를 사용해 사전에 JerseyNumber 객체를 넣습니다.

foreach 문을 사용해 Keys를 반복 처리해서 컬렉션에 있는 은퇴 선수를 출력합니다.

그 외의 컬렉션 타입들...

리스트와 사전은 가장 빈번히 사용하는 .NET 컬렉션 타입입니다. 이 두 타입은 매우 유연합니다. 모든 데이터에 어떤 순서로든 접근이 가능하죠. 하지만 간혹 실세계의 사물을 표현하는 컬렉션을 사용해야 할 때는, 특정한 순서로 접근해야 하는 컬렉션이 필요할 수도 있습니다. **큐(Queue)**와 **스택(Stack)**을 사용하면 컬렉션에 있는 데이터에 접근하는 순서를 제어할 수 있습니다. 큐와 스택도 List<T>처럼 제네릭 컬렉션이지만, 특정한 순서로 데이터를 처리해야 할 경우에 유용합니다.

컬렉션 타입은 여러 가지가 있지만 여기서 다룬 컬렉션들이 가장 자주 쓰는 타입입니다.

먼저 저장한 객체를 먼저 사용해야 한다면 큐를 사용하세요. 예를 들면 다음과 같은 경우입니다.

- 일방통행 도로로 이동하는 자동차들
- 줄을 선 사람들
- 고객 지원 서비스 통화를 기다리는 고객들
- 그 외에 선입선출 기반으로 처리되는 모든 것

큐는 선입선출(FIFO: First In, First Out)입니다. 이는 큐에 처음으로 넣었던 객체를 가장 먼저 꺼낸다는 의미입니다.

최근에 저장한 객체를 먼저 처리해야 한다면 스택을 사용하세요. 예를 들면 다음과 같은 경우입니다.

- 트럭에 실은 가구들
- 최근에 읽은 책이 가장 위에 쌓여 있는 책 더미
- 비행기에 탑승했다가 내리는 승객들
- 치어리더 피라미드에서는 가장 위에 있는 사람이 먼저 내려와야 합니다. 피라미드 가장 아래에 있는 사람이 먼저 나오면 어떤 참상이 벌어질지 상상해 보세요!

스택은 후입선출(LIFO: Last In, First Out)입니다. 이는 스택에 처음으로 넣었던 객체를 가장 나중에 꺼낸다는 의미입니다.

제네릭 컬렉션은 IEnumerable을 구현합니다

대부분의 대형 프로젝트에서는 제네릭 컬렉션을 몇 가지 사용합니다. 프로그램에서 데이터를 저장해야 하기 때문입니다. 실세계에 존재하는 비슷한 종류의 사물을 다룰 때, 이들을 모으면 자연스럽게 지금까지 살펴본 컬렉션 중 들어맞는 컬렉션이 있습니다. 리스트, 사전, 스택, 큐 중 어떤 컬렉션 타입을 사용하는지와 상관없이, foreach 문을 사용해 이들 컬렉션을 처리할 수 있습니다. 이들 컬렉션은 모두 IEnumerable<T>을 구현하고 있기 때문입니다.

큐는 리스트와 비슷하지만 끝에만 데이터를 추가할 수 있고 맨 앞에서만 객체를 꺼낼 수 있습니다. 스택은 마지막에 추가한 객체에만 접근할 수 있습니다.

그렇지만 큐와 스택 모두 IEnumerable<T>을 구현하고 있기 때문에, foreach 문을 사용해 저장된 객체를 열거할 수 있습니다.

큐는 선입선출입니다

줄 서기 싫죠?

큐는 리스트와 비슷하지만 아무 인덱스에나 항목을 추가하거나 제거할 수 없습니다. 큐에 객체를 추가하려면 객체를 **삽입(enqueue)**해야 하며, 해당 객체는 큐의 끝에 추가됩니다. 또한, 큐의 시작 부분에서만 객체를 **제거(dequeue)**할 수 있습니다. 큐에서 객체를 제거하면 큐의 나머지 객체는 한 칸 앞으로 전진하게 됩니다.

Dequeue를 호출하면 큐의 첫 번째 항목이 제거되며 반환되고, 두 번째 항목이 첫 번째 자리로 옵니다.

```
// 큐를 생성하고 문자열 4개를 추가합니다.
Queue<string> myQueue = new Queue<string>();
myQueue.Enqueue("first in line");
myQueue.Enqueue("second in line");
myQueue.Enqueue("third in line");
myQueue.Enqueue("last in line");

// Peek를 사용해 큐의 첫 번째 항목을 제거하지 않고 확인합니다.
Console.WriteLine($"Peek() returned:\n{myQueue.Peek()}"); ❶

// Dequeue를 호출하면 큐 앞쪽에 있는 항목을 끌어옵니다.
Console.WriteLine($"The first Dequeue() returned:\n{myQueue.Dequeue()}"); ❷
Console.WriteLine($"The second Dequeue() returned:\n{myQueue.Dequeue()}"); ❸

// Clear는 큐의 모든 항목을 제거합니다.
Console.WriteLine($"Count before Clear():\n{myQueue.Count}"); ❹
myQueue.Clear();
Console.WriteLine($"Count after Clear():\n{myQueue.Count}"); ❺
```

Enqueue를 호출해서 네 항목을 큐에 추가합니다. 큐에서 객체를 꺼내면 처음에 넣었던 순서대로 나오게 됩니다.

큐 안에 있는 객체는 자신의 순서를 기다려야 합니다. 큐에서는 첫 번째 항목이 가장 먼저 나오는 항목입니다.

출력 결과

```
Peek() returned:
❶ first in line
The first Dequeue() returned:
❷ first in line
The second Dequeue() returned:
❸ second in line
Count before Clear():
❹ 2
Count after Clear():
❺ 0
```

스택은 후입선출입니다

스택은 결정적인 차이점 하나를 제외하면 큐와 비슷합니다. 스택에 항목을 추가할 때는 **푸시(push)**하고, 스택에서 항목을 가져올 때는 **팝(pop)**합니다. 스택에서 항목을 팝하면, 최근에 푸시했던 항목이 반환됩니다. 접시를 차곡차곡 쌓았다고 생각해 보세요. 무엇인가를 스택 위에 놓을 수는 있지만, 위에 놓은 것을 치우지 않으면 그 아래 있는 물건을 꺼낼 수 없습니다.

```
// 새 스택을 생성하고 문자열 네 개를 추가합니다.
Stack<string> myStack = new Stack<string>();
myStack.Push("first in line");
myStack.Push("second in line");
myStack.Push("third in line");
myStack.Push("last in line");
// 큐처럼 Peek를 사용할 수 있습니다.
Console.WriteLine($"Peek() returned:\n{myStack.Peek()}"); ❶

// Pop은 스택의 뒤쪽에 있는 항목을 끌어옵니다.
Console.WriteLine($"The first Pop() returned:\n{myStack.Pop()}"); ❷
Console.WriteLine($"The second Pop() returned:\n{myStack.Pop()}"); ❸
Console.WriteLine($"Count before Clear():\n{myStack.Count}"); ❹
myStack.Clear();
Console.WriteLine($"Count after Clear():\n{myStack.Count}"); ❺
```

스택 생성은 다른 제네릭 컬렉션과 비슷합니다.

스택에 항목을 푸시하면, 새 항목이 다른 항목들을 뒤로 밀어내고 가장 위에 옵니다.

스택에서 항목을 팝하면, 최근에 추가된 항목을 반환합니다.

출력 결과

```
Peek() returned:
❶ last in line
The first Pop() returned:
❷ last in line
The second Pop() returned:
❸ third in line
Count before Clear():
❹ 2
Count after Clear():
❺ 0
```

스택에 마지막으로 넣은 객체가 가장 먼저 반환됩니다.

잠깐만요, 좀 신경 쓰이는 게 있는데요. 지금까지 스택과 큐로 보여 준 예제는 리스트를 사용해도 되는 것 같은데요. 스택이나 큐를 사용하면 코드 몇 줄이 줄어들겠지만, 가운데 있는 항목을 꺼내거나 할 수는 없잖아요. 리스트로는 그냥 할 수 있는 일인데! 약간 편리하다고 이런 기능을 포기해야 하나요?

큐나 스택을 사용한다고 포기해야 하는 건 아닙니다

Queue 객체는 List 객체로 쉽게 복사할 수 있습니다. 그 반대도 마찬가지고, 큐를 스택으로 복사하는 것도 마찬가지입니다. 사실 List, Queue, Strack은 모두 IEnumerable<T> 인터페이스를 구현합니다. 오버로드된 생성자를 사용해서 복사할 컬렉션을 매개 변수로 전달하기만 하면 됩니다. 즉, 여러분의 용도에 가장 잘 맞는 컬렉션으로 데이터를 표현하는 유연성과 편의성 모두를 선택할 수 있다는 의미입니다(하지만 컬렉션의 사본을 만들면, 완전히 새로운 객체를 만들어 힙에 추가하는 결과가 된다는 것을 기억하세요).

string 4개가 들어 있는 스택을 준비합니다.

```
Stack<string> myStack = new Stack<string>();
myStack.Push("first in line");
myStack.Push("second in line");
myStack.Push("third in line");
myStack.Push("last in line");

Queue<string> myQueue = new Queue<string>(myStack);
List<string> myList = new List<string>(myQueue);
Stack<string> anotherStack = new Stack<string>(myList);

Console.WriteLine($@"myQueue has {myQueue.Count} items
myList has {myList.Count} items
anotherStack has {anotherStack.Count} items");
```

스택을 큐로 변환하고, 큐를 리스트로 복사한 다음, 리스트를 다시 다른 스택으로 복사하는 일은 간단합니다.

네 항목을 새 컬렉션에 복사했습니다.

출력 결과

```
myQueue has 4 items
myList has 4 items
anotherStack has 4 items
```

또한, 언제든지 foreach 문을 사용해 스택이나 큐에 있는 항목에 접근할 수 있습니다!

연습 문제

카페테리아에서 나무꾼(lumberjack)에게 플랩잭(flapjack, *** 역주** 시리얼 바처럼 오트밀이나 그래놀라 등을 시럽으로 굳힌 간식)을 나눠 주는 프로그램을 작성해 봅시다. Lumberjack 객체는 큐에 저장되고, 각각의 나무꾼은 Flapjack 열거형의 스택을 가지고 있습니다. 다음과 같은 결과를 출력하는 LumberjacksAndFlapjacks 이름의 새 콘솔 앱을 만들어 봅시다!

Lumberjack 클래스와 Flapjack 열거형으로 시작하기

Lumberjack 클래스는 생성자에서 설정되는 public Name 속성과, Stack<Flapjack> 타입의 private 필드 flapjackStack을 가지고 있습니다. 이 스택은 처음에는 비어 있습니다.

TakeFlapjack() 메서드는 Flapjack을 인수로 받아 스택에 푸시합니다. EatFlapjacks() 메서드는 스택에서 플랩잭을 모두 꺼내면서 콘솔에 먹었다는 메시지를 출력합니다.

Lumberjack
Name private flapjackStack
TakeFlapjack EatFlapjacks

```
enum Flapjack
{
    Crispy,
    Soggy,
    Browned,
    Banana,
}
```

그리고 Main 메서드 추가하기

Main() 메서드는 사용자에게 나무꾼의 이름을 묻고, 그다음에 나무꾼에게 줄 플랩잭의 개수를 묻습니다. 사용자가 유효한 숫자를 입력하면, 프로그램은 그 숫자만큼 TakeFlapjack()을 호출하고, 그때마다 임의의 플랩잭을 넘겨줍니다. 그리고 나무꾼을 큐에 추가합니다. 사용자가 빈 줄을 입력할 때까지 계속 나무꾼을 추가합니다. 사용자가 빈 줄을 입력하면 while 문을 사용해서 Lumberjack 객체를 큐에서 하나씩 제거(dequeue)하면서 EatFlapjacks() 메서드를 호출해서 콘솔에 메시지를 출력합니다.

Main() 메서드는 이 텍스트를 출력하며 나무꾼 이름을 입력받고, 입력마다 Lumberjack 객체를 생성하고, 이름을 설정한 다음, 임의의 플랩잭 숫자를 받은 다음, Lumberjack 객체를 큐에 추가합니다.

사용자가 나무꾼 이름을 모두 입력하면 Main() 메서드는 while 문을 사용해 Lumberjack 객체를 하나씩 큐에서 제거하고, Lumberjack 객체의 EatFlapjacks() 메서드를 호출합니다. 나머지 출력 내용은 각각의 Lumberjack 객체가 출력한 것입니다.

나무꾼이 플랩잭을 먹기 시작할 때 이 메시지를 출력합니다.

이 나무꾼은 플랩잭이 4개 있었네요. 나무꾼이 EatFlapjacks() 메서드를 호출하면, 나무꾼의 스택에서 Pop으로 Flapjack 열거형을 4개 꺼냅니다.

```
First lumberjack's name: Erik
Number of flapjacks: 4
Next lumberjack's name (blank to end): Hildur
Number of flapjacks: 6
Next lumberjack's name (blank to end): Jan
Number of flapjacks: 3
Next lumberjack's name (blank to end): Betty
Number of flapjacks: 4
Next lumberjack's name (blank to end):
Erik is eating flapjacks
Erik ate a soggy flapjack
Erik ate a browned flapjack
Erik ate a browned flapjack
Erik ate a soggy flapjack
Hildur is eating flapjacks
Hildur ate a browned flapjack
Hildur ate a browned flapjack
Hildur ate a crispy flapjack
Hildur ate a crispy flapjack
Hildur ate a soggy flapjack
Hildur ate a browned flapjack
Jan is eating flapjacks
Jan ate a banana flapjack
Jan ate a crispy flapjack
Jan ate a soggy flapjack
Betty is eating flapjacks
Betty ate a soggy flapjack
Betty ate a browned flapjack
Betty ate a browned flapjack
Betty ate a crispy flapjack
```

연습 문제 정답

Lumberjack 클래스와 Main() 메서드의 코드는 다음과 같습니다. 각 파일의 상단에 using System.Collections.Generic;을 입력해야 한다는 것을 기억하세요.

❶ Lumberjack 클래스

```
internal class Lumberjack
{
    private Stack<Flapjack> flapjackStack = new Stack<Flapjack>();
    public string Name { get; private set; }
    public Lumberjack(string name)
    {
        Name = name;
    }
    public void TakeFlapjack(Flapjack flapjack)
    {
        flapjackStack.Push(flapjack);
    }
    public void EatFlapjacks()
    {
        Console.WriteLine($"{Name} is eating flapjacks");
        while (flapjackStack.Count > 0)
        {
            Console.WriteLine(
                $"{Name} ate a {flapjackStack.Pop().ToString().ToLower()} flapjack");
        }
    }
}
```

Flapjack 열거형의 스택입니다. Main() 메서드에서 TakeFlapjack() 메서드를 호출해서 임의의 플랩잭을 스택에 푸시합니다. 그런 다음 EatFlapjacks() 메서드를 호출해서 스택을 비웁니다.

TakeFlapjack() 메서드는 플랩잭을 스택에 푸시합니다.

❷ Program 클래스

```
internal class Program
{
    static void Main(string[] args)
    {
        Random random = new Random();
        Queue<Lumberjack> lumberjacks = new Queue<Lumberjack>();
        string name;
        Console.Write("First lumberjack's name: ");
        while ((name = Console.ReadLine()) != "")
        {
            Console.Write("Number of flapjacks: ");
            if (int.TryParse(Console.ReadLine(), out int number))
            {
                Lumberjack lumberjack = new Lumberjack(name);
                for (int i = 0; i < number; i++)
                {
                    lumberjack.TakeFlapjack((Flapjack)random.Next(0, 4));
                }
                lumberjacks.Enqueue(lumberjack);
            }
            Console.Write("Next lumberjack's name (blank to end): ");
        }
        while (lumberjacks.Count > 0)
        {
            Lumberjack next = lumberjacks.Dequeue();
            next.EatFlapjacks();
        }
    }
}
```

Main() 메서드는 Lumberjack 참조를 큐에 저장합니다.

여기서 Lumberjack 객체를 생성하고, TakeFlapjack() 메서드를 호출해 임의의 플랩잭을 푸시한 다음, Lumberjack 객체의 참조를 큐에 저장합니다.

사용자가 플랩잭을 모두 추가하고 나면, Main() 메서드는 while 문을 사용해 Lumberjack 객체를 하나씩 꺼내어 EatFlapjacks() 메서드를 호출합니다.

무엇이든 물어보세요!

Q&A

Q1 사전에 없는 키를 사용해 사전에서 객체를 얻으려 시도하면 어떻게 되나요?

A1 사전에 없는 키를 사전에 사용하면 예외가 발생합니다. 예를 들어, 다음과 같은 코드를 콘솔 앱에서 실행해 보세요.

```
Dictionary<string, string> dict =
    new Dictionary<string, string>();
string s = dict["This key doesn't exist"];
```

그러면 "System.Collections.Generic.KeyNotFoundException: '지정한 키 'This key doesn't exist'가 사전에 없습니다'"라는 예외가 발생하는 것을 볼 수 있습니다. 그리고 이 예외에는 키의 내용(실제로는 key.ToString() 메서드가 반환한 문자열입니다)이 포함되어 있습니다. 키의 내용을 알려 주는 이 기능은 사전에 자주 접근하는 프로그램에서 디버깅할 때 매우 유용합니다.

Q2 이 예외를 피할 방법이 있나요? 제가 키의 존재 여부를 모를 수도 있잖아요?

A2 그럼요. KeyNotFoundException 예외를 피할 방법이 두 가지 있습니다. 먼저, Dictionary.ContainsKey() 메서드를 사용하는 방법입니다. 키를 이 메서드에 넘겨주면, 키가 존재할 경우 true를 반환합니다. 다른 방법은 다음처럼 Dictionary.TryGetValue를 사용하는 것입니다.

```
if(dict.TryGetValue("Key", out string value))
{
    // 코드 작성하기
}
```

위 코드는 다음과 코드와 동일하게 작동합니다.

```
if (dict.ContainsKey("Key"))
{
    string value = dict["Key"];
    // 코드 작성하기
}
```

요점 정리

- 리스트(List), 배열, 기타 컬렉션은 **IEnumerable<T> 인터페이스**를 구현하며, 이 인터페이스는 제네릭이 아닌 컬렉션에 대한 반복 처리를 지원합니다.
- **foreach 문**은 IEnumerable<T>를 구현하는 클래스에 사용할 수 있습니다. 이 인터페이스는 Enumerator 객체를 반환하는 메서드를 가지고 있으며, Enumerator 객체는 컬렉션 안 항목을 차례대로 반복 처리할 수 있게 해 줍니다.
- **공변성(covariance)**은 암시적으로 하위 클래스 참조를 부모 클래스 참조로 변환할 수 있게 해 주는 C#의 기능입니다.
- **암시적**이라는 단어는 명시적으로 캐스팅을 사용할 필요 없이, C#이 변환할 방법을 알고 있다는 의미입니다.
- 공변성은 어떤 객체의 컬렉션을, 해당 객체가 상속한 클래스의 컬렉션을 받는 메서드에 넘겨줘야 할 때 유용합니다. 예를 들면, 공변성은 보통의 할당문을 사용해 List<Duck>을 IEnumerable<Bird>로 **업캐스팅**할 수 있게 해 줍니다.
- **Dictionary<TKey, TValue>**는 키와 값 쌍을 저장하는 컬렉션이며, 키를 사용해 키에 연결된 값을 검색할 수 있게 해 줍니다.
- **사전(Dictionary)**의 키와 값은 서로 다른 타입을 가질 수 있습니다. 사전에서 키는 유일해야 하지만, 값은 중복될 수 있습니다.
- Dictionary 클래스는 **Keys 속성**을 가지고 있으며, 이 속성은 키를 반복 처리할 수 있는 객체를 반환합니다.
- **Queue<T>**는 선입선출(first-in, first-out) 컬렉션입니다. 이 컬렉션에는 항목을 큐의 끝에 추가(enqueue)하는 메서드와, 큐의 앞에서 항목을 제거하는(dequeue) 메서드가 있습니다.
- **Stack<T>**는 후입선출(last-in, first-out) 컬렉션입니다. 이 컬렉션은 항목을 스택의 위에 추가(push)하는 메서드와, 스택 맨 위에 있는 항목을 제거(pop)하는 메서드를 가지고 있습니다.
- Stack<T>, Queue<T> 클래스는 **IEnumerable<T>** 인터페이스를 구현하며, 이들 클래스의 객체는 쉽게 리스트 또는 다른 컬렉션 타입으로 변환할 수 있습니다.

다운로드할 수 있는 연습 문제: 두 벌의 카드

다음 연습 문제는 두 카드 덱(deck) 사이에서 카드를 옮길 수 있는 앱을 만드는 것입니다. 왼쪽 덱에는 카드를 뒤섞거나(shuffle), 52장으로 재설정(reset)할 수 있는 버튼이 있으며, 오른쪽 덱에는 카드 덱을 비우거나(clear), 정렬(sort)할 수 있는 버튼이 있습니다.

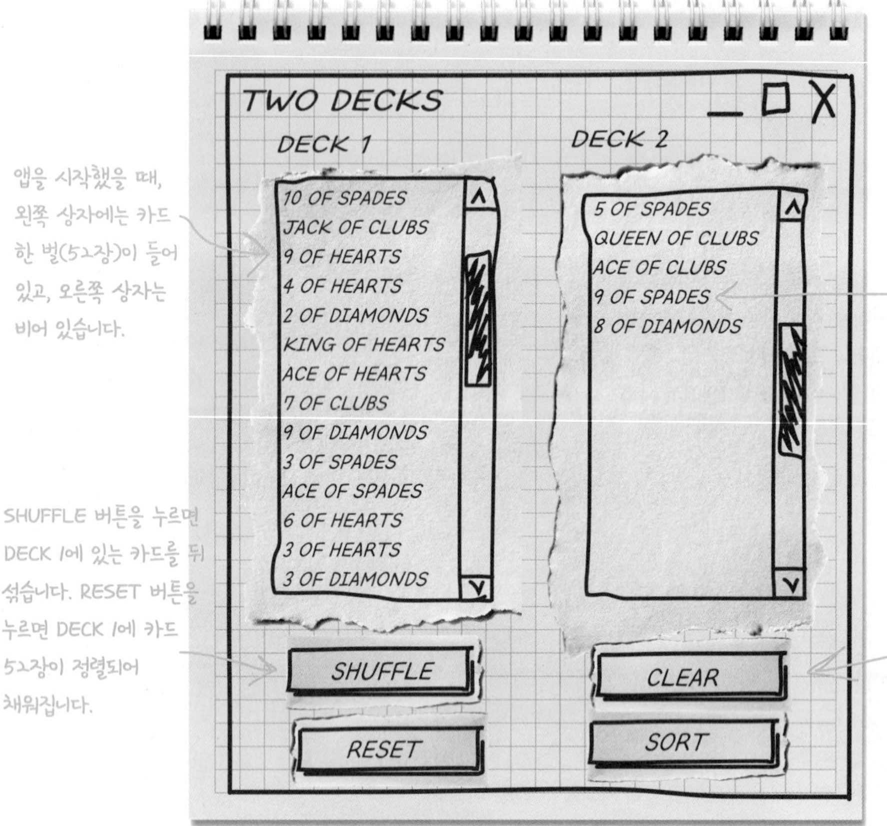

이 책에서 강조하려는 가장 중요한 개념은 C# 코드를 작성하는 것은 하나의 기술이고, 이 기술을 향상시키는 최선의 방법은 끊임없는 연습이라는 점입니다. 이 책은 연습할 기회를 가능한 한 더 많이 제공하려 합니다!
이 책의 뒷부분에서 윈도우 WPF 앱과 맥OS ASP.NET Core Blazor에 대한 프로젝트를 추가로 제공하는 이유도 그 때문입니다. 이러한 프로젝트는 다음 몇 장의 마지막 부분에도 포함되어 있습니다. 이 프로젝트의 PDF를 다운로드해 보세요. 여러분은 다음 장으로 넘어가기 전에 이 연습 문제를 푸는 데 시간을 들여야 할 것입니다. 이 연습 문제는 책의 나머지 내용을 학습하는 데 중요한 개념들을 더 깊게 익힐 수 있도록 해 주기 때문입니다.

이 책의 GitHub 저장소 페이지에서 프로젝트 PDF 파일을 다운로드하세요.
https://github.com/head-first-csharp/fourth-edition

유니티 연구실 #4

사용자 인터페이스

유니티 연구실 #3에서는 프리팹을 사용해서 3D 게임 공간의 임의의 위치에 회전하는 구체가 생성되도록 만들었습니다. 이번 유니티 연구실 #4에서는 유니티 연구실 #3에서 작업하던 게임에 C#의 인터페이스를 적용해 보겠습니다.

지금까지 작성한 프로그램은 흥미로운 시각적 시뮬레이션이었죠. 이 유니티 연구실의 목표는 게임을 완성하는 것입니다. 이 게임은 점수가 0점인 상태에서 시작합니다. 게임을 시작하면 당구공이 화면에 나타나면서 이리저리 날아다닙니다. 플레이어가 공을 클릭하면, 점수가 1점 증가하면서 클릭한 공이 사라집니다. 화면에 날아다니는 공이 점점 더 증가하고, 화면에 15개의 공이 나타나면 게임은 끝납니다. 그러면 게임이 끝나고 나서 플레이어가 게임을 다시 플레이하기 위한 방법이 필요합니다. 또한, 공을 클릭했을 때 점수가 화면에 표시돼야 하죠. 그러므로 화면 구석에 점수를 표시하는 사용자 인터페이스가 필요하며, 게임을 새로 시작하는 버튼도 생성해야 합니다.

플레이어가 공을 클릭했을 때 점수 증가시키기

지금까지 흥미로운 시뮬레이션을 만들었으니, 이제 이 프로그램을 진짜 게임으로 바꿀 차례입니다. 유니티 연구실 #3에서 만들었던 UnityLab 3, 4 프로젝트를 열고, GameController 스크립트 파일을 엽니다. 그리고 GameController 클래스에 점수를 저장할 필드를 추가합니다. 이 필드는 OneBallPrefab 필드 아래에 추가하면 됩니다.

```
public int Score = 0;
```

그런 다음 GameController 클래스에 ClickedOnBall() 메서드를 추가합니다. 이 메서드는 플레이어가 공을 클릭할 때마다 호출됩니다.

```
public void ClickedOnBall()
{
    Score++;
}
```

유니티에서 쉽게 게임 오브젝트를 마우스 클릭과 같은 사용자 입력에 반응하도록 만들 수 있습니다. 스크립트에 OnMouseDown() 메서드를 추가하면 유니티는 이 스크립트가 연결된 게임 오브젝트가 클릭될 때 OnMouseDown() 메서드를 호출합니다. OneBallBehaviour 클래스에 OnMouseDown() 메서드를 추가합니다.

```
void OnMouseDown()
{
    GameController controller = Camera.main.GetComponent<GameController>();
    controller.ClickedOnBall();
    Destroy(gameObject);
}
```

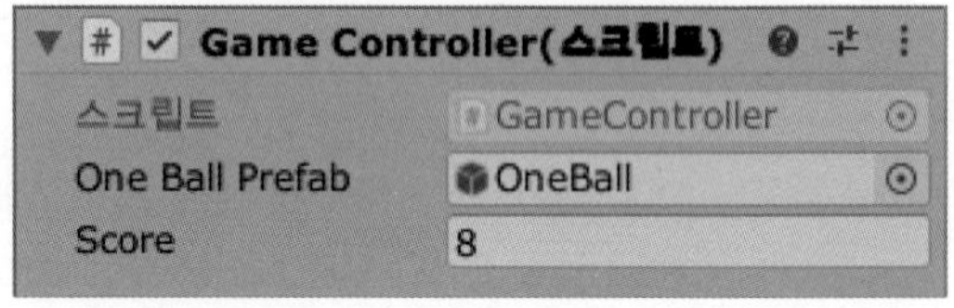

OnMouseDown() 메서드의 첫 번째 줄은 GameController 클래스의 인스턴스를 얻고, 두 번째 줄은 ClickedOnBall() 메서드를 호출해서 Score 필드의 값을 증가시킵니다.

이제 게임을 실행해 보세요. [계층 구조] 창의 Main Camera를 클릭하고 [인스펙터] 창에서 Game Controller(스크립트) 컴포넌트를 관찰해 보세요. 회전하는 공 몇 개를 클릭하고, 공이 사라지면 점수가 증가하는 것을 확인하세요.

무엇이든 물어보세요!

Q&A

Q1 왜 new 키워드 대신 Instantiate() 메서드를 사용하나요?

A1 Instantiate()와 Destroy()는 유니티 고유의 특별한 메서드로, 다른 C# 프로젝트에서는 볼 수 없습니다. Instantiate 메서드는 C#의 new 키워드와는 달리, 클래스가 아니라 프리팹(prefab)의 새 인스턴스를 만듭니다. 유니티도 객체 인스턴스를 생성하지만, 업데이트 루프에 객체를 포함해야 하는 등 여러 다른 일을 함께 처리해야 하죠. 게임 오브젝트의 스크립트가 Destroy(gameObject)를 호출하면, 이는 유니티에 게임 오브젝트를 삭제하라는 의미입니다. 하지만 Destroy()가 호출된 게임 오브젝트는 해당 업데이트 루프가 종료되고 나서야 삭제됩니다.

Q2 OnMouseDown() 메서드의 첫 번째 줄 코드가 어떻게 작동하는 건지 잘 모르겠는데요. 뭐가 어떻게 된 건가요?

A2 첫 번째 부분은 GameController 타입의 controller 변수를 선언합니다. GameController 클래스는 메인 카메라에 연결돼 있죠. 두 번째 부분은 메인 카메라에 연결된 GameController의 메서드를 호출하기 위한 것입니다. Camera.main을 사용해 메인 카메라 객체를 얻고, 그다음 GetComponent<GameController>()를 호출해 메인 카메라에 연결된 GameController의 인스턴스를 얻는 거죠.

게임의 두 가지 모드

여러분이 좋아하는 게임을 떠올려 보세요. 게임을 실행시키자마자 게임이 시작되나요? 아마 아닐 겁니다. 보통은 게임의 시작 메뉴를 가장 먼저 보죠. 그리고 플레이어가 메뉴나 지도 등을 살펴볼 때 게임 진행을 잠시 멈출 수 있는 게임도 있습니다. 플레이어의 이동 화면과 인벤토리 화면을 선택할 수 있거나, 플레이어가 죽을 때 다른 조작을 할 수 없도록 애니메이션을 강제로 보여 주는 게임도 있습니다. 이런 것들은 모두 게임 모드의 예시죠.

지금 만들고 있는 당구공 게임에도 서로 다른 두 가지 모드를 만들어 보겠습니다.

- 실행 모드: 게임이 실행됩니다. 공이 씬에 추가되며, 공을 클릭하면 공이 사라지면서 점수가 올라갑니다.
- 게임 종료 모드: 게임이 끝났습니다. 공이 더 이상 씬에 추가되지 않으며, 클릭해도 아무 일이 일어나지 않고, 'Play Again'이라는 메시지가 적힌 버튼이 출력됩니다.

게임이 실행 모드일 때, 플레이어는 화면에 추가된 공을 클릭할 수 있으며, 공을 클릭하면 점수가 증가합니다.

마지막 공이 추가되면, 게임 종료 모드로 전환됩니다. [Play Again] 버튼이 나타나고, 공은 더 이상 씬에 추가되지 않습니다.

게임에 두 가지 모드를 만들어 봅시다. 실행 모드는 이미 유니티 연구실 #3에서 만들었으므로, 게임 종료 모드만 추가하면 됩니다.

다음과 같이 게임에 두 가지 모드를 만들겠습니다.

1 GameController.AddABall() 메서드가 게임 모드를 처리하도록 합니다.

AddABall() 메서드를 수정해서 게임이 끝났는지 검사하고, 게임이 아직 끝나지 않았을 때만 OneBall 프리팹을 새로 인스턴스화합니다.

2 게임이 실행 중일 때만 OneBallBehaviour.OnMouseDown() 메서드가 작동합니다.

게임을 종료하면 게임은 마우스 클릭에 더 이상 반응하지 않아야 합니다. 플레이어가 게임을 재시작하기 전까지 플레이어는 이미 화면에 추가됐던 공이 회전하고 있는 것을 볼 수 있어야 합니다.

3 공이 많아지면 GameController.AddABall() 메서드가 게임을 종료하도록 합니다.

AddABall()은 공이 추가될 때마다 NumberOfBalls를 1씩 증가시킵니다. NumberOfBalls의 값이 MaximumBalls에 도달하면, GameOver를 true로 설정해서 게임을 종료합니다.

유니티 연구실 #4는 게임을 단계별로 완성해 나가는 과정의 일부분입니다. 각 과정의 코드는 이 책의 GitHub 저장소에서 다운로드할 수 있습니다. https://github.com/head-first-csharp/fourth-edition

게임 모드 추가하기

GameController와 OneBallBehaviour 클래스를 수정해서 게임이 끝났는지 아닌지를 저장하는 bool 타입 필드를 추가해 게임 모드 기능을 추가해 봅시다.

1 GameController.AddABall() 메서드가 게임 모드에 따라 작동하도록 합니다.

GameController가 현재 게임 모드를 인식하도록 해야 합니다. 객체가 어떤 값을 보존하도록 해야 할 때는 필드를 사용합니다. 이번 실습에서는 두 가지 게임 모드(실행과 게임 종료)가 있으므로, bool 필드를 사용해 모드를 저장합니다. 먼저 GameController 클래스에 GameOver 필드를 추가합니다.

```
public bool GameOver = false;
```

게임이 실행 중일 때만 씬에 새 당구공이 추가돼야 합니다. AddABall() 메서드를 수정해 GameOver 값이 true가 아닐 때만 Instantiate를 호출하도록 if 문을 추가합니다.

```
public void AddABall()
{
    if (!GameOver)
    {
        Instantiate(OneBallPrefab);
    }
}
```

이제 게임을 테스트해 봅시다. 게임을 시작하고, [계층 구조] 창에 있는 Main Camera를 클릭해 봅니다.

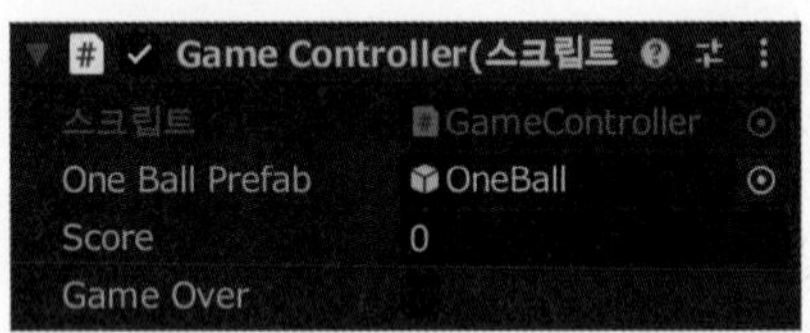

게임이 실행될 때 GameController의 GameOver 필드의 값을 변경하면 Game Over 체크박스가 어떻게 되는지 확인합니다. 게임이 실행되는 동안 이 값을 체크해도, 게임을 종료하면 이 값은 재설정됩니다.

스크립트 컴포넌트에 있는 체크박스의 체크를 해제해서 GameOver 필드의 값을 설정하세요. 체크박스를 다시 체크할 때까지 공이 화면에 추가되지 않아야 합니다.

2 게임이 실행 중일 때만 OneBallBehaviour.OnMouseDown() 메서드가 작동합니다.

OnMouseDown() 메서드는 GameController의 ClickedOnBall() 메서드를 호출합니다. OneBallBehaviour.OnMouseDown() 메서드도 GameController의 GameOver 필드를 사용하도록 수정합니다.

```
void OnMouseDown()
{
    GameController controller = Camera.main.GetComponent<GameController>();
    if (!controller.GameOver)
    {
        controller.ClickedOnBall();
        Destroy(gameObject);
    }
}
```

게임을 다시 실행해서 게임이 실행되는 동안에만 공이 사라지고 점수가 증가하는지 테스트해 봅니다.

3 공이 너무 많아지면 GameController.AddABall( ) 메서드가 게임을 종료합니다.

이 게임에서는 씬에 보이는 공이 최대 몇 개인지를 저장해야 합니다. GameController 클래스에 필드 2개를 추가해서 현재 화면에 있는 공의 개수와 화면에 존재할 수 있는 공의 최대 개수를 저장합니다.

```
public int NumberOfBalls = 0;
public int MaximumBalls = 15;
```

플레이어가 공을 클릭하면, OneBallBehaviour 스크립트는 GameController.ClickedOnBall() 메서드를 호출해 점수를 1 증가시키고, numberOfBalls를 1 감소시킵니다.

```
public void ClickedOnBall()
{
    Score++;
    NumberOfBalls--;
}
```

이제 AddABall() 메서드를 변경해 게임이 실행 중일 때만 공을 추가하고 씬에 공이 15개 이상 생기면 게임을 종료합니다.

```
public void AddABall()
{
    if (!GameOver)
    {
        Instantiate(OneBallPrefab);
        NumberOfBalls++;
        if (NumberOfBalls >= MaximumBalls)
        {
            GameOver = true;
        }
    }
}
```

게임을 종료했을 때 GameOver 필드는 true 값을, 게임이 실행 중일 때는 false 값을 가집니다. NumberOfBalls 필드에는 현재 씬에 있는 공의 개수가 저장됩니다. NumberOfBalls 필드의 값이 MaximumBalls 값에 도달하면, GameController는 GameOver 필드를 true로 설정합니다.

이제 게임을 다시 한번 실행시켜서 테스트해 본 다음, [계층 구조] 창에서 Main Camera를 클릭합니다. 게임은 평소와 같이 실행되지만, NumberOfBalls 필드의 값이 MaximumBalls 필드와 값과 같아지면 AddABall() 메서드는 GameOver 필드의 값을 true로 설정하고 게임을 종료합니다.

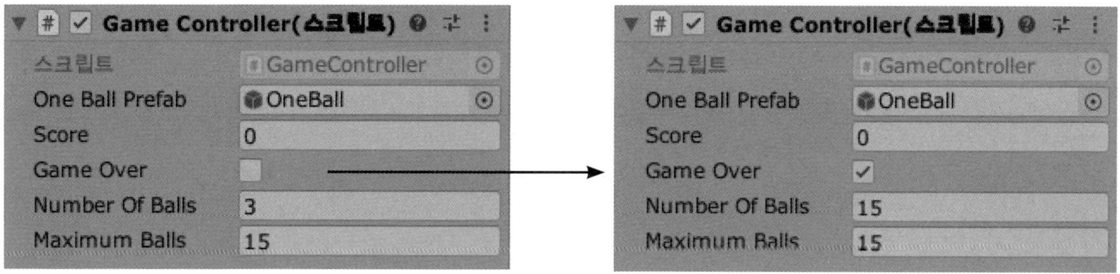

게임이 종료되면 화면에 있는 공을 클릭해도 아무 일도 일어나지 않습니다. OneBallBehaviour.OnMouseDown() 메서드는 GameOver 필드를 검사해서, GameOver 필드의 값이 false일 때만 점수를 증가시키고 공을 없애기 때문입니다.

게임 모드를 저장하기 위해 필드를 사용하는 것은 좋은 방법입니다.

게임에 UI 추가하기

머릿속에 아무 게임이나 떠올려 보세요. 팩맨, 슈퍼 마리오, GTA 5, 마인크래프트 등은 모두 사용자 인터페이스(UI)를 가지고 있습니다. 팩맨 같은 게임은 점수와 최고 점수, 남은 목숨, 현재 스테이지 등을 나타내는 아주 간단한 UI를 가지고 있습니다. 그러나 어떤 게임은 게임의 역학에 깊게 얽힌 복잡한 UI를 가진 경우도 있습니다(무기를 빠르게 교체할 수 있는 무기 회전판 같은 UI를 생각해 보세요). 이제 게임에 UI를 추가해 봅시다.

[게임 오브젝트] - [UI] - [레거시] - [텍스트] 메뉴를 선택해서 텍스트 게임 오브젝트를 게임의 UI에 추가해 보세요. 그러면 [계층 구조] 창에 캔버스(Canvas)와 이벤트 시스템(EventSystem)이 추가되고, 캔버스 아래에 텍스트(Text (Legacy))가 추가됩니다. 텍스트의 이름을 'Score'로 변경하세요.

버전에 따라 위치가 다를 수 있습니다.

텍스트를 씬에 추가할 때, 유니티는 자동으로 캔버스와 텍스트 게임 오브젝트를 추가합니다. 캔버스 옆의 삼각형(▼) 버튼을 클릭해서 캔버스에 속한 항목을 확장하거나 축소할 수 있습니다. 그러면 텍스트 게임 오브젝트가 표시됐다, 감춰졌다 하는데, 텍스트 게임 오브젝트가 캔버스 아래에 중첩돼 있기 때문입니다.

[계층 구조] 창에서 캔버스를 더블 클릭해서 캔버스가 포커스되도록 합니다. 캔버스는 2D 직사각형입니다. 이동 기즈모를 클릭하고 캔버스를 씬 안에서 드래그하면 움직이지 않습니다! 이렇게 추가된 캔버스는 항상 표시되며, 화면의 크기에 따라 자동으로 비율이 조정되며 게임에 존재하는 모든 객체의 앞에 표시됩니다.

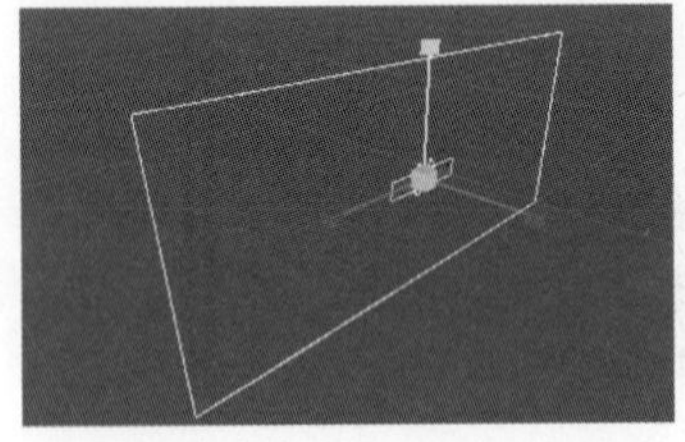

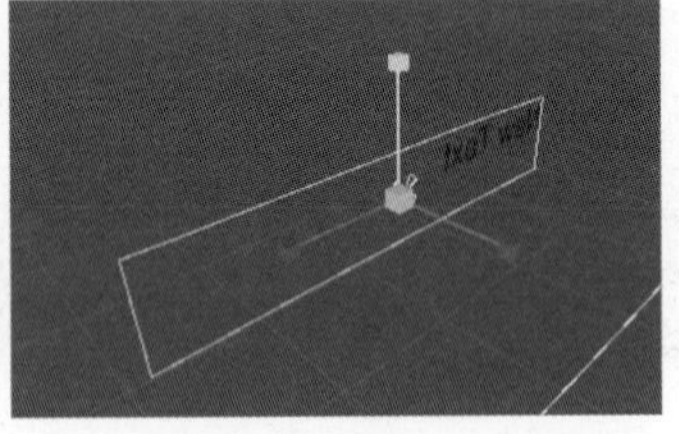

UI를 생성하면 유니티가 자동으로 EventSystem을 추가합니다. EventSystem은 게임 오브젝트로 보내는 마우스, 키보드, 기타 입력을 관리하며, 자동으로 이 모든 일을 처리하기 때문에 개발자가 직접 EventSystem을 다룰 필요는 없습니다.

Score를 더블 클릭해서 텍스트에 포커스를 줍니다. 에디터가 텍스트를 확대하는데, 기본 텍스트인 'New Text'가 거꾸로 표시됩니다. 메인 카메라가 캔버스의 뒷면을 향해 있기 때문입니다.

캔버스는 2차원 게임 오브젝트로, 게임의 UI를 배치할 수 있게 해 줍니다. 캔버스 아래에는 2개의 게임 오브젝트가 중첩됐는데, 방금 추가한 텍스트 게임 오브젝트는 오른쪽 위 구석에서 점수를 표시하기 위한 것입니다. 버튼(Button) 게임 오브젝트는 사용자가 새 게임을 시작할 수 있도록 합니다.

2D 뷰를 사용해 캔버스 다루기

씬의 상단에 있는 2D 버튼은 2D 뷰를 켜고 끌 수 있습니다.

2D 뷰를 클릭해 보세요. 캔버스가 회전하면서 텍스트를 정면에서 표시합니다. 2D 버튼을 클릭해 2D와 3D를 전환할 수 있습니다. 2D 버튼을 다시 클릭하면 3D 뷰로 돌아옵니다.

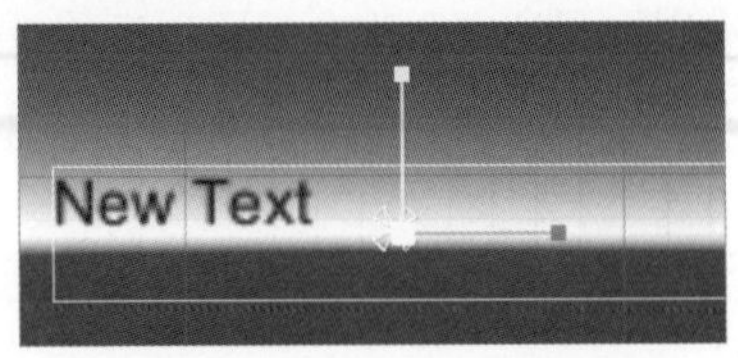

마우스 휠을 사용해 2D 뷰를 확대하거나 축소할 수 있습니다.

UI에 점수를 표시하는 텍스트 구성하기

이제 게임 UI에는 텍스트 게임 오브젝트 한 개와 버튼 한 개가 있습니다. 이들 게임 오브젝트는 UI의 서로 다른 부분에 고정될 것입니다. 예를 들어, 텍스트 게임 오브젝트는 화면의 오른쪽 위 구석에 (화면의 크기와 상관없이) 점수를 표시하도록 구성하겠습니다.

텍스트는 2D 캔버스의 특정 위치에 고정(anchored)됩니다.

[계층 구조] 창에서 Score를 선택한 다음, [인스펙터] 창에서 [Rect Transform] 컴포넌트를 살펴보세요. 오른쪽 위 구석에 Score를 표시할 것이므로 Anchors 상자를 클릭합니다.

텍스트는 2D 캔버스에만 존재하기 때문에, Rect Transform(컴포넌트의 위치가 캔버스를 구성하는 사각형에 대한 상대적인 위치로 설정되기 때문에 지어진 이름입니다) 컴포넌트를 사용합니다. [Rect Transfrom] 컴포넌트의 Anchors 상자를 클릭하면 [앵커 프리셋]이 화면에 나타납니다.

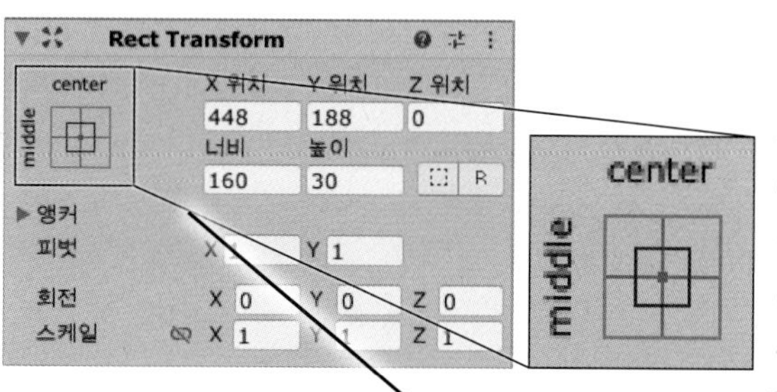

[Alt] + [Shift](맥OS의 경우에는 [Option] + [Shift]) 키를 누르고 있는지 확인하세요. 그러면 피벗(pivot)과 위치(position)를 동시에 설정할 수 있습니다.

[앵커 프리셋]은 UI 게임 오브젝트를 캔버스의 여러 부분에 고정할 수 있게 해줍니다. [Alt] + [Shift](맥OS의 경우에는 [Option] + [Shift]) 키를 누른 채로 top, right 앵커 프리셋을 더블 클릭하세요. [계층 구조] 창에서 Score를 더블클릭해서 확대해 보세요.

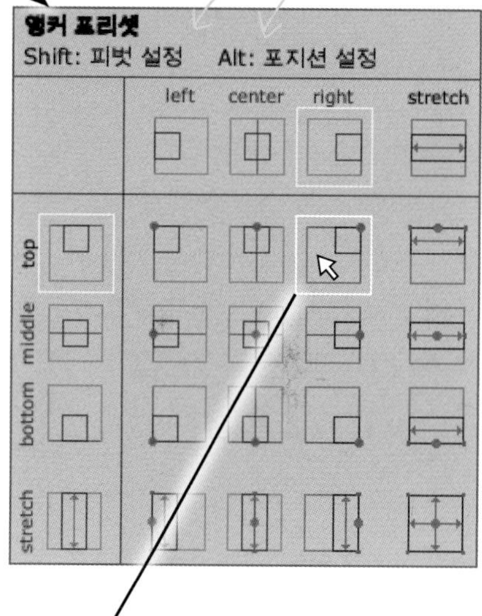

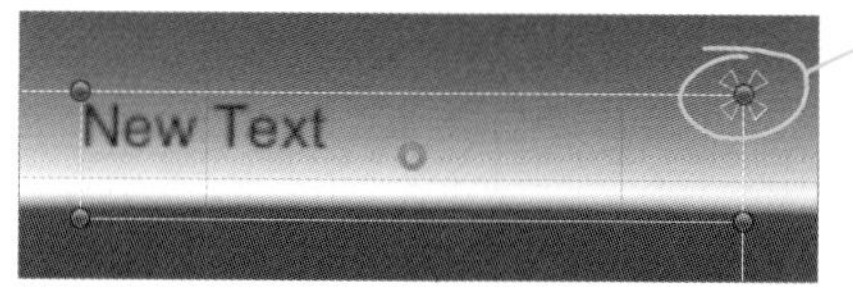

앵커 피벗이 오른쪽 위로 설정됩니다. 텍스트의 위치는 캔버스에 상대적인(relative) 앵커의 위치가 됩니다.

텍스트의 오른쪽과 위쪽에 약간의 여백을 주도록 하죠. Rect Transform 컴포넌트로 돌아가서 [X 위치] 항목과 [Y 위치] 항목의 값을 각각 '-10'으로 설정해서 텍스트를 오른쪽 위 구석으로부터 왼쪽으로 10, 아래로 10만큼 떨어진 위치에 놓겠습니다. 그런 다음 [Text] 컴포넌트의 [맞춤] 항목을 오른쪽으로 설정합니다.

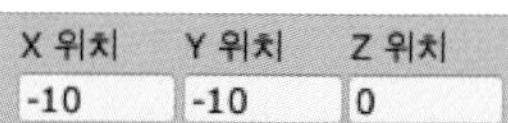

Rect Transform

	X 위치	Y 위치	Z 위치
right / top	-10	-10	0
	너비	높이	
	160	30	R
앵커			
피벗	X 1	Y 1	
회전	X 0	Y 0	Z 0
스케일	X 1	Y 1	Z 1

이제 텍스트가 오른쪽 맞춤으로 정렬되고, 텍스트의 가장자리와 캔버스의 가장자리 사이에 약간의 공간이 생긴 것을 볼 수 있습니다.

게임을 시작하는 메서드를 호출하는 버튼 추가하기

```
public void StartGame()
{
    // 코드는 나중에 추가합니다.
}
```

게임 종료 모드로 전환되면 게임에 'Play Again'이라고 적힌 버튼이 나타납니다. 버튼을 클릭하면 게임을 재시작하는 메서드가 호출되게 할 것입니다. GameController 클래스에 StartGame() 메서드를 추가하고, 내용은 일단 비워 두세요. 나중에 추가해 보겠습니다. 다시 유니티 에디터로 돌아가 [계층 구조] 창에서 Canvas를 클릭해 포커스합니다. 그런 다음 [게임 오브젝트]-[UI]-[레거시]-[버튼] 메뉴를 클릭해 버튼을 추가하고, 버튼(Button(Legacy))의 이름을 'Button'으로 설정하세요. Canvas가 이미 포커스되어 있기 때문에 유니티 에디터가 새 버튼을 추가하고 캔버스 중앙에 고정합니다. [계층 구조] 창의 버튼 옆 삼각형 ▼ 버튼을 클릭해 펼쳐 보세요. 버튼 아래에 텍스트 게임 오브젝트가 중첩되어 있는 것을 볼 수 있습니다. 텍스트 게임 오브젝트를 클릭하고 텍스트 값을 'Play Again'으로 설정하세요.

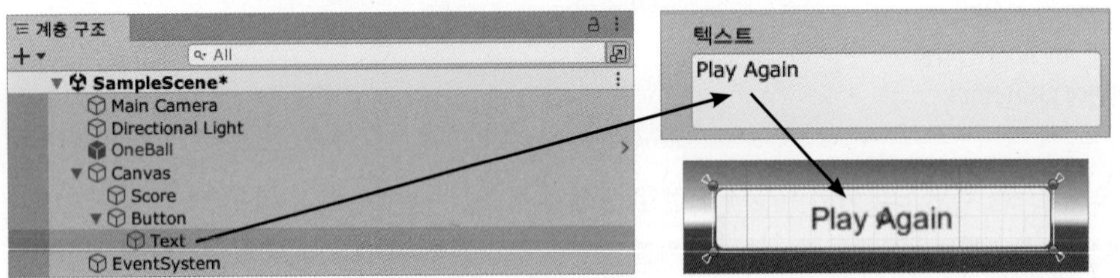

버튼을 설정했으니, 이 버튼이 메인 카메라에 연결된 GameController 객체의 StartGame() 메서드를 호출해 보겠습니다. UI 버튼은 단순히 버튼 컴포넌트가 있는 게임 오브젝트일 뿐이므로, [인스펙터] 창에서 [클릭 시 ()] 항목을 사용해 이벤트 핸들러 메서드를 연결할 수 있습니다. [클릭 시 ()] 항목 아래에 있는 [리스트에 추가(+)] 버튼을 클릭해서 이벤트 핸들러를 추가한 다음, [계층 구조] 창의 Main Camera를 없음(오 ⊙ 항목 위로 드래그해 보세요. [Select Object] 창을 활성화해서 직접 Main Camera를 추가할 수도 있습니다.

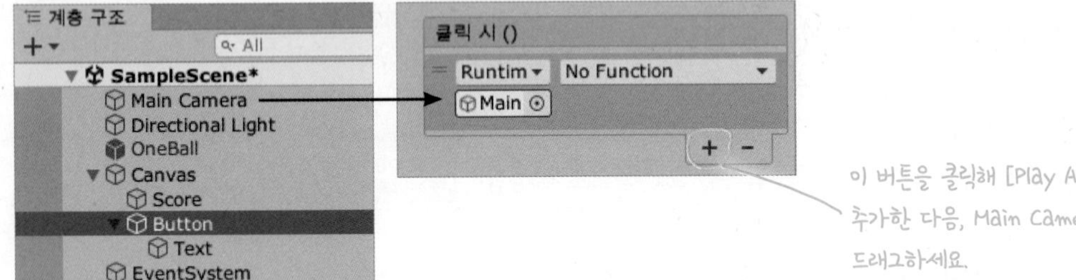

이 버튼을 클릭해 [Play Again] 버튼에 이벤트 핸들러를 추가한 다음, Main Camera를 [Select Object] 창에 드래그하세요.

이제 버튼은 어떤 게임 오브젝트가 이벤트 핸들러로 쓰일지 알고 있습니다. No Function ▼ 드롭다운 항목을 클릭하고 [GameController] - [StartGame]을 선택하세요. 이제 플레이어가 이 버튼을 누르면, 버튼은 메인 카메라에 연결된 GameController 객체의 StartGame() 메서드를 호출합니다.

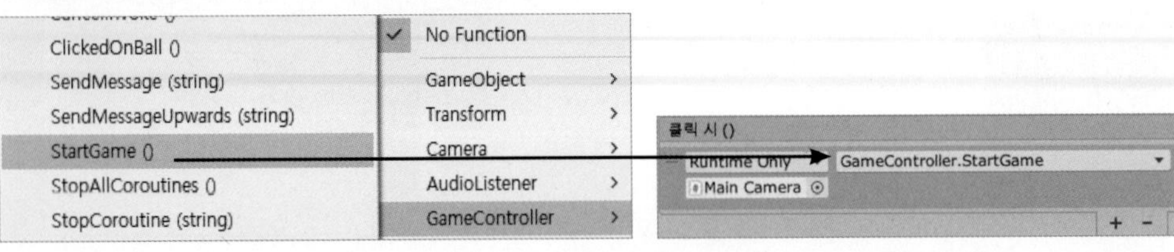

Play Again 버튼과 Score 텍스트 작동시키기

이 게임의 UI는 다음과 같이 작동합니다.

- 게임은 게임 종료 모드에서 시작합니다.
- [Play Again] 버튼을 클릭하면 게임이 시작됩니다.
- 화면의 오른쪽 위 구석에 있는 텍스트는 현재 점수를 표시합니다.

코드로 돌아가 봅시다. Text와 Button 클래스를 사용할 것입니다. 이들 클래스는 UnityEngine.UI 네임스페이스에 포함돼 있습니다. GameController 클래스 상단에 using 문을 추가하세요.

```
using UnityEngine.UI;
```

이제 Text와 Button 필드를 GameController에 추가하세요(MaximumBalls 필드 바로 아래에 추가하면 됩니다).

```
public Text ScoreText;
public Button PlayAgainButton;
```

다시 유니티 에디터로 돌아가서 [계층 구조] 창에서 Main Camera를 클릭하세요. [계층 구조] 창의 Score를 드래그해서 스크립트 컴포넌트의 Score Text 필드 위로 드래그한 다음, Button을 Play Again Button 필드 위로 드래그하세요.

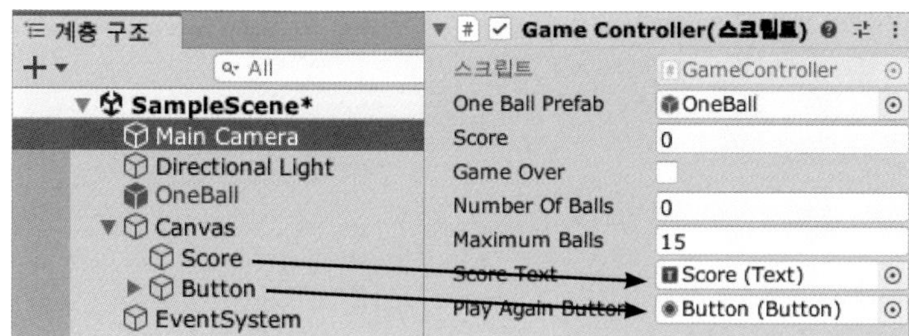

> **주의하세요!**
>
> **유니티는 스크립트의 필드 값을 기억합니다.**
>
> GameController.GameOver 필드의 값을 false에서 true로 변경하려 할 때, 코드만 수정하면 안 됩니다. 스크립트 컴포넌트를 유니티에 추가하면 유니티는 필드의 값을 저장하며, 컨텍스트 메뉴(⋮)에서 이 값을 재설정하지 않는 한, 유니티는 기본값을 다시 읽어 들이지 않습니다.

다시 GameController 클래스로 돌아가서 GameOver 필드의 기본값을 true로 설정합니다.

```
public bool GameOver = true;
```

그리고 유니티로 돌아와 [인스펙터] 창의 스크립트 컴포넌트를 살펴봅니다.

잠깐만요, 뭔가 잘못됐어요! 유니티 에디터에는 Game Over 체크박스의 값이 체크되지 않은 상태 그대로인 것을 볼 수 있습니다. 즉, 필드 값이 변경되지 않았습니다.

Game Over ☐

이 체크박스를 체크해서 게임이 게임 종료 모드에서 시작되는지 확인하세요.

Game Over ☑

이제 게임이 게임 종료 모드에서 시작하며, 플레이어는 [Play Again] 버튼을 클릭해 게임을 시작할 수 있습니다.

게임의 코드 마무리하기

Main Camera에 연결된 GameController 객체는 Score 필드에 점수를 저장합니다. GameController 클래스에 Update() 메서드를 추가해 UI의 Score Text를 갱신합니다.

```
void Update()
{
    ScoreText.text = Score.ToString();
}
```

그런 다음 GameController.AddABall() 메서드를 수정해서 게임이 끝났을 때 [Play Again] 버튼을 활성화하세요.

```
if (NumberOfBalls >= MaximumBalls)
{
    GameOver = true;
    PlayAgainButton.gameObject.SetActive(true);
}
```

모든 게임 오브젝트는 gameObject라는 속성을 가지고 있고, 개발자가 이 속성을 조작할 수 있습니다. SetActive() 메서드는 [Play Again] 버튼을 화면에 표시하거나 감춥니다.

게임을 시작하려면 StartGame() 메서드를 호출해야 합니다. 그러려면 일단 씬 안에 날아다니는 공을 모두 없애고, [Play Again] 버튼을 비활성화한 다음, 점수와 공의 개수를 재설정한 뒤, 모드를 실행으로 전환해야 합니다. [프로젝트] 창에서 OneBall 프리팹을 클릭하고 태그(tag)를 Game Controller로 설정하세요.

태그는 게임 오브젝트에 부여할 수 있는 키워드로, 프로그램 코드로 태그가 붙은 객체를 식별하거나 검색할 수 있습니다. [프로젝트] 창에서 프리팹을 클릭하고 이 드롭다운 목록을 사용해 태그를 부여하면, 이 태그는 여러분이 인스턴스화하는 모든 프리팹 인스턴스에 할당될 것입니다.

Gamecontroller 클래스로 돌아가세요. 이제 StartGame() 메서드에 채워야 할 내용이 모두 준비됐습니다. foreach 문을 사용해 이전 게임에서 남은 공들을 모두 찾아 삭제하고, 버튼을 감추고, 점수와 공의 숫자를 재설정한 다음, 게임 모드를 변경하면 됩니다.

```
public void StartGame()
{
    foreach (GameObject ball in GameObject.FindGameObjectsWithTag("GameController"))
    {
        Destroy(ball);
    }
    PlayAgainButton.gameObject.SetActive(false);
    Score = 0;
    NumberOfBalls = 0;
    GameOver = false;
}
```

이제 게임을 실행해 보세요. 게임이 게임 종료 모드에서 시작합니다. [Play Again] 버튼을 클릭해서 게임을 시작하세요. 공을 클릭할 때마다 점수가 증가합니다. 15번째 공이 생성되면 게임이 종료되고 [Play Again] 버튼이 다시 화면에 표시됩니다.

연습 문제

연습 문제를 풀어 봅시다! Y축을 기준으로 공을 회전시키는 대신, transfrom.Traslate를 사용해 공이 임의로 날아다니도록 수정해 보세요.

- OneBallBehaviour에서 XRotation, YRotation, ZRotation 필드를 제거하고 X, Y, Z축의 속도를 의미하는 XSpeed, YSpeed, ZSpeed 필드로 교체합니다. 이 필드들의 타입은 float이며, 이 필드의 값을 설정할 필요는 없습니다.
- Update() 메서드의 코드를 다음처럼 transform.Translate 메서드를 호출하는 코드로 변경합니다.

```
transform.Translate(Time.deltaTime * XSpeed,
                    Time.deltaTime * YSpeed, Time.deltaTime * ZSpeed);
```

매개 변수는 X, Y, Z축을 따라 움직이는 공의 속도를 나타냅니다. 그러므로 만약 XSpeed가 1.75라면, 여기에 Time.deltaTime을 곱해 공이 X축을 따라 초당 1.75 유닛의 비율로 움직이게 됩니다.

- DegreesPerSecond 필드를 Multiplier 필드로 변경합니다. 이 필드의 값은 0.75F이며, **F를 빠뜨리면 안 됩니다!** 이 값을 사용해서 Updated() 메서드에서 XSpeed 필드의 값을 변경하고, YSpeed와 ZSpeed 필드로도 비슷한 명령문 두 줄을 만들어 추가합니다.

```
XSpeed += Multiplier - Random.value * Multiplier * 2;
```

게임의 코드를 변경하기 전에, 이들 코드가 어떤 일을 하는지부터 먼저 파악해 보세요.

Random.value는 0~1 사이 임의의 부동소수점 값을 반환하는 정적 메서드입니다. 이 코드가 무슨 일을 하는지 적어 보세요.

- 그런 다음 ResetBall() 메서드를 추가해서 Start() 메서드에서 호출합니다. ResetBall() 메서드에는 다음 코드를 추가합니다.

```
XSpeed = Multiplier - Random.value * Multiplier * 2;
```

위 코드는 무슨 일을 할까요?

ResetBall() 메서드와 비슷하게, Speed와 ZSpeed 필드의 값을 갱신하는 코드 두 줄을 추가하세요. 그런 다음 transform.position을 변경하는 코드를 Start() 메서드에서 ResetBall() 메서드로 옮기세요.

- OneBallBehaviour 클래스를 변경해서 TooFar 필드를 추가하고 그 값을 5로 설정합니다. 그런 다음 Update() 메서드를 수정해서 공이 너무 멀리 가지 않았는지 검사하도록 합니다.

다음 if 문은 공의 위치를 절댓값으로 파악해서 공이 너무 멀리 이동했는지 검사합니다.

```
if ((Mathf.Abs(transform.position.x) > TooFar)
    || (Mathf.Abs(transform.position.y) > TooFar)
    || (Mathf.Abs(transform.position.z) > TooFar)) {
```

OneBallBehaviour.Update() 메서드를 수정해서 공이 너무 멀리 이동했다면 ResetBall() 메서드를 호출하게 하세요.

연습 문제 정답

다음 코드는 연습 문제의 지시대로 OneBallBehaviour 클래스 전체를 수정한 결과입니다. 이 게임이 작동하는 방식의 핵심은 각 공의 X, Y, Z축에 대한 속도는 현재 XSpeed, YSpeed, ZSpeed의 값에 따라 결정됩니다. 이들 값을 약간 변경해서, 공이 씬에서 무작위로 이동하도록 할 수 있습니다.

```
using System.Collections;
using System.Collections.Generic;
using UnityEngine;

public class OneBallBehaviour : MonoBehaviour
{
    public float XSpeed;
    public float YSpeed;
    public float ZSpeed;
    public float Multiplier = 0.75F;
    public float TooFar = 5;

    static int BallCount = 0;
    public int BallNumber;

    // Start는 첫 프레임이 갱신되기 전에 호출됩니다.
    void Start()
    {
        BallCount++;
        BallNumber = BallCount;
        ResetBall();
    }

    // Update는 프레임이 매번 갱신될 때 호출됩니다.
    void Update()
    {
        transform.Translate(Time.deltaTime * XSpeed,
            Time.deltaTime * YSpeed, Time.deltaTime * ZSpeed);
        XSpeed += Multiplier - Random.value * Multiplier * 2;
        YSpeed += Multiplier - Random.value * Multiplier * 2;
        ZSpeed += Multiplier - Random.value * Multiplier * 2;
        if ((Mathf.Abs(transform.position.x) > TooFar)
            || (Mathf.Abs(transform.position.y) > TooFar)
            || (Mathf.Abs(transform.position.z) > TooFar))
        {
            ResetBall();
        }
    }
```

이 필드는 OneBallBehaviour 클래스에 추가됐습니다. 0.75F에서 F를 빼면 코드가 컴파일되지 않습니다.

공이 처음으로 인스턴스화될 때, 공의 Start() 메서드는 ResetBall()을 호출해서 공의 임의의 위치와 속도를 결정합니다.

Update 메서드는 먼저 공을 움직인 다음, 속도를 갱신하고, 마지막으로 공이 범위를 벗어났는지 검사합니다. 작업의 순서를 다르게 했더라도 괜찮습니다.

```
    void ResetBall()
    {
        XSpeed = Random.value * Multiplier;
        YSpeed = Random.value * Multiplier;
        ZSpeed = Random.value * Multiplier;
        transform.position = new Vector3(3 - Random.value * 6,
            3 - Random.value * 6, 3 - Random.value * 6);
        }
    void OnMouseDown()
    {
        GameController controller = Camera.main.GetComponent<GameController>();
        if (!controller.GameOver)
        {
            controller.ClickedOnBall();
            Destroy(gameObject);
        }
    }
}
```

ResetBall()은 공이 처음 인스턴스화될 때, 또는 임의로 속도와 위치를 부여해서 공이 범위 밖으로 벗어났을 때 호출됩니다. 속도 대신 위치를 먼저 설정해도 괜찮습니다.

다음은 문제에 대한 답입니다. 여러분도 비슷한 답을 적었나요?

이 코드가 무슨 일을 하는지 적어 보세요.

공의 속도를 세 축에 걸쳐 증가 또는 감소시켜서 각각의 공이 흔들거리는 임의의 경로를 따라가게 합니다.

```
XSpeed += Multiplier - Random.value * Multiplier * 2;
```

Random.value * Multiplier * 2는 0~1.5 사이 임의의 수를 생성합니다.

이 값을 Multiplier에서 빼면 −0.75~0.75 사이의 임의의 수를 얻습니다.

이 수를 XSpeed에 더하면, 각 프레임마다 공의 속도는 조금씩 빨라지거나 느려집니다.

다음 코드는 무슨 일을 할까요?

```
XSpeed = Multiplier - Random.value * Multiplier * 2;
```

이 코드는 XSpeed 필드의 값을 −0.75~0.75 사이 임의의 값으로 설정합니다. 그로 인해 각각의 공은 제각기 다른 속도로

X축을 따라 앞으로 또는 뒤로 움직이게 됩니다.

이번 연습 문제에서 GameController 클래스의 코드는 수정하지 않았다는 것을 알아냈나요? 이는 GameController가 수행하는 작업, 예를 들면 UI나 게임 모드의 관리에는 변화가 없었기 때문입니다. 이처럼 클래스를 잘 설계하면 어떤 기능을 변경할 때 모든 코드를 수정하지 않아도 됩니다.

창의성을 발휘하세요!

게임을 향상시킬, 또는 코딩을 연습할 방법을 찾고 있나요? 여기 추가 아이디어가 있습니다!

- GameController.Start() 메서드의 InvokeRepeating() 메서드에 넘겨주는 매개 변수를 수정해 보세요. 이 값들을 필드로 만들어 보세요. MaximumBalls 값도 이렇게 저렇게 변경해 보세요. 이런 값들의 작은 변화가 게임 플레이에 큰 변화를 가져올 수 있습니다.
- 모든 당구공의 텍스처 맵은 깃허브에서 제공합니다. 각각 다르게 작동하는 서로 다른 종류의 공도 추가해 보세요. 스케일을 사용해 공을 더 크거나 작게 만들고, 매개 변수를 변경해서 공을 빠르거나 느리게, 또는 다른 식으로 움직이도록 해 보세요.
- 하늘로부터 일직선으로 빠르게 떨어지는 '별똥별'처럼 어떻게 하면 공을 높은 곳에서 떨어지게 만들 수 있을까요? 그렇다면 플레이어는 이런 공을 클릭하고 싶어할까요? 혹시 8번 공을 클릭하면 게임이 즉시 끝나는 '서든 데스' 게임은 어떨까요?
- GameController.ClickedOnBall() 메서드를 변경해서 Score 필드의 값을 증가시키는 대신 점수 매개 변수를 받도록 하고, 넘겨주는 값을 더하도록 합시다. 공마다 다른 점수를 할당해 보세요.
- 공 15개가 생성돼 게임이 종료되고 나서 [Play Again] 버튼을 누르면 모든 공이 사라지도록 수정해 보세요.

C# 코드 작성을 많이 할수록 코드 작성이 쉬워집니다. 게임 개발에 창의성을 발휘하려고 노력해 보세요!

OneBallBehaviour 스크립트의 필드를 변경할 때, OneBall 프리팹의 스크립트 컴포넌트를 재설정하는 것을 잊지 마세요! 재설정하지 않으면 컴포넌트는 예전 값을 기억합니다.

요점 정리

- 유니티 게임은 컨트롤과 그래픽이 포함된 **UI(사용자 인터페이스)**를 게임의 3D 씬 정면에 있는 평평한 2차원 평면에 표시합니다.
- 유니티는 UI를 작성하기 위한 **2D UI 게임 오브젝트**를 제공합니다.
- **캔버스(Canvas)**는 게임의 UI를 배치할 수 있게 해 주는 2D 게임 오브젝트입니다. 텍스트(Text)와 버튼(Button) 같은 UI 컴포넌트가 캔버스 게임 오브젝트 아래에 중첩돼 있습니다.
- 씬의 상단에 있는 **2D 버튼**은 2D 뷰를 켜고 끌 수 있으며, UI를 쉽게 구성할 수 있도록 합니다.
- 유니티에 **스크립트 컴포넌트**를 추가하면 이 컴포넌트는 필드 값을 저장하고, 컨텍스트 메뉴에서 필드 값을 초기화하지 않는 이상 스크립트는 기본값을 계속 가지고 있습니다.
- **버튼**은 게임 오브젝트에 연결된 스크립트의 모든 메서드를 호출할 수 있습니다.
- [인스펙터] 창을 사용해 게임 오브젝트의 스크립트에 있는 **필드 값**을 수정할 수 있습니다. 그러나 게임이 실행되는 동안 필드 값을 수정하면, 게임이 중지되고 나서 변경된 값은 처음에 저장했던 값으로 되돌아 갑니다.
- **transform.Translate() 메서드**는 게임 오브젝트를 현재 위치에서 일정한 거리만큼 이동시킵니다.
- **태그(tag)**는 게임 오브젝트에 부여할 수 있는 키워드이며, 코드에서 태그를 사용해 게임 오브젝트를 식별하거나 검색할 수 있습니다.
- **GameObject.FindGameObjectsWithTag() 메서드**는 주어진 태그와 일치하는 게임 오브젝트의 컬렉션을 반환합니다.

CHAPTER

09

데이터 통제하기

LINQ와 람다

그러니까 이 글에서 처음 다섯 단어와
저 글에서 마지막 다섯 단어를 가져가서
헤드라인을 역순으로 한 문자열에 더하면...
이게 UFO에서 온 비밀 메시지란 말이지!

우리는 데이터가 이끄는 세계에서 살아가는 법을 배워야 합니다

대규모 데이터를 다루기 위해 며칠 또는 몇 주 동안 프로그램을 작성하던 시절은 갔습니다. 모든 것이 데이터로 이뤄지는 시대가 도래해 LINQ가 자신의 역할을 다하고 있죠. LINQ는 C#과 .NET의 주요 기능입니다. LINQ는 직관적인 방식으로 .NET 컬렉션의 데이터를 조회할 수 있게 해 주며, 데이터를 그룹화하거나 여러 데이터의 원본에 데이터를 합치는 등의 기능을 제공합니다. 9장에서는 코드가 원하는 대로 작동하는지 확인하기 위한 유닛 테스트(unit test)를 작성해 볼 것입니다. 데이터를 보기 좋게 만들어 내는 일에 익숙해지고 나면 람다 식(lambda expression)을 사용해 C# 코드를 다양한 방식으로 리팩터링할 수 있습니다.

지미는 캡틴 어메이징의 광팬입니다

팬부심 ☆

지미를 소개합니다. 지미는 캡틴 어메이징 만화책, 소품 등의 열성 수집가죠. 그는 캡틴 어메이징에 대한 온갖 지식을 알고 있으며, 영화에 쓰인 소품을 가지고 있고, 그의 만화 컬렉션은 놀랍다고 밖에 할 수 없을 수준이죠.

지미는 희귀한 미개봉 2005년도 캡틴 어메이징 액션 피겨를 찾고 있습니다.

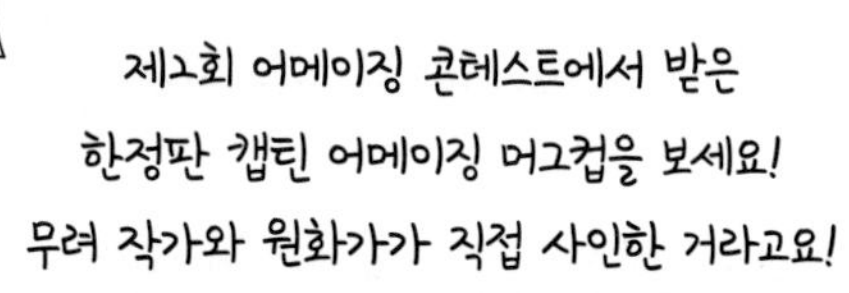

제2회 어메이징 콘테스트에서 받은
한정판 캡틴 어메이징 머그컵을 보세요!
무려 작가와 원화가가 직접 사인한 거라고요!

이 차는 1973년 9월부터 11월까지 방영한 캡틴 어메이징 TV 쇼에서 실제로 사용한 스턴트용 자동차예요. 지미는 이것을 어떻게 손에 넣었을까요?

지미의 한정판 컬렉션은 여기저기 흩어져 있습니다

지미는 열정적인 수집가이긴 하지만 정리를 잘 하는 편은 아닙니다. 지미는 자신의 컬렉션에서 가치가 높은 만화책들을 꼼꼼히 관리하고 싶어합니다. 도움이 필요한 지미에게 만화책을 관리하는 앱을 만들어 줄 수 있을까요?

전설적인 '객체의 죽음' 판본의 액자 표지. 작가가 사인함.

쉬어 가기

LINQ는 값과 객체를 모두 다룰 수 있습니다.

이제부터 LINQ를 사용해서 숫자의 컬렉션을 쿼리하면서 LINQ의 개념과 문법을 살펴볼 것입니다. '하지만 이게 만화책을 관리하는 것과 무슨 상관이 있지?'라고 생각할 수도 있습니다. 9장의 처음 부분을 살펴보기 전에 알아 두면 좋은 질문이네요. LINQ의 기본 개념을 익힌 후 비슷한 LINQ 쿼리를 사용해 Comic 객체의 컬렉션을 관리해 보겠습니다.

LINQ를 사용해 컬렉션 쿼리하기

통합 언어 쿼리

이번 장에서는 **LINQ(Language Integrated Query, 통합 언어 쿼리)**에 대해 배워 보겠습니다. LINQ는 강력한 기능을 갖춘 여러 유용한 클래스와 메서드를 결합해 C#에 직접 통합해서, 일련의 데이터들(지미의 만화 컬렉션 같은)을 다루는 데 도움을 줍니다. 비주얼 스튜디오를 사용해 LINQ를 탐색해 봅시다. 'LinqTest' 이름의 새 콘솔 앱 프로젝트를 생성한 다음, 아래의 코드를 입력하고, 마지막 줄의 마침표를 입력할 때 나타나는 [인텔리센스] 창을 확인하세요.

```
using System;
namespace LinqTest
{
    using System.Collections.Generic;
    using System.Linq;
    internal class Program
    {
        static void Main(string[] args)
        {
            List<int> numbers = new List<int>();
            for (int i = 1; i <= 99; i++)
                numbers.Add(i);
            IEnumerable<int> firstAndLastFive = numbers.
        }
    }
}
```

using System.Linq; 지시문을 추가해야 컬렉션을 대상으로 다양한 쿼리를 실행하게 해 주는 새로운 메서드들을 사용할 수 있습니다.

'numbers' 뒤에 마침표(.)를 누르면 [인텔리센스] 창이 나타납니다. 평소보다 더 많은 메서드가 표시되네요!

★ Reverse
★ GetRange
★ Capacity
★ IndexOf
★ Sum
Add
AddRange
Aggregate<>
All<>

지금까지 배열과 리스트를 사용하면서 이러한 메서드는 본 적이 없었을 겁니다. 코드 상단에 입력한 using System.Linq; 지시문을 지우고 [인텔리센스] 창을 다시 한번 띄워 보세요. 방금 표시됐던 새 메서드들이 사라집니다! using 지시문을 사용했을 때만 다음 메서드가 표시됩니다.

새로운 Take() 메서드를 사용해 콘솔 앱을 마무리해 봅시다.

```
            IEnumerable<int> firstAndLastFive = numbers.Take(5).Concat(numbers.TakeLast(5));
            foreach (int i in firstAndLastFive)
            {
                Console.Write($"{i} ");
            }
        }
    }
}
```

이제 프로그램을 실행해 보세요. 다음 텍스트가 콘솔에 표시됩니다.

```
1 2 3 4 5 95 96 97 98 99
```

방금 무슨 일이 벌어진 걸까요?

LINQ는 C#의 기능과 .NET 클래스가 결합되어 일련의 데이터를 다루는 데 도움을 주는 기능입니다.

LINQ 쿼리 자세히 살펴보기

Take(), TakeLast(), Concat() 같은 LINQ 메서드를 사용하는 방법을 좀 더 자세히 살펴봅시다.

numbers

for 문으로 생성한 List<int> 타입 객체입니다.

```
1 2 3 4 5 6 7 8 9 10 11 12 13 14 15
16 17 18 19 20 21 22 23 24 25 26 27
28 29 30 31 32 33 34 35 36 37 38 39
40 41 42 43 44 45 46 47 48 49 50 51
52 53 54 55 56 57 58 59 60 61 62 63
64 65 66 67 68 69 70 71 72 73 74 75
76 77 78 79 80 81 82 83 84 85 86 87
88 89 90 91 92 93 94 95 96 97 98 99
```

numbers.Take(5)

Take() 메서드는 일련의 데이터에서 시작 부분에 있는 요소들을 가져옵니다.

```
1 2 3 4 5
```

numbers.TakeLast(5)

TakeLast() 메서드는 일련의 데이터에서 끝 부분에 있는 요소들을 가져옵니다.

```
96 97 98 99 100
```

numbers.Take(5).Concat(numbers.TakeLast(5))

Concat() 메서드는 두 일련의 데이터를 결합합니다.

```
1 2 3 4 5 96 97 98 99 100
```

LINQ 메서드로 메서드 체이닝 사용하기

using System.Linq;를 코드에 추가하면 리스트에 LINQ 메서드들이 추가됩니다. 사실 배열, 큐, 스택 등의 IEnumerable<T>를 구현하는 모든 컬렉션 객체에 LINQ 메서드들이 추가됩니다. 모든 LINQ 메서드가 IEnumerable<T> 참조를 반환하기 때문에, LINQ 메서드에서 반환된 결과를 가지고 다른 LINQ 메서드를(다른 변수를 사용하지 않고) 계속해서 호출할 수 있습니다. 이를 **메서드 체이닝(method chaining)**이라고 하며, 간결한 코드를 작성할 수 있게 해 줍니다.

예를 들어, Take()와 TakeLast()의 결과 값을 다음 코드와 같이 변수에 저장할 수 있습니다.

```
IEnumerable<int> firstFive = numbers.Take(5);
IEnumerable<int> lastFive = numbers.TakeLast(5);
IEnumerable<int> firstAndLastFive = firstFive.Concat(lastFive);
```

하지만 메서드 체이닝은 이러한 코드를 한 줄로 표현할 수 있게 해 줍니다. numbers.Take(5)의 결과 값에 직접 Concat()을 호출해도 위 코드와 똑같은 작업을 수행합니다. 물론 간결한 코드가 반드시 장황한 코드보다 나은 건 아닙니다! 가끔은 메서드 체이닝 호출을 분리해서 여러 줄로 만드는 것이 더 명확하고 이해하기 쉬울 수 있습니다. 어느 쪽의 코드가 더 가독성이 좋을지는 여러분이 판단해야 합니다.

LINQ는 어떤 IEnumerable⟨T⟩ 참조로도 작동합니다

시퀀스를 위한 LINQ

using System.Linq; 지시문을 코드에 추가하면 List⟨int⟩ 참조는 강력해집니다. 다양한 LINQ 메서드가 계속 나타나게 되죠. 그리고 IEnumerable⟨T⟩를 구현하는 모든 클래스에서 이런 기능을 사용할 수 있습니다.
IEnumerable⟨T⟩를 구현하는 클래스의 인스턴스는 **모두 시퀀스**(sequence **＊역주** 배열처럼 일련의 데이터 타입이 반복되는 데이터 타입) 입니다.

- 1부터 99까지의 숫자 List는 시퀀스입니다.
- 앞의 코드에서 Take() 메서드는 시작 부분의 요소 5개를 가진 시퀀스의 참조를 반환합니다.
- 앞의 코드에서 TakeLast() 메서드는 끝 부분의 요소 5개를 가진 시퀀스의 참조를 반환합니다.
- Concat()을 사용하면 이 5개 요소를 가진 두 시퀀스를 결합해서 10개 요소를 가진 새로운 시퀀스를 만들어 이 시퀀스에 대한 참조를 반환합니다.

시퀀스를 열거하는 LINQ 메서드

앞서 foreach 문으로 IEnumerable 객체를 처리할 수 있다는 것을 배웠습니다. foreach 문이 하는 일에 대해 한번 생각해 보죠.

foreach 문은 1, 2, 3, 4, 5, 96, 97, 98, 99, 100과 같은 시퀀스를 반복 처리합니다.

```
foreach (int i in firstAndLastFive)
{
    Console.Write($"{i} ");
}
```

이 처리는 시퀀스의 첫 번째 요소(이 경우에는, 1)부터 시작해서...

...시퀀스에 있는 항목에 대한 작업(콘솔에 문자열을 출력하기)을 순서대로 하나하나 수행합니다.

메서드가 시퀀스에 포함된 항목을 하나하나 순서대로 처리하는 것을 시퀀스를 열거(enumerate)한다고 합니다. LINQ 메서드가 하는 일도 시퀀스를 열거하는 것입니다.

IEnumerable 인터페이스를 구현하는 객체는 열거할 수 있습니다. 그리고 열거는 IEnumerable 인터페이스를 구현한 객체가 수행하는 작업입니다.

IEnumerable 인터페이스를 구현하는 객체는,
곧 LINQ를 사용할 수 있는 시퀀스입니다.
이 시퀀스에 포함된 요소에 대해 차례대로 작업을
수행하는 것을 시퀀스를 열거한다고 합니다.

열거하다(enumerate) [동사]

여러 물건을 하나씩 늘어 놓다.
수지는 수집한 장난감 자동차 하나하나를 열거하며(enumerate) 아빠에게 차의 제조사와 모델을 알려 주고 있습니다.

```
Enumerable.Range(8, 5);  ───────────▶  8, 9, 10, 11, 12
```

IEnumerable<int> Enumerable.Range(int start, int count)
Generates a sequence of integral numbers within a specified range.

반환 값:
An IEnumerable<Int32> in C# or IEnumerable(Of Int32) in Visual Basic that

예외:
ArgumentOutOfRangeException

다음 <쓰면서 제대로 공부하기>에서 Enumerable.Range() 메서드의 사용법을 연습해 볼 겁니다.

지미의 컬렉션에서 118화부터 148화까지 총 30화 분량을 가져오려면 어떻게 해야 할까요? LINQ는 이런 작업을 처리할 수 있는 유용한 메서드를 제공합니다. 정적 Enumerable.Range() 메서드는 정수 시퀀스를 생성합니다. Enumerable.Range(8, 5)를 호출하면 숫자 8부터 시작하는 숫자 5개가 포함된 시퀀스 8, 9, 10, 11, 12를 반환합니다.

쓰면서 제대로 공부하기

다음 LINQ 메서드들은 using System.Linq; 지시문을 코드에 추가했을 때 시퀀스에서 사용할 수 있는 메서드들입니다. 이 메서드들은 꽤 직관적인 이름을 가지고 있습니다. 이름만으로 이 메서드들이 어떤 일을 하는지 알아볼 수 있나요? 각 메서드 호출에 맞는 출력 결과를 선을 그어 연결해 보세요.

```
Enumerable.Range(1, 5)
    .Sum()
```

```
Enumerable.Range(1, 6)
    .Average()
```

```
new int[] { 3, 7, 9, 1, 10, 2, -3 }
    .Min()
```

```
new int[] { 8, 6, 7, 5, 3, 0, 9 }
    .Max()
```

```
Enumerable.Range(10, 3721)
    .Count()
```

```
Enumerable.Range(5, 100)
    .Last()
```

```
new List<int>() { 3, 8, 7, 6, 9, 6, 2 }
    .Skip(4)
    .Sum()
```

```
Enumerable.Range(10, 731)
    .Reverse()
    .Last()
```

9

17

104

15

3.5

10

-3

3721

쓰면서 제대로 공부하기 **정답**

LINQ 메서드는 대부분 직관적인 이름을 가지고 있습니다.

다음 LINQ 메서드들은 using System.Linq; 지시문을 코드에 추가했을 때 시퀀스에서 사용할 수 있는 메서드들입니다. 이 메서드들은 꽤 직관적인 이름을 가지고 있습니다. 이름만으로 이 메서드들이 어떤 일을 하는지 알아볼 수 있나요? 각 메서드 호출에 맞는 출력 결과를 선을 그어 연결해 보세요.

Sum() 메서드는 시퀀스의 값을 모두 더한 합계를 반환합니다.

```
Enumerable.Range(1, 5)
    .Sum()
```
→ 15

```
Enumerable.Range(1, 6)
    .Average()
```
→ 3.5

```
new int[] { 3, 7, 9, 1, 10, 2, -3 }
    .Min()
```
→ -3

```
new int[] { 8, 6, 7, 5, 3, 0, 9 }
    .Max()
```
→ 9

```
Enumerable.Range(10, 3721)
    .Count()
```
→ 3721

```
Enumerable.Range(5, 100)
    .Last()
```
→ 104

```
new List<int>() { 3, 8, 7, 6, 9, 6, 2 }
    .Skip(4)
    .Sum()
```
→ 17

```
Enumerable.Range(10, 731)
    .Reverse()
    .Last()
```
→ 10

Skip(4)는 시퀀스 앞부분의 요소 4개를 건너뛰고 {9, 6, 2}를 반환합니다. Sum() 메서드는 이 값들의 합계를 구해 9 + 6 + 2 = 17을 반환합니다.

Range(5, 100)는 {100, 101, 102, 103, 104}를 반환하고, Last() 메서드는 시퀀스의 마지막 숫자를 반환합니다.

Range(10, 731)는 10부터 시작하는 731개의 숫자가 포함된 시퀀스를 반환합니다. Reverse()는 문자 그대로 시퀀스의 순서를 뒤집습니다. 그러니 뒤집힌 시퀀스의 마지막 요소는 10이 되겠죠.

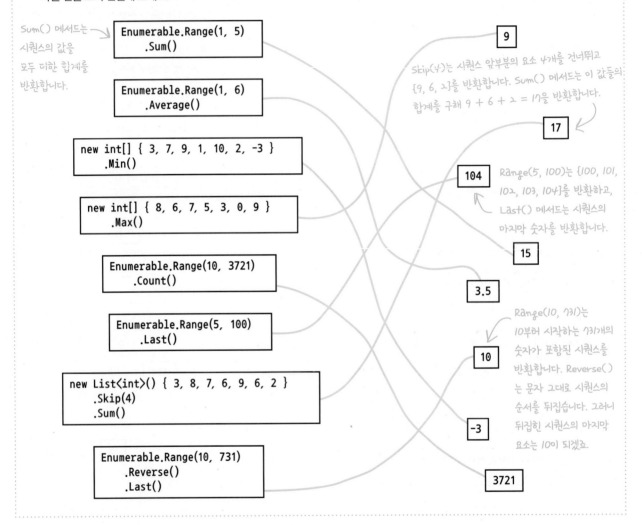

<쓰면서 제대로 공부하기>의 LINQ 메서드들은 수행하는 작업에 대한 명확한 이름(Sum, Min, Max, Count, First, Last)을 가지고 있으며, 한 개의 값을 반환합니다. Sum() 메서드는 시퀀스의 값에 대한 합계를 반환합니다. Average() 메서드는 평균값을 반환합니다. Min(), Max()는 시퀀스에서 가장 작은 값과 가장 큰 값을 반환합니다. First(), Last() 메서드는 이름 그대로 시퀀스의 처음 요소와 마지막 요소를 반환하죠.
Take(), TakeLast(), Concat(), Reverse(), Skip() 등 다른 LINQ 메서드들은 또 다른 시퀀스를 반환합니다.

LINQ 쿼리 문법

LINQ 쿼리는 시퀀스 또는 IEnumerable<T>를 구현한 객체를 처리할 수 있습니다. LINQ 쿼리는 from 절로 시작합니다.

```
from (변수) in (시퀀스)
```

위 절은 어떤 시퀀스에 대해 작업을 수행할지, 쿼리를 수행할 요소에 어떤 이름을 할당할지 결정합니다. 이는 foreach 문의 첫 번째 행과 비슷합니다. 시퀀스를 반복 처리하면서 사용할 변수를 선언하고, 시퀀스에 있는 각 요소를 하나하나 이 변수에 할당하죠.

```
from v in values
```

그러므로 위 코드는 values 배열에 있는 요소 하나하나를 차례대로 처리하면서, 배열의 첫 번째 값부터 차례차례 v에 할당합니다.

지금까지 살펴본 LINQ 메서드들은 처음의 목표, 즉 지미가 만화 컬렉션에서 원하는 항목을 찾아내는 쿼리를 표현하기에는 충분치 않을 수 있습니다. 그러나 LINQ의 **선언적 쿼리 문법**을 사용하면 이런 문제를 풀 수 있습니다. 이 문법은 where, select, groupby, join 등 특수한 키워드를 사용해 C# 코드에서 직접 쿼리를 작성합니다.

절로 구성된 LINQ 쿼리

int 타입 배열에서 37 미만의 숫자를 찾아내고, 내림차순으로 정렬하는 쿼리를 작성해 봅시다. 이 쿼리는 네 절(clause)로 구성되어 어느 객체를 쿼리할지, 어떤 항목을 선택할지, 어떻게 결과를 정렬할지, 어떻게 결과를 반환할지 등을 나타냅니다.

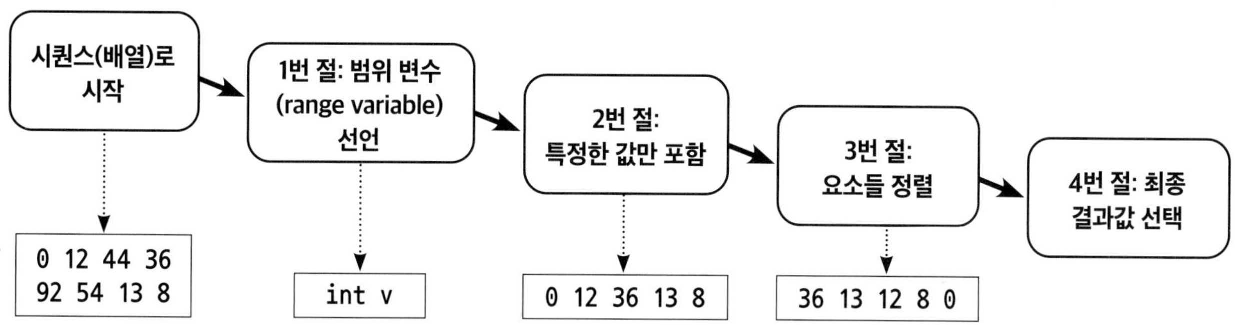


```
int[] values = new int[] {0, 12, 44, 36, 92, 54, 13, 8};

IEnumerable<int> result =
    from v in values

    where v < 37

    orderby -v

    select v;


// foreach 문을 사용해 결과 출력하기
foreach(int i in result)
    Console.Write($"{i} ");
```

이 LINQ 쿼리는 4개 절, from, where, orderby, select를 가지고 있습니다.

from 절은 반복 처리되는 배열의 값 하나하나를 범위 변수에 할당합니다. 첫 번째 반복 처리에서 v의 값은 0, 그 다음은 12, 그 다음은 44와 같은 식으로 진행됩니다.

where 절에는 쿼리가 어떤 값을 결과에 포함시킬지 결정하는 데 사용하는 조건 검사가 있습니다. 이 경우 37 미만의 값이 그 조건입니다.

orderby 절은 결과를 정렬하는 데 쓰는 식을 포함합니다. 이 경우 -v는 내림차순으로 값을 정렬합니다.

쿼리는 어떤 값을 결과에 포함시킬지 나타내는 식을 포함한 select 절로 끝납니다.

출력 결과 : `36 13 12 8 0`

무엇이든 물어보세요!

Q&A

Q1 using 지시문을 파일 상단에 추가하면 마치 '마술처럼' LINQ 메서드가 모든 IEnumerable 참조에 추가된다는 말인가요?

A1 기본적으로는 그렇습니다. using System.Linq;라는 지시문을 파일 상단에 추가하면 LINQ 메서드(그리고 LINQ 쿼리)를 사용할 수 있습니다. 이는 8장에서 살펴본 using System.Collections.Generic; 지시문을 사용해야 IEnumerable<T> 인터페이스를 사용할 수 있던 것과 같죠.
(당연하지만 여기엔 마술 같은 건 없습니다. LINQ는 11장에서 살펴볼 확장 메서드라는 C# 기능을 사용합니다. 여러분이 지금 알아야 할 내용은 using 지시문을 추가하면 LINQ를 IEnumerable<T> 참조에 사용할 수 있다는 것입니다.)

Q2 메서드 체이닝이 무엇인지 아직 감이 잘 안 오네요. 메서드 체이닝이 어떻게 작동하고, 왜 이것을 사용해야 하나요?

A2 메서드 체이닝은 여러 메서드를 차례대로 호출하는 흔한 방식입니다. 수많은 LINQ 메서드가 IEnumerable<T>를 구현하는 시퀀스를 반환하기 때문에, 이 결과 값에 대해서도 LINQ 메서드를 호출할 수 있습니다. 메서드 체이닝이 LINQ에서만 쓰이는 것은 아닙니다. 여러분도 자신만의 메서드 체이닝을 구현할 수 있습니다.

Q3 메서드 체이닝을 사용하는 클래스의 예를 하나 들어서 설명해 줄 수 있나요?

A3 그럼요. 다음 클래스는 메서드 체이닝을 지원하는 두 메서드를 가지고 있습니다.

```
internal class AddSubtract
{
    public int Value { get; set; }
    public AddSubtract Add(int i)
    {
        Console.WriteLine($"Value: {Value}, adding {i}");
        return new AddSubtract() { Value = Value + i };
    }
    public AddSubtract Subtract(int i){
        Console.WriteLine(
                $"Value: {Value}, subtracting {i}");
        return new AddSubtract() { Value = Value - i };
    }
}
```

AddSubtract의 Add, Subtract() 메서드는 AddSubtract 인스턴스를 반환합니다. 메서드 체이닝에 최적이죠.

위 클래스는 다음과 같이 사용할 수 있습니다.

```
AddSubtract a = new AddSubtract() { Value = 5 }
    .Add(5)
    .Subtract(3)
    .Add(9)
    .Subtract(12);
Console.WriteLine($"Result: {a.Value}");
```

AddSubtract 클래스를 새 콘솔 앱에 추가한 다음, 이 코드를 Main() 메서드에 추가해 보세요.

다 좋아요. 그런데 이게
제 엉망진창 만화 컬렉션을 정리하는 데
어떻게 도움을 준다는 거죠?

LINQ는 숫자만 처리할 수 있는 것이 아닙니다 LINQ는 객체도 처리할 수 있습니다

C#으로 만화책 데이터를 어떻게 정리할 수 있을까요? 트럼프 카드, 벌집 프로세스, 슬로피 조의 메뉴를 정리했을 때와 같은 작업을 할 뿐입니다. 클래스를 만들고 컬렉션을 사용해 클래스 인스턴스들을 관리하는 겁니다. 우리가 해야 할 일은 지미를 도와서 Comic 클래스를 만들고, 지미의 컬렉션을 정리할 수 있도록 돕는 코드를 작성하는 겁니다. 이 과정에 LINQ가 많은 도움이 될 거예요!

LINQ로 객체 다루기

지미는 컬렉션의 가치를 알고 싶어서 전문 만화책 감정사를 고용해 만화 감정을 맡겼습니다. 그런데 알고 보니 지미의 만화책은 그 가치가 상당했습니다! 이제 컬렉션을 사용해 이 감정 결과 데이터를 관리해 봅시다.

01 JimmyLinq 이름의 새 콘솔 앱을 생성하고 Comic 클래스를 추가합니다.

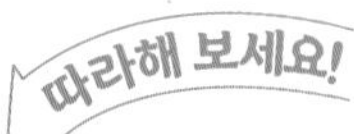

이름(Name)과 호수(Issue) 자동 속성을 사용합니다.

```
using System.Collections.Generic;
internal class Comic
{
    public string Name { get; set; }
    public int Issue { get; set; }
    public override string ToString() => $"{Name} (Issue #{Issue})";
}
```

=> 연산자는 처음 보네요! 코드의 맥락을 보고 이 코드가 무슨 일을 하는지 알았나요? ToString() 메서드가 어떻게 작동하는지는 이미 알고 있을 겁니다. 그러므로 => 연산자의 뜻은 어떻게든 ToString() 메서드가 연산자 오른쪽의 보간된 문자열을 반환하게 만든다는 것을 알 수 있습니다.

02 지미의 카탈로그를 나타내는 List를 추가합니다.

정적 Catalog 필드를 Comic 클래스에 추가합니다. 이 필드는 지미가 소유한 Prized Comics의 시퀀스를 반환합니다.

```
public static readonly IEnumerable<Comic> Catalog =
    new List<Comic> {
        new Comic { Name = "Johnny America vs. the Pinko", Issue = 6 },
        new Comic { Name = "Rock and Roll (limited edition)", Issue = 19 },
        new Comic { Name = "Woman's Work", Issue = 36 },
        new Comic { Name = "Hippie Madness (misprinted)", Issue = 57 },
        new Comic { Name = "Revenge of the New Wave Freak (damaged)", Issue = 68 },
        new Comic { Name = "Black Monday", Issue = 74 },
        new Comic { Name = "Tribal Tattoo Madness", Issue = 83 },
        new Comic { Name = "The Death of the Object", Issue = 97 },
    };
```

컬렉션 이니셜라이저와 객체 이니셜라이저에서 Comic 다음에 올 괄호를 생략할 수 있습니다.

03 사전을 사용해 가격을 관리합니다.

Comic 클래스에 정적 Prices 필드를 추가합니다. 이 필드는 Dictionary<int, decimal> 타입이며, 만화 잡지의 호수를 사용해 가격을 검색할 수 있게 해 줍니다(8장 참조). 캡슐화를 위해 IReadOnlyDictionary 인터페이스를 사용한다는 점을 주의 깊게 보세요. 이 인터페이스는 값을 읽기 위한 메서드만 가지고 있기 때문에 실수로 가격을 변경하는 일을 막을 수 있습니다.

```
    public static readonly IReadOnlyDictionary<int, decimal> Prices =
        new Dictionary<int, decimal> {
            { 6, 3600M },
            { 19, 500M },
            { 36, 650M },
            { 57, 13525M },
            { 68, 250M },
            { 74, 75M },
            { 83, 25.75M },
            { 97, 35.25M },
        };
}
```

IReadOnlyDictionary 인터페이스를 사용해서 사전 객체를 통해 Prices 필드의 값이 변경되는 일을 방지합니다.

57호의 가격은 13,525달러(약 1,800만 원)라고 합니다. 와우!

Dictionary는 만화책의 가격은 변화하지만 이름과 호수는 변하지 않는다는 점을 고려해 정보를 분리해 저장했습니다. 잘한 결정일까요?

LINQ 쿼리를 사용해 지미의 앱 마무리하기

LINQ 쿼리 자세히 들여다보기

앞서 선언적 LINQ 쿼리 문법을 통해, 4개 절로 구성된 쿼리를 만들어 봤습니다. from 절에서 범위 변수를 만들고, where 절에서 37 미만의 숫자만 골라낸 다음, orderby 절에서 숫자를 내림차순으로 정렬하고, select 절에서 어떤 요소를 결과 시퀀스에 포함할지 결정했죠.

이와 같은 방식이지만, int 값 대신 Comic 객체를 사용하는 LINQ 쿼리를 추가해서 가격이 500달러 이상인 만화의 목록을 역순으로 콘솔에 출력하는 코드를 Main() 메서드에 작성해 봅시다. IEnumerable<T>과 LINQ 메서드를 사용하기 위해 using 지시문 2개를 추가합니다. LINQ 쿼리는 IEnumerable<Comic> 참조를 반환할 것이므로, foreach 문을 사용해 이 참조를 처리해서 결과를 출력할 수 있습니다.

04 LINQ 쿼리를 사용하도록 Main() 메서드를 수정합니다.

다음은 Program 클래스의 전체 코드입니다. 코드 상단에 추가해야 하는 using 지시문도 포함되어 있습니다.

```
using System.Collections.Generic;
using System.Linq;

internal class Program
{
    static void Main(string[] args)
    {
        IEnumerable<Comic> mostExpensive =
            from comic in Comic.Catalog
            where Comic.Prices[comic.Issue] > 500
            orderby -Comic.Prices[comic.Issue]
            select comic;

        foreach (Comic comic in mostExpensive)
        {
            Console.WriteLine($"{comic} is worth {Comic.Prices[comic.Issue]:c}");
        }
    }
}
```

IEnumerable<T> 인터페이스는 System.Collections.Generic 네임스페이스가, IEnumerable<T> 인터페이스를 구현하는 객체의 LINQ 메서드는 System.Linq 네임스페이스가 필요합니다.

'comic' 범위 변수가 어떻게 사용되는지 살펴보세요. 이 변수는 Comic 타입 변수로 from 절에 선언되어 where, orderby 절에서 사용됩니다.

select 절은 쿼리의 반환 값을 결정합니다. Comic 타입 변수를 선택(select)했으므로, 쿼리의 결과 값은 IEnumerable<Comic>이 됩니다.

8장에서 ':c'는 숫자를 지역 통화로 포매팅한다는 내용을 배웠습니다. 그러므로 만약 여러분이 한국에 있다면, 결과 값에 $ 대신 ₩가 표시될 겁니다.

출력 결과 :

```
Hippie Madness (misprinted) is worth $13,525.00
Johnny America vs. the Pinko is worth $3,600.00
Woman's Work is worth $650.00
```

05 descending 키워드를 사용해서 orderby 절의 가독성을 높입니다.

위 코드의 orderby 절은 마이너스 부호를 사용해서 정렬 전 만화책 가격을 음수로 만들고, 쿼리로 가격을 내림차순으로 정렬합니다. 하지만 코드를 읽으면서 작동 방식을 파악하려고 할 때, 마이너스 부호 부분을 놓치는 실수를 하기 쉽습니다. 다행히도, 같은 결과를 내는 다른 방법이 있습니다. orderby 절에서 마이너스 부호를 제거하고 descending 키워드를 사용하는 것입니다.

```
orderby Comic.Prices[comic.Issue] descending
```

descending 키워드는 orderby 정렬을 역순으로 만듭니다.

쿼리 해부하기

쿼리를 조금씩 수정해 보면서 LINQ의 작동 방식을 살펴봅시다.

- orderby 절의 마이너스 부호는 놓치기 쉽습니다. 5번 단계에서 추가한 descending 키워드를 사용했는지 확인하세요.
- select 절에는 comic을 선택했기 때문에, 쿼리는 Comic 참조의 시퀀스를 결과로 반환합니다. 이를 comic 범위 변수를 사용하는 보간된 문자열로 교체해 봅시다. 그러면 쿼리의 결과는 문자열 시퀀스가 됩니다.

select 절을 변경하면 쿼리가 문자열 시퀀스를 반환하게 됩니다.

수정된 LINQ 쿼리는 다음과 같습니다. 쿼리의 각 절은 다음 절로 전달되는 시퀀스를 생성합니다. 아래에 각 절의 결과로 어떤 시퀀스가 생성되는지 나타내는 표를 추가했습니다.

```
IEnumerable<string> mostExpensiveComicDescriptions =
    from comic in Comic.Catalog
```

from 절은 Comic.Catalog에서 값을 하나씩 꺼내어 범위 변수 comic에 할당합니다. from 절의 결과는 Comic 객체 참조의 시퀀스입니다.

```
{ Name = "Johnny America vs. the Pinko", Issue = 6 }
{ Name = "Rock and Roll (limited edition)", Issue = 19 }
{ Name = "Woman's Work", Issue = 36 }
{ Name = "Hippie Madness (misprinted)", Issue = 57 }
{ Name = "Revenge of the New Wave Freak (damaged)", Issue = 68 }
{ Name = "Black Monday", Issue = 74 }
{ Name = "Tribal Tattoo Madness", Issue = 83 }
{ Name = "The Death of the Object", Issue = 97 }
```

```
    where Comic.Prices[comic.Issue] > 500
```

where 절은 from 절의 결과를 바탕으로 각 값이 할당된 comic 변수를 가지고 조건 검사를 수행해서, Comic.Prices 사전에서 해당 만화책의 가격을 검사한 뒤 만화책 가격이 500보다 높은 만화책만 결과에 포함합니다.

```
{ Name = "Johnny America vs. the Pinko", Issue = 6 }
{ Name = "Woman's Work", Issue = 36 }
{ Name = "Hippie Madness (misprinted)", Issue = 57 }
```

```
    orderby Comic.Prices[comic.Issue] descending
```

orderby 절은 where 절의 결과를 바탕으로 가격 내림차순으로 요소들을 정렬합니다.

```
{ Name = "Hippie Madness (misprinted)", Issue = 57 }
{ Name = "Johnny America vs. the Pinko", Issue = 6 }
{ Name = "Woman's Work", Issue = 36 }
```

```
    select $"{comic} is worth {Comic.Prices[comic.Issue]:c}";
```

select 절은 orderby 절의 결과를 바탕으로 comic 범위 변수에 문자열 보간을 적용해서 반복 처리한 다음 문자열 시퀀스를 반환합니다.

```
"Hippie Madness (misprinted) is worth $13,525.00"
"Johnny America vs. the Pinko is worth $3,600.00"
"Woman's Work is worth $650.00"
```

var 키워드로 변수 타입 자동으로 추론하기

타입을 선언하지 않고 변수 정의하기

select 절에 변경 사항을 적용해서 쿼리가 반환하는 시퀀스의 타입을 바꾸는 방법을 살펴봤습니다. select 절에서 '$"{comic} is worth {Comic.Prices[comic.issue]:c}";'를 사용하면 반환 타입이 IEnumerable<string>으로 변경됩니다. LINQ 쿼리를 사용하면 쿼리를 고쳐야 하는 일이 생깁니다. 어떤 타입을 반환해야 할지가 언제나 명확한 건 아니기 때문이지만 코드로 돌아가서 선언을 계속 고치는 건 번거로운 일이죠.

다행히 C#에는 변수 선언을 간단하고 읽기 쉽게 유지할 수 있도록 도와주는 유용한 도구가 있습니다. 변수 선언에 **var 키워드**를 사용하면 선언부의 변수 타입을 간단히 대체할 수 있습니다. 다음과 같은 변수 선언을 살펴보세요.

```
IEnumerable<int> numbers = Enumerable.Range(1, 10);
string s = $"The count is {numbers.Count()}";
IEnumerable<Comic> comics = new List<Comic>();
IReadOnlyDictionary<int, decimal> prices = Comic.Prices;
```

앞서 작성한 코드 선언부의 변수 타입을 다음과 같이 변경할 수 있으며, 코드는 이전과 동일한 작업을 수행합니다.

```
var numbers = Enumerable.Range(1, 10);
var s = $"The count is {numbers.Count()}";
var comics = new List<Comic>();
var prices = Comic.Prices;
```

var 키워드는 암시적 타입 변수(implicitly typed variable)를 사용하겠다는 의미입니다. 8장에서 공변성을 다룰 때 암시적(implicit)이라는 단어를 사용했습니다. 이 단어는 C#이 스스로 타입이 무엇인지 알아낸다는 뜻입니다.

코드의 다른 부분을 수정할 필요 없이, 타입 부분만 var 키워드로 수정하면 모두 그대로 작동합니다.

var를 사용하면 C#이 자동으로 변수의 타입을 알아냅니다

한번 시험해 보겠습니다. LINQ 쿼리의 첫 번째 줄을 주석 처리하고, IEnumerate<Comic> 부분을 var로 바꿉니다.

```
// IEnumerable<Comic> mostExpensive =
var mostExpensive =
    from comic in Comic.Catalog
    where Comic.Prices[comic.Issue] > 500
    orderby -Comic.Prices[comic.Issue]
    select comic;
```

변수 선언에서 var를 사용하면, 비주얼 스튜디오는 이 변수가 코드에서 어떻게 사용되고 있는지에 따라 자동으로 변수의 타입을 알아냅니다.

쿼리의 orderby 절을 임시로 주석 처리하면, mostExpensive가 IEnumerate<T>가 됩니다.

그런 다음 foreach 문의 변수 이름 위에 마우스 커서를 올려서 변수 타입을 관찰해 보세요.

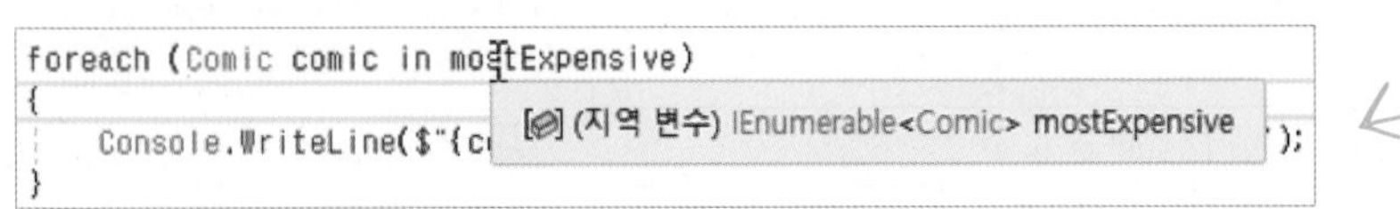

mostExpensive의 변수 타입은 아직 다룬 적이 없습니다. 7장에서 배운 IOrderedEnumerate 인터페이스는 사실 LINQ의 일부로, 정렬된 시퀀스를 나타냅니다. 또한, 이 인터페이스는 IEnumerate<T> 인터페이스를 상속합니다. orderby 절을 주석 처리하고 mostExpensive 변수 위에 마우스 커서를 올려 보세요. 변수 타입이 IEnumerate<Comic>으로 바뀝니다. 이는 C#이 코드를 살펴보고 var로 선언된 변수의 타입을 알아내기 때문입니다.

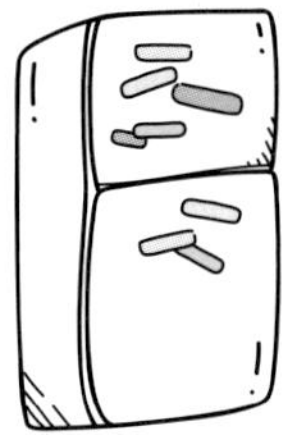

LINQ 자석

냉장고에 자석으로 var 키워드를 사용한 멋진 LINQ 쿼리를 만들어 봤었는데,
누군가 냉장고 문을 쾅 닫아서 자석이 죄다 떨어져 버렸어요!
자석을 다시 붙여서 출력 결과와 같은 문자열을 출력해 보세요.

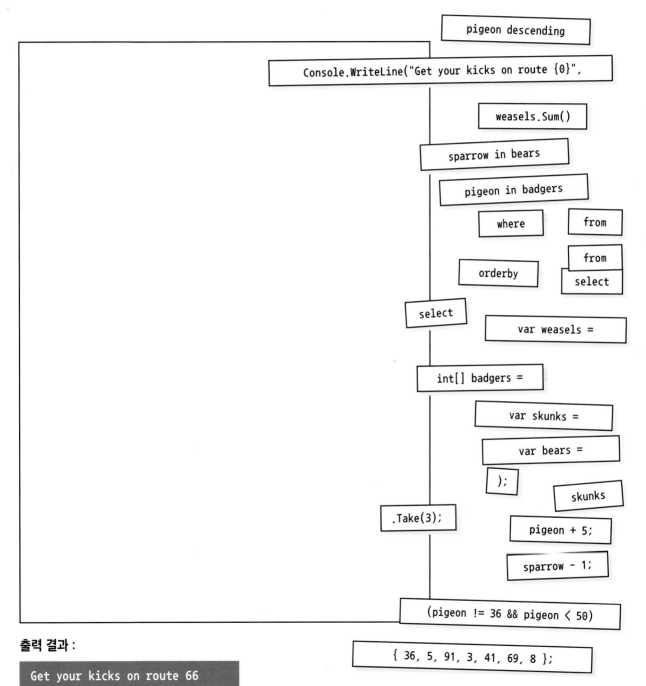

```
pigeon descending
Console.WriteLine("Get your kicks on route {0}",
weasels.Sum()
sparrow in bears
pigeon in badgers
where
from
from
orderby
select
select
var weasels =
int[] badgers =
var skunks =
var bears =
);
skunks
.Take(3);
pigeon + 5;
sparrow - 1;
(pigeon != 36 && pigeon < 50)
{ 36, 5, 91, 3, 41, 69, 8 };
```

출력 결과 :

```
Get your kicks on route 66
```

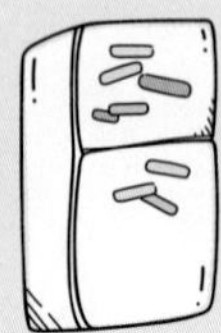

LINQ 자석 정답

떨어진 자석을 다시 붙여서 이 페이지 끝의 출력 결과와
같은 문자열을 출력해 보세요.

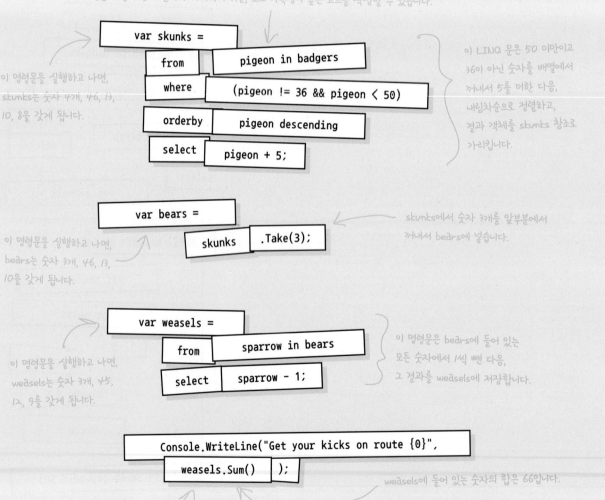

LINQ는 시퀀스, 컬렉션, 배열 등으로 시작합니다.
이 경우엔 정수 배열로 시작하고요.

```
int[] badgers = { 36, 5, 91, 3, 41, 69, 8 };
```

여기서는 일부러 변수 이름으로 skunks, badgers, bears와 같은 이름을 사용했습니다. 'from pigeon in badgers'는 퍼즐로서는 좋을지 몰라도, 코드로 이해하기는 어렵죠. 배열의 이름을 'numbers'로 바꾸고 'from number in numbers'와 같은 표현을 사용하면 개발자가 이해하기 쉬운, 코드 가독성이 높은 코드를 작성할 수 있습니다.

```
var skunks =
    from pigeon in badgers
    where (pigeon != 36 && pigeon < 50)
    orderby pigeon descending
    select pigeon + 5;
```

이 명령문을 실행하고 나면, skunks는 숫자 4개, 46, 13, 10, 8을 갖게 됩니다.

이 LINQ 문은 50 미만이고 36이 아닌 숫자를 배열에서 꺼내서 5를 더한 다음, 내림차순으로 정렬하고, 결과 객체를 skunks 참조로 가리킵니다.

```
var bears =
    skunks.Take(3);
```

skunks에서 숫자 3개를 앞부분에서 꺼내서 bears에 넣습니다.

이 명령문을 실행하고 나면, bears는 숫자 3개, 46, 13, 10을 갖게 됩니다.

```
var weasels =
    from sparrow in bears
    select sparrow - 1;
```

이 명령문을 실행하고 나면, weasels는 숫자 3개, 45, 12, 9를 갖게 됩니다.

이 명령문은 bears에 들어 있는 모든 숫자에서 1씩 뺀 다음, 그 결과를 weasels에 저장합니다.

```
Console.WriteLine("Get your kicks on route {0}",
    weasels.Sum() );
```

weasels에 들어 있는 숫자의 합은 66입니다.

45 + 12 + 9 = 66

출력 결과 : `Get your kicks on route 66`

정말로 변수 선언에서 타입을 모두 var로 변경해도 이전과 똑같이 작동한다는 건가요? 그렇게 간단할 리가요...

정말 모든 변수 선언에서 var을 사용할 수 있습니다

의심스러울 정도로 간단하지만 정말입니다. 많은 C# 개발자가 대부분 로컬 변수의 선언에 var를 사용하고, 변수 타입은 코드의 가독성에 도움이 될 때만 사용합니다. 한 명령문으로 변수를 선언하고 초기화한다면, 언제든 var를 사용할 수 있습니다.

하지만 var에는 다음과 같은 중요한 제약 사항이 있습니다.

- var로는 한 번에 하나의 변수만 선언할 수 있습니다.
- 선언부에서 선언 중인 변수를 사용할 수는 없습니다.
- 선언하는 변수의 값을 null로 지정할 수 없습니다.
  지역 변수의 이름으로 var를 사용할 수 있으며, var var = 1;처럼 선언할 수 있습니다(권장하지는 않습니다).
- 필드나 속성을 선언할 때는 var를 타입 대신 사용할 수 없으며(변수 이름으로는 사용할 수 있습니다), 메서드 안에 있는 지역을 선언할 때만 사용할 수 있습니다.
- 이런 제약 사항들만 제외하면 거의 모든 곳에 var를 사용할 수 있습니다.

그러므로 4장에서의 다음 코드를

```
int hours = 24;
short RPM = 33;
long radius = 3;
char initial = 'S';
int balance = 345667 - 567;
```

이렇게 바꿀 수 있습니다.

```
var hours = 24;
var RPM = 33;
var radius = 3;
var initial = 'S';
var balance = 345667 - 567;
```

또는, 6장에서의 다음 코드를

```
SwordDamage swordDamage = new SwordDamage(RollDice(3));
ArrowDamage arrowDamage = new ArrowDamage(RollDice(1));
```

이렇게 바꿀 수 있습니다.

```
var swordDamage = new SwordDamage(RollDice(3));
var arrowDamage = new ArrowDamage(RollDice(1));
```

또는, 8장에서의 다음 코드를

```
List<Card> cards = new List<Card>();
```

이렇게 바꿀 수 있습니다.

```
var cards = new List<Card>();
```

...그래도 코드는 이전과 동일하게 작동합니다.

하지만 var를 필드나 속성 선언에 사용할 수는 없습니다.

```
internal class Program
{
    static var random = new Random(); // 컴파일 오류를 일으킵니다.
    static void Main(string[] args)
    {
```

무엇이든 물어보세요!

Q&A

Q1 from 절은 어떻게 작동하는 건가요?

A1 from 절은 foreach 문의 첫 번째 줄과 비슷합니다. LINQ 쿼리가 까다롭게 느껴지는 부분은 LINQ 쿼리 하나가 딱 하나의 작업만 처리하지는 않기 때문입니다. LINQ 쿼리는 컬렉션에 있는 항목 하나하나에 동일한 작업을 반복합니다. 달리 말하면, LINQ 쿼리는 시퀀스를 열거합니다. 그러므로 from 절은 2가지 일을 처리하는 거죠. 하나는 LINQ 쿼리에서 사용할 컬렉션을 지정하는 것이고, 다른 하나는 컬렉션의 각 멤버에 대해 사용할 이름을 할당하는 것입니다.
from 절이 컬렉션의 각 항목에 이름을 부여하는 방식은 foreach 문과 비슷합니다. foreach 문의 첫 번째 줄은 다음 코드처럼 생겼죠.

```
foreach (int i in values)
```

이 foreach 문은 임시로 i라는 이름의 변수를 만들어, values 컬렉션에 있는 항목을 하나씩 순차적으로 i에 할당합니다. LINQ 쿼리로 동일한 컬렉션에 from 절을 사용하면 다음과 같겠죠.

```
from i in values
```

위 from 절은 거의 비슷한 역할을 합니다. 여기 from i in values에서는 i라는 이름의 범위 변수를 만든 다음, values 컬렉션에 있는 항목을 하나씩 순차적으로 i 변수에 할당합니다. foreach 문은 컬렉션 내 항목 하나하나에 동일한 코드 블록을 실행하고, LINQ 쿼리는 where 절의 조건을 컬렉션 내 항목에 적용해서 어떤 항목을 결과에 포함할지 결정합니다.

Q2 Comic 참조의 시퀀스를 반환했던 LINQ 쿼리를 문자열을 반환하도록 수정했죠. 정확히 무슨 일을 해서 이렇게 한 건가요?

A2 select 절을 수정한 것입니다. select 절은 시퀀스의 모든 항목에 적용될 표현식(expression)을 포함하며, 이 표현식은 출력될 값의 타입을 결정합니다. 그러므로 쿼리가 값 또는 객체 참조의 시퀀스를 반환할 때, select 절에서 문자열 보간을 사용하면 시퀀스에 있는 각각의 항목을 문자열로 변환할 수 있습니다. <연습 문제 정답>의 쿼리는 select comic으로 끝나므로, Comic 참조의 시퀀스를 반환했죠. '쿼리 해부하기' 코너에 있던 코드에서는 이 부분을 select $"{comic} is worth {Comic.Prices[comic.Issue]:c}"로 교체했습니다. 이 코드를 사용했기 때문에 쿼리가 문자열 시퀀스를 대신 반환한 것이죠.

Q3 LINQ는 결과에 무엇이 포함될지 어떻게 결정하나요?

A3 select 절이 결과에 포함될 값을 결정합니다. 모든 LINQ 쿼리는 시퀀스를 반환하며, 시퀀스에 포함된 모든 항목의 타입은 동일합니다. select 절은 시퀀스에 어떤 타입의 값이 포함될지 지정하죠. 단일 타입의 배열 또는 List(int 배열 또는 List<string>)를 쿼리할 경우 select 절에 무엇이 올지는 명확합니다. 하지만 Comic 객체의 List를 쿼리할 때는 select 절에 무엇이 와야 할까요? 지미가 한 것처럼 전체 클래스를 select 절에 넣을 수도 있습니다. 또는, 쿼리의 마지막 줄을 select comic.Name으로 변경해서 문자열 시퀀스를 반환하도록 하거나, comic.Issue로 변경해서 int 타입의 시퀀스를 반환하게 할 수도 있습니다.

Q4 var를 코드에서 사용하는 법은 이해했는데, var는 실제로 어떻게 작동하는 건가요?

A4 var 키워드는 컴파일러가 컴파일 시간에 변수의 타입을 파악합니다. 그래서 C# 컴파일러가 LINQ 쿼리의 결과를 저장한 로컬 변수의 타입을 파악할 수 있습니다. 프로그램을 빌드하면, 컴파일러는 var가 있는 자리를 실제 처리할 데이터의 타입으로 대체합니다.
그러므로 다음 코드를 컴파일하면, 컴파일러는 var를 다음 코드로 대체합니다.

```
var result = from v in values
```

```
IEnumerable<int>
```

또한, 비주얼 스튜디오에서 변수의 이름 위에 마우스 커서를 올리면 변수 타입을 확인할 수 있습니다.

from 절은 2가지 일을 처리합니다.
LINQ 쿼리에서 사용할 컬렉션을 지정하고,
컬렉션의 각 멤버에 사용할 이름을 할당합니다.

Q5 LINQ 쿼리는 처음 보는 키워드들을 사용하네요. from, where, orderby, select... 이런 것들은 완전히 다른 언어 같아요. 이 코드가 C#과는 이질적으로 보이는 이유가 뭔가요?

A5 LINQ는 서로 다른 목적을 위해 사용되기 때문입니다. C#의 문법 대부분은 한 번에 하나의 작은 작업이나 계산을 수행하도록 만들어졌습니다. 반복문을 시작하거나 변수를 설정하거나 수학 계산을 실행하거나 메서드를 호출하거나, 이런 것들은 단일 명령에 속합니다.

예를 들어, 다음 쿼리는 꽤 단순해 보입니다. 그렇게 많은 요소가 들어 있진 않으니까요. 그렇죠? 하지만 사실 이 쿼리는 꽤 복잡한 코드입니다.

```
var under10 =
     from number in sequenceOfNumbers
     where number < 10
     select number;
```

실제로 sequenceOfNumbers(이는 IEnumerable<T>를 구현하는 객체의 참조여야 합니다)에서 10보다 작은 숫자를 모두 선택하는 프로그램을 작성하려면 어떻게 해야 할지 한번 생각해 보세요. 먼저 전체 배열에 반복문을 실행해야 하겠죠. 그런 다음 각 숫자를 10과 비교합니다. 그리고 그 결과를 한곳으로 모아 반환해서, 나머지 코드가 이 값을 사용할 수 있게 해 줘야 합니다.

LINQ가 이질적으로 느껴지는 이유는, 이런 복잡한 작업을 짧고 이해하기 쉬운 코드로 표현해 주기 때문입니다.

요점 정리

- IEnumerable<T>을 구현하는 클래스의 인스턴스는 **시퀀스(sequence)**입니다.
- using System.Linq;를 코드 상단에 추가하면 시퀀스의 참조에 **LINQ 메서드**를 사용할 수 있습니다.
- 시퀀스 안에 있는 항목을 차례대로 처리하는 것을 시퀀스를 **열거(enumerate)**한다고 합니다. 이는 LINQ 메서드가 하는 일이기도 합니다.
- **Take() 메서드**는 시퀀스의 앞부분에 있는 요소들을 가져오고, **TakeLast() 메서드**는 시퀀스의 끝 부분에 있는 요소들을 가져옵니다. **Concat() 메서드**는 이 두 시퀀스를 연결합니다.
- **Average() 메서드**는 숫자 시퀀스의 평균값을 반환합니다. Min(), Max() 메서드는 시퀀스 값 중 가장 작은 값과 가장 큰 값을 반환합니다.
- **First(), Last() 메서드**는 각각 시퀀스의 첫 번째와 마지막 요소를 반환합니다. **Skip() 메서드**는 시퀀스 앞부분의 요소들을 건너뛰고 나머지 요소들을 반환합니다.
- 상당수의 LINQ 메서드는 시퀀스를 반환하므로, 반환된 값을 다른 변수에 저장할 필요 없이 직접 반환된 값에 대해 다른 LINQ 메서드를 연속적으로 호출할 수 있습니다. 이를 **메서드 체이닝(method chaining)**이라고 합니다.
- **IReadOnlyDictionary 인터페이스**는 캡슐화에 유용합니다. 또한, 사전 객체를 IReadOnlyDictionay 인터페이스 참조에 할당할 수 있으며, 이 참조는 사전의 내용을 변경하는 것을 허용하지 않습니다.
- **선언적 LINQ 쿼리 문법**은 where, select, groupby, join 키워드 등을 사용해서 코드에 직접 쿼리를 작성할 수 있도록 해 줍니다.
- LINQ 쿼리는 **from 절**로 시작해서, 쿼리가 시퀀스를 열거할 때 각각의 값을 변수에 할당합니다.
- from 절에 선언된 변수는 **범위 변수(range variable)**로, 쿼리의 나머지 부분에서 사용할 수 있습니다.
- **where 절**은 쿼리가 어떤 값을 결과 값에 포함시킬지 결정하는 조건 검사를 가지고 있습니다.
- **orderby 절**은 결과를 정렬하는 데 사용하는 표현식을 포함합니다. **descending 키워드**를 사용해서 정렬 순서를 역순으로 할 수도 있습니다.
- 쿼리는 **select 절**로 끝나며, select 절에서 결과 값에 무엇을 포함시킬지 지정할 수 있습니다.
- **var 키워드**는 암시적 타입 변수(impicitly typed variable)를 선언할 때 쓰며, 변수의 타입을 C# 컴파일러가 파악하게 하는 것입니다.
- 변수를 초기화하는 **변수 선언문의 변수 타입이 올 자리**에 var를 사용할 수 있습니다.
- **select 절에 C# 표현식을 사용**할 수 있습니다. 이 표현식은 결과 값의 모든 요소에 적용되며, 쿼리가 변환하는 시퀀스의 타입을 결정합니다.

LINQ는 다재다능합니다

LINQ 쿼리는 지연된 평가를 사용합니다.

LINQ는 다양한 일을 할 수 있습니다. 단순히 컬렉션의 항목을 꺼내 오는 것 외에도 항목을 반환하기 전에 값을 바꿀 수 있죠. 일단 결과 시퀀스를 생성하면, LINQ는 시퀀스를 처리할 수 있는 다양한 메서드를 제공합니다. LINQ는 데이터를 처리하는 데 필요한 도구를 총체적으로 제공합니다. 지금까지 살펴본 LINQ의 기능을 일부를 간단히 다시 살펴봅시다.

- **쿼리에서 반환되는 항목을 변경합니다.**

  다음 코드는 문자열 배열에 들어 있는 각 항목의 끝에 문자열을 추가합니다. 이 명령은 LINQ 쿼리에서 처리하는 배열의 내용을 변경하지 않으며, 단지 변경된 문자열을 포함한 새 시퀀스를 생성해 반환합니다.

암시적 타입 배열을 선언할 때도 var 키워드를 사용할 수 있습니다. 컬렉션 이니셜라이저의 new[]를 함께 사용하면, C# 컴파일러는 배열의 타입을 자동으로 파악합니다. 그러나 여러 타입이 섞여 있는 경우, 배열 타입을 지정해 줘야 합니다.

```
var mixed = new object[] { 1, "x" , new Random() };
```

```
var sandwiches = new[] { "ham and cheese", "salami with mayo",
                         "turkey and swiss", "chicken cutlet" };
var sandwichesOnRye =
    from sandwich in sandwiches
    select $"{sandwich} on rye";
foreach (var sandwich in sandwichesOnRye)
    Console.WriteLine(sandwich);
```

'select'는 시퀀스의 모든 요소에 동일한 변경 사항을 적용할 수 있습니다. 이 경우에는 문자열의 끝에 'on rye'를 추가하는 거죠.

출력 결과 :

```
ham and cheese on rye
salami with mayo on rye
turkey and swiss on rye
chicken cutlet on rye
```

반환되는 모든 항목의 끝에 'on rye'가 추가됐습니다.

- **시퀀스에 계산을 수행합니다.**

  LINQ 메서드를 사용해 숫자 시퀀스에서 통계 값을 구할 수 있습니다.

```
var random = new Random();
var numbers = new List<int>();
int length = random.Next(50, 150);
for (int i = 0; i < length; i++)
    numbers.Add(random.Next(100));

Console.WriteLine($@"Stats for these {numbers.Count()} numbers:
The first 5 numbers: {String.Join(", ", numbers.Take(5))}
The last 5 numbers: {String.Join(", ", numbers.TakeLast(5))}
The first is {numbers.First()} and the last is {numbers.Last()}
The smallest is {numbers.Min()}, and the biggest is {numbers.Max()}
The sum is {numbers.Sum()}
The average is {numbers.Average():F2}");
```

정적 String.Join() 메서드는 시퀀스 내 항목을 모두 연결해 하나의 문자열을 만들면서, 이 문자열에서 각 항목을 구분하는 구분자(separator)를 지정할 수 있게 해 줍니다.

다음은 위 예제를 실행한 결과입니다. 시퀀스의 길이와 숫자는 실행할 때마다 무작위로 결정됩니다.

```
Stats for these 61 numbers:
The first 5 numbers: 85, 30, 58, 70, 60
The last 5 numbers: 40, 83, 75, 26, 75
The first is 85 and the last is 75
The smallest is 2, and the biggest is 99
The sum is 3444
The average is 56.46
```

LINQ 쿼리는 결과 값에 접근하기 전까지 실행되지 않습니다

LINQ 쿼리를 코드에 포함할 때, LINQ 쿼리는 **지연 평가(deferred evaluation, lazy evaluation)**를 사용합니다. 즉, LINQ 쿼리는 쿼리 결과를 사용하는 명령문이 실행될 때까지, 실제로는 열거나 반복 처리를 실행하지 않습니다. 'DeferredEvaluation' 이름의 새 콘솔 앱을 생성하고 다음 코드를 추가해 보세요.

```
❶ PrintWhenGetting 클래스
internal class PrintWhenGetting {
    private int instanceNumber;
    public int InstanceNumber {
        set { instanceNumber = value; }
        get {
            Console.WriteLine($"Getting #{instanceNumber}");
            return instanceNumber;
        }
    }
}
❷ Program 클래스
internal class Program {
    static void Main(string[] args) {
        var listOfObjects = new List<PrintWhenGetting>();
        for (int i = 1; i < 5; i++)
            listOfObjects.Add(new PrintWhenGetting() { InstanceNumber = i });

        Console.WriteLine("Set up the query");
        var result =
            from o in listOfObjects
            select o.InstanceNumber;

        Console.WriteLine("Run the foreach");
        foreach (var number in result)
            Console.WriteLine($"Writing #{number}");
    }
}
```

getter의 Console.WriteLine은 foreach 문을 실제로 실행할 때까지 호출되지 않습니다. 실행을 지연했기 때문이죠.

혹시 이상한 컴파일 오류가 발생했나요? using 지시문을 코드에 추가했는지 확인하세요!

```
Set up the query
Run the foreach
Getting #1
Writing #1
Getting #2
Writing #2
Getting #3
Writing #3
Getting #4
Writing #4
```

이제 앱을 실행해 보세요. getter가 값을 반환하기 직전에 Console.WriteLine으로 'Set up the query' 메시지를 출력합니다. LINQ 쿼리는 foreach 문을 수행하기 전에는 실행되지 않습니다. 만약 쿼리를 즉시 실행해야 한다면, 시퀀스 전체를 열거하는 LINQ 메서드를 호출해서 강제로 쿼리를 실행할 수 있습니다. 예를 들어, 시퀀스를 List<T>로 변환하는 ToList() 메서드를 사용하면 됩니다. 다음 코드를 추가하면, foreach가 새 List를 사용할 수 있습니다.

```
var immediate = result.ToList();
Console.WriteLine("Run the foreach");
foreach (var number in immediate)
    Console.WriteLine($"Writing #{number}");
```

시퀀스의 모든 요소에 접근해야 하는 ToList() 또는 다른 LINQ 메서드를 호출하면, 즉시 실행합니다.

```
Set up the query
Getting #1
Getting #2
Getting #3
Getting #4
Run the foreach
Writing #1
Writing #2
Writing #3
Writing #4
```

앱을 다시 실행해 보세요. 이번에는 foreach 문을 수행하기 전에 getter가 호출됩니다. ToList()가 새 List를 만들려면 시퀀스의 모든 요소에 접근해야 하기 때문입니다. Sum(), Min(), Max() 같은 메서드 또한 시퀀스의 모든 요소에 접근해야 하므로, LINQ 쿼리를 즉시 실행하도록 강제할 수 있습니다.

group 쿼리를 사용해 시퀀스를 여러 그룹으로 분리하기

LINQ 사용해 데이터 그룹화하기

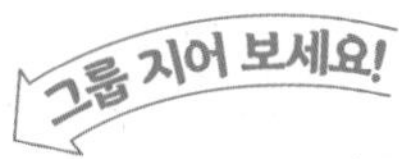

가끔 데이터를 분류해야 할 때가 있습니다. 예를 들어, 지미가 발행 연대(10년 단위)별 또는 가격대별로 만화책을 분류하고 싶다면 LINQ의 **group 쿼리**로 분류 작업을 간편하게 수행할 수 있습니다.

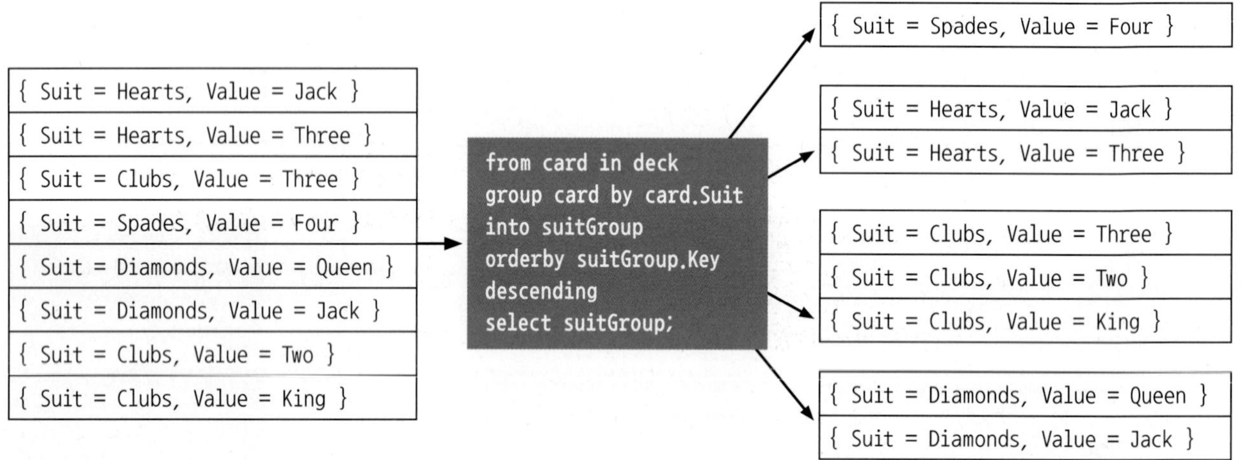

01 새 콘솔 앱을 만들고 카드 클래스와 열거형을 추가합니다.

'CardGroupQuery' 이름의 콘솔 앱을 생성합니다. 그런 다음 [솔루션 탐색기] 창에서 프로젝트 이름을 마우스 우클릭한 다음 [추가]-[기존 항목](맥OS에서는 [추가]-[기존 파일]) 메뉴를 선택합니다. [기존 항목 추가] 창에서 8장의 TwoDecks 프로젝트가 저장된 폴더로 이동하고, Suit, Value 열거형과 Card, CardComparerByValue, Deck 클래스를 추가합니다.

추가한 파일의 네임스페이스를 Program.cs 파일에 있는 네임스페이스와 같은 CardGroupQuery로 수정하세요. 그래야 Main() 메서드에서 방금 추가한 클래스에 접근할 수 있습니다.

> 이 프로젝트는 깃헙에서 'Two Decks' 이름으로 다운로드할 수 있습니다.

02 Card 클래스로 IComparable<T>를 구현해서 정렬이 가능하도록 만듭니다.

LINQ orderby 절을 사용해서 그룹들을 정렬할 것이므로, Card 클래스도 정렬이 가능해야 합니다. LINQ의 정렬 기능은 7장에서 배웠던 List.Sort() 메서드와 동일하게 작동합니다. Card 클래스를 수정해 IComparable 인터페이스를 구현하세요.

```
internal class Card : IComparable<Card>
{
    public int CompareTo(Card other)
    {
        return new CardComparerByValue().Compare(this, other);
    }
    // 클래스의 나머지 부분은 이전과 동일합니다.
```

또한 LINQ의 Min(), Max() 메서드를 사용해 각 그룹에서 가장 큰 카드와 가장 작은 카드를 찾아낼 것입니다. 이들 메서드도 IComparable 인터페이스를 사용합니다.

03 Deck.Shuffle() 메서드를 수정해 메서드 체이닝을 지원하도록 수정합니다.

Shuffle() 메서드는 카드 텍을 섞습니다. 여러분이 해야 할 일은 이 메서드가 메서드 체이닝을 지원하게 하기 위해, 방금 카드를 섞은 Deck 인스턴스의 참조를 반환하도록 메서드를 수정하는 것입니다.

```
public Deck Shuffle()
{
    // 클래스의 나머지 부분은 이전과 동일합니다.
    return this;
}
```

Shuffle 메서드가 카드를 섞은 Deck 객체에 대한 참조를 반환하면, 메서드 체이닝으로 Shuffle() 메서드의 호출 결과에 대해 다른 메서드를 추가로 호출할 수 있습니다.

04 group...by 절이 포함된 LINQ 쿼리를 사용해서 카드 무늬별 그룹을 만듭니다.

Main() 메서드는 카드를 무작위로 섞은 다음, LINQ의 Take() 메서드를 사용해 앞에서 16장의 카드를 꺼냅니다. 그런 다음 group...by 절이 포함된 LINQ 쿼리를 사용해서 카드를 무늬별로 나누고, 각 그룹은 무늬 순으로 정렬합니다.

```
using System.Linq;
internal class Program
{
    static void Main(string[] args)
    {
        var deck = new Deck()
            .Shuffle()
            .Take(16);
        var grouped =
            from card in deck
            group card by card.Suit into suitGroup
            orderby suitGroup.Key descending
            select suitGroup;

        foreach (var group in grouped)
        {
            Console.WriteLine(@$"Group: {group.Key}
Count: {group.Count()}
Minimum: {group.Min()}
Maximum: {group.Max()}");
        }
    }
}
```

Shuffle() 메서드는 메서드 체이닝을 지원하므로, LINQ Take() 메서드를 곧바로 이어서 호출할 수 있습니다.

LINQ의 Count(), Min(), Max() 메서드를 사용해 각 그룹의 쿼리 결과에 대한 정보를 얻을 수 있습니다.

각 그룹은 키로 사용되는 값을 반환하는 Key 속성을 가지고 있으며, 이 경우 무늬(suit)가 키입니다.

LINQ 쿼리의 group...by 절은 시퀀스를 여러 그룹으로 분류합니다.

```
group card by card.Suit
into suitGroup
```

group 키워드는 어떤 시퀀스가 그룹화할 요소를 포함하고 있는지를 알려 주며, by 키워드로 그룹을 결정하는 데 쓰는 조건을 지정합니다. 그리고 into 키워드는 다른 절에서 그룹을 참조할 때 사용할 수 있는 새 변수를 선언합니다. group 쿼리의 결과 값은 시퀀스의 시퀀스입니다. 각 그룹은 IGrouping 인터페이스를 구현한 시퀀스입니다. IGrouping<Suits, Card>는 Suits를 그룹 키로 사용하는 카드의 그룹입니다.

```
foreach (var group in grouped)
{
    Console.WriteLine(@
```

(지역 변수) IOrderedEnumerable<IGrouping<Suits, Card>> grouped

grouped 변수에 마우스 커서를 올리면 타입을 확인할 수 있습니다.

IDE 팁 뭐든지 이름 바꾸기!

비주얼 스튜디오는 변수, 필드, 속성, 네임스페이스, 클래스의 이름을 편리하게 변경할 수 있는 리팩터링 도구를 제공합니다. 이름을 바꿀 대상을 마우스 우클릭한 다음 메뉴에서 [이름 바꾸기]를 선택하세요. 해당 항목에 강조 표시가 되면 이름을 수정하세요. 그러면 IDE가 자동으로 이 이름을 모든 코드에서 찾아내 수정합니다.

이름 바꾸기 기능으로 변수, 필드, 속성, 네임스페이스, 클래스(그 외의 몇 가지도 마찬가지입니다!)의 이름을 변경할 수 있습니다. 한 곳에서만 이름을 변경하면, IDE가 코드 전체에서 해당 이름을 찾아 수정해 줍니다.

group 쿼리 해부하기

group 쿼리가 어떻게 작동하는지 자세히 한번 살펴봅시다.

```
var grouped =
    from card in deck
```

from 절은 지금까지 살펴본 LINQ 쿼리와 똑같이 작동합니다. 카드를 섞고 몇 장을 뽑아 놓은 Deck의 시퀀스에서 카드 하나씩을 꺼내 'card' 변수에 할당합니다.

{ Suit = Hearts, Value = Jack }
{ Suit = Hearts, Value = Three }
{ Suit = Clubs, Value = Three }
{ Suit = Spades, Value = Four }
{ Suit = Diamonds, Value = Queen }
{ Suit = Diamonds, Value = Jack }
{ Suit = Clubs, Value = Two }
{ Suit = Clubs, Value = King }

이 카드들은 무작위로 생성된 것으로, Heart 2장으로 시작해 Club 1장, Spade 1장, Diamond 2장, 다시 Club 2장 순으로 나열되어 있습니다.

```
group card by card.Suit into suitGroup
```

group...by 절은 카드를 그룹으로 분류합니다. 이 키워드에는 'by card.Suit'가 포함되어 있는데, 이는 각 그룹의 키를 카드의 무늬(suit)로 지정한다는 의미입니다. 또한, 새 변수인 suitGroup을 선언하는데, 이 변수는 다른 절에서 그룹을 처리하는 데 사용합니다.

{ Suit = Hearts, Value = Jack }
{ Suit = Hearts, Value = Three }
{ Suit = Clubs, Value = Three }
{ Suit = Clubs, Value = Two }
{ Suit = Clubs, Value = King }
{ Suit = Spades, Value = Four }
{ Suit = Diamonds, Value = Queen }
{ Suit = Diamonds, Value = Jack }

group by 절은 시퀀스를 열거하면서 새로운 키가 나타날 때마다 새 그룹을 생성합니다. 그러므로 이 그룹은 무작위 카드에서 먼저 생성된 무늬 순서와 같은 순서로 생성됩니다.

```
orderby suitGroup.Key descending
select suitGroup;
```

{ Suit = Spades, Value = Four }
{ Suit = Hearts, Value = Jack }
{ Suit = Hearts, Value = Three }
{ Suit = Clubs, Value = Three }
{ Suit = Clubs, Value = Two }
{ Suit = Clubs, Value = King }
{ Suit = Diamonds, Value = Queen }
{ Suit = Diamonds, Value = Jack }

group...by 절은 card.Suit를 기준으로 카드를 그룹으로 묶으므로, 무늬가 그룹의 키가 됩니다. 이는 한 그룹에 포함된 모든 카드는 같은 무늬를 가지며, 곧 이 무늬를 가진 모든 카드가 그 그룹에 속해 있다는 의미입니다. orderby 절은 키를 사용해 그룹을 정렬하며, 이 순서는 Suits 열거형에 정의된 순서의 역순을 따르고, 그 순서는 Spade, Heart, Club, Diamond 순입니다.

group...by 절은 IGrouping 인터페이스를 구현하는 그룹의 시퀀스를 생성합니다. IGrouping은 IEnumerable을 상속하고 거기에 Key라는 속성 하나를 추가합니다. 그러므로 각 그룹은 다른 시퀀스의 시퀀스입니다. 이 경우에는 Card 시퀀스의 그룹이면서, 그룹의 키는 카드의 무늬 즉, Suits 열거형 타입인 것이죠. 각 그룹의 실제 타입은 IGrouping<Suits, Card>이며, 이 타입은 카드 시퀀스의 시퀀스이고, 카드 시퀀스의 키는 Suits 값이라는 의미입니다.

join 쿼리를 사용해 두 시퀀스의 데이터 합치기

join 쿼리로 시퀀스 합치기

지미는 예전부터 큰 규모의 만화 평가(review) 서비스 MuddyCritic과 Rotten Tornadoes 두 곳에서 평가 점수를 수집해 왔습니다. 이제 이 데이터를 지미의 수집품과 합쳐야 합니다. 어떻게 해야 할까요?

LINQ에 도움을 청하세요! LINQ의 **join 키워드**는 쿼리 하나로 두 시퀀스의 데이터를 합칠 수 있게 해 줍니다. 이 기능은 한 시퀀스에 있는 항목과 다른 시퀀스의 항목을 비교해 일치하는 항목을 찾아내는 식으로 작동하고(LINQ는 효율적이기 때문에 꼭 필요한 경우가 아니면 실제로는 모든 항목의 조합을 비교하지는 않습니다), 두 시퀀스에서 일치하는 쌍을 결합해 반환합니다. JimmyLinq 프로젝트를 다시 열고 다음 내용을 실습해 보세요.

01 보통의 LINQ 쿼리처럼 from 절로 시작합니다. 하지만 바로 다음에 결과에 무엇을 포함시킬지 결정하는 절 대신 다음 구문을 추가합니다.

```
join name in collection
```

join 절은 두 시퀀스에서 특정 멤버가 일치하는 짝을 찾도록 합니다. 이 멤버에 name을 할당해, 나중에 조인(join)된 컬렉션을 시퀀스에서 하나씩 꺼낼 수 있습니다. 이 name은 where 절에서 사용할 겁니다.

지미는 Review 객체의 컬렉션인 reviews에 데이터를 저장하고 있습니다.

```
internal class Review
{
    public int Issue { get; set; }
    public Critics Critic { get; set; }
    public double Score { get; set; }
}
```

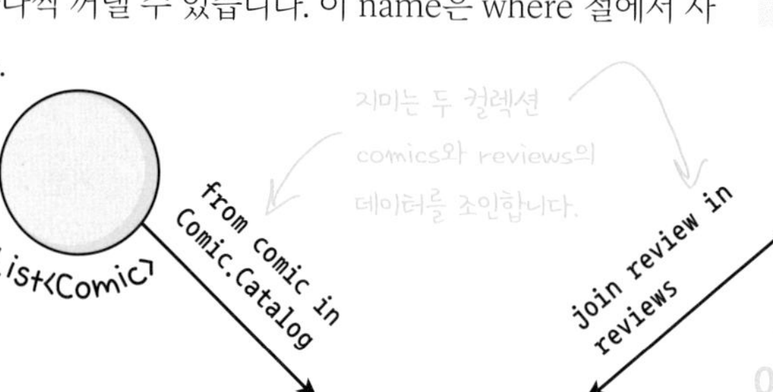


```
on comic.Issue equals review.Issue
```

02 on 절을 추가합니다. on 절은 두 컬렉션이 일치하는지 확인하는 방법을 지시합니다. on 키워드 다음에는 첫 번째 컬렉션의 멤버 이름이 오고, equals 다음에 이 멤버와 일치하는지 확인할 두 번째 컬렉션의 멤버 이름이 옵니다.

03 그런 다음에는 보통의 LINQ 쿼리처럼 where, orderby 절이 따라오고, select 절로 끝납니다. 하지만 select 절에서는 두 컬렉션에서 가져온 데이터를 모두 결과 값에 포함시킬 수 있습니다.

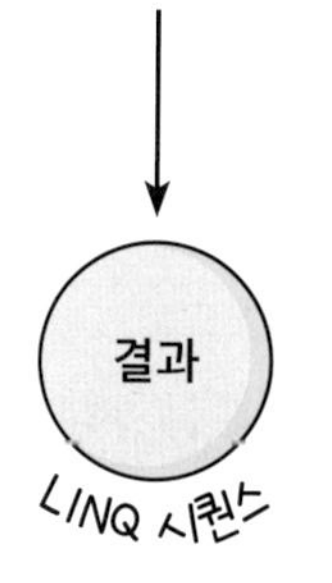


```
{ Name = "Woman's Work", Issue = 36, Critic =
  MuddyCritic, Score = 37.6 }
{ Name = "Black Monday", Issue = 74, Critic =
  RottenTornadoes, Score = 22.8 }
{ Name = "Black Monday", Issue = 74, Critic =
  MuddyCritic, Score = 84.2 }
{ Name = "The Death of the Object", Issue = 97,
  Critic = MuddyCritic, Score = 98.1 }
```

결과 값은 Comic 객체의 Name, Issue 속성과 Review 객체의 Critic, Score 속성을 모두 가지는 객체의 시퀀스입니다. 이 결과 객체는 Comic 객체도, Review 객체도 아닙니다. 두 클래스 중 이 4개의 속성을 가지는 클래스는 없기 때문입니다. 결과 값에 포함된 객체는 별도의 타입인 **익명 타입(anonymous type)**입니다.

new 키워드로 익명 타입 생성하기

실제 타입이지만 이름이 없어요.

3장에서 new 키워드를 사용해 객체의 인스턴스를 생성하는 법을 배웠습니다. 지금까지는 new 키워드를 사용할 때 타입을 포함했죠(new Guy();는 Guy 타입의 인스턴스를 생성합니다). 하지만 타입을 지정하지 않고도 new 키워드를 사용해서 익명 타입 인스턴스를 생성할 수 있습니다. 익명 타입은 읽기 전용 속성을 가진 유효한 타입이고 이름이 없습니다. 지미의 만화책과 평가 점수를 조인하는 쿼리에서 반환된 값의 타입은 익명 타입입니다. 객체 이니셜라이저를 사용해 익명 타입에 속성을 추가할 수 있습니다. 다음 코드를 살펴보죠.

> 익명의(anonymous) [형용사]
>
> **이름으로 식별할 수 없는.**
> 비밀 요원 대시 마틴은 별명을 사용해 익명으로 스파이의 감시를 피했습니다.

```
public class Program
{
    public static void Main()
    {
        var whatAmI = new { Color = "Blue", Flavor = "Tasty", Height = 37 };
        Console.WriteLine(whatAmI);
    }
}
```

'CreateAnonymousTypes' 이름의 새 콘솔 앱 프로젝트를 만들어서 직접 실습해 보세요.

앞의 코드를 새 콘솔 앱에 붙여 넣고 실행해 보세요. 다음과 같은 결과가 출력됩니다.

```
{ Color = Blue, Flavor = Tasty, Height = 37 }
```

방금 살펴본, 지미의 만화와 평가 점수를 조인한 LINQ 쿼리는 익명 타입을 반환합니다. 조인 쿼리는 나중에 추가해 볼 것입니다.

이제 비주얼 스튜디오에서 whatAmI 변수 위에 마우스 커서를 올려놓고 [인텔리센스] 창에 표시되는 정보를 확인해 보세요.

```
var whatAmI = new { Color = "Blue", Flavor = "Tasty",
Consol
    (지역 변수) 'a whatAmI

    익명 형식:
      'a 은(는) new { string Color, string Flavor, int Height }
```

비주얼 스튜디오는 이 타입이 무엇인지 정확히 알고 있습니다. 이 타입은 2개의 문자열 속성과 하나의 int 속성을 가진 객체 타입이며, 타입 이름이 없습니다. 그래서 이 타입을 익명 타입이라고 부릅니다.

whatAmI 변수는 일반적인 참조 타입입니다. 이 변수는 힙에 있는 객체를 가리키므로, 이 참조를 사용해 객체의 멤버(여기서는 두 속성)에 접근할 수 있습니다.

```
Console.WriteLine($"My color is {whatAmI.Color} and I'm {whatAmI.Flavor}");
```

익명 타입은 이름이 없는 것만 제외하면, 다른 타입과 동일합니다.

왜 var 키워드를 배웠는지 알 것 같네요. 익명 타입을 선언하려면 이 키워드가 필요한 거군요.

그렇습니다! 익명 타입을 선언할 때 var를 사용합니다

사실 이것이 var 키워드의 중요한 쓰임 중 하나입니다.

쓰면서 제대로 공부하기

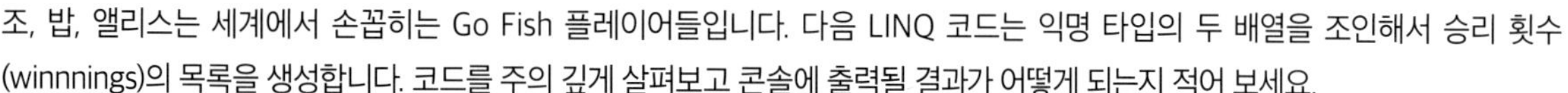

조, 밥, 앨리스는 세계에서 손꼽히는 Go Fish 플레이어들입니다. 다음 LINQ 코드는 익명 타입의 두 배열을 조인해서 승리 횟수(winnnings)의 목록을 생성합니다. 코드를 주의 깊게 살펴보고 콘솔에 출력될 결과가 어떻게 되는지 적어 보세요.

```
var players = new[]
{
    new { Name = "Joe", YearsPlayed = 7, GlobalRank = 21 },
    new { Name = "Bob", YearsPlayed = 5, GlobalRank = 13 },
    new { Name = "Alice", YearsPlayed = 11, GlobalRank = 17 },
};

var playerWins = new[]
{
    new { Name = "Joe", Round = 1, Winnings = 1.5M },
    new { Name = "Alice", Round = 2, Winnings = 2M },
    new { Name = "Bob", Round = 3, Winnings = .75M },
    new { Name = "Alice", Round = 4, Winnings = 1.3M },
    new { Name = "Alice", Round = 5, Winnings = .7M },
    new { Name = "Joe", Round = 6, Winnings = 1M },
};

var playerStats =
    from player in players
    join win in playerWins
    on player.Name equals win.Name
    orderby player.Name
    select new
    {
        Name = player.Name,
        YearsPlayed = player.YearsPlayed,
        GlobalRank = player.GlobalRank,
        Round = win.Round,
        Winnings = win.Winnings,
    };

foreach (var stat in playerStats)
    Console.WriteLine(stat);
```

← 여기서는 익명 타입의 배열을 만들기 위해 var와 new[ ]를 사용합니다.

다음 코드는 문자열 여섯 줄을 콘솔에 출력합니다. 아래에 앞의 두 줄은 미리 채워 놓았습니다. 두 줄 모두 같은 선수의 이름(Alice)이 포함되어 있습니다. 조인 쿼리는 두 시퀀스의 키 속성이 일치하는 모든 항목을 찾아냅니다. 만약 일치하는 항목이 여러 개 있을 경우, 결과 시퀀스에는 일치하는 값마다 요소 한 개가 추가됩니다. 만약 한쪽 시퀀스에 있는 키 값이 다른 시퀀스에는 존재하지 않는다면, 결과 시퀀스에 이 키는 포함되지 않습니다.

{ Name = Alice, YearsPlayed = 11, GlobalRank = 17, Round = 2, Winnings = 2 }

{ Name = Alice, YearsPlayed = 11, GlobalRank = 17, Round = 4, Winnings = 1.3 }

쓰면서 제대로 공부하기 정답

메서드를 추출해서 코드를 개선합니다.

조, 밥, 앨리스는 세계에서 손꼽히는 Go Fish 플레이어들입니다. 다음 LINQ 코드는 익명 타입의 두 배열을 조인해서 승리 횟수(winnnings)의 목록을 생성합니다. 코드를 주의 깊게 살펴보고 콘솔에 출력될 결과가 어떻게 되는지 적어 보세요.

{ Name = Alice, YearsPlayed = 11, GlobalRank = 17, Round = 2, Winnings = 2 }

{ Name = Alice, YearsPlayed = 11, GlobalRank = 17, Round = 4, Winnings = 1.3 }

{ Name = Alice, YearsPlayed = 11, GlobalRank = 17, Round = 5, Winnings = 0.7 }

{ Name = Bob, YearsPlayed = 5, GlobalRank = 13, Round = 3, Winnings = 0.75 }

{ Name = Joe, YearsPlayed = 7, GlobalRank = 21, Round = 1, Winnings = 1.5 }

{ Name = Joe, YearsPlayed = 7, GlobalRank = 21, Round = 6, Winnings = 1 }

무엇이든 물어보세요!

Q&A

Q var가 무엇인지 처음부터 다시 한번 설명해 줄 수 있나요?

A 예, 물론이죠. var 키워드는 LINQ 때문에 생긴 까다로운 문제를 해결해 줍니다. 보통 메서드를 호출하거나 명령문을 실행할 때, 이들이 어떤 타입을 처리하는지는 명확합니다. 예를 들어 string 타입을 반환하는 메서드가 있을 경우, 이 메서드의 결과 값은 string 변수나 필드에 저장할 수 있겠죠.

하지만 LINQ의 경우에는 간단하지 않습니다. LINQ 문을 작성할 때 LINQ 쿼리는 프로그램에서 정의되지 않은 익명 타입을 반환할 수 있습니다. 앞서 살펴본 대로, 조인 쿼리는 임의의 시퀀스를 반환할 수 있습니다. 정확히 어떤 종류의 시퀀스인지는 알 수 없죠. 시퀀스에 포함된 객체는 LINQ 쿼리의 내용에 따라 결정되기 때문입니다. 예를 들어, 지미의 만화 컬렉션을 위해 작성했던 다음 쿼리를 살펴보죠. 앞에서는 다음과 같이 작성했습니다.

```
IEnumerable<Comic> mostExpensive =
    from comic in Comic.Catalog where
    Comic.Prices[comic.Issue] > 500
    orderby -Comic.Prices[comic.Issue]
    select comic;
```

하지만 첫 번째 줄을 다음처럼 var 키워드를 사용하도록 수정합니다.

```
var mostExpensive =
```

이는 매우 유용합니다. 예를 들어, 다음과 같이 마지막 줄을 변경한다고 해 보죠.

```
select new {
    Name = comic.Name,
    IssueNumber = $"#{comic.Issue}"
};
```

위 코드는 string 타입인 Name 속성과 IssueNumber 속성을 가지는 익명 타입을 반환합니다. 하지만 이 타입에 대한 클래스 정의는 프로그램 어디에도 존재하지 않습니다! 이 타입이 정확히 어떻게 정의되는지 살펴보기 위해 실제로 프로그램을 실행해 볼 필요는 없지만, 어쨌든 mostExpensive 변수는 특정 타입으로 선언해야 합니다.

C#이 var 키워드를 제공하는 이유가 이 때문입니다. 말하자면, var 키워드는 컴파일러에게 "좋아, 우리는 이 타입이 유효하다는 건 알지만, 이게 정확히 무슨 타입인지 지금은 알 수 없어. 네가 직접 파악하면 안 될까? 고마워!"라고 이야기하는 것과 비슷합니다.

IDE 팁 리팩터링 도구

변수를 암시적 타입과 명시적 타입으로 전환하기

그룹 쿼리를 다룰 때 종종 var 키워드를 사용하게 됩니다. 편의성 때문만이 아니라, 그룹 쿼리에서 반환되는 타입이 약간 다루기 번거롭기 때문입니다. 다음 코드는 CardGroupQuery 프로젝트에서 확인할 수 있습니다.

```
var grouped =
    from card in deck
    group card by card.Suit into suitGroup
    orderby suitGroup.Key descending
    select suitGroup;
```

```
var grouped =
    fro  [@] (지역 변수) IOrderedEnumerable<IGrouping<Suits, Card>> grouped
    gro
```

하지만 명시적 타입을 사용할 때 코드를 이해하기 쉬운 경우도 가끔 있습니다. 다행히 비주얼 스튜디오에는 변수의 암시적 타입(var)과 명시적 타입을 쉽게 전환하는 기능이 있습니다. [빠른 작업] 메뉴에서 ['var' 대신에 명시적 형식을 사용합니다.]를 선택해서 var를 명시적 타입으로 변환할 수 있습니다.

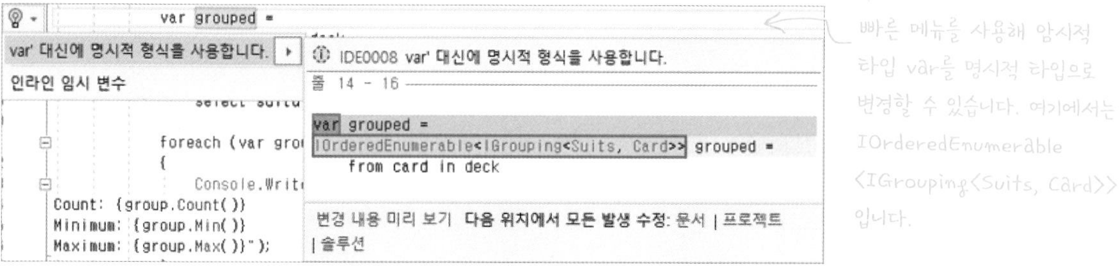

[빠른 작업] 메뉴에서 [암시적 형식 사용] 메뉴를 선택해 변수의 타입을 다시 var로 되돌릴 수도 있습니다.

메서드 추출하기

보통은 하나의 큰 메서드가 작은 메서드 여러 개로 분리되어 있을 때 코드를 읽기 쉽습니다. 그래서 많은 개발자가 코드를 리팩터링하는 방법으로 메서드 추출(extracting method)을 사용합니다. 메서드 추출은 큰 메서드에서 코드 블록 일부를 떼어 작은 메서드로 만드는 방식입니다. 비주얼 스튜디오는 이 메서드 추출 작업을 쉽게 해 주는 유용한 리팩터링 도구를 제공합니다.

```
static void Main(string[] args)
{
    var deck = new Deck()
        .Shuffle()
        .Take(16);

    var grouped =
        from card in deck
        group card by card.Suit into suitGroup
        orderby suitGroup.Key descending
        select suitGroup;
```

먼저 추출할 코드 블록을 선택하세요. 그런 다음 [편집]-[리팩터링]-[메서드 추출] 메뉴를 선택하세요(맥OS에서는 [빠른 작업]-[메서드 추출] 메뉴를 선택하세요).

그러면 비주얼 스튜디오가 선택한 코드를 NewMethod라는 메서드로 옮깁니다. 이 메서드에는 코드가 반환해야 할 값과 일치하는 반환 타입이 지정되어 있습니다. 또한, 이름 바꾸기 기능이 활성화되어, 이 상태에서 새 메서드 이름을 입력할 수 있습니다.

위 스크린샷은 앞에서 카드 그룹에 사용한 LINQ 쿼리를 선택한 것입니다. 이 코드를 메서드 추출하면 다음과 같은 메서드 호출 코드가 남습니다.

```
IOrderedEnumerable<IGrouping<Suits, Card>> grouped = NewMethod(deck);
```

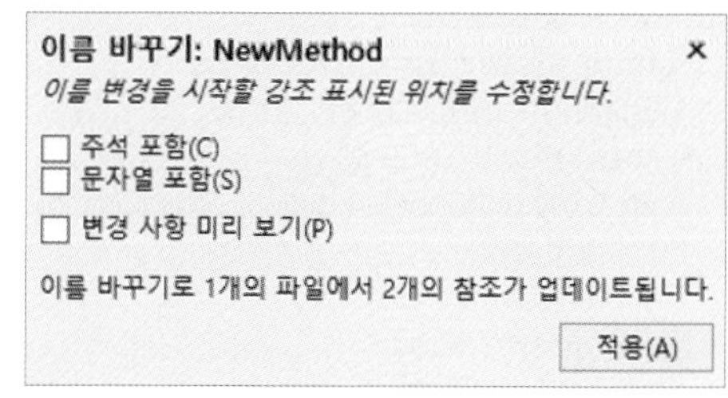

변수가 명시적 타입으로 선언되어 있습니다. 비주얼 스튜디오는 나머지 코드가 사용할 수 있도록 변수를 대신 남겨 놓습니다. 이런 기능을 통해 코드를 더욱 깔끔하게 작성할 수 있습니다.

무엇이든 물어보세요!

Q&A

Q1 join 절이 어떻게 작동하는지 더 자세히 설명해 줄 수 있나요?

A1 join 절은 2개의 시퀀스를 처리합니다. 풋볼 선수들에게 티셔츠를 만들어 준다고 해 보죠. players 컬렉션에는 선수의 이름을 나타내는 Name 속성과 번호를 나타내는 Number 속성이 있습니다. 그런데 만약 선수 번호가 두 자리인 경우, 디자인을 달리해야 한다면 어떻게 해야 할까요? 다음처럼 Number의 값이 10 이상인 선수를 골라낼 수 있습니다.

```
var doubleDigitPlayers =
    from player in players
    where player.Number >= 10
    select player;
```

이제 선수의 셔츠 사이즈를 알아야 합니다. 선수의 번호와 셔츠 사이즈를 나타내는 Number 속성과 Size 속성이 포함된 jerseys 시퀀스가 있다고 해 봅시다. join 절을 사용해 데이터를 다음과 같이 합칠 수 있습니다.

```
var doubleDigitShirtSizes =
    from player in players
    where player.Number >= 10
    join shirt in jerseys
    on player.Number equals shirt.Number
    select shirt;
```

Q2 위 쿼리는 shirt 타입 객체를 반환하네요. 만약 선수와, 선수의 셔츠 사이즈만 필요하고 선수 번호는 필요 없다면 어떻게 해야 하죠?

A2 이럴 때 익명 타입을 사용합니다. 익명 타입을 사용하면 개발자가 원하는 데이터만 결과 값에 포함시킬 수 있죠. 익명 타입으로 조인한 여러 컬렉션에서 필요한 값을 골라서 타입에 포함시킬 수 있습니다.
선수의 이름과 셔츠 사이즈만 필요하다면 다음처럼 이름과 셔츠 사이즈만 골라내면 됩니다.

```
var doubleDigitShirtSizes =
    from player in players
    where player.Number >= 10
    join shirt in jerseys
    on player.Number equals shirt.Number
    select new
    {
        player.Name,
        shirt.Size
    };
```

비주얼 스튜디오는 쿼리에서 생성하려는 결과 값을 정확히 파악할 수 있습니다. 반복문을 사용해 결과 값을 열거하면, 변수명을 입력할 때 다음처럼 [인텔리센스] 창을 표시합니다.

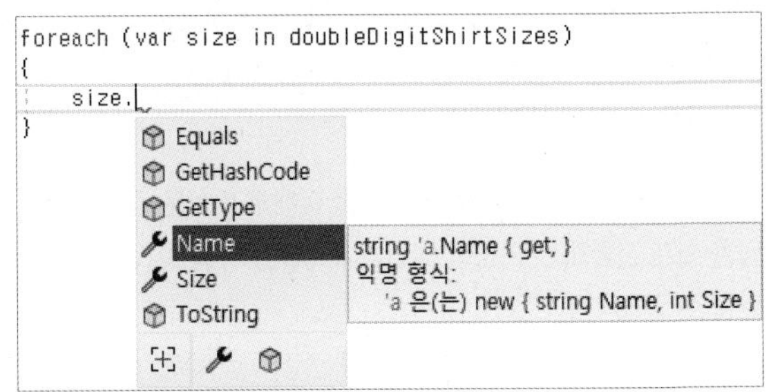

이 목록에 Name과 Size가 포함된 것을 확인해 보세요. select 절에 다른 항목을 추가하면 이 리스트에 그 항목도 표시됩니다. LINQ 쿼리가 선택된 멤버에 따라 다른 익명 타입을 생성하기 때문입니다.

Q3 메서드도 익명 타입을 반환할 수 있나요?

A3 아뇨, 메서드는 익명 타입을 반환할 수 없습니다. C#은 익명 타입으로 필드, 속성, 메서드를 선언하는 기능을 제공하지 않습니다. 메서드나 생성자의 매개 변수로도 익명 타입을 사용할 수 없습니다. 즉, var 키워드를 사용할 수 없습니다.
잘 생각해 보면 맞는 말입니다. 변수 선언에 var를 사용할 때는 변수에 값을 할당하는 부분이 있어야 합니다. 그래야 C# 컴파일러나 IDE가 변수의 타입을 파악할 수 있기 때문입니다. 필드나 메서드 매개 변수를 선언할 때는 변수의 값을 지정할 방법이 없으며, 이는 C#이 이들의 타입을 알아낼 방법이 없다는 의미입니다(속성에 값을 지정할 수는 있지만, 이는 변수의 값 할당과는 다릅니다. 기술적으로 속성의 값은 생성자가 호출되기 직전에 설정됩니다).

변수를 선언할 때만 var 키워드를 사용할 수 있습니다. 필드나 속성에는 var 키워드를 사용할 수 없으며, 마찬가지로 메서드의 매개 변수나 반환 값을 익명 타입을 사용할 수 없습니다.

연습 문제

지금까지 배운 LINQ의 내용으로 'JimmyLinqRefactored' 이름의 새 콘솔 앱을 만들어 지미의 만화 컬렉션을 정리해 봅시다. 우선 Critics 열거형을 만들어 MuddyCritic과 RottenTornadoes 멤버를 추가하고, PriceRange 열거형을 만들어서 Cheap과 Expensive 멤버를 추가합니다. 그런 다음 Review 클래스를 만들어 int Issue, Critics Critic, double score 등 3가지 자동 속성을 추가합니다.

데이터가 필요하므로, JimmyLinq 프로젝트에서 Comic 클래스를 가져옵니다. 그리고 Comic 클래스에 평가(review) 시퀀스를 반환하는 정적 필드를 추가합니다.

```
public static readonly IEnumerable<Review> Reviews = new[] {
    new Review() { Issue = 36, Critic = Critics.MuddyCritic, Score = 37.6 },
    new Review() { Issue = 74, Critic = Critics.RottenTornadoes, Score = 22.8 },
    new Review() { Issue = 74, Critic = Critics.MuddyCritic, Score = 84.2 },
    new Review() { Issue = 83, Critic = Critics.RottenTornadoes, Score = 89.4 },
    new Review() { Issue = 97, Critic = Critics.MuddyCritic, Score = 98.1 },
};
```

다음 코드처럼 Main() 메서드와 다음 2개의 메서드를 추가합니다.

```
static void Main(string[] args)
{
    var done = false;
    while (!done) {
        Console.WriteLine(
         "\nPress G to group comics by price, R to get reviews, any other key to quit\n");
        switch (Console.ReadKey(true).KeyChar.ToString().ToUpper()) {
            case "G":
                done = GroupComicsByPrice();
                break;
            case "R":
                done = GetReviews();
                break;
            default:
                done = true;
                break;
        }
    }
}
private static bool GroupComicsByPrice() {
    var groups = ComicAnalyzer.GroupComicsByPrice(Comic.Catalog, Comic.Prices);
    foreach (var group in groups) {
        Console.WriteLine($"{group.Key} comics:");
        foreach (var comic in group)
            Console.WriteLine($"#{comic.Issue} {comic.Name}: {Comic.Prices[comic.Issue]:c}");
    }
    return false;
}

private static bool GetReviews() {
    var reviews = ComicAnalyzer.GetReviews(Comic.Catalog, Comic.Reviews);
    foreach (var review in reviews)
        Console.WriteLine(review);
    return false;
}
```

while 문을 자세히 살펴보세요. 이 반복문은 switch를 사용해서 어떤 메서드를 호출할지 결정합니다. 메서드가 true를 반환하면, done의 값을 true로 설정하고 다음 반복을 수행합니다. 만약 사용자가 다른 키를 누르면 done의 값을 false로 설정하고 반복문을 빠져나갑니다.

GroupComicsByPrice() 메서드에는 두 foreach 문이 중첩되어 있습니다. 반복문의 바깥쪽은 각 그룹에 대한 정보를 출력하고, 안쪽은 그룹의 내용을 열거합니다.

GroupComicsByPrice(), GetReviews() 메서드는 LINQ 쿼리를 실행하는 정적 ComicAnalyzer 클래스(잠시 후 작성할 겁니다)의 메서드를 호출합니다.

여러분이 할 일은 ComicAnalyzer 정적 클래스를 생성해 다음 3개의 정적 메서드를 추가하는 것입니다.

- private 정적 메서드 CalculatePriceRange()는 Comic 참조를 받아, 가격이 100 미만이면 PriceRange.Cheap을, 그 이상이면 PriceRange.Expensive를 반환합니다.
- GroupComicsByPrice()는 만화를 가격에 따라 정렬한 다음, CalculatePriceRange(comic)의 결과인 가격 범위(PriceRange)를 키로 그룹화하고, comics의 그룹의 시퀀스(IEnumerable<IGrouping<PriceRange, Comic>>)를 반환합니다.
- GetReviews()는 만화를 발행 호수(issue number)에 따라 정렬한 다음, 앞서 살펴본 조인을 사용해 "MuddyCritic rated #74 'Black Monday' 84.20"과 같은 문자열 시퀀스를 반환합니다.

연습 문제 정답

지금까지 배운 LINQ의 내용으로 'JimmyLinqRefactored' 이름의 새 콘솔 앱을 만들어 지미의 만화 컬렉션을 정리해 봅시다. 우선 Critics 열거형을 만들어 MuddyCritic과 RottenTornadoes 멤버를 추가하고, PriceRange 열거형을 만들어서 Cheap과 Expensive 멤버를 추가합니다. 그런 다음 Review 클래스를 만들어 int Issue, Critics Critic, double score 등 3가지 자동 속성을 추가합니다.

먼저 Critics, PriceRange 열거형을 추가하고,

```
enum Critics {
    MuddyCritic,
    RottenTornadoes,
}

enum PriceRange {
    Cheap,
    Expensive,
}
```

Review 클래스를 추가합니다.

```
internal class Review
{
    public int Issue { get; set; }
    public Critics Critic { get; set; }
    public double Score { get; set; }
}
```

위 작업을 마쳤으면, 정적 ComicAnalyzer 클래스를 만들어서 private PriceRange() 메서드와 public GroupComicsByPrice() 메서드, public GetReviews() 메서드를 추가합니다.

CalculatePriceRange( ) 메서드에 의도적으로 오류를 숨겨 놓았습니다. 여러분의 코드가 이 정답과 일치하는지 확인해 보세요.

```
using System.Collections.Generic;
using System.Linq;

static class ComicAnalyzer
{
    private static PriceRange CalculatePriceRange(Comic comic)
    {
        if (Comic.Prices[comic.Issue] < 100)
            return PriceRange.Cheap;
        else
            return PriceRange.Expensive;
    }

    public static IEnumerable<IGrouping<PriceRange, Comic>> GroupComicsByPrice(
        IEnumerable<Comic> comics, IReadOnlyDictionary<int, decimal> prices)
    {
        IEnumerable<IGrouping<PriceRange, Comic>> grouped =
            from comic in comics
            orderby prices[comic.Issue]
            group comic by CalculatePriceRange(comic) into priceGroup
            select priceGroup;

        return grouped;
    }

    public static IEnumerable<string> GetReviews(
        IEnumerable<Comic> comics, IEnumerable<Review> reviews)
    {
        var joined =
            from comic in comics
            orderby comic.Issue
            join review in reviews on comic.Issue equals review.Issue
            select $"{review.Critic} rated #{comic.Issue} '{comic.Name}' {review.Score:0.00}";

        return joined;
    }
}
```

using 지시문을 잊지 마세요!

오류를 찾았나요? 이 오류는 아주 미묘합니다.

앞에서 소개했던 리팩터링 도구를 사용하면 GroupComicsByPrice( ) 메서드의 반환 타입을 쉽게 알아낼 수 있습니다.

문제에는 만화책을 가격 기준으로 정렬한 다음 그룹화하라고 했습니다. 그러면 각 그룹은 가격 순으로 정렬되는데, 그룹은 group...by 절에서 시퀀스를 열거할 때의 순서대로 생성되기 때문입니다.

이 부분은 앞에서 살펴본 조인 쿼리와 매우 유사합니다.

혹시 "일관성 없는 액세스 가능성(inconsistent accessibility)" 컴파일 오류가 발생했나요? 이 오류는 클래스는 public으로 선언됐는데 클래스의 멤버가 internal로 선언됐을 경우(액세스 한정자를 생략했을 때의 기본값입니다) 발생합니다. 그러므로 클래스와 열거형이 모두 public으로 선언됐는지 확인하세요.

컬렉션을 정리하는 일을 도와줘서 고마워요!
이제 다시없을 컬렉션 전문가가 된 기분이에요.

요점 정리

- **group...by 절**은 결과 값을 그룹화합니다. group을 사용하면 LINQ 쿼리는 그룹의 시퀀스를 생성합니다(IGrouping 인터페이스도 시퀀스입니다)!
- 그룹은 그룹 키로 지정되어 특정 값이 같은 멤버들을 포함합니다. **by 키워드**를 사용해 그룹의 키를 지정합니다. 각 그룹 시퀀스는 **Key 멤버**를 가지고 있으며, 이 값이 그룹 키입니다.
- **join 쿼리**는 on...equals 절을 사용해 어떻게 LINQ 쿼리 항목이 서로 일치하는지 확인할 조건을 지정합니다.
- **join 절**을 사용해 단일 LINQ 쿼리로 두 컬렉션을 결합할 수 있습니다. 조인하면 LINQ는 두 컬렉션의 모든 멤버를 서로 비교해서, 서로 일치하는 짝을 결과 값으로 반환합니다.
- join 쿼리를 작성할 때, 보통은 두 컬렉션에서 멤버 일부를 선택해서 결과 값에 포함시킵니다. 이때 **select 절**을 사용해 두 컬렉션에서 필요한 멤버를 선택해 결과 값을 생성할 수 있습니다.
- **select new 키워드**를 사용해 LINQ 쿼리 결과 값을 익명 타입으로 만들어, 결과 시퀀스에 원하는 속성만 포함시킬 수 있습니다.
- LINQ 쿼리는 **지연 평가(deferred evaluation** 또는 lazy evaluation)를 사용합니다. 이는 쿼리 결과를 사용하는 명령문이 있기 전까지는 LINQ 쿼리가 실행되지 않는 것을 의미합니다.
- new 키워드를 사용해서 **익명 타입**의 인스턴스(또는 이름이 없지만 잘 정의된 타입의 객체)를 생성할 수 있습니다. new 문에 지정된 멤버들은 익명 타입의 자동 속성이 됩니다.
- 비주얼 스튜디오의 **이름 바꾸기** 기능을 사용해서 변수, 필드, 속성, 클래스, 네임스페이스 등의 모든 인스턴스의 이름을 한꺼번에 변경할 수 있습니다.
- 비주얼 스튜디오의 [빠른 작업] 메뉴를 사용해 var를 사용한 선언을 **명시적 타입**으로 변경하거나, 명시적 타입 선언을 다시 var(즉, 암시적 타입)로 변경할 수 있습니다.
- 개발자가 코드를 리팩터링하는 가장 흔한 방법은 바로 **메서드 추출**입니다. 비주얼 스튜디오의 메서드 추출 기능을 사용하면 코드 블록을 쉽게 새로운 메서드로 분리할 수 있습니다.
- 변수를 선언할 때만 **var 키워드**를 사용할 수 있습니다. 익명 타입을 반환하거나, 매개 변수 중 하나가 익명 타입인 메서드를 작성할 수 없으며, 필드와 속성도 var로 선언할 수 없습니다.

유닛 테스트는 코드 작동을 확인할 수 있게 해 줍니다

앞의 코드에는 의도적으로 오류를 숨겨 두었습니다. 하지만 프로그램의 오류가 그뿐이었을까요? 개발자의 의도대로 정확하게 작동하는 코드를 작성하기란 매우 어렵습니다. 다행히도 오류를 발견하고 고칠 수 있게 해 주는 방법이 있습니다. **유닛 테스트(unit test)**는 코드가 의도대로 실행되는지 확인하는 자동화 테스트입니다. 각 유닛 테스트는 코드의 특정한 부분(즉 테스트할 '유닛')이 잘 작동하는지 확인하는 메서드를 의미합니다. 이 메서드를 실행할 때 예외가 발생하지 않으면 테스트가 성공(pass)한 것이고, 예외가 발생하면 테스트가 실패(fail)한 것입니다. 대규모 프로그램은 이처럼 다양한 테스트로 코드 대부분 또는 코드 전체를 커버합니다.

비주얼 스튜디오에는 테스트를 작성하고, 성공하거나 실패한 테스트를 추적하는 것을 도와주는 유닛 테스팅 도구가 있습니다. 이 책에서는 마이크로소프트가 개발한 유닛 테스트 프레임워크(유닛 테스트 작성을 위한 도구를 제공하는 클래스의 모음을 의미합니다)인 **MSTest**를 사용합니다.

비주얼 스튜디오는 C#과 .NET 코드를 위한 오픈 소스 유닛 테스트 프레임워크인 NUnit과 xUnit도 지원합니다.

윈도우 비주얼 스튜디오는 테스트 탐색기 창을 가지고 있습니다

[보기] - [테스트 탐색기] 메뉴를 선택하면 [테스트 탐색기] 창이 열립니다. [테스트 탐색기] 창은 왼쪽에 유닛 테스트를, 오른쪽에 각 테스트의 최근 실행 결과를 보여 줍니다. 도구 모음에 보기의 [모든 테스트 실행], [실행], [마지막 실행 반복], [실패한 테스트 실행] 버튼이 있습니다.

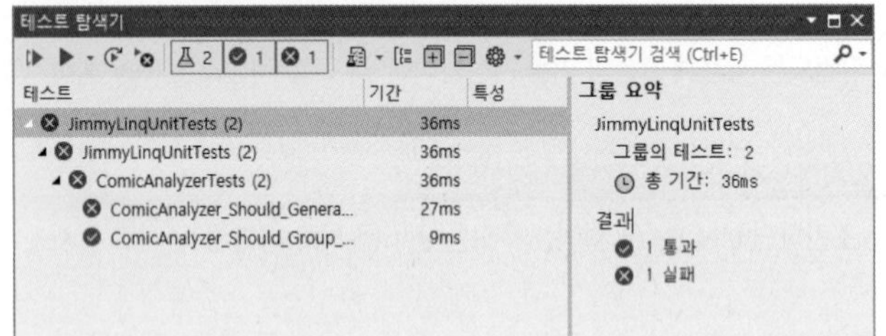

솔루션에 유닛 테스트를 추가하고 나면 모든 테스트 실행 버튼을 눌러 테스트를 실행할 수 있습니다. 윈도우에서는 [테스트] - [보기의 모든 테스트 실행] 버튼을, 맥OS에서는 [테스트] 창에서 [모든 테스트 디버깅] 버튼을 클릭해 유닛 테스트를 디버깅할 수 있습니다.

Visual Studio for Mac은 테스트 도구 창을 가지고 있습니다

메뉴 모음에서 [보기] - [테스트] 메뉴를 선택하면 [유닛 테스트] 창이 열립니다. 이 창에는 테스트를 실행하거나 디버깅할 수 있는 버튼이 있습니다. 유닛 테스트를 실행하면 비주얼 스튜디오는 [테스트 결과 도구] 창에 결과를 표시합니다(보통 비주얼 스튜디오의 하단에 표시됩니다).

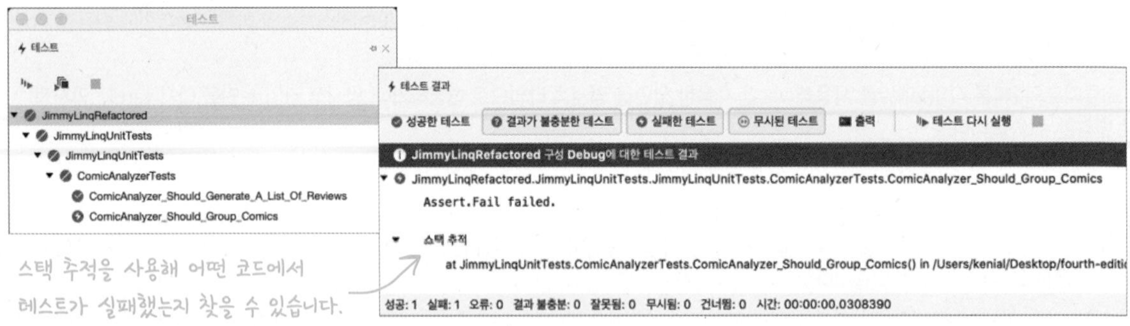

스택 추적을 사용해 어떤 코드에서 테스트가 실패했는지 찾을 수 있습니다.

3장에서 게임의 초기 버전을 테스트하고, 개선점을 찾아내 수정하는 프로토타이핑에 대해 배웠습니다. 프로토타이핑은 게임에만 국한되지 않고 다른 프로젝트에도 적용할 수 있으며, 테스팅에도 적용됩니다. 소프트웨어 테스팅의 개념은 가끔 약간 추상적으로 느껴질 수 있습니다. 개발자가 게임을 테스트하는 방법을 잘 살펴보면, 이러한 개념에 익숙해지는 데 도움이 될 뿐만 아니라 테스팅의 개념을 직관적으로 바라볼 수 있을 겁니다.

게임 디자인 원칙 | 테스팅

플레이 가능한 게임 프로토타입을 준비했다면 이제 비디오 게임 테스팅을 한번 생각해 볼 시간입니다. 사람들을 모아 게임을 시켜 보고 피드백을 받는 과정은 사람들이 좋아할 만한 게임과, 사람들을 당황하게 만들고 불만족스러운 경험을 주는 게임을 분별하는 역할을 할 수 있습니다. 만약 여러분이 도대체 뭘 하라는 것인지 알 수 없는 게임을 플레이하거나 도저히 풀 수 없을 것 같은 퍼즐을 풀어 본 경험이 있다면, 플레이 테스팅이 충분하지 않은 게임이 어떤 사태를 불러오는지 이해할 수 있을 겁니다.
게임을 설계하고 제작하려고 할 때, 다음과 같은 게임 테스팅 접근 방식을 고려해 볼 만합니다.

- **개인 플레이 테스팅(individual play testing):** 주변 사람들에게 게임을 플레이해 달라고 부탁하고, 가능하면 함께 플레이를 지켜봅니다. 가장 자유로운 플레이 테스팅 방식으로, 친구들이 게임을 플레이하는 동안 느낀 생각과 경험을 이야기하도록 합니다. 게임이 플레이어에게 요구하는 것이 무엇이라고 생각하는지, 게임 플레이에 대해 어떻게 생각하는지 이야기해 보면, 높은 접근성과 만족스러운 경험을 제공하는 게임을 디자인하는 데 도움이 됩니다. 다만 이때는 설계자가 플레이어에게 게임을 어떻게 플레이하는지 일일이 지시하지 말고, 어떤 부분에서 플레이어가 애를 먹는지 약간 떨어져서 관찰해야 합니다. 이를 통해 게임의 핵심 부분이 이해하기 쉬운지 아닌지를 파악할 수 있고, 게임에 존재하는 어떤 역학이 사용자에게 충분히 명확하게 전달되는지를 쉽게 알아볼 수 있습니다. 나아가 테스터의 피드백을 기록해 두면, 이 과정에서 발견한 설계 결함을 수정할 수도 있습니다.
  개인 플레이 테스팅은 비공식적으로 진행할 수도 있고, 사용자가 수행할 작업의 목록과 피드백을 얻기 위한 질문을 미리 준비해 형식을 갖춘 상태에서 진행할 수도 있습니다. 물론 이 과정은 새로운 기능을 추가할 때마다 정기적으로 이뤄져야 하며, 가능하면 개발 초기부터 게임 플레이 테스트를 부탁해서 아직 수정이 쉬울 때 디자인 결함을 찾아내야 합니다.

- **베타 프로그램(beta program):** 좀 더 많은 플레이어에게 테스트를 요청할 준비가 되면, 더 많은 일반 대중에게 테스트 플레이를 요청할 수 있습니다. 베타 프로그램은 게임의 부하와 성능 문제를 찾아내는 데 유리합니다. 베타 프로그램의 피드백은 게임 로그를 통해 분석할 수 있습니다. 사용자가 게임에서 다양한 활동을 수행하는 데 얼마나 시간이 걸리는지 로그로 기록하고, 이 로그를 토대로 게임이 자원을 할당하는 방식에 관련한 문제를 찾아낼 수 있습니다. 가끔은 사용자가 게임에서 이해하기 어려운 부분이 베타 프로그램에서 발견되곤 합니다. 보통은 베타 테스트를 신청한 플레이 테스터를 대상으로 베타 프로그램을 진행하므로, 테스트 이후에 플레이 경험에 대해 묻고, 로그에서 발견한 이슈를 해결하기 위해 테스터의 도움을 받을 수 있습니다.

- **구조화된 품질 관리 테스트(structured quality assurance test):** 대부분 게임은 개발의 일부분으로 수행되는 전용 테스트가 있습니다. 이러한 테스트는 보통 게임이 어떻게 작동해야 하는지에 대한 이해에 바탕을 두고 있으며, 자동 또는 수동으로 수행됩니다. 이러한 테스팅의 목표는 제품이 의도한 대로 작동하는지 확인하는 것입니다. 품질 관리 테스트의 요점은 사용자가 오류를 겪기 전에 최대한 많은 오류를 찾아내는 겁니다. 이러한 오류는 명확한 단계별 명령과 함께 기록되며, 이를 통해 오류를 재현하고 수정할 수 있습니다. 그런 다음 이들 오류는 플레이어 경험에 미치는 영향력 순으로 처리되고, 이 우선순위에 따라 수정됩니다. 사용자가 특정한 방에 들어갈 때마다 게임이 깨진다면, 이 오류를 특정 무기가 이 방에서 제대로 렌더링되지 않는 오류보다 먼저 수정해야 할 것입니다.

대부분 개발팀은 테스트를 가능하면 최대한 자동화하려고 하며, 커밋하기 전에 실행합니다. 그러면 기능을 수정하거나 새 기능을 추가하면서 부주의하게 오류가 생긴 것을 잡아낼 수 있습니다.

지미의 만화 컬렉션 앱에 유닛 테스트 프로젝트 추가하기

유닛 테스트는 오류를 찾아냅니다.

01 새 MSTest 테스트 프로젝트를 추가합니다.

윈도우에서는 [파일]-[새로 만들기]-[프로젝트] 메뉴를 선택하고 템플릿 검색 상자에서 'MSTest'를 검색해 [MSTest 테스트 프로젝트]를 선택합니다. 맥OS에서는 프로젝트 템플릿을 찾기 위해 [웹과 콘솔] 아래에 테스트를 선택합니다. [다음] 버튼을 클릭하고 프로젝트의 이름에 'JimmyLinqUnitTests'를 입력한 다음 [솔루션] 항목에 '솔루션 추가'를 선택합니다.

02 기존 프로젝트에 종속성(dependency)을 추가합니다.

ComicAnalyzer 클래스의 유닛 테스트를 작성해 보겠습니다. 한 솔루션에 두 프로젝트가 있을 경우, 각각의 프로젝트는 독립적입니다. 기본적으로 한 프로젝트의 클래스는 다른 프로젝트의 클래스를 사용할 수 없죠. 그러므로 유닛 테스트에서 ComicAnalyzer 클래스를 사용하려면 종속성을 설정해야 합니다.

[솔루션 탐색기] 창에서 JimmyLinqUnitTests 프로젝트를 확장해서 [종속성] 항목을 마우스 우클릭한 다음, [프로젝트 참조 추가] 메뉴를 선택합니다. JimmyLinqRefactored 프로젝트가 <연습 문제>에서 생성했던 프로젝트인지 확인하세요.

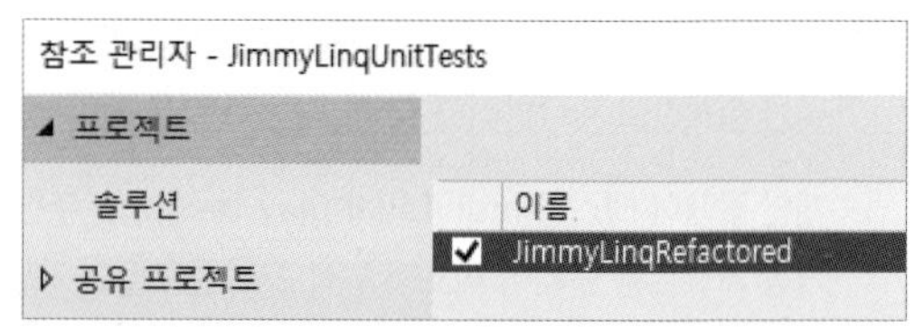

비주얼 스튜디오의 [참조 관리자(reference manager)] 창은 윈도우 버전과 맥OS 버전이 서로 다른 모습이지만, 동일하게 작동합니다.

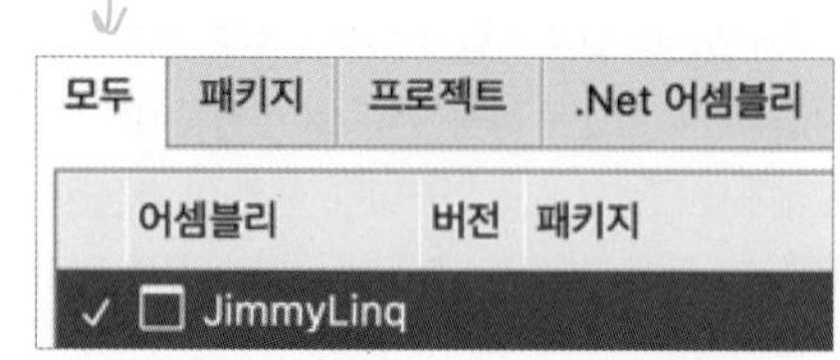

03 ComicAnalyzer 클래스를 public으로 선언합니다.

비주얼 스튜디오에서 MSTest 테스트 프로젝트를 추가하면 'UnitTest1'이라는 이름의 클래스가 함께 생성됩니다. 파일을 열고 using JimmyLinqRefactored; 지시문을 네임스페이스 안에 추가하세요. 뭔가 잘못됐네요. 지시선에 빨간색 물결선이 그어집니다.

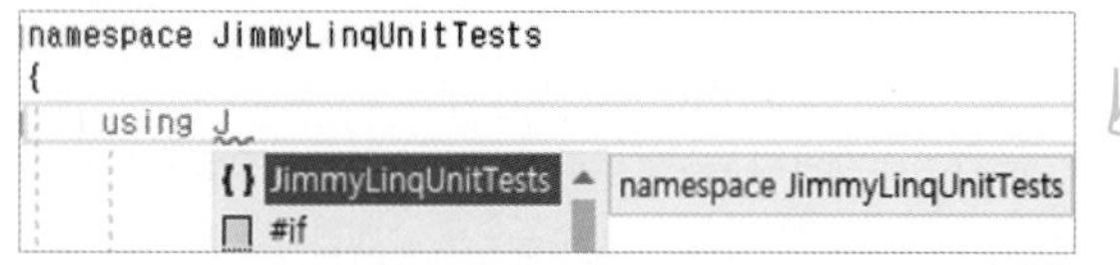

JimmyLinqRefactored 프로젝트의 모든 클래스와 열거형에서 public 액세스 한정자를 제거하면 비주얼 스튜디오를 통해 internal 액세스 한정자가 어떻게 작동하는지 살펴볼 수 있습니다.

JimmyLinqRefactored 프로젝트의 클래스, 열거형, 또는 다른 멤버 중 public으로 선언된 것이 없기 때문입니다. Critics 열거형을 public으로 선언하도록 public enum Critics로 수정하세요. 이제 비주얼 스튜디오가 JimmyLinqRefactored 네임스페이스에 있는 public 멤버를 인식하기 때문에 [인텔리센스] 창에 JimmyLinqRefactored가 표시됩니다. 선언부를 public static class ComicAnalyzer로 수정합니다. 다음과 같은 컴파일 오류가 발생했나요?

```
일관성 없는 액세스 가능성: 'IEnumerable<IGrouping<PriceRange, Comic>>' 반환 형식이 'ComicAnalyzer.GroupComicsByPrice
(IEnumerable<Comic>, IReadOnlyDictionary<int, decimal>)' 메서드보다 액세스하기 어렵습니다.
```

문제는 ComicAnalyzer가 public으로 선언되어 있는데, 액세스 한정자가 없는 멤버를 노출(expose)한다는 것입니다. public 액세스 한정자를 JimmyLinqRefactored 프로젝트의 모든 클래스와 열거형에 추가하세요. 그러면 솔루션 빌드가 성공합니다.

첫 유닛 테스트 작성하기

MSTest 테스트 프로젝트와 함께 생성된 UnitTest1 클래스의 이름과 파일 이름을 ComicAnalyzerTests로 변경하세요. 이 클래스에는 'TestMethods1'이라는 이름의 테스트 메서드가 포함되어 있습니다. TestMethods1() 메서드의 이름을 'ComicAnalyzer_Should_Group_Comics'로 변경하고, 다음 코드를 추가하세요.

```
using Microsoft.VisualStudio.TestTools.UnitTesting;

namespace JimmyLinqUnitTests
{
    using JimmyLinqRefactored;
    using System.Collections.Generic;
    using System.Linq;

    [TestClass]
    public class ComicAnalyzerTests
    {
        IEnumerable<Comic> testComics = new[]
        {
            new Comic() { Issue = 1, Name = "Issue 1"},
            new Comic() { Issue = 2, Name = "Issue 2"},
            new Comic() { Issue = 3, Name = "Issue 3"},
        };

        [TestMethod]
        public void ComicAnalyzer_Should_Group_Comics()
        {
            var prices = new Dictionary<int, decimal>()
            {
                { 1, 20M },
                { 2, 10M },
                { 3, 1000M },
            };

            var groups = ComicAnalyzer.GroupComicsByPrice(testComics, prices);

            Assert.AreEqual(2, groups.Count());
            Assert.AreEqual(PriceRange.Cheap, groups.First().Key);
            Assert.AreEqual(2, groups.First().First().Issue);
            Assert.AreEqual("Issue 2", groups.First().First().Name);
        }
    }
}
```

비주얼 스튜디오는 이 using 지시문을 클래스 상단에 자동으로 추가합니다.

테스트 클래스의 이름을 변경하세요(그리고 파일 이름도 변경합니다).

테스트 메서드의 이름이 테스트의 의도를 설명할 수 있도록 변경합니다.

예상 결과 값을 자세히 살펴보세요. 테스트 데이터에는 만화 객체 3개가 포함되어 있습니다. 두 객체는 가격이 100달러 미만이고, 한 객체는 100달러 이상이죠. 그러므로 결과에는 두 그룹이 있어야 하고, 저렴한(cheap) 만화 2권이 들어 있는 그룹과 비싼(expensive) 만화 1권이 있는 그룹, 총 2개 그룹으로 구성되어야 합니다.

다음 그룹은 가격을 기준으로 오름차순 정렬되어 있으므로, 첫 번째 그룹의 첫 번째 항목은 발행 호수(issue)가 2인 항목이어야 합니다.

유닛 테스트를 실행하면, 비주얼 스튜디오는 클래스 선언 위에 [TestClass] 특성(attribute)이 붙은 클래스를 대상으로 유닛 테스트를 실행합니다. 테스트 클래스는 테스트 메서드를 포함하며, 테스트 메서드는 [TestMethod] 특성으로 표시되어 있어야 합니다.

MSTest 테스트 유닛은 Assert 클래스를 사용합니다. Assert 클래스는 코드가 의도대로 작동하는지 확인하는 데 사용할 수 있는 정적 메서드를 가지고 있습니다. 유닛 테스트는 Assert.AreEqual() 메서드를 사용합니다. 이 메서드는 매개 변수 2개를 받는데, 하나는 예상 결과(expected result, 개발자가 생각한 결과 값), 다른 하나는 실제 결과(actual result, 코드가 실제로 도출한 결과 값)입니다. 두 값이 같지 않을 경우 예외가 발생합니다.

이 테스트는 작은 규모의 테스트 데이터를 가지고 있습니다. 만화 객체의 시퀀스와, 가격 값 3개가 든 사전 객체를 가지고 있죠. 그런 다음 테스트는 GroupComicsByPrice()를 호출하고 Assert.AreEqual() 메서드를 사용해 예상 결과와 실제 결과가 같은지 검증(validate)합니다.

윈도우에서는 [테스트]-[모든 테스트 실행], 맥OS에서는 메뉴 모음의 [실행]-[단위 테스트 실행] 메뉴를 사용해 테스트를 실행할 수 있습니다. 테스트를 실행하면 윈도우에서는 [테스트 탐색기] 창에, 맥OS에서는 [테스트 결과] 창에 다음과 같은 테스트 결과가 표시됩니다.

```
테스트 메서드 JimmyLinqUnitTests.ComicAnalyzerTests.ComicAnalyzer_Should_Group_Comics에서 예외가 발생했습니다: System.Collections.Generic.KeyNotFoundException: 지정된 키 '2'가 사전에 없습니다.
```

위 메시지는 실패한 유닛 테스트의 결과 메시지입니다. 윈도우에서는 ⊗ 1 아이콘을, 맥OS에서는 비주얼 스튜디오 하단에 있는 실패: 1 메시지를 확인하면 실패한 유닛 테스트의 개수를 알 수 있습니다.

이 유닛 테스트가 실패할 줄 알고 계셨나요? 테스트에서 잘못된 내용이 무엇인지 아시겠어요?

추적하기

유닛 테스팅은 개발자의 의도대로 작동하지 않는 코드를 찾고 무엇이 잘못됐는지 추적하는 과정입니다. 셜록 홈즈는 이렇게 말했죠. "데이터 없이 이론을 따지는 건 엄청난 실수다." 그러니 데이터를 한번 모아 봅시다.

어설션 시작하기

테스트를 작성할 때는 어설션(assertion ***역주** 프로그램의 실행을 위해 일정한 조건문이 true로 평가되는지 확인하는 명령문을 뜻합니다. 조건문이 true로 평가되지 않으면 크래시를 일으키거나 예외를 발생시켜 프로그램을 중지합니다)을 추가하는 것이 좋습니다. 테스트하려는 대상 코드와 기대하는 결과를 명확히 지정할 수 있기 때문입니다.
유닛 테스트의 어설션 예시는 다음과 같습니다.

```
Assert.AreEqual(2, groups.Count());
Assert.AreEqual(PriceRange.Cheap, groups.First().Key);
Assert.AreEqual(2, groups.First().First().Issue);
Assert.AreEqual("Issue 2", groups.First().First().Name);
```

GroupComicsByPrice() 메서드에 입력된 테스트 데이터를 고려하면, 이 어설션은 잘 작성된 것 같습니다. 결과 값은 2개 그룹을 반환해야 합니다. 첫 번째 그룹 키는 PriceRange.Cheap이어야 합니다. 그룹은 가격을 기준으로 오름차순으로 정렬되므로, 첫 번째 그룹의 첫 번째 Comic 객체는 Issue = 2와 Name = "Issue 2"의 값을 가져야 합니다. 위 어설션 문이 테스트하려는 조건도 이와 같죠. 그러므로 무언가 잘못됐다면, 어설션이 아닌 다른 부분일 것입니다.

이번에는 스택 추적을 살펴봅시다

지금까지 다양한 예외를 살펴봤죠. 예외가 발생할 때는 스택 추적(stack track) 정보를 포함하고 있습니다. 스택 추적에는 예외가 발생한 코드에 도달하기까지 프로그램이 호출한 모든 메서드의 목록이 포함되어 있습니다. 메서드 내에서 예외가 발생하면, 스택 추적은 이 메서드를 호출한 코드가 몇 번 줄인지 표시하고, 메서드를 호출한 코드가 포함된 메서드는 어느 코드가 호출했는지를 계속 이어서 표시하며, 이는 Main 메서드까지 이어집니다. 실패한 유닛 테스트의 스택 추적을 살펴보죠.

- **윈도우**: [보기]-[테스트 탐색기] 메뉴를 선택하고 실패한 테스트를 클릭한 뒤 테스트 세부 정보 요약(Test Detail Summary) 부분까지 스크롤을 내립니다.
- **맥OS**: [테스트 결과] 창으로 이동해서, 테스트를 확장하고, 그 아래에 있는 [스택 추적] 항목을 확장합니다.

[스택 추적] 항목은 다음과 같은 내용으로 시작합니다(맥OS에서는 유효한 정규화된 클래스 이름이 JimmyLinq.ComicAnalyzer로 표시됩니다).

```
Dictionary`2.get_Item(TKey key)
ComicAnalyzer.CalculatePriceRange(Comic comic) 줄 11
<>c.<GroupComicsByPrice>b__1_1(Comic comic) 줄 22
```

스택 추적은 처음에는 좀 낯설어 보이겠지만, 보는 법에 익숙해지고 나면 유용한 정보를 얻을 수 있습니다. 여기서는 테스트가 실패한 이유가 CalculatePriceRange() 메서드 어딘가에서 사전의 키와 관련한 예외가 발생했기 때문이라는 것을 알아낼 수 있죠.

디버거를 사용해 실마리 모으기

[스택 추적] 항목에서 확인한 ComicAnalyzer 클래스에서 CalculatePriceRange() 메서드의 첫 번째 줄인 'if (Comic.Prices[comic.Issue] < 100)'에 중단점을 추가합니다. 그런 다음 유닛 테스트를 디버깅합니다. 윈도우에서는 [테스트]-[모든 테스트 실행] 메뉴를, 맥OS에서는 [유닛 테스트] 창의 ([보기]-[테스트]) 상단에 있는 [모든 테스트 디버깅] 버튼을 클릭하면 됩니다. comic.Issue 위에 마우스 커서를 올려 보면 값이 2로 표시됩니다. 잠깐 기다려 보세요! Comic.Prices 사전에 키가 2인 항목이 없군요. 이래서 예외가 발생했던 거예요!
이제 오류를 해결할 수 있겠네요.

- CalculatePriceRange() 메서드에 두 번째 매개 변수를 추가합니다.

```
private static PriceRange CalculatePriceRange(Comic comic, IReadOnlyDictionary<int, decimal> prices)
```

- CalculatePriceRange() 메서드에서 새 매개 변수를 사용하도록 첫 번째 행을 수정합니다.

```
if (prices[comic.Issue] < 100)
```

- LINQ 쿼리를 수정합니다.

```
group comic by CalculatePriceRange(comic, prices) into priceGroup
```

테스트를 다시 실행합니다. 이번에는 성공할 거예요! 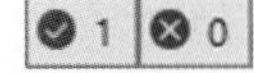

성공: 1 실패: 0

GetReviews() 메서드의 유닛 테스트 작성하기

GroupComicsByPrice() 메서드의 유닛 테스트는 MSTest의 정적 메서드인 Assert.AreEqual() 메서드를 사용해서 예상 결과가 실제 결과와 일치하는지 검사했습니다. GetReviews() 메서드는 값의 개별 요소를 반환하는 대신 문자열 시퀀스를 반환합니다. Assert.AreEqual() 메서드를 사용하면, 방금 살펴봤던 어설션처럼 특정 요소를 반환하는 First() 같은 LINQ 메서드를 사용해 시퀀스에 포함된 개별 요소 하나하나를 비교할 수 있습니다. 하지만 그러려면 많은 코드를 작성해야 하죠.

다행히도, MSTest는 편리하게 컬렉션을 비교할 방법을 제공합니다. CollectionAssert 클래스는 예상 결과와 실제 결과의 값이 컬렉션일 때, 이들 컬렉션을 비교하기 위한 정적 메서드를 제공합니다. 다음과 같이 두 컬렉션을 비교할 수 있습니다.

```
CollectionAssert.AreEqual(expectedResults, actualResults);
```

예상 결과가 실제 결과가 일치하지 않으면 테스트는 실패합니다. 계속해서 다음 테스트를 추가해서 ComicAnalyzer.GetReviews() 메서드를 검증하세요.

```
[TestMethod]
public void ComicAnalyzer_Should_Generate_A_List_Of_Reviews()
{
    var testReviews = new[]
    {
        new Review() { Issue = 1, Critic = Critics.MuddyCritic, Score = 14.5},
        new Review() { Issue = 1, Critic = Critics.RottenTornadoes, Score = 59.93},
        new Review() { Issue = 2, Critic = Critics.MuddyCritic, Score = 40.3},
        new Review() { Issue = 2, Critic = Critics.RottenTornadoes, Score = 95.11},
    };
    var expectedResults = new[]
    {
        "MuddyCritic rated #1 'Issue 1' 14.50",
        "RottenTornadoes rated #1 'Issue 1' 59.93",
        "MuddyCritic rated #2 'Issue 2' 40.30",
        "RottenTornadoes rated #2 'Issue 2' 95.11",
    };
    var actualResults = ComicAnalyzer.GetReviews(testComics, testReviews).ToList();
    CollectionAssert.AreEqual(expectedResults, actualResults);
}
```

이제 테스트를 실행해 보세요. 유닛 테스트 2개가 모두 성공합니다.

뇌 단련

ComicAnalyzer.GetReviews()에 중복된 리뷰가 포함된 시퀀스를 넘겨주면 어떻게 될까요?
평가(review)의 점수가 음수일 경우에는 어떻게 될까요?

유닛 테스트를 사용해서 경계 조건과 이상한 데이터 처리하기

코드가 예외를 처리하도록 만들기

실세계의 데이터는 지저분하기 그지없습니다. 심지어 지금까지는 평가 데이터가 정확히 어떤 형태의 데이터일지도 설명하지 않았죠. 지금까지 코드에 들어 있던 평가 점수는 0~100 사이였습니다.

하지만 음수이거나 0이거나 너무 큰 숫자 같은 이상한 평가 점수가 있으면 어떻게 될까요? 똑같은 만화에 대해 평가 점수가 여러 개 있다면요? 이런 경우가 발생하면 안 되겠지만, 반드시 한 번은 발생합니다. 프로그램 코드가 문제 상황, 실수(특히 잘못된 입력 데이터) 등을 잘 처리할 때 이러한 코드를 견고하다(robust)고 표현합니다. 견고한 코드를 만들기 위해, 이상한 데이터를 GetReviews에 입력하더라도 오류가 발생하지 않도록 새로운 유닛 테스트를 작성해 봅시다.

```
[TestMethod]
public void ComicAnalyzer_Should_Handle_Weird_Review_Scores()
{
    var testReviews = new[]
    {
        new Review() { Issue = 1, Critic = Critics.MuddyCritic, Score = -12.1212 },
        new Review() { Issue = 1, Critic = Critics.RottenTornadoes, Score = 391691234.48931 },
        new Review() { Issue = 2, Critic = Critics.RottenTornadoes, Score = 0 },
        new Review() { Issue = 2, Critic = Critics.MuddyCritic, Score = 40.3 },
        new Review() { Issue = 2, Critic = Critics.MuddyCritic, Score = 40.3 },
        new Review() { Issue = 2, Critic = Critics.MuddyCritic, Score = 40.3 },
        new Review() { Issue = 2, Critic = Critics.MuddyCritic, Score = 40.3 },
    };
    var expectedResults = new[]
    {
        "MuddyCritic rated #1 'Issue 1' -12.12",
        "RottenTornadoes rated #1 'Issue 1' 391691234.49",
        "RottenTornadoes rated #2 'Issue 2' 0.00",
        "MuddyCritic rated #2 'Issue 2' 40.30",
        "MuddyCritic rated #2 'Issue 2' 40.30",
        "MuddyCritic rated #2 'Issue 2' 40.30",
        "MuddyCritic rated #2 'Issue 2' 40.30",
    };
    var actualResults = ComicAnalyzer.GetReviews(testComics, testReviews).ToList();
    CollectionAssert.AreEqual(expectedResults, actualResults);
}
```

현재 코드는 음수를 처리할 수 있나요? 아주 큰 숫자는요? 0은요? 이런 예외적인 값은 유닛 테스트에서 확인해야 할 조건들입니다.

만약 어떤 평가자가 연속으로 동일한 여러 평가를 작성했다면 어떻게 될까요? 이런 경우를 프로그램 코드가 어떻게 처리해야 하는지는 명확해 보이지만, 코드가 실제로 그렇게 처리하고 있다는 의미는 아니죠.

GetReviews() 메서드는 문자열 시퀀스를 반환하고 평가 점수를 소수점 둘째 자리까지 자릅니다.

경계 조건과 이상한 데이터를 다루는 유닛 테스트는 매우 중요합니다. 이러한 테스트는 다른 방법으로는 잡아내기 힘든 코드 문제를 발견할 수 있게 해 줍니다.

견고한(robust) [형용사]

튼튼하게 구성된.

거센 바람에도 다리가 부러지지 않도록 다리가 휘어지게 만드는 견고한 설계로 허리케인 바람을 견딜 수 있었습니다.

무엇이든 물어보세요!

Q&A

Q1 왜 유닛 테스트라는 이름이 붙었나요?

A1 유닛 테스트라는 용어는 C#뿐만 아니라 다른 프로그래밍 언어에서도 사용하는 일반적인 용어입니다. 이 용어는 코드를 개별 단위(unit)나 구성 요소로 분리할 수 있다는 개념에서 출발했습니다. 프로그래밍 언어는 각기 다른 단위를 가지고 있죠. C#에서 코드의 기본 단위는 클래스입니다. 이런 관점에서 '유닛 테스트'라는 이름이 붙었습니다. C#에서는 코드 단위의 테스트를 작성할 때 클래스를 기준으로 작성하니까요.

Q2 한 솔루션에 프로젝트를 2개 생성했네요. 이건 정확히 어떻게 작동하는 거죠?

A2 비주얼 스튜디오에서 C# 프로젝트를 생성하면, 솔루션이 생성되고 이 솔루션에 프로젝트가 추가됩니다. 이 책에서 지금까지 살펴본 솔루션들은 방금 살펴본 유닛 테스트 프로젝트를 제외하면 모두 한 프로젝트만 가지고 있었습니다. 사실 한 솔루션은 여러 프로젝트를 포함할 수 있습니다. 또한, 개별 프로젝트를 분리해서, 유닛 테스트 코드를 테스트 대상이 되는 코드와 분리할 수 있습니다. 여러 콘솔 앱, WPF 애플리케이션, ASP.NET Core 웹앱 프로젝트를 추가할 수도 있습니다. 솔루션은 여러 서로 다른 타입의 프로젝트를 포함할 수 있습니다.

Q3 솔루션이 여러 콘솔 앱, WPF, ASP.NET Core 웹앱 프로젝트를 가질 수 있다면, 비주얼 스튜디오는 어떤 프로젝트를 시작할지 어떻게 알아내나요?

A3 [솔루션 탐색기] 또는 [솔루션 패드] 창을 살펴보세요. 굵게 표시된 프로젝트 이름이 있을 겁니다. 이 프로젝트가 시작(startup) 프로젝트입니다. 솔루션의 프로젝트 중 하나를 마우스 우클릭해서 시작 프로젝트로 지정할 수 있습니다. 그러면 다음 실행에 [도구 모음]에서 시작 버튼을 누르면, 시작 프로젝트로 지정된 프로젝트가 시작됩니다.

Q4 internal 액세스 한정자가 어떻게 작동하는지 한 번 더 설명해 주세요.

A4 클래스나 인터페이스가 'internal'로 표시되어 있으면, 해당 프로젝트에 포함되어 있는 코드만 이들 클래스나 인터널에 접근할 수 있다는 의미입니다. 액세스 한정자를 사용하지 않으면 기본적으로 클래스나 인터페이스는 internal로 선언됩니다. 이것이 클래스가 public으로 선언되어 있는지 확인해야 하는 이유입니다. 그렇지 않을 경우, 유닛 테스트가 이들 클래스에 접근할 수 없게 됩니다(*** 역주** System.Runtime.CompilerServices 네임스페이스의 InternalsVisibleToAttribute를 사용하면 internal로 선언한 클래스가 외부 클래스에 노출되도록 할 수 있습니다). 또한, 액세스 한정자를 생략할 때도 주의해야 합니다. 액세스 한정자를 생략하면 클래스와 인터페이스는 internal로, 클래스 멤버(메서드, 필드, 속성)는 private으로 선언됩니다.

Q5 유닛 테스트가 테스트하려는 코드와 다른 프로젝트에 포함되어 있다면, private 메서드에는 어떻게 접근하나요?

A5 접근하지 않습니다. 유닛 테스트는 특정 단위의 외부에 노출되는 코드(C# 클래스의 경우 public 메서드와 필드)에 접근해서, 이 단위가 제대로 작동하는지 확인합니다. 유닛 테스트는 보통 블랙 박스(black box) 테스트인데, 테스트가 접근할 수 있는 메서드만 검사한다는 의미입니다(그와 반대로 화이트 박스(white box) 테스트는 테스트하려는 대상의 내부에 접근하는 테스트를 의미합니다).

Q6 테스트가 모두 성공해야 하나요? 테스트가 실패해도 괜찮나요?

A6 아니요. 테스트는 모두 성공해야 합니다. 이렇게 생각해 보세요. 작성한 코드 일부가 작동하지 않아도 괜찮을까요? 물론 아니죠! 그러므로 만약 테스트가 실패한다면, 코드 또는 테스트에 오류가 있다는 말이 됩니다. 어떤 쪽이든 반드시 수정해서 테스트가 전부 성공하도록 만들어야 합니다.

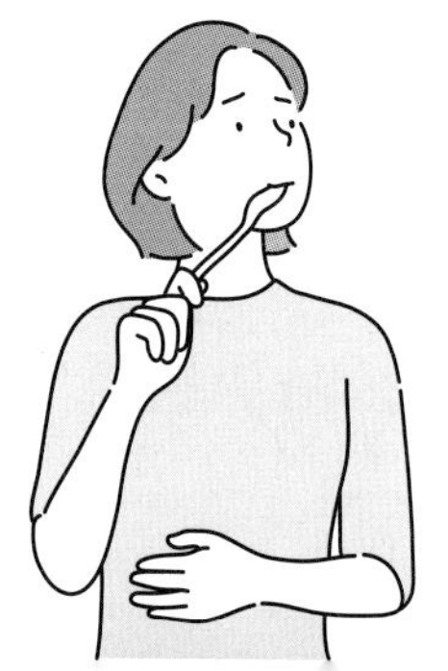

테스트는 손이 많이 가는 것 같네요. 그냥 코드만 작성하고 유닛 테스트는 생략하는 게 프로젝트를 더 빠르게 완성할 수 있지 않나요?

유닛 테스트를 작성하면 프로젝트를 더 빨리 진행할 수 있습니다

정말로요! 더 많은 코드를 작성하는데 시간이 덜 걸린다는 것이 직관에 반하는 것처럼 보일 수 있지만, 유닛 테스트를 작성하는 습관을 들인다면 오류를 더 빨리 찾아 수정할 수 있기 때문에 프로젝트가 더 원활히 진행됩니다. 여러분은 이 책을 진행하면서 많은 코드를 작성해 왔습니다. 그 과정에서 코드의 오류를 찾고 수정해야 했죠. 오류를 수정하고 나서, 다른 코드도 그에 따라 수정해야 했던 경험이 있나요? 예상치 못한 오류를 발견할 경우, 이런 식으로 하던 작업을 멈추고 오류를 추적해 수정하죠. 이렇게 이곳저곳을 오가며 코드를 수정하다 보면 작업에 대한 주의력과 흐름을 잃고, 전체 작업이 느려질 수 있습니다. 유닛 테스트는 개발자가 오류 때문에 흐름을 잃기 전에, 오류를 일찍 발견할 수 있게 해 줍니다.

정확히 언제 유닛 테스트를 작성해야 하는지 아직 감이 안 오시나요? 9장 마지막 부분에 이 질문에 도움이 될 프로젝트 다운로드 링크가 있습니다.

=> 연산자를 사용해 람다 식 만들기

람다 식은 익명 함수

9장 시작 부분에서 람다 식이 등장했지만 자세히 설명하지 않았죠. Comic 클래스 다시 한번 살펴봅시다.

```
public override string ToString() => $"{Name} (Issue #{Issue})";
```

9장에서 이 ToString() 메서드를 줄곧 사용했습니다. 만약 이 메서드를 다른 보통 메서드들처럼 작성한다면 어떻게 해야 할까요?

```
public override string ToString()
{
    return $"{Name} (Issue #{Issue})";
}
```

그렇다면 정확히 => 연산자가 하는 일은 무엇일까요?

ToString() 메서드에서 사용한 => 연산자는 **람다(lambda) 연산자**입니다. => 연산자는 **람다 식(lambda expression)**, 즉 1개의 명령문으로 정의되는 익명 함수를 정의할 때 사용할 수 있습니다. 람다 식은 다음과 같은 모습입니다.

```
(입력 매개 변수) => 표현식;
```

람다 식은 두 부분으로 구성됩니다.

- 입력 매개 변수: 매개 변수의 목록으로, 메서드를 선언할 때 사용하는 것과 비슷합니다. 매개 변수가 하나뿐일 경우 괄호를 생략할 수 있습니다.
- 표현식 자리: 보간된 문자열, 연산자를 사용하는 명령문, 메서드 호출 등 명령문에 쓸 수 있는 모든 C# 표현식을 사용할 수 있습니다.

처음에는 람다 식이 조금 이상해 보일 수 있지만, 람다 식은 단순히 여러분이 지금까지 사용해 온 익숙한 C# 표현식의 다른 형태일 뿐입니다. Comic.ToString() 메서드의 예시처럼 람다 식을 사용하든 사용하지 않든 동일한 방식으로 작동하는 코드를 구현할 수 있습니다.

만약 람다 식을 사용하든 사용하지 않든 ToString() 메서드가 동일한 방식으로 작동한다면, 이건 리팩터링과 비슷한 거 아닌가요?

그렇습니다! 람다 식을 사용해서 여러 메서드와 속성을 리팩터링할 수 있습니다

지금까지 명령문 하나로 이뤄진 메서드를 여러 번 작성했죠. 이런 메서드는 람다 식을 대신 사용해서 리팩터링할 수 있습니다. 대개 람다 식을 사용하면 코드를 읽고 이해하기가 쉬워집니다. 람다 식은 코드를 개선할 수 있는 선택권을 주며, 여러분은 언제 람다 식을 사용할지 결정하면 됩니다.

람다 시승하기

람다 식은 메서드를 작성하는 새로운 방식으로, 매개 변수를 받고 값을 반환합니다.

01 **'LambdaTestDrive' 이름의 새 콘솔 앱을 생성합니다.** 다음과 같은 Main() 메서드를 Program 클래스에 추가하고 프로그램을 몇 번 실행해 봅니다. 실행할 때마다 다음과 같이 임의의 숫자를 출력해야 합니다.

```
internal class Program
{
    static Random random = new Random();
    static double GetRandomDouble(int max)
    {
        return max * random.NextDouble();
    }
    static void PrintValue(double d)
    {
        Console.WriteLine($"The value is {d:0.0000}");
    }
    static void Main(string[] args)
    {
        var value = Program.GetRandomDouble(100);
        Program.PrintValue(value);
    }
}
```

출력 결과 :

```
The value is 37.8709
```

02 **GetRandomDouble()과 PrintValue() 메서드를 => 연산자를 사용해 리팩터링합니다.**

```
static double GetRandomDouble(int max) => max * random.NextDouble();
static void PrintValue(double d) => Console.WriteLine($"The value is {d:0.0000}");
```

이들 람다 식은 변경 전의 메서드처럼 1개의 매개 변수를 받습니다.

프로그램을 다시 실행해 보세요. 프로그램은 이전과 동일하게 임의의 숫자를 출력해야 합니다.

리팩터링을 더 하기 전에, random 필드 위에 커서를 올려놓아 보세요. 다음과 같이 [인텔리센스] 창이 나타납니다.

```
static Random random = new Random();
참조 1개      (필드) static Random Program.random
```

이는 진정한 리팩터링이 아닙니다. 코드의 구조뿐만 아니라 작동도 수정하기 때문입니다.

03 **람다 식을 사용하기 위해 random 필드를 수정합니다.**

```
static Random random => new Random();
```

프로그램은 이전과 동일하게 작동해야 합니다. random 필드에 마우스 커서를 다시 올려놓아 보세요.

뇌 단련

람다 식을 사용한 코드와 람다 식을 사용하지 않은 코드 중 어떤 코드가 더 읽기 쉬운 것 같나요?

잠시만요, random이 이제 더 이상 필드가 아니네요. 필드를 람다 식으로 수정했더니 속성이 됐습니다! 이는 람다 식이 항상 메서드처럼 작동하기 때문입니다. 그러므로 random이 필드였을 때는 클래스가 생성될 때 한 번만 인스턴스화되지만, =를 =>로 변환하면 이 필드는 메서드가 됩니다. 즉, 속성에 접근할 때마다 새로운 Random 인스턴스가 생성되는 것이죠.

람다를 사용해 Clown 리팩터링하기

광대는 이제 끝난 줄 알았는데...

7장에서는 다음처럼 두 멤버가 포함된 Clown 인터페이스를 만들었습니다.

```
interface IClown {
    string FunnyThingIHave { get; }
    void Honk();
}
```

7장의 IClown 인터페이스는 속성 하나와 메서드 하나, 총 두 멤버를 가지고 있습니다.

그리고 IClown 인터페이스를 구현하기 위해 다음처럼 클래스를 수정했죠.

```
internal class TallGuy {
    public string Name;
    public int Height;
    public void TalkAboutYourself() {
        Console.WriteLine($"My name is {Name} and I'm {Height} inches tall.");
    }
}
```

IDE 팁 **인터페이스 구현하기**

클래스에 인터페이스를 구현할 때, [빠른 작업] 메뉴의 [인터페이스 구현] 항목은 빠진 인터페이스 멤버를 클래스에 추가하라는 의미입니다.

위 코드를 람다를 사용해 한 번 더 구현해 보죠. 새 콘솔 앱 프로젝트 'ClownWithLambdas'를 생성하세요.

따라해 보세요!

01 TallGuy 클래스를 생성하고 IClown 인터페이스를 생성해 7장에서 작성한 코드를 붙여 넣으세요. 다음으로 TallGuy 클래스를 수정해 IClown 인터페이스를 구현하세요.

```
internal class TallGuy : IClown {
```

02 이제 [빠른 작업] 메뉴를 열고 [인터페이스 구현] 메뉴를 선택합니다. 그러면 [메서드 생성] 메뉴를 사용했을 때처럼, NotImplementedException 예외를 던지는 인터페이스 멤버가 클래스에 추가됩니다.

```
public string FunnyThingIHave => throw new NotImplementedException();
public void Honk() {
    throw new NotImplementedException();
}
```

IClown 인터페이스를 구현하면 비주얼 스튜디오는 속성을 구현하는 람다를 생성하기 위해 => 연산자를 사용합니다.

03 이들 메서드를 람다 식을 사용해 리팩터링해 봅시다.

```
public string FunnyThingIHave => "big red shoes";
public void Honk() => Console.WriteLine("Honk honk!");
```

비주얼 스튜디오는 인터페이스 멤버를 추가할 때 메서드 본체를 생성하지만 이 메서드 본체를 람다 식으로 교체할 수도 있습니다. 클래스 멤버가 람다를 메서드 본체로 가질 경우 이 메서드 본체는 식 본문 메서드(expression-bodied method)라고 부릅니다.

9장 초반에 등장했던 미지의 ToString() 메서드는 식 본문 메서드였습니다.

04 이제 7장과 동일한 Main() 메서드를 추가합니다.

```
TallGuy tallGuy = new TallGuy() { Height = 76, Name = "Jimmy" };
tallGuy.TalkAboutYourself();
Console.WriteLine($"The tall guy has {tallGuy.FunnyThingIHave}");
tallGuy.Honk();
```

람다 식을 사용해 리팩터링한 TallGuy 클래스의 작동 방식은 이전과 동일합니다. 하지만 더 깔끔하죠.

다음은 6장에서 다룬 벌집 관리 시스템의 NectarCollector 클래스와, 7장에서 다룬 ScaryScary 클래스입니다. 이들 클래스의 멤버 일부를 람다 연산자(=>)를 사용해 리팩터링해 봅시다. 리팩터링이 끝난 메서드를 적어 보세요.

```
internal class NectarCollector : Bee
{
    public const float NECTAR_COLLECTED_PER_SHIFT = 33.25f;
    public override float CostPerShift { get { return 1.95f; } }
    public NectarCollector() : base("Nectar Collector") { }
    protected override void DoJob()
    {
        HoneyVault.CollectNectar(NECTAR_COLLECTED_PER_SHIFT);
    }
}
```

CostPerShift 속성을 람다 식으로 리팩터링해 보세요.

```
internal class ScaryScary : FunnyFunny, IScaryClown
{
    private int scaryThingCount;
    public ScaryScary(string funnyThing, int scaryThingCount) : base(funnyThing)
    {
        this.scaryThingCount = scaryThingCount;
    }
    public string ScaryThingIHave { get { return $"{scaryThingCount} spiders"; } }
    public void ScareLittleChildren()
    {
        Console.WriteLine($"Boo! Gotcha! Look at my {ScaryThingIHave}");
    }
}
```

ScaryThingIHave 속성을 람다 식으로 리팩터링해 보세요.

ScareLittleChildren 속성을 람다 식으로 리팩터링해 보세요.

쓰면서 제대로 공부하기 정답

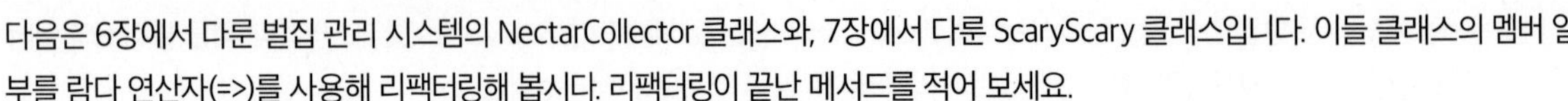

다음은 6장에서 다룬 벌집 관리 시스템의 NectarCollector 클래스와, 7장에서 다룬 ScaryScary 클래스입니다. 이들 클래스의 멤버 일부를 람다 연산자(=>)를 사용해 리팩터링해 봅시다. 리팩터링이 끝난 메서드를 적어 보세요.

CostPerShift 속성을 람다 식으로 리팩터링해 보세요.

```
public float CostPerShift { get => 1.95f; }
```

ScaryThingIHave 속성을 람다 식으로 리팩터링해 보세요.

```
public string ScaryThingIHave { get => $"{scaryThingCount} spiders"; }
```

ScareLittleChildren 속성을 람다 식으로 리팩터링해 보세요.

```
public void ScareLittleChildren() => Console.WriteLine($"Boo! Gotcha! Look at my {ScaryThingIHave}");
```

무엇이든 물어보세요!

Q&A

Q 앞의 <람다 시승하기>에서 random 필드 부분에 대해 궁금한 부분이 있어요. 이 변경 사항이 '진정한 리팩터링'이 아니라고 적혀 있는데, 이게 무슨 의미인가요?

A 코드에서 리팩터링은 코드의 작동은 그대로 두고 구조만 변경하는 것입니다. PrintValue()와 GetRandomDouble() 메서드는 람다 식으로 변환했을 때도 변경하기 전과 똑같이 작동했습니다. 메서드의 구조만 바뀌었을 뿐, 작동에는 영향을 미치지 않았죠.

하지만 random 필드 선언에서 등호(=)를 람다 연산자(=>)로 변경하면, 필드의 작동 방식이 변경됩니다. 필드는 변수와 마찬가지로 한 번 선언한 것을 재사용합니다. random은 필드이므로, 프로그램이 시작될 때 새로운 Random 인스턴스를 생성하고, 이 인스턴스에 대한 참조를 random 필드에 저장합니다.

하지만 람다 식을 사용하면 메서드를 생성하게 됩니다. 그러므로 random 필드를 다음과 같이 변경하면, C# 컴파일러는 이를 더 이상 필드로 인식하지 않습니다. 이제는 random 속성이 되는 거죠.

```
Static Random random => new Random();
```

그렇습니다. 5장에서 속성을 배웠을 때, 속성은 필드처럼 사용할 수 있지만 실제로는 메서드라고 설명했죠. 그리고 필드 위에 커서를 올려 보면 이 사실을 확인할 수 있습니다.

```
static Random random => new Random( );
참조 1개        Random Program.random { get; }
```

비주얼 스튜디오는 random이 get 접근자 { get; }을 가지고 있다는 것을 보여 줍니다. 즉, random은 속성이라는 것이죠.

=> 연산자를 사용해 람다 식을 실행하는 getter를 가진 속성을 생성할 수 있습니다.

람다에서 조건문을 위한 ?: 연산자 사용하기

람다는 if/then도 처리할 수 있습니다.

람다는 조건 연산자 또는 3항 연산자(ternary operator)라고 부르는 분기문도 처리할 수 있습니다. 조건 연산자 구문은 다음과 같습니다.

```
조건 ? 결과 : 대안;
```

처음에는 익숙하지 않을 테니, 예제를 한번 살펴보죠. 우선 ?: 연산자는 람다에서만 사용할 수 있는 것은 아닙니다. 4장의 AbilityScoreCalculator 클래스에는 다음과 같은 if 문이 있었습니다.

```
if (added < Minimum)
    Score = Minimum;
else
    Score = added;
```

다음 구문을 ?: 연산자로 리팩터링하면 이렇게 됩니다.

?: 표현식은 조건을 검사합니다.

조건이 true이면, 이 표현식은 Minimum을 반환합니다.

그렇지 않으면 added를 반환합니다.

```
Score = (added < Minimum) ? Minimum : added;
```

?: 표현식의 결과를 사용해 어떻게 Score의 값을 설정했는지 살펴보세요. ?: 표현식은 조건을 검사하고 (added < Minimum), 그런 다음 결과(Minimum) 위치의 표현식 또는 대안(added) 위치의 표현식의 값을 반환합니다.
if/else 문만 있는 메서드는 ?: 연산자를 사용해 람다로 리팩터링할 수 있습니다. 예를 들어, 5장에서 등장했던 다음 PaintballGun 클래스의 메서드를 살펴보죠.

```
public void Reload()
{
    if (balls > MAGAZINE_SIZE)
        BallsLoaded = MAGAZINE_SIZE;
    else
        BallsLoaded = balls;
}
```

이 'if' 조건 (balls > MAGAZINE_SIZE)는 true일 때 (BallsLoaded = MAGAZINE_SIZE)를, false일 때 (BallsLoaded = balls)를 실행합니다.

위 메서드를 좀 더 복잡한 람다 식으로 재작성해 봅시다.

'if'를 변환해서 ?: 연산자('결과'와 '대안' 표현식이 모두 값을 반환하는)를 사용하고 그 반환 값으로 BallsLoaded 속성의 값을 설정하는 본문 메서드를 만들었습니다.

```
public void Reload() => BallsLoaded = balls > MAGAZINE_SIZE ? MAGAZINE_SIZE : balls;
```

약간의 차이점이 눈에 띄네요. if/else 문이었을 때는 BallsLoaded 속성의 값이 then/else 문 내부에서 설정됐죠. 그러나 조건 연산자를 사용하도록 수정한 버전에서는 balls와 MAGAZINE_SIZE의 값을 검사해서 필요한 값을 반환하고, 이 반환된 값을 BallsLoaded 속성에 설정합니다.

재미있게도 이 팁은 마이크로소프트의 공식 문서에서 발췌한 것입니다.
https://learn.microsoft.com/ko-kr/dotnet/csharp/language-reference/operators/conditional-operator

쉬어 가기

조건 연산자가 작동하는 방식을 기억하는 쉬운 방법

많은 사람들이 ?: 3항 연산자에서 물음표와 콜론의 순서를 기억하는 데 애를 먹습니다. 다행히도 이 순서를 쉽게 기억하는 방법이 있습니다. 조건 연산자가 질문을 한다고 생각해 보세요. 답하기 전에는 항상 질문이 있어야 하죠. 그러니 다음과 같이 스스로에게 물어보세요.

이 조건이 참인가요? 예 : 아니오

표현식에서 ?가 : 앞에 나온다는 것을 기억할 수 있을 겁니다.

람다 식과 LINQ

메서드 체이닝을 사용해 LINQ 쿼리 재작성하기

LambdaTestDrive 프로젝트를 열어 다음 LINQ 쿼리를 추가하고, 코드의 select 키워드 위에 마우스 커서를 올려 보세요.

```
var array = new[] {1, 2, 3, 4};
var result = from i in array select i * 2;
```

이 부분은 여러분이 다른 메서드 위에 마우스 커서를 올렸을 때 볼 수 있는 메서드 선언과 같아 보입니다.

```
(확장) IEnumerable<int> IEnumerable<int>.Select<int, int>(Func<int, int> selector)
Projects each element of a sequence into a new form.

반환 값:
  An IEnumerable<out T> whose elements are the result of invoking the transform function
  on each element of source.

예외:
  ArgumentNullException
```

비주얼 스튜디오가 표시하는 도구 설명 창을 보면 메서드 선언 때와 내용이 동일합니다. 첫 번째 줄에 메서드 선언이 있습니다.

```
IEnumerable<int> IEnumerable<int>.Select<int, int>(Func<int, int> selector)
```

이 메서드 선언에서 다음과 같은 사실을 알 수 있습니다.

- IEnumerable<int>.Select() 메서드는 IEnumerable<int>를 반환합니다.
- 이 메서드는 Func<int, int> 타입의 매개 변수 한 개를 받습니다.

IEnumerable<int>.Select() 메서드는 Func<int, int> 타입의 매개 변수 하나를 받습니다. Func<int, int> 타입에는 int 매개 변수 하나를 받고 int 타입을 반환하는 람다를 사용할 수 있습니다.

Func 타입 매개 변수를 받는 메서드에 람다 식 사용하기

메서드가 Func<int, int> 매개 변수를 가질 경우, 이 메서드를 호출할 때 int를 매개 변수로 받고 int를 반환하는 람다 식을 사용할 수 있습니다. 그러면 select 쿼리를 다음과 같이 리팩터링할 수 있습니다.

```
var result = array.Select(i => i * 2);
```

직접 테스트해 보세요. 다음과 같이 foreach 문을 사용해 값을 출력합니다.

```
foreach (var i in result) Console.WriteLine(i);
```

리팩터링된 쿼리의 결과 값을 출력하면 { 2, 4, 6, 8 } 시퀀스 값이 출력됩니다. 이 값은 리팩터링 이전의 LINQ 쿼리가 반환하던 값과 동일합니다.

쉬어 가기

LINQ 메서드에서 Func 타입을 발견하면, 이는 람다를 사용할 수 있다는 의미입니다.

이 책의 깃 허브 페이지에서 다운로드할 수 있는 Events and Delegates(이벤트와 대리자) PDF 문서에서 Func 타입에 대해 더 많은 것을 배울 수 있습니다. 당장은 Func<TSource, TResult> 타입의 매개 변수를 가진 LINQ 메서드가 있을 경우, TSource 타입 매개 변수를 받으면서 TResult 타입 값을 반환하는 람다를 넘겨주는 방식으로 이 메서드를 호출할 수 있다는 것만 기억하면 됩니다.

LINQ 쿼리는 메서드 체이닝 형태로 작성할 수 있습니다

앞서 살펴봤던 다음 LINQ 쿼리를 앱에 추가해서, 몇 가지 LINQ 메서드를 더 살펴봅시다.

```
int[] values = new int[] { 0, 12, 44, 36, 92, 54, 13, 8 };
IEnumerable<int> result =
    from v in values
    where v < 37
    orderby -v
    select v;
```

OrderBy LINQ 메서드는 시퀀스를 정렬합니다

orderby 키워드에 마우스 커서를 올려 보고 orderby 키워드의 매개 변수를 한번 살펴보세요.

(확장) IOrderedEnumerable<int> IEnumerable<int>.OrderBy<int, int>(Func<int, int> keySelector)
Sorts the elements of a sequence in ascending order according to a key.

반환 값:
An IOrderedEnumerable<out TElement> whose elements are sorted according to a key.

예외:
ArgumentNullException

int 타입 시퀀스는 'OrderBy'라는 이름의 LINQ 메서드를 가지고 있으며, 이 메서드는 int 매개 변수 하나를 받고 int를 반환하는 람다를 매개 변수로 받습니다. 이 람다는 8장에서 살펴봤던 비교자(comparer) 메서드처럼 작동합니다.

LINQ 쿼리의 orderby 절을 정렬하는 LINQ 메서드인 OrderBy를 호출합니다. 이 경우, OrderBy 메서드를 호출할 때 int 매개 변수 하나를 받고 정렬 키를 반환하는 람다 식이나, 결과를 정렬하는 데 사용할 수 있는 객체(IComparer를 구현한)를 넘겨줄 수 있습니다.

Where LINQ 메서드는 시퀀스의 일부를 제외합니다

이번에는 LINQ 쿼리의 where 키워드에 마우스 커서를 올려 보세요.

(확장) IEnumerable<int> IEnumerable<int>.Where<int>(Func<int, bool> predicate)
Filters a sequence of values based on a predicate.

반환 값:
An IEnumerable<out T> that contains elements from the input sequence that satisfy the condition.

예외:
ArgumentNullException

LINQ Where() 메서드는 시퀀스의 각 멤버를 입력받아, 이를 시퀀스에 그대로 두려면 true, 제거하려면 false를 반환하는 람다를 사용합니다.

LINQ 쿼리의 where 절은 bool 값을 반환하는 람다를 매개 변수로 사용할 수 있는 LINQ 메서드인 Where()를 호출합니다. Where() 메서드는 시퀀스의 각 요소마다 이 람다를 호출합니다. 람다가 true를 반환하면 이 요소는 결과에 포함되고, 람다가 false를 반환하면 이 요소는 결과에서 제외됩니다.

연습 문제

람다 문제입니다! 다음 LINQ 쿼리를 LINQ 메서드 체이닝 호출로 리팩터링해 보세요. result로 시작해서 Where()와 OrderBy() 메서드를 차례로 호출해 동일한 시퀀스를 생성해 보세요.

```
IEnumerable<int> result =
    from v in values
    where v < 37
    orderby -v
    select v;
```

연습 문제 정답

LINQ 쿼리는 다음과 같이 리팩터링할 수 있습니다.

```
var result = values.Where(v => v < 37).OrderBy(v => -v);
```

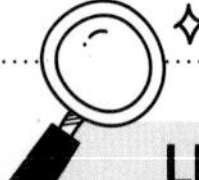

LINQ 메서드 자세히 살펴보기

LINQ 쿼리는 일련의 메서드 체이닝으로 재작성할 수 있습니다. 람다 식을 사용하면 메서드가 생성하는 시퀀스를 결정할 수 있죠. LINQ 쿼리를 LINQ 메서드 체이닝으로 변환하는 과정은 다음과 같습니다.

LINQ 쿼리	설명	메서드 체이닝
`IEnumerable<int> result =`	**var를 사용해 변수 선언** →	`var result =`
`from v in values`	**values 시퀀스로 시작** →	`values`
`where v < 37`	**Where를 호출하면서 37 미만의 값을 포함시키는 람다를 전달** →	`.Where(v => v < 37)`
`orderby -v`	**OrderBy를 호출하면서 값을 음수로 만드는 람다를 전달** →	`.OrderBy(v => -v);`
`select v;`	**select 절이 값을 변경하지 않기 때문에 .Select 메서드를 사용할 필요 없음**	

LINQ 쿼리의 descending 키워드 대신 OrderByDescending( ) 메서드 사용하기

쿼리의 orderby 절에서 descending 키워드를 사용했던 것을 기억하나요? LINQ 메서드에도 이와 동일한 역할을 하는 OrderByDescending( ) 메서드가 있습니다.

```
var result = values.Where(v => v < 37).OrderByDescending(v => v);
```

람다 식 v => v는 매개 변수를 그대로 반환하고, 이런 람다 식을 종종 식별 함수(identity function)라고 부릅니다. OrderByDescending(v=>v)는 시퀀스의 순서를 뒤집습니다.

메서드 체이닝에서 그룹 쿼리를 생성하기 위해 GroupBy( ) 메서드 사용하기

다음 그룹 쿼리에서 group 키워드에 마우스 커서를 올려 놓으면 이 쿼리가 LINQ GroupBy( ) 메서드를 호출함을 알 수 있습니다. 여기에서도 람다 식을 사용해 카드 무늬를 기준으로 그룹을 만들 수 있습니다.

```
var grouped =
    from card in deck
    group card by card.Suit into suitGroup
    orderby suitGroup.Key descending
    select suitGroup;
```

그런 다음 그룹의 키에 따라 정렬하는 람다 식을 사용합니다. 다음은 리팩터리된 LINQ 쿼리입니다.

```
var grouped =
    deck.GroupBy(card => card.Suit)
    .OrderByDescending(group => group.Key);
```

> 선언적 LINQ 쿼리 문법과 메서드 체이닝 중 어느 쪽을 사용해야 할까요? 이 둘은 똑같은 작업을 수행합니다. 경우에 따라 각각 다른 방법이 깔끔한 코드를 만들 수 있으므로, 두 방법을 다 알아 두면 도움이 됩니다.

(확장) IEnumerable<IGrouping<Suits, Card>> IEnumerable<Card>.GroupBy<Card, Suits>(Func<Card, Suits> keySelector)
Groups the elements of a sequence according to a specified key selector function.

=> 연산자 사용해서 switch 식 만들기

6장에서부터 변수의 값이 몇몇 값과 일치하는지 검사하기 위해 switch 문을 사용했습니다. switch 문은 매우 유용합니다. 하지만 제약이 있습니다. 예를 들어, case 레이블에 변수를 한번 넣어 보세요.

```
case myVariable:
```

그러면 '상수 값이 필요합니다.'라는 컴파일 오류가 발생합니다. switch 문의 case 레이블에는 리터럴이나 const로 정의된 변수 등의 상수 값만 사용할 수 있기 때문입니다.

하지만 => 연산자를 사용해서 switch 식을 만들 때는 다릅니다. switch 식은 switch 문과 비슷하지만, switch 식은 값을 반환합니다. switch 식은 검사할 값으로 시작합니다. 그다음에 switch 키워드가 오고, 그리고 중괄호 안에 쉼표로 구분된 일련의 switch 암(arm)이 들어 있습니다. 각 switch 암은 => 연산자를 사용해 값이 표현식의 값과 일치하는지 검사합니다. 첫 번째 암이 일치하지 않으면 다음 암으로 넘어가고, 일치하는 암의 값을 반환합니다.

```
var returnValue = valueToCheck switch
{
    pattern1 => returnValue1,
    pattern2 => returnValue2,
    ...
    _ => defaultReturnValue,
}
```

switch 식은 검사할 값으로 시작해 switch 키워드가 뒤에 따라옵니다.

switch 식의 본체는 => 연산자를 사용해 valueToCheck의 값을 검사하고 패턴과 일치할 경우 값을 반환하는 여러 switch 암으로 이뤄져 있습니다.

switch 식은 완전해야(exhaustive) 합니다. 이는 switch 식이 검사하려는 값과 일치하는 모든 패턴을 가지고 있어야 한다는 의미입니다. 패턴은 다른 암과 일치하지 않은 그 외 모든 값을 나타냅니다.

무늬에 따라서 점수를 따지는 카드 게임을 만든다고 가정해 보겠습니다. 스페이드의 점수는 6, 하트는 4, 다른 카드는 2점이라고 해 봅시다. 이 조건에 따라 다음과 같은 switch 문을 작성할 수 있습니다.

```
var score = 0;
switch (card.Suit)
{
    case Suits.Spades:
        score = 6;
        break;
    case Suits.Hearts:
        score = 4;
        break;
    default:
        score = 2;
        break;
}
```

이 switch 문의 모든 case 레이블은 score 변수의 값을 설정합니다. 이런 switch 문은 switch 식을 사용하기에 좋은 대상입니다.

이 siwtch 문의 목적은 여러 case 레이블에 따라 score 변수의 값을 설정하는 것입니다. 대부분 switch 문은 이렇게 작동하죠. => 연산자를 사용해 동일한 작업을 처리하는 switch 식을 만들 수 있습니다.

```
var score = card.Suit switch
{
    Suits.Spades => 6,
    Suits.Hearts => 4,
    _ => 2,
};
```

이 switch 식은 card.Suit의 값을 검사합니다. 값이 Suits.Spades와 같으면 6, Suits.Hearts와 같으면 4, 그 외에는 2를 반환합니다.

쓰면서 제대로 공부하기

'SharpenYourPencil' 이름의 새 프로젝트를 생성하고 앞에서 작성했던 Suits, Values, Deck 클래스를 추가해서 실습해 보세요!

LINQ 연습 더 많이 하기

다음 코드는 앞서의 프로젝트에서 사용했던 Suits, Values, Deck, Card, Card Comparer ByValue 클래스를 사용해서 콘솔에 문자열 여섯 줄을 출력합니다. 이 코드 출력 내용을 예상해서 적어 보세요. 그리고 새 콘솔 앱을 생성하고 이 프로그램 코드를 추가해서 답을 확인해 보세요.

```
internal class Program
{
    static string Output(Suits suit, int number) =>
        $"Suit is {suit} and number is {number}";

    static void Main(string[] args)
    {
        var deck = new Deck();
        var processedCards = deck
        .Take(3)
        .Concat(deck.TakeLast(3))
        .OrderByDescending(card => card)
        .Select(card => card.Value switch
        {
            Values.King => Output(card.Suit, 7),
            Values.Ace => $"It's an ace! {card.Suit}",
            Values.Jack => Output((Suits)card.Suit - 1, 9),
            Values.Two => Output(card.Suit, 18),
            _ => card.ToString(),
        }) ;

        foreach(var output in processedCards)
        {
            Console.WriteLine(output);
        }
    }
}
```

이 람다 식은 두 매개 변수 Suit와 int를 받고, 보간된 문자열을 반환합니다.

이 LINQ 메서드는 9장 앞부분에서 봤던 것과 비슷합니다.

앞서 Card 클래스는 IComparable<Card>를 구현했기 때문에 OrderByDescending() 메서드를 사용할 수 있습니다.

Select() 메서드는 switch 식을 사용해 카드의 값을 검사하고 문자열을 생성합니다.

프로그램의 출력 결과를 적어 보세요. 정답은 없습니다. 코드를 콘솔 앱에 추가해서 답을 확인하세요.

이 문제는 람다를 연습하는 데 매우 중요합니다! 이 문제에는 람다 식, switch 식, LINQ 메서드, 열거형 캐스팅, 메서드 체이닝 등 앞서 배운 요소들이 포함되어 있습니다. 시간을 충분히 투자해서 이 코드가 어떻게 작동하는지 미리 생각해 보고 프로그램을 실행해 보세요. 여러분의 답이 출력 결과와 일치하지 않더라도, 프로그램 작동이 왜 기대와 달랐는지 살펴보는 것 역시 좋은 학습이 될 것입니다.

연습 문제

람다 식, switch 식, LINQ 메서드에 대해 배운 모든 것을 활용해서 ComicAnalyzer 클래스와 Main() 메서드를 리팩터링하고, 유닛 테스트를 사용해 이 모든 코드가 이전과 동일하게 작동하는지 확인해 봅시다.

1. ComicAnalyzer의 LINQ 쿼리 교체하기

ComicAnalyzer에는 두 LINQ 쿼리가 있습니다.

- GroupComicsByPrice() 메서드: group 키워드를 사용해서 만화를 가격별로 그룹화하는 LINQ 쿼리를 가지고 있습니다.
- GetReviews() 메서드: join 키워드를 사용해서 Comic 객체의 시퀀스를 발행 호수별 가격 정보가 담긴 사전과 조인하는 LINQ 쿼리를 가지고 있습니다.

LINQ 메서드 OrderBy(), GroupBy(), Select(), Join() 메서드를 사용하도록 이들 메서드의 LINQ 쿼리를 수정하세요. 이 책에서는 아직 Join 메서드를 살펴보지 않았습니다! 하지만 비주얼 스튜디오를 사용해 어떻게 LINQ 메서드를 탐색할 수 있는지 살펴봤죠. Join() 메서드는 그보다 조금 더 복잡합니다. 그러나 걱정하지 마세요. 하나씩 살펴봅시다. Join() 메서드는 다음 4개의 매개 변수를 받습니다.

```
sequence.Join(조인할 시퀀스,
              조인의 'on' 부분에 쓰일 람다 식,
              조인의 'equals' 부분에 쓰일 람다 식,
              두 개의 매개 변수를 받아 'select' 출력을 반환하는 람다 식);
```

이 람다는 조인되는 두 시퀀스의 결과 항목 쌍을 매개 변수로 받습니다.

LINQ 쿼리의 'on'과 'equals' 부분을 자세히 살펴보고 앞의 두 람다 식을 만들어 보세요. Join() 메서드는 메서드 체이닝의 마지막 메서드여야 합니다. 힌트를 하나 드리겠습니다. 마지막 람다 매개 변수는 이렇게 시작합니다.

```
(comic, review) =>
```

일단 유닛 테스트가 성공하면 ComicAnalyzer 클래스의 리팩터링이 성공적으로 끝난 것입니다.

2. Main() 메서드의 switch 문을 switch 식으로 바꾸기

Main() 메서드에는 private 메서드를 호출해 반환된 값을 done 변수에 할당하는 switch 문이 있습니다. 이 switch 문을 switch 암 3개를 가진 switch 식으로 변경해 보세요. 변경한 다음 앱을 실행해서 변경이 잘 이뤄졌는지 테스트해 볼 수 있습니다. 키에 따라 옳은 출력 결과가 나오면 제대로 된 겁니다.

무대 뒤에서

이 <연습 문제>에서는 코드를 안전하게 리팩터링하기 위해 유닛 테스트를 사용하는 법을 배웁니다.

사실 리팩터링은 귀찮은 작업입니다. 기능적으로 문제가 없는 코드를 수정해서 구조와 가독성, 재사용성을 개선해야 하기 때문이죠. 코드를 수정하면서 실수로 코드가 작동하지 않게 되거나, 추적이나 탐지가 쉽지 않은 미묘한 오류를 만들게 될 수도 있습니다. 이럴 때 유닛 테스트가 도움이 됩니다. 어떻게 유닛 테스트가 리팩터링을 안전하게 만드는지 다음 내용을 확인해 보세요.

- 리팩터링을 시작하기 전에 코드가 잘 작동하는지 확인하는 테스트를 작성합니다. 이는 9장에서 ComicAnalyzer 클래스를 검증하기 위해 추가했던 테스트와 비슷합니다.
- 클래스를 리팩터링할 때는 변경할 때마다 클래스 테스트를 실행합니다. 이렇게 진행하면 개발 과정의 피드백 루프가 짧아집니다. 일반적인 디버깅을 할 수도 있지만, 클래스 테스트는 클래스의 코드를 직접 실행하기 때문에 더 빠릅니다(아니면 프로그램을 실행하고 UI를 사용해 이 클래스를 사용하는 코드를 실행해야 합니다).
- 메서드를 리팩터링할 때는 특정 테스트 또는 해당 메서드를 실행하는 테스트를 먼저 실행해 보세요. 만약 테스트에 성공하면, 전체 테스트를 실행해서 다른 망가진 곳이 없는지 확인하면 됩니다.
- 테스트에 실패해도 낙담하지 마세요. 사실 그건 좋은 소식입니다! 테스트 실패는 여러분에게 무언가가 망가졌다고 알려 주는 신호이고, 그것을 고치면 되니까요.

연습 문제 정답

람다 식, switch 식, LINQ 메서드에 대해 배운 모든 것을 활용해서 ComicAnalyzer 클래스와 Main() 메서드를 리팩터링하고, 유닛 테스트를 사용해 이 모든 코드가 이전과 동일하게 작동하는지 확인해 봅시다.

다음은 ComicAnalyze 클래스의 리팩터링된 GroupComicsByPrice()와 GetReviews() 메서드입니다.

```
public static IEnumerable<IGrouping<PriceRange, Comic>> GroupComicsByPrice(
        IEnumerable<Comic> comics, IReadOnlyDictionary<int, decimal> prices)
{
    var grouped =
        comics
        .OrderBy(comic => prices[comic.Issue])
        .GroupBy(comic => CalculatePriceRange(comic, prices));

    return grouped;
}

public static IEnumerable<string> GetReviews(
        IEnumerable<Comic> comics, IEnumerable<Review> reviews)
{
    var joined =
    comics
    .OrderBy(comic => comic.Issue)
    .Join(
        reviews,
        comic => comic.Issue,
        review => review.Issue,
        (comic, review) =>
                $"{review.Critic} rated #{comic.Issue} '{comic.Name}' {review.Score:0.00}");
    return joined;
}
```

OrderBy, GroupBy 람다와 LINQ 쿼리의 orderby, group...by 절을 비교해 보세요. 이들은 거의 동일합니다.

조인 쿼리는 'join reviews'로 시작하므로, Join 메서드에 넘겨줘야 하는 첫째 인수는 reviews여야 합니다.

Join 메서드에 전달되는 두 인수를 조인 쿼리의 'on', 'equals' 부분과 비교해 보세요. on comic.Issue equals review.Issue

이 마지막 람다는 조인된 두 시퀀스에서 온 comic, review 쌍의 모든 항목에 대해 일일이 호출되고, 출력 내용이 포함된 문자열을 반환합니다.

switch 문 대신 switch 식으로 리팩터링된 Main() 메서드는 다음과 같습니다.

```
static void Main(string[] args)
{
    var done = false;
    while (!done)
    {
        Console.WriteLine(
            "\nPress G to group comics by price, R to get reviews, any other key to quit\n");
        done = Console.ReadKey(true).KeyChar.ToString().ToUpper() switch
        {
            "G" => GroupComicsByPrice(),
            "R" => GetReviews(),
            _ => true,
        };
    }
}
```

switch 식은 같은 결과를 반환하는 switch 문에 비해 더 간결하지만 모든 switch 문을 switch 식으로 리팩터링할 수 있는 것은 아닙니다. 이 경우 각 case 레이블이 동일 변수(done)의 값을 설정하기 때문에 가능한 것입니다.

Enumerable 클래스 살펴보기

시퀀스를 생성하는 유용한 도구

시퀀스를 꽤 오래 살펴봤군요. 이제 foreach 문과 LINQ 쿼리에 시퀀스를 사용할 수 있음은 우리 모두 알고 있습니다. 하지만 정확히 어떤 것이 시퀀스를 작동하는 걸까요? 조금 더 깊게 알아봅시다. 우선 Enumerable 클래스부터 시작해 볼까요. 이 클래스에는 static 메서드 Range(), Empty(), Repeat()가 있습니다. Enumerable.Range() 메서드는 이미 살펴봤죠. 비주얼 스튜디오를 통해 나머지 두 메서드의 사용법을 살펴봅시다. Enumerable.을 입력하고 [인텔리센스] 창에서 Range, Empty, Repeat 위에 마우스 커서를 올려 각 메서드의 선언부와 설명을 살펴봅시다.

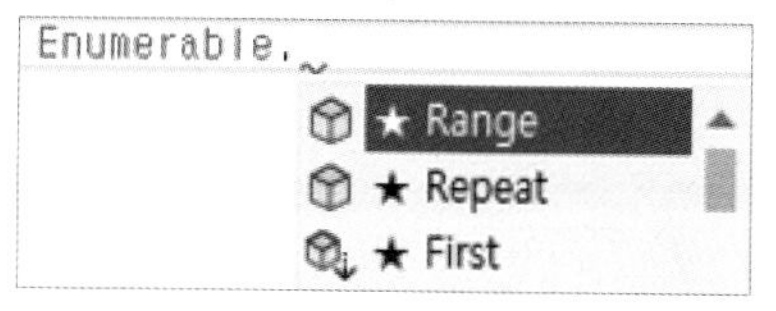

IEnumerable<TResult> Enumerable.Empty<TResult>()
Returns an empty IEnumerable<out T> that has the specified type argument.

IEnumerable<TResult> Enumerable.Repeat<TResult>(TResult element, int count)
Generates a sequence that contains one repeated value.
★ 이 컨텍스트를 기반으로 한 IntelliCode 제안

Enumerable.Empty()는 필요한 타입의 빈 시퀀스를 생성합니다

간혹 IEnumerable<T>를 매개 변수로 받는 메서드에 빈 시퀀스를 넘겨줘야 할 때가 있습니다. 예를 들면, 유닛 테스트를 작성할 때가 그렇죠. **Enumerable.Empty() 메서드**는 이럴 경우에 편리합니다.

```
var emptyInts = Enumerable.Empty<int>(); // int 타입의 빈 시퀀스
var emptyComics = Enumerable.Empty<Comic>(); // Comic 참조의 빈 시퀀스
```

Enumerable.Repeat()은 값을 여러 번 반복합니다

3이 100번, yes가 12번, 동일한 익명 객체가 83번 반복되는 시퀀스가 필요하다고 해 봅시다. **Enumerable.Repeat() 메서드**를 사용하면 이런 작업을 처리할 수 있습니다. Enumerable.Repeat() 메서드는 반복된 값의 시퀀스를 반환합니다. 이런 경우가 의외로 자주 발생한다는 데 놀랄 수도 있습니다!

```
var oneHundredThrees = Enumerable.Repeat(3, 100);
var twelveYesStrings = Enumerable.Repeat("yes", 12);
var eightyThreeObjects = Enumerable.Repeat(
    new { cost = 12.94M, sign = "ONE WAY", isTall = false }, 83);
```

이 책에서는 지금까지 IEnumerable<T>를 계속 사용해 왔지만, 열거 가능한(enumerable) 시퀀스가 실제로 무엇인지에 대한 답은 없었습니다. 직접 만들어 보면 이해하기 더 쉬울 것입니다. 시퀀스를 처음부터 만들어 보면서 9장을 마무리하겠습니다.

뇌 단련

IEnumerable<T> 인터페이스를 직접 디자인해야 한다면 어떤 멤버를 이 인터페이스에 넣으면 좋을까요?

열거 가능한 시퀀스 직접 생성하기

시퀀스는 정말 무엇인가?

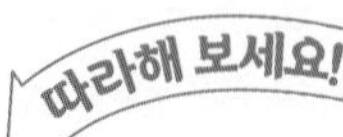

01 'CreateSequencesByHand' 이름의 새 콘솔 앱을 생성하고, 다음처럼 Sport 열거형을 추가하세요.

```
enum Sport { Football, Baseball, Basketball, Hockey, Boxing, Rugby, Fencing }
```

보다시피 새 List<Sport>를 생성하고 컬렉션 이니셜라이저를 사용하면 리스트에 값을 채울 수 있습니다. 하지만 시퀀스가 어떻게 작동하는지 살펴보기 위해서 시퀀스를 직접 만들어 보겠습니다. 'ManualSportSequence'라는 이름의 클래스를 생성해 IEnumerate<Sport> 인터페이스를 구현합니다. 이 클래스에는 IEnumerator를 반환하는 두 멤버가 있습니다.

```
internal class ManualSportSequence : IEnumerable<Sport> {
    public IEnumerator<Sport> GetEnumerator() {
        return new ManualSportEnumerator();
    }

    System.Collections.IEnumerator System.Collections.IEnumerable.GetEnumerator() {
        return GetEnumerator();
    }
}
```

[빠른 작업] 메뉴의 [인터페이스 구현] 항목을 사용하면, IEnumerator와 IEnumerable을 위한 정규화된 클래스 이름을 사용합니다.

IEnumerator는 시퀀스를 열거하고, 시퀀스의 항목에 접근할 수 있게 해 주는 인터페이스입니다. IEnumerator의 Current 속성은 열거 중인 현재 위치의 항목을 반환합니다. MoveNext() 메서드는 시퀀스의 다음 항목으로 이동하고, 시퀀스에 더 이상 남은 항목이 없으면 false를 반환합니다. MoveNext()를 호출하면, Current는 다음 요소를 반환합니다. 마지막으로, Reset() 메서드는 시퀀스를 시작 부분으로 되돌립니다. 이들 메서드를 가지고 있는 객체는 열거 가능한(enumerable) 시퀀스입니다. 이제 IEnumerator<Sport>를 구현해 보죠.

IEnumerator<T>
Current
MoveNext Reset Dispose

02 'ManualSportEnumerator' 이름의 클래스를 추가하세요.

```
using System.Collections.Generic;

internal class ManualSportEnumerator : IEnumerator<Sport> {
    int current = -1;
    public Sport Current { get { return (Sport)current; } }
    public void Dispose() { return; } // Dispose() 메서드는 10장에서 살펴볼 겁니다.
    object System.Collections.IEnumerator.Current { get { return Current; } }
    public bool MoveNext() {
        var maxEnumValue = Enum.GetValues(typeof(Sport)).Length;
        if ((int)current >= maxEnumValue - 1)
            return false;
        current++;
        return true;
    }
    public void Reset() { current = 0; }
}
```

IDisposable 인터페이스(10장 참조)도 구현해야 합니다. 이 인터페이스는 Dispose() 메서드 하나만 멤버로 가지고 있습니다.

ManualSportEnumerator는 int를 enum으로 변환할 때 캐스팅을 이용합니다. 정적 Enum.GetValues() 메서드를 사용해 열거형 멤버의 전체 개수를 구하고, int를 사용해 current 값의 인덱스를 저장합니다.

위 코드가 직접 IEnumerator 타입을 구현하기 위해 필요한 코드의 전부입니다. 이제 Main() 메서드에 다음 foreach 문으로 시퀀스를 열거하는 코드를 추가하고 실행해 보세요.

```
var sports = new ManualSportSequence();
foreach (var sport in sports)
    Console.WriteLine(sport);
```

yield return 문을 사용해 직접 시퀀스 생성하기

yield return 문은 열거 가능한 시퀀스를 좀 더 쉽게 생성합니다. yield return 문은 일종의 자동 열거자 생성기입니다. 예제 를 살펴보면서 이해해 보겠습니다. 솔루션에 프로젝트를 추가해 봅시다. 방금 만든 CreateSequencesByHand 솔루션에 'UseYieldReturn'이라는 이름의 새 콘솔 앱을 추가하세요. 대신 이번에는 MSTest 템플릿 콘솔 앱을 선택해서 추가합니다. [솔루션 추가]를 선택하는 것을 잊지 마세요! 프로젝트를 생성한 다음 솔루션 아래에 추가된 프로젝트를 마우스 우클릭하고 시작 프로젝트로 설정(A) 메뉴를 선택합니다. 이제 비주얼 스튜디오에서 프로젝트 실행 버튼을 누르면, 새로 추가된 프로젝트가 실행됩니다. 물론 솔루션의 다른 프로젝트를 마우스 우클릭해서 실행하거나 디버깅할 수도 있습니다.

새 콘솔 앱의 Program 클래스를 다음처럼 수정하세요.

```
using System.Collections.Generic;
internal class Program
{
    static IEnumerable<string> SimpleEnumerable()
    {
        yield return "apples";
        yield return "oranges";
        yield return "bananas";
        yield return "unicorns";
    }

    static void Main(string[] args)
    {
        foreach (var s in SimpleEnumerable()) Console.WriteLine(s);
    }
}
```

이 메서드는 IEnumerable<string>을 반환하므로, 모든 yield return은 문자열 값을 한 번씩 반환합니다.

앱을 실행하면 apples, oranges, bananas, unicorns가 한 번씩, 문자열이 총 4줄 출력됩니다. 그렇다면 yield return은 어떻게 작동하는 걸까요?

디버거를 사용해 yield return 살펴보기

Main 메서드의 첫 번째 줄에 중단점을 설정하고 디버거를 실행합니다. 그런 다음 [한 단계씩 코드 실행(F11/⇧⌘I)) 버튼을 사용해 코드를 한 줄씩 디버깅해서 코드 내부로 진입합니다.

- SimpleEnumerable() 메서드의 첫 줄에 진입할 때까지 코드를 한 단계씩 계속 실행합니다.
- yield return에 도달하도록 한 단계씩 코드 실행을 한 번 더 수행합니다. yield return은 return 문처럼 작동하며, SimpleEnumerable() 메서드를 호출했던 명령문으로 제어를 되돌립니다. 이 경우 SimpleEnumerable 메서드를 호출한 foreach 문으로 되돌아가서, Console.WriteLine을 호출해 apples를 출력합니다.
- 한 단계씩 코드 실행을 5번 더 수행합니다. 앱은 다시 SimpleEnumerable() 메서드로 진입하지만, 이번에는 메서드의 첫째 줄 명령문을 건너뛰고 두 번째 줄로 직행합니다.

```
static IEnumerable<string> SimpleEnumerable()
{
    yield return "apples";
    yield return "oranges";
    yield return "bananas";
    yield return "unicorns";
}
```

foreach 문이 SimpleEnumerable() 메서드에서 반환된 시퀀스에서 항목을 한 개씩 가져올 때마다, 실행 위치는 yield return 문이 마지막으로 호출됐던 위치의 바로 다음 위치로 점프합니다.

- 계속 진행해 보세요. 앱이 foreach 문으로 돌아간 다음, 이번에는 SimpleEnumerable() 메서드의 세 번째 줄로 갔다가, 다시 foreach 문으로 돌아가고, 다시 SimpleEnumerable() 메서드의 네 번째 줄로 가는 것을 볼 수 있습니다.

그러므로 yield return은 메서드가 열거 가능한 시퀀스를 반환해 줍니다. yield return은 매번 호출될 때마다 시퀀스의 다음 요소를 반환하면서 마지막으로 반환했던 위치를 저장해서 바로 그 다음부터 요소를 반환하는 방법을 사용합니다.

yield return 문을 사용해 ManualSportSequence 리팩터링하기

yield return은 시퀀스를 만듭니다.

yield return 문을 사용해서 IEnumerable<T> 인터페이스의 GetEnumerator() 메서드를 구현할 수 있습니다. 예를 들어 ManualSportSequence와 똑같이 작동하는 다음 BetterSportSequence 클래스를 살펴봅시다. BetterSportSequence는 GetEnumerator 구현체에 yield return 문을 사용하기 때문에 더 간결합니다.

```
using System.Collections.Generic;
internal class BetterSportSequence : IEnumerable<Sport> {
    public IEnumerator<Sport> GetEnumerator() {
        int maxEnumValue = Enum.GetValues(typeof(Sport)).Length - 1;
        for (int i = 0; i <= maxEnumValue; i++) {
            yield return (Sport)i;
        }
    }
    System.Collections.IEnumerator System.Collections.IEnumerable.GetEnumerator() {
        return GetEnumerator();
    }
}
```

yield return 문을 사용해서 IEnumerable<T> 인터페이스의 GetEnumerator() 메서드를 구현하고, 직접 열거 가능한 시퀀스를 만들 수 있습니다.

솔루션에 새 콘솔 앱 프로젝트를 추가하세요. BetterSportSequence 클래스도 추가하고, ManualSportSequence 프로젝트의 Sport 클래스를 가져와서 해당 프로젝트에 맞게 수정해 보세요. 그리고 Main() 메서드를 수정해서 BetterSportSequence 클래스의 인스턴스를 만들고 시퀀스를 열거하세요.

BetterSportSequence에 인덱서 추가하기

IEnumerator<T>를 만들기 위해 yield return 문을 사용한 것처럼, IEnumerator<T>를 구현하는 클래스를 생성할 때도 yield return 문을 사용할 수 있습니다. 시퀀스를 위해 별도의 클래스를 생성하면 인덱서를 사용할 수 있습니다. myList[3], myDictionary["Steve"]처럼 리스트, 배열, 사전에서 객체를 얻기 위해 대괄호를 사용했던 것을 생각해 보세요. 사실 이것이 바로 **인덱서**입니다. 인덱서는 단순히 메서드일 뿐입니다. 명명된 매개 변수(named parameter)를 하나 가지고 있다는 점만 제외하면, 인덱서는 속성과 비슷하죠.

비주얼 스튜디오는 인덱서를 추가할 때 매우 유용한 코드 조각을 가지고 있습니다. indexer를 입력하고 [Tab] 키를 두 번 누르면, 비주얼 스튜디오가 인덱서의 기본 템플릿 코드를 자동으로 추가해 줍니다.

BetterSportSequence 클래스 하단에 다음 코드를 추가하세요.

```
public Sport this[int index]
{
    get => (Sport)index;
}
```

인덱서를 [3]으로 호출하면 Hockey 값이 반환됩니다.

```
var sequence = new BetterSportSequence();
Console.WriteLine(sequence[3]);
```

시퀀스는 컬렉션이 아닙니다.

ICollection<int>를 구현하는 클래스를 만들어 보고, 멤버를 구현하기 위해 [빠른 작업] 메뉴를 사용해 보세요. 컬렉션은 IEnumerable<T> 메서드를 구현하고, 추가적인 속성(Count 등)과 메서드(Add, Clear 등)도 가지고 있습니다. 이를 통해 컬렉션은 열거 가능한 시퀀스와는 다른 작업에 사용된다는 것을 알 수 있죠.

코드 조각을 사용해 인덱서를 생성할 때 한번 자세히 살펴보세요. 인덱서는 타입을 설정할 수 있게 해 줍니다. 문자열이나 객체 등 다른 타입을 매개 변수로 받는 인덱서를 정의할 수도 있습니다. 여기에서는 getter만 선언하고 있지만, setter도 선언할 수 있습니다.

연습 문제

열거 가능한 클래스를 생성하고, 0부터 int 값의 범위 안에 들어오는 수까지의 모든 2의 거듭제곱수를 int 타입 시퀀스로 반환하도록 해 봅시다.

yield return 문을 사용해서 2의 거듭제곱수의 시퀀스를 생성하세요.

IEnumerable<int>를 구현하는 'PowersOfTwo' 이름의 새 콘솔 앱을 생성한 다음, 동일한 이름의 클래스를 생성하세요. 이 클래스는 0부터 시작하는 반복문을 사용하며, yield return 문을 사용해서 2의 거듭제곱수를 포함하는 시퀀스를 반환합니다.
이 앱은 다음과 같은 문자열을 콘솔에 출력해야 합니다.

```
1 2 4 8 16 32 64 128 256 512 1024 2048 4096 8192 16384 32768 65536 131072 262144 524288 1048576
2097152 4194304 8388608 16777216 33554432 67108864 134217728 268435456 536870912 1073741824
```

필요한 값의 시퀀스를 반환하기

앱에서는 정적 System.Math 클래스의 메서드를 사용해 다음과 같은 일을 처리합니다.

- 2의 거듭제곱을 계산합니다: Math.Pow(power, 2)
- int 값의 범위에 들어가는 가장 큰 2의 거듭제곱 수를 찾습니다: Math.Round(Math.Log(int.MaxValue, 2))

무엇이든 물어보세요!

Q&A

Q1 yield return 문이 어떻게 작동하는지는 알겠어요. 하지만 yield return 문이 있는 메서드를 호출할 때 왜 실행이 곧바로 메서드의 중간 지점으로 이동하는지 다시 설명해 줄 수 있나요?

A1 yield return 문을 사용해서 열거 가능한 시퀀스를 생성할 때, 이 명령문은 여러분이 C#에서 지금껏 보지 못했던 무언가를 수행합니다. 보통 메서드에서 return 문을 만나면, 프로그램은 해당 메서드를 호출했던 메서드로 돌아가, 그 명령문의 바로 다음 명령문을 실행합니다. yield return으로 생성된 시퀀스를 열거할 때도 이와 같은 일이 일어납니다. 다만 한 가지 차이점은, yield return 문은 마지막으로 수행된 yield return을 기억한다는 것이죠. 그런 다음 시퀀스의 다음 항목으로 이동할 때, 여러분이 실행한 메서드의 시작 부분 대신 최근에 호출됐던 yield return 문의 다음 명령문을 실행합니다. 이것이 개발자가 여러 yield return 문이 포함된 IEnumerable<T>를 반환하는 메서드를 작성할 수 있는 이유입니다.

Q2 IEnumerable<T>를 구현하는 클래스를 추가할 때, MoveNext() 메서드와 Current 속성도 추가해야 합니다. yield return 문을 사용할 때, 어떻게 하면 이 두 멤버를 구현할 필요 없이 인터페이스를 구현할 수 있나요?

A2 컴파일러는 yield return 문이 있으면서 IEnumerable<T>을 반환하는 메서드를 발견하면, 자동으로 MoveNext() 메서드와 Current 속성을 추가합니다. 이 메서드를 실행하면, 첫 번째 yield return 문을 마주쳤을 때 foreach 문에 첫 번째 값을 반환합니다. foreach 문이 (MoveNext 메서드를 호출해서) 계속 수행되면, 마지막으로 yield return이 실행됐던 바로 다음 명령문에서 실행이 재개됩니다. 열거자가 컬렉션의 마지막 요소에 도달하고 난 다음에 MoveNext() 메서드가 호출되면 이 메서드는 false를 반환합니다. 물론 이 같은 실행의 흐름을 종이 위에서 따라가기는 좀 어려울 수 있습니다. 대신 디버거를 사용하면 훨씬 쉽게 실행의 흐름을 추적할 수 있죠. 앞서 yield return 문을 사용하는 간단한 시퀀스를 살펴볼 때 디버거의 한 단계씩 코드 실행을 사용하라고 한 이유가 바로 이것입니다.

연습 문제 정답

열거 가능한 클래스를 생성하고, 이 클래스가 2의 거듭 제곱수를 지수 0부터 시작해서 int 값의 범위 안에 들어오는 수까지의 int 타입 시퀀스를 반환하도록 해 봅시다.

```
internal class PowersOfTwo : IEnumerable<int>
{
    public IEnumerator<int> GetEnumerator()
    {
        var maxPower = Math.Round(Math.Log(int.MaxValue, 2));
        for (int power = 0; power < maxPower; power++)
            yield return (int)Math.Pow(2, power);
    }
    IEnumerator IEnumerable.GetEnumerator() => GetEnumerator();
}
```

using 지시문을 사용하는 것을 잊지 마세요!
using System;
using System.Linq;
using System.Collections;
using System.Collections.Generic;

```
internal class Program
{
    static void Main(string[] args)
    {
        foreach (int i in new PowersOfTwo())
            Console.Write($" {i}");
    }
}
```

요점 정리

- **유닛 테스트**는 코드가 의도대로 작동하는지 확인하고, 코드를 안전하게 리팩터링할 수 있게 도와주는 자동화된 테스트입니다.
- **MSTest 테스트**는 유닛 테스트 프레임워크로, 유닛 테스트를 작성하기 위한 도구로 사용되는 클래스의 모음입니다.
- 유닛 테스트는 **어설션(assertion)**을 사용해 특정한 작동을 검증합니다.
- **public 키워드**는 여러 프로젝트를 빌드할 때 한 프로젝트의 클래스를 다른 프로젝트에서 접근할 수 있도록 해 줍니다.
- 유닛 테스트를 추가해 **경계 조건(edge case)**과 이상한 데이터를 처리해서 코드를 더욱 견고하게 만들 수 있습니다.
- **람다 연산자(=>)**를 사용해 람다 식, 즉 단일 명령문으로 정의된 익명 함수를 다음과 같이 정의할 수 있습니다: (입력 매개 변수들) => 표현식;
- 클래스 인터페이스를 구현할 때, [빠른 작업] 메뉴에서 [인터페이스 구현]을 선택하면 비주얼 스튜디오가 자동으로 현재 클래스에서 빠진 인터페이스 멤버를 추가합니다.
- LINQ 쿼리의 orderby, where 절은 LINQ 메서드인 OrderBy(), Where()를 사용해 재작성할 수 있습니다.
- **=> 연산자**를 사용해 필드를 속성으로 변경할 수 있으며, 이 속성은 람다 식을 실행하는 get 접근자를 가집니다.
- => 연산자를 사용해 **switch 식**을 생성할 수 있습니다. switch 식은 switch 문과 비슷하지만 값을 반환합니다.
- **?: 연산자**(조건 연산자, 3항 연산자라고도 불립니다)는 if/else 조건을 실행하는 단일 표현식을 만들 수 있게 해 줍니다.
- Func<T1, T2> 매개 변수를 받는 LINQ 메서드에는, 호출할 때 T1 매개 변수를 받아 T2 값을 반환하는 람다를 넘겨줄 수 있습니다.
- **Enumerable 클래스**는 static 메서드 Range(), Empty(), Repeat()를 가지고 있으며, 열거 가능한(enumerable) 시퀀스를 생성할 수 있게 해 줍니다.
- **yield return 문**을 사용해 열거 가능한 시퀀스를 반환하는 메서드를 생성할 수 있습니다.
- 메서드가 yield return 문을 실행하면, yield return은 시퀀스의 다음 값을 반환합니다. 다음번에 이 메서드가 호출되면, 메서드는 마지막에 yield return이 실행됐던 위치의 바로 다음 명령문부터 실행을 재개합니다.

낱말 퀴즈

알아 두기 잊지 마세요. 낱말 퀴즈의 정답은 영어로 작성해야 합니다!

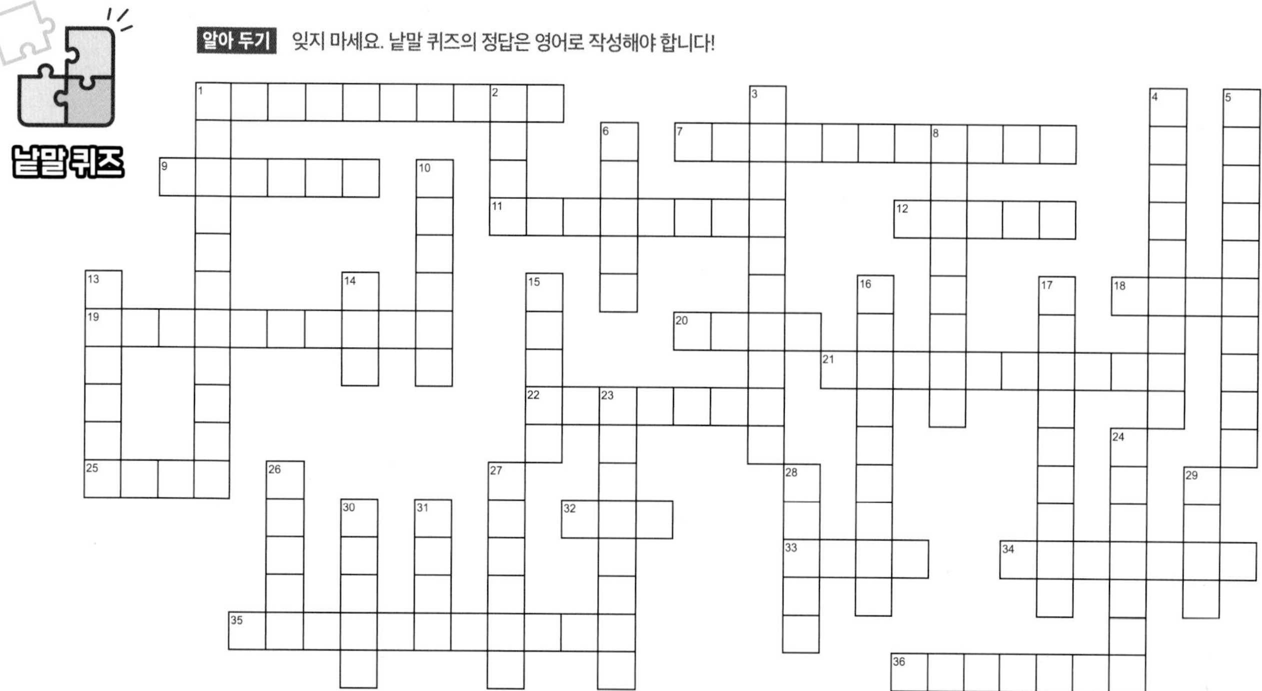

가로

1. var 키워드를 사용해 ____ 타입 변수를 선언하기
7. 선언과 추가할 항목을 결합하는 컬렉션은?
9. 프로그램 코드가 문제 상황, 실수 등을 잘 처리할 때 ________ 라고 한다.
11. 시퀀스 끝 부분의 요소들을 반환하는 LINQ 메서드는?
12. 후입선출(LIFO, last-in first-out) 컬렉션은?
18. 시퀀스의 앞부분 요소들을 반환하는 LINQ 메서드는?
19. 서로 다른 매개 변수를 가진 여러 생성자를 가진 메서드는?
20. 람다를 사용할 수 있다고 알려주는 매개 변수의 타입은?
21. 리스트 전체를 업캐스트할 때 사용하는 것은?
22. myArray[3]을 호출할 때 사용되는 것은?
25. 클래스나 인터페이스 정의의 <T>에서, 이 T가 대체되는 것은?
32. 익명 객체를 생성하는 데 사용하는 키워드는?
33. 특정 값만 허용하는 데이터 타입은?
34. 아무 타입의 값이나 저장할 수 있는 컬렉션은?
35. 모든 시퀀스가 구현하는 인터페이스는?
36. ?: 연산자의 다른 이름은?

세로

1. 리스트를 정렬할 때, 리스트의 멤버가 구현해야 하는 것은?
2. 항목을 순서대로 저장하는 컬렉션 클래스는?
3. 키와 값을 저장하는 컬렉션은?
4. List.Sort() 메서드에 항목을 정렬하는 방법을 알려주기 위해 넘겨주는 것은?
5. (________) => 표현식; 에서 괄호 안에 들어갈 내용은?
6. ________ 중 하나를 선언하려면 var 키워드를 사용할 수 없습니다.
8. 여러 프로젝트가 포함된 솔루션에서 다른 프로젝트가 접근할 수 없는 클래스의 액세스 한정자는?
10. => 연산자가 생성하는 식은?
13. 한 시퀀스를 다른 시퀀스의 끝에 추가하는 LINQ 메서드는?
14. 모든 컬렉션이 새 요소를 추가하기 위해 가지고 있는 메서드는?
15. 이 클래스의 타입을 반환하는 클래스의 메서드로 할 수 있는 것은?
16. 비주얼 스튜디오에 다음과 같은 메시지가 표시될 때, 보여지는 타입은? : 'a' is a new string Color, int Height
17. 객체의 네임스페이스, 마침표, 클래스 이름이 올 때 클래스 이름은?
23. LINQ 쿼리의 결과가 사용되기 전까지 LINQ 쿼리가 실행되지 않는 것은? : ____________ 평가입니다.
24. 결과를 정렬하는 LINQ 쿼리의 절은?
26. LINQ 쿼리에서 from 절에 의해 생성되는 변수 타입은?
27. 동일한 요소의 사본들을 가진 시퀀스를 반환하는 Enumerable() 메서드는?
28. 입력된 요소들 중 어떤 요소를 사용할지 결정하는 LINQ 쿼리의 절은?
29. 두 시퀀스의 데이터를 합치는 LINQ 쿼리는?
30. 선입선출(FIFO, first-in first-out) 컬렉션은?
31. switch 문에는 있지만 switch 식에는 없는 키워드는?

다운로드할 수 있는 연습 문제 Go Fish

다음 연습 문제에서는 컴퓨터를 상대로 플레이할 수 있는 Go Fish 카드 게임을 작성합니다. 테스트 기반 개발(test driven development)을 할 것이기 때문에 유닛 테스팅이 중요한 부분을 차지합니다. 테스트 기반 개발에서는 유닛 테스트를 먼저 작성한 다음에 테스트 대상이 되는 코드를 작성합니다.

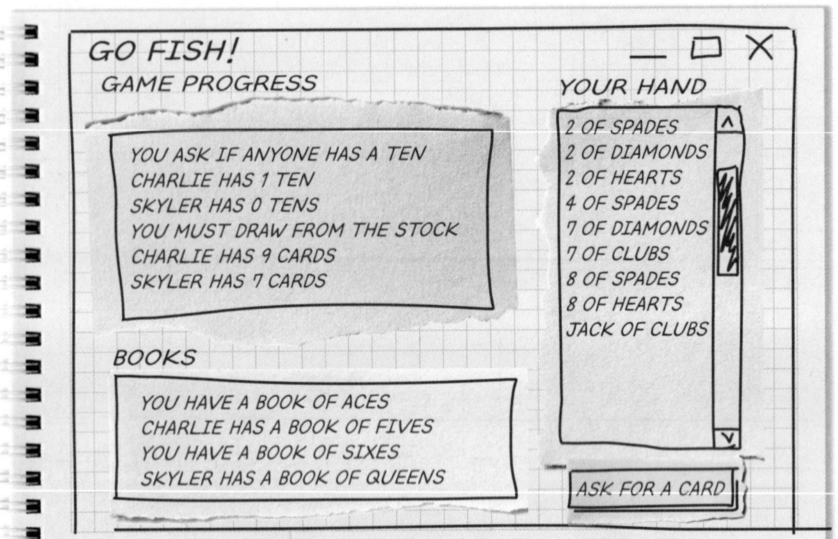

GitHub 페이지를 방문해서 프로젝트 PDF 파일을 다운로드하세요.

https://github.com/head-first-csharp/fourth-edition

낱말 퀴즈 정답

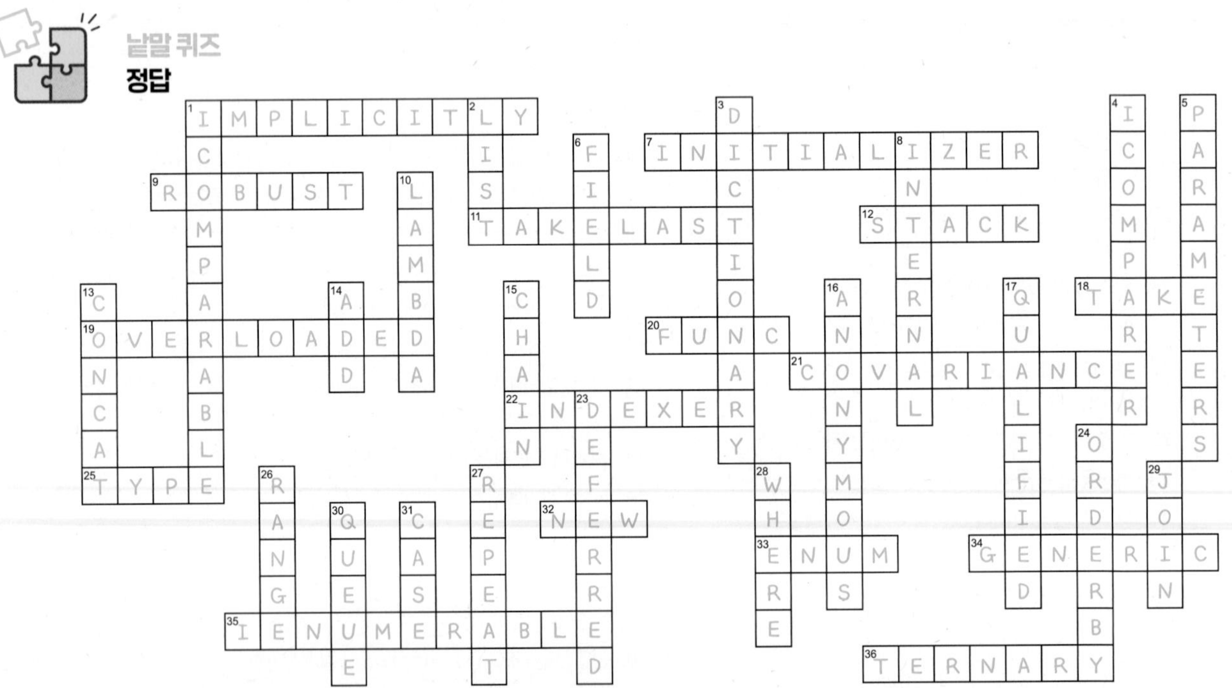

CHAPTER 10

한 개의 바이트도 놓치지 않을 거예요!

파일 읽고 쓰기

뭘 사야 한다고?
계란, 맥주, 포도, 젤리, 반창고...
응, 지금 적고 있어.

가끔씩은 어디에 저장하는 것이 가치가 있습니다

지금까지 여러분이 작성한 프로그램은 대체로 수명이 짧았습니다. 프로그램을 시작하고, 잠깐 실행되다가 곧바로 종료되죠. 하지만 중요한 정보를 처리해야 한다면, 이렇게 수명이 짧은 프로그램을 계속 만들 수는 없습니다. 최소한 프로그램이 작업 중이던 정보를 저장할 수 있어야 하죠. 10장에서는 데이터를 파일에 기록하는 방법과 파일에 기록된 정보를 다시 읽어 들이는 방법을 살펴보겠습니다. 스트림, 직렬화를 사용해 파일에 객체를 저장하는 방법을 배우고, 16진수, 유니코드, 이진 데이터의 실제 비트와 바이트까지 들여다볼 것입니다.

.NET은 스트림을 사용해 데이터를 읽고 기록합니다

바이트를 읽고 써 봅시다.

스트림(stream)은 .NET 프레임워크가 프로그램에서 데이터를 읽고 쓰는 데 사용하는 방식입니다. 가령 프로그램이 파일을 읽고 쓸 때, 네트워크 너머의 컴퓨터에 연결할 때, 또는 일반적으로 **바이트(byte)를 전송하고 수신**하는 무언가를 처리할 때 모두 스트림을 이용합니다. 스트림을 직접 사용할 때도 있고, 간접적으로 사용할 때도 있습니다. 그뿐만 아니라 스트림을 직접 노출하지 않는 클래스도, 내부에서는 대부분 스트림을 사용하고 있습니다.

파일에서 데이터를 읽어 들여야 하는 간단한 앱이 있다고 해 봅시다. 이 작업을 처리하는 기본 방식은 Stream 객체를 사용하는 겁니다.

파일에서 데이터를 읽어 들이거나 파일에 데이터를 쓰고 싶을 때, Stream 객체를 사용합니다.

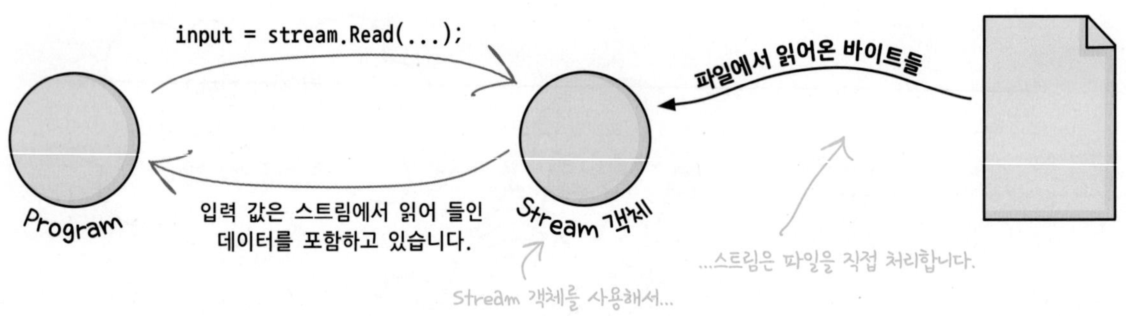

input = stream.Read(...);
파일에서 읽어온 바이트들
Program
입력 값은 스트림에서 읽어 들인 데이터를 포함하고 있습니다.
Stream 객체
...스트림은 파일을 직접 처리합니다.
Stream 객체를 사용해서...

그리고 앱이 데이터를 파일에 기록해야 할 경우, 다른 Stream 객체를 사용할 수 있습니다.

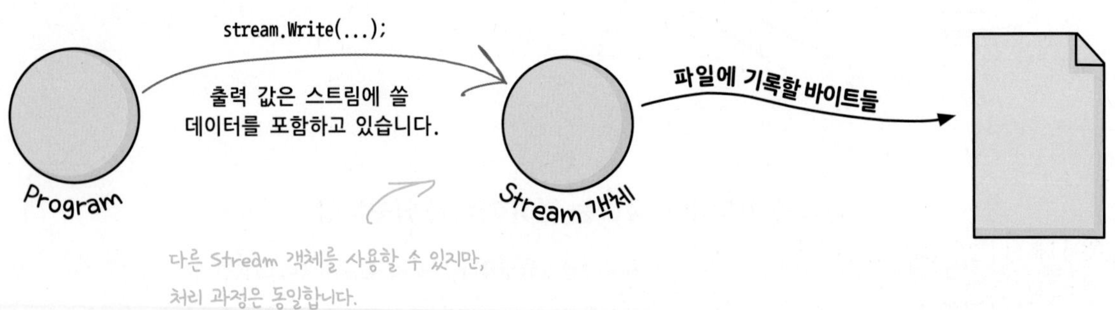

stream.Write(...);
출력 값은 스트림에 쓸 데이터를 포함하고 있습니다.
파일에 기록할 바이트들
Program
Stream 객체
다른 Stream 객체를 사용할 수 있지만, 처리 과정은 동일합니다.

서로 다른 스트림은 서로 다른 대상을 읽고 씁니다

모든 스트림은 추상 Stream 클래스의 하위 클래스이며, Stream의 다양한 하위 클래스는 저마다 다른 일을 처리합니다. 여기서는 일반적인 파일을 읽고 쓰는 작업에 집중하지만, 이번 장에서 배운 내용은 압축 또는 암호화된 파일, 네트워크 스트림 등 파일을 전혀 사용하지 않는 스트림에도 적용할 수 있습니다.

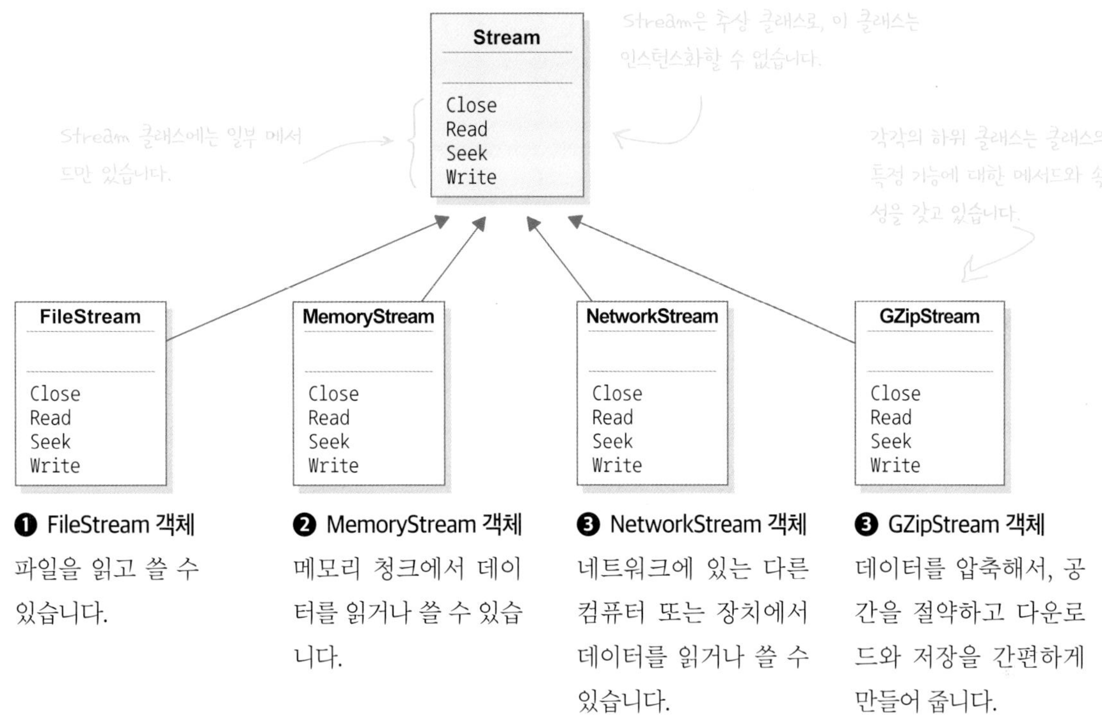

❶ **FileStream 객체** 파일을 읽고 쓸 수 있습니다.

❷ **MemoryStream 객체** 메모리 청크에서 데이터를 읽거나 쓸 수 있습니다.

❸ **NetworkStream 객체** 네트워크에 있는 다른 컴퓨터 또는 장치에서 데이터를 읽거나 쓸 수 있습니다.

❸ **GZipStream 객체** 데이터를 압축해서, 공간을 절약하고 다운로드와 저장을 간편하게 만들어 줍니다.

스트림으로 할 수 있는 것은 다음과 같습니다

1. 스트림에서 데이터를 쓸 수 있습니다.

스트림의 **Write() 메서드**를 사용해서 스트림에 데이터를 쓸 수 있습니다.

2. 스트림에서 데이터를 읽을 수 있습니다.

스트림의 **Read() 메서드**를 사용해서 파일, 네트워크, 메모리, 스트림을 사용하는 모든 곳에서 데이터를 읽어 올 수 있습니다. 메모리에 적재하기에 너무 큰 파일의 경우라고 하더라도 데이터를 읽어 올 수 있습니다.

3. 스트림 내에서 위치를 변경할 수 있습니다.

대부분의 스트림은 **Seek() 메서드**를 지원해서, 스트림 내에 특정한 위치(position)를 찾아 데이터를 읽거나, 특정한 위치에 데이터를 삽입할 수 있습니다.

하지만 모든 Stream 클래스가 Seek() 메서드를 지원하는 것은 아닙니다. 이는 당연하게도 스트리밍 데이터의 원본 중 어떤 것은 예전 위치로 되돌아갈 수 없기 때문입니다.

스트림은 데이터를 읽고 쓰게 해 줍니다. 여러분이 처리할 데이터에 맞는 종류의 스트림을 사용하세요.

FileStream은 파일에 있는 바이트를 읽고 씁니다

파일을 좀 읽어 볼까요?

프로그램에서 텍스트를 파일에 기록할 때, 실제로는 많은 일이 일어납니다.

FileStream을 사용하는 프로그램에 using System.IO; 지시문을 추가했는지 확인하세요.

01 FileStream 객체를 생성하고 파일에 데이터를 쓰라고 요청합니다.

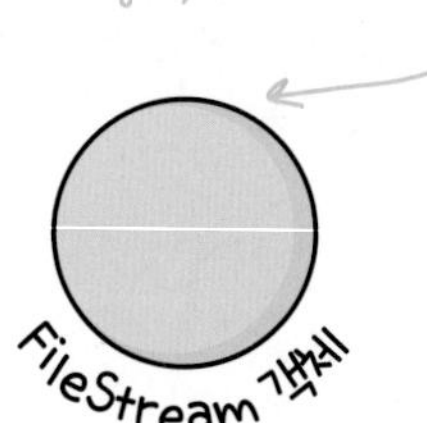

FileStream은 한 번에 한 파일에만 연결할 수 있습니다.

02 FileStream을 파일에 연결합니다.

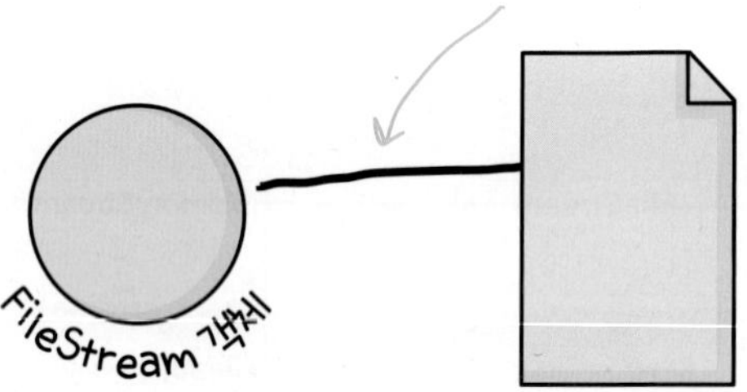

03 스트림은 파일에 바이트를 씁니다. 그러므로 바이트 배열을 파일에 쓰려면, 문자열을 변환해야 합니다.

이 과정을 인코딩(encoding)이라고 하며 잠시 후에 자세히 살펴보겠습니다.

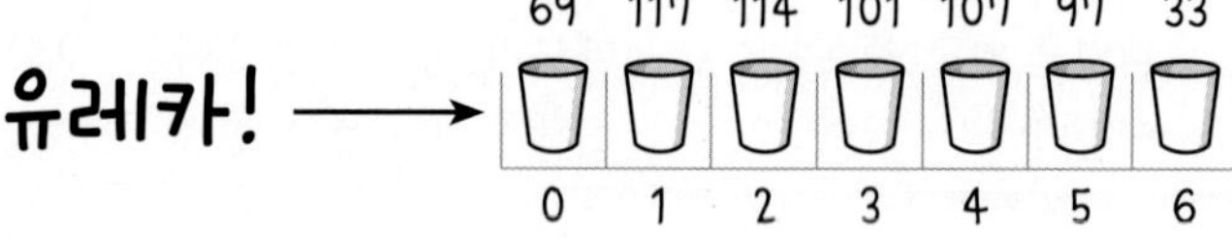

04 스트림의 Write() 메서드를 호출하면서 바이트 배열을 넘겨줍니다.

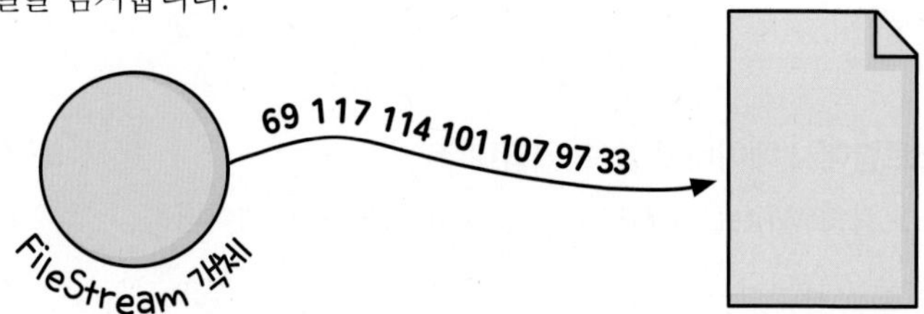

05 스트림을 닫습니다. 그래야 다른 프로그램이 이 파일에 접근할 수 있습니다.

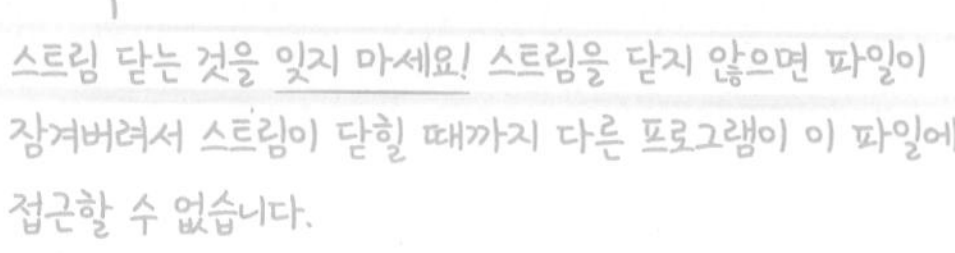

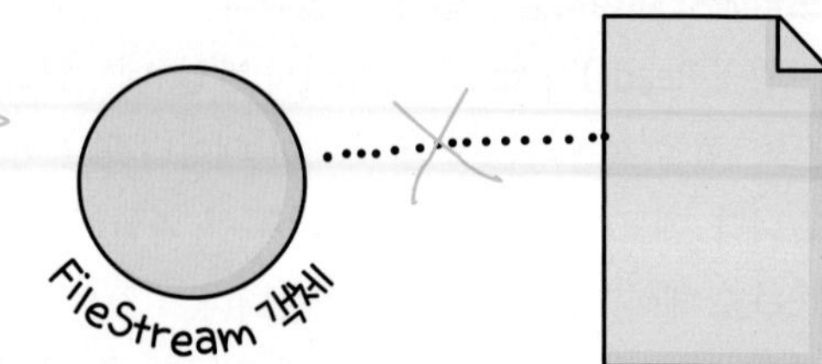

손쉬운 3단계: 텍스트를 파일에 쓰기

C#은 텍스트를 파일에 기록하는 일을 처리하는 **StreamWriter 클래스**를 제공합니다. 새로운 StreamWriter 객체를 생성해서 파일명을 넘겨주기만 하면 StreamWriter 객체가 자동으로 FileStream을 생성하고 파일을 엽니다. 그런 다음 StreamWriter의 Write(), WriteLine() 메서드를 사용하면 파일에 원하는 텍스트를 쓸 수 있습니다.

StreamWriter는 자동으로 FileStream 객체를 생성하고 관리합니다.

1단계: StreamWriter의 생성자를 사용해 파일을 열거나 생성합니다.

파일명을 StreamWriter의 생성자에 넘겨줄 수 있습니다. 그럴 경우 객체는 자동으로 파일을 엽니다. StreamWriter는 텍스트 추가(append) 모드를 지정할 수 있는 오버로드된 생성자를 추가로 가지고 있습니다. 추가 모드를 true로 지정할 경우, 기존 파일의 끝에 데이터를 추가할 수 있습니다. 추가 모드가 false이면 스트림은 기존 파일을 삭제하고, 기존 파일과 같은 이름의 파일을 새로 생성합니다.

```
var writer = new StreamWriter("toaster oven.txt", true);
```

StreamWriter 객체

FileStream 객체

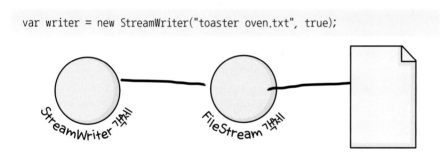

2단계: Write(), WriteLine() 메서드를 사용해서 파일에 텍스트를 씁니다.

StreamWriter(), FileStream() 메서드는 Console 클래스에 있는 Write(), WriteLine() 메서드와 비슷하게 작동합니다. Write() 메서드는 텍스트를 쓰고, WriteLine() 메서드는 텍스트를 쓴 다음 줄 바꿈 문자를 마지막에 추가합니다.

```
writer.WriteLine($"The {appliance} is set to {temp} degrees.");
```

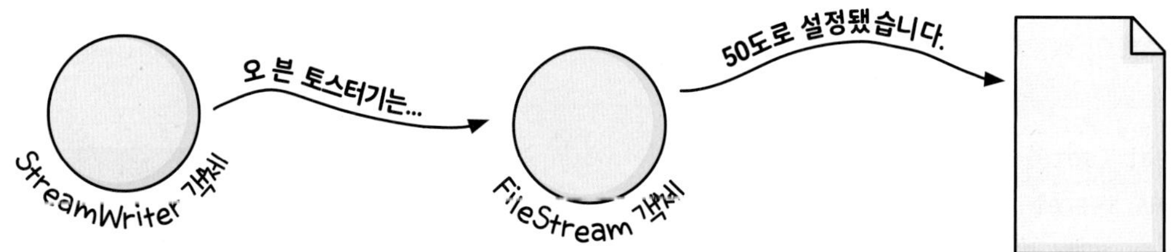

3단계: Close() 메서드를 호출해 파일을 해제(release)합니다.

스트림을 열어 파일에 연결된 상태를 유지하면, 스트림에 연결된 파일은 다른 프로그램이 사용할 수 없도록 잠기게 됩니다. 그러므로 항상 스트림이 닫혔는지 확인하세요!

```
writer.Close();
```

스윈들러의 악마적 계획 적어 보세요!

객체 마을(Objectville)의 시민들은 오랫동안 캡틴 어메이징의 숙적인 스윈들러(Swindler)의 공포에 떨며 살아왔습니다. 스윈들러는 StreamWriter를 사용해 다른 사악한 계획을 구현하려고 하죠. 무슨 일이 벌어지는지 한번 살펴보겠습니다. 'SwindlerDiabolicalPlan' 이름의 새 콘솔 앱 프로젝트를 생성하고, namespace 아래에 다음 코드를 추가하세요. StreamWriter는 System.IO에 포함돼 있기 때문에 코드는 using 지시문으로 시작해야 합니다.

streamWriter의 Write(), WriteLine() 메서드는 Console 클래스의 Write, WriteLine() 메서드와 비슷하게 작동합니다. Write 메서드는 텍스트를 쓰고, WriteLine() 메서드는 텍스트를 쓴 다음 줄 바꿈 문자를 마지막에 추가합니다. 두 클래스는 모두 다음처럼 중괄호 사용을 지원합니다.

```
sw.WriteLine("Clone #{0} attacks {1}",
    number, location);
```

텍스트에 포함된 {0}은 문자열 다음에 오는 첫 번째 매개 변수로 대체됩니다. {1}은 두 번째, {2}는 세 번째 매개 변수로 차례차례 대체됩니다.

```
using System.IO;
internal class Program
{
    static void Main(string[] args)
    {
        StreamWriter sw = new StreamWriter("secret_plan.txt");

        sw.WriteLine("How I'll defeat Captain Amazing");
        sw.WriteLine("Another genius secret plan by The Swindler");
        sw.WriteLine("I'll unleash my army of clones upon the citizens of Objectville.");

        string location = "the mall";
        for (int number = 1; number <= 5; number++)
        {
            sw.WriteLine("Clone #{0} attacks {1}", number, location);
            location = (location == "the mall") ? "downtown" : "the mall";
        }
        sw.Close();
    }
}
```

StreamWriter는 System.IO 네임스페이스에 속해 있습니다.

이 명령문은 StreamWriter 객체를 생성하고 파일이 어디 있는지 알려 줍니다.

location 변수와 ?: 3항 연산자 사이에서 어떤 일이 벌어지는지 살펴보세요.

StreamWriter()를 사용하고 나서 Close()를 호출하는 것은 매우 중요합니다. Close() 메서드는 파일에 대한 연결을 모두 끊고, StreamWriter()가 사용하던 자원을 모두 해제합니다. 스트림을 닫지 않으면 텍스트 일부(또는 전부)가 기록되지 않을 수도 있습니다!

파일명에 전체 경로를 포함하지 않았기 때문에, StreamWriter()는 **실행 파일과 같은 폴더에 출력 파일을 생성**합니다. 비주얼 스튜디오에서 앱을 실행하고, 솔루션 폴더 아래 bin₩Debug₩netcoreapp3.1 경로를 확인해 보세요. secret_plan.txt 파일이 생성되었을 것입니다. 클릭해서 파일을 열어 보세요.

다른 버전의 .NET을 사용하고 있다면, Debug 아래 서브 디렉터리 경로가 다를 수도 있습니다.

출력 결과

```
How I'll defeat Captain Amazing
Another genius secret plan by The Swindler
I'll unleash my army of clones upon the citizens of Objectville.
Clone #1 attacks the mall
Clone #2 attacks downtown
Clone #3 attacks the mall
Clone #4 attacks downtown
Clone #5 attacks the mall
```

스윈들러는 캡틴 어메이징의 숙적으로, 그림자 속에서 객체 마을을 지배하는 뒤틀린 악당입니다.

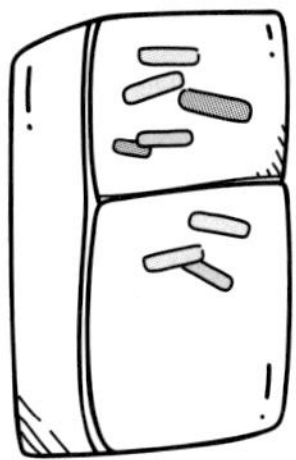

StreamWriter 자석

어이쿠! Flobbo 클래스의 코드가 적힌 자석들이 냉장고에 잘 정리돼 있었는데, 누군가 냉장고 문을 쾅! 닫아서 자석이 죄다 떨어져 버렸습니다. Main() 메서드가 아래와 같은 출력 결과를 표시하도록 자석을 다시 배열해 볼까요?

```
static void Main(string[] args)
{
    Flobbo f = new Flobbo("blue yellow");
    StreamWriter sw = f.Snobbo();
    f.Blobbo(f.Blobbo(f.Blobbo(sw), sw), sw);
}
```

모든 코드의 상단에 using System.IO;가 있다고 가정합니다.

추가 변경 사항이 있습니다.

Blobbo() 메서드에는 약간 이상한 점이 있습니다. 앞의 두 자석에 서로 다른 선언 2개가 있는 것을 보셨나요? Blobbo()는 **오버로드된 메서드**로 정의됐습니다. 이들 두 메서드는 이전에 사용했던 오버로딩 메서드처럼 서로 다른 매개 변수를 가지고 있습니다.

```
public bool Blobbo
(bool Already, StreamWriter sw) {
```

```
public bool Blobbo(StreamWriter sw) {
```

```
if (Already) {
```

```
private string zap;
public Flobbo(string zap) {
    this.zap = zap;
}
```

```
public StreamWriter Snobbo() {
```

```
}
else
{
```

```
sw.WriteLine(zap);
zap = "green purple";
return false;
```

```
return new
    StreamWriter("macaw.txt");
```

```
class Flobbo {
```

```
sw.WriteLine(zap);
sw.Close();
return false;
```

```
sw.WriteLine(zap);
zap = "red orange";
return true;
```

```
}   }   }   }   }
```

macaw.txt 파일에 기록되는 출력 결과는 다음과 같습니다.

출력 결과

```
blue yellow
green purple
red orange
```

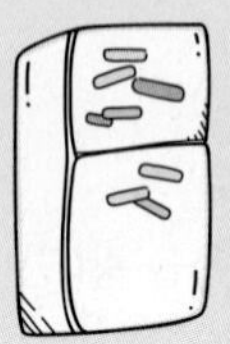

StreamWriter 자석 정답
정답

자석을 옮겨 원하는 출력 결과가 나오도록 Flobbo 클래스를 구성해야 합니다.

```
static void Main(string[] args)
{
    Flobbo f = new Flobbo("blue yellow");
    StreamWriter sw = f.Snobbo();
    f.Blobbo(f.Blobbo(f.Blobbo(sw), sw), sw);
}
```

코드 상단에 using System.IO;가 있다고 가정합니다.

```
class Flobbo {

    private string zap;
    public Flobbo(string zap) {
        this.zap = zap;
    }

    public StreamWriter Snobbo() {
        return new
            StreamWriter("macaw.txt");
    }

    public bool Blobbo(StreamWriter sw) {
        sw.WriteLine(zap);
        zap = "green purple";
        return false;
    }

    public bool Blobbo
    (bool Already, StreamWriter sw) {
        if (Already) {
            sw.WriteLine(zap);
            sw.Close();
            return false;
        }
        else
        {
            sw.WriteLine(zap);
            zap = "red orange";
            return true;
        }
    }
}
```

파일을 사용하고 난 후 파일을 닫았는지 확인하세요. 왜 텍스트를 모두 기록하고 나서 Close() 메서드를 호출해야 하는지 다시 한번 생각해 보세요.

'StreamWriterMagnets' 이름의 새 콘솔 앱을 생성한 다음, <StreamWriter 자석> 정답 코너의 코드를 추가하세요. 출력 값이 실행 파일과 같은 폴더에 있는 macaw.txt 파일에 기록되는 것을 볼 수 있습니다. 실행 파일은 프로젝트 폴더 안 bin₩Debug 폴더 아래 서브 디렉터리에 있습니다.

출력 결과

```
blue yellow
green purple
red orange
```

오버로드된 메서드 정의하기

8장에서 Random.Next() 메서드의 오버로드된 메서드를 살펴봤습니다. 오버로드된 메서드는 3개가 있으며, 각 메서드는 서로 다른 매개변수들을 가지고 있습니다. Blobbo() 메서드 또한 오버로드돼 있으며, 서로 다른 매개 변수를 가진 선언 2개를 가지고 있습니다.

```
public bool Blobbo(StreamWriter sw)
```

그리고

```
public bool Blobbo(bool Already, StreamWriter sw)
```

오버로드된 Blobbo() 메서드 2개는 완전히 별개의 메서드입니다. 이들은 8장 Random.Next() 오버로드 메서드처럼 서로 다르게 작동합니다. 이 두 메서드를 클래스에 추가하면 비주얼 스튜디오는 메서드 2개를 Random.Next()처럼 오버로드된 메서드로 표시합니다.

참고로 이 퍼즐에서는 일부러 이상한 변수 이름과 메서드를 사용했습니다. 익숙한 이름을 사용하면 퍼즐이 너무 쉬워질 수 있으니까요! 하지만 여러분은 코드에서 이런 이름을 사용하면 안 됩니다. 아시겠죠?

StreamReader를 사용해서 파일 읽기

악당 스윈들러의 비밀스러운 계획을 StreamReader 클래스로 읽어 봅시다. 'UseStreamWriterToReadAFile' 이름의 새 콘솔 앱을 생성하세요. StreamReader는 파일에 텍스트를 쓰지 않는다는 점을 제외하면, StreamWriter와 많은 부분이 비슷한 클래스입니다. 첫째, StreamReader를 생성할 때 읽어 들일 파일명을 생성자에 넘겨줄 수 있습니다. 둘째, StreamReader의 ReadLine( ) 메서드는 파일로부터 다음 줄까지의 문자열을 읽어 들여 반환합니다. 셋째, 반복문으로 StreamReader의 EndOfStream 필드 값이 true가 될 때까지 한 줄씩 텍스트를 읽어올 수 있습니다. EndOfStream 필드 값이 true가 되면 더 이상 읽어 들일 텍스트가 없다는 의미입니다. StreamReader를 사용해 한 파일의 텍스트를 읽고, StreamWriter를 사용해 다른 파일에 텍스트를 쓰는 다음 코드를 콘솔 앱에 추가하세요.

StreamReader는 스트림에서 글자를 읽어 들이는 클래스이지만, StreamReader 자체는 스트림이 아닙니다. StreamReader가 생성되면서 파일명을 생성자에 넘겨주면 StreamReader는 스트림을 생성하고, Close( ) 메서드를 호출했을 때 스트림을 닫습니다. StreamReader는 Stream 참조를 매개 변수로 받는 오버로드된 생성자도 가지고 있습니다.

이 명령문은 윈도우에서는 사용자의 문서 폴더, 맥OS에서는 사용자의 홈 디렉토리 경로를 반환합니다. secret_plan.txt 파일을 해당 폴더에 복사하고 확인하세요! 어떤 폴더를 또 사용할 수 있는지 살펴보기 위해 SpecialFolder 열거형을 확인해 보세요.

```
using System.IO;
internal class Program
{
    static void Main(string[] args)
    {
        var folder = Environment.GetFolderPath(Environment.SpecialFolder.Personal);

        var reader = new StreamReader($"{folder}{Path.DirectorySeparatorChar}secret_plan.txt");
        var writer = new StreamWriter($"{folder}{Path.DirectorySeparatorChar}emailToCaptainA.txt");

        writer.WriteLine("To: CaptainAmazing@objectville.net");
        writer.WriteLine("From: Commissioner@objectville.net");
        writer.WriteLine("Subject: Can you save the day... again?");
        writer.WriteLine();
        writer.WriteLine("We've discovered the Swindler's terrible plan:");

        while (!reader.EndOfStream)
        {
            var lineFromThePlan = reader.ReadLine();
            writer.WriteLine($"The plan -> {lineFromThePlan}");
        }
        writer.WriteLine();
        writer.WriteLine("Can you help us?");

        writer.Close();
        reader.Close();
    }
}
```

읽어 들일 파일명을 StreamReader의 생성자에 전달합니다.

EndOfStream 속성은 StreamReader가 파일에 있는 데이터를 모두 읽어 들이고 나면 true를 반환합니다.

이 반복문은 StreamReader 객체에서 한 줄을 읽어 StreamWriter를 통해 텍스트를 씁니다.

StreamReader, StreamWriter는 각자 스트림을 생성합니다. Close( ) 메서드를 호출하면 스트림을 닫습니다.

출력 결과

```
To: CaptainAmazing@objectville.net
From: Commissioner@objectville.net
Subject: Can you save the day... again?
We've discovered the Swindler's terrible plan:
The plan -> How I'll defeat Captain Amazing
The plan -> Another genius secret plan by The Swindler
The plan -> I'll unleash my army of clones upon the citizens of Objectville.
The plan -> Clone #1 attacks the mall
The plan -> Clone #2 attacks downtown
The plan -> Clone #3 attacks the mall
The plan -> Clone #4 attacks downtown
The plan -> Clone #5 attacks the mall
Can you help us?
```

데이터는 여러 스트림을 거쳐 이동할 수 있습니다

스트림 연결하기

.NET에서 데이터는 최종 목적지에 도달하기까지 여러 스트림을 거칠 수 있습니다. .NET Core의 다양한 스트림 중에는 CryptoStream 클래스가 있습니다. 이 클래스는 데이터를 사용하기 전에 미리 암호화할 수 있게 해 줍니다. 다음과 같이 암호화하지 않은 평문(plain text) 데이터를 그대로 파일에 쓸 수 있습니다.

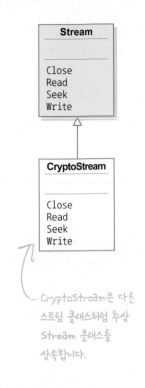

Stream
Close Read Seek Write

CryptoStream
Close Read Seek Write

CryptoStream은 다른 스트림 클래스처럼 추상 Stream 클래스를 상속합니다.

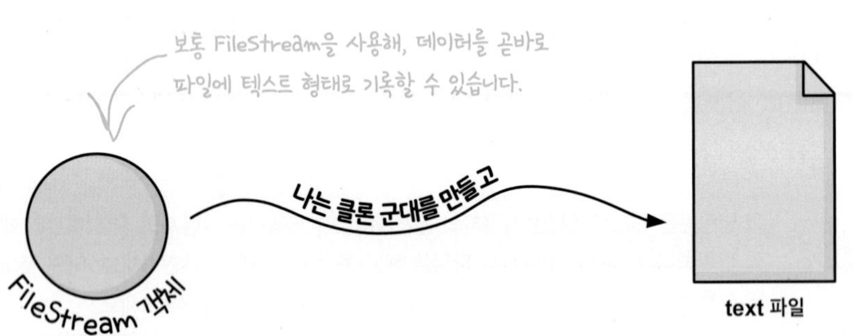
보통 FileStream을 사용해, 데이터를 곧바로 파일에 텍스트 형태로 기록할 수 있습니다.
나는 클론 군대를 만들고
FileStream 객체
text 파일

스윈들러는 스트림을 연결해서, 출력 결과 텍스트를 FileStream에 쓰기 전에 CryptoStream 객체를 거쳐 가도록 할 수 있습니다.

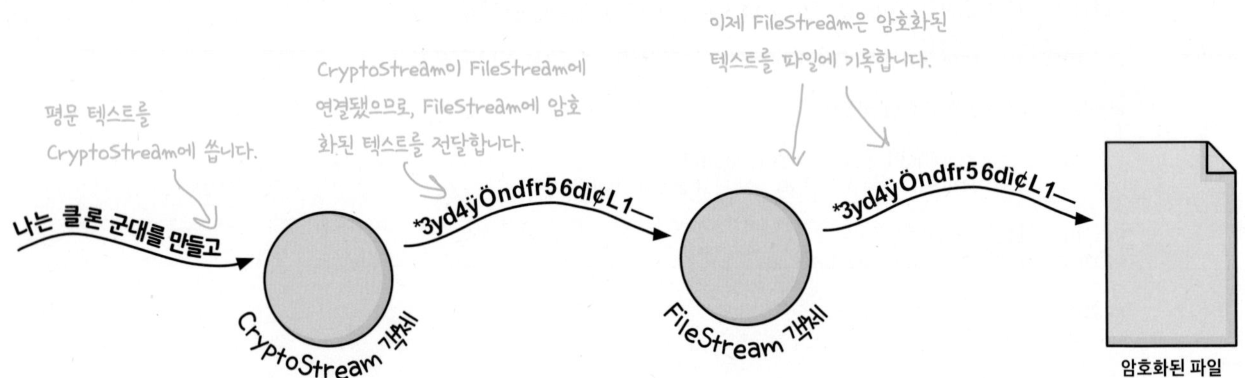
평문 텍스트를 CryptoStream에 씁니다.
CryptoStream이 FileStream에 연결됐으므로, FileStream에 암호화된 텍스트를 전달합니다.
이제 FileStream은 암호화된 텍스트를 파일에 기록합니다.
나는 클론 군대를 만들고
*3yd4ÿÖndfr56dì¢L1—
*3yd4ÿÖndfr56dì¢L1—
CryptoStream 객체
FileStream 객체
암호화된 파일

스트림끼리 연결할 수 있습니다.
한 스트림이 계속해서 다른 스트림에 쓸 수 있습니다.
그리고 보통 마지막 스트림은 네트워크나 파일 스트림입니다.

여러분은 수영장에서 코드 조각을 가지고 Pineapple, Pizza, Party 클래스의 빈칸을 채워야 합니다. 같은 조각을 여러 번 사용해도 되며, 사용하지 않는 조각도 있습니다. 완성된 코드는 아래의 출력 결과 상자에 있는 것과 동일한 값을 order.txt 파일에 기록해야 합니다.

보너스 문제입니다.

Mini 쓰면서 제대로 공부하기

이 앱은 delivery.txt에 어떤 텍스트를 기록하나요?

```
class Pineapple {
    const _________ d = "delivery.txt";
    public _________ _________
        {North, South, East, West, Flamingo}
    public static void Main(string[] args) {
        ______ o = new _______________ ("order.txt");
        var pz = new _________ (new _______________ (d, true));
        pz. _________ (Fargo.Flamingo);
        for ( ______ w = 3; w >= 0; w--) {
            var i = new _________ (new _______________ (d, false));
            i.Idaho((Fargo)w);
            Party p = new _________ (new _______________ (d));
            p.HowMuch(o);
        }
        o. ___________ ("That's all folks!");
        o. _________ ();
    }
}
```

출력 결과

```
West
East
South
North
That's all folks!
```

위 코드는 order.txt 파일에 다음과 같은 텍스트를 기록합니다.

```
class Pizza {
    private _______________ writer;
    public Pizza( _______________ _________ ) {
        this.writer = writer;
    }
    public void Idaho( ____________ .Fargo f) {
        writer. ___________ (f);
        writer. _________ ();
    }
}

class Party {
    private _______________ reader;
    public Party( _______________ _________ ) {
        this.reader = reader;
    }
    public void HowMuch( _______________ q) {
        q. ___________ (reader. ____________ ());
        reader. _________ ();
    }
}
```

참고

수영장의 각 코드 조각은 한 번 이상 사용할 수도 있습니다!

```
HowMany   int     ReadLine   Stream        public   for       =    Fargo
HowMuch   long    WriteLine  reader        private  while     >=   Utah
HowBig    string  Pizza      writer        this     foreach   <=   Idaho
HowSmall  enum    Party      StreamReader  class    var       !=   Dakota
          class              StreamWriter  static             ==   Pineapple
                             Open                             ++
                             Close                            --
```

```
class Pineapple {
    const string d = "delivery.txt";
    public enum Fargo
        {North, South, East, West, Flamingo}
    public static void Main(string[] args) {
        var o = new StreamWriter ("order.txt");
        var pz = new Pizza (new StreamWriter (d, true));
        pz.Idaho (Fargo.Flamingo);
        for ( int w = 3; w >= 0; w--) {
            var i = new Pizza (new StreamWriter (d, false));
            i.Idaho((Fargo)w);
            Party p = new Party (new StreamWriter (d));
            p.HowMuch(o);
        }
        o.WriteLine ("That's all folks!");
        o.Close ();
    }
}
```

이 열거형은 다양한 출력 결과를 위해 사용합니다. 8장에서 열거형의 ToString() 메서드가 멤버 이름을 문자열로 반환한다는 것을 배웠죠. Fargo.North.ToString()은 "North" 문자열을 반환합니다.

```
class Pizza {
    private StreamWriter writer;
    public Pizza( StreamWriter writer ) {
        this.writer = writer;
    }
    public void Idaho( Pineapple.Fargo f) {
        writer.WriteLine (f);
        writer.Close ();
    }
}
```

Pizza 클래스는 StreamWriter 객체를 private 필드에 저장하고, Pizza.Idaho() 메서드는 Fargo 열거형의 값을 WriteLine()을 사용해 (자동으로 ToString을 호출합니다) 파일에 기록합니다.

```
class Party {
    private StreamWriter reader;
    public Party( StreamWriter reader ) {
        this.reader = reader;
    }
    public void HowMuch( StreamWriter q) {
        q.WriteLine (reader.ReadLine ());
        reader.Close ();
    }
}
```

Party 클래스는 StreamReader 필드를 갖고 있으며, Party.HowMuch 메서드는 StreamReader 객체에서 문자열 한 줄을 읽어 들여 StreamWriter에 씁니다.

앱이 order.txt 파일에 쓰는 내용은 다음과 같습니다.

출력 결과

```
West
East
South
North
That's all folks!
```

Mini 쓰면서 제대로 공부하기

이 앱은 delivery.txt에 어떤 텍스트를 기록하나요?

North

무엇이든 물어보세요!

Q&A

Q1 StreamWriter의 Write, WriteLine() 메서드를 호출할 때 사용한 {0}과 {1}은 무엇인가요?

A1 문자열을 파일에 쓸 때, 여러 변수의 내용을 출력해야 할 때가 있습니다. 예를 들어 다음과 같은 문자열을 출력해야 한다고 해 보죠.

```
writer.WriteLine("My name is " + name +
    "and my age is " + age);
```

이런 작업을 하려면 계속 +를 사용해 문자열을 합쳐야 하기 때문에 정말 귀찮고 오류가 발생하기 쉽습니다. 이런 경우 복합 형식 지정(composite formatting)을 사용하면 편리합니다. 복합 형식 지정은 {0}, {1}, {2} 등의 자리 표시자(placeholder)가 포함된 형식 문자열(format string)을 사용한 다음에 자리 표시자를 채울 변수를 넣으면 됩니다.

```
writer.WriteLine(
    "My name is {0} and my age is {1}", name, age);
```

코드를 보면 문자열 보간과 비슷하다는 생각이 들 수도 있습니다. 맞습니다! 어떤 경우에는 문자열 보간이 더 읽기 쉽고, 형식 문자열을 사용하는 편이 더 간결한 경우도 있습니다. 문자열 보간과 마찬가지로 형식 문자열도 형식 지정(formatting) 기능을 지원합니다. 예를 들어, {1:0.00}은 두 번째 인수를 소수점 두 자리 숫자로 형식화하라는 의미입니다. {3:c}는 네 번째 인수를 현지 통화로 형식화하라는 의미죠. 형식 문자열을 추천하는 이유는 형식 문자열은 Console.Write와 Console.WriteLine에서도 사용할 수 있기 때문입니다!

Q2 StringReader 예제의 콘솔 앱에서 사용하던 Path.DirectorySeparatorChar 필드는 무엇인가요?

A2 윈도우는 백슬래시(₩) 문자를 경로 구분자(path separator)로 사용하고: (C:₩Windows), 맥OS와 리눅스는 슬래시(/)를 사용합니다: (/Users).

Path.DirectorySeparatorChar는 읽기 전용 필드로, 운영체제에 따라 올바른 경로 구분자 값을 가지고 있습니다. 또한, Environment.GetFolderPath() 메서드를 사용하고 있는데, 이 메서드는 현재 사용자의 특수 폴더 중 하나의 경로를 반환합니다. 앞에서 살펴본 코드의 경우, 윈도우에서는 사용자의 문서 폴더, 맥OS에서는 홈 디렉터리의 경로를 반환합니다.

Q3 10장 처음에 문자열을 바이트 배열로 변환하는 것에 대해 언급하셨죠. 이건 대체 어떻게 작동하나요?

A3 디스크의 파일은 비트와 바이트로 표현됩니다. 파일을 디스크에 기록할 때 운영체제는 파일을 긴 바이트의 시퀀스로 간주합니다. StreamReader, StreamWriter는 바이트를 문자로, 또는 문자를 바이트로 변환해 줍니다. 이 과정을 인코딩(encoding) 또는 디코딩(decoding)이라고 합니다. 디스크의 모든 파일은 0~255의 숫자로 이뤄진 긴 시퀀스입니다. 이들 파일을 읽고 쓰면서 바이트 값을 의미 있는 데이터로 해석하는 것은 프로그램이 할 일입니다. 메모장에서 파일을 열 때, 메모장은 각각의 바이트를 문자로 변환합니다. 예를 들어, E는 69, a는 97입니다. 메모장에 텍스트를 입력하고 저장하면 메모장은 각 문자를 바이트로 변환해서 디스크에 저장합니다. 문자열을 스트림에 쓸 때도 같은 과정을 거쳐야 합니다.

Q4 StreamWriter가 FileStream을 생성한다는 것을 왜 신경 써야 하나요?

A4 텍스트 파일을 읽거나 쓰는 작업을 순서대로 하는 것이 전부라면, StreamReader와 StreamWriter만 알면 됩니다. 그러나 이보다 복잡한 작업을 처리해야 한다면 다른 스트림을 다루는 방법도 알아야 하죠. 단순 작업이 아니라 숫자, 배열, 컬렉션, 객체 등의 데이터를 파일에 기록해야 한다면 StreamWriter만으로는 처리할 수 없습니다. 이런 작업을 어떻게 처리하는지는 뒤에서 살펴보겠습니다.

Q5 스트림을 사용한 다음에 왜 스트림을 꼭 닫아야 하나요?

A5 워드 프로세서를 사용할 때 파일이 사용 중이기 때문에 파일을 열 수 없다는 메시지를 본 적이 있나요? 어떤 프로그램이 파일을 사용하고 있으면, 윈도우는 그 파일을 잠가서 다른 프로그램이 이 파일에 접근하는 것을 막습니다. 여러분이 만드는 프로그램에도 예외는 없습니다. 만약 스트림을 사용하고 Close() 메서드를 호출하지 않으면 프로그램이 종료될 때까지 해당 파일을 잠그고 있을 수 있습니다.

Console과 StreamWriter는 둘 다 복합 형식 지정을 사용할 수 있으며, 이는 자리 표시자를 Write(), WriteLine() 메서드에 전달된 매개 변수의 값으로 대체합니다.

정적 File, Directory 클래스를 사용해 파일과 디렉터리 다루기

StreamWriter와 마찬가지로 File 클래스는 내부에서 스트림을 생성해서 파일을 다룰 수 있게 해 줍니다. File 클래스의 메서드를 사용해서 FileStream 객체를 먼저 생성하지 않고도 일반적인 작업을 처리할 수 있습니다. Directory 클래스는 파일이 들어 있는 디렉터리를 다룰 수 있게 해 줍니다.

정적 File 클래스로 할 수 있는 일은 다음과 같습니다

❶ 파일이 존재하는지 확인합니다.

File.Exists( ) 메서드를 사용해 파일이 존재하는지 확인할 수 있습니다. 이 메서드는 파일이 존재할 경우 true를, 그렇지 않을 경우 false를 반환합니다.

❷ 파일을 읽고 파일에 내용을 씁니다.

File.OpenRead( ) 메서드를 사용해 파일에서 데이터를 가져올 수 있으며, File.Create( )나 File.OpenWrite( ) 메서드를 사용해 파일에 데이터를 기록할 수 있습니다.

❸ 파일에 텍스트를 추가합니다.

File.AppendAllText( ) 메서드를 사용해 이미 생성된 파일에 텍스트를 추가할 수 있습니다. 만약 메서드를 호출했을 때 파일이 존재하지 않으면, 파일을 새로 생성합니다.

❹ 파일에 대한 정보를 가져옵니다.

File.GetLastAccessTime( ), File.GetLastWriteTime( ) 메서드는 파일의 마지막 접근 시간과 변경 시간을 나타내는 날짜와 시간을 반환합니다.

File은 정적 클래스이므로, 파일을 다룰 수 있게 해 주는 메서드의 모음에 불과합니다. FileInfo는 인스턴스화해야 하는 객체로, File과 동일한 메서드를 제공합니다.

정적 Directory 클래스로 할 수 있는 일은 다음과 같습니다

❶ 새로운 디렉터리를 생성합니다.

Directory.CreateDirectory( ) 메서드를 사용해 새로운 디렉터리를 생성합니다. 메서드에 경로를 전달하면 메서드가 나머지 일을 알아서 처리합니다.

❷ 디렉터리에 있는 파일의 목록을 가져옵니다.

Directory.GetFiles( ) 메서드를 사용해 디렉터리의 파일이 든 배열을 생성할 수 있습니다. 메서드를 호출할 때 디렉터리 경로를 전달하면, 메서드가 나머지 일을 알아서 처리합니다.

❸ 디렉터리를 삭제합니다.

디렉터리를 지우려면 Directory.Delete( ) 메서드를 호출합니다.

FileInfo는 File처럼 작동합니다

파일을 다루는 작업을 많이 할 예정이라면, File 클래스의 정적 메서드 대신 FileInfo 클래스 인스턴스를 생성해 사용하는 편이 나을 수도 있습니다. FileInfo 클래스는 File 클래스가 수행할 수 있는 모든 작업을 할 수 있지만, 이 클래스를 사용하려면 클래스를 인스턴스화를 해야 합니다. FileInfo 인스턴스를 생성한 다음 Exists, OpenRead( ) 등의 메서드를 똑같은 방식으로 사용할 수 있습니다. 이 두 클래스 사이의 차이점은 File 클래스는 몇 안 되는 작업을 빠르게 처리할 수 있고, FileInfo 클래스는 큰 작업을 처리할 때 적합하다는 것입니다.

쓰면서 제대로 공부하기

.NET은 파일과 디렉터리를 다룰 수 있게 해 주는 수많은 정적 메서드를 가지고 있으며, 메서드의 이름은 알아보기 쉽도록 직관적입니다. File 클래스는 파일을 다루는 메서드를 제공하고, Directory 클래스는 디렉터리를 다루는 메서드를 제공하죠. 다음 코드를 살펴보고 각 코드가 무슨 일을 하는지 적어 보고, 마지막 두 문제의 답을 적어 보세요.

코드	코드가 하는 일

`if (!Directory.Exists(@"C:\SYP")) {`
`    Directory.CreateDirectory(@"C:\SYP");`
`}`	

`if (Directory.Exists(@"C:\SYP\Bonk")) {`
`    Directory.Delete(@"C:\SYP\Bonk");`
`}`	

`Directory.CreateDirectory(@"C:\SYP\Bonk");`	
`Directory.SetCreationTime(@"C:\SYP\Bonk",` `    new DateTime(1996, 09, 23));`	
`string[] files = Directory.GetFiles(@"C:\SYP\",` `    "*.log", SearchOption.AllDirectories);`	

`File.WriteAllText(@"C:\SYP\Bonk\weirdo.txt",`
`    @"This is the first line`
`and this is the second line`
`and this is the last line");`	

`File.Encrypt(@"C:\SYP\Bonk\weirdo.txt");` 이 명령문이 무슨 일을 하는지 예상해 보세요. 이 메서드는 아직 살펴본 적이 없습니다.	
`File.Copy(@"C:\SYP\Bonk\weirdo.txt",` `    @"C:\SYP\copy.txt");`	
`DateTime myTime =` `    Directory.GetCreationTime(@"C:\SYP\Bonk");`	
`File.SetLastWriteTime(@"C:\SYP\copy.txt", myTime);`	
`File.Delete(@"C:\SYP\Bonk\weirdo.txt");`	

왜 위 코드의 메서드에 전달한 인수의 문자열의 맨 앞에 @을 넣었을까요?

위의 코드에서는 모든 파일명이 (윈도우에서 작동하는) C:₩으로 시작합니다. 이 코드를 맥OS나 리눅스에서 실행하면 어떻게 될까요?

쓰면서 제대로 공부하기 **정답**

.NET은 파일과 디렉터리를 다룰 수 있게 해 주는 수많은 정적 메서드를 가지고 있으며, 메서드의 이름은 알아보기 쉽도록 직관적입니다. File 클래스는 파일을 다루는 메서드를 제공하고, Directory 클래스는 디렉터리를 다루는 메서드를 제공하죠. 다음 코드를 살펴보고 각 코드가 무슨 일을 하는지 적어 보고, 마지막 두 문제의 답을 적어 보세요.

코드	코드가 하는 일

`if (!Directory.Exists(@"C:\SYP")) {`
`    Directory.CreateDirectory(@"C:\SYP");`
`}`
	C:₩SYP 폴더가 존재하는지 검사합니다. 폴더가 없으면 생성합니다.

`if (Directory.Exists(@"C:\SYP\Bonk")) {`
`    Directory.Delete(@"C:\SYP\Bonk");`
`}`
	C:₩SYP₩Bonk 폴더가 존재하는지 검사합니다. 폴더가 있으면 삭제합니다.

`Directory.CreateDirectory(@"C:\SYP\Bonk");`	C:₩SYP₩Bonk 폴더를 생성합니다.
`Directory.SetCreationTime(@"C:\SYP\Bonk",` `        new DateTime(1996, 09, 23));`	C:₩SYP₩Bonk 폴더의 생성 시간을 1996년 9월 23일로 설정합니다.
`string[] files = Directory.GetFiles(@"C:\SYP\",` `        "*.log", SearchOption.AllDirectories);`	C:₩SYP 폴더에서 서브 디렉터리까지 포함해서 *.log 패턴과 일치하는 모든 파일의 목록을 가져옵니다.

`File.WriteAllText(@"C:\SYP\Bonk\weirdo.txt",`
`        @"This is the first line`
`and this is the second line`
`and this is the last line");`
	C:₩SYP₩Bonk 폴더에 (파일이 없다면) weirdo.txt 파일을 생성하고 세 줄의 텍스트를 이 파일에 씁니다.

`File.Encrypt(@"C:\SYP\Bonk\weirdo.txt");` 이 명령문이 무슨 일을 하는지 예상해 보세요. 이 메서드는 아직 살펴본 적이 없습니다.	윈도우의 내장 암호화 기능을 사용해 로그인한 계정의 자격 증명(credential) 정보를 사용해 weirdo.txt 파일을 암호화합니다.
`File.Copy(@"C:\SYP\Bonk\weirdo.txt",` `        @"C:\SYP\copy.txt");`	C:₩SYP₩Bonk₩weirdo.txt 파일을 C:₩SYP₩copy.txt 파일로 복사합니다.
`DateTime myTime =` `        Directory.GetCreationTime(@"C:\SYP\Bonk");`	myTime 변수를 선언하고 C:₩SYP₩Bonk 폴더의 생성 시간과 같게 설정합니다.
`File.SetLastWriteTime(@"C:\SYP\copy.txt", myTime);`	C:₩SYP 폴더의 copy.txt 파일의 마지막 변경 시간을 myTime 변수에 저장된 값으로 설정합니다.
`File.Delete(@"C:\SYP\Bonk\weirdo.txt");`	C:₩SYP₩Bonk₩weirdo.txt 파일을 삭제합니다.

왜 위 코드의 메서드에 전달한 인수의 문자열의 맨 앞에 @을 넣었을까요?

@은 문자열의 백슬래시가 이스케이프 시퀀스로 해석되는 것을 방지합니다.

위의 코드에서는 모든 파일명이 (윈도우에서 작동하는) C:₩으로 시작합니다. 이 코드를 맥OS나 리눅스에서 실행하면 어떻게 될까요?

실행 파일이 있는 폴더에 파일명이 "C:₩"으로 시작하는 파일을 생성합니다.

IDisposable을 사용해 객체 확실히 닫기

적당한 곳에 버리세요.

많은 .NET 클래스는 IDisposable이라는 유용한 인터페이스를 구현합니다. 이 인터페이스의 유일한 멤버는 **Dispose() 메서드**입니다. 클래스가 IDisposable을 구현하면, 이 클래스의 객체는 작동을 중지할 때 처리해야 할 중요한 작업이 있다는 것을 알려 줍니다. 보통은 자동으로 해제되지 않는 **할당된 자원(allocated resource)** 때문에 이 메서드가 필요합니다. Dispose() 메서드는 객체가 이러한 자원을 어떻게 해제(release)해야 하는지 알려 줍니다.

비주얼 스튜디오에서 IDisposable 살펴보기

비주얼 스튜디오의 [정의로 이동](맥OS에서는 [선언으로 이동]) 기능을 사용해 IDisposable의 정의를 확인할 수 있습니다. 다시 프로젝트로 이동해서 클래스의 코드에서 IDisposable을 입력해 보세요. IDisposable을 마우스 우클릭하고 정의로 이동(G) 버튼을 선택합니다. 그러면 새 탭에서 파일이 열립니다. 모든 코드를 확장하면 다음과 같은 코드를 볼 수 있습니다.

```
namespace System {
    /// <summary>
    /// Provides a mechanism for releasing unmanaged resources.
    /// </summary>
    public interface IDisposable {
        /// <summary>
        /// Performs application-defined tasks associated with
        /// freeing, releasing, or resetting unmanaged resources.
        /// </summary>
        void Dispose();
    }
}
```

많은 클래스가 메모리, 파일, 다른 객체 등 중요한 자원을 할당합니다. 즉, 이들 클래스는 다른 자원을 점유하고, 이들 자원의 사용이 끝났다는 것을 알려 주기 전까지는 자원을 해제하지 않습니다.

IDisposable을 구현한 클래스는 Dispose() 메서드가 호출되는 즉시 점유했던 자원을 해제해야 합니다. 이 작업은 보통 객체의 사용이 끝나기 직전에 해야 할 마지막 작업입니다.

할당하다(allocate) [동사]

특정 목적을 위한 자원, 작업을 분배하다.
쓸데 없는 관리 세미나에 모든 회의실이 할당됐기 때문에 프로그래밍 팀은 프로젝트 관리자에게 짜증을 냈습니다.

using 문을 사용해 파일시스템 오류 방지하기

using 문은 예외를 방지할 수 있습니다.

10장을 시작하며 지금까지 스트림을 닫아야 한다는 것을 강조했습니다. 파일을 다룰 때 개발자가 마주치게 되는 가장 흔한 오류가 스트림을 제대로 닫지 않아 발생하기 때문입니다. 다행히 C#은 이런 일이 일어나지 않도록 해 주는 훌륭한 도구인 IDisposable 인터페이스와 Dispose() 메서드를 제공합니다. 스트림에 관련된 코드를 using 문으로 감싸 두면, 자동으로 스트림을 닫아 줍니다. 개발자가 해야 할 일은 using 문을 사용해 스트림 참조를 선언하고, 이 참조를 사용하는 코드 블록을 (중괄호 안에) 작성하면 됩니다. 그렇게 하면 C#은 코드 블록을 실행하고 나서 즉시 Dispose() 메서드를 자동으로 호출합니다.

이 using 문은 코드 상단에 사용하는 using 지시문 하고는 다릅니다.

using 문 다음에는 항상 객체 선언이 옵니다.

그리고 중괄호로 감싼 코드 블록이 옵니다.

```
using (var sw = new StreamWriter("secret_plan.txt"))
{
    sw.WriteLine("How I'll defeat Captain Amazing");
    sw.WriteLine("Another genius secret plan");
    sw.WriteLine("by The Swindler");
}
```

using 블록 안에서 마지막 명령문이 실행되고 나면, 이 블록에서 사용되던 객체의 Dispose() 메서드가 호출됩니다.

이 경우, sw(using 문에서 선언된)가 사용되던 객체를 가리키고 있습니다. 그러므로 Stream 클래스의 Dispose() 메서드가 호출되고, 이는 스트림을 닫습니다.

이 using 문은 변수 sw를 선언하고, sw는 새로운 StreamWriter를 참조하며, 그 다음에는 코드 블록이 옵니다. 블록 안 명령문이 모두 실행되고 나면, using 블록은 자동으로 sw.Dispose()를 호출합니다.

여러 객체에 대해 여러 using 문을 사용하기

using 문을 쌓은 형태로 사용할 수 있습니다. 추가로 중괄호를 사용하거나 들여쓰기를 할 필요가 없습니다.

```
using (var reader = new StreamReader("secret_plan.txt"))
using (var writer = new StreamWriter("email.txt"))
{
    // reader, writer를 사용하는 명령문
}
```

모든 스트림은 Dispose( ) 메서드를 가지고 있으며, 이 메서드는 스트림을 닫습니다. using 문에서 스트림을 선언했다면 이 스트림이 닫힌다는 것을 보증할 수 있습니다! 스트림이 닫힌다는 사실이 중요한데, 닫히기 전까지는 데이터를 전부 쓰지 않는 스트림도 있기 때문입니다.

using 블록에서 객체를 선언하면 이 객체의 Dispose() 메서드가 자동으로 호출됩니다.

MemoryStream을 사용해 메모리에 데이터 스트림하기

MemoryStream은 파일에서 데이터를 읽어 오고 작업을 수행합니다. MemoryStream은 자신에게 전달된 데이터를 메모리에 보존합니다. 예를 들어, 새 MemoryStream 객체를 생성하고 StreamWriter 생성자의 인수로 넘겨주면 StreamWriter에 쓴 데이터는 모두 MemoryStream 객체로 전달됩니다. MemoryStream.ToArray( ) 메서드는 MemoryStream 객체로 전달된 데이터를 가져와서 바이트 배열로 반환합니다.

Encoding.UTF8.GetString을 사용해서 바이트 배열을 문자열로 변환하기

바이트 배열은 흔히 문자열로 변환해 사용합니다. 다음은 bytes라는 바이트 배열을 문자열로 반환하는 방법 중 하나입니다.

```
var converted = Encoding.UTF8.GetString(bytes);
```

앞서 인코딩을 언급했죠. 이게 무슨 뜻일까요?

새 콘솔 앱 'UseAMemoryStream'을 생성하고 다음 코드를 추가하세요. 이 앱은 복합 형식 지정을 사용해 MemoryStream에 숫자를 쓰고 이를 바이트 배열로 변환한 다음 다시 문자열로 변환합니다. 그런데 정상적으로 작동하지 않네요! 선택한 텍스트 고쳐 볼까요?

```
using System;
using System.IO;
using System.Text;
internal class Program
{
    static void Main(string[] args)
    {
        using (var ms = new MemoryStream())
        using (var sw = new StreamWriter(ms))
        {
            sw.WriteLine("The value is {0:0.00}", 123.45678);
            Console.WriteLine(Encoding.UTF8.GetString(ms.ToArray()));
        }
    }
}
```

앱을 실행하면 콘솔에 텍스트가 출력돼야 하지만, 아무것도 출력되지 않습니다. 무엇이 잘못됐는지 여러분이 스스로 문제를 찾아보세요. 힌트를 드리자면 언제 스트림이 닫히는지 알아보세요.

MemoryStream.ToArray() 메서드는 이 객체에 쓰인 모든 데이터를 바이트 배열로 반환합니다. GetString() 메서드는 이 바이트 배열을 문자열로 변환하죠.

무엇이든 물어보세요!

Q&A

Q1 <쓰면서 제대로 공부하기>에서 파일명을 나타내는 문자열 앞에 왜 @(어노테이션)을 넣었는지 다시 한번 알려 주세요.

A1 @이 없으면 'C:₩SYP'의 '₩S' 부분이 선택한 텍스트 이스케이프 시퀀스로 해석돼 예외를 발생시키기 때문입니다. 문자열 리터럴을 프로그램에 추가할 때 컴파일러는 ₩n, ₩r 같은 이스케이프 시퀀스를 특수 문자로 변환합니다. 선택한 텍스트 C#은 보통 백슬래시를 이스케이프 시퀀스의 시작부로 사용합니다. 문자열의 앞부분에 @을 넣으면, 이는 이스케이프 시퀀스를 해석하지 말라는 의미입니다. 그러므로 문자열에서 [Enter] 키를 눌러서 줄 바꿈 문자를 그대로 출력할 수 있습니다.

Q2 이스케이프 시퀀스가 정확히 무엇인가요?

A2 이스케이프 시퀀스는 문자열에 특수 문자를 포함하기 위한 방법입니다. 예를 들면, ₩n은 줄 바꿈, ₩t는 탭, ₩r은 캐리지 리턴(선택한 텍스트) 문자입니다. 선택한 텍스트 문자열에 따옴표를 넣어야 한다면 ₩"를 사용할 수 있으며, 이는 문자열의 끝으로 인식되지 않습니다. 백슬래시를 문자열에 넣어 이스케이프 시퀀스 선택한 텍스트로 해석되지 않도록 하고 싶다면, 백슬래시를 두 번(₩₩) 사용하면 됩니다.

이 문제를 스스로 추적해 볼 기회를 드렸죠.
다음은 그 내용에 대한 설명입니다.

추적하기

셜록 홈즈는 이런 말을 한 적이 있습니다. "데이터, 데이터! 데이터가 필요해! 진흙도 없이 벽돌을 만들 수는 없다고!" 우리도 범죄 현장에서 시작해 보죠. 프로젝트가 작동하지 않고 있으니 실마리를 찾아 모든 데이터를 긁어모아야 합니다. 몇 개의 실마리를 찾을 수 있나요?

- MemoryStream()에 데이터를 입력하는 StreamWriter()를 인스턴스화했습니다.
- StreamWriter()는 한 줄의 텍스트를 MemoryStream()에 씁니다.
- MemoryStream()의 내용은 배열로 복사된 후 문자열로 변환됩니다.
- 이 모든 작업은 using 블록 안에서 일어나므로, 스트림은 확실히 닫힙니다.

실마리를 모두 발견했나요? 축하합니다! 코드 수사 기술을 많이 갈고 닦았군요. 하지만 모든 장대한 미스터리가 그렇듯이, 마지막 실마리 하나가 남아 있습니다. 우리가 앞서 배운 몇 가지 사실이 범인을 찾아내는 열쇠가 됩니다.
앞의 코드에서는 using 블록을 사용했으므로, 스트림은 확실히 닫혔다는 것을 알 수 있습니다. 그렇다면 언제 스트림이 닫힐까요? 이 질문이야말로 문제의 핵심에 도달하게 해 줄 것입니다. 사건이 일어나기 바로 직전에 우리가 배운 중요한 단서는 이것입니다. '닫히기 전까지 데이터를 전부 쓰지 않는 스트림도 있다.'
StreamWriter()와 MemoryStream()은 동일한 using 블록에 선언돼 있으므로, 블록의 마지막 명령어가 실행된 후 둘 다 Dispose() 메서드가 호출됩니다. 이게 무슨 의미일까요? 바로 StreamWriter()가 닫히기 전에 MemoryStream.ToArray() 메서드가 호출된다는 의미입니다. 그러므로 중첩된 using 블록을 추가해서 StreamWriter()가 먼저 닫히도록 한 다음 ToArray()를 호출하면 이 문제를 고칠 수 있습니다.

```
using System;
using System.IO;
using System.Text;

internal class Program
{
    static void Main(string[] args)
    {
        using (var ms = new MemoryStream())
        {
            using (var sw = new StreamWriter(ms))
            {
                sw.WriteLine("The value is {0:0.00}", 123.45678);
            }
            Console.WriteLine(Encoding.UTF8.GetString(ms.ToArray()));
        }
    }
}
```

MemoryStream()은 바깥쪽 using 블록에 선언되어 있으므로, StreamWriter()가 닫힌 후에도 MemoryStream()은 닫히지 않고 유지됩니다.

안쪽 using 블록은 MemoryStream.ToArray() 메서드가 호출되기 전에 StreamWriter()가 닫혔는지 확인합니다.

스트림 객체는 종종 메모리에 버퍼링돼 쓰기를 기다리는 데이터를 가지고 있습니다. 스트림이 버퍼를 비우고 모든 데이터의 쓰기를 마치는 것을 플러시(flush)라고 합니다. 스트림을 닫지 않고 버퍼링된 데이터를 플러싱(flushing)해야 할 경우, Flush() 메서드를 호출할 수 있습니다.

연습 문제

8장에서 Card 객체의 시퀀스를 저장하는 Deck 클래스를 만들었습니다. 이 클래스는 카드 더미의 카드 52장을 순서대로 정렬하고, 카드를 임의의 순서로 섞고, 다시 카드를 순서대로 정렬하는 메서드를 가지고 있죠. 이번에는 카드를 파일로 출력하는 메서드와, 파일에 저장된 카드를 읽어 들여 새로운 Deck 객체를 초기화하는 생성자를 추가해 보겠습니다.

```
Collection<Card>
----------------
Count
----------------
Add
RemoveAt
Clear
```

```
Deck
----------------

----------------
Deck(생성자)
Reset
Deal
Shuffle
Sort

Deck(filename)
WriteCards
```

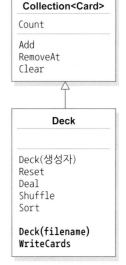

8장에서 작성한 Deck, Card 클래스 검토하기

Card 객체의 제네릭 컬렉션을 상속해서 Deck 클래스를 작성했습니다. 그래서 Deck 클래스가 Collection<Card>에서 상속한 유용한 멤버들을 사용할 수 있었죠.

- Count 속성은 카드 덱에 있는 카드의 개수를 반환합니다.
- Add( ) 메서드는 카드를 카드 덱의 맨 윗부분에 추가합니다.
- RemoveAt( ) 메서드는 카드 덱의 특정 인덱스 위치에 있는 카드를 제거합니다.
- Clear( ) 메서드는 카드 덱에서 모든 카드를 제거합니다.

이 멤버들을 활용해서 메서드를 추가하세요. 추가할 메서드는 카드를 모두 제거하고, 정렬된 카드를 새로 추가하는 Reset( ), 덱의 맨 위 카드를 제거하고 반환하는 Deal( ), 카드를 섞는 Shuffle( ), 카드를 순서대로 정렬하는 Sort( )입니다.

카드 덱에 있는 모든 카드를 파일로 출력하는 메서드 추가하기

Card 클래스에는 'Three of Clubs', 'Ace of Hearts'와 같은 문자열을 반환하는 Name 속성이 있습니다. 파일명을 문자열 매개 변수로 받아, 카드의 이름을 한 줄에 하나씩 파일에 기록하는 WriteCards( ) 메서드를 추가합니다. 카드 덱을 재설정하고 WriteCards()를 호출하면, 파일에 각각의 카드에 해당하는 문자열 52줄을 기록합니다.

파일에서 카드 덱을 읽어오는, 오버로드된 Deck 생성자를 추가하기

'WriteADeck' 이름의 새 콘솔 앱을 생성하고, 9장에서 작성했던 CardGroupQuery의 Card, CardCompareByValue, Suits, Values 클래스를 가져오세요. 그런 다음 Deck 클래스를 추가한 후, 두 번째 생성자를 추가합니다. 이 생성자는 다음과 같은 일을 처리해야 합니다.

ing.Split( ) 메서드는 구분자(여기서는 공백 문자를 사용합니다) 문자의 배열을 지정하고, 구분자를 사용해 문자열을 여러 부분으로 나누고, 이렇게 나뉜 문자열 배열을 반환합니다.

```
public Deck(string filename)
{
    // 파일을 읽어 들일 StreamReader()를 생성합니다.
    // 파일의 내용을 한 줄씩 읽어 들여 다음 네 작업을 수행합니다.
    // String.Split() 메서드를 사용합니다. var cardParts = nextCard.Split(new char[] { ' ' });
    // switch 식을 사용해 카드의 무늬를 가져옵니다. var suit = cardParts[2] switch {
    // switch 식을 사용해 카드의 숫자를 가져옵니다. var value = cardParts[0] switch {
    // 카드를 카드 덱에 추가합니다.
}
```

switch는 완전해야 하므로 인식할 수 없는 무늬나 숫자의 카드가 나오면 InvalidDataException()을 던지도록 기본 케이스를 추가해야 합니다. 이렇게 하면 읽어 들인 카드가 모두 유효하다는 것을 확인할 수 있습니다.

다음은 앱을 테스트하는 데 사용할 수 있는 Main( ) 메서드입니다. 여기에서는 임의의 카드 10장으로 카드 덱을 생성하고, 파일에 기록한 다음, 이 파일을 읽어 들여 두 번째 카드 덱을 만들어 콘솔에 각각의 카드를 출력합니다.

```
static void Main(string[] args)
{
    var filename = "deckofcards.txt";
    Deck deck = new Deck();
    deck.Shuffle();
    for (int i = deck.Count - 1; i > 10; i--)
        deck.RemoveAt(i);
    deck.WriteCards(filename);

    Deck cardsToRead = new Deck(filename);
    foreach (var card in cardsToRead)
        Console.WriteLine(card.Name);
}
```

연습 문제 정답

Deck 클래스에 추가한 2개의 메서드는 다음과 같습니다. WriteCards() 메서드는 StreamWriter를 사용해서 카드 각각을 파일에 쓰고, 오버로딩된 Deck 생성자는 StreamReader()를 사용해서 파일에서 카드를 하나씩 읽어 들입니다. StreamWriter()와 StreamReader()를 사용하고 있으므로 파일 상단에 using System.IO;를 추가했는지 확인해야 합니다.

CardGroupQuery 프로젝트의 Deck 클래스와 마찬가지로 ObservableCollection<Card>를 상속받습니다.

```
public void WriteCards(string filename)
{
    using (var writer = new StreamWriter(filename))
    {
        for (int i = 0; i < Count; i++)
        {
            writer.WriteLine(this[i].Name);
        }
    }
}


public Deck(string filename)
{
    using (var reader = new StreamReader(filename))
    {
        while (!reader.EndOfStream)
        {
            var nextCard = reader.ReadLine();
            var cardParts = nextCard.Split(new char[] { ' ' });
            var value = cardParts[0] switch {
                "Ace" => Values.Ace,
                "Two" => Values.Two,
                "Three" => Values.Three,
                "Four" => Values.Four,
                "Five" => Values.Five,
                "Six" => Values.Six,
                "Seven" => Values.Seven,
                "Eight" => Values.Eight,
                "Nine" => Values.Nine,
                "Ten" => Values.Ten,
                "Jack" => Values.Jack,
                "Queen" => Values.Queen,
                "King" => Values.King,
                _ => throw new InvalidDataException($"Unrecognized card value: {cardParts[0]}")
            };
            var suit = cardParts[2] switch
            {
                "Spades" => Suits.Spades,
                "Clubs" => Suits.Clubs,
                "Hearts" => Suits.Hearts,
                "Diamonds" => Suits.Diamonds,
                _ => throw new InvalidDataException($"Unrecognized card suit: {cardParts[2]}"),
            };
            Add(new Card(value, suit));
        }
    }
}
```

이 명령어는 공백 문자를 구분자로 사용해 nextCard 문자열을 나눕니다. 그러면 "Six of Diamonds" 문자열은 {"Six", "of", "Diamonds"} 라는 배열이 됩니다.

이 switch 식은 문자열 한 줄의 첫 번째 단어가 카드 숫자와 일치하는지를 검사합니다. 일치할 경우, 올바른 Value 열거형 값이 'value' 변수에 할당됩니다.

파일에 유효하지 않은 카드가 포함됐을 경우, switch 식의 기본 케이스가 예외를 발생시킵니다.

세 번째 단어도 Suit 열거형으로 변환하는 비슷한 작업을 수행합니다.

요점 정리

- 파일에서 데이터를 읽거나 쓸 때 **Stream 객체**를 사용합니다. Stream은 추상 클래스로, 서로 다른 종류의 작업을 처리하는 하위 클래스들을 가지고 있습니다.
- **FileStream**은 파일에서 데이터를 읽거나 쓸 수 있게 해 줍니다. **MemoryStream**은 메모리에서 데이터를 읽고 씁니다.
- 스트림의 Write() 메서드를 통해 데이터를 스트림에 쓸 수 있으며, Read() 메서드를 사용해 데이터를 읽을 수 있습니다.
- **StreamWriter**는 파일에 데이터를 쓰기 위한 간편한 방법입니다. StreamWriter는 FileStream 객체를 자동으로 생성하고 관리합니다.
- **StreamReader**는 스트림에서 문자들을 읽어 들이지만, StreamReader 그 자체는 스트림이 아닙니다. StreamReader는 스트림을 생성하고, 스트림에서 데이터를 읽고, Close 메서드를 호출할 때 스트림을 닫습니다.
- StreamWriter와 Console은 Write(), WriteLine()은 **복합 형식 지정(composite formatting)**을 지원합니다. {0}, {1}, {2} 또는 {1:0.00}, {3:c}처럼 형식 지정자를 지원하는 자리 표시자(placeholder)를 포함한 형식 문자열(format string)을 위 메서드에서 매개 변수로 사용할 수 있습니다.
- **Path.DirectorySeparatorChar**는 읽기 전용 필드로, 운영체제에서 사용하는 경로 구분 문자로 설정돼 있습니다. 윈도우에서는 백슬래시(₩), 맥OS와 리눅스에서는 슬래시(/)입니다.
- **Environment.GetFolderPath() 메서드**는 현재 사용자의 특수 폴더 중 하나의 경로를 반환합니다. 윈도우의 경우 사용자의 문서 폴더, 맥OS의 경우 홈 폴더입니다.
- **File 클래스**는 파일이 존재하는지 검사하는 Exists, 파일의 내용을 읽거나 쓰는 스트림을 가져오는 OpenRead()와 OpenWrite(), 명령어 한 줄로 파일에 텍스트를 추가하는 AppendAllText() 등의 정적 메서드를 가지고 있습니다.
- **Directory 클래스**는 폴더를 생성하는 CreateDirectory(), 폴더의 파일 목록을 가져오는 GetFiles(), 폴더를 삭제하는 Delete() 등의 정적 메서드를 가지고 있습니다.
- **FileInfo 클래스**는 File 클래스와 비슷하지만, 정적 메서드 대신 클래스를 인스턴스화해야 합니다.
- 사용이 끝난 스트림은 항상 닫아야 한다는 것을 기억하세요. 스트림 중에서는 스트림을 닫거나 **Flush() 메서드**를 호출하기 전까지는 데이터를 모두 쓰지 않는 스트림도 있습니다.
- **IDisposable 인터페이스**는 객체가 올바로 닫혔는지를 보장합니다. 이 인터페이스는 **Dispose() 메서드** 하나를 멤버로 가지고 있으며, 이 메서드는 관리되지 않는 자원을 해제하는 메커니즘을 제공합니다.
- **using 문**을 사용해 IDisposable을 구현한 클래스를 인스턴스화하세요. using 문 다음에는 코드 블록이 옵니다. 코드 블록의 마지막 문장을 실행하고 나면, using 문에서 사용된 객체 인스턴스의 Dispose() 메서드를 호출합니다.
- **여러 개의 using 문**을 사용해 코드 블록이 끝날 때 한꺼번에 Dispose()가 호출될 객체들을 선언할 수 있습니다.

윈도우와 맥OS는 서로 다른 줄 바꿈 문자를 사용합니다.

윈도우를 사용하고 있다면, 메모장을 열어 보세요. 맥OS를 사용하고 있다면 텍스트 편집기를 열어 보세요. 첫 번째 줄에는 L1, 두 번째 줄에는 L2, 두 줄의 텍스트가 있는 파일을 생성하세요.

윈도우라면 파일에 다음 6바이트가 들어 있습니다: 76 49 13 10 76 50

맥OS라면 파일에 다음 5바이트가 들어 있습니다: 76 49 10 76 50

차이점을 알겠나요? 두 줄 모두 같은 바이트로 인코딩돼 있습니다. L은 76, 1은 49, 2는 50입니다. 줄 바꿈 문자는 조금 다릅니다. 윈도우에서는 13과 10, 총 2개 바이트로 인코딩됩니다. 맥OS에는 10, 바이트 한 개로 인코딩됩니다. 이는 윈도우와 유닉스의 줄 바꿈 문자 스타일이 다르기 때문입니다(맥OS는 유닉스에서 파생됐습니다). 여러분이 서로 다른 운영체제에서 작동하는 코드를 작성해야 하면서 줄 바꿈 문자가 포함된 파일을 만들어야 한다면, Environment.NewLine 정적 속성을 사용할 수 있습니다. 이 속성은 윈도우에서는 ₩r₩n을 반환하고, 맥OS나 리눅스에서는 ₩r을 반환합니다.

이 코드 전체가 카드 한 장의 데이터를
읽어 들이기 위해 작성된 거라고요? 코드가 너무 많은 것 같은데요!
만약 객체에 속성이 아주 많이 있다면 어떻게 해야 하죠?
속성마다 switch 문을 작성해야 한다는 이야기인가요?

객체를 파일에 쉽게 저장할 수 있는 방법이 있습니다

직렬화(serialization)를 사용하면 객체에 파일을 쉽게 저장할 수 있습니다. 직렬화는 객체의 전체 상태를 파일이나 문자열로 저장하는 것을 의미합니다. **역직렬화**(deserialization)는 이렇게 저장된 파일이나 문자열에서 객체의 상태를 다시 읽어 들이는 것을 의미합니다. 그러므로 수고스럽게 각각의 필드와 값을 파일로 한 줄씩 출력하는 대신, 객체를 직렬화해서 스트림으로 출력하는 방법으로 객체를 쉽게 저장할 수 있습니다. 객체 직렬화는 마치 객체라는 풍선의 바람을 빼고 고이 접어 파일에 넣는 것과 비슷합니다. 반대로 객체 역직렬화는 파일에서 객체를 꺼내 바람을 넣는 것과 비슷하죠.

좋아요, 하나 짚고 넘어갈 것이 있습니다. 문자열 'Spades'를 열거형 값 Suits.Spades로 변환하는 Enum.Parse() 메서드도 있습니다. 비슷한 메서드인 Enum.TryParse()도 있죠(이 메서드는 이전에 사용했던 int.TryParse()와 비슷하게 작동합니다). 하지만 여기에서는 직렬화를 사용하는 것이 합리적입니다. 왜 그런지 살펴보겠습니다.

객체가 직렬화될 때 어떤 일이 일어나나요?

직렬화는 객체 전체를 저장합니다.

객체를 힙에서 복사해서 파일에 집어넣을 때 어떤 신비한 일이 일어나는 것 같겠지만, 사실 그 과정은 매우 단순합니다.

01 힙에 있는 객체

객체의 인스턴스를 생성하면 객체는 상태(state)를 갖습니다. 객체가 '알고 있는' 모든 정보는 클래스의 인스턴스와 다른 인스턴스가 구분되도록 합니다.

02 직렬화된 객체

객체는 직렬화될 때, 객체의 전체 상태를 저장합니다. 그래서 저장된 상태로부터 동일한 인스턴스(객체)를 찾아 힙에 복원해 낼 수 있습니다.

이 객체는 2개의 byte 타입 필드 width와 height를 가지고 있습니다.

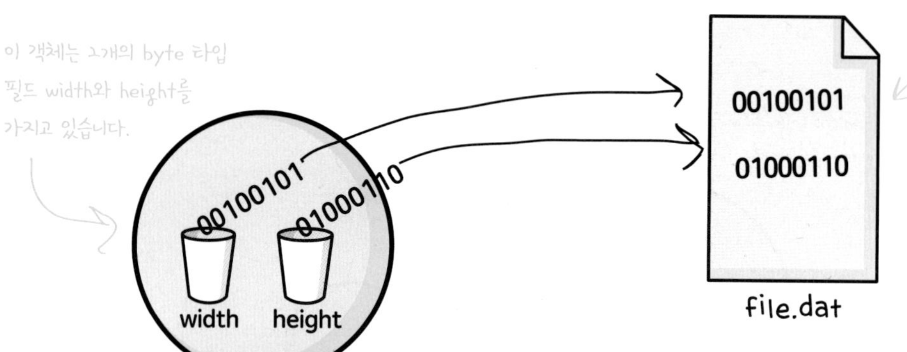

width, height 필드의 값은 file.dat 파일에 저장되며, 객체를 나중에 복원하는 데 필요한 추가 정보가 함께 저장됩니다(객체와 필드의 타입 같은 정보입니다).

03 힙에 다시 복원된 객체

이 파일로 돌아와서 역직렬화할 수 있습니다. 역직렬화를 통해 파일에서 원본 클래스 정보를 가져와서 객체의 원래 상태 그대로 복원합니다.

객체의 상태는 정확히 무엇이고, 어떤 것이 저장되나요?

객체가 필드와 속성에 자신의 상태를 저장한다는 것을 배웠습니다. 그러므로 객체가 직렬화될 때는 필드와 속성의 값도 파일에 저장해야 합니다.

직렬화는 좀 더 복잡한 객체를 다뤄야 할 때 재밌어지기 시작합니다. char, int, double 등의 타입은 파일에 기록될 때 있는 그대로 byte 타입으로 저장할 수 있습니다. 만약 어떤 객체가 객체 참조를 인스턴스 변수로 가지고 있으면 어떻게 될까요? 객체 참조를 가진 인스턴스 변수가 다섯 개라면 심지어 이 객체 인스턴스 변수도 다른 인스턴스 변수를 가지고 있다면 어떻게 될까요?

잠시 생각해 봅시다. 객체의 어떤 부분이 객체를 유일하게 만드는 걸까요? 이전에 저장됐던 객체와 동일한 객체를 복원하기 위해 필요한 것이 무엇인지 생각해 보세요. 포인트는 힙에 있는 모든 정보가 무조건 파일에 저장돼야 한다는 것입니다.

시간을 투자해서 생각해 보세요.

뇌 단련

다음 그림의 Car 객체를 저장한 후에 원래 상태대로 복원하려면 무슨 일이 일어나야 할까요? Car 객체에 세 개의 Passenger 객체와 3L의 Engine 객체와 사계절용 Tire 객체가 있다고 해 봅시다. 이들 객체는 모두 Car 객체의 상태가 아닐까요? 이들 객체는 어떻게 해야 할까요?

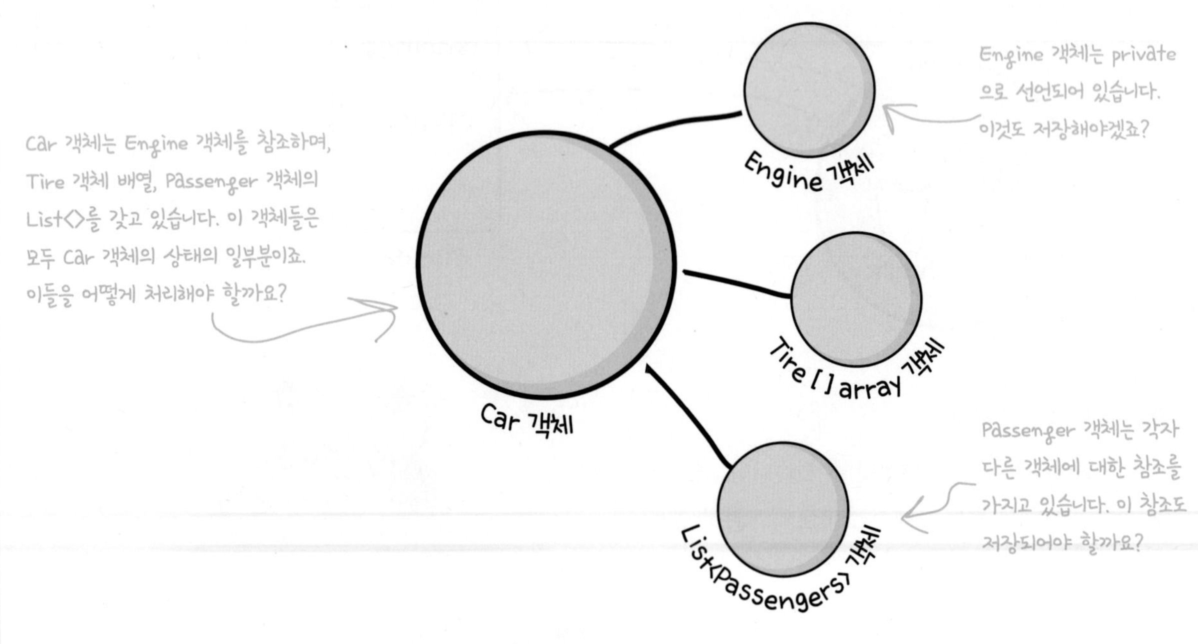

객체를 직렬화할 때, 해당 객체가 참조하는 모든 객체도 직렬화 해야 합니다

연결된 객체들은 그래프를 형성합니다.

참조된 객체가 참조하는 객체가 다시 참조하는 객체가 또 참조하는 객체...... 객체는 참조를 이어나갈 수 있습니다. 너무 복잡하다고요? 걱정하지 마세요. 다소 복잡해 보이지만 이런 작업은 모두 자동으로 처리됩니다. C#은 직렬화할 객체의 필드를 검사해서 이어진 다른 객체를 찾아냅니다. 그리고 다음 객체에도 같은 작업을 수행해서 이어진 모든 객체를 찾죠. 파일에 모든 객체를 기록해서, 객체를 역직렬화할 때 객체를 복원하는 데 필요한 추가 정보를 함께 저장합니다.

참조를 통해 서로 연결돼 있는 객체의 그룹을 종종 그래프(graph)라고 부릅니다.

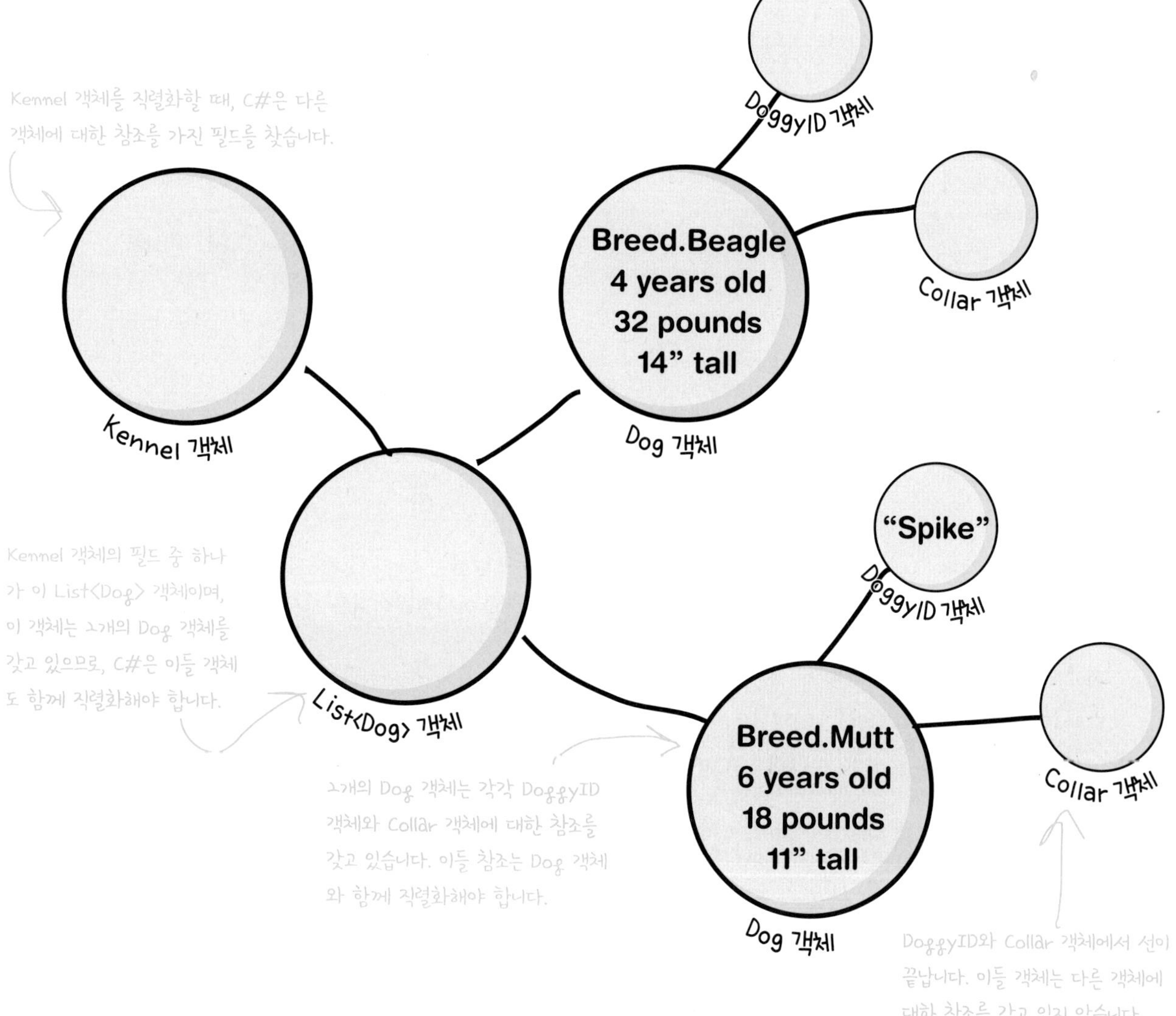
Kennel 객체를 직렬화할 때, C#은 다른 객체에 대한 참조를 가진 필드를 찾습니다.
DoggyID 객체
Breed.Beagle
4 years old
32 pounds
14" tall
Collar 객체
Kennel 객체
Dog 객체
"Spike"
DoggyID 객체
Kennel 객체의 필드 중 하나가 이 List<Dog> 객체이며, 이 객체는 2개의 Dog 객체를 갖고 있으므로, C#은 이들 객체도 함께 직렬화해야 합니다.
List<Dog> 객체
Breed.Mutt
6 years old
18 pounds
11" tall
Collar 객체
2개의 Dog 객체는 각각 DoggyID 객체와 Collar 객체에 대한 참조를 갖고 있습니다. 이들 참조는 Dog 객체와 함께 직렬화해야 합니다.
Dog 객체
DoggyID와 Collar 객체에서 선이 끝납니다. 이들 객체는 다른 객체에 대한 참조를 갖고 있지 않습니다.

JsonSeriallization을 사용해 객체 직렬화하기

JSON은 객체 상태를 텍스트로 저장합니다.

JSON 직렬화를 사용하면 코드 몇 줄만으로 객체 전체를 문자열로 복사했다가 나중에 다시 읽어 들일 수 있습니다. JSON 직렬화가 어떻게 작동하는지 번 살펴보죠. 먼저 'SerializeGuys'라는 이름의 새 콘솔 앱을 만듭시다.

따라해 보세요!

01 프로젝트에 'Guy', 'Outfit', 'HairColor', 'HairStyle' 클래스를 각각 추가합니다.

❶ Guy.cs

```
internal class Guy {
    public string Name { get; set; }
    public HairStyle Hair { get; set; }
    public Outfit Clothes { get; set; }
    public override string ToString() => $"{Name} with {Hair} wearing {Clothes}";
}
```

❷ Outfit.cs

```
internal class Outfit {
    public string Top { get; set; }
    public string Bottom { get; set; }
    public override string ToString() => $"{Top} and {Bottom}";
}
```

❸ HairColor.cs

```
enum HairColor {
    Auburn, Black, Blonde, Blue, Brown, Gray, Platinum, Purple, Red, White
}
```

❹ HairStyle.cs

```
internal class HairStyle {
    public HairColor Color { get; set; }
    public float Length { get; set; }
    public override string ToString() => $"{Length:0.0} inch {Color} hair";
}
```

02 이제 직렬화할 객체 그래프를 만들어 봅시다. Guy 객체 2개를 포함하는 List<Guy> 객체를 만듭니다. 다음 코드를 Main() 메서드에 추가하세요. 이 코드는 컬렉션 이니셜라이저와 객체 이니셜라이저를 사용해 객체 그래프를 만듭니다.

```
using System.Collections.Generic;
...
static void Main(string[] args) {
    var guys = new List<Guy>() {
        new Guy() { Name = "Bob", Clothes = new Outfit() { Top = "t-shirt", Bottom = "jeans" },
            Hair = new HairStyle() { Color = HairColor.Red, Length = 3.5f }
        },
        new Guy() { Name = "Joe", Clothes = new Outfit() { Top = "polo", Bottom = "slacks" },
            Hair = new HairStyle() { Color = HairColor.Gray, Length = 2.7f }
        },
    };
}
```

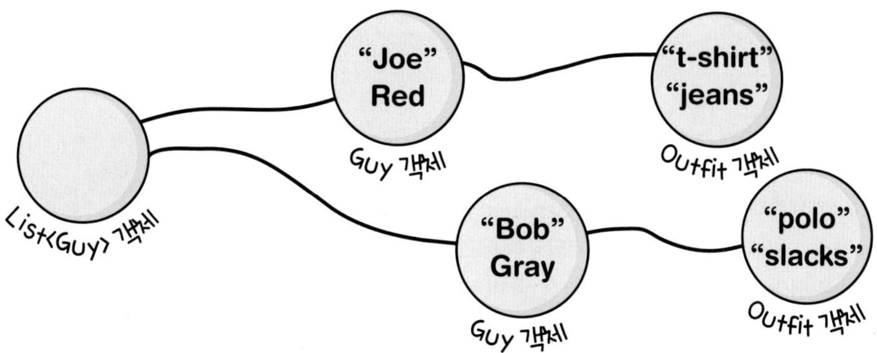

03 JsonSerializer를 사용해 객체를 문자열로 직렬화합니다. 먼저 다음 using 지시문을 Main() 메서드 코드 파일의 상단에 추가합니다.

```
using System.Text.Json;
```

이제 전체 그래프를 다음과 같은 한 줄의 코드로 직렬화할 수 있습니다.

```
var jsonString = JsonSerializer.Serialize(guys);
Console.WriteLine(jsonString);
```

프로그램을 실행하고 콘솔에 출력되는 결과를 자세히 살펴보세요.

```
[{"Name":"Bob","Hair":{"Color":8,"Length":3.5},"Clothes":{"Top":"t-shirt","Bot tom":"jeans"}},{"Name":"Jo
e","Hair":{"Color":5,"Length":2.7},"Clothes":{"Top":
"polo","Bottom":"slacks"}}]
```

이 문자열은 JSON로 직렬화된 객체 그래프입니다. JSON은 사람이 이해할 수 있는 문자열로 복잡한 객체를 저장하기 위한 방식으로, 여러분도 그래프의 모든 부분을 알아볼 수 있습니다. Name, Clothe 등은 문자열로 인코딩되며("Name": "Bob"), 열거형은 정수 값("Color": "5")으로 인코딩됩니다.

04 이제 JSON으로 직렬화된 객체 그래프의 문자열을 가지고 있으니, 이 값을 역직렬화해 봅시다. 이는 단순히 저장된 문자열을 사용해 새 객체들을 생성한다는 의미입니다. JsonSerializer는 역직렬화도 한 줄로 수행할 수 있습니다. 다음 코드를 Main() 메서드에 추가합니다.

```
var copyOfGuys = JsonSerializer.Deserialize<List<Guy>>(jsonString);
foreach (var guy in copyOfGuys)
    Console.WriteLine("I deserialized this guy: {0}", guy);
```

프로그램을 다시 실행해 보세요. JSON 문자열에서 Guy 객체들을 역직렬화한 다음, 객체들을 콘솔에 출력합니다.

```
I deserialized this guy: Bob with 3.5 inch Red hair wearing t-shirt and jeans
I deserialized this guy: Joe with 2.7 inch Gray hair wearing polo and slacks
```

JSON 자세히 살펴보기

JSON이 실제로 어떻게 작동하는지 자세히 살펴봅시다. Guy 객체 그래프가 있는 앱으로 돌아가서 그래프를 문자열로 직렬화하는 명령문을 다음 명령문으로 바꿔 봅시다.

앞서의 코드는 JsonSerializerOptions 객체를 매개 변수로 받아 JsonSerializer의 옵션을 설정할 수 있게 해 주는, JsonSerializer.Serialize() 메서드의 오버로딩된 메서드를 호출합니다. 위 옵션은 들여쓰기한 텍스트 형태로 JSON을 저장합니다. 즉, 줄 바꿈 문자와 공백을 추가해서 사람들이 JSON을 좀 더 쉽게 읽을 수 있도록 해 줍니다.

이제 프로그램을 다시 실행해 보세요. 출력 결과는 다음과 같습니다. →

```
[
    {
        "Name": "Bob",
        "Hair": {
            "Color": 8,
            "Length": 3.5
        },
        "Clothes": {
            "Top": "t-shirt",
            "Bottom": "jeans"
        }
    },
    {
        "Name": "Joe",
        "Hair": {
            "Color": 5,
            "Length": 2.7
        },
        "Clothes": {
            "Top": "polo",
            "Bottom": "slacks"
        }
    }
]
```

이 출력 결과를 정확히 분리해서 살펴봅시다.

- JSON은 대괄호로 시작하고 대괄호로 끝납니다([]). 리스트가 JSON으로 직렬화되면 이런 식으로 출력됩니다. 숫자 리스트는 [1, 2, 3, 4]처럼 직렬화됩니다.
- 이 JSON은 2개의 객체가 든 리스트를 나타냅니다. 각 객체는 중괄호로 둘러싸여 있습니다. JSON을 살펴보면 두 번째 줄에 여는 중괄호 ({)가 있고, 끝에서 두 번째 줄에는 닫는 중괄호 (})가 있으며, 그 사이에 닫는 중괄호와 여는 중괄호가 있는 줄이 있음을 볼 수 있습니다. JSON은 이런 식으로 2개의 객체(여기서는 Guy 객체)를 표현합니다.
- 키와 값의 모음을 포함한 각각의 객체는 직렬화된 객체의 속성에 대응하며, 쉼표로 구분돼 있습니다. 예를 들어 "Name": "Joe"는 첫 번째 Guy 객체의 Name 속성을 나타냅니다.
- Guy.Clothes 속성은 Outfit 객체를 가리키는 객체 참조입니다. 이 속성은 Top과 Bottom 값을 가진 중첩된 객체로 표현됩니다.

WPF 응용 프로그램의 유저 인터페이스는 XAML로 작성합니다. 비주얼 스튜디오를 사용하면 아주 쉽게 XAML을 사용할 수 있습니다.

JSON은 특정한 C# 타입이 아닌 데이터만 포함합니다

JSON 파일은 객체의 데이터를 사람이 읽을 수 있는 형태로 나타냅니다. “Bob”과 “slacks” 같은 문자열, 8과 3.5 같은 숫자, 리스트 또는 중첩된 객체들까지도 말이죠. 그런데 JSON은 타입의 이름을 포함하지 않습니다. JSON 파일의 내용을 들여다보면 Guy, Outfit, HairColor, HairStyle 같은 클래스 이름은 물론이고, int, string, double 같은 기본 타입의 이름도 없습니다. 이는 JSON이 단순히 데이터를 포함할 뿐이기 때문이며, JsonSerializer는 데이터를 어떻게든 역직렬화해서 일치하는 속성에 데이터를 넣으려고 하기 때문입니다. 한번 테스트해 보죠. Dude 클래스를 프로젝트에 추가합니다.

```
internal class Dude
{
    public string Name { get; set; }
    public HairStyle Hair { get; set; }
}
```

Guy 객체의 리스트를 직렬화한 데이터를 Dude 객체의 스택으로 역직렬화합니다.

이제 다음 코드를 Main() 메서드의 끝에 추가합니다.

```
var dudes = JsonSerializer.Deserialize<Stack<Dude>>(jsonString);
while (dudes.Count > 0)
{
    var dude = dudes.Pop();
    Console.WriteLine($"Next dude: {dude.Name} with {dude.Hair} hair");
}
```

프로그램을 다시 실행해 보세요. JSON은 객체의 리스트를 가지고 있을 뿐이기 때문에 JsonSerializer.Deserialize는 스택(큐, 배열, 다른 컬렉션 타입도 마찬가지입니다)에서도 잘 작동합니다. Dude 클래스는 public 속성이며 직렬화된 데이터와 일치하는 Name과 Hair를 가지고 있기 때문에 Dude 클래스는 가능하다면 어떤 데이터라도 역직렬화하려고 할 겁니다. 출력 결과는 다음과 같습니다.

```
Next dude: Joe with 2.7 inch Gray hair hair
Next dude: Bob with 3.5 inch Red hair hair
```

쓰면서 제대로 공부하기

JsonSerializer를 사용해 객체가 어떻게 JSON으로 변환되는지 살펴봅시다. 다음 코드를 콘솔 앱에 추가하고, 각각의 코드가 콘솔에 출력할 내용을 적어 보세요. 마지막 줄은 코끼리 동물 이모지를 직렬화합니다. ← 'SharpenYourPencil10'이라는 이름의 새 콘솔 앱을 생성해서 작성해 보세요!

```
Console.WriteLine(JsonSerializer.Serialize(3));                          ..........
Console.WriteLine(JsonSerializer.Serialize((long)-3));                   ..........
Console.WriteLine(JsonSerializer.Serialize((byte)0));                    ..........
Console.WriteLine(JsonSerializer.Serialize(float.MaxValue));             ..........
Console.WriteLine(JsonSerializer.Serialize(float.MinValue));             ..........
Console.WriteLine(JsonSerializer.Serialize(true));                       ..........
Console.WriteLine(JsonSerializer.Serialize("Elephant"));                 ..........
Console.WriteLine(JsonSerializer.Serialize("Elephant".ToCharArray()));   ..........
Console.WriteLine(JsonSerializer.Serialize("🐘"));                       ..........
```

하나만 더요! 방금까지는 JsonSerializer를 사용한 기본적인 직렬화를 살펴봤죠. 직렬화에 대해서 추가로 알아야 할 사항이 있습니다.

JsonSerializer는 public 속성(필드가 아닙니다)만 직렬화하며 클래스에 매개 변수가 없는 생성자가 있어야 합니다.

5장에서 등장했던 SwordDamage 클래스를 기억하나요? 이 클래스의 Damage 속성은 private setter를 가지고 있습니다.

```
public int Damage { get; private set; }
```

JsonSerializer는 데이터를 역직렬화할 때 객체의 setter를 사용합니다. 그러므로 객체가 private setter를 가지고 있을 경우, JsonSerializer가 데이터를 설정할 수 없습니다.

또한 int 매개 변수를 받는 생성자를 가지고 있죠.

```
public SwordDamage(int startingRoll)
```

JsonSerializer는 SwordDamage 객체를 아무 문제없이 직렬화할 수 있지만 직렬화된 값을 다시 역직렬화하려고 하면 예외를 발생시킵니다. 필드나 private 속성을 가진 객체를 직렬화하거나 매개 변수가 있는 생성자를 가진 객체를 직렬화해야 한다면 변환기(converter)를 만들어야 합니다. .NET Core 직렬화 문서에서 이에 대한 자세한 내용을 살펴볼 수 있습니다.
https://docs.microsoft.com/ko-kr/dotnet/standard/serialization

요점 정리

- **직렬화(serialization)**는 객체의 전체 상태를 파일 또는 문자열로 보존하는 것을 의미합니다.
- **역직렬화(Deserialization)**는 파일 또는 문자열에서 객체의 상태를 다시 읽어 들이는 것을 의미합니다.
- 참조를 사용해 서로 연결된 객체 그룹은 종종 **그래프(graph)**라고 불립니다.
- 객체를 직렬화할 때 객체가 참조하는 객체의 전체 그래프도 함께 직렬화되며, 나중에 이 전체 그래프가 함께 역직렬화될 수 있습니다.
- **JsonSerializer 클래스**는 객체 그래프를 JSON으로 직렬화하는 정적 **Serialize() 메서드**를 가지고 있으며, 직렬화된 JSON 데이터를 사용해 객체 그래프를 인스턴스화하는 정적 **Deserialize() 메서드**를 가지고 있습니다.
- JSON은 **인간이 읽을 수 있는(human readable) 데이터**입니다. 값은 평문(plain text)으로 직렬화됩니다. 문자열은 '따옴표 안에' 쓰이고 다른 리터럴(숫자와 bool 값)은 따옴표 없이 인코딩됩니다.
- JSON은 대괄호([])를 사용해 값의 **배열**을 나타냅니다.
- JSON은 중괄호({})를 사용해 **객체**의 내부를 나타내며, 멤버와 멤버의 값은 쉼표로 구분된 키/값 쌍의 형태로 표현됩니다.
- JSON은 string, int, 또는 클래스 이름 같은 **특정 타입을 저장하지 않습니다.** 그 대신 JSON은 JsonSerializer처럼 클래스의 기능에 의존하며, 역직렬화될 데이터의 타입에 JSON 데이터를 최대한 일치시킵니다.

다음 화: 데이터를 깊게 파고들어 봅시다

바이트를 살펴봄으로써 타입 이해하기

지금까지 int, bool, double 등의 값 타입을 사용한 코드를 많이 작성했고, 필드에 데이터를 저장하는 객체들을 만들어 봤습니다. 이제 저수준에서 이 데이터를 한번 살펴보죠. 10장의 남은 부분은 데이터를 더 깊게 이해하기 위해 C#과 .NET이 데이터를 표현하기 위해 실제로 사용하는 바이트 값을 설명하고 있습니다. 다음 내용을 살펴보겠습니다.

❶ 문자열과 유니코드

문자열이 어떻게 유니코드(Unicode)로 인코딩되는지 살펴봅니다. .NET은 글자와 텍스트를 저장하기 위해 유니코드를 사용합니다.

❷ 7개의 byte 변수들

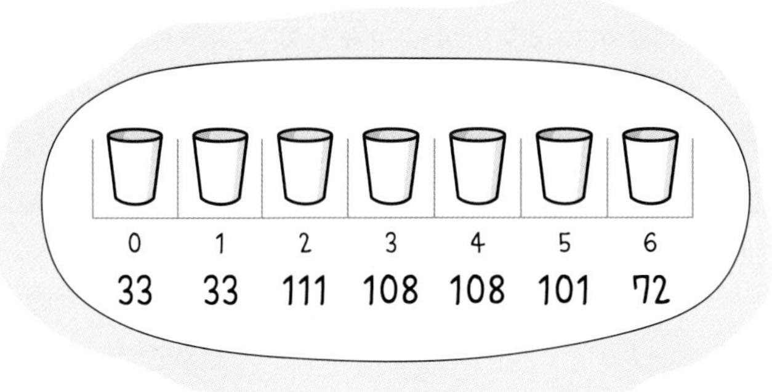

값을 이진 데이터로 써 봅니다. 그런 다음 이 데이터를 다시 읽어 들여 어떤 바이트가 기록됐는지 살펴봅니다.

❸ 16진수 덤프 값

```
0000: 45 6c 65 6d 65 6e 74 61 Elementa
0005: 72 79 2c 20 6d 79 20 64 ry, my d
0010: 65 61 72 20 57 61 74 73 ear Wats
0015: 6f 6e 21 on!
```

16진수 덤프(hex dump)를 만들어 파일의 비트와 바이트를 더 자세히 살펴볼 것입니다.

게임 디자인 원칙 | 접근성(accessibility)

만약 눈이 불편하다면 좋아하는 게임을 제대로 플레이할 수 있을까요? 만약 운동 능력에 문제가 있어 게임 컨트롤러를 쥘 수조차 없다면요? 접근성은 마치 장애가 있는 사람도 게임할 수 있도록 프로그램이 디자인됐는지 확인하고 모든 사람이 장애와 상관없이 게임을 즐길 수 있도록 만드는 방법에 대한 것입니다.

여러분이 게임을 디자인하고 만들기 시작할 때 생각해 봐야 할, 게임 테스팅에 대한 몇 가지 접근법이 있습니다.

- "잠깐, 뭐라구요? 시각 장애인 게이머가 있다고요?" 그렇습니다! 혹시 비디오 게임의 '비디오'라는 부분이, 시각 장애가 있는 사람은 접근할 수 없다는 의미임을 생각해 본 적이 있나요? 유튜브에서 '시각 장애인 게이머(blind gamer)'를 검색하고, 시각 장애가 있는 사람들이 고도의 게임 스킬을 보여 주는 영상을 시청해 보세요.
- 장애가 있는 게이머를 이해하는 것은 게임의 접근성을 결정하는 매우 중요한 요소입니다. 영상을 보며 무엇을 깨달았나요?
- 영상을 유심히 봤다면 시각 장애인 게이머가 게임의 사운드를 통해 게임에서 벌어지는 일을 이해한다는 것을 알게 될 겁니다. 격투 게임에서 각각의 움직임은 서로 다른 소리를 냅니다. 플랫포머 게임에서 플레이어에게 다가오는 적들은 재잘거리거나 딸깍거리는 소리를 내곤 하죠. 이처럼 적절한 신호음(audio cue)을 제공하는 게임이 있는 반면, 그렇지 않은 게임도 있습니다. 특히나 시각 장애인 게이머를 위한 신호음을 디자인한 게임은 거의 없죠.
- 다른 한 편으로는, 청각 장애가 있는 게이머도 많습니다. 그러므로 신호음에만 의존할 수는 없죠. 소리를 완전히 끄고 게임을 플레이해 보세요. 그 상태에서도 중요한 정보가 플레이어에게 계속 전달되고 있나요? 신호음 외에 추가적인 시각 신호가 있나요? 모든 대화에 자막이 있나요? 사운드 없이도 게임을 플레이할 수 있는지 확인해야 합니다.
- 대규모 예산으로 제작되는 대부분의 게임은 복잡한 색상 조정을 지원하는 색약 모드를 가지고 있습니다. 고대비(high contrast) 색상을 사용함으로써 색약, 색맹 게이머를 위한 게임 접근성을 확보할 수 있습니다.
- 게이머 중에는 반복적 긴장 장애부터 마비까지 다양한 범위의 운동 능력 장애를 가진 사람도 있습니다. 마우스, 키보드, 컨트롤러 같은 일반적인 입력 장치를 사용할 수 없는 플레이어는 시선 추적기(eye tracker)나 변형 컨트롤러 같은 보조 하드웨어를 사용할 수 있습니다. 이러한 플레이어를 지원할 수 있는 한 가지 방법은, 플레이어가 게임 컨트롤에 다른 키를 사용할 수 있도록 키보드 매핑 기능을 제공하는 것입니다.
- 발작(seizure)에 대한 경고 화면으로 시작하는 게임도 있습니다. 이는 광과민성 뇌전증 환자가 특정한 섬광이나 번쩍거리는 패턴을 봤을 때 발작을 유발할 수 있기 때문입니다. 발작에 대한 경고가 중요하긴 하지만, 더 나은 방법도 있습니다. 바로 발작을 유발할 수 있는 특정한 종류의 섬광이나 시각적 패턴을 이해하고 이를 피하는 데 노력을 기울이는 것이죠. 비디오 게임 리뷰어인 캐시 바이스(Cathy Vice)는 뇌전증이 있는 게이머로, 자신의 경험에 대해 쓴 다음 글을 읽어보면 좋을 것입니다. https://indiegamerchick.com/2013/08/06/the-epilepsy-thing

접근성(accessibility)을 간혹 #a11y로 줄여 쓰곤 합니다. 이는 '숫자 약어(numeronym)'로, a 다음에 11글자(ccessibilit)가 있고 그 다음 y가 온다는 의미입니다. 우리가 책임감 있는 아군(ally)임을 기억하는 좋은 방법이기도 하죠.

접근성은 나중에서야 고려되는 기능일 때가 많습니다. 하지만 게임(또는 어떤 종류의 프로그램이라도!)을 처음 개발하는 시점부터 이런 요소를 고려한다면 더 좋은 결과를 얻을 수 있겠죠!

C# 문자열은 유니코드로 인코딩됩니다

여러분은 1장에서 "Hello, world!"를 입력한 때부터 문자열을 계속 사용하고 있습니다. 문자열은 매우 직관적이며, 딱히 문자열을 분석해서 무엇이 문자열을 움직이는지 알아볼 필요가 없었기 때문이죠. 하지만 스스로 질문해 보세요. 문자열은 정확히 뭘까요?

C# 문자열은 char의 읽기 전용 컬렉션입니다. 그러므로 메모리에 저장돼 있는 문자열을 실제로 들여다본다면, "Elephant"라는 문자열이 char 타입의 'E', 'l', 'e', 'p', 'h', 'a', 'n', 't'로 저장돼 있는 것을 볼 수 있을 겁니다. 이제 다시 질문해 보죠. char는 정확히 무엇일까요?

char는 유니코드(Unicode)로 표현되는 문자입니다. 유니코드는 문자를 인코딩하기 위한 산업 표준입니다. 인코딩은 문자를 byte 단위로 변환해서, 메모리에 저장하거나, 네트워크로 전송하거나, 문서에 포함하는 등 무엇이든 할 수 있게 해 주는 작업입니다. 유니코드로 인코딩된 문자는 언제나 같은 문자를 나타내도록 보장합니다. 이는 얼마나 많은 문자를 사용할지 고려할 때 특히 중요합니다. 유니코드 표준은 150개 이상의 문자 집합(script, 특정 언어를 위한 문자 집합 단위)을 지원하며, 로마자(Latin, 26개의 영어 문자 및 é, ç 등의 변형 문자)뿐만 아니라 세계 각국의 언어가 포함돼 있습니다. 지원되는 문자 집합의 목록은 지속적으로 증가하고 있으며, 유니코드 컨소시엄은 매년 새로운 문자 집합을 추가하고 있습니다. (다음 페이지에서 현재 목록을 확인할 수 있습니다: http://www.unicode.org/standard/supported.html)

유니코드는 매우 중요한 문자 집합인 이모지를 지원합니다. 윙크하는 웃는 얼굴(😛)부터 널리 알려진 똥덩어리(💩)에 이르기까지, 모든 이모지는 유니코드 문자입니다.

1장의 동물 짝 맞추기 게임에서는 이모지 문자를 다른 C# char와 마찬가지로 취급했습니다.

주의하세요!

장애 보조 기술은 유니코드 문자 때문에 곤란을 겪을 수 있습니다.

접근성은 매우 중요합니다. 여기서 접근성을 언급하는 것이 매우 가치 있는 일인 이유는, [게임 디자인... 그 너머에는] 코너의 주제와 마찬가지로 모든 소프트웨어 개발에 적용되는 교육 과정에 사용할 수 있기 때문입니다. 소셜 미디어에서 이모지, 웃긴 모습의 문자, 강조 표시, 필기체, 뒤집힌 문자 등을 사용한 포스트를 본 적이 있을 겁니다. 유니코드 문자로 이런 문자를 표현했을 경우, 이런 문자들이 장애 보조 기술에는 큰 문제가 될 수 있습니다.

다음 소셜 미디어 포스트를 보시죠.

I'm👏 using👏 hand👏 claps👏 to👏 emphasize👏 points

이런 손뼉 이모지는 화면으로 볼 때는 괜찮습니다. 하지만 윈도우 내레이터나 맥OS의 보이스오버를 사용하면 해당 메시지를 이렇게 읽습니다. "I'm 'clapping hands' using 'clapping hands' hand 'clapping hands' claps 'clapping hands' to 'clapping hands' emphasize 'clapping hands' points."

다음처럼 '폰트'를 사용하는 경우도 있죠.

𝖙𝖍𝖎𝖘 𝖎𝖘 𝒶 ⓂⓔⓈ𝔰aGE 𝓲𝓷 𝒶 𝕣𝕖𝕒𝕝𝕝𝕪 pɹıəʍ FONT

스크린 리더는 𝖒 문자를 "mathematical bold Fraktur small m", "script letter n", "mathematical double struck small a" 등으로 읽거나, 아예 생략할 수도 있습니다. 이러한 경험은 점자 리더기를 사용하는 누군가에게는 매우 안 좋은 경험이 될 수 있습니다. 이러한 장애 보조 기술이 뭔가 망가진 걸까요? 전혀요. 이 기술들은 제 일을 하고 있는 겁니다. 위에 언급한 것들은 실제로 이들 유니코드 문자의 이름이고, 장애 보조 기술은 정확히 그 텍스트를 읽었을 뿐이거든요. 위의 예를 기억해 두세요. 이제 10장의 남은 내용을 살펴볼 때 유니코드가 작동하는 방식을 이해하는 데 도움이 될 겁니다.

코끼리 이모지를 JSON으로 직렬화하면 '\uD83D\uDC18'이라는 결과가 나오네요. 유니코드가 여기 뭔가 관련된거죠?

이모지를 포함한 모든 유니코드 문자는 코드 포인트라는 유일한 숫자 값을 갖습니다

유니코드 문자를 나타내는 숫자는 **코드 포인트**(code point)라고 합니다. 모든 유니코드 문자의 목록은 다음 주소의 텍스트 파일에서 확인할 수 있습니다.

https://www.unicode.org/Public/UNIDATA/UnicodeData.txt

유니코드는 0~9의 숫자와 A~F의 문자로 구성된 16진수 숫자로 표현합니다. 위 파일에서 'ELEPHANT'를 검색해 보세요. '1F418'이라는 16진수 값이 할당되어 있는 것을 볼 수 있습니다. C#에서 16진수 리터럴을 만들려면 0x1F418처럼 16진수 앞에 0x를 붙이면 됩니다.

'1F418'은 코끼리 이모지의 **UTF-8 코드 포인트**입니다. UTF-8은 문자를 유니코드로 인코딩할 때(또는 숫자로 표현할 때) 가장 널리 쓰이는 방식입니다. UTF-8은 가변 길이(variable length) 인코딩으로 길이가 1~4바이트입니다. 코끼리 이모지는 다음처럼 3바이트를 사용합니다. 1바이트 - 0x01 (10진수: 1), 2바이트 - 0xF4 (10진수: 244), 3바이트 - 0x18 (10진수: 24).

하지만 직렬화 결과에서 출력된 내용은 이와 다르게 'D83DDC18'로, 좀 더 긴 16진수입니다. 이는 C# char 타입이 UTF-16을 사용하기 때문인데, **UTF-16 코드 포인트**는 1~2개의 2바이트 숫자로 구성됩니다. 코끼리 이모지의 UTF-16 코드 포인트는 '0xD83D 0xDC18'입니다. UTF-8는 (특히 웹에서) UTF-16보다 널리 쓰이므로, UTF-8 코드 포인트를 검색해야 할 경우가 더 많을 겁니다.

UTF-8은 대부분의 웹 페이지와 여러 시스템에서 사용되는 가변 길이 인코딩입니다. UTF-8은 1~4바이트를 사용해 문자를 저장합니다. UTF-16은 고정 길이 인코딩으로 1~2개의 2바이트 숫자를 사용합니다. .NET은 UTF-16 값을 사용해서 char 값을 메모리에 저장합니다.

비주얼 스튜디오에서 유니코드는 잘 작동합니다

비주얼 스튜디오가 어떻게 유니코드 문자를 다루는지 한번 살펴봅시다. 1장을 다시 돌이켜보면 코드에서 이모지를 사용할 수 있었습니다. 비주얼 스튜디오가 또 무엇을 처리할 수 있는지 살펴보죠. 코드 편집기에서 다음 코드를 입력해 보세요.

```
Console.WriteLine("Hello ");
```

윈도우를 사용하고 있다면, 문자표 앱을 실행하세요. 맥OS를 사용하고 있다면 [Ctrl]-[⌘]-[스페이스바] 키를 눌러 문자 뷰어를 엽니다. 그런 다음 히브리어 문자 shin(ש)을 찾아서 클립보드에 복사하세요.

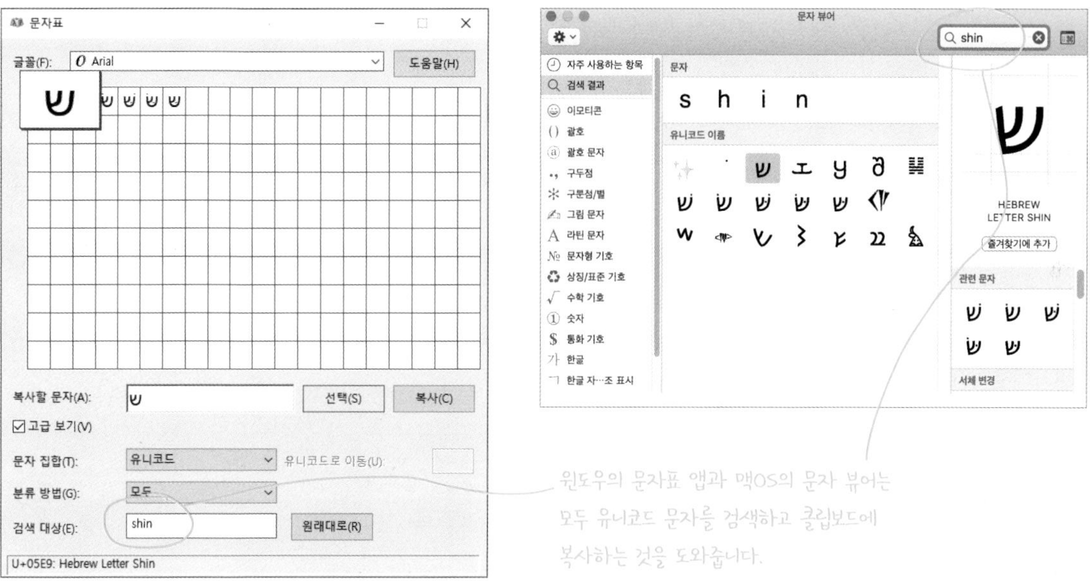

커서를 문자열의 끝인 따옴표와 공백 사이에 놓고, shin 문자를 붙여 넣어 보세요. 흠, 뭔가 이상해 보이네요.

```
Console.WriteLine("Hello ש");
```

커서가 붙여 넣은 글자의 왼쪽에 위치한 것을 알아채셨나요? 음, 계속해 보죠. 비주얼 스튜디오에서 아무것도 건드리지 말고, 커서를 그대로 둔 채로 문자표 앱 또는 문자 뷰어으로 돌아와서 히브리어 문자 lamed(ל)를 검색하세요. 다시 비주얼 스튜디오로 돌아와서, 커서가 아직 shin 문자의 왼쪽에 있는지 확인한 다음, lamed 문자를 붙여 넣어 보세요.

```
Console.WriteLine("Hello של");
```

lamed를 붙여 넣으면 이 문자가 shin 왼쪽에 추가되는 것을 볼 수 있습니다. 이번에는 차례로 히브리어 문자 vav(ו)와 mem(ם)을 검색합니다. 이 문자들을 차례로 비주얼 스튜디오에 붙여 넣어 보세요. 문자가 커서의 왼쪽에 차례대로 추가될 겁니다.

```
Console.WriteLine("Hello שלום");
```

이는 히브리어가 왼쪽에서 오른쪽으로 읽는 우횡서임을 비주얼 스튜디오가 알고 있기 때문입니다. 명령어의 시작 부분 텍스트를 클릭하고, 천천히 마우스 커서를 오른쪽으로 옮겨서 Hello와 שלום을 선택해 보세요. 그리고 히브리어 글자가 선택될 때 어떤 일이 일어나는지 관찰해 보세요. 선택 영역이 shin(ש)을 지나고 나서 글자가 오른쪽에서 왼쪽으로 선택되는 것을 볼 수 있습니다. 히브리어 사용자는 이런 방식으로 글을 읽거든요.

.NET은 글자와 텍스트를 유니코드로 저장합니다

.NET은 유니코드를 사용합니다.

C#의 string과 char 타입은 텍스트 데이터를 유니코드로 저장합니다. 사실 텍스트는 유니코드 숫자로 변환되어 파일에 byte 타입으로 기록되는 셈이죠. File.WriteAllText()와 File.ReadAllBytes() 메서드를 사용해 유니코드가 어떻게 파일로 출력되는지 살펴보겠습니다. 새 콘솔 앱 'dotnetUsesUnicode'를 생성하세요.

따라해 보세요!

01 클래스 상단에 using System.IO; 지시문을 입력하고, Main() 메서드에 다음 코드를 추가하세요. 이 코드는 File.WriteAllText()를 사용해서 eureka.txt 파일에 문자열 "Eureka!"를 출력하고 다시 파일을 읽어 들여 byte 타입 배열에 저장한 뒤 출력합니다.

```
File.WriteAllText("eureka.txt", "Eureka!");
byte[] eurekaBytes = File.ReadAllBytes("eureka.txt");
foreach (byte b in eurekaBytes)
    Console.Write("{0} ", b);
Console.WriteLine(Encoding.UTF8.GetString(eurekaBytes));
```

텍스트 파일은 해당 프로젝트의 [bin]-[Debug]-[netcoreapp3.1] 폴더 안에서 찾을 수 있습니다.

```
69 117 114 101 107 97 33 Eureka!
```

ReadAllBytes() 메서드는 파일에서 읽어 들인 byte 값을 배열에 대한 참조로 반환합니다. 마지막 줄의 EncodingUTF8.GetString() 메서드는 UFT-8로 인코딩된 byte 배열을 문자열로 변환합니다.

02 16진수로 데이터를 인코딩해 봅시다. 다음 코드를 Main() 메서드의 마지막 부분에 추가하세요.
{0:x2}는 0번째 매개 변수의 byte 값을 두 자리의 16진수 코드로 형식화합니다. 따라서 Eureka!의 각 문자를 16진수로 표현한 값이 출력됩니다.

```
foreach (byte b in eurekaBytes)
    Console.Write("{0:x2} ", b);
Console.WriteLine();
```

```
45 75 72 65 6b 61 21
```

03 이번에는 "Eureka!" 대신 히브리어 "שלום"를 출력하도록 Main() 메서드를 수정해 봅시다. 클래스 상단에 using System.Text; 지시문을 추가하고 첫 번째 줄 명령어를 주석 처리하세요. 그리고 다음처럼 매개 변수에 Encoding.Unicode를 추가합니다.

```
File.WriteAllText("eureka.txt", "שלום", Encoding.Unicode);
```

이제 코드를 다시 실행하고 텍스트 파일에서 출력 결과를 살펴보세요.

eureka.txt - Windows 메모장
파일(F) 편집(E) 서식(O) 보기
שלום

콘솔에서는 다음과 같이 출력됩니다.

```
ff fe e9 05 dc 05 d5 05 dd 05 20 00
```

'ff fe'는 2byte 문자열을 의미합니다. 나머지 바이트 값은 히브리어 문자를 나타내며, 좌횡서로 반전되어 있습니다. U+05E9가 e9 05로 표시되어 있죠.

04 JsonSerializer를 사용해 UTF-8, UTF-16 코드 포인트를 살펴봅니다.

코끼리 이모지를 직렬화하면 JsonSerializer는 \uD83D\uDC18을 출력합니다. 이 값은 16진수로 표현된 4바이트 UTF-16 코드 포인트입니다. 히브리어 문자 shin을 가지고 똑같이 해 보죠. using System.Text.Json;을 코드 상단에 추가하고 다음 명령어를 추가하세요.

```
Console.WriteLine(JsonSerializer.Serialize("ש"));
```

앱을 다시 실행합니다. 그러면 이번에는 2바이트 값 '\u05E9'이 16진수로 출력됩니다. 이 값이 히브리어 문자 shin의 UTF-16 코드 포인트입니다. 이 글자에 대한 UTF-8 코드 포인트 또한 같은 값입니다.

그런데 잠깐만요, 코끼리 이모지의 UTF-8 코드 포인트는 '0x1F418'이라는 것을 방금 배웠었죠. UTF-16 코드 포인트는 '0xD83D 0xDC18'였고요. 어떻게 된 거죠?

대부분의 2바이트 UTF-8 코드 포인트는 UTF-16과 똑같은 코드 포인트를 갖습니다. 하지만 이모지와 같이 3바이트 이상이 필요한 UTF-8 값에 도달하면 UTF-16과 값이 달라집니다. 그래서 히브리어 문자 shin은 UTF-8과 UTF-16 모두 '0x05E9'라는 값을 갖지만, 코끼리 이모지는 UTF-8에서는 '0x1F418'을, UTF-16에서는 '0xD8ED 0xDC18'라는 값을 갖는 것입니다.

유니코드를 문자열에 포함시키기 위해 (\u) 이스케이프 시퀀스 사용하기

코끼리 이모지를 직렬화하면 JsonSerializer는 \uD83D\uDC18를 출력합니다. 이 값은 16진수로 표현된 4바이트 UTF-16 코드 포인트입니다. 이는 JSON과 C# 문자열 모두 UTF-16 이스케이프 시퀀스를 사용하기 때문입니다.

ש 같은 2바이트 코드 포인트 문자는 \u 다음에 오는 16진수 코드 포인트로 표현됩니다. 🐘 같은 4바이트 코드 포인트 문자는 \u 다음에 상위 2바이트, 그리고 \u 다음에 오는 하위 2바이트의 16진수 코드 포인트로 표현됩니다(\uD83D\uDC18).

C#에는 다른 유니코드 이스케이프 시퀀스도 있습니다. \U(대문자입니다) 다음에 8개의 16진수 값이 오는 형태로, 4바이트의 UTF-32 코드 포인트를 나타냅니다. 이는 그저 다른 유니코드 인코딩 방식일 뿐이며, 16진수 숫자에 0만 채우면 UTF-8을 UTF-32로 변환할 수 있기 때문에 매우 유용합니다. 그러므로 ש의 UTF-32 코드 포인트는 '\U000005E9', '🐘'의 코드 포인트는 '\U0001F418'입니다.

05 인코딩을 위해 유니코드 이스케이프 시퀀스를 사용합니다.

다음 명령어를 Main() 메서드에 추가해서 코끼리 이모지를 각각 UTF-16과 UTF-32 이스케이프 시퀀스를 사용해서 두 파일에 저장합니다. 앱을 다시 실행하고, 이들 파일을 메모장 또는 텍스트 편집기로 열어 보세요. 올바른 문자가 파일에 기록된 것을 확인할 수 있습니다.

```
File.WriteAllText("elephant1.txt", "\uD83D\uDC18");
File.WriteAllText("elephant2.txt", "\U0001F418");
```

elephant1.txt - Windows 메모
파일(F) 편집(E) 서식(O) 보기
🐘
elephant2.txt -
파일(F) 편집(E)
🐘

여기서는 UTF-16과 UTF-32 이스케이프 시퀀스를 사용해 이모지를 생성했지만, WriteAllText() 메서드는 UTF-8 파일을 기록합니다. 1단계에서 사용했던 Encoding.UTF8.GetString() 메서드는 UTF-8로 인코딩된 byte 배열을 다시 문자열로 되돌립니다.

C#은 데이터 전송을 위해 byte 배열을 사용할 수 있습니다

텍스트가 아닌 바이트 기록하기

모든 데이터는 결국 byte 값으로 인코딩되므로, 결국 파일은 하나의 거대한 byte 배열인 셈입니다. 그리고 여러분은 바이트 배열을 어떻게 읽고 쓰는지 알고 있죠.

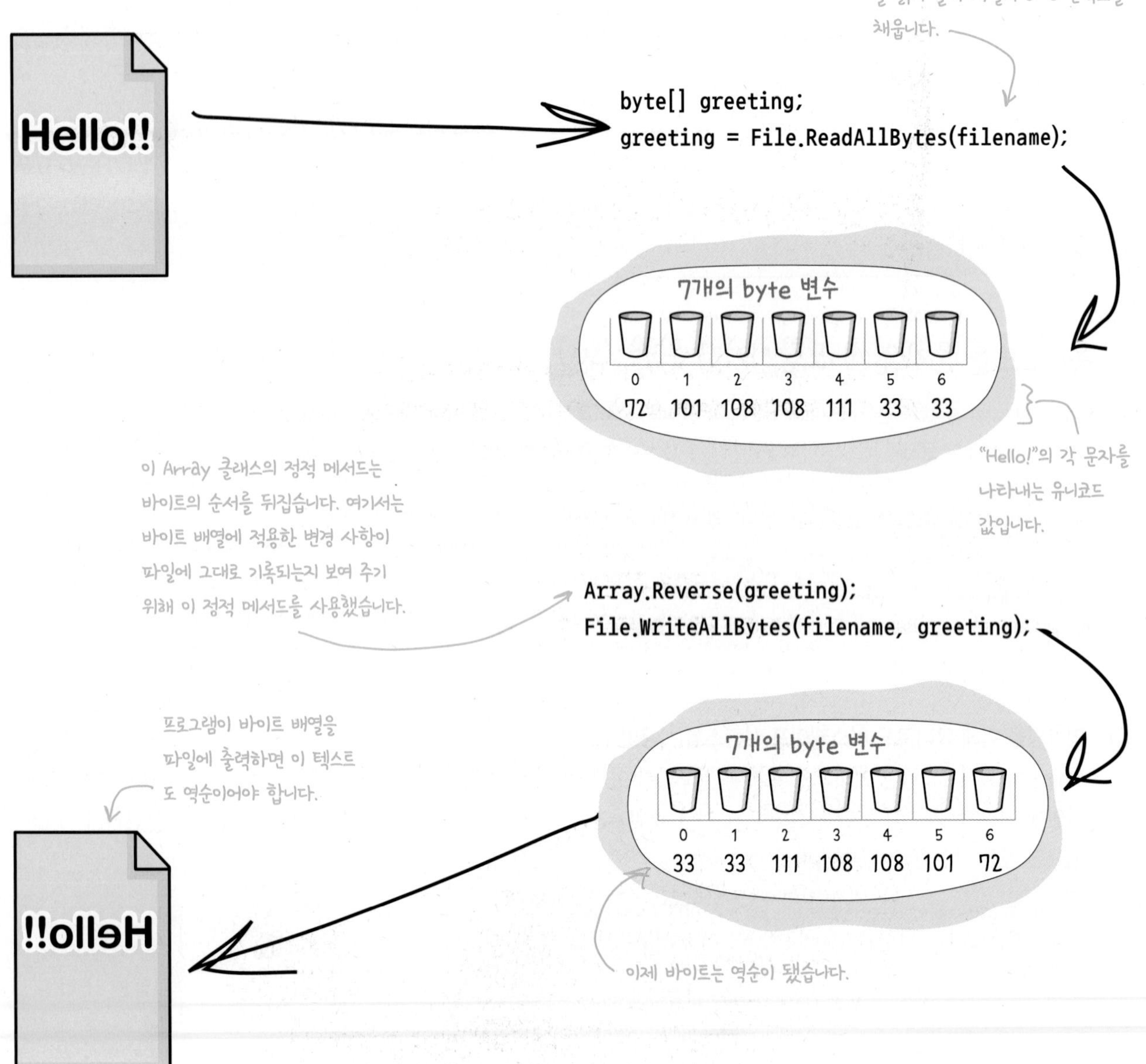

다음 코드는 byte 배열을 생성하고, 입력 스트림을 열고, "Hello!" 텍스트를 읽어 들여 배열의 0~6 인덱스를 채웁니다.
Hello!!
byte[] greeting;
greeting = File.ReadAllBytes(filename);
7개의 byte 변수
0 1 2 3 4 5 6
72 101 108 108 111 33 33
"Hello!"의 각 문자를 나타내는 유니코드 값입니다.
이 Array 클래스의 정적 메서드는 바이트의 순서를 뒤집습니다. 여기서는 바이트 배열에 적용한 변경 사항이 파일에 그대로 기록되는지 보여 주기 위해 이 정적 메서드를 사용했습니다.
Array.Reverse(greeting);
File.WriteAllBytes(filename, greeting);
프로그램이 바이트 배열을 파일에 출력하면 이 텍스트도 역순이어야 합니다.
7개의 byte 변수
0 1 2 3 4 5 6
33 33 111 108 108 101 72
!!olleH
이제 바이트는 역순이 됐습니다.

"Hello!" 문자열을 구성하는 바이트의 순서를 뒤집는 것은 각각 글자의 길이가 1바이트이기 때문입니다. 텍스트가 "שלום"일 때 이 코드가 작동하지 않은 이유는 무엇일까요?

BinaryWriter를 사용해 이진 데이터 기록하기

.NET이 제공하는 BinaryWriter 클래스는 string, char, int, float 등 데이터를 byte 배열로 인코딩하여 파일에 기록하는 작업을 자동화합니다. FileStream을 생성하고 BinaryWriter의 생성자에 데이터를 넘기면, BinaryWriter() 메서드를 호출해서 데이터를 파일에 쓸 수 있죠. BinaryWriter() 메서드로 이진 데이터를 파일에 기록해 봅시다. 새 콘솔 앱 'UseABinaryWriter'를 생성하세요.

StreamWriter도 데이터를 인코딩합니다. 다만 StreamWriter는 텍스트와 텍스트 인코딩에 특화돼 있죠. StreamWriter는 기본적으로 UTF-8을 사용합니다.

01 다음 코드를 Main() 메서드에 추가하세요.

따라해 보세요!

```
int intValue = 48769414;
string stringValue = "Hello!";
byte[] byteArray = { 47, 129, 0, 116 };
float floatValue = 491.695F;
char charValue = 'E';
```

BinaryWriter()는 System.IO 네임스페이스에 있으므로 네임스페이스 아래에 using System.IO;를 추가합니다.

02 File.Create() 메서드로 새 스트림을 엽니다. 그리고 BinaryWriter.Write() 메서드의 매개 변수로 인코딩할 데이터를 넘기면, 메서드가 호출될 때마다 파일의 끝에 새로운 바이트 값이 추가됩니다.

File.Create()를 호출하면 새 파일이 생성됩니다. 만약 파일이 이미 존재할 경우, 기존의 파일을 지우고 새 파일을 생성합니다. 그러나 File.OpenWrite() 메서드는 기존 파일을 열어서 파일의 처음 부분부터 덮어씁니다.

```
using (var output = File.Create("binarydata.dat"))
using (var writer = new BinaryWriter(output))
{
    writer.Write(intValue);
    writer.Write(stringValue);
    writer.Write(byteArray);
    writer.Write(floatValue);
    writer.Write(charValue);
}
```

각 Write() 메서드는 값을 바이트로 인코딩하고, 그 다음에 바이트를 FileStream 객체로 전달합니다. 모든 종류의 값 타입을 전달할 수 있으며, 그러면 BinaryWriter()는 이 값을 자동으로 인코딩합니다.

FileStream은 바이트를 파일의 끝에 씁니다.

03 파일에서 기록된 데이터를 읽어 들입니다.

```
byte[] dataWritten = File.ReadAllBytes("binarydata.dat");
foreach (byte b in dataWritten)
    Console.Write("{0:x2} ", b);
Console.WriteLine(" - {0} bytes", dataWritten.Length);
```

쓰면서 제대로 공부하기

위에서 작성한 코드의 출력 결과를 적어 보세요. 참고로 바이트 값은 문자열의 길이를 알려 주는 숫자로 시작합니다. UnicodeData.txt 파일을 다운로드하고 각 글자의 코드 포인트를 검색해 보세요.

__ - ____ bytes

intValue　stringValue　byteArray　floatValue　charValue

BinaryReader를 사용해 데이터 다시 읽어 들이기

데이터 아말감 ☆

BinaryReader 클래스는 BinaryWriter처럼 작동합니다. 스트림을 생성하고, 객체에 연결한 다음, 메서드를 호출하죠. 문제는 BinaryReader는 파일에 어떤 데이터가 있는지 알 수 없다는 것입니다. 그래서 BinaryReader에 데이터의 타입을 알려 줘야 합니다. 다음은 BinaryReader의 메서드를 사용해서 데이터를 여러 타입으로 읽는 코드입니다.

float 값 '491695F'는 'd8 f5 43 45'로 인코딩되고, 이는 int로는 '1,140,185,334'죠.

```
using (var input = File.OpenRead("binarydata.dat"))
using (var reader = new BinaryReader(input))
{
    int intRead = reader.ReadInt32();
    string stringRead = reader.ReadString();
    byte[] byteArrayRead = reader.ReadBytes(4);
    float floatRead = reader.ReadSingle();
    char charRead = reader.ReadChar();
    Console.Write("int: {0} string: {1} bytes: ", intRead, stringRead);
    foreach (byte b in byteArrayRead)
        Console.Write("{0} ", b);
    Console.Write(" float: {0} char: {1} ", floatRead, charRead);
}
```

FileStream과 BinaryReader 객체를 초기화합니다.

BireadyReader에는 데이터를 특정 타입으로 반환하는 메서드가 있습니다. 대부분은 매개 변수가 필요없지만 ReadBytes() 메서드는 바이트의 개수를 매개 변수로 전달해야 합니다.

파일에서 읽어 온 데이터를 콘솔에 출력합니다.

콘솔에 출력되는 값은 다음과 같습니다.

```
int: 48769414 string: Hello! bytes: 47 129 0 116 float: 491.695 char: E
```

쓰면서 제대로 공부하기 정답

float, int 타입은 4바이트가 long, double 타입은 8바이트가 필요합니다.

86 29 e8 02 06 48 65 6c 6c 6f 21 2f 81 00 74 f6 d8 f5 43 45 20 - 20 bytes

intValue: 86 29 e8 02
stringValue: 06 48 65 6c 6c 6f 21
byteArray: 2f 81 00 74
floatValue: f6 d8 f5 43 (45)
charValue: 45 20

string의 첫 번째 바이트는 6이고, 문자열의 길이를 의미합니다. 문자표 앱을 사용해 "Hello!" 글자 각각에 대한 코드 포인트를 검색할 수 있습니다. 이 값은 'U+0048'로 시작해 'U+0021'로 끝납니다.

윈도우와 맥OS 계산기 앱은 모두 개발자 모드가 있어서 이 바이트 값을 16진수에서 10진수로 변환할 수 있고, 개발자 모드를 사용해 배열에 있는 값으로 다시 변환해 볼 수 있습니다.

char는 유니코드 문자를 저장하며, 'E'는 1바이트를 차지합니다. 그리고 'U+0045'로 인코딩됩니다.

무엇이든 물어보세요!

Q&A

Q1 앞서 "Eureka!"를 파일에 쓴 다음 바이트 값을 다시 읽어 들였을 때, 각 글자는 1바이트씩 차지했죠. 그렇다면 왜 히브리어 글자 שלום은 글자마다 2바이트씩 차지하나요? 그리고 파일 맨 앞에는 왜 'FF FE' 바이트 값이 기록되는 거죠?

A1 이는 2가지 유니코드 인코딩 사이의 차이점입니다. 로마자(일반적인 영문자를 포함한), 숫자, 기본 구두점, 그리고 특수 문자(중괄호, &, % 같이 키보드 위에 있는 문자)는 모두 0~127의 낮은 유니코드 숫자를 가지고 있습니다. 이 숫자는 1960년대부터 쓰인 아주 오래된 인코딩인 ASCII 코드에 대응하며, UTF-8은 ASCII와의 하위 호환성을 갖도록 설계됐죠. 따라서 유니코드 문자가 저장된 파일에는 바이트 값만 존재합니다.

그러나 더 높은 숫자의 코드 포인트를 가진 유니코드 문자를 사용할 때는 상황이 더 복잡해집니다. 1바이트는 0~255의 숫자를 저장할 수 있죠. 2바이트는 0~65,535(16진수로는 FFFF입니다)의 숫자를 저장할 수 있습니다. 어떤 프로그램이 이 파일을 열었을 때, 이 파일에 높은 숫자의 글자가 포함돼 있다는 것을 알려 줘야 하기 때문에 파일의 시작 부분에 특별한 바이트 시퀀스 'FF FE'를 삽입합니다. 이 바이트 시퀀스는 BOM(Byte Order Mark, 바이트 순서 표시)이라고 부릅니다. 프로그램이 BOM을 발견하면, 이 파일에는 유니코드 문자가 문자당 2바이트로 인코딩됐다는 것을 알게 됩니다(그러므로 앞에 00이 붙어서 E는 '00 45'로 인코딩됩니다).

Q2 왜 'BOM'이라는 이름이 붙었나요?

A2 "שלום"을 파일에 기록하고 바이트 숫자를 출력하는 코드로 돌아가 보겠습니다. 바이트 값이 파일이 보존돼 있을 겁니다. 예를 들어, ש의 코드 포인트 U+05E9는 파일에 'E9 05'로 저장됩니다. 이런 방식을 리틀 엔디안(little endian)이라고 하며, 작은 단위의 바이트(즉, 낮은 자리수의 바이트)가 앞에 옵니다. 다시 WriteAllText( ) 메서드로 돌아가서 세 번째 인수를 Encoding.Unicode에서 Encoding.BigEndianUnicode로 변경해 보세요. 이 방식은 빅 엔디안(big endian)으로, 바이트 순서를 바꾸지 않고 출력하라는 의미입니다. 프로그램을 다시 실행해 보면, 바이트 값이 '05 E9'로 출력되는 것을 볼 수 있습니다. 또한 바이트 순서 표시가 'FE FF'로 바뀐 것도 확인할 수 있죠. 이 값은 메모장이나 텍스트 편집기에게 바이트 값을 어떻게 해석할지 알려 줍니다.

Q3 왜 File.ReadAllText( )와 File.WriteAllText( )를 사용할 때는 using 블록을 사용하거나 나중에 Close( )를 호출하지 않았죠?

A3 File 클래스에는 몇 가지 유용한 정적 메서드가 있습니다. 이 메서드들은 자동으로 파일을 열고, 데이터를 읽거나 쓰고, 그런 다음 파일을 자동으로 닫습니다. ReadAllText( )와 WriteAllText( ) 외에도, 바이트 배열을 다루기 위한 ReadAllBytes와 WriteAllBytes, 파일에 여러 줄로 구분된 텍스트를 string 배열로 만들어서 처리하는 ReadAllLines( )와 WriteAllLines( ) 같은 메서드가 있습니다. 이들 메서드는 자동으로 스트림을 여닫기 때문에, 파일 관련 작업을 명령어 하나로 처리할 수 있습니다.

Q4 FileStream이 읽고 쓰는 데 필요한 메서드를 가지고 있다면 StreamReader와 StreamWriter는 대체 왜 사용하는 것이죠?

A4 FileStream 클래스는 이진 파일의 바이트 값을 읽고 쓰는 데 매우 유용합니다. FileStream 클래스의 읽기/쓰기 메서드는 바이트와 바이트 배열을 처리할 수 있습니다. 많은 프로그램들이 텍스트 파일만을 처리하며, 그런 경우 StreamReader와 StreamWriter가 훨씬 편리합니다. 이들 메서드는 특별히 여러 줄의 텍스트를 읽고 쓰는 용도로 디자인됐습니다. 이러한 클래스가 없다면 파일에서 텍스트 한 줄을 읽어야 할 때, 먼저 바이트 배열을 읽어 들인 다음 배열에서 줄 바꿈 문자를 검색하는 반복문을 작성해야 합니다. StreamReader와 StreamWriter 클래스가 작업을 얼마나 쉽게 만들어 주는지 상상하기는 어렵지 않을 것입니다.

낮은 숫자 코드의 유니코드 문자(로마자 같은)만 포함된 문자열을 쓸 경우, 문자당 1바이트만을 사용합니다. 높은 숫자 코드의 유니코드 문자(이모지 문자 같은)가 포함됐다면, 문자당 2바이트 또는 그 이상의 바이트가 필요합니다.

16진수 덤프는 파일에 있는 바이트 값을 확인할 수 있게 해 줍니다

16진수 덤프(hex dump)는 파일의 내부 구조를 들여다볼 때 흔히 사용하는 방법으로, 파일의 내용을 16진수로 보여 줍니다. 16진수는 많은 데이터를 작은 공간에 저장할 수 있고, 패턴을 파악하기 쉬워 효율적입니다. 또 8, 16, 32바이트 길이의 이진 데이터를 나열할 때도 유용하죠. 16진수 덤프는 이들 값이 정확히 어떻게 구성되어 있는지 살펴볼 수 있게 해 줍니다.

텍스트의 16진수 덤프 만들기

로마자로 쓰인 친숙한 텍스트로 시작해 보겠습니다.

When you have eliminated the impossible, whatever remains, however improbable, must be the truth. - Sherlock Holmes

먼저 텍스트를 16자의 세그먼트(segment)로 나눠서 첫 번째 세그먼트부터 16진수 덤프를 만들어 보겠습니다.

When you have el

그런 다음 이 텍스트의 문자를 UTF-8 코드 포인트로 변환합니다. 로마자는 모두 1바이트의 UTF-8 코드 포인트를 가지고 있기 때문에, 각각의 글자는 두 자리의 16진수 00~7F로 표현됩니다. 각 줄의 덤프 결과는 다음과 같습니다.

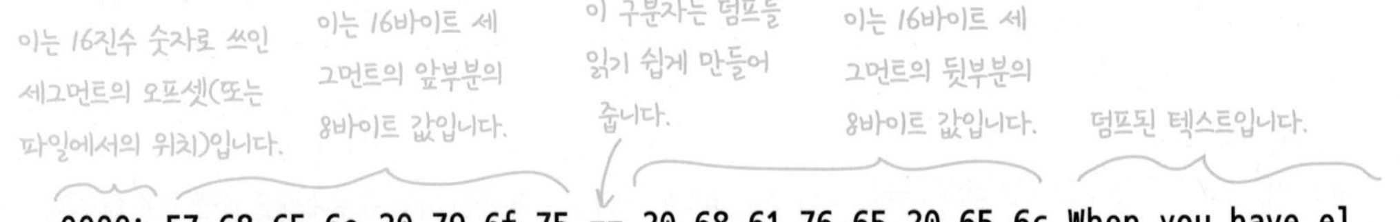

이는 16진수 숫자로 쓰인 세그먼트의 오프셋(또는 파일에서의 위치)입니다.
이는 16바이트 세그먼트의 앞부분의 8바이트 값입니다.
이 구분자는 덤프를 읽기 쉽게 만들어 줍니다.
이는 16바이트 세그먼트의 뒷부분의 8바이트 값입니다.
덤프된 텍스트입니다.

```
0000: 57 68 65 6e 20 79 6f 75 -- 20 68 61 76 65 20 65 6c When you have el
```

파일에서 16자 단위로 덤프가 끝날 때까지 반복합니다. 결과는 다음과 같습니다.

```
0000: 57 68 65 6e 20 79 6f 75 -- 20 68 61 76 65 20 65 6c When you have el
0010: 69 6d 69 6e 61 74 65 64 -- 20 74 68 65 20 69 6d 70 iminated the imp
0020: 6f 73 73 69 62 6c 65 2c -- 20 77 68 61 74 65 76 65 ossible, whateve
0030: 72 20 72 65 6d 61 69 6e -- 73 2c 20 68 6f 77 65 76 r remains, howev
0040: 65 72 20 69 6d 70 72 6f -- 62 61 62 6c 65 2c 20 6d er improbable, m
0050: 75 73 74 20 62 65 20 74 -- 68 65 20 74 72 75 74 68 ust be the truth
0060: 2e 20 2d 20 53 68 65 72 -- 6c 6f 63 6b 20 48 6f 6c . - Sherlock Hol
0070: 6d 65 73 0a -- mes.
```

16진수 덤프 프로그램은 운영체제마다 조금씩 다른 출력 형식을 가지고 있습니다. 위의 16진수 덤프는 입력된 문자열을 한 줄에 16자씩 표시하고, 각 줄은 오프셋으로 시작하며 실제 문자는 끝에 출력되는 형식입니다. 다른 16진수 덤프 프로그램은 출력 형식이 이와 다를 수 있습니다. 예를 들면 실제 문자를 맨 앞에 표시하거나 이스케이프 시퀀스를 보여 줄 수도 있죠.

16진수 덤프는 파일이나 메모리에 있는 데이터를 16진수 값으로 보여 주며, 이진 데이터를 디버깅해야 할 때 매우 유용한 도구입니다.

StreamReader를 사용해 16진수 덤프 앱 만들기

StreamReader를 사용해 파일에서 16 글자의 블록을 읽고 콘솔에 16자씩 출력하는 16진수 덤프 앱을 만들어 봅시다. StreamReader의 ReadBlock() 메서드는 문자 블록을 읽어 들여 char 배열에 저장합니다. 또한 읽어 들일 문자의 개수를 지정할 수 있으며, 지정한 문자의 개수보다 파일에 남아 있는 문자의 개수가 적다면 나머지 텍스트만 반환합니다.

01 'HexDump' 이름의 새 콘솔 앱을 생성합니다. 그리고 코드를 추가하기 전에 앱을 바로 실행하세요. 앱을 실행하면 실행 파일이 포함된 폴더가 프로젝트 폴더에 생성됩니다.

ReadBlock() 메서드는 파일에서 문자를 읽어 들여 바이트 배열(이를 버퍼라고 부르기도 합니다)에 저장합니다. 이 메서드는 요청받은 수만큼의 문자를 읽어 들이거나 읽을 데이터가 떨어질 때까지 계속 실행되며, 실행이 끝나기 전에는 값을 반환하지 않습니다.

02 프로젝트 실행 폴더 안에 textdata.txt 파일을 생성합니다. 메모장이나 텍스트 편집기를 사용해서 textdata.txt 파일을 생성한 다음 'Elementary, my dear Watson!'이라는 텍스트를 추가하세요.

03 Main() 메서드에 다음 코드를 추가하세요. 이 코드는 textdata.txt 파일을 읽어 들여 16진수 덤프를 콘솔에 출력합니다. 그리고 잊지 마세요! using System.IO;를 네임스페이스 안에 추가해야 합니다.

StreamReader.EndOfStream 속성은 파일에서 아직 읽어 올 문자가 남았을 경우 false를 반환합니다.

{0:x4} 형식 지정자는 숫자 값을 4자리 16진수 숫자로 변환하므로, 1984는 문자열 "07c0"로 변환됩니다.

반복문은 콘솔 화면의 한 줄 안에 문자들의 값을 반복적으로 출력합니다.

String.Substring 메서드는 문자열의 일부를 반환합니다. 첫 번째 매개 변수는 시작 위치(이 경우, 문자열의 시작 부분입니다), 두 번째는 가져올 문자의 개수입니다. String 클래스는 char 배열을 매개 변수로 받아 string으로 변환하는 오버로드된 생성자를 가지고 있습니다.

```
static void Main(string[] args) {
    var position = 0;
    using (var reader = new StreamReader("textdata.txt")) {
        while (!reader.EndOfStream) {
            // 파일에서 다음 16바이트를 읽어 바이트 배열에 저장합니다.
            var buffer = new char[16];
            var bytesRead = reader.ReadBlock(buffer, 0, 16);

            // 현재 위치(또는 오프셋)을 16진수로 출력하고, 콜론과 공백 문자를 출력합니다.
            Console.Write("{0:x4}: ", position);
            position += bytesRead;

            // 바이트 배열에 있는 문자 각각에 해당하는 16진수 값을 출력합니다.
            for (var i = 0; i < 16; i++) {
                if (i < bytesRead)
                    Console.Write("{0:x2} ", (byte)buffer[i]);
                else
                    Console.Write("   ");
                if (i == 7) Console.Write("-- ");
            }
            // 바이트 배열에 있는 실제 문자를 출력합니다.
            var bufferContents = new string(buffer);
            Console.WriteLine("   {0}", bufferContents.Substring(0, bytesRead));
        }
    }
}
```

이제 앱을 실행해 보세요. 16진수 덤프가 콘솔에 출력됩니다.

```
0000: 45 6c 65 6d 65 6e 74 61 -- 72 79 2c 20 6d 79 20 64 Elementary, my d
0010: 65 61 72 20 57 61 74 73 -- 6f 6e 21                ear Watson!
```

Stream.Read로 스트림에서 바이트 읽어 오기

BinaryWriter로 쓴 binarydata.dat 파일을 덤프 앱이 있는 폴더에 복사해서 넣고, 앱을 실행해 보세요.

```
using (var reader = new StreamReader("binarydata.dat"))
```

뭔가 다른 결과를 출력하네요. 사실 16진수 덤프 프로그램은 텍스트 파일에 잘 작동하지만 문제가 있습니다.

```
0000: fd 29 fd 02 06 48 65 6c -- 6c 6f 21 2f fd 00 74 fd ?)?Hello!/? t?
0010: fd fd 43 45                --                         ??CE
```

〈쓰면서 제대로 공부하기 정답〉에서 이 바이트의 값은 81, f6이었지만, StreamReader가 이 값을 'fd'로 바꿔 놓았습니다.

(쓰면서 제대로 공부하기)의 정답과 비교해 보세요. "Hello!" 부분은 괜찮아 보이지만, 일부 바이트 값(86, e8, 81, f6 , d8, f5)은 바뀌었습니다. 이는 StreamReader가 7비트 또는 127바이트까지의 텍스트 파일을 읽기 때문입니다.

스트림에서 바이트 값을 직접 읽어 들여서 이 문제를 고쳐 보겠습니다. 파일을 열고 FileStream 객체를 반환하는 File.OpenRead를 사용하도록 using 블록을 수정합니다. Stream.Length 속성을 사용해서 파일의 바이트를 모두 읽어 들일 때까지 읽기 작업을 계속하고, Read() 메서드를 사용해 다음 16바이트를 읽어 들여 바이트 배열 버퍼에 저장합니다.

```
using (Stream input = File.OpenRead("binarydata.dat"))
{
    var buffer = new byte[16];
    while (position < input.Length)
    {
        // 파일에서 16바이트까지 읽어 들여 바이트 배열에 저장합니다.
        var bytesRead = input.Read(buffer, 0, buffer.Length);
```

여기서는 var 대신 명시적인 Stream 타입을 사용해 Stream(정확히는 Stream을 상속한 FileStream이죠)을 사용한다는 것을 명확히 했습니다.

Stream.Read() 메서드는 세 개의 인수를 받습니다. 읽어 들인 값을 저장할 바이트 배열(buffer), 배열 내에서의 시작 위치(0), 읽어올 바이트의 개수(buffer.Length)입니다.

bufferContents를 설정하는 코드만 빼면 나머지 코드는 동일합니다.

```
// 바이트 배열에 있는 실제 문자를 저장합니다.
        var bufferContents = Encoding.UTF8.GetString(buffer);
```

이 byte 배열은 유효한 UTF-8 문자열을 포함하고 있기 때문에 Encoding.UTF-8.GetString() 메서드를 사용해 문자열로 변환할 수 있습니다.Encoding 클래스는 System.Text 네임스페이스에 있으므로, 파일의 상단에 using System.Text;를 추가해야 합니다. 이제 프로그램을 실행해 보세요. 올바른 바이트 값이 출력되는 것을 볼 수 있습니다.

```
0000: 86 29 e8 02 06 48 65 6c -- 6c 6f 21 2f 81 00 74 f6 ?)?Hello!/? t?
0010: d8 f5 43 45                --                         ??CE
```

이제 이 앱은 파일에서 모든 바이트 값을 읽어 옵니다. 텍스트 문자는 아니지만요.

16진수 덤프 프로그램은 텍스트가 아닌 문자를 점으로 출력하곤 합니다. for 반복문 끝에 다음 줄을 추가하세요.

```
if (buffer[i] < 0x20 || buffer[i] > 0x7F) buffer[i] = (byte)'.';
```

이제 앱을 다시 실행해 보세요. 이번에는 물음표가 점으로 바뀐 것을 볼 수 있습니다.

```
0000: 86 29 e8 02 06 48 65 6c -- 6c 6f 21 2f 81 00 74 f6 .)...Hello!/..t.
0010: d8 f5 43 45                --                         ..CE
```

명령줄 인수를 사용하도록 16진수 덤프 앱 수정하기

명령줄에 파일명 넘겨주기

대부분의 16진수 덤프 프로그램은 명령줄에서 실행할 수 있는 유틸리티 형태입니다. 16진수 덤프 프로그램에 명령줄 인수로 파일명(예를 들어 C:₩> HexDump myfile.txt)을 넘겨줘서 덤프를 실행하는 거죠. 16진수 덤프 앱을 수정해 명령줄 인수를 사용할 수 있도록 해 봅시다. 콘솔 앱을 생성하면 C#은 string 배열 타입인 Main() 메서드의 args 매개 변수에 명령줄 인수를 전달합니다.

```
static void Main(string[] args)
```

파일을 열고 스트림에서 파일 내용을 읽어 들일 수 있도록 Main() 메서드를 변경할 겁니다. File.OpenRead() 메서드는 파일명을 매개 변수로 받아서, 읽기 전용으로 파일 내용에 연결된 스트림을 반환합니다. Main() 메서드에서 다음 코드를 수정하세요.

```
static void Main(string[] args)
{
    var position = 0;
    using (Stream input = File.OpenRead(args[0]))
    {
        var buffer = new byte[16];
        int bytesRead;
        // 파일에서 16바이트까지 읽어 들여 바이트 배열에 저장합니다.
        while ((bytesRead = input.Read(buffer, 0, buffer.Length)) > 0)
        {
```

앱은 명령줄 인수를 args 매개 변수로 전달받고, 이 값을 GetInputStream() 메서드에 전달합니다.

또한 bytesRead를 선언하고 스트림의 input.Read를 호출하는 while 블록의 첫째 줄을 삭제해야 합니다.

이제 비주얼 스튜디오에서 명령줄 인수를 사용해 봅시다. 디버그 속성을 변경해 프로그램에 전달되는 명령줄을 변경할 수 있습니다. 솔루션의 프로젝트를 마우스 우클릭하세요. ← 솔루션이 아니라 프로젝트를 우클릭해야 합니다.

- 윈도우에서는 [속성] - [디버그] 메뉴를 선택한 다음 [디버그 시작 프로필 UI 열기] 항목을 선택합니다. [시작 프로필] 창이 활성화되면 [명령줄 인수] 항목에 덤프할 파일명을 입력하세요(파일의 전체 경로를 입력하거나 실행 파일이 있는 폴더 내의 파일명을 넣을 수 있습니다).
- 맥OS에서는 옵션을 선택하고, [실행] - [구성]을 확장한 다음, Default를 클릭하고, 인수 상자에 파일명을 입력하세요.

이제 앱을 디버그하면 args 배열에 프로젝트 설정에서 설정한 인수가 포함돼 있는 것을 볼 수 있습니다. 명령줄 인수를 설정할 때 올바른 파일명을 지정했는지 확인하세요.

- 윈도우에서는 비주얼 스튜디오는 실행 파일을 bin₩Debug 폴더(읽어 들일 파일을 저장했던 폴더와 같은 폴더입니다)에 생성합니다. 그러므로 이 폴더에서 직접 실행 파일을 실행할 수 있습니다. 명령 프롬프트 창을 열고, cd 명령을 사용해 bin₩Debug 폴더로 이동한 다음 HexDump [파일명]으로 실행하세요.
- 맥OS에서는 자체 포함된 응용 프로그램(self-contained application)을 생성해야 합니다. 터미널 창을 열고, 프로젝트 폴더로 이동한 다음 커맨드를 실행합니다.

```
dotnet publish -r osx-x64
```

그러면 다음과 같은 내용이 출력될 겁니다.

```
HexDump -> /path-to-binary/osx-x64/publish/
```

터미널 창을 열고 cd 명령을 사용해 출력된 경로로 이동한 다음 ./HexDump [파일명]으로 실행하세요.

다운로드할 수 있는 연습 문제: 숨바꼭질

이 연습 문제는 집을 탐색하면서 컴퓨터 플레이어와 숨바꼭질 게임을 플레이하는 앱을 만드는 것입니다. 여러 장소를 배치할 때 다양한 컬렉션과 인터페이스 스킬을 활용합니다. 그런 다음, 게임의 상태를 직렬화해서 파일에 저장함으로써 게임을 저장하고 로드하는 기능을 구현할 겁니다.

먼저 가상의 집을 탐색하고, 여러 방을 돌아다니며 각 위치에 있는 항목을 조사합니다.

그런 다음 숨을 장소를 찾는 컴퓨터 플레이어를 추가하세요. 몇 번을 이동해야 컴퓨터 플레이어를 찾아낼 수 있을지 확인해 보세요!

이 책의 GitHub 페이지로 이동해 프로젝트 PDF를 다운로드하세요.

https://github.com/head-first-csharp/fourth-edition

요점 정리

- **유니코드(Unicode)**는 문자 인코딩(또는 문자를 바이트 값으로 변환)을 위한 산업 표준입니다. 백만 개가 넘는 유니코드 문자는 각각의 문자에 할당된 유일한 숫자 값인 코드 포인트(code point)를 가지고 있습니다.
- 대부분의 파일과 웹 페이지는 **UTF-8**로 인코딩돼 있습니다. UTF-8은 가변 길이 유니코드 인코딩으로, 한 개의 문자를 1~4바이트로 인코딩합니다.
- C#과 .NET은 **UTF-16**을 사용해 메모리에 문자와 텍스트를 저장하며, 문자열을 char의 읽기 전용 컬렉션으로 취급합니다.
- **Encoding.UTF8.GetString( ) 메서드**는 UTF-8로 인코딩된 바이트 배열을 문자열로 변환합니다. Encoding.Unicode는 UTF-16으로 인코딩된 바이트 배열을 문자열로 변환하며, Encoding.UTF32는 UTF-32 바이트 배열을 변환합니다.
- **\u 이스케이프 시퀀스**를 사용해 C# 문자열에 유니코드를 포함시킬 수 있습니다. ₩u 이스케이프 시퀀스는 UTF-16 인코딩을, \U는 UTF-32(4바이트 고정 길이) 인코딩을 수행합니다.
- StreamWriter와 StreamReader는 텍스트를 다루지만, 로마자 집합 외의 문자는 처리하지 않습니다. 이진 데이터를 읽고 쓰려면 **BinaryWriter, BinaryReader**를 사용하세요.
- **StreamReader.ReadBlock( ) 메서드**는 문자를 읽어 바이트 배열에 저장합니다. 이 메서드는 요청받은 수만큼의 문자를 읽어 들이거나 읽을 데이터가 떨어질 때까지 계속 실행되며, 실행이 끝나기 전에는 값을 반환하지 않습니다.
- File.OpenRead는 FileStream을 반환하며, **FileStream.Read( ) 메서드**는 스트림에서 바이트 값을 읽어 들입니다.
- **String.Substring( ) 메서드**는 문자열의 일부를 반환합니다. String 클래스는 char 배열을 매개 변수로 받아 string으로 변환하는 오버로드된 생성자를 가지고 있습니다.
- C#은 string 배열 타입인 Main( ) 메서드의 args 매개 변수에 콘솔 앱의 명령 줄 인수를 전달합니다.

유니티 연구실 #5

레이캐스팅

유니티에서 [씬] 뷰를 구성한다는 것은 게임 캐릭터가 돌아다닐 3D 가상 세계를 만든다는 의미입니다. 하지만 대부분 게임에서 플레이어는 게임 내 요소들을 직접 제어할 수 없죠. 그렇다면 어떻게 각각의 객체는 [씬] 뷰 안에서 플레이어가 스스로 움직여야 할 경로를 알아내는 걸까요?

유니티 연구실 #5, #6의 목표는 유니티의 내비게이션과 경로 찾기(navigation and pathfinding) 시스템에 익숙해지는 겁니다. 이러한 정교한 AI 시스템은 여러분이 만든 세계에서 움직일 경로를 스스로 찾아내는 캐릭터를 만들 수 있도록 해 줍니다. 이번 유니티 연구실에서는 [씬] 뷰에 포함되지 않은 게임 오브젝트를 만들고 내비게이션을 사용해 캐릭터를 움직여 볼 겁니다.

레이캐스팅(raycasting)을 사용해서, [씬] 뷰의 기하학 구조(Geometry)에 반응하는 코드를 작성하고, 입력을 받고, 플레이어가 클릭한 위치로 게임 오브젝트를 이동해 보겠습니다. 마지막으로 클래스, 필드, 참조 등 지금까지 다룬 주제들을 연습해 볼 C# 코드를 작성하겠습니다.

새 유니티 프로젝트 생성하고 씬 뷰 구성하기

먼저 새 유니티 연구실을 시작하기 전에 열려 있는 모든 유니티 프로젝트를 닫으세요. 비주얼 스튜디오도 닫아야 합니다. 3D 템플릿을 사용해서 새 유니티 프로젝트를 생성하고, 레이아웃을 가로 배치로 설정한 다음, 프로젝트 이름에 'Unity Labs 5 and 6'을 입력하세요.

플레이어가 돌아다닐 플레이 영역을 먼저 만들어 봅시다. [계층 구조] 창 안쪽을 마우스 우클릭한 다음 [3D오브젝트] - [평면]을 선택하세요. 새 평면 게임 오브젝트의 이름을 'Floor'로 입력합니다.

프로젝트 상단 메뉴에서 [에셋] - [생성] - [폴더]를 클릭하세요. 그러면 하단 [프로젝트] 탭에 Assets 폴더에 'New Folder'가 생성된 것을 확인할 수 있습니다. 생성된 폴더를 마우스 우클릭해서 [이름 바꾸기]를 클릭한 다음 'Materials'로 수정하세요. 그런 다음 Materials 폴더를 마우스 우클릭하고 [생성] - [머티리얼]를 선택하세요. 그 다음 이름에 'FloorMaterials'를 입력합니다. 이 머티리얼은 간단히 상태와 색상만 만들겠습니다. [프로젝트] 창에서 FloorMaterials를 선택하고, [인스펙터] 창의 알베도 속성 오른쪽 하얀 상자를 클립합니다.

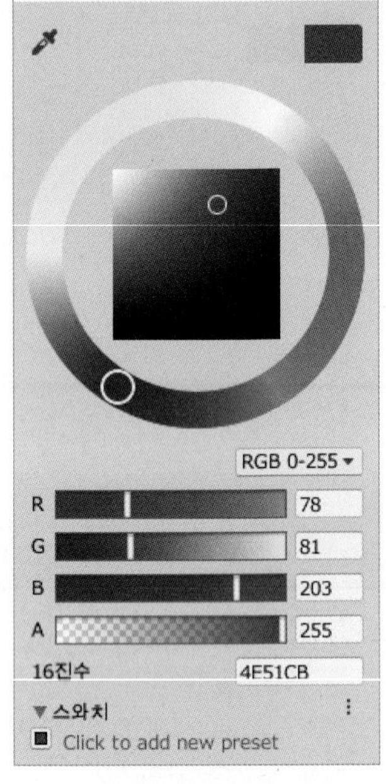

이 스포이드(dropper)를 사용해 화면상 색상을 선택할 수 있습니다.

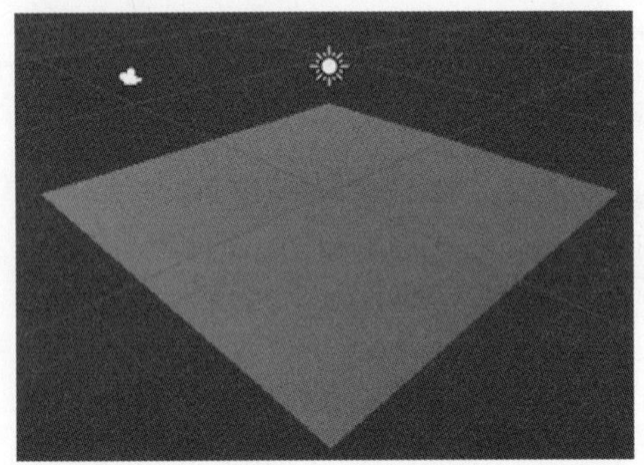

[컬러] 창에서 바닥(floor)의 색상을 고릅니다. 책에서는 '4E51CB'이라는 색상을 사용했습니다. 16진수 상자에 값을 직접 입력해도 됩니다. [프로젝트] 창에서 FloorMaterials를 드래그해 [씬] 뷰에 보이는 평면 위에 놓으세요. 평면 바닥이 설정한 색으로 바뀝니다.

평면(plane)은 10 × 10 유닛의 (X-Z 평면) 평평한 정사각형 객체이며, 높이(Y 평면)는 1 유닛입니다. 유니티가 평면을 생성하면 평면의 중심은 (0, 0, 0) 정점에 위치합니다. 이 평면의 중심점이 [씬] 뷰의 위치를 결정합니다. 다른 객체들과 마찬가지로, 인스펙터 또는 위치와 회전을 변경하는 도구로 [씬] 뷰에 있는 평면을 움직일 수 있습니다. 평면의 스케일도 변경할 수 있지만, 평면은 높이가 없기 때문에 X, Z 스케일만 변경할 수 있습니다. 만약 Y 스케일 값에 양수를 넣으면 그 값은 무시됩니다.

[3D 오브젝트] 메뉴를 사용해서 생성할 수 있는 객체(평면, 구체, 큐브, 원기둥 등의 기본 형태)는 프리미티브 오브젝트(primitive object)라고 부릅니다. 도움말 메뉴에서 유니티 매뉴얼을 열고 '프리미티브 및 플레이스홀더 오브젝트(Primitive and placeholder objects)'를 검색해 보면 더 많은 내용을 찾아볼 수 있습니다. 유니티 매뉴얼을 열어서 평면, 구체, 큐브, 원기둥 등에 대한 내용을 읽어 보세요.

뇌 단련

평면은 Y 차원이 없습니다. 그런데 만약 평면에 큰 Y 스케일 값을 주면 어떻게 될까요? 또는 Y 스케일 값이 음수이거나 0이면 어떻게 될까요?

생각해 보고 결과를 추측해 보세요. 그런 다음 [인스펙터] 창을 사용해 Y 스케일 값을 넣어 보고, 여러분이 추측한 대로 평면이 움직이는지 살펴보세요. 그리고 원래 값으로 되돌려 놓는 걸 잊지 마세요!

카메라 구성하기

유니티 연구실 #3, #4에서 게임 오브젝트는 기본적으로 컴포넌트의 '컨테이너'라는 것과, Main Camera는 단순히 Transform, Camera, Audio Listener 등 컴포넌트 3개를 가지고 있다는 것을 배웠습니다. 카메라는 특정 위치에서 보고 듣는 것을 기록하기만 하면 되니까요. [계층 구조] 창에서 Main Camera를 클릭해서 [인스펙터] 창을 활성화한 다음 Transform 컴포넌트를 살펴보겠습니다. Transform 컴포넌트의 포지션을 (0, 1, -10)으로 수정해 보세요. 그다음으로 포지션의 Z 레이블을 클릭해서 위아래로 드래그해 보세요. [씬] 뷰에서 카메라가 앞뒤로 움직이는 것을 볼 수 있습니다. 그리고 상자와 카메라의 앞쪽에 있는 네 개의 선을 자세히 살펴보세요. 이 선들은 카메라의 **뷰포인트**(viewpoint), 플레이어의 화면에서 볼 수 있는 영역을 나타냅니다.

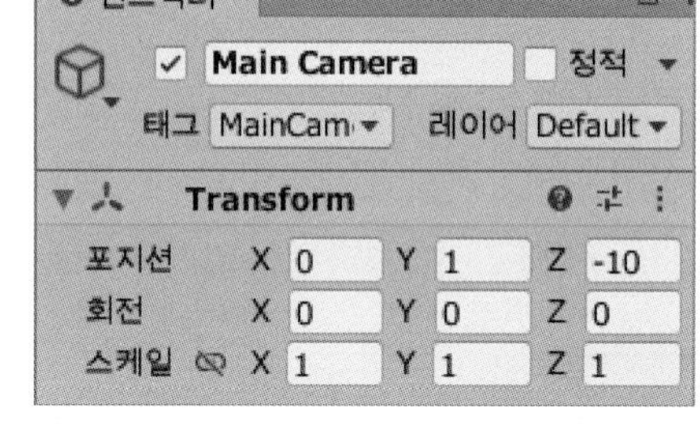

이전에 다른 게임 오브젝트에서 했던 것처럼 [이동 도구]와 [회전 도구]를 사용해 카메라를 이리저리 움직이고 회전해 보세요. [씬] 뷰 오른쪽 하단에 [카메라 미리보기(camera preview)] 창이 실시간으로 갱신되며 카메라의 시야를 보여 줍니다. 카메라를 이동하면서 [카메라 미리보기] 창을 계속 살펴보세요. 아까 설정한 바닥도 카메라의 시야에 따라 이동합니다.

Transform 컴포넌트의 컨텍스트 메뉴에서 [초기화]를 클릭하세요. 카메라를 재설정하면 위치와 회전이 모두 (0, 0, 0)으로 설정됩니다. 그러면 [씬] 뷰에서 카메라가 평면과 겹치게 됩니다.

이번에는 카메라가 아래를 향하도록 해 보죠. [Transform] 컴포넌트의 [회전] 항목에서 X 레이블을 클릭해서 마우스를 위아래로 드래그해 보세요. [카메라 미리보기] 창의 뷰포인트가 움직입니다. [인스펙터] 창에서 [회전]의 [X] 값을 '90'으로 설정해 카메라가 아래를 향하도록 해 보세요.

[카메라 미리보기] 창에 아무것도 표시되지 않습니다. 카메라가 얇은 평면 바로 아래를 수직으로 바라보고 있기 때문입니다. 이제 Transform 컴포넌트에서 포지션의 Y 레이블을 클릭해 위로 드래그해 보세요. [카메라 미리보기] 창에 평면이 표시됩니다.

이번에는 [계층 구조] 창에서 Floor를 선택해 보세요. [카메라 미리보기] 창이 사라집니다. [카메라 미리보기] 창은 카메라를 선택할 때만 표시되기 때문입니다. [씬] 뷰와 [게임] 뷰를 오가며 카메라로 무엇이 보이는지 살펴볼 수 있습니다.

평면 바닥을 클릭해서 [인스펙터] 창의 Transform 컴포넌트를 활성화하세요. 그런 다음, 스케일을 (4, 1, 2)로 설정해서 평면의 가로 너비를 두 배로 늘립니다. 평면은 10 × 10 유닛이기 때문에, 이렇게 되면 세로는 40유닛, 가로는 20유닛이 됩니다. 평면은 다시 뷰포인트 전체를 채우기 때문에 전체 평면이 뷰포인트 안에 들어올 때까지 Main Camera를 선택해서 포지션의 Y 레이블을 위로 드래그하세요.

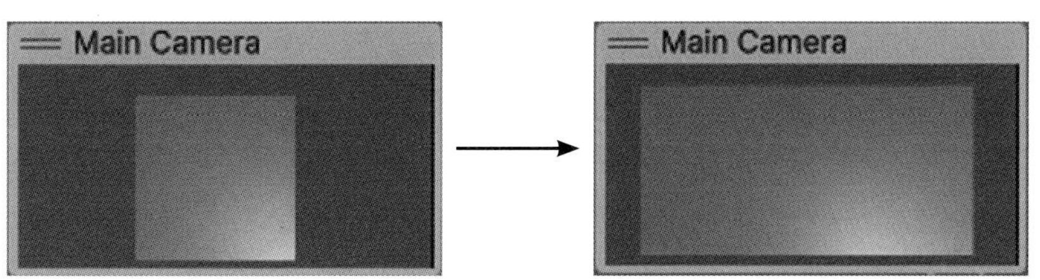

[씬] 뷰와 [게임] 뷰를 오가며 카메라의 시야에 무엇이 보이는지 확인할 수 있습니다.

플레이어 게임 오브젝트 생성하기

여기서는 원기둥과 구체로 인간 형태의 플레이어를 만들어 봅니다. [씬] 뷰의 빈 공간을 클릭해서 다른 오브젝트가 선택되지 않게 하세요. 그다음 [게임 오브젝트]-[3D 오브젝트]-[원기둥] 메뉴를 선택해서 플레이어의 몸통을 생성하고, 이름을 'Player'로 변경한 뒤 Transform 컴포넌트를 초기화합니다. 같은 방식으로 이름이 'Head'인 구체 오브젝트를 생성하고 마찬가지로 Transform 컴포넌트를 초기화해서 플레이어의 머리를 만듭니다. 이제 원기둥과 구체가 하나의 플레이어로 움직일 수 있게 평면 바닥에 붙어 있는 두 오브젝트를 단일 오브젝트로 만들어 보겠습니다.

이런 작업을 위해 유니티에는 부모 설정(parenting)이라는 기능이 있습니다. [계층 구조] 창에서 [Head]를 선택하고 [Player] 위로 드래그하세요. 그러면 Player가 Head의 부모가 됩니다. 이제 Head 게임 오브젝트는 Player 아래에 중첩됩니다.

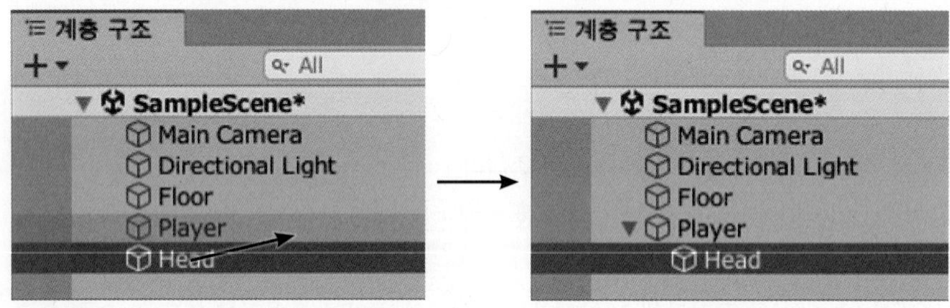

생성된 원기둥과 구체는 (0,0,0) 지점에 겹쳐져 있습니다. [계층 구조] 창에서 [Head] 게임 오브젝트를 선택하고 [인스펙터] 창의 [Transform] 컴포넌트에서 [Y] 값을 '1.5'로 변경합니다. 구체가 원기둥의 위로 움직여서 플레이어의 머리처럼 보이게 됩니다.

이번에는 [계층 구조]창에서 [Player] 게임 오브젝트를 선택하고 [Y] 값을 '1'로 설정합니다. 부모 게임 오브젝트를 움직이면 자식 오브젝트도 함께 움직이므로, Head 오브젝트가 따라 움직입니다. [게임] 탭을 눌러 화면을 변경해 보세요.

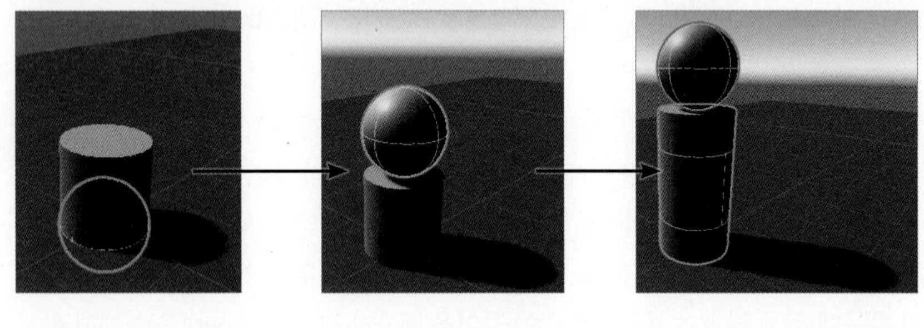

자식 오브젝트가 중첩된 게임 오브젝트의 [Transform] 컴포넌트를 변경하면, 자식 오브젝트도 그에 따라 이동, 회전, 스케일이 일어납니다.

유니티의 내비게이션 시스템을 소개합니다

이동은 비디오 게임의 기본 기능입니다. 게임에서 움직일 수 있는 요소는 플레이어, 적, 캐릭터, 아이템, 장애물 등입니다. [씬] 뷰에서 게임 오브젝트의 움직임을 돕는 인공지능 기반의 내비게이션과 경로 찾기 시스템이 유니티에 내장되어 있는 이유입니다. 이 내비게이션 시스템을 이용해 플레이어가 목표물을 향해 움직이도록 수정해 봅시다.

유니티는 정교한 AI 내비게이션과 경로 찾기 시스템을 제공해서 [씬] 뷰에서 게임 오브젝트가 장애물을 피해 효율적인 경로를 찾아 실시간으로 움직일 수 있도록 합니다.

유니티의 내비게이션과 경로 찾기 시스템은 캐릭터가 게임 세계 속에서 지능적으로 길을 찾도록 해 줍니다. 이 기능을 사용하려면 먼저, 캐릭터가 갈 수 있는 곳을 알려줘야 합니다.

이를 위해서는 유니티의 내비메시(NavMesh)를 설정해야 하는데, 내비메시는 [씬] 뷰 내에서 걸어 다닐 수 있는 영역에 대한 정보를 담고 있습니다. 이러한 영역에는 경사, 계단, 장애물, 심지어 오프 메시 링크(off-mesh link, *** 역주** 문을 여는 것과 같은 플레이어의 특정 행동을 설정할 수 있습니다)라고 불리는 특정 지점도 포함됩니다.

그리고 내비메시 [에이전트(NavMesh Agent)] 컴포넌트를 경로 찾기가 필요한 게임 오브젝트에 추가해야 합니다. 이 컴포넌트는 게임 오브젝트를 [씬] 뷰 안에서 자동으로 움직이며, AI를 사용해 목표한 지점까지 가장 효율적인 경로를 찾고, 장애물 및 다른 내비메시 에이전트도 피할 수 있습니다.

유니티는 여러 내비메시의 경로를 찾을 때 베이크(bake) 기능을 사용해 내비메시를 미리 구성하고 기하학 구조의 세부 사항을 미리 계산해서 에이전트가 효율적으로 작동할 수 있게 합니다.

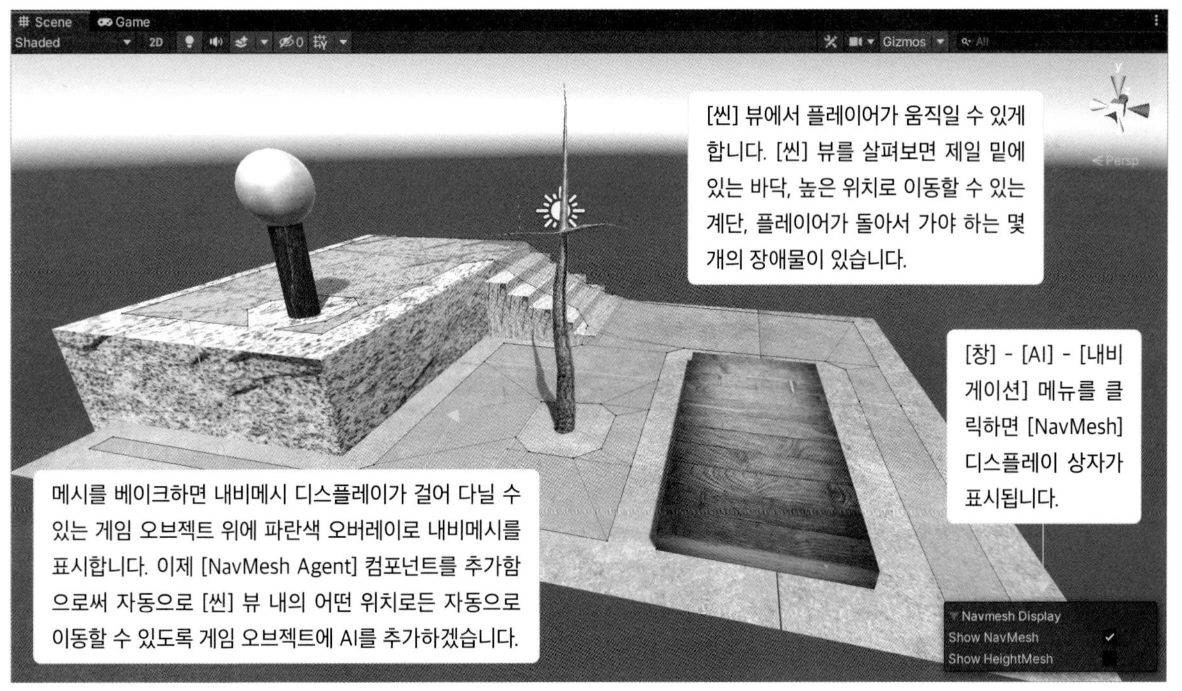

Scene
Game
Shaded
2D
Gizmos
[씬] 뷰에서 플레이어가 움직일 수 있게 합니다. [씬] 뷰를 살펴보면 제일 밑에 있는 바닥, 높은 위치로 이동할 수 있는 계단, 플레이어가 돌아서 가야 하는 몇 개의 장애물이 있습니다.
[창] - [AI] - [내비게이션] 메뉴를 클릭하면 [NavMesh] 디스플레이 상자가 표시됩니다.
메시를 베이크하면 내비메시 디스플레이가 걸어 다닐 수 있는 게임 오브젝트 위에 파란색 오버레이로 내비메시를 표시합니다. 이제 [NavMesh Agent] 컴포넌트를 추가함으로써 자동으로 [씬] 뷰 내의 어떤 위치로든 자동으로 이동할 수 있도록 게임 오브젝트에 AI를 추가하겠습니다.
Navmesh Display
Show NavMesh
Show HeightMesh

내비메시 설정하기

Floor 평면으로 구성된 내비메시를 설정해 봅시다. 이 작업에는 [내비게이션] 창을 사용합니다. 상단 메뉴에서 [창] - [AI] - [내비게이션] 메뉴를 선택해서 [내비게이션] 창을 유니티 워크스페이스에 추가합니다. 이 창은 [인스펙터] 창과 같은 패널에 탭 형태로 표시됩니다. 그런 다음 [내비게이션] 창에서 Floor 게임 오브젝트의 [Navigation Static]과 [Navigation Area] 설정을 변경합니다.

- [내비게이션] 창 상단에 있는 [오브젝트] 탭을 클릭합니다.
- [계층 구조] 창에서 Floor를 선택합니다.
- [Navigation Static]을 체크하세요. 이는 내비메시를 베이킹할 때 Floor를 포함하라는 의미입니다.
- [Navigation Area] 드롭다운 상자에서 'Walkable'을 선택하세요. 이는 Floor 평면에서 내비메시 에이전트를 가진 게임 오브젝트가 이동할 수 있는 곳임을 나타냅니다.

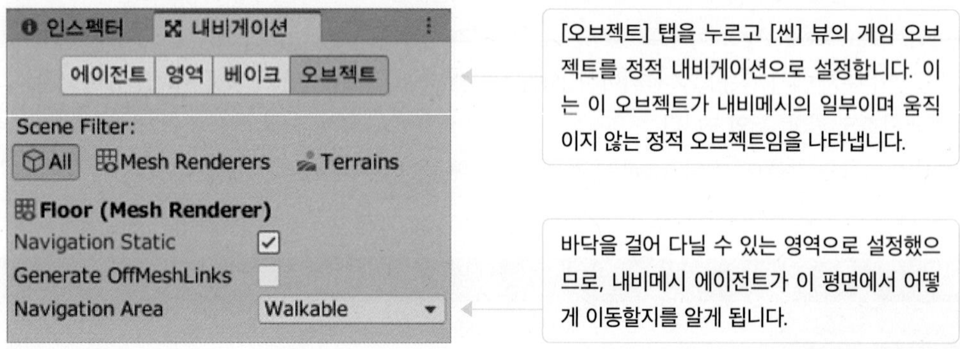

이 게임에서 걸어 다닐 수 있는 영역은 바닥뿐이므로 [오브젝트] 탭에서 할 일은 모두 끝났습니다. 걸어 다닐 수 있는 표면과 걸을 수 없는 장애물들로 구성된 복잡한 [씬] 뷰에서는 각각의 게임 오브젝트가 그에 맞추어 설정되어야 합니다. [내비게이션] 창 상단에 있는 [베이크] 탭을 눌러 베이크 옵션을 확인합니다.

하단의 [Bake] 버튼을 클릭하세요. [씬] 뷰에서 뭔가 바뀐 것을 눈치챘나요? [인스펙터] 창을 클릭한 다음 [내비게이션] 창으로 전환해 보세요. [내비게이션] 창이 활성화되어 있을 때, [씬] 뷰에 내비메시 디스플레이가 표시되고 베이크된 내비메시의 일부인 게임 오브젝트의 표면에 파란 오버레이가 입혀져 내비메시가 강조되는 것을 볼 수 있습니다. 여기서는 정적 내비게이션이자 걸을 수 있는 영역으로 설정된 평면이 강조됩니다. 내비메시 설정이 끝났군요.

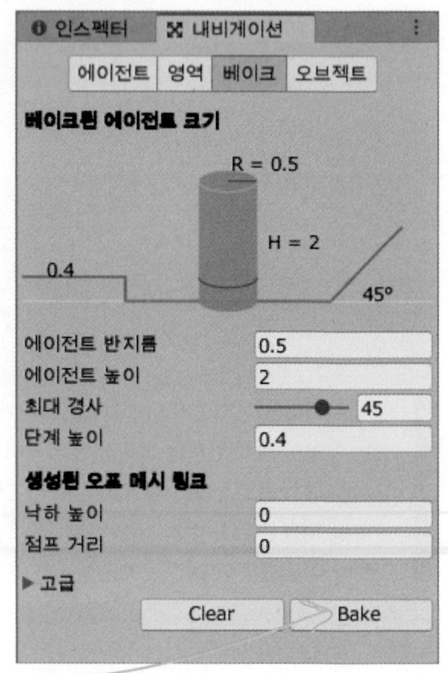

[Bake] 버튼을 클릭해 내비메시를 베이크하세요.

플레이어가 자동으로 플레이 영역 이동하게 만들기

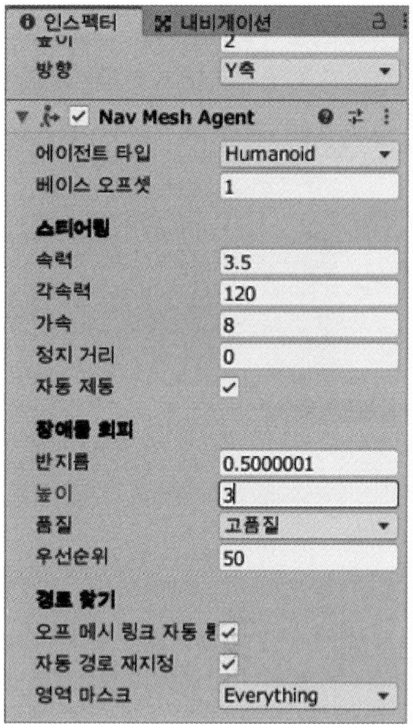

내비메시 에이전트를 Player 게임 오브젝트에 추가해 봅시다. [계층 구조] 창에서 Player의 [인스펙터] 창 하단 [컴포넌트 추가] 버튼을 클릭하고 [Navigation]-[Nav Mesh Agent] 컴포넌트를 추가합니다. [장애물 회피]에서 [높이]를 '3'으로 설정하세요.

이제 Player를 움직여 보겠습니다. [에셋]-[생성]-[폴더] 메뉴에서 새 폴더 'Scripts'를 생성하세요. 그리고 마우스 우클릭하여 [생성]-[C# 스크립트] 메뉴에서 파일 'MoveToClick'을 생성합니다.

이 스크립트는 Player를 클릭한 플레이 영역으로 이동시킵니다. private 필드에 NavMeshAgent의 참조를 저장하고, GetComponent() 메서드를 호출해 에이전트의 참조를 얻은 뒤 agent 에 저장합니다.MoveToClick을 더블 클릭해 비주얼 스튜디오를 열고 상단에 using Unity Engine.AI; 지시문을 추가하세요. 그리고 다음과 같이 코드를 작성합니다.

인스펙터 | 내비게이션
높이 2
방향 Y축
Nav Mesh Agent
에이전트 타입 Humanoid
베이스 오프셋 1
스티어링
속력 3.5
각속력 120
가속 8
정지 거리 0
자동 제동 ✓
장애물 회피
반지름 0.5000001
높이 3
품질 고품질
우선순위 50
경로 찾기
오프 메시 링크 자동 ✓
자동 경로 재지정 ✓
영역 마스크 Everything

```
using System.Collections;
using System.Collections.Generic;
using UnityEngine;
using UnityEngine.AI;

public class MoveToClick : MonoBehaviour {
    private NavMeshAgent agent;
    void Awake() {
        agent = GetComponent<NavMeshAgent>();
    }
    void Update() {
        if (Input.GetMouseButtonDown(0)) {
            Camera cameraComponent = GameObject.Find("Main Camera").
                GetComponent<Camera>();
            Ray ray = cameraComponent.ScreenPointToRay(Input.
                mousePosition);
            RaycastHit hit;
            if (Physics.Raycast(ray, out hit, 100)) {
                agent.SetDestination(hit.point);
            }
        }
    }
}
```

MoveToClick 스크립트는 Start() 메서드 대신 Awake() 메서드를 사용합니다. Start()와 Awake() 메서드는 둘 다 스크립트를 초기화할 때 사용하지만 Awake() 메서드는 오브젝트가 생성될 때 호출됩니다. 즉, Start() 메서드보다 먼저 호출됩니다.

Input.GetMouseButtonDown() 메서드는 마우스 클릭을 검사하는데, 인수 0은 마우스 왼쪽 버튼을 검사합니다. Update() 메서드는 프레임마다 호출되어 마우스 버튼이 클릭됐는지 계속 검사합니다.

내비메시 에이전트의 [속력], [각속력], [가속], [정지 거리], [자동 제동] 필드를 테스트해 보세요. 게임이 실행되는 동안 필드의 값이 바뀝니다. 이 값들을 변경하면 어떤 일이 일어날지 생각해 보세요.

파일을 저장하고 유니티 에디터로 돌아갑니다. [씬] 탭을 활성화하고 방금 작성한 스크립트를 드래그해서 Player 위에 놓으세요. ▶ 버튼을 눌러 게임을 실행하고 바닥 아무 곳이나 클릭해 보세요. 평면을 클릭하면 플레이어가 클릭한 곳으로 움직입니다.

쓰면서 제대로 공부하기

다음 public 필드를 MoveToClick 클래스에 추가합니다.

```
public Camera cameraComponent;
```

[계층 구조] 창에서 Player를 클릭하세요. [Move To Click(스크립트)] 컴포넌트에서 새 Main Camera 필드를 찾아 드래그한 뒤, [인스펙터] 창의 [Player 게임 오브젝트] 항목의 [Move To Click(스크립트)] 컴포넌트의 Camera Component에 놓습니다.

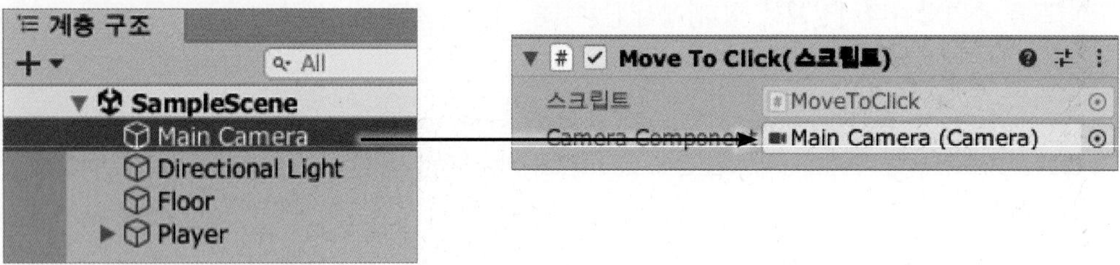

이제 다음 명령어를 주석 처리합니다.

```
// Camera cameraComponent = GameObject.Find("Main Camera").GetComponent<Camera>();
```

게임을 다시 실행해 보세요. 여전히 잘 작동합니다! 왜일까요? 어째서인지 잠시 생각해 보고, 답을 아래에 적어 보세요.

....

....

....

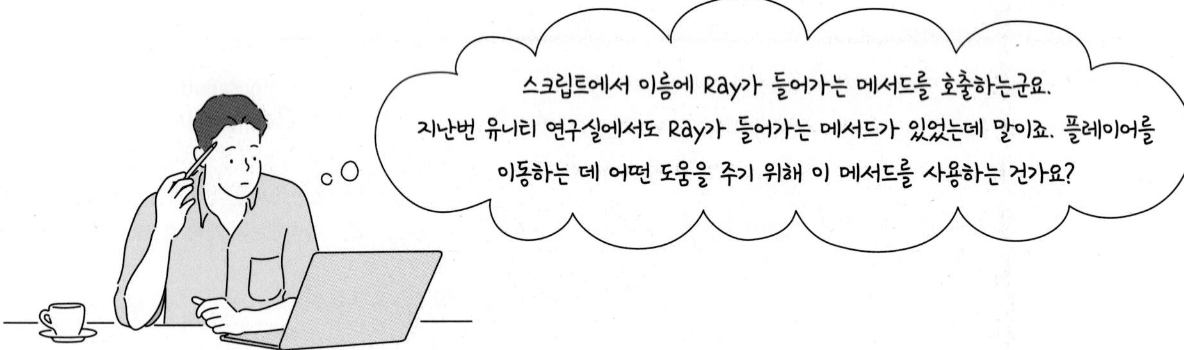

스크립트에서 이름에 Ray가 들어가는 메서드를 호출하는군요.
지난번 유니티 연구실에서도 Ray가 들어가는 메서드가 있었는데 말이죠. 플레이어를 이동하는 데 어떤 도움을 주기 위해 이 메서드를 사용하는 건가요?

맞습니다! 여기서는 레이캐스팅(raycasting)이라는 아주 유용한 도구를 사용합니다

유니티 연구실 #2에서는 Debug.DrawRay()를 사용해 광선을 그리고 3D 벡터가 작동하는 방식을 살펴봤죠. MoveToClick 스크립트의 Update() 메서드가 그와 비슷한 일을 합니다. Update() 메서드는 Physics(), Raycast() 메서드를 사용해 광선(ray)을 방사(cast)하고, 광선이 바닥에 닿는지 검사합니다. 광선이 바닥에 닿으면 Physics.Raycast가 닿은 위치를 반환하고 내비메시 에이전트의 destination 필드를 설정해서 자동으로 플레이어를 해당 위치까지 이동시킵니다.

레이캐스팅 자세히 살펴보기

MoveToClick 스크립트는 Physics.Raycast( ) 메서드를 호출합니다. 이 메서드는 [씬] 뷰에서 가상의 광선을 쏘아(광선을 쏘는 것을 캐스팅이라고 합니다) 그 광선이 어딘가에 닿았는지를 알려 줍니다. Physics.Raycast( ) 메서드의 매개 변수는 광선을 쏠 곳과 광선을 쏠 최대 거리는 얼마인지를 나타냅니다.

```
Physics.Raycast(광선을 쏠 곳, out hit, 최대 거리)
```

이 메서드는 광선이 무언가에 닿으면 true를 반환하고, 그렇지 않으면 false를 반환합니다. 앞에서 살펴본 int.TryParse( )처럼 out 키워드를 사용해 변수에 결과를 저장합니다. 이 메서드가 어떻게 작동하는지 조금 자세히 살펴보죠.
우선 Physics.Raycast( ) 메서드에 어디에 광선을 쏠지 알려 줘야 합니다. 그러므로 가장 먼저 해야 할 일은 카메라를 찾는 거죠. 정확히는 메인 카메라의 [카메라] 컴포넌트를 찾아야 합니다. 이전 유니티 연구실에서 GameController를 가져올 때와 비슷한 방식으로 [카메라] 컴포넌트를 가져올 수 있습니다.

```
GameObject.Find("Main Camera").GetComponent<Camera>();
```

Camera 클래스는 ScreenPointToRay( ) 메서드를 가지며, 이 메서드는 카메라의 위치로부터 화면의 (X, Y) 위치까지 광선을 만듭니다. Input.mousePosition( ) 메서드는 사용자가 클릭한 화면의 (X, Y) 위치를 반환합니다. 이 광선은 Physics.RayCast( )에 입력할 위치를 제공합니다.

```
Ray ray = cameraComponent.ScreenPointToRay(Input.mousePosition);
```

광선을 발사하고 나서 Physics.Raycast() 메서드를 호출해 광선이 어디에 닿는지 확인할 수 있습니다.

```
if (Physics.Raycast(ray, out hit, 100))
{
    agent.SetDestination(hit.point);
}
```

그러면 Physics.Raycast( ) 메서드는 bool 값을 반환하며 out 키워드를 사용합니다. int.TryParse와 동일한 방식이죠. 메서드가 true를 반환할 때 hit 변수는 광선이 닿은 바닥의 위치를 갖고 있습니다. agent.destination을 설정하면 내비메시 에이전트에게 플레이어를 광선이 닿은 위치로 이동하라는 의미입니다.

쓰면서 제대로 공부하기 정답

<쓰면서 제대로 공부하기> 문제는 MoveToClick 클래스를 변경해 Find와 GetComponent 대신 메인 카메라 필드를 추가하는 것이었죠. 여러분이 쓴 답과 정답을 비교해 보세요.

스크립트 코드가 Camera.GetComponent<Camera>를 호출하면 이 메서드는 게임 오브젝트의 참조를 반환합니다. 이 참조를 필드로 변경해서, [계층 구조] 창에서 Main Camera를 [인스펙터] 창으로 드래그했죠. 이는 해당 필드의 값을 동일한 게임 오브젝트의 참조로 설정합니다. 이 두 방법은 모두 cameraComponent 변수가 동일한 오브젝트를 참조하므로, 이전과 동일하게 작동하는 거죠.

MoveToClick 스크립트는 다음 유니티 연구실에서 다시 사용할 것이므로 정답을 맞힌 다음에는 스크립트를 원래대로 돌려 놓으세요. cameraComponent 필드를 제거하고, cameraComponent 변수를 설정하는 코드를 원래대로 돌려 놓아야 합니다.

요점 정리

- **평면(plane)**은 평평한 정사각형 오브젝트로, X-Z 평면에서 10 X 10유닛 크기이며, 높이(Y 평면)는 0유닛 크기입니다.
- **메인 카메라를 이동**해서, 카메라에 잡히는 [씬] 뷰의 일부를 바꿀 수 있습니다.
- **중첩된 자식**이 있는 게임 오브젝트의 [Transform] 컴포넌트를 변경하면, 자식 오브젝트도 그에 따라 이동, 회전, 스케일이 변경됩니다.
- 유니티의 **AI 내비게이션과 경로 찾기 시스템**은 효율적인 경로를 찾고 장애물을 피해, 게임 오브젝트를 [씬] 뷰 안에서 실시간으로 이동시킬 수 있습니다.
- **내비메시(NavMesh)**는 [씬] 뷰 안에서 이동할 수 있는(walkable) 영역에 대한 정보를 갖고 있습니다. 내비메시를 설정해 기하학 구조의 세부 정보를 미리 계산(즉, 베이크)해서 에이전트가 더 효율적으로 작동하게 할 수 있습니다.
- **내비메시 에이전트(NavMesh Agent)** 컴포넌트는 게임 오브젝트를 [씬] 뷰 안에서 자동으로 이동하도록 하며, AI를 사용해 목표 지점까지 가장 효율적인 경로를 찾아냅니다.
- **NavMeshAgent.SetDestination() 메서드**는 에이전트가 새로운 위치까지의 경로를 계산하고 목표 지점을 향해 이동하게 합니다.
- **Awake() 메서드**는 게임 오브젝트가 초기화된 후, 처음 로드될 때 호출됩니다. Start() 메서드는 스크립트의 인스턴스가 활성화된 경우에만 호출되므로 Awake() 메서드가 Start() 메서드보다 더 먼저 호출됩니다.
- **Input.GetMouseButtonDow() 메서드**는 마우스 버튼이 현재 클릭되어 있을 때 true를 반환합니다.
- **Physics.Raycast() 메서드**는 가상의 광선을 쏘아서(캐스팅해서) 광선이 닿으면 true를 반환합니다. 이 메서드는 out 키워드를 사용해 광선이 닿은 대상에 대한 정보를 반환합니다.
- 카메라의 **ScreenPointToRay() 메서드**는 스크린의 특정 지점까지의 광선을 만듭니다. 이를 Physics.Raycast()와 결합해서 Player를 이동시킬 위치를 결정할 수 있습니다.

CHAPTER

11

캡틴 어메이징

객체의 죽음

객체 마을의 가장 어메이징한 객체, 캡틴 어메이징은 그의 숙적인 스윈들러를 쫓고 있습니다.
이제야 널 찾아냈군, 스윈들러.
너무 늦었어! 나의 복제 군단이 아래에 있는 공장에 집결하고 있다!
이미 객체 마을의 모든 거리를 파괴할 준비가 끝났단 말이다!
어서오세요
객체 마을입니다.
〈다형성의 고향〉
콩!!
참조의 복제를 하나하나 제거하겠어.

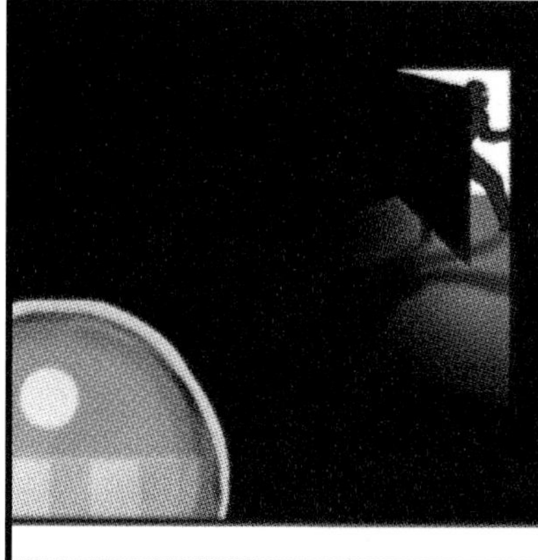

캡틴 어메이징은 스윈들러를
궁지에 몰아넣었습니다.

하지만 결국 자신도
함정에 빠져버렸군요.
SELF DESTRUCT

후후, 이제 몇 분이면
너와 내 군단은 모두
가비지 컬렉션 당할 거다.

SELF DESTRUCT

4:00
3:59
3:58

펑!!

이것이 캡틴 어메이징의 최후일까요...?

객체의 삶과 죽음

가비지 컬렉터 다루기

다음은 객체가 어떻게 태어나고 죽는지에 대해 요약한 내용입니다.

- 객체를 생성하면 CLR(Common Language Runtime)이 힙에 메모리를 할당합니다. CLR은 .NET이 제공하는 런타임 환경으로, 코드를 실행하며 메모리를 관리합니다. 힙(heap)은 객체와 객체의 데이터를 위해 예약된 메모리의 일부입니다.
- 객체는 참조에 의해 '살아 있는' 상태로 유지됩니다. 참조는 변수, 컬렉션, 속성, 다른 객체의 필드 등에 저장됩니다.
- 동일 객체에 대한 여러 참조가 존재할 수 있습니다. 4장에서 살펴본 lloyd와 lucinda 참조 변수는 동일한 Elephant 인스턴스를 가리킬 수 있습니다.
- 해당 Elephant 객체에 대한 마지막 참조를 제거하면, CLR은 이 객체를 가비지 컬렉션 대상으로 표시합니다.
- 마지막으로 CLR이 Elephant 객체를 제거하고 메모리를 회수하면, 이 메모리 공간은 프로그램이 나중에 생성할 객체의 새 인스턴스가 사용할 수 있게 됩니다.

다음은 4장에서 살펴봤던 그림입니다. 힙에 Elephant 객체 2개를 생성한 다음, 둘 중 하나의 참조를 제거해서 가비지 컬렉션 대상으로 표시했습니다. 하지만 이게 실제로는 어떤 의미일까요? 수집 과정에서는 어떤 일을 하는 걸까요?

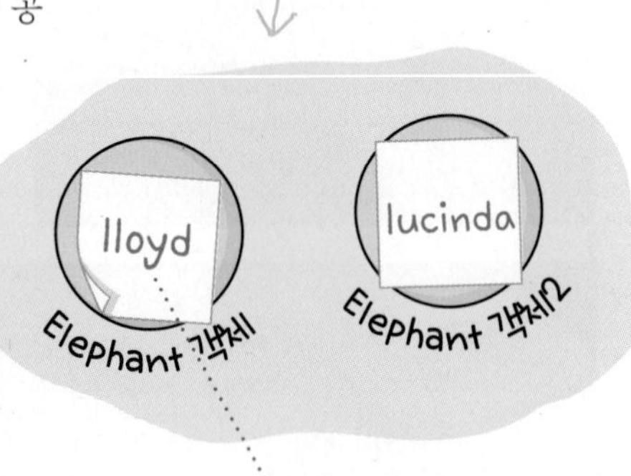

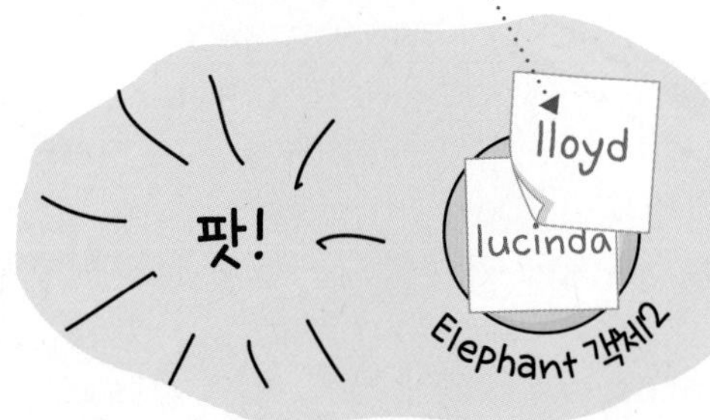

11장은 가비지 컬렉터가 어떻게 작동하는지 프로그램을 작성해 보며 실험해 볼 것입니다.

그 전에 잠깐 살펴볼 내용이 있습니다. 앞서 우리는 객체가 가비지 컬렉션 대상을 '표시한다'는 것을 배웠습니다. 하지만 실제 객체를 제거하는 작업은 언제든 일어날 수 있습니다. 그러므로 언제 객체가 가비지 컬렉션되는지 알 방법이 필요하며, 가비지 컬렉션을 강제하는 방법도 필요합니다. 이 부분부터 시작해 보기로 하죠.

가비지 컬렉션 클래스를 사용해 가비지 컬렉션 강제하기

.NET은 가비지 컬렉터 제어를 위해 **GC 클래스**를 제공합니다. 여기서는 GC 클래스의 정적 메서드를 사용해 볼 겁니다. 예를 들어 GetTotalMemory() 메서드는 현재 힙에 할당된 것으로 추정되는 바이트 숫자를 long 타입으로 반환합니다.

```
Console.WriteLine(GC.GetTotalMemory(false));
```

class System.GC
Controls the system garbage collector, a service that automatically reclaims unused memory.

'할당된 것으로 추정'되다니, 못 미덥다고 생각할 수도 있습니다. 가비지 컬렉터가 메모리를 관리하면서 메모리를 얼마나 할당했는지는 모른다는 뜻이니까요. 하지만 이것은 가비지 컬렉터의 기본 원칙 중 하나입니다. 가비지 컬렉션은 분명 신뢰할 수 있는 프로세스지만, 수많은 불확실성과 추정이 존재합니다. 11장에서는 GC의 기능을 사용해 보겠습니다.

- GC.GetTotalMemory는 현재 힙에 할당된 것으로 추정되는 바이트 숫자를 반환합니다.
- GC.GetTotalAllocatedBytes는 프로그램이 시작되고 나서 할당된 것으로 추정되는 바이트 숫자를 반환합니다.
- GC.Collect는 가비지 컬렉터가 참조가 없는 객체에 할당된 메모리를 즉시 회수하도록 강제합니다.

GC 클래스에 대해 한 가지 중요한 점은, 여기서 GC 클래스를 배우고 여러 가지를 실험하더라도 지금 무엇을 하는 건지 정확히 알고 있는 것이 아니라면 실제 프로젝트에서는 GC.Collect를 호출하지 마세요. .NET 가비지 컬렉터는 정교하게 설계되고 심사숙고해서 조정된 엔지니어링의 결과물입니다. 일반적으로는 객체를 수집해야 할 때를 결정할 시점이 됐을 때 가비지 컬렉터가 더 똑똑하게 작동할 것이므로, 가비지 컬렉터의 작동을 신뢰해야 합니다.

무엇이든 물어보세요!

Q&A

Q1 질문이 있어요. 캡틴 어메이징이 대체 무엇인가요?

A1 캡틴 어메이징은 전 세계에서 가장 어메이징한 객체입니다. 객체 마을의 무고한 시민들의 수호자이자, 슈퍼 히어로이며, 모든 작은 동물들의 친구죠. 더 자세히 설명하면, 캡틴 어메이징은 의인화된 객체입니다. 캡틴 어메이징은 작가가 21세기 초반에 슈퍼 히어로의 죽음을 다룬 중요한 만화책 중 하나에 영향을 받아 탄생했습니다. 특히, 헤드 퍼스트 C#의 초판을 쓰면서 객체의 삶과 죽음을 설명하기 좋은 방법은 없을까, 고민하던 중에 나온 만화였죠. 메모리 힙 다이어그램에 있는 객체의 모습과 유명한 만화책 캡틴 어쩌구의 방패 모습이 너무 비슷해서, 어, 그렇게 캡틴 어메이징이 탄생했습니다(여러분이 만약 만화를 좋아하지 않아도 걱정할 필요 없습니다. 11장을 이해하기 위해, '그 만화'에 대해 알아야 할 내용은 아무것도 없습니다).

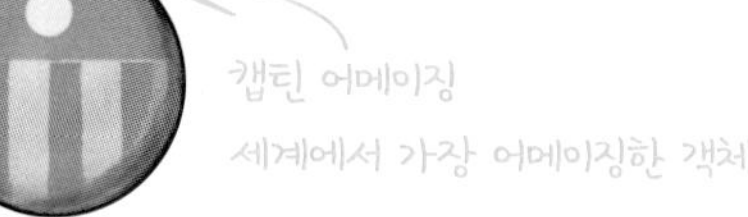

보통의 겸손한 객체

캡틴 어메이징
세계에서 가장 어메이징한 객체

Q2 왜 클론이 로봇으로 표현됐죠? 사람이어야 되는 것 아닌가요?

A2 네, 이 책의 만화에서는 클론을 로봇으로 표현했습니다. 사람들이 다치는 것을 묘사하고 싶지 않았거든요.

그러니 긴장을 푸세요. 11장의 만화는 중요한 C#과 .NET 개념을 여러분의 뇌에 심는 데 도움을 주기 위해 삽입했습니다. 이야기 또한 이해에 도움이 되는 비유를 들기 위한 도구일 뿐입니다.

무언가를 할 마지막 기회, 종료자

객체 종료자 알아보기

때로는 객체가 가비지 컬렉션되기 전에 어떤 일이 일어나는지 확인해야 합니다. **관리되지 않은 리소스**(unmanaged resource)를 해제하는 작업이 여기에 해당되죠.

객체 때문에 종료자를 작성하는 경우는 거의 없습니다. 이 책에서 다룬 모든 객체는 CLR에 의해 관리되기 때문입니다. 하지만 종종 .NET 네임스페이스에 포함되지 않는 윈도우 리소스에 접근해야 할 때가 있죠. 예를 들어 [DllImport()]는 .NET이 제공하지 않는 외부 라이브러리를 사용하기 위한 선언입니다. 이렇게 관리되지 않은 리소스는 제대로 정리하지 않으면 시스템을 불안정하게 만들기도 하므로, 이런 경우를 대비해 종료자가 존재합니다.

이때, **종료자**(finalizer)라는 특수한 메서드를 사용해, 객체를 파괴(destroy)하는 코드를 작성할 수 있습니다. 이 메서드는 마지막에 반드시 실행되며, 소멸자(destructor)라고도 합니다.

종료자로 몇 가지를 실험해 보겠습니다. 'EvilClone' 이름의 새 콘솔 앱을 만들고, 종료자가 포함된 다음 클래스를 추가합니다.

```
internal class EvilClone
{
    public static int CloneCount = 0;
    public int CloneID { get; } = ++CloneCount;
    public EvilClone() => Console.WriteLine("Clone #{0} is wreaking havoc", CloneID);
    ~EvilClone()
    {
        Console.WriteLine("Clone #{0} destroyed", CloneID);
    }
}
```

++ 연산자를 변수 앞에 넣으면, 변수의 값은 명령문이 실행되기 전에 증가합니다. 왜 이렇게 했을까요?

이 메서드가 종료자입니다. 종료자는 물결표(~)로 시작하며, 반환 값이나 매개 변수가 없는 메서드로 선언됩니다. 객체의 종료자는 객체가 가비지 컬렉션되기 바로 전에 실행됩니다.

Main() 메서드는 EvilClone 객체를 인스턴스화하고, 객체에 대한 참조를 제거하고, 객체를 수집합니다.

```
internal class Program
{
    static void Main(string[] args)
    {
        var stopwatch = System.Diagnostics.Stopwatch.StartNew();
        var clones = new List<EvilClone>();
        while (true)
        {
            switch (Console.ReadKey(true).KeyChar)
            {
                case 'a':
                    clones.Add(new EvilClone());
                    break;
                case 'c':
                    Console.WriteLine("Clearing list at time {0}", stopwatch.ElapsedMilliseconds);
                    clones.Clear();
                    break;
                case 'g':
                    Console.WriteLine("Collecting at time {0}", stopwatch.ElapsedMilliseconds);
                    GC.Collect();
                    break;
            };
        }
    }
}
```

여기서는 가비지 컬렉션의 속도가 얼마나 빠른지 살펴보기 위해 Stopwatch를 사용합니다. Stopwatch 클래스의 Stopwatch 객체는 경과한 시간을 측정하고 밀리초 단위로 가져옵니다.

[a] 키를 누르면 앱은 새 EvilClone 인스턴스를 생성해서 clones 리스트에 추가합니다.

[c] 키를 누르면 리스트를 비워 인스턴스화한 다음, 추가한 clones 객체에 대한 모든 참조를 제거합니다.

[g] 키를 누르면 CLR이 가비지 컬렉션 대상으로 표시된 모든 객체를 수집합니다.

앱을 실행하고 [a] 키를 몇 번 눌러 EvilClone 객체를 몇 개 생성해서 리스트에 추가합니다. 그런 다음 [c] 키를 눌러서 리스트를 비워 EvilClone 객체에 대한 모든 참조를 제거하세요. [c] 키를 몇 번 눌러 보세요. CLR이 참조가 없는 다른 객체를 수집할 수도 있지만, [g] 키를 눌러 GC.Collect를 호출하기 전까지 EvilClone 객체는 수집되지 않습니다.

종료자는 정확히 언제 실행되나요?

객체의 종료자는 객체의 참조가 모두 제거되고 난 후, 객체가 가비지 컬렉션되기 전에 실행됩니다. 가비지 컬렉션은 객체의 참조가 모두 제거되고 난 후에 일어나지만, 마지막 참조가 없어지자마자 가비지 컬렉션이 일어나는 것은 아닙니다.

CLR이 가비지 컬렉션을 실행하면, 가비지 컬렉션이 객체를 검사합니다. 이때 객체에 참조가 있으면 가비지 컬렉션은 해당 객체를 무시하고 다음으로 넘어갑니다. 결과적으로 해당 객체는 메모리에 계속 살아남죠.

그런데 문제가 발생합니다. 참조를 가지고 있던 마지막 객체가 참조를 제거했네요. 객체가 메모리에 여전히 있는데도, 참조가 없으니 이 객체에 접근할 수 없습니다. 사실상 사용할 수 없는 죽은 객체가 된 것입니다.

중요한 것은 가비지 컬렉션을 CLR이 제어한다는 것입니다. 개발자는 이를 직접 조절할 수 없죠. 따라서 가비지 컬렉션이 다시 실행되지 않는 한 객체는 몇 초, 심지어 수 분 동안 계속 메모리에 남아 있게 됩니다. 사용할 수 없는 객체임에도 가비지 컬렉션되지 않았고, 객체의 종료자도 아직 실행할 수 없습니다.

마침내 CLR이 가비지 컬렉션에 작업 신호를 보냈습니다. 가비지 컬렉터는 객체를 검사하고, 참조가 없는 것을 확인한 후에 종료자를 실행합니다. 그러면 가비지 컬렉터가 죽은 객체를 치웁니다. 이는 객체를 가리키는 마지막 참조가 제거된 후 한참이 지난 시점일 수도 있습니다.

.NET에 가비지 컬렉션 시기를 제안할 수 있습니다.

개발자는 가비지 컬렉션이 필요할 때 .NET에 가비지 컬렉션을 제안할 수 있습니다. 대부분의 경우 개발자는 GC.Collect를 사용할 일이 없습니다. 또한 가비지 컬렉션은 CLR의 다양한 조건에 대응하도록 조정되어 있기 때문에 이 메서드를 호출하는 것은 좋은 생각이 아닙니다. 하지만 종료자가 어떻게 작동하는지 살펴보기 위해서 GC.Collect를 호출할 수 있습니다.

하지만 주의하세요. 이 메서드는 CLR이 가비지 컬렉션을 즉시 실행하도록 강제하지 않습니다. 이 기능은 '최대한 빨리 가비지 컬렉션하세요.'라고 말하는 것과 비슷합니다.

여기서는 가비지 컬렉터가 어떻게 작동하는지 이해하는 데 도움을 주기 위해 GC.Collect를 사용하고 있습니다. GC.Collect는 연습용 프로그램 외에는 사용해서는 안 됩니다(이 책에서 다루는 내용보다 더 깊은 수준으로 .NET에서 가비지 컬렉션이 어떻게 작동하는지를 이해하고 있는 게 아니라면요).

객체의 삶과 죽음 시간표

❶ My 객체가 힙에 살고 있군요. 이 객체에 대한 참조를 Other 객체가 가지고 있기 때문에, My 객체는 메모리에 남아 있습니다.

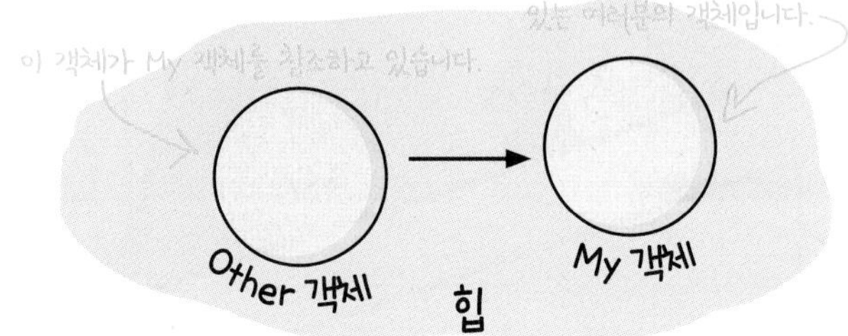

❷ Other 객체가 참조를 변경해서, 이제 My 객체를 참조하는 객체가 없습니다.

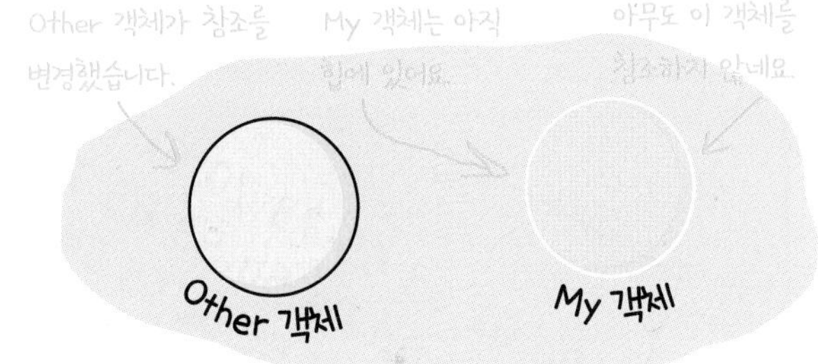

❸ CLR이 My 객체를 가비지 컬렉션 대상으로 표시합니다.

❹ 마침내 가비지 컬렉션이 객체의 종료자를 실행하고 객체를 힙에서 제거합니다.

이후, 장례식장에서...
캡틴의 관이 비어 있어요. 그런데... 이게 뭐지?
6e 61 6d 65 73 70 61 63 65 20
51 7b 0d 0a 5b 53 65 72 69 61
6c 69 7a 61 62 6c 65 5d 70 75 62
6c 69 63 20 63 6c 61 73 73 20
4d 73 67 7b 0d 0a 70 75 62 6c 69
63 20 73 74 72 69 6e 67 20 61 3b
70 75 62 6c 69 63 20 73 74 72 69
6e 67 20 62 3b 70 75 62 6c 69
20 73 74 72 69 6e 67 20 63
75 62 6c 69 63 20 69 6e 74
3b 0d 0a 70 75 62 6c 69 63 20
6f 69 64 20 53 68 6f 77 28 29 7b
4d 65 73 73 61 67 65 42 6f 78 2e
53 68 6f 77 28 63 2e 53 75 62 73 74
72 69 6e 67 28 31 2c 32 29
캡틴이 죽기 전에 그의 비법을 직렬화할 방법을 찾은 건가요?

종료자는 다른 객체에 의존할 수 없습니다

종료된 객체는 참조될 수 없습니다.

종료자는 예측 불가능합니다. GC.Collect를 호출하더라도 이는 단지 가비지 컬렉션하도록 제안하는 것에 불과하며, 가비지 컬렉션이 곧바로 일어난다고 보장할 수도 없기 때문입니다. 또한 가비지 컬렉션이 일어날 때, 객체가 어떤 순서대로 수집될지도 알 수 없습니다.

서로를 참조하는 두 객체가 있다고 생각해 보세요. 객체 #1이 가비지 컬렉션되면, 객체 #2는 존재하지 않는 객체를 가리키게 됩니다. 객체 #2가 먼저 수집되어도 객체 #1의 참조가 무효화되죠. 이는 종료자를 작성할 때 객체 간의 순서나 참조의 유효성을 가정해서는 안 되며, 객체 간 참조의 유효성은 종료자에서는 신뢰할 수 없는 요소로 간주해야 한다는 뜻입니다.

서로에 대한 참조를 가진 두 객체로 시작합니다.

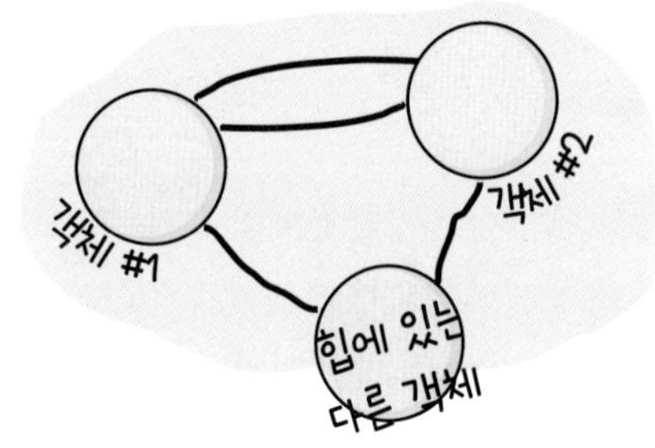

힙에 있는 다른 객체들이 객체 #1, 객체 #2에 대한 참조를 제거하면, 객체 #1과 객체 #2 모두 가비지 컬렉션 대상으로 표시됩니다.

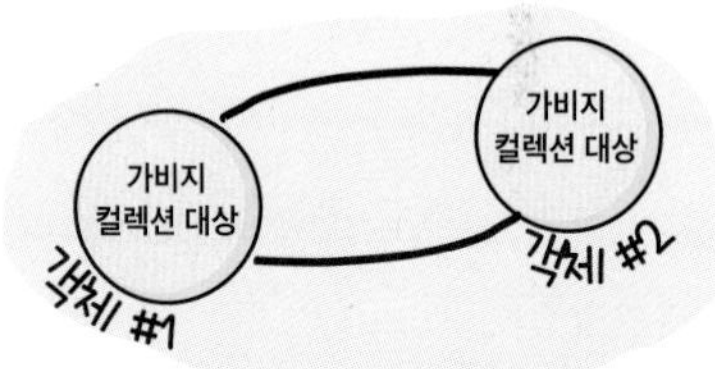

객체 #1이 먼저 수집되면, CLR이 객체 #2의 종료자를 실행할 때 객체 #1의 데이터에 접근할 수 없습니다.

객체 #2가 객체 #1보다 먼저 없어질 수도 있습니다. 가비지 컬렉션의 순서를 알아낼 방법은 없습니다.

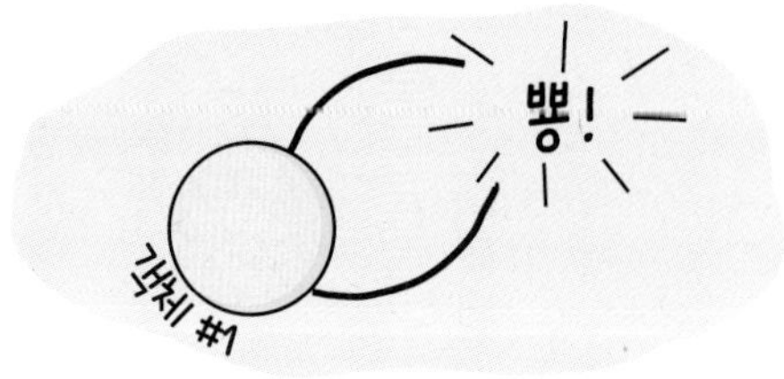

이것이 어떤 객체의 종료자가 힙에 있는 다른 객체를 참조할 수 없는 이유입니다.

종료자를 직렬화에 사용하지 마세요

직렬화는 종료자 내에서 해서는 안 되는 작업 중 하나입니다. 무슨 말이냐고요? 직렬화하려는 객체가 다른 객체에 여러 참조를 한 경우, 메모리에 존재하는 모든 객체에 대한 참조를 전부 직렬화합니다. 또한 이들이 참조하는 또 다른 객체들이 참조하는 객체들로 계속 이어지죠. 그러므로 가비지 컬렉션이 일어날 때 직렬화를 시도한다면, 종료자가 실행되기 전에 일부 객체가 수집되는 문제가 발생해 프로그램의 핵심적인 부분을 빠뜨리게 될 수 있습니다.

다행히 C#은 이 문제에 대해 **IDisposable 인터페이스**라는 좋은 해결책을 제공합니다. 핵심 데이터를 수정하거나 메모리에 있는 다른 객체를 참조하는 등의 작업은 종료자 대신 Dispose() 메서드로 처리해야 합니다.

일부 개발자는 종료자를 유사시에 사용하는 Dispose() 메서드 대용으로 생각하기도 합니다. 이 또한 말이 되는 이야기입니다. Clone 객체가 IDisposable을 구현하는 것이 반드시 그 객체의 Dispose() 메서드를 호출한다는 것을 의미하지는 않으니까요. 하지만 주의할 점이 있습니다. 만약 Dispose() 메서드가 힙에 있는 다른 객체에 의존한다면, 종료자에서 Dispose() 메서드를 호출할 때 문제가 생길 수 있습니다. 이런 상황을 피하는 가장 좋은 방법은 IDisposable을 구현한 객체를 생성할 때 항상 using 문을 사용하는 겁니다.

오늘 밤의 주제 Dispose() 메서드와 종료자 중 누가 더 C# 개발자에게 유용한지를 놓고 격론을 벌입니다.

Dispose

솔직히 제가 이런 자리에 초대됐다는 것에 조금 놀랐습니다. 저는 프로그래밍 세계가 이미 이 문제에 합의한 줄 알았죠. 저는 종료자보다 훨씬 유용한 C# 도구입니다. 종료자는 너무 허약해요. 심지어 종료자를 호출할 때 주변의 다른 객체를 참조할 수도 없죠. 너무 불안정하지 않나요?

종료자

참나, 허약하다니요? 그건 유연한 거죠. 좋아요. 이렇게까지 하고 싶진 않았지만, 저도 가만히 있을 수는 없겠군요. 최소한 저는 시작할 때 인터페이스가 필요하진 않다고요. 당신은 IDisposable 인터페이스 없이는 그냥 쓸모없는 메서드일 뿐이에요.

제가 중요하기 때문에 특별히 인터페이스가 있는 거라고요. 전 그 인터페이스의 유일한 메서드고요!

누군가 객체를 인스턴스화할 때 using 문을 사용하지 않으면 어떻게 되더라? 그러면 당신을 찾을 길이 없어지죠. 참으로 유용하군요.

좋아요, 그건 인정해요. 저를 쓰려면 직접 호출해야 하거나, using 지시문이 필요하죠. 하지만 저를 언제 호출해야 할지 알기만 한다면 객체를 정리할 때 필요한 작업에 저를 활용할 수 있어요. 저는 강력하며, 믿음직하고, 사용하기 쉽죠. 팔방미인이라고요. 당신이 언제 실행될지, 종료자가 실행될 때 앱의 상태가 어떨지 개발자가 알 수 있나요?

핸들(handle)은 프로그램이 .NET과 CLR을 넘어 윈도우와 직접 상호작용하려고 할 때 사용합니다. .NET은 핸들이 무엇인지 모르기 때문에, .NET이 자동으로 핸들을 사용하고 난 후에 정리해 줄 수 없습니다.

하지만 객체가 가비지 컬렉션되기 직전의 순간에 뭔가를 해야 한다면, 저 없이는 불가능하다는 걸 명심하세요. 저는 네트워크 리소스, 윈도우 핸들 및 그 밖에 제대로 정리하지 않으면 앱에 문제를 일으킬 수 있는 모든 문제를 해제할 수 있어요. 저는 객체가 좀 더 우아하게 가비지 컬렉션되도록 보장할 수 있어요. 어때요, 흠잡을 데 없죠!

가비지 컬렉션과 항상 함께 실행된다고 뭐가 된 것마냥 생각하는 군요. 하지만 최소한 저는 다른 객체를 참조할 수 있다고요.

당신은 누군가가 실행해 줘야 하지만, 전 아무것도 필요 없어요!

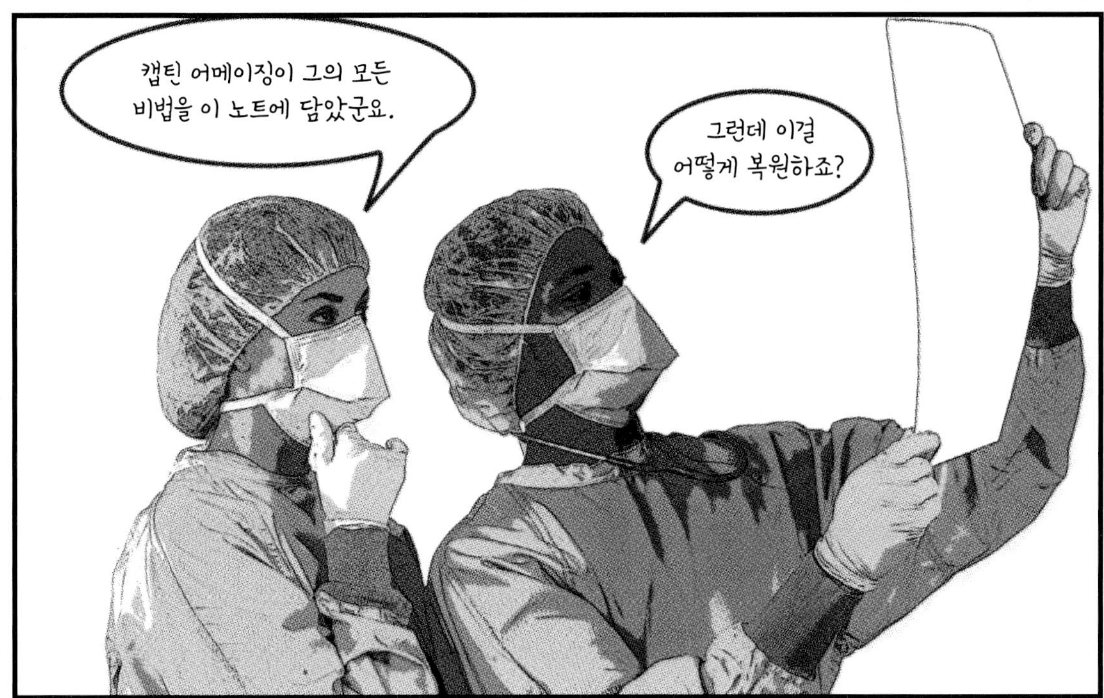

무엇이든 물어보세요!

Q&A

Q1 종료자는 객체의 모든 필드와 메서드를 사용할 수 있나요?

A1 그렇습니다. 종료자 메서드에는 매개 변수를 넘겨줄 수 없지만, 객체의 필드에 직접 접근하거나 this 키워드를 사용해 접근할 수 있습니다. 하지만 주의해야 할 것이 있죠. 이들 필드가 다른 객체를 참조하면, 다른 객체가 이미 가비지 컬렉션됐을 수 있습니다. 그러므로 종료자는 객체의 메서드와 속성이 다른 객체를 참조하지 않을 때 해당 메서드와 속성을 호출할 수 있습니다.

Q2 종료자에서 예외가 발생하면 어떻게 되나요?

A2 좋은 질문입니다. 종료자에서 발생하는 예외는 다른 코드에서 발생했을 때와 동일합니다. EvilClone 종료자를 다음과 같이 예외를 던지는 코드로 변경해 보세요.

```
~EvilClone() => throw new Exception();
```

그런 다음 앱을 다시 실행하세요. EvilClone 인스턴스가 생성되고, 리스트를 비운 후, 가비지 컬렉터가 실행됩니다. 앱은 다른 예외가 발생했을 때처럼 종료자에서 멈춥니다.
(스포일러 주의: 다음 장에서 예외를 처리하고, 예외가 발생할 때 탐지하고, 예외 상황에서도 코드를 계속 실행하는 법을 배울 것입니다.)

Q3 가비지 컬렉터가 얼마나 자주 자동으로 실행되나요?

A3 간단히 답하자면, 아무도 모릅니다. 가비지 컬렉션이 실행되는 주기는 예측하기 어렵고, 엄격하게 제어할 방법도 없습니다. 프로그램이 정상적으로 종료될 때 실행된다는 것은 확신할 수 있지만요. GC.Collect를 호출하더라도 이는 CLR에 가비지 컬렉션을 시작하라고 제안하는 것에 불과합니다.

Q4 그러면 GC.Collect를 호출하고 얼마나 있어야 가비지 컬렉션이 시작되나요?

A4 GC.Collect는 .NET에 가비지 컬렉션을 최대한 빨리 수행하라고 알려 줄 뿐입니다. 보통은 .NET이 수행하던 무언가를 마친 직후에 일어납니다. 이는 가비지 컬렉션이 곧바로 일어난다는 의미이긴 하지만, 반대로 언제 시작될지를 정확히 제어할 수 없다는 뜻도 됩니다.

Q5 반드시 실행해야 하는 작업이 있다면, 그걸 종료자에 넣어야 할까요?

A5 아뇨. 종료자가 실행되지 않을 가능성도 있습니다. 그리고 가비지 컬렉션이 일어날 때 종료자의 실행이 지연되거나, 해당 과정 전체가 종료될 수도 있습니다. 관리되지 않는 리소스를 해제하는 게 아니라면, IDisposable과 using 문을 사용하는 편이 좋습니다.

한편, 객체 마을 거리에서는...

캡틴 어메이징이 돌아왔어!

하지만 뭔가 이상해요. 그는 더 이상 이전 같지 않아... 그의 힘에 이상이 생긴 것 같아요.

캡틴 어메이징이 오는 데 너무 오래 걸려서 미스터 플러피가 나무에서 스스로 탈출해버렸어...

야옹!

얼마 후...

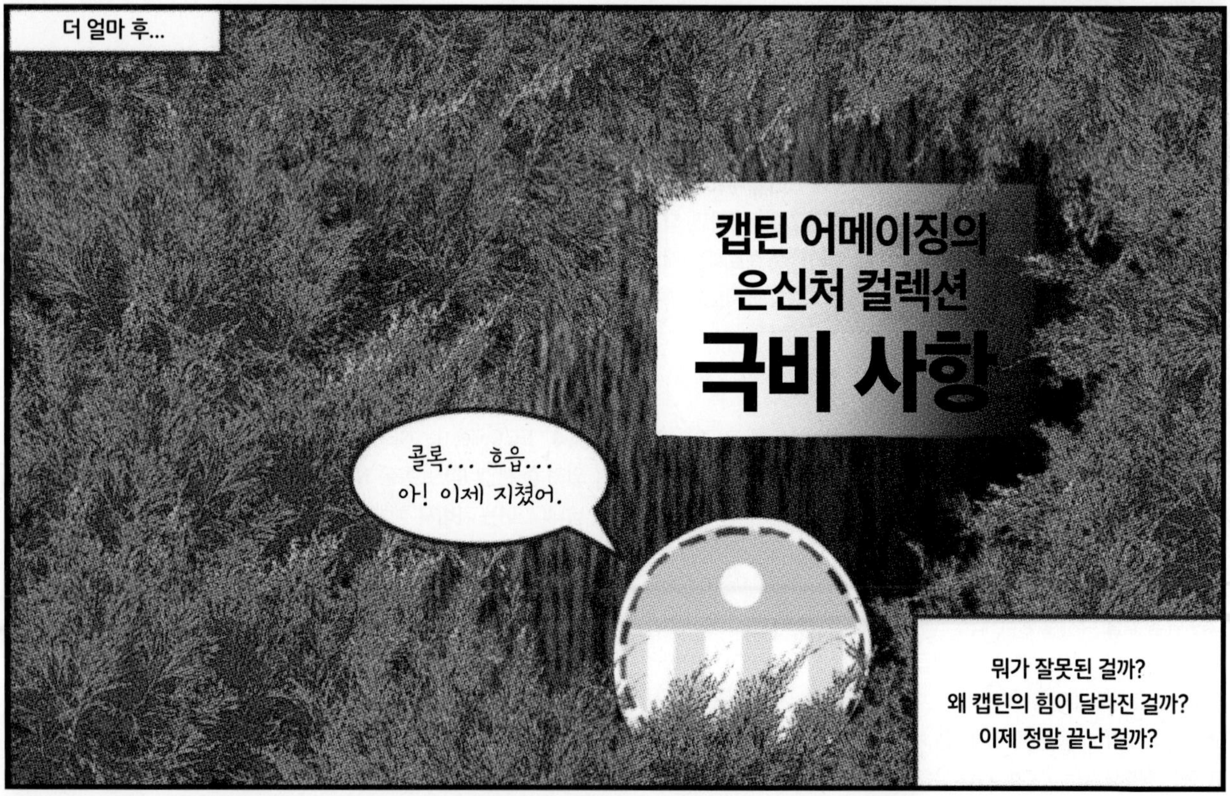

더 얼마 후...

캡틴 어메이징의 은신처 컬렉션 극비 사항

콜록... 흐읍... 아! 이제 지쳤어.

뭐가 잘못된 걸까?
왜 캡틴의 힘이 달라진 걸까?
이제 정말 끝난 걸까?

구조체는 객체처럼 보이지만...

객체가 힙에 존재하기 때문에 지금까지는 힙을 중점으로 다뤘습니다. 하지만 힙이 메모리의 전부가 아닙니다. 지금까지 다루지 않은 .NET의 타입 중 하나는 바로 **구조체(struct)**입니다. 구조체는 객체와 마찬가지로 필드와 속성을 가집니다. 그리고 객체 타입 매개 변수를 받는 메서드에 구조체를 넘겨줄 수도 있습니다. 구조체를 사용해 C#에서의 삶과 죽음에 대한 또 다른 측면을 살펴볼 수 있습니다.

구조체는 인터페이스를 구현할 수 있지만, 다른 클래스를 **상속할 수는 없습**니다. 그리고 구조체는 봉인된(sealed) **타입이므로,** 다른 타입이 구조체를 상속할 수 없습니다.

```
public struct AlmostSuperhero : IDisposable
{
    private bool superStrength;
    public int SuperSpeed { get; private set; }

    public void RemoveVillain(Villain villain)
    {
        Console.WriteLine("OK, {0}, surrender now!", villain.Name);
        if (villain.Surrendered)
            villain.GoToJail();
        else
            villain.StartEpicBattle();

    }
    public void Dispose() => Console.WriteLine("Noooooo!");
}
```

구조체는 속성과 필드로 메서드를 정의합니다.

구조체는 IDisposable과 같은 인터페이스도 구현할 수 있습니다.

구조체는 객체가 아닙니다

하지만 구조체는 객체가 아닙니다. 구조체는 메서드와 필드를 가질 수 있지만, 종료자는 가질 수 없습니다. 또한 클래스나 다른 구조체를 상속할 수도 없으며, 구조체를 상속하는 클래스나 구조체도 존재할 수 없습니다. 구조체의 선언부에서 콜론(:) 연산자를 사용하는 경우 콜론 뒤에는 인터페이스만 적을 수 있습니다.

객체의 힘은 상속과 다형성을 통해 실세계 사물의 행동을 모방하는 능력에 있습니다.

모든 구조체는 System.ValueType을 상속하며, 이 타입은 System.Object를 상속합니다. 모든 구조체가 Object에서 상속한 ToString() 메서드를 가지고 있는 이유입니다. 하지만 구조체가 상속하는 것은 Object 타입뿐입니다.

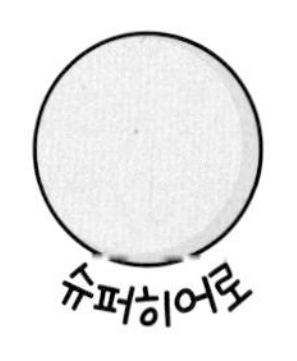

구조체로 단일 객체를 흉내 낼 수는 있지만, 복잡한 상속 계층에는 적합하지 않습니다.

구조체는 다른 객체를 상속할 수 없습니다.

구조체

구조체는 데이터 저장에 적합하지만, 상속과 참조를 할 수 없다는 제약이 있습니다.

값은 복제되고, 참조는 할당됩니다

값 vs 참조

지금까지 가비지 컬렉션에서 참조가 얼마나 중요한지 살펴봤습니다. 객체의 마지막 참조를 재할당하면, 가비지 컬렉션 대상으로 표시되죠. 하지만 이러한 규칙이 값에는 적용되지 않습니다. CLR의 메모리가 객체와 값을 어떻게 처리하는지 이해하려면 참조와 값에 대해 더 자세히 살펴봐야 합니다. 가령 객체와 값이 어떻게 비슷하고, 어떻게 다른지에 대해서 말이죠.

이 부분이 더욱 중요합니다.

이미 일부 타입들이 서로 어떻게 다른지는 어느 정도 감을 잡았을 것입니다. 값 타입으로는 int, bool, decimal에 대해 배웠고, 객체로는 List, Stream, Exception을 배웠습니다. 이들 타입은 거의 비슷한 방식으로 작동하지 않나요?
한번 살펴봅시다. 값 타입 변수를 다른 변수에 설정하기 위해 등호를 사용하면 값의 사본이 만들어집니다. 이후에 두 변수는 서로 연결되지 않죠. 반면, 참조에 등호를 사용하면 두 참조가 같은 객체를 가리키게 됩니다.

- 변수 선언과 할당은 값 타입과 객체 타입에서 동일하게 작동합니다.

```
int howMany = 25;
bool Scary = true;
List<double> temps = new List<double>();
throw new NotImplementedException();
```

int와 bool은 값 타입이고, List와 Exception은 객체 타입입니다.

- 하지만 이들의 차이점은 분명합니다. 값 타입은 모두 복사로 처리됩니다. 다음 예시를 살펴봅시다.

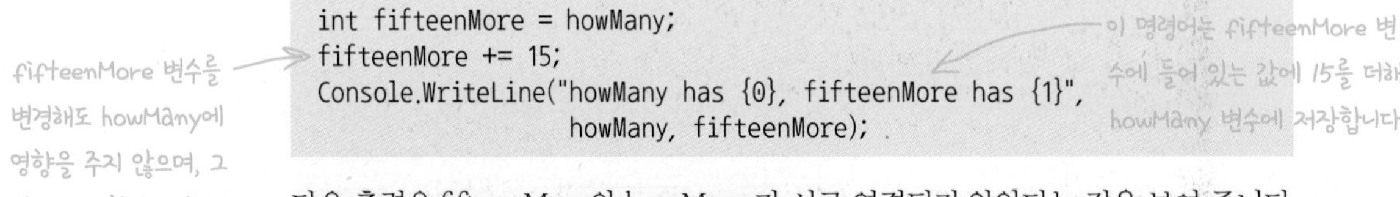

```
int fifteenMore = howMany;
fifteenMore += 15;
Console.WriteLine("howMany has {0}, fifteenMore has {1}",
                  howMany, fifteenMore);
```

fifteenMore 변수를 변경해도 howMany에 영향을 주지 않으며, 그 반대도 마찬가지입니다.
이 명령어는 fifteenMore 변수에 들어 있는 값에 15를 더해 howMany 변수에 저장합니다.

다음 출력은 fifteenMore와 howMany가 서로 연결되지 않았다는 것을 보여 줍니다.

```
howMany has 25, fifteenMore has 40
```

- 하지만 객체는 값이 아닌 참조를 할당합니다.

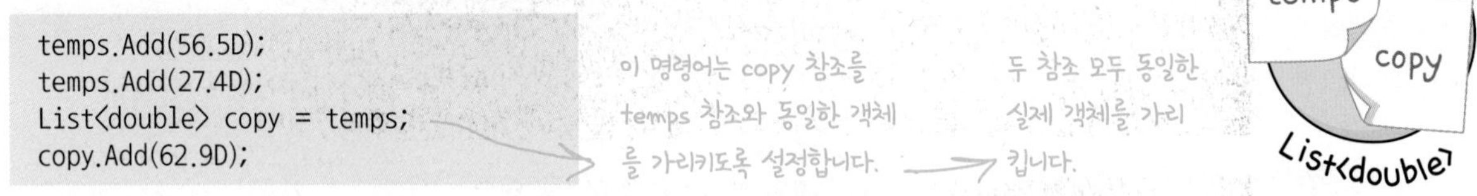

```
temps.Add(56.5D);
temps.Add(27.4D);
List<double> copy = temps;
copy.Add(62.9D);
```


따라서 그러므로 리스트의 내용을 변경하면 두 참조에 모두 변경 사항이 적용됩니다. 두 참조가 같은 객체를 가리키기 때문입니다.

```
Console.WriteLine("temps has {0}, copy has {1}", temps.Count(), copy.Count());
```

다음 출력 결과는 copy와 temps가 실제로 같은 객체를 가리키고 있음을 보여 줍니다.

copy.Add() 메서드를 호출했을 때, copy와 temps 두 참조가 가리키고 있는 동일한 리스트 객체에 새로운 온도가 추가된 것입니다.

```
temps has 3, copy has 3
```

구조체는 값 타입, 객체는 참조 타입입니다

구조체가 어떻게 작동하는지 자세히 살펴보고, 언제 객체 대신 구조체를 사용해야 할지 이해해 보세요. 구조체는 값 타입처럼 생성됩니다. 즉 구조체 변수에 등호를 사용하면 새 변수에 구조체의 사본을 복제하는 방식으로 값이 할당된다는 것이죠. 구조체가 객체처럼 보이더라도, 객체처럼 작동하지는 않습니다.

01 Dog 구조체를 만듭니다.

다음은 개의 정보를 저장하는 간단한 구조체입니다. 객체처럼 보이지만 그렇지 않습니다. 'StructDog' 이름의 새 콘솔 앱을 생성해서 다음 코드를 추가하세요.

```
public struct Dog
{
    public string Name { get; set; }
    public string Breed { get; set; }

    public Dog(string name, string breed)
    {
        this.Name = name;
        this.Breed = breed;
    }

    public void Speak()
    {
        Console.WriteLine("My name is {0} and I'm a {1}.", Name, Breed);
    }
}
```

02 Canine 클래스를 만듭니다.

Dog 구조체를 복사해서, struct를 class로 변경하고 Dog를 Canine으로 변경하세요. Dog의 생성자 이름도 변경하는 것을 잊지 마세요. 이제 Dog 구조체와 거의 비슷한 Canine 클래스가 생겼습니다.

03 Main( ) 메서드를 추가해 Dog와 Canine 데이터의 사본을 몇 개 만듭니다.

다음은 Main( ) 메서드의 코드입니다.

```
Canine spot = new Canine("Spot", "pug");
Canine bob = spot;
bob.Name = "Spike";
bob.Breed = "beagle";
spot.Speak();
Dog jake = new Dog("Jake", "poodle");
Dog betty = jake;
betty.Name = "Betty";
betty.Breed = "pit bull";
jake.Speak();
```

쓰면서 제대로 공부하기

프로그램을 실행하기 전에 이 코드를 실행하면 콘솔에 무엇이 출력될지 미리 적어 보세요.

쓰면서 제대로 공부하기 **정답**

프로그램을 실행하기 전에, 이 코드를 실행하면 콘솔에 무엇이 출력될지 미리 적어 보세요.

My name is Spike and I'm a beagle.　　　My name is Jake and I'm a poodle.

어떤 일이 벌어졌을까요?

bob과 spot은 같은 객체를 참조하므로, 둘 다 필드를 변경하고 Speak() 메서드에 접근합니다. 하지만 구조체는 이렇게 작동하지 않습니다. betty가 생성될 때, jake 데이터의 사본을 만들죠. 두 구조체는 서로 완전히 독립적입니다.

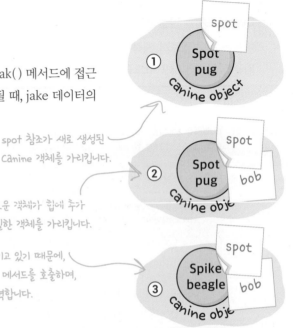

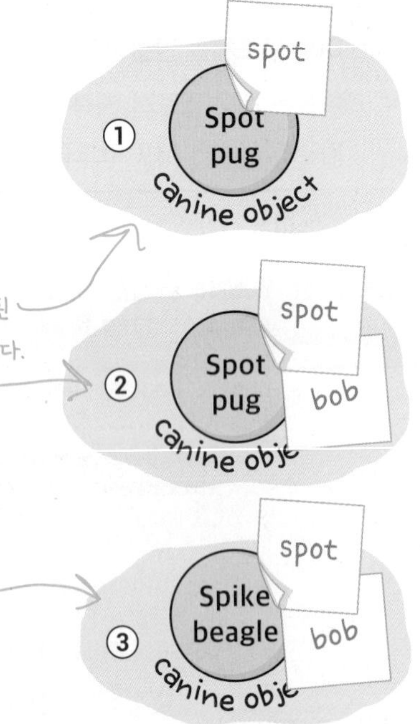


```
Canine spot = new Canine("Spot", "pug"); ①
Canine bob = spot; ②
bob.Name = "Spike";
bob.Breed = "beagle"; ③
spot.Speak();
```

spot 참조가 새로 생성된 Canine 객체를 가리킵니다.

새로운 참조 변수 bob이 생성되지만, 새로운 객체가 힙에 추가되지는 않습니다. 변수 bob은 spot과 동일한 객체를 가리킵니다.

spot과 bob은 둘 다 같은 객체를 가리키고 있기 때문에, spot.Speak와 bob.Speak는 둘 다 같은 메서드를 호출하며, 둘 다 동일하게 'Spike'와 'beagle'을 출력합니다.

```
Dog jake = new Dog("Jake", "poodle"); ④
Dog betty = jake; ⑤
betty.Name = "Betty"; ⑥
betty.Breed = "pit bull";
jake.Speak();
```

구조체 생성과 객체 생성은 비슷합니다. 변수를 가지고 필드와 메서드에 접근할 수 있죠.

④ Jake poodle — jake

등호(=)를 사용해서 구조체의 값을 다른 구조체에 설정하면, 구조체 내부의 데이터에 대한 사본이 새로 생성됩니다. 이는 구조체가 객체나 참조 타입이 아닌 값 타입이기 때문입니다.

그러나 이 부분에서 큰 차이가 있습니다. 구조체는 betty 변수를 추가할 때 완전히 새로운 값이 생성됩니다.

⑤ Jake poodle — betty　　Jake poodle — jake

새로운 데이터를 생성했기 때문에 betty의 필드 값을 변경해도 jake에는 영향이 없습니다.

⑥ Jake pitbull — betty　　Jake poodle — jake

스택 vs 힙: 메모리에 대해서

구조체와 객체의 차이점을 다시 정리해 봅시다. 구조체는 등호를 사용해서 구조체의 사본을 만듭니다. 이는 객체로 할 수 없는 일이죠. 하지만 구조체 내부에서 어떤 일이 일어나고 있는지는 알 수 없습니다. 이번에 더 자세히 살펴볼까요.

CLR은 메모리의 두 군데 장소인 힙과 스택에 나누어 데이터를 저장합니다. 힙에는 객체가 저장되죠. 그렇다면 스택에는 무엇이 저장될까요? 스택에는 메서드에서 선언하는 지역 변수와 메서드로 전달되는 매개 변수를 저장합니다. 스택은 값을 끼워 넣을 수 있는 슬롯이라고 생각해도 됩니다. 메서드가 호출될 때 CLR은 스택 위에 더 많은 슬롯을 추가합니다. 그리고 메서드에서 값을 반환할 때 슬롯을 제거하죠.

프로그램이 실행되는 동안, CLR은 능동적으로 메모리와 힙을 관리하면서 가비지 컬렉션하고 있다는 점을 기억하세요.

코드

프로그램의 코드입니다.

스택

구조체와 지역 변수가 저장되는 곳입니다.

```
Canine spot = new Canine("Spot", "pug");
Dog jake = new Dog("Jake", "poodle");
```

앞의 코드 두 줄이 실행되고 나서의 스택 모습입니다.

Dog jake
Dog spot

```
Canine spot = new Canine("Spot", "pug");
Dog jake = new Dog("Jake", "poodle");
Dog betty = jake;
```

새로운 구조체(또는 값 타입 변수)를 생성하면 스택에 새로운 '슬롯'이 추가됩니다. 이 슬롯은 타입 값의 사본을 나타냅니다.

Dog betty
Dog jake
Dog spot

```
Canine spot = new Canine("Spot", "pug");
Dog jake = new Dog("Jake", "poodle");
Dog betty = jake;
SpeakThreeTimes(jake);
```

```
public SpeakThreeTimes(Dog dog) {
    int i;
    for (i = 0; i < 5; i++)
        dog.Speak();
}
```

메서드를 호출할 때 CLR은 지역 변수를 스택의 상단에 넣습니다. 이 코드에서는 SpeakThreeTimes() 메서드를 호출하죠. SpeakThreeTimes() 메서드는 dog 매개 변수와 변수 i를 가지고 있으므로 CLR은 이들 값을 스택에 보관합니다.

메서드가 반환할 때, CLR은 i와 dog를 스택에서 팝(pop)합니다. CLR에서 값은 이런 식으로 삶과 죽음을 경험합니다.

int i
Dog dog
Dog betty
Dog jake
Dog spot

지금까지는 모두 이론적인 이야기 같지만,
제가 보기엔 스택, 힙, 값, 참조를 배워야 하는 실용적인
이유가 있을 것 같은데요.

구조체와 객체의 차이를 이해하는 것은 중요합니다

값 타입 또는 참조 타입을 모두 인수로 받을 수 있는 메서드를 작성해야 하는 경우가 있습니다. 예를 들어, Dog 구조체와 Canine 객체를 모두 처리할 수 있는 메서드를 생각해 봅시다. 이럴 때 **object 키워드**를 사용할 수 있습니다.

```
public void WalkDogOrCanine(object getsWalked) { ... }
```

이 메서드에 구조체를 전달하면, 구조체는 **래퍼(wrapper)**라는 특별한 객체로 **박싱(boxing)**되어 힙에 존재하게 됩니다. 래퍼가 힙에 존재하는 동안, 이 구조체가 할 수 있는 일은 별로 없습니다. 구조체를 다시 사용하려면 **래핑 해제(unwrap)**해야 합니다. 다행히, 이런 작업은 Object 타입 변수에 값 타입을 설정할 때(즉, 값 타입을 object를 받는 메서드에 전달할 때) 자동으로 일어납니다. *** 역주** wrap/unwrap은 주방의 랩처럼, 무언가를 감싸서 포장했다가 포장을 벗기는 과정을 설명하는 용어입니다. 박싱되어 힙에 있는 객체 또한 is 키워드를 사용해서 해당 객체가 구조체인지, 다른 값 타입인지 확인할 수 있습니다.

❶ 객체 타입 변수를 생성하고 Dog 구조체를 설정한 후 스택과 힙의 상태는 다음과 같습니다.

```
Dog sid = new Dog("Sid", "husky");
WalkDogOrCanine(sid);
```

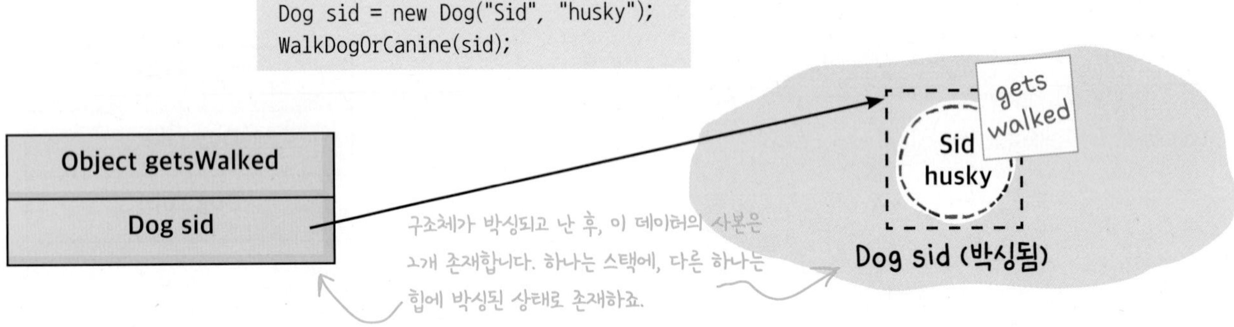
Object getsWalked
Dog sid
gets walked
Sid
husky
Dog sid (박싱됨)
구조체가 박싱되고 난 후, 이 데이터의 사본은 2개 존재합니다. 하나는 스택에, 다른 하나는 힙에 박싱된 상태로 존재하죠.

WalkDogOrCanine( ) 메서드는 객체 참조를 받으므로, Dog 구조체는 메서드에 전달되기 전에 박싱됩니다. 다시 Dog 타입으로 캐스팅하면 언박싱됩니다.

❷ 객체를 언박싱하는 방법으로는, 올바른 타입으로 캐스팅하기만 하면 해당 객체는 자동으로 언박싱됩니다. 이때 is 키워드는 구조체에 사용할 수 있지만, as 키워드는 값 타입에서 작동하지 않으니 주의해야 합니다.

```
if (getsWalked is Dog doggo) doggo.Speak();
```

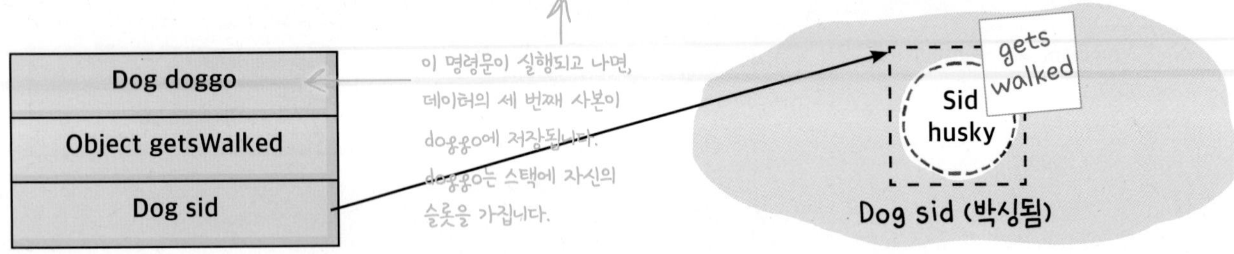
Dog doggo
Object getsWalked
Dog sid
이 명령문이 실행되고 나면, 데이터의 세 번째 사본이 doggo에 저장됩니다. doggo는 스택에 자신의 슬롯을 가집니다.
gets walked
Sid
husky
Dog sid (박싱됨)

무대 뒤에서

메서드가 호출될 때, 메서드는 스택에서 자신의 인수를 찾습니다.

CLR이 데이터를 관리할 때 스택은 매우 중요한 부분을 담당합니다. 메서드가 또 다른 메서드를 연속적으로 호출할 수 있다는 것은 쉽게 이해 가능하죠. 마찬가지로 자기 자신을 호출하는 메서드도 작성할 수 있습니다. 이를 재귀(recursion) 호출이라고 하는데, 스택이 재귀 호출을 가능하게 하는 핵심적인 요소입니다. 다음은 강아지 시뮬레이터 프로그램의 세 메서드입니다. FeedDog() 메서드가 Eat() 메서드를 호출하고, 다시 CheckBowl()를 호출합니다.

용어를 잘 기억하세요. 매개 변수(parameter)는 메서드에 필요한 값을 지정합니다. 인수(argument)는 메서드를 호출할 때 입력하는 실제 값이나 참조를 의미합니다.

```
public double FeedDog(Canine dogToFeed, Bowl dogBowl)
{
    double eaten = Eat(dogToFeed.MealSize, dogBowl);
    return eaten + .05D; // 항상 조금씩 흘리네요.
}

public void Eat(double mealSize, Bowl dogBowl)
{
    dogBowl.Capacity -= mealSize;
    CheckBowl(dogBowl.Capacity);
}

public void CheckBowl(double capacity)
{
    if (capacity < 12.5D)
    {
        string message = "My bowl's almost empty!";
        Console.WriteLine(message);
    }
}
```

다음은 FeedDog()가 Eat()을 호출하고, CheckBowl(), Console.WriteLine() 메서드를 차례차례 호출할 때 스택의 모습입니다.

스택에 추가된 매개 변수들

Canine dogToFeed
Bowl dogBowl

FeedDog() 메서드는 2개의 매개 변수인 Canine 참조와 Bowl 참조를 받습니다. 그러므로 FeedDog() 메서드가 호출되면 2개의 인수가 전달되어 스택으로 갑니다.

Bowl dogBowl
capacity value
Canine dogToFeed
Bowl dogBowl

FeedDog()는 두 인수를 Eat() 메서드로 전달해야 하므로 이 값들도 스택에 푸시됩니다.

mealSize value
Bowl dogBowl
capacity value
Bowl dogBowl

메서드 호출이 많아지고 프로그램이 다른 메서드를 계속 호출하는 메서드로 깊게 연결될수록 스택도 점점 쌓입니다.

string message
mealSize value
capacity value
capacity value
Bowl dogBowl

WriteLine() 메서드에서 벗어나면, 스택은 WriteLine()의 인수를 팝(pop)합니다. 그렇게 Eat() 메서드는 아무 일 없었던 것처럼 코드를 계속 실행할 수 있습니다.

```
var v = Vector3.zero;
```

■ struct UnityEngine.Vector3
Representation of 3D vectors and points.

유니티의 Vector3는 구조체이기 때문에, 벡터를 많이 생성해도 가비지 컬렉션이 더 일어나지 않습니다.

유니티 프로젝트로 이동해서 Vector3 위에 마우스 커서를 올려 보세요. 설명을 보면 벡터는 구조체임을 알 수 있습니다. 가비지 컬렉션은 앱의 성능을 심각하게 떨어뜨릴 수 있기 때문에 게임에 객체 인스턴스가 많을 경우 가비지 컬렉션이 더 일어나 프레임 속도가 감소할 수 있습니다. 게임은 종종 엄청난 양의 벡터를 사용합니다. 그리고 이를 구조체로 만든다는 것은 데이터가 스택에 저장된다는 의미이므로, 벡터를 수백만 개 만들어도 가비지 컬렉션이 더 일어나지 않게 됩니다. 그러므로 게임이 느려지지도 않고요.

out 매개 변수를 사용해 한 개 이상 값을 반환하는 메서드 만들기

out과 ref 매개 변수

메서드 선언에 한정자를 추가해서 매개 변수와 인수 값을 전달하고 다시 꺼낼 수 있습니다. **out 한정자**는 출력 매개 변수를 지정합니다. 사실 int.TryParse() 메서드에서 이미 out 한정자를 다뤄 본 적이 있습니다. 새 콘솔 앱 'ReturnThreeValues'를 생성하고, 다음처럼 본체가 비어 있는 메서드를 추가하세요. 두 매개 변수 모두 out 한정자를 가지고 있습니다.

```
public static int ReturnThreeValues(int value, out double half, out int twice)
{
    return value + 1;
```

CS0177: 제어가 현재 메서드를 벗어나기 전에 'half' out 매개 변수를 할당해야 합니다.
CS0177: 제어가 현재 메서드를 벗어나기 전에 'twice' out 매개 변수를 할당해야 합니다.
잠재적 수정 사항 표시 (Alt+Enter 또는 Ctrl+.)

메서드는 out 매개 변수를 사용해 한 개 이상 값을 반환할 수 있습니다.

오류를 더 자세히 살펴봅시다.

- 제어가 현재 메서드를 벗어나기 전에 'half' out 매개 변수를 할당해야 합니다.
- 제어가 현재 메서드를 벗어나기 전에 'twice' out 매개 변수를 할당해야 합니다.

out 매개 변수를 사용할 때는, 메서드를 벗어나기 전에 이 매개 변수에 값을 할당해야만 합니다. 메서드에 반환 타입이 선언되어 있다면 항상 return 문을 사용해야 하는 것과 마찬가지입니다. 이 앱의 전체 코드는 다음과 같습니다.

```
public static int ReturnThreeValues(int value, out double half, out int twice)
{
    half = value / 2f;
    twice = value * 2;
    return value + 1;
}

static void Main(string[] args)
{
    Console.Write("Enter a number: ");
    if (int.TryParse(Console.ReadLine(), out int input))
    {
        var output1 = ReturnThreeValues(input, out double output2, out int output3);
        Console.WriteLine("Outputs: plus one = {0}, half = {1:F}, twice = {2}",
            output1, output2, output3);
    }
}
```

구조체가 박싱되고 난 후, 이 데이터의 사본은 2개 존재합니다. 하나는 스택에, 다른 하나는 힙에 박싱된 상태로 존재하죠.

string을 int로 변환하는 int.TryParse() 메서드에서 out 한정자를 사용했던 것과 유사한 코드입니다.

또한 새로운 메서드를 호출할 때 out 한정자를 사용합니다.

앱의 실행 결과는 다음과 같습니다.

```
Enter a number: 17
Outputs: plus one = 18, half = 8.50, twice = 34
```

ref 한정자를 사용해 참조로 전달하기

int, double, 구조체, 그 외의 값 타입을 메서드의 인수로 넣으면 호출은 값의 사본을 메서드에 전달합니다. 심지어 이 호출에는 이름도 있습니다. 이를 **값으로 전달(pass by value)**이라고 부르며, 인수의 값 전체를 복사해서 전달한다는 의미입니다.

메서드에 인수를 전달하는 방식은 한 가지가 더 있습니다. 이를 **참조로 전달(pass by reference)**이라고 합니다. 참조로 전달의 경우 **ref** 키워드를 사용해서 메서드가 자신에 전달된 인수를 직접 처리하는 것이 가능합니다. ref 키워드는 out 한정자처럼 메서드를 선언, 호출할 때 사용합니다. 인수 자체는 값 타입이든 참조 타입이든 상관없습니다. 어떤 변수든 메서드로 전달된 ref 매개 변수는 메서드가 직접 변경할 수 있습니다.

ref 한정자가 어떻게 작동하는지 살펴보기 위해, 'PassGuyByReference' 이름의 새 콘솔 앱을 생성하고 다음 Guy 클래스의 코드를 추가해 봅시다.

'out' 인수는 메서드에 전달되기 전에 값을 할당할 필요가 없다는 점과 메서드에서 벗어나기 전에 값을 할당해야 한다는 점을 제외하면, 'ref' 인수와 비슷합니다

```
❶ Guy 클래스
internal class Guy
{
    public string Name { get; set; }
    public int Age { get; set; }
    public override string ToString() => $"a {Age}-year-old named {Name}";
}
```

```
❷ Program 클래스
internal class Program
{
    static void ModifyAnIntAndGuy(ref int valueRef, ref Guy guyRef)
    {
        valueRef += 10;
        guyRef.Name = "Bob";
        guyRef.Age = 37;
    }

    static void Main(string[] args)
    {
        var i = 1;
        var guy = new Guy() { Name = "Joe", Age = 26 };
        Console.WriteLine("i is {0} and guy is {1}", i, guy);
        ModifyAnIntAndGuy(ref i, ref guy);
        Console.WriteLine("Now i is {0} and guy is {1}", i, guy);
    }
}
```

valueRef와 guyRef를 설정하면서 메서드를 호출한 메서드 내에서 변수의 값을 변경합니다.

Main() 메서드가 ModifyAnIntAnd Guy를 호출할 때, i와 guy 변수를 참조로 전달합니다. 이 메서드는 이들 변수를 보통의 변수처럼 사용합니다. 하지만 이 변수들은 참조로 전달됐기 때문에, 메서드는 스택에 이들의 사본을 넣는 대신 실제로 원래 전달된 변수의 값을 변경합니다. 따라서 메서드에서 벗어났을 때 Main 메서드의 i와 guy 변수가 직접 변경된 것을 볼 수 있습니다.

두 번째 줄의 결과는 첫 번째 줄과 다른데, ModifyAnIntAndGuy() 메서드가 Main() 메서드로 전달된 변수에 대한 참조를 변경했기 때문입니다.

앱을 실행해 보세요. 콘솔에 다음과 같은 내용이 출력됩니다.

```
i is 1 and guy is a 26-year-old named Joe
Now i is 11 and guy is a 37-year-old named Bob
```

값 타입은 out 매개 변수를 사용하는 TryParse() 메서드를 가지고 있습니다

여러분은 int.TryParse를 사용해 지금까지 string을 int 값으로 변환했죠('파싱'은 텍스트를 분석해 값을 추출한다는 의미입니다). 다른 값 타입들도 비슷한 기능을 갖추고 있습니다. double.TryParse는 string을 double 값으로 변환을 시도합니다. bool.TryParse도 bool 값에 대해 같은 작업을 하며, decimal.TryParse, float.TryParse, long.TryParse, byte.TryParse 등도 마찬가지입니다. 10장에서 switch 문을 사용할 때 문자열 "Spades"를 Suits.Spades 열거형 값으로 변환했습니다. 정적 메서드인 Enum.TryParse()도 열거형에 대해서 같은 작업을 합니다.

선택적 매개 변수로 기본값 설정하기

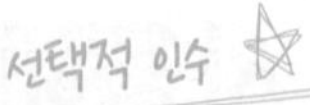

메서드가 동일한 인수로 계속해서 호출되는 경우가 있습니다. 가끔은 매개 변수가 변경되기도 하지만요. 이럴 때 매개 변수에 기본값을 설정할 수 있다면 어떨까요? 인수의 값이 기본값과 다를 때만 인수를 지정할 수 있다면 메서드를 호출할 때 더 편리할 것입니다.

선택적 매개 변수(optional parameter)가 이러한 기능을 제공합니다. 사용 방법은 메서드의 선언부에 매개 변수를 지정하면서 등호로 기본값을 설정하는 것입니다. 선택적 매개 변수는 여러 개 설정할 수 있고, 기본값이 없는 필수 매개 변수(required parameter)가 있다면 필수 매개 변수를 먼저, 선택적 매개 변수를 그다음에 써야 합니다.

다음 코드는 열이 있는지 검사하는 메서드입니다.

'CheckTemperature' 이름의 새 콘솔 앱을 생성하고, Program 클래스 안에 메서드를 추가해 보세요.

```
static void CheckTemperature(double temp, double tooHigh = 99.5, double tooLow = 96.5)
{
    if (temp < tooHigh && temp > tooLow)
        Console.WriteLine("{0} degrees F - feeling good!", temp);
    else
        Console.WriteLine("Uh-oh {0} degrees F -- better see a doctor!", temp);
}
```

화씨로 표현된 온도입니다.

선택적 매개 변수는 선언부에 기본값이 지정되어 있습니다.

이 메서드는 선택적 매개 변수를 2개 가지고 있습니다. tooHigh의 기본값은 99.5, tooLow의 기본값은 96.5입니다. CheckTemparature()를 호출할 때 인수를 1개만 전달하면 tooHigh와 tooLow는 기본값을 사용합니다. 인수가 2개면 두 번째 인수가 tooHigh에 전달되며, 3개면 세 매개 변수에 차례로 값을 전달합니다.

기본값의 일부만 사용하고 싶을 경우, **명명된 인수**(named argument)를 사용해서 전달하고 싶은 매개 변수에만 값을 전달할 수 있습니다. 코드에는 각 매개 변수의 이름과 콜론(:), 값을 입력하면 됩니다. 명명된 인수를 둘 이상 사용할 경우, 다른 인수와 마찬가지로 명명된 인수들을 쉼표로 구분하면 됩니다.

다음 코드를 Main() 메서드에 추가하세요.

```
static void Main(string[] args)
{
    // 사람에게는 기본값으로 괜찮습니다.
    CheckTemperature(101.3);
    // 개의 체온은 화씨 100.5도와 102.5도 사이여야 합니다.
    CheckTemperature(101.3, 102.5, 100.5);
    // Bob의 체온은 항상 낮으니, tooLow를 95.5로 설정합니다.
    CheckTemperature(96.2, tooLow: 95.5);
}
```

메서드에 기본값을 사용하려면 선택적 매개 변수와 명명된 인수를 사용하세요.

위 코드는 다음과 같은 내용을 출력합니다. 선택적 매개 변수로 지정된 서로 다른 값을 기준으로 그에 맞게 작동합니다.

```
Uh-oh 101.3 degrees F -- better see a doctor!
101.3 degrees F - feeling good!
96.2 degrees F - feeling good!
```

null 참조는 어떤 객체도 참조하지 않습니다

새 참조를 생성하면 아무 값도 없는 것처럼 보이지만 사실, 이 참조에는 **null**이라는 값이 설정되어 있습니다. null은 참조가 아무것도 가리키지 않는다는 뜻이죠.

따라해 보세요!

01 'NullReference' 이름의 새 콘솔 앱을 생성하고 PassGuyByReference에서 작성했던 Guy 클래스를 추가합니다. 그리고 다음처럼 새 Guy 객체를 생성한 뒤, Name 속성을 비워 두세요.

```
static void Main(string[] args)
{
    Guy guy;
    guy = new Guy() { Age = 25 };
    Console.WriteLine("guy.Name is {0} letters long", guy.Name.Length);
}
```

02 Main() 메서드의 마지막 줄에 중단점을 설정한 다음, 앱을 디버그해 보세요. 중단점에서 프로그램 실행이 멈추면, 마우스 커서를 guy 위에 올려 속성 값을 살펴보세요.

```
static void Main(string[] args)
{
    Guy guy;
    guy = new Guy() { Age = 25 };
    Console.WriteLine("guy.Name is {0} letters long", guy.Name.Length);
}
```

guy {a 25-year-old named }
Age 25
Name null

String은 참조 타입입니다. Guy 객체에서 값을 설정하지 않았기 때문에, 이 참조는 기본값인 null을 가지고 있습니다.

03 코드를 계속 실행하세요. Console.WriteLine()이 guy.Name 속성에서 참조된 String 객체의 Length 속성에 접근하려고 시도할 때 예외가 발생합니다.

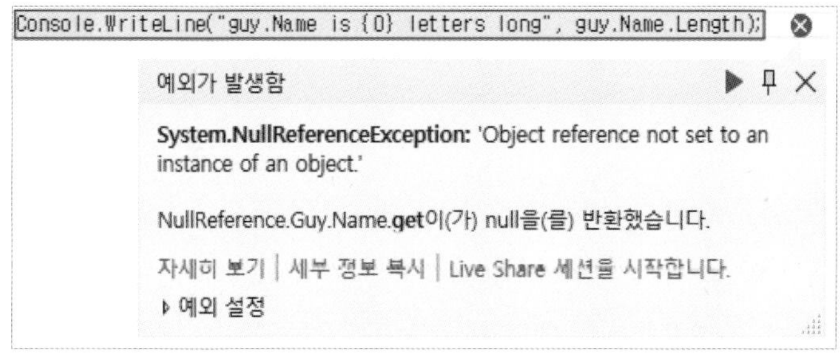

CLR이 NullReferenceException 예외(개발자들은 NRE라고 부르기도 합니다)를 발생시키는 이유는 객체의 멤버에 액세스하려고 시도했지만 그 멤버에 접근하려고 사용한 참조의 값이 null이기 때문입니다. 개발자는 null 참조 예외를 방지하기 위해 노력해야 합니다.

뇌 단련

null 참조 예외를 방지할 방법에는 어떤 것이 있을까요?

null을 허용하지 않는 참조 타입은 NRE를 방지해 줍니다

null을 허용하지 않는 참조 타입

null 참조 예외(NRE)를 방지하는 가장 쉬운 방법은 참조에 null 값을 허용하지 않는 것입니다. 다행히 C# 컴파일러는 null을 다루는 데 도움을 주는 유용한 도구를 제공합니다. 다음 코드를 Guy 클래스의 상단에 추가하세요. 네임스페이스 선언의 안쪽이든 바깥쪽이든 상관없습니다.

```
#nullable enable
```

#로 시작하는 줄은 **지시문(directive)**으로, 컴파일러의 특정한 옵션을 설정하는 방법입니다. 이 지시문은 모든 참조를 non-nullable(null을 허용하지 않는) 참조 타입으로 간주하라고 컴파일러에 알려 주는 역할을 합니다. 이 지시문을 추가하면, 비주얼 스튜디오가 Name 속성 아래에 경고 물결선을 표시합니다. 속성 위에 마우스 커서를 올려서 경고를 확인해 보세요.

```
#nullable enable
    참조 2개
    internal class Guy
    {
        참조 2개
        public string Name { get; set; }
        참조 2개
        public int Age {
        참조 0개
        public override s
    }
}
```

string Guy.Name { get; set; }

CS8618: 생성자를 종료할 때 null을 허용하지 않는 속성 'Name'에 null이 아닌 값을 포함해야 합니다. 속성을(를) null 허용으로 선언해 보세요.

잠재적 수정 사항 표시 (Alt+Enter 또는 Ctrl+.)

여기서 C# 컴파일러는 흐름 분석(flow analysis)이라는 흥미로운 작업을 수행합니다. 코드의 여러 경로를 분석하는 방식을 사용해서 Name 속성에 null 값을 할당하는 것이 가능한지 결정하는 것이죠. 그 결과로, 코드가 NRE를 발생시킬 가능성이 있다고 판단하면, Name 속성에 nullable(null 허용) 참조 타입을 강제함으로써 경고를 제거할 수 있습니다. 타입 다음에 ? 문자를 추가하면 nullable 참조 타입을 선언할 수 있습니다.

```
public string? Name { get; set; }
```

Name 속성을 nullable로 만들어서 경고를 없앨 수는 있지만 실제로 문제가 해결되는 방법은 아닙니다.

이렇게 하면 오류 메시지가 사라지긴 하지만, 실제로 예외를 방지할 수는 없습니다.

캡슐화를 사용해 속성이 null이 되는 것을 방지하기

5장에서 캡슐화를 사용해 클래스 멤버가 유효하지 않은 값을 갖지 못하도록 유지하는 방법을 배웠죠. 그 방법을 다시 생각해 보면서 Name 속성을 private으로 선언한 다음, 생성자에서 필드의 값을 설정해 봅시다.

```
internal class Guy
{
    public string Name { get; private set; }
    public int Age { get; private set; }
    public override string ToString() => $"a {Age}-year-old named {Name}";
    public Guy(int age, string name)
    {
        Age = age;
        Name = name;
    }
}
```

Name 속성의 set 접근자를 private으로 만들고 생성자에서 이 값을 항상 할당하도록 강제합니다. 그러면 Name 속성은 null이 될 수 없으므로 "null을 허용하지 않는 속성" 컴파일 경고는 사라집니다.

Name 속성을 캡슐화하면 null을 허용하지 않게 되고 경고가 사라집니다.

null 병합 연산자 ??로 null 값 다루기

null 값을 꼭 다뤄야 할 때도 있습니다. 예를 들어, 10장에서 StringReader를 사용해 문자열에서 데이터를 읽어 들이는 법을 배웠죠. Program 클래스에 다음 코드를 추가하고 실행하세요. NRE가 발생합니다. 이것을 어떻게 처리할 수 있을까요?

```
using System.IO;

#nullable enable
internal class Program
{
    static void Main(string[] args)
    {
        using (var stringReader = new StringReader(""))
        {
            var nextLine = stringReader.ReadLine();
            Console.WriteLine("Line length is: {0}", nextLine.Length);
        }
    }
}
```

non-nullable 타입을 활성화했기 때문에, C# 컴파일러는 nextLine이 nullable string이며, Length 속성을 접근할 때 nextLine이 null일 수 있다고 알려 줍니다.

```
nextLine.Length);
```

(지역 변수) string? nextLine

'nextLine'은(는) 여기에서 null일 수 있습니다.

CS8602: null 가능 참조에 대한 역참조입니다.

잠재적 수정 사항 표시 (Alt+Enter 또는 Ctrl+.)

null을 검사하고 대체 값을 반환하는 ?? 연산자

null 참조에 접근하는 것을 방지하려면 **null 병합(null coalescing) 연산자인 ??**를 사용해 잠재적인 null 표현식을 평가하고, 반환 값이 null일 경우에는 대체(alternative) 값을 반환하면 됩니다. using 블록의 첫 번째 줄 끝에 다음처럼 ?? String.Empty를 추가하세요.

```
var nextLine = stringReader.ReadLine() ?? String.Empty;
```

String.Empty는 String 클래스의 정적 필드로, 빈 문자열 " "을 반환합니다.

위와 같이 수정하면 경고는 사라집니다. 이는 null 병합 연산자가 stringReader.ReadLine;을 실행할 때 반환 값이 null이 아니면 그 값을 반환하고, 그렇지 않으면 개발자가 제공한 대체 값(위 코드에서는 빈 문자열)을 반환하기 때문입니다.

??= 연산자로 null인 변수에 값을 할당하기

NRE를 방지하기 위해 값이 null인지 아닌지를 검사하고 null이 아닌 값을 할당하는 코드를 작성하는 일은 흔합니다. 예를 들어, 코드의 첫 번째 줄을 출력하도록 수정하려면 다음과 같이 수정할 수 있습니다.

```
if (nextLine == null)
    nextLine = "(the first line is null)";
    // 코드가 계속 실행되려면 nextLine의 값이 null이 아니어야 합니다.
```

위 조건문을 ??= 연산자를 사용하는 방식으로 작성한다면 다음과 같이 수정할 수 있습니다.

```
nextLine ??= "(the first line was empty)";
```

??= 연산자는 표현식의 좌변의 변수, 속성, 필드(여기서는 nextLine)가 null인지 확인합니다. 값이 null일 경우, 연산자는 우변의 식의 값을 할당합니다. null이 아닐 경우에는 원래 값을 유지합니다.

null을 허용하며 안전하게 처리할 수 있는 nullable 값 타입

nullable 값 타입

int, bool 등 값 타입을 선언할 때 값을 지정하지 않으면, CLR은 기본값인 0, false 등을 할당합니다. 하지만 예를 들어 선택지가 '예/아니오'뿐인 설문 조사 데이터를 저장한다고 해 봅시다. 응답은 bool 타입이겠지만, true/false가 아닌 '값이 없음'을 표현해야 한다면 어떻게 해야 할까요?

이럴 때 nullable 값 타입이 매우 유용합니다. nullable 값 타입은 제네릭 구조체 Nullable<T>를 사용해 값을 래핑(wrap)하고, 값에 null 지정을 허용합니다. nullable 값 타입을 null로 설정하면 값이 없는 타입이 되는 것이죠. 또한 Nullable<T>는 안전하게 null 값을 처리하는 멤버를 제공합니다.

nullable bool 값은 다음과 같이 선언할 수 있습니다.

```
Nullable<bool> optionalYesNoAnswer = null;
```

C#은 이에 대한 단축 표현도 가지고 있습니다. 값 타입이 T일 때, Nullable<T>를 T?로 선언할 수 있습니다.

```
bool? anotherYesNoAnswer = false;
```

Nullable<T> 구조체는 Value라는 속성을 가지고 있으며, 이를 사용해 값을 가져오거나 설정할 수 있습니다. bool?는 bool 타입의 값을 가지고, int?는 int 타입의 값을 가지는 식입니다. 또한 HasValue라는 속성을 가지고 있어서, null이 아닌 값을 가지고 있을 경우 true를 반환합니다. 값 타입은 언제나 nullable 타입으로 변환할 수 있습니다.

```
int? myNullableInt = 9321;
```

그리고 편리한 Value 속성을 사용해 값을 다시 가져올 수 있습니다.

```
int = myNullableInt.Value;
```

Nullable<bool>
Value: DateTime HasValue: bool
GetValueOrDefault(): DateTime

Nullable<T>는 값 타입 또는 null 값을 저장할 수 있게 하는 구조체입니다. 다음은 Nullable<bool>의 일부 메서드와 속성입니다.

하지만 Value 호출은 결과적으로 (int)myNullableInt로 값을 캐스팅합니다. 그리고 값이 null일 경우 InvalidOperationException 예외를 발생시키죠. Nullable<T>가 값이 있으면 true를, 값이 없으면 false를 반환하는 HasValue 속성을 가지고 있는 이유입니다. 또한, Nullable에 값이 없을 경우 안전하게 기본값을 반환하는 GetValueOrDefault() 메서드를 사용할 수도 있습니다. 기본값으로 사용할 값을 선택적으로 제공하거나 타입의 기본값을 그대로 사용할 수 있습니다.

T?는 Nullable<T>의 별칭입니다

값 타입에 물음표를 붙이면 컴파일러는 이를 Nullable<T> 구조체로 번역합니다. 즉 int?는 Nullable<int>가 됩니다. 한번 테스트해 보세요. 프로그램에 Nullable<bool> 변수를 추가하고, 중단점을 추가한 다음, 디버거에서 이 값을 조사식에 넣어 보세요. [조사식] 창에 bool?가 표시됩니다. 이는 별칭의 한 가지 예시일 뿐이며, 다른 별칭도 있습니다. int 타입 위에 마우스 커서를 올려 보세요. 이 타입이 System.Int32라는 구조체로 번역됩니다.

```
int value = 3;
```

readonly struct System.Int32
Represents a 32-bit signed integer.

int.Parse(), int.TryParse()는 다음 구조체의 멤버입니다.

4장 도입부에 등장한 타입들에 대해서도 똑같이 해 보세요. string을 제외하면(string은 System.String 클래스의 별칭입니다), 이들도 모두 구조체의 별칭임을 알 수 있습니다.

예전 같지 않은 '캡틴' 어메이징

힘을 잃고 더 쉽게 지치는 캡틴 어메이징에게 무슨 일이 일어났던 것인지, 살짝 감이 왔을 것입니다. 사실 캡틴 어메이징은 객체가 아니라 박싱된 구조체였습니다.

vs.

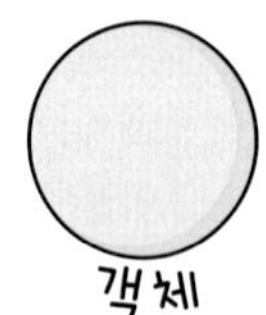

구조체는 클래스를 상속할 수 없습니다.
캡틴의 초능력이 약해진 것은 놀랄 일이 아닙니다! 상속받은 행위가 없으니까요.

구조체는 값으로 복사됩니다.
값으로 복사되는 것은 구조체의 장점입니다. 특히 캡슐화에 유용합니다.

중요한 사항 하나가 있습니다. is 키워드를 사용하면 구조체가 인터페이스를 구현했는지 검사할 수 있습니다. 이는 구조체가 지원하는 다형성의 기능 중 하나입니다.

객체에는 as 키워드를 사용할 수 있습니다.
객체는 객체가 상속하는 기능을 이어받는 방식으로 다형성을 허용합니다.

객체의 새로운 복사본을 생성할 수 없습니다.
객체 변수를 다른 객체로 설정하면, 단순히 동일 변수에 대한 참조를 복사합니다.

구조체(그리고 다른 값 타입)의 장점은 쉽게 사본을 만들 수 있다는 겁니다.

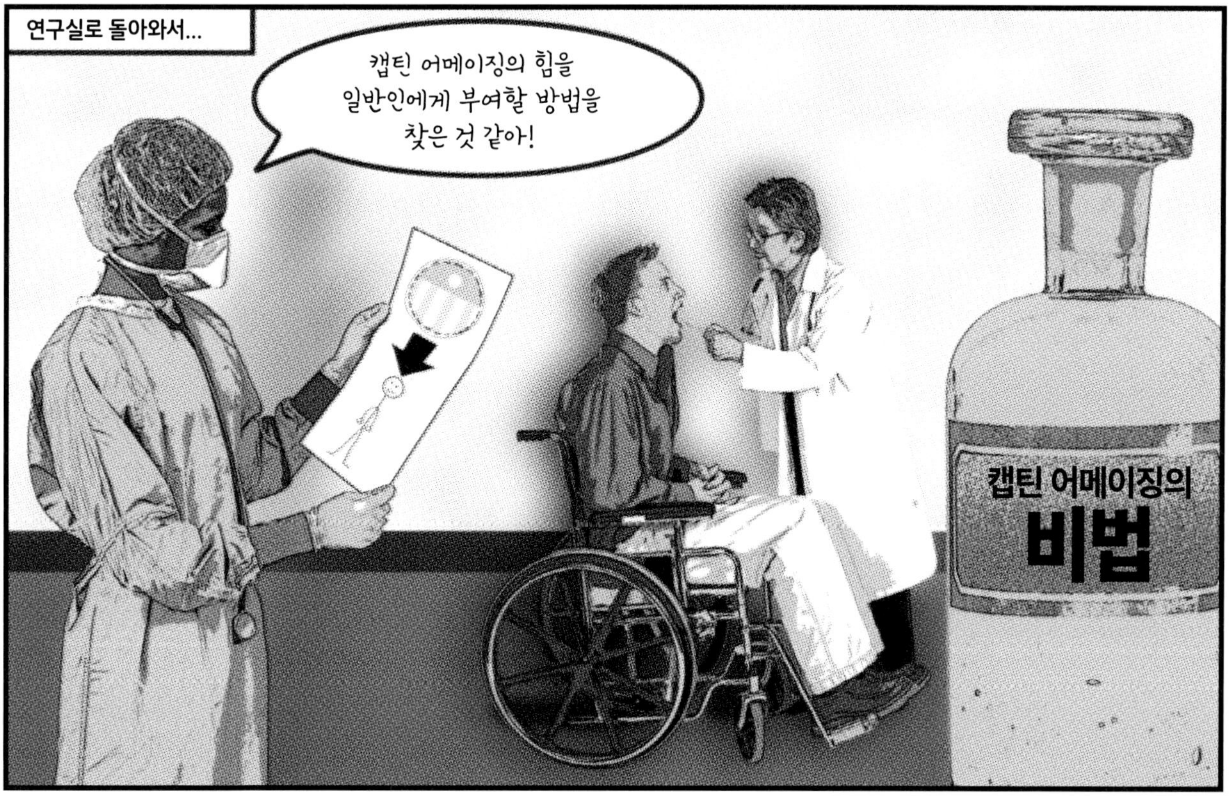

연구실로 돌아와서...

캡틴 어메이징의 힘을
일반인에게 부여할 방법을
찾은 것 같아!

캡틴 어메이징의
비법

무엇이든 물어보세요!

Q&A

Q1 잠깐, 앞으로 돌아가 봅시다. 왜 스택에 대해 신경을 써야 하죠?

A1 스택과 힙의 차이점을 이해하면 참조 타입과 값 타입을 직관적으로 유지하는 데 도움이 되기 때문입니다. 구조체와 객체가 서로 매우 비슷해 보이기 때문에 다르게 작동한다는 것을 잊어버리기 쉽습니다. .NET과 CLR이 내부적으로 구조체와 객체를 어떻게 처리하는지에 대한 개념을 알고 있으면 왜 참조 타입과 값 타입이 어떻게 다른지 이해하는 데 도움이 됩니다.

Q2 그렇다면 박싱은요? 박싱은 왜 그렇게 중요하죠?

A2 스택에 있는 것들이 언제 정리되는지, 언제 데이터가 복사돼서 들어오고 나가는지를 알아야 하기 때문이죠. 박싱에는 메모리와 시간이 추가로 소요됩니다. 프로그램에서 박싱을 몇 번(또는 몇 백 번) 수행하는 정도로는 차이를 느낄 수 없을 겁니다. 하지만 만약 박싱을 초당 수백만 번 단위로 수없이 반복하는 프로그램을 작성할 경우를 생각해 봅시다(이건 결코 과장이 아닙니다). 특히 유니티 게임에서 이런 상황이 일어나기 쉽습니다. 프로그램이 메모리를 많이 소모하고 점점 느려질 때, 반복되는 박싱 부분을 회피함으로써 프로그램을 더 효율적으로 만들 수 있습니다.

Q3 구조체 변수를 다른 변수에 설정하면 새로운 구조체 사본을 갖게 된다는 것은 이해했어요. 하지만 이게 왜 유용한가요?

A3 도움이 되는 부분을 하나 꼽으라면 바로 캡슐화입니다. 다음 코드를 살펴보세요.

```
private Point location;
public Point Location {
    get { return location; }
}
```

Point가 클래스라면, 이는 아마도 끔찍한 캡슐화일 겁니다. location이 private인 것은 상관없지만, 읽기 전용 public 속성이 참조를 반환한다면 아무 객체나 이 참조에 접근할 수 있게 되기 때문입니다.

다행인 것은, Point는 구조체입니다. 그리고 이는 public Location 속성이 Point의 새로운 사본을 반환한다는 의미가 되죠. 이 사본을 사용하는 객체는 사본에 어떤 작업을 해도 됩니다. 사본을 변경해도 그 변경 사항은 private location 필드에 적용되지 않으니까요.

Q4 구조체와 클래스 중 무엇을 사용할지 어떻게 결정하나요?

A4 대부분 클래스를 사용합니다. 구조체에는 대규모 작업에서 사용하기 어렵게 만드는 여러 제약 사항이 있습니다. 먼저 구조체는 상속이나 추상을 지원하지 않고, 제한된 다형성을 지원합니다. 이런 요소가 코드를 작성하는 데 얼마나 중요한 영향을 끼치는지는 말할 것도 없겠죠.

구조체는 작고, 제한적인 유형의 데이터를 반복적으로 처리해야 할 경우에 매우 유용합니다. 유니티 벡터가 좋은 예시이죠. 일부 게임은 벡터를 반복적으로, 심지어 수백만 번에 걸쳐 사용해야 합니다. 벡터를 동일한 변수에 할당해서 재사용하면, 스택의 메모리를 재사용할 수 있습니다. 만약 Vector3가 클래스였다면, CLR은 새로운 Vector3가 생길 때마다 힙에 새 메모리를 할당해야 하겠죠. 그리고 이는 가비지 컬렉션을 계속 일으킬 거고요. Vector3를 클래스가 아닌 구조체로 만듦으로써, 유니티를 개발하는 팀은 프레임 속도를 보다 빠르게 만들 수 있었습니다. 개발자가 딱히 뭘 하지 않더라도요.

구조체는 캡슐화에서 중요합니다. 구조체를 반환하는 읽기 전용 속성은 항상 새로운 사본을 만들기 때문입니다.

쓰면서 제대로 공부하기

다음 메서드는 EvilClone 객체를 가비지 컬렉션 대상으로 표시해서 죽이려고 하지만, 작동하지 않습니다. 왜 그럴까요?

```
void SetCloneToNull(EvilClone clone) => clone = null;
```

수영장에 빠져버린 코드 조각으로 코드의 빈칸을 채워야 합니다. 같은 조각을 여러 번 사용해도 되고, 이 중에는 사용하지 않는 조각도 있습니다. 완성된 코드는 하단의 출력 결과에 있는 것과 동일한 값을 콘솔에 출력해야 합니다.

```
internal class Program
{
    static void Main(string[] args) =>
            new Faucet();
}

public class Faucet
{
    public Faucet()
    {
        Table wine = new Table();
        Hinge book = new Hinge();
        wine.Set(book);
        book.Set(wine);
        wine.Lamp(10);
        book.garden.Lamp("back in");
        book.bulb *= 2;
        wine.Lamp("minutes");
        wine.Lamp(book);
    }
}
```

```
public ________ Table
{
    public string stairs;
    public Hinge floor;

    public void Set(Hinge b) => floor = b;

    public void Lamp(object oil)
    {
        if (oil ________ int oilInt)
            ________.bulb = oilInt;
        else if (oil ________ string oilString)
            stairs = oilString;
        else if (oil ________ Hinge ________ )
            Console.WriteLine(
                $"{vine.Table()} { ________.bulb}" +
                $"{stairs}");
    }
}

public ________ Hinge
{
    public int bulb;
    public Table garden;
    public void Set(Table a) => garden = a;
    public string Table()
    {
        return ________.stairs;
    }
}
```

앱에서 출력한 내용입니다.

출력 결과 : `back in 20 minutes`

보너스 퍼즐: 박싱이 일어나는 코드에 동그라미를 쳐 보세요.

```
public
private      garden    if
class        floor     or            struct
Brush   new          Window    is     +      string
Lamp    abstract     Door      on     -      int      --
bulb    interface    vine      as     ++     float    =
Table                Hinge     oop           single   ==
stairs                                       double
```

알아 두기
수영장의 각 코드 조각은 한 번 이상 사용할 수 있습니다.

```
internal class Program
{
    static void Main(string[] args) =>
            new Faucet();
}

public class Faucet
{
    public Faucet()
    {
        Table wine = new Table();
        Hinge book = new Hinge();
        wine.Set(book);
        book.Set(wine);
        wine.Lamp(10);
        book.garden.Lamp("back in");
        book.bulb *= 2;
        wine.Lamp("minutes");
        wine.Lamp(book);
    }
}
```

Lamp() 메서드는 여러 string과 int의 값을 설정합니다. int 값을 인수로 호출하면 Hinge가 가리키는 객체의 bulb 필드에 그 값을 설정합니다.

이 부분이 Table에 구조체를 사용한 이유입니다. Table이 클래스였다면, wine이 book.garden과 같은 객체를 가리켜서 "back in" 문자열을 덮어 썼겠죠.

```
public struct Table
{
    public string stairs;
    public Hinge floor;

    public void Set(Hinge b) => floor = b;

    public void Lamp(object oil)
    {
        if (oil is int oilInt)
            floor.bulb = oilInt;
        else if (oil is string oilString)
            stairs = oilString;
        else if (oil is Hinge vine )
            Console.WriteLine(
                $"{vine.Table()} {floor.bulb}" +
                $"{stairs}");
    }
}
```

Lamp() 메서드에 stirng 값을 전달하면, stairs 필드에 그 값을 설정합니다.

출력 결과 : back in 20 minutes

```
public class Hinge
{
    public int bulb;
    public Table garden;
    public void Set(Table a) => garden = a;
    public string Table()
    {
        return garden.stairs;
    }
}
```

Hinge와 Table은 식 본문을 사용한 메서드인 Set을 가지고 있습니다. Hinge.Set은 Table 타입 garden 필드를 설정하고, Table.Set은 Hinge 타입 floor 필드를 설정합니다.

보너스 퍼즐: 박싱이 일어나는 코드에 동그라미를 쳐 보세요.

Lamp() 메서드는 object 매개 변수를 받으므로, int 값이 전달됐을 때는 자동으로 박싱이 일어납니다. 하지만 문자열과 book은 박싱되지 않는데, 이들은 이미 객체인 System.String 또는 Hinge 클래스의 인스턴스이기 때문입니다.

쓰면서 제대로 공부하기 **정답**

다음 메서드는 EvilClone 객체를 가비지 컬렉션 대상으로 표시해서 죽이려 하지만, 작동하지 않습니다. 왜일까요?

```
void SetCloneToNull(EvilClone clone) => clone = null;
```

clone 매개 변수는 스택에 존재하므로, 그 값을 null로 설정하는 것은 힙에 아무 영향을 미치지 않습니다.

이들 메서드는 매개 변수 자신을 null로 설정하지만, 매개 변수는 단순히 EvilClone을 가리키는 참조에 불과합니다. 참조는 객체에 붙였다 떼는 레이블 같은 것에 불과합니다.

기존 클래스에 새로운 작동을 추가하는 확장 메서드

sealed 한정자는 클래스를 상속할 수 없도록 설정합니다.

.NET 클래스 대부분은 봉인되어 있어 상속할 수 없습니다. 하지만 때로는 상속할 수 없는 클래스의 기능을 확장해야 하죠. C#은 **확장 메서드(extension method)**라는 클래스 확장을 지원하는 유연한 도구를 제공합니다. 프로젝트에 확장 메서드를 추가하면 기존 클래스에 새로운 메서드가 추가됩니다. 방법도 단순한데, 정적 클래스를 만들고 this 키워드를 사용해 클래스의 인스턴스를 첫 번째 매개 변수로 받는 정적 메서드를 추가하면 됩니다.
봉인된 OrdinaryHuman 클래스가 있다고 해 봅시다.

```
sealed class OrdinaryHuman
{
    private int age;
    int weight;

    public OrdinaryHuman(int weight)
    {
        this.weight = weight;
    }

    public void GoToWork() { /* 일하러 가는 코드 */ }
    public void PayBills() { /* 청구서에 돈을 지불하는 코드 */ }
}
```

OrdinaryHuman 클래스는 봉인되어 있으므로 하위 클래스를 만들 수 없습니다. 하지만 이 클래스에 메서드를 추가하려면 어떻게 해야 할까요?

첫 번째 매개 변수에 this 키워드를 지정해 확장 메서드를 사용할 수 있습니다.

AmazeballsSerum() 메서드는 OrdinaryHuman에 확장 메서드를 추가합니다.

OrdinaryHuman 클래스를 상속하므로, 첫 번째 매개 변수를 'this OrdinaryHuman'으로 만듭니다.

```
static class AmazeballsSerum
{
    public static string BreakWalls(this OrdinaryHuman h, double wallDensity)
    {
        return ($"I broke through a wall of {wallDensity} density.");
    }
}
```

확장 메서드는 항상 정적 메서드이며, 정적 클래스에 존재해야 합니다.

AmazeballsSerum 클래스가 프로젝트에 추가되면, OrdinaryHuman에 BreakWalls() 메서드가 추가됩니다. 그러므로 다음과 같이 Main() 메서드에서 사용할 수 있습니다.

```
static void Main(string[] args)
{
    OrdinaryHuman steve = new OrdinaryHuman(185);
    Console.WriteLine(steve.BreakWalls(89.2));
}
```

프로그램에서 OrdinaryHuman 클래스의 인스턴스를 생성하면(AmazeballsSerum 클래스가 프로젝트에 추가되어 있다면), 직접 BreakWalls() 메서드에 접근할 수 있습니다. 직접 시험해 보세요! 새로운 콘솔 앱을 생성한 다음 클래스 2개를 추가하고, Main() 메서드도 추가해 보세요. BreakWalls() 메서드를 디버깅해 보면서 어떤 일이 일어나는지 지켜보세요.

흠... 앞서 어딘가에서 using 지시자를 코드 상단에 추가하는 것만으로 '마술처럼' 메서드를 추가했는데 말이죠. 어디였죠?

무엇이든 물어보세요!

Q&A

Q1 클래스 상속을 사용하는 대신, 클래스에 직접 새 메서드를 추가하면 왜 안 되나요?

A1 그렇게 해도 상관없습니다! 만약 질문의 요지가 '어떤 한 클래스에 메서드를 추가한다'라면 그렇게 하는 편이 좋습니다. 확장 메서드는 사용할 일이 그리 많지 않으며, 클래스를 변경할 방법이 전혀 없는 경우(클래스가 .NET 프레임워크 또는 다른 서드 파티의 일부일 때)에만 사용하게 됩니다.
확장 메서드는 일반적으로는 접근할 수 없는 무언가(.NET 프레임워크 또는 다른 라이브러리에 따라오는 타입이나 객체 등)에 작동을 추가해야 할 필요가 있을 때 강력한 힘을 발휘합니다.

Q2 대체 왜 확장 메서드를 사용해야 하는 거죠? 왜 상속으로 클래스의 기능을 확장하면 안 되나요?

A2 클래스의 기능을 상속할 수 있다면, 보통은 그냥 클래스를 상속하면 됩니다. 확장 메서드는 상속할 수 없는 클래스를 가지고 있을 때 유용하게 사용할 수 있습니다. 확장 메서드를 사용하면 객체 그룹 전체의 작동을 변경할 수 있으며, 심지어 .NET 프레임워크의 기본 클래스 중 일부에도 기능을 추가할 수 있습니다.
클래스 상속으로 새로운 작동을 추가할 수 있지만, 그 새로운 작동을 사용하려면 새로운 하위 클래스를 사용해야 하죠.

Q3 확장 메서드가 클래스의 모든 인스턴스에 영향을 미치는 건가요, 클래스의 특정 인스턴스에만 영향을 미치는 건가요?

A3 확장 메서드는 여러분이 메서드를 추가한 클래스의 모든 인스턴스에 영향을 미칩니다. 일단 확장 메서드를 생성하면, 확장된 클래스의 일반 메서드와 함께 새로운 메서드가 비주얼 스튜디오에 표시됩니다.

확장 메서드를 생성한다고 해서 클래스의 내부에 접근할 수 없다는 점을 기억해 두세요. 확장 메서드는 외부인처럼 작동합니다.

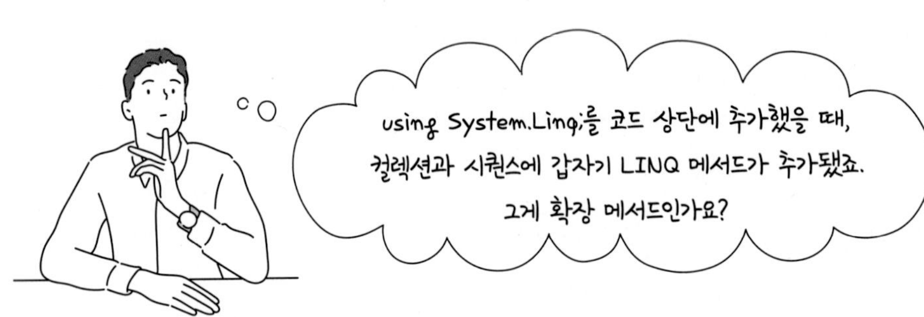

using System.Linq;를 코드 상단에 추가했을 때,
컬렉션과 시퀀스에 갑자기 LINQ 메서드가 추가됐죠.
그게 확장 메서드인가요?

그렇습니다! LINQ는 확장 메서드를 기반으로 합니다

확장 메서드는 클래스뿐만 아니라, 인터페이스도 확장할 수 있습니다. 클래스가 들어갈 자리에 인터페이스 이름을 사용하고, 확장 메서드의 첫 번째 매개 변수에 this 키워드를 사용하기만 하면 됩니다. 그러면 확장 메서드가 이 인터페이스를 구현하는 모든 클래스에 추가됩니다. 첨언하자면 .NET 팀이 LINQ를 개발할 때 정확히 이 방식을 사용했습니다. 모든 LINQ 메서드는 IEnumerable<T> 인터페이스의 정적 확장 메서드입니다.
확장 메서드의 작동 방식은 이렇습니다. using System.Linq;를 코드의 상단에 추가하면 해당 코드는 System.Linq.Enumerable 정적 클래스를 '보게(see)' 됩니다. 정적 클래스의 메서드를 직접 사용하기도 하지만, 이 클래스에는 확장 클래스도 포함되어 있습니다. 임의의 프로젝트를 생성해서 Enumerable.First를 입력하고 선언 부분을 살펴보세요. 선언부가 (extension)으로 시작하고 첫 번째 매개 변수가 this 키워드를 사용하면, 이 메서드가 확장 메서드임을 의미합니다. 다른 LINQ 메서드에서도 비슷한 패턴을 볼 수 있습니다.

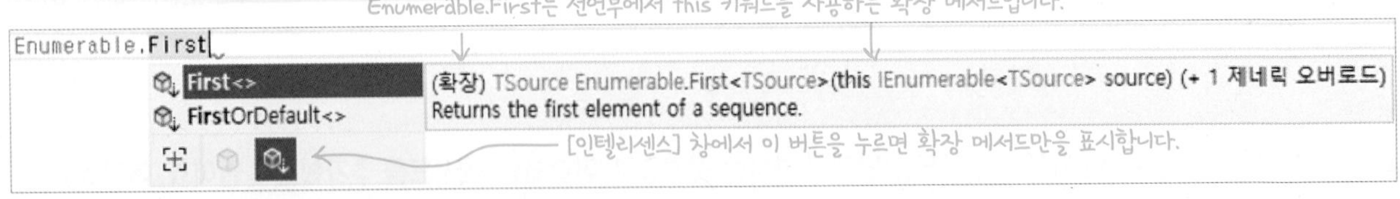

Enumerable.First는 선언부에서 this 키워드를 사용하는 확장 메서드입니다.
Enumerable.First
First<>
FirstOrDefault<>
(확장) TSource Enumerable.First<TSource>(this IEnumerable<TSource> source) (+ 1 제네릭 오버로드)
Returns the first element of a sequence.
[인텔리센스] 창에서 이 버튼을 누르면 확장 메서드만을 표시합니다.

string 기본 타입 확장하기

확장 메서드 사용하기

String 클래스의 기능을 확장함으로써 확장 메서드를 살펴보겠습니다. 'ExtendingString' 이름의 새 콘솔 앱을 생성하고, HumanExtensions.cs 파일을 추가하세요.

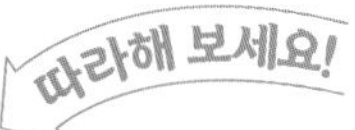

01 모든 확장 메서드를 별도의 네임스페이스에 넣습니다.

모든 확장 메서드를 여러분의 코드와 다른 네임스페이스에 두는 것은 좋은 생각입니다. 이렇게 해 두면, 다른 프로그램에서 이 확장 메서드를 사용할 때 쉽게 찾을 수 있습니다. 다음과 같이 확장 메서드를 둘 정적 클래스도 함께 준비합니다.

클래스를 public으로 선언해야 using 지시자를 추가했을 때 외부에서 볼 수 있습니다.

```
namespace AmazingExtensions {
    public static class ExtendAHuman {
```

별도의 네임스페이스를 사용하는 것은 좋은 방법입니다. 그리고 확장 메서드가 정의된 클래스는 정적 클래스여야 합니다.

02 첫 번째 매개 변수를 this로 정의한 정적 확장 메서드를 작성합니다.

확장 메서드를 선언할 때 알아 둬야 할 두 가지 주요 사항은, 확장 메서드가 정적으로 선언되어야 한다는 것과 첫 번째 매개 변수에 정의된 클래스를 확장한다는 것입니다.

확장 메서드는 정적 메서드여야 합니다.

```
public static bool IsDistressCall(this string s) {
```

this string s는 String 클래스의 기능을 확장하고, 매개 변수 s를 사용해서 이 메서드를 호출하는 문자열에 접근한다는 것을 의미합니다.

03 확장 메서드를 완성합니다.

다음 메서드는 문자열에 'Help!'가 포함되어 있는지 검사합니다. 그렇다면 이 문자열은 구조 요청(distress call)이므로, 슈퍼히어로가 응답해야 합니다.

```
            if (s.Contains("Help!"))
                return true;
            else
                return false;
        }
    }
}
```

String.Contains() 메서드를 사용해서 "Help!"라는 단어가 문자열에 포함되어 있는지 검사합니다. 일반적인 문자열에서 벌어질 일이 아니긴 하죠.

04 IsDistressCall 확장 메서드를 사용합니다.

using AmazingExtensions;를 Program 클래스 상단에 추가합니다. 그런 다음 문자열을 생성하고 IsDistressCall() 메서드를 호출하는 코드를 추가합니다. 그러면 [인텔리센스] 창에 확장 메서드가 표시됩니다.

```
static void Main(string[] args)
{
    string message = "Evil clones are wreaking havoc. Help!";
    message.IsDistressCall
}
        IsDistressCall    (확장) bool string.IsDistressCall()

                확장 메서드만 표시(Alt +X)
```

using 지시자를 추가해서 정적 클래스가 있는 네임스페이스를 추가하면, [인텔리센스] 창에 새 확장 메서드가 표시됩니다. 이는 LINQ가 작동하는 방식과 동일합니다.

Extension자석

다음과 같은 내용을 출력하도록 자석을 배치해 보세요.

```
a buck begets more bucks
```

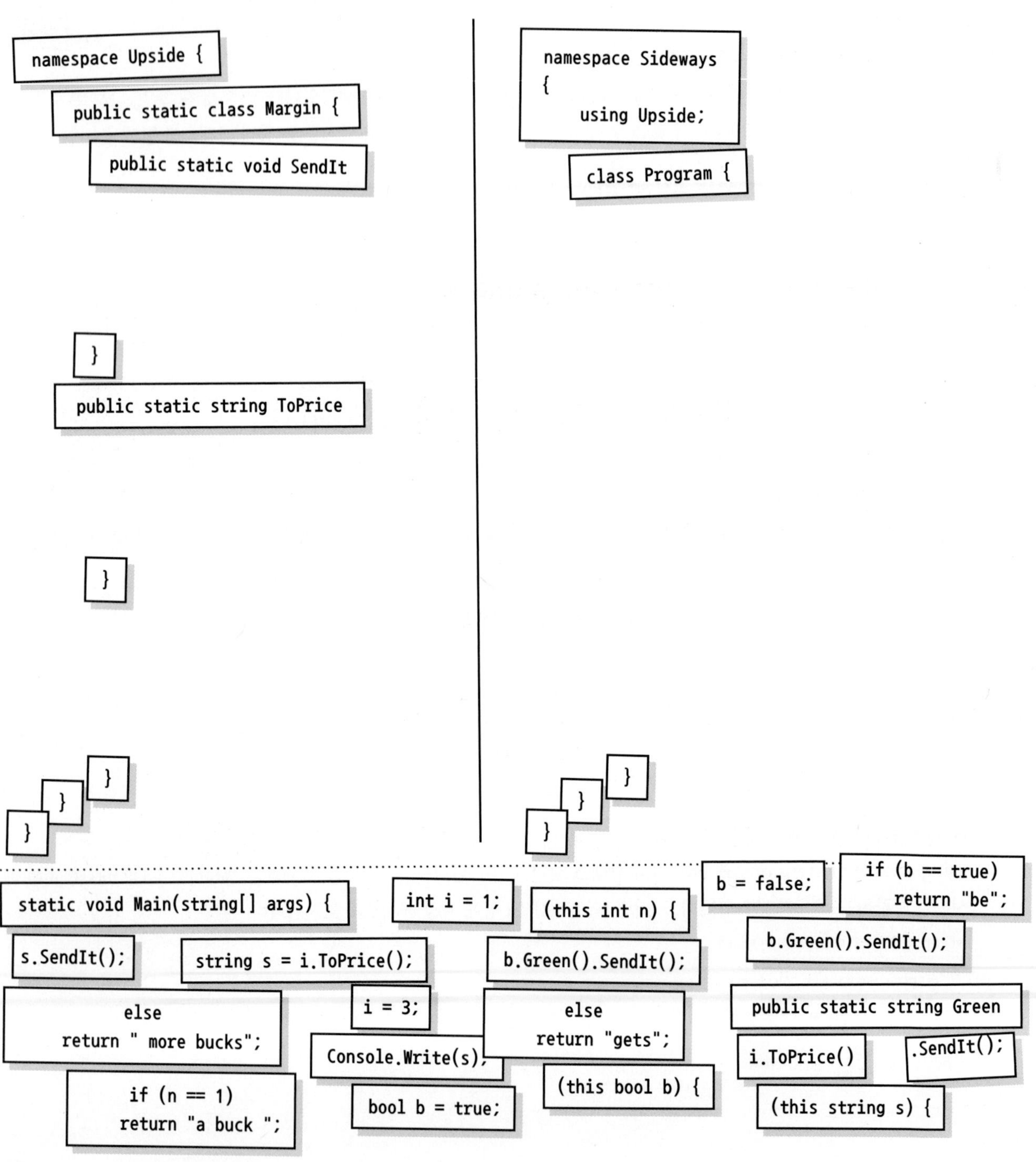

namespace Upside {
public static class Margin {
public static void SendIt
}
public static string ToPrice
}
}
}
}
namespace Sideways
{
using Upside;
class Program {
}
}
}
static void Main(string[] args) {
int i = 1;
(this int n) {
b = false;
if (b == true)
return "be";
s.SendIt();
string s = i.ToPrice();
b.Green().SendIt();
b.Green().SendIt();
else
return " more bucks";
i = 3;
else
return "gets";
public static string Green
Console.Write(s);
i.ToPrice()
.SendIt();
if (n == 1)
return "a buck ";
bool b = true;
(this bool b) {
(this string s) {

더 유니버스

캡틴 어메이징의 부활

죽음은 끝이 아니었다

출판사 럭키 번즈 / 글쓴이 유니버스 전속 작가

객체 마을

캡틴 어메이징은 스스로를 역직렬화해서, 놀라운 귀환에 성공했습니다.
사건의 급박한 전개 끝에, 캡틴 어메이징은 객체 마을로 귀환했습니다.
지난달, 캡틴 어메이징의 관은 비어 있었고, 그 빈 자리에는 이상한 노트 하나가 남아 있었습니다. 이 노트를 분석한 결과, 캡틴 어메이징 객체의 DNA 정보가 들어 있던 것으로 밝혀졌습니다. 그의 필드와 값은 이진 형식으로 안전하게 보관되어 있던 것입니다.
그리고 오늘, 연구진이 캡틴 어메이징이 남긴 데이터를 되살렸습니다.
그에게 어떻게 그런 계획을 세울 수 있었느냐 질문했을 때, 캡틴은 으쓱하며 '10장'이라고 중얼거렸습니다.
캡틴과 가까운 관계의 취재진은 그의 암호 같은 대답이 무슨 의미인지 언급하기를 거부했지만, 캡틴 어메이징이 스윈들러를 공격하기 전부터 오랫동안 Dispose 메서드와 보존과 관련한 책을 읽으며 공부하는 데 시간을 보냈음은 인정했습니다.
우리의 캡틴 어메이징에 대한 기대는 다음에 계속됩니다...

캡틴 어메이징이 귀환하다!

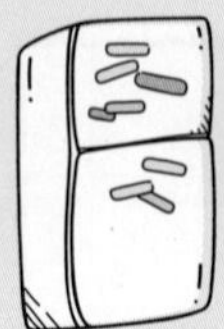

Extension 자석 **정답**

다음과 같은 내용을 출력하도록 자석을 배치해 보세요.

```
a buck begets more bucks
```

Upside 네임스페이스에는 확장 메서드가 있습니다. Sideways 네임스페이스에는 진입점이 있네요.

Margin 클래스는 string에 SendIt() 메서드를 추가해서 클래스를 확장하고 있습니다. 이 메서드는 단순히 콘솔에 문자열을 출력합니다. 또한 int에도 ToPrice() 메서드를 추가했는데, 이 메서드는 int 값이 1일 때 'a buck'을 반환하고, 1일 이 아닐 경우 'more bucks'를 반환합니다.

```
namespace Upside {
    public static class Margin {
        public static void SendIt (this string s) {
            Console.Write(s);
        }
        public static string ToPrice (this int n) {
            if (n == 1)
                return "a buck ";
            else
                return " more bucks";
        }
        public static string Green (this bool b) {
            if (b == true)
                return "be";
            else
                return "gets";
        }
    }
}
```

Green() 메서드는 bool을 확장합니다. bool 값이 true일 때 'be'를, false일 때 'gets'를 반환합니다.

Main() 메서드는 Margin 클래스에 추가한 확장 메서드를 사용합니다.

```
namespace Sideways
{
    using Upside;
    class Program {
        static void Main(string[] args) {
            int i = 1;
            string s = i.ToPrice();
            s.SendIt();
            bool b = true;
            b.Green().SendIt();
            b = false;
            b.Green().SendIt();
            i = 3;
            i.ToPrice() .SendIt();
        }
    }
}
```

CHAPTER 12

계속 불만 끄는 건 짜증 나죠

예외 처리

그 소름 끼치는 광대가 어딘가
숨어 있을 거야. 다행히 난 '완전
깜짝 놀라기'를 처리할 예외
코드를 작성해 뒀지.

개발자는 소방관이 아니라고요

개발자가 된 당신, 헤드 퍼스트도 읽고 열심히 일한 덕에 이제 전문가의 경지에 다다랐습니다. 하지만 여전히 한밤중에 프로그램이 의도한 대로 작동하지 않거나 오류가 발생했다는 전화를 받고 놀라 일어나기 일쑤죠. 이상한 오류를 발견하고 고칠 때의 쾌감은 물론 짜릿합니다. 하지만 오류 때문에 늘 불안해 할 수만은 없어요. 이럴 때 예외 처리 코드를 사용하면 갑작스럽게 발생하는 문제를 어느 정도 예방할 수 있습니다. 게다가 문제가 발생해도 프로그램이 계속 실행되도록 할 수 있죠.

16진수 덤프 앱은 명령줄에서 파일명을 읽어 들입니다

HexDump 앱에 예외가 발생했습니다.

10장에서는 명령줄 인수를 사용해서 16진수 파일을 덤프하는 HexDump 앱을 작성했죠. HexDump 앱에서는 비주얼 스튜디오의 프로젝트 속성을 사용해 디버거에서 사용할 인수를 설정하고, 윈도우의 cmd나 맥OS의 터미널에서 실행하는 방법을 알아봤습니다.

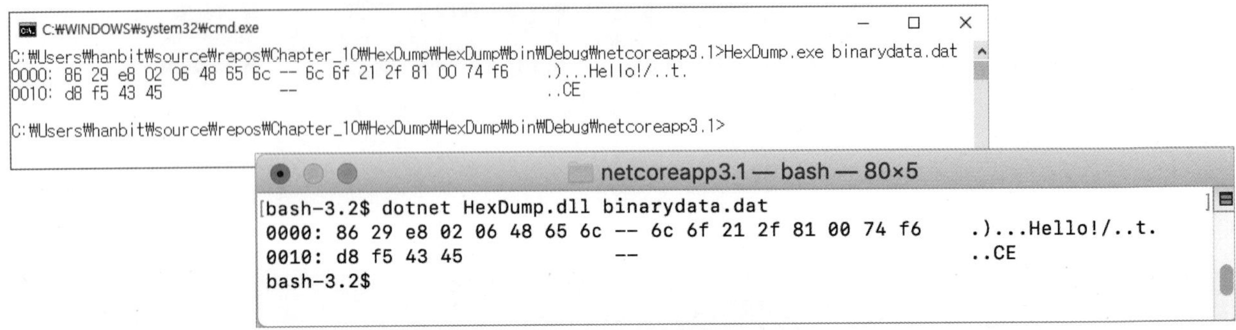

하지만 HexDump 앱에 유효하지 않은 파일명이 주어지면 어떻게 될까요?

명령줄 인수를 사용하는 코드에는 유효한 파일명을 지정해야 합니다. 만약 유효하지 않은 파일명을 지정하면 어떤 일이 벌어질까요? 명령줄에 일부러 유효하지 않은 파일명을 인수로 주고 앱을 다시 실행해 보세요. 예외가 발생할 것입니다.

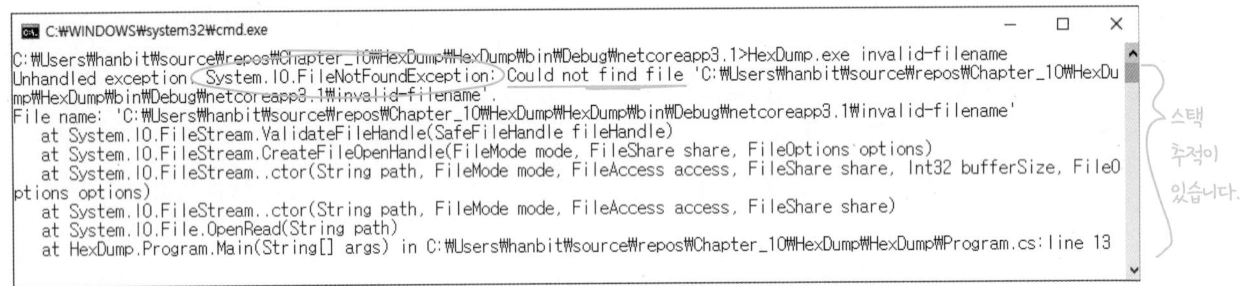

[디버그] - [HexDump 디버그 속성]에서 [명령줄 인수] 항목을 유효하지 않은 파일명으로 설정한 다음 디버깅을 시작합니다. 그러면 동일한 클래스 이름(System.IO.FileNotFoundException)과 비슷한 '파일을 찾을 수 없습니다' 메시지가 포함된 예외가 발생합니다.

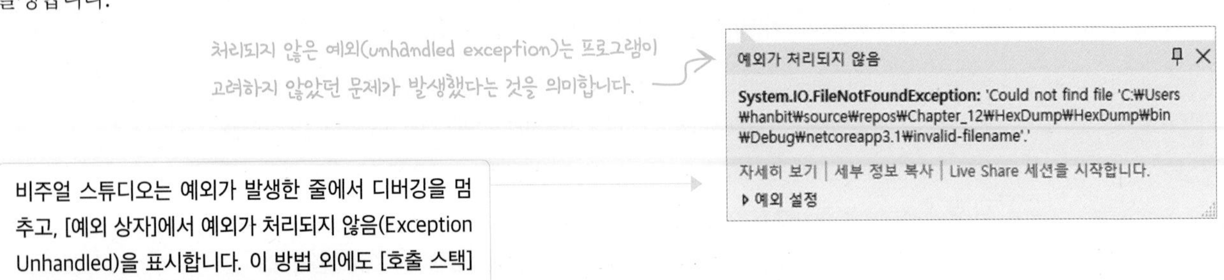

처리되지 않은 예외(unhandled exception)는 프로그램이 고려하지 않았던 문제가 발생했다는 것을 의미합니다.
예외가 처리되지 않음
System.IO.FileNotFoundException: 'Could not find file 'C:₩Users₩hanbit₩source₩repos₩Chapter_12₩HexDump₩HexDump₩bin₩Debug₩netcoreapp3.1₩invalid-filename'.'
자세히 보기 | 세부 정보 복사 | Live Share 세션을 시작합니다.
▸ 예외 설정
비주얼 스튜디오는 예외가 발생한 줄에서 디버깅을 멈추고, [예외 상자]에서 예외가 처리되지 않음(Exception Unhandled)을 표시합니다. 이 방법 외에도 [호출 스택] 창에서 호출 스택을 확인할 수도 있습니다.

다음 코드는 5개의 예외가 발생하며, 하단에 비주얼 스튜디오 또는 콘솔에 표시되는 오류 메시지가 나열되어 있습니다. 예외를 발생시키는 코드와 그에 해당하는 예외를 연결해 보세요. 예외 메시지를 읽으면 힌트를 얻을 수 있습니다. 또한, 이 코드가 작동하지 않는다는 점을 염두에 두세요. 다음 클래스를 앱에 추가하고 Main() 메서드에서 실행하면, 첫 번째 예외가 발생한 후 실행이 멈출 것입니다. 전체 코드를 읽어 보고, 코드를 실행했을 때 발생할 수 있는 예외를 코드와 연결해 보세요.

```
internal class HoneyBee
{
    public double Capacity { get; set; }
    public string Name { get; set; }

    public HoneyBee(double capacity, string name)
    {
        Capacity = capacity;
        Name = name;
    }

    public static void Main(string[] args)
    {
        object myBee = new HoneyBee(36.5, "Zippo");
        float howMuchHoney = (float)myBee;

        HoneyBee anotherBee = new HoneyBee(12.5, "Buzzy");
        double beeName = double.Parse(anotherBee.Name);

        double totalHoney = 36.5 + 12.5;
        string beesWeCanFeed = "";
        for (int i = 1; i < (int)totalHoney; i++)
        {
            beesWeCanFeed += i.ToString();
        }
        int numberOfBees = int.Parse(beesWeCanFeed);

        int drones = 4;
        int queens = 0;
        int dronesPerQueen = drones / queens;

        anotherBee = null;
        if (dronesPerQueen < 10)
        {
            anotherBee.Capacity = 12.6;
        }
    }
}
```

double.Parse() 메서드는 문자열을 double로 변환하기 때문에 문자열('32.7' 같은)을 메서드에 넘겨주면 그에 해당하는 double 값(32.7)을 반환합니다. 그러나 만약 double로 변환할 수 없는 문자열을 넘겨주면 어떤 일이 일어날까요?

System.OverflowException: 'Value was either too large or too small for an Int32.' ①

System.NullReferenceException: 'Object reference not set to an instance of an object.' ②

System.InvalidCastException: 'Unable to cast object of type 'EvilClone.HoneyBee' to type 'System.Single'.' ③

System.DivideByZeroException: 'Attempted to divide by zero.' ④

System.FormatException: 'Input string was not in a correct format.' ⑤

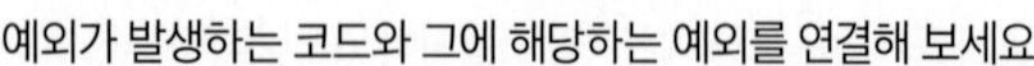

예외가 발생하는 코드와 그에 해당하는 예외를 연결해 보세요.

```
object myBee = new HoneyBee(36.5, "Zippo");
float howMuchHoney = (float)myBee;
```

myBee를 float으로 캐스팅하는 코드는 컴파일되기는 하지만, HoneyBee 객체를 float 값으로 변환할 방법은 없습니다. 코드를 실행하면 CLR은 이 캐스팅을 수행할 방법을 모르기 때문에 InvalidCastException 예외가 발생합니다.

System.InvalidCastException: 'Unable to cast object of type 'EvilClone.HoneyBee' to type 'System.Single'.' ③

IDE 팁 커서까지 실행

비주얼 스튜디오에 코드를 붙여 넣고 실행하면 예외를 재현할 수 있습니다. 코드의 첫 번째 줄에 중단점을 설정하고, 실행하려는 코드의 줄에 마우스 우클릭한 다음 [커서까지 실행] 메뉴를 선택하세요. 그러면 앱이 곧바로 해당 코드부터 시작합니다.

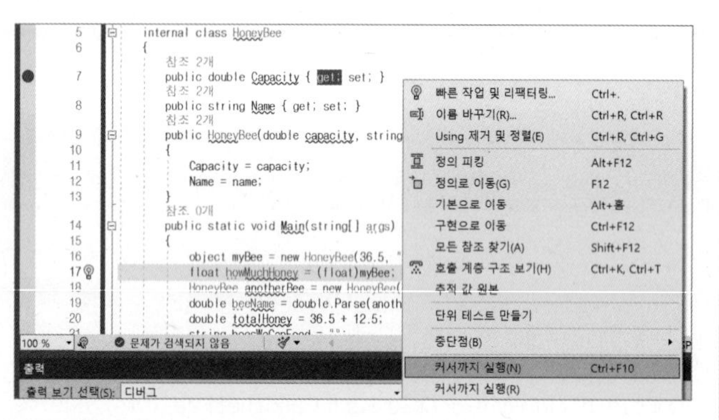


```
HoneyBee anotherBee = new HoneyBee(12.5, "Buzzy");
double beeName = double.Parse(anotherBee.Name);
```

Parse() 메서드는 특정한 포맷의 문자열이 입력되기를 요구합니다. 'Buzzy'는 숫자로 변환할 수 있는 문자열이 아니죠. 그러므로 FormatException 예외가 발생합니다.

System.FormatException: 'Input string was not in a correct format.' ⑤

```
double totalHoney = 36.5 + 12.5;
string beesWeCanFeed = "";
for (int i = 1; i < (int)totalHoney; i++)
{
    beesWeCanFeed += i.ToString();
}
int numberOfBees = int.Parse(beesWeCanFeed);
```

다음 for 문은 60자리가 넘는 숫자를 가진 문자열을 생성해 beesWeCanFeed에 저장합니다. 그러나 int 타입은 이렇게 큰 숫자를 저장할 수 없으므로, 해당 숫자를 전부 담을 수 없다는 뜻인 OverflowException 예외가 발생합니다.

System.OverflowException: 'Value was either too large or too small for an Int32.' ①

실제로 프로그램을 실행하면 첫 번째 예외를 발생시킨 후 그대로 중지합니다. 이들 예외가 한꺼번에 차례대로 발생하지는 않죠. 첫 번째 예외가 발생하는 코드를 고쳤을 때만 다음으로 넘어갈 수 있고, 여기에서는 두 번째 예외를 볼 수 있습니다.

```
int drones = 4;
int queens = 0;
int dronesPerQueen = drones / queens;
```

DivideByZeroException 예외를 발생시키는 법은 쉽습니다. 그냥 숫자를 '0'으로 나누면 되죠.

System.DivideByZeroException: 'Attempted to divide by zero.' ④

정수를 '0'으로 나누면 항상 이 예외가 발생합니다. 따라서 queens의 값을 알 수 없더라도 drones를 나누기 전에 이 값이 0이 아님을 확인한다면 예외를 예방할 수 있습니다.

코드를 그냥 봐도 0으로 나누려는 걸 알 수 있겠네요. 이 예외는 일어나면 안 될 것 같은데요.

맞습니다! DivideByZero 오류는 일어나면 안 됩니다

이 코드는 그냥 보기만 해도 뭔가 잘못됐다는 것을 알 수 있습니다. 그러나 그런 식으로 생각한다면 다른 예외도 마찬가지입니다. 이번 <쓰면서 제대로 공부하기>는 프로그램을 실제로 실행해 보지 않고서 예외를 잡아내는 연습입니다. 이들 예외는 모두 예방할 수 있죠. 예외에 대해 더 많이 알수록 프로젝트를 견고하게 만들 수 있습니다.

```
anotherBee = null;
if (dronesPerQueen < 10)
{
    anotherBee.Capacity = 12.6;
}
```

anotherBee 참조 변수를 null로 설정하는 것은 곧 이 참조 변수가 아무것도 가리키지 않도록 하라는 의미입니다. 즉, 없는 것을 가리키게 되는 거죠. NullReferenceException 예외는 DoMyJob() 메서드를 호출할 대상 객체가 없음을 알려 주는 예외입니다.

System.NullReferenceException: 'Object reference not set to an instance of an object.' ②

예외가 발생하면 CLR이 예외 객체를 생성합니다

예외 객체 알아보기

코드에서 예외가 발생하면, 문제를 나타내는 객체가 생성됩니다. 이 객체의 타입은 Exception입니다.
예를 들어, 항목 4개가 든 배열이 있고, 이 배열 중 16번째 항목에 접근하려고 한다고 가정해 봅시다. 배열의 인덱스는 0부터 시작하기 때문에 인덱스는 15입니다.

> **예외(exception) [명사]**
>
> **일반적인 상식에서 벗어나거나 규칙을 따르지 않는 사람 또는 사물.**
> 제이미는 보통 땅콩 버터를 싫어하지만, 파커의 땅콩 버터 퍼지는 예외입니다.

```
int[] anArray = {3, 4, 1, 11};
int aValue = anArray[15];
```

이 코드는 명백하게 문제를 일으키죠.

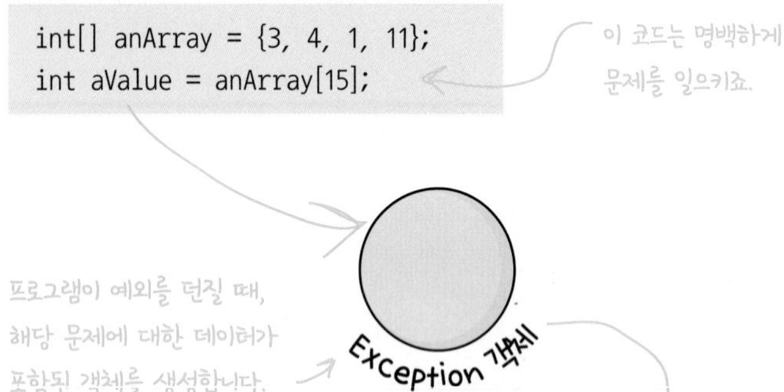

프로그램이 예외를 던질 때, 해당 문제에 대한 데이터가 포함된 객체를 생성합니다.

비주얼 스튜디오가 예외를 던지는 코드 때문에 중지되면, [로컬] 창의 [exception] 항목을 확장해서 해당 예외의 세부적인 정보를 확인할 수 있습니다. [로컬] 창에는 현재 범위에 있는 모든 변수(즉, 해당 명령문에서 접근할 수 있는 변수)도 보여 줍니다.

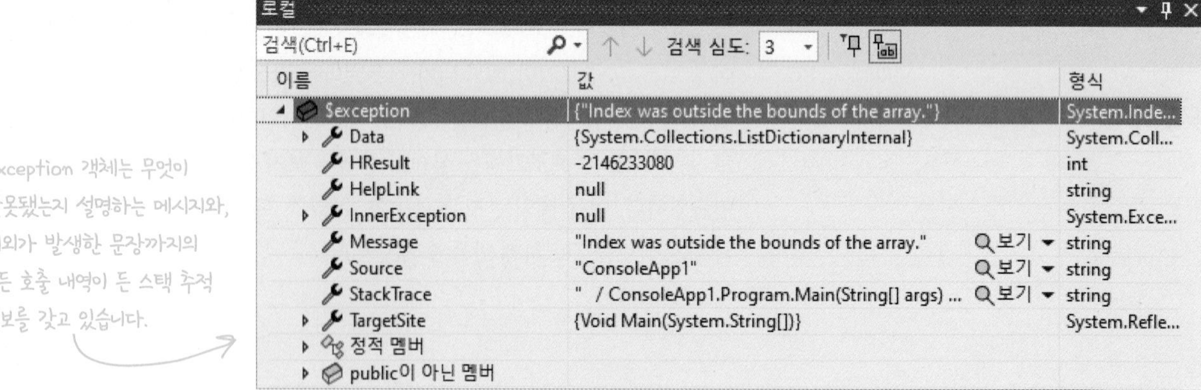

Exception 객체는 무엇이 잘못됐는지 설명하는 메시지와, 예외가 발생한 문장까지의 모든 호출 내역이 든 스택 추적 정보를 갖고 있습니다.

CLR은 예외를 일으킨 대상에 대한 정보를 모두 모아 객체를 생성합니다. 코드를 고쳐야 할 수도 있고, 프로그램에서 발생하는 특정 상황을 처리하는 방법을 변경해야 할 수도 있습니다.
지금과 같은 상황에는 IndexOutOfRangeException이 발생하는데, 이는 배열의 인덱스 범위를 넘어 접근을 시도했다는 것을 알려 줍니다. 예외 객체에서는 정확히 코드의 어느 부분에서 문제가 발생했는지, 예외를 쉽게 추적하고 해결할 수 있게 해주는 정보도 제공합니다(코드가 수천 줄에 달하는 경우라도 말이죠).

모든 예외 객체는 System.Exception을 상속합니다

예외의 기능은 대부분 비슷해서 상속에도 활용할 수 있습니다. .NET의 예외 타입은 기본 클래스 Exception을 상속하고 있죠.

Exception 클래스에는 Message와 StackTrace라는 유용한 멤버가 있습니다. Message 속성은 무엇이 잘못됐는지를 저장합니다. StackTrace는 예외가 발생했을 때 어느 코드가 실행 중이었고, 어떤 과정을 거쳐 예외가 발생했는지 보여 줍니다. 다른 멤버도 있지만, 먼저 이들 멤버를 살펴보겠습니다.

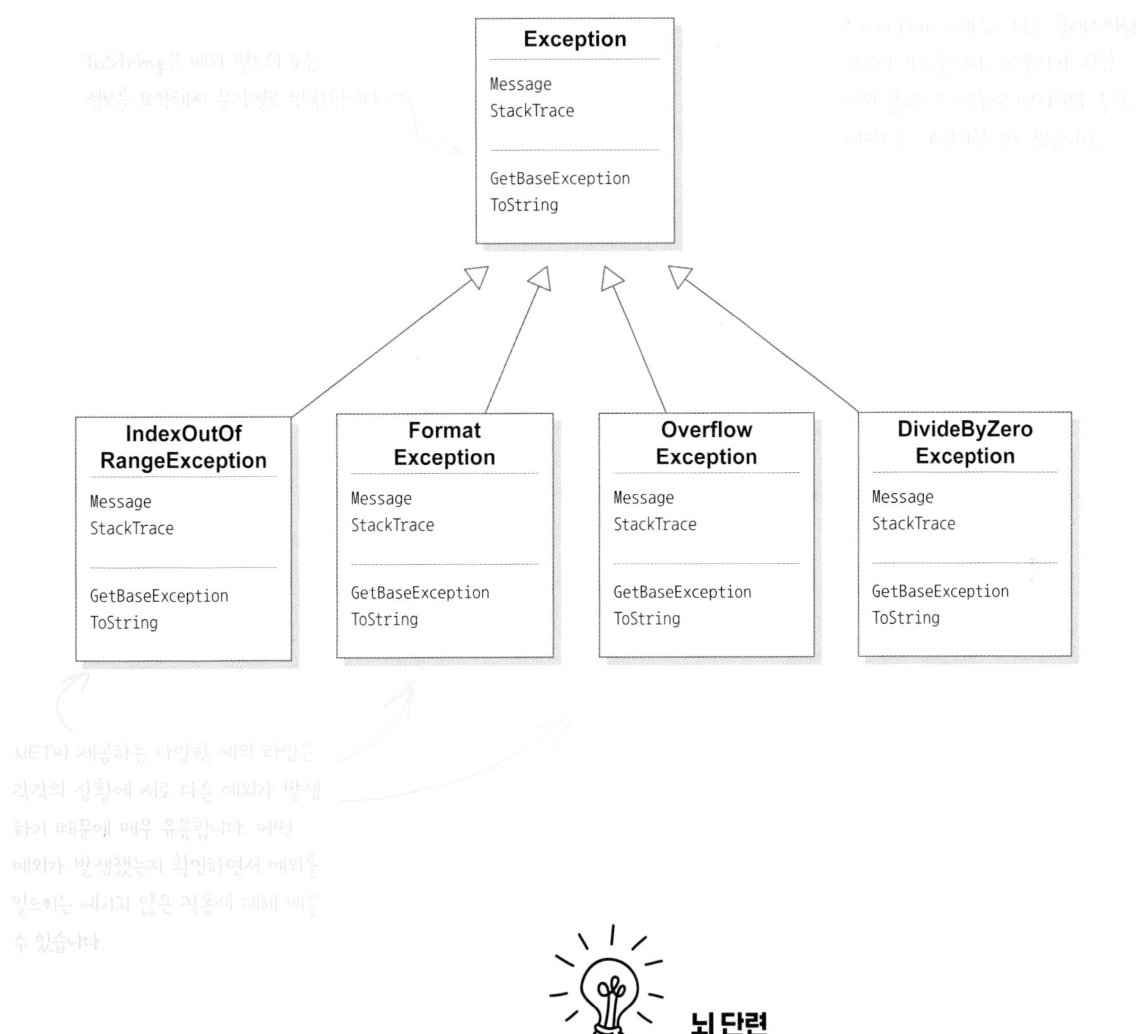

뇌 단련

HexDump 앱은 유효하지 않은 파일명을 받았을 때 예외를 일으켰습니다. 이 문제를 해결하려면 어떻게 해야 할까요?

추적하기

예외 해결의 첫걸음은 예외 객체에 포함된 모든 정보를 꼼꼼히 살펴보는 것입니다. 콘솔 앱을 실행하면 다음 정보가 콘솔에 출력됩니다. 앱에서 출력하는 진단 정보를 자세히 살펴봅시다(여기서는 HexDump 앱을 C:\HexDump 폴더로 이동해 스택 추적에 표시되는 경로명을 짧게 줄였습니다).

```
C:\HexDump\bin\Debug\netcoreapp3.1> HexDump invalid-filename
처리되지 않은 예외. System.IO.FileNotFoundException: 'C:\HexDump\bin\Debug\netcoreapp3.1\invalid-
filename' 파일을 찾을 수 없습니다.
파일 이름: 'C:\HexDump\bin\Debug\netcoreapp3.1\invalid-filename'
 at System.IO.FileStream.ValidateFileHandle(SafeFileHandle fileHandle)
 at System.IO.FileStream.CreateFileOpenHandle(FileMode mode, FileShare share, FileOptions options)
 at System.IO.FileStream..ctor(String path, FileMode mode, ... , FileOptions options)
 at System.IO.FileStream..ctor(String path, FileMode mode, FileAccess access, FileShare share)
 at System.IO.File.OpenRead(String path)
 at HexDump.Program.Main(String[] args) in C:\HexDump\Program.cs:line 12
```

여기서 우리는 다음과 같은 사실을 알 수 있습니다.

- 예외 클래스: `System.IO.FileNotFoundException`
- 예외 메시지: `'C:\HexDump\bin\Debug\netcoreapp3.1\invalid-filename' 파일을 찾을 수 없습니다.`
- 추가 진단 정보: 파일 이름: `'C:\HexDump\bin\Debug\netcoreapp3.1\invalid-filename'`
- 스택 추적의 최초 다섯 줄은 System.IO 네임스페이스의 클래스에서 왔습니다.
- 스택 추적의 마지막 줄은 HexDump 네임스페이스에서 왔고, 코드의 줄 번호가 포함되어 있습니다. 해당 줄 번호에 있는 코드는 다음과 같습니다: `using(Stream input = File.OpenRead(args[0]))`

맥OS 명령줄에서 앱을 실행한다면 [솔루션] 폴더에서 "dotnet publish -r osx-x64"를 실행해 앱을 다시 게시(republish)하는 것을 잊지 마세요.

디버거에서 예외 재현하기

10장에서 응용 프로그램의 인수를 설정하고 디버거에서 앱을 실행하는 방법을 살펴봤죠. 인수를 invalid-filename으로 설정하고, 예외를 던지는 코드에 중단점을 설정하세요. 앱을 실행하고, 중단점에서 프로그램이 멈추면 한 단계 더 코드를 실행하세요. 그러면 비주얼 스튜디오에서 예외를 확인할 수 있습니다.

예외를 방지하는 코드 추가하기

존재하지 않는 파일을 읽으려고 했더니 예외가 발생했죠. 파일이 실제 존재하는지 확인하면 예외를 방지할 수 있습니다. 파일이 없으면 File.OpenRead를 호출하는 대신 Console.OpenStandardInput을 사용해 앱의 표준 입력(stdin) 스트림을 반환하는 코드를 작성해 봅시다. 다음과 같이 GetInputStream() 메서드를 Main() 메서드 위에 추가하세요. 그리고 예외를 발생시키는 OpenRead 코드를 수정해 추가한 새 메서드를 호출하도록 변경합니다.

Console.OpenStandardInput은 앱의 표준 입력에 연결된 Stream 객체를 반환합니다. 앱의 파이프 입력을 사용하거나, 앱을 비주얼 스튜디오에서 실행하고 콘솔이나 터미널에서 키보드를 입력하는 것 어느 쪽이든 스트림에 값을 입력할 수 있습니다.

```
static Stream GetInputStream(string[] args)
{
    if ((args.Length != 1) || !File.Exists(args[0]))
        return Console.OpenStandardInput();
    else
        return File.OpenRead(args[0]);
}
```

```
using (Stream input = GetInputStream(args))
```

이제 앱을 실행해 보세요. 예외가 발생하지 않습니다. 그 대신, 표준 입력을 읽어 들입니다.

- 텍스트를 입력하고 [Enter] 키를 누르세요. 입력한 텍스트가 16진수 덤프로 표시되고, 끝에는 개행 문자(0d 0a 또는 0a)가 붙습니다. stdin 스트림은 개행 문자 이후에만 데이터를 추가하므로, 앱은 한 줄마다 새로 덤프합니다.
- 명령줄에서 다음 명령어로 앱을 실행합니다: HexDump << input.txt(맥OS에서는 ./HexDump<<input.txt)

input.txt 데이터를 stdin 스트림으로 파이프 연결하고 파일의 바이트 값을 덤프합니다.

무엇이든 물어보세요!

Q&A

Q1 예외는 정말 무엇인가요?

A1 예외는 문제가 생겼을 때 CLR이 생성하는 객체입니다. 여러분이 특정한 예외를 생성할 수도 있고요. 사실, 이미 throw 키워드를 사용해서 예외를 발생시켜 본 적이 있습니다.

Q2 예외는 객체인가요?

A2 네, 예외는 객체입니다. CLR은 예외를 던진 명령어를 실행했을 때 정확히 어떤 일이 벌어졌는지와 관련해, 가능한 많은 정보를 제공하기 위해 예외 객체를 생성합니다. 예외의 속성([로컬] 창에서 [exception] 항목을 확장하면 볼 수 있습니다)들은 해당 예외 자체에 대한 정보를 가지고 있습니다. 예를 들면, Message 속성은 '0으로 나누려 했습니다', '값이 너무 크거나 작아 Int32 형식에 맞지 않습니다' 등의 내용이죠.

Q3 왜 이렇게 다양한 Exception 객체들이 있나요?

A3 프로그램 코드가 예기치 않은 방향으로 작동하는 경우가 매우 많기 때문입니다. 코드에서 앱 충돌이 일어나는 경우는 아주 많습니다. 충돌의 원인을 모른다면 문제를 해결하기 매우 어렵고요. 따라서 각각의 상황에 따라 다양한 종류의 예외를 일으킴으로써, 개발자에게 문제를 추적하고 바로잡는 데 도움을 주는 유용한 정보를 제공합니다.

Q4 코드에서 예외가 발생하는 것이 개발자의 실수가 아닐 때도 있다는 이야기인가요?

A4 그렇습니다. 개발자가 기대한 것과는 다른 데이터가 입력될 수 있고요(앞서 프로그램 코드가 기대한 것보다 훨씬 작은 배열을 처리하는 예시처럼요). 또한, 실제로 사람이 프로그램을 사용하기 때문입니다. 사람들은 종종 예상치 못한 방식으로 행동하죠. 예외는 이러한 예기치 못한 상황을 처리하도록 C#에서 제공하는 기능입니다. 이런 기능을 이용하면 코드가 자연스럽게 실행되면서도 충돌을 일으키고, 알쏭달쏭하고 쓸모없는 오류 메시지가 출력되지 않도록 할 수 있습니다.

Q5 예외가 개발자를 돕기 위한 것이라면, 새벽에 깨서 한숨을 쉬며 골 때리는 오류를 추적하는 일이 없어지나요?

A5 그럼요! 예외는 예기치 않은 상황을 미리 대비하도록 돕는 수단입니다. 많은 사람이 프로그램에서 예외가 발생할 때 몹시 당황합니다. 하지만 예외는 문제를 추적하고 프로그램을 디버깅하는 데 도움을 주는 C#의 기능이라고 생각해 보세요. 너무나 좋은 기능 아닌가요?

예외가 항상 나쁜 건 아닌 것 같네요. 예외는 종종 오류를 식별할 수 있게 해 주지만, 내가 예상하지 못한 일이 벌어진 걸 알려 주니까요.

그렇습니다. 예외는 코드가 의도한 대로 작동하지 않는 부분을 찾아내는 데 사용할 수 있는 정말 유용한 도구입니다

많은 개발자가 처음에 예외를 발견하면 당황합니다. 하지만 예외는 매우 유용하며, 예외를 이용하면 많은 도움을 얻을 수 있습니다. 예외가 발생하면 왜 프로그램 코드가 의도하지 않은 방식으로 반응하는지 파악할 단서를 찾을 수 있죠. 예외는 프로그램 코드가 처리해야 하는 새로운 시나리오를 알려 주며, 이를 처리할 수 있는 기회를 주기 때문입니다.

예외는 여러분의 코드가 의도한 대로 작동하지 않는 상황을 찾고, 고치는 데 도움을 주는 기능입니다.

덤프할 수 없는 파일도 있습니다

9장에서 견고한 코드를 만들어 잘못된 데이터, 잘못된 입력, 사용자 오류 등 예기치 못한 상황에 대응하는 법을 다뤘습니다. 전달된 파일명이 없거나 파일 자체가 존재하지 않을 때 명령줄의 표준 입력(stdin)을 덤프하는 것은 견고한 16진수 덤프 앱을 만들기 위한 좋은 시작점이죠.
하지만 아직 할 일이 남았습니다. 예를 들어 파일이 존재하지만 읽을 수 없는 경우는 어떨까요? 파일의 읽기 접근 권한을 제거하고 파일을 읽으려고 하면 어떤 일이 일어나는지 한번 살펴보죠.

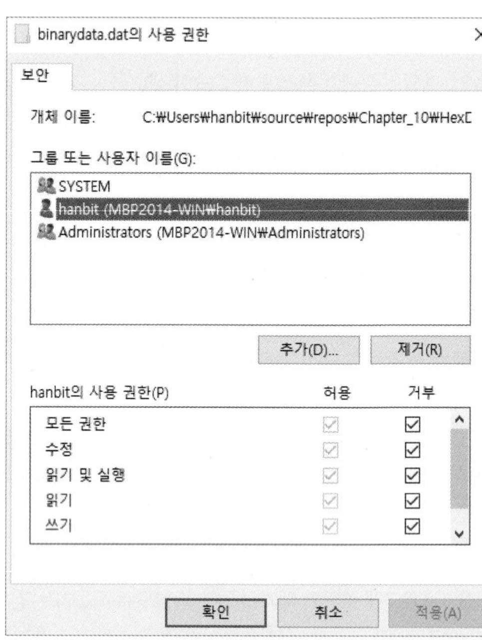

- 윈도우: 윈도우 탐색기에서 [파일]을 마우스 우클릭하고 [속성] 메뉴를 선택합니다. 그 다음으로 [보안] 탭으로 가서 [편집] 항목에서 사용 권한 항목을 모두 '거부'에 체크합니다.
- 맥OS: 터미널에서 덤프하려는 파일이 있는 경로로 이동하고 다음 명령을 실행합니다. binarydata.data를 chmod 000 binarydata.dat과 같이 여러분이 덤프하려는 파일의 이름으로 수정하세요.

이제 파일에서 읽기 권한을 제거했으니 비주얼 스튜디오나 명령줄에서 앱을 다시 실행해 보세요. 그러면 예외가 발생합니다. 스택 추적을 살펴보면 GetInputStream() 메서드를 호출하는 using 문이 최종적으로 FileStream에서 System.UnauthorizedAccessException 예외를 일으킵니다.

```
C:\HexDump\bin\Debug\netcoreapp3.1>hexdump binarydata.dat
Unhandled exception. System.UnauthorizedAccessException: Access to the path 'C:\HexDump\bin\Debug\
netcoreapp3.1\binarydata.dat' is denied.
at System.IO.FileStream.ValidateFileHandle(SafeFileHandle fileHandle)
at System.IO.FileStream.CreateFileOpenHandle(FileMode mode, ..., FileOptions options)
at System.IO.FileStream..ctor(String path, ..., Int32 bufferSize, FileOptions options)
at System.IO.FileStream..ctor(String path, FileMode mode, FileAccess access, FileShare share)
at System.IO.File.OpenRead(String path)
at HexDump.Program.GetInputStream(String[] args) in C:\HexDump\Program.cs:line 14
at HexDump.Program.Main(String[] args) in C:\HexDump\Program.cs:line 20
```

잠깐만요. 물론 프로그램에 오류가 생기겠죠. 읽을 수 없는 파일을 줬으니까요. 사용자는 항상 예측할 수 없고요. 이 상황에서 개발자가 여기서 뭔가 하기를 기대하는 건 아니겠죠? ...맞나요?

사실, 개발자가 할 수 있는 일이 있습니다

그렇죠. 사용자는 잘못된 데이터를 넣고 이상한 값을 입력하고, 개발자는 생각하지도 못한 것들을 클릭하기도 하죠. 피할 수 없는 일이긴 하지만, 어떻게 할 수 없다는 의미는 아닙니다. C#은 매우 유용한 예외 처리 도구를 제공해서, 견고한 프로그램을 작성하도록 도와줍니다. 사용자가 앱을 가지고 뭘 할지 제어할 수 없기 때문에, 이런 일이 일어났을 때 앱이 충돌하지 않도록 할 수 있습니다.

위험한 메서드를 호출하면 어떤 일이 벌어지나요?

위험한 코드 호출하기

사용자는 예측할 수 없습니다. 프로그램에 온갖 이상한 데이터를 집어넣고, 예기치 않은 방식으로 화면을 클릭하죠. 괜찮습니다. **예외 처리(exception handling)**를 추가해서 코드가 던지는 예외를 처리할 수 있으니까요. 예외 처리를 사용하면 예외가 발생할 때 실행되는 특수한 코드를 작성할 수 있습니다.

❶ 사용자로부터 입력을 받는 메서드를 호출한다고 해 봅시다.

사용자가 입력함

메서드로 전달됨

사용자

입력 내용

개발자가 작성한 클래스

런타임(runtime)은 '프로그램이 실행되는 동안'을 의미합니다. 일부 개발자는 런타임에서 발생하는 예외를 '런타임 오류'라고 지칭하기도 합니다.

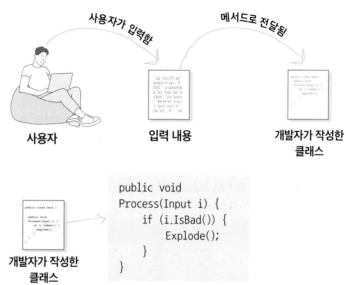

❷ 이 메서드는 런타임에서 작동하지 않을 수도 있습니다. 위험해요.

개발자가 작성한 클래스

```
public void
Process(Input i) {
    if (i.IsBad()) {
        Explode();
    }
}
```

❸ 호출하려는 메서드는 위험성이 있다는 것을 알아야 합니다.

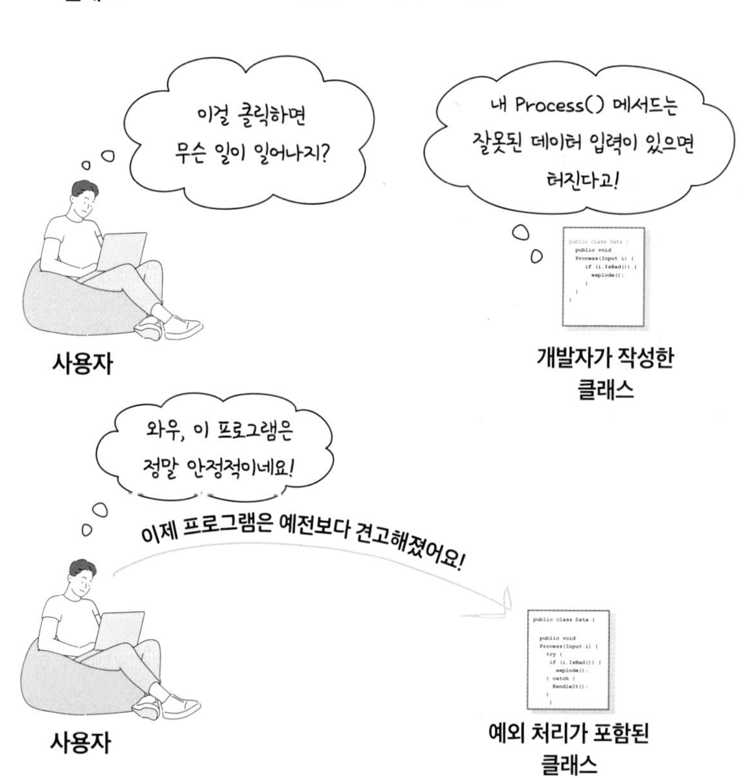

이걸 클릭하면
무슨 일이 일어나지?
내 Process() 메서드는
잘못된 데이터 입력이 있으면
터진다고!
사용자
개발자가 작성한 클래스
와우, 이 프로그램은
정말 안정적이네요!
이제 프로그램은 예전보다 견고해졌어요!
사용자
예외 처리가 포함된 클래스

예외 처리 코드를 사용하지 않고 해결할 수 있는 방법이 떠올랐다면 그게 최선이겠죠! 하지만 어떻게 할 수 없는 위험은 따로 처리해야 합니다.

❹ 예외가 발생할 때 이를 처리하는 코드를 작성합니다. 만약을 위해 준비하는 거죠.

try/catch 문으로 예외 처리하기

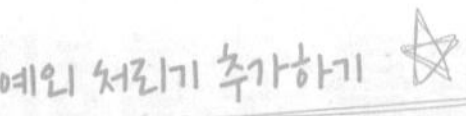

try/catch 문을 사용해 예외 처리를 코드에 추가해서, 예외가 발생할 때 실행되는 코드 블록을 만들 수 있습니다. try/catch 문은 기본적으로 코드를 실행해 보고(**try**), 예외가 발생하면 다음 코드로 처리(**catch**)하라고 C# 컴파일러에 알려 주는 역할을 합니다. 방법은 간단합니다. 실행해 볼 코드는 try 블록에, 예외를 처리하는 부분은 catch 블록에 작성합니다. catch 블록에는 프로그램이 갑자기 중단되는 오류 대신, 오류 메시지를 출력하는 일들을 할 수 있습니다.

HexDump 앱에서 스택 추적의 마지막 세 줄을 살펴보면, 예외 처리 코드를 어디에 작성해야 할지 파악하는 데 도움이 됩니다.

```
at System.IO.File.OpenRead(String path)
at HexDump.Program.GetInputStream(String[] args) in Program.cs:line 14
at HexDump.Program.Main(String[] args) in Program.cs:line 20
```

UnauthorizedAccessException 예외는 File.OpenRead를 호출하는 GetInputStream()에서 발생합니다. 이 예외는 막을 수 없으므로, try/catch 블록을 사용하도록 GetInputStream()을 변경해 봅시다.

```
static Stream GetInputStream(string[] args)
{
    if ((args.Length != 1) || !File.Exists(args[0]))
        return Console.OpenStandardInput();
    else
    {
        try
        {
            return File.OpenRead(args[0]);
        }
        catch (UnauthorizedAccessException ex)
        {
            Console.Error.WriteLine("Unable to read {0}, dumping from stdin: {1}",
                                    args[0], ex.Message);
            return Console.OpenStandardInput();
        }
    }
}
```

예외를 던질 가능성이 있는 코드를 try 블록 안에 넣습니다. 예외가 발생하지 않으면 이 코드는 평소와 똑같이 실행되며, catch 블록의 코드는 무시됩니다. try 블록 안의 명령문에서 예외가 발생하면, try 블록의 나머지 부분은 실행되지 않습니다.

여기가 try 블록입니다. 예외 처리 로직은 'try'로 시작합니다. 이 코드에서는 기존 else 문의 코드를 try 블록 안에 넣습니다.

catch 키워드 다음에는 예외 처리기를 포함한 블록이 옵니다.

예외가 try 블록 내에서 발생하면, 프로그램은 곧바로 catch 문으로 점프해서 catch 블록을 실행합니다.

이 예외 처리기(exception handler)는 의도적으로 간단하게 만들었습니다. 먼저 Console.Error를 사용해 표준 오류 출력(stderr)에 텍스트를 출력해서 사용자에게 오류가 발생했음을 알린 다음, 표준 입력으로부터 데이터를 읽어 들여 프로그램이 계속 작동하도록 합니다. catch 블록이 return 문을 어떻게 사용하는지 살펴보세요. 이 메서드는 Stream을 반환하므로, 예외를 처리한 후에도 Stream을 반환해야 합니다. 그렇지 않으면 "일부 코드 경로가 값을 반환하지 않습니다"라는 컴파일 오류가 발생합니다.

뇌 단련

만약 예외가 발생해서 코드 실행이 catch 블록으로 건너뛰면, 예외가 발생하기 전에 작업 중이던 객체와 데이터는 어떻게 될까요?

디버거로 try/catch 흐름 추적하기

예외 처리에서 중요한 것은 try 블록의 명령문에서 예외가 발생하면 나머지 블록은 즉시 종료된다는 점입니다. 프로그램의 실행은 곧바로 catch 블록의 첫 번째 줄로 점프합니다. 디버거를 사용해 프로그램이 어떻게 작동하는지 살펴봅시다.

디버그하세요!

01 HexDump 앱의 GetInputStream() 메서드가 UnauthorizedAccessException 예외를 처리하도록 수정합니다.

02 명령줄 인수에 존재하지 않는 파일명을 입력합니다.

03 GetInputStream() 메서드의 첫 번째 명령문에 중단점을 설정하고, 프로젝드를 디버깅합니다.

04 중단점에서 프로그램이 멈추면, File.OpenRead에 도달할 때까지 명령문을 한 단계씩 실행합니다. 한 단계 더 실행하면, 프로그램 실행이 catch 블록의 첫 번째 줄로 점프합니다.

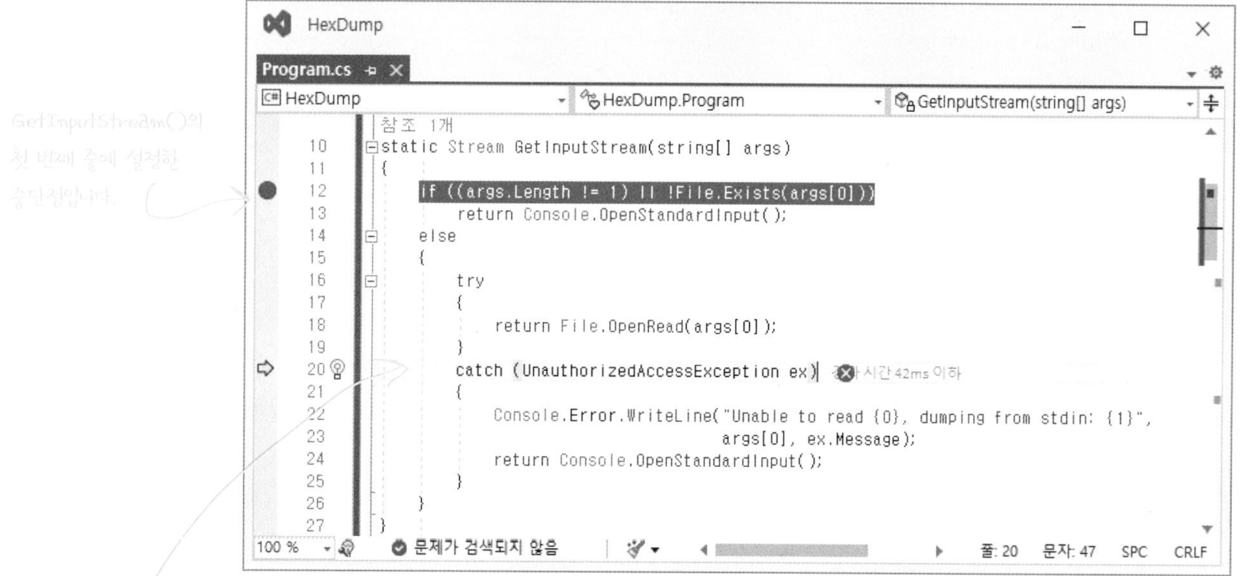

메서드에서 한 단계씩 실행해 보세요. File.OpenRead()에 도달해 예외가 발생하면, 프로그램 실행이 catch 블록으로 점프합니다.

05 catch 블록의 나머지 부분을 한 단계씩 계속 실행하세요. 그러면 콘솔에 결과를 출력한 다음, Console.OpenStandardInput()을 호출한 결과를 반환하고 Main() 메서드를 계속 이어서 실행합니다.

항상 실행해야 할 코드가 있으면, finally 블록을 사용하세요

finally 블록은 언제나 실행됩니다.

프로그램에서 예외가 발생하면 두 상황으로 나뉩니다. 예외가 처리되지 않으면, 프로그램은 정지하고 충돌이 일어납니다. 예외가 처리되면, 코드 실행은 catch 블록으로 점프하죠. try 블록에서 실행되지 않은 나머지 코드는 어떻게 될까요? 실행되지 않은 코드 중에 스트림을 닫거나, 중요한 리소스를 정리하는 코드가 있다면 어떨까요? 이러한 코드는 예외가 발생하더라도 실행되어야 하겠죠. 그렇지 않으면 프로그램에 심각한 문제가 생길 테니까요. 이럴 때 **finally 블록**을 사용할 수 있습니다. finally 코드 블록은 try/catch 문 다음에 오며, 예외가 발생했는지 여부에 상관없이 항상 실행됩니다. 디버거를 사용해 finally 블록의 작동을 살펴봅시다.

01 'UseAFinallyBlock' 이름의 새 콘솔 앱 프로젝트를 생성합니다.

using System.IO;를 파일의 상단에 추가하고, 다음 Main() 메서드를 추가합니다.

```
static void Main(string[] args)
{
    var firstLine = "No first line was read";
    try
    {
        var lines = File.ReadAllLines(args[0]);
        firstLine = (lines.Length > 0) ? lines[0] : "The file was empty";
    }
    catch (Exception ex)
    {
        Console.Error.WriteLine("Could not read lines from the file: {0}", ex);
    }
    finally
    {
        Console.WriteLine(firstLine);
    }
}
```

WriteLine은 Exception 객체의 ToString() 메서드를 호출하며, 이 메서드는 예외의 이름, 메시지, 스택 추적 내용을 반환합니다.

이 finally 블록은 예외 발생 여부와 상관없이 실행됩니다.

앞서 살펴봤을 때와 같이 [로컬] 창에서 예외를 확인할 수 있습니다.

02 Main() 메서드의 첫 번째 줄에 중단점을 추가합니다.

앱을 한 단계씩 실행해 보세요. try 블록의 첫 번째 줄은 args[0]에 접근하지만, args[0]는 비어 있기 때문에 System.IndexOutOfRangeException 예외가 발생합니다. 메시지가 출력되고 나면 finally 블록이 실행되고 프로그램은 종료됩니다.

03 명령줄 인수에 유효한 파일 경로를 설정합니다.

다시 명령줄 인수를 유효한 파일로 수정합니다. [명령줄 인수] 항목에는 실행할 파일명을, [작업 디렉터리] 항목에는 실행할 파일의 전체 경로를 입력하세요. 파일명에 공백이 있을 경우 인수를 2개로 인식할 수 있으니, 파일명에는 공백이 없어야 합니다. 그런 다음 디버그해 보세요. try 블록 실행이 끝나고 나서 finally 블록이 실행됩니다.

04 명령줄 인수에 유효하지 않은 파일 경로를 설정합니다.

다시 유효하지 않은 파일명을 입력하고(작은 오탈자도 괜찮습니다), 앱을 다시 실행하세요. 이번에는 System.IO.FileNotFoundException 예외가 발생해서 catch 블록으로 점프합니다. 그런 다음 finally 블록이 실행됩니다.

System.Exception을 처리하는 catch-all 예외

지금까지 콘솔 앱에서 서로 다른 두 종류의 예외인 IndexOutOfRangeException과 FileNotFoundException 예외를 확인했습니다. 그리고 두 예외 모두 잘 처리했죠. 이제 예외 처리를 위한 catch 블록을 더 자세히 살펴보겠습니다.

```
catch (Exception ex)
```

이와 같은 catch 블록은 **catch-all 예외**라고 부릅니다. catch 블록 다음에 오는 타입은 어떤 예외 타입을 처리할지 나타내며, 모든 예외는 System.Exception 클래스를 상속받기 때문에 이 타입에 Exception을 지정하면 try/catch 블록은 모든 예외를 처리하게 됩니다.

여러 catch 블록을 사용해 catch-all 예외 피하기

항상 발생할 수 있는 특정 예외를 예측해서 처리하는 편이 좋습니다. 예를 들어, 코드에서 파일명이 지정되지 않았을 때는 IndexOutOfRange 예외가, 유효하지 않은 파일명이 입력됐을 때는 FileNotFound 예외가 발생할 수 있음을 예측할 수 있죠. 그 외에도 앞서 읽기 권한이 없는 파일을 읽으려 시도할 때 CLR에서 UnauthorizedAccessException 예외가 발생하는 것을 살펴봤습니다. 코드에 catch 블록을 여러 개 추가함으로써, 서로 다른 종류의 예외를 처리할 수 있습니다.

```
static void Main(string[] args)
{
    var firstLine = "No first line was read";
    try
    {
        var lines = File.ReadAllLines(args[0]);
        firstLine = (lines.Length > 0) ? lines[0] : "The file was empty";
    }
    catch (IndexOutOfRangeException)
    {
        Console.Error.WriteLine("Please specify a filename.");
    }
    catch (FileNotFoundException)
    {
        Console.Error.WriteLine("Unable to find file: {0}", args[0]);
    }
    catch (UnauthorizedAccessException ex)
    {
        Console.Error.WriteLine("File {0} could not be accessed: {1}",
                                args[0], ex.Message);
    }
    finally
    {
        Console.WriteLine(firstLine);
    }
}
```

뇌 단련

이들 예외를 처리하는 대신 방지할 수는 없을까요?

이제 앱에서는 어떤 예외가 처리되는지에 따라 서로 다른 오류 메시지를 출력할 것입니다. 앞의 두 catch 블록은 변수명을 지정하지 않았습니다. Exception 객체를 사용하려고 할 때만 변수명을 지정하면 됩니다.

무엇이든 물어보세요!

Q&A

Q1 잠깐만 돌아가 보죠. 예외 처리 코드를 작성하지 않으면 예외가 발생했을 때 프로그램이 멈춘다는 건가요? 그게 왜 좋은 거죠?

A1 예외의 장점 중 하나는 문제를 분석할 때 문제를 명확하게 만들어 준다는 겁니다. 복잡한 응용 프로그램에서 처리 중인 수많은 객체를 하나하나 따라가면 길을 잃기 너무 쉽습니다. 예외는 발생한 문제에 집중할 수 있게 해 주며, 문제의 근원을 찾아서 프로그램이 의도한 대로 작동하는지 파악하도록 도와줍니다.

예외가 발생한다는 것은 개발자가 의도한 대로 작동하지 않는 코드가 있는 거죠. 어쩌면 객체 참조가 엉뚱한 곳을 가리키거나, 사용자가 생각지도 못한 값을 입력했거나, 파일에 갑자기 접근할 수 없게 됐을 수도 있습니다. 이런 일들이 일어날 것을 개발자가 인지하지 못했다면, 프로그램의 출력에 문제가 생기고, 개발자가 프로그램을 작성할 때 기대했던 작동과는 크게 달라져 있을 겁니다.

이번에는 여러분이 프로그램에서 오류가 발생한 것을 모르는 상태에서, 사용자가 여러분을 불러 프로그램이 불안정하다고 이야기하는 상황을 상상해 보세요. 예외가 프로그램이 수행하던 것을 중지시켜 버리는 것이 좋은 점인 이유가 이것입니다. 문제를 고치기 쉬울 때, 문제를 처리하도록 강제하는 거죠.

Q2 Exception 객체를 왜 사용하는지 다시 한번 설명해 주겠어요?

A2 Exception 객체는 코드에 무엇이 잘못됐는지 단서를 제공합니다. 예외 타입을 통해 어떤 종류의 문제가 발생했는지 확인할 수 있고, 예외 처리 코드를 작성해서 예외를 처리하고 앱을 계속 실행할 수 있습니다.

Q3 처리된 예외와 처리되지 않은 예외는 어떤 차이가 있나요?

A3 프로그램에서 예외가 발생하면, 런타임 환경은 이 예외를 처리하는 catch 블록이 있는지 찾습니다. 해당 예외를 처리하는 catch 블록이 있으면 그 블록이 실행됩니다. 해당 오류를 처리할 catch 블록을 미리 작성했으므로, 이 예외는 처리된 것으로 간주합니다.

런타임이 해당 예외와 일치하는 catch 블록을 찾지 못하면, 프로그램이 수행하던 작업을 모두 중지하고 예외를 발생시킵니다. 이러한 예외는 처리되지 않은 예외입니다.

Q4 catch 블록에 특정한 예외를 지정하지 않으면 어떻게 되나요?

A4 catch 블록이 try 블록에서 발생하는 모든 예외를 처리하는 방식을 catch-all 예외라고 합니다. 그러므로 변수를 선언해서 Exception 객체를 사용할 필요가 없다면, 다음과 같이 손쉽게 catch-all 예외를 작성할 수 있습니다.

```
catch {
    // 예외를 처리합니다.
}
```

Q5 catch-all 예외를 사용해서 모든 예외를 처리하는 코드를 작성하는 것이 더 안전하지 않나요?

A5 가급적 Exception 타입을 처리하는 것을 피하고, 특정된 예외를 위주로 처리해야 합니다. 옛말에도 예방이 치료보다 중요하다고들 하죠? 예외 처리도 마찬가지입니다. catch-all 예외에 의존하는 것은 일반적으로 나쁜 프로그래밍 습관입니다. 예를 들어, File.Exists로 파일의 존재 유무를 미리 확인하는 편이 FileNotFoundException 예외를 발생시키는 것보다 낫습니다. 피할 수 없는 예외도 종종 있지만, 애초에 발생하지 않도록 만들 수 있는 예외가 생각보다 많다는 것을 기억하세요!

Q6 처리할 예외를 지정하지 않은 catch 블록이 모든 예외를 처리할 수 있다면, 왜 예외 타입을 지정해야 하나요?

A6 특정한 예외는 프로그램을 계속 실행하기 위해 다른 작업이 필요할 수 있습니다. 이를테면 0으로 나누어 발생한 예외를 처리하는 catch 블록에서는 프로그램에서 처리하던 데이터를 속성에 저장해야 할 수도 있고, null 참조 예외를 처리하는 catch 블록에서는 새로운 객체 인스턴스를 생성해야 할 수도 있습니다.

처리되지 않은 예외는 프로그램이 의도하지 않은 방향으로 작동하게 할 수 있습니다.
그렇기 때문에 처리되지 않은 예외가 있을 경우 프로그램을 중단시킵니다.

여러분은 수영장에서 코드 조각으로 프로그램의 빈칸을 채워야 합니다. 같은 조각을 여러 번 사용할 수 있고, 이 중 사용하지 않는 조각도 있습니다. 완성된 코드는 아래의 출력 결과에 있는 내용과 동일한 값을 출력해야 합니다.

```
using System.IO;

internal class Program
{
    public static void Main()
    {
        Kangaroo joey = new Kangaroo();
        int koala = joey.Wombat(
            joey.Wombat(joey.Wombat(1)));

        try
        {
            Console.WriteLine((15 / koala)
                    + " eggs per pound");
        }
        catch ( ________________________ )
        {
            Console.WriteLine("G'Day Mate!");
        }
    }
}
```

출력 결과 : `G'day Mate!`

```
internal class Kangaroo
{
    ______________ fs;
    int croc;
    int dingo = 0;
    public int Wombat(int wallaby)
    {
        _____________ ;
        try
        {
            if ( _____________ > 0)
            {
                fs = File.OpenWrite("wobbiegong");
                croc = 0;
            } else if ( _____________ < 0) {
                croc = 3;
            } else {
                fs = _______.OpenRead("wobbiegong");
                croc = 1;
            }
        }
        catch (IOException) {
            croc = -3;
        }
        catch {
            croc = 4;
        }
        finally {
            if ( _________ > 2) {
                croc _______vdingo;
            }
        }
        _____________ ________ ;
    }
}
```

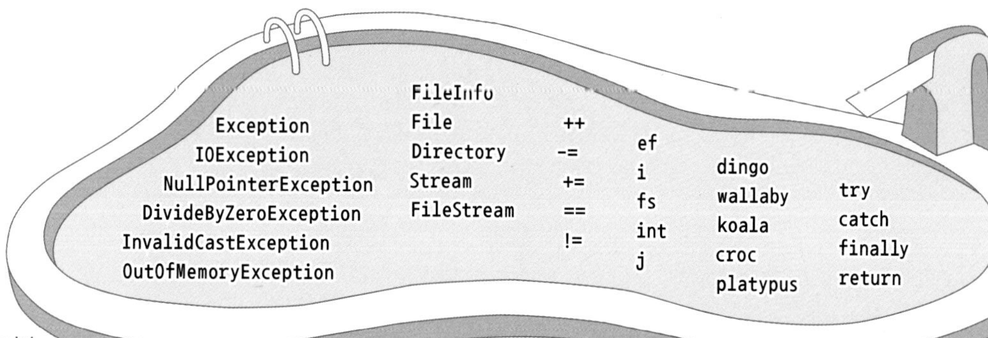

알아 두기

수영장의 각 코드 조각은 한 번 이상 사용할 수 있습니다.

```
using System.IO;

internal class Program
{
    public static void Main()
    {
        Kangaroo joey = new Kangaroo();
        int koala = joey.Wombat(
           joey.Wombat(joey.Wombat(1)));

        try
        {
            Console.WriteLine((15 / koala)
                   + " eggs per pound");
        }
        catch ( DivideByZeroException )
        {
            Console.WriteLine("G'Day Mate!");
        }
    }
}

internal class Kangaroo
{
    FileStream fs;
    int croc;
    int dingo = 0;
    public int Wombat(int wallaby)
    {
        dingo ++ ;
        try
        {
            if ( wallaby > 0)
            {
                fs = File.OpenWrite("wobbiegong");
                croc = 0;
            } else if ( wallaby < 0) {
                croc = 3;
            } else {
                fs = File.OpenRead("wobbiegong");
                croc = 1;
            }
        }
        catch (IOException) {
            croc = -3;
        }
        catch {
            croc = 4;
        }
        finally {
            if ( dingo > 2) {
                croc -= dingo;
            }
        }
        return croc ;
    }
}
```

joey.Wombat은 3번 호출되며, 세 번째에는 '0'을 반환합니다. 이 코드는 WriteLine에서 DivideByZeroException 예외를 발생시킵니다.

이 catch 블록은 '0'으로 나누는 코드의 예외만 처리합니다.

이 타입이 OpenRead() 메서드를 가진 FileStream이고, IOException 예외를 발생시킨다는 단서입니다.

이 코드는 'wobbiegong' 파일을 열고, 파일이 열린 상태로 둔 다음 나중에 그 파일을 다시 엽니다. 하지만 파일을 닫은 적이 없기 때문에 IOException 예외가 발생합니다.

catch-all 예외를 가급적 피해야 합니다. 더 재미있는 퍼즐을 만든다고 암호 같은 변수명을 사용하는 것도 피해야 합니다.

파일을 사용하고 나면 항상 파일을 닫아야 한다는 것을 기억하세요. 그렇지 않을 경우 열린 파일은 (해당 프로그램에 의해) 잠긴 상태가 유지되고, 이 파일을 다시 열려고 하면 IOException 예외가 발생합니다.

처리되지 않은 예외는 '버블 업'합니다

버블 업과 다시 던지기

믿거나 말거나, 처리되지 않은 예외는 매우 유용합니다. 실세계의 프로그램은 복잡한 로직으로 이뤄져 있으며, 특히 문제가 프로그램의 깊숙한 곳에 존재할 때는 무언가 잘못됐을 때 프로그램을 제대로 고치기 어려울 때가 많습니다. 이때 특정한 예외만을 처리하고 catch-all 예외 처리기의 사용을 회피해서 처리되지 않은 예외가 **버블 업(bubble up)**될 수 있습니다. 버블 업은 해당 예외를 현재 메서드에서 바로 처리하는 대신, 호출 스택의 바로 다음 명령문에서 처리하는 것입니다.
오류를 미리 예측하고, 예상 가능한 예외를 처리하고, 그 외 처리되지 않은 예외는 버블 업하도록 설계하면 더욱 견고한 앱을 만들 수 있습니다.
때로는 예외를 **다시 던지는(rethrow)** 편이 유용할 때가 있습니다. 예외를 다시 던진다는 의미는 메서드에서 예외를 처리한 후, 메서드를 호출한 명령문으로 예외를 버블 업하도록 둔다는 뜻입니다. 개발자는 throw 키워드를 사용해 예외를 다시 던지기만 하면 됩니다. 그러면 catch 블록 안에서 처리됐던 예외는 즉시 버블 업됩니다.

```
try {
    // 여기서 예외가 발생할 수 있습니다.
} catch (DivideByZeroException d) {
    Console.Error.WriteLine($"Got an error: {d.Message}");
    throw;
}
```

throw 명령어는 DivideByZeroException 예외를 발생시켜 이 try/catch 블록을 호출한 코드로 버블 업합니다.

주의하세요!

이건 실무 조언입니다. 많은 C# 개발자가 생성자 내부의 예외를 처리하는 방법을 묻습니다.

위험한 코드를 생성자 안에 두지 마세요!

생성자에는 반환 값이 없으며, void조차도 사용하지 않습니다. 이는 생성자가 실제로 아무것도 반환하지 않기 때문이죠. 생성자의 목적은 객체를 초기화하는 것뿐입니다. 그래서 생성자 내에서의 예외 처리는 문제가 있습니다. 생성자 내에서 예외가 발생하면, 클래스를 초기화하는 해당 명령문이 객체의 인스턴스를 제대로 초기화할 수 없기 때문입니다.

상황에 맞는 예외를 사용하세요

사용자 정의 예외를 만드세요.

비주얼 스튜디오에서 메서드를 생성하면 다음과 같은 코드가 생성됩니다. **NotImplementedException 예외**는 .NET이 제공하는 예외 타입으로, 아직 구현되지 않은 명령이나 메서드가 있을 때 사용합니다. 이 예외를 발견하면 작성해야 할 코드가 남았다는 뜻이죠. 상황에 맞는 예외를 선택하면 읽기 쉬운 코드와 깔끔하고 견고한 예외 처리 코드를 만들 수 있습니다. 예를 들어 매개 변수를 검증하는 메서드에서 ArgumentException 예외가 발생할 수 있습니다. ArgumentException의 오버로드된 생성자 중에는 어떤 인수가 문제를 일으켰는지 지정하는 매개 변수를 가진 생성자가 있습니다. 3장의 Guy 클래스를 떠올려 보세요. 이 클래스의 ReceiveCash() 메서드는 받을 금액이 양수인지 확인하기 위해 amount 매개 변수를 검사했습니다. ArgumentException 예외를 사용할 좋은 기회가 되겠죠.

```
private void MyGeneratedMethod()
{
    throw new NotImplementedException();
}
```

유효하지 않은 인수를 ArgumentException 생성자에 넘겨줍니다.

```
public void ReceiveCash(int amount)
{
    if (amount <= 0)
       throw new ArgumentException($"Must receive a positive value", "amount");
    Cash += amount;
}
```

.NET API의 일부 예외 목록을 한번 살펴보세요. 여러분이 작성하는 코드에서 이들 예외를 처리할 수 있습니다.
https://docs.microsoft.com/ko-kr/dotnet/api/system.systemexception

System.Exception을 상속하는 사용자 정의 예외를 처리하기

프로그램의 특별한 조건 때문에 예외를 던져야 할 때도 종종 있습니다. 잠시 3장의 Guy 클래스로 돌아가 봅시다. 이 클래스를 앱에서 사용할 때는 Guy 객체가 항상 0 이상의 현금을 가지고 있다고 가정했죠. 이를 위해 System.Exception을 상속하는 사용자 정의 예외를 추가할 수 있습니다.

```
internal class OutOfCashException : System.Exception {
    public OutOfCashException(string message) : base(message) { }
}
```

이 사용자 정의 OutOfCashException 예외는 System.Exception의 message 매개 변수를 가진 생성자를 상속합니다.

이제 이 새로운 예외를 던질 수 있으며, 다른 예외처럼 처리할 수도 있습니다.

이제 Guy 클래스는 사용자 정의 예외를 던질 수 있으므로, GiveCash를 호출하는 메서드는 try/catch 문에서 이 예외를 처리할 수 있습니다.

```
internal class Guy
{
    public string Name;
    public int Cash;

    public int GiveCash(int amount)
    {
        if (Cash <= 0) throw new OutOfCashException($"{Name} ran out of cash");
        ...
```

```
internal class Program {
    public static void Main(string[] args) {
        Console.Write("when it ");
        ExTestDrive.Zero("yes");
        Console.Write(" it ");
        ExTestDrive.Zero("no");
        Console.WriteLine(".");
    }
}
internal class MyException : Exception { }
```

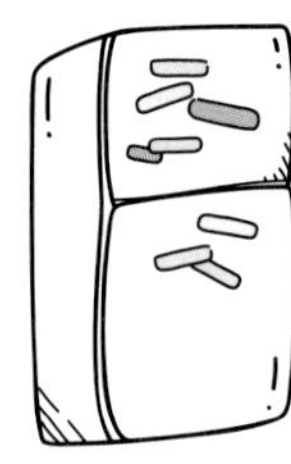

Exception 자석

프로그램이 출력 결과와 같은 값을 콘솔에 출력하도록 다음 자석들을 다시 배열해 봅시다.

```
}
```

```
}
```

```
}
```

```
throw new MyException();
```

```
        Console.Write("r");
    }
}
```

```
DoRisky(test);
```

```
} finally {
```

```
Console.Write("o");
```

```
Console.Write("w");
```

```
Console.Write("s");
```

```
class ExTestDrive {
  public static void Zero(string test) {
```

```
static void DoRisky(String t) {
  Console.Write("h");
```

```
try {
```

```
if (t == "yes") {
```

```
Console.Write("a");
```

```
Console.Write("t");
```

```
} catch (MyException) {
```

출력 결과 :

```
when it thaws it throws.
```

```
internal class Program {
    public static void Main(string[] args) {
        Console.Write("when it ");
        ExTestDrive.Zero("yes");
        Console.Write(" it ");
        ExTestDrive.Zero("no");
        Console.WriteLine(".");
    }
}
internal class MyException : Exception { }
```

Exception 자석 정답

프로그램이 출력 결과와 같은 값을 콘솔에 출력하도록 다음 자석들을 다시 배열해 봅시다.

여기서 'MyException'이라는 사용자 정의 예외를 정의합니다. 이 예외는 catch 블록에서 처리됩니다.

```
class ExTestDrive {
    public static void Zero(string test) {
        try {
            Console.Write("t");
            DoRisky(test);
            Console.Write("o");
        } catch (MyException) {
            Console.Write("a");
        } finally {
            Console.Write("w");
        }
        Console.Write("s");
    }

    static void DoRisky(String t) {
        Console.Write("h");
        if (t == "yes") {
            throw new MyException();
        }
        Console.Write("r");
    }
}
```

Zero() 메서드는 test 매개 변수에 'yes' 또는 다른 값이 전달됐는지에 따라, 'thaws' 또는 'throws'를 출력합니다.

finally 블록에서는 메서드에서 항상 'w'를 출력하도록 강제하고, 's'는 예외 처리기 밖에서 출력되므로, 이 글자도 항상 출력됩니다.

DoRisky() 메서드는 'yes'라는 문자열이 전달됐을 때만 예외를 던집니다.

이 명령문은 DoRisky가 예외를 던지지 않을 때만 실행됩니다.

출력 결과 : `when it thaws it throws.`

using 문은 예외 처리기를 생성합니다.

무대 뒤에서

IDisposable은 try/finally 문을 사용해서 Dispose() 메서드가 호출되도록 보장합니다

다음 코드는 10장 <추적하기>의 코드입니다.

```
using System.IO;
using System.Text;

internal class Program
{
    static void Main(string[] args)
    {
        using (var ms = new MemoryStream())
        {
            using (var sw = new StreamWriter(ms))
            {
                sw.WriteLine("The value is {0:0.00}", 123.45678);
            }
            Console.WriteLine(Encoding.UTF8.GetString(ms.ToArray()));
        }
    }
}
```

이 using 문을 안쪽으로 옮겨서 MemoryStream.Close()가 호출되기 전에 StreamWriter.Close() 메서드를 호출했죠.

이전에 using 문이 어떻게 작동하는지 살펴봤고, 이 경우 using 문을 하나를 안쪽으로 중첩시켜서 MemoryStream보다 StreamWriter가 먼저 Dispose를 호출하도록 했죠. StreamWriter와 MemoryStream 클래스 모두 IDisposable 인터페이스를 구현하고 있으며, Dispose() 메서드 내에서 Close() 메서드를 호출하고 있기 때문입니다. 그래서 블록이 끝날 때 각각의 using 문이 Dispose() 메서드를 호출하도록 강제하며, 이를 통해 스트림을 항상 닫을 수 있도록 보장하는 것입니다.

이제 예외 처리를 다뤄 봤으니, using 문이 어떻게 작동하는지 알아차렸을 겁니다. using 문은 **문법 설탕(syntactic sugar)**의 한 예시로, 문법 설탕은 프로그래밍 언어에서 읽는 사람 또는 작성하는 사람이 편하게 디자인된 문법이라는 뜻입니다. 문법 설탕은 직관적이고 간결한 문법으로, 단축 표현 등을 의미합니다. using 문 또한 실제로는 일종의 단축 표현입니다.

```
using (var sw = new StreamWriter(ms))
{
    sw.WriteLine("The value is {0:0.00}", 123.45678);
}
```

C# 컴파일러는 앞서의 코드를 가지고 대략 다음과 같은 코드를 생성합니다.

```
try {
    var sw = new StreamWriter(ms))
    sw.WriteLine("The value is {0:0.00}", 123.45678);
} finally {
    sw.Dispose();
}
```

IDisposable은 예외를 회피하기 위한 훌륭한 도구입니다.

필수가 아닌 예외는 피하고, 스트림을 사용할 때는 항상 using 블록을 사용하세요!

또는 IDisposable을 구현하는 무언가를 사용할 때도요.

정확한 예외 처리기를 만드는 데 도움을 주는 예외 필터

예외 필터는 특정 조건을 처리합니다.

고전적인 1930년대 마피아 암흑가를 배경으로 한 게임을 만든다고 해 보죠. Guy 인스턴스로부터 Guy.GiveCash() 메서드를 사용해 현금을 수금하는 LoanShark(사채업자) 클래스가 있고, 이 클래스는 옛날 불량배식으로 OutOfCashException 예외를 처리합니다.

한 가지 더 알아 둘 것이 있습니다. 모든 사채업자의 불문율은 '보스의 돈은 건드리지 말라'는 것입니다. 이때 **예외 필터**를 이용해서 이 불문율을 간단히 처리할 수 있습니다. **when 키워드**를 사용하면 특정한 조건에서만 예외를 처리하도록 만들 수 있습니다.

다음은 예외 필터의 작동 방식을 보여 주는 예제입니다.

이 예외 필터는 guy.Name이 'Al Capone'로 설정되어 있을 때만 OutOfCashException을 처리합니다. 그 이외의 경우에는 다음 catch 블록으로 넘어갑니다.

```
try
{
    loanShark += guy.GiveCash(amount);
    emergencyReserves -= amount;
} catch (OutOfCashException) when (guy.Name == "Al Capone")
{
    Console.WriteLine("Don't mess with the mafia boss");
    loanShark += amount;
} catch (OutOfCashException ex)
{
    Console.Error.WriteLine($"Time to teach {guy.Name} a lesson: {ex.Message}");
}
```

try/catch 문이 좋다면 왜 try/catch 문으로 모든 코드를 감싸지 않는 거죠? 이렇게 하면 따로 try/catch 블록에 코드를 작성할 필요도 없지 않나요?

이는 Exception을 상속한 예외 클래스가 여럿 존재하는 이유이며, Exception을 상속한 사용자 정의 예외 클래스를 작성하는 이유이기도 합니다.

예외 처리기는 최대한 정확하게 만드는 것이 좋습니다

예외 처리는 단순히 일반적인 오류 메시지를 출력하는 것 이상의 작업입니다. 종종 여러 가지 예외를 다른 방식으로 처리해야 할 때도 있죠. 예를 들어 16진수 덤프 앱은 FileNotFoundException 예외와 UnauthorizedAccessException 예외를 서로 다른 방식으로 처리합니다.

항상 예기치 못한 예외를 대비해야 합니다. 때로는 예외 처리기로 방지할 수도 있고, 직접 처리해야 하기도 하며, 경우에 따라 예외가 버블 업하도록 두어야 하기도 합니다. 여기에는 교훈이 있죠. 예기치 못한 상황을 처리하는 '만병통치약' 같은 것은 존재하지 않는다는 것입니다. 단순히 모든 코드를 try/catch 문으로 감싸지 않는 이유가 바로 이것입니다.

무엇이든 물어보세요!

Q&A

Q1 아직도 언제 예외를 처리하고, 예외를 방지하고, 버블 업하도록 둬야 하는지 잘 모르겠어요. 명확하지가 않은 것 같은데요.

A1 그럴 수 있습니다. 이는 모든 상황에 적용할 수 있는 정확한 답이나 규칙이 없기 때문입니다. 예외 처리는 항상 프로그램 코드의 의도에 따라 달라집니다. 하지만 한 가지 규칙이 있죠! 할 수 있다면 예외를 방지하는 편이 항상 더 좋습니다. 그러나 사용자의 입력이나 행동을 처리할 때 예상치 못한 상황을 미리 파악할 수는 없죠. 그래서 예외가 버블 업하도록 둘지, 예외를 클래스에서 처리할지 결정하는 일은 종종 관심사 분리로 귀결되곤 합니다. 특정한 예외에 대해 클래스가 알고 있는 것이 의미가 있을까요? 클래스가 어떤 일을 하느냐에 따라 다르겠죠. 다행히 비주얼 스튜디오는 개발자가 특정 예외를 처리하는 대신 버블 업하도록 코드 수정에 사용할 수 있는 리팩터링 도구를 제공합니다.

Q2 '문법 설탕'이 무슨 의미인지 설명해 주겠어요?

A2 문법 설탕(syntactic sugar)은 프로그래밍에서 읽는 사람 또는 작성하는 사람이 편하도록 디자인된 문법이라는 뜻입니다. '문법(syntactic)'은 C# 키워드와 이를 조직하는 규칙을 나타냅니다. 예를 들면, using 문은 공식적인 C# 문법입니다. using 다음에는 IDisposable을 구현하는 타입을 인스턴스화하는 변수 선언이 와야 하죠. 변수 선언 다음에는 코드 블록이 와야 한다는 규칙이 있습니다. '설탕(sugar)'은 만약 개발자가 직접 작성했더라면 귀찮고 거추장스러웠을 코드를 C# 컴파일러가 대신 생성해 주니 매우 꿀 같고, 달달하지 않겠냐는 의미입니다.

Q3 using 문에서 IDisposable을 구현하지 않는 객체를 사용하는 것이 가능한가요?

A3 아니요. using 문에서는 IDisposable을 구현한 객체만 생성할 수 있습니다. using 문과 IDisposable은 서로에게 맞게 만들어졌기 때문입니다. using 문은 코드 블록의 끝에서 항상 Dispose( ) 메서드를 호출한다는 것만 제외하면 클래스의 새 인스턴스를 생성하는 것과 같습니다. 그렇기 때문에 해당 클래스는 IDisposable 인터페이스를 구현해야만 합니다.

Q4 using 블록에는 아무 명령문이나 넣어도 되나요?

A4 그럼요. using 문의 핵심은 생성한 모든 객체가 마지막에 Dispose( ) 메서드 호출을 보장하는 것입니다. 하지만 이들 객체로 무엇을 할지는 전적으로 개발자에게 달려 있습니다. 사실 using 문으로 객체를 생성해도, using 문 안에서 그 객체를 사용하지 않아도 됩니다. 물론 말도 안 되고 그렇게 할 이유도 없지만, 그렇다고요.

Q5 using 문 바깥에서 Dispose( ) 메서드를 호출할 수 있나요?

A5 네. 사실 꼭 using 문을 사용해야만 하는 것도 아닙니다. 객체를 사용하고 나서 Dispose( ) 메서드를 직접 호출하거나, 필요한 정리 작업(10장에서 스트림의 Close( ) 메서드를 호출했던 것처럼)을 직접 해도 됩니다. using 문을 사용하면 읽고 이해하기 쉬운 코드를 작성하고, 객체의 Dispose( ) 메서드를 호출하지 않았을 때 발생하는 문제를 예방할 수 있을 뿐입니다.

Q6 using 문이 기본적으로 Dispose( ) 메서드를 호출하는 try/catch 문을 생성하는 거라면, using 블록 내에서 예외를 처리해도 상관없나요?

A6 네. 그렇게 하면 앞서 GetInputStream( ) 메서드에서 사용했던 중첩된 try/catch 문처럼 작동합니다.

Q7 try/finally 문도 다뤘었죠. 그런데 catch 없이 try/finally 문을 사용해도 괜찮나요?

A7 그럼요! catch 블록 없이 try와 finally만 사용해도 됩니다. 다음 코드를 보시죠.

```
try
{
    DoSomethingRisky();
    SomethingElseRisky();
}
finally
{
    AlwaysExecuteThis();
}
```

Q8 Dispose는 파일과 스트림에서만 작동하나요?

A8 전혀 아닙니다! 파일과 스트림 외에 사용할 수 있는 IDisposable 구현 클래스는 많이 있습니다. 다만 특정한 방식으로 Dispose( ) 메서드를 호출하는 클래스를 작성할 때는 항상 using 문을 사용해야 합니다. using 문을 사용하면 IDisposable을 구현할 수 있습니다.

예상치 못한 상황을 전부 대비하는 만병통치약 같은 해결책은 없습니다.

최악의 catch 블록: catch-all과 주석

예외를 그냥 덮어놓지 마세요

catch 블록은 프로그램을 계속 실행할 수 있도록 도와줍니다. 예외가 발생했을 때, 프로그램이 중단되지 않도록 발생한 예외를 처리하는 코드를 작성해 두면 프로그램을 오류 없이 계속 실행할 수 있죠. 하지만 이 방법이 정답이 아닐 때도 있습니다.
뭔가 이상하게 작동하는 다음 코드를 한번 살펴보세요. 대체 무슨 일이 벌어지고 있는 거죠?

```
internal class Calculator
{
    public void Divide(int dividend, int divisor)
    {
        try
        {
            this.quotient = dividend / divisor;
        } catch {
            // 해야 할 일: 사용자가 나눗셈 문제에서
            // 0으로 나누지 못하도록 방지할 방법이 필요합니다.
        }
    }
}
```

여기가 문제입니다. 제수가 0이면 DivideByZeroException 예외가 발생하죠.

이 개발자는 비어 있는 catch 블록을 사용해서 예외를 그냥 덮어도 된다고 생각한 모양입니다. 하지만 나중에 다른 사람이 문제를 추적하려면 두통이 생기겠죠.

예외를 그냥 덮어놓지 말고 처리해야 합니다

프로그램을 계속 실행할 수 있다고 해서 예외가 처리된 것이 아닙니다. 위 코드의 경우, 최소한 Divide( ) 메서드에서는 catch 블록이 있기 때문에 실제 프로젝트는 문제없이 돌아가겠죠. 그러나 다른 코드가 이 메서드를 호출한 다음 결과를 출력한다면 어떻게 될까요? 제수가 0일 경우, 메서드는 아마도 부정확한 (그리고 예상치 못한) 값을 반환할 겁니다.
이처럼 대충 주석문으로 상황을 설명한 다음 예외를 덮어놓는 대신, 예외를 확실하게 처리해야 합니다. 문제를 처리할 수 없다고 비어 있는 catch 블록을 만들지 마세요! 이렇게 하면 나중에 다른 사람이 이 프로젝트에 무슨 일이 일어났는지 추적하기 어려워집니다. 이럴 때는 오히려 프로그램이 예외를 던지도록 두는 것이 나은데, 무엇이 잘못됐는지 파악하기 더 쉽기 때문입니다.

코드가 예외를 처리하지 않으면, 예외가 호출 스택을 버블 업한다는 것을 기억하세요. 예외를 버블 업하는 것은 예외를 다루는 유효한 방법이며, 경우에 따라서는 비어 있는 catch 블록을 사용해 예외를 그냥 덮어놓는 것보다 훨씬 좋은 방법입니다.

임시 방편도 괜찮아요

일시적으로는요... 하지만 실제 삶에서도 '임시' 방편이라는 건 문제가 발생하는 일은 시간 문제라는 뜻이겠죠.

간혹 문제를 발견하고, 그게 문제라는 것을 인식했지만, 그 뒤로 뭘 해야 할지 알 수 없을 때도 있습니다. 그리고 이럴 때 그저 문제가 무엇인지, 어떤 일이 벌어졌는지를 기록하는 것으로(로그를 남긴다고도 표현합니다) 끝내고 싶을 수도 있습니다. 물론 예외를 처리하는 편이 더 좋겠지만, 로그를 남기는 것이 최소한 아무것도 하지 않는 것보다는 낫습니다.
다음은 계산기 문제를 임시 방편으로 해결하는 방법을 보여 주는 코드입니다.

catch 블록을 생각해 보세요. StreamWriter가 C:\Logs\ 폴더에 기록을 할 수 없는 상황에서는, 다른 try/catch 문을 안에 중첩시켜 위험성을 낮출 수 있겠죠. 이보다 더 좋은 방법은 없을까요? 생각해 보세요.

```
internal class Calculator
{
    public void Divide(int dividend, int divisor)
    {
        try
        {
            this.quotient = dividend / divisor;
        } catch (Exception ex) {
            using (StreamWriter sw = new StreamWriter(@"C:\Logs\errors.txt"));
            {
                sw.WriteLine(ex.getMessage());
            }
        }
    }
}
```

이 코드는 여전히 손볼 곳이 많지만, 단기적으로는 문제가 발생하는 곳을 명확히 보는 것이 가능합니다. 하지만 근본적으로 왜 DivideByZeroException 예외가 발생하는지 파악하는 게 더 낫지 않을까요?

이해했어요. 예외 처리는 문제 영역에
표식을 남기는 것과 비슷한 거군요.

예외 처리가 항상 예외를 고치는 것을 의미하지는 않습니다

프로그램을 터뜨리는 것은 절대 좋은 방법이 아닙니다. 프로그램이 왜 충돌했는지 또는 프로그램이 사용자의 데이터에 무슨 짓을 하는지 모르는 것은 더 나쁜 일이죠. 그러므로 개발자가 예측할 수 있는 오류는 처리하고, 그렇지 않은 경우에 로그를 남기도록 해야 합니다. 로그는 문제를 추적에는 유용할 수 있지만, 애초에 이러한 문제를 방지하는 것이 더 나으며 영구적인 해결책이라 할 수 있습니다.

요점 정리

- 런타임(코드가 실행되는 도중)에 실패할 경우, 명령어에서 **예외(exception)**를 던질 수 있습니다.
- **try/catch 문**을 사용해 예외를 처리할 수 있습니다. 처리되지 않은 예외는 프로그램의 실행을 중지시키고 [오류 목록] 창을 표시합니다.
- try 코드 블록에서 발생한 예외는 프로그램의 실행을 **예외 처리기(exception handler)**의 첫 번째 명령문으로 점프합니다.
- **Exception 객체**는 예외에 대한 정보를 제공합니다. catch 문에서 Exception 변수를 지정했다면 해당 변수는 try 블록에서 던진 예외에 대한 정보를 담고 있습니다.

```
try {
    // 예외를 던질 수 있는 명령문들
} catch (IOException ex) {
    // 예외가 발생하면,
    // ex가 예외에 대한 정보를 가지고 있습니다.
}
```

- 개발자가 처리할 수 있는 다양한 종류의 예외가 있습니다. 각각의 예외는 **System.Exception**을 상속하는 예외 타입입니다.
- 단순히 Exception을 처리하는 **catch-all 예외 처리기**는 사용하지 마세요. 특정한 예외를 처리하는 코드를 작성하세요.
- 예외 처리기 다음에 오는 **finally 블록**은 예외 발생 여부에 상관없이 항상 실행됩니다.
- 각각의 try 블록은 1개 이상의 catch 블록을 가질 수 있습니다.

```
try { ... }
catch (NullReferenceException ex) {
    // NullReferenceException 예외가 발생할 때
    // 여기에 있는 명령문이 실행됩니다.
}
catch (OverflowException ex) { ... }
catch (FileNotFoundException) { ... }
catch (ArgumentException) { ... }
```

- **throw**를 사용해 예외를 던지는 코드를 작성할 수 있습니다.

```
throw new Exception("Exception message");
```

- throw를 사용해 발생한 예외를 **다시 던질(rethrow)** 수도 있습니다. 하지만 이 방법은 catch 블록 안에서만 사용할 수 있습니다. 예외를 다시 던지면 호출 스택이 보존됩니다.
- System.Exception 기본 클래스를 상속해서 사용자 정의 예외를 만들 수 있습니다.

```
class CustomException : Exception { }
```

- 대부분 ArgumentException처럼 .NET에 내장된 예외 타입만 사용하면 충분합니다. 그러나 사용자 정의 같은 여러 종류의 예외를 사용하는 것은 사람들에게 문제 해결에 필요한 풍부한 정보를 제공하기 위함입니다.
- **예외 필터**는 when 키워드를 사용해서, 예외 처리기에서 특정한 조건의 예외만을 처리하도록 합니다.
- using 문은 C# 컴파일러가 Dispose() 메서드를 호출하는 finally 블록과 동등한 코드를 생성하도록 하는 **문법 설탕(syntactic sugar)** 중 하나입니다.

유니티 연구실 #6

씬 내비게이션

유니티 연구실 #5에서는 씬에 바닥과 플레이어를 만들고 내비메시와 내비메시 에이전트, 레이캐스팅을 사용해서 마우스 클릭을 따라 플레이어가 이리저리 이동하는 프로젝트를 실습했습니다.

유니티 연구실 #5의 마지막 부분부터 이어서 계속해 봅시다. 유니티 연구실 #6의 목표는 유니티의 정교한 AI 시스템인 내비게이션 시스템과 경로 찾기 시스템을 사용해 게임 오브젝트가 씬 안을 돌아다니게 하는 것입니다. 좀 더 복잡한 씬을 만들고 내비메시를 베이크해서 플레이어가 내비게이션을 수행하고, 정적인 장애물과 이동하는 장애물을 만들고 이를 작동하는 C# 코드를 작성해 보겠습니다.

작업하던 유니티 프로젝트를 이어서 진행해 봅시다

유니티 연구실 #5에서는 구체 머리와 그 아래 중첩된 원기둥 몸으로 플레이어를 생성했습니다. 그런 다음 플레이어를 [씬] 뷰 안에서 이동하게 만드는 내비메시 에이전트 컴포넌트를 추가했고, 레이캐스팅을 사용해 플레이어가 바닥의 어느 부분을 클릭했는지 찾았죠. 이번 유니티 연구실에서는 바닥만 있는 [씬] 뷰에 계단과 장애물 같은 게임 오브젝트를 추가해서 유니티의 내비게이션 AI가 이들을 어떻게 처리하는지 알아봅니다. 그런 다음 이동하는 장애물을 추가해서 내비메시 에이전트의 기능을 살펴봅시다.

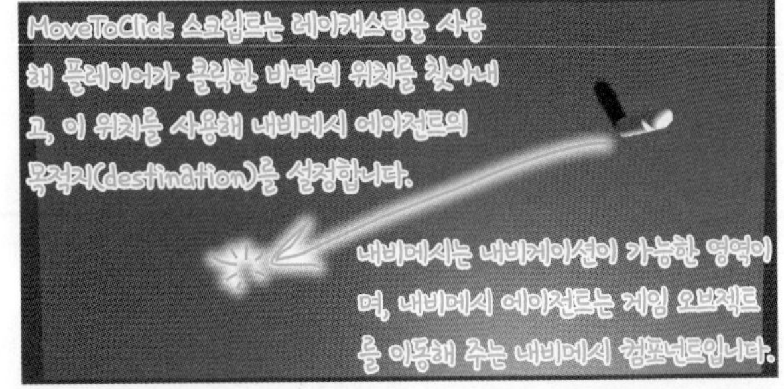

유니티 연구실 #5에서 작업했던 유니티 프로젝트를 열어 보세요. 지금까지 유니티 연구실을 하나하나 저장해 왔다면 곧바로 작업을 시작할 수 있습니다. 그게 아니라면, 유니티 연구실 #5을 다시 한번 훑어보고 코드를 살펴보세요.

여러분이 개발자가 되기 위해서 이 책을 읽고 있다면 예전에 작성한 코드를 읽어 보고 리팩터링하는 것도 중요한 기술입니다. 이 기술은 게임 개발에만 국한되지 않습니다!

무엇이든 물어보세요!

Q&A

Q1 이번 유니티 연구실도 유니티 연구실 #5에서처럼 오브젝트의 이동을 위주로 실습하나요?

A1 물론입니다. 지난 연구실에서 생성한 유니티 [씬] 뷰에는 4가지 요소가 있었는데, 기억하고 있나요? 이들 오브젝트가 함께 어떻게 작동하는지 하나하나 심도 있게 살펴보죠.

1. 내비메시는 [씬] 뷰에서 플레이어가 '걸을 수 있는' 장소를 정의합니다. 바닥을 걸을 수 있는 표면으로 설정하고 메시를 '베이킹(baking)'해서 내비메시를 만들 수 있습니다.
2. 내비메시 에이전트 컴포넌트는 SetDestination( ) 메서드를 호출해서 게임 오브젝트가 내비메시 위를 이동하도록 할 수 있습니다. 이전 유니티 연구실에서는 내비메시 에이전트를 Player 게임 오브젝트에 추가했죠.
3. 카메라의 ScreenPointToRay( ) 메서드는 화면의 점을 가로지르는 광선(ray)을 생성합니다. 플레이어가 현재 마우스 버튼을 누르고 있는지를 검사하고, 만약 그럴 경우 현재 마우스 위치를 사용해 광선을 계산하는 코드를 Update( ) 메서드에 추가했습니다.
4. 레이캐스팅(raycasting)은 광선을 '발사'하는 도구입니다. Physics.Raycast( ) 메서드는 광선을 매개 변수로 받아 특정 거리 안 무엇인가에 광선이 닿았는지를 알려 줍니다.

Q2 그래서 이들 요소가 어떻게 함께 작동하는 것인가요?

A2 목표는 사용자가 바닥을 클릭하면 플레이어가 그곳까지 자동으로 이동하도록 만드는 것입니다. 이 목표를 개별 과정으로 세분화해 봅시다. 코드는 다음과 같은 작업을 수행해야 합니다.

- 플레이어가 마우스 클릭을 감지합니다.
  Input.GetMouseButtonDown을 사용해 마우스 클릭을 감지합니다.
- [씬] 뷰에서 마우스 클릭에 해당하는 지점을 파악합니다.
  Camera.ScreenPointToRay와 Physics.Raycast를 사용해서 레이캐스팅하고, 플레이어가 클릭한 [씬] 뷰의 좌표를 파악합니다.
- 내비메시 에이전트는 해당 지점을 목적지로 설정합니다.
  NavMeshAgent.SetDestination( ) 메서드는 에이전트가 새로운 경로를 계산해서 해당 목적지를 향해 이동하도록 합니다.

MoveToClick( ) 메서드는 NavMeshAgent.SetDestination( ) 메서드를 설명하는 유니티 매뉴얼에서 가져왔습니다. 잠깐 이 페이지를 읽어 보세요. 메인 메뉴에서 [도움말] - [스크립팅 레퍼런스]를 선택해서 'NavMeshAgent.SetDestination'을 검색해 보세요.

씬 뷰에 플랫폼 추가하기

유니티의 내비게이션 시스템으로 작은 실험을 해 봅시다. 이를 돕기 위해 [씬] 뷰에 게임 오브젝트를 더 추가해서 계단(stair), 경사로(ramp), 장애물(obstacle)이 있는 플랫폼을 만들어 보겠습니다. 완성된 결과는 다음처럼 보일 것입니다.

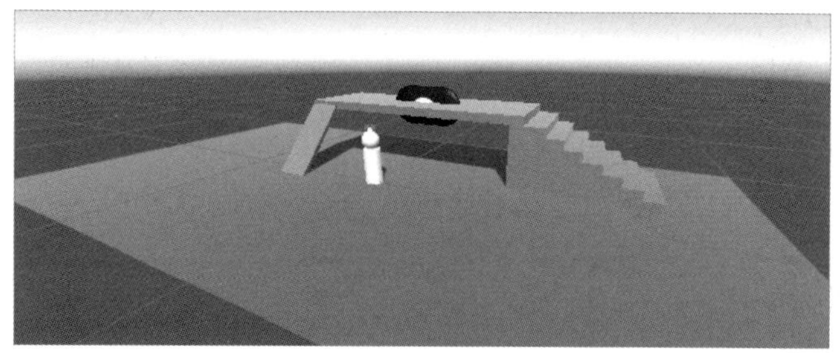

아이소메트릭 뷰(isometric view)로 전환하면 무슨 일이 일어나는지 살펴보기 수월합니다. 원근 뷰(perspective view)에서는 객체가 훨씬 멀리 떨어져 있어 작게 보이는 반면, 가까이 있는 객체는 훨씬 크게 표시됩니다. 아이소메트릭 뷰에서는 카메라로부터의 거리에 상관없이 객체가 동일한 크기로 표시됩니다.

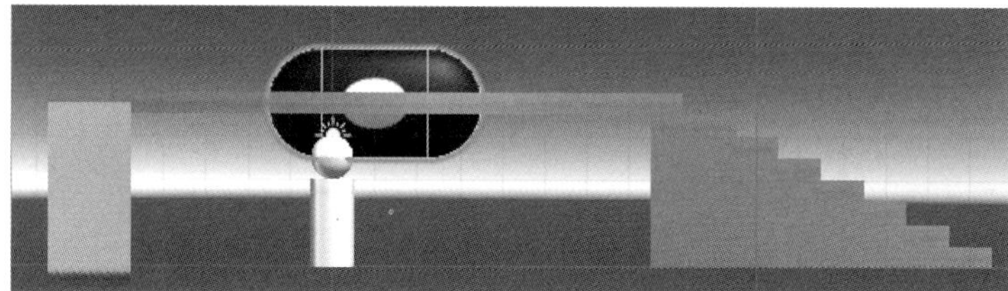

유니티의 씬 기즈모 아래에 있는 < Persp 레이블은 뷰 이름을 보여 줍니다. <은 기즈모가 원근 뷰임을 나타내죠. 또한, 기즈모의 삼각뿔을 클릭하면 뷰를 < Back으로 전환할 수 있습니다. <을 클릭하면 ≡으로 바뀌는데, 이는 아이소메트릭 뷰로 전환되었다는 뜻입니다.

아이소메트릭 뷰로 전환하면 보통 [씬] 뷰 내에서 무슨 일이 일어나는지 살펴보기 훨씬 수월합니다. 언제라도 레이아웃을 재설정해서 시점을 초기화할 수 있습니다.

게임 오브젝트 10개를 [씬] 뷰에 추가합니다. 그러고나서 Materials 폴더에 알베도 컬러가 'CC472F'인 머티리얼을 추가하고 'Platform'이라는 이름을 붙입니다. 그리고 Obstacle을 제외한 모든 머티리얼을 게임 오브젝트에 추가합니다. Obstacle은 유니티 연구실 #1에서 만든 8 Ball Texture 머티리얼을 사용했습니다. 다음 표는 게임 오브젝트의 이름, 타입, 위치를 보여 줍니다. 표를 참고해서 오브젝트를 생성하세요.

클래스	타입	포지션	회전	스케일
Stair	큐브	(15, 0.25, 5)	(0, 0, 0)	(1, 0.5, 5)
Stair	큐브	(14, 0.5, 5)	(0, 0, 0)	(1, 1, 5)
Stair	큐브	(13, 0.75, 5)	(0, 0, 0)	(1, 1.5, 5)
Stair	큐브	(12, 1, 5)	(0, 0, 0)	(1, 2, 5)
Stair	큐브	(11, 1.25, 5)	(0, 0, 0)	(1, 2.5, 5)
Stair	큐브	(10, 1.5, 5)	(0, 0, 0)	(1, 3, 5)
Wide stair	큐브	(8.5, 1.75, 5)	(0, 0, 0)	(2, 3.5, 5)
Platform	큐브	(0.75, 3.75, 5)	(0, 0, 0)	(15, 0.5, 5)
Obstacle	캡슐	(1, 3.75, 5)	(0, 0, 90)	(2.5, 2.5, 0.75)
Ramp	큐브	(-5.75, 1.75, 0.75)	(-46, 0, 0)	(2, 0.25, 6)

1번 Stair(계단) 머티리얼을 생성한 다음, 생성된 Stair를 5번 복제하고 각각의 값을 변경하세요.

캡슐은 원기둥의 각 끝에 구체가 붙은 모양을 하고 있습니다.

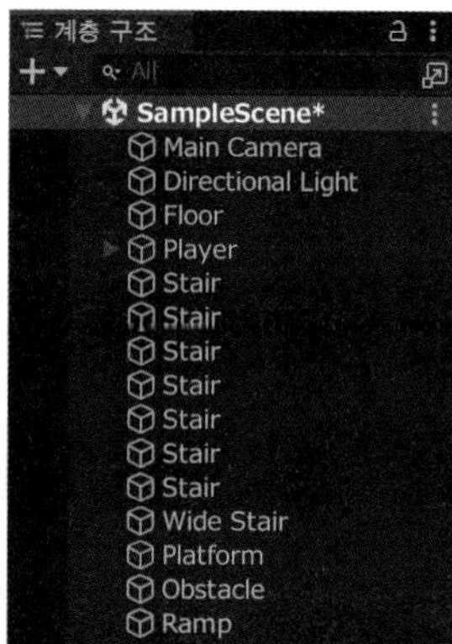

베이크 옵션을 사용해 Platform을 걸을 수 있는 오브젝트로 만들기

[계층 구조] 창에서 [Shift] 키를 누른 채로 모든 게임 오브젝트를 클릭해 선택하고, [Ctrl] 키(맥OS에서는 [Command] 키)를 누른 채 'Obstacle'을 클릭해 선택에서 제외합니다. [창] - [AI] - [내비게이션] 메뉴를 선택해서 [내비게이션] 창을 활성화합니다. [오브젝트] 탭을 클릭하고 [Navigation Static]을 체크한 다음 [Navigation Area]를 'Walkable'로 설정해서 이들 오브젝트를 모두 걸을 수 있는 영역으로 만듭니다. 이와 반대로 Obstacle 게임 오브젝트는 [Navigation Static]을 체크한 다음 [Navigation Area]를 'Not Walkable'로 설정해서 걸을 수 없는 영역으로 만듭니다.

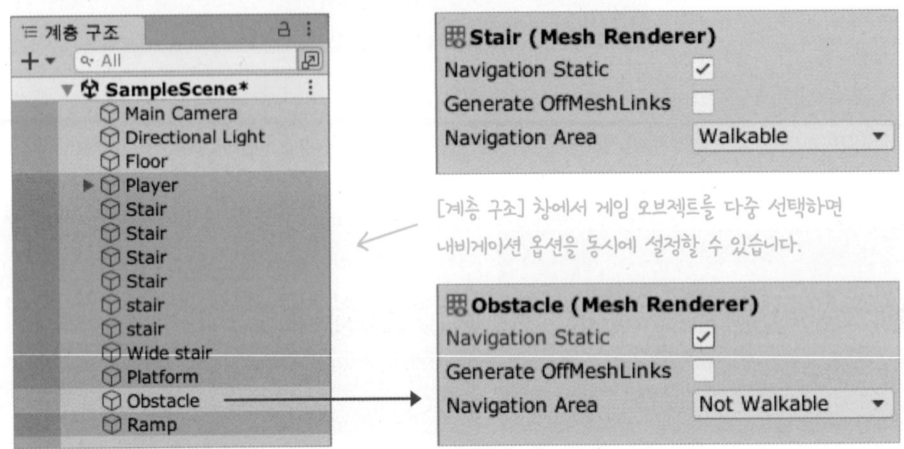

내비메시를 베이크하기 위해 이전과 동일한 방식을 사용합니다. [내비게이션] 창 상단에 있는 [베이크] 탭을 클릭한 다음, [내비게이션] 창 하단에 있는 [Bake] 버튼을 클릭하세요.

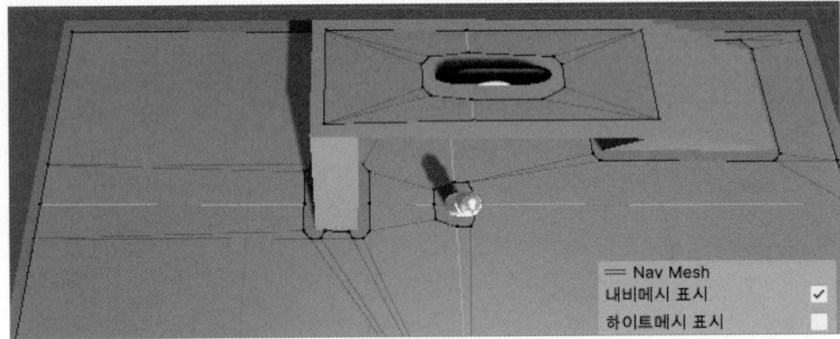

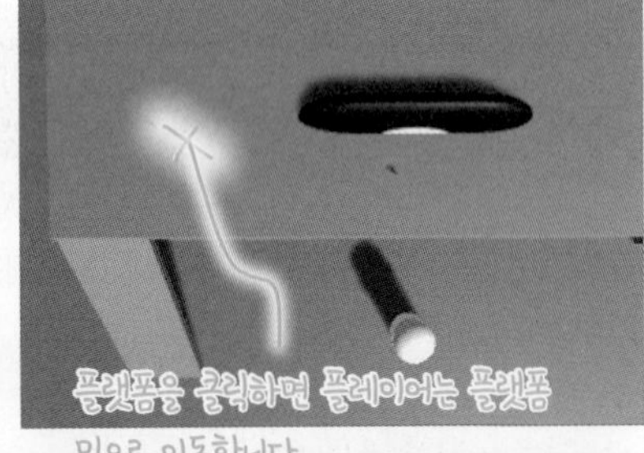

작동한 것 같네요! 이제 [Nav Mesh] 패널이 [씬] 뷰 위에 표시되고, 장애물 주위에 공간이 생긴 것을 볼 수 있습니다. 게임을 실행해 보세요. 플랫폼의 윗부분을 클릭하고 무슨 일이 일어나는지 살펴보세요.

흠, 잠시만요. 원래 의도대로 작동하지 않는 것 같네요. 플랫폼의 윗부분을 클릭해도 플레이어가 플랫폼 아래로 이동합니다. [내비게이션] 창에 표시된 내비메시를 자세히 살펴보면, 계단과 경사로 주위에도 공간이 있지만, 실제로 둘 다 내비메시에 포함되지 않았습니다. 플레이어는 여러분이 클릭한 곳으로 이동할 방법이 없으므로, AI는 최대한 가까운 곳까지 플레이어를 이동시킵니다.

내비메시에 계단과 경사로 포함시키기

내비메시를 베이크할 때 몇 가지 옵션을 조정하면 플레이어를 경사로(ramp)나 계단(stair)의 위아래로 이동시킬 수 있습니다. 계단부터 시작하겠습니다. [베이크] 탭의 [단계 높이]의 기본값을 '0.4'에서 계단의 단차 높이인 '0.5'로 변경합니다. [베이크된 에이전트 크기]의 단차 그림이 높아집니다.

Platform 게임 오브젝트 경사로의 X 회전값은 '-46'입니다. 최대 경사(Max Slope)는 기본값인 45로 설정되어 있으니, 최대 경사를 '46'으로 변경하고 내비메시를 다시 베이크합니다. 그러면 경사로와 계단이 포함됩니다.

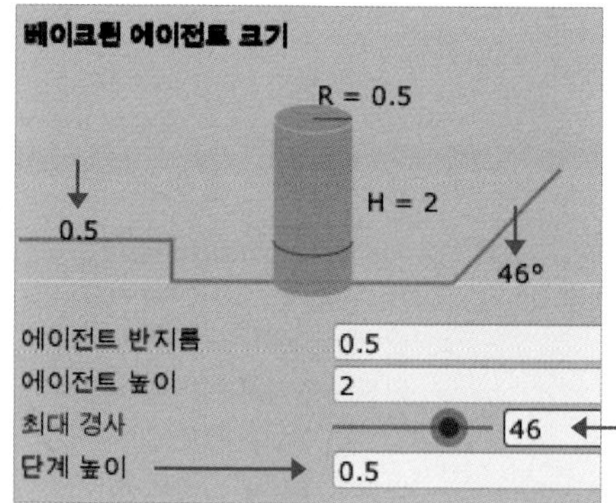

연습 문제

앞서 카메라의 X 회전 값을 '90'으로 설정해서 카메라가 아래 방향을 바라보도록 했습니다. 이번에는 방향키와 마우스 휠로 카메라를 제어할 수 있게 만들어 봅시다. 필요한 지식은 이미 거의 알고 있습니다. 그저 코드만 약간 더 추가하면 됩니다. 복잡해 보일 수도 있지만 여러분은 할 수 있어요!

- **'MoveCamera'라는 이름의 새 스크립트를 생성하고, 이를 Main Camera 오브젝트에 드래그하세요.** 카메라는 Player라는 이름의 Transform 필드를 가지고 있어야 합니다. [계층 구조] 창에서 Player 게임 오브젝트를 드래그해 [인스펙터] 창의 Player 필드 위에 놓습니다. 필드의 타입이 Transform이므로, 참조를 Player 게임 오브젝트의 Transform 컴포넌트에 복사합니다.
- **방향키로 카메라가 플레이어 주위를 회전하도록 만듭니다.** 플레이어가 왼쪽 방향키를 누르고 있을 때 Input.GetKey(KeyCode.LeftArrow)를 호출하면 true를 호출하며, 마찬가지로 RightArrow, UpArrow, DownArrow를 사용해서 다른 방향키를 누르고 있는지 검사할 수 있습니다. MoveToClick 스크립트에서 Input.GetMouseButtonDown() 메서드를 마우스 클릭을 검사하는 데 사용했던 것처럼, Input.GetKey() 메서드를 사용하세요. 플레이어가 방향키를 누르면 transform.RotateAround를 호출해서 플레이어의 위치 주위를 회전하도록 만듭니다. 플레이어의 위치가 첫 번째 인수입니다. Vector3.left, Vector3.right, Vector3.up, Vector3.down을 두 번째 인수로 사용하고, Angle 필드(3F로 설정돼 있습니다)를 세 번째 인수로 사용합니다.
- **스크롤 휠은 카메라를 줌 인/아웃히도록 만듭니다.** Input.GetAxis("Mouse ScrollWheel")은 스크롤 휠이 얼마나 움직였는지를 나타내는 숫자(보통 -0.4~0.4 사이이며, 0은 휠이 움직이지 않았음을 의미합니다)를 반환합니다. ZoomSpeed라는 이름의 float 필드를 추가하고 '0.25F'로 설정합니다. 스크롤 휠이 움직였는지를 검사해서, 움직였으면 약간의 벡터 연산을 해서 transform.position에 (1F + scrollWheelValue * ZoomSpeed)를 곱해 카메라를 줌 인/아웃합니다.
- **카메라가 플레이어를 향하도록 설정합니다.** transform.LookAt() 메서드는 게임 오브젝트가 특정 위치를 바라보도록 만듭니다. 그런 다음 Main Camera의 Transform에서 포지션을 (0, 1, -1), 회전을 (0, 0, 0)으로 설정합니다.

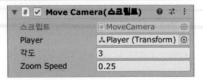

연습 문제 정답

제대로 작동하기만 한다면 여러분의 코드가 책에서 설명하는 코드와 조금 달라도 괜찮습니다. 코딩 문제를 푸는 방법은 다양하니까요! 주의하세요! 다음 코드의 작동 방식을 확실히 이해하고 나서 다음 내용으로 넘어가세요.

```
public class MoveCamera : MonoBehaviour
{
    public Transform Player;
    public float Angle = 3F;
    public float ZoomSpeed = 0.25F;

    void Update()
    {
        var scrollWheelValue = Input.GetAxis("Mouse ScrollWheel");
        if (scrollWheelValue != 0)
        {
            transform.position *= (1F + scrollWheelValue * ZoomSpeed);
        }

        if (Input.GetKey(KeyCode.RightArrow))
        {
            transform.RotateAround(Player.position, Vector3.up, Angle);
        }

        if (Input.GetKey(KeyCode.LeftArrow))
        {
            transform.RotateAround(Player.position, Vector3.down, Angle);
        }

        if (Input.GetKey(KeyCode.UpArrow))
        {
            transform.RotateAround(Player.position, Vector3.right, Angle);
        }

        if (Input.GetKey(KeyCode.DownArrow))
        {
            transform.RotateAround(Player.position, Vector3.left, Angle);
        }

        transform.LookAt(Player.position);
    }
}
```

메인 카메라의 위치와 회전 재설정 방법을 기억하나요? 메인 카메라를 재설정하지 않았다면 플레이어가 움직일 때 살짝 점프하는 것처럼 보일 수 있습니다(이는 Camera.LookAt() 메서드에서 각도가 계산되는 방식 때문입니다).

간단한 벡터 연산이 작업을 어떻게 단순하게 만들어 주는지 확인할 수 있습니다. 게임 오브젝트의 위치는 벡터이므로, 여기에 1.02를 곱하면 게임 오브젝트의 위치를 원점에서 약간 멀어지게 할 수 있으며, 0.98을 곱하면 가까워지게 할 수 있습니다.

유니티 연구실 #5에서 transform.RotateAround를 사용한 방식과 유사하지만, Vector3.zero (0,0,0) 주위를 회전하는 대신 플레이어 주위를 회전합니다.

Transform 타입의 Player 필드를 생성하면 Player 게임 오브젝트의 Transform 컴포넌트에 참조를 넘겨줘서 Player.position이 플레이어의 위치가 됩니다.

방향키를 이용해 카메라를 움직여서 플레이어를 찾아보세요. 바닥 평면을 바로 가로질러 플레이어를 볼 수 있습니다!

코드를 작성한 다음 'Player'를 드래그해 [Move Camera (스크립트)] 컴포넌트의 Player 위에 놓는 것을 잊지 마세요.

서로 다른 각도와 줌 속도를 사용해 어느 정도의 값이 적절하게 느껴지는지 시험해 보세요.

Move Camera(스크립트)	
스크립트	MoveCamera
Player	Player (Transform)
각도	3
Zoom Speed	0.25

내비메시의 높이 문제를 고쳐 봅시다

이제 카메라를 제어할 수 있게 됐으니, 플랫폼 아래에서 어떤 일이 벌어지는지 살펴볼 수 있게 됐습니다. 그런데 무엇인가 잘못된 것 같네요. 게임을 실행하고, 카메라를 회전한 다음 줌인(Zoom In)해서 플랫폼 아래로 튀어나온 장애물이 보이도록 해 봅시다. 장애물의 한쪽 면에 접한 바닥을 클릭하고, 다른 면도 클릭해 보세요. 플레이어가 장애물을 그대로 통과해 버립니다! 그리고 경사로의 끝도 그대로 통과하네요.

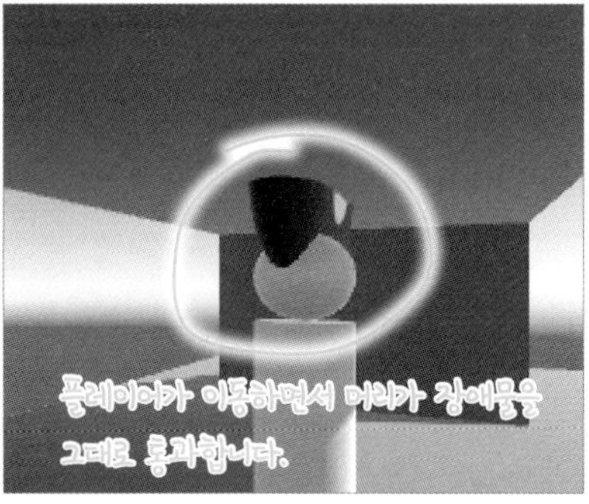

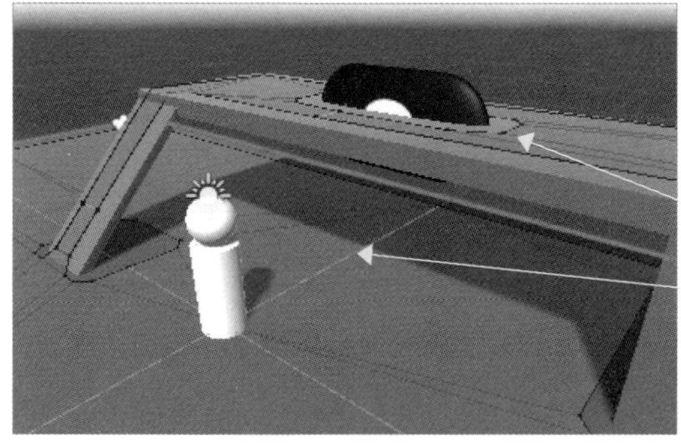

하지만 플레이어를 다시 플랫폼 위로 이동시키면, 장애물을 잘 피하는 것을 볼 수 있습니다. 어떻게 된 것일까요?

장애물의 위아래 쪽 내비메시를 면밀히 살펴보세요. 두 부분 사이에 어떤 차이점이 있을까요?

플랫폼 상단의 장애물 주변으로는 내비메시에 구멍이 뚫려 있죠. 하지만 플랫폼 아래에는 구멍이 없습니다.

이전 유니티 연구실 #5에서 내비메시 에이전트 컴포넌트를 설정하는 부분으로 돌아가 봅시다. 정확히는, [장애물 회피]에서 [높이]를 '3'으로 설정했던 부분으로요. 이제 내비메시에도 똑같은 작업을 해야 합니다. [내비게이션] 창의 [베이크] 탭으로 가서 [에이전트 높이]를 '3'으로 설정한 다음 내비메시를 다시 베이크합니다.

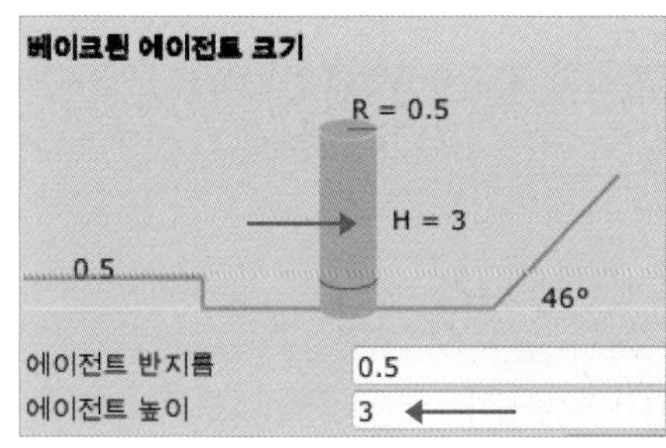

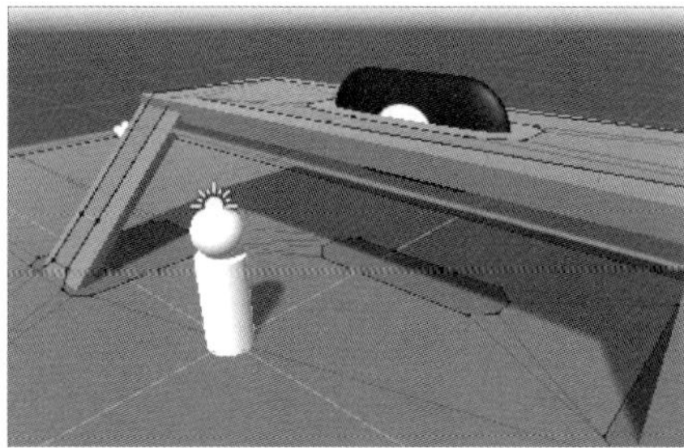

이렇게 하면 장애물 아래 내비메시에도 공간을 만들고, 해당 공간을 경사로 아래까지 확장합니다. 이제는 플레이어가 플랫폼 밑을 돌아다닐 때 장애물이나 경사로에 부딪히지 않습니다.

내비메시 장애물 추가하기

플랫폼 중앙에 정적 장애물은 이미 추가했습니다. 길게 늘린 캡슐을 만들어 걸을 수 없는 객체로 표시했고, 에이전트 높이를 조정해 내비메시를 베이크할 때 장애물 주위에 구멍을 만들었습니다. 캡슐을 한번 움직여 보세요. 내비메시에는 변화가 없습니다! 장애물의 현재 위치가 아니라, 장애물이 있던 자리에는 구멍이 남아 있습니다. 다시 베이크하면 장애물의 새 위치 주변에 구멍이 생깁니다. 그렇다면 움직이는(동적) 장애물을 만들려면 어떻게 해야 할까요? 움직이는 장애물을 추가하려면 새로운 게임 오브젝트를 추가해야 합니다.

새 큐브 오브젝트를 [씬] 뷰에 추가하고 이름을 'Moving Obstacle'로 설정하세요. 포지션은 (-5.75, 1, -1), 스케일은 (2, 2, 0.25)로 설정합니다. 그리고 이 큐브를 위한 새 머티리얼을 만들어 어두운 회색(16 진수 '333333')으로 설정하고, 이름을 'Moving Obstacle'로 입력하세요. 이 오브젝트는 경사로 아래에서 위아래로 움직이며 플레이어의 길을 막는 문처럼 작동할 것입니다.

내비메시에 뚫린 구멍이 장애물을 따라 함께 움직여야 합니다. 스크립트를 추가해서 사용자가 이를 드래그해 올리거나 내려서 경사로를 막았다가 다시 풀 수 있도록 해 보겠습니다.

[인스펙터] 창의 하단에서 [컴포넌트 추가] 버튼을 클릭하고, [Navigation] - 'Nav Mesh Obstacle'을 선택해 내비메시 장애물을 방금 생성한 큐브 게임 오브젝트에 추가합니다.

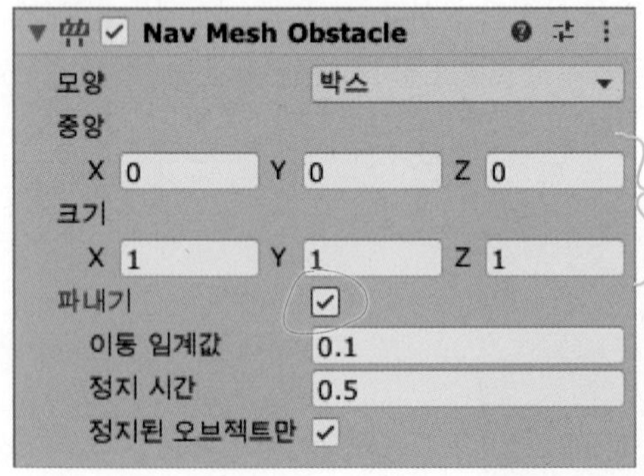

모양, 중앙, 크기의 속성으로 내비메시 에이전트를 부분적으로 막는 장애물을 만들 수 있습니다. 예를 들어, 이상한 형태의 게임 오브젝트가 있다면 내비메시 장애물 컴포넌트를 여러 개 추가해서 내비메시에 구멍을 여럿 만들 수 있습니다.

그리고 컴포넌트의 '파내기'를 체크하세요. 그러면 장애물은 게임 오브젝트를 따라다니는 움직이는 구멍을 내비메시에 생성할 수 있습니다. 이제 Moving Obstacle 게임 오브젝트는 경사로를 오르내리는 플레이어를 막을 수 있습니다. 내비메시의 높이가 '3'으로 설정돼 있으므로, 만약 장애물의 바닥 위로 솟은 부분이 3유닛 높이보다 작으면 내비메시에 구멍이 생깁니다. 그리고 이 부분이 3유닛보다 크면 구멍은 사라집니다.

> 유니티 매뉴얼은 다양한 컴포넌트를 꼼꼼히 설명하고 있습니다. [NavMesh Obstacle] 컴포넌트 레이블에 있는 참조 열기 버튼(❓)을 클릭하면 해당 매뉴얼 페이지를 열 수 있습니다. 이 내용을 한번 읽어 보세요. 옵션에 대한 훌륭한 설명을 살펴볼 수 있습니다.

장애물을 위아래로 이동시키는 스크립트 추가하기

'MoveObstacle'이라는 스크립트를 생성하고 OnMouseDrag() 메서드를 추가하세요. OnMouseDrag() 메서드는 OnMouseDown() 메서드와 비슷하게 작동하며 게임 오브젝트를 드래그할 때 호출됩니다.

```
public class MoveObstacle : MonoBehaviour {
    void OnMouseDrag() {
        transform.position += new Vector3(0, Input.GetAxis("Mouse Y"), 0);
        if (transform.position.y < 1)
            transform.position = new Vector3(transform.position.x, 1, transform.position.z);
        if (transform.position.y > 5)
            transform.position = new Vector3(transform.position.x, 5, transform.position.z);
    }
}
```

앞서 Input.GetAxis를 사용해서 스크롤 휠의 값을 가져왔죠. 이번에는 마우스의 위아래(즉, Y축의) 움직임을 사용해 장애물의 Y 위치를 변경해서 장애물을 움직입니다.

첫 번째 if 문은 블록이 바닥 아래로 이동하지 못하게 방지하며, 두 번째 if 문은 블록이 너무 높은 곳으로 이동하지 않도록 방지합니다. 이 코드가 어떻게 작동하는지 파악해 보세요!

스크립트를 드래그해서 Moving Obstacle 게임 오브젝트 위에 놓고 게임을 실행하세요. 어라, 무엇인가 잘못됐네요. 장애물을 위아래로 드래그하니 플레이어도 함께 움직입니다. 게임 오브젝트에 태그를 추가해 이 문제를 고쳐 보죠.

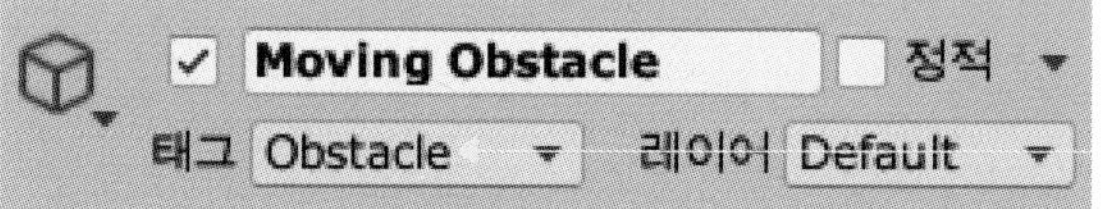

유니티 연구실 #5에서 했던 것처럼 장애물의 태그를 설정하세요. 하지만 이번에는 드롭다운에서 [태그 추가...] 메뉴를 선택한 다음 + 버튼을 사용해서 Obstacle이라는 태그를 추가하세요. 이제 드롭다운에서 Obstacle 태그를 선택할 수 있습니다.

MoveToClick 스크립트를 수정해서 태그를 검사합니다. 게임을 다시 실행해 보세요. 장애물을 위아래로 드래그할 수 있고, 장애물이 바닥에 닿거나 너무 높이 있으면 더 이상 움직이지 않습니다. 다른 곳을 클릭하면 플레이어가 이전처럼 움직입니다. 그 밖에도 내비메시 장애물 옵션으로 여러 실험을 해 볼 수 있습니다. Player의 내비메시 에이전트에서 속력을 줄여 보세요.

```
if (Physics.Raycast(ray, out hit, 100))
    if (hit.collider.gameObject.tag != "Obstacle")
        agent.SetDestination(hit.point);
```

hit.collider는 광선이 닿은 객체의 참조를 가지고 있습니다.

- 게임을 실행하세요. [계층 구조]-[Moving Obstacle]-[Nav Mesh Obstacle] 컴포넌트에서 '파내기'를 해제합니다. 경사로의 아랫부분을 클릭하면 플레이어가 장애물에 부딪혀 멈춥니다. 장애물을 위로 드래그하면 계속 움직입니다.
- 다시 '파내기'를 체크하고 똑같은 작업을 해 보세요. 장애물을 위아래로 움직이면 플레이어가 실시간으로 이동 경로를 다시 계산합니다.

무엇이든 물어보세요!

Q&A

Q MoveObstacle 스크립트는 transform.position을 수정할 때 벡터 연산을 사용하나요?

A 그렇습니다. Input.GetAxis는 마우스를 이동할 때 양수를, 아래로 이동할 때 음수를 반환합니다. 장애물은 위치 (-5.75, 1, -1)에서 시작하죠. 플레이어가 마우스를 위로 움직였을 때 GetAxis가 0.372를 반환했다면, += 연산은 (0, 0.372, 0)를 해당 위치에 더합니다. 그러므로 새로운 Y 위치의 값은 1 + 0.372 = 1.372가 되고, X와 Z는 0이므로 변화가 없습니다. 즉, Y 값만 위로 이동하게 되는 것이죠.

창의성을 발휘하세요!

게임을 발전시키면서 코드를 연습할 방법이 궁금하지 않나요? 창의성에 도움이 될 몇 가지 아이디어가 있습니다.

- 자유롭게 화면을 구상해 보세요. 경사로, 계단, 플랫폼, 장애물을 더 많이 추가하세요. 머티리얼을 활용할 창의적인 방법을 찾아보세요. 웹을 검색해서 새로운 텍스처를 검색해 보세요. [씬] 뷰를 더 재밌게 만드세요!
- [Shift] 키를 누르고 있으면 내비메시 에이전트가 더 빠르게 이동하도록 해 보세요. 스크립팅 레퍼런스에서 'KeyCode'를 검색해서 왼쪽/오른쪽 Shift의 키 코드를 찾아보세요.
- 지난 유니티 연구실에서 OnMouseDown, Rotate, RotateAround, Destroy 등을 사용했습니다. 이들을 활용해서, 클릭했을 때 회전하거나 사라지는 장애물을 만들어 보세요.
- 지금까지 만든 것은 사실 아직 게임이 아닙니다. 단지 플레이어가 돌아다닐 수 있는 [씬] 뷰를 만들었을 뿐이죠. 이 프로그램을 시간 제한이 있는 장애물 게임으로 만들 방법이 있을까요?

여러분은 이미 흥미로운 게임의 개발을 시작할 수 있을 만큼 유니티에 대해 충분히 배웠습니다. 그리고 게임 개발은 개발자로서 계속 성장하도록 연습하기 위한 좋은 방법이기도 하죠.

다양한 실험을 해 보세요. 창의성을 발휘하는 것은 빠르게 코딩 기술을 발전시키는 효율적인 방법입니다.

요점 정리

- 내비메시를 베이크할 때, **최대 경사**와 **단계 높이**를 지정해서 내비메시 에이전트가 [씬] 뷰의 경사로와 계단을 이동할 수 있도록 할 수 있습니다.
- **에이전트 높이**를 지정해서 에이전트가 통과하기에 너무 낮은 장애물의 메시에 구멍을 만들 수 있습니다.
- 내비메시 에이전트가 [씬] 뷰에서 게임 오브젝트를 움직이면 게임 오브젝트는 장애물을 피해서 이동합니다(다른 내비메시 에이전트도 피해갑니다).
- 씬 기즈모 아래에 있는 레이블은 아이콘으로 현재 모드가 **원근 뷰(perspective view)**인지, **아이소메트릭 뷰(isometric view)**인지를 표시합니다. 이 아이콘을 사용해 뷰를 전환할 수 있습니다(원근 뷰는 멀리 있는 객체가 가까운 객체보다 작게 표시되며, 아이소메트릭 뷰는 모든 객체가 거리와 상관없이 같은 크기로 표시됩니다).
- **transform.LookAt() 메서드**는 게임 오브젝트가 특정 위치를 바라보도록 할 수 있습니다. 이 메서드를 사용해 카메라가 [씬] 뷰에 있는 게임 오브젝트를 가리키도록 할 수 있습니다.
- **Input.GetAxis("Mouse ScrollWheel")**을 호출하면 스크롤 휠이 얼마나 움직였는지 숫자(보통 -0.4~0.4이며, 0이면 움직임이 없음을 나타냅니다)를 반환합니다.
- **Input.GetAxis("Mouse Y")**를 호출하면 마우스의 위아래 방향 움직임을 잡아낼 수 있습니다. OnMouseDrag와 결합하면 게임 오브젝트를 마우스로 움직일 수 있습니다.
- **내비메시 장애물(Nav Mesh Obstacle)** 컴포넌트를 추가해서 내비메시에 움직이는 구멍을 생성하는 장애물을 만들 수 있습니다.
- Input 클래스는 Update() 메서드에서 입력을 감지할 때 사용할 수 있는 메서드를 가지고 있습니다. **Input.GetAxis**는 마우스 움직임을, **Input.GetKey**는 키보드 입력을 감지할 수 있습니다.

다운로드할 수 있는 연습 문제: 동물 짝 맞추기 보스전

여러분이 다양한 비디오 게임을 해 봤다면(그럴 거라 믿습니다!) 보스전이 있는 게임도 많이 해 봤을 것입니다. 마지막 레벨이나 마지막 장에서 지금까지 상대한 적보다 더 크고 강한 상대와 맞서는 거죠.
1장에서 동물 짝 맞추기 게임을 만들었던 걸 떠올려 보세요. 좋은 시작이었지만, 무엇인가 좀 부족했죠. 동물 짝 맞추기 게임을 '기억력 테스트 게임'으로 바꿔 보세요! 이 책의 마지막 연습 문제입니다. 그래요, 헤드 퍼스트 C#의 보스전이라고 생각해도 좋아요. 깃허브에서 다음 프로젝트의 PDF를 다운로드해 보세요!

한계에 도전하세요! 게임을 어떻게 바꾸면 더 어려울지 고민하면서 나만의 보스전을 만들어 보세요!

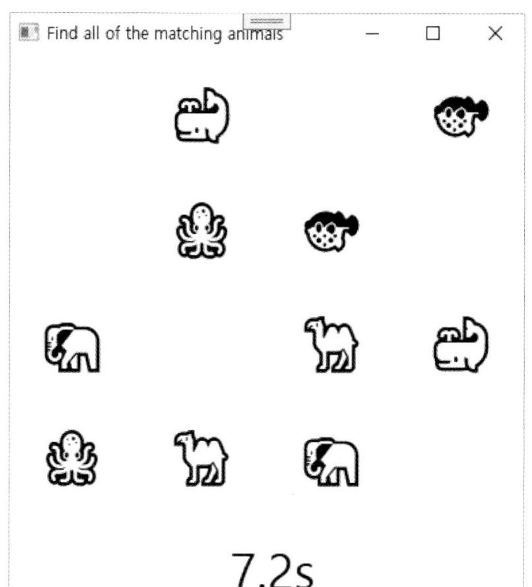

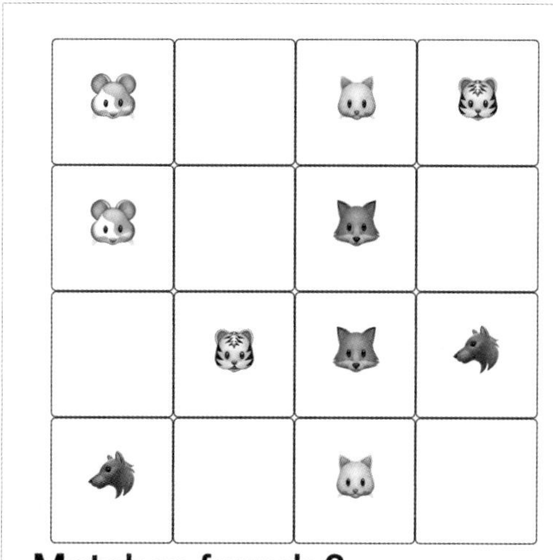

이외에도 다운로드할 수 있는 자료가 더 있습니다! 이 책은 여기서 끝이지만, 우리의 배움은 계속됩니다. 중요한 C# 주제에 대한 자료를 부록에 모아 두었습니다. 추가 유니티 실습과 보스전, 유니티 학습을 계속하는 데 필요한 자료도 있고요.
여러분이 이 책에서 많은 것을 배웠기를 바라며 무엇보다도 방대한 C# 여정의 첫걸음을 이 헤드 퍼스트 C#이 응원합니다. 훌륭한 개발자는 결코 배움을 멈추지 않습니다.
GitHub 페이지를 방문해 더 많은 자료를 살펴보세요. https://github.com/head-first-csharp/fourth-edition

이 책을 읽어 주셔서 감사합니다!

스스로 등을 토닥여 주세요. 정말로 잘 해냈으니까요! 이 책을 번역하는 것 자체가 역자에게 긴 여정 끝의 보상이었던 것처럼, 여러분도 지금까지의 여정의 보상이 됐으면 좋겠습니다. 지금까지 실습한 모든 프로젝트가 재밌었다면 좋겠네요.

잠깐만요, 더 있습니다! 여러분의 여정은 이제 시작이에요

헤드 퍼스트 C#의 깃허브에서 다운로드할 수 있는 다른 프로젝트를 살펴보세요.
https://github.com/head-first-csharp/fourth-edition
깃허브에 더 많은 학습 자료와 도전 프로젝트가 있어요! 헤드 퍼스트 C#의 필수 주제를 다루는 PDF 문서들을 다운로드해서 여러분의 C# 학습 여정을 계속하세요. 다음과 같은 주제들이 있습니다.

- 이벤트 처리기
- 대리자(delegate)
- MVVM 패턴(레트로 아케이드 게임 프로젝트 포함)
- 그리고 기타 다른 것들도!

유니티에 대한 학습 자료도 더 있습니다. 다음과 같은 내용을 다운로드할 수 있어요.

- 이 책에 포함된 유니티 연구실 PDF 버전!
- 물리, 충돌, 그 이상의 주제를 다루는 유니티 연구실!
- 여러분의 유니티 개발 실력을 테스트할 수 있는 유니티 연구실 보스전!
- 완전 처음부터 개발해 보는 유니티 게임 프로젝트!

다음 C#/.NET 리소스도 체크해 보세요!
.NET 개발자 커뮤니티에 접속하기: https://dotnet.microsoft.com/platform/community
.NET과 C#을 만드는 팀 라이브 스트림을 보며 채팅하기: https://dotnet.microsoft.com/platform/community/standup
기술 문서 찾아보기: https://docs.microsoft.com/ko-kr/dotnet

더욱 깊고 진한 내용을 알고 싶다면 다음 서적들을 살펴보세요!

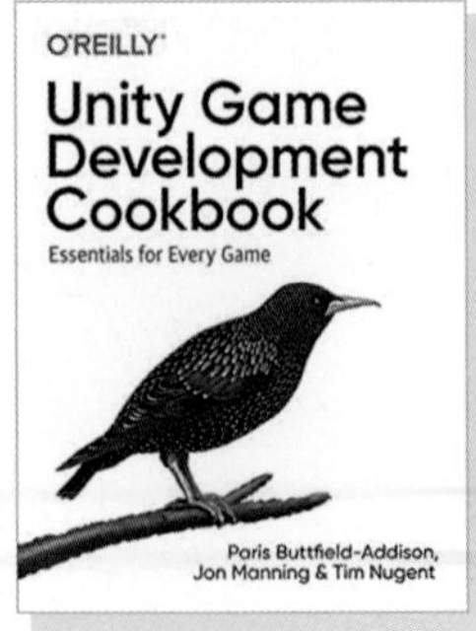

유니티 게임 개발 쿡 북은 여러분의 유니티 스킬을 한 차원 높은 수준으로 끌어올리는 데 도움을 줄 것입니다. 이 책은 유용한 도구와 기법을 설명하며, '레시피' 형식으로 구성되어 있어 여러분의 프로젝트에 곧바로 적용할 수 있습니다.

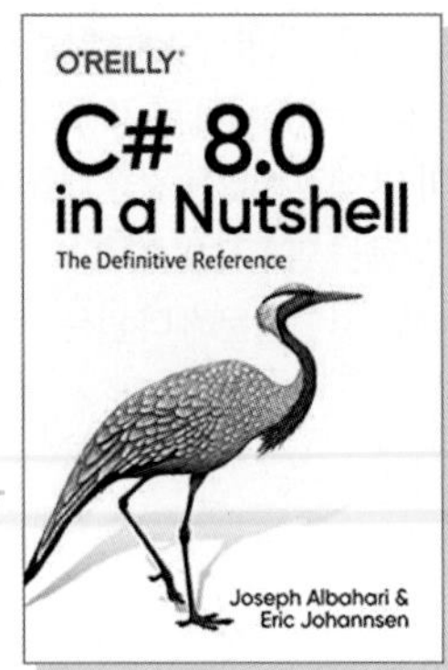

C# 8.0 인 어 넛셸은 모든 C# 개발자의 필독서입니다. C#의 깊은 부분까지 들어가야 한다면 이 책을 꼭 살펴보세요!

APPENDIX

I

Visual Studio for Mac 학습자 가이드

ASP.NET Core Blazor 프로젝트

C#과 .NET 세계에서 맥은 우선 지원 대상입니다

헤드 퍼스트 C#의 일부 프로젝트는 윈도우를 기반으로 합니다. 그래서 이렇게 맥 사용자를 위한 특별한 학습자 가이드를 만들었죠. 이 학습자 가이드는 맥 사용자가 1장의 프로젝트 전체를 포함한 프로젝트를 실행하고 C#을 살펴볼 수 있게 돕습니다. 이 프로젝트에서는 C#을 사용해 Blazor WebAssembly 앱을 만들어 봅니다. 프로젝트는 모두 훌륭한 C# 학습 도구인 Visual Studio for Mac에서 실행할 수 있습니다. 이제 코딩을 시작해 볼게요!

왜 C#을 배워야 하나요?

C#에 뛰어들어 봅시다!

C#은 단순하면서도 강력한 최신 언어입니다. C#을 배우는 것은 '단순히 프로그래밍 언어를 다룰 수 있다'는 것만을 의미하지는 않습니다. C#은 모든 종류의 프로그램을 개발할 수 있는 강력한 오픈 소스 플랫폼인 **.NET(닷넷)** 생태계에 발을 들일 수 있도록 해 준다는 데 큰 의의가 있습니다.

비주얼 스튜디오 코드를 설치하지 않도록 주의하세요. 이 책에서는 비주얼 스튜디오를 사용합니다. 비주얼 스튜디오 코드는 크로스 플랫폼 오픈소스 텍스트 편집기로, 비주얼 스튜디오처럼 .NET 개발에 필요한 기능을 지원하지 않습니다.

C#으로 통하는 문, 비주얼 스튜디오

본격적으로 비주얼 스튜디오 2022를 설치해 보겠습니다. https://visualstudio.microsoft.com에서 **Visual Studio for Mac**을 다운로드합니다. 이미 설치됐다면 Visual Studio Installer를 실행해서 설치 항목을 변경합니다.

.NET Core 설치하기

Visual Studio for Mac Installer를 다운로드했다면, 실행해서 비주얼 스튜디오를 설치하세요. **.NET**에 체크되어 있는지 확인하세요.

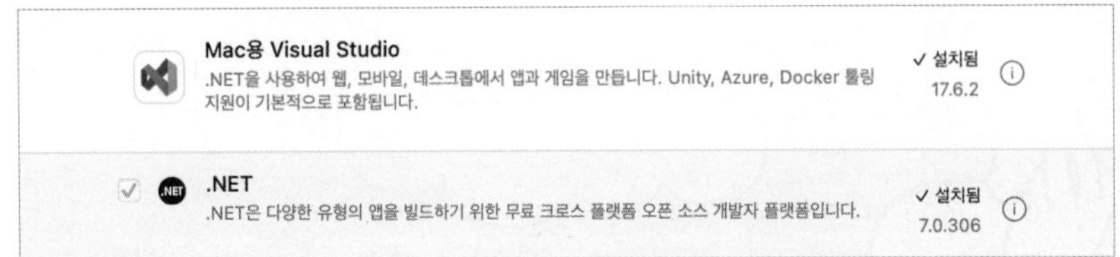

윈도우용 비주얼 스튜디오로도 Blazor 웹 앱을 개발할 수 있습니다.

이 책에서 다루는 프로젝트 대부분은 .NET 콘솔 앱이고, 윈도우와 맥OS에서 모두 실행할 수 있습니다. 하지만 다음 장에 등장하는 진행할 <동물 짝 맞추기 게임> 같은 프로젝트는 윈도우에서만 동작하는 WPF(Windows Presentation Foundation)로 작성합니다. Visual Studio for Mac 학습자 가이드에서는 맥OS에서도 프로젝트를 작성할 수 있도록 ASP.NET Core Blazor를 사용합니다.

만약 여러분이 윈도우 사용자이고 Blazor를 사용해 리치 웹 앱을 개발하는 방법을 학습하고 싶다면, 운이 좋으시네요! 여러분은 윈도우용 비주얼 스튜디오로도 이 가이드에 있는 프로젝트를 작성할 수 있습니다. Visual Studio Installer로 가서 [ASP.NET과 웹 개발] 옵션에 체크했는지 확인하세요. 이 책의 스크린샷 이미지와 여러분의 **비주얼 스튜디오** 화면과 정확히 일치하지는 않겠지만, 코드는 완전히 동일합니다.

쉬어 가기

이 가이드는 웹 응용 프로그램 프로젝트에서 HTML, CSS를 사용하지만, HTML이나 CSS에 대해 알 필요는 없습니다. 이 책은 C# 학습서입니다. HTML과 CSS는 Blazor 웹 응용 프로그램을 구성하는 페이지를 만드는 데 일부만 사용될 것입니다. 이전에 HTML이나 CSS를 사용해 본 적이 없더라도 걱정하지 마세요. 이 책을 학습하는 데는 어떤 웹 디자인 사전 지식도 필요하지 않습니다. 웹 응용 프로젝트에 포함된 페이지를 만드는 데 필요한 지식은 이 책에서 모두 제공합니다. 어쩌면 이 과정에서 HTML 지식을 익히게 될지도 모르죠.

C# 코드 작성과 생태계 탐험에 필요한 도구, 비주얼 스튜디오

메모장이나 텍스트 편집기로도 코드를 작성할 수 있지만 비주얼 스튜디오를 사용하면 화면 설계부터 파일 관리, 디버깅 등 다양한 기능을 모두 한 곳에서 수행할 수 있습니다. 이런 기능을 제공하는 도구를 **IDE(Integrated Development Environment, 통합 개발 환경)**라고 합니다. 이제 비주얼 스튜디오로 할 수 있는 일을 몇 가지 살펴볼까요?

이 책에서 사용하는 비주얼 스튜디오가 바로 IDE입니다.

첫째, 프로그램을 빠르게 작성할 수 있습니다.

비주얼 스튜디오는 코딩할 때 수동으로 해야 하는 수많은 작업을 자동화해서 더 쉽고 빠르게 할 수 있도록 도와줍니다. 바로 다음과 같은 일을 말이죠.

- 프로젝트 파일 관리
- 프로젝트 코드 편집
- 프로젝트 리소스 관리(그림, 소리, 아이콘 등)
- 코드를 한 줄씩 검토하며 디버깅

둘째, UI를 쉽게 설계할 수 있습니다.

비주얼 스튜디오의 디자이너는 최고의 화면 설계 도구입니다. 디자이너는 **UI(User Interface, 사용자 인터페이스)**를 만들 때 많은 부분을 자동으로 처리합니다. 덕분에 UI를 다듬는 시간을 줄일 수 있고, 누구든 전문가처럼 프로그램을 만들 수 있습니다.

셋째, 프로그램을 멋지게 디자인할 수 있습니다.

XAML은 UI를 설계하는 마크업 언어로 WPF 데스크톱 프로그램을 작성할 때 사용합니다. UI가 있는 프로그램을 C#으로 작성할 때 가장 효율적으로 사용할 수 있는 도구이기도 하죠. XAML을 사용해 C# 프로그램을 작성하면 그저 작동하는 것만으로도 멋있어 보이는 프로그램을 만들 수 있습니다.

비주얼 스튜디오는 아주 훌륭한 개발 환경으로, 여기서는 C#을 편리하게 배우는 학습 도구로 사용합니다.

넷째, C#과 .NET 생태계를 학습하고 살펴볼 수 있습니다.

비주얼 스튜디오는 최고 수준의 개발 도구이면서 학습 도구입니다. 비주얼 스튜디오는 C#에서 찾아볼 수 있는 중요한 프로그래밍 개념을 빠르게 익힐 수 있도록 해 주는 길잡이 역할을 할 것입니다.

Visual Studio for Mac에서 첫 프로젝트 만들기

C#을 학습하는 가장 좋은 방법은 코드를 작성해 보는 것입니다. 지금 바로 비주얼 스튜디오를 사용해 **새 프로젝트**를 만들고 코드를 작성해 봅시다.

〈따라해 보세요!〉를 보게 되면, 비주얼 스튜디오로 가서 책의 내용을 따라 하세요. 여기에는 어떤 작업을 해야 하는지, 예제에서 어떤 부분을 눈여겨봐야 하는 지 등에 대한 설명이 있습니다.

01 새 콘솔 앱 프로젝트를 생성합니다.

Visual Studio 2022 for Mac을 실행하면 [새 프로젝트 만들기] 등 몇 가지 옵션이 화면에 표시됩니다.

① 먼저 **[새 프로젝트 만들기]**를 선택합니다. 화면에 이 옵션이 없어도 놀라지 마세요. [파일]-[새 프로젝트...] 메뉴를 클릭하거나, [⇧]+[⌘]+[N] 키를 눌러 화면을 다시 불러낼 수 있습니다.

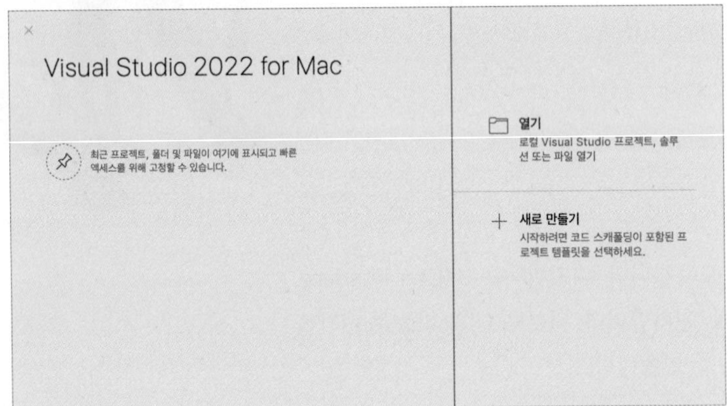

② 왼쪽 패널에서 **[응용 프로그램]**을 선택한 다음 **[콘솔 애플리케이션]**을 선택하세요. 그리고 [계속] 버튼을 누르세요.

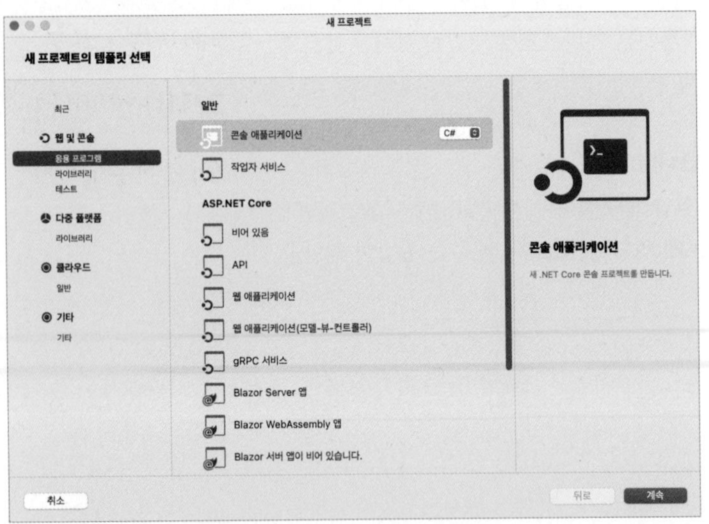

앞으로 콘솔 앱은 .NET Core 콘솔 앱 또는 콘솔 앱(.NET Core) 프로젝트라고도 부를 것입니다. 콘솔 앱의 종류는 다양하지만, .NET Core 콘솔 앱은 다양한 플랫폼에서 실행할 수 있어 Visual Studio for Mac에서도 이 앱 프로젝트를 생성할 수 있습니다.

02 [프로젝트 이름]에 'MyFirstConsoleApp'을 입력하세요.

[프로젝트 이름]에 'MyFirstConsoleApp'을 입력하고 [만들기] 버튼을 클릭해 프로젝트를 생성하세요.

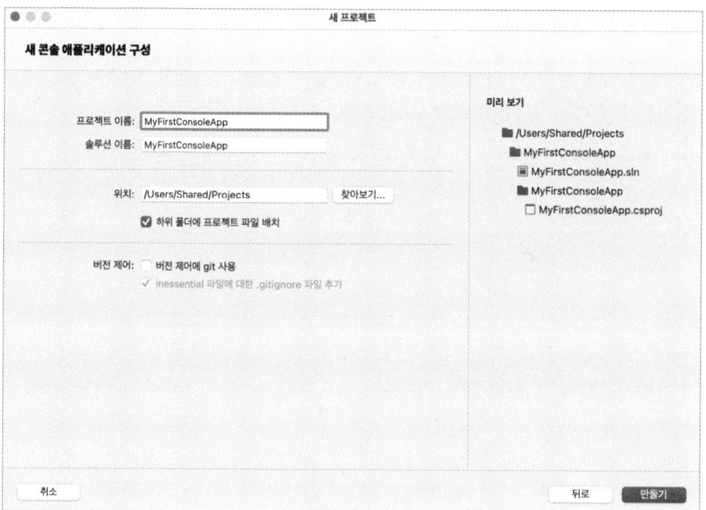

03 프로그램의 기본 코드를 살펴봅니다.

새 프로젝트를 생성한 다음 Program.cs 파일을 열어 보면 다음과 같은 기본 코드가 있습니다.

```
// See https://aka.ms/new-console-template for more information
Console.WriteLine("Hello, World!");

```

Main 클래스의 이름이 윈도우와 다릅니다.

새 콘솔 앱 프로젝트의 기본 코드는 윈도우 비주얼 스튜디오와 Visual Studio for Mac에서 거의 유사하게 생성됩니다. 한 가지 차이점은 클래스의 이름이 맥OS에서는 MainClass이고, 윈도우에서는 Program이라는 것입니다. 클래스의 이름은 이 책의 프로젝트를 실행하는 데 별 상관이 없습니다. 만일 이게 문제가 된다면 여러분에게 따로 알려드릴게요.

비주얼 스튜디오를 사용하여 앱 살펴보기

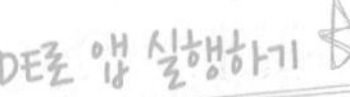

01 비주얼 스튜디오를 탐색하고, 자동으로 생성된 파일들을 살펴봅니다.

새 프로젝트를 생성하면, 비주얼 스튜디오는 자동으로 몇 개의 파일을 생성하고 이 파일들을 솔루션으로 묶습니다. **비주얼 스튜디오** 왼쪽에 있는 [솔루션] 창의 상단에는 MyFirstConsoleApp 솔루션이 있고, 그 아래에 솔루션에 포함된 파일들이 함께 표시됩니다. 솔루션에는 솔루션과 같은 이름을 가진 프로젝트가 포함되어 있습니다.

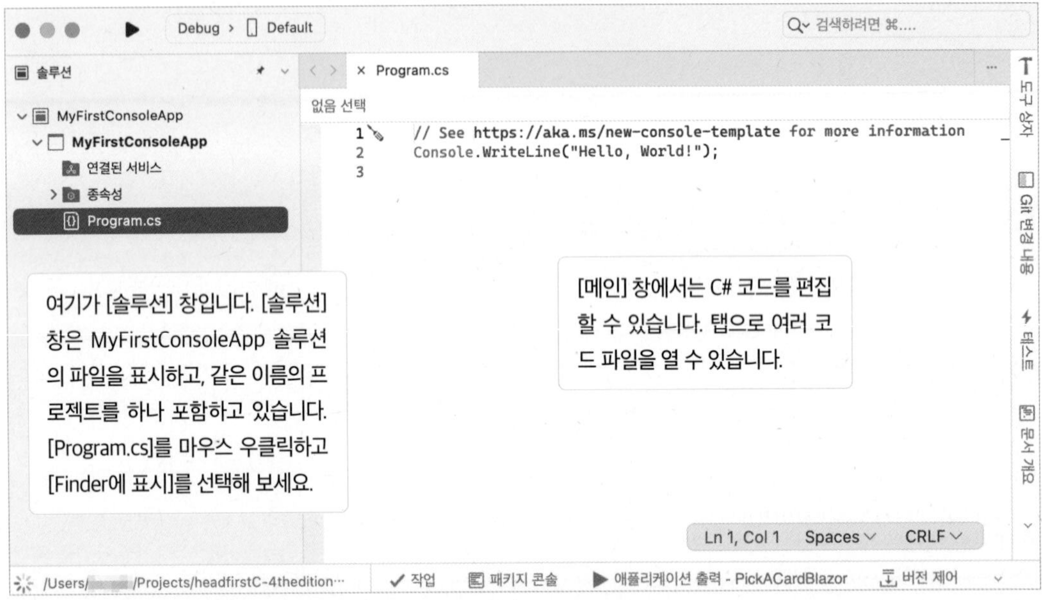

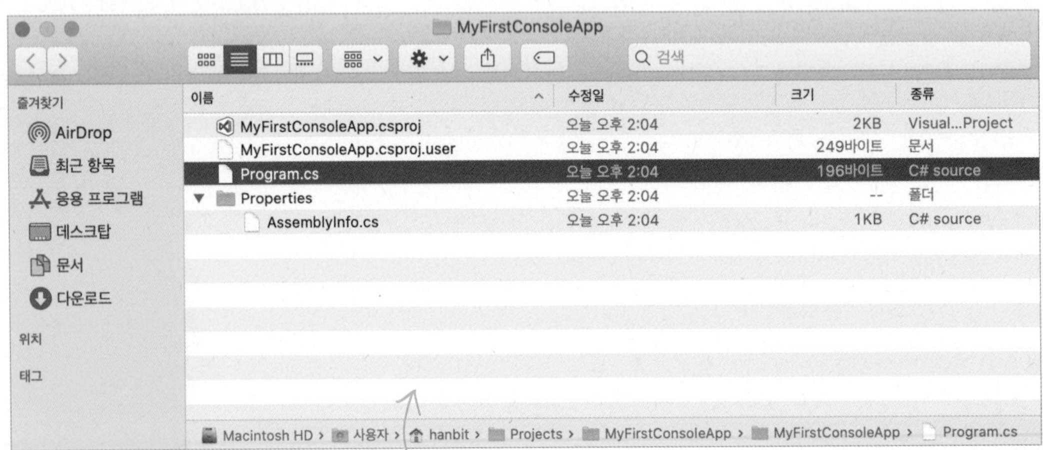

비주얼 스튜디오가 생성한 앱의 프로젝트 폴더입니다. 이 폴더에는 솔루션의 모든 파일이 포함되어 있으며, 비주얼 스튜디오가 앱을 실행할 때 생성되는 bin, obj 폴더도 들어 있습니다.

02 새 앱을 실행합니다.

이제 Visual Studio for Mac이 생성한 앱을 실행할 준비가 됐습니다. 비주얼 스튜디오 상단에서 ▶ 버튼을 클릭해 봅시다.

03 프로그램의 출력 결과를 살펴봅니다.

프로그램을 실행하면, 비주얼 스튜디오의 하단에 [터미널] 창이 나타나서 프로그램의 출력을 표시합니다.

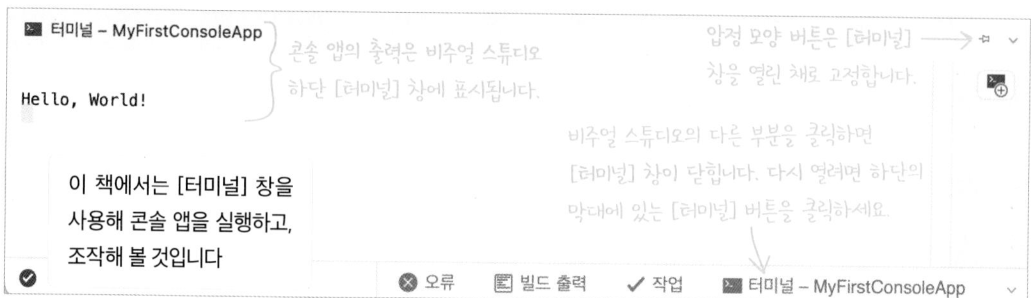

프로그래밍 언어를 배우는 가장 좋은 방법은 코드를 작성해 보는 거죠. 그러므로 이 책에서는 많은 프로그램을 작성해 볼 겁니다. .NET Core 콘솔 앱 프로젝트에 대해 좀 더 자세히 살펴봅시다.

터미널 창의 상단에 프로그램의 출력 결과가 표시된 것을 볼 수 있습니다.

```
Hello world!
```

코드의 아무 곳이나 클릭해 [터미널] 창을 닫고 비주얼 스튜디오의 하단에 있는 [터미널 – MyFirstConsoleApp] 버튼을 눌러 다시 [터미널] 창을 열어 보세요. 프로그램의 출력 결과가 여전히 표시되어 있습니다. 비주얼 스튜디오는 앱이 종료되면 자동으로 [터미널] 창을 감춥니다.

▶ 버튼을 눌러 프로그램을 다시 실행합니다. 그런 다음 [실행]-[디버깅 시작] 메뉴를 선택하거나 [⌘]+[↩] 키를 눌러 보세요. 이 책에서 다루는 콘솔 앱 프로젝트는 이 방식으로 실행할 수 있습니다.

IDE 팁 비주얼 스튜디오에서 [터미널] 창 열기

[터미널] 창은 콘솔 앱의 출력 결과를 표시하는 것 외에 다른 일도 할 수 있습니다. 앱을 실행하고 있지 않을 때 [터미널] 창의 오른쪽에 있는 버튼을 클릭하거나 [보기]-[터미널] 메뉴를 선택해 보세요. 그러면 맥OS 터미널 셸이 나타나고, 여기서 맥OS 셸 명령을 실행할 수 있습니다.

```
터미널
hanbit@mbp2014 MyFirstConsoleApp %
```

버튼을 몇 번 더 클릭해 보세요. 그때마다 [터미널] 창이 새로 열리는 것을 볼 수 있습니다. [보기]-[다른 창] 메뉴를 선택하거나 **비주얼 스튜디오** 하단 막대에 표시된 버튼을 사용해 [터미널] 창을 전환할 수 있습니다.

터미널 | 터미널 (1) | 터미널 (2) | 터미널 (3) | 터미널 (4) | 터미널 (5)

C#으로 게임 만들기

게임 디자인 101

앞서 첫 번째 C#프로그램을 만들고 실행해 봤습니다. 이제 더 복잡한 프로그램에 도전해 볼까요? 이번에는 **동물 짝 맞추기 게임**을 만들어 보겠습니다. 이 프로그램은 플레이어가 격자 안에 위치한 8쌍의 동물을 클릭해서 짝을 맞추면 해당 동물이 사라지는 게임입니다.

다양한 프로젝트를 만들 수 있는 능력은 개발자가 갖춰야 할 중요한 요소입니다. 여기서는 맥OS용 프로젝트를 위해 Blazor를 사용합니다. Blazor는 현대적인 브라우저에서 실행할 수 있는 리치 웹 앱을 만들기 위한 도구를 제공합니다. C#은 맥OS만을 위한 프로그래밍 언어가 아닙니다. 이 학습자 가이드의 모든 프로젝트는 윈도우용 비주얼 스튜디오로도 작성할 수 있습니다.

이번에 만들어 볼 동물 짝 맞추기 게임입니다.

4×4로 나뉜 창에서 8쌍의 동물을 임의로 표시합니다. 플레이어가 동물을 클릭해서 짝이 맞으면 해당 동물은 사라집니다.

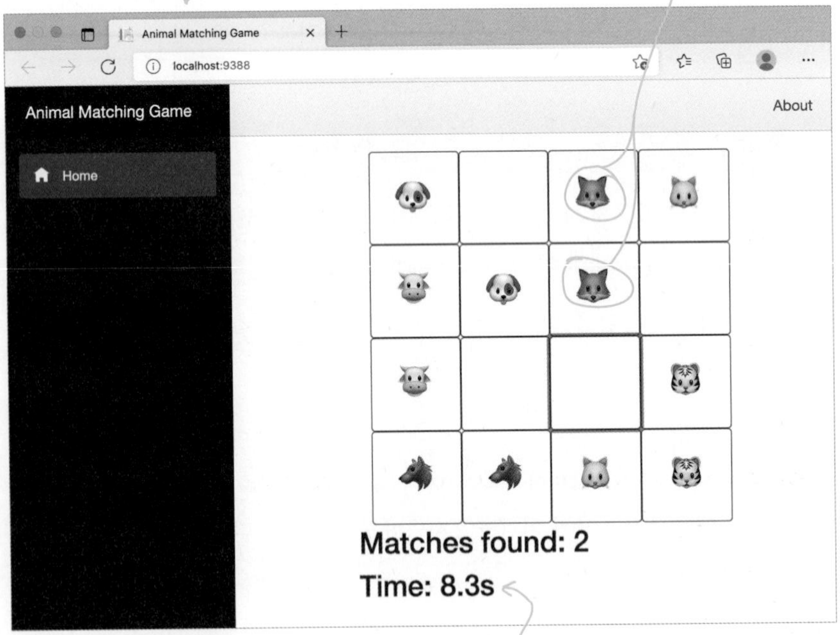

Animal Matching Game

localhost:9388

Animal Matching Game

Home

About

Matches found: 2

Time: 8.3s

타이머는 플레이어가 게임을 끝내는 데 걸린 시간을 표시합니다. 게임의 목표는 가능한 한 짧은 시간 안에 모든 짝을 맞추는 것입니다.

C#으로 통하는 문, 비주얼 스튜디오

텍스트를 입출력하는 프로그램이라면 콘솔 앱으로도 충분합니다. 하지만 동물 이미지처럼 브라우저 페이지에 무엇인가를 보여 줘야 하는 프로그램을 만들 때는 다른 기술을 사용해야 합니다. 그래서 동물 짝 맞추기 게임은 **Blazor WebAssembly**를 사용합니다. Blazor는 현대적인 브라우저에서 실행되는 리치 웹 앱(rich web application)을 생성할 수 있게 해 줍니다. 이번 프로젝트의 목표는 Blazor가 무엇인지 알고 리치 웹 앱과 콘솔 앱을 만드는 데 필요한 도구의 사용 방법을 살펴보는 것입니다.

이 프로젝트를 마치고 나면 C# 학습 도구에 더 익숙해질 것입니다.

게임 설계하기

이제부터 동물 짝 맞추기 게임을 만드는 과정을 하나씩 살펴보겠습니다.

이 프로젝트는 여러분의 타자 실력에 따라 15분에서 1시간 정도 걸립니다. 시간이 조금 걸리더라도 게임을 만드는 과정을 모두 따라 해 보세요.

1. 먼저 Visual Studio for Mac에서 새 Blazor WebAssembly 앱 프로젝트를 생성합니다.
2. 페이지 레이아웃을 구성하고 동물 이모지를 임의의 순서로 섞는 C# 코드를 작성합니다.
3. 플레이어가 동물 이모지를 클릭해서 짝을 맞추는 이벤트를 처리합니다.
4. 플레이어가 게임에서 승리했는지를 판단하는 C# 코드를 작성합니다.
5. 타이머를 추가해 게임을 푸는 데 걸리는 시간을 측정합니다.

● 게임 설계 과정

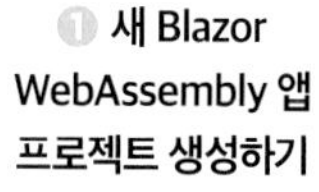

② 동물 섞기

③ 마우스 클릭 처리하기

④ 게임의 승패 감지하기

⑤ 타이머 추가하기

이 책 전반에 흩어져 있는 <게임 디자인 원칙>에 주목하세요. 여기서 소개하는 게임 디자인 원칙은 단지 비디오 게임에만 적용되는 것이 아니라, 어느 프로젝트에나 적용할 수 있는 중요한 프로그래밍 개념입니다.

게임이란 무엇인가?

Q1 모든 게임에 승자가 존재하나요? 게임에 끝이 있나요?

A1 꼭 그렇진 않습니다. 플라이트 시뮬레이터(* **역주** 비행기를 조종하는 경험을 해 볼 수 있는 게임으로, 게임의 목표는 비행기를 조종하는 것 자체일 뿐 무사히 비행기를 착륙시키는 것이 아닙니다)나, 심즈, 타이쿤 같은 게임에는 승자가 없죠.

Q2 모든 게임이 재미있나요?

A2 사람마다 좋아하는 게임 스타일이 다 다릅니다. 똑같은 일을 반복해야 하는 그라인딩(grinding) 스타일의 게임을 좋아하는 사람도 있고, 이런 게임을 좋아하지 않는 사람도 있습니다.

Q3 모든 게임이 결정을 내리거나 뭔가와 맞서거나 문제를 해결해야 하나요?

A3 모든 게임이 그렇지는 않습니다. 워킹 시뮬레이터에서는 플레이어가 어떤 환경을 탐험할 뿐 퍼즐이나 문제가 등장하지 않습니다.

Q4 게임의 종류가 정말 다양한 것 같은데, 이들을 통틀어 정의할 수 있나요?

A4 언뜻 보기에 게임을 정의하는 것이 어렵지 않아 보이지만, 사실 게임이 무엇인지 명확히 정의하기는 매우 어렵습니다. 일례로 게임 디자인에 대한 책을 읽어 보면 게임에 대한 온갖 정의가 쏟아지죠. 일단 이 책에서는 게임의 의미를 다음과 같이 정의하겠습니다. **'게임은 가지고 놀 수 있는 프로그램이며, 최소한 플레이해 볼 만큼은 재미있어야 한다!'**

비주얼 스튜디오에서 Blazor WebAssembly 앱 생성하기

새 웹 앱 생성하기

● 게임 설계 과정

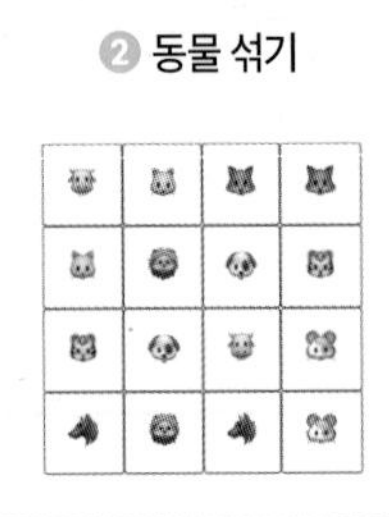

01 **[파일]-[새 프로젝트]를 선택** 또는 [⇧]+[⌘]+[N] 키를 눌러 새 프로젝트 창을 띄웁니다.

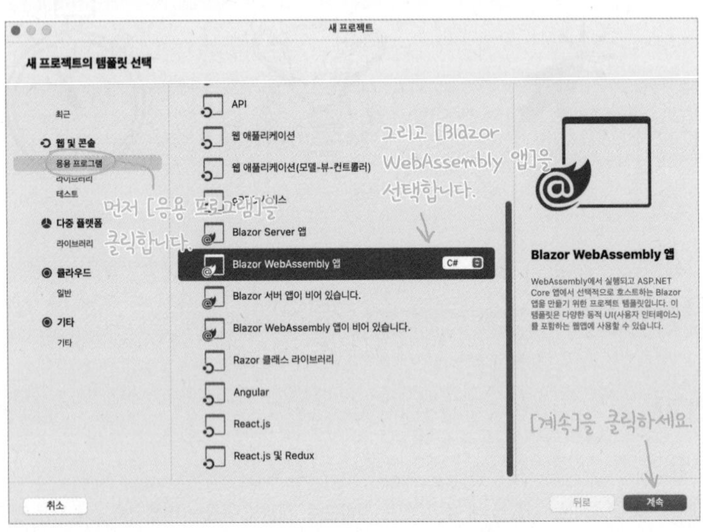

02 비주얼 스튜디오가 프로젝트를 어떻게 구성할지 물어봅니다. 모든 옵션을 기본값으로 두고 [계속] 버튼을 클릭하세요.

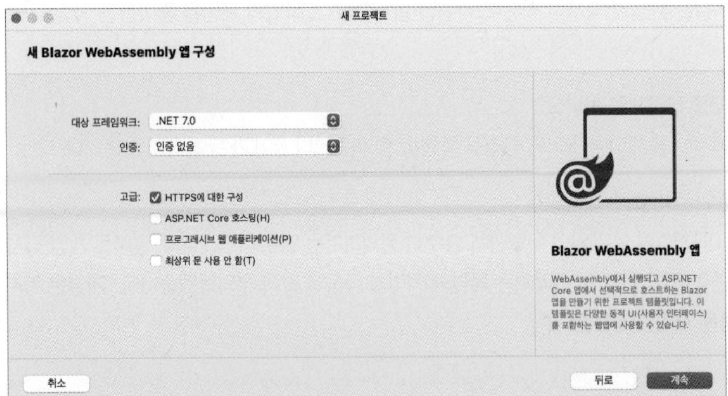

이 프로젝트를 진행하면서 문제가 있으면 다음 링크의 동영상을 참고하세요.
https://github.com/head-first-csharp/fourth-edition

03 [프로젝트 이름]에 'BlazorMatchGame'을 입력하세요. [만들기] 버튼을 클릭하면 새 프로젝트 BlazorMatchGame이 생성됩니다.

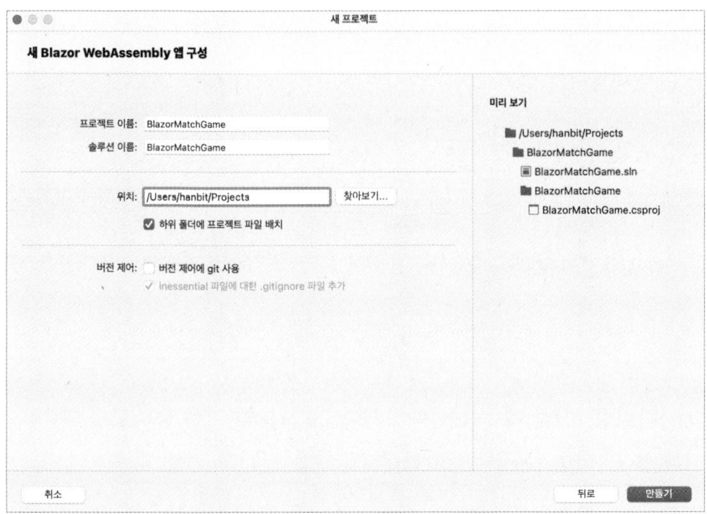

04 [솔루션] 창에서 Pages 폴더를 확장하고 Index.razor 파일을 더블 클릭해 편집기에서 열어 보세요.

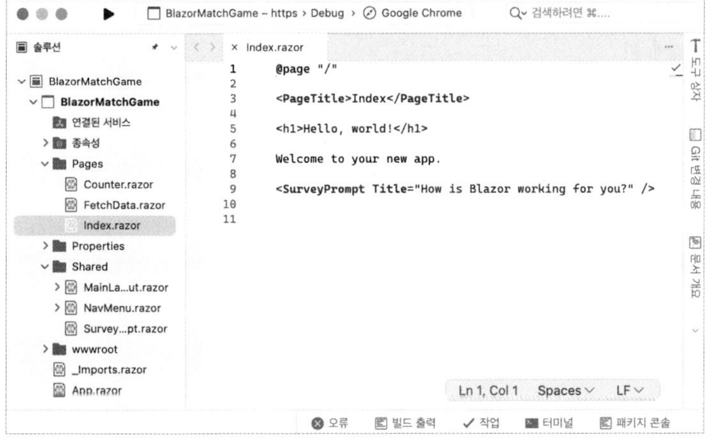

브라우저에서 Blazor 웹 앱 실행하기

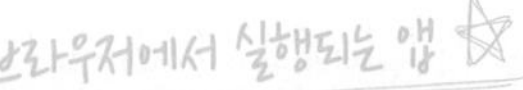

Blazor 웹 앱은 서버와 웹 앱, 두 부분으로 나뉩니다. Visual Studio for Mac에서는 클릭 한 번으로 둘을 모두 실행할 수 있죠.

따라해 보세요!

01 웹 응용 프로그램을 실행할 브라우저를 고릅니다.

Visual Studio for Mac의 상단에서 ▶ 버튼을 찾으세요.

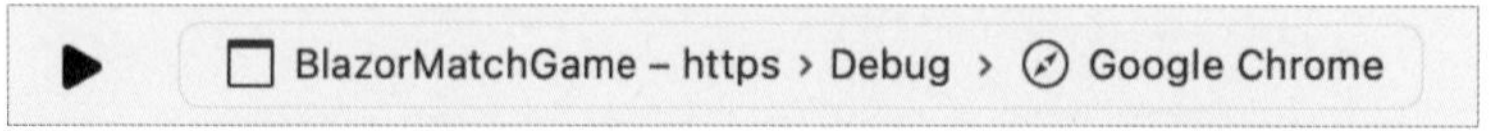

기본 브라우저는 Debug > 오른쪽에 표시됩니다. 브라우저 이름을 클릭하면 드롭다운이 열립니다. 드롭다운 목록에서 Microsoft Edge 또는 Google Chrome을 선택하세요.

02 웹 앱을 실행합니다.

▶ 버튼을 클릭해서 앱을 시작하세요. [디버그]-[디버깅 시작] 메뉴를 선택하거나 [⌘]+[↩] 키를 눌러도 됩니다. Visual Studio for Mac은 [빌드 출력] 창을 연 다음 [애플리케이션 출력] 창을 엽니다. 그런 다음에 브라우저가 열리며 앱이 실행됩니다.

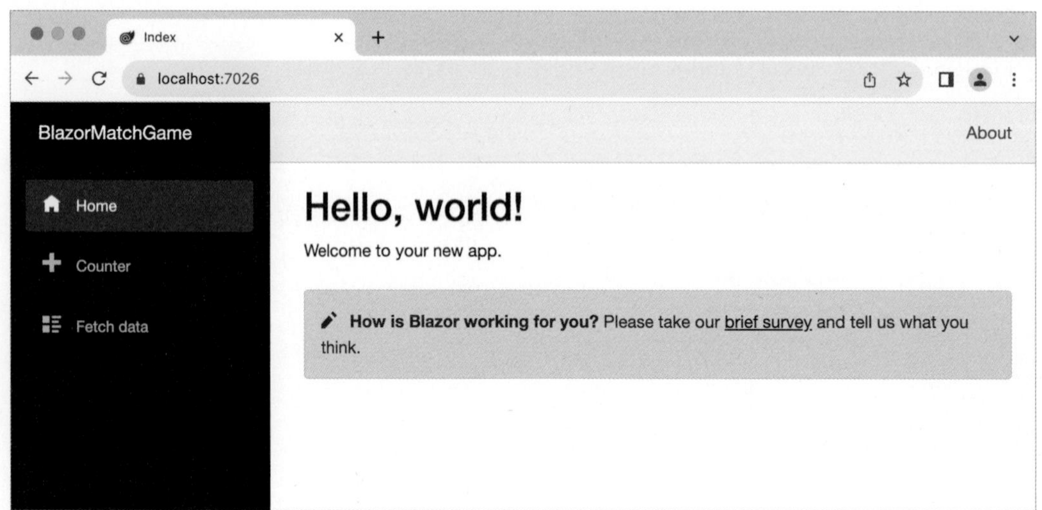

주의하세요!

웹 앱을 실행할 브라우저로는 Microsoft Edge 또는 Google Chrome이 적합합니다. Safari는 웹 앱을 실행할 수는 있지만 디버깅할 수 없습니다. 웹 앱 디버깅은 Microsoft Edge와 Google Chrome에서만 지원합니다. Microsoft Edge를 다운로드하려면 https://microsoft.com/edge 페이지를, Google Chrome을 다운로드하려면 https://google.com/chrome 페이지를 방문하세요. 두 브라우저는 모두 무료로 제공됩니다.

03 Index.razor에 있는 코드와 브라우저에 표시된 내용을 비교해 보세요.

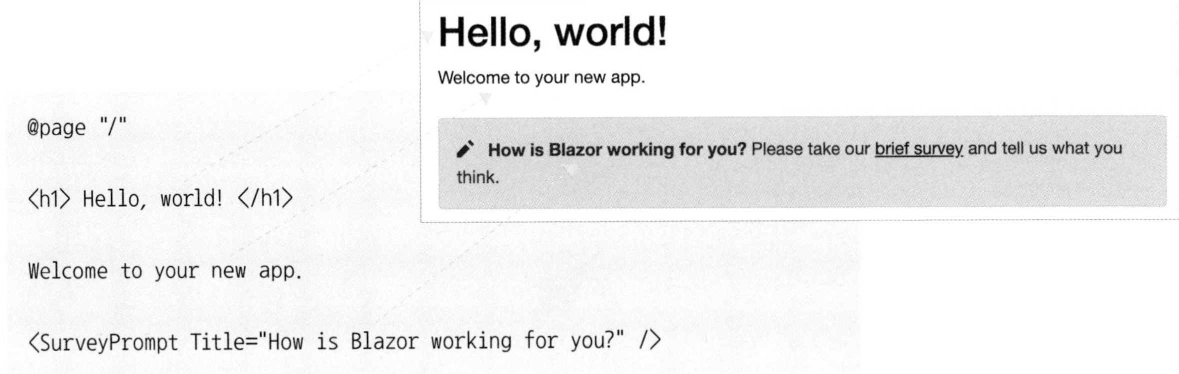


```
@page "/"

<h1> Hello, world! </h1>

Welcome to your new app.

<SurveyPrompt Title="How is Blazor working for you?" />
```

04 텍스트를 변경하세요.

Index.razor 파일의 세 번째 줄을 다음과 같이 변경합니다.

```
<h1>Elementary, my dear Watson.</h1>
```

이제 브라우저로 돌아가서 페이지를 다시 로드해 보세요. 기대와 달리 아무것도 바뀌지 않고 그대로 Hello, world!가 출력되네요. 코드는 바뀌었지만, 서버의 내용이 갱신되지 않았기 때문입니다.

■ 버튼을 클릭하세요. [디버그]-[중지] 메뉴를 선택하거나, [⇧]+[⌘]+[↩] 키를 눌러도 됩니다. 이제 브라우저로 돌아가서 페이지를 다시 로드하세요. 앱을 중지했기 때문에, 사이트에 연결할 수 없을 것입니다.

앱을 다시 시작한 다음 브라우저에서 페이지를 다시 로드해 보세요. 이제 변경된 텍스트를 볼 수 있습니다.

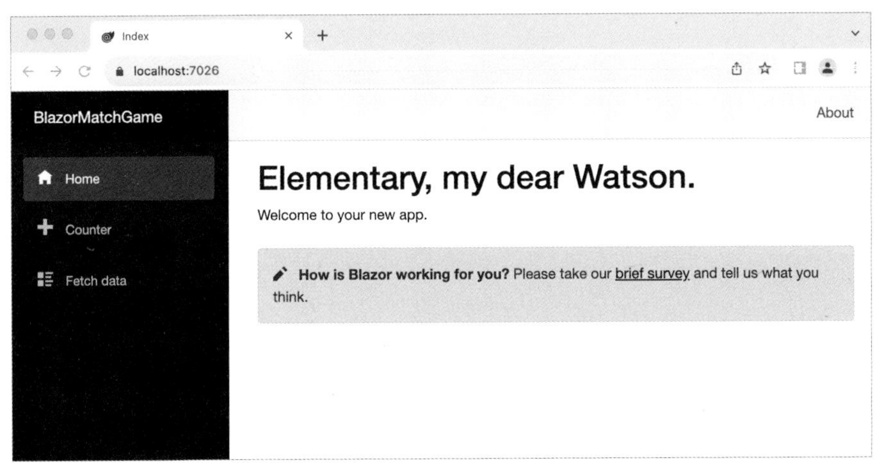

브라우저에서 URL을 복사하고 Safari 창에 붙여 넣어 보세요. 앱이 Safari에서도 실행됩니다. 서로 다른 두 브라우저가 동일한 서버에 연결된 것이죠.

브라우저 창을 추가로 열고 싶나요? 비주얼 스튜디오는 Blazor 웹 앱을 실행할 때마다 새 브라우저를 엽니다. 앱을 중지하기 전에 브라우저를 닫는 습관을 들이세요. [⌘]+[Q] 키를 눌러 브라우저를 닫을 수 있습니다.

이제 코드를 작성할 준비가 됐습니다

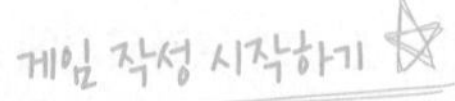

● 게임 설계 과정

① 새 Blazor WebAssembly 앱 프로젝트 생성하기

② 동물 섞기

③ 마우스 클릭 처리하기

④ 게임의 승패 감지하기

⑤ 타이머 추가하기

이제 C# 코드로 게임을 작성하고 HTML을 사용해 화면에 게임을 표시해 볼 것입니다.

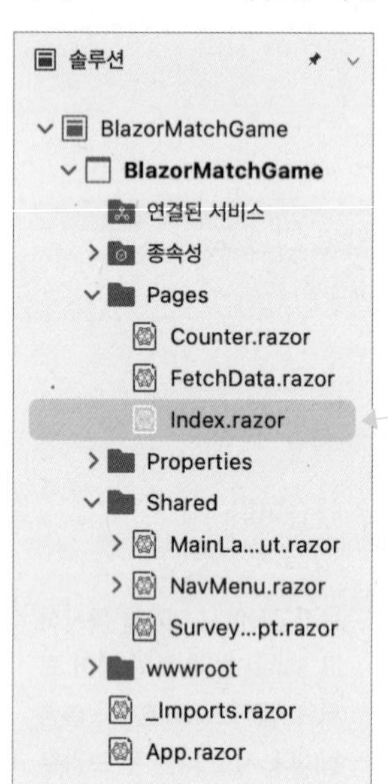

이제 Index.razor 파일에서 C# 코드를 작성해 볼 것입니다. 이름이 .razor로 끝나는 파일은 Razor 마크업 페이지입니다. 이 파일은 페이지 레이아웃을 위한 HTML 마크업과 게임의 동작을 정의하는 C# 코드를 결합합니다. 지금부터 Razor 마크업 페이지에 C# 코드를 추가해서 페이지에 이모지를 추가하고, 마우스 클릭을 처리한 다음, 카운트다운 타이머를 작동하게 만들 것입니다.

이름이 .cs로 끝나는 파일은 C# 코드를 다룹니다.

주의하세요!

편집기에 입력된 C# 코드는 정확해야 합니다

'잘못 찍힌 점 하나를 찾느라 몇 시간을 허비해 봐야 진짜 개발자가 된다.'라는 말이 있습니다. 이처럼 코드를 작성할 때는 점이나 클론, 대소문자도 매우 중요합니다. SetUpGame과 setUp Game은 전혀 다른 단어입니다. 쉼표, 세미콜론, 괄호 등을 잘못 사용해 오류가 발생하거나, 빌드는 되지만 개발자의 의도와는 다른 결과물이 나올 수 있습니다. 비주얼 스튜디오의 인텔리센스(IntelliSense) 기능이 이런 문제를 예방할 수는 있지만 모든 문제를 해결하지는 못합니다.

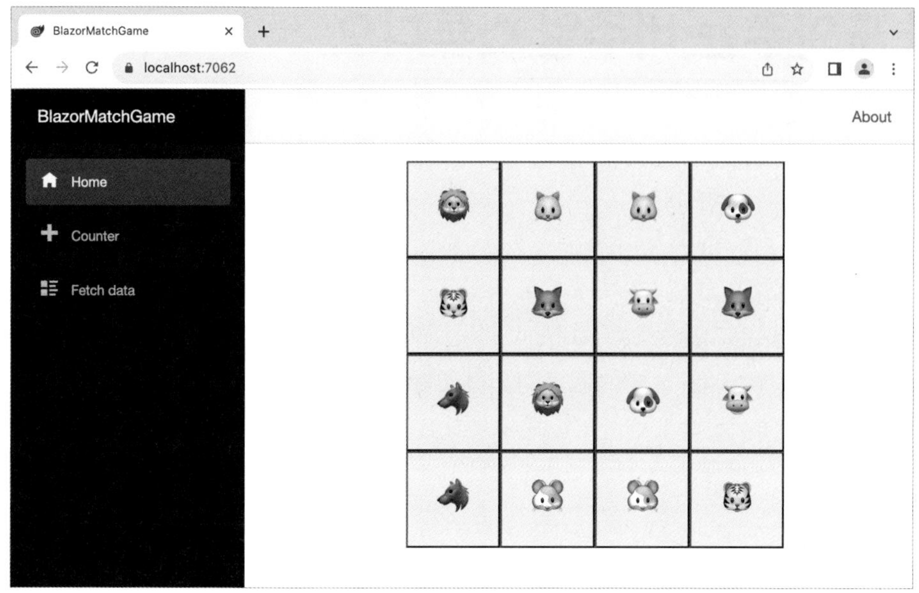

동물 짝 맞추기 게임의 페이지 레이아웃 작동 방식

동물 짝 맞추기 게임은 16개의 정사각형 버튼으로 구성된 4행 4열의 격자 형태입니다. 각 버튼의 크기는 100픽셀이고 따라서 컨테이너의 크기는 가로세로 400픽셀입니다. 비주얼 스튜디오는 입력해야 할 C# 코드와 HTML 마크업을 제공합니다. 다음은 프로젝트에 추가할 코드입니다. 찬찬히 살펴보세요. 이 코드가 C#과 HTML을 결합하여 마법을 일으킬 것입니다.

```
<div class="container">
    <div class="row">
        @foreach (var animal in shuffledAnimals)
        {
            <div class="col-3">
                <button type="button" class="btn btn-outline-dark">
                    <h1>@animal</h1>
                </button>
            </div>
        }
    </div>
</div>
```

@은 Razor 페이지에 C# 코드가 삽입됨을 알려 주는 역할을 합니다. 이 foreach 반복문은 리스트에 있는 동물 이모지로 버튼을 생성하는 코드를 반복해서 실행합니다.

foreach 반복문은 중괄호 사이에 있는 모든 명령문을 동물 이모지 리스트의 각 원소에 대해 한 번씩 반복합니다. @animal은 리스트에 있는 각각의 이모지로 하나씩 대체됩니다. 리스트에는 16개의 이모지가 있으므로 결과적으로 16개의 버튼이 생성됩니다.

C# 코드 작성을 도와주는 비주얼 스튜디오

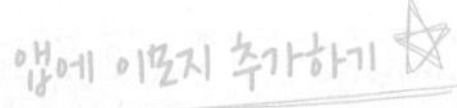

Blazor는 HTML과 C#을 결합하여 상호작용이 가능한 앱을 만들 수 있게 해 줍니다. 또한 비주얼 스튜디오는 C# 작성을 돕는 유용한 기능을 제공합니다.

따라해 보세요!

01 Index.razor 파일에 C# 코드를 추가합니다.

Index.razor 파일을 선택하고 마지막에 @code 블록을 추가합니다. 파일의 기존 내용은 일단 그대로 유지하세요. 나중에 지워도 괜찮습니다. 다음처럼 @code {를 입력하면 비주얼 스튜디오가 자동으로 닫는 중괄호(})를 추가합니다. 엔터를 눌러 두 중괄호 사이에 한 줄을 추가하세요.

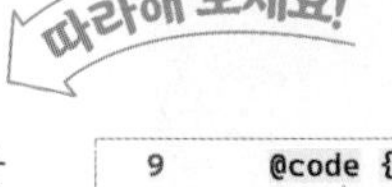

02 인텔리센스 창을 사용해 C# 코드를 작성합니다.

중괄호 사이의 빈 줄에 커서를 놓고 대문자 L을 입력하세요. 비주얼 스튜디오가 자동 완성 항목이 포함된 인텔리센스 창을 표시합니다. 인텔리센스 창에서 [List<>]를 선택하세요.

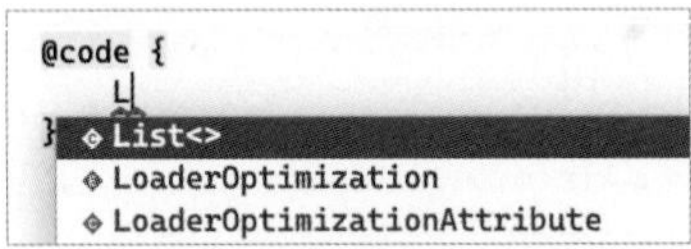

인텔리센스 창은 자동 완성 항목을 제시해서 C# 코드 작성을 도와 줍니다. 키보드의 방향키를 사용해 원하는 항목을 고르고 [Enter] 키를 누르거나 마우스로 클릭하여 삽입하세요.

03 동물 이모지를 저장할 리스트를 생성합니다.

s를 입력해 인텔리센스 창을 열고 [string]을 선택하세요. 그러면 비주얼 스튜디오가 꺾쇠 사이에 string을 추가합니다.

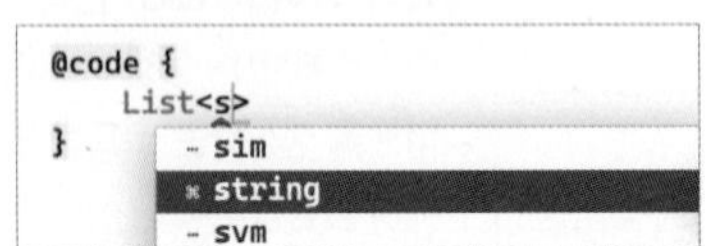

[▶] 키를 누르고 스페이스바를 누른 다음 animalEmoji = new를 입력하세요. 스페이스바를 한 번 더 누르면 또 다른 인텔리센스 창이 나타납니다. List<string>을 고르고 [↩] 키를 누르세요.

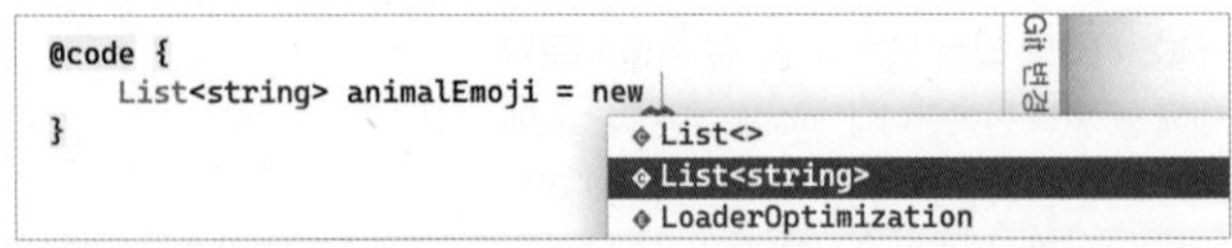

완성된 코드는 다음과 같습니다.

```
List<string> animalEmoji = new List<string>
```

04 동물 이모지 리스트를 완성합니다.

다음과 같은 순서로 진행하세요.

- 여는 소괄호(()를 입력하세요. 비주얼 스튜디오가 닫는 소괄호())를 자동으로 추가합니다.
- [▶] 키를 눌러 괄호를 지나치세요.
- 여는 중괄호({)를 입력하세요. 비주얼 스튜디오가 닫는 중괄호(})를 자동으로 추가합니다.
- [↩] 키를 눌러 중괄호 사이에 빈 줄을 추가하고, 닫는 중괄호(}) 뒤에 세미콜론(;)를 입력하세요.

Index.razor 파일의 마지막 여섯 줄은 다음과 같습니다.

```
@code{
    List<string> animalEmoji = new List<string>()
    {

    };
}
```

명령어에 대한 내용은 2장을 참고하세요.

이 **명령어**는 이모지를 저장할 리스트를 생성합니다. 빈 줄에 큰따옴표(")를 입력하세요. 비주얼 스튜디오가 자동으로 큰따옴표(")를 추가합니다.

05 리스트에 이모지를 추가합니다.

[Ctrl]+[⌘]+스페이스바를 누르면 맥OS의 문자 뷰어가 열립니다. 커서를 따옴표 사이에 놓고 문자 뷰어에서 '강아지'를 검색합니다. 강아지 이모지를 선택해 입력하세요.

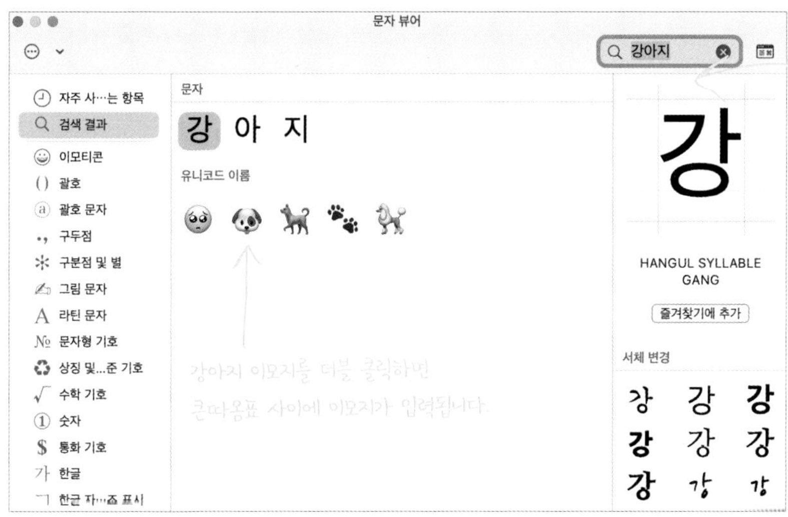

문자 뷰어를 여는 데 문제가 있다면 웹 브라우저에 dog emoji를 검색하고 이모지를 복사하여 붙여넣기 하세요.

Index.razor 파일의 마지막 여섯 줄은 다음과 같습니다.

```
@code {
    List<string> animalEmoji = new List<string>()
    {
        "🐶"
    };
}
```

List에 대한 내용은 8장을 참고하세요.

이모지 리스트를 생성하고 앱에 표시하기

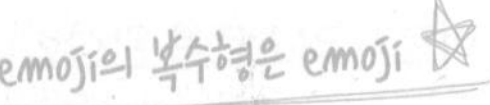

animalEmoji 리스트에 강아지 이모지를 추가했습니다. 이제 큰따옴표 다음에 쉼표를 입력하고 [스페이스 바] 키를 눌러 공백을 추가하세요. 그리고 다시 큰따옴표 안에 두 번째 강아지 이모지를 추가하고 다시 쉼표를 입력하세요.

```
@code {
    List<string> animalEmoji = new List<string>()
    {
        "🐶", "🐶",
    };
}
```

이 작업을 반복해서 7쌍의 이모지를 animalEmoji 리스트에 더 추가합니다. 여기서는 늑대, 소, 여우, 고양이, 사자, 호랑이, 햄스터 이모지 쌍을 차례차례 추가해 보겠습니다. 리스트에는 총 16개의 이모지가 있어야 합니다.

```
@code {
    List<string> animalEmoji = new List<string>()
    {
        "🐶", "🐶",
        "🐺", "🐺",
        "🐮", "🐮",
        "🦊", "🦊",
        "🐱", "🐱",
        "🦁", "🦁",
        "🐯", "🐯",
        "🐹", "🐹",
    };
}
```

> **IDE 팁 들여쓰기**
>
> 비주얼 스튜디오는 자동으로 코드를 들여쓰기(indent)합니다. 하지만 이모지나 HTML 태그를 입력하는 경우 들여쓰기가 올바르게 적용되지 않는 것을 볼 수 있습니다. 이럴 때는 들여쓰기할 텍스트를 선택하고 [→I] 키를 눌러 들여쓰기하거나, [⇧]+[→I] 키를 눌러 내어쓰기(unindent)를 하면 됩니다.

페이지 내용 변경하기

페이지 상단에 남아 있는 기존 코드 중 다음 코드를 삭제하세요.

```
<h1>Hello, world!</h1>
Welcome to your new app.
<SurveyPrompt Title="How is Blazor working for you ?" />
```

그리고 페이지의 세 번째 줄에 커서를 놓고 <를 입력합니다. 그러면 비주얼 스튜디오가 인텔리센스 창을 보여 줍니다.

```
1    @page "/"
2
3    <st
4      > datalist
5      > strong
6      > style
7
```

> 비주얼 스튜디오가 HTML 태그 작성을 도와줍니다. HTML을 잘 모르더라도 괜찮습니다. 앱에 필요한 코드는 모두 책에 있으니, 그대로 입력하기만 하면 됩니다.

인텔리센스 창에서 [style]을 선택하고 >를 입력하세요. 비주얼 스튜디오가 다음과 같이 HTML 태그를 닫습니다.

```
<style></style>
```

<style></style> 태그 사이에 커서를 두고 [↩] 키를 눌러 공백 줄을 추가합니다. 공백 줄에 다음 코드를 정확하게 입력하세요.

```
<style>
    .container {
        width: 400px;
    }
    button {
        width: 100px;
        height: 100px;
        font-size: 50px;
    }
</style>
```

동물 짝 맞추기 게임은 여러 개의 버튼으로 구성됩니다. 이 CSS 스타일시트(stylesheet)는 컨테이너의 총 너비를 설정하고 각 버튼의 너비와 높이를 설정합니다. 컨테이너의 너비는 400픽셀, 각 버튼의 너비는 100픽셀이며, 페이지는 한 행에 4열만 허용해서 버튼이 격자처럼 보이게 만듭니다.

다음 줄로 이동해서 <div>를 입력하세요. 마찬가지로 인텔리센스가 닫는 태그를 자동으로 추가합니다. 태그 사이에 다음 코드를 정확하게 입력하세요.

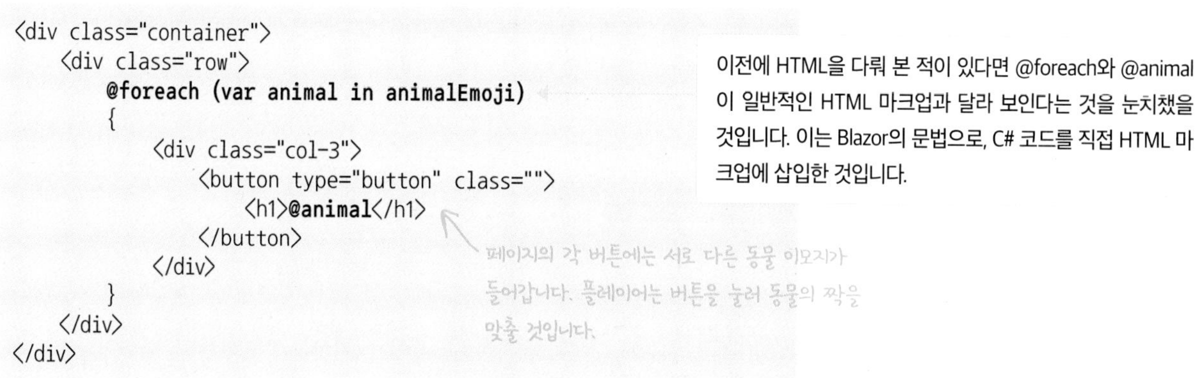

```
<div class="container">
    <div class="row">
        @foreach (var animal in animalEmoji)
        {
            <div class="col-3">
                <button type="button" class="">
                    <h1>@animal</h1>
                </button>
            </div>
        }
    </div>
</div>
```

이전에 HTML을 다뤄 본 적이 있다면 @foreach와 @animal이 일반적인 HTML 마크업과 달라 보인다는 것을 눈치챘을 것입니다. 이는 Blazor의 문법으로, C# 코드를 직접 HTML 마크업에 삽입한 것입니다.

페이지의 각 버튼에는 서로 다른 동물 이모지가 들어갑니다. 플레이어는 버튼을 눌러 동물의 짝을 맞출 것입니다.

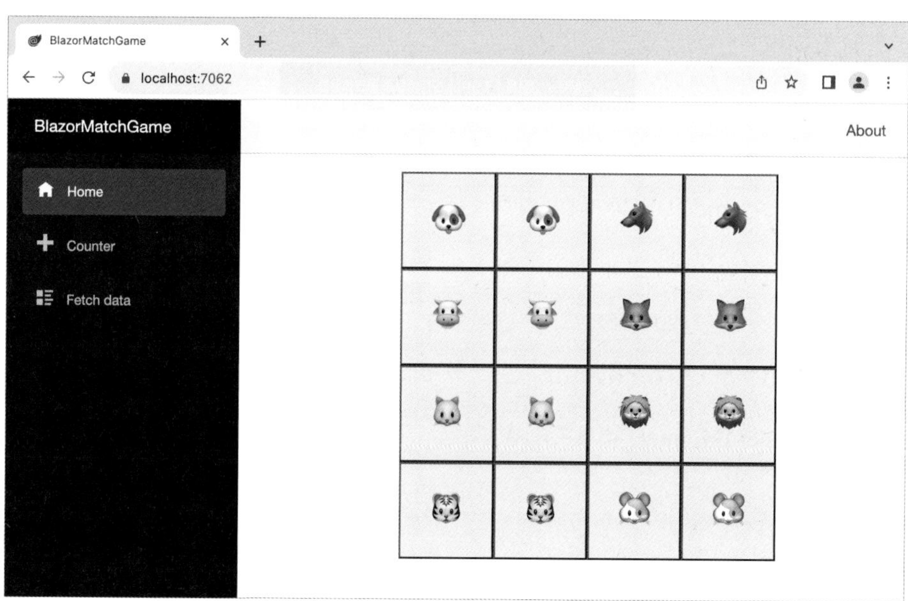

여러분이 코드를 정확하게 입력했다면 앱을 실행했을 때 웹 브라우저가 열리고 위와 같은 화면이 보일 것입니다.

동물 이모지의 순서 섞기

이모지를 섞는 코드를 추가합시다.

지금처럼 짝이 맞는 동물이 바로 옆에 나란히 있다면 게임이 너무 쉬울 것입니다. 플레이어가 페이지를 로드할 때마다 동물의 순서를 임의로 섞는 C# 코드를 추가해 봅시다.

따라해 보세요!

01 Index.razor 파일의 마지막 닫는 중괄호(}) 바로 윗줄 세미콜론(;)에 커서를 두고 [↩] 키를 두 번 누르세요. 그리고 인텔리센스 창을 사용해 다음 코드를 입력하세요.

```
List<string> shuffledAnimals = new List<string>();
```

02 다음 줄에 protected override를 입력하세요. [스페이스 바] 키를 누르면 인텔리센스 창이 보입니다. 목록에서 [OnInitialized()]를 선택하세요.

```
List<string> shuffledAnimals = new List<string>();
protected override
    }
                    OnAfterRender(bool firstRender)
                    OnAfterRenderAsync(bool firstRender)
                    OnInitialized()
                    OnInitializedAsync()
                    OnParametersSet()
                    OnParametersSetAsync()
```

비주얼 스튜디오는 자동으로 OnInitialized() 메서드를 작성합니다. 메서드에 대한 내용은 2장을 참고하세요.

```
protected override void OnInitialized()
{
    base.OnInitialized();
}
```

03 다음과 같이 base.OnInitailized()를 SetUpGame()으로 수정합니다.

```
protected override void OnInitialized()
{
    SetUpGame();
}
```

그런 다음 OnInitailized() 메서드 아래에 SetupGame() 메서드를 추가합니다. 인텔리센스를 활용하세요.

```
private void SetUpGame()
{
    Random random = new Random();
    shuffledAnimals = animalEmoji
        .OrderBy(item => random.Next())
        .ToList();
}
```

← 메서드에 대한 내용은 2장을 참고하세요.

곧 C#의 메서드에 대해 자세히 살펴볼 것입니다.

방금 전에 비주얼 스튜디오의 빠른 완성 기능으로 메서드를 추가했습니다. 하지만 메서드가 무엇인지는 아직 배우지 않았죠. 그래도 걱정하지 마세요! 다음 장에서 메서드가 무엇이고 C# 코드가 어떤 구조를 가지고 있는지 살펴볼 테니까요.

SetUpGame() 메서드의 코드를 입력하면 비주얼 스튜디오가 인텔리센스 창을 수시로 표시해 코드를 빠르게 작성할 수 있게 돕습니다. 비주얼 스튜디오에서 C# 코드를 작성하다보면 인텔리센스 창이 얼마나 유용한지 실감하게 될 것입니다. 하지만 지금은 오타를 피하는 용도로 사용하는 것이 좋습니다. 책에 나온 코드를 완전히 정확하게 입력하지 않으면 앱이 실행되지 않을 수도 있습니다.

04 HTML로 돌아와서 @foreach (var animal in animalEmoji)를 찾으세요.

animalEmoji를 더블 클릭하고 s를 입력하면 비주얼 스튜디오가 인텔리센스 창을 보여 줍니다. 목록에서 [shuffledAnimals]를 선택하세요.

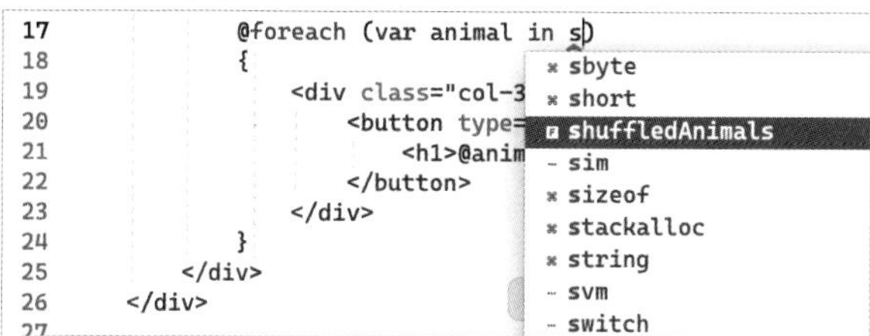

앱을 다시 실행해 보세요. 동물 이모지가 임의의 순서로 섞입니다. 이제 앱은 다시 실행될 때마다 동물을 임의의 순서대로 섞습니다.

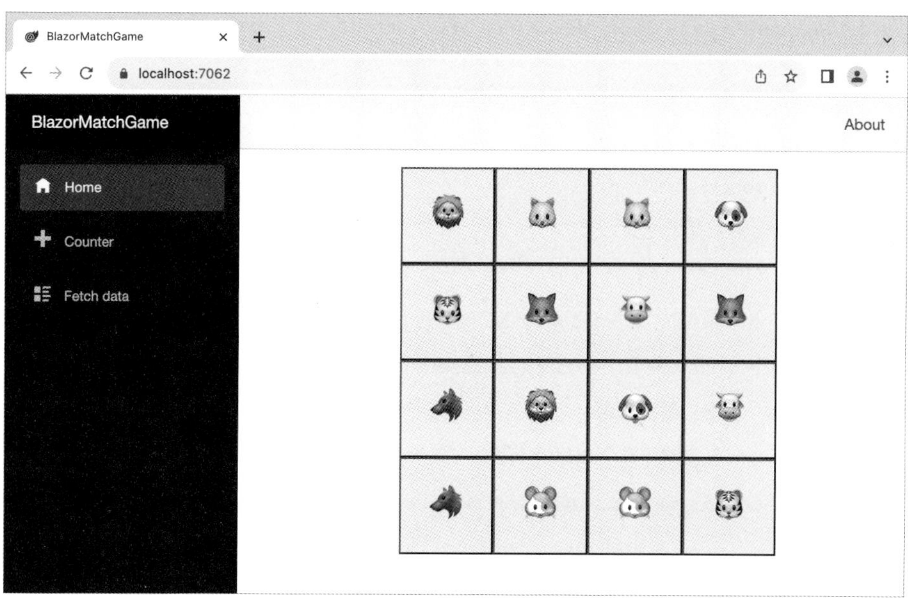

실수 없이 코드를 입력했다면 실행 결과가 위의 화면과 같을 것입니다. 웹 브라우저를 다시 로드할 때마다 동물이 임의의 순서로 섞이는지 확인하고 진행하세요.

디버거에서 게임 실행하기

작성한 코드가 작동하네요! 잘했어요.

▶ 버튼 또는 [⌘]+[↩] 키를 누르거나, [실행]-[디버깅 시작] 메뉴를 선택하면 프로그램이 실행됩니다. 그러고 나면 비주얼 스튜디오가 **디버깅(debugging) 모드**로 전환됩니다.

도구 막대에 **디버깅 컨트롤**이 표시되면 앱이 디버깅 중인 것입니다. ▶ 버튼은 ■ 버튼으로 대체되며, 웹 브라우저 드롭다운은 회색으로 바뀌고, 컨트롤 몇 개가 추가로 나타납니다. 커서를 버튼 위에 올려 놓으면 툴팁을 볼 수 있습니다.

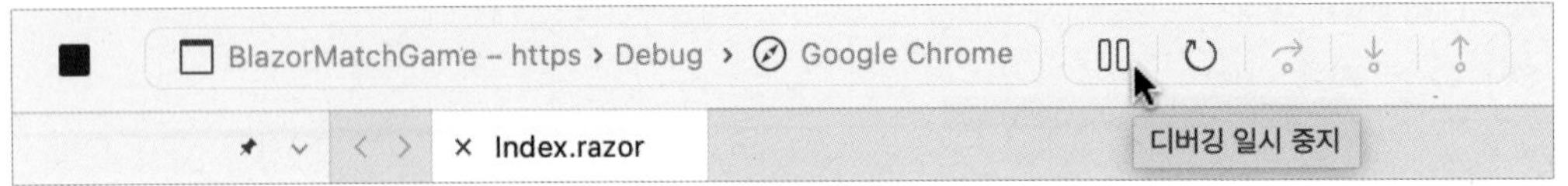

앱을 중지하려면 ■ 버튼을 클릭하세요. [빌드]-[중지] 메뉴를 선택하거나 [⇧]+[⌘]+[↩] 키를 눌러도 됩니다.

한 단계 더 나아갈 준비가 됐습니다!

코드를 작성하는 것이 프로그램을 만드는 과정의 전부가 아닙니다.
프로젝트를 관리해야 하죠.

프로젝트를 완성하는 효율적인 방법은 작업을 조금씩 진행하면서 작업이 올바른 방향으로 나아가고 있는지 계속 확인하는 것입니다. 그래야 무엇인가 잘못됐을 때 다른 방법을 시도해 볼 여지가 생깁니다.

누가 뭘 했다고?

축하합니다! 실제로 작동하는 프로그램을 만들었네요! 코드를 작성해 본 경험이 전혀 없더라도 여기까지 진행하면서 알게 된 개념이 꽤 많을 것입니다. 복습해 봅시다. 왼쪽의 C# 명령문과 오른쪽 설명이 맞게 이어지도록 선을 그어 보세요. 첫 번째 항목처럼 선을 그으면 됩니다.

C# 명령문

```
List<string> animalEmoji = new List<string>() {
      "🐶", "🐶",
      "🐺", "🐺",
      "🐮", "🐮",
      "🦊", "🦊",
      "🐱", "🐱",
      "🦁", "🦁",
      "🐯", "🐯",
      "🐹", "🐹",
};
```
❶

```
List<string> shuffledAnimals = new
ListList<string>
```
❷

```
    protected override void OnInitialize()
    {
        SetUpGame();
    }
```
❸

```
private void SetUpGame()
{
```
❹

```
    Random random = new Random();
```
❺

```
    shuffledAnimals = animalEmoji
        .OrderBy(item => random.Next())
        .ToList();
```
❻

```
}
```
❼

무슨 일을 하나요?

❶ 뒤섞인 이모지를 저장하는 두 번째 리스트를 생성한다.

❷ 동물 이모지의 사본을 만들고, 섞은 다음, shuffledAnimals 리스트에 저장한다.

❸ 게임의 초기 설정을 하는 메서드의 시작 부분

❹ 여덟 쌍의 이모지가 든 리스트를 생성한다.

❺ 페이지가 다시 로드될 때마다 게임을 초기화한다.

❻ 임의의 숫자를 만들어내는 생성기를 만든다.

❼ 게임의 초기 설정을 하는 메서드의 끝 부분

누가 뭘 했다고? **정답**

C# 명령문 / **무슨 일을 하나요?**

❶
```
List<string> animalEmoji = new List<string>() {
    "🐶", "🐶",
    "🐺", "🐺",
    "🐮", "🐮",
    "🦊", "🦊",
    "🐱", "🐱",
    "🦁", "🦁",
    "🐯", "🐯",
    "🐹", "🐹",
};
```

❷
```
List<string> shuffledAnimals = new
ListList<string>
```

❸
```
    protected override void OnInitialize()
    {
        SetUpGame();
    }
```

❹
```
private void SetUpGame()
{
```

❺
```
    Random random = new Random();
```

❻
```
    shuffledAnimals = animalEmoji
        .OrderBy(item => random.Next())
        .ToList();
```

❼
```
}
```

❶ 뒤섞인 이모지를 저장하는 두 번째 리스트를 생성한다.

❷ 동물 이모지의 사본을 만들고, 섞은 다음, shuffledAnimals 리스트에 저장한다.

❸ 게임의 초기 설정을 하는 메서드의 시작 부분

❹ 여덟 쌍의 이모지가 든 리스트를 생성한다.

❺ 페이지가 다시 로드될 때마다 게임을 초기화한다.

❻ 임의의 숫자를 만들어내는 생성기를 만든다.

❼ 게임의 초기 설정을 하는 메서드의 끝 부분

(연결: 코드 ❶ → ❹, 코드 ❷ → ❶, 코드 ❸ → ❺, 코드 ❹ → ❸, 코드 ❺ → ❻, 코드 ❻ → ❷, 코드 ❼ → ❼)

쓰면서 제대로 공부하기

다음 문제를 손으로 직접 써 보면 C# 코드를 이해하는 데 큰 도움이 됩니다.

1. 종이 한 장을 가로 방향으로 놓은 다음 가운데에 수직으로 선을 그으세요.
2. 종이의 왼쪽 면에 SetUpGame() 메서드 전체를 손으로 써 보세요. 각 명령문 사이에는 충분히 공간을 두세요. 이모지는 알아볼 수 있을 정도로만 표시해도 됩니다.
3. 종이의 오른쪽 면에 각 명령문이 무슨 일을 하는지 적어 본 뒤, 전체적으로 다시 한번 읽어 보세요. 프로그램이 어떻게 돌아가는지 이해되기 시작할 것입니다

<쓰면서 제대로 공부하기>나 코드와 설명을 이어 보는 연습 문제가 정말 도움이 되는지 잘 모르겠어요. 비주얼 스튜디오에 코드를 바로 작성하는 게 낫지 않나요?

코드를 이해하는 능력은 더 나은 개발자가 되는 밑거름이 됩니다

<쓰면서 제대로 공부하기>와 연습 문제는 꼭 풀어 봐야 합니다. 연습 문제는 여러분의 뇌가 이전과는 다른 방식으로 정보를 습득하고 생각하도록 도와줍니다. 하지만 그보다 더 중요한 것은 연습 문제를 통해 **실수할 기회를 얻을 수 있다**는 점입니다. 실수도 학습의 일부이며, 사실 누구나 실수합니다. 처음부터 완벽한 코드를 작성하는 사람은 없습니다. 뛰어난 개발자는 코드를 작성하면서 나중에 이 코드를 수정할 일이 반드시 생길 것임을 예상하고 작업합니다.

이 책의 후반부에서는 이미 작성한 코드를 향상시키는 프로그래밍 기법인 **리팩터링(refactoring)**에 대해 배울 것입니다.

지금까지 살펴본 개념과 도구에 대한 요약 정보를 확인하세요.

요점 정리

- **비주얼 스튜디오**는 마이크로소프트의 IDE(Integrated Development Environment, 통합 개발 환경)로, C# 코드 파일을 편리하게 편집하고 관리할 수 있게 도와줍니다.
- **콘솔 앱**은 텍스트를 입력으로 받아 텍스트를 출력하는 크로스 플랫폼 애플리케이션입니다.
- **Blazor WebAssembly 앱**은 C# 코드와 HTML 마크업을 사용해 상호작용 웹 앱을 작성할 수 있게 해 줍니다.
- 비주얼 스튜디오의 **인텔리센스 기능**은 코드를 더 빠르게 작성할 수 있도록 도와줍니다.
- 비주얼 스튜디오는 디버깅 모드로 **Blazor 앱을 실행**할 수 있고, 웹 브라우저에서 앱을 보여 줍니다.
- Blazor 앱의 UI(User Interface, 사용자 인터페이스)는 웹 페이지를 구성할 때 사용하는 마크업 언어인 **HTML**로 디자인됩니다.
- **Razor**는 C# 코드를 직접 HTML 마크업에 삽입할 수 있게 해 줍니다. Razor 페이지 파일의 확장자는 .razor입니다.
- **@**을 사용해 C# 코드를 Razor 페이지에 삽입할 수 있습니다.
- Razor 페이지에서 **foreach 반복문**을 사용하면 리스트의 각 요소마다 HTML 코드 블록을 반복해서 생성할 수 있습니다.

새 프로젝트를 소스 제어 시스템에 추가하기

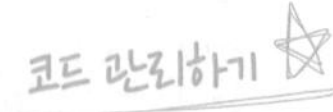

비주얼 스튜디오는 어디서든 쉽게 프로젝트에 접근할 수 있고, 실습 중 실수하더라도 금방 이전 버전으로 돌아갈 수 있게 하는 소스 제어 시스템을 제공합니다. 가장 널리 사용되는 소스 제어 시스템은 Git으로, 비주얼 스튜디오에서 작성한 코드를 직접 **Git 리포지토리(Git 저장소)**에 배포하면 코드에 원격으로 접속하거나 버전을 관리할 수 있습니다. 코드의 변경 사항을 저장하는 작업을 푸시(push)한다고 표현하며, 코드를 푸시하려면 깃허브 계정이 있어야 합니다. https://github.com에서 미리 계정을 생성하세요.

비주얼 스튜디오에서 [Git]-[리포지토리 복제...] 메뉴를 선택하면 내장된 버전 제어 기능을 사용할 수 있습니다. [Git 리포지토리 복제] 창을 불러내세요.

쉬어 가기

꼭 소스 제어 시스템에 프로젝트를 추가할 필요는 없습니다.

이 책에서는 깃허브를 추천하지만 여러분이 작업하는 곳이 깃허브 접속을 허용하지 않는 회사 네트워크일 수도 있습니다. 굳이 소스 제어 시스템을 사용하고 싶지 않을 수도 있고요. 이 단계는 넘어가도 됩니다. 아니면 비공개 리포지토리에 업로드해도 괜찮습니다.

깃허브에서 원격 저장소를 생성하고, 원격 저장소의 URL을 여기 입력하세요. 그러고나서 [복제] 버튼을 클릭하세요.

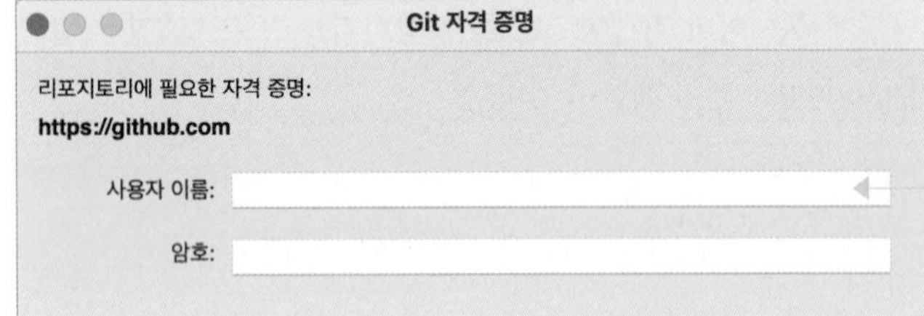

여기에 사용자 이름을 입력하세요.

Visual Studio for Mac 문서에는 깃허브에서 프로젝트를 생성하고 비주얼 스튜디오에서 배포하는 방법에 대한 가이드가 포함되어 있습니다. 깃허브에 원격 저장소를 생성하고 깃으로 프로젝트를 직접 배포하는 방법에 대해서도 단계별로 안내하고 있으니 모든 프로젝트를 깃허브로 배포해 보는 것도 나쁘지 않을 거예요. 그러면 필요할 때 프로젝트를 다시 찾아볼 수 있을 테니까요.
https://docs.microsoft.com/en-us/visualstudio/mac/set-up-git-repository

마우스 클릭 이벤트 작성하기

C# 코드를 작성해 봅시다.

● 게임 설계 과정

① 새 Blazor WebAssembly 앱 프로젝트 생성하기

② 동물 섞기

③ 마우스 클릭 처리하기

④ 게임의 승패 감지하기

⑤ 타이머 추가하기

동물 이모지 버튼은 모두 준비되었습니다. 이제 사용자가 이들 버튼을 클릭할 때 뭔가를 하도록 만들어야겠죠. 게임의 버튼은 다음과 같이 작동해야 합니다.

❶ 플레이어가 첫 번째 동물을 클릭합니다.

플레이어는 한 턴에 동물을 두 마리 클릭합니다. 게임은 플레이어가 첫 번째로 클릭한 동물이 무엇인지 저장합니다.

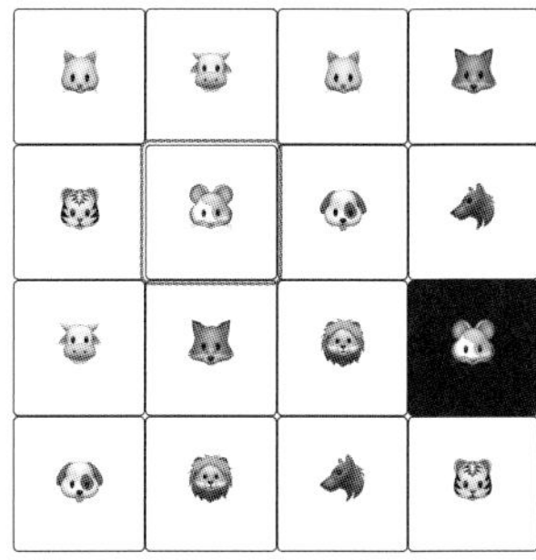

❷ 플레이어가 두 번째 동물을 클릭합니다.

게임은 두 번째로 클릭한 동물과 첫 번째로 클릭한 동물을 비교합니다.

❸ 짝이 맞는지 검사합니다.

동물의 짝이 서로 맞으면 게임은 동물 이모지 리스트를 검색해서 방금 짝을 맞춘 동물을 공백으로 대체합니다.

만약 짝을 올바르게 맞추지 못했다면 아무것도 하지 않습니다.

두 경우 모두 마지막으로 저장했던 동물을 초기화해서 다음 클릭을 할 때 앞의 과정을 반복하지 않게 합니다.

마우스 클릭에 반응하는 버튼 만들기

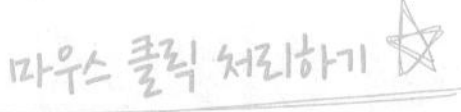

웹 페이지에서 마우스 클릭은 이벤트입니다. 버튼을 클릭하면 뭔가 일이 벌어져야 하죠. 이외에도 페이지 로딩이 끝나거나, 입력에 변화가 생기면 이벤트가 발생합니다. **이벤트 처리기(event handler)**는 특정 이벤트가 발생했을 때 실행되는 C# 코드입니다. 여기에서는 마우스 클릭에 반응하는 버튼을 구현하는 이벤트 처리기를 추가합니다.

Razor 페이지 하단의 닫는 중괄호(}) 바로 위에 다음 코드를 추가하세요.

코드를 완전히 이해하지 못했더라도 걱정 마세요! 지금은 코드를 정확하게 입력하는 데에만 집중하세요.

```
string lastAnimalFound = string.Empty;

    private void ButtonClick(string animal, string animalDescription)
    {
        if (lastAnimalFound == string.Empty)
        {
            // 짝을 맞출 첫 번째 동물을 기억해 둡니다.
            lastAnimalFound = animal;
            lastDescription = animalDescription;

            timer.Start();
        }
        else if ((lastAnimalFound == animal) && (animalDescription != lastDescription))
        {
            // 일치하면 다음 짝을 위해 초기화합니다.
            lastAnimalFound = string.Empty;
            // 찾은 동물은 공백 문자로 대체합니다.
            shuffledAnimals = shuffledAnimals
                .Select(a => a.Replace(animal, string.Empty))
                .ToList();
        }

        else
        {
            // 일치하지 않습니다.
            // 선택을 초기화합니다.
            lastAnimalFound = string.Empty;
        }
```

//로 시작하는 줄은 주석(comment)입니다. 주석은 아무 일도 하지 않으며, 코드를 이해하기 쉽게 돕는 역할을 합니다.

이것은 LINQ 쿼리입니다. 자세한 내용은 9장에서 다룹니다.

버튼에 이벤트 처리기 연결하기

이제 버튼을 클릭했을 때 ButtonClick() 메서드가 호출되도록 수정합니다.

```
    @foreach (var animal in shuffledAnimals)
    {
        <div class="col-3">
            <button @onclick="@(() => ButtonClick(animal))"
                    type="button" class="btn btn-outline-dark">
                <h1>@animal</h1>
            </button>
        </div>
    }
```

foreach 문 내의 HTML 마크업에 @onclick 특성을 추가합니다. 괄호의 짝을 올바르게 맞춰 입력했는지 확인하세요.

코드 블록에서 뭔가를 수정해야 할 때는 수정할 코드를 굵은 글씨로 알려드릴게요.

이벤트 처리기 자세히 살펴보기

이벤트 처리기가 어떻게 작동하는지 자세히 살펴봅시다. 게임이 어떻게 마우스 클릭을 감지하는지 이벤트 처리기 코드와 함께 설명하였습니다. 여러분이 비주얼 스튜디오에 입력한 코드와 아래 코드를 비교하며 따라가 보세요. 완벽하게 이해하려고 애쓰지 않아도 괜찮습니다. 코드가 서로 어떻게 맞물리는지 감을 잡을 수 있다면 C# 코드 읽기 능력을 향상시키는 데 충분히 유용합니다.

❶ 플레이어가 첫 번째 동물을 클릭합니다.

플레이어는 한 턴에 동물을 두 마리 클릭합니다. 게임은 플레이어가 첫 번째로 클릭한 동물이 무엇인지 저장합니다.

```
if (lastAnimalFound == string.Empty)
{
    lastAnimalFound = animal;
}
```

❷ 플레이어가 두 번째 동물을 클릭합니다.

중괄호 내 코드는 플레이어가 직전에 클릭했던 동물과 같은 동물을 클릭할 경우에만 실행됩니다.

```
else if (lastAnimalFound == animal)
{
}
```

❸ 짝이 맞는지 검사합니다.

이 코드는 플레이어가 첫 번째로 클릭한 동물과 두 번째로 클릭한 동물이 일치할 때만 실행됩니다. 게임은 shuffledAnimals 리스트에서 짝을 맞춘 동물 이모지를 검색하고 공백으로 대체합니다.

```
shuffledAnimals = shuffledAnimals
    .Select(a => a.Replace(animal, string.Empty))
    .ToList();
```

코드에는 이 명령어가 두 번 등장합니다. 플레이어가 두 번째로 클릭한 동물이 첫 번째로 클릭한 동물과 일치하는 경우에 한 번, 일치하지 않는 경우에 한 번 등장하죠. 이 명령어는 마지막으로 찾은 동물을 지워서 게임을 초기화합니다. 그래야 다음 동물 이모지를 클릭했을 때 짝을 맞출 첫 번째 동물을 저장할 수 있으니까요.

```
lastAnimalFound = string.Empty;
```

어라, 이 코드에는 오류가 있습니다! 찾을 수 있겠어요?
다음 장에서 오류를 추적하고 고쳐 볼 것입니다.

이벤트 처리기 테스트하기

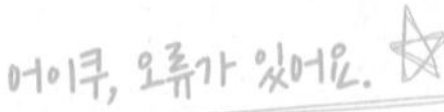
어이쿠, 오류가 있어요.

앱을 다시 실행하고, 동물 이모지 버튼을 클릭해서 이벤트 처리기를 테스트하세요. 짝을 맞추면 이모지 두 개가 사라져야 합니다.

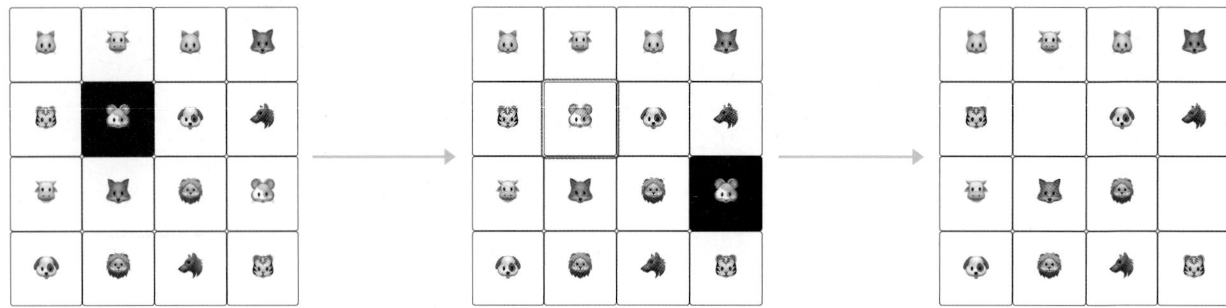

모든 동물 이모지 버튼이 공백이 될 때까지 계속 짝을 맞추세요. 축하합니다, 모든 짝을 맞추셨네요!

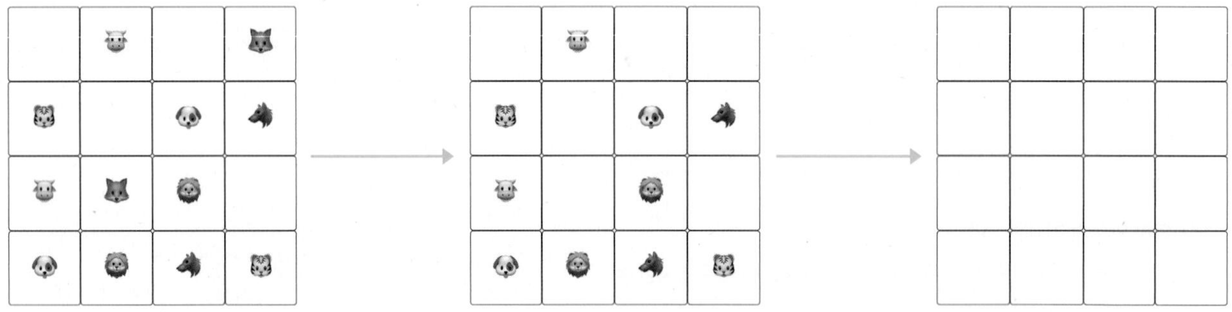

하지만 같은 버튼을 두 번 클릭하면요?

게임을 중지하고 다시 실행해서 웹 브라우저에 페이지를 다시 로드하세요. 이번에는 짝을 맞추지 말고 같은 버튼을 두 번 클릭해 볼게요. 잠깐만요, 이 게임에는 오류가 있군요! 똑같은 버튼을 두 번 클릭했는데도 마치 짝을 맞춘 것처럼 작동합니다. 원칙대로라면 이 클릭을 무시했어야 했어요.

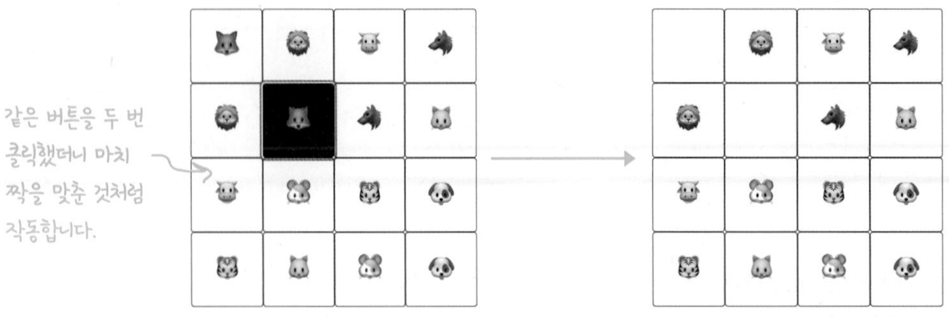
같은 버튼을 두 번
클릭했더니 마치
짝을 맞춘 것처럼
작동합니다.

디버거로 예외 추적하기

버그(bug)라는 단어를 들어 본 적이 있나요? 어쩌면 이전에 이런 대화를 들은 적이 있을지도 모릅니다. '이 게임은 정말 버그가 심해, 문제가 많아.' 모든 버그에는 원인이 있죠. 방금 발생한 예외도 마찬가지입니다. 하지만 경우에 따라서는 버그를 추적하는 일이 쉽지 않습니다.

버그가 발생한 이유를 이해하는 것이 버그를 해결하기 위한 첫걸음입니다. 다행히도 비주얼 스튜디오는 버그가 왜 발생했는지 찾아보기에 아주 훌륭한 도구입니다. 버그를 제거하는 도구인 **디버거(debugger)**가 있기 때문이죠.

01 무엇이 잘못됐을지 생각해 봅니다.

먼저 항상 동일한 오류가 발생하는지 확인해야 합니다. 언제나 같은 버튼을 두 번 클릭하면 짝을 맞춘 것처럼 작동하는지 확인해야 하는 거죠. 그 다음으로는 오류가 어디에서 발생했는지 알아내야 합니다. Click 이벤트를 처리하는 코드를 추가한 직후에 문제가 발생했다면, 거기에서부터 오류를 추적할 수 있겠죠.

02 예외가 있는 코드에 중단점을 추가합니다.

ButtonClick() 메서드의 첫 번째 줄을 클릭한 다음 [디버그]-[중단점 전환] 메뉴를 선택하거나 [⌘]+[₩] 키를 누르세요. 그러면 이 줄의 색상이 바뀌고 왼쪽 여백에 빨간 점이 생기는 것을 볼 수 있습니다.

```
private void ButtonClick(string animal)
{
    if (lastAnimalFound == string.Empty)
    {
        //짝을 맞출 첫 번째 동물을 기억해 둡니다.
        lastAnimalFound = animal;
    }
```

코드 한 줄에 중단점을 설정하면 비주얼 스튜디오는 배경색을 변경하고 왼쪽 여백에 점을 표시합니다.

디버거 해부도

여러분이 실행한 앱이 예외가 발생해 일시 중지되면(앱이 '중단(break)'됐다고 말하기도 합니다) [도구 모음]에 디버그 컨트롤이 표시됩니다. 디버그 컨트롤은 앞으로도 계속 다룰 것이므로, 지금 디버그 컨트롤에 있는 기능을 모두 외울 필요는 없습니다. 일단 지금은 여기 적힌 설명을 읽어 보고, 마우스 커서를 각 버튼에 올려 보면서 각 버튼의 이름과 단축키를 살펴보세요. 예를 들어, [단위 실행] 버튼의 단축키는 [⇧]+[⌘]+[O]입니다.

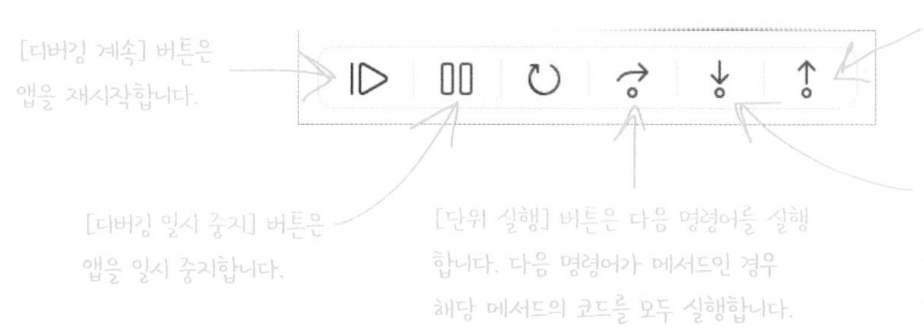
[디버깅 계속] 버튼은 앱을 재시작합니다.
[단계 출력] 버튼은 현재 메서드의 실행을 끝내고 이 메서드를 호출한 위치의 다음 명령어로 이동합니다.
[디버깅 일시 중지] 버튼은 앱을 일시 중지합니다.
[단위 실행] 버튼은 다음 명령어를 실행합니다. 다음 명령어가 메서드인 경우 해당 메서드의 코드를 모두 실행합니다.
[단계 정보] 버튼은 다음 메서드를 실행합니다. 만약 명령어가 메서드면 메서드 안에 있는 첫 번째 명령을 실행합니다.

이벤트 처리기 디버깅하기

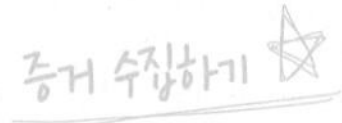

중단점을 설정했으니, 코드에서 무슨 일이 일어나는지를 알아냅시다.

03 무엇이 문제를 일으키는지 증거를 수집합니다.

앱이 이미 실행 중이라면 앱을 중지하고 모든 브라우저 창을 닫은 뒤 다시 앱을 실행합니다. 그리고 동물 이모지 버튼을 클릭해 보세요. 비주얼 스튜디오 창으로 화면이 전환되며, 중단점이 있는 코드에 강조색이 활성화됩니다.

```
        private void ButtonClick(string animal)
        {
            if (lastAnimalFound == string.Empty)
            {
```

메서드 첫 번째 줄에 있는 animal 위에 커서를 가져다 대세요. 작은 창이 나타나면서 여러분이 클릭한 동물을 표시합니다.

커서를 animal에 가져다 대면 클릭한 동물 이모지를 볼 수 있습니다.

[단위 실행] 버튼을 누르거나 [디버그]-[단위 실행] 메뉴를 선택하세요. [⇧]+[⌘]+[O] 키를 눌러도 됩니다. 강조색이 중괄호가 있는 다음 줄로 내려갑니다. 단위 실행을 계속해 강조 표시를 다음 명령어로 옮깁니다.

```
            if (lastAnimalFound == string.Empty)
            {
                //짝을 맞출 첫 번째 동물을 기억해 둡니다.
                lastAnimalFound = animal;
            }
```

한 번 더 [단위 실행] 버튼을 클릭해서 명령문을 실행한 다음 lastAnimalFound 위에 커서를 올려 보세요. 명령어에서 lastAnimalFound의 값을 설정해서 animal과 값이 일치하는 것을 볼 수 있습니다.

```
            if (lastAnimalFound == string.Empty)
            {
                //짝을 맞출 첫 번째 동물을 기억해 둡니다.
                lastAn...     > lastAnimalFound
            }
```

이렇게 플레이어가 클릭한 첫 번째 동물을 저장하는 방법을 알아봤습니다.

04 계속 실행하세요.

[디버깅 계속] 버튼을 클릭하거나 [디버그]-[계속 디버깅] 메뉴를 선택하세요. [⌘]+[↩] 키를 눌러도 됩니다. 웹 브라우저로 돌아오면 프로그램은 중단점을 만날 때까지 계속 실행됩니다.

05 짝이 맞는 동물을 클릭합니다.

비주얼 스튜디오는 다시 중단점을 활성화하고 앱이 일시 중단됩니다. [단위 실행] 버튼을 누르세요. 그러면 첫 번째 코드 블록을 건너뛰고 두 번째 블록으로 이동합니다.

```
    else if (lastAnimalFound == animal)
    {
        //일치하면 다음 짝을 위해 초기화합니다.
        lastAnimalFound = string.Empty;
```

lastAnimalFound와 animal에 각각 커서를 올려 보세요. 이 둘은 같은 이모지를 가리키고 있어야 합니다. 이벤트 처리기가 일치하는 짝을 클릭했는지 알아내는 방법은 이러합니다. [단위 실행] 버튼을 세 번 더 클릭하세요.

```
        //찾은 동물은 공백 문자로 대체합니다.
        shuffledAnimals = shuffledAnimals
            .Select(a => a.Replace(animal, string.Empty))
            .ToList();
```

이번에는 shuffledAnimals에 커서를 올리고 shuffledAnimal 왼쪽에 있는 삼각형을 클릭해 목록을 펼친 다음 _items도 같은 방식으로 펼쳐 보세요. 리스트에 있는 모든 동물 이모지를 볼 수 있습니다.

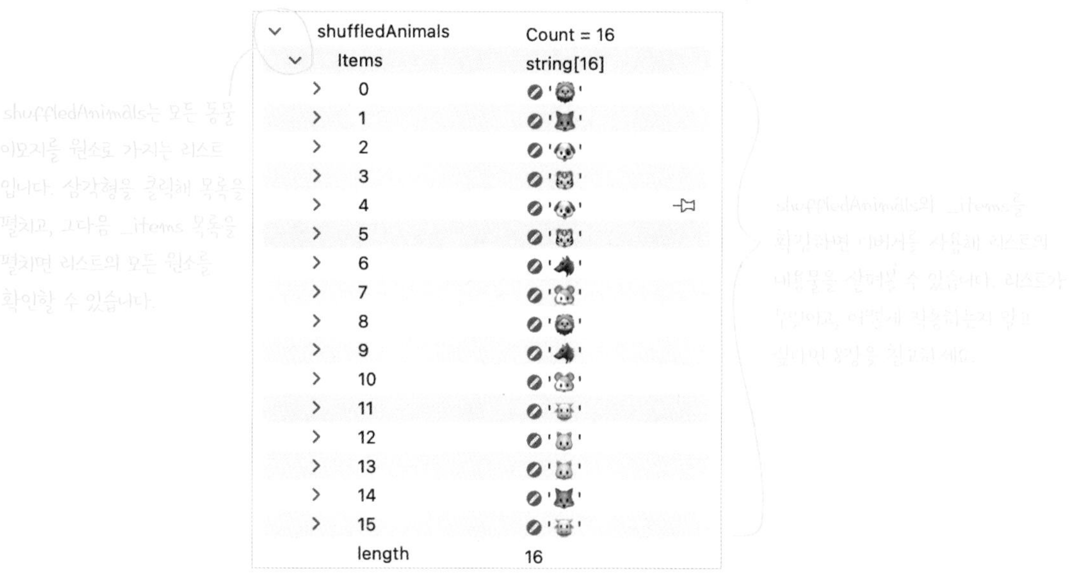

[단위 실행] 버튼을 한 번 더 눌러서 일치하는 동물 이모지의 짝을 리스트에서 제거하는 명령문을 실행하세요. 그다음 shuffledAnimals 위에 다시 커서를 올리고 어떤 항목이 포함되어 있는지 확인해 보세요. 짝을 맞춘 이모지 두 개가 공백으로 바뀐 것을 볼 수 있습니다.

```
>  2    ""
>  3    '🐯'
>  4    ""
```

지금까지 증거를 수집하고 중요한 단서를 포착했습니다. 무엇이 오류를 일으켰을까요?

오류를 추적해 봅시다 버그를 고칩시다.

탐정 수사를 시작할 시간이군요. 현재까지 수집한 증거는 다음과 같습니다.

1. 동물 이모지 버튼을 클릭하면 Click 이벤트 처리기가 실행됩니다.
2. 이벤트 처리기는 animal을 사용해 플레이어가 클릭한 동물을 알아냅니다.
3. 이벤트 처리기는 lastAnimalFound에 플레이어가 마지막으로 클릭한 동물을 저장합니다.
4. animal과 lastAnimalFound가 같으면 짝을 맞췄다고 판단하고 짝을 맞춘 동물 이모지를 리스트에서 제거합니다.

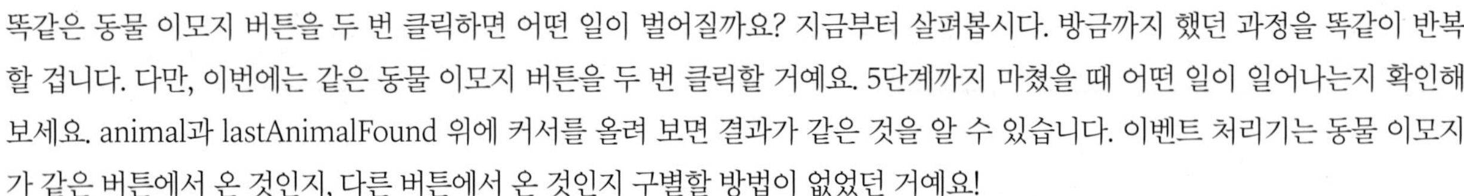

똑같은 동물 이모지 버튼을 두 번 클릭하면 어떤 일이 벌어질까요? 지금부터 살펴봅시다. 방금까지 했던 과정을 똑같이 반복할 겁니다. 다만, 이번에는 같은 동물 이모지 버튼을 두 번 클릭할 거예요. 5단계까지 마쳤을 때 어떤 일이 일어나는지 확인해 보세요. animal과 lastAnimalFound 위에 커서를 올려 보면 결과가 같은 것을 알 수 있습니다. 이벤트 처리기는 동물 이모지가 같은 버튼에서 온 것인지, 다른 버튼에서 온 것인지 구별할 방법이 없었던 거예요!

이제 버그를 고칩시다!

버그의 원인을 알았으니 이를 고칠 방법도 알아낼 수 있습니다. 이벤트 처리기가 같은 동물 이모지를 가진 두 개의 버튼을 구별할 수 있게 하면 됩니다.

01 ButtonClick 이벤트 처리기를 다음과 같이 수정합니다. 빠뜨린 코드가 없는지 확인하세요.

```
string lastAnimalFound = string.Empty;
string lastDescription = string.Empty;

    private void ButtonClick(string animal, string animalDescription)
    {
        if (lastAnimalFound == string.Empty)
        {
            //짝을 맞출 첫 번째 동물을 기억해 둡니다.
            lastAnimalFound = animal;
            lastDescription = animalDescription;
        }
        else if ((lastAnimalFound == animal) && (animalDescription != lastDescription))
```

이제 각각의 버튼에는 animal과 description이 있으므로 이벤트 처리기는 lastDescription을 사용해 description을 저장할 수 있습니다.

이제 animal과 description 둘 다를 사용해서 짝을 맞춥니다.

02 foreach 반복문을 for 반복문으로 수정합니다. 반복문을 실행할 때마다 횟수를 세기 위해서입니다.

```
@for (var animalNumber = 0; animalNumber < shuffledAnimals.Count; animalNumber++)
{
    var animal = shuffledAnimals[animalNumber];
    var uniqueDescription = $"Button #{animalNumber}";
        <div class="col-3">
        <button @onclick="@(() => ButtonClick(animal, uniqueDescription))"
                type="button" class="btn btn-outline-dark">
```

foreach 문을 for 문으로 수정합니다. 반복문에 대한 내용은 2장에서 다룹니다.

디버깅을 다시 시작해 보세요. 이번에는 같은 버튼을 두 번 클릭해도 이벤트 처리기가 동물 이모지를 공백으로 대체하지 않습니다. 버그를 고쳤네요!

무엇이든 물어보세요!

Q&A

<무엇이든 물어보세요!>에서는 여러분이 궁금해 할 만한 문제의 답을 제시합니다.
사실, 질문의 대부분은 이 책의 이전 판을 읽은 독자들로부터 온 실제 질문입니다!

Q1 서버와 웹 앱을 실행한다는 게 무슨 뜻인가요?

A1 앱을 실행하면 비주얼 스튜디오는 웹 브라우저를 불러옵니다. 웹 브라우저의 주소창에 https://localhost:7062/ 같은 URL이 입력되어 있는 것을 볼 수 있어요. 이 URL을 복사해서 다른 웹 브라우저의 주소창에 붙여 넣어도 프로그램이 실행됩니다. 이는 웹 브라우저가 웹 앱, 즉 웹 페이지를 실행하기 때문입니다. 웹 페이지는 웹 서버에 의해 호스팅되어야 합니다.

Q2 웹 브라우저가 어느 웹 서버에 연결되는 건가요?

A2 웹 브라우저는 비주얼 스튜디오 내에서 실행되는 웹 서버에 연결됩니다. 비주얼 스튜디오 하단의 [애플리케이션 출력] 창을 열면 실행 중인 앱의 출력이 표시됩니다. 이 경우 앱에는 웹 앱을 호스팅하는 서버도 포함됩니다. 이 창을 스크롤하거나 검색해 보면 브라우저 연결을 기다리는 서버의 메시지를 볼 수 있습니다.

```
Now listening on: https://localhost:7062
```

Q3 [⌘]+[→I] 키를 눌러 맥OS 앱을 전환할 때 Microsoft Edge 또는 Chrome 인스턴스가 여러 개 떠 있는 것을 발견했어요. 왜 이러는 거죠?

A3 앱을 중지하고 다시 시작할 때마다 비주얼 스튜디오는 새 웹 브라우저 인스턴스를 실행합니다. 디버깅을 위해 연결을 서로 구분할 필요가 있기 때문이죠. 다른 웹 브라우저의 인스턴스로도 연결은 할 수 있지만, 디버깅은 비주얼 스튜디오가 시작한 웹 브라우저에서만 가능합니다. 한번 테스트해 보세요. 비주얼 스튜디오에서 앱을 시작하고, 중지한 다음, 재시작한 뒤, 중단점을 설정해 보세요. 실행이 중단점에 도달했을 때 실제로 일시 중지된 웹 브라우저는 단 한 개뿐인 것을 확인할 수 있습니다.

Q4 Blazor 웹 앱은 콘솔 앱보다 훨씬 복잡한 것 같은데, 이 둘이 정말 같은 방식으로 작동하는 건가요?

A4 네, 그렇습니다. 엄밀히 말하면 모든 C# 코드는 동일한 방식으로 작동합니다. 그 방식이란 단순히 명령어를 순서대로 실행하는 것이죠. 웹 앱이 더 복잡해 보이는 이유는 페이지가 로드되거나 사용자가 버튼을 클릭하는 등의 이벤트가 있을 때만 호출되는 메서드가 있기 때문입니다. 호출된 메서드는 콘솔 앱과 동일하게 작동합니다. 코드에 중단점을 설정해서 정말 그런지 확인해 볼 수도 있습니다.

IDE 팁 오류 창

여러분이 단 하나의 오타도 허용하지 않는 완전무결한 인간이 아닌 이상, 비주얼 스튜디오 하단에 있는 [오류] 창을 한 번쯤은 마주칠 것입니다. 이 창은 오류가 있는 프로젝트를 실행하려고 하면 나타납니다. 다음은 오타가 있는 프로젝트를 실행하면 나타나는 창입니다.

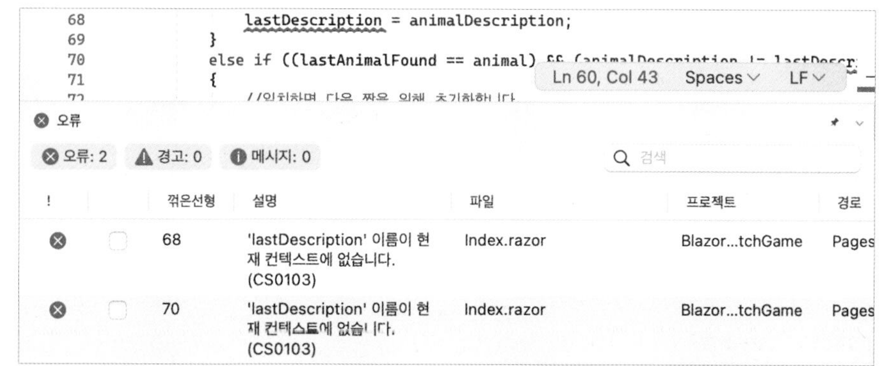

앱을 실행하거나 [빌드]-[솔루션 빌드] 메뉴를 선택하면 코드 컴파일을 통해 코드의 오류를 검사할 수 있습니다. [⌘]+[B] 키를 눌러도 됩니다. 창이 표시되지 않으면 코드가 정상적으로 빌드되었고, 비주얼 스튜디오가 코드를 맥OS의 실행 파일로 만들었다는 뜻입니다.

코드에 오류를 만들어 봅시다. SetUpGame() 메서드의 첫 번째 줄에 Xyz라고 입력하고, 코드를 빌드해 보세요. [오류] 창에 오류의 개수가 표시됩니다. [오류] 창을 닫으려면 코드의 아무 곳이나 클릭하세요. 하단의 [오류]를 클릭하면 [오류] 창을 다시 열 수 있습니다.

빌드 출력 | 작업 | 터미널 | 패키지 콘솔 | 오류

승리하면 게임을 초기화하는 코드 추가하기

모든 동물 이모지의 짝을 맞추고 게임을 초기화합시다.

- **게임 설계 과정**

① 새 Blazor WebAssembly 앱 프로젝트 생성하기

② 동물 섞기

③ 마우스 클릭 처리하기

④ 게임의 승패 감지하기

⑤ 타이머 추가하기

플레이어가 동물 이모지의 짝을 맞추면 이모지는 두 개씩 사라집니다. 격자에 있는 모든 동물 이모지가 공백으로 대체되고 게임이 끝난 다음에는 어떻게 해야 할까요? 이 게임에는 플레이어가 다음 게임을 이어 할 수 있도록 게임을 초기화할 방법이 필요합니다.

❶ 플레이어가 동물 이모지 버튼을 클릭해서 짝을 맞추면 2개씩 사라집니다.

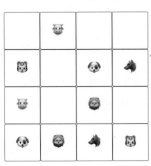

❷ 플레이어가 모든 동물 이모지의 짝을 맞췄습니다.

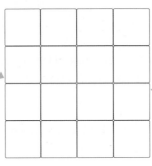

❸ 마지막 동물 이모지의 짝을 맞추면 게임이 초기화됩니다.

<뇌 단련>은 생각해 볼 만한 문제를 제시합니다.

뇌 단련

C# 코드와 HTML 마크업을 살펴 보세요. 플레이어가 모든 동물 이모지의 짝을 맞춘 다음에 게임을 초기화하려면 코드의 어느 부분을 수정해야 할까요?

연습 문제

주어진 네 개의 코드 블록을 앱에 추가해야 합니다. 각각의 코드 블록을 올바른 위치에 추가해서 플레이어가 모든 동물 이모지의 짝을 맞췄을 때 게임이 초기화되도록 만드세요.

```
int matchesFound = 0;
```

```
matchesFound=0;
```

```
matchesFound++;
if (matchesFound == 8)
{
    SetUpGame();
}
```

```
<div class="row">
    <h2>Matches found: @matchesFound</h2>
</div>
```

게임의 전체 코드를 보고 네 개의 코드 블록을 빈칸의 올바른 위치에 추가하세요. 어떤 코드 블록이 어느 빈칸으로 가야 할까요?

```
<div class="container">
    <div class="row">
        @for (var animalNumber=0; animalNumber<shuffledAnimals.Count; animalNumber++)
        {
            var animal = shuffledAnimals[animalNumber];
            var uniqueDescription = $"Button #{animalNumber}";

            <div class="col-3">
                <button @onclick="@(() => ButtonClick(animal, uniqueDescription))"
                        type="button" class="btn btn-outline-dark">
                    <h1>@animal</h1>
                </button>
            </div>
        }
        </div>
        [                                        ]
</div>

List<string> shuffledAnimals = new List<string>();
[                                        ]

private void SetUpGame()
{
    Random random = new Random();
    shuffledAnimals = animalEmoji
        .OrderBy(item => random.Next())
        .ToList();
    [                                        ]
}

    else if ((lastAnimalFound == animal) && (animalDescription != lastDescription))
    {
        //일치하면 다음 짝을 위해 초기화합니다.
        lastAnimalFound = string.Empty;
        //찾은 동물은 공백 문자로 대체합니다.
        shuffledAnimals = shuffledAnimals
            .Select(a => a.Replace(animal, string.Empty))
            .ToList();
        [                                        ]
    }
```

빈칸에 들어갈 올바른 코드 블록은 무엇일까요?

이 연습 문제는 비주얼 스튜디오에서 코드를 직접 수정해 보며 풀어 보세요.

도저히 갈피를 잡을 수 없다면 정답을 미리 봐도 괜찮습니다! 혼란스러운 상태로 시간을 보내는 건 효율적인 학습 방법이 아니니까요. 사소한 문제로 생각이 막혔을 때는 정답을 미리 보고 해결하는 것이 도움이 됩니다.

연습 문제
정답

빈칸에 올바른 코드 블록이 추가되면 다음과 같이 전체 코드가 완성됩니다. 비주얼 스튜디오에 직접 코드를 완성해서 플레이어가 모든 동물 이모지 짝을 맞췄을 때 게임이 초기화되게 하세요.

```
<div class="container">
    <div class="row">
        @for (var animalNumber=0; animalNumber<shuffledAnimals.Count; animalNumber++)
        {
            var animal = shuffledAnimals[animalNumber];
            var uniqueDescription = $"Button #{animalNumber}";

            <div class="col-3">
                <button @onclick="@(() => ButtonClick(animal, uniqueDescription))"
                        type="button" class="btn btn-outline-dark">
                    <h1>@animal</h1>
                </button>
            </div>
        }
    </div>
    <div class="row">
        <h2>Matches found: @matchesFound</h2>
    </div>
</div>
```

Razor 마크업은 @matchesFound를 사용해 페이지에서 버튼 격자 아래에 지금까지 맞춘 짝의 수를 표시하도록 합니다.

```
List<string> shuffledAnimals = new List<string>();
int matchesFound = 0;
```

여기에 플레이어가 지금까지 맞춘 짝의 숫자를 저장합니다.

```
private void SetUpGame()
{
    Random random = new Random();
    shuffledAnimals = animalEmoji
        .OrderBy(item => random.Next())
        .ToList();
    matchesFound=0;
}
```

게임을 초기화할 때, 맞춘 짝의 숫자를 0으로 설정합니다.

```
    else if ((lastAnimalFound == animal) && (animalDescription != lastDescription))
    {
        //일치하면 다음 짝을 위해 초기화합니다.
        lastAnimalFound = string.Empty;
        //찾은 동물은 공백 문자로 대체합니다.
        shuffledAnimals = shuffledAnimals
            .Select(a => a.Replace(animal, string.Empty))
            .ToList();
        matchesFound++;
        if (matchesFound == 8)
        {
            SetUpGame();
        }
    }
```

플레이어가 짝을 맞출 때마다 matchesFound에 1을 더합니다. 만약 8개의 짝을 맞추면, 게임을 초기화합니다.

뇌 단련

여러분은 한 게임의 체크 포인트에 도달했습니다! 아직 게임이 완성된 것은 아니지만, 어쨌든 작동하고 플레이가 가능한 게임 형태가 됐습니다. 어떻게 하면 게임이 더 나아질지 잠깐 생각해 보세요. 어떻게 하면 게임이 더 재밌어질까요?

타이머 추가해서 게임 완성하기

● 게임 설계 과정

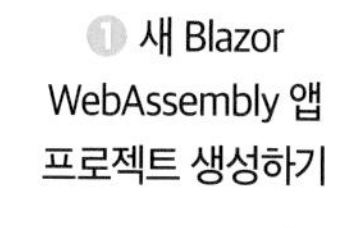

② 동물 섞기

③ 마우스 클릭 처리하기

④ 게임의 승패 감지하기

⑤ **타이머 추가하기**

플레이어가 게임을 클리어한 시간을 기록할 수 있다면 동물 짝 맞추기 게임이 더 재밌어질 것 같지 않나요? 다음으로 플레이어의 실행 시간을 기록할 수 있도록 **타이머(timer)**를 추가해 보겠습니다.

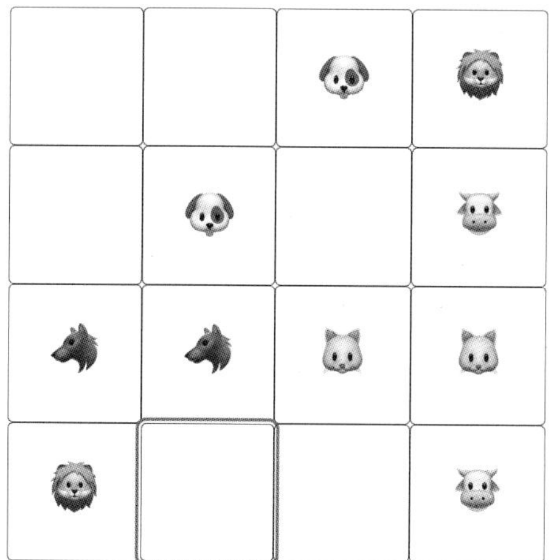

게임에 재미를 더해 봅시다! 게임 시작과 동시에 타이머가 작동하고 경과 시간을 화면 아래쪽에 표시합니다. 모든 동물의 짝을 맞추면 타이머가 멈춥니다.

타이머는 일정 시간마다 메서드를 반복 호출합니다. 여기서 사용할 타이머는 플레이어가 게임을 시작하면 같이 시작하고, 모든 동물의 짝을 맞추면 멈춰야 합니다.

게임에 타이머 기능 추가하기

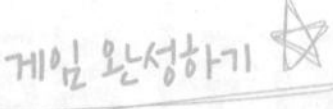

01 Index.razor 파일 상단에서 @page "/" 코드를 찾으세요. 그 아래에 다음 코드를 추가해서 C# 코드에서 타이머를 사용할 수 있게 합니다.

```
@using System.Timers
```

02 HTML 마크업을 수정해서 시간을 표시하세요.

```
    </div>
      <div class="row">
          <h2>Matches found: @matchesFound</h2>
      </div>
      <div>
          <h2>Time: @timeDisplay</h2>
      </div>
</div>
```

03 페이지에 타이머를 추가하고 경과한 시간을 저장합니다.

```
int matchesFound = 0;
        Timer timer;
        int tenthsOfSecondsElapsed = 0;
        string timeDisplay;
```

04 타이머에 몇 초 간격으로 메서드를 호출할지 지정합니다. OnInitialized() 메서드에 다음과 같이 코드를 작성하세요. OnInitialized() 메서드는 페이지가 로드된 후 호출됩니다.

```
protected override void OnInitialized()
  {
      timer = new Timer(100);
      timer.Elapsed += Timer_Tick;
      SetUpGame();
  }
```

05 게임을 초기화할 때 타이머도 재설정합니다.

```
private void SetUpGame()
{
    Random random = new Random();
    shuffledAnimals = animalEmoji
        .OrderBy(item => random.Next())
        .ToList();
    matchesFound = 0;
    tenthsOfSecondsElapsed = 0;
}
```

06 플레이어가 첫 번째 버튼을 클릭하는 순간 타이머가 시작되게 합니다. 다음 코드를 ButtonClick() 메서드 상단에 추가하세요.

```
if (lastAnimalFound == string.Empty)
{
    //짝을 맞출 첫 번째 동물을 기억해 둡니다.
    lastAnimalFound = animal;
    lastDescription = animalDescription;

    timer.Start();
}
```

게임이 끝나는 시점에 타이머를 멈추고 "Play Agian?" 메시지를 표시하도록 ButtonClick() 메서드의 뒷부분에 다음 코드를 추가합니다.

```
    matchesFound++;
    if (matchesFound == 8)
    {
        timer.Stop();
        timeDisplay += "-Play Agian?";

        SetUpGame();
    }
}
```

07 버튼에 Click 이벤트 처리기가 있듯, 타이머에는 Tick 이벤트 처리기가 있습니다. 이 메서드는 타이머에서 일정 시간이 지날 때마다 호출됩니다. 파일의 마지막 닫는 중괄호(}) 바로 위에 다음 코드를 추가합니다.

```
private void Timer_Tick(object source, ElapsedEventArgs e)
    {
        InvokeAsync(() =>
        {
            tenthsOfSecondsElapsed++;
            timeDisplay = (tenthsOfSecondsElapsed / 10F)
                .ToString("0.0s");
            StateHasChanged();
        });
}
```

플레이어가 첫 번째 동물을 클릭하면 타이머를 시작하고, 모든 동물 이모지의 짝을 맞추면 타이머를 중지합니다. 이러한 요소는 게임의 기본적인 작동 방식을 변경하지 않고도 게임을 더 흥미진진하게 만들죠.

내비게이션 메뉴 정리하기 잘했어요.

혹시 앱에 다른 페이지도 있다는 걸 눈치챘나요? 페이지 왼쪽 내비게이션(navigation) 메뉴에 있는 [Counter] 또는 [Fetch data]를 클릭해 보세요. Blazor WebAssembly 앱 프로젝트를 생성하면 비주얼 스튜디오는 페이지를 자동으로 추가합니다. 이 페이지는 안전하게 제거할 수 있습니다.

01 wwwroot 폴더를 펼치고 index.html 파일을 여세요. <title>로 시작하는 줄을 찾아 다음과 같이 수정하세요.

```
<title>Animal Matching Game</title>
```

02 솔루션에서 Shared 폴더를 펼치고 NaveMenu.razor 파일을 여세요. <a class="navbar-brand" href="">BlazorMatchGame</a>를 찾아 다음과 같이 수정하세요.

```
<a class="navbar-brand" href="">Animal Matching Game</a>
```

03 같은 파일에서 아래 코드를 찾아 삭제하세요.

```
<div class="nav-item px-3">
    <NavLink class="nav-link" href="counter">
        <span class="oi oi-plus" aria-hidden="true"></span> Counter
    </NavLink>
</div>
<div class="nav-item px-3">
    <NavLink class="nav-link" href="fetchdata">
        <span class="oi oi-list-rich" aria-hidden="true"></span> Fetch data
    </NavLink>
</div>
```

04 솔루션 창에서 [⌘] 키를 누른 상태로 Pages 폴더의 Counter.razor와 FetchData.razor, Shared 폴더의 SurveyPrompt.razor 그리고 wwwroot 폴더의 sample-data 폴더를 선택합니다. 파일과 폴더가 모두 선택되었으면 마우스 우클릭하거나 [⌘]+[⌫] 키를 눌러 삭제합니다.

게임의 작동을 여러 부분으로 나눠 하나씩 해결하는 방식은 정말 유용하군요

큰 프로젝트를 작은 부분으로 나누는 것은 좋은 생각입니다.

유용한 프로그래밍 기술 중 하나는 크고 어려운 문제를 살펴본 다음, 이 문제를 더 작고 쉬운 문제로 분할하는 능력입니다. 큰 프로젝트를 시작할 때 문제 자체에 압도되어 '이걸 어디서부터 어떻게 시작해야 하지...'라고 생각하기 쉽습니다. 하지만 문제를 작은 단위로 분할하면 작은 것부터 차근차근 시작할 수 있습니다. 작은 부분 하나를 완성한 다음에 또 다른 작은 부분을 해결하며 전체 프로젝트를 하나씩 완성해 나가는 것입니다. 한 문제를 완성할 때마다 그에 따라 프로젝트를 어떻게 완성하는지 배울 수 있습니다.

더 발전하기

만들고 보니 꽤 멋진 게임이군요. 하지만 그 어떤 게임이나 프로그램도 완성하는 것이 전부는 아닙니다. 더 나아지도록 발전시켜야 하죠. 동물 짝 맞추기 게임을 어떻게 하면 더 발전시킬 수 있을까요? 몇 가지를 생각해 봤습니다. 여러분의 게임에 추가해 보세요!

- 동물을 더 많이 추가해 게임을 시작할 때마다 다른 동물이 나오게 만들어 보세요.
- 플레이어의 최고 기록을 저장해서 다른 사람이 도전할 수 있게 해 보세요.
- 타이머의 시간을 감소시켜 플레이어가 정해진 시간 안에 게임을 끝내도록 만들어 보세요.

<좀 더 발전하기>에 대한 여러분의 아이디어가 있나요? 아이디어를 고민하는 것 또한 코딩 실력을 향상할 수 있는 좋은 연습입니다. 잠시 시간을 내서 동물 짝 맞추기 게임을 어떻게 발전시킬 수 있을지 최소 3가지 방법을 적어 보세요.

진심입니다. 잠시 시간을 들여 생각해 보세요. 한 발짝 물러서서 이 프로젝트에 대해 고민해 보세요. 지금까지 배운 내용을 정리하기에 매우 좋은 방법입니다.

요점 정리

- **이벤트 처리기**는 특정 이벤트(마우스 클릭, 키 입력, 창 크기 조절 등)가 일어날 때 호출되는 메서드입니다.
- 비주얼 스튜디오로 이벤트 처리기 메서드를 쉽게 추가하고 관리할 수 있습니다.
- 비주얼 스튜디오의 **[오류] 창**은 실패한 빌드 오류를 보여 줍니다.
- **타이머**는 지정된 시간 간격으로 체크 이벤트 처리기 메서드를 반복해서 실행합니다.
- **foreach 문**은 컬렉션에 들어 있는 항목들에 대한 반복 처리를 수행하는 반복문입니다.
- 프로그램에서 예외가 발생하면 증거를 모아서 예외가 왜 일어나는지 알아내야 합니다.
- 예외는 **재현(reproducible)**이 가능할 경우 고치기 더 쉽습니다.
- 비주얼 스튜디오는 **소스 제어 시스템**을 사용해 코드를 백업하고 변경 사항을 추적하는 작업을 쉽게 할 수 있도록 도와줍니다.
- **원격 저장소**에 코드를 커밋할 수 있습니다. 이 책의 모든 프로젝트 소스 코드는 깃허브 저장소를 사용합니다.

Git에 코드를 푸시해 볼 좋은 기회입니다! 그러면 나중에 프로젝트에 포함된 코드를 재사용해야 할 때 프로젝트를 다시 참고할 수 있습니다.

잘했어요!

2장의 프로젝트는 여러 종류의 컨트롤을 실험해 봅니다. 여기서는 Blazor를 사용해 웹 컨트롤을 실험해 보겠습니다.

UI의 역학을 좌우하는 컨트롤

모든 UI에는 나름의 역학이 존재한다.

1장에서는 Button **컨트롤**을 사용한 게임을 만들었습니다. 사실 사용할 수 있는 컨트롤의 종류는 매우 많고, 컨트롤을 어떻게 사용하느냐에 따라 앱의 형태가 달라집니다. 게임 디자인에서 결정을 내리는 방식도 마찬가지입니다. 테이블 게임을 디자인한다면 임의 숫자 생성기가 필요할 때 주사위, 회전판, 카드 등의 선택지가 존재합니다. 플랫포머 게임을 디자인한다면 플레이어의 점프에도 더블 점프, 벽 점프, 비행하기 등의 선택지가 있습니다. 이는 앱 디자인에도 적용됩니다. 사용자가 숫자를 입력해야 할 때, 어떤 컨트롤을 사용해 숫자를 입력받을지 결정할 수 있습니다. 그리고 **이 결정은 UX(사용자 경험)에 영향을 줍니다.**

❶ 텍스트 상자(TextBox)

사용자가 텍스트를 직접 입력할 수 있습니다. 하지만 이 경우 입력된 텍스트가 글자인지 숫자인지 확인하기 위한 방법이 필요합니다.

Enter text

❷ 슬라이더(Slider)

마우스나 방향 키를 이용해서 슬라이더를 움직일 수 있으며 숫자만 다룰 수 있습니다.

❸ 라디오 버튼(Radio button)

사용자의 선택지를 제한합니다. 라디오 버튼을 사용해서 선택할 목록의 개수를 제한하거나, 필요에 따라 선택지를 배치할 수 있습니다.

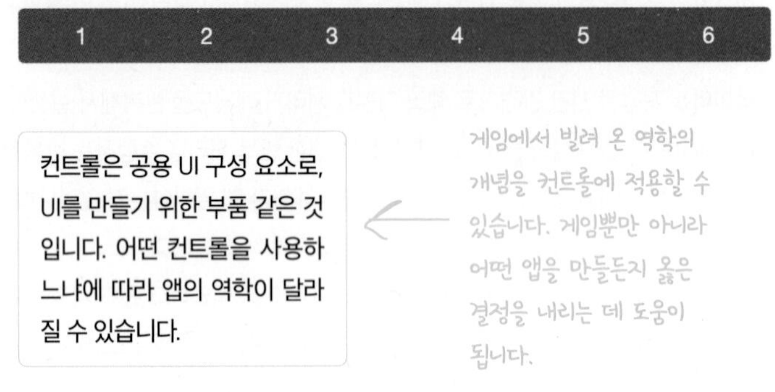

컨트롤은 공용 UI 구성 요소로, UI를 만들기 위한 부품 같은 것입니다. 어떤 컨트롤을 사용하느냐에 따라 앱의 역학이 달라질 수 있습니다.

게임에서 빌려 온 역학의 개념을 컨트롤에 적용할 수 있습니다. 게임뿐만 아니라 어떤 앱을 만들든지 옳은 결정을 내리는 데 도움이 됩니다.

❹ 선택기(Picker)

목록에서 특정한 유형의 값을 고를 수 있습니다. 예를 들어 **날짜 선택기**는 연, 월, 일을 선택해 특정한 날짜를 설정할 수 있게 해 주며, **색상 선택기**는 색상 스펙트럼 슬라이더를 사용하거나 숫잣값을 사용해 색상을 고를 수 있게 해 줍니다.

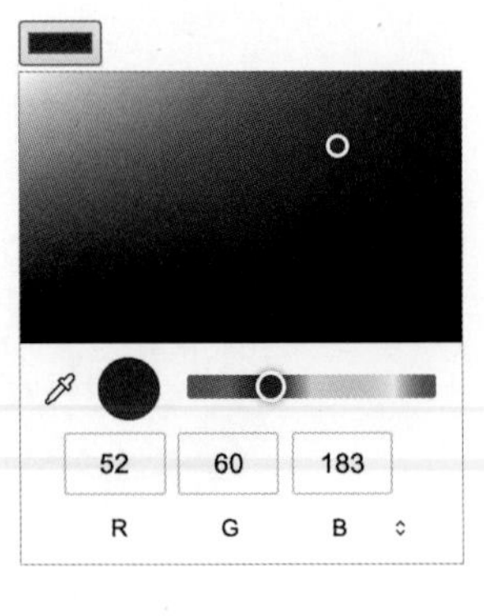

새 Blazor WebAssembly 앱 프로젝트 생성하기

이제부터 Blazor WebAssembly 앱 프로젝트를 생성해서 메인 페이지의 타이틀을 변경하고, 비주얼 스튜디오가 생성한 추가적인 파일을 제거합니다. 앞으로 작성할 모든 Blazor WebAssembly 앱 프로젝트에 공통적으로 적용해야 하고, 다음부터는 이 과정을 생략할 것입니다. 그러니 집중하세요!

01 **새로운 Blazor WebAssembly 앱 프로젝트를 생성합니다.**

Visual Studio 2022 for Mac을 시작하거나 [파일]-[새 프로젝트...] 메뉴를 선택합니다. [⇧]+[⌘]+[N] 키를 눌러도 됩니다. [Blazor WebAssembly 앱]을 선택하고 [계속]을 클릭한 뒤 [프로젝트 이름]에 'ExperimentWithControlsBlazor'를 입력하세요.

02 **타이틀과 내비게이션 메뉴를 수정합니다.**

[솔루션] 창에서 wwwroot 폴더를 펼치고 Index.html 파일을 여세요. <title>로 시작하는 태그를 찾아 다음과 같이 수정합니다.

```
<title>Experiment with Controls</title>
```

Shared 폴더를 펼치고 NavMenu.razor 파일을 여세요. <a class="navbar-brand" href="">ExperimentWithControlsBlazor</a>를 찾아 다음과 같이 수정합니다.

```
<a class="navbar-brand" href="">Experiment With Controls</a>
```

03 **추가 내비게이션 메뉴 옵션과 관련 파일을 삭제합니다.**

NavMenu.razor 파일에서 다음 코드를 찾아 삭제하세요.

```
<div class="nav-item px-3">
            <NavLink class="nav-link" href="counter">
                <span class="oi oi-plus" aria-hidden="true"></span> Counter
            </NavLink>
        </div>
        <div class="nav-item px-3">
            <NavLink class="nav-link" href="fetchdata">
                <span class="oi oi-list-rich" aria-hidden="true"></span> Fetch data
            </NavLink>
        </div>
```

그러고 나서 [⌘] 키를 누른 채로 Pages 폴더의 Counter.razor와 FetchData.razor, Shared 폴더의 SurveyPrompt.razor, wwwroot 폴더의 sample-data 폴더를 선택하여 삭제하세요.

슬라이더 컨트롤이 있는 페이지 만들기

페이지에 슬라이더 컨트롤 추가하기

여러분이 만들 수많은 프로그램에서는 사용자가 숫자를 입력해야 합니다. 그리고 숫자를 입력할 수 있는 가장 기본적인 컨트롤 중 하나는 **슬라이더(slider)**입니다. 슬라이더를 사용해 값을 변경하는 새로운 Razor 페이지를 만들어 봅시다.

01 Index.razor 파일을 열고 내용을 다음과 같이 HTML 마크업으로 변경합니다.

1장의 동물 짝 맞추기 게임에서 했던 것과 동일합니다.

```
@page "/"

<div class="container">
    <div class="row">
        <h1>Experiment with controls</h1>
    </div>
    <div class="row mt-2">
        <div class="col-sm-6">
            Pick a number:
        </div>
        <div class="col-sm-6">
            <input type="range"/>
        </div>
    </div>
    <div class="row mt-5">
        <h2>
            Here's the value:
        </h2>
    </div>
</div>
```

이 태그의 class="row" 특성(attribute)은 페이지에 있는 <div class="row"> 태그와 </div> 태그 사이의 내용을 하나의 행(row)으로 렌더링합니다.

클래스에 mt-2를 추가하면 행의 상단에 공백이 2칸 추가됩니다.

이것은 input 태그로, 어떤 종류의 입력 컨트롤을 표시할지 결정하는 type 특성을 가지고 있습니다. type을 range로 지정하면 슬라이더가 표시됩니다.

02 앱을 실행하고 작성한 HTML 마크업과 웹 브라우저 페이지의 내용을 비교해 보세요. <div> 블록이 페이지의 내용과 하나씩 대응해야 합니다.

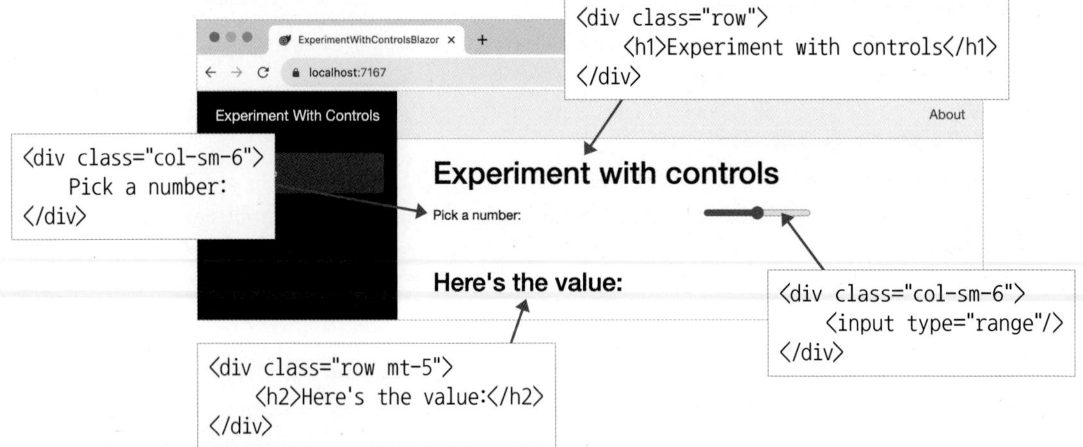

03 Index.razor 파일로 돌아와서 하단에 다음과 같이 C# 코드를 추가합니다.

```
@code
{
    private string DisplayValue = "";
    private void UpdateValue(ChangeEventArgs e)
    {
        DisplayValue = e.Value.ToString();
    }
}
```

Change 이벤트 처리기가 호출되면 DisplayVaule의 값을 갱신합니다.

UpdateValue() 메서드는 Change 이벤트 처리기입니다. 매개 변수로는 변경된 데이터를 받습니다.

04 슬라이더 컨트롤을 Change 이벤트 처리기에 연결하고 슬라이더 컨트롤에 @onchage 특성을 추가합니다.

```
@page "/"

<div class="container">
    <div class="row">
        <h1>Experiment with controls</h1>
    </div>
    <div class="row mt-2">
        <div class="col-sm-6">
            Pick a number:
        </div>
        <div class="col-sm-6">
            <input type="range" @onchange="UpdateValue"/>
        </div>
    </div>
    <div class="row mt-5">
        <h2>
            Here's the value:<strong>@DisplayValue</strong>
        </h2>
    </div>
</div>
```

@onchange를 사용해 컨트롤을 Change 이벤트 처리기에 연결하면 컨트롤의 값이 변경될 때마다 해당 이벤트 처리기가 호출됩니다.

DisPlayVaule가 변경되면, 페이지에 표시된 값도 함께 변경됩니다.

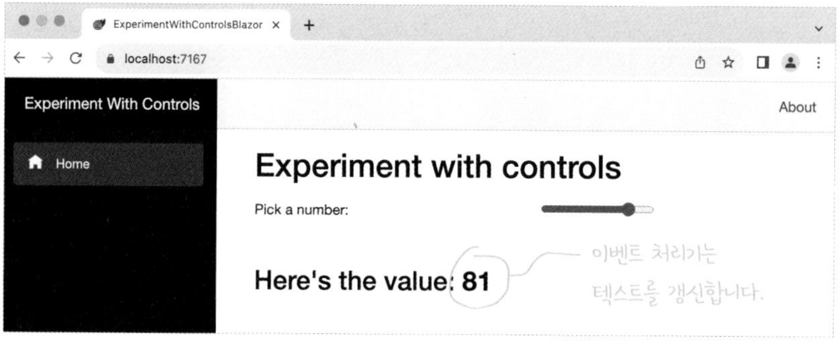

텍스트 입력 추가하기

앱에 텍스트 입력 컨트롤 추가하기

이 프로젝트의 목적은 다양한 종류의 컨트롤을 실험해 보는 것입니다. 이번에는 **텍스트 입력 컨트롤**을 추가해서 사용자가 텍스트를 입력하면 하단에 출력하는 앱을 작성해 봅시다.

01 HTML 마크업에 텍스트 입력 컨트롤을 추가합니다.

type 특성에 range 대신 text를 사용해 <input> 태그를 추가하세요.

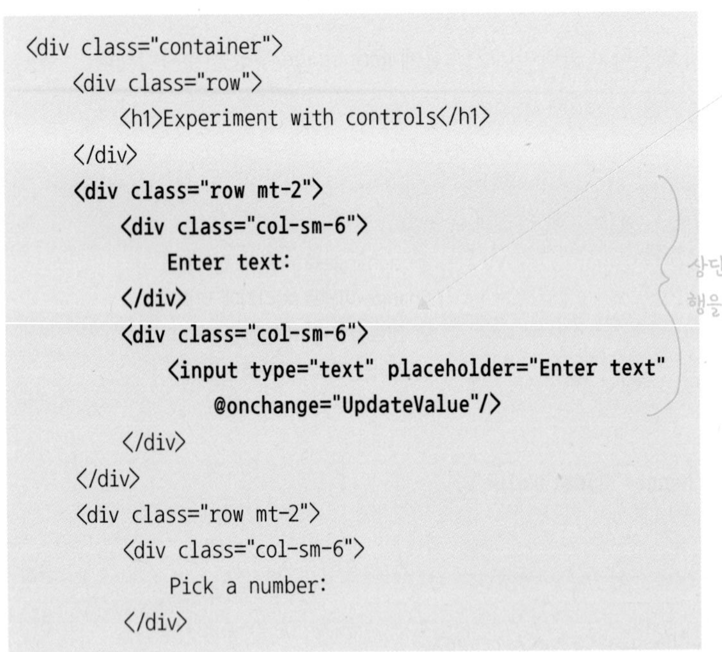

```
<div class="container">
    <div class="row">
        <h1>Experiment with controls</h1>
    </div>
    <div class="row mt-2">
        <div class="col-sm-6">
            Enter text:
        </div>
        <div class="col-sm-6">
            <input type="text" placeholder="Enter text"
                @onchange="UpdateValue"/>
        </div>
    </div>
    <div class="row mt-2">
        <div class="col-sm-6">
            Pick a number:
        </div>
```

상단에 공백 두 칸이 있는 새로운 행을 페이지에 추가합니다.

이 부분이 텍스트 입력 컨트롤의 마크업입니다. type은 text이며 @onchange 특성을 사용합니다. placeholder 특성은 사용자가 텍스트를 입력할 때까지 다음처럼 표시되는 특성입니다.

Enter text

앱을 다시 실행해 보세요. 페이지에 텍스트 입력 컨트롤이 추가되었습니다. 이 컨트롤에 텍스트를 입력하면 페이지 하단에 표시됩니다. 텍스트를 입력하고, 슬라이드를 움직여 보며 하단의 값이 어떻게 변하는지 살펴 보세요.

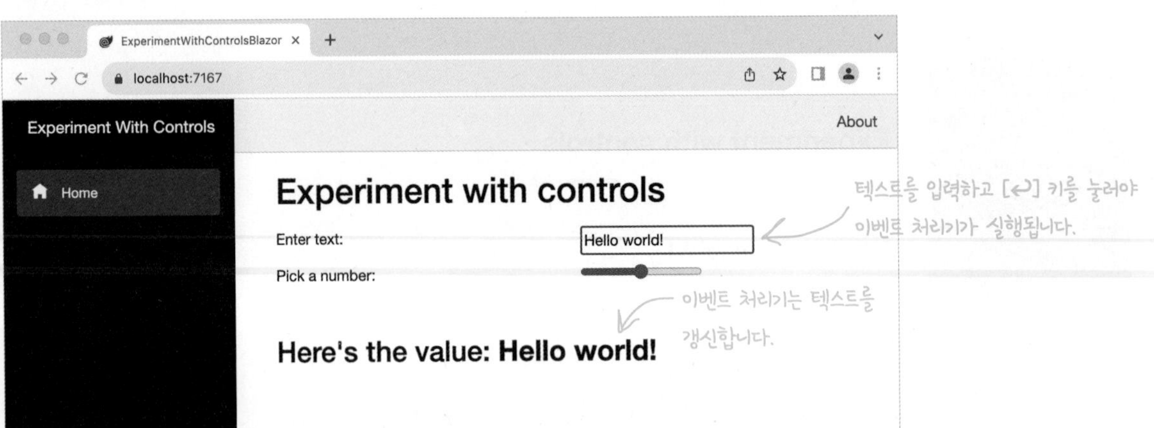

02 숫잣값만 받아들이는 이벤트 처리기 메서드를 추가합니다.

텍스트 컨트롤에 숫자만 입력하게 하고 싶다면 어떻게 해야 할까요? Index.razor 파일 하단의 닫는 중괄호 바로 위에 다음 메서드를 추가하세요.

```
private void UpdateNumericValue(ChangeEventArgs e)
    {
        if (int.TryParse(e.Value.ToString(), out int result))
        {
            DisplayValue = e.Value.ToString();
        }
    }
```

잠시 후에 int.TryParse에 대한 내용을 배울 것입니다. 지금은 코드를 정확히 입력하는 데 집중하세요.

이 메서드에 중단점을 설정한 다음 디버거를 사용해 코드가 어떻게 작동하는지 살펴보세요.

03 텍스트 컨트롤을 수정해 새로운 이벤트 처리기를 사용해 봅시다.

텍스트 컨트롤의 @onchange 특성을 수정해서 새 이벤트 처리기를 호출하게 합니다.

```
<input type="text" placeholder="Enter text"
        @onchange="UpdateNumericValue"/>
```

이제 텍스트 컨트롤에 텍스트를 입력해도 정수형 숫자가 아니면 하단에 표시되지 않습니다.

연습 문제

1장의 동물 짝 맞추기 게임에서는 버튼 컨트롤을 사용했습니다. 다음 코드는 페이지에 일련의 버튼을 추가하는 HTML 마크업입니다. 앞서 사용해본 적이 있죠. 빈칸에 페이지에 6개의 버튼을 추가하고 C# 코드에 이벤트 처리기를 추가하는 코드를 작성해 보세요.

```
<div class="row mt-2">
    <div class="col-sm-6">Pick a number:</div>
    <div class="col-sm-6"><input type="range" @onchange="UpdateValue" /></div>
</div>
<div class="row mt-2">
    <div class="col-sm-6">Click a button:</div>
    <div class="col-sm-6 btn-group" role="group">
        [____________________________________]
        {
            string valueToDisplay = $"Button #{buttonNumber}";
            <button type="button" class="btn btn-secondary"
                    @onclick="() => ButtonClick(valueToDisplay)">
                @buttonNumber
            </button>
        }
    </div>
</div>
<div class="row mt-5">
    <h2>
        Here's the value: <strong>@DisplayValue</strong>
    </h2>
</div>
```

빈칸에 6개의 버튼을 추가하는 C# 코드를 한 줄로 작성하세요.

버튼을 클릭하면 ButtonClick() 메서드를 호출합니다. Index.razor 파일 하단에 ButtonClick() 메서드를 작성하세요. 이 메서드의 명령어는 한 줄로 구성됩니다.

다음 코드는 for 문을 사용해서 페이지에 버튼 6개를 추가합니다.

연습 문제 정답

```
<div class="row mt-2">
    <div class="col-sm-6">Pick a number:</div>
    <div class="col-sm-6"><input type="range" @onchange="UpdateValue" /></div>
</div>
<div class="row mt-2">
    <div class="col-sm-6">Click a button:</div>
    <div class="col-sm-6 btn-group" role="group">
        @for (var buttonNumber = 1; buttonNumber <= 6; buttonNumber++)
        {
            string valueToDisplay = $"Button #{buttonNumber}";
            <button type="button" class="btn btn-secondary"
                    @onclick="() => ButtonClick(valueToDisplay)">
                @buttonNumber
            </button>
        }
    </div>
</div>
<div class="row mt-5">
    <h2>
        Here's the value: <strong>@DisplayValue</strong>
    </h2>
</div>
```

동물 짝 맞추기 게임에서도 for 반복문의 작동 방식을 살펴본 적이 있었죠. 버튼의 스타일은 btn-group과 같이 그룹 형태로 지정되며, btn-secondary로 색상을 서로 달리 합니다.

코드 하단에 다음과 같이 이벤트 처리기 메서드를 추가합니다. 이 메서드는 버튼을 클릭하면 DisplayValue에 전달된 값을 보여 줍니다.

```
private void ButtonClick(string displayValue)
    {
        DisplayValue = displayValue;
    }
```

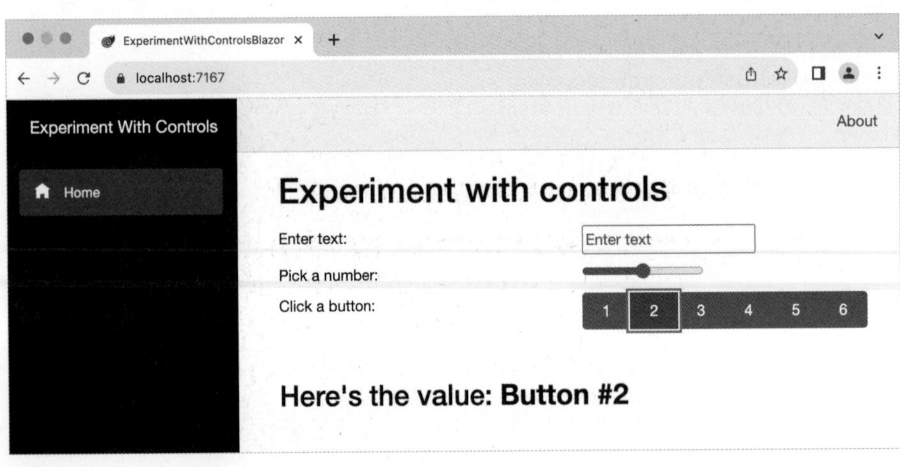

색상 선택기와 날짜 선택기 추가하기

선택기(picker)는 입력 컨트롤의 한 유형으로, type 특성을 무엇으로 지정하느냐에 따라 종류가 달라집니다. 예를 들어 **날짜 선택기**의 type 특성은 date이고, **색상 선택기**의 type 특성은 color입니다. 이제 앱에 두 선택기를 추가해 보겠습니다. 다음과 같이 HTML 마크업을 추가하세요.

```
    <div class="row mt-2">
        <div class="col-sm-6">Pick a date:</div>
        <div class="col-sm-6">
            <input type="date" @onchange="UpdateValue"/>
        </div>
    </div>
    <div class="row mt-2">
        <div class="col-sm-6">Pick a colcor:</div>
        <div class="col-sm-6">
            <input type="color" @onchange="UpdateValue"/>
        </div>
    </div>
    <div class="row mt-5">
        <h2>
            Here's the value: <strong>@DisplayValue</strong>
        </h2>
    </div>
</div>
```

선택기는 Change 이벤트 처리기 메서드를 사용하므로 선택한 색상이나 날짜를 표시하는 코드를 변경할 필요는 없습니다.

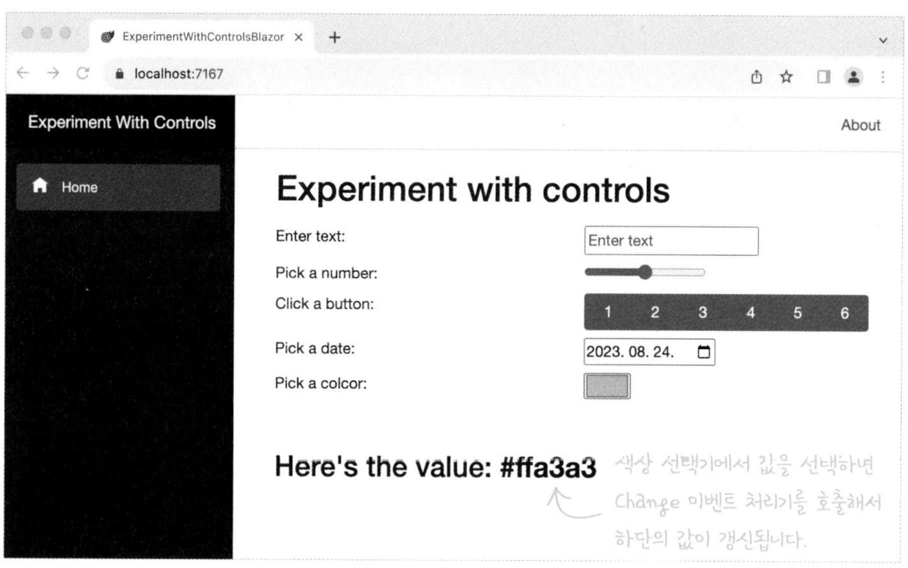

프로젝트가 끝났습니다. 잘했어요!

사용자가 숫자를 고르게 하는 방법도 여러 가지가 있군요!

3장에서는 카드 뽑기 앱을 만들어 봅니다. 역시 Blazor를 사용해 웹 앱을 빌드해 보겠습니다.

Blazor로 카드 뽑기 앱 만들기

클래스를 재사용하세요.

이번에는 PickACardBlazor라는 Blazor 앱을 작성할 것입니다. 이 앱은 슬라이더를 사용해서 카드를 몇 장이나 뽑을지를 정하고, 뽑은 카드를 목록에 표시합니다. 완성된 앱의 모습은 다음과 같습니다.

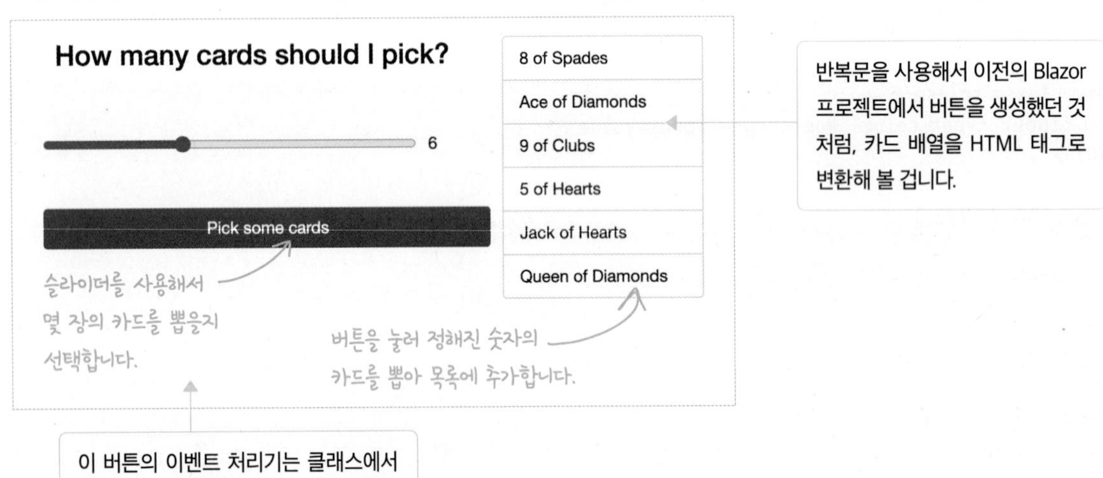
How many cards should I pick?
6
Pick some cards
8 of Spades
Ace of Diamonds
9 of Clubs
5 of Hearts
Jack of Hearts
Queen of Diamonds
슬라이더를 사용해서 몇 장의 카드를 뽑을지 선택합니다.
버튼을 눌러 정해진 숫자의 카드를 뽑아 목록에 추가합니다.
반복문을 사용해서 이전의 Blazor 프로젝트에서 버튼을 생성했던 것처럼, 카드 배열을 HTML 태그로 변환해 볼 겁니다.
이 버튼의 이벤트 처리기는 클래스에서 카드 리스트를 반환하는 메서드를 호출하고, 이들 카드를 배열에 추가할 겁니다.

Blazor 앱에서 CardPicker 클래스를 재사용해 봅시다.

한 프로그램에서 클래스를 작성했는데 또 다른 프로그램에서 이 클래스와 동일하게 작동하는 코드가 필요하다면 앞서 만든 클래스를 재사용(reuse)하면 됩니다. 애초에 클래스를 사용하는 주된 이유가 재사용에 용이하기 때문입니다. 카드 뽑기 앱에 UI를 새로 입히고, CardPicker 클래스를 재사용해 봅시다.

따라해 보세요!

01 PickACardUI라는 이름의 새 Blazor WebAssembly 앱 프로젝트를 생성합니다.

- 비주얼 스튜디오를 열고 새 프로젝트를 생성합니다.
- Blazor WebAssembly 앱을 선택합니다.
- 이름을 PickACardBlazor로 지정합니다.

02 [솔루션] 창에서 프로젝트의 이름에 마우스 우클릭하세요. [추가]-[기존 파일]을 클릭하거나 [⌥]+ [⌘]+[A] 키를 눌러 현재 프로젝트에 CardPicker 클래스를 추가합니다.

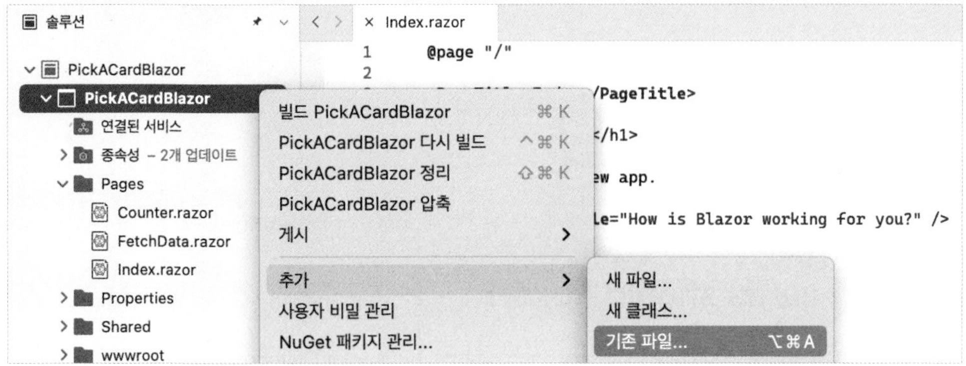

콘솔 앱이 있는 폴더에서 CardPicker.cs를 선택하세요. 비주얼 스튜디오가 파일을 복사할지, 이동할지, 링크할지를 물어볼 것입니다. 이중 [디렉터리에 파일 복사]를 선택하고 [확인]을 클릭하세요.

03 [솔루션] 창에서 CardPickers.cs를 더블 클릭해 열고, 네임스페이스를 현재 프로젝트의 이름에 맞게 PickACardBlazor로 변경하세요.

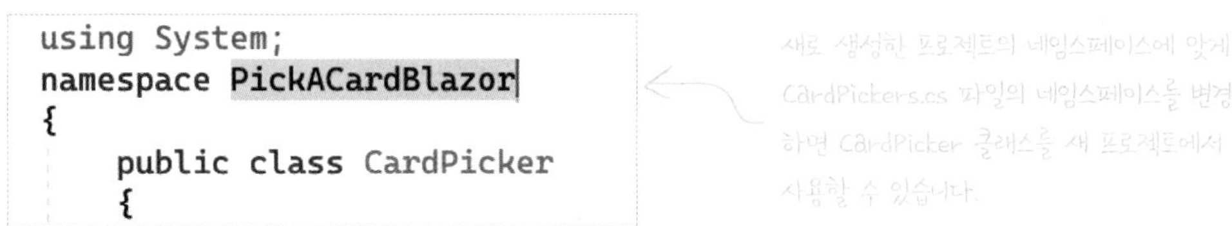

새로 생성한 프로젝트의 네임스페이스에 맞게 CardPickers.cs 파일의 네임스페이스를 변경하면 CardPicker 클래스를 새 프로젝트에서 사용할 수 있습니다.

축하합니다. CardPicker 클래스를 재사용하는 데 성공했어요! [솔루션] 창에서 CardPicker 클래스를 볼 수 있습니다. 이제 이 클래스를 Blazor 앱에서 재사용할 수 있습니다.

행과 열로 구성된 페이지

1장과 2장의 Blazor 앱은 HTML 마크업을 사용해 행과 열을 생성했습니다. 이 새로운 앱도 같은 방식을 사용할 겁니다. 다음 그림은 새 앱의 레이아웃을 어떻게 잡을지 보여 줍니다.

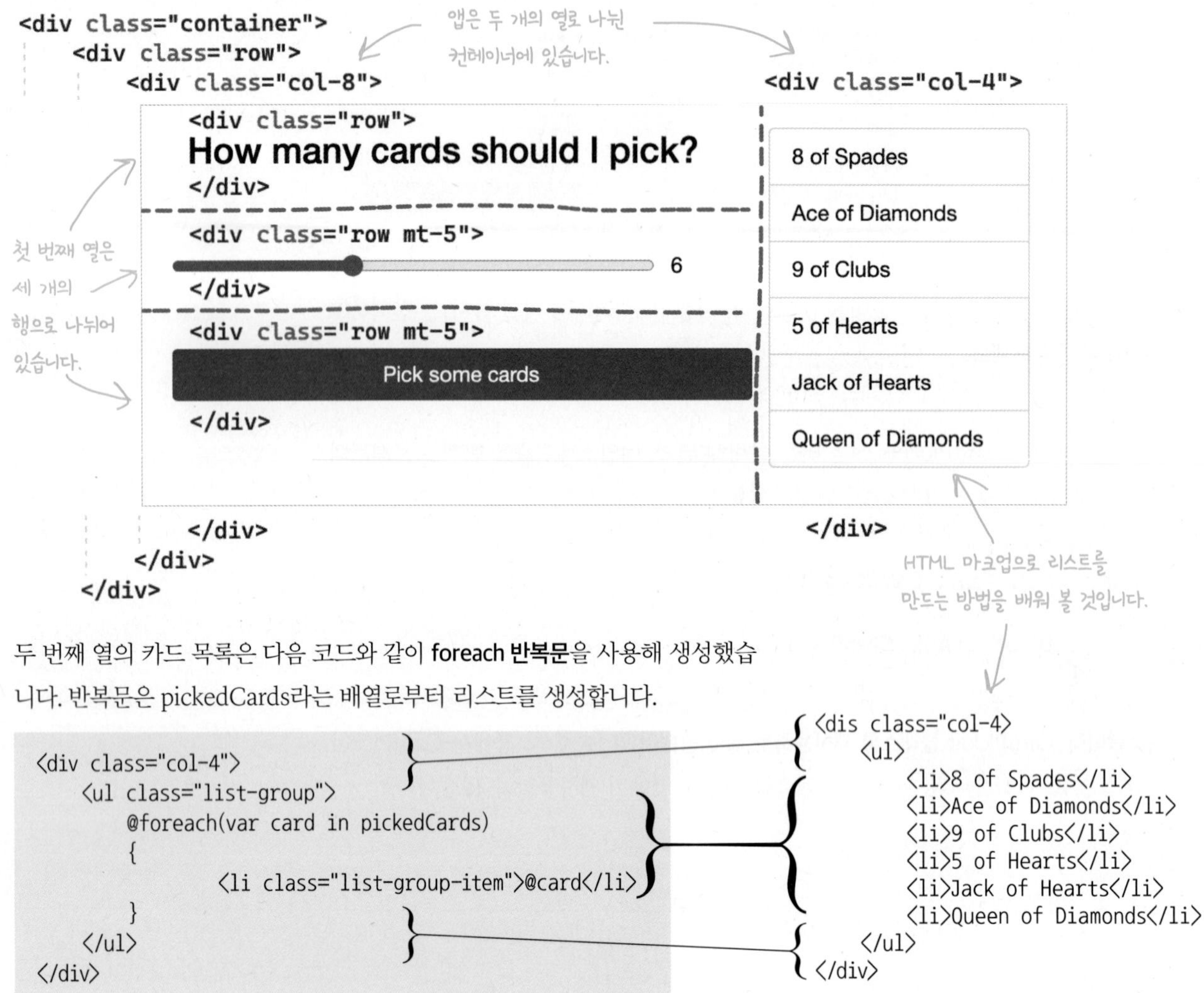

두 번째 열의 카드 목록은 다음 코드와 같이 foreach **반복문**을 사용해 생성했습니다. 반복문은 pickedCards라는 배열로부터 리스트를 생성합니다.

```
<div class="col-4">
    <ul class="list-group">
        @foreach(var card in pickedCards)
        {
                <li class="list-group-item">@card</li>
        }
    </ul>
</div>
```

```
<dis class="col-4">
    <ul>
        <li>8 of Spades</li>
        <li>Ace of Diamonds</li>
        <li>9 of Clubs</li>
        <li>5 of Hearts</li>
        <li>Jack of Hearts</li>
        <li>Queen of Diamonds</li>
    </ul>
</div>
```

<ul> 태그는 숫자가 매겨지지 않은 리스트(unnumbered list)를 의미합니다. 리스트의 각 항목은 <li> 태그로 싸여 있습니다.

슬라이더는 데이터 바인딩을 사용해 변수를 갱신합니다

Index.razor 파일 하단의 코드에는 변수 numbersOfCards가 있습니다. 변수를 갱신하려면 이벤트 처리기를 사용해도 되지만 Blazor에는 더 나은 기능이 있습니다. **데이터 바인딩(data binding)**을 사용하면 컨트롤이 자동으로 C# 코드의 값을 갱신하며, 갱신된 값이 자동으로 페이지에 반영됩니다.

```
@code{
    int numberOfCards = 5;
```

다음 HTML 마크업은 헤더와 슬라이더, 슬라이더의 값을 표시하는 텍스트를 나타냅니다.

```
<div class="row">
    <h3>How many cards should I pick?</h3>
</div>
<div class="row mt-5">
    <input type="range" class="col-10 form-control-range"
           min="1" max="15" @bind="numberOfCards"/>
    <div class="col-2">@numberOfCards</div>
</div>
```

How many cards should I pick?

6

<input> 태그의 특성들을 자세히 살펴보세요. min과 max 특성은 입력값의 범위를 1~15로 제한합니다. @bind 특성은 데이터 바인딩을 구성해서 슬라이더의 값을 변경하면 Blazor가 자동으로 numberOfCards의 값을 갱신하게 합니다.

<div class="col-2">@numberOfCards</div> 마크업은 텍스트를 표시합니다. 이 태그도 데이터 바인딩을 사용하지만, 반대 방향으로 작동해서 numberOfCards 필드의 값이 갱신될 때마다 자동으로 <div> 태그 내부의 텍스트를 갱신합니다.

연습 문제

지금까지 살펴본 C# 코드와 HTML 마크업을 Index.razor 파일에 추가해서 웹 앱이 작동하게 만들어 보세요.

1. HTML 마크업 완성하기

Index.razor 파일의 코드 앞부분 4줄은 2장의 ExperimentWithControlBlazor 앱과 동일합니다. 앞서 HTML 마크업으로 행과 열을 구성하는 방법을 설명했습니다. 이제 버튼만 만들면 되죠. 다음 코드를 보세요.

```
<button type="button" class="btn btn-primary"
        @onclick="UpdateCards">
```

비주얼 스튜디오가 여는 태그와 닫는 태그 사이에 자동으로 빈 줄을 추가하기도 합니다.

2. C# 코드 완성하기

Index.razor 파일의 하단에는 numberOfCards 필드를 포함한 @code 섹션이 있습니다.

- string 배열 필드 pickedCards를 추가하세요.

```
string[] pickedCards = new sting[0];
```

- UpdateCards 이벤트 처리기를 추가하세요. 이 메서드는 버튼을 클릭할 때 호출되며, CardPicker.PickSomeCards를 호출하고 결과를 pickedCards 필드에 할당합니다.

연습 문제 정답

Index.razor 파일의 전체 코드는 다음과 같습니다. 내비게이션 메뉴를 수정하고 필요 없는 파일을 삭제하는 것을 잊지 마세요.

```
@page "/"

<div class="container">
    <div class="row">
        <div class="col-8">
            <div class="row">
                <h3>How many cards should I pick?</h3>
            </div>
            <div class="row mt-5">
                <input type="range" class="col-10 form-control-range"
                       min="1" max="15" @bind="numberOfCards"/>
                <div class="col-2">@numberOfCards</div>
            </div>
            <div class="row mt-5">
                <button type="button" class="btn btn-primary"
                        @onclick="UpdateCards">
                    Pick some cards
                </button>
            </div>
        </div>
        <div class="col-4">
            <ul class="list-group">
                @foreach(var card in pickedCards)
                {
                        <li class="list-group-item">@card</li>
                }
            </ul>
        </div>
    </div>
</div>

@code{
    int numberOfCards = 5;
    string[] pickedCards = new string[0];

    void UpdateCards()
    {
        pickedCards = CardPicker.PickSomeCards(numberOfCards);
    }
}
```

슬라이더와 슬라이더의 값을 표시한 텍스트는 행 하나를 차지합니다.

버튼을 클릭하면 Click 이벤트 핸들러 메서드인 UpdateCards가 pickedCards 배열에 임의의 카드를 할당합니다. 배열이 변경되면 Blazor의 데이터 바인딩이 작동해서 foreach 반복문을 자동으로 실행합니다.

변수 numberOfCards와 pickedCards는 특별히 필드라고 부릅니다. 필드에 대한 내용은 3장에서 배웁니다.

이 버튼의 Click 이벤트 처리기 메서드는 앞서 작성한 CardPicker 클래스의 PickSomeCards() 메서드를 호출합니다.

무대 뒤에서

Blazor 웹 앱은 페이지 레이아웃에 부트스트랩을 사용합니다.

보기 좋은 앱이 완성되었습니다! 앱이 그럴싸해 보이는 데는 부트스트랩이 한몫을 하고 있습니다. **부트스트랩**(Bootscrap)은 반응형(화면의 크기에 따라 자동으로 조정되는) 웹 페이지를 만들 수 있게 해 주는 오픈 소스 프레임워크로, 이 프레임워크는 모바일 기기에서도 잘 작동합니다. 카드 뽑기 앱에서도 부트스트랩을 사용해서 행과 열 레이아웃을 만들었습니다.

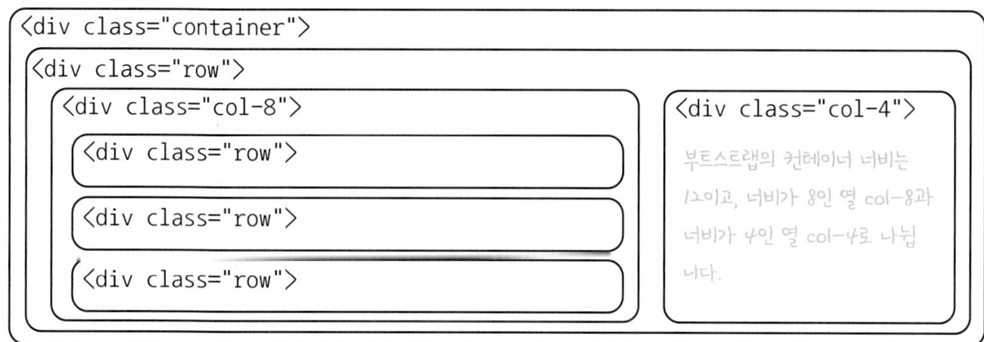

<div class="container">
<div class="row">
<div class="col-8">
<div class="row">
<div class="row">
<div class="row">
<div class="col-4">
부트스트랩의 컨테이너 너비는 12이고, 너비가 8인 열 col-8과 너비가 4인 열 col-4로 나뉩니다.

col-8과 col-4를 똑같이 col-6으로 수정하면 너비가 같은 열 두 개가 생성될 것입니다. 이런 식으로 숫자를 바꿔 보며 부트스트랩이 어떻게 레이아웃을 설정하는지 살펴보세요. 만약 너비의 합이 12보다 작으면 어떻게 될까요?

부트스트랩은 컨트롤의 스타일을 지정합니다. 버튼과 <input>, <ul>, <li> 태그의 특성을 모두 지우고 앱을 다시 실행해 보세요. 컨트롤의 스타일이 사라지는 것을 볼 수 있습니다. 모든 클래스 특성을 제거하고 다시 실행해 보세요. 앱은 여전히 작동하지만 행과 열이 사라집니다.

부트스트랩에 대한 자세한 내용은 https://getbootstrap.com을 참고하세요.

요점 정리

- 클래스에는 메서드가 있습니다. 메서드는 특정한 동작을 수행하는 명령문으로 구성됩니다.
- 메서드는 선언부에 반환 타입을 지정할 수 있습니다. 메서드 선언부가 int 키워드로 시작하면 해당 메서드는 int 값을 반환합니다.
- 반환 타입이 있는 메서드는 반드시 return 문을 사용해 지정한 반환 타입과 일치하는 타입의 값을 반환해야 합니다. 예를 들어 선언부에 string 반환 타입이 지정된 메서드에는 string을 반환하는 return 문이 있어야 합니다.
- 메서드는 실행 중에 return 문을 만나면 즉시 값을 반환하고 해당 메서드가 호출된 명령문으로 돌아갑니다.
- public void로 시작하는 메서드는 값을 반환하지 않습니다. 하지만 return 문을 사용해서 메서드의 실행을 중단하고 빠져 나갈 수 있습니다.
- 같은 코드를 여러 프로그램에 재사용하고 싶다면 클래스로 작성하세요. 재사용이 쉬워집니다.

프로젝트가 끝났습니다. 잘했어요! 이제 3장으로 돌아가 애나의 프로토타입을 살펴보세요.

슬로피 조의 싸구려 샌드위치 가게에 오신 것을 환영합니다!

슬로피 조는 고기, 빵, 각종 소스를 산처럼 쌓아 뒀습니다. 그런데 메뉴가 없네요! 슬로피 조를 위해 매일 임의의 메뉴를 만들어 주는 프로그램을 작성하면 어떨까요? 새로운 Blazor WebAssembly 앱 프로젝트를 만들어서 배열과 함께 몇 가지 기술을 활용하면 가능할 것 같은데요.

MenuItem
Randomizer Proteins Condiments Breads Description Price
Generate

01 프로젝트에 MenuItem 클래스를 추가하고 클래스에 필드를 추가합니다.

클래스 다이어그램을 살펴보세요. 이 클래스에는 네 필드가 있습니다. Random 클래스의 인스턴스와 샌드위치의 재료를 나타내는 세 배열입니다. 배열 필드는 배열에 들어갈 항목을 중괄호로 묶어 정의하는 **컬렉션 이니셜라이저(collection initializer)**를 사용합니다.

```
class MenuItem
{
    public Random Randomizer = new Random();
    public string[] Proteins = { "Roast beef", "Salami", "Turkey",
          "Ham", "Pastrami", "Tofu" };
    public string[] Condiments = { "yellow mustard", "brown mustard",
          "honey mustard", "mayo", "relish", "french dressing" };
    public string[] Breads = { "rye", "white", "wheat", "pumpernickel", "a roll" };

    public string Description = "";
    public string Price;
}
```

02 Generate( ) 메서드를 MenuItem 클래스에 추가하세요.

이 메서드는 Random.Next( ) 메서드를 사용해 Proteins, Condiments, Breads 필드의 배열에서 임의의 항목을 뽑아 합쳐서 문자열 하나로 만듭니다.

```
public void Generate()
{
    string randomProtein = Proteins[Randomizer.Next(Proteins.Length)];
    string randomCondiment = Condiments[Randomizer.Next(Condiments.Length)];
    string randomBread = Breads[Randomizer.Next(Breads.Length)];
    Description = randomProtein + " with " + randomCondiment + " on " + randomBread;

    decimal bucks = Randomizer.Next(2, 5);
    decimal cents = Randomizer.Next(1, 98);
    decimal price = bucks + (cents * .01M);
    Price = price.ToString("c");
}
```

이 메서드는 두 임의의 int 값을 decimal 타입 값으로 변환해서 $2.01~$5.97 사이 임의의 가격을 매깁니다. 마지막 줄 명령문이 가격을 Price에 할당하는 것을 볼 수 있습니다. ToString( ) 메서드의 매개변수는 형식(format)을 나타냅니다. 이 매개변수 'c'는 숫자 값을 현지 통화(currency) 형식으로 변환하라는 의미입니다. 여러분이 미국에 있다면 $ 기호가 표시될 것이고, 영국에 있다면 £ 기호, 유럽에 있다면 기호가 표시되는 식이죠. 한국의 경우에는 ₩ 기호가 표시되므로, 여기서는 $ 기호를 표시하기 위해 System.Globalization.CultureInfo(en-US);를 사용해 미국 지역으로 지정했습니다.

03 Index.razor 파일에 페이지 레이아웃을 추가합니다.

메뉴 페이지는 부트스트랩 행으로 구성되며, 각 행은 메뉴를 하나씩 나타냅니다. 행은 2열로 구성되며 1열에는 메뉴에 대한 설명을, 2열에는 가격을 표시합니다. 마지막 행에 과카몰리 토핑을 추가하는데, col-6을 사용해 가운데 정렬합니다.

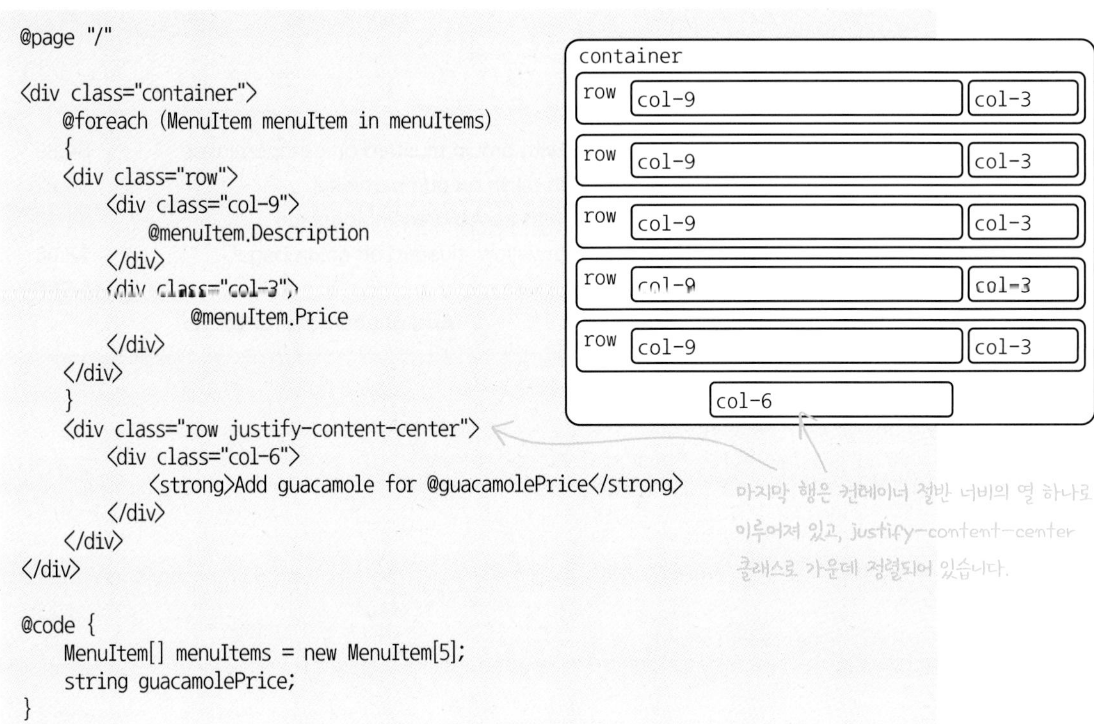


```
@page "/"

<div class="container">
    @foreach (MenuItem menuItem in menuItems)
    {
    <div class="row">
        <div class="col-9">
            @menuItem.Description
        </div>
        <div class="col-3">
                @menuItem.Price
        </div>
    </div>
    }
    <div class="row justify-content-center">
        <div class="col-6">
            <strong>Add guacamole for @guacamolePrice</strong>
        </div>
    </div>
</div>

@code {
    MenuItem[] menuItems = new MenuItem[5];
    string guacamolePrice;
}
```

연습 문제

Index.razor 파일 아래 @code 섹션을 추가하세요. 여기에서는 menuItems 필드에 MenuItem 객체를 5개 추가하고, guacamolePrice 필드의 값을 설정합니다.

1. OnInitialized( ) 메서드를 추가합니다.

```
protected override void OnINitialized()
```

2. OnInitialized( ) 메서드의 본체를 다음처럼 MenuItem 객체를 생성하는 코드로 수정하세요.

메서드를 생성하면 비주얼 스튜디오가 자동으로 본체를 채웁니다. base.OnInitialized( );를 삭제하고 menuItems와 guacamolePrice 필드의 값을 실정하는 코드로 번경하세요.

- for 반복문을 사용해 MenuItem 객체 3개를 menuItems 배열 필드에 추가하고 이들 객체의 Generate() 메서드를 호출하세요.
- 마지막 메뉴 2개는 베이글(bagel) 샌드위치입니다. 이들의 Breads 필드를 다음 string 배열로 설정합니다.

```
new string[] {"plain bagel", "onion bagel",
              "pumpernickel bagel", "everything bagel"}
```

- 새 MenuItem 인스턴스를 생성하고, Generate() 메서드를 호출한 다음 Price 필드의 값을 guacamolePrice로 설정합니다.

Index.razor 파일의 전체 코드는 다음과 같습니다. @code 블록의 나머지 부분을 채워 보세요.

연습 문제 정답

```
@page "/"
<div class="container">
    @foreach (MenuItem menuItem in menuItems)
    {
        <div class="row">
            <div class="col-9">
                @menuItem.Description
            </div>
            <div class="col-3">
                @menuItem.Price
            </div>
        </div>
    }
    <div class="row justify-content-center">
        <div class="col-6">
            <strong>Add guacamole for @guacamolePrice</strong>
        </div>
    </div>
</div>

@code {
    MenuItem[] menuItems = new MenuItem[5];
    string guacamolePrice;

    protected override void OnInitialized()
    {
        for (int i = 0; i < 5; i++)
        {
            menuItems[i] = new MenuItem();
            if (i >= 3)
            {
                menuItems[i].Breads = new string[] {
                    "plain bagel",
                    "onion bagel",
                    "pumpernickel bagel",
                    "everything bagel"
                };
            }
            menuItems[i].Generate();
        }

        MenuItem guacamoleMenuItem = new MenuItem();
        guacamoleMenuItem.Generate();
        guacamolePrice = guacamoleMenuItem.Price;
    }
}
```

Salami with brown mustard on pumpernickel	$4.89
Tofu with relish on pumpernickel	$3.22
Turkey with french dressing on a roll	$4.13
Tofu with yellow mustard on onion bagel	$2.08
Pastrami with mayo on onion bagel	$4.30

Add guacamole for $2.42

이 페이지는 두 필드에 데이터 바인딩을 사용합니다. menuItems 필드는 다섯 개의 행을 생성하는 데 쓰이며, guacamolePrice에는 페이지 하단에 표시되는 과카몰리의 가격이 저장되어 있습니다.

배열에 직접 값을 할당합니다. 별도의 변수를 사용해 MenuItem을 생성한 다음 for 반복문의 마지막 줄에서 값을 배열의 요소에 할당할 수도 있습니다.

Generate() 메서드를 호출했는지 확인하세요. 메서드 호출이 잘 되지 않으면 MenuItem의 필드가 채워지지 않아서 페이지가 텅 비게 될 것입니다.

어떻게 작동할까요?

Randomizer.Next(7) 메서드는 7보다 작은 임의의 int 값을 반환합니다. Breads.Length는 Breads 배열의 요소가 몇 개인지 반환합니다. 그러므로 Randomizer.Next(Breads.Length)는 0과 같거나 크지만 Breads 배열의 요소 개수보다는 작은 임의의 숫자를 반환합니다.

```
Bread[Randomizer.Next(Breads.Length)]
```

Bread는 string 배열이고 요소가 5개입니다. 각 요소는 0~4 사이의 숫자가 할당되며, 따라서 Bread[0]는 "rye", Bread[3]은 "a roll"이 됩니다.

04 프로그램을 실행하고 메뉴가 생성되는 것을 지켜봅니다.

Salami with brown mustard on pumpernickel	$4.89
Salami with brown mustard on pumpernickel	$4.89
Salami with brown mustard on pumpernickel	$4.89
Salami with brown mustard on everything bagel	$4.89
Salami with brown mustard on everything bagel	$4.89

Add guacamole for $2.42

어... 무엇인가 잘못됐네요. 메뉴에 표시된 가격이 모두 동일하고, 메뉴도 무엇인가 좀 이상해요. 어떻게 된 걸까요?

이는 사실 .NET Random 클래스가 **유사 난수(pseudo-random number) 생성기**여서 그렇습니다. 이 난수 생성기는 초깃값 설정을 통해 일련의 숫자들 중 어디에서 출발할지를 결정합니다. 보통 Random 인스턴스를 생성하며 컴퓨터 시간을 난수 생성기의 초깃값으로 사용하지만, 여러분이 직접 초깃값을 지정할 수도 있습니다. C# 대화형 창에서 **new Random(12345).Next();**를 여러 번 입력해 보세요. 이 명령문은 초깃값이 12345인 Random 인스턴스를 생성하고 Next 메서드를 호출해 임의의 숫자를 생성합니다. 하지만 초깃값이 동일하기 때문에 계속 같은 값을 생성하는 것입니다.

여러 개의 Random 인스턴스가 모두 같은 값을 반환한다면, 이는 거의 동시에 생성된 인스턴스가 모두 컴퓨터의 시간을 초깃값으로 가졌기 때문입니다. 그럴 때는 정적 필드인 Randomizer를 만들어서 모든 MenuItem이 하나의 Random 인스턴스를 공유하면 됩니다.

```
public static Random Randomizer = new Random();
```

프로그램을 다시 실행해 보세요. 이번에는 임의의 메뉴가 정상적으로 생성됩니다.

Salami with brown mustard on pumpernickel	$2.54
Roast beef with mayo on a roll	$2.59
Salami with honey mustard on a roll	$3.81
Salami with french dressing on plain bagel	$4.52
Turkey with yellow mustard on everything bagel	$2.67

Add guacamole for $2.76

프로젝트가 끝났습니다! 이제 4장으로 돌아가 <요점 정리>를 읽어 보세요.

5장과 6장은 깃허브 페이지를 참고하세요

Visual Studio for Mac 학습자 가이드는 온라인에서 계속됩니다.

5장과 6장의 프로젝트는 이 부록에 모두 싣기에는 너무 깁니다. 그래서 Visual Studio for Mac 학습자 가이드의 5장과 6장은 깃허브 페이지에서 PDF 파일로 제공합니다. https://github.com/head-first-csharp/fourth-edition

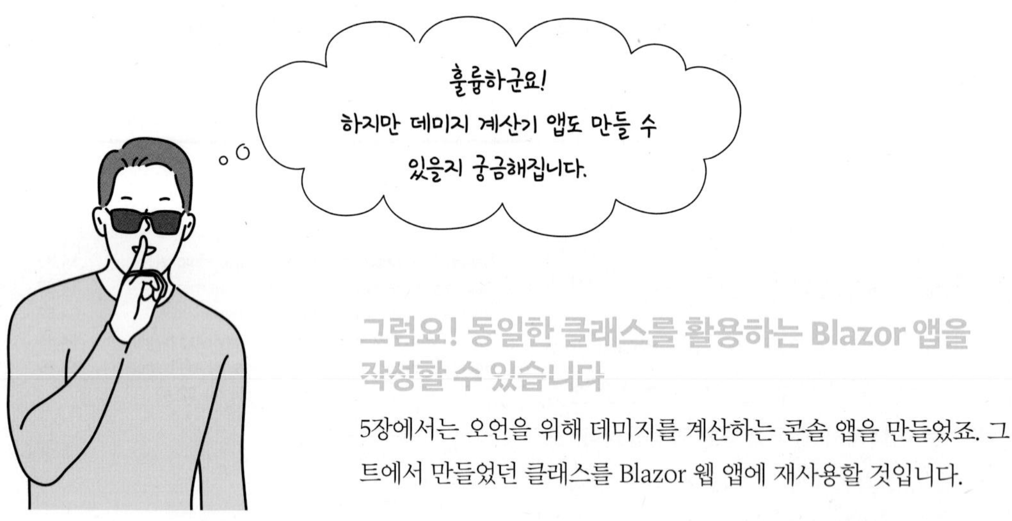

훌륭하군요!
하지만 데미지 계산기 앱도 만들 수
있을지 궁금해집니다.

그럼요! 동일한 클래스를 활용하는 Blazor 앱을 작성할 수 있습니다

5장에서는 오언을 위해 데미지를 계산하는 콘솔 앱을 만들었죠. 그 프로젝트에서 만들었던 클래스를 Blazor 웹 앱에 재사용할 것입니다.

벌집 관리 시스템 작성하기

6장의 프로젝트는 진지한 비즈니스 앱이었습니다. 여왕벌이 여러분에게 도움을 요청했죠. 벌집은 통제 불가능한 상태이고, 여왕벌은 벌꿀 생산 비즈니스를 관리를 도와줄 프로그램이 필요합니다. 벌집에는 일벌들이 가득하고, 벌집에서 처리해야 할 일도 잔뜩 있지만, 어째서인지 여왕벌은 어떤 벌이 무슨 일을 해야 하는지 통제하지 못하고 있는데다, 어떤 일에 적당한 수의 일벌이 할당돼 있는지도 모르는 상황입니다. 벌집 관리 시스템을 만들어 여왕벌이 일벌들을 관리하도록 도와주는 것이 여러분의 임무입니다.

나머지 윈도우 데스크톱과 Blazor 프로젝트는 모두 PDF 파일로 다운로드할 수 있습니다. 이 책의 깃허브 페이지를 찾아보세요!

APPENDIX

II

숙련자와 참을성 없는 사람을 위한 코드 카타 가이드

코드 카타

다른 프로그래밍 언어를 다뤄 본 적이 있으신가요? 그렇다면 학습을 위한 코드 카타(code kata) 접근 방식이 이 책을 처음부터 끝까지 읽는 것보다 효과적이고 만족스러운 대안이 될 수 있습니다.

'카타'는 '형식'이나 '방법'을 뜻하는 일본어로, 무술에서 특정 동작이나 기술을 반복해서 연습하는 수련 방법을 말합니다. 이를 프로그래밍에 적용해서 특정 프로그램을 여러 번 반복적으로 작성함으로써 개발 실력을 향상시키는 것이죠. 경험 많은 개발자가 C#을 익히려 한다면 코드 카타를 통해 이 책의 각 장을 연습해 볼 수 있을 것입니다. 방식은 다음과 같습니다.

- 새로운 장을 시작할 때 첫 번째 코드 카타 항목을 찾을 때까지 페이지를 계속 넘기세요. 요점 정리를 꼼꼼히 읽고 각 장의 내용을 미리 확인하세요.
- 코드 카타는 특정 연습 문제에 대한 지침을 가지고 있습니다. 프로젝트를 수행해 보고, 추가적인 정보가 필요하다면 이전 섹션으로 돌아가세요.
- 연습 문제에서 막혔다면 그것은 이미 알고 있는 언어와 C#의 차이점 때문일 것입니다. 직전의 코드 카타로 돌아가서 코드 카타에 대한 내용을 찾을 때까지 책을 읽어 보세요.
- 유니티 연구실에서는 3D 게임 개발을 해 봄으로써 C# 코드를 연습해 봅니다. 코드 카타에서는 유니티를 다루지 않지만, 해 보는 것을 권장합니다. 새로 익힌 C# 기술을 재미있게 연마할 수 있는 방법일 것입니다.

카타의 핵심은 반복입니다. 정말 C#을 뇌에 새기고 싶다면 한 장을 마쳤을 때 처음으로 돌아가서 코드 카타 섹션을 찾아 다시 시도해 보세요.

1장에는 코드 카타가 없습니다. 숙련된 개발자라도 1장은 전체를 읽고 모든 프로젝트와 연습 문제를 풀어 보는 것이 좋습니다. 1장에 이 책 전체를 관통하는 기본적인 아이디어가 설명되어 있기 때문입니다. 또 다른 프로그래밍 언어를 다룬 경험이 있고, 코드 카타를 수행할 생각이라면 퍼트리샤 아스(Patricia Aas)의 다음 비디오를 시청해 보세요.

https://bit.ly/cs_second_language

다른 프로그래밍 언어를 다뤄 본 경험이 있고, C#을 업무상의 이유로 또는 재미로 배우고 있나요? 그렇다면 시작하는 코드 카타 섹션을 찾아 보세요. 숙련자와 참을성 없는 학습자가 이 책을 따라 갈 수 있는 최적의 대안 학습 경로를 제시합니다. 이 방식이 여러분에게 잘 맞을지 이 글을 읽고 생각해 보세요.

Chapter 02. 명령문, 클래스, 코드

2장에서는 C#의 기본 개념을 익힙니다. 네임스페이스, 클래스, 메서드가 코드에서 어떻게 조직되는지를 살피고 명령문과 기본 문법을 배웁니다. 마지막에는 입력을 받는 간단한 UI를 작성해 봅니다. 윈도우 독자를 위한 데스크톱 앱과 맥OS 독자를 위한 Blazor 웹 앱이 준비되어 있습니다. 이 프로젝트는 비슷한 문제를 서로 다른 방식으로 풀어보는 데 의의가 있습니다. 이런 방식이 새로운 언어를 배울 때 도움이 되죠.

2장 전체를 빠르게 훑어 보고 요점 정리 섹션과 코드 예제를 빠짐없이 읽어 보세요. 익숙한 내용인가요? 그렇다면 카타를 시작해 볼 준비가 된 겁니다.

카타 #1: 〈변수를 다루는 새 메서드 만들기〉의 〈따라해 보세요!〉부터 시작합니다. 코드를 작성하고 이어지는 〈메서드에 연산자를 사용하는 코드 추가하기〉로 넘어가 1장에서 생성했던 콘솔 앱 프로그램을 살펴보세요. 그리고 비주얼 스튜디오 디버거를 사용해 코드를 한 단계씩 실행합니다. 다음 페이지의 〈디버그를 사용해 변수 값의 변화 관찰하기〉에 방법이 소개되어 있습니다.

카타 #2: 다음은 앱에 if 문과 반복문을 추가하고 디버깅합니다. 방법을 알고 있다면 2장 뒷부분에 있는 WPF 프로젝트 또는 Visual Studio for Mac 학습자 가이드의 Blazor 프로젝트에 도전해 보세요. 비주얼 스튜디오에서 .NET Core 콘솔 앱을 생성하고, 프로그램을 실행하고, 디버깅하는 과정을 능숙하게 수행할 수 있다면 준비는 모두 끝난 것입니다.

Chapter 03. 이해하기 쉬운 코드 만들기

3장은 클래스와 객체, 인스턴스의 기초를 소개합니다. 전반부는 정적 메서드와 필드를 다루고 후반부는 객체와 인스턴스를 직접 생성해 봅니다. 3장의 카타를 수행해 보고 문제가 없다면 다음 장으로 넘어가도 괜찮습니다.

카타 #1: 3장의 첫 번째 프로젝트는 간단한 카드 뽑기 앱입니다. 〈PickRandomCards 콘솔 앱 만들기〉 다음에 나오는 〈따라해 보세요!〉부터 시작하세요. 클래스를 생성하고, 그 클래스를 다른 프로그램에서 사용해 볼 것입니다.

카타 #2: CardPicker 클래스를 완성하세요. WPF 데스크톱 앱이나 Blazor 웹 앱에서 이 클래스를 재사용할 것입니다.

카타 #3: 〈쓰면서 제대로 공부하기〉로 가서 Clown 객체를 만들어 보세요. 코드와 주석을 작성하고 코드를 단계별로 실행해 보세요.

카타 #4: 3장 막바지에서 〈Guy 클래스와 함께 작동하는 클래스 만들기〉를 찾고, 그 다음에 이어지는 〈연습 문제〉를 풀어 보세요.

카타 #5: 이어지는 〈연습 문제 2부〉를 풀며 간단한 내기 게임에 Guy 클래스를 재사용해 보세요. 그리고 게임을 개선할 수 있는 방법을 최소 한 가지 이상 고민해 보세요. 플레이어에게 확률을 다르게 부여하거나, 더 많은 플레이어를 추가하는 방법 등이 있을 것입니다.

- C#에도 switch 문과 비슷한 것이 있지 않나요?
- 메서드나 함수에서 return 문을 여러 번 사용하는 것이 나쁜 습관인가요?
- 왜 반복문에서 벗어나기 위해 return을 사용하나요? return 문을 사용하는 것 외에 반복문을 벗어날 방법이 있나요?

Chapter 04. 참조 이해하기

4장은 C#의 타입과 참조에 대해 다룹니다. 4장의 처음 두 섹션을 읽어 보고 여러 타입을 파악하세요. 부동 소수점(floating-point) 숫자의 특성은 잘 알아 두어야 합니다. 그림을 보고 참조가 어떤 방식으로 이루어지는지 살펴보고, 잘 이해했다면 다음 세 개의 카타를 수행하세요.

카타 #1: 4장의 첫 번째 프로젝트는 게임 마스터 오언의 능력치 공식을 게임에 구현하는 것입니다. 〈오언의 능력치 실험을 도웁시다〉의 연습 문제부터 시작하세요.

카타 #2: 234쪽의 〈연습 문제〉부터 〈참조를 사용해 서로 대화하는 객체〉 섹션의 〈따라해 보세요!〉까지 모든 프로젝트를 수행해서 Elephant 클래스를 사용하는 프로그램을 작성하세요.

카타 #3: 〈슬로피 조의 싸구려 샌드위치 가게에 오신 것을 환영합니다!〉 섹션의 모든 프로젝트를 수행하고, 다음 질문의 답을 고민해 보세요. C#에 더 빨리 익숙해질 것입니다.

- C#은 double, int 같은 값 타입과 Elephant, MenuItem, Random 같은 참조 타입을 구별하나요?
- CLR이 더 이상 참조되지 않는 객체에 대한 가비지 수집을 언제 시행할지 제어할 수 있나요?
- 비주얼 스튜디오가 특정한 인스턴스를 추적하고 구별하는 도구를 제공하나요?

Chapter 05. 데이터 기밀 유지하기

C#의 캡슐화는 특정 클래스 멤버에 다른 객체가 접근하는 것을 제한해서 의도치 않은 방식으로 사용되는 것을 방지합니다. 5장의 첫 번째 프로젝트는 캡슐화가 어떻게 오류를 예방하는지 살펴봅니다. 답을 미리 보지 않고도 마지막 카타까지 수행할 수 있다면 6장으로 곧장 넘어가세요.

카타 #1: 5장의 첫 프로젝트부터 시작합니다. 276쪽의 〈추적하기〉가 나올 때까지 오언의 데미지 계산기 앱을 작성하세요. 프로그램에 왜 오류가 발생했는지 정확히 파악하고 이해한 뒤 307쪽의 마지막 〈연습 문제〉를 풀어 답을 보지 않고도 문제를 풀 수 있다면 다음 장으로 넘어갈 준비가 된 것입니다.

카타 #2: 283쪽의 〈연습 문제〉 프로젝트를 수행해서 하이-로우(High-Low) 게임을 만들어 보세요. const, public, private 키워드의 사용법을 이해하고 〈연습 문제〉의 보너스 문제까지 풀어야 합니다.

카타 #3: 286쪽의 〈주의하세요!〉에서 HasASecret 앱을 작성하세요. 그러고 나서 294쪽의 〈속성으로 캡슐화를 쉽게 하기〉와 296쪽의 〈자동 구현 속성으로 단순한 코드 만들기〉, 297쪽의 〈private setter를 사용해 읽기 전용 속성 만들기〉 섹션을 읽어 보세요.

Chapter 06. 상속

C#의 상속은 다른 클래스에서 재사용, 확장, 수정할 수 있는 클래스를 생성하는 것을 의미합니다. 지금까지 코드 카타를 문제없이 수행했다면 여러분은 이미 상속을 지원하는 객체지향 언어에 대해 알고 있을 것입니다. 다음 카타를 수련하고 C#의 상속 문법을 알아봅시다.

카타 #1: 6장의 첫 번째 프로젝트는 4장의 데미지 계산 앱을 확장해서 상속이 얼마나 유용한지 이해해 보는 데 목적이 있습니다. 또 C#의 switch 문을 소개합니다. 여러분에게는 간단한 연습 문제죠. 다음 카타를 진행하기 전에 6장의 섹션들을 훑어보세요.

훑어볼 섹션은 다음과 같습니다.

- 326쪽 <기본 클래스를 사용할 수있는 곳에 하위 클래스를 사용하세요>
- 337쪽 <하위 클래스에서만 구현되는 멤버>
- 342쪽 <하위 클래스는 기본 클래스의 메서드를 숨길 수있다>

카타 #2: 335쪽의 〈연습 문제〉를 풀어 보세요.

카타 #3: 〈기본 클래스에 생성자가 있으면 하위 클래스 생성자를 호출해야 한다〉 섹션의 프로젝트를 수행하세요.

카타 #4: 〈오언의 작업을 마무리해 봅시다〉 섹션에 포함된 〈쓰면서 제대로 공부하기〉를 풀며 클래스 다이어그램을 작성해 보고, 351쪽의 〈연습 문제〉에서 코드를 직접 작성해 보세요.

카타 #5: 〈벌집 관리 시스템 만들기〉 섹션부터 시작하여 6장의 마지막 프로젝트를 작성해 보세요. 벌집 관리 시스템을 구축하며 게임 역학을 익히고, 턴 기반 게임을 실시간 게임으로 전환해 보세요. 재미있고 인상적인 경험일 것입니다.

카타 수행에 문제가 생기면 6장을 순서대로 진행해 보고
돌아와 다시 시작하는 것이 효율적입니다.

헤드 퍼스트 C#의 카타 가이드를 따라 6장까지 빠르게 통과해 왔다면
7장을 시작할 준비가 되었을 것입니다.

찾아보기